VERLAG ANTJE KUNSTMANN

DAS BUCH

Partisan und Revolutionär, Staatspräsident Jugoslawiens, Diktator und Architekt eines alternativen sozialistischen Modells – bis heute entzieht sich Tito (1892 bis 1980) jeder politisch und historisch eindimensionalen Zuordnung. Jože Pirjevec, Professor für Geschichte und ausgewiesener Tito-Experte, geht in dieser Biografie dem Phänomen Tito nach.

Pirjevec folgt der Politisierung Titos und seinem raschen Aufstieg in der Kommunistischen Partei Jugoslawiens und zeigt, wie er aus einer zerstrittenen Partei eine schlagkräftige Partisanenarmee geformt hat, die Hitlers und Mussolinis Truppen besiegte. Er legt dar, mit welcher Weitsichtigkeit Tito schon bald nach dem Krieg in Opposition zu Stalin ging, wie er für Jugoslawien einen alternativen sozialistischen Weg suchte und wie er sich für die unterdrückten Völker der Dritten Welt einsetzte. Aber Pirjevec zeigt Tito auch als Diktator, der seine politischen Gegner rigoros verfolgte und sich als Held eines nationalen Mythos verehren ließ. Als Tito 1980 starb, hinterließ er ein Machtvakuum, das nur wenige Jahre später zum gewaltsamen Zerfall des Vielvölkerstaates führte.

Diese umfassende Tito-Biografie, die zahlreiche Quellen erstmals zugänglich macht, liefert das lebendige Porträt eines der bedeutendsten Staatsmänner des 20. Jahrhunderts und ist zugleich eine aufschlussreiche Geschichte des Vielvölkerstaates Jugoslawien.

DER AUTOR

Jože Pirjevec wurde 1940 in Triest geboren, promovierte 1977 an der Universität Ljubljana in Geschichte und forschte und unterrichtete an den Universitäten von Pisa, Triest und Padua. Er ist heute Professor für Geschichte an der Universität von Koper und Mitglied der slowenischen Akademie der Wissenschaften und Künste. Die vorliegende Biografie ist das Ergebnis seiner dreißigjährigen Forschungsarbeit.

Jože Pirjevec

TITO

Die Biografie

★

aus dem Slowenischen
von Klaus Detlef Olof

Verlag Antje Kunstmann

Bildnachweis
Alamy 13, 38; Archiv Nationalpark Brioni 27, 28, 29, 30, 31; Archiv der Republik Slowenien 1, 2, 3, 4, 5, 6, 7, 8, 14, 15, 23, 24, 25, 34, 35, 36, 37; Collection of the Imperial War Museums/M. J. Slade 10; Corbis 11; Corbis/Bettmann 9, 16, 17, 19, 21, 33, 39; Corbis/Sygma/J. Pavlovsky 40; gettyimages 20; U.S. National Archives and Records Administration 26, 32; ullstein bild 18, 22; ullstein bild/TopFoto 12.

traduki

Die Herausgabe dieses Werks wurde gefördert durch TRADUKI, ein literarisches Netzwerk, dem das Bundesministerium für Europa, Integration und Äußeres der Republik Österreich, das Auswärtige Amt der Bundesrepublik Deutschland, die Schweizer Kulturstiftung Pro Helvetia, das Bundeskanzleramt der Republik Österreich, KulturKontakt Austria, das Goethe-Institut, die Slowenische Buchagentur JAK, das Ministerium für Kultur der Republik Kroatien, das Ressort Kultur der Regierung des Fürstentums Liechtenstein, die Kulturstiftung Liechtenstein, das Ministerium für Kultur der Republik Albanien, das Ministerium für Kultur und Information der Republik Serbien, des Ministeriums für Kultur der Republik Rumänien und die S. Fischer Stiftung angehören.

Der Verlag dankt der Alexander von Humboldt-Stiftung für die großzügig gewährte Druckkostenbeihilfe.

Die Originalausgabe erschien unter dem Titel »Tito in Tovariši« bei Mladinska knjiga, Ljubljana 2011
Umschlaggestaltung: Heidi Sorg und Christof Leistl, München
Typographie und Satz: frese-werkstatt.de
Druck und Bindung: CPI – Clausen und Bosse, Leck
ISBN 978-3-95614-097-6

INHALT

EINFÜHRENDE WORTE

»Nichts ist wünschenswerther als daß die Leute, die an der Spitze der Bewegungs-Parteien standen, sei es vor der Revolution oder in der Presse, sei es später in offiziellen Stellungen, endlich einmal mit derben rembrandtschen Farben geschildert werden, in ihrer ganzen Lebendigkeit. Die bisherigen Darstellungen malen uns diese bekannten Persönlichkeiten nie in ihrer wirklichen, nur in ihrer offiziellen Gestalt, mit dem Kothurn am Fuß und der Aureole um den Kopf. In diesen verhimmelten raphaelschen Bildern geht alle Wahrheit der Darstellung verloren.«[1]
So haben es sich Marx und Engels gewünscht. Sie waren Optimisten, weil sie sich nicht vorstellen konnten, dass die Revolution, die sie verkündeten, auch scheitern könnte und dass ihre Träger am Schandpfahl enden würden. Etwas Derartiges geschah auch mit Tito, der noch gestern auf dem Altar stand, nach dem Zerfall Jugoslawiens aber oft zum Gegenstand von Karikaturen wurde. Versuchen wir, ihn in rembrandtschen Farben zu porträtieren.

TITOS AUGEN

Von dem Augenblick an, da er mit seinem selbstbewussten und herausfordernden Auftreten vor dem Gericht in Zagreb, das ihn wegen kommunistischer Umtriebe Ende 1928 zu einer Zuchthausstrafe verurteilte, in die Geschichte eintrat, hat Tito mit seinen ausdrucksvollen Augen die Aufmerksamkeit der Zeitgenossen geweckt. Der Korrespondent der Zeitung *Novosti* beschrieb ihn bei dieser Gelegenheit mit den Worten: »Sein Gesicht scheint wie aus Stahl gemeißelt. Mit den hellen Augen hinter dem *pince-nez* blickt er sehr kühl und zugleich energisch und ruhig.«[2]

Und Miroslav Krleža, Dichter, Schriftsteller, Chronist der kroatischen und jugoslawischen Provinz, erinnert sich in einem kurzen, mit »Titos Rückkehr im Jahre 1937« überschriebenen Essay wie folgt: »Ich sitze im Dämmerlicht in meinem Zimmer und beobachte die Wolken. Wie sie hoch über der Stadt der Wind von Westen heranträgt. […] In dieser Stille surrt an der Eingangstür die Glocke. Unruhiges Läuten in leeren, grauen, unbeleuchteten Zimmern bringt immer eine böse Vorahnung von abergläubischer Ungewissheit mit sich. […] Ich erhebe mich, gehe durch die Wohnung, öffne die erste, dann die zweite Tür, mache Licht im Vorzimmer, das Sicherheitsschloss knirscht, und vor der Glastür steht ein Fremder. […] Nach neun Jahren stand Tito wie ein Schatten längst vergangener Tage vor dieser Glastür und schien auf den ersten Blick äußerlich der Gleiche geblieben zu sein, und doch: Er hatte sich sehr verändert, mehr als das, er hatte sich völlig verändert. [...] Sechs Jahre in der Strafanstalt Lepoglava und drei Jahre Ausland hatten aus seinem Gesicht jenen Ausdruck naiver und unmittelbarer Heiterkeit weggewischt, und anstelle eines lachenden jungen Mannes stand dort ein ernster, stiller Fremder, dessen Augen durch das Glas seines Zwickers dunkel leuchteten, fast streng.«

Mit diesem neuen alten Bekannten plauderte Krleža fast bis zum Morgen und hörte manches über sein stürmisches Leben und seine umstürzlerischen Ideen. Tito erzählte ihm auch von dem Heimweh, das ihn nach der Rückkehr aus Moskau eines Nachts in seinen Geburtsort Kumrovec getrieben hatte, obwohl klar war, dass er viel riskierte, da er in der Illegalität lebte. Er war zum Haus seines Vaters gegangen, und es war ihm so vorgekommen, dass trotz der großen Veränderungen, von der die Welt draußen erfasst worden war, in diesem abgelegen Ort, seit seinem letzten Besuch alles unverändert geblieben war. »Im leisen Schlussteil dieses lyrischen Monologs wechselte Titos Stimme den Glanz, das helle Taubengrau seiner Augen verschmolz mit dem dunkelblauen, metallenen Widerschein des Brillenrahmens und dunkelte wie Tinte. Das gutmütige weiche Spiel der Lippen verhärtete sich zu einer trotzenden, festen, wie in Stein gemeißelten Linie, und in diesem Blick, in dieser Stimme zeigte sich ein unbestimmter, aber suggestiver Ausdruck voller Schmerz und Unruhe. ›Kumrovec, Gott habe es selig, schnarcht, aber wie lange noch wird bei uns alles schnarchen?‹, fragte Tito ärgerlich, fast nervös, mit jenem aggressiven Ton, mit dem in unserer Sprache alle Götter höheren und niederen Ranges vom Himmel gestürzt werden.«[3]

Titos Augen fesselten auch Milovan Đilas, als er ihm zum ersten Mal begegnete: »Das war ein Mann mittlerer Größe, ziemlich kräftig, hager. Er war lebhaft, etwas nervös, aber er wusste sich zu beherrschen. Sein Gesicht war fest, ruhig, doch auch zart, die Augen blau und zugleich sanft.«[4] Er hatte einen unwiderstehlichen natürlichen Charme. Gojko Nikoliš, ein Serbe aus Kroatien, Arzt und Kämpfer im Spanischen Bürgerkrieg, beschrieb in einem Tagebucheintrag vom November 1941 seine erste Begegnung mit Tito so: »Tito fand ich am nächsten Tag in einem geräumigen und einfach eingerichteten Zimmer. [...] Nach Gruß und Rapport erfasste ich den Mann mit einem Blick und erkannte in ihm sofort ganz bestimmte Züge, in ihm, der das Schicksal unseres Kampfes lenkte und auf den wir so lange gewartet hatten. Zuerst sah ich die blauen, ein wenig verschleierten Augen, dann ein bis ins Detail gemeißeltes Gesicht; das Gesicht eines idealen klassenbewussten Arbeiters, eines Proletariers. Als wäre er einem russischen Bild aus der Zeit des Proletkults entstiegen.«[5]

Aber Tito verstand es nicht nur, seine Anhänger zu begeistern. Der Leiter der britischen Militärmission bei seinem Obersten Stab notierte über den Eindruck, den Tito bei einer Begegnung im Jahre 1943 auf ihn machte, Folgendes: »Was die äußere Erscheinung betrifft, so ist Tito eine imposante Persönlichkeit: er war 52 Jahre alt, von kräftiger Statur, das Haar von stahlgrauer Farbe. Sein ebenmäßiges Gesicht, wie aus Stein gemeißelt, war ernst und sonnengebräunt, die Gesichtszüge unbestreitbar entschlossen. Dem Blick seiner hellblauen Augen blieb nichts verborgen. In ihm war die Energie eines Tigers konzentriert, der zum Sprung ansetzt.«[6] Der westdeutsche Botschafter betonte nach seinem ersten Empfang bei Tito in der Villa Bled im Jahre 1951, dass er keine Ähnlichkeit mit Hermann Göring, Hitlers Luftwaffenminister, habe, wie böse Zungen behaupteten: »Obwohl nur von mittlerer Größe, ist er nicht korpulent, sondern nur sehr kräftig, wie aus einem Stück gebaut. Sein Gesicht ist ernst und überhaupt nicht aufgedunsen, sehr energisch, aber nicht brutal. Am auffallendsten sind die hellblauen Augen, die bei seinem auf Brioni von der Sonne gebräunten Teint noch heller wirken.«[7]

Zehn Jahre später haben während einer Afrikareise Titos Augen den serbischen Romanschriftsteller Dobrica Ćosić, der ihn begleitete, fasziniert, aber auch beunruhigt. »Ein stets wechselnder Gesichtsausdruck«, schrieb er, »einmal sentimental, nachdenklich, introvertiert; einmal drohend, streng und gefährlich; einmal heiter und gutmütig. Manchmal, als würde er dösen oder um jemanden trauern. Und dann blitzt eine Drohung in den grünlichen Augen auf, Trotz, Selbstvertrauen. Weder die Anstrengung noch das Alter sind zu bemerken. Noch bei keinem Menschen habe ich solche Augen gesehen …«[8]

Anfang der siebziger Jahre weilte eine französische Delegation mit Premier Chaban-Delmas an der Spitze bei Tito. Eugène de la Fournière, eines ihrer Mitglieder, fasste seine Eindrücke von der Begegnung mit Tito in der Feststellung zusammen, dass dieser eben alt sei und sich diese Tatsache nicht übersehen lasse. »Noch immer erweckte er den Anschein guter physischer Kondition, mit einem lebhaften Sinn für Humor – wie ein Gargantua aß und trank er und war stets zu Scherzen aufgelegt. Aber wie das bei alten Menschen oft der Fall ist, neigte er dazu, sich zu wiederholen oder den Faden zu verlieren. […] Wie alle Kommunisten der älteren Generation hatte er unstete Augen. Anfangs sah er zu Boden oder weg von seinem Gesprächspartner. Aber von Zeit zu Zeit kam ein gerader Blick, und ich wäre nicht gern der Feind eines Menschen mit solchen Augen gewesen«.[9]

Der Erste, der über das Gefährliche in Titos Blick sprach, war Louis Adamič, ein amerikanischer Schriftsteller slowenischer Herkunft, der 1949 in die Heimat zurückgekehrt war. In seinem umfangreichen Buch *The Eagle and the*

Roots berichtet er von zahlreichen Gesprächen mit Tito. Sie sprachen insgesamt an die dreißig Stunden miteinander. Es entwickelte sich eine kameradschaftliche Beziehung, die ihm erlaubte, ihm manches zu sagen, was ihm sonst niemand in seiner Umgebung hätte sagen dürfen. So machte er zum Beispiel keinen Hehl aus seiner kritischen Einstellung gegenüber Titos »Bonapartismus« und seiner Manie für Uniformen. Nach einer politischen Sitzung, die für Tito in einer wahren Apotheose geendet hatte, verhehlte Adamič seine Reserviertheit nicht. Als dieser im Begriff war zu gehen, bemerkte er, dass der Schriftsteller ihn beobachtete: »Urplötzlich und mit einem Aufblitzen in den Augen – das nicht nur Schalkhaftigkeit war – sagte er: ›Wissen Sie, Herr Adamič, zufällig bin ich der Oberbefehlshaber der bewaffneten Streitkräfte.‹ Das war also seine Antwort auf meine Kritik an seiner Marschallsuniform.«[10]

Henry Kissinger, Außenminister unter dem amerikanischen Präsidenten Richard Nixon, meinte: »[Tito war ein Mensch,] dessen Augen nicht immer gleichzeitig mit seinem Gesicht lachten«.[11] Wusste er, dass man Ähnliches auch von Stalin behauptete?[12] Stalin jedenfalls hat, vielleicht deshalb, weil sie einander ähnlich waren, dieses Merkmal Titos sofort bemerkt. Bei einer ihrer ersten Begegnungen im September/Oktober 1944 sagte er zu ihm: »Weshalb haben Sie Augen wie ein Luchs? Das ist nicht gut. Sie müssen mit den Augen lachen. Und dann mit dem Messer in den Rücken!«[13]

★

1892–1939

★

Der junge Broz – Erster Weltkrieg, Kriegsgefangenschaft und Aufstieg in der Kommunistischen Partei Jugoslawiens (KPJ)

LEHR- UND WANDERJAHRE

Josip Broz, wie Tito mit bürgerlichem Namen hieß, wurde am 7. Mai 1892 (zu seinem Geburtsdatum machte er unterschiedliche Angaben)[1] als Untertan von Kaiser Franz Joseph I. im Zagorje im Dorf Kumrovec an der Grenze zwischen dem Königreich Kroatien-Slawonien und dem Herzogtum Steiermark geboren. Zwar waren beide Verwaltungseinheiten Teil der Habsburger Monarchie, doch erstere gehörte zu den Ländern der Stephanskrone, während letztere Erbland der Habsburger Dynastie war. Franz Joseph war in Wien Kaiser, in Budapest aber nur König, was nicht nur von formaler Bedeutung war, vor allem nicht ab 1867, als die innerhalb seines Herrschaftsgebietes entstandenen zwei Staaten außer dem Monarchen selbst nur drei Schlüsselministerien gemeinsam hatten: das Kriegs-, das Finanz- und das Außenministerium. Während sich die österreichische Hälfte langsam aber stetig im Rhythmus der industriellen Revolution modernisierte, verblieb die ungarische Hälfte im Würgegriff der konservativen Feudalklasse, die kein Interesse an nationalen und sozialen Fragen hatte. Wäre Josip Broz nur wenige Kilometer von seinem Dorf entfernt im Bistrica-Tal im Haus seiner Mutter Marija geboren und aufgewachsen, wäre sein Schicksal wahrscheinlich anders verlaufen. Wegen des weit verzweigten Netzes der katholischen Kirche im Bistum Ljubljana hätte der örtliche Pfarrer sicherlich seine Begabung bald bemerkt und ihn aller Wahrscheinlichkeit nach zum Studium an den Bischöflichen Lehranstalten in die Hauptstadt Krains geschickt. Von dort hätte ihm der Weg in ein Priesterseminar und an die theologische Fakultät offengestanden, oder sogar auf die Universität, wenn es ihm gelungen wäre, sich der geistlichen »Berufung« zu entziehen. (Seine gläubige Mutter hoffte, dass er Pfarrer würde.) Da er jedoch im Zagorje geboren wurde und aufwuchs, wo die Kirche nicht so präsent war wie in den slowenischen Landen, kümmerte sich niemand so recht um seine Erziehung. Er absolvierte gerade einmal vier Klassen der Grundschule und einige Jahre der Berufsschule. Außerdem hatte der häufig betrunkene örtliche Pfarrer den zwölfjährigen Ministranten wegen seiner Ungeschicklichkeit beim Ausziehen des Messgewands geschlagen und beschimpft, was ihm der kleine Joža sehr übelnahm: »Ich ging zwar sonntags immer noch zur Messe, weil die Mutter es so wollte, aber ich denke, dass ich von diesem Augenblick an für immer mit der Kirche abgeschlossen hatte.«[2] Seine Familie gehörte nicht zu den ärmsten im Dorf, doch da sie mit fünfzehn Kindern »gesegnet« war, von denen acht früh verstarben, und sein Vater Franc, ein Mann von schwachem Charakter, – »schwarz wie der Teufel« –

dem Alkohol verfallen und gezwungen war, sein bisschen Land zu verkaufen[3], musste er schon an der Schwelle zur Pubertät sein Brot in der Fremde verdienen.[4] Von seinem Vater sprach er zeitlebens nicht gern, und auch von den Bauern seiner Heimatregion Zagorje hatte er nicht die beste Meinung. So beschrieb er seine Landsleute Jahre später: »Diejenigen, die mit dir nicht einverstanden sind, stehen abseits, den Hut in die Stirn gedrückt, die Hände in den Taschen. Sie sind sehr passiv und unintelligent.«[5] Andererseits wusste er seit seiner Kindheit von den Bauernaufständen, die seine Heimat in der zweiten Hälfte des 16. Jahrhunderts erfasst hatten; und er wusste auch um den tragischen Tod von Matija Gubec und seiner Anhänger nach der Niederlage von 1573. Die siegreichen Feudalen hatten ihn auf dem Zagreber Hauptplatz mit einem weißglühenden Reif gekrönt und anschließend gevierteilt. Daher verwundert es auch nicht, dass in seinem Arbeitszimmer in Belgrad ein großes Bild des Malers Krsta Hegedušić hing, das die aufständischen Bauern in der epischen Schlacht bei Stubica zeigt, in der sie endgültig besiegt wurden.[6]

Zunächst wollte Broz Schneider werden, weil er schöne Anzüge liebte, doch der Lehrer der örtlichen Schule meinte, als ein unruhiger Bursche sei er für einen sitzenden Beruf nicht geeignet. Stattdessen fing er in einer Gastwirtschaft in Sisak an – diese Arbeit hatte er sich ausgesucht, weil die Kellner in seinen Augen elegant waren –, doch nach kurzer Zeit sattelte er um und begann als Schlosserlehrling. Er war tatsächlich ein unruhiger Geist: Gleich nachdem er 1910 ausgelernt hatte, wechselte er mehrfach den Arbeitsplatz, er arbeitete in Kroatien, in Krain, in Böhmen, in Bayern, im Ruhrgebiet und in der Wiener Neustadt. Er spielte sogar mit dem Gedanken, nach Amerika auszuwandern, kam aber nur bis Triest, wo es ihm schlecht ergangen wäre, wenn die lokalen Sozialdemokraten nicht eine Armenküche unterhalten hätten.[7] In Zagreb trat er 1910 dem Verband der Metallarbeiter und im darauffolgenden Jahr dem Bund der Sozialistischen Jugend bei, womit er automatisch auch Mitglied der Sozialdemokratischen Partei wurde.[8] »Unsere Jugend«, erinnerte sich sein Zeitgenosse Miroslav Krleža, »spielte sich in jenen hoffnungslos langweiligen und grauen Straßen der Zagreber Unterstadt ab [...], wo die Kneipen armselig sind und stinken, wo die Läden nach Mehl und Stockfisch riechen wie in der hintersten Provinz und wo in den öden zweistöckigen Häusern schlecht bezahlte graue Beamte eines grauen und langweiligen Kaiserreichs auf dem Totenbett wohnen.«[9]

Im Herbst 1913 wurde er zum Militär einberufen, wo er es im Regiment rasch zum Zugführer brachte. Mit einundzwanzig Jahren war er einer der jüngsten Unteroffiziere der k.u.k. Armee.[10] Als ehemaliges Mitglied des »slawisch« ausgerichteten Jugend- und Sportverbands Sokol war er ein guter Turner, ein ausgezeichneter Skiläufer und Fechter. Nach eigener Überzeugung erhielt er bei einem in Budapest von der Armee organisierten Fechtturnier lediglich deshalb nur die Silbermedaille, weil er Kroate und weil sein Gegner gräflicher Abstammung war.[11]

Gegenüber der Habsburger Monarchie hegte er auch in späteren Jahren keine feindseligen Gefühle, denn er sah in ihr einen wohlgeordneten Staat, wenngleich er sich schon zu dieser Zeit für die jugoslawische Idee begeisterte. Als einmal in einem Gespräch die Rede auf König Nikola von Montenegro kam und Milovan Đilas ihn verächtlich eine Operettenfigur nannte, widersprach Tito: »Ach nein. Uns jungen Leuten war er sympathisch – er war mutig, ein Patriot, ein Jugoslawe …«[12] Zugleich blieb er seiner Heimat bis an sein Lebensende verbunden. 1971, während eines heftigen Konflikts mit den Zagreber »Liberalisten«, die seiner Meinung nach gegenüber den kroatischen Nationalisten allzu nachgiebig waren, sagte er – schon ein wenig angetrunken – zu Savka Dabčević-Kučar, der Präsidentin des Kroatischen Zentralkomitees: »Ihr glaubt in Wirklichkeit, ich hätte kein Nationalgefühl, dass ich mich überhaupt nicht als Kroate fühlen würde, dass ich als junger Proletarier in die Welt hinausgegangen wäre und mir der proletarische Internationalismus jedes Nationalgefühl ausgetrieben hätte. Ich bin auch Internationalist, weil wir Kommunisten sind, und wir müssen auch alle Internationalisten sein! Aber ich bin auch Kroate!«[13]

★

IM ERSTEN WELTKRIEG

Als Ende Juli 1914 der Erste Weltkrieg ausbrach, kam Broz' Regiment zunächst an die serbische Front an der Drina, wo er von August bis Dezember als Feldwebel des 25. Domobranen-Infanterieregiments diente, und später in die Karpaten an die russische Front. Zuvor hatte man ihn noch in Petrovaradin bei Novi Sad für mehrere Tage ins Gefängnis geworfen. Man beschuldigte ihn, Antikriegshetze zu betreiben. Er selbst bezeichnete das später als Irrtum der Militärbehörden.[14]

Bei den schweren Kämpfen gegen die Russen in Ostgalizien, wohin er im Februar 1915 versetzt worden war, tat er sich als Kommandant eines Spähtrupps hervor und wurde sogar für eine Auszeichnung vorgeschlagen. »In der Nacht vom 17. auf den 18. März 1915 leitete er als Anführer einer Infanterie-Patrouille (vier Mann) einen Überfall auf eine feindliche Feldwache in Stare Krzywotulije, nahm alle elf Russen gefangen und brachte sie zu seiner Einheit«, heißt es in einem Dokument. »Dieser Unteroffizier meldet sich stets freiwillig zu jedem gefährlichen Einsatz [...] und hat in den feindlichen Reihen schon mehrfach für ein Durcheinander gesorgt.«[15] Für diesen Erfolg erhielt er eine beträchtliche Geldsumme, denn die Kommandantur bezahlte fünf Kronen für ein erbeutetes Gewehr.[16] Doch bevor Broz die »kleine silberne Tapferkeits-Medaille« entgegennehmen konnte, wurde er zu Ostern in der Bukowina bei einem Gefecht mit Tscherkessen, Angehörigen der Wilden Division, die für ihre Grausamkeit bekannt waren, schwer verwundet.[17]

An jenem schicksalhaften Tag stieß sein Zug zunächst auf Russen, die sie sofort angriffen. Aber Broz hatte seinen Untergebenen befohlen, nicht zu schießen, weil er sich ergeben wollte. Doch nach den Russen stürmten Tscherkessen an und umzingelten seine Einheit. »Wir hatten das Herannahen der Tscherkessen nicht einmal bemerkt, bis sie auftauchten und sich in unsere Schützengräben stürzten.« Obwohl Broz beide Hände hob, wurde er von einem Tscherkessen mit einer zwei Meter langen Lanze angegriffen, während er selbst sich mit dem Bajonett zu verteidigen suchte. Doch dann stieß ihm ein zweiter Soldat eine Lanze mehrere Daumenbreit unters rechte Schulterblatt. »Als ich mich umdrehte, sah ich das entstellte Gesicht eines zweiten Tscherkessen und seine riesigen schwarzen Augen unter den buschigen Brauen.«[18] Er stürzte zu Boden. Das Letzte, was er mitbekam, war ein russischer Soldat, der sich auf den Tscherkessen warf, als dieser Broz den Todesstoß versetzen wollte. Er wurde zusammen mit seinem gesamten Bataillon gefangen genommen. Zu Bewusstsein kam er erst wieder im Lazarett.[19]

Während sein Name auf die Verlustliste gesetzt wurde, begann in seinem Leben ein neues Kapitel.

Er war einer von zwei Millionen österreichisch-ungarischen Kriegsgefangenen, den *voennoplennyj*, die von den Russen im ganzen riesigen Zarenreich auf Lager verteilt wurden. Zunächst lag er für fast ein Jahr, von Mai 1915 bis März 1916, in einem improvisierten Lazarett des Uspenski-Klosters in dem Ort Svijažsk an der Wolga (Gouvernement Kazan), dann wurde er in ein Lager nahe der Stadt Alatir am Fluss Sura bei den Tschuwaschen verlegt. Dort lernte er die Tochter eines Arztes und ihre Freundin kennen, die die Kriegsgefangenen besuchten und den Kranken kleine Gefälligkeiten erwiesen. Sie liehen ihm Bücher und luden ihn mehrmals zu sich nach Hause ein: »Ständig drängten sie mich, ich solle (Klavier) spielen.« Und so erlernte er es auch.[20] Zwar hätte er sich aus der Gefangenschaft retten können, wenn er dem Freiwilligenkorps beigetreten wäre, für das die Serben »Landsleute« aus Österreich-Ungarn für die Front in der Dobrudscha rekrutierten, doch gemeinsam mit siebzig Kameraden lehnte er es ab, in den Kampf zurückzukehren. Da er Unteroffizier war, hätte er gemäß der Genfer Konvention nicht zur Arbeit eingesetzt werden dürfen, er meldete sich indes freiwillig, woraufhin man ihn zu einem Großbauern in das Dorf Kalasejewo nahe der Stadt Ardatow im Gouvernement Simbirsk schickte, wo er Mechanikerarbeiten in einer Dampfmühle verrichtete. Im Herbst 1916 verlegte man ihn gemeinsam mit anderen Kriegsgefangenen an den Ural, in die Stadt Kungur, unweit von Jekaterinburg. Dort arbeitete er an einer Eisenbahnstrecke als Übersetzer und »älterer« Gefangener, d. h. als Aufseher. Im Mai 1917 schickte man ihn weiter zu der kleinen Bahnstation Ergatsch in der Nähe von Perm. Als er dort mit dem Lagerkommandanten aneinander geriet, wurde er zweimal eingesperrt und von drei Kosaken derart brutal verprügelt, dass er diese Schläge niemals vergaß.[21]

Im Chaos im Gefolge der Februar-Revolution floh er im Sommer 1917 aus dem Lager und schlug sich bis nach Petrograd durch, in der Hoffnung, in der Putilow-Fabrik Arbeit zu finden, wo er für zwei oder drei Tage tatsächlich eingestellt wurde. Er hatte sogar Gelegenheit, Lenin zu hören und den Schriftsteller Maxim Gorki zu sehen. Lenin gegenüber hegte er sein ganzes Leben lang tiefen Respekt, wovon die Tatsache zeugt, dass in all den Jahren, die er an der Macht war, auf seinem Arbeitstisch in Belgrad seine Fotografie und auf dem Schrank eine kleine Lenin-Büste standen.[22]

Als es am 13. Juli zu Demonstrationen kam, bei denen die Bolschewiki versuchten, die Macht zu übernehmen, schloss er sich diesen an. Doch als die Demonstrationen im Keim erstickt wurden, sah er die Revolution als gescheitert an. Nur dem Zufall war es zu verdanken, dass er nicht vom MG-Feuer der Polizisten niedergemäht wurde. Anfangs versteckte er sich an den Brücken der Newa, dann floh er nach Finnland, damals autonomes Fürstentum innerhalb des Russischen Reichs. In der Nähe der Stadt Oulu wurde er verhaftet, und weil er nicht Finnisch sprach, hielt man ihn für einen »gefährlichen Bolschewiken«. Schließlich konnte er die Polizei davon überzeugen, dass er ein österreichischer Kriegsgefangener war, und wurde freigelassen. Er kehrte nach Petrograd zurück, wo er erneut verhaftet und für drei Wochen in die Peter- und Paul-Festung eingesperrt wurde.[23] Wer diese Gefängnisse kennt, kann nicht daran zweifeln, dass er sich erleichtert fühlte, als man in ihm einen *voennoplennyj*, einen Kriegsgefangenen, erkannte und ihn wieder in den Ural schickte. Doch noch vor der Ankunft in Kungur gelang es ihm, nach Sibirien zu fliehen. Bei einem Halt sprang er aus dem Eisenbahnzug für Deportierte, und obwohl ihn ein Wärter aus einem seiner früheren Lager erkannte, gelang ihm die Flucht. Er bestieg einen Personenzug, ohne Geld und ohne Fahrkarte, was aber den Schaffner nicht kümmerte, da an diesem Tag Lenin die Macht ergriffen hatte. »Wir fuhren lange. Im Zug kam es zu Prügeleien. Soldaten warfen Offiziere der Weißen aus dem Waggon.«[24] Schließlich gelangte Broz nach Omsk, wo er sich der Internationalen Roten Garde anschloss, bei der er von Spätherbst 1917 bis Frühjahr 1918, also während der Zeit des Bürgerkriegs zwischen den Roten und den Weißen, als Wachmann und Mechaniker Dienst tat. In dem Dorf Michailowka nahe Omsk, wo er erneut in einer Dampfmühle arbeitete, lernte er die kaum dreizehn- oder vierzehnjährige Pelagija D. Belousowa kennen, die Polka gerufen wurde, und ging mit ihr die erste seiner insgesamt fünf ernsthaften Verbindungen ein. Von denen keine einzige glücklich endete.[25]

1918 ersuchte er um die sowjetische Staatsbürgerschaft und um Aufnahme in die Kommunistische Partei, wobei er Erstere nie erhielt und Letztere erst zwei Jahre später, nachdem sich die Kommunistische Partei Jugoslawiens (KPJ) gegründet hatte.

Jedenfalls war seine Zeit bei der Internationalen Brigade keine besonders heroische, denn entgegen der späteren offiziellen Geschichtsschreibung war er nie »Soldat der Revolution«. Infolge seiner Kriegsverletzung war er noch zu schwach, um an die Front zu gehen, und spuckte noch immer Blut. Doch das sibirische Omsk, wo seine Einheit stationiert war, wurde bald von der Weißen Garde des Generals Alexander W. Koltschak eingenommen, die eine systematische Jagd auf mögliche Gegner bzw. Deserteure einleitete. Vor den »Weißen« und ihrem Terror, vor allem aber vor der drohenden Zwangsmobilisierung in die tschechoslowakische oder serbische Legion, die sich beide auf die Seite der Konterrevolution geschlagen hatten, versteckte sich Broz in einem kirgisischen »Aul« (Dorf) etwa siebzig Kilometer von Omsk entfernt. Hier arbeitete er erneut als Mechaniker in einer Dampfmühle, die dem reichen Bauern Isaija Džaksenbajev gehörte. Aber die Tschechen besetzten auch dieses abgelegene Gebiet und versuchten, ihn zu verhaften, da sie von seinen Kontakten zu Kommunisten aus Omsk wussten. Es ist nicht klar, ob er von Džaksenbajev versteckt wurde, oder ob örtliche Bauern, unter denen er für die Sowjetmacht agitiert hatte, seine Identität verschleierten und bezeugten, dass er schon seit 1915 bei ihnen lebe und somit kein Deserteur sei – jedenfalls gelang es Broz, einer Gefangennahme zu entgehen.

Bei den Kirgisen hatte er sich beliebt gemacht als ein mutiger, einfallsreicher und entscheidungsfreudiger Mann mit einer ungewöhnlichen Gabe für den Umgang mit Tieren. Das war ein Charakterzug, den er sein Leben lang beibehielt. Davon zeugt auch eine Anekdote, die aus dieser Zeit stammt[26]: Freunde schenkten ihm einen jungen Falken. Broz zog ihn auf und beschloss, als er herangewachsen war, ihn freizulassen. Doch zwei Tage später kam der Falke wieder zurück und setzte sich auf seine Schulter. Ruhig wartete er darauf, gefüttert zu werden. Als er satt war, flog er fort, kehrte aber nach zwei Tagen erneut zurück. Erst beim vierten Mal flog er für immer davon. Alle, die diese Geschichte gehört hatten, sagten: »Alles, was lebt, muss einen Menschen wie Broz lieben.«[27]

Nachdem die Rote Armee Koltschak und seine Truppen Ende 1919 aus Omsk vertrieben hatte und der Eisenbahnverkehr mit Petrograd wieder hergestellt war, entschloss sich Broz, mit seiner Frau die Heimreise anzutreten. In Petrograd, wo er ca. drei Wochen blieb, erfuhr er, dass auf den Trümmern des Habsburger Kaiserreichs das Königreich der Serben, Kroaten und Slowenen (SHS) gegründet worden war und in dem neuen Staat die Revolution ausgebrochen sei. (Diese Meldung war allerdings übertrieben.) Die sowjetischen Behörden ernannten ihn zum Kommandanten einer Einheit von Kriegsgefangenen aus den ehemals österreichischen Ländern, die nun Staatsbürger der neuen Monarchie waren.[28] Mit dieser kehrte er im September 1920 über das Baltikum in die Heimat zurück, wobei die jugoslawischen Repräsentanten in Wien seinen Grenzübertritt zu verhindern suchten, weil ihn zwei serbische Kameraden beschuldigten, Kommunist zu sein. In Maribor wurde er zusammen mit seiner Frau tatsächlich in Quarantäne gesteckt, doch bereits nach einer Woche erlaubte man ihm, nach fünf Jahren Kriegsgefangenschaft in sein Heimatdorf zurückzukehren.[29] Aber Russland und Sibirien mit der Taiga, dem Mondlicht und den Pferden bewahrte er bis an sein Lebensende tief in seinem Herzen. Zum Land der Sowjets bewahrte er bis ins hohe Alter eine tiefe emotionale Beziehung.[30] Als 1952, auf dem Höhepunkt des Konflikts mit Stalin, einer seiner Generäle in vulgären Worten auf die Sowjetunion schimpfte, sagte er in höchst erregtem Ton: »Jeder Wolf hat sein Rudel, das er niemals verlässt. So ist es auch mit mir.«[31] Trotz aller Enttäuschungen, Zweifel und Konflikte war für Tito klar, »dass der sozialistische Kontinent real existiert, dass er ein Sechstel unseres Planeten ausmacht und dass er den Beginn eines Prozesses bedeutet, der nicht aufzuhalten ist«.[32] Wie Veljko Mićunović, einer seiner wichtigsten Diplomaten, bezeugt, hinterlegte er zu Beginn der siebziger Jahre sogar sein Testament in der Sowjetunion, weil »er den Leuten rings um sich nicht traute«.[33]

★

ANFÄNGE DER PARTEITÄTIGKEIT

Zuhause erfuhr Josip Broz, dass seine Mutter zwei Jahre zuvor an der Spanischen Grippe gestorben war. Er selbst bezeichnete diesen Tag als den »schmerzlichsten meines Lebens«.[34]

In der Heimat fand er völlig veränderte politische und soziale Verhältnisse vor – die Habsburger Monarchie gab es nicht mehr, und die Leerstelle, die dieses Jahrhunderte alte Staatsgebilde hinterlassen hatte, wurde von einer seltsamen Chimäre ausgefüllt: dem Königreich der Serben, Kroaten und Slowenen, in dem sich unter dem Zepter der Karađorđevićs Südslawen aus dem mitteleuropäischen und dem levantinischen Kultur- und Geschichtskreis zusammengeschlossen hatten. Außer den drei ethnischen Hauptgruppen sowie den Mazedoniern, Montenegrinern und muslimischen Bosniern, denen Belgrad nicht den Status selbstständiger Nationen zuerkannte, lebten in diesem Staat noch mindestens siebzehn Minderheiten (Albaner, Ungarn, Deutsche und andere), was ihm den Charakter des vielfältigsten Staates Europas verlieh. Achtzig Prozent der Bevölkerung lebte auf dem Lande, wo sich seit der osmanischen Herrschaft nicht viel verändert hatte – wenn die Verhältnisse aufgrund des entsetzlichen Elends, das der Krieg verursacht hatte, nicht noch schlechter waren.[35]

Es zeigte sich bald, dass sich über eine so buntgemischte und potenziell zum Umsturz neigende Gesellschaft nur mit harter Hand herrschen ließ. So erließ die Belgrader Regierung schon Ende Dezember 1920 ein Staatsschutzgesetz (die sogenannten *Obznana*), mit dem die gerade gegründete Kommunistische Partei Jugoslawiens (KPJ) verboten und in die Illegalität getrieben wurde. Die Partei, die ihre Wurzeln in den sozialdemokratischen und sozialistischen Parteien der Vorkriegszeit mit jeweils unterschiedlicher Tradition und Kultur hatte, wurde dadurch natürlich stark geschwächt: Von den 65 000 Mitgliedern, die sie 1920 zählte, schrumpfte sie bis 1924 auf 688 Mitglieder.[36] Josip Broz schloss sich der Partei zwar an, trat aber in den wüsten Fraktionskämpfen zwischen den Führern der KPJ, diesen Generälen ohne Armee, politisch nicht hervor. Er engagierte sich stattdessen in Gewerkschaften, auf die die Kommunisten starken Einfluss hatten. Doch auch diese Aktivitäten sorgten dafür, dass er schikaniert, aus dem Dienst entlassen, ins Gefängnis geworfen und dort misshandelt wurde.[37] Wie schon vor dem Krieg hielt er es nie lange an einem Arbeitsplatz aus: Er arbeitete in Zagreb, in Bjelovar, auf einer Werft in Kraljevica, in Veliko Trojstvo und in einer Waggon-Fabrik in Smederevska Palanka. Für kurze Zeit kehrte er auch in seinen ersten Beruf zurück und arbeitete als Kellner, wurde jedoch bald entlassen, weil er unter den Kollegen einen Streik organisiert hatte.[38]

1926 wollte er sich in Belgrad einer der lokalen Parteizellen anschließen. Aber die rechtsgerichtete Fraktion, die in der Stadt an der Macht war, wollte ihn nicht aufnehmen, weil ihre Führer der Meinung waren, er gehöre weder zu ihnen noch zu den Linken. »Dieser Fraktionismus erreichte ein solches Ausmaß, dass es für anständige Kommunisten unmöglich wurde, den Parteiorganisationen beizutreten. Nur damit die Führer ihre Stellung sichern konnten […], denn sie bekamen Unterstützung von der Komintern. Das heißt, nicht nur Unterstützung, sondern vielmehr ein monatliches Gehalt […], deutlich höher als das hoher Beamter. […] Auch das bewog mich neben anderen Erkenntnissen, den Kampf gegen den Fraktionismus aufzunehmen.«[39] Zurück in Zagreb begann Broz 1927 als Sekretär des Bundes der kroatischen Metall- und Lederarbeiter und später als Sekretär des Stadtkomitees der KP mit der Agitationsarbeit, wobei er sich sowohl der linken als auch der rechten Fraktion widersetzte. Erstere betonte das föderalistische, Letztere das zentralistische Konzept der gesellschaftlichen und staatlichen Ordnung, worin natürlich auch die unterschiedliche politische Kultur Belgrads und Zagrebs zum Ausdruck kam. Wie Miroslav Krleža später festhielt, »drehte sich die Diskussion in einem Teufelskreis nach dem Motto: ›ohne vollständige Demokratie keine Lösung der nationalen Frage‹ bzw. ›ohne Lösung der nationalen Frage keine vollständige Demokratie‹«.[40]

Da sie von Mitte der Zwanziger bis Mitte der Dreißiger im Königreich SHS, »diesem künstlichen Versailler Gebilde«, nur ein mögliches Sprungbrett der imperialistischen Mächte zum Angriff auf die Sowjetunion sah, sprach sich das Exekutivkomitee der Kommunistischen Internationalen (EKKI), jene Organisation, die alle kommunistischen Parteien der Welt miteinander verband und sie Moskau unterordnete, für die Zerstückelung des Staatsgebildes und die Gründung einer Föderation sozialistischer Republiken auf dem Balkan aus. In einer im Frühjahr 1925 veröffentlichten Resolution einer Sonderkommission der Komintern heißt es in einer Anweisung an die KPJ: »Die Partei muss mit einem Höchstmaß an Propaganda und Agitation die werktätigen Massen in Jugoslawien davon überzeugen, dass der Zerfall eines solchen Staates der einzige Weg zur Lösung der nationalen Frage ist. […] Solange Jugoslawien nicht untergegangen ist, ist eine ernsthafte kommunistische Aktivität nicht möglich. Wir müssen folglich Jugoslawien mit Unterstützung der separatistischen Bewegungen im Lande zerschlagen.«[41] Deshalb griff die Komintern die rechte Fraktion und ihren Führer, den Serben Sima Marković, Sekretär der KPJ, scharf an. Marković lehnte das leninistische Prinzip der Selbstbestimmung der Völker ab, wurde dafür von Stalin höchstpersönlich kritisiert und 1929 aus der Partei ausgeschlossen. Gleichzeitig nahm die Komintern auch gegenüber der von Rajko Ivanović geführten linken Fraktion eine kritische Haltung ein. Die hatte unter anderem behauptet, die Bauern seien ihrer Natur nach unweigerlich Verbündete der Bourgeoisie, nicht aber der Arbeiterklasse. 1928 charakterisierte das Provisorische Exekutivkomitee der Komintern in einem offenen Brief an die Mitglieder der KPJ den Konflikt zwischen beiden Gruppen folgendermaßen: »Die lebenswichtigen Fragen des proletarischen Kampfes wurden an die letzte Stelle gedrängt, während die scholastische Kasuistik, die das fraktionistische Gezänk nur noch schürte, an die erste Stelle gerückt war.«[42]

Schließlich schien sich die »Zagreber Linie« durchzusetzen. Diese forderte eine Überwindung des Fraktionen-Streits und dass die Intellektuellen an der Parteispitze durch Arbeiter ersetzt werden müssten. »Wir suchten«, erinnerte sich Tito, »einen Ausweg aus der schwierigen Situation, in der sich die kommunistische Bewegung Jugoslawiens befand. Wir kamen zu der Erkenntnis, dass wir als Erstes die Partei gesundmachen und ihre Einheit erkämpfen mussten.« Dieser Kampf war nicht ohne Wagnis, denn die Führung der KPJ war gern bereit, gegen Kritiker schwerste Sanktionen zu verhängen und sie als parteifeindliche Elemente abzustempeln.[43]

Ohne selbst Position zu beziehen stellte Josip Broz fest, dass der langjährige interne Kampf die Parteiführung gelähmt und jede wirklich revolutionäre Aktion verhindert habe, und mithilfe von Andrija Hebrang gelang es ihm 1928 auf der VIII. Konferenz Ende Februar das Sekretariat des Zagreber Stadtkomitees zu übernehmen, wenngleich manche aufgrund seiner mangelnden Bildung Zweifel an seiner Eignung hatten. Eigentlich war Hebrang für diese Position vorgesehen, dieser hatte aber zugunsten von Broz verzichtet, da er der Meinung war, dass der Sekretär ein Proletarier sein müsse, während er selbst Bankbeamter war. Es handelte sich um die zahlenmäßig stärkste kommunistische Organisation im Königreich Jugoslawien mit ungefähr 180 Mitgliedern, und zwei Monate später wurde sein Standpunkt in einem offenen Brief auch von der Komintern bestätigt: »Die Auftritte in der Organisation der Stadt Zagreb zeigen, dass die KPJ eine gesunde Mitgliederbasis hat, die mit fester Arbeiterhand in der Partei für Ordnung zu sorgen versteht.« Diese »bolschewistische« Ausrichtung, die der Partei eine innere Kohäsion leninistischen Typs geben, sie vom »Alptraum des Fraktionismus« befreien und sich der Arbeit unter den Massen[44] widmen wollte, konnte sich in den folgenden Jahren zwar nicht durchsetzen, lenkte jedoch die Aufmerksamkeit auf Broz und Hebrang, allerdings auch die der Polizei.[45] »Genosse Georgijević«, wie Broz damals in der Partei hieß, war bereits 1927 wegen revolutionärer Tätigkeit zu sieben Monaten Gefängnis verurteilt worden, am 1. Mai 1928 wurde er erneut verhaftet wegen der Ausschreitungen, die die Kommunisten im Kino Apollo gegen eine Versammlung der städtischen Sozialistischen Partei organisiert hatten. Unter den Störenfrieden, die während der Festveranstaltung »Nieder mit den Sozialpatrioten! Nieder mit den Dienern der Kapitalisten!« schrien und sich mit den Versammelten prügelten, befand sich auch Broz. Man verhaftete ihn und verurteilte ihn gemeinsam mit den Genossen zu vierzehn Tagen Gefängnis. Bei dieser Gelegenheit wurde eine Personenbeschreibung angefertigt, in der es heißt, dass er 170 cm groß sei, graue Augen habe, dass ihm Zähne fehlten, dass er aufgrund von Kurzsichtigkeit ständig eine Brille trage und bisher unbescholten sei.[46] Offenbar wusste man auf der Polizeiwache nicht, mit wem man es zu tun hatte. Im Juli und August des folgenden Jahres wurde er erneut verhaftet, diesmal unter der Anschuldigung, einen Aufstand organisiert zu haben, der das verhasste Regime der Karađorđevićs stürzen sollte. In Zagreb brachen tatsächlich Streiks, Massendemonstrationen und Unruhen aus, die auch mehrere Todesopfer forderten.[47]

Der Augenblick für eine Revolution schien äußerst günstig, denn am 20. Juni 1928 war es im Belgrader Parlament zu einem Attentat gekommen, dem mehrere kroatische oppositionelle Abgeordnete zum Opfer gefallen waren. Der Attentäter war Puniša Račić, ein montenegrinisches Mitglied der regierenden Radikalen Partei, das in den Vertretern der Kroatischen Bauernpartei (HSS) Todfeinde eines geeinten und streng zentralisierten Staates sah. Unter seinen Opfern war auch der charismatische Führer der Partei Stjepan Radić, der Ende August nach mehreren qualvollen Wochen seinen Wunden erlag. Diesen Krisenmoment wählte die KPJ gemäß den Anweisungen der Komintern für eine Aktion: Ihre Führer, die keinen Rückhalt in den Massen hatten, unternahmen sie mit dem ganzen Enthusiasmus ihrer Unerfahrenheit.[48] Doch infolge eines Verrats aus den eigenen Reihen war die Gendarmerie schneller. Fünf Tage vor Radićs Tod lauerten zwei Gendarme Broz auf und nahmen ihn fest. »Hätte ich nur ein Prozent Möglichkeit gehabt«, erzählte er später einem Freund, »wäre ich geflüchtet und hätte geschossen.« Bei Broz fand man am 4. August 1928 eine geladene Browning, für die er keinen Waffenschein besaß; in seiner konspirativen Wohnung entdeckte man – neben marxistischer Literatur – unter dem Bett auch einen Korb mit Munition und vier deutsche Handgranaten aus dem Ersten Weltkrieg (später behauptete er zu seiner Verteidigung, man habe sie ihm untergeschoben, was aber nicht der Wahrheit entsprach).[49] Man sperrte ihn ein, prügelte ihn und verlangte von ihm, dass er gegen seine Genossen aussagte. Dem verweigerte er sich und trat stattdessen wie auch bei seinem letzten Gefängnisbesuch in einen Hungerstreik. Sein Brief aus dem Gefängnis, in dem er seine Haft-»Qualen« übertrieben schilderte, wurde am 24. August 1928 von dem Organ der Komintern *Internationale Presse Korrespondenz* unter dem Titel *Ein Schrei aus der Hölle der jugoslawischen Kerker* veröffentlicht.[50]

Anfang November stand er vor Gericht, das ihn in einem aufsehenerregenden, effekthascherisch als »Bombenleger-Affäre« bezeichneten Prozess am 14. November 1928 auf der Grundlage des Staatsschutzgesetzes, das »jede kommunistische Propaganda« verbot, zu fünf Jahren Gefängnis verurteilte. Bei der Verhandlung verhielt er sich so, wie es die Komintern den Kommunisten für solche Gelegenheiten vorschrieb: »Habe nur eines vor Augen. Nicht dass deine Strafe möglichst gering ausfällt, sondern dass du mit deinem Verhalten das Ansehen der Partei in den Augen der werktätigen Massen hebst.«[51] Gemäß dieser Anweisung erklärte Broz, er fühle sich nicht schuldig und erkenne das »bourgeoise« Gericht, das die reaktionären Kräfte repräsentiere, nicht an. »Es lebe die Kommunistische Partei! Es lebe die Weltrevolution!«[52] Und tatsächlich wurde diese Haltung von den Zeitungen vermerkt und auch in Moskau registriert.[53] August Cesarec, einer der führenden linken Intellektuellen in Kroatien, schrieb kurz darauf in der illegalen Zeitung *Proleter*: »Sollte dieser junge und krankhaft ambitiöse Kommunist an die Spitze der KPJ gelangen, wird das eine Tragödie für die Partei.«[54]

Nach dem Urteil blieb Broz noch einige Tage in den Zagreber Gefängnissen: die Genossen versuchten ihn zu befreien, indem sie mithilfe eines sympathisierenden Wächters eine in einem Brotlaib versteckte Säge in die Zelle schmuggelten. Mit ihr durchsägte Broz fünf der sechs Eisenstangen am Fenster seiner Zelle, ohne dass das jemand bemerkt hätte. Doch bevor er die sechste in Angriff nehmen konnte, wurde er zuerst in eine andere Zelle und kurz darauf nach Lepoglava im kroatischen Zagorje verlegt, wo sich seit 1854 die wichtigste Strafanstalt der Banschaft befand. Der Wächter, der ihm geholfen hatte, geriet bei den Behörden in Verdacht und flüchtete mithilfe der Kommunistischen Partei in die Sowjetunion. Einige Jahre später verdächtigten ihn die Sowjets, ein Agent der jugoslawischen Polizei zu sein und verurteilten ihn zum Tode.[55] Unter den Kommunisten, mit denen Broz in Lepoglava und Maribor (Letzteres stand in dem Ruf, »Aleksandars schlimmstes Gefängnis« zu sein) einsaß, erwarb sich Broz rasch Respekt. Vor allem durch sein aufrechtes Verhalten und durch die Disziplin, mit der er sich den Studien des Marxismus-Leninismus widmete. Durch Hungerstreiks hatten die Kommunisten nämlich erstritten, dass sie in Gemeinschaftszellen untergebracht waren, was ihnen die Möglichkeit gab, »den Kerker zur Schule zu machen«. Die benötigte Literatur schmuggelten sie ins Gefängnis. So begann sich in diesem und in anderen Strafanstalten eine neue Generation von politischen Führern herauszubilden – Josip Broz, Moša Pijade, Andrija Hebrang, Aleksandar Ranković, Milovan Đilas –, die sich intensiv marxistisch schulten, sich aber auch mit praktischen Fragen auseinandersetzten, etwa mit Militärtaktik.[56] In den Jahren der Gefangenschaft – an die er sich gern mit lockerem Witz erinnerte[57] – wurde Broz zum Berufsrevolutionär, wie man im Gefängnis von Maribor richtigerweise bemerkte. Dort schrieb man in seinen Personalbogen unter der Rubrik Fachausbildung (Spezialgebiet): »verbrecherisch: Kommunist«.[58]

Trotz aller Widrigkeiten hat das Gefängnis Josip Broz wahrscheinlich das Leben gerettet. Nur wenige Wochen nach seiner Verurteilung, am 6. Januar 1929, löste König Aleksandar das Parlament auf, hob die sogenannte Vidovdan-Verfassung aus dem Jahr 1921 auf und führte ein diktatorisches Regime ein, an dessen Spitze er General Petar Živković einsetzte. Der König und sein Premierminister verboten alle Parteien und kündigten einen unerbittlichen Kampf gegen alle oppositionellen Kräfte an: von den Kosovo-Albanern bis zu den mazedonischen Separatisten, von den kroatischen Nationalisten – den gemäßigten wie den radikalen (Ustascha) – bis hin zu den Kommunisten. Zwischen 1929 und 1931 landeten an die zehntausend Linke und andere Angehörige der Opposition in den verschiedenen Polizeigefängnissen. An die hundert KPJ-Mitglieder wurden allein in der Belgrader »Glavnjača« zu Tode gequält.

Nachdem er seine Haftstrafe verbüßt hatte, kehrte der zweiundvierzigjährige Josip Broz im März 1934 ins heimatliche Kumrovec zurück, wie es das Gesetz für ehemalige Häftlinge vorschrieb. Jedoch nahm er sehr bald wieder die illegale politische Arbeit in Zagreb und Bjelovar auf. Bereits im Juli ging er mit dem Auftrag nach Österreich, die gestörten Beziehungen zwischen den Führern der kroatischen Kommunisten und dem Zentralkomitee der KPJ in Ordnung zu bringen, das wegen der polizeilichen Repression unter Aleksandar I. seit 1929 im Wiener Exil arbeitete. Die Grenze überschritt er bei Tržič, als Bergsteiger verkleidet und mit einem Ausweis des Kroatischen Alpenvereins.

Doch in Kärnten geriet er in den Nazi-Putsch gegen die klerikale Regierung von Kanzler Engelbert Dollfuß.[59] Als er sich von Klagenfurt endlich mit dem Zug bis Wien durchgeschlagen hatte, »stürzten sich die dortigen Genossen auf mich wie die Bienen auf den Honig«, weil sie wissen wollten, wie die Lage in der Heimat und in den Parteiorganisationen war. Er traf sie in einem Kaffeehaus und bekam es, als er sie vor sich sah – »ein halbes Dutzend hinterhältig blickender Männer« –, fast mit der Angst zu tun. Broz erklärte, dass in Jugoslawien keiner der wahren Kommunisten, die er im Gefängnis oder in Freiheit kennengelernt habe, Vertrauen zum ZK der KPJ habe. »Gorkić – der Generalsekretär der Partei – zwirbelte seinen roten Schnurrbart. Der stand ihm nicht gut; er betonte die Blässe seines Gesichts.« Er fiel Broz ins Wort und überschüttete ihn mit einem Schwall grober Schimpfwörter.[60]

Trotz dieses unfreundlichen Empfangs kooptierten ihn die Wiener Genossen am 1. August 1934 ins Politbüro, und Ende Dezember wurde er auf der in Ljubljana abgehaltenen IV. Staatskonferenz ins Zentralkomitee gewählt.[61] Für dieses Gremium hatte ihn der junge kroatische Kommunist Ivan Krajačić-Stevo vorgeschlagen, Mitglied des Stadtkomitees in Zagreb, mit dem Broz sein ganzes Leben eng verbunden bleiben sollte.[62] Wie erwähnt stand zu diesem Zeitpunkt Josip Čižinski, besser bekannt unter dem Pseudonym Milan Gorkić (Sommer) an der Spitze der KPJ; er war tschechisch-polnischer Herkunft, aber in Bosnien geboren. Die jugoslawischen Verhältnisse kannte er nur unzureichend, denn 1922 war er als Neunzehnjähriger nach Moskau gegangen, wo er bis 1932 in verschiedenen Büros der Komintern arbeitete und enge Kontakte zum Innenministerium (NKWD) unterhielt, die ihm auch Zugang zu den »höheren Kreisen« verschafften. Er hatte sogar eine Frau aus diesem geschlossenen und privilegierten Kreis geheiratet, die Direktorin des berühmten Kulturparks. Unweigerlich wurde Gorkić so zu einem (selbst-) überzeugten Parteibürokraten, der 1932 sozusagen per Investitur zum Sekretär der KPJ ernannt wurde, ohne dass die Mitglieder der Partei mitzureden gehabt hätten. Er sah sich an der Spitze einer Partei, die kaum 3000 Mitglieder zählte, von denen die meisten im Gefängnis saßen oder im Exil lebten und unter denen es nicht an Provokateuren, Verrätern und Polizeispitzeln mangelte. All das machte die Parteiführung zu einem wahren Schlangennest. Jeder verdächtigte jeden und man schwärzte sich gegenseitig bei der Komintern an, wobei alle sehr wohl wussten, dass man in Moskau auf neugierige Ohren stoßen würde. Aufgrund dieser Verhältnisse zirkulierte in der Komintern der Witz, »dass zwei Jugoslawen drei Fraktionen bilden, deren Angehörige sich untereinander so sehr befeinden und bekämpfen, dass sie den Klassenfeind völlig vergessen«.[63]

Broz war sehr daran gelegen, diese Verhältnisse in der Partei zu beenden und schrieb am 2. August 1934 einen Bericht für das Zentralkomitee, in dem er betonte, dass man das abstrakte Politisieren überwinden, die Kontakte zu den werktätigen Massen stärken und zur Aktion schreiten müsse. Dieses Dokument unterschrieb er erstmals mit dem Pseudonym Tito, einem Namen, der in seiner Heimat Zagorje ziemlich verbreitet ist.[64]

Broz wollte nach Moskau weiterreisen, um seine Frau (und seinen Sohn) zu sehen, die nach seiner Verurteilung in die Sowjetunion zurückgekehrt war, um sich an der Internationalen Lenin-Schule einzuschreiben, doch Gorkić entschied anders. Er schickte ihn in die Banschaft Drau, wo er gemeinsam mit den slowenischen Genossen die Landes- und die IV. Staatskonferenz organisieren sollte. Erstere fand am 16. und 17. September in der Sommerresidenz des Laibacher Bischofs statt, dessen Halbbruder mit den Kommunisten sympathisierte.[65] An der zweiten, die Ende Dezember in der slowenischen Hauptstadt tagte, nahmen elf Delegierte teil. Broz war nicht anwesend, denn es galt die Regel, dass derjenige, der eine Konferenz organisiert, aus Sicherheitsgründen nicht an ihr teilnimmt. So behauptete zumindest der Generalsekretär, während Broz dahinter einen Vorwand argwöhnte, um ihn auszuschalten. Beide Konferenzen waren von den Versuchen gekennzeichnet, das Sektierertum der letzten Jahre zu überwinden und die Partei in ihr reales Umfeld einzubinden. Zu dem Zweck wurde (auf Initiative der Komintern) beschlossen, innerhalb der KPJ in Slowenien und Kroatien autonome Parteien zu gründen.[66]

Schon im September kehrte er nach Wien zurück, von wo ihn Gorkić bald nach Jugoslawien zurückschickte, diesmal nach Zagreb. Erneut mit dem Auftrag, sich mit den Kroaten über die Parteikonferenz zu beraten. Diese Aufträge belasteten Broz' Beziehung zu Gorkić, denn er hegte den Verdacht, dass ihn der Generalsekretär so kurz nach seinem Gefängnisaufenthalt absichtlich Gefahren aussetze. Trotz seiner musterhaften Lebensführung erschien ihm Gorkić allzu vertrauensselig gegenüber seinem Umfeld und eigentlich unfähig zu konspirativer Tätigkeit. Zudem behandelte er seiner Meinung nach die Genossen, die sich in Jugoslawien zu formieren suchten, geringschätzig und versuchte sie zu diskreditieren, damit sie keinen Zugang zu den Geldern bekämen, die die Komintern der KPJ überwies.[67] »Mich hat das furchtbar angewidert …«[68] Trotzdem unterhielt er eine formal korrekte Beziehung zu Gorkić.[69] Jahre später erst vertraute er Louis Adamić an, was er wirklich von Gorkić hielt: »Das Einzige, was rot an ihm war, waren seine Haare und sein Bart.«

Ende 1934 schickte er im Namen des Politbüros, das sich damals in Brünn aufhielt, eine Anleitung für den bewaffneten Aufstand an alle Provinzkomitees der KPJ und des Bundes der kommunistischen Jugend Jugoslawiens (SKOJ). Denn der jugoslawische Staat befand sich erneut in einer schweren Krise: Am 9. September war König Aleksandar I. bei einem offiziellen Besuch in Marseille von einem bulgarisch-mazedonischen Attentäter erschossen worden, der mit dem Führer der kroatischen Ustascha, Ante Pavelić, in Verbindung stand. Da das Ende der Karađorđević-Dynastie gekommen schien, schreckte Broz auch nicht vor der Empfehlung zurück, die bewaffneten Gruppen der KPJ mögen sich auch mit den radikal chauvinistischen Organisationen verbünden. Er war überzeugt, das verhasste monarchistische Regime nur auf diese Weise stürzen zu können.[70]

Doch Prinz Pavle, der nach dem Tod seines Cousins die Regentschaft im Namen des minderjährigen Sohns Peter II. übernahm, gelang es, Herr der Lage zu werden, und es setzte sich die Überzeugung durch, dass den Kommunisten schwere Jahre bevorstehen würden und dass der Terror noch schlimmer werden könnte als in den Jahren 1929-1931. Daher sollten die leitenden Kader, unter ihnen auch Broz, wenn möglich das Land Richtung Sowjetunion verlassen, um sich dort auf kommende Staatskrisen vorzubereiten.[71]

Vor seiner Abreise wäre Broz fast noch der Wiener Polizei in die Hände gefallen. Denn er wohnte illegal bei einer älteren Jüdin, deren Tochter versuchte, sich mit Gas zu vergiften. Broz rettete sie zwar in letzter Minute, doch die herbeigerufenen Gendarmen verlangten, seinen Ausweis zu sehen. Er entkam ihnen nur um Haaresbreite.[72]

★

IN MOSKAU

Das Land des siegreichen Proletariats, in dem er »Liebe, Kameradschaft und Aufrichtigkeit«[73] am Werk sah, betrat er mit einem schmeichelhaften Empfehlungsbrief von Gorkić, der an Vladimir Ćopić-Senjko gerichtet war, einen der Gründer der KPJ und Vertreter der Partei bei der Komintern: »Er stellt den besten Teil unseres Arbeiteraktivs dar, und nach einiger Zeit (6–9 Monate) werden wir ihn zu Führungsarbeiten ins ZK aufnehmen.«[74] Obwohl Ćopić in ihm einen möglichen Konkurrenten sah, beschaffte er ihm im fünften Stock des Hotel Lux, das im Stil der russischen Sezession gebaut war und dem vom einstigen Luxus nur der Name geblieben war, das Zimmer 275. Seit der Revolution hatte man in dem Hotel nach Moskau geflüchtete ausländische Kommunisten einquartiert. Hier wimmelte es von Ratten und es herrschte ein unangenehmer Kohlgeruch, der aus den zwei Gemeinschaftsküchen in jeder Etage kam.[75] Broz' erste Aufgabe bestand darin, seinen Lebenslauf niederzuschreiben, wie das bei der Komintern üblich war.[76] Er musste ihn mehrmals schreiben, sodass die Beamten in der Kaderabteilung anhand der verschiedenen Versionen seine Glaubwürdigkeit überprüfen konnten. Auf Anordnung eines gewissen Jakubowitsch, Vertreter der sowjetischen Geheimpolizei (GPU) beim EKKI, und des bulgarischen Kommunisten Ivan Karaivanov-Špiner, Mitglied der Kaderabteilung, verfasste er anschließend detaillierte Charakterisierungen von sieben prominenten jugoslawischen Parteifunktionären, Gorkić eingeschlossen. Darin beschreibt er betont offenherzig die Tugenden, aber auch die Schwächen der zu beurteilenden Genossen, wobei er darauf achtete, über Ćopić, von dem er abhängig war, nur Positives zu sagen. (In Wirklichkeit hielt er ihn für einen »Waschlappen und Wichtigtuer«.)[77] Zum Dank schlug Ćopić seinen Vorgesetzten vor, Broz zur Erholung in ein Sanatorium zu schicken. Nach V. N. Bondarew, einem Historiker, der sich intensiv mit Titos Moskauer Jahren befasst hat, könnte mit »Sanatorium« allerdings auch die Lubjanka, der berüchtigte Sitz der Geheimpolizei, gemeint sein, wo die Agenten des NKWD neue Kader anwarben.[78]

Als Broz zurückkehrte, verbürgte sich Karaivanov am 21. Mai 1935 schriftlich dafür, »dass Broz im politischen Sinne volles Vertrauen verdient«.[79] Das bestätigten sowohl Ćopić als auch der mächtige Direktor der Kaderabteilung, der Bulgare Georgi Damjanow, besser bekannt unter dem Parteidecknamen Below, obwohl dieser Broz gegenüber von allem Anfang an keine Sympathie hegte. Das Exekutivkomitee der Komintern empfahl daraufhin dem ZK der KPJ vor, den »Genossen Walter« – wie sie ihn tauften – als ihren »Politreferenten« im Balkansekretariat einzusetzen, das von dem bekannten deutschen Kommunisten Wilhelm Pieck geleitet wurde. Das ZK der KPJ stimmte diesem Vorschlag zu.[80]

An der Spitze der Komintern stand zu dieser Zeit der legendäre Georgi Dimitrow, ein bulgarischer Revolutionär, der im Prozess um den Reichstagsbrand in Berlin angeklagt, aber wegen seines mutigen und wirkungsvollen Auftretens vor den deutschen Richtern freigesprochen worden war. Broz konnte sich bald Dimitrows Unterstützung gewiss sein: er galt ihm als durch und durch loyaler Kommunist, einer der wenigen Jugoslawen, der für die praktische Arbeit geeignet, wenngleich in der Theorie des Marxismus-Leninismus eher wenig beschlagen war.[81]

Trotzdem wurde Broz vorübergehend Dozent im jugoslawischen Sektor der Internationalen Lenin-Schule und an der Kommunistischen Universität der Nationalen Minderheiten des Westens, und bald darauf auch Mitglied der Vertretung der KPJ bei der Komintern.

Die jugoslawische Diaspora in Moskau, die annähernd 900 Menschen zählte (allein die Mitglieder des ZK der KPJ brachten es in unterschiedlichen Gruppierungen auf nahezu fünfzig), war ähnlich zerstritten wie die Partei in der Heimat, es herrschten die gleichen Verhältnisse wie im »Zuchthaus«.[82] Er mied, wie er später selbst erzählte, ihre Gesellschaft, teils weil er im Gefängnis die Einsamkeit liebgewonnen hatte, teils weil er sich bewusst war, dass man ständig darauf achten musste, was man sagte. »Besonders in Räumen mit einem Telefonapparat.«[83] Er widmete sich voll und ganz seiner Arbeit und besuchte unter anderem auch Seminare in Führungstechnik und Konspiration, die die Komintern in Moskau abhielt.[84] »Diese Zeit nutzte ich auf bestmögliche Weise zum Studium: Mein einziger Weg führte vom Hotel Lux zum Gebäude der Komintern, und vielleicht hat mich das davor bewahrt, unter Stalins Messer zu geraten.«[85] Sein zurückhaltendes Auftreten bestätigt auch Ruth von Mayenburg, die Ehefrau des österreichischen Kommunisten Ernst Fischer, in ihren Erinnerungen an das Leben im Hotel Lux: »Tito bewegte sich durch die langen Korridore allem Vernehmen nach wie eine unscheinbare Maus. Keiner von den Nachbarn beachtete den stillen, bescheidenen Genossen, der mit kaum jemandem ein Wort wechselte, allein seiner Wege ging. Die Jugoslawen waren ohnehin eine konspirative Welt für sich, die fremden Genossen nur selten Einblick gewährte; selbst das Balkan-Sekretariat im Kominterngebäude an der Mochowaja arbeitete hinter verschlossenen Türen.«[86]

Kaum drei Monate nach Broz' Ankunft in Moskau war ein Attentat auf Sergei Kirow, den Leningrader Führer der WKP (B), verübt worden, was Stalin zu einer Welle von Säuberungen gegen die »Verschwörer«, führende Bolschewiken, nutzte. Es ist fraglich, ob Broz die Überzeugung der jüngeren jugoslawischen Kommunisten teilte, die im sicheren heimischen Untergrund dem Chefankläger bei den Moskauer Prozessen A. J. Wyschinski naiv jedes Wort glaubten und mit ihm jeden Verdächtigen zum Klassenfeind und trotzkistischen Spion erklärten.[87] Broz selbst entging jedenfalls dem Verderben, obwohl einige »Charakteristiken«, die er über die Genossen verfasst hatte, sich nicht mit denen, über die der NKWD verfügte, deckten.[88]

Vielmehr zog er Lehren aus Stalins Terror, vor allem in Hinblick auf den Mechanismen der Revolution und der Macht. Da er ihn als notwendiges Mittel zur Realisierung der neuen Gesellschaftsordnung sah, kompromittierte er sich moralisch und gab zugleich einen Ausblick auf die Leitlinien seines kommenden Wirkens. Milovan Đilas, der zunächst über viele Jahre Wegbegleiter Titos war und später zu einem seiner schärfsten Kritiker wurde, beschreibt die Metamorphose, die Broz in seiner frühen Moskauer Periode durchlebte, wie folgt: »Der Revolutionär Josip Broz [...] begriff erst jetzt, dass revolutionäre Institutionen und Methoden, obwohl sie von der Idee nicht zu trennen sind, wichtiger sind als diese, ja sogar wichtiger als die Revolution selbst.«[89] Savka Dabčević-Kučar meint sogar, dass er sich im Namen der kommunistischen Moral in ihrer machiavellistischen Variante, nach der das Ziel die Mittel heiligt, den traditionellen Werten entfremdet hatte und sie mit Füßen trat: Anständigkeit, Loyalität, Freundschaft, *Fair Play,* Ehre – alles das sei für ihn nur kleinbürgerlicher Plunder gewesen.[90]

Man muss Tito allerdings zugutehalten, dass er in einem Interview für die Zeitschrift *Komunist* im April 1959 sagte, Stalin habe mit Hilfe der Komintern »die revolutionäre Physiognomie der Kommunisten zerstört und aus Kommunisten Schwächlinge gemacht«.[91] Und natürlich auch das Zeugnis Edvard Kardeljs, der Mitte der Dreißiger mit Broz in Moskau zusammenarbeitete. Seinen Erinnerungen zufolge hat sich Tito in der Zeit des großen Terrors bemüht, möglichst viele jugoslawische Emigranten aus der Sowjetunion zur illegalen Arbeit in die Heimat zu schicken, oder – wenn sie jünger waren – in die internationalen Brigaden nach Spanien, wo Mitte Juli 1936 der Bürgerkrieg ausgebrochen war, um sie auf diese Weise vor dem Tod zu retten.[92] Die Sowjetunion hatte nämlich beschlossen, die republikanische Regierung in Madrid gegen die rechtsgerichteten Generäle mit Francisco Franco an der Spitze zu unterstützen. Broz machte sich diese Politik mit großem Eifer zu eigen, auch weil er der Meinung war, dass Spanien eine hervorragende Schule für Militär- und Politkader sein könne. So traten annähernd 1650 Jugoslawen in die Internationalen Brigaden ein, von denen fast die Hälfte bei der Verteidigung der Republik fiel. Damit konnte die KPJ auf ein größeres Kontingent an Spanienkämpfern zählen als alle anderen kommunistischen Parteien, und viele von ihnen stellten sich später an die Spitze des Partisanenaufstandes.[93]

Im Juli und August 1935 nahm Broz am VII. »Weltkongress« der Komintern teil, und zwar als Delegierter mit beratender Stimme, obwohl nicht alle in der Führung der KPJ damit einverstanden waren. In dem mehrsprachigen Formular, das die Teilnehmer ausfüllen mussten, führte er auf die Frage, unter welchem Pseudonym er in der Partei arbeite, zwei Decknamen an: »Tito« und »Rudi«, und auf die Frage, unter welchem Pseudonym er am Kongress teilnehme, antwortete er: »Walter Friedrich«. »Tito« und »Walter« blieben unter den dreißig Pseudonymen, die er in seinem Leben benutzte, die wichtigsten für ihn. Er gab ein falsches Geburtsjahr an – 1893 statt 1892 – und schwindelte auch, als er auf die Frage nach seiner Bildung »niedere, teilweise mittlere« schrieb, und angab, seit 1910 »Mechaniker« zu sein. Auf diesem Kongress sah er zum ersten Mal auch Stalin, wenn auch nur von Weitem und flüchtig. Der zeigte sich nämlich nur ein- oder zweimal im Tagungssaal und saß hinter einer Marmorsäule. »Jetzt siehst du mich, jetzt siehst du mich nicht«, erinnerte sich Tito später belustigt an diese »Begegnung«.[94]

Auf dem VII. Kongress der Komintern vollzog sich eine politische Wende: Moskau hatte nämlich beschlossen, dass man sich von der Doktrin, nach der die Kommunisten, die internationale Arbeiterbewegung keine politischen Verbündete haben könne, auch nicht unter den Sozialisten oder den Sozialdemokraten (die man bisher als »Sozialfaschisten« beschimpft hatte), verabschieden müsse. Angesichts des Aufstiegs der Nationalsozialisten in Deutschland war Moskau der Meinung, dass man nicht ohne Verbündete auskomme, sondern Allianzen schmieden müsse, sowohl mit den sozialdemokratischen wie auch mit katholischen und sogar nationalistischen und konservativen Parteien. Angestrebt werden sollte eine »Volksfront«, ein einheitlicher Block antifaschistischer Kräfte, in der Hoffnung, dass eine solche die Sowjetunion vor der von Hitler ausgehenden Gefahr schützen und die Voraussetzungen für die nächste Etappe der Revolution schaffen werde. In diesem Zusammenhang entstand auch die Überzeugung, dass für die Verteidigung der Heimat des Proletariats auch Jugoslawien von Nutzen sei. Das Land wurde nicht länger als Teil des Cordon sanitaire gegen den Bolschewismus, sondern gemeinsam mit den anderen jungen Staaten Mittel- und Südosteuropas als Bollwerk der UdSSR gegen Hitler angesehen.

Obwohl man in der KPJ auf der Staatskonferenz im Dezember 1934 noch überwiegend der Meinung gewesen war, das Königreich der Karađorđevićs gehöre zerschlagen, akzeptierte die KPJ die neue Linie ohne Murren. Ihr ZK stellte fest, dass man dem Recht der Selbstbestimmung der Völker und dem Recht auf Abspaltung prinzipiell treu bleibe, dass es aber »in Hinblick auf die gegenwärtige internationale Lage« geboten sei, Jugoslawien am Leben zu erhalten. Jegliche entgegengesetzte Bestrebungen würden nur dem Faschismus und seinen Kriegsplänen zuarbeiten.[95] Diesen Standpunkt erläuterte das Politbüro in einem Rundbrief, der an alle führenden Strukturen der KPJ gerichtet war, wobei es keinen offenen Widerspruch gab. Allerdings ließen sich die Vorbehalte gegenüber Jugoslawien im Bewusstsein zahlreicher »Genossen« nicht ohne weiteres ausräumen.[96]

Für Broz kam es auf dem VII. Kongress zu einer unangenehmen Komplikation. Mitte August wurde die Frage diskutiert, wer der neue ständige Vertreter der KPJ im Exekutivkomitee der Komintern werden solle. Eine Gruppe von Delegierten, die unerwartet aus Jugoslawien nach Moskau gekommen waren, schlug Broz für diesen prestigeträchtigen Posten vor, obwohl er nach Dienstjahren das jüngste Mitglied des ZK war. An der Parteispitze kam es zu einer hitzigen Debatte, die damit endete, dass alle, einschließlich Gorkić, Broz' Kandidatur unterstützten. Das stellte sich allerdings als taktisches Manöver heraus. Gorkić und seine Leute protestierten nämlich gleich nach der Wahl bei Dmitri S. Manuilski, dem Vertreter Stalins in der Komintern, und erklärten, dass die Wahl von Broz den »Fraktionismus« in der Partei stärke. Manuilski, der ein Freund von Gorkić war, reagierte äußerst wütend und weigerte sich, das Wahlergebnis zu akzeptieren. »Da ihr nicht Gorkić gewählt habt, zu dem die Komintern als Einzigem Vertrauen hat, denn zu euch hat sie es nicht«, erklärte er, »werden wir euch kein ständiges Mitglied in der Komintern zugestehen, sondern nur einen Kandidaten [der kein Stimmrecht hatte]; und dieser Kandidat wird Gorkić sein. Das soll euch eine Strafe sein.«[97] Dieses Vorgehen zeigte, wie gering das Ansehen der KPJ unter den Führern der Komintern war. »Damals wurde mir klar«, erzählte Tito später, »dass etwas in ihrem Verhältnis zu uns nicht in Ordnung war. Irgendwie steckte der Wurm drin. Dimitrow hat mich einmal gefragt: ›Sag, Walter, habt ihr bei euch überhaupt Parteiorganisationen?‹

Ich antwortete, dass wir welche hätten. Daraufhin sagte er, dass aus Berichten, die er erhalte, hervorgehe, dass es in unserem Staat keine Parteiorganisationen gebe. Sie hatten unsere Partei anhand der Führung in Wien beurteilt. In Wien aber war man so zerstritten, dass es eine wahre Schande war.«[98]

★

AUSEINANDERSETZUNG MIT GORKIĆ UND ARBEIT IM UNTERGRUND

Der Streit, von dem Broz sprach, war eine Folge der Gorkić'schen Politik nach dem jüngsten Kongress der Komintern. Gorkić sah angesichts der liberaleren Verhältnisse, die seit der Ermordung König Aleksandars in Jugoslawien vorübergehend eingetreten waren, die Gelegenheit, die Direktive des VII. Kongresses umzusetzen und eine Übereinkunft mit den anderen Oppositionskräften zu erzielen, die bei den Wahlen im Mai 1935 gute Ergebnisse erzielt hatten. Zu diesem Zweck war er sogar bereit, mit den Sozialisten eine gemeinsame Liste aufzustellen. Obwohl es tatsächlich den Anschein hatte, als werde mit dem Regierungsantritt des neuen Premiers Milan Stojadinović der Druck der Polizei auf die Linke etwas nachlassen, und obwohl die Sozialisten ein radikales Programm beschlossen hatten, das die Tür für eine Zusammenarbeit zwischen beiden Parteien öffnete, sperrten sich die anderen Mitglieder des ZK gegen ein derart enges Bündnis.[99]

Broz lenkte sich unterdessen von seiner Niederlage ab, indem er Ende August und in der ersten Septemberhälfte die jugoslawischen Delegierten auf einer längeren Reise durch die Sowjetunion begleitete. Sie besuchten große Fabriken und Kolchosen und fuhren auch in den Ural, wo sie manches sahen, was sie enttäuschte. Sie entschuldigten alles mit der Rückständigkeit Russlands und den großen Schwierigkeiten, denen sich das Land in einer feindlich gesinnten Welt gegenübersah. So auch Broz: »Meine revolutionäre Pflicht auferlegte mir damals, keine Kritik zu äußern und der ausländischen Propaganda gegen dieses Land nicht zu helfen, denn die UdSSR war schließlich der einzige Staat, wo die Revolution erfolgt war und wo es galt, den Sozialismus aufzubauen. [...] In meinem Innern spielte sich ein großer Kampf gegen das ab, was ich sah, aber ich entschuldigte die russischen Kommunisten damit, dass es nicht möglich sei, alles so rasch zu bewerkstelligen, obwohl seit dem Oktober 1917 schon eine ziemlich lange Zeit vergangen war, mehr als siebzehn Jahre.«[100]

In Jugoslawien gingen derweil die Fraktionskämpfe unvermindert fort. Da es der jugoslawischen Polizei gelungen war, mehrere prominente Kommunisten zu verhaften, die unter Druck auch ihre Genossen verrieten, kam es im Winter 1935/36 zu zahlreichen Festnahmen. Zeitweilig befanden sich zwischen 60 und 70 Prozent aller Mitglieder hinter Gittern, sodass die Partei fast ausgemerzt war, vor allem in Montenegro, Dalmatien, Kroatien, Slawonien, Serbien, Mazedonien und Bosnien und Herzegowina.[101] Wie sich zeigte, war die Hoffnung auf eine Liberalisierung, die Stojadinović mit seinem Regierungsantritt geweckt hatte, verfrüht gewesen, was der Opposition innerhalb der Partei Zündstoff gegen Gorkić lieferte.

Im April 1936 sah er sich gezwungen, in der österreichischen Hauptstadt eiligst ein Plenum des ZK der KPJ einzuberufen, ohne darüber die Komintern zu informieren und ohne auf die Ankunft ihres Vertreters zu warten. Das nahm man ihm in Moskau ebenso übel wie die Tatsache, dass es ihm auf dem Plenum nicht gelang, die Richtlinien des VII. Kongresses des EKKI hinsichtlich einer Volksfront durchzusetzen. Die anwesenden Mitglieder beschlossen nämlich eine Reihe von Resolutionen, in denen sie Verhandlungen mit den Sozialisten grundsätzlich ablehnten, was Gorkić total isolierte.[102] In dieser Auflösungssituation stellte das Sekretariat der Komintern am 15. August 1936 eine »große Kommission« zusammen, die einen Bericht über die »jugoslawische Frage« ausarbeiten sollte. Auf deren Sitzung bewertete Dimitrow die inneren Verhältnisse in der KPJ kritisch und erklärte es für »notwendig, andere Formen (der Aktivität) zu finden, damit die jugoslawische Partei in allen Fragen den richtigen Standpunkt einnehmen kann. Wir dürfen nicht zulassen, dass Jugoslawien ein faschistischer Staat wird.«[103] Die Beschlüsse des April-Plenums wurden annulliert, und es wurde beschlossen, die Führung der Partei auszuwechseln. Gorkićs Bemühungen, eine Übereinkunft mit den anderen oppositionellen Kräften zu erreichen, wurden also gebilligt. Allerdings stellte man sich durchaus die Frage, ob er fähig sei, die Situation in den Griff zu bekommen, oder ob er sich nicht dadurch unmöglich gemacht habe, sich nicht von Anfang an mit Moskau über die richtige Politik beraten zu haben.[104]

Mitte März 1936 beendete Broz die Arbeit in der Komintern. Unklar bleibt, was er in den folgenden Monaten tat. Aller Wahrscheinlichkeit hat er einen Guerilla-Kurs besucht, den die Komintern als Reaktion auf den sich ausweitenden Spanischen Bürgerkrieg unter dem Namen »Partisanen-Akademie« in Rjasan organisierte.[105] »Die Sache Spaniens«, hatte Stalin verkündet, »ist die Sache der gesamten fortschrittlichen Menschheit.« Um die »Konterrevolution« zu stoppen, die in Spanien mit Unterstützung Hitlers und Mussolinis und mit dem Segen des Vatikans gegen die republikanische Regierung in Madrid wütete, unterstützte er den Aufbruch in Internationalen Brigaden organisierter Freiwilliger zu den spanischen Kriegsschauplätzen.

Broz erhielt nach seiner Rückkehr den Auftrag, Freiwillige in Jugoslawien zu rekrutieren, wo er im August 1936 getarnt als eleganter österreichischer Tourist mit dem Reiseziel Dalmatien auftauchte.[106] Aber schon Ende des Monats ist er offensichtlich nach Moskau zurückgekehrt, denn wir wissen, dass er an den Debatten über die Lage der KPJ aktiv beteiligt war. Gegenüber den Kaderleuten des EKKI machte er dabei Angaben über Mitglieder und Kandidaten des ZK, wobei er weder mit Kritik sparte noch ihre positiven Charakterzüge unterschlug. Jedenfalls bezeichnete er niemanden als Trotzkisten, was für den Betreffenden zu dieser Zeit in Moskau lebensgefährlich gewesen wäre.

Auf der Grundlage der erarbeiteten Vorschläge beschloss die Kommission unter dem Vorsitz von Dimitrow am 19. September, die operative Führung der KPJ nach Jugoslawien zu verlegen. Im Ausland sollte nur eine Vertretung verbleiben, die als Verbindung mit Moskau fungieren, innerhalb der Emigration wirken und Parteiliteratur herausgeben sollte. Mit der künftigen Zusammensetzung der Parteiführung betraute das Sekretariat Manuilski gemeinsam mit der Kaderabteilung.[107]

Eine gute Woche später, am 25. September, diskutierte das Sekretariat des EKKI, diesmal unter der Leitung von Ercoli (Palmiro Togliatti), über die »Schuld der führenden Genossen« an der Spitze der KPJ und beauftragte eine dreiköpfige Sonderkommission, die Sache zu klären.[108] Für diese Kommission schrieb Broz am 16. Oktober einen langen Bericht, in dem er die bisherige Kaderpolitik der Parteiführung kritisierte und beklagte, dass man an die entscheidenden Stellen für das Wirken in der Heimat keine überprüften Leute entsandt habe, sondern solche, deren Beurteilungen aus zweiter Hand stammten. Dies habe zur Folge gehabt, dass auch Vorteilssuchende und Provokateure eingesetzt worden seien. Das ZK habe auch Einzelne, denen die Verhaftung drohte, nicht rechtzeitig zurückgezogen, mit dem Resultat, dass sie gegenüber der Polizei »gesungen« hätten. Zu den hieran Schuldigen zählte Broz vor allen Gorkić, der zu leichtgläubig sei und vorgetäuschtem Arbeitseifer aufsitze. Künftig sollten seinem Rat zufolge höchstens zwei Mitglieder im Politbüro für die Auswahl der Kader zuständig sein und sicherstellen, dass wichtige Positionen in Zukunft nur durch Genossen besetzt werden, die nicht nur wegen ihrer politischen Überzeugung, sondern auch wegen ihrer Erfahrung Vertrauen verdienten. Daher sollten alle altgedienten in Moskau lebenden Kommunisten, die zudem bei den Massen bekannt seien und Verbindungen sowohl zu den Sozialdemokraten als auch zu »kleinbürgerlichen« Gruppen hätten, in die Heimat zurückgeschickt werden. Denn dort könnten sie bei der Bildung einer einheitlichen

Volksfront aus Arbeitern und Antifaschisten wertvolle Hilfe leisten. Er erwähnte in diesem Zusammenhang sogar zwei Genossen, die aus der Partei ausgeschlossen worden waren. Entgegen Gorkićs Vorschlag, zwei Leute im Ausland zu belassen, sprach sich Broz dafür aus, nur einen dort zu belassen, da sich sonst zwei Machtzentren herausbilden würden, eines in Jugoslawien, eines im Ausland, die sich gegenseitig in die Quere kommen würden. Einzig Gorkić mit einem kleinen technischen Apparat und ein Genosse, der nicht Mitglied des ZK wäre und als Redakteur die Parteizeitung *Proleter* übernehmen würde, sollten im Ausland verbleiben.

Dieses erste schriftliche Papier Titos zum Thema Parteiorganisation überzeugte die Führung des EKKI davon, dass man sich auf Broz verlassen könne.[109]

Noch am selben Tag, an dem er den Bericht abgegeben hatte, am 16. Oktober 1936, wurde Broz mit einem jugoslawischen Reisepass auf den Namen Ivan D. Kisić und mit 200 Dollar in der Tasche nach Wien geschickt.[110] Dass er Moskau verlassen durfte, war eine große Erleichterung für ihn. Noch Jahre später erinnerte er sich mit Dankbarkeit an Dimitrow und Pieck, die ihm geholfen hatten, »aus Moskau zu verschwinden«, wo es wegen der Stalin'schen Säuberungen immer gefährlicher wurde. Am schlimmsten waren die Nächte im Lux, wenn Leute verhaftet wurden. »Da waren die Schreie von Frauen und Kindern zu hören, dass einem die Haare zu Berge standen.«[111]

In der österreichischen Hauptstadt war die Lage desaströs, denn wenige Wochen vor seiner Ankunft hatte die Polizei einen Großteil der Parteiführung festgenommen, darunter Lovro Kuhar (Valič), bekannt unter seinem Schriftstellernamen Prežihov Voranc, Karel Hudomaj (Oskar) und Ivan Marić (Železar). Nach acht Tagen reiste Broz weiter nach Jugoslawien. Dort sollte er, mit neuen Vollmachten ausgestattet, die Parteiorganisation, die während der Diktatur unter König Aleksandar gelitten hatte, straffen und bei der Rekrutierung von Freiwilligen für den Spanischen Bürgerkrieg mitwirken.[112]

Im Dezember traf er in Wien mit Gorkić zusammen, der mit Neuigkeiten aus Moskau angereist war. Letzteren hatte die Komintern trotz aller Kritik auf dem Posten des Generalsekretärs der KPJ bestätigt und ihn sogar mit einem Vetorecht gegen jede Entscheidung der heimatlichen Parteiführung ausgestattet. Ein solches hatte es bis dato in der Kommunistischen Partei Jugoslawiens nicht gegeben. Die Komintern hatte Gorkićs Gegner auf der Linken (Ćopić, Cvijić, Hudomalj, Marić, Perović) aus dem ZK ausgeschlossen und eine neue Führung ernannt, zu der neben Rodoljub Čolaković und Sreten Žujović auch Broz gehörte. Gorkić, damals dreiunddreißig Jahre alt, strahlte vor Zufriedenheit, denn es war offensichtlich, dass er in Moskau mächtige Fürsprecher hatte.[113]

Broz kam es merkwürdig vor, dass Gorkić mit einer solchen Machtfülle ausgestattet worden war, die bedeutete, dass er im Namen der Komintern nach eigenem Ermessen die politische Linie bestimmen konnte. Gorkić nutzte diese, um zu einer Zusammenarbeit mit den Kräften der jugoslawischen Opposition zu kommen, da er hoffte, dass auf diese Weise die KPJ an den Gemeindewahlen teilnehmen könne, die für Dezember 1936 angesetzt waren. Er beauftragte Broz, »um jeden Preis« ein Übereinkommen mit den Sozialisten zu erzielen, ganz gleich unter welchem Namen die Partei in der Öffentlichkeit antreten werde. Broz war mit dem Bestreben, dass man mit der Opposition ein Abkommen schließen müsse, auch wenn die Partei dabei ihre Identität verlieren sollte, nicht einverstanden, vor allem weil die Sozialisten verlangten, dass die Partei ihren illegalen Strukturen entsagen müsse. Seiner Meinung nach glich die Situation jener, die in den Jahren 1907 bis 1914 in Russland geherrscht und der sich Lenin widersetzt hatte, als nämlich die Menschewiki verlangten, man müsse die illegalen Parteikomitees »liquidieren«, um eine Zusammenarbeit mit den Liberalen zu ermöglichen.[114] Allerdings fügte sich Broz, vor allem deshalb, weil die Komintern bestimmt hatte, dass er in Jugoslawien arbeiten und dafür verantwortlich sein werde, was in der Heimat geschieht.[115] »Ich wollte nichts sagen, weil Gorkić alle Vollmachten hatte. Ich war zufrieden, dass ich nach Hause fahren konnte.«[116]

Mitte Dezember 1936 reiste er mit einem gefälschten Pass zurück nach Jugoslawien, allerdings nicht mit jenem, den Gorkić ihm besorgt hatte. Und er nahm auch nicht die Route, die ihm dieser geraten hatte, »denn oft war es vorgekommen, dass Genossen, denen Gorkić Reisedokumente besorgt hatte, festgenommen wurden, kaum waren sie an die jugoslawische Grenze gekommen …«[117]

Er besuchte Ljubljana, Zagreb, Belgrad und Split, um ein größeres Freiwilligen-Expeditionskorps für Spanien zu organisieren, und reiste zum Jahresende nach Prag, wohin die Führung der KPJ übersiedelt war. Hier sprach er mit Gorkić, der auch Verbindungsmann der Komintern (und des NKWD) zu den sowjetischen Vertretern auf der iberischen Halbinsel war, über das geplante Expeditionskorps. Gorkićs Plan war, die Freiwilligen mit einem Dampfschiff von Dalmatien aus nach Spanien zu bringen. Den Transport sollte der Dalmatiner Adolf Muck (Löwi), ein Kandidat des Politbüros, organisieren, die Rekrutierung der Freiwilligen hatte er der lettischen Jüdin Breina Voss (Nenadova) in Belgrad anvertraut. Während Tito überzeugt war, man müsse die Anwerbung streng konspirativ abwickeln, hatte Breina Voss ganz anders lautende Befehle, die auf eine »breite Popularisierung« der Expedition hinausliefen. Weil sie sich dabei außerdem auf ganz andere Leute stützte als jene, die Broz im Auge hatte, kam es zwischen ihm und Gorkić zu einem heftigen Streit, der nicht zuletzt darin begründet war, dass Broz den Eindruck hatte, dass der Generalsekretär ihm mit diesen Entscheidungen das Misstrauen ausgesprochen hatte. »Ich bin für die Mobilisierung verantwortlich«, erklärte Gorkić in der Überzeugung, mit diesem großangelegten Unternehmen gegenüber der Komintern die Handlungsfähigkeit der KPJ – vor allem aber seine eigene – unter Beweis stellen zu können. »Das wird uns das Ansehen zurückbringen, das wir infolge unserer Streitereien in großem Maße verloren haben.«[118]

Dabei wäre ein größeres Maß an Geheimhaltung ohne Zweifel angebracht gewesen, denn die Polizei von halb Europa, einschließlich der jugoslawischen, achtete wachsam darauf, die Abreise von Freiwilligen zu den spanischen Kriegsschauplätzen zu verhindern.

Dennoch folgte Gorkić seiner eigenen Linie: Ende Februar 1937 schickte er das Schiff *La Corse*, das man für 750 000 Fr. gechartert hatte, in jugoslawische Gewässer, damit sich die mehreren Hundert Freiwillige einschiffen konnten. Doch die Gendarmerie hatte Wind von der Aktion bekommen und stoppte das Schiff in der Nähe von Budva. An die fünfhundert junge montenegrinische Bauern, die sich als Freiwillige gemeldet hatten, landeten im Gefängnis.

Das war der größte Schlag gegen die Linke, die der Belgrader Regierung jemals gelungen war.[119] Das Unternehmen mündete in ein noch größeres Desaster, da Muck, der zusammen mit Breina Voss festgenommen worden war, gegenüber der Polizei umfassend aussagte.

Das Scheitern der Expedition wurde Gorkić und Broz angelastet und hätte Letzteren um ein Haar den Kopf gekostet. Später sagte Tito voller Verachtung, dass es Gorkić gewesen sei, der Muck in die Parteiführung berufen habe. »Stellt euch vor, er hat einen Menschen, der Besitzer oder Geschäftsführer eines Cafés in Budva war, zum ZK-Mitglied gemacht, obwohl er in der Partei völlig unbekannt war und keinerlei Qualifikationen besaß: Er war ein Kleinbürger.«[120]

Nervös und erschöpft stürzte sich Broz wieder in seine Arbeit im jugoslawischen Untergrund. Obwohl er das Grauen des stalinistischen Terrors in Moskau kennengelernt und währenddessen jede Nacht erwartet hatte, von einem »unheilvollen Klopfen an der Tür«[121] geweckt zu werden, war er noch immer von der Richtigkeit des sowjetischen Weges in den Sozialismus überzeugt, da ohne rücksichtslosen Kampf gegen den »Klassenfeind« die bestehenden Verhältnisse nicht grundlegend geändert werden könnten.[122]

☆☆☆

Da seit dem Prozess im Jahre 1928, als alle Zeitungen sein Foto abgedruckt hatten, nicht einmal zehn Jahre vergangen waren und er sich nicht sehr verändert hatte, begann er zur Tarnung sein Haar schwarz zu färben. Manchmal tat er das aber nicht besonders gründlich. Als ihn 1938 der junge Journalist Vladimir Dedijer bei ihrer ersten Begegnung in Belgrad mit den Worten »sie hätten dich entdecken können« ansprach, antwortete er unbekümmert: »Weißt du, ich war in Eile, außerdem hatte ich nicht genug Farbe.« Dass mit dem neuen Freund ihres Sohnes nicht alles stimmte, fiel auch Dedijers Mutter auf: »Der muss gefährlich sein, so einen hatten wir bisher noch nicht im Haus. Sieh mal! Er benutzt französische Zahnpasta und tschechische Seife!«[123]

Aufsehen erregten bei Broz nicht nur die Toilettenartikel, sondern mehr noch der Umstand, dass er sein Leben lang Serbokroatisch mit einem nicht zu identifizierenden fremden Akzent sprach.[124] Außer Deutsch und Russisch, die er allerdings auch nicht hundertprozentig beherrschte, sprach er mehr oder weniger gebrochen noch Französisch, Tschechisch, Ungarisch und Kirgisisch. In späteren Jahren verbesserte er auch sein Englisch, das er im Gefängnis zu lernen begonnen hatte, indem er *The Economist* las.[125]

Diese sprachliche Gewandtheit und zur gleichen Zeit Unsicherheit weckte immer wieder Zweifel an seiner wahren Identität. Und das nicht nur als Gerücht. Noch wenige Monate vor seinem Tod veröffentlichte die NSA in ihrem internen Bulletin »Cryptologic Spectrum« einen Artikel, in dem es hieß, dass aufgrund bestimmter phonologischer und morphologischer Eigenheiten seiner Sprechweise Tito in Wirklichkeit nicht Josip Broz sei, sondern ein Russe oder Pole, der vermutlich in den dreißiger Jahren dessen Identität angenommen habe.[126] Dieser These lässt sich mit dem Argument widersprechen, dass eine Information über diesen Identitätswechsel in den Archiven der Komintern vorhanden sein müsste, was aber nicht der Fall ist. Das hielt aber auch die Sowjets nicht davon ab, Zweifel an Titos Identität zu verbreiten, wenn sie sich davon Nutzen versprachen. Im Jahre 1948, nach Titos Streit mit Stalin, behauptete *Radio Moskva*, der wahre Josip Broz sei 1915 an der russischen Front gefallen, seiner Uniform und seiner Papiere habe sich damals ein russischer Überläufer bemächtigt, und dabei habe es sich um einen »jüdischen Bourgeois« gehandelt. «Dieser Bourgeois aus Odessa, dessen Vater als Fellhändler die Leute betrog, dieser Abenteurer, der sieben Pässe besitzt, ist heute dabei, den Werktätigen Jugoslawiens das Fell über die Ohren zu ziehen ...«[127]

☆☆☆

Von der kroatischen Hauptstadt aus organisierte Broz regelmäßige Treffen in Samobor, achtzehn Kilometer westlich von Zagreb, wo es keine politische Polizei gab, sondern nur Gendarmen, die unerfahrener im Kampf gegen Kommunisten waren.[128] Zu diesen Treffen kamen vor allem jüngere Leute, die ihn schon damals »Stari« – ›Alter‹ nannten. Diesen Beinamen, dessen Verwendung nur Genossen aus dem engeren Kreis erlaubt war, hatten zwei Belgrader Studenten eingeführt, Milovan Đilas, der aus einer bescheidenen montenegrinischen Familie stammte, und Ivo Lola Ribar, Sohn eines angesehenen Zagreber Anwalts und Politikers, des ersten Parlamentspräsidenten des SHS-Staates.[129] Letzterem hatte Broz die Leitung des SKOJ anvertraut, der Jugendabteilung der Partei, die zu diesem Zeitpunkt keinen Sekretär hatte, und ihn bald darauf in seinen engsten Mitarbeiterkreis aufgenommen. Zwischen den drei Männern entwickelte sich eine Symbiose, die, wie Đilas sagt, fast Züge »familiärer Blutsbande« hatte.[130]

★

KOMMISSARISCHE FÜHRUNG DER KPJ UND DER SPANISCHE BÜRGERKRIEG

Die Diktatur König Aleksandars und die politische Krise nach seiner Ermordung hatten den Kommunisten regen Zulauf von Gymnasiasten und Studenten beschert. Sie störten sich nicht an den Nachrichten vom stalinistischen Terror, sofern sie überhaupt etwas von ihm mitbekamen. Sie waren unreife Intellektuelle, Idealisten, utopische Schwärmer, die in Broz ihren Führer gefunden hatten.[131] »Der Alte ist der wertvollste Mann unserer Partei!«, hieß es unter ihnen.[132] So hatte Broz, wie wir aus Berichten von Zeitgenossen wissen, auch mehr Vertrauen in Wohnungen, die ihm von Angehörigen des Jugendverbandes besorgt wurden, als in solche, die ihm Parteimitglieder organisiert hatten, nicht zuletzt, da es in Letzteren häufig zu Verhaftungen kam.[133]

Überzeugt, sich der Sektierer entledigen und die Mitglieder nach neuen Kriterien auswählen zu müssen, begann Broz junge Kommunisten um sich zu scharen. Neben Đilas und Ribar war unter den Ersten, die er in seinen Kreis aufnahm, der serbische Arbeiter Aleksandar Ranković (Leka), der gerade seinen Militärdienst abgeleistet hatte.[134] Ihnen schloss sich noch der slowenische Junglehrer Edvard Kardelj an, den Broz bereits aus Ljubljana und Moskau kannte. Zwischen ihnen und dem »Alten« entwickelte sich ein kameradschaftliches

Verhältnis, das in einem entschiedenen Gegensatz zu dem Umgangston stand, der sonst innerhalb der Komintern üblich war. Tito sagte gern: »Wenn jemandem ein Fehler unterläuft, finde für den Betreffenden ein passendes Wort, aber vernichte ihn nicht. Denn das schafft Vertrauen.«[135]

In der Gruppe der jungen Zagreber Linken traf Broz auch seine neue Liebe, Herta Haas, eine hübsche Studentin der Höheren Handelsschule, die deutscher Herkunft war und aus Maribor stammte. Über sie knüpfte er Kontakte zu intellektuellen Kreisen in der kroatischen Hauptstadt, in denen auch der angehende Rechtsanwalt Vladimir (Vlatko) Velebit verkehrte, einer seiner wichtigsten Mitarbeiter der Zwischenkriegs- und Diplomaten der Nachkriegszeit.[136] Mithilfe dieser aufstrebenden Kommunisten oder Sympathisanten der Partei organisierte Broz Streiks in der Werft von Kraljevica und in Trbovlje, die in Unternehmerkreisen ganz Jugoslawiens große Unruhe auslösten. Unter diesen wurde er zu einem gefürchteten Agenten der Komintern: Er heiße Brosz, sei Sohn eines tschechischen Juden und einer Ungarin, habe während des Krieges in der österreichischen Armee gedient und sei in russische Gefangenschaft geraten. So jedenfalls erzählte es A. S. Howie, ein Schotte, der zu dieser Zeit das Bergwerk in Trepča leitete, der britischen Schriftstellerin und Reisenden Rebecca West.[137]

Broz stieß mit seinen Bemühungen, eine neue Kaderstruktur zu organisieren, die sogar Kontakte zum Königshof hatte, auf erbitterten Widerstand der alten Garde politischer Gefangener[138], die in der Strafanstalt Sremska Mitrovica, wo an die 150 von ihnen einsaßen, ein starkes Agitationszentrum bildeten. Sie sahen die KPJ als ihr unstrittiges Eigentum an und standen für eine strenge kommunistische Auslegung, weshalb man sie auch »Wahhabiten« nannte. Seit 1934 wurden sie von dem Montenegriner Petko Miletić-Sepo angeführt, einem Mitglied des ZK der KPJ mit stürmischer Vergangenheit: 1919 war er in Ungarn an einem Umsturzversuch beteiligt gewesen und hatte nach dessen Scheitern versucht, im gerade gegründeten Jugoslawien einen Aufstand zu organisieren. Zwei Jahre hatte er sich in den Wäldern Montenegros versteckt, war längere Zeit eingesperrt gewesen und war dann nach Moskau emigriert, wo er mehrere Parteischulen besuchte. Dort wurde er zum Dogmatiker, überzeugt von der Notwendigkeit der Intrige im politischen Kampf, wobei er im Kern ein bäuerlicher Rebell ohne wirkliche ideologische Bildung blieb. Anfang der dreißiger Jahre wurde er Mitglied des ZK der KPJ, aber schon 1932 fiel er erneut den jugoslawischen Gendarmen in die Hände. Er wurde gefoltert und anschließend zu sieben Jahren Gefängnis verurteilt. In Sremska Mitrovica wurde er als Held verehrt, da er trotz erlittener Folter nichts gestanden und keine Aussage unterschrieben hatte. Er stand im Ruf, ein unbeugsamer Parteigenosse zu sein, der unter keinen Umständen mit dem »Klassenfeind« paktiert, und hatte einen starken Einfluss auf junge Parteimitglieder innerhalb und außerhalb des Gefängnisses.[139] Er wurde in Volksliedern besungen, und eine Panzerabwehrbatterie der Internationalen Brigaden in Spanien trug seinen Namen.[140] »Sie wollten die Aktion«, schreibt Đilas. »Sie suchten einen starken Führer, und es hatte den Anschein, als könnte Petko Miletić das werden.«[141] Als Broz' Stern aufzugehen begann, erkannte Petko in ihm sofort den gefährlichen Konkurrenten im Kampf um die Macht und versuchte zusehends auch die Parteipolitik außerhalb der Kerkermauern zu bestimmen.[142] Dabei halfen ihm seine guten Kontakte ins Ausland, insbesondere nach Moskau. So erschien im Herbst 1937 in der *Rundschau*, dem deutschen Organ der Komintern, ein Artikel, in dem es hieß, dass Miletić aus dem Zuchthaus heraus einen harten ›bolschewistischen‹ Kampf gegen die Trotzkisten führe und »eine neue Epoche in unserer Partei bei der Heranbildung von Kadern« eingeleitet habe.[143]

Ungeachtet dessen setzte Broz sein Programm fort: Zu einer seinen ersten Initiativen gehörte die Gründung der Kommunistischen Partei Sloweniens. Es handelte sich um einen Schritt, den die Komintern noch vor dem VII. Kongress gebilligt hatte und der der Einsicht entsprungen war, dass die kommunistische Bewegung in Jugoslawien keine Wurzeln in den breiten Massen schlagen könne, wenn sie sich nicht die brennende nationale Frage zu eigen machte. Obwohl Gorkić in dieser Hinsicht große Bedenken hatte, konnte Edvard Kardelj die Aufgabe gemäß den von Broz gegebenen Anweisungen erfolgreich durchführen: Kardelj organisierte am 18. April 1937 in Čebine unweit Trbovlje im Haus des örtlichen Mesners den Ersten Kongress der Kommunistischen Partei Sloweniens, die zu diesem Zeitpunkt kaum 200-300 Mitglieder zählte.[144] Auf dem Kongress erklärte Kardelj, dass der slowenischen Bourgeoisie nicht die Interessen des Volkes am Herzen lägen, sondern nur die Interessen der eigenen Klasse. Das Höchste, was sie anzubieten habe, sei die kulturelle Autonomie innerhalb Jugoslawiens. Aber die nationale Frage sei nicht nur eine Frage der Kultur oder der Sprache. Deshalb könne sie erst dann gelöst werden, wenn die Slowenen ihren eigenen Staat verwirklicht hätten samt dem Recht auf Selbstbestimmung hinsichtlich ihrer Mitwirkung an einer größeren staatlichen Gemeinschaft, wie es Jugoslawien sei.[145] Dieser Idee blieb er sein ganzes Leben hindurch treu.

In der Nacht vom 1. auf den 2. August desselben Jahres erfolgte auch die Gründung der KP Kroatiens, deren Fundamente Broz persönlich bei einem Treffen mit sechzehn Delegierten in dem Wäldchen Amindol bei Samobor legte. Geplant war auch die Gründung der KP Mazedoniens, zu der es aber erst 1943 kommen sollte. Da die Serben in Jugoslawien alle Fäden in der Hand hielten, zog niemand die Gründung einer KP Serbiens ernsthaft in Betracht. (Broz hatte darüber allerdings mit seinem Freund Josip Kopinič gesprochen, dem er erklärte, dass die Kroaten und Slowenen unterdrückt seien und unter der Knute Belgrads litten. Kopinič entgegnete, dass auch das serbische Volk unterdrückt und diskriminiert sei und dass es sich deshalb eines Tages rächen werde.[146]) Später sah Tito die Gründung der KP Sloweniens und Kroatiens als einen Fehler an, der das sozialistische Jugoslawien schon im Ansatz untergraben und die Teilung Jugoslawiens in einen orthodoxen und einen katholischen Teil begünstigt habe.[147] Zunächst jedoch bekam die KPJ durch die Gründung der beiden Parteien neuen Auftrieb.

Ende März 1937 reiste Broz nach Paris, wo das politische Klima freundlicher war als in Wien, denn hier war eine Volksfront an der Macht, eine Koalition aus Sozialisten, Radikalen und Kommunisten. Daher hatten sich zahlreiche Mitglieder des ZK der KPJ mit Gorkić an der Spitze und auch andere prominente jugoslawische Kommunisten in die französische Hauptstadt geflüchtet. Darunter der Bosnier Rodoljub Čolaković, der Broz aus der gemeinsamen Gefängniszeit in Maribor kannte, und Sreten Žujović (Crni), der gegen Ende des Ersten Weltkriegs in der Fremdenlegion am Rhein gegen die Deutschen gekämpft und sich in der Zeit zwischen den Weltkriegen zu einem der gebildetsten und schlagkräftigsten serbischen Kommunisten entwickelt hatte. Außerdem, so Đilas, war er »so schön«, dass die Frauen verrückt nach ihm waren. Beide waren Mitglieder des neuen Zentralkomitees, das wenige Monate zuvor von der Komintern eingesetzt worden war. Als Hitler im Frühjahr des darauffolgenden Jahres Österreich annektierte, übersiedelten auch Boris Kidrič, seine Frau Zdenka und Lovro Kuhar von Wien nach Paris. Letzterer führte in der französischen Hauptstadt die Buchhandlung *Horizont* und fungierte als Mittelsmann für Kontakte und Post. Es war eine intellektuell bewegte Szene, in der Broz noch die geringste Schulbildung aufzuweisen hatte, wenngleich er aufgrund seiner enormen Erfahrung und seiner großen Liebe zu den Büchern keinesfalls der Ungebildetste war.[148] Sie lebten in bescheidenen Wohnungen oder Hotelzimmern, trafen sich in Cafés und ähnelten mehr einer Künstlerboheme als Berufsrevolutionären. Wie sich Tito später erinnerte, wohnte er zwischen 1937 und 1938 in Paris an verschiedenen Orten, zu Anfang in einem Hotel im Quartier Latin. Da er im selben Arrondissement nicht länger als zwei Monate bleiben konnte, weil er sich bei der Polizei hätte melden müssen, zog er ständig um, wenngleich er zumeist in Zentrumsnähe blieb.[149]

Broz brachte »interessante und optimistisch stimmende« Informationen aus der Heimat mit, wie es in einem Bericht Gorkićs an die Komintern heißt, und als erprobter Kader erhielt er den Auftrag, den technischen Apparat wie Fälscherwerkstätten und Druckereien, den die Partei noch in Mitteleuropa unterhielt, zu »liquidieren«, und reiste nach Wien und Prag.

Ende April kehrte er in die Heimat zurück, war Mitte Mai erneut in Paris und reiste Anfang Juni 1937 wieder nach Zagreb. »Das war gefährlich; ich passierte die jugoslawische Grenze an allen denkbaren Übergängen, nur damit sich die Polizisten nicht an mich erinnerten.«[150]

In der Zwischenzeit war etwas Unerwartetes geschehen: Am 4. Juli 1937 war Gorkić nach Aufforderung durch die Komintern voll böser Ahnungen plötzlich nach Moskau abgereist, von wo man nichts mehr von ihm hörte. »Vom Nebel verschluckt«, wie er sonst selbst über Genossen sagte, die vor ihm in den Kerkern des NKWD verschwunden waren.[151]

Offenbar war seine »Liquidationspolitik«, mit der er versucht hatte, mit den Oppositionskräften in Jugoslawien auch bei Preisgabe der illegalen Strukturen der Partei zu einer Übereinkunft zu kommen, in Moskau nicht auf ungeteilte Zustimmung gestoßen. Hinzu kam das Desaster der Freiwilligenexpedition nach Spanien. Aber das wäre ihm wohl noch verziehen worden, wäre er nicht ins Räderwerk zwischen den hohen Funktionären der Geheimdienste geraten. Gorkić wurde unter der falschen Anschuldigung, ein britischer Spion und Volksfeind zu sein, bereits am 19. August verhaftet und am 1. November 1937 erschossen.[152] Davon wusste man in Paris nichts, obwohl man schon ahnte, dass »Gorkić der Boden unter den Füßen schwankt«.[153]

Da die KPJ mehr oder weniger enthauptet war – neben Gorkić war auch Gržetić, ihr Vertreter bei der Komintern, verschwunden –, riefen die beiden Mitglieder des Politbüros Rodoljub Čolaković und Sreten Žujović Mitte August Broz dringend aus der Heimat nach Paris und erläuterten ihm die Lage. In Übereinkunft mit anderen in der Hauptstadt lebenden Genossen schlugen sie ihm vor, die Führung der Partei zu übernehmen. Unter allen Mitgliedern des ZK sei er dafür noch der Geeignetste, nicht nur, weil er Gorkić gegenüber kritisch eingestellt sei, sondern vor allem wegen seiner mustergültigen Vergangenheit und seiner Herkunft aus der Arbeiterklasse.[154] Broz zögerte, ließ sich am Ende aber doch überreden.[155] Als inoffizieller Führer der Partei fragte er in den letzten Augusttagen bei der Komintern nach, warum es von Gorkić und Gržetić keine Nachricht gebe und warum aus Moskau keine Anweisung erfolge, wie es weitergehen solle. Als keine Antwort kam, sandte er einen Monat später ein Telegramm mit denselben Fragen an Pieck. Wieder kam keine Antwort. Noch schlimmer: Die jugoslawischen Kommunisten in Paris sahen sich in finanziellen Schwierigkeiten, der Zustrom an Geld aus Moskau war versiegt (ein erster Schritt zur Auflösung der Partei). Davon, wie ungewiss ihre Lage war, zeugt auch die Tatsache, dass Broz bzw. »Walter« von den sowjetischen Behörden kein Visum für eine Reise in die Sowjetunion bekam, obwohl sich M. A. Trilisser, der GPU/NKWD-General in der Kaderabteilung der Komintern, für ihn eingesetzt hatte.[156]

Nach Monaten der Ungewissheit traf Mitte Dezember 1937 ein Brief von Pieck ein, in dem dieser über Gorkićs Sturz informierte und »Otto« (Broz) den Auftrag gab, die Leitung der jugoslawischen »Filiale« zu übernehmen. Kurz darauf erfuhr Broz, dass Gorkić und seine Frau unter der Anschuldigung Spione zu sein verhaftet worden waren. Die Nachricht überraschte ihn nicht, denn er hatte Gorkić schon lange in Verdacht – so hatten ihm Freunde aus dem NKWD anvertraut –, im Dienste der Briten zu stehen, nicht zuletzt, da er einige Tage in einem englischen Gefängnis eingesessen hatte.[157] Gorkić hatte seiner Überzeugung nach systematisch gegen die KPJ gearbeitet, vor allem gegen den Aufstieg jener Mitglieder, die – wie Broz selbst – aus den Reihen der Arbeiterschaft stammten. Später beschuldigte er ihn sogar, zusammen mit mehreren prominenten serbischen Nationalisten die Absicht gehabt zu haben, die Partei zu »liquidieren«.[158] Auch dieses Gerücht kursierte innerhalb der Komintern. »Im Land kennt ihn niemand«, hatte er abschätzig über ihn an Dimitrow geschrieben, »außer einigen Intellektuellen, die keinerlei Bedeutung haben.«[159] Und zu Louis Adamič sagte er später, Gorkić habe »ohne jeden Zweifel« im Dienste der Königsdiktatur in Belgrad, der Piłsudski-Regierung in Warschau, anglo-französischer Interessen und der Jesuiten gestanden. Mit denen und dem Piłsudski-Regime sei er über das ZK der polnischen kommunistischen Partei verbunden gewesen, das eine Zeitlang aus lauter antikommunistischen Agenten bestanden habe. Und er habe selbstverständlich auch für die GPU gearbeitet. Erst gegen Ende seines Lebens gab Tito zu, dass »Gorkić nicht der Spitzel war, als den man ihn bezichtigt hat«.[160]

Neben der kommissarischen Führung der jugoslawischen Partei bekam Broz noch eine zweite heikle Aufgabe übertragen, über die wir wenig wissen. Aus Aufzeichnungen von Josip Kopinič, die sich in Dedijers Archiv finden, lässt sich jedenfalls schließen, dass er von Gorkić die Rolle eines Vermittlers zwischen der Sowjetunion und Spanien geerbt hatte, den Kampf der Abteilung IV des NKWD gegen die dortigen »Trotzkisten« eingeschlossen. Laut einem Dokument aus dem Archiv des führenden französischen Kommunisten Maurice Thorez war Broz in Paris Leiter eines Stabes, zu dem der Italiener Vittorio Vidali, der Kroate Ivan Krajačić-Stevo, der Slawonier Ivan Srebrnjak-Antonov und der bosnische Serbe Vlajko Begović gehörten. Letzterer war stellvertretender Leiter des NKWD bei den Internationalen Brigaden und Chef des dazugehörigen operativen Zentrums in Albacete. Alle waren sie Liquidatoren.[161] Es handelt sich um das geheimnisvollste Kapitel in Broz' Leben, über das kaum

Quellen existierten. Nach eigener Aussage ging er 1936 oder 1937 nach Madrid, einer Niederschrift der österreichisch-schwedischen Kommunistin Gusti Stridsberg zufolge hat er sich 1938 auch in Barcelona aufgehalten.[162] Es soll sich dabei – so behauptet Dobrica Ćosić – um kurze Inspektionsreisen gehandelt haben, die mit der Organisation rund um die jugoslawischen Bürgerkriegsteilnehmer im Zusammenhang standen, aber auch um die Ausübung »anderer Funktionen, über die wir noch nichts wissen«. Angeblich wollte er sich den Internationalen Brigaden anschließen, um am Kampf gegen die Faschisten teilzunehmen, das aber hätten die Genossen verhindert, weil er für die Partei in der Heimat und in Paris wichtiger sei.[163]

War Broz an der Liquidierung von »Trotzkisten« beteiligt, die von den sowjetischen Agenten in Spanien durchgeführt wurden? Es ist bis heute ungewiss, ob er tatsächlich einer der »los Russos« war, wie die Spanier jene nannten, die in ihr Land gekommen waren, um auf Seiten der Republik zu kämpfen, und ob er persönlich an der Jagd auf »Trotzkisten« beteiligt war, auch wenn ihn eine gewisse Edith Wedderburn im Mai 1944 in einem Brief an den britischen Außenminister Anthony Eden dessen beschuldigte. Darin behauptete sie, dass Broz in Barcelona Prozesse gegen Trotzkisten und andere Aufständische organisiert habe, »die sich der Diktatur der GPU in Spanien der Jahre 1936 und 1937 nicht unterordnen wollten«.[164] Einem anderen Brief zufolge, den E. M. Rose, ein Diplomat des Foreign Office, einige Tage später an Elizabeth Barker, eine Mitarbeiterin der *Abteilung für politische Nachrichten*, richtete, kursierten im Frühjahr 1944 in London Gerüchte über Verbrechen, die Tito während des Bürgerkriegs in Spanien verübt habe.[165] Später schrieb Fred Copeman, ein englischer Kommunist, der im spanischen Bürgerkrieg das Kommando über eine britische Brigade innehatte, in seinen Erinnerungen, dass Broz unter dem Pseudonym Čapajev eine Zeit lang die Brigade Georgi Dimitrow befehligt habe, in der Freiwillige aus Mitteleuropa und vom Balkan kämpften. Dem widersprechen allerdings Aussagen Santiago Carillos, des langjährigen Sekretärs der Kommunistischen Partei Spaniens.[166] Von einer Begegnung mit Tito auf der Pyrenäen-Halbinsel berichtete auch der Schriftsteller André Malraux gegenüber dem amerikanischen Journalisten C. L. Sulzberger. Im Juli 1966 schrieb die französische Zeitschrift *L'Aurore*, dass Tito »über diesen Abschnitt seines Lebens« nicht sprechen wolle, »da sein Aufenthalt in Barcelona und in Albacete Ende 1936 zeitlich mit den von Tschekisten ausgeführten Morden zusammenfiel, als führende jugoslawische Kommunisten liquidiert wurden«.[167]

Solange die Archive der sowjetischen Geheimdienste nicht zugänglich sind, lässt sich die Frage, inwieweit Broz in die Tragödie des spanischen Bürgerkriegs verwickelt war, kaum beantworten. Umso weniger, als er sich selbst in einem Bericht an die EKKI über die Arbeit der Partei von den »Liquidatoren« distanziert hat, die überdies noch einen sektiererischen Kampf geführt und so die Partei herabgewürdigt hätten. An welche »Liquidatoren« hat er hierbei gedacht? Auch an jene, die nach den Weisungen des NKWD handelten? Einer von ihnen, Ivan Krajačić (Stevo), blieb bis an sein Lebensende sein intimer Freund, wobei sie vermutlich nicht nur gegenseitige Zuneigung verband, sondern auch eine gemeinsame Vergangenheit.[168] Angeblich ist es gerade Broz gewesen, der Krajačić in Moskau in die Geheimdiensttätigkeit hineingezogen hat. Als es 1948 zum Bruch zwischen Stalin und Tito kam, soll er laut Vlado Dapčević bei einem Abendessen mit Ranković, Vukmanović (Tempo) und Krajačić im Zorn gesagt haben: »Seht doch, wie sie uns angreifen, und dabei haben wir ihnen unsere besten Kader gegeben. Sogar ich habe für das Ministerium für Staatssicherheit NKWD gearbeitet.« Als ihn Krajačić mit dem Fuß anstieß, um ihm zu signalisieren, er solle schweigen, antwortete Broz, dass er nichts zu verbergen habe, denn die gerade erwähnten Kader säßen ja mit am Tisch.[169]

Über seinen Aufenthalt in Spanien sprach Tito 1949 flüchtig mit Louis Adamič und auch mit Vladimir Dedijer, der seine Biografie schrieb, die 1952 in der Zeitschrift *Life* erschien. In der erweiterten jugoslawischen Ausgabe des Textes hat man diese Passage auf Verlangen Titos gestrichen.[170] Offensichtlich war für ihn die Erinnerung an die spanischen Geschehnisse peinlich, besonders wenn man die von Dedijer protokollierte Aussage von Leo Mates, einem kroatischen Revolutionär jüdischer Abstammung und Nachkriegsdiplomaten in Betracht zieht, der zufolge Broz in Spanien für die Sowjets die »Schmutzarbeit« erledigt und dort Leute »gesäubert« hat. Das habe Letzterer 1939 oder 1940 auch selbst bei einem Mittagessen in Mates' Zagreber Wohnung erwähnt, als er zu Anka Butorac, einer kommunistischen Agitatorin, die mit am Tisch saß, unvermittelt sagte: »Ich habe deinen ›Genossen‹ in Spanien in den Tod geschickt.« Damit war Blagoje Parović gemeint, ein charismatischer serbischer Kommunist und möglicher Konkurrent von Broz um die Führung der KPJ. Dieser wurde am 6. Juni 1937 nahe Madrid unnötigerweise zum Angriff und in den sicheren Tod geschickt – wenn er nicht hinterrücks von Vlajko Begović, einem Mitarbeiter des NKWD, erschossen wurde, wie viele vermuteten.[171]

★

DER KAMPF GEGEN DAS »PARALLELZENTRUM«

Gorkićs Verhaftung warf einen langen Schatten auf die KPJ. Die jugoslawischen Kommunisten, vor allem jene in der Sowjetunion, in Frankreich und Spanien, standen unter dem Generalverdacht, ebenfalls Trotzkisten zu sein. Und tatsächlich fanden sich, abgesehen von der russischen, die meisten Trotzkisten in der polnischen und jugoslawischen Partei. Beide gerieten deshalb unter Beschuss, und die polnische KP wurde von der Komintern einfach aufgelöst. Wie Gusti Stridsberg in ihren Erinnerungen erzählt, war es, als wären die Jugoslawen Opfer einer politischen Epidemie geworden. »In erster Linie verhielten sich die deutschen Kommunisten, aber auch andere, ihnen gegenüber so vorsichtig, als wären sie Aussätzige, denen man besser aus dem Weg geht. Sie wurden von vielen politischen Versammlungen ausgeschlossen. [...] Immer wieder hörte ich, dass man in Moskau alle Jugoslawen Verhören unterzog, und dass Gorkić die letzten Tage seines Lebens im Gefängnis darauf verwendet hat, mit seinen Aussagen die anderen zu belasten.«[172]

In diesem Moment allgemeiner Konfusion, als es fraglich war, ob die KPJ überhaupt überleben würde, wurde in Paris mit Unterstützung der KP Frankreichs, aber auch der Komintern, von dem Dalmatiner Ivo Marić und dem Montenegriner Labud Kusovac ein sogenanntes »Parallelzentrum« gegründet. Ersterer war zuständig für die Kontakte mit jugoslawischen Wirtschaftsemigranten im Ausland, der andere vertrat die Partei im Hilfskomitee für das republikanische Spanien, das unter der Schirmherrschaft der französischen Kommunisten stand.

Zunächst boten sie Broz die Mitarbeit an und schlugen ihm vor, gemeinsam die Partei zu führen. Im Gegenzug verlangten sie von ihm, sich von allen zu trennen, die Gorkić in der letzten Zeit in leitende Positionen gebracht hätten, vornehmlich von Kuhar, Čolaković und Žujović. Obwohl Broz Čolaković umgehend mit dem Auftrag nach Spanien schickte, dort politische Kurse für die jugoslawischen Kämpfer zu organisieren, waren Marić und Kusovac noch nicht zufriedengestellt: Broz hatte Kuhar ohne vorherige Billigung durch die Komintern zum Vertreter der KPJ in Paris und zum Redakteur des Parteiorgans *Proleter* gemacht und auch Žujović nicht seinen Funktionen enthoben.[173] Obwohl Marić und Kusovac in der Vergangenheit selbst Verbindungen zu Gorkić hatten, beharrten sie darauf, dass aus der Führung alle entfernt werden müssten, die mit ihm zusammengearbeitet hatten. Das lehnte Broz mit der Begründung ab, dass die erwähnten Genossen vom EKKI in ihre Positionen gebracht worden seien.

Der wahre Grund aber war wohl, dass er die Macht mit niemandem teilen wollte: Er berief sich dabei auf Piecks Anweisungen von Ende Dezember 1936, denen zufolge Gorkić die Partei im Ausland führen solle, er hingegen in der Heimat. Jetzt, wo Gorkić nicht mehr da war, war er der Meinung, für die Gesamtpartei verantwortlich zu sein. Er erklärte, dass er so arbeiten werde, wie er es für angemessen erachte, und dass er zu den Beratungen des Politbüros jene einladen werde, deren Teilnahme er für notwendig erachte. Marić vermutete, dass Broz die Macht bei sich konzentrieren wollte und begann gemeinsam mit Kusovac und dessen Frau Kristina, eine Mitarbeiterin der sowjetischen Geheimpolizei, aktiv gegen ihn zu intrigieren. Sie behaupteten, er agiere eigenmächtig, ohne Mandat des EKKI, was sich auch daran zeige, dass das Exekutivkomitee die KPJ nicht mehr finanziere, und weigerten sich, Broz' Direktiven zu folgen. Zudem verbündeten sie sich mit Petko Miletić in Sremska Mitrovica, den sie als »Kapital für die Partei« bezeichneten.[174] Schließlich beschuldigte ihn Ivan Srebrnjak-Antonov, Agent des NKDW, bei der Erneuerung der Partei auf Mitarbeiter wie Boris Kidrič oder Ivo Lola Ribar zu setzen, die beide aus tiefbürgerlichen Familien stammten, Söhne von Freimaurern seien und im Dienste der jugoslawischen Bourgeoisie stünden. Er wies auch auf das Liebesverhältnis hin, das Broz in Moskau mit einer gewissen Elza, einem Mitglied der KP Deutschlands, unterhalte, die der NKWD in Verdacht habe, für die Gestapo zu arbeiten. Mitarbeiterin der Gestapo sei auch seine Kurierin, die Post aus Paris nach Jugoslawien und zurück bringe (offensichtlich Herta Haas). Aus diesen Gründen sei Broz nicht besser als Gorkić und müsse durch das EKKI zur Verantwortung gezogen werden; und die KPJ gehöre aufgelöst.[175]

Broz wehrte sich, indem er 1937 seinerseits zum Kampf gegen die ihm übelwollenden »Trotzkisten«, »Faschisten« und »Spitzel« aufrief. In einem Artikel von 1938, der unter dem Titel »Trotzkisten, die Agenten des internationalen Faschismus« im *Proleter* erschien, schrieb er, dass unter den Jugoslawen viele anständige, doch uninformierte Antifaschisten nicht an die Verbreitung der neuen Pest glaubten: »Sie glauben nicht, dass die Trotzkisten so tief gesunken und heute eine ›gewöhnliche Bande von Spitzeln, Mördern, Diversanten und Agenten der Faschisten‹ sind.« Und Broz rief zu Vorsicht und Wachsamkeit auf: »Mögen auch in Zukunft alle Versuche der trotzkistischen Banditen an der Geschlossenheit, Disziplin und Einheit unserer Partei zerschellen.«[176]

An der Spitze derer, die er als größte Gefahr für die Geschlossenheit der Partei ansah, stand Petko Miletić. Er meinte in Übereinstimmung mit den Belgrader Genossen zwar, dass man ihn und Moša Pijade im Zuchthaus von Sremska

Mitrovica über Gorkićs Sturz informieren müsse, bat sie allerdings um Stillschweigen, um die eingesperrten Genossen nicht zu demoralisieren. Miletić aber pfiff auf die Geheimhaltung und versuchte die Situation zu seinem Vorteil zu nutzen und sich als ihr Retter an die Spitze der Partei zu setzen. Laut Rodoljub Čolaković plante er im November 1937 die Flucht aus dem Gefängnis, um einen außerordentlichen Kongress der KPJ einzuberufen, auf dem die bisherige »opportunistische« Führung durch eine »bolschewistische« ersetzt werden sollte. Seine Anhänger sollen zu diesem Zweck bereits einen Tunnel unter der Gefängnismauer hindurch gegraben haben.

Diese Nachricht versetzte Broz' junge Folgschaft in Jugoslawien, allen voran Đilas, in große Aufregung, denn die »Popularisierung Petko Miletićs durch seine Anhänger nahm hysterische Formen und ein Ausmaß an, dem sich einfach niemand entgegenstellen konnte«.[177] Sofort wurde Ivo Lola Ribar nach Paris geschickt, um Broz über die Gefahr zu informieren. Von Đilas und Ranković, die in der Vergangenheit zwar vorübergehend unter Miletićs Einfluss geraten waren, den »Wahhabismus« aber entsagt hatten, übernahm Broz die Idee, die im Zuchthaus einsitzende Parteiführung mit dem Argument auszuwechseln, dass es sich bei ihnen um eine »fraktionistische« Gruppe handele, die die Einheit der Partei untergrabe. In den ersten Dezembertagen 1937 löste er das Parteikomitee im Gefängnis von Sremska Mitrovica, dem als »Herr der Seelen« Miletić vorsaß, eigenmächtig auf und ernannte Moša Pijade, seinen alten Mentor und Freund aus Lepoglava, zum Kommissar.[178]

Da Letzterer ein erbitterter Gegner Petkovs war, löste seine Ernennung unter den Zuchthäuslern, die in ihm einen »Banditen, Verräter, Trotzkisten« sahen, aber auch im »Parallelzentrum«, wo man ihn zum Opportunisten erklärte, eine Woge der Empörung aus.[179] Trotzdem setzte sich Broz mit seiner Linie durch: Anfang November 1937 berief er eine Sitzung des ZK der KPJ ein, auf der die »gegen die Partei gerichtete Handlungsweise« der Organisation in Sremska Mitrovica verurteilt wurde. Miletić musste seinen Posten als Sekretär des Gefängniskomitees räumen, und zwar unter der Anschuldigung, entgegen der Beschlüsse des VII. Kongress der Komintern zu handeln.

Das »Parallelzentrum« in Paris reagierte mit der Behauptung, dass die Führung der Partei nicht mehr existiere und dass Broz kein Mandat für sein Handeln habe. Zudem versuchte man, einen Keil zwischen Broz und Đilas zu treiben, indem man Letzterem empfahl, in seiner Beziehung zu Tito vorsichtig zu sein und erst einmal zu sehen, »von wo der Wind weht«. Aber ohne Erfolg.[180] »Ich weiß nicht, was ich über Železar sagen soll«, lautete Broz' Kommentar, »aber unserer Partei hat er so großen Schaden zugefügt, dass er entweder ein Trottel oder ein ausgemachter Verräter ist.«[181]

Im Zuchthaus spielten sich inzwischen wilde Auseinandersetzungen zwischen den Anhängern Miletićs und den Anhängern Pijades ab. Miletić behauptete etwa, Pijades Anhänger seien Homosexuelle, die versucht hätten ihn zu vergiften, und ähnliches mehr.[182] Doch es half nichts, immer mehr Insassen schlugen sich auf Pijades Seite, da sie erkannten, wer der stärkere war.

Ende März 1938 erschien der Vertreter der Komintern, Nicolai Petrowitsch Bogdanow, in Paris und trat mit Kusovac und Marić in Kontakt, während er Broz völlig ignorierte. Darüber war Letzterer ziemlich aufgebracht, war dieses Verhalten doch Zeichen dafür, dass die Sympathien Moskaus sich dem »Parallelzentrum« zuneigten. Dieses hatte bereits aufgehört, den Direktiven des Politbüros zu folgen, und begonnen, eine »neue Garnitur« zu bilden. In dem Bewusstsein, dass er den Kampf für die Einheit der Partei nur in der Heimat gewinnen konnte, entschloss sich Broz zu einem riskanten Schritt. Ohne die Komintern um Erlaubnis zu fragen, setzte er die Führung der Partei in Paris ab und fuhr nach Jugoslawien. In der Praxis der von Moskau abhängigen kommunistischen Parteien war das ein äußerst gewagtes und präzedenzloses Manöver, das Marić dazu bewegte, sich als Sieger in dem Konflikt mit Broz zu sehen. Dabei zeigte Broz mit diesem Schritt zum ersten Mal seine Führungsqualitäten und gab ein deutliches Signal, dass er nicht vorhabe, eine sowjetische Marionette zu bleiben.[183]

In diesem Sinne ist auch die Proklamation zu verstehen, die das Pariser ZK der KPJ auf seine Initiative hin zum Anschluss Österreichs ans Dritte Reich herausgab. In ihr wurde mehr als je zuvor betont, dass der Kampf gegen die nazistische Gefahr unumgänglich sei und man in diesem Sinne auch mit den jugoslawischen Regierungsparteien zusammenarbeiten müsse. Zum ersten Mal bekannte er sich, mit geradezu patriotischem Feuer, zu dem jugoslawischen Staat: »Völker Jugoslawiens! All ihr, denen Freiheit und Demokratie teuer sind, alle, die ihr eure Heimat und euer Volk liebt, alle patriotischen Staatsbürger, die ihr den faschistischen Eroberern nicht als Knechte dienen wollt, vereinigt euch!«[184] Zudem erklärte er, dass man ein für alle Mal mit den Sektierern in der Partei aufräumen müsse und alle »gesunden« Elemente Seit an Seit zu stehen hätten. Das gelang ihm auch teilweise, denn im April fassten die auf einem Kongress in Zagreb versammelten Sozialdemokraten und Gewerkschaftsvertreter den Beschluss, mit den Kommunisten in einer Volksfront gegen den Faschismus zusammenzuarbeiten und auf ihre antisowjetische Propaganda zu verzichten. Dies hatte zur Folge, dass die Vertreter der Partei in der Führung der wichtigsten jugoslawischen Gewerkschaften festen Fuß fassen konnten.[185]

In dieser Zeit traf sich Broz regelmäßig mit Häftlingen, die aus Sremska Mitrovica entlassen worden waren, um festzustellen, ob sie sich in die Parteiarbeit integrieren ließen, auch wenn sie ehemalige Anhänger Petko Miletićs waren.[186] Zudem festigte er seine noch provisorische Führung der Partei auf heimischem Boden, indem er ein neues neunköpfiges Zentralkomitee bestimmte, das auch ohne Bestätigung durch die Komintern seine Arbeit aufnahm. In dieses Gremium berief er vor allem enge Vertraute, mit denen auch Dimitrow einverstanden war, darunter Đilas, Ranković und Kardelj. Bis auf Letzteren waren das Leute, die in Moskau unbekannt waren, sodass Broz zum alleinigen Mittler zwischen der Spitze der KPJ und der Komintern wurde.[187]

Er unterband Eingriffe in die Parteipolitik aus dem Ausland und schuf einen engeren Austausch zwischen der politischen Führung und den Mitgliedern, was der Partei neuen Schwung verlieh. Die drei regionalen Zentren Belgrad, Zagreb und Ljubljana, die bisher nur gelegentlich über ihre Arbeit berichtet hatten, begannen ihre Aktivitäten aufeinander abzustimmen. Ein Militärkomitee, das von der neuen Führung eingerichtet wurde, hatte die Aufgabe, das Gerüst einer Einsatztruppe zu schaffen. Zu diesem Zweck wurden Kurse für Studenten organisiert, zuerst in Belgrad, danach auch in Slowenien. Daneben entwickelte die Partei eine umfangreiche halblegale Herausgebertätigkeit: Sie publizierte Zeitungen, Bücher und Broschüren, die sich gut verkauften und Geld in die Kassen spülten.[188] Broz verlangte, dass sich die Partei selbst finanzieren müsse, um dem Vorwurf zu entgehen, sie seien »bolschewistische Söldner«. Diese Haltung entsprang allerdings auch einer Zwangslage, da Moskau der KPJ ohnehin keine Gelder überwies.

In einem Brief an Dimitrow berichtete Broz am 1. März 1938 von seiner Arbeit und klagte: »Es ist schwer, in dieser stürmischen Zeit ohne jede moralische, politische und materielle Unterstützung von deiner Seite zu arbeiten.« Voller Optimismus setzte er hinzu: »Ich verstehe die ganze Situation und werde bis zur letzten Minute alles versuchen, was möglich ist, damit wir die Firma retten und die Aufgaben erfüllen, die heute vor uns liegen.«[189]

Dieser Brief blieb nicht ohne Echo: Auf Initiative Dimitrows zirkulierte er unter den wichtigsten Vertretern der Komintern, wo seit Jahresbeginn über die KPJ diskutiert wurde. Das Sekretariat des EKKI hatte zu diesem Zweck am 3. Januar 1938 eine Sonderkommission einberufen, der Pieck, Manuilski und der einflussreiche bulgarische Kommunist Kolarov angehörten. Ihre Aufgabe war es, »die Verhältnisse innerhalb der KPJ zu untersuchen, ihre Kader zu beurteilen und Vorschläge für die Erneuerung der Führung und der Parteiarbeit in der Heimat auszuarbeiten«.[190] Trotz der Kritik des Bulgaren Georgi Damjanow (Below), Direktor des Kaderbüros, nach der Broz in der Zeit des Großen Oktobers »vor der Revolution geflohen« sei und dass ihn nach seiner Rückkehr nach Jugoslawien ein »hoher Herr« vor dem Polizeigefängnis und später eine »Absprache mit den Richtern«[191] gerettet habe, teilten die Mitglieder der Kommission Dimitrow mit, dass Broz ihrer Meinung nach der geeignetste Mann für die Führung der Partei sei, und empfahlen, ihn nach Moskau zu rufen. »Man kann ihn einladen«, notierte Dimitrow am 26. April 1938 lakonisch auf dem erwähnten Dokument.

Von der Entscheidung in Kenntnis gesetzt reiste Broz im Juni 1938 in der Überzeugung nach Paris, die Ernennung schon in der Tasche zu haben. (Bereits im Mai 1938 stellte er sich seinem künftigen Biografen Vladimir Dedijer, der damals noch studierte, als Sekretär des Zentralkomitees vor.[192]) Er war überzeugt, nur kurze Zeit in Frankreich bleiben zu müssen, aber zu seinem Verdruss ließ das Visum für die Weiterreise in die Sowjetunion auf sich warten. Broz befürchtete, dass die Komplikation mit den Papieren auf Intrigen seiner Feinde zurückzuführen war. Und tatsächlich waren Marić und Kusovac weiterhin höchst aktiv und behaupteten, Broz sei Gorkićs Mann gewesen, setze dessen trotzkistische Politik fort und würde sich selbst nicht von jenen Leuten aus dem alten Apparat trennen, die mit der Polizei zusammenarbeiteten oder dessen zumindest verdächtig seien.[193] Sie verbreiteten Gerüchte, dass in der Partei »ein wahrer Zirkus« herrsche, dass ein Zentralkomitee überhaupt nicht existiere, dass die Komintern nur ihnen vertraue und das »Georgij« ihnen bald das Mandat zur Führung der Partei übertragen werde.[194]

Zu allem Überfluss drohte Broz eine Verhaftung infolge verschärfter Polizeikontrollen im Zusammenhang mit dem Staatsbesuch des britischen Königs Georg VI. in Paris. Unter dem Einfluss des »Parallelzentrums« weigerten sich die französischen Genossen, für ihn eine konspirative Wohnung zu finden, sondern hatten im Gegenteil jeden Kontakt mit ihm abgebrochen.[195]

In dieser schwierigen Situation kam ihm der Slowene Josip Kopinič-Vokšin zu Hilfe, den Broz schon seit 1935 aus Moskau von der Kommunistischen Universität der nationalen Minderheiten des Westens her kannte, einer Einrichtung für nichtrussische Parteikader im europäischen Teil der Sowjetunion und für Emigranten aus Mitteleuropa, Skandinavien und vom Balkan. Broz war hier Kopiničs Dozent gewesen. Sie sollen auch wegen gemeinsamer Weibergeschichten befreundet gewesen sein. Kopinič war ein rätselhafter und umtriebiger Mensch: Noch während seiner Dienstzeit als Unteroffizier in der königlichen Kriegsmarine war er Mitglied der KPJ geworden und hatte dreizehn Parteizellen gegründet.[196] Als ihm zu Ohren kam, dass man ihn verhaften wolle, war er 1934 nach Moskau geflohen, wo er Mitarbeiter der sowjetischen Nachrichtendienste wurde. In Spanien hatte er zu den ersten fünf Ausländern gehört, die kaum einen Monat nach Beginn des Bürgerkriegs der Republik zu

Hilfe gekommen waren, und sich als heldenhafter Kämpfer einen Namen gemacht. Unter anderem hatte er auf einem Unterseeboot zuerst im Atlantik, danach im Mittelmeer gegen Francos Kriegsflotte gekämpft. Weil es ihm dabei gelungen war, die Blockade bei Gibraltar zu durchbrechen, stieg er in der spanischen republikanischen Armee unter allen Jugoslawen in den höchsten Rang auf. Er wurde Fregattenkapitän und wurde zum Mitglied der spanischen Militärmission in Paris ernannt.[197] Deshalb genoss er innerhalb der internationalen Linken großes Ansehen und hatte Verbindungen zu höchsten Kreisen. Mit Hilfe seiner Kontakte besorgte Kopinič für Broz eine Unterkunft im Schloss eines Marquis, des Militärattachés an der Botschaft der spanischen Republik in Frankreich, an der er auch selbst arbeitete.

Er versprach ihm, sich auch in Moskau für ihn einzusetzen. Broz gab ihm einen Brief für Dimitrow mit auf den Weg. Es handelte sich um den verzweifelten Appell, »Genosse Georg« möge doch etwas zur »Rettung meiner Familie« unternehmen.[198]

Kopinič überbrachte den Brief, versah ihn aber noch mit einem eigenen Anschreiben, das mit den Worten endete: »Ich wende mich an Sie wie ein Sohn an seinen Vater und bitte Sie, mir die Fragen des Genossen Walter zu beantworten. […] Sie sind meine letzte Hoffnung, denn alle anderen, die ich frage, was unternommen wurde, antworten mir, dass es besser sei, nicht zu viel zu fragen.«[199]

Doch Dimitrow antwortete, dass er nicht mehr tun könne, als Kopinič den Rat zu geben, sich an die Kaderabteilung des EKKI zu wenden, die das Kontrollorgan der gesamten Organisation bildete. Damjanow (Below), ihr Leiter, empfing Kopinič zwar, gab ihm aber zu verstehen, dass er nicht helfen könne: »Gegen Walter [Broz] laufen Ermittlungen, und solange die nicht abgeschlossen sind, kann ich nicht intervenieren.« Kopinič ließ aber nicht locker, kehrte zu Dimitrow zurück und schlug ihm vor, man solle Broz erlauben nach Moskau zu kommen, damit er sich selbst verteidigen könne. Dieses Mal schickte ihn Dimitrow zu Božidar Maslarić-Andreev, dem Stellvertreter Manuilskis, der Kopinič noch aus Spanien gut kannte.

Der war etwas gesprächiger und erläuterte, um was für Anschuldigungen es sich handelte. Es waren die üblichen Verdächtigungen: Broz stehe direkt oder indirekt im Dienste der jugoslawischen Polizei und der Gestapo. Die Komintern finanziere die Presse der KPJ nicht, woher stammten dann die Gelder, wenn nicht von der jugoslawischen Polizei? Ivo Lola Ribar und Boris Kidrič seien Söhne von Kapitalisten, also Polizeiagenten und Provokateure. Schlimmer noch, Ribars Vater, ein bekannter Freimaurer, sei Präsident des Belgrader Parlaments gewesen, als die *Obznana* beschlossen wurde, ein Gesetz, mit dem die Behörden die KP in die Illegalität gezwungen hätten. Um gar nicht von Herta

Haas zu reden, die eine Deutsche und ein Gestapospitzel sei. Was völlig hinreiche für die Lubjanka oder ein Erschießungskommando. Doch letztlich zahlte sich die Hartnäckigkeit Kopiničs, dem Maslarić sogar den Posten des Generalsekretärs der KPJ anbot, aus. Broz wurde erlaubt, nach Moskau zu kommen und zu den Vorwürfen Stellung zu nehmen.[200]

★

ZURÜCK IN MOSKAU

Tatsächlich verließ Broz am 23. August 1938 Paris und flog über Stockholm nach Moskau, das er über zwei Jahre lang nicht besucht hatte. Man kann sich vorstellen, mit welchen Gefühlen hinsichtlich der Ereignisse der Jahre 1936–1937, als annähernd achthundert jugoslawische Kommunisten mitsamt ihren Familien verhaftet worden waren. Wie er selbst sagt, fühlte er sich wie der letzte Mohikaner: »Außer mir hat man alle eingesperrt.«[201] Čolaković, der als »Gorkićs Mann Nr. 1« galt, und Žujović, die »Nr. 2«, waren von der Komintern aufs Abstellgleis geschoben worden. Sie überlebten nur, weil sie sich nicht in Reichweite des NKWD befanden. »Was war das Schwerste?«, sagte Tito später. »Dass ich in der Sowjetunion aufgrund der Anschuldigung umkommen würde, ein Konterrevolutionär zu sein. In Jugoslawien zu sterben, das war nicht schwer. Da wusstest du, dass du als Revolutionär sterben würdest. So ging ich in die Illegalität, als ginge ich in die Freiheit.«[202]

Am 24. August 1938 begab er sich zum Sitz der Komintern, wo man ihn demütigte, indem man ihn vier Stunden warten ließ, bevor er überhaupt das Gebäude betreten durfte.[203] Sofort musste er sich vor einer fünfköpfigen Kommission verantworten, in der drei ihm feindselig gesinnte Bulgaren saßen, die seine Verurteilung wegen der Expedition forderten, die vor Budva gescheitert war, von ihm verlangten, »seine Schuld einzugestehen« und die Meinung vertraten, dass Petko Miletić zum Generalsekretär ernannt werden müsse. Wenn das nicht möglich sei, solle man einen gewissen Hauptmann Dimitrow, einen Bulgaren, der in Spanien gekämpft hatte, als Kommissar einsetzen. Walter hingegen müsse »liquidiert« werden. Unter anderem auch deshalb, weil sein Lebensstil nicht mit seinen finanziellen Mitteln in Einklang zu bringen sei, was den Verdacht nahelege, dass er bestochen wird. In die Untersuchung mischte sich auch der sowjetische militärische Nachrichtendienst mit der Behauptung ein, Walter sei ein Trotzkist. Broz entkam nur um Haaresbreite, weil sich herausstellte, dass die Anschuldigungen gegen ihn gewöhnliche Verleumdungen waren.[204]

Dazu trug zweifellos auch der Bericht vom 23. September 1938 bei, in dem er detailliert seine Beziehungen zu Personen beschrieb, »die als Saboteure und Feinde unserer Partei entlarvt worden sind«. Es handelte sich dabei um neun prominente jugoslawische Kommunisten, von denen sieben bereits erschossen worden waren, nur zwei von ihnen lebten noch, standen aber auch unter dem Verdacht, Trotzkisten zu sein. Natürlich fand er für keinen von ihnen ein gutes Wort, obwohl er später behauptete, vorsichtig gewesen zu sein und über die Genossen, über die er Beurteilungen verfasst hatte, nur gesagt habe, »dass ich sie nicht so gut kenne und dass ich nicht mit ihnen zusammengearbeitet habe«.[205] Jedenfalls setzte sich Manuilski für ihn ein, vielleicht auch der mächtige Trilisser-Moskvin, einer der Leiter des NKWD, mit dem Broz schon lange zusammenarbeitete, der aber schon Ende November selbst ein Opfer der stalinistischen Säuberungen wurde.

Tito selbst sagte über diesen Aufenthalt in Moskau: »Ich konnte nicht sicher sein, ob sie eines Tages nicht auch mich holen würden. Dass ich nicht festgenommen wurde, habe ich Dimitrow zu verdanken, der Vertrauen in mich hatte und der Meinung war, das ich die Führung der kommunistischen Partei als Generalsekretär in meine Hände nehmen müsse.«[206] Jahre später schilderte er diese Zeit in einem vertraulichen Gespräch mit Dedijer wie folgt: »Eine Nacht bei Karaivanow. Etliche Flaschen Wodka. Ich bin sehr erschrocken. Jetzt verstehe ich, warum sie in der UdSSR so viel trinken. Sie trinken, weil sie Angst haben …«[207] Karaivanow, ein bulgarischer Kommunist, Mitarbeiter des NKWD, Vertrauter von und Verräter an Broz, schrieb über diese Zeit: »Er war sehr in Sorge. Seine Augen waren voller Tränen. Das waren die Tage, als Genosse Tito die ersten grauen Haare bekam.«[208]

Am Ende wurde Broz aber rehabilitiert, und am 17. September 1938 nahm er bereits an einer Sitzung des EKKI teil, auf der er den wichtigsten Führern der Organisation ausführlich über die Verhältnisse in Jugoslawien berichtete.[209] In seinem Tagebuch kommentierte Dimitrow am 7. Oktober lakonisch: »Die jugoslawische Entschließung ist im Wesentlichen richtig.«[210] Zu einem höheren Ansehen der Partei trug auch bei, dass es den jugoslawischen Kommunisten in der Zeit der tschechoslowakischen Krise Ende September und Anfang Oktober 1938 gelungen war, eine Protestbewegung für die bedrohte Republik auf die Beine zu stellen. Zu Tausenden hatten sich Studenten in Belgrad, aber auch in Zagreb, bereit erklärt, in die Tschechoslowakei zu gehen, um die Republik gegen Hitler zu verteidigen. Viele waren tatsächlich nach Prag gefahren, wo sie sich den Internationalen Brigaden anschlossen, die gegen die nazistische Aggression Widerstand leisten sollten. In Moskau wurde das Abkommen zwischen Hitler, Mussolini, dem französischen Premier Daladier und seinem britischen Kollegen Neville Chamberlain über den Anschluss des Sudetenlandes ans Dritte Reich als antisowjetischer Akt gesehen und man schrieb die Proteste dagegen Broz gut.[211]

Im Herbst 1938 erhielt Broz zusammen mit Vladimir Ćopić und Kamilo Horvatin den überaus heiklen Auftrag, die Redaktion der serbokroatischen Übersetzung der *Geschichte der Kommunistischen Allunions-Partei (Bolschewiki), Kurzer Lehrgang* zu übernehmen, die am 1. Oktober 1938 unter Stalins Namen erschienen war. Das bedeutete, dass jedes falsche Wort das Ende bedeuten konnte.[212] Noch bevor die Arbeit abgeschlossen war, nahmen am 3. November 1938 Agenten des NKWD Ćopić im Hotel Lux fest. »Mitten in der Nacht haben sie ihn abgeholt.«[213] Auch die herausragende Rolle, die er im spanischen Bürgerkrieg als Kommandant der XI. Brigade gespielt hatte, konnte ihm nicht helfen. Kamilo Horvatin wurde unter der Anschuldigung, ein Trotzkist zu sein, ebenfalls Opfer der stalinistischen Säuberungen. Als Broz vor der Kontrollkommission, die mit diesem Fall befasst war, nicht zu Horvatins Ungunsten aussagen wollte, da er gegen sein Gewissen nicht über etwas sprechen könne, wovon er nichts wisse, brachte er sich erneut selber in Schwierigkeiten.

Diese vergrößerten sich noch nach dem Erscheinen der Übersetzung der *Geschichte der WKP (B)*, an der Broz nach der Festnahme seiner beiden Mitredakteure mehrere Wochen hindurch allein gearbeitet hatte. Kaum war das Buch gedruckt, beschuldigten ihn Marić, Kusovac und andere in an das EKKI gerichteten Briefen, trotzkistische Formulierungen verwendet und damit Stalin herabgewürdigt zu haben.[214] Ihnen sprang Dragan Müller bei, der Chefredakteur des »Verlags der ausländischen Arbeiter in der UdSSR« (1939 in »Verlag für fremdsprachige Literatur« umbenannt). Angeblich tat er das im Auftrag der Kommunistischen Partei Deutschlands, die darin eine Gelegenheit gesehen habe, innerhalb der Komintern ihre Wachsamkeit zu demonstrieren. Broz wurde erneut vor die Kontrollkommission zitiert, und erneut intervenierte Kopinič zu seinen Gunsten, der darlegen konnte, dass die Vorwürfe haltlos waren.[215] Wie später Aleksandar Ranković richtig sagte: »Hätte es Kopinič nicht gegeben, gäbe es Tito nicht.«[216]

Als Trost für die durchstandene Gefahr kaufte sich Broz von dem Honorar, das er für die Redaktion bekam, einen Brillantring mit Opal, auf den er sehr stolz war. Aber auch das hätte ihn fast das Leben gekostet, denn eine Agentin, die vermutlich auch seine Liebhaberin war, beschuldigte ihn, kapitalistische Neigungen zu haben.[217]

Im Herbst 1938 wurden in Jugoslawien wichtige Wahlen abgehalten, aus denen Stojadinović formal zwar als Sieger hervorging, das aber nur dank massiver Wahlfälschungen. Es war klar, dass sein Regime sich nicht lange würde halten können. Deshalb wollte Broz so rasch wie möglich in die Heimat zurückkehren, denn er beurteilte die entstandene Situation als »von schicksalhafter Bedeutung für unseren Staat, sodass alles getan werden muss, damit der Block der demokratischen Kräfte siegt …« Doch Moskau untersagte die Ausreise.[218]

Erst am 26. Dezember 1938, als er von allen Anschuldigungen freigesprochen worden war, schrieb W. P. Kolarow einen Bericht, in dem er empfahl, die provisorische Führung der KPJ, die Broz in Jugoslawien gebildet hatte, zu bestätigen, das Budget für eine Finanzhilfe an die Partei zu bewilligen und die *Rundschau* anzuweisen, nichts mehr ohne Broz' Erlaubnis zu veröffentlichen (eine Forderung, die sich offensichtlich gegen die »Fraktionisten« richtete).[219]

Dennoch kam es am 30. Dezember 1938 zu einer hitzigen Diskussion zwischen Broz und Dimitrow, der die chaotischen Verhältnisse innerhalb der KPJ überaus kritisch und einen großen Teil der jugoslawischen Kommunisten, Tito eingeschlossen, als Fraktionisten sah. Dimitrow war der Überzeugung, dass es momentan allenfalls möglich sei, eine provisorische Parteiführung zu bestimmen. Die solle aus drei bis fünf Mitgliedern bestehen, die in der Heimat aktiv wären. In sein Tagebuch notierte er dann doch, er habe Broz »letzte Instruktionen« gegeben, und zwar: »Inlandsleitung (nur zeitweise) im Land. – Beratung. Festlegung der ständigen Führung folgt. In Paris eine Person für die Verbindung.«[220]

Am 5. Januar 1939 empfing er Broz zu einem erneuten Gespräch und teilte ihm mit, dass er zum Generalsekretär des ZK der KPJ ernannt worden sei und die Aufgabe habe, die gesamte alte Führungsstruktur auszutauschen: »Du bist als Einziger übrig geblieben! Das ist die letzte Chance. Entweder gelingt es dir, Ordnung zu schaffen, oder alles wird aufgelöst wie in Polen. Alle sind verhaftet. Leute, für die ich die Hand ins Feuer gelegt hätte.«[221]

In seinem Bericht über dieses Gespräch erklärt Broz bescheiden, wie überaus überrascht er gewesen sei, da er keine Ambition gehabt habe, die Führung der Partei zu übernehmen. Was ihn bewogen habe, sei vor allem der Wunsch gewesen, die Partei vor der Auflösung zu bewahren und sie in eine festgefügte revolutionäre Organisation mit einem starken Führungskollektiv umzuformen. Daher habe er Dimitrows Angebot angenommen und ihm dabei versprochen: »Wir werden den Fleck abwaschen.«[222] »Lobt euch bloß nicht vorschnell!«, habe Letzterer mit verzogener Miene geantwortet.[223]

Am selben Tag, am 5. Januar, trat auch das Sekretariat des EKKI zusammen und gab Broz eine Reihe von Anweisungen, wie die Partei umzubauen, nach innen zu harmonisieren und politisch und organisatorisch zu stärken sei. Den jugoslawischen Kommunisten gab das EKKI den Auftrag, die Reihen der Volkskräfte im Kampf gegen die Gefahr eines faschistischen Angriffs fest zu schließen und alle Demokraten in einem nationalen demokratischen Block zu vereinen, wobei die Geschlossenheit der Gewerkschaftsbewegung oberstes Ziel sein müsse. Diese Resolution müsse die Grundlage für einen *Offenen Brief an die Mitglieder der KPJ* bilden, den Walter verfassen und aussenden solle.[224]

Doch das Misstrauen gegen Broz in der Komintern war keineswegs ausgeräumt. Nur zwei Tage später, am 7. Januar 1939, schlug Manuilski Dimitrow vor, Walter aus der verantwortlichen Position zu entfernen, die man ihm gerade übertragen hatte, und ihn bei einer »niedrigeren Tätigkeit« einzusetzen, da er für die missglückte Entsendung des Freiwilligenkorps nach Spanien zwei Jahre zuvor mitverantwortlich gewesen sei.[225] Und wieder wurde eine Kommission eingesetzt, vor der sich Broz für die Expedition rechtfertigen musste.

Broz schob ihr Scheitern auf äußere Umstände, etwa auf den Sturm auf hoher See, weswegen sich das Schiff verspätet habe. Allerdings konnte er die Kommission nicht völlig überzeugen. So hielt Damjanow (Below) im Abschlussbericht fest, dass »Genosse Walter seine Verantwortung für den Misserfolg dieser Expedition noch nicht völlig einsieht«.[226] Die Folge war, dass er erneut kein Visum, diesmal für die Ausreise aus der Sowjetunion erhielt. Es kamen zudem Gerüchte auf, dass Petko Miletić nach Moskau gekommen sei und über belastende Beweise gegen Broz verfüge. Erst als Dimitrow beim Innenminister L. P. Beria intervenierte, erlaubte man ihm die Ausreise.[227] Broz beschwerte sich seinerseits bei Karaivanow, dass man ihn nicht nach Hause ließ. Dieser riet ihm, sich schriftlich an Stalin zu wenden. Vielsagend ist Broz' Antwort: »Es ist besser, dass Stalin nicht von mir weiß.«[228]

★

AN DER SPITZE DER KPJ UND KONSOLIDIERUNG DER PARTEI

Die Komintern (bzw. der sowjetische Geheimdienst) hatte Broz zum Generalsekretär der KPJ ernannt und ihn mit einem Vetorecht ausgestattet, was bedeutete, dass er in allem das letzte Wort hatte. Er hatte schließlich Moskaus Vertrauen gewonnen, auch dadurch, dass er bespitzelt und denunziert hatte, wie das von einem guten Kommunisten erwartet wurde.[229] Später erklärte er gegenüber Louis Adamič mit Stolz: »In Moskau haben sie mich auf alle mögliche

Weise überprüft. Nur mir haben sie vertraut.«[230] Das Ganze war natürlich ein stürmischer Prozess gewesen. Rodoljub Čolaković bezeichnete ihn in seinen Erinnerungen als wahres Drama, »in dem ungezügelte Leidenschaft brodelte und Köpfe rollten wie bei Shakespeare«[231].

Broz machte sogleich deutlich, wie sein Arbeitsstil sein würde: Durch seine Erfahrungen in Moskau war er zu der Überzeugung gelangt, dass die Revolution nicht ohne eine Partei neuen Typs und nicht ohne ideologisch und organisatorisch zentralisierte Strukturen zu verwirklichen war, mithin eine »eiserne Hand« notwendig war. Dabei war er ein Mann der Tat: Er hasste Herumgerede, Phrasendrescherei, endlose Debattierklubs, also all das, was für die KPJ bisher kennzeichnend gewesen war.[232] In diesem Sinne ist auch die bereits erwähnte »Resolution des ZK der KPJ – Direktiven« zu verstehen, die er in Moskau verfasst hatte und die von der Komintern gebilligt worden war: »Angesichts der Gefahr, die Jugoslawien droht, heißt die grundlegende Aufgabe der KPJ, alle ihre Völker zum Kampf um die Bewahrung der Einheit und Unabhängigkeit des Staates vor der Aggression der deutschen und italienischen Faschisten und ihresgleichen zu organisieren und zu mobilisieren. Notwendige Vorbedingung für die Verwirklichung dieser Aufgabe ist es, die gegen das Volk arbeitende Regierung Stojadinović zu stürzen und eine Regierung des nationalen Schutzes zu bilden, die in der Lage ist, die Verteidigung des Staates zu organisieren und sich der faschistischen Aggression entschlossen entgegenzustellen. […] Die KPJ wird auch weiterhin alle Massenkampagnen des demokratischen Blocks und anderer demokratischer Organisationen unterstützen. […] Zugleich muss die KPJ die Nähe zu allen Parteien, Organisationen und Gruppierungen suchen, die die Unabhängigkeit Jugoslawiens gegen Hitler und Mussolini verteidigen und den Kampf mit ihnen gemeinsam führen, wobei keine Organisation wie die von Jevtić (serbische Nationalisten) oder Korošec (slowenische Klerikale) ausgeschlossen werden darf, so sie den Weg des Kampfes gegen den deutschen und italienischen Faschismus und ihre Anhänger im Staat gehen.«[233]

In welchem Maße die KPJ zu diesem Zeitpunkt auf einer Linie mit Moskau lag, zeigt ein Treffen der provisorischen Leitung in Bohinj am 15. März 1939, an dem unter anderem auch Kardelj, Đilas und Ranković teilnahmen. Einmütig und – wie Broz an Lovro Kuhar berichtete – »voller Freude« beschlossen sie, alle jugoslawischen Kommunisten als »Trotzkisten« und »Fraktionisten« aus der Partei auszuschließen, die in der Sowjetunion verhaftet und umgebracht worden waren, sowie alle lästigen Mitglieder, die in Paris und in der Heimat tätig waren. Es handelt sich dabei um eine Maßnahme stalinistischen Zuschnitts. Unter den Ausgeschlossenen finden wir neben seinen Feinden auch ehemalige Freunde, beispielsweise Ćopić.[234]

Broz erklärte nach seiner Rückkehr nach Jugoslawien, dass es in der Sowjetunion nach Meinung Dimitrows hinsichtlich der Repression wohl auch zu Übertreibungen gekommen sei, dass es aber unbedingt notwendig sei, auch ins gesunde Fleisch zu schneiden und das Krebsgeschwür vollständig zu entfernen.[235] Dabei konnte er auf die Solidarität aller seiner Mitarbeiter bauen. »Wir waren stolz darauf, Stalin treu zu sein«, erinnerte sich Đilas, »und uns als konsequente Bolschewisten zu fühlen. Bolschewist zu sein, wurde zum höchsten Ideal in der Partei, und Stalin war für uns die Verkörperung alles Bolschewistischen.«[236]

Dennoch war Broz der Überzeugung, dass die Partei auf eigenen Füßen stehen müsse, und zeigte sich überaus zufrieden, so berichtete Đilas, dass die KPJ finanziell endgültig unabhängig von der Komintern sei. »Das war die erste Verselbstständigung, viel wichtiger, als wir damals ahnten.«[237] Allerdings übertrieben die jugoslawischen Kommunisten und Historiker auch etwas mit dieser »Selbstständigwerdung«, denn noch 1940 traf aus Moskau ein Koffer mit doppeltem Boden ein, in dem sich außer geheimen Mitteilungen auch eine erhebliche Summe Dollar befand.[238] Überzogen wirkt auch die Darstellung der Rolle Broz' resp. Walters bei der Bildung der neuen Partei. Als ihr Sekretär war er vor dem Krieg die meiste Zeit im Ausland gewesen und hatte nie an den Sitzungen der hohen Parteigremien teilgenommen, so ließ er sich selbst dann nicht bei den Sitzungen des serbischen Parteikomitees blicken, wenn er in Belgrad war.[239]

Einer der entscheidenden Erfolge der KPJ in den späten dreißiger Jahren war der Aufschwung der kommunistischen Jugendorganisation SKOJ, der sich aus Gymnasiasten und Studenten zusammensetzte, unter denen die marxistischen Ideen Wurzeln geschlagen hatten. Nachdem die Partei ihre bisherige misstrauische Haltung gegenüber den Jungen aufgegeben hatte, konnte sie ihre Reihen rasch mit neuen Mitgliedern aus den Universitäten auffüllen, wo sie auch mit einer legalen Organisation vertreten war. »Allein in Belgrad«, heißt es in einem Bericht der britischen Botschaft ans Foreign Office, »studieren an der Universität 10 000 junge Leute. Wenn von denen mehr als die Hälfte, vielleicht sogar drei Viertel, kommunistisch orientiert sind, dann sind sie das vor allem aus Angst vor der Zukunft. Jugoslawien hat ein kulturelles Proletariat, das nach Brot und Arbeit schreit.«[240] Der SKOJ wurde sozusagen zu einer Partei in der Partei, denn er hatte mehr Mitglieder als die Partei selbst. Die jugoslawische kommunistische Bewegung unterstrich damit, dass sie eher ein Ausdruck des Protestes der Intellektuellen als der zahlenmäßig kleineren werktätigen Massen war, die mehrheitlich nicht radikal orientiert und ideologisch geschult waren. 1939 gab es in Jugoslawien nicht mehr als 730 000 »Werktätige«, und auch von denen war kaum die Hälfte in Industrieunternehmen beschäftigt.[241]

Neue Mitglieder bedeuteten auch einen erhöhten Zufluss an Beiträgen (über Einnahmen und Ausgaben wachte Broz selbst) sowie eine Erweiterung des Kreises jener Sympathisanten, die zwar kein Parteibuch hatten, aber doch antifaschistisch eingestellt waren und der Partei eine Erneuerung zutrauten. In den folgenden Monaten konnte Broz seine Position weiter festigen. In Tacen bei Ljubljana setzte er für den 9. und 10. Juni 1939 unter strengster Geheimhaltung eine Sitzung des Führungsaktivs an, zu der dreißig Genossen aus ganz Jugoslawien kamen. Hier verurteilten sie noch einmal energisch jeden Fraktionismus und billigten die gegen Petko Miletić gerichteten Maßnahmen.[242]

Obwohl sie von Broz und den Genossen aus der Partei ausgeschlossen worden waren, stellten weder Marić und Kusovac noch Petko Miletić ihre Wühlarbeit ein und sprachen Broz auch weiterhin das Recht ab, die KPJ zu führen.[243] Marić und Kusovac gelang es sogar, die jugoslawischen Emigranten in Amerika dazu zu bewegen, die KPJ finanziell nicht mehr zu unterstützen, da sie von Leuten geführt werde, denen die Komintern das Mandat entzogen habe.[244] Unter diesen drei war Miletić für Broz der Gefährlichste, denn er war 1939 aus dem Gefängnis entlassen worden und konnte folglich besser gegen ihn agitieren, zuerst in Jugoslawien und dann in Moskau. »Petko schreibt und schreibt …«, erinnerte sich Tito später an dessen feindseliges Agitieren wie an einen Albtraum.[245] In Montenegro soll er Kommunisten, die aus den Reihen der Partei ausgeschlossen worden waren, um sich gesammelt und »ideologisch mit Verleumdungen vergiftet« haben. Doch Broz wusste sich zu wehren. Als es gegen Ende September 1939 Đilas und seinen Mitarbeitern gelang, die Originaldokumente über Miletićs Verhalten in den Polizeiverhören in die Hände zu bekommen, aus denen angeblich hervorging, dass er sich nicht so tapfer gehalten hatte, wie man erzählte, übersendeten sie das Material umgehend an die Komintern. Miletić setzte sich umgehend nach Istanbul ab, wo ihm mithilfe seiner bulgarischen Freunde das sowjetische Konsulat ein Visum für die Sowjetunion ausstellte. Er ging nach Moskau, überzeugt, dort noch immer treue Fürsprecher zu haben, die ihn gegen das »Lumpenpack und Gesindel« der Broz'schen Richtung verteidigen würden.[246]

In den ersten Septembertagen reiste auch Broz auf Einladung der Komintern über Le Havre und Leningrad erneut nach Moskau. Auf der Schiffsreise erreichten ihn zwei bedeutende Nachrichten: Er erfuhr von der Unterzeichnung des Hitler-Stalin-Paktes, in dem die Sowjetunion und Deutschland für den Fall eines Kriegs Neutralität vereinbart hatten, und als sie in die Ostsee einliefen, auch von Hitlers Überfall auf Polen.[247] Mehr als mit dem Ausbruch des Zweiten Weltkriegs musste sich Broz nach seiner Ankunft in Moskau mit Miletićs Angriffen befassen. Doch wieder erwies ihm Kopinič einen großen Dienst. Dieser verfasste einen fünfzigseitigen Bericht über Miletić und stellte ihn der Komintern und dem ZK der KPdSU zur Verfügung. Daraus geht hervor, dass Miletić schon 1923, als er zum ersten Mal verhaftet wurde, unter dem Druck der Polizei eingeknickt und zum Verräter geworden war. Ins Zuchthaus Sremska Mitrovica soll er von den Behörden als *agent provocateur* eingeschleust worden sein. Zusammen mit dem Material von Đilas muss Kopiničs Bericht so belastend gewesen sein, dass man ihn am 5. Januar 1940, verhaftete und am 21. September zu acht Jahren Zwangsarbeit verurteilte. Er starb Ende Januar 1943 in einem der Stalin'schen Gulags, nach einer anderen Version allerdings erst im Jahre 1971.[248] Seinem Todfeind ist Broz zweimal begegnet, einmal am Sitz der Komintern, zu dem er freien Zugang hatte, und ein zweites Mal in einem Moskauer Autobus: Er stand regungslos da und hielt sich mit der rechten Hand am Haltegriff fest. Teilnahmslos, mit finsterem, knochigem Gesicht, obwohl ihm von der verletzten Hand das Blut rann, Tropfen für Tropfen.[249]

Für Broz war es eine große Genugtuung, als ihm Dimitrow sagte, dass man Miletić verhaftet habe. In diesem Augenblick war er auf dem Weg zu Damjanow-Belov, dem mächtigen Bulgaren, der Petko unterstützte und als Sekretär der KPJ vorgeschlagen hatte.[250] Als Broz sein Zimmer betrat, empfing ihn Belov mit dem ganzen Dünkel des hochgestellten Bürokraten. »Wie geht es, Genosse Walter? Gibt es etwas Neues?« »*Nitschewo, nitschewo*«, antwortete Broz. »Nichts von Bedeutung, das Einzige, was mir gerade einfällt, ist, dass man Petko verhaftet hat.« Damjanow war so überrascht und erschüttert, dass er blass wurde und aufsprang. Eine halbe Stunde brachte er kein Wort heraus.[251]

★

1939–1945

★

Zweiter Weltkrieg und
Partisanenkampf

DER HITLER-STALIN-PAKT UND KRIEGSBEGINN

Als am 1. September 1939 mit Hitlers Überfall auf Polen der Krieg ausbrach und damit für Großbritannien und Frankreich der Bündnisfall eintrat, sahen Broz und seine Mitstreiter den Beweis erbracht, dass es sich um einen Konflikt zwischen zwei gegnerischen imperialistischen Blöcken handelte, und er daher »nicht ein Krieg der Arbeiterklasse sein kann«.[1] Als Deutschland und die Sowjetunion am 28. September noch einen Grenz- und Freundschaftsvertrag schlossen, der eine gemeinsame Friedensinitiative vorsah, waren sie geneigt zu glauben, dass die Schuld am Kriegsausbruch mehr bei den westlichen »kolonialistischen« Mächten und der »verbrecherischen Politik der englischen und französischen Kriegshetzer« zu finden war als in der aggressiven territorialen Expansionspolitik Nazideutschlands.[2]

Zeitgleich mit der Unterzeichnung dieses Zusatzabkommens marschierte die Rote Armee in Polen ein. Aus diesem Anlass berief Manuilski eine Sitzung aller Vertreter der kommunistischen Partei ein, die sich in Moskau befanden. Bei dem Treffen, an dem auch Broz teilnahm, erläuterte er das Abkommen mit den Deutschen und betonte, dass dieses taktische Manöver die übrigen kommunistischen Parteien nicht davon abhalten solle, auch weiterhin den Faschismus zu bekämpfen. Er gab den Anwesenden den Auftrag, dass jeder von ihnen in diesem Sinne einen Aufruf an seine Partei verfassen solle. Doch aus Angst vor Stalin und davor, etwas Falsches zu sagen, kam niemand dieser Aufforderung nach – außer Broz, der an seine Partei schrieb, dass nach wie vor die größte Gefahr für Jugoslawien und den fortschrittlichen Teil der Menschheit vom deutschen und italienischen Faschismus ausgehe. Manuilski begrüßte diesen Aufruf und gestand seinem Verfasser zu, mit eigenem Kopf zu denken.[3]

Dieses Zugeständnis einer eigenen politischen Linie war jedoch nur von kurzer Dauer. Sehr bald, spätestens mit dem sowjetischen Angriff auf Finnland, wurde die Bewertung der internationalen Lage durch Stalins Standpunkt diktiert: dass nämlich nicht der Kampf gegen den Faschismus höchste Priorität habe. Diese habe vielmehr die sogenannte »Klassenkonfrontation«, also der Kampf von »Klasse gegen Klasse«, von Proletariat gegen Bourgeoisie.

»Unter den Bedingungen, als Hitlers Armeen die Karte Europas verändert hatten, als die Offensive des Faschismus in voller Fahrt war«, erzählte Tito später, »konnte eine solche Politik, die die nationalen Interessen und die Verteidigung der Unabhängigkeit zurückstellte – das spürte ich –, fatale Folgen haben.«[4] Für ihn persönlich wäre es aber natürlich noch fataler gewesen, hätte er diesen Gedanken damals laut geäußert, und so schloss er sich nach außen hin der »klugen Stalin'schen Linie des Friedens« an, die Hitler gezwungen habe, »vor der Sowjetunion zu kapitulieren, die sich auf eine unüberwindliche Arbeiter- und Bauernarmee und auf die Hilfe von Millionen werktätiger Menschen stützt …«[5] Er und seine Genossen begrüßten in den folgenden Monaten die Politik der Sowjetunion, die mit der Roten Armee in verschiedenen Etappen »die Zwanzigmillionenvölker Weißrusslands, der Westukraine, Bessarabiens und der Bukowina, Litauens, Lettlands und Estlands […] von der kapitalistischen Sklaverei befreite«. Im Organ der Komintern *Die Welt*, die in Stockholm erschien, schrieb Broz, dass die Jugoslawen diese Großtaten begeistert begrüßten.[6]

Zumindest in Bezug auf die linke studentische Jugend war das durchaus zutreffend. Am 21. Dezember 1939 meldete Hans Helm, der gemäß einem Abkommen beider Regierungen eine deutsche Polizeidelegation in Jugoslawien leitete, aus Belgrad nach Berlin, dass der Hitler-Stalin-Pakt die positive Wirkung habe, dass die kommunistische Propaganda nun zugunsten Deutschlands arbeite und sich ganz auf den Kampf gegen den britischen und französischen Imperialismus richte. Er fügte hinzu: »Vor der Unterzeichnung des deutsch-russischen Paktes waren die Kommunisten die größten Nationalisten in Jugoslawien. Die kommunistischen Studenten an der Belgrader Universität stellten Freiwilligenbataillone auf, die von Offizieren ausgebildet wurden. Nach der Unterzeichnung des Paktes waren alle diese Freiwilligen verschwunden. Vor dem 23. August konnten die Kommunisten den Kriegsausbruch kaum erwarten. Heute sind sie extreme Pazifisten …« [7] Als die Sowjetunion Finnland im November angriff (weshalb sie am 14. November aus dem Völkerbund ausgeschlossen wurde), kam es in Belgrad zu pro-russischen Kundgebungen, bei denen die Studenten riefen: »Besser auf den Straßen Belgrads [im Kampf gegen die Bourgeoisie] sterben als an der slowenischen Grenze [im Kampf mit den Nazis].« Britische Diplomaten waren damals überzeugt, »dass in diesem Staat hinter der kommunistischen Propaganda größtenteils deutsches Geld und deutsche Agenten stehen«. Zudem erkannten sie, dass es die Kommunisten hervorragend verstanden, auf der sozialen Saite zu spielen und auch panslavische Gefühle anzusprechen, womit sie sehr erfolgreich seien.[8]

Doch nicht überall schloss sich die Linke vorbehaltlos der sowjetischen Doktrin an. Nicht in Belgrad, nicht in Ljubljana und vor allem nicht in Zagreb, wo sich Broz mit einer kritischen Haltung gegenüber der Sowjetunion konfrontiert sah. Vor allem unter den Intellektuellen sah man dort den sozialistischen Realismus, wie ihn Moskau diktierte, die Einmischung in den Spanischen Bürgerkrieg und allgemein das, was man über die Stalinistische Herrschaft, die Schauprozesse und sibirischen Gulags wusste, kritisch. An die Spitze dieser Gruppierung stellte sich Miroslav Krleža-Fric, damals der bedeutendste Literat Kroatiens. Er hatte von Pavle Bastajić, der selbst ein »Exekutor« gewesen und nun auf der Flucht vor NKDW-Agenten war, aus erster Hand einiges über die stalinistischen Säuberungen erfahren, und später dazu geäußert, dass er noch nie von einer dämonischeren Geschichte gehört habe.[9]

Broz bemühte sich, den sogenannten »Konflikt mit der literarischen Linken« zu überwinden. Noch vor seiner Abreise nach Moskau im September 1939 traf er sich zu diesem Zweck mit Krleža in einem Gasthaus am Zagreber Stadtrand und erklärte ihm, dass es nicht angehe, die Autorität der Partei auf diese Weise zu untergraben. Dabei beobachteten die Gesprächspartner die Ankunft einer Gruppe verdächtiger Leute. »Hier habe ich Tito zum ersten Mal in Aktion gesehen«, berichtet Krleža später. »Er sitzt ruhig da, sieht zur Eingangstür, wo mehrere kleinere Stufen in den Garten führen. Aus der Tasche nimmt er einen Revolver, lädt ihn, legt ihn neben sich auf die Bank und sagt zu mir: ›Ich werde auf jeden Fall Widerstand leisten. Ich kann nicht anders, aber du sieh zu, dass du hier über den Zaun springst, und flüchte da hinauf.‹ Er gab mir noch Anweisungen, welchen Weg ich gehen solle. Kaltblütig.«[10]

Doch Miroslav Krleža und die um seine monatlich erscheinende Zeitschrift *Pečat* gescharten Leute waren schwerer auf eine Linie zu bringen als die Belgrader Studenten. Mit Gleichgesinnten war er überzeugt, dass es nicht sinnvoll sei, sich in der schwierigen internationalen Lage, wie sie durch die aggressive Politik Hitlers entstanden sei, in einen fruchtlosen Radikalismus zu flüchten. »Er glaubte nicht an den Sieg der Revolution«, erinnerte sich Tito später, »weil er das physische und materielle Kräfteverhältnis im Blick hatte. Ich sagte zu ihm: Das sind die genauen Fakten, aber es fehlt ihnen der moralische Faktor. Siegeswille und Siegesbewusstsein.«[11]

Kurzum, Titos orthodoxe politische Linie bewirkte eine Spaltung, die sich noch vertiefte, als die Nachricht vom Hitler-Stalin-Pakt kam. Auf die Linksorientierten in den Reihen der Intelligenz wirkte sie niederschmetternd. Schließlich hatten die »Faschisten« bis gestern als Bestien gegolten, mit denen kein Dialog möglich sei. Über Nacht waren sie zu Verbündeten geworden.[12]

Auch während seines Aufenthalts in Moskau versuchte Broz noch immer Krleža und seine Gefolgsleute auf Linie zu bringen, jedoch ohne Erfolg. Daher berichtet er in einem Schreiben, das im September 1939 an die Komintern ging, dass Trotzkisten, die auf literarischem Gebiet tätig seien, mit ihrer Revision des

Marxismus Unruhe in die Reihen der Intelligenz hineintrügen. Dagegen kämpfe die Partei geschlossen an.[13]

Diese Einstellung wurde von der EKKI am 23. November 1939 positiv gewertet, was aber nicht bedeutet, das Broz' Feinde aufgehört hätten, gegen ihn zu intrigieren. Da ihn eine fiebrige Grippe ans Bett fesselte, konnte er Moskau erst am 26. November 1939 verlassen. (Seine engsten Mitarbeiter in Jugoslawien hatten ihn schon in einem NKWD-Gefängnis gesehen.) Über Odessa reiste er in die Türkei, weil ihm Karaivanov geraten hatte, nicht den Zug über Prag zu nehmen, da ihm in dem Falle ein Attentat seiner Moskauer Gegner drohe. In Moskau bestieg er zwar den Zug nach Prag, verließ ihn aber durch die gegenüberliegende Tür wieder und fuhr in die ukrainische Hafenstadt. In die Sowjetunion war er als der tschechische Ingenieur Tomanek eingereist, er verließ sie als der Kanadier griechischer Herkunft Spiridon Matas.[14] Er blieb zunächst eine Weile in Istanbul, weil es ihm zu riskant erschien, die Fahrt mit einem sowjetischen Visum im Pass fortzusetzen.[15] Außerdem fehlten ihm auch das bulgarische Transit- und das jugoslawische Einreisevisum, das die Belgrader Behörden seit Kurzem von Untertanen der britischen Krone verlangten. Deshalb beauftragte er die Genossen in der Heimat, ihm ein neues gefälschtes Dokument zu schicken. Dieses erreichte ihn auch, aber »Velebit und Herta«, erzählte Tito später, »brachten so schlecht gemachte Reisepässe an, dass uns der erstbeste Gendarm hätte hochgehen lassen können.« Und fügte nicht ohne Seitenhieb gegen Kardelj hinzu: »Wir verfügten über eine Technikabteilung, geleitet von Bevc [einer der Decknamen Kardeljs], dass wir falsche Banknoten hätten drucken können. Aber mir haben sie solche Pässe geschickt, als wollte mir jemand absichtlich schaden.«[16] In einem Brief an Kopinič wurde er Jahre später noch deutlicher: »Kardelj hat mir 1940 nach dem Leben getrachtet!« Tito vermutete, dieser wollte ihn loswerden, da er auf eine Führungsrolle in der KPJ spekulierte.[17] Was viel über sein stetes Misstrauen auch gegenüber den engsten Mitarbeitern aussagt.

Erst am 13. März 1940 kehrte Tito mit einem in der Komintern gefälschten Reisedokument nach Jugoslawien zurück.[18] Um keinen Verdacht zu erregen, kaufte er eine Fahrkarte für den Ozeandampfer *Rex*, der Mitte März von Neapel bzw. Genua aus nach New York fahren sollte. Richtung Genua nahm er den Zug. An der griechisch-jugoslawischen Grenze erregte sein Reisepass, der scheinbar vom britischen Konsulat in der sowjetischen Hauptstadt ausgestellt worden war, Verdacht. Die Grenzbeamten verlangten eine Erklärung. Broz konnte sich damit herausreden, dass sein Originaldokument abgelaufen sei, während er sich wegen seiner Arbeit in der Sowjetunion aufgehalten habe, und er deshalb einen neuen Pass bekommen habe.[19] In Zagreb stieg er aus, als wollte er sich auf dem Bahnsteig die Beine vertreten, und – blieb. Sein Gefühl, bedroht zu sein, war nicht unbegründet: Wenige Tage später erhielt er dafür die Bestätigung, als er im Café Corso die Meldung las, dass die britischen Behörden den italienischen Dampfer in Gibraltar gestoppt und durchsucht hätten, weil sie eine verdächtige Person suchten. Das Schiff habe sechs Stunden Verspätung gehabt, weshalb die Passagiere entrüstet protestiert hätten. »Und ich sitze hier in Zagreb.«[20]

Doch dieser kleine Triumph konnte nicht über seinen Eindruck hinwegtäuschen, dass seine Genossen versucht hatten, seine Ankunft zu vereiteln. Deshalb kam es auf der ersten Sitzung des ZK zu einer heftigen Konfrontation, bei der Broz seinem Zorn freien Lauf ließ. Mit Kardelj hatte er die Sache offenbar schon bereinigt, deshalb war jetzt Đilas an der Reihe, daran änderte auch die Erklärung nichts, dass der Stempelfälscher während seiner Abwesenheit in Haft gewesen war. Đilas war wegen der Vorwürfe so getroffen, dass er sich überhaupt nicht verteidigte, und ihm, als er zum Schluss etwas zu sagen versuchte, die Tränen in die Augen schossen. »Aber als die Sitzung beendet und ich noch ganz erstarrt war [...], kam er zu mir und lud mich auf einen Spaziergang ein. Gewöhnlich ging er sonst selten durch Zagreb, weil er auf einen Bekannten treffen konnte. Diesmal aber tat er es. Ich dachte, dass er sich bei mir entschuldigen wolle, und in mir begann die Eisesstarre zu schmelzen. Aber das tat er nicht. Er fing einfach an über alles Mögliche zu sprechen, am meisten über mein Privatleben und meine Lebensverhältnisse. Von Zeit zu Zeit lächelte er milde. In all dem war etwas sehr Menschliches und Warmes, und als wir uns trennten, ging ich zufrieden weg wie ein Kind, dessen Vater erkannt hat, dass er es zu Unrecht bestraft hat, obwohl er es vor ihm nicht zugeben will.«[21]

In der kroatischen Hauptstadt sah sich Broz auch wieder mit Krleža konfrontiert, der ihm zweimal versprach, er werde seine »Kampagne« gegen den Hitler-Stalin-Pakt einstellen, diese Zusage aber nicht einhielt. In den folgenden Monaten verwendete er Herta Haas zufolge mindestens die Hälfte seiner Arbeitszeit auf Debatten mit den »Krležianern«.[22] Weil es ihm nicht gelang, sie zu überzeugen, stempelte er sie erneut als »Trotzkisten« ab und organisierte als Antwort auf ihre Artikel in Zagreb einen eigenen Sammelband, »Književne sveske« – ›Literarische Hefte‹, deren Redaktion er Vladimir Dedijer anvertraute, die er jedoch gemeinsam mit Kardelj las und zensierte.[23]

Krleža war besonders wegen des Schicksals jener getroffen, die »für den Bolschewismus lebten und durch die eigenen Reihen liquidiert wurden«.[24] Tito gab ihm zur Antwort: »Was sollen wir in dieser Situation machen, wenn wir einen neuen Weltkrieg haben? Auf wen sollen wir uns stützen? Wir haben keine anderen Ausweg als die UdSSR, und sie ist nun mal, wie sie ist.«[25] Alles vergebens:

Krleža schloss sich während des Krieges nicht der Widerstandsbewegung an, obwohl ihn Tito sogar mit acht Depeschen einlud, in das befreite Territorium überzusiedeln. Aber Krleža glaubte einfach nicht an die Lebenskraft des Partisanenabenteuers, außerdem war er davon überzeugt, dass man ihn als Revisionisten »schlachten« würde, wenn er das täte.[26] Wegen dieser Zurückhaltung gegenüber der Volksbefreiungsbewegung konnte ihm Tito nach dem Krieg nur mit Mühe den Kopf retten, obwohl er sich persönlich mit ihm ausgesöhnt hatte. Als der Schriftsteller im August 1945 auf eigene Bitte hin zum ersten Mal in den Weißen Palast kam, empfing Tito ihn so kühl, dass er ihm nicht einmal die Hand bot, sondern nur schroff zu ihm sagte: »Setz dich!« Aber schon nach einem halbstündigen Gespräch lud er ihn zum Mittagessen ein. Offensichtlich hatte die Kameradschaft die Oberhand gewonnen, die sich schon vor dem Ersten Weltkrieg in der Zagreber Kaserne, wo sie beide den Militärdienst ableisteten, zwischen den beiden gebildet hatte.[27]

Der Hitler-Stalin-Pakt änderte auch die innenpolitische Linie der KPJ. Während sie zuvor den Dialog mit all jenen gesucht hatte, die bereit waren, ihn zu führen, galt es nun die Anweisungen der Komintern umzusetzen. In den Direktiven, die im November 1939 an Broz ergingen, hieß es ausdrücklich, dass die KPJ die »bolschewistische Wachsamkeit und Disziplin« bedeutend verstärken müsse und nicht nur ein »Anhängsel von Vladko Maček und der Sozialdemokratie« sein dürfe.[28] Dies war besonders an die fraktionistischen Elemente in Dalmatien gerichtet. Broz rief alle loyalen Parteimitglieder dazu auf, diese zu boykottieren und alle Verbindungen mit ihnen abzubrechen, ja, sie nicht einmal auf der Straße mehr zu grüßen.[29]

Das Abkommen zwischen dem Ministerpräsidenten der Belgrader Regierung Cvetković und dem Führer der Kroatischen Bauernpartei Maček hinsichtlich einer Autonomie der kroatischen Banschaft innerhalb Jugoslawiens, das die Kommunisten kurz zuvor noch begrüßt hätten, war in diesem Kontext zu einem Abkommen zwischen zwei Bourgeoisien erklärt worden, die unfähig seien, die nationale Frage in Jugoslawien zu lösen. In Bezug auf die Außenpolitik befürchtete Broz, dass sich die neue Koalitionsregierung Cvetković-Maček zu sehr Großbritannien und Frankreich zuwenden und sich in deren »imperialistischen« Krieg verwickeln lassen könnte. Um dies zu verhindern, müsse rasch ein Bündnis mit der Sowjetunion geschlossen werden, »die mit ihrer friedliebenden Politik der stärkste Feind des imperialistischen Krieges und ein Garant der Unabhängigkeit und des Friedens der kleinen Staaten« sei.[30] Genau so hatte es die Komintern von den Balkanvölkern in einer Sonderresolution gefordert.[31] Die Tatsache, dass sich Stalin Mitte März 1940 einen erheblichen Teil Finnlands einverleibt hatte und dass er das Gleiche mit Bessarabien vorhatte, störte die Rechtgläubigen der Partei offensichtlich wenig[32], genauso wenig wie Hitlers Überfall auf Norwegen und Dänemark. In einer Ende Mai nach Moskau übermittelten mündlichen Mitteilung erwähnt Broz diese Tatsache überhaupt nicht. Dafür lässt er sich ausgiebig über anglo- und frankophile Gefühle aus, die »bedauerlicherweise« noch immer in Jugoslawien verbreitet seien: »Der Abschluss des deutsch-sowjetischen Paktes hat die antideutsche Stimmung ein wenig gemildert. Die antideutschen Gefühle haben aber mit dem Angriff Hitlers gegen Norwegen und Dänemark wieder zugenommen und sich zusätzlich noch vertieft, seit der Krieg auch die Niederlande und Belgien erfasst hat. Die Erkenntnis, dass diese Staaten durch die kriegshetzerische Politik Großbritanniens und Frankreichs in den Krieg verwickelt wurden, ist noch nicht zu den breiten Massen durchgedrungen.«[33]

Als die Wehrmacht in der ersten Junihälfte 1940 ohne Mühe Frankreich besiegte, entschied Broz aber, dass etwas getan werden müsse, wenn Jugoslawien vom Krieg verschont bleiben solle. Er dachte an einen Bund der Balkanstaaten, die sich gegenseitig helfen und sich vor den Deutschen unter den Schutz der Sowjetunion begeben sollten. In einem Artikel in der Zeitschrift Der *Proleter* wurde diese Option diskutiert, wobei der Autor zu dem Ergebnis kommt, dass es falsch wäre, nur auf die Rote Armee zu warten, damit sie die jugoslawischen Völker vor dem Krieg bewahre. Wenn die Rote Armee zu Hilfe kommen solle, dann müsse sich das Volk selber helfen; und zwar, in Übereinstimmung mit Lenins Lehre, indem es eine eigene »progressive« Regierung bilde.[34]

In den Archiven der Komintern findet sich ein Dokument vom 15. September 1940, das eine interessante Geschichte erzählt. Es handelt sich um das Protokoll einer Sitzung, an der die vier Führer der Dritten Internationalen, Pieck, Ercoli (Togliatti), Gottwald und Manuilski, über einen mündlichen Bericht debattierten, den Broz nach Moskau übermittelt hatte.[35] Darin hatte er seinen Vorgesetzten vorgeschlagen, dass die KPJ den Sturz der Koalition Cvetković-Maček herbeiführen und sie durch eine »wirkliche Volksregierung« ersetzen solle. Ein solcher Schritt sei notwendig, da die Gefahr bestehe, dass Italien und Deutschland Jugoslawien unter sich aufteilten. Eine »wirkliche Volksregierung«, die die Unterstützung der Arbeiter und Bauern hätte, solle den bewaffneten Widerstand gegen jeden Versuch der benachbarten faschistischen Staaten vorbereiten, die jugoslawischen Völker unter ihr Joch zu zwingen.[36] Tito glaubte lange Zeit, dass sich in Jugoslawien die russische Erfahrung wiederholen werde. Zuerst würde es zur bürgerlich-demokratischen Revolution kommen, deren Träger die werktätigen Massen und die liberal ausgerichtete Mittelschicht wäre, erst in der nächsten Etappe würde das Proletariat die ganze Macht übernehmen. Er zeigte sich überzeugt, dass man in diesem Sinne arbeiten und dass die KPJ der Motor des Geschehens werden müsse.[37]

Doch die Führer der Komintern kamen auf dieser Konferenz zu einer anderen Einschätzung, nämlich der, dass die Partei die gegnerische Stärke unter-, die eigene aber überschätze. Ihrer Meinung nach sei Jugoslawien für einen Wandel, wie ihn Russland nach der Februarrevolution von 1917 erlebt hatte, noch nicht reif, denn die Partei habe keinen großen Einfluss auf die Industriearbeiterschaft, geschweige denn auf die bäuerlichen Massen. Deshalb warnten sie vor jeder verfrühten Aktion, und betonten, dass sich niemand Illusionen über eine mögliche Hilfe der Roten Armee machen solle. In dem Dokument, in dem sie Broz zum ersten Mal als Sekretär des ZK der KPJ ansprachen, beschränkten sich Pieck, Ercoli, Gottwald und Manuilski nicht nur auf Verbote. Im zweiten Teil ihrer »Resolution« zeichneten sie die politische Linie vor, die die Partei in Zukunft einschlagen solle: Dem Plan einer Zerstückelung Jugoslawiens müsse sie sich widersetzen, indem sie jene Gruppierungen innerhalb der breiten Schichten der Bevölkerung, des Bürgertums und des Militärs unterstütze, die bereit seien, einen militärischen Aufstand zu organisieren. »Wenn es zur Teilung des jugoslawischen Staates in deutsche und italienische Protektorate ohne bewaffnete Auseinandersetzungen kommt, muss die Partei die Massen im Kampf gegen den Verrat der jugoslawischen Bourgeoisie und gegen die Gewalt der fremden imperialistischen Mächte organisieren.« Zu diesem Zweck möge die KPJ darüber nachdenken, ob es nicht angezeigt sei, für die verschiedenen nationalen Gebiete und für ganz Jugoslawien Militärprogramme mit konkreten politischen, wirtschaftlichen und nationalen Forderungen zu entwerfen. »Die Partei muss jede Möglichkeit der Zusammenarbeit mit oppositionellen Elementen und oppositionellen Gruppierungen der kleinbürgerlichen Parteien und auch mit der Sozialdemokratie ausnutzen, um die Kampffront gegen die Reaktion zu erweitern und zu stärken und die Massen zur Verteidigung der Unabhängigkeit der Völker Jugoslawiens zu ermuntern.«[38]

★

DIE V. STAATSKONFERENZ DER KPJ

Eben aus Moskau heimgekehrt, berief Broz eine Sitzung des ZK der KPJ ein, auf der man beschloss, so bald wie möglich einen Parteikongress abzuhalten, der die neue Führung bestätigen sollte. Um diesen angemessen vorzubereiten – der letzte Kongress hatte vor elf Jahren in Dresden stattgefunden –, wurden zwischen Mai und September 1940 eine Reihe von Landesparteikonferenzen abgehalten. An diesen wirkten 1 500 Delegierte mit, die hinsichtlich der Feststellung übereinstimmten, dass die Partei in den letzten Monaten organisatorisch und ideologisch bedeutend erstarkt sei. Sie hatte sich das Vertrauen breiter Volksmassen erworben und war in ganz Jugoslawien zu einem bedeutenden politischen Faktor geworden. Sie hatte 6 500 Mitglieder, denen noch annähernd 17 800 Mitglieder des SKOJ hinzuzurechnen waren. »Diese Zahl«, erzählte Tito später, »wuchs von Monat zu Monat.«[39]

Obwohl der Kurier, der die Botschaft der EKKI bezüglich der »progressiven Regierung« überbrachte, ihn zu überzeugen versuchte, den von ihm geplanten Parteikongress abzusagen, weil es in einem Polizeistaat nicht möglich sei, eine Versammlung mit mehr als 100 Teilnehmern zu organisieren, blieb Broz bei seinen Plänen. Sein einziges Zugeständnis war, dass er die Zusammenkunft nicht mehr »Kongress«, sondern »Konferenz« nannte. Für den 19. bis 23. Oktober 1940 wurde so die V. Staatskonferenz der KPJ einberufen. Sie sollte in Dubrava stattfinden, da sie dort, in der Zagreber Peripherie, am wenigsten Aufmerksamkeit der Behörden erregen würde. Die Finanzierung der Konferenz war gesichert, denn die Partei verfügte über eine größere Menge Gold, das den unabhängigen Gewerkschaften gehört hatte und in Titos Hände gelangt war.[40] Dafür aber galt es ein genügend geräumiges, konspiratives Haus zu finden, das gut zu erreichen war. Selbst die Delegierten – die größtenteils in der Nacht eintreffen sollten – sollten nicht so genau wissen, wo sie sind. Denn ein einziger eingeschleuster Spitzel hätte genügt, um die gesamte Spitze der KPJ zu vernichten.[41] Und tatsächlich wurde eine Frau aus Zagreb verdächtigt, mit der Polizei in Kontakt zu stehen. Als Broz davon erfuhr, zögerte er nicht: »Ich gab Končar (dem Führer der kroatischen KP) den Befehl, sie zu töten. So mussten wir handeln.«[42]

Dabei drohte nicht nur Gefahr von Seiten der Polizei: Wie sich herausstellte, hatten die Anhänger Petko Miletićs einen Angriff auf den Konferenzsitz geplant. Sie konnten ihr Unternehmen nur deshalb nicht durchführen, weil jemand aus ihrer Gruppe rechtzeitig das ZK der KPJ informiert hatte.[43]

Die Konferenz bestätigte die von der Komintern diktierte Interpretation des Krieges, dass es sich um einen Konflikt zwischen zwei imperialistischen Blöcken handele, und verpflichtete sich zum Kampf »für die werktätigen Massen mithilfe einer von unten organisierten Volksfront …«[44] Entsprechend dieser Marschroute verurteilte Broz, den das neu gewählte Politbüro als Generalsekretär bestätigt hatte, in seinem Einleitungsreferat die »Pseudodemokratie der englischen und französischen Imperialisten«, verschwieg aber auch nicht, dass »die faschistischen Mächte die Unabhängigkeit eines Staates nach dem anderen vernichten und dass sich die Gefahr immer unmittelbarer auch über Jugoslawien zusammenbraut«. Daher möge die Konferenz mit der Feststellung schließen, dass man sich auf eine deutsche und italienische Aggression vorbereiten müsse. »Genossen, vor uns liegen entscheidende Tage. Voran jetzt, in den Endkampf. Die kommende Konferenz müssen wir in einem von Fremden und Kapitalisten befreiten Staat organisieren!«[45] So wurden seine Worte später zitiert. Doch gesagt hatte er in Wirklichkeit etwas anders, nämlich, dass man die gegenwärtige Krise für die Verwirklichung der Revolution ausnützen müsse: »Im Gegensatz zu der Perspektive, für die die imperialistische Bourgeoisie kämpft, nämlich den Krieg mit einem neuen imperialistischen ›Frieden‹ zu beenden, der auf einer neuen Teilung der Welt und einer noch stärkeren Unterdrückung der versklavten Völker beruht, eröffnet sich für die Arbeiterklasse in Verbindung mit den werktätigen Bauern die Perspektive des revolutionären Zusammenbruchs des Imperialismus, die Perspektive neuer Siege des Sozialismus und der Ausmerzung der Wurzeln der imperialistischen Kriege.«[46]

Im Ergebnis ging die KPJ als »monolithische« Organisation stalinistischen Typs aus der Konferenz hervor, Meinungsvielfalt wurde zum Übelsten vom Üblen erklärt: zum Fraktionismus. Damit auch die Parteiorganisation diese Struktur abbildete, wählte die Basis die höheren Organe nur formal, in Wirklichkeit ernannte der Generalsekretär, also Broz, das ZK, welches wiederum die anderen Parteistrukturen nach unten durchsetzte.[47] Die 29 Mitglieder des neuen ZK und die sieben Mitglieder des Politbüros wurden entsprechend einer vorbereiteten Liste bestätigt, wobei aus Gründen der Konspiration weder ihre Klarnamen genannt noch ihre Decknamen angeführt, sondern nur flüchtige Beschreibungen gegeben wurden. Deshalb war später auch schwer zu sagen, wer eigentlich in dieses Gremium hineingekommen war.[48] Es waren überwiegend junge Leute in ihren Zwanzigern. Was Tito betraf, so gab es keinen Zweifel, dass ihm die Position des Generalsekretärs zukam, hatte dies doch bereits Moskau so festgelegt.

Es war ein Kollektiv, das in Kameradschaft, Liebe und Pathos verbunden war, um Đilas zu zitieren, wie es für Glaubenssekten in ihren Anfängen kennzeichnend ist.[49] »Eine solche illegale Partei, wie es die unsere war«, stellte Edvard Kardelj fest, »hatte es nie zuvor gegeben. […] Wie wir lernten, einander zu vertrauen; du lerntest, Vertrauen zu einem Menschen zu haben, mit dem du im Gefängnis warst, du wusstest, dass er dich nicht verraten wird, und darauf gründete sich das Vertrauen und die Freundschaft, und so durch den Krieg hindurch und weiter. […] Du sitzt friedlich in deinem Haus, weil du dir sicher sein kannst, dass sie bei dir nicht einbrechen werden.«[50] Tito pflichtete ihm bei: »Damals zeigte sich, was unsere Partei erreicht hatte, wie ihre Voraussetzungen waren, dass die Handlungsmöglichkeiten enorm waren. Sie hatte ihre Reihen vom Fraktionismus gesäubert, sie hatte ihre Reihen von verschiedenen Ohrenbläsern gesäubert, die Polizeispitzel waren. Das bedeutete aus moralischem Blickwinkel eine große Genugtuung für uns.«[51] Nüchterner war das Urteil, das Stane Kavčič über die KPJ fällte: »Tito wurde der wirkliche Führer der Partei, in dem er die verschiedenen theoretischen und politischen Ansätze in ihr liquidierte. Er reduzierte sie auf einen einheitlichen theoretischen und praktischen Nenner. Er blieb der wachsame Wächter dieses persönlichen Erfolges.«[52]

Auch in Hinblick auf die Privilegien, die sie ihren Funktionären gewährte, nahm sich die KPJ das sowjetische Modell zum Vorbild. Bis zur Rückkehr von Broz aus Moskau hatte jeder 2.000 Dinar monatlich erhalten, was in etwa einem Lehrergehalt entsprach. Weil aber »Genossen« an verantwortlichen Stellen in der Sowjetunion noch besondere Gratifikationen bekamen, schlug Broz vor, die gleiche Methode auch in Jugoslawien einzuführen. Er hob das Gehalt der Mitglieder des Politbüros um 1.000 Dinar an und verdreifachte das eigene Gehalt. Das Politbüro schenkte ihm auch einen Weinberg in der Nähe Zagrebs, dessen Erträge Broz' finanzielle Situation noch verbesserten. Er gab sich als der vermögende Ingenieur Slavko Babić aus und kaufte sich an den Hängen Zagrebs eine kleine Villa mit Gartenhaus. Er trug elegante Anzüge und gönnte sich ein Auto der Marke Ford mitsamt Chauffeur, da er zur Aufrechterhaltung seiner Identität nun mal auf großem Fuße leben musste.[53]

★

JUGOSLAWIEN UNTER DRUCK UND PUTSCH IN BELGRAD

Silvester 1940 verbrachte Broz zusammen mit Herta Haas und anderen Freunden bei den Kopiničs, die im Auftrag der Komintern gemeinsam mit ihm aus Moskau nach Zagreb zurückgekehrt waren. »Wahrscheinlich feiern wir jetzt das letzte neue Jahr im alten Jugoslawien«, sagte er. »Hitler wird uns nicht in Frieden lassen, wir haben schwierige Zeiten vor uns. Wir Kommunisten sind jedenfalls vorbereitet ...«[54]

Im Februar und März 1941 erarbeitete Broz unter dem Titel »Taktik und Strategie des bewaffneten Aufstandes« ein Papier für eine Vorlesung an der Parteischule des ZK, das Leitlinien für eine Revolution formulierte. Er beschreibt diese proletarische Revolution als Kunst und als »höchste Form des Klassenkampfs« (Lenin). Ausgangspunkt für die bewaffnete Auseinandersetzung mit der ausbeuterischen Klasse müsse die »Erregung« der Massen sein. Und welcher Moment sollte dafür geeigneter sein als jener, in dem die Achsenmächte Jugoslawien angriffen. In diesem Fall wäre es nicht utopisch, jenen Funken zu entzünden, der den Volksaufstand auslöst: »Der höchste Punkt der Erregung der Massen zeigt sich, wenn sie bereit sind, für den Sieg der Revolution zu kämpfen und zu sterben; den Tod verachtend sind sie dabei von Empörung und ungezügelter Feindschaft durchdrungen, die übergeht in ›Wildheit‹ bis hin zur Grausamkeit.« Er betonte weiterhin die Notwendigkeit, dass die Partei, als Avantgarde des Proletariats, von Anfang an die Initiative in ihren Händen haben, den Aufstand bis ins Detail vorbereiten, Kampfeinheiten, die »Schlagfaust« des Proletariats, organisieren, diese mit den Bauern und den Volksbefreiungsbewegungen verbinden und dabei das alte Verwaltungs- und Militärsystem vernichten bzw. seiner Herr werden müsse. »Die Partei darf nicht zulassen, dass der Aufstand spontan beginnt, vorbei an ihrer Organisation und ihrer Führung.« Bei dieser Erörterung stützte er sich auf einen Artikel, den Palmiro Togliatti unter dem Pseudonym Ercoli unter dem Titel »Über die Besonderheiten der spanischen Revolution« verfasst hatte. Auf Grundlage seiner persönlichen Erfahrung bezeichnete Ercoli den Krieg auf der Pyrenäenhalbinsel als demokratische Phase, die nicht rechtzeitig beendet worden sei. Man hätte sie so bald wie möglich abschließen und dann zur nächsten Phase übergehen müssen, zur proletarischen Phase.[55]

Später erklärte Broz, dass er in dieser Schrift, in der die Ankündigung eines Partisanenkrieges gesehen wurde, einige Ideen Clausewitz' verarbeitet habe. Zudem seien aber auch seine Erfahrungen aus dem Ersten Weltkrieg und der Oktoberrevolution, Studien über den Partisanenkrieg in China und die spanische Guerilla gegen Napoleon in den Text eingeflossen. Am meisten aber hätten ihm die Lehren des Spanischen Bürgerkrieg vor Augen gestanden.[56]

☆ ☆ ☆

Anfang des Jahres 1940 befand sich Jugoslawien in einer überaus schwierigen Lage. Durch die Abkommen Deutschlands mit Ungarn und Rumänien und dadurch, dass Italien Albanien seinem »Imperium« einverleibt hatte, war Jugoslawien in einen Zangengriff der Achsenmächte geraten. Weil er das römische Kaiserreich erneuern und die Adria in ein *mare nostrum* verwandeln wollte, beabsichtigte Mussolini zudem, sein Abenteuer mit dem Anschluss Jugoslawiens fortzusetzen, was Hitler aber verhinderte. Deutschland beherrschte den

Balkanraum bereits wirtschaftlich, deshalb erschien es dem Führer nicht angebracht, die Beschaffung von Erdöl und anderen Rohstoffen wegen der Ambitionen des Duce zu erschweren. Mussolini aber war nicht zu bremsen: Ohne Hitler zu informieren, hatte er am 28. Oktober 1940 mit neun Divisionen aus Albanien kommend Nordgriechenland angegriffen. Aber entgegen allen Erwartungen hatte sich die griechische Armee als sehr effektiv erwiesen. Schon Mitte November war das heimische Gebiet befreit und die Armee begann dann nach Albanien vorzudringen. Nach einer Winterruhe gingen die Italiener im März 1941 erneut in die Offensive, aber auch diesmal ohne Erfolg.[57] In dieser Situation versuchte sich Fürst Pavle – der entsprechend seiner Erziehung, seiner familiären Bindungen und seiner politischen Überzeugung anglophil war – lange Zeit den aus Berlin und Rom einlangenden Einladungen zu widersetzen, sich gemeinsam mit Ungarn und Rumänien mit den Achsenmächten zu verbünden. Auf der Suche nach Unterstützern hatte er im Juni 1940 sogar diplomatische Beziehungen mit der Sowjetunion geknüpft, das die Karađorđevićs bis dahin als ein Land des Antichristen angesehen hatten. Moskau verlangte zwar im November 1940 und erneut Mitte Januar 1941 von Berlin, die Kriegszone nicht auf den Balkan auszuweiten, und informierte darüber auch die jugoslawische Regierung, viel mehr aber konnte sie nicht tun.[58]

Als im Frühjahr 1941 offensichtlich wurde, dass Großbritannien – der einzige Staat, der noch gegen die Deutschen kämpfte – Fürst Pavle nicht würde helfen können, beschloss er, dem Dreierpakt beizutreten, um Jugoslawien vor einer militärischen Besetzung zu bewahren. Das Bündnis, das ihm Hitler anbot, war relativ günstig, denn er verlangte von Jugoslawien weder eine unmittelbare Beteiligung am Krieg noch eine Stationierung deutscher Truppen zur Realisierung ihrer strategischen Pläne. Doch die Hoffnung des Regenten, seine Völkern durch dieses Bündnis vor den Schrecken des Krieges zu bewahren, währte nicht lange: Dem Vorbild Bulgariens folgend, das am 1. März 1941 dem Dreierpakt beigetreten war, unterzeichneten am 25. März Ministerpräsident Cvetković und Außenminister Cincar Marković im Wiener Schloss Belvedere den Pakt ebenfalls.

Über das Spiel hinter den Kulissen, das die Einleitung zu diesem schicksalhaften Akt darstellte, war das Politbüro der KPJ in den Hauptzügen unterrichtet. Im staatlichen Pressebüro gab es nämlich einen Journalisten, der allen vertraulichen Konferenzen von Minister Cincar Marković beiwohnte, auf denen dieser Verlautbarungen für die Presse herausgab. Die Kapitulation kam daher nicht überraschend. So auch nicht der massenhafte Aufstand, der in Belgrad nach der Unterzeichnung des Pakts ausbrach und der von der Orthodoxen Kirche, von nationalistisch orientierten großserbischen Kreisen und den Kommunisten noch geschürt wurde.[59] Die riesigen Protestdemonstrationen, die die »Ehre Jugoslawiens« retten sollten, wurden in der Nacht vom 26. auf den 27. März von einem Militärputsch gekrönt. In Szene gesetzt wurde er von einer Gruppe Fliegeroffizieren, die sich um General Dušan Simović geschart hatten, der mithilfe britischer Agenten schon seit Langem gegen Fürst Pavle und dessen Verständigungspolitik gegenüber den Kroaten intrigierte. Die Ereignisse liefen danach ab wie im Film: Der kaum siebzehnjährige Peter II. wurde als Marionettenkönig eingesetzt, um der Militärjunta Legitimität zu verleihen, Fürst Pavle musste mit seiner Familie ins Exil gehen.[60] Am Tag nach dem Staatsstreich am 27. März 1941 flog Tito von Zagreb nach Belgrad, um die Entwicklung der Ereignisse direkt vor Ort zu verfolgen. Auf dem Flug erlitt die Maschine vom Typ Lockheed einen Motorschaden, sodass sich fast ein Unglück ereignet hätte.[61] (Das war vermutlich der Grund, weshalb er in späteren Jahren nicht gern mit dem Flugzeug reiste.)

Gegenüber den Belgrader Genossen meinte er, dass der Pakt zwischen Jugoslawien und den Achsenmächten fehlgeschlagen sei. »Der Krieg ist unausweichlich, der Angriff gegen den Staat steht bevor …«[62] Ein gleichlautendes Telegramm sendete er auch nach Moskau. Darin schlug er vor, die Kommunisten mögen einen allgemeinen Aufstand gegen die deutsch-italienische Aggression und die Versuche der Briten organisieren, Jugoslawien auf ihrer Seite in den Krieg zu ziehen. Durch den Druck des Volkes müsse die Regierung dazu gebracht werden, den Wiener Pakt zu widerrufen und ein gegenseitiges Hilfsabkommen mit der UdSSR zu beschließen.[63] Diese kämpferische Haltung beunruhigte Moskau, da es alles vermeiden wollte, was Hitler in irgendeiner Weise provozieren könnte. Über Kopinič erreichte die Führung der KPJ am 30. März 1941 die Anweisung, auf Massenproteste und bewaffnete Auseinandersetzungen zu verzichten. »Exponiert euch nicht, sitzt nicht den Provokationen des Feindes auf. Setzt nicht die Avantgarde des Volkes der Gefahr aus und schickt sie zu früh ins Feuer. Der Zeitpunkt für den entscheidenden Kampf gegen den Klassenfeind ist noch nicht gekommen.«[64]

★

ÜBERFALL AUF JUGOSLAWIEN UND DER AUFRUF ZUM WIDERSTAND

Die neue Belgrader Regierung versuchte Hitler davon zu überzeugen, dass sie beabsichtige, dem gerade unterzeichneten Pakt treu zu bleiben. Doch der nahm die dargebotene Hand nicht an. Im Gegenteil: In der Überzeugung, dass ihm »die perfiden Serben das Messer in den Rücken gestoßen« hätten, befahl er seinen Generälen umgehend, nicht nur in Griechenland einzugreifen (wo es die Italiener vor dem Fiasko zu retten galt), sondern auch in Jugoslawien einzumarschieren.[65] So startete die Wehrmacht, wie von Tito vorhergesagt, am 6. April 1941 das *Unternehmen Marita* gegen Griechenland und das *Unternehmen Strafgericht* gegen Jugoslawien. Daran änderte auch der Freundschafts- und Nichtangriffspakt zwischen der sowjetischen und jugoslawischen Regierung nichts, der am frühen Morgen desselben Tages unterzeichnet worden war. Wie sich Kardelj erinnert, planten die Kommunisten für diesen Tag in Belgrad große Kundgebungen, um die Unterzeichnung des Pakts zu feiern, aber die Deutschen kamen ihnen zuvor.[66] Im Morgengrauen starteten ihre Flugzeuge von den Flugplätzen in Bulgarien, brachen ohne Kriegserklärung in den jugoslawischen Luftraum ein und bombardierten in mehreren Angriffswellen die jugoslawische Hauptstadt. Wenige Stunden später überschritt die Wehrmacht bei Maribor die jugoslawische Grenze und begann gegen Zagreb vorzurücken. Bereits am 8. April hatte die II. deutsche Armee Belgrad erreicht. In den folgenden Tagen marschierten auch italienische, ungarische und bulgarische Truppen fast ohne Widerstand in Jugoslawien ein. Die königliche Armee, die als überaus tapfer und stark galt, hatte sich völlig unvorbereitet gezeigt und brach wie ein Kartenhaus zusammen. Der Vielvölkerstaat zerfiel innerhalb weniger Tage.

Am 10. April wurde unter der Führung des Ustascha-»Poglavniks« (Führer) Ante Pavelić der Unabhängige Staat Kroatien (NDH) ausgerufen, dessen Gebiet sich auch über Bosnien und Herzegowina erstreckte, während Mitteldalmatien und die Bucht von Kotor an die Italiener fiel. Mussolini beanspruchte auch den Südteil der Banschaft Drau einschließlich Ljubljana für sich, während sich die Deutschen die slowenische Steiermark und Oberkrain und die Ungarn sich Prekmurje, das Übermurgebiet einverleibten. Die Italiener besetzten auch Montenegro und den größten Teil des Kosovo, den sie Albanien anschlossen. Zentralserbien wurde von den Deutschen besetzt und in ein Protektorat unter der Führung heimischer Kollaborateure umgewandelt. Die Vojvodina wurde den Ungarn überlassen und ein großer Teil Mazedoniens den Bulgaren. Schon am 17. April 1941 unterschrieb General Danilo Kalafatović gegenüber der Wehrmacht die bedingungslose Kapitulation. Tausende jugoslawischer Soldaten waren auf der Flucht, um einer Internierung zu entgehen und nach Hause zurückzukehren. Die Deutschen machten 344.000 Gefangene, annähernd 300.000 Mann gelang es zu entkommen.[67] König Peter II. und die Mehrzahl der Minister der Simović-Regierung waren nach Athen, wo noch immer britische Militäreinheiten standen, und von da aus über Palästina nach London geflüchtet.

Wie Winston Churchill kommentierte, hatten »die Jugoslawen ihre Seele gerettet«, zur Rettung ihres Staatsgebietes aber war es zu spät.[68] Der Angriff der Achsenmächte gegen Jugoslawien war das Schulbeispiel eines Blitzkrieges, wobei die Deutschen vor allem an der Kontrolle der Verkehrswege nach Bulgarien und Griechenland und über Rumänien nach Südrussland interessiert waren. In Serbien selbst, aber auch in Kroatien, waren sie in erster Linie an den Bergbauregionen interessiert, wo für die Kriegsindustrie benötigtes Chrom, Bauxit und Kupfer gefördert wurde.[69]

In diesen bewegten Tagen stand Tito in ständigem Austausch mit Moskau. Eine der wichtigsten Errungenschaften des Jahres 1940 war nämlich die Einrichtung einer Radioverbindung zwischen Zagreb und der Komintern. Diese wurde durch Josip Kopinič-Vokšin, Spitzname Vazduh (›Luft‹), und Stella Panajotis-Bamjadzidos, eine griechische Telegrafistin, unterhalten. Sie traten als Eheleute auf und wurden das auch bald tatsächlich. Mit Hilfe Vlatko Velebits hatten sie an den Hängen Zagrebs ein geeignetes Haus mit Garten in der Nähe des Waldes – für den Fall, dass man rasch fliehen musste – gefunden. Von dort aus betrieben sie als »Mali« und »Mala« (›Kleiner‹ und ›Kleine‹) – so hatte Tito sie genannt – bis Juni 1944 eine Radiostation, die von den Deutschen nie entdeckt wurde. An dieses Zentrum waren außer der KPJ noch sieben weitere kommunistische Parteien angeschlossen, die italienische, schweizerische, österreichische, ungarische, bulgarische, griechische und slowakische.[70] So begann ein überaus intensiver Nachrichtenaustausch, der zuerst über Vazduh und später während des Krieges über Sendestationen bei Titos Oberstem Stab und beim Generalstab Sloweniens einen immensen Umfang annahm. Angeblich hat Tito mit der Komintern und mit anderen sowjetischen Diensten in Moskau Hunderte von Depeschen gewechselt, von denen sogar manche seiner engsten Mitarbeiter nichts wussten. Er schrieb sie nämlich selbst und hütete sie eifersüchtig.[71] »Bei Sitzungen des Politbüros«, erzählte später Ranković, »hat uns Tito aus den Depeschen, die er aus Moskau und von der Komintern bekam, nur das mitgeteilt, was er für unbedingt notwendig hielt. Keiner von uns hat jemals auch nur eine Depesche zu Gesicht bekommen. Im Krieg, während des Marsches, zog Tito, bevor er sich schlafen legte, den Stiefel aus, holte die Depeschen heraus und zog ihn wieder an. So war er sich sicher, dass sie ihm niemand stahl.« Ranković störte ein derartiges Misstrauen sehr: »Was bin ich hier? Welches ist meine Verantwortung, wenn die Depeschen aus Moskau vor mir versteckt werden?«, fragte er. Titos schroffe Antwort lautete: »Ich bin der Generalsekretär der Partei. Ich habe das Recht zu entscheiden, worüber ich dich und euch zu informieren habe.«[72]

Der plötzliche Zusammenbruch der jugoslawischen Streitkräfte überraschte die Kommunisten, denn auch sie hatten an den Mythos der serbischen heroischen Traditionen geglaubt. Wie im Jahre 1944 Đilas zu Manuilski sagte: »Unser Fehler war es, dass wir glaubten, dass sich der größere Teil des mit dem Generalstab verbundenen Offizierskorps gegen die Deutschen zur Wehr setzen werde. Dem war aber nicht so. Die Mehrheit ergab sich.«[73] Die Führer der KPJ hatten erwartet, dass Jugoslawien einen Monat oder noch etwas länger Widerstand leisten würde, was ihnen die Möglichkeit gegeben hätte, ihre Organisationen zu verstärken und sich mit ihren zahlreichen Anhängern innerhalb der bewaffneten Streitkräfte zu verbinden. In Wirklichkeit stießen die Deutschen bei ihrem Vormarsch auf so gut wie keinen Widerstand: »Es gab keinen ernsthaften Kampf, es war ein Parademarsch«, konstatierte Đilas.[74]

Auf der Sitzung des Zentralkomitees der KP Jugoslawiens und der KP Kroatiens am 8. April 1941, zwei Tage bevor die Deutschen in Zagreb einmarschierten, gestand Tito seine Fehleinschätzung in Bezug auf die königliche Armee offen ein und äußerte sich auch dahingehend selbstkritisch, dass sich auch die Kommunisten in dem tragischen Geschehen der letzten Wochen nicht hervorgetan, sondern im Gegenteil die Initiative aus den Händen gegeben hätten. Nach dem Überfall der Achsenmächte auf Jugoslawien und der Besetzung stellte sich aber die Frage, welche Rolle sie in den neuen Verhältnissen überhaupt spielen sollten.[75] Weil Stalin noch immer als Hitlers Verbündeter angesehen werden musste, war klar, dass sie nicht besonders viel Spielraum hatten und gegenüber den Besatzern nicht wie Feinde auftreten konnten. Andererseits waren sie davon überzeugt, dass sich die in den Krieg verwickelten imperialistischen Staaten im gegenseitigen Kampf erschöpfen würden und dass der Zeitpunkt nicht fern sei, zu dem man den selbstmörderischen Konflikt der europäischen Bourgeoisie für die sozialistische Revolution nutzbar machen könne, so wie es Lenin vor dem Ersten Weltkrieg getan hatte.[76]

Am 10. April, an dem Tag als unter deutscher und italienischer Protektion der Unabhängige Staat Kroatien ausgerufen wurde, gründeten die Kommunisten ein Militärkomitee mit Tito an der Spitze, das den Mitgliedern der Partei die

Direktive gab, was in diesem Moment des Zerfalls des alten Staates zu tun sei: das Sammeln und Verstecken von leichten Waffen. Kurz darauf wurden auch in größeren Städten und Provinzen Militärkomitees mit dem Auftrag gegründet, die Grundstruktur der zukünftigen bewaffneten Streitkräfte zu erarbeiten (kleine Einheiten, Kompanien und Kommandokader[77]), und die Soldaten davon abzuhalten, sich in Gefangenschaft zu begeben, sondern sie dahingehend zu agitieren, dass sie sich stattdessen mit ihren Waffen nach Hause begaben. Am 15. April wurde ein »Aufruf an die jugoslawischen Völker« veröffentlicht, in dem der Verrat des heimischen Regimes am Volk und die Ausbreitung von Chauvinismus und Brudermord verurteilt und die Menschen aufgerufen wurden, »im Geiste nicht zu kapitulieren«, sondern den Kampf gegen den Okkupator fortzuführen. »Aus diesem blutigen imperialistischen Krieg wird eine neue Welt hervorgehen. […] Auf der wahrhaften Unabhängigkeit aller Völker Jugoslawiens wird sich eine wahrhafte brüderliche Gemeinschaft bilden …«[78]

»Ich denke, dass der Aufruf vom 15. April historische Bedeutung hatte«, kommentierte Tito später, »und zwar insofern, als die KPJ in diesem kritischen Moment den Massen aller Völker Jugoslawiens die gesellschaftliche Bedeutung und die Perspektiven des vor uns liegenden Kampfes gegen den faschistischen Okkupator aufgezeigt hat. […] Ohne diese klaren Perspektiven hätte unser Volksbefreiungskampf nicht den Schwung und nicht die Breite bekommen, wie er ihn erfahren hat, und nicht die Kraft, sondern wäre schnell zu einem kläglichen Widerstand verkommen, wie es in anderen Parteien Europas der Fall war. […] Mit anderen Worten, dies war jener historische Moment, der die Ablösung der führenden Gesellschaftskräfte verlangte. Die erwähnten Tatsachen bestätigen, dass die KPJ den Augenblick erfasst und mutig und ohne Zögern die historische Verantwortung für das Schicksal der jugoslawischen Völker übernommen hat.«[79]

Diese war keine leichte gewesen – man hätte auch beschließen können, dass es zielführender gewesen wäre, sich, statt den bewaffneten Aufstand zu wagen, auf Sabotagetätigkeit zu beschränken. »Gegen die Ausrichtung auf den bewaffneten Aufstand«, so Kardelj, »waren nicht nur ziemlich breite Kreise der demokratischen Kräfte und der linken Intelligenz, sondern auch ein Teil der Kommunisten. Es formte sich der Gedanke, dass sich die Partei und die Widerstandskräfte vor allem auf Mittel des politischen Kampfes in einer möglichen Kombination mit Diversion und Sabotage auszurichten hätten. In Verbindung damit bezeichneten manche die Festlegung der Partei auf den bewaffneten Aufstand als Abenteurertum, das den Faschisten erleichtern würde, das Volk zu vernichten. […] Einige Kommunisten meinten nämlich, dass man mit dem bewaffneten Aufstand warten müsse, bis der Krieg in seine Endphase eingetreten sei, dass man erst dann die Arbeiterklasse und andere revolutionäre Massen in den bewaffneten Aufstand gegen den Krieg und um die Macht führen dürfe.« In der Überzeugung, »dass der Raum für den revolutionären Kampf die Städte und nicht die Wälder sind«.[80]

An dem Tag, an dem die königliche Regierung aus dem montenegrinischen Nikšić nach Griechenland und unter britischen Schutz flüchtete, informierte Tito die Komintern von der Entscheidung des ZK der KPJ, dem Okkupator, und sei er doch so stark, Widerstand zu leisten.[81]

Zur Lagebeurteilung und um die Frage zu klären, wie es nach der Besetzung des Landes um die Partei stand, kam es im Mai 1941 in Zagreb zu einer Reihe von Treffen, an denen nur die Serben, Kroaten und Slowenen teilnahmen. Genossen aus Montenegro sowie Bosnien und Herzegowina waren nicht anwesend, und jene aus Mazedonien unter der Führung ihres örtlichen Sekretärs Metodija Satorov-Sarlo meinten, dass es besser sei, wenn sie sich der bulgarischen kommunistischen Partei anschlössen, auch da die Sowjetunion die diplomatischen Beziehungen zur jugoslawischen Exilregierung abgebrochen und damit den Zerfall des Staates anerkannt habe.[82] Auf diesen Sitzungen wurde die imperialistische Aufteilung Jugoslawiens abgelehnt und die Sorge geäußert, dass es zum Ausbruch zwischenvölkischer Konflikte kommen könne. Die Kommunisten fürchteten nämlich, dass der Hass zwischen den jugoslawischen Völkern zu einem Werkzeug in den Händen des Okkupators werden könnte und dass ihn sich auch die heimische Bourgeoisie zu Diensten machen könnte, um sich von der Schuld der Kollaboration mit den Achsenmächten reinzuwaschen. Es wurde die Losung ausgegeben, dass es die Reihen zu schließen gelte und unter dem Patronat der Partei der Kampf sowohl gegen die deutschen, italienischen und sonstigen Faschisten wie auch gegen die englischen Imperialisten aufzunehmen sei. Tito sagte auf einem der Treffen, dass man nicht länger auf die bürgerliche demokratische Revolution warten müsse, wie es die Doktrin verlange, und die Zeit für die Machtübernahme gekommen sei. Die Kommunisten müssten sich militärisch organisieren und darauf vorbereiten, denn nach dem Zusammenbruch der Besatzerregime werde sich überall die Diktatur des Proletariats durchsetzen.[83]

Das Telegramm, in dem Tito die Komintern über die in Zagreber Beschlüsse informierte traf in Moskau erst am 28. Juni 1941 ein, sechs Tage nach dem deutschen Angriff gegen die Sowjetunion. Dimitrow reagierte ziemlich kritisch, und antwortete, jetzt sei die Zeit für den Volksbefreiungskampf und nicht für die proletarische Revolution. Tito passte sich seinem Standpunkt natürlich an, aber nur zum Schein, mehr mit Worten als aus Überzeugung.[84] »Die wahre Bedeutung dieser Depesche«, erzählte er Dedijer, »wurde uns erst später klar.

Wären wir so verfahren, wie es Moskau verlangte, wäre es uns nie gelungen, unseren Aufstand zu entwickeln. Unter jugoslawischen Bedingungen hätte diese Direktive bedeutet, den Aufstand zu liquidieren, bevor er noch begonnen hatte. Denn das alte Regime mit dem König an der Spitze hatte am 6. April die jugoslawischen Völker auf Gnade und Ungnade den Eroberern überlassen, und das, was vom Staatsapparat übrig geblieben war, war in den Dienst des Okkupators übergegangen. Damit hatte das alte Regime die ganze Fülle seiner Schwächen gezeigt. Vor allem war es der tief verwurzelten Tradition der Jugoslawen untreu geworden, um die nationale Unabhängigkeit zu kämpfen, einer Tradition, die sich im Verlaufe von 150 Jahren und nicht weniger als 39 Aufständen und zehn Kriegen gegen die Versuche fremder Mächte, die jugoslawischen Völker zu unterjochen, herausgebildet hat. In Jugoslawien war es nicht möglich, sich einen Volksaufstand gegen einen Okkupator vorzustellen, der dem Volk nicht zugleich in Aussicht gestellt hätte, nach dem Krieg eine neue, im wahrsten Sinne des Wortes patriotische Verwaltung zu bekommen, die nicht zulassen würde, dass Jugoslawien, trotz seiner natürlichen Reichtümer, auch weiterhin eine gewöhnliche Halbkolonie der Großmächte bleibt, die nicht die Unterdrückung einzelner Völker zulassen würde, die nicht zulassen würde, dass die große Mehrheit des Volkes in Armut und Not lebt.«[85]

Mehr als den sowjetischen Regierungskreisen, war es Tito klar, dass der Weltkrieg nicht auf die Länder des kapitalistischen Lagers beschränkt bleiben würde, sondern dass sich die Deutschen auch auf einen Angriff gegen die Sowjetunion vorbereiteten. In Erwartung dieses Ereignisses, das ihm die Möglichkeit zur Realisierung seiner revolutionären Pläne geben würde, ließ er alles andere beiseite. Leo Mates, der mit ihm zusammenwohnte, sagte später, dass er ihn in diesem Augenblick als einen Menschen erlebt habe, der sich immer wieder sagte: »Ich will, ich kann und ich muss der Führer sein.«[86] Er war so sehr von sich eingenommen, dass er sich nicht um die kroatischen Kommunisten kümmerte, die Banus (Vizekönig) Ivan Šubašić noch vor Kriegsbeginn in die Burg Kerestinec hatte einsperren lassen und die in die Hände der Ustascha gefallen waren, als der NDH-Staat ausgerufen wurde. Es handelte sich um etwa einhundert Linksgerichtete, unter denen es nicht an prominenten Intellektuellen mangelte. In dem Moment des Chaos, als Ante Pavelićs Regime seine Macht noch nicht gefestigt hatte, da es weder über Polizei noch Militär verfügte, sagt Vladimir Velebit in seinen Erinnerungen mit vieldeutigem Vorwurf, hätte man sie noch retten können.[87]

Weil es in der Hauptstadt des NDH-Staates immer gefährlicher wurde und weil es klar war, dass wegen der Begeisterung der kroatischen Massen über die endlich erlangte »Staatlichkeit« – wenn auch unter dem Schutz der Deutschen und Italiener – die Kommunisten fürs Erste keine Möglichkeit hatten, auf sie einzuwirken, beschloss die Partei das Politbüro des ZK der KPJ von Zagreb nach Belgrad zu verlegen.[88]

Über die verbrecherischen Absichten der Ustascha brauchte man sich keine Illusionen zu machen. Kurz nach der Machtübernahme hatten sie eine »Rassenrevolution« gegen Juden, Roma und vor allem die Serben, die 30 Prozent der Bevölkerung des neuen Staates ausmachten, in Gang gesetzt. Während Pavelić die muslimischen Bosniaken als Brüder »reinsten kroatischen Blutes« ansah und sie auch dementsprechend behandelte, ordnete er für die orthodoxen Serben ein Vernichtungsprogramm an, nach dem ein Drittel umgebracht, ein Drittel ins Ausland vertrieben und der Rest gewaltsam zum katholischen Glauben bekehrt werden sollte. Diesen Plan begannen die Ustascha sofort in die Tat umzusetzen, ohne dass sich die Katholische Kirche rechtzeitig von ihm zu distanzieren gewusst hätte. Gefangen im Netz des Nationalismus protestierte sie nicht entschlossen genug gegen die bestialischen Massaker an unschuldigen Menschen oder ihre gewaltsame »Evangelisierung«. Im Gegenteil: Zahlreiche Prälate, Pfarrer und Franziskanerpater wirkten an den Ustascha-Verbrechen mit oder beförderten sie durch ihre absolute Gleichgültigkeit.

Tito verließ Zagreb in solcher Eile, dass er nicht einmal die Geburt des eigenen Sohnes abwartete, den nach seinem Weggang Herta Haas in Windeln legte.[89] Hals über Kopf reiste er am 23. Mai 1941 ab, einen Tag bevor die Grenze zwischen dem NDH-Staat und Serbien geschlossen wurde. Wie er selbst später erzählte, nicht nur aus Angst vor den Ustascha, sondern auch vor den kroatischen Kommunisten, die Gerüchten zufolge mit prominenten Vertretern des Pavelić-Regimes paktierten und beabsichtigten, die KP Kroatiens aus der KPJ herauszulösen, in der Überzeugung, dass man den Hitler-Stalin-Pakt halten müsse.[90]

Als Antwort auf diese separatistischen und pazifistischen Bestrebungen schrieb Tito für das Parteiblatt *Srp i čekić* (›Hammer und Sichel‹) einen Artikel mit dem Titel »Warum gehören wir noch zur KPJ?«: »Seit die imperialistischen Räuber Jugoslawien überrollt und besetzt haben und der ›unabhängige‹ Staat Kroatien gegründet wurde, ist zahlreichen unserer Genossen nicht klar, warum wir Kommunisten in Kroatien, d. h. unsere KP Kroatiens, noch zur Kommunistischen Partei Jugoslawiens gehören, warum wir Flugblätter mit der Unterschrift ZK der KPJ verbreiten. […] Sie sagen, wir […] seien gegen die Freiheit und Unabhängigkeit des kroatischen Volkes und für die Wiedererrichtung Jugoslawiens in der vorherigen Form. […] Wir Kommunisten erkennen die Besetzung und Zerstückelung nicht an, weil sie nicht auf Wunsch des Volkes hin geschehen ist, sondern durch die Aggression der imperialistischen Eroberer. […] Wenn wir mit vereinten Kräften die wahre Freiheit und Unabhängigkeit erkämpft haben werden, werden wir die brüderlichen Beziehungen ordnen, wie sie uns und unseren Völkern am besten entsprechen. So, wie das die Völker der großen Sowjetunion getan haben.«[91]

Als er als unter der Identität Ing. Slavko Babić, Vertreter der Fa. Škoda, in Belgrad ankam, stieß er dort auf unzählige Kommunisten mit der entschlossenen Bereitschaft zum Widerstand und zur Revolution sowohl gegen den Okkupator als auch gegen die einheimische kollaborierende Bourgeoisie. Wie er im Oktober 1944 dem russischen Schriftsteller und Kriegsberichterstatter K. M. Simonow erzählte, herrschte Terror in der Stadt: »Wer sich am Abend auf der Straße zeigte, wurde erschossen.« Unter Androhung der Todesstrafe war es verboten, die Haus- oder Wohnungstür abzuschließen. Die Deutschen konnten überall hinein, wo sie wollten und wann sie wollten. Mehrere Wochen lang ging Broz schlafen ohne sich auszukleiden, mit der Pistole unter dem Kopfkissen. »Das Einzige, was mich in diesen Tagen beruhigte, war, dass ich vier Hausnummern entfernt vom Stadtkommandanten Belgrads, Generalleutnant Schröder, wohnte. Ja, das war eine Zeit, als es entweder am Leben zu bleiben oder zu sterben galt, als man nur an die Zukunft des Staates dachte und nicht eine Minute an die eigene Zukunft.«[92] Đilas beschrieb die Atmosphäre in der Stadt wie folgt: »Nachts Patrouillen, Dunkelheit und ständige Schießereien mal auf der einen, mal auf der anderen Seite der Stadt. Juden mit gelben Bändern und Angst und Wut, Hunger und Tod, finstere Gesichter der Bürger und fröhliche rücksichtslose deutsche Jünglinge mit Prostituierten und Fotoapparaten. Bewegung von Luftstreitkräften Richtung Griechenland und Bodentruppen Richtung Rumänien. Erste ›Gemeindeblätter‹ im Dienste des Okkupators.«[93]

Ende April und erneut Ende Mai meldete Tito über die sowjetische Botschaft, die in Belgrad noch amtierte, an Dimitrow (Deckname »Ded« – ›Väterchen‹), dass sich deutsche Einheiten in Richtung russische Grenzen bewegten und dass die deutschen Offiziere in Zagreb ihr Ziel auch nicht groß verheimlichten. Bei Kontakten mit der örtlichen Bourgeoisie sprächen sie offen davon, dass sie in Russland hineinschneiden würden wie das Messer in die Butter. Auf den Panzern der Wehrmacht, die durch Belgrad und über die Donau Richtung Rumänien fuhren, stand: »Nach Moskau«.[94] In einer Depesche, die Tito am 13. Mai abschickte, schreibt er: »Wir organisieren Militäreinheiten, erziehen unsere Militärkader, bereiten den bewaffneten Aufstand im Falle eines Angriffs gegen die UdSSR vor.«[95]

Zudem brachte die Partei ein Propagandaflugblatt in Umlauf, in dem sie die Deutschen Soldaten warnte, dass der Führer beabsichtige, sie im Kampf gegen

Russland zu verheizen.[96] Da Stalins Haltung gegenüber jenen, die ihn vor einem baldigen Angriff warnten, äußerst kritisch war, wundert es nicht, dass diese Meldung und Titos kämpferische Einstellung in Moskau wenig willkommen war. Hinzu kam, dass im Komintern nach wie vor großes Misstrauen gegenüber Tito herrschte, wie sich auch Vladimir Bakarić später erinnerte. Für diese Leute sei er zu wenig »gehorsam« und »demütig« und zu »eigensinnig« und zu voll »eigener Ideen« gewesen.[97]

Allerdings findet sich in den Archiven der Komintern ein Bericht, der davon zeugt, dass nicht alle in Moskau seinen Kampfeseifer kritisch betrachteten. Das Dokument vom 29. Mai 1941 erwähnt Geheimtreffen zwischen Tito und einem Moskauer Agenten in Zagreb und Belgrad und berichtet: Die KPJ zähle 8 000 Mitglieder und 30 000 Komsomolzen (junge Mitglieder des SKOJ). Die Parteiorganisation sei unversehrt und in Kampfbereitschaft. Beim ZK seien ein Militärkomitee und ein Komitee für Diversantentätigkeit organisiert. Waffen seien vorhanden und versteckt. Im Falle eines Angriffs gegen die Sowjetunion werde die KPJ in den Kampf eintreten. Zur Auffüllung der Waffenvorräte benötigten sie von der Komintern zwischen fünf und zehntausend Dollar. »Bitte, überbringt den Genossen unsere Grüße und informiert sie, dass die Aufgaben erfüllt werden, die sich der Kommunistischen Partei Jugoslawiens gestellt haben.«[98] Dabei ist anzumerken, dass sich die Kampfbereitschaft nicht nur aus der Ideologie und noch weniger aus dem blinden Glauben an die Sowjetunion speiste. Wie Koča Popović, einer der wichtigsten Führer des Aufstandes, eingesteht, »war auch viel jugendliches Rebellentum dabei …«[99]

★

AUFSTAND UND REVOLUTION

Die Verfolgung der Serben und die an ihnen vom Ustascha-Regime, von den ungarischen und bulgarischen Besatzungstruppen, aber auch von den Kosovo-Albanern verübten Massaker lösten eine Flüchtlingswelle in das serbische Gebiet unter deutscher Verwaltung aus. Viele flohen in die Wälder und organisierten sich zum Selbstschutz in bewaffneten Gruppen. Außerdem war ein weiteres Phänomen zu beobachten: Um die Offiziere der königlichen Armee, die sich der Gefangenschaft entzogen hatten, begannen sich Soldaten zu sammeln, die entschlossen waren, die militärische Niederlage nicht hinzunehmen. Anknüpfend an die Rebellentradition gegen die Türken, tauchten bereits im April 1941 erste Tschetnik-Verbände in Teilen Serbiens und Montenegros auf. Im Bergland von Ravna gora in Westserbien stellte sich der neunundvierzigjährige Oberst Dragoljub (Draža) Mihailović an die Spitze einer kleinen Einheit mit der Absicht, wenigstens einen Funken serbischer Unabhängigkeit am Leben zu erhalten. Er rief eine patriotische Widerstandsbewegung ins Leben, die aber, wie Jahre später einer seiner Anhänger eingestand, in Wirklichkeit auf der Feindschaft gegen alle Völker Jugoslawiens beruhte. Es sei klar gewesen, setzte er hinzu, dass man unmöglich auf der Basis dieser Feindschaft und serbischer Heldensagen siegen konnte.[100]

Unterdes bemühte sich Stalin auf alle denkbare Weise um Hitlers Wohlwollen. Noch am Vorabend des *Unternehmen Barbarossa* veröffentlichte die *TASS* eine Meldung, in der Gerüchte, denen zufolge die deutsche Armee Einheiten an den Grenzen der Sowjetunion zusammenziehe, als antisowjetische und antideutsche Propaganda zurückgewiesen wurden. Doch da ein Dementi aus Deutschland ausblieb, war es Tito klar, dass der Angriff kurz bevorstand, wenngleich sie den genauen Zeitpunkt nicht kannten.[101]

Als Hitler dann am 22. Juni 1941 tatsächlich in die Sowjetunion einmarschierte, war Tito also deutlich weniger überrascht als Stalin. Noch am gleichen Tag verfasste er einen vom ZK veröffentlichten Aufruf, in dem er die »Arbeiter, Bauern und Staatsbürger Jugoslawiens« zum bewaffneten Kampf zur Verteidigung des »blühenden sowjetischen Gartens« aufrief. Diese kühne, sogar kopflose Entscheidung nahmen die führenden jugoslawischen Kommunisten umso leichter hin, als sie keinen Zweifel hegten, dass die kapitalistische Welt unmittelbar vor dem Zusammenbruch stehe, dass die Rote Armee leicht mit der Wehrmacht fertig werde und dass ihr Sieg nur eine Frage von Wochen, höchstens Monaten sei. Den katastrophalen Rückzug der Roten Armee legten sie als geniale Taktik Stalins aus, denn was anderes könne im Spiel sein, bei einer Armee, die eben noch die Fertigstellung von einer Million und einem Panzer gefeiert hatte.[102] »Alle unsere Ziele, unsere Strategie und Taktik hatten wir von den Russen abhängig gemacht. Wir waren überzeugt: Wenn die Russen siegen, siegen auch wir«, erzählte später Ranković.[103] Im ZK der KPJ sprach man sogar davon, dass die Russen jeden Moment mit Fallschirmen über dem besetzten Jugoslawien abspringen würden und dass man sich auf ihren Empfang vorbereiten müsse. Als Đilas einen Genossen fragte, wann der Krieg zu Ende sei und der sagte: »noch vor Ablauf des Jahres«, antwortete Đilas spitz: »Häng dich an der Fahne auf, das muss in zwei Monaten vorbei sein.« Von beinahe leichtfertiger Zuversicht zeugt auch ein Bericht, den Tito Ende Juni 1941 an die Komintern schickte: »Wir bereiten den Volksaufstand gegen den Okkupator vor, denn im Volk herrscht große Kampfbereitschaft. Teilt uns eure Meinung dazu mit. Waffen haben wir ziemlich wenig. Ist es möglich, dass wir bald welche bekommen?«[104]

Inzwischen hatte Dimitrow am 22. Juni Tito aufgefordert, die KPJ möge alles Mögliche tun, um »den gerechten Kampf der sowjetischen Völker zu unterstützen und zu erleichtern«.[105] Da er aber dessen revolutionäre Ambitionen gut kannte, betonte er in Übereinstimmung mit Stalin jedoch, »dass es sich in der jetzigen Etappe um die Befreiung vom faschistischen Joch handelt, nicht um die sozialistische Revolution«.[106] – »Die ganze Partei ist heute ein Militärapparat, jedes Parteimitglied hat die Pflicht, die UdSSR zu verteidigen, jedes Parteimitglied ist heute ein aktiver roter Soldat.«[107] Gefordert war also ein Guerillakrieg, wie er im besetzten Weißrussland und in der Ukraine schon eingesetzt hatte.

Dieser Direktive widersetzte sich Tito; er war nämlich der Überzeugung, dass der Krieg sehr wohl ein angemessener Zeitpunkt für die Verwirklichung der Revolution und die Übernahme der Macht sei – damit war schon zu Beginn des Kampfes gegen den Okkupator der Keim für die späteren politischen Auseinandersetzungen gelegt war.

Das Politbüro benannte auf seiner Sitzung am 27. Juni 1941 in Belgrad das Militärkomitee um in *Oberster Stab der Partisaneneinheiten zur Volksbefreiung Jugoslawiens* und machte Josip Broz zu seinem Befehlshaber. Am 4. Juli beschloss es, von Sabotage- und Diversionsakten zum allgemeinen Volksaufstand überzugehen. »Es herrschten Enthusiasmus und große Freude«, erinnerte sich später Tito.[108] »Als in Europa der Faschismus herrschte, als dort außer der KP der Sowjetunion keine Partei zu hören war, erhob die KPJ ihre revolutionäre Fahne und führte die Arbeiterklasse, die werktätigen Massen, die Völker und Völkerschaften Jugoslawiens in einen siegreichen Volksbefreiungskampf, in die sozialistische Revolution. Damit erfüllte sie durch Taten ehrenvoll ihren revolutionären und internationalen Geist.«[109]

Um den Aufstand in Gang zu bringen, entsandte das ZK der KPJ am 4. Juli 1941 zwölf führende Delegierte in verschiedene Ecken des Landes, wobei die Kommunisten – als Einzige unter allen Parteien – bei ihrer Agitation die Betonung auf die »Brüderlichkeit und Einheit« legten, also auf die Gleichberechtigung zwischen den jugoslawischen Völkern. Keines von denen habe das Recht, sein Schicksal in die eigene Hand zu nehmen. Zwar war die nationale Frage im Kampf um die Macht nur von taktischer Bedeutung, man wusste sie sich aber – nach dem Vorbild der Sowjetunion – zunutze zu machen, umso mehr, als man seit jeher Gegner des jugoslawischen Integralismus gewesen war, wie ihn König Aleksandar Karađorđević betrieben hatte.[110]

Doch in Kroatien stießen sie mit dieser Strategie auf Widerstand, denn hier hatten nationalistische Ideen Oberhand über die Parteidisziplin gewonnen.

Während die Wehrmacht nach Weißrussland und in die Ukraine vorstieß, schwieg Radio Moskau über den Krieg und berichtete stattdessen vom Leben der Kolchosebauern und proletarischen Stoßarbeiter.[111] Warum sollten die kroatischen Kommunisten nicht glauben, dass an der Ostfront alles in Ordnung sei und dass die Rote Armee in vierzehn Tagen, spätestens aber in sechs Wochen in Zagreb sein werde? Warum sollten sie den Zerfall Jugoslawiens, das von der Sowjetunion seit dem 16. Mai 1941 nicht mehr anerkannt wurde, nicht begrüßen? Aufgrund dieser Überzeugung konnte sich Andrija Hebrang, der nach zwölf Jahren im Gefängnis zu diesem Zeitpunkt die Militärkommission des ZK der KP Kroatiens führte, mehr als einen Monat lang nicht entscheiden, ob er dem Okkupator entgegentreten solle, wie es die Komintern und das ZK der KPJ angeordnet hatten, oder nicht.[112] Nach Zeugenaussagen, die von Vladimir Dedijer gesammelt wurden, soll er sogar mit prominenten Ustascha-Leuten Gespräche darüber geführt haben, dass er eine KP NDH gründen werde, wozu er den Segen von Ante Pavelić selbst bekommen habe. Auf einer Sitzung des ZK der KP Kroatiens Mitte Juli soll er erklärt haben, dass der »Unabhängige Staat Kroatien die Realisierung einen hundertjährigen Traum des kroatischen Volkes« sei.[113]

In diesem Augenblick der Unsicherheit und des Chaos versuchte Kopinič-Vazduh im Namen Moskaus, das in Person von Dimitrow das »niederträchtige und verräterische Verhalten« der kroatischen Kommunisten anprangerte, am 9. Juli mithilfe des Stadtkomitees das ZK der KP Kroatiens abzusetzen und sich der Führung der Partei mit dem Ziel zu bemächtigen, sobald wie möglich eine Sabotageaktionen zur Unterstützung der Sowjetunion in Gang zu setzen.[114] Der Versuch misslang, weil sich Hebrang widersetzte und weil Tito gemeinsam mit Kardelj beschloss, ihn zu schützen.[115]

Das Durcheinander, das dadurch entstanden war, hatte tragische Folgen.[116] Weil man wegen des Unfriedens, den Kopinič verursacht hatte, beweisen wollte, dass man zur Aktion bereit war, organisierte das Zagreber Stadtkomitee mit Genehmigung der engeren Führung des ZK der KP Kroatiens in der Nacht vom 13. auf den 14. Juli die Befreiung von in Kerestinec eingesperrten Kommunisten und Sympathisanten. Wenige Tage zuvor hatte die Ustascha nämlich drei angesehene links orientierte Häftlinge erschossen und gedroht, damit fortzufahren, wenn es zu Sabotageakten käme. Nach Meinung Kopiničs, aber auch Rade Končars, des Sekretärs der KP Kroatiens, sei es besser, wenn die Gefangenen als Kämpfer auf der Flucht fielen, als dass sie passiv auf den Tod warteten. Das Unternehmen war jedoch so schlecht vorbereitet, dass dabei 68 Menschen ihr Leben verloren, die Blüte der linken Intelligenz Kroatiens.[117]

Auf den Misserfolg der Kerestinec-Aktion reagierte Tito sofort. Er schickte eine Sonderkommission nach Zagreb, die untersuchen sollte, was genau genommen geschehen war. Gleichzeitig berief er in Belgrad eine Sitzung des Politbüros ein, auf der darüber diskutiert wurde, was zu unternehmen sei. Am 10. August 1941 gab es einen Erlass heraus, der das gesamte ZK Kroatiens, auch Herta Haas, »wegen Unentschlossenheit und mangelnder parteilicher Wachsamkeit« verurteilte. Außerdem schickte Tito eine Woche später der Komintern ein Telegramm, in dem er verlangte, »Valdes [Kopinič] aus seiner (Luft-) Position« zu entfernen, da er die Schuld am Scheitern der Flucht der Genossen aus Kerestinec trage. Trotz der Schärfe seiner Denunzierung – eine der vernichtendsten, die er überhaupt je geschrieben hat – entschied man in Moskau anders. Die Antwort lautete, dass Kopinič auch weiterhin seine Pflicht zu versehen habe.[118]

Der Aufruf zum Aufstand fand zu Anfang den größten Widerhall in Montenegro. Dorthin hatte das Politbüro Milovan Đilas entsandt, wobei ihm Tito eingeschärft hatte: »Die Italiener sind stark und gut organisiert. Sie werden den Aufstand brechen. Beginnt mit kleineren Operationen.«[119] Damit lag Tito allerdings falsch, denn die Laschheit der italienischen Militärführung ermöglichte am 13. Juli tatsächlich den Ausbruch eines Massenaufstands, der vom verletzten Stolz und von in der montenegrinischen Bevölkerung verbreiteten russophilen Gefühlen angefacht wurde. Abgesehen von den wichtigeren Städten war nach wenigen Tagen ein großer Teil Montenegros befreit, und zwar mit einer Leichtigkeit, die die Kommunisten selbst überraschte und in der Überzeugung bestärkte, dass der Zeitpunkt der Revolution gekommen sei. Milovan Đilas, der einstige »Wahhabi«, sprach schon von der »nahen antifaschistischen Revolution, die nichts anderes ist als eine notwendige Etappe der proletarischen Revolution«.[120] Doch berauscht vom Erfolg begann er mit seinen Anhängern auch einheimische »Klassenfeinde« anzugreifen, was die Kommunisten erheblich schwächte.

Die Italiener erwiderten den Schlag mit aller Kraft und sicherten sich bis Mitte August auch mithilfe albanischer und muslimischer Verbände die Kontrolle über das Land. Noch fataler für die Kommunisten war, dass die Montenegriner sich von ihnen wegen des roten Terrors (den man später euphemistisch als »linke Abweichungen« bezeichnete) entfremdet hatten und sich massenhaft den Tschetniks anzuschließen begannen.[121] Wegen solcher Meldungen berief Tito am 22. Oktober Đilas aus Montenegro unter dem Vorwurf ab, der Aufstand sei politisch unvorbereitet gewesen, weil er der Bildung starker Partisaneneinheiten vorweggegriffen habe, die den Aufstand hätten führen müssen, und weil er mit seiner Betonung der »Klassenzugehörigkeit« im Widerspruch zur Parteilinie agiert habe, die die Notwendigkeit der Zusammenarbeit unter den Patrioten unterschiedlicher ideologischer Orientierungen betont habe.[122] Đilas focht das kaum an, obwohl nur wenig fehlte, und man hätte ihn, wie manchen anderen, mit dem Tode bestraft.[123] Aber da er ein Mitglied der Führung war, passierte ihm nichts. Im Gegenteil, er wurde zum Chefredakteur der zentralen Parteizeitung *Borba* ernannt, die erneut ins Leben gerufen wurde, nachdem sie am 6. April 1929 verboten worden war.[124]

Nach dem Überfall auf die Sowjetunion zogen die Deutschen ihre besten Truppen vom Balkan ab. Im zerfallenen Jugoslawien verblieben nur Einheiten, die für die Kontrolle der Verkehrswege zwischen Ljubljana, Zagreb, Belgrad und Saloniki nötig waren, um die Versorgung der Militäreinheiten in Griechenland und der Truppen Rommels in Nordafrika sicherzustellen. Die Hauptaufgabe der Wehrmacht bestand also in der Sicherung der Straßen, Eisenbahnlinien, Bergwerke und größeren Industriezentren, während sich die Deutschen um die anderen Gebiete nicht viel kümmerten. Um Serbien so stark wie möglich in ihr Netz einzubinden, dachten sie schon früh an eine Mitwirkung lokaler Kollaborateure. Ende August beschlossen sie einen einheimischen Quisling mit der Regierungsbildung zu beauftragen, General Milan Nedić, einen der renommiertesten Offiziere der einstigen königlichen Armee und ehemaliger Verteidigungsminister. Sofort nach Dienstantritt baute Nedić eine starke Gendarmerie auf und knüpfte geheime Kontakte zu Draža Mihailović, dem er vorschlug, mit seinen Leuten nach Bosnien zu gehen und dort den Kampf gegen die Ustascha aufzunehmen, während er selbst die Kommunisten in Serbien vernichten würde. Doch in der Überzeugung, dass man »der serbischen konspirativen Clique« (Hitler) nicht vertrauen könnte, unterbanden die Deutschen seine Kontakte zu den Tschetniks und Partisanen. Am 16. September 1941 befahl der Führer dem Oberkommando der Wehrmacht für den Südosten, »die Aufstandsbewegung mit energischen Methoden zu ersticken«, wobei er sowohl an die Partisanen als auch an die Tschetniks dachte und zu diesem Zweck Einheiten aus Griechenland, Frankreich und sogar von der Ostfront nach Serbien beorderte.[125]

Am selben Tag verließ Tito Belgrad, wo die Deutschen eine Kommunistenjagd begonnen hatten, und ging mit einem auf den Namen eines Tschetnik-Kollaborateurs ausgestellten Reisepass in das Gebiet der Aufständischen in Südwestserbien. Dort war inzwischen ein freies Territorium entstanden, in dem Sreten Žujović-Crni, Koča Popović, Petar Stambolić und andere Spanienkämpfer die ersten Einheiten der Aufständischen formierten. Er reiste elegant gekleidet vom Hauptbahnhof ab, begleitet von zwei Mädchen, einem »Švabo« (›Deutschen‹) aus dem Banat und einem orthodoxen Geistlichen. Eines der Mädchen war Davorjanka Paunović, seine Sekretärin, Kurierin und Gefährtin während des Volksbefreiungskrieges.[126] Kaum war er in der Umgebung von Valjevo in Zentralserbien – neunzig Kilometer von Belgrad entfernt – aus dem Zug gestiegen, machte er in einer Kaschemme voll angetrunkener Tschetniks halt. Nur mit Mühe konnte er sich vor ihnen retten, indem er ihren Anführer überzeugte, ein Anhänger Mihailovićs zu sein. Kurz darauf stieß er auf eine Partisaneneinheit, die über sein Kommen nicht informiert war. »Ich bin der Sekretär der Kommunistischen Partei Jugoslawiens«, stellte er sich ihnen vor. Sie glaubten ihm nicht, weil er zu gut gekleidet war und einen Tschetnik-Pass hatte. Wenig fehlte, und sie hätten ihn erschossen. Aus der schwierigen Lage rettete ihn Miloš Minić, Mitglied des Hauptstabes in Valjevo. »Du also bist dieser fremde deutsche Spion. Alle Achtung.«[127]

Eine gute Woche später, am 26. und 27. September 1941, berief er in Stolice bei Krupanj eine Sitzung ein, auf der er mit annähernd zwanzig engsten Mitarbeitern Beschlüsse fasste, die entscheidenden Einfluss auf den weiteren Lauf der Ereignisse hatten. Sie kamen überein, den Widerstand gemäß der Guerillastrategie zu führen, frontale Auseinandersetzungen zu vermeiden, den Widerstand nach Ländern zu dezentralisieren und nach dem nationalen Prinzip zu organisieren – allerdings unter der Führung eines »Obersten Stabes«, so wurde fortan der Generalstab genannt –, reguläre militärische Einheiten zu bilden, entsprechend dem russischen Modell für alle Kämpfer die Bezeichnung »Partisan« einzuführen und den Einheiten und Bataillonen neben den Kommandanten auch politische Kommissare beizustellen. Gleichzeitig erließen sie Anleitungen für die weitere Agitation und beschlossen, in den befreiten Gebieten die alte königliche Verwaltung durch Volksbefreiungsausschüsse zu ersetzen, die die ersten Organe der neuen Behörden werden sollten. Kurzum, sie bestimmten das Gefüge ihrer stark ideologisch ausgerichteten Militärkräfte und legten zugleich die Fundamente für eine neue Gesellschaftsordnung.

In diesem Sinne ist es bezeichnend, dass sie als Partisanenabzeichen den fünfzackigen roten Stern (ein uraltes magisches Pentagramm) und als Partisanengruß die geballte Faust als Zeichen der Einigkeit übernahmen.[128] Tito erwies sich als guter Organisator des Aufstandes, denn zu Kommandanten der Partisaneneinheiten machte er vor allem »Spanier«, also ehemalige Angehörige der Internationalen Brigaden, die große Kriegserfahrung mitbrachten, und verzichtete auf sogenannte Kominternkader, deren Vorzug allenfalls darin lag, dass sie einige Zeit in Moskau verbracht hatten.[129] »Tito bewies, mit einem Wort, dass er den Aufgaben gewachsen war, vor die er sich bei der Vorbereitung und Führung des bewaffneten Kampfes gestellt sah. Als der Aufstand begann, wurde er bald der unbestrittene Führer; von Anfang an dachte er mit eigenem Kopf, obwohl er sich erst nach dem deutschen Überfall auf die Sowjetunion für den Aufstand entschieden hatte.«[130] So Koča Popović.

★

SPANNUNGEN MIT DEN TSCHETNIKS UND DIE REPUBLIK VON UŽICE

Das Erscheinen einer rivalisierenden Widerstandsbewegung, die bereit war, der Sowjetunion in ihrem verzweifelten Kampf ohne Rücksicht auf Opfer beiseitezustehen, zwang die Tschetniks, ihr Programm und ihre Taktik besser zu definieren. Sie sprachen sich gegen eine unbesonnene Konfrontation mit den Deutschen aus, solange sich das Kriegsglück nicht gewendet hätte, denn »noch ist der Zeitpunkt für den Kampf nicht gekommen«, man müsse mit dem serbischen Blut sparsam umgehen und so die »biologische Substanz des Volkes« bewahren. In Erwartung eines geeigneten Zeitpunkts (»bis der Tag kommt«) für den Widerstand, zu dem er das ganze Volk aufzurufen beabsichtigte, beschränkte Mihailović die Konfrontation mit den Deutschen auf das Notwendigste.

Trotz aller ideologischen Unterschiede waren sich beide Gruppierungen anfangs nicht von vornherein feindlich gesinnt, sondern stimmten untereinander sogar Aktionen gegen die Wehrmacht und gegen die Ustascha in Ostbosnien ab.[131] In einem Schreiben an den Hauptstab der serbischen KP warnte Tito am 13. August 1941 zwar davor, dass »der große Mangel der Volksbefreiungsbewegung in Serbien die Isolierung von den übrigen politischen, mit Großbritannien sympathisierenden Strömungen« sei, jedoch schloss er, dass eine Zusammenarbeit mit diesen dennoch möglich sei.[132] Mit Mihailović und seinem Stellvertreter Dragiša Vasić traf er sich am 19. September 1941 in dem Ort Struganik bei Valjevo am Fuße der Ravna Gora, aber weil ihre Ziele einander diametral entgegengesetzt waren, konnten sie sich nicht auf einen gemeinsamen Kampf einigen: Mihailović verlangte für sich das Oberkommando über alle bewaffneten Einheiten, um seine Strategie des Wartens auf »günstigere Umstände« durchzusetzen. Zudem wollte er nach dem Krieg das alte Regime erneuern. Tito hingegen brannte vor Ungeduld, mit seiner so vielversprechenden Aktion fortzufahren. Vor allem aber hatte er nicht vor, auf die Volksbefreiungsausschüsse zu verzichten, die in den befreiten Gebieten entstanden waren, denn für ihn waren sie die Basis der angestrebten neuen Gesellschaftsordnung. Am Ende verabredeten sie nur, dass Partisanen und Tschetniks nicht aufeinander schießen sollten.[133]

Von dieser Begegnung nahm Tito einen positiven Eindruck von Mihailović mit. Wie er später unter Freunden erzählte, habe ihm der Tschetnikführer in einem bestimmten Augenblick die Hand auf die Schulter gelegt und ihm vorgeschlagen, ins Freie zu treten. »Sag, Freund, bist du Russe? Warum gibst du es nicht zu? Wir lieben die Russen.« – »Nein, ich bin Kroate.« – »Gut, auch wenn du es bist, ich habe nichts gegen die Kroaten, ich kämpfe gegen die Ustascha, nicht gegen die Kroaten.« Als er geendet hatte, wurde Tito nachdenklich und setzte zur Überraschung der Anwesenden hinzu: »Wisst ihr, Draža war mir sympathisch: Hätte es nicht die Londoner Exilregierung gegeben, wäre Draža sicherlich mit uns gewesen.«[134]

Im Gegensatz zu ihm hegte Mihailović keinerlei freundschaftliche Gefühle für Tito und ließ sich auch nicht davon überzeugen, dass er kein Russe sei. Vor allem wollte er die alte Staatsgewalt erhalten, einschließlich der verhassten Gendarmerie, und konnte natürlich nicht übersehen, welche Gesellschaftsordnung die Partisanen im Falle eines Sieges etablieren würden: Auf dem ersten befreiten Territorium im Städtchen Užice, einem Zentrum der Militärindustrie, wo Tito seit dem 23. September sein Hauptquartier hatte, hatten die Partisanen nämlich die rote Fahne mit Hammer und Sichel entfaltet. Als Gruß hatten sie »Tod dem Faschismus!« eingeführt, eine Losung, die sich Tito selbst ausgedacht hatte; die Antwort lautete »Freiheit dem Volke!«, wie es Ranković vorgeschlagen hatte. An den Fassaden der Gebäude hatten sie Stalinporträts und proletarische Losungen ausgehängt, Gendarmen, die nicht rechtzeitig geflüchtet waren oder sich ihnen nicht angeschlossen hatten, waren »vernichtet« worden.[135]

In Serbien soll es zu diesem Zeitpunkt bereits annähernd 40 000 Partisanen, in Belgrad 600 Partei- und 2 000 SKOJ-Mitglieder gegeben haben.[136] »Damals waren die Bauern, die Lebensmittel nach Belgrad hineinbrachten, die einzige Verbindung mit dem Umland, denn die Partisanen hatten alle Verbindungen mit der Hauptstadt gekappt. [...] Das Partisanentum in Serbien befand sich damals auf dem Höhepunkt«, schreibt Kardelj in seinen Erinnerungen, »kaum fünfzehn Kilometer von Belgrad entfernt waren schon die ersten Partisanenpatrouillen.«[137]

Tito war noch optimistischer. Anfang Oktober berichtete er nach Moskau, dass es »in der Partisanenarmee in Jugoslawien 100 000 Mann und ca. 30 000 Tschetniks gibt, die unsere Verbündete sind«. Erneut bat er darum, dass man ihm Waffen schicken möge, denn er habe mehrere Flugplätze zur Verfügung, wo die sowjetischen Flugzeuge landen könnten.[138]

Die Republik von Užice, die annähernd 19 000 Quadratkilometer umfasste und ca. 300 000 Einwohner zählte, hatte eine große Resonanz und verschaffte den Führern der KPJ erste Regierungserfahrung.[139] Und auch die erste Gelegenheit, ihre Macht zu missbrauchen: Als ihnen Živojin Pavlović in die Hände fiel, der in der Vergangenheit Kommunist gewesen war, sich später aber unter anderem in der Broschüre *Bilanz des sowjetischen Termidors* gegen Stalins Schreckensherrschaft gewendet hatte und nun als Informant der Polizei arbeitete, wurde erbarmungslos gefoltert und anschließend erschossen.[140]

Tito und der Oberste Stab wählten das beste Gebäude in der Stadt als ihre Residenz. Es war die Filiale der Nationalbank, wo sie auch eine reiche Beute in Geld und Silber macht.[141] »Sechsundfünfzig Millionen waren damals nicht wenig«, stellte er später fest. »Das hat uns in den ersten Tagen sehr genützt, sodass wir die Bauern nicht angerührt haben, während die Tschetniks vom ersten Tag an geräubert haben, so viel sie nur konnten, nur gekämpft haben sie nicht. Wir haben im Gegensatz dazu befohlen, dass absolut nichts angerührt werden darf. Da geht zum Beispiel eine Einheit durch ein Dorf, da sind Früchte, reife Früchte, Herbst, niemand rührt auch nur eine Pflaume oder einen Apfel an. Die Bauern haben uns von allem angeboten und sich gewundert, dass wir keinen Schnaps trinken. Sie brachten große Krüge mit Schnaps und Wein, aber niemand durfte davon nehmen. Damals habe ich Trinken und Stehlen unter Todesstrafe gestellt, sodass die Disziplin tatsächlich außerordentlich hoch war.«[142] In dieser erst entstehenden Armee trug zwar noch niemand eine richtige Uniform (außer einer *šajkača* (›Schiffchen‹) – der traditionellen serbischen Militärkappe, an die sich die Kämpfer einen aus Stoff geschnittenen roten Stern genäht hatten). Die Ausnahme war Tito, der schon damals eine sowjetische *pilotka* trug, auf der der fünfzackige Stern mit Hammer und Sichel aus Emaille glänzte.[143]

Zu diesem Zeitpunkt tauchte unter seinen engeren Mitarbeitern ein neuer Mann auf. Arso Jovanović, Montenegriner und ehemaliger Hauptmann der königlichen Armee, wurde aufgrund seiner Erfahrung bald Mitglied und später Kommandant des Obersten Stabs. Laut Đilas nahm Arso mehrmals Einfluss auf Tito, dass dieser keine übereilten Entscheidungen fällte.[144] Wobei es durchaus auch Situationen gab, in denen sich zeigte, dass er »der Typ des alten Generalstabsoffiziers war, der nicht verstand, dass die Partisanenkriegsführung eine andere war als ein frontaler Angriff«, wie Kardelj sagte.[145] So griff zum Beispiel auf seinen Befehl hin eine Einheit montenegrinischer Partisanen am 1. Dezember 1941 die gut befestigte und von einer italienischen Division verteidigte Stadt Plevlja im Sandžak an. Trotz des Heldentums der »stürmenden« Montenegriner endete der Angriff in einer Niederlage. Die Partisanen hatten 203 Gefallene und 269 Verwundete zu beklagen. Der Hauptstab Montenegros entschied deshalb, Arso Jovanović abzulösen. Aber als Peko Dapčević, auch einer der prominenteren Mitkämpfer Titos, mit dieser Nachricht kam, sagte Kardelj zu ihm: »Um Gottes willen, sag von dieser Entscheidung nichts zu Tito, denn der hat ihn gerade zum Chef des Obersten Stabes gemacht.« Was nach Meinung von General Velimir Terzić, einem der fähigsten Partisanenkommandanten, völlig unangemessen war. Das erkannte zwar bald auch Tito, der aber Jovanović während des Krieges fast immer in seiner Nähe behielt.[146]

Die sowjetische Presse widmete dem Aufstand der jugoslawischen Völker ziemlich viel Raum. Ab Juli 1941 bis Ende des Jahres veröffentlichte das *Sovinformbiro* fünfundzwanzig Meldungen über das Geschehen in Jugoslawien, in denen es allgemein über »Partisanen« berichtete. Im Wesentlichen übernahm es die Nachrichten aus den westlichen Medien mit allen ihren Ungenauigkeiten. Das erweckte in Tito den Verdacht, dass Kopinič seine Berichte nicht an die Komintern weiterleitete.[147]

Die Kämpfe, die die Partisanen in Montenegro und Serbien im Sommer 1941 häufig gemeinsam mit den Tschetniks führten, zogen auch die Aufmerksamkeit Londons auf sich und weckten Sympathien für das »kleine tapfere Serbien«. Wie es schien, verwirklichte sich gerade hier jenes Szenarium, das sich die Briten zu Beginn des Krieges gewünscht hatten: der Ausbruch eines Guerillakrieges in den besetzten Gebieten, der von ihren Agenten organisiert und geleitet wurde. Zu diesem Zweck war auf Churchills Initiative hin im Juli 1940, nach der französischen Kapitulation, eine besondere Spezialeinheit, das *Special Operations Executive* (SOE), gegründet worden, mit dem Ziel Sabotage- und Subversionstätigkeit in feindlichen Gebieten zu fördern.[148] Neben der Londoner Zentrale wurde bald auch eine Filiale in Kairo gegründet, deren Zielgebiet der Balkan und der Nahe Osten war. Um einen besseren Informationsfluss zu gewährleisten, entsandte das SOE unter der Leitung von Captain Duane T. Hudson am 20. September 1941 eine Mission unter dem Namen *Bullseye* nach Montenegro und Serbien. Wie einige britische Dokumente andeuten, sollte »Bill« den Widerstand in Jugoslawien fördern und steuern und damit mittelbar Unterstützung für die Sowjets leisten.[149] Die Sowjets, die in großer Bedrängnis waren, hatten nichts dagegen einzuwenden und schlugen im Oktober 1941 den Briten sogar vor, die Hilfe für die jugoslawischen Aufständischen zu koordinieren. In Bezug auf diesen diplomatischen Schritt, forderte London Moskau dazu auf, die jugoslawischen Kommunisten zu überzeugen, auf den selbstständigen Kampf gegen die Okkupatoren zu verzichten und ihre Einheiten mit jenen Mihailovićs zu vereinen. Da die Briten keine große militärische Unterstützung leisten konnten, versuchten sie die Aufständischen zumindest propagandistisch zu unterstützen und zeichneten von ihnen, auch zur Lenkung der öffentlichen

Meinung im eigenen Land, ein heroisches Bild. In der Presse und der BBC sprach man von der Bewegung als leuchtendes Vorbild für ganz Europa, besonders für jenen Teil, der sich unter feindlicher Besatzung befand.[150] »Die Serben«, hieß es in einer der Sendungen des Londoner Radios, »zeigen uns, wie man für die Heimat sterben muss.« Dass dabei Aktionen der Partisanen den Tschetniks zugeschrieben wurden, ist kaum verwunderlich.[151] Von den Partisanen wollte keiner Kenntnis nehmen, selbst die Sowjetregierung nicht, die sich, in einem Augenblick, da die deutschen Truppen an der Wolga, im Kaukasus und vor Moskau standen, nicht erlauben konnte, öffentlich ihre Sympathie für eine Bewegung zu äußern, die ihre revolutionären Ambitionen nicht verhehlte. Aufschlussreich in diesem Zusammenhang ist, dass das *Radio Freies Jugoslawien*, das am 11. November 1941 von der Komintern in Ufa eingerichtet worden war, in dieser Zeit nie kritisch über Draža Mihailović berichtete, sondern zu Titos Entrüstung Nachrichten aus den westlichen Medien übernahm, die diesen in den Himmel hoben: Die serbische Guerilla würde nach britischen Angaben gleich sechs deutsche und zahlreiche italienische Divisionen auf dem Balkan binden.[152] Gegen diesen »schrecklichen Unsinn« legte Tito über Vazduh scharfen Protest in Moskau ein, aber ohne Erfolg.[153]

Die Hoffnung der Briten, dass es ihnen mit Hilfe der Sowjets gelingen könnte, die Aktionen zwischen A/H31 (wie sie ihren Agenten Mihailovićs chiffriert nannten) und Tito zu koordinieren, währte nicht lange.[154] Obwohl Tito den Tschetniks misstraute, war er nach der Einnahme Užices bereit, die ihm in die Hände gefallene Beute zu teilen, und trat ihnen an die 15.000 Gewehre und fünf Millionen Dinar ab.[155] In dieser Zeit versicherte er gegenüber Hudson, dass er persönlich nichts gegen Draža habe, wenngleich man dem Großteil seiner Offiziere nicht trauen könne. Die Kardinalfehler der Tschetniks seien seiner Meinung nach Trunkenheit, Disziplinlosigkeit, Räuberei und Vergewaltigung. Genau das Gegenteil der Partisanenethik. Er versicherte aber, dass er auf jede Weise Reibungen mit Mihailović vermeiden wolle und forderte seinerseits: Wenn er mit den Partisanen nicht zusammenarbeiten könne, solle er ihnen wenigstens keine Knüppel zwischen die Beine werfen.[156] Die beiden Führer trafen sich noch einmal in der Nacht vom 26. auf den 27. Oktober 1941 in dem Dorf Braići auf dem Berg Suvabor, um sich über ein mögliches Abkommen auf der Grundlage von zwölf Punkten zu besprechen, die Tito formuliert hatte. Prinzipiell erreichten sie sogar ein Abkommen, das sie beide verpflichtete, sich gegenseitig zu unterstützen, in Wirklichkeit aber strebten beide nach einer Verwirklichung eigener, diametral entgegengesetzter Ziele. Tito wies unter anderem die Forderung Mihailovićs zurück, ihm die Kontrolle über Užice und Čačak zu überlassen, während Letzterer die wichtigsten Punkte aus dem vorgeschlagenen

Programm ablehnte: die Bildung eines gemeinsamen operativen Stabes für den Kampf gegen die Deutschen und ihre Helfershelfer, die gemeinsame Versorgung von Partisanen und Tschetniks, die Organisation vorläufiger Behörden in den befreiten Gebieten und die Einführung der Mobilisierung auf freiwilliger Basis.[157] Kaum zwei Tage nach dem Treffen forderte Mihailovićs Vertreter von den Deutschen Waffen für den Kampf gegen die kommunistische Gefahr.[158]

Bald darauf, in der Nacht vom 1. auf den 2. November, griffen die Tschetniks Užice, Čačak und andere Orte unter der Kontrolle der Partisanen an und gaben damit das Zeichen zum Auftakt des Bürgerkriegs in Serbien und in jenen Gebieten, wo beide Bewegungen Seite an Seite standen.[159] In seinen Erinnerungen schreibt Đilas, dass er und seine Kriegskameraden froh über den Kampf waren: Damit war der bisherige Knoten und die Unsicherheit zerschlagen, wie man mit Einheiten zusammenarbeiten sollte, die für die Kommunisten Klassenfeinde waren.[160] Tito und seine Gefolgschaft waren jedenfalls (irrtümlich) überzeugt, dass Hudson Mihailović zu dem Angriff überredet hatte. Grund für diese Annahme war die Tatsache, dass sich Hudson mit zwei serbischen Offizieren seiner Mission nach kurzem Aufenthalt in Užice zu Mihailovićs Hauptstab in Ravna Gora begeben hatte.

»Ich glaube, dass der Angriff gegen uns auf Befehl der englischen und jugoslawischen Regierung erfolgte«, schrieb Vladimir Dedijer in sein Kriegstagebuch. »Der Bourgeoisie ist die Befreiung des Volkes egal; sie hat den Klassenkampf angefangen. Die serbische Bourgeoisie als die gefräßigste fing als Erste an. Ein Teil von ihr setzte auf die deutsche Karte, der andere auf die englische. Aber gegen uns fanden sie zusammen.«[161]

Weil man aber wegen ihres Bündnisses mit der Sowjetunion auf die Briten Rücksicht nehmen musste, gingen die Partisanen nicht bis zum Äußersten, als sie Mihailović und seinen Führungsstab umzingelt hatten.[162] In dieser Situation erklärte Mihailović plötzlich, dass sich die Widerstandskräfte nicht gegenseitig bekämpfen dürften, und stimmte der Einrichtung einer Kommission zu, die klären sollte, wer die Verantwortung für den Angriff trug. Tito seinerseits ließ als Zeichen des guten Willens etwa einhundert Tschetnik-Offiziere frei, die seine Kämpfer gefangengenommen hatten.[163]

In Čačak trafen sich daraufhin Delegationen beider Gruppen, wobei die Partisanen von Ivo Lola Ribar, Petar Stambolić und Aleksandar Ranković vertreten wurden. Dabei wurde ein Waffenstillstand entlang der Linie beschlossen, an der sich die feindlichen Einheiten zu diesem Zeitpunkt gegenüberstanden.[164] Das war aber auch alles. Die tragische Ereignisse häuften sich: Am 21. November kam es in Užice zu einem Sabotageakt in der Waffenfabrik, der eine Kette von Explosionen auslöste, die 120 bis 160 Opfer forderte. Tito selbst, der sich nur wenige Meter von der Fabrik entfernt aufgehalten hatte, kam gerade noch mit heiler Haut davon.[165] Als vier Tage später, am 25. November, die Deutschen Užice angriffen, schlug Mihailović die Bitte des Obersten Stabs aus, den Partisanen zur Hilfe zu kommen.[166]

Trotz der Vermittlung Hudsons, der zu diesem Zweck zu Titos Oberstem Stab gekommen war, war der Bruch nicht mehr zu kitten. Die Ursachen für die endgültige Spaltung sind aber nicht nur in ideologischen, politischen und strategischen Differenzen und im sozialen Radikalismus der Partisanen zu suchen, sondern auch in der Überzeugung des Tschetnik-Kommandanten, dass London in ihm den Führer des Widerstands in Jugoslawien sah, und nicht zuletzt auch in seinem Entsetzen angesichts der deutschen Repressalien. So hatte Hitler am 16. September den Befehl erlassen, für jeden getöteten Deutschen einhundert und für jeden Verwundeten fünfzig Gefangene zu erschießen.[167] Als grausame Antwort auf Sabotageakte der Partisanen und Tschetniks führten die Deutschen tatsächlich eine Reihe von Racheakten durch, die ihren Höhepunkt zwischen dem 21. und 23. Oktober in Kragujevac erreichten. Hier erschossen sie in diesen Tagen 2 300 Menschen (diese Zahl wird von zeitgenössischen deutschen Quellen genannt – die Partisanen behaupteten, es seien 7 000 gewesen), darunter auch Schüler und Lehrer des örtlichen Gymnasiums.[168]

Dieser und weitere Vergeltungsschläge blieben in der öffentlichen Meinung nicht ohne Folgen. Viele Serben begannen sich von den Partisanen zu distanzieren oder schwärzten sie sogar bei Nedićs Gendarmerie an. Als die Deutschen bemerkten, dass sich die Dinge zu ihrem Vorteil entwickelten, entschlossen sie sich Mitte November zu der sogenannten *Ersten Offensive* gegen Titos und Mihailovićs Einheiten.[169] Gegen Ende des Monats zerschlugen sie sie mit vier Divisionen und trieben sie über die serbischen Grenzen in die durch die Italiener besetzten bergigen Teile des Sandžaks, wo die Bedingungen für beide Gruppen zweifellos leichter waren. »So wurde der Aufstand in Serbien«, schrieb später Vladimir Bakarić, »niedergeschlagen, und wenn es nicht Bosnien, Kroatien und Slowenien gegeben hätte, wäre aus allem nichts geworden.«[170] Aber Tito wollte die Niederlage nicht eingestehen. Einen Monat, nachdem er in Užice und Zlatibor mehr als tausend Mann verloren hatte, meldete er nach Slowenien: »Unsere Truppen sind unversehrt geblieben, fast ohne jegliche Verluste. […] Die Lage hat sich also in Serbien wesentlich gebessert.«[171] Kaum dreißig Jahre später räumte er ein: »So sehr, dass ich an einer Wegscheide zwischen den Dörfern Zabučje und Lubanja fast draufgegangen wäre.«[172]

Das gemeinsame Schicksal versöhnte die beiden Konkurrenten Tito und Mihailović keineswegs, denn schon im Dezember gerieten sie wieder aneinander und setzten den brudermörderischen Kampf bis Kriegsende fort. In Serbien herrschte unterdessen bleierner Friede: Gegen Ende des Jahres waren von 25 000 Partisanen kaum zweiunddreißig übriggeblieben, wie ein Bericht des Parteiführers Blagoje Nešković festhält.[173] Die Bewegung konnte sich dort noch lange nicht wieder erholen, während sich die Tschetniks Mihailovićs in größerem Umfang nach einem Geheimabkommen »legalisieren« konnten, was bedeutet, dass sie in die Reihen der Nedić-Gendarmen übertraten. Das erlaubte den Kommunisten, sie als Verräter zu brandmarken.

Anderer Meinung war die jugoslawische Exilregierung, die die Tschetniks zur »jugoslawischen Armee in der Heimat« erklärte, Draža Mihailović am 7. Dezember 1941 in den Rang eines Generals erhob und ihn am 9. Januar 1942 zum Kriegsminister machte. Das bedeutete, dass jeder jugoslawische Staatsbürger, der ihn nicht als Kommandanten der »jugoslawischen Heimatarmee« anerkannte, von nun an ein Hochverräter war.[174]

★

AUSWEITUNG DES BÜRGERKRIEGS

Die Herbstoffensive, die am 29. November 1941 zum Zusammenbruch der »Sowjetrepublik« in Užice geführt hatte, war für Tito eine böse Lehre, denn sie untergrub seine Stellung bei den Partisanen. Unter anderem hatte er den Fehler begangen, sich vor Hudson als Heerführer präsentieren zu wollen, und zur Verteidigung von Užice ein Bataillon Partisanen nach Kadinjača, einem der Zugänge zur Stadt abkommandiert, obwohl klar war, dass die Offensive nicht aufzuhalten war. Das gesamte Bataillon fiel im Kampf gegen deutsche Panzer. Später wurde Kadinjača aber zu einem Mythos hochstilisiert.[175] Weil Tito die Schlagkraft der Wehrmacht unterschätzt hatte, räumten die Partisaneneinheiten Užice erst im letzten Moment: Es kam zu einem derartigen Chaos und zu Gräueltaten (die Deutschen fuhren mit Panzern über die verwundeten Partisanen hinweg oder warfen sie in Bäche und erschossen sie dort), dass Dragojlo Dudić, der erste Präsident des Volksbefreiungshauptausschusses für Serbien, Tito wegen seiner Kommandoführung und weil er die Leute unnötig in den Tod geschickt hatte, öffentlich angriff.[176]

Angeblich war Tito derart kopflos geflohen, dass niemand wusste, wo er sich aufhielt, nicht einmal sein Adjutant Mitar Bakić. Er hatte aber Glück, dass die Deutschen seine Einheit nur bis zu den Hängen am Fluss Uvar verfolgten, wo die Grenzlinie zwischen ihrer Zone und dem italienisch besetzten Gebiet verlief.[177] Das Telegramm an »Ded«, das er am 1. Dezember 1941 schickte und in dem er um militärische Hilfe über seine drei Flugplätze bat, gelangte zwar an Stalin, Molotow und Beria, löste aber keine Reaktion aus.[178] Weil zu diesem Zeitpunkt die Deutschen vor Moskau standen, lautete die Frage, wie sich die sowjetischen Führer selbst helfen würden.

Infolge der Niederlage der Partisanen in Serbien schien es, als stünde das Schicksal der gesamten jugoslawischen Widerstandsbewegung auf der Kippe. »Wir hatten keine richtige Verteidigung«, sagt Kardelj, »und wir fingen einzelne Partisanen ein, um die Deutschen am Rand von Zlatibor wenigstens so lange aufzuhalten, bis wir die Verwundeten evakuiert hatten.«[179]

In einem Anfall von Kleinmut bot Tito am 7. Dezember 1941 im Dorf Drenovi im Sandžak auf einer Sitzung des Politbüros, an der Kardelj, Ranković, Đilas, Žujović und Lola Ribar teilnahmen, seinen Rücktritt an (es ist nicht klar, ob von der Position des Oberkommandierenden oder auch von der des Generalsekretärs der Partei). Der Vorschlag wurde natürlich zurückgewiesen, weil Moskau diese Entscheidung nicht verstanden hätte und glauben würde, dass es in der KPJ zu einer Spaltung gekommen sei. Ranković gab auch zu bedenken, dass im Falle von Titos Rücktritt alle zurücktreten müssten.[180] »Im Krieg ist Tito mehrmals in große Depressionen gefallen und war demoralisiert. [...] Aber sonst überblickte er eine Lage, fasste rasch Entschlüsse und war energisch in ihrer Ausführung«, sagte Ranković.[181]

So war es auch diesmal, obwohl die Verhältnisse in der Tat niederschmetternd waren, denn Tito hatte in diesem Augenblick weniger als 1 500 Kämpfer zur Verfügung. Doch den übriggebliebenen Führern mangelte es nicht an revolutionärem Elan: Im Lichte der jüngsten Ereignisse konstatierten sie, dass sich der bewaffnete Widerstand gegen den fremden Okkupator in einen Klassenkampf zwischen Bauern und Arbeitern auf der einen und der Bourgeoisie auf der anderen Seite verwandelt habe. Weil ihrer Meinung nach Hitlers militärischer und politischer Zusammenbruch nahe bevorstand (worauf die letzten Erfolge der sowjetischen Truppen hindeuteten – sie hatten die Deutschen vor Moskau gestoppt), stehe die zweite Etappe der Revolution kurz bevor, das behauptete jedenfalls Edvard Kardelj. Und sie waren überzeugt, dass sich auch die Imperialisten dessen bewusst waren: Gerade deshalb habe Großbritannien in Europa noch keine zweite Front aufgemacht, sondern versuche, wie der Angriff der Tschetniks gegen Užice beweise, die reaktionären Reihen zu schließen und sie gegen die revolutionären und fortschrittlichen Kräfte zu lenken. Deshalb sei es notwendig, im Kampf gegen den Okkupator auszuharren, zugleich aber mit dem einheimischen und großserbischen Klassenfeind abzurechnen.[182]

In Übereinstimmung mit diesen verwinkelten Gedankenkonstruktionen, auf die selbst die Meldung, dass inzwischen auch die Vereinigten Staaten auf Seiten Großbritanniens und der Sowjetunion in den Krieg eingetreten waren, keinen großen Einfluss zu haben schien, riefen Tito und seine Genossen am 21. Dezember 1941, an Stalins Geburtstag, im Dorf Rudo die Erste proletarische Brigade (später Division) ins Leben, die die offensive Speerspitze der Befreiungs- und Sozialbewegung bilden sollte. Als Reaktion auf den Umstand, dass mehrere Partisaneneinheiten zu den Tschetniks übergelaufen waren oder sich in die Wälder geflüchtet hatten, um in der Nähe ihrer Dörfer zu bleiben, beschlossen sie, einen militärischen Kernverband aufzustellen, auf den sie sich würden stützen können, »weil wir die herrlichen Arbeitertruppen Serbiens hatten«. – »Ich erinnere mich«, sagte Kardelj, »dass wir, als wir im Sandžak auf dem Zlatar waren, eine Art Parade abhielten, als Vorbereitung darauf, dass wir Brigaden aufstellen würden. [...] Es herrschte ein fürchterlicher Schneesturm und außerordentlicher Frost, und die Menschen marschierten halb nackt und barfüßig und übermüdet von den schrecklichen Märschen in Kolonnen und sangen mit unglaublichem Feuer.«[183] Diese Leute seien, so Tito, »in Wirklichkeit die bewaffneten Streitkräfte der Partei«.[184]

In die Erste proletarische Brigade wurden keine Bauern aufgenommen, sondern mehrheitlich Mitglieder der Partei und des SKOJ, denn sie sollte die Keimzelle einer regulären Revolutionsarmee bilden und sich von den Partisaneneinheiten unterscheiden.[185] Nach Meinung Edvard Kardeljs hatte diese Entscheidung großen Einfluss auf die weitere Entwicklung der Widerstandsbewegung. »Das Auftreten der Ersten proletarischen Brigade veränderte die politische und militärische Situation in Bosnien wesentlich und machte es möglich, die negativen politischen Folgen des Falls der Republik von Užice relativ rasch durch neue Erfolge zu kompensieren. Die langfristige Wirkung lag darin, dass der Aufstand den ersten Kern einer Revolutionsarmee bekommen hatte, die in den folgenden Monaten und Jahren immer mehr die Fähigkeit gewann, Operationen größeren Ausmaßes in ganz Jugoslawien zu organisieren und – in der Schlussphase des Krieges – so große frontale Operationen gegen den Feind durchzuführen, wie sie für den Zweiten Weltkrieg kennzeichnend waren.«[186]

An die Spitze der Brigade, zu der 1 200 Kämpfer gehörten, wurde Koča Popović gestellt, ein Veteran aus dem spanischen Bürgerkrieg, der sie zu einer gut organisierten Stoßeinheit formte. Zusammen mit der Zweiten proletarischen Brigade, die wenige Monate später ins Leben gerufen wurde, stellte sie den Kern der revolutionären Kräfte in Bosnien und Herzegowina, in dem Gebiet also, in dem in den nächsten zwei Jahren das Gros der Tito-Armee agieren sollte.

Über den Korpsgeist der Armee sagte ihr Oberkommandierender bei der Einsetzungsfeier der Zweiten proletarischen Brigade am 1. März 1942: »Wir werden auch auf den eigenen Vater schießen – wenn er sich gegen das Volk stellt.«[187] Weil derartige Dinge tatsächlich vorgekommen waren, erinnerte sich Tito in späteren Jahren ungern an einige Vorkommnisse während der Revolution. Trotzdem konnte er seine Bewunderung für Menschen nicht verhehlen, die die Stärke hatten, solche Opfer zu erbringen: »Ja, das heißt Partei ergreifen.«[188] Gleichzeitig muss aber auch gesagt werden, dass er selbst an keinen Gräueltaten beteiligt war. »Das, was kompromittiert«, meinte Ranković nicht ohne Vorwurf, »Todesurteile, das Niederbrennen von Dörfern, all das, was schmutzig und schlecht ist, hat er nicht unterschrieben, sondern anderen überlassen. Immer war er sich seiner historischen Rolle bewusst. Er handelte so, dass er der Sieger war, dass er recht hatte, dass er gerecht und großmütig war …«[189]

In dem Dorf Ivanćići berief Tito am 8. Januar 1942 eine Parteiversammlung ein, auf der beschlossen wurde, durch Verschärfung des Klassenkampfes der Revolution neuen Schwung zu geben. In einem Dokument, das vermutlich als Diskussionsgrundlage gelten sollte, hieß es, dass die KPJ ihre Taktik ändern werde: »Die Politik unserer Partei war klar und darauf konzentriert, das ganze Volk im Kampf gegen den Okkupator zu vereinen, ungeachtet der nationalen, religiösen und politischen Zugehörigkeit. Aber unsere Gegner, die großserbische Bourgeoisie und ihre Vertreter, haben die Frage der zukünftigen Ordnung [des Staates] gestellt und sind sogar so weit gegangen, dass sie sich zum Zwecke der Sicherung und Erhaltung der alten Ordnung im Kampf gegen uns mit dem Okkupator zusammengetan haben. Sie haben uns den Klassenkampf aufgezwungen, wir nehmen diesen Kampf an …«[190]

Nach der Flucht aus Serbien quartierte sich das Oberkommando am 25. Januar in Ostbosnien ein, in der muslimischen Kleinstadt Foča auf NDH-Territorium, wo es trotz ständiger Angriffe der deutschen Luftwaffe drei Monate blieb. Bei der Ankunft in der Stadt konnte sich Tito mit eigenen Augen davon überzeugen, was für ein Jugoslawien Mihailović vorschwebte: In der Drina schwammen Leichname von Muslimen, die von den Tschetniks hingemordet worden waren.[191] Die Tatsache, dass bei den Gräueltaten die Ustascha mit den Tschetniks wetteiferten, war Wasser auf die Mühlen der Widerstandsbewegung, die sich in der neuen Umgebung bald erholte, trotz des schrecklichen Frosts und quälenden Hungers: Sie aßen fast nur Haferbrot, vermischt mit Spalten wilder Birnen, im besten Fall tranken sie »Pferdetee« – gekochte Pferdebrühe ohne Salz und Gewürze.[192] Tito verlor in dieser Zeit zwar viel an Gewicht, war aber dennoch privilegiert. Er hatte nämlich eine eigene Kuh, sodass er immer genügend Milch bekam, und hatte auch seinen eigenen Koch.[193] Was aber noch nicht bedeutete, dass er nicht auch die Schwierigkeiten und Unbequemlichkeiten des Partisanenlebens mit den anderen teilte. Josip Kopinič, der zu dieser Zeit aus Zagreb dazugestoßen war, erzählt, dass sie sich einmal wegen der Kälte eine Decke geteilt hätten. »Hast du Läuse?« habe Tito ihn gefragt. Vazduh habe geantwortet, dass er noch keine habe. Darauf Tito lachend: »Keine Angst, hier kriegst du sie, ich habe sie auch.«[194]

Mit Kopiničs Hilfe war es um den 7. Februar 1942 möglich, von Goražde aus eine direkte Radioverbindung des Obersten Stabes mit Moskau herzustellen, um die sich der Leiter des Chiffrierdienstes kümmerte, der Kernphysiker Pavle Savić, ehemals Assistent von Marie Curie, »ein überdurchschnittlich intelligenter Mann«.[195] Unter Ausnutzung der neuen Kommunikationsmöglichkeit, mit der er sich aus der Abhängigkeit vom Zagreber Zentrum lösen konnte, sandte Tito Ende Februar 1942 zum 24. Jahrestag der Roten Armee einen begeisterten Glückwunsch, der in der Zeitschrift *Kommunističeskij Internacional*, aber auch in den *Soviet War News*, dem Bulletin der sowjetischen Botschaft in London, veröffentlicht wurde. Sein Name tauchte auf diese Weise zum ersten Mal im Westen erwähnt.[196] Man musste aber bis zum Sommer warten, bis die linksgerichteten Zeitungen in Großbritannien und den USA endlich Telegramme aus Moskau bekamen, die Titos Meldungen über Schlachten der Partisanen gegen die Okkupatoren zitierten und die Kommuniqués der jugoslawischen Regierung in London der Lüge überführten, die mit denselben Schlachten renommierten, nur dass sie sie den »Tschetnik-Guerillatruppen unter General Draža Mihailović« zuschrieben.[197]

Weil sich das Kriegsglück mit dem Stillstand der Offensive der Wehrmacht vor Moskau zugunsten der Russen gewendet hatte, begann sich Stalin für die Partisanen Jugoslawiens zu interessieren, auch deshalb, weil die britische Regierung darauf beharrte, Tito zur Kooperation mit Mihailović zu bewegen. »Es scheint«, sagte er ironisch, »dass die jugoslawischen Partisanen ziemlich schlagkräftig sind, wenn uns die Engländer um Hilfe bitten.« Und als auch die königliche Exilregierung die gleiche Forderung erhob, fügte er hinzu: »Ihnen allein gelingt es nicht, sich mit der Partisanenbewegung in der Heimat zu einigen, und so wollen sie sie mit unserer Hilfe Mihailović unterwerfen und sie später ersticken. All das ist mit heißer Nadel gestrickt. Es handelt sich um eine gerissene, aber kindische Falle! Schade, dass wir fürs Erste mit den Partisanen nur sympathisieren, ihnen aber keine konkrete Hilfe bieten können.«[198]

Trotz dieser ersten Anzeichen von Sympathie kam aus Moskau bald auch Tadel. Schon im Februar war in der Komintern die Idee aufgekommen, dass die jugoslawischen Partisanen einen Appell an die europäischen Befreiungsbewegungen, in erster Linie in Frankreich und in der Tschechoslowakei, richten sollten. Tito hatte die Initiative natürlich begeistert aufgenommen und den Text verfasst, worauf aus Moskau die Mitteilung kam, dass man den Text aus Rücksicht auf die Exilregierung nicht veröffentlichen könne. Anfang März gratulierte die Komintern Tito zwar zu seinen Erfolgen, mahnte aber zugleich an, dass die »Vernichtung der faschistischen Banditen und die Befreiung vom Eroberer die Aufgabe ist, die vor allen anderen zu stehen hat«. Die Sowjetregierung sorgte sich, dass die Partisanenbewegung die Beziehungen zu den westlichen Verbündeten belasten könnte: »Bewertet die Probleme eures Kampfes nicht nur von eurem nationalen Standpunkt aus, sondern auch vom internationalen Aspekt der britisch-amerikanisch-sowjetischen Koalition.«[199] – »Die Durchsicht eures gesamten Materials«, heißt es in dem Telegramm des EKKI, »erweckt den Eindruck, als würden Anhänger der britischen und der jugoslawischen Regierung mit bestimmter Berechtigung den Verdacht äußern, dass die Partisanenbewegung kommunistischen Charakter annimmt und auf eine Sowjetisierung Jugoslawiens abzielt. Warum war es zum Beispiel notwendig, eine besondere Proletarische Brigade aufzustellen? [...] Gibt es neben den Kommunisten und ihren Sympathisanten nicht auch andere jugoslawische Patrioten, mit denen ihr gemeinsam gegen den Okkupator kämpfen könntet?«[200] Kurzum, »Ded« riet Tito, seine bisherige Taktik gründlich zu überdenken und seine Bemühungen zu intensivieren, eine gemeinsame nationale Front aller Feinde Hitlers und Mussolinis zu bilden. Dabei wies er darauf hin, dass die Sowjetunion diplomatische Beziehungen zum jugoslawischen König und seiner Regierung unterhalte und dass jegliche gegen sie gerichtete Aktionen Schwierigkeiten mit den westlichen Verbündeten verursachen würden.[201]

In seiner telegrafischen Antwort erklärte Tito, dass das EKKI seine Informationen, die er in der letzten Zeit nach Moskau übermittelt hatte, falsch gedeutet habe. Die Anhänger der Londoner Regierung würden nicht offen mit dem Okkupator zusammenarbeiteten, sondern mittelbar über Nedićs Einheiten, denen sich auch Mihailovićs Tschetniks angeschlossen hätten. Das ZK der KPJ verfüge über Dokumente, die ihre verräterische Tätigkeit bewiesen. Zugleich forderte er die KPdSU auf, einen Beobachter und größere Mengen Waffen und Munition in das befreite Gebiet zu schicken, damit man alle jene bewaffnen könne, die sich dem Befreiungskampf anschlössen.[202]

Eine Zeit lang sah es so aus, als würde Moskau die geforderte Hilfe tatsächlich entsenden. Moša Pijade legte einen improvisierten Flugplatz auf einem Plateau unterhalb des Durmitors an, auf dem die sowjetischen Flugzeuge landen sollten. In eisiger Kälte und hohem Schnee hielten sie siebenunddreißig Nächte hindurch Wache. Keine Flugzeuge! Dimitrow setzte sich bei Molotow, Beria und Stalin ein, hatte damit aber keinen Erfolg. Alles, was er tun konnte, war Ende Mai 1942 »Rezepte« zur Herstellung von Sprengstoff zu schicken.[203]

Unter dem Eindruck des Tadels aus Moskau kam es zwischen Tito und Moša Pijade zu einem interessanten Meinungsaustausch. Letzterer stellte nämlich fest, dass die Komintern vielleicht Recht habe, wenn sie behauptete, »dass wir etwas weiter gegangen sind, als notwendig war«. Tito reagierte ungehalten.[204] Am 6. April 1942 berief er aber doch eine Sitzung des ZK der KPJ nach Foča ein, auf der er selbst auf die Schädlichkeit »linker Abweichungen« hinwies (zu diesen war es zuvor vor allem in der Ostherzegowina und in Montenegro und in geringerem Ausmaß in der Vojvodina und in Unterkrain in Slowenien gekommen), die beunruhigende Formen annähmen: Einige serbische Parteimitglieder behaupteten sogar, dass man mit dem Eintritt in die zweite Phase der Revolution alle Bauern, Lehrer, Offiziere und Priester in den Reihen der Partisanen umbringen müsse.

Im Einklang mit »Deds« Direktiven entwarf Tito gemeinsam mit den Genossen die neue politische Richtung. Diese folgte Stalins Feststellung, dass zu diesem Zeitpunkt ein »vaterländischer Krieg« geführt werden müsse. »Das Gerede von der Weltrevolution nützt nur Hitler und schadet der Vereinigung aller antihitlerischen Kräfte.«[205] Die ZK-Mitglieder beschlossen, fortan die Betonung auf die Volksbefreiung und weniger auf den Klassenkampf zu legen. Sie änderten auch ihre Haltung gegenüber den Briten und der Exilregierung und wollten diese nicht mehr aus ideologischen Gründen angreifen, sondern ausschließlich wegen der Rückendeckung, die sie den Tschetniks gab. Wobei sie dadurch, dass sie sich »Deds« Anweisungen fügten, nicht der Revolution abschworen, sondern nur die Richtigkeit der sowjetischen These anerkannten, dass man im gegebenen Moment vor allem die vaterländische Dimension des Kampfes betonen müsse. Nach außen hin wurde diese Linie im Wesentlichen durchgesetzt, auch wenn es besonders in Montenegro, in Herzegowina und in Ostbosnien weiterhin eine größere Zahl von linken Abweichlern gab. Selbst auf den Parteiversammlungen wurde nicht mehr offen über das Ziel der Einführung eines Regimes nach sowjetischem Muster gesprochen. Es blieb hinter der Losung »Keine Rückkehr zum Alten« versteckt.[206]

Inzwischen war die Wehrmacht zur *Zweiten Offensive* übergegangen und startete 1942 eine breit angelegte Operation gegen die Aufständischen in Ostbosnien. Sie lief einen Monat und wurde im Frühjahr wieder aufgenommen, diesmal unter Beteiligung der Italiener, wobei die Frage im Raum stand, ob es im Kampf gegen die Kommunisten erlaubt sei, auch die Tschetniks einzusetzen. Hitler meinte noch immer, es seien »Banditen«, mit denen man sich nicht verständigen könne, General Mario Roatta, Kommandant der italienischen Streitkräfte auf dem Balkan, hingegen behauptete, dass man in der gegenwärtigen Lage auf sie zurückgreifen müsse und sich ihrer erst dann entledigen solle, wenn sie nicht mehr von Nutzen seien. Diese Differenzen, die die gespannten Beziehungen zwischen Berlin und Rom zunehmend belasteten, blieben ungelöst. Die Italiener folgten zwar nach außen hin den Deutschen, in Wirklichkeit aber setzten sie auch weiterhin auf die Tschetniks, die als *milizia volontaria anticomunista* ein unverzichtbares Mittel ihrer strategischen Praxis geworden waren.[207]

Angesichts der Angriffe der Deutschen, Italiener, Ustascha und Tschetniks gerieten die Partisanenkräfte ins Wanken. Tito versuchte sich im Dreiländereck zwischen Ostbosnien, Montenegro und Serbien zu behaupten. Dabei zeigte er sich überzeugt, dass er die Oberherrschaft nicht erlangen werde, wenn er nicht zuvor die Tschetnik-Bewegung zerschlüge, die in dieser Region viele Anhänger hatte.[208] Mitte Mai 1942 verlor er aber seine Stützpunkte im befreiten Territorium um Foča. Der Rückzug aus dem kleinen Städtchen am Zusammenfluss von Drina und Čehotina am 10. und 11. Mai 1942 war unvermeidlich.

Auf Grund der schwierigen Lage verließen viele Kämpfer die Tito-Reihen und schlossen sich Mihailović an, dessen Ansehen wuchs, weil ihn sowohl die Italiener als auch die Briten unterstützten. Die Partisanen antworteten mit dem Erschießen von Deserteuren und dem Niederbrennen von Dörfern, was den Bürgerkrieg weiter anheizte. Um sich aus dieser Zwangslage zu befreien, entschloss sich Tito Mitte Juni 1942 schweren Herzens, die Einheiten, die er im Gebiet von Zelengora, Maglić und Ljubišina hatte, Richtung Bosanska Krajina zu verlegen, um so näher an Kroatien und Slowenien zu sein, wo die Widerstandsbewegung schon bedeutende Erfolge errungen hatte. In der Umgebung von Ljubljana hatte der Widerstand im Frühjahr einen derartigen Umfang angenommen, dass nicht nur der Okkupator überrascht war, »sondern auch wir selbst«, wie Kardelj in einer Nachricht an Tito notierte.[209]

Der Beschluss, das Gros der Partisaneneinheiten nach Westbosnien zu verlegen, war nicht leicht durchzusetzen, denn zahlreiche Angehörige des Oberkommandos widersetzten sich in der Überzeugung, dass man nach Serbien zurückkehren müsse. Aber in der Erwartung, dass die »Lage reif werde«, befahl Tito kategorisch, den Beschluss umzusetzen und rettete die Widerstandsbewegung damit wahrscheinlich vor dem Untergang.[210] Dabei diente ihm die Rote Armee als Vorbild: »So wie sie sich in die Tiefen Russlands zurückgezogen hatte«, erzählte Ranković, »so zogen auch wir uns ins Zentrum Jugoslawiens zurück, nach Bosnien …«[211]

Der lange Marsch der Stoßtruppe (annähernd 4 500 Mann) unter ständigen

Angriffen der Deutschen, Italienern, der den Tschetniks und den Ustascha begann am 22. Juni und dauerte drei Wochen. Tito nutzte dabei geschickt die Grenzlinien zwischen den deutschen und den italienischen Einheiten aus. Diese verteidigten ihre Gebiete nicht nur gegen die Partisanen sondern auch gegen Grenzüberschreitungen der jeweils anderen Truppen. Er konnte sich dabei gewiss sein, das sich die Deutschen und Italiener nicht auf eine gemeinsame Verteidigungsstrategie einigen würden.[212] Dennoch, so Vladimir Dedijer, seien diese Wochen die schwierigsten in der Entwicklung des Aufstands gewesen: »Draža Mihailović strengte gemeinsam mit dem Okkupator und mit uneingeschränkter Unterstützung der königlichen Regierung in London alle Kräfte an, um die Volksbefreiungsbewegung zu vernichten«.[213]

Titos Verbitterung angesichts der schwierigen Lage drückt sich in einem Telegramm aus, das Dimitrow am 24. Mai 1942 in seinem Tagebuch zitiert: »Die Lage hier ist kritisch. Die italienischen Truppen greifen unsere Partisanentruppen zusammen mit den Tschetniks von Draža Mihailović [...] von allen Seiten an. Die Tschetniks kommen durch die Wälder und über die Berge, die Italiener sind motorisiert. Die Tschetniks verfügen über Unmengen Maschinenpistolen, Granatwerfer und Munition. Sie ziehen die Bauern gewaltsam ein, wer sich sträubt, wird umgebracht oder in Konzentrationslager in Albanien verschleppt. Unsere Partisanenbataillone sind von den pausenlosen Kämpfen völlig entkräftet, außerdem gibt es keine Munition mehr. Wir müssen den Großteil unserer Bataillone aus Montenegro abziehen, damit sie nicht vernichtet werden. Das Volk verflucht die jugoslawische Regierung in London, die Draža Mihailović unterstützt und auf diese Weise den Okkupatoren hilft. Von allen Seiten, von Kämpfern und aus der Bevölkerung höre ich die Frage: ›Warum schickt uns die Sowjetunion keine Hilfe, und wenn es nur einige Maschinenpistolen wären?‹«[214]

★

DAS RÄTSEL HEBRANG

Gegen Ende Februar 1942 gelang es der Ustascha-Polizei Ivan Srebrnjak-Antonov festzunehmen, der nach dem Überfall der Achsenmächte auf Jugoslawien aus Paris in die Heimat zurückgekehrt war, um hier einen »Informationspunkt« der Roten Armee zu organisieren. Weil Tito »diesem Gauner«, »diesem Ekel« nicht die Denunziationen verziehen hatte, mit denen er ihn Jahre zuvor in Moskau anzuschwärzen versucht hatte, rächte er sich an ihm, indem er verlangte, man solle ihn seiner Funktion entheben, da er nicht das Vertrauen der Partei habe. (Kopinič hatte ihn in Verdacht, mit der Gestapo zusammenzuarbeiten.) Allerdings ohne Erfolg, denn die Moskauer Genossen hielten ihre schützende Hand über ihn. Als ein paar Monate später, am 25. Februar 1942, die Ustascha Srebrnjak aufspürte, ihn einsperrte und folterte, hielt er sich »schwach« und redete wie ein »lebendes Buch«. Auf Titos Befehl hin organisierte deshalb Ivan Krajačić-Stevo seine Liquidierung, um noch größeren Schaden abzuwenden. Wegen des Verrats waren nämlich zehn bis fünfzehn Leute verhaftet worden, und zwar nicht nur in Kroatien, sondern auch in Bulgarien, Griechenland und die meisten in Italien.[215]

Unter ihnen befand sich auch Andrija Hebrang, der von den Genossen Fatty genannt wurde, in Anspielung auf den bekannten Hollywood-Komiker Roscoe »Fatty« Arbuckle. Die Verhaftung, bei der Hebrang schwer verletzt wurde, war für die Ustascha ein großer Erfolg. Hebrang war einer der Führer der kommunistischen Bewegung in Kroatien und ein langjähriger Vertrauter Titos. Er war nun in den Händen jener, die noch bis vor Kurzem seine Genossen im Kerker des alten jugoslawischen Regimes gewesen waren und mit denen er sogar einen Aufstand gegen das verhasste Belgrad geplant hatte. Die Quellen sind sich uneins, ob er gefoltert worden ist, jedenfalls soll er am 20. Juni Titos Identität verraten und berichtet haben, dass dieser eigentlich Broz heiße, Arbeiter aus dem Zagorje und Sekretär der KPJ sei. Wie William Deakin, der britische Verbindungsmann bei den Partisanen, in seiner Rekonstruktion dieses Ereignisses sagt, informierte Innenminister Eugen Kvaternik sofort Pavelić davon und begann zusammen mit den Deutschen einen kühnen Plan zu schmieden, nämlich ein trojanisches Pferd in das Zentralkomitee einzuschleusen. Hebrang war für diesen Zweck die ideale Person, denn er verhehlte weder sein Nationalbewusstsein noch seine ablehnende Haltung gegenüber der »jugoslawischen KP«.[216] Dabei muss aber auch gesagt werden, dass Vladimir Velebit dieser Geschichte keinen Glauben schenkte. Hätte Hebrang wirklich Verrat geübt, behauptete er, hätte die Polizei mit Sicherheit auch ihn und Kopinič verhaftet. Hebrang war nämlich einer der wenigen, der von der Villa wusste, die Velebit für Kopiničs illegale Funk-Tätigkeit in Zagreb angemietet hatte.[217]

Zu einer ersten Kontaktaufnahme zwischen den verfeindeten Lagern der Ustascha und Deutschen auf der einen und den Partisanen auf der anderen Seite kam es im August 1942, als Einheiten unter Titos Führung in Westbosnien das Städtchen Livno einnahmen, das wegen seines Bauxitbergwerks von Bedeutung war. Dabei hatten sie einige deutsche Ingenieure gefangengenommen, die für die Firma Hansa Leichtmetall arbeiteten, aber auch Hans Ott bzw. Otto Mayer.

Dieser war zu Beginn der Okkupation Mitarbeiter des deutschen Nachrichtendienstes in Belgrad gewesen und war im Juni 1941 nach Livno entsandt worden, wo er eine Führungsposition bei der Verteidigung gegen die Partisanen bekleidete.[218] Nach seiner Gefangennahme bot er sich den Partisanen als Mittelsmann zu den deutschen Behörden an. Schon Mitte August fuhr er zu Gesprächen nach Zagreb, in den darauffolgenden Wochen bewegte er sich zwischen dem Oberkommando und der kroatischen Hauptstadt und sondierte in Titos Auftrag auch die Möglichkeit eines Waffenstillstands. Seine Verhandlungspartner auf deutscher Seite waren General Edmund Glaise von Horstenau, Kommandant der Wehrmacht im NDH-Staat, und der Botschafter des Dritten Reichs in Zagreb Siegfried Kasche.[219]

Am 23. September 1942 kam es zu einem Gefangenenaustausch zwischen den Partisanen und der Ustascha, bei dem dreißig Genossen, darunter auch Hebrang, und zwei Ustascha-Offiziere freikamen. Ohne dass er nach seiner Ankunft auf Partisanengebiet von einer Parteikommission über seine Haftzeit besonders »befragt« worden wäre, wie es sonst üblich war, wurde Hebrang später in die höchsten Parteigremien aufgenommen.

Kopinič, der dank seiner Verbindungen zur Ustascha-Polizei Einsicht in die Hebrang-Protokolle hatte, sandte Tito über Moskau zwar mehrere Depeschen darüber, der aber bestritt später, sie jemals bekommen zu haben.[220] (Es gibt auch die These, dass die Russen diese Informationen vor Tito geheim hielten, weil sie beabsichtigten, Hebrang als ihren Mann in Titos engerem Kreis einzusetzen.) Mitte April 1943 wurde Hebrang politischer Sekretär des ZK der KP Kroatiens, als Nachfolger von Rade Končar, den die Faschisten am 22. Mai 1942 in Šibenik umgebracht hatten, anschließend wurde er auch ins Politbüro des ZK der KPJ kooptiert. Im Generalstab Kroatiens wurde er das einflussreichste Mitglied einer Parteikommission, deren Aufgabe es war, alle zu überprüfen, die gegen wichtige Deutsche und Angehörige der Ustascha ausgetauscht wurden. Dabei war er sehr unnachgiebig und verlangte, jeden zu erschießen, der »die Fahne der Partei beschmutzt« habe.[221] Wie im Jahre 1928 fühlte er sich noch immer mit Tito gleichberechtigt, eine gefährliche Überzeugung, die er bis an sein Lebensende beibehalten sollte.[222] Laut Jakov Blažević, einem der angesehensten kroatischen Kommunisten, »war Andrija Hebrang in dieser Zeit für uns alle [...] eine große Autorität, als berühmter kommunistischer Gefangener, der zwölf Jahre in den Gefängnissen zugebracht und manches gelernt hatte. Er verstand es, überzeugend zu reden, kurz und mit Gefühl [...] wie Stalin.«[223]

★

GRÜNDUNG DES ANTIFASCHISTISCHEN VOLKSBEFREIUNGSRATS AVNOJ

Die Kämpfe, die im Frühjahr 1942 in Bosnien und Slowenien aufflammten, fanden schließlich ihren Weg in die internationale Presse, und die Sowjetunion, die lange Zeit Titos Drängen ignoriert hatte, sie solle Mihailović als Verräter brandmarken, entschloss sich nach gründlicher Prüfung der Unterlagen aus dem Oberkommando der Partisanen doch, sich dessen Position zu eigen zu machen.[224] *Radio Freies Jugoslawien,* das nun von Kujbyšev aus sendete, hatte am 6. Juli 1942 einen Aufruf von Patrioten aus Montenegro, dem Sandžak und der Bucht von Kotor übertragen, in der sie die Tschetniks als Kollaborateure und Urheber des Bruderkriegs bezeichneten. Den Wortlaut des Dokuments übernahm am 19. Juli die TASS, und in den folgenden Wochen tauchte er in linksorientierten Zeitungen in Schweden und Großbritannien und auch im *The Daily Worker* aus New York auf. Louis Adamič, der angesehene Schriftsteller und Publizist mit slowenischen Wurzeln, startete daraufhin von den USA aus eine breit angelegte Kampagne gegen Mihailović, wohingegen der Vertreter des Weißen Hauses auf einer Pressekonferenz noch am 24. Juli dessen Kampf als »Muster eines urwüchsigen und selbstlosen Siegeswillens« gerühmt hatte.[225]

Der Schritt, zu dem man sich in Moskau entschlossen hatte, bereitete sowohl der jugoslawischen Exilregierung als auch der britischen Regierung große Sorge. Zwar wussten Churchill und seine engsten Mitarbeiter dank der Operation *Ultra,* im Zuge derer es gelungen war, Nachrichten der Wehrmacht zu dechiffrieren, und anderen Quellen von der Zusammenarbeit der Tschetniks mit den Italienern, aber es war ihnen auch bekannt, dass die Deutschen in Mihailović noch immer einen Feind sahen. Daher hielten sie zunächst noch an ihm fest in der Hoffnung, dass es ihm gelingen würde, die Kontrolle über die gesamte jugoslawische Widerstandsbewegung zu erlangen. Am 3. August 1942 wurde dem jugoslawischen Gesandten Simović in Moskau eine diplomatische Note überreicht, mit der die Sowjetregierung (trotz der Bedenken Molotows) eine offizielle Haltung gegenüber dem Tschetnik-Führer einnahm.[226] Vier Tage später machte Majski, der sowjetische Botschafter in London, das Gleiche in einem Gespräch mit dem englischen Außenminister Anthony Eden. In der Ansicht, dass sich Stalin mit diesem Manöver die Vorherrschaft über den Balkan sichern wolle, stellten sich die jugoslawische Exilregierung und die Briten demonstrativ hinter Mihailović, wobei sich die Briten spätestens ab August 1942 hinter den Kulissen ernsthaft zu fragen begannen, ob der General ein »ehrliches Spiel« treibe.[227]

Bis zum Herbst 1942 war es den Partisanen gelungen, in der Bosanska Krajina, Lika und Norddalmatien ein 48 000 Quadratkilometer umfassendes freies Territorium zu schaffen, größer als Belgien, die Schweiz oder die Niederlande, mit zwei Millionen Einwohnern. Das Zentrum dieses Territoriums war das Städtchen Bihać, das zu Ehren des 25. Jahrestages der Oktoberrevolution von den Tito-Truppen nach harten Kämpfen mit der Ustascha am 4. November 1942 eingenommen wurde. Die Kriegsbeute war reich, noch bedeutender aber war die psychologische Wirkung des Sieges, denn sie zeigte der einheimischen und internationalen Öffentlichkeit, natürlich auch dem Okkupator, dass die Partisanenarmee eine Macht war, mit der man zu rechnen hatte.[228] Die Tatsache, dass es zu einer Zusammenarbeit zwischen Partisaneneinheiten aus Bosnien und Dalmatien gekommen war, gab dem allgemeinen Volksaufstand Auftrieb und verlieh den Kämpfern aus den verschiedenen Gegenden eine bemerkenswerte militärische Stärke.

In London, wo Churchill bereits über einen Stoß in den »weichen Unterleib Europas« nachdachte, verstärkte sich indessen die Unsicherheit, ob es richtig sei, Mihailović weiter zu unterstützen oder ob es nicht besser wäre, zugleich auch auf die Partisanen zu setzen. Um den Tschetnik-Führer zu größerer Aktivität anzuspornen, berichtete die BBC Ende Oktober 1942 ausnahmsweise auch über die militärischen Aktionen der Partisanen. Die SOE erwartete von ihm schon länger einen Beweis, dass er den Alliierten von Nutzen sei, und forderte ihn deshalb auf, er solle mit Sabotageakten gegen die Verbindungen beginnen, über die die Deutschen Rommels Afrikakorps versorgten. Zu dem Zeitpunkt, als die britische Armee unter dem Befehl von General Montgomery bei El Alamein zum Gegenangriff überging, wären solche Aktionen außerordentlich willkommen gewesen. Weil aber Mihailović Repressionen der Wehrmacht fürchtete, weigerte er sich. So ersuchte am 5. November 1942 der britische Gesandte bei der jugoslawischen Regierung Premier Slobodan Jovanović offiziell, er solle seinem Kriegsminister befehlen, die Eisenbahnstrecke Belgrad-Saloniki anzugreifen. Erneut weigerte sich Mihailović, auch wenn ihn die Berichterstattung der BBC über die Partisanen nervös gemacht hatte.[229]

Ende 1942 entschloss sich Tito, der immer selbstbewusster wurde, zu einem kühnen Schachzug: Am 1. November erließ er eine Verordnung über die Aufstellung einer regulären Armee, die zuerst die beiden sogenannten Proletarischen Divisionen umfasste, zu der in den folgenden Wochen aber noch andere hinzustießen.[230] Er berief auch den Antifaschistischen Volksbefreiungsrat Jugoslawiens, den AVNOJ ein, um eine neue Regierung zu bilden, das Nationalkomitee zur Befreiung Jugoslawiens (NKOJ), das ein Gegengewicht zur Exilregierung in London darstellen und eine Wiederherstellung des alten Regimes verhindern sollte. Dieses Konzept hatte er schon 1941 entwickelt, es aber aus Rücksicht auf die Sowjetunion und deren Beziehungen zu den westlichen Alliierten wieder fallenlassen. Auch jetzt mahnte Moskau, er solle seinen Kampf im größeren internationalen Kontext sehen und keine Initiativen setzen, die der vom jüngsten Besuch Churchills in Moskau geprägten Koalition mit den Angloamerikanern schaden könnten.[231] »Ded« war so besorgt hinsichtlich Titos möglicher Schritte, dass er das gleiche Telegramm auch an Kardelj nach Slowenien mit der Forderung schickte, die Kommunisten mögen sich seinen Ambitionen widersetzen, Präsident des Vollzugskomitees des AVNOJ zu werden. Das könnte man im Westen so deuten, als würde in Jugoslawien eine Revolution vonstattengehen und nicht ein Kampf gegen den Okkupator.[232]

Zwar ließ Tito in der Folge die Idee eines »Volkskomitees« fallen, mit der er einen Konflikt zur königlichen Exilregierung ausgelöst hätte, verzichtete aber nicht auf die antifaschistische Versammlung, die am 26. und 27. November 1942 in Bihać zusammentrat. Die Delegierten, unter denen viele Nicht-Kommunisten waren, kamen hauptsächlich aus Bosnien und Kroatien, da die Slowenen und Mazedonier aufgrund der Kriegslage nicht anwesend sein konnten. Serbien und Montenegro wurden von Leuten aus den Partisaneneinheiten vertreten. Die Erörterungen auf der Versammlung waren voller Elan, zugleich aber ohne eigentlichen Inhalt, denn über alles war bereits hinter den Kulissen entschieden worden. Moskau hatte Tito empfohlen, nicht die Frage nach der Abschaffung der Monarchie zu stellen, nicht über eine Republik zu sprechen und nicht gegen die jugoslawische Exilregierung aufzutreten. Der AVNOJ wurde trotzdem als oberstes politisches Organ der jugoslawischen Völker proklamiert und wählte aus seinen Mitgliedern einen Vollzugsausschuss, in dem Vertreter verschiedener ethnischer Gruppen und ideologischer Ausrichtungen versammelt waren. Es war nach außen hin bisher nie so deutlich geworden, dass die Partisanenbewegung nicht nur die Befreiung Jugoslawiens zum Ziel hatte, sondern auch die Machtübernahme.[233]

Bei der Eröffnung des AVNOJ »sangen die Menschen auf den Straßen, versammelten sich vor dem Gebäude, in dem die Sitzung stattfand, jubelten dem Genossen Tito und unserer tapferen Armee zu. Die Straßen waren voll von Männern und Frauen in Volkstrachten aus der Bosanska Krajina und der Lika. Manche waren auch aus dreißig, vierzig Kilometern entfernten Orten gekommen, nur um bei dem großen Ereignis dabei zu sein.«[234] »Die erste Sitzung des AVNOJ«, notierte Đilas, »war allein Titos Werk – ihm muss man die Idee (der Einberufung des Rates) zuschreiben und die Autorschaft an seinen Beschlüssen ...«[235] Interessant an Titos Auftritt bei der Eröffnung ist, dass er zwar eine Lobrede auf die »slawischen Brüder«, die Russen und alle Völker der Sowjetunion hielt, dabei aber mit keinem Wort Stalin erwähnte.[236]

Aus dem Telegramm, in dem er am 29. November 1942 »Ded« über die Arbeit des ersten AVNOJ informierte, klingt das neue Selbstbewusstsein Titos. Stolz berichtet er darin, dass die Bewegung jetzt über eine richtige Armee verfüge, über eine Volksvertretung und ein Territorium. Aber obwohl Tito in einem weiteren Telegramm eine Huldigung an den »großen Heerführer und Organisator des Sieges der freiheitsliebenden Völker über den Faschismus« richtete, zeigte sich Stalin wenig begeistert über die Entwicklungen in Jugoslawien. Aus Rücksicht auf den Westen hielt er immer noch an der Exilregierung des Königs fest.

Diese Haltung weckte in Tito zwar Gefühle der »Revolte und Depression«, brachte ihn aber von der eingeschlagenen politischen Richtung nicht ab.[237] Das zeigte sich zum einen im Aufbau eines richtigen Staatsapparats, zum anderen in seinem Verhalten, dass immer mehr dem eines Staatenlenkers glich. Er lebte in einem Schloss in Bosanski Petrovac, umgab sich mit einem Kreis angesehener Intellektueller und ließ sich auf einen Persönlichkeitskult ein, der sich nicht sehr von dem Stalins unterschied. Branka Savić, die ihren Mann Pavle als Chiffriererin beim Oberkommando abgelöst hatte, erinnerte sich später: »Mir scheint, dass sich Genosse Tito in dieser Zeit verändert hatte bzw. dass sich seine Stellung und seine Aufgaben geändert hatten. Das war nicht mehr nur der Mensch, der die Armee und die Armeeoperationen führte, auch nicht nur der Parteiführer, das war ein Mensch, der einen Staat erschafft. Die ganze Atmosphäre um ihn herum war so staatsmännisch ...«[238] Und der berühmte Bildhauer Antun Augustinčić, der sich den Partisanen angeschlossen hatte, notierte: »Im Jahre 1943 stellte ich fest, dass ihm immer wichtiger war, dass seine Kleidung sauber und gebügelt war, und er hielt sich sogar dann gerade wie eine Kerze, wenn er todmüde war. [...] Ich denke, dass sich im Unterbewusstsein in ihm das Bedürfnis entwickelt hatte [...], den Stolz seiner abgerissenen, ausgehungerten Armee und der arbeitenden Bevölkerung zu personifizieren.«[239] Diese Tendenzen verstärkten sich in den folgenden Monaten noch. 1944 erhielten die Parteipropagandisten die Anweisung, beim Zitieren des Moskauer »Vaters der Völker« immer auch Tito zu erwähnen. Man kann wohl sagen, dass er sich einerseits seiner Bedeutung bewusst war und er andererseits auch die Privilegien seiner Position zu schätzten wusste.[240]

★

›UNTERNEHMEN WEISS‹

Die Deutschen waren überrascht von dem Ausmaß des Widerstandes und fürchteten, dass die Briten ihn zum Anlass nehmen würden, selbst in den Krieg auf dem Balkan einzugreifen. Zudem bestanden in der Führung der Wehrmacht Zweifel, ob Italien in der Lage war, die Küste von Triest bis Korfu zu verteidigen. Joachim von Ribbentrop notierte am 24. September 1942: »England wird auf den Balkan als das Zentrum der Unruhe blicken und die Hauptbasis für den europäischen Augenblick des Aufstandes und die Basis für die englischen Flugzeuge, U-Boote und Munition, aber auch für die englische Propaganda und den Geheimdienst. Deshalb müssen Italien und Deutschland den Raum befrieden und in ihm die Ordnung wiederherstellen.«[241] Im November 1942 empfing Hitler Pavelić in seinem ukrainischen Hauptquartier in Winniza, und zwischen dem 18. und 20. Dezember fand dort eine italienisch-deutsche Konferenz statt, bei der über notwendige Maßnahmen zur Ordnung der Verhältnisse im NDH-Staat gesprochen wurde. Hitler erklärte, dass er ebenfalls die Gefahr einer britischen Landung in Südosteuropa sehe und fürchte, dass in diesem Falle auch die Türken auf der Seite der Briten in den Krieg eintreten könnten. Er sagte aber auch, dass es zu keiner Landung kommen werde, solange die Achsenmächte Rhodos, den Dodekanes, Kreta, Griechenland, Albanien und Dalmatien nebst Hinterland kontrollierten. »Alles hängt davon ab, ob es uns gelingt, den nationalistischen und kommunistischen Aufstand endgültig niederzuschlagen.«[242] Bei dieser und bei einer späteren Konferenz in Rom am 3. Januar 1943 beschlossen die Deutschen und Italiener, die jugoslawischen »Widerstandsbanden« noch im Winter völlig zu vernichten, wobei man nicht nur an die Tito-Partisanen dachte, sondern auch an Mihailovićs Tschetniks, die man allerdings zuvor für einen Kampf gegen die Kommunisten instrumentalisieren wollte. General Alexander Löhr, im August 1942 zum Oberkommandierenden der deutschen Truppen in Südosteuropa ernannt, notierte in einer Zusammenfassung dieser Erörterungen, dass man »das Hinterland bis Ende März befreien« müsse.[243]

In dem Augenblick, in dem sich das Kriegsglück infolge der Niederlage der Wehrmacht bei Stalingrad für die Achsenmächte wendete, begann am 20. Januar 1943 das *Unternehmen Weiß* oder, wie die Partisanen sagten, die *Vierte Offensive*. Sie sollte drei Phasen umfassen, in den ersten beiden sollte der Tito-Staat innerhalb der Grenzen des NDH vollständig eliminiert werden, die dritte Phase sollte sich gegen die Tschetniks von Mihailović in der Herzegowina und in Montenegro richten.[244] Obwohl Tito in der Bihać-Republik keine allgemeine Mobilmachung befahl, erhielten die Partisanen nach ihren Erfolgen massenhaft Zulauf, sodass es möglich war, eine neue Division aufzustellen, die den Namen »dalmatinische« erhielt. Nach Plänen des Obersten Stabes sollten diese Kräfte im Frühjahr nach Montenegro und Südserbien vorstoßen, um auch in diesen Landesteilen den Aufstand erneut anzufachen und die »Konterrevolution« zu zerschlagen. Deswegen hatte Tito bereits Ende 1942 einige seiner besten Truppen vorausgeschickt, was sich als entscheidend herausstellen sollte, als er sich durch das *Unternehmen Weiß* in die Zange genommen sah. Dieses fiel in eine Zeit extremer Wetterverhältnisse – es herrschten minus 25 Grad Celsius –, und Tito hatte keine andere Wahl, als den Rückzug aus der Bosanska Krajina anzuordnen. Unter diesen Bedingungen stand er vor einer der schwersten Entscheidungen, was mit den annähernd 4 000 Verwundeten geschehen sollte, die in den Lazaretten in den Wäldern rings um Bihać lagen. Wenn er sie zurückließ, hätte er mit den Einheiten, die kampffähig waren, beweglich manövrieren können, das Schicksal der Verwundeten aber wäre besiegelt gewesen. Die Besatzungsmächte erkannten nämlich die Partisanen als kämpfende Partei nicht an, sondern bezeichneten sie als »Banditen«, was bedeutete, dass man sie bei einer Gefangennahme sofort erschoss.[245] Als er sich entschloss, sie mitzunehmen, hängte er sich, wie Velebit sagt, einen Mühlstein um den Hals. Um das Durcheinander noch größer zu machen, schloss sich in ihrer Angst vor der Ustascha auch die lokale serbische Bevölkerung – annähernd 50 000 Menschen – den Partisanen an, die Tito ebenfalls mitnehmen musste, wenn er sie nicht auf Gnade und Ungnade dem Feind überlassen wollte, obwohl er nicht wusste, wie er sie ernähren sollte.[246]

Die *Vierte Offensive* der deutschen und italienischen Truppen sowie Einheiten ihrer Kollaborateure war vom Obersten Stab zwar erwartet worden, verfügte er doch seit Anfang Januar über Informationen über die Zusammenziehung feindlicher Truppen um Karlovac und in der Banija. Es war aber nichts unternommen worden, um sich darauf vorzubereiten bzw. die untergeordneten Dienststellen waren darüber nicht informiert worden.[247] Tito hatte keine besonderen militärischen Fähigkeiten. So sagt zumindest Đilas in seiner Biografie, obwohl er während des Krieges in einem Artikel für das sowjetische Blatt *Vojna i rabočij klass* genau das Gegenteil behauptet hatte.[248] Während der *Vierten Offensive*, vor allem während der Schlacht an der Rama und der Neretva, änderte er ständig seine Befehle, was leicht fatale Folgen hätte haben können. Die Schlacht nahm zwar einen guten Ausgang, aber nicht so sehr wegen der Geschicklichkeit des Oberkommandierenden, wie es die Propaganda später darstellte – die behauptete, dass es sich um die »humanste Schlacht in der Geschichte«, um eine »Schlacht für die Verwundeten« gehandelt habe –, als vielmehr wegen der Findigkeit der Kommandanten der einzelnen Einheiten. Die erkannten bald Titos mangelnde Erfahrung und begannen die Befehle den wechselnden Situationen anzupassen oder brachten ihn dazu, sie still zu korrigieren.[249] Zugleich muss man aber auch Koča Popović beipflichten, der Tito alle Vorzüge eines wahren Heerführers attestierte: Geschicklichkeit, Mut, Entschlossenheit und Einfallsreichtum. »Er war, lassen Sie es mich so sagen, ein wahrer Wolf, oder wenn Sie wollen, ein Condottiere, was überhaupt, denke ich, sein Charakterzug ist. Auch in der kompliziertesten Situation wusste er einen Ausweg zu finden, ohne zu zögern Widerstand zu brechen und Gefahr vorauszusehen.«[250]

Am Beginn der Offensive hatte General Alexander Löhr erklärt, er werde im Land die Ruhe wiederherstellen, auch Friedhofsruhe, wenn nötig. Er hatte 105 000 Soldaten zur Verfügung, gegen die Tito nur 44 000 Kämpfer aufbieten konnte. Obwohl er über Flugzeuge, Panzer und Artillerie verfügte, die Tito nicht besaß, hatte Löhr Schwachpunkte: Die Moral seiner Einheiten war niedrig und die Waffenbrüderschaft mit den Italienern brüchig, wohingegen die Stoßkraft der Partisanen und ihre Wendigkeit groß waren. Zu Beginn des Krieges waren die deutschen Soldaten überzeugt, dass es besser sei, auf dem Balkan Dienst zu tun als an der russischen Front oder in Nordafrika. Aber nach zwei Jahren der Kämpfe geriet diese Überzeugung ins Wanken. General Lothar Rendulic, der 1943 als Befehlshaber der 2. Panzerarmee auf jugoslawisches Gebiet versetzt wurde, sagt in seinen Erinnerungen, dass bald nach seinem Eintreffen mehr als tausend Soldaten um Versetzung an andere Fronten angesucht hätten, sogar an die Ostfront, nur um dem Guerillakampf mit den »Partisanenbanden« auf dem schwierigen bosnischen Terrain zu entgehen.[251]

Titos Stoßtruppen nahmen am 17. Februar 1943 Prozor ein, das von der italienischen Division Murgia verteidigt wurde. Dieser Erfolg forderte eine große Anzahl Verwundeter, was ein zusätzliches Problem darstellte, denn man musste sie trotz des Fehlens von Transportmitteln und Trägern mitnehmen. Am 5. März fiel die Entscheidung, dass die Partisanenarmee die Neretva überqueren und im Gebirgsland von Nordherzegowina und Montenegro Schutz suchen werde. Titos Plan war es, die Stadt Konjic aus den Händen der Italiener zu befreien. Das würde es für die Partisanen möglich machen, bis an die asphaltierte Straße durchzubrechen, auf der dann die Kranken und Verwundeten über eine nahe gelegene Brücke in Sicherheit gebracht werden könnten. Um sich den Rücken freizuhalten, befahl Tito aber zugleich, alle anderen Brücken in diesem Abschnitt der Neretva zu zerstören. Er war der Falschmeldung aufgesessen, dass ein Angriff von 20.000 mit deutschen Waffen ausgerüsteten Tschetniks drohe.

Wie später General Velimir Terzić notierte (und sich damit Titos Unmut zuzog), war die Sprengung der Brücken über die Neretva ein Riesenfehler des Oberkommandierenden, wegen dem es zu nicht geringen und völlig unnötigen Opfern kam.[252]

Der Widerstand der Italiener in Konjic war entschlossener als erwartet, wobei die Partisanentruppen, denen die Deutschen auf den Fersen waren, in eine Falle geraten waren, aus der man sich nur über eine halbzerstörte Brücke bei Jablanica retten konnte. In dieser verzweifelten Situation blieb Tito nichts anderes übrig, als den Rückzug über die Neretva zu befehlen, auch wenn am anderen Flussufer Tschetnik-Einheiten lauerten. Die Operation, die später als geniale »Kriegslist« gefeiert wurde, gelang: Am 9. März begannen sie über einen hölzernen Steg, der sich auf das Eisengerüst der gesprengten Brücke stützte, die Verwundeten und Kranken über den Fluss zu tragen. An dessen linkem Ufer lagen ca. 26.000 Tschetniks, größtenteils zwangsrekrutierte Bauern, die dem Druck der bis an die Zähne bewaffneten dalmatinischen und serbischen Partisanen nicht standhielten. Sie suchten ihr Heil in der Flucht, was es Titos sechstem Bataillon ermöglichte, noch in derselben Nacht die Neretva zu überqueren.

In der darauffolgenden Woche waren, trotz großer Verluste, alle Verwundeten zusammen mit den Kampfeinheiten in Sicherheit.[253] Sie hatten das Glück, dass die Deutschen, die davon ausgingen, dass die Tschetniks mit ihnen fertig werden würden, nicht vorhatten, sie bis auf italienisches Gebiet zu verfolgen. In Wirklichkeit aber hatte Draža Mihailović in jenen Tagen eine Niederlage erlitten, von der er sich nie ganz erholen sollte. Er bat die Briten um Unterstützung, die ihn ihrerseits, laut Zeugnis Titos und der Genossen, ermunterten, gegen die Partisanen zu kämpfen. Für den Fall, dass sie im Frühjahr in Dalmatien landen würden, wollten sie nämlich die Küste »sauber« haben. Vor der Schlacht an der Neretva soll die BBC eine chiffrierte Nachricht abgesetzt haben, die die Partisanenführer als Einwilligung Mihailovićs zur Zusammenarbeit mit den Italienern, der Ustascha und auch den Deutschen interpretierten. »Das war die breiteste Koalition gegen eine Revolution im Zweiten Weltkrieg«, sagt Vladimir Dedijer. Als sich aber herausstellte, dass Mihailović besiegt war, zitierte die BBC in einem höhnischen Kommentar auch ein serbisches Volkslied: »Das Kriegsglück wird nicht von blanken Waffen, sondern von heroischen Herzen bezwungen.«[254]

Die Partisanen hatten Mihailovićs Plan zunichte gemacht, seine Kontrolle über die nationalistischen Gruppen, die über das serbische Gebiet Kroatiens, Dalmatiens und Bosniens verstreut waren, zu festigen. Er überließ Letztere ihrem Schicksal und zog sich mit seiner Hauptstreitmacht in den Sandžak zurück in der Hoffnung, die Partisanen wenigstens aus Serbien fernzuhalten.[255] Wie General Löhr knapp vermerkte, »zeigen die Kämpfe unserer Tage, dass sich Mihailović als kein guter Befehlshaber erwiesen hat«.[256]

»In den folgenden sechs kritischen Wochen«, behauptet William Deakin, »widmeten sich Titos Streitkräfte ohne Behinderung derselben Aufgabe, die sich die Deutschen gestellt hatten [...], nämlich der Liquidierung der Mihailović-Bewegung, und zwar aus demselben Grund – um sich in Erwartung der Landung der Alliierten die Kontrolle über das herzegowinische und montenegrinische Hinterland zu sichern.«[257]

Der Ausgang der *Vierten Offensive* gab den Kämpfern der Befreiungsbewegung neues Selbstbewusstsein und zeigte ihnen vor allem, dass die deutschen Truppen nicht übermächtig waren. Zugleich trug er dazu bei, dass die westlichen Alliierten die Partisanen als mögliche Verbündete anzusehen begannen.[258] »Tito an der Neretva«, schreibt Milovan Đilas, »das war ein Tiger im Käfig, der bei den Italienern und Tschetniks die schwächsten Stelle im Gitter suchte, um sie zu erweitern und den Partisanen zu ermöglichen, wie ein Gewittersturm aus ihm hervorzustürzen.«[259]

★

MÄRZGESPRÄCHE

Um freie Hand bei der Abrechnung mit den Tschetniks zu haben und weil er aufgrund einer in Mihailovićs Generalstab erbeuteten »Depesche« überzeugt war, dass London dessen Zusammenarbeit mit der Ustascha im Kampf gegen seine Streitkräfte gutgeheißen hatte, dass also die Briten im Wesentlichen gegen ihn seien, entschloss sich Tito im März erneut zur Kontaktaufnahme mit den Deutschen, mit denen er das letzte Mal Mitte November 1942 verhandelt hatte.[260] Einen Vorwand dafür bot der Austausch eines gefangenengenommenen deutschen Majors, in Wirklichkeit ging es Tito aber darum, einen Waffenstillstand auszuhandeln, um die nötigen Kapazitäten für eine endgültige Vernichtung der Tschetniks zu haben. Er wusste zu diesem Zeitpunkt noch nicht, dass die Operation *Weiß* bereits ausgelaufen war und dass die Deutschen gar nicht beabsichtigten, ihn jenseits der Neretva zu verfolgen. Bevor er sich zu diesem Schritt entschloss, berief er eine Besprechung mit seinen Mitarbeitern ein, auf der ihn Đilas fragte: »Und was werden die Russen dazu sagen?« Tito, der die Komintern schon über seine Pläne hinsichtlich des Gefangenenaustausches informiert hatte, gab scharf zurück: »Die denken doch auch in erster Linie an ihre Leute und an ihre Armee.«[261]

So kam es am 11. März 1943 in Gornji Vakuf, unweit von Jajce, zu Gesprächen zwischen Abgesandten beider Seiten. Milovan Đilas, Vladimir Velebit und Koča Popović versicherten ihren Gesprächspartnern, unter denen sich auch Hans Ott befand, dass sich die Volksbefreiungsstreitkräfte im Augenblick zwar gegen deutsche Angriffe verteidigten, selbst aber keine Angriffe auf die Wehrmacht planten. Vielmehr sei die Vernichtung der Tschetniks zurzeit ihr vorrangiges Ziel. Sie sagten, dass sie eine völlig unabhängige Volksbewegung seien und sich nur aus Propagandagründen auf die sowjetische Seite geschlagen hätten. Sollte es zur Landung der Briten an der dalmatinischen Küste kommen, behaupteten sie, würde die Volksbefreiungsarmee sie im Gegenteil zu den Tschetniks zurückschlagen. Sie verlangten von den Deutschen, die Partisanen als »kriegführende Partei« anzuerkennen und damit das Kriegsrecht zu respektieren, vor allem was den Umgang mit den Gefangenen betreffe.[262]

Die Deutschen zeigten sich gesprächsbereit; sie lobten Titos Kämpfer wegen ihres Mutes, und ein Abkommen zwischen den gegnerischen Lagern schien zum Greifen nahe. Als Zeichen guten Willens befahl Tito den slawonischen Partisanen sogar, die Sabotageakte an der Bahnstrecke Zagreb-Belgrad einzustellen, wie es die deutschen Unterhändler gefordert hatten.[263] Unter Berufung auf diese Gespräche sandte Siegfried Kasche am 17. März ein Telegramm nach Berlin, in dem er vorschlug, »die Gelegenheit zu nutzen, denn der Ausfall dieser weltberühmten Kampfkraft aus den Reihen unserer Feinde wäre von großer Bedeutung. Die Tito-Partisanen sind mehrheitlich keine Kommunisten und haben im Allgemeinen in den Kämpfen, im Umgang mit den Gefangenen und in der Bevölkerung keine außerordentlichen Exzesse verübt.«[264]

In den folgenden Tagen wurden die Gespräche in Sarajevo und Zagreb fortgesetzt, wohin Velebit und Đilas gefahren waren. Kasche informierte sowohl Pavelićs Außenminister Mladen Lorković wie auch den italienischen Gesandten im NDH-Staat, Raffaele Casertano, die beide seine Position stärkten. Auch italienische Militärkreise waren an einem Abkommen mit Tito überaus interessiert. Aber schon am 29. März wies das Berliner Außenministerium seinen Zagreber Vertreter an, die Verhandlungen abzubrechen, und führte dabei zwei Gründe an: das Misstrauen gegenüber Tito und die Angst, die Italiener könnten eine deutsche Vereinbarung mit ihm als Vorwand benutzen, sich ihrerseits noch enger mit den Tschetniks und Mihailović zu verbinden. Das einzig Akzeptable wäre Titos totale Kapitulation.[265] Kasche blieb trotzdem beharrlich und berief sich dabei auf General Glaise von Horstenau, der angeblich ebenfalls eine »politische Regelung« mit den Partisanen unterstützte. Aber in den

Anweisungen, die Ribbentrop am 21. April 1943 nach Zagreb schickte, hieß es: »Unser Ziel ist es nicht die einen gegen die anderen, die Tschetniks gegen die Partisanen, aufzuhetzen, sondern beide zu vernichten. Weil es uns gelungen ist, den Duce zu überzeugen, dass man sowohl die Tschetniks als auch die Partisanen liquidieren muss, können wir unsererseits jetzt nicht die Methode ändern, die sich, was die Verwendung der Tschetniks gegen die Partisanen angeht, nicht von der italienischen unterschied«.[266] Noch drastischer war Hitler, der überzeugt war – auch weil ihn seine Geheimdienste schlecht informiert hatten –, dass die Tschetniks genauso oder noch gefährlicher seien als die Partisanen: »Mit Rebellen wird nicht verhandelt, Rebellen werden erschossen.«[267]

Damit war der politische Rahmen der Gespräche erschöpft, obwohl Kasche noch Ende August und im September 1943 in Gesprächen mit Hitler und Ribbentrop seinen Standpunkt verteidigte. Doch die Vermittlerrolle beim Gefangenenaustausch ging für Hans Ott weiter und er setzte seine Reisen zwischen Zagreb und Titos Oberstem Stab bis zum Jahresende fort, wenngleich er immer abhängiger von den Geheimdiensten der Deutschen und der Ustascha wurde. In Zusammenarbeit mit deren Sonderkommandos plante er sogar Titos Entführung. Gegen Ende des Krieges nahmen ihn Einheiten der Abteilung für Volksschutz (OZNA) gefangen und verhörten ihn ausgiebig. Danach verliert sich von ihm jede Spur.[268]

Weil das idealisierte Bild des Volksbefreiungskampfes und seiner Führer bewahrt werden musste, waren im Nachkriegsjugoslawien die » Märzgespräche« ein Tabuthema, bis Tito sie gegen Ende seines Lebens selbst erwähnte, und zwar am 12. November 1978 in Jablanica, anlässlich der Fünfunddreißigjahrfeier des Übergangs über die Neretva. Aber auch bei dieser Gelegenheit sagte er nicht die ganze Wahrheit, denn er beschuldigte Đilas, Popović und Velebit, sich nicht an seine Anweisungen gehalten zu haben.[269] Đilas und Popović waren in Ungnade gefallen und konnten sich nicht verteidigen. Vladimir Velebit, der nach dem Krieg eine bedeutende Karriere innerhalb der Vereinten Nationen in Genf machte, war, wie die anderen beiden, über Titos Äußerungen entsetzt und verbittert, aber es schien ihm klüger zu sein zu schweigen.[270]

In einem Telegramm, mit dem er am 30. März 1943 Moskau über einen Gefangenenaustausch informierte, schreibt Tito, dass sich »der deutsche Gesandte in Zagreb […] mit mir zu treffen wünscht«. Stalin, der über diese Depesche informiert war, verstand sofort, dass es sich um mehr als nur um einen Gefangenenaustausch handelte. Auf seinen Befehl hin antwortete »Ded« mit einer wahren Moralpredigt: »Was geschieht hier? Das Volk befindet sich in einem erbitterten Kampf gegen die Okkupanten, und plötzlich solche Beziehungen zwischen Ihnen und den Deutschen. […] Erwarte eine Antwort.«[271] Aber Tito war dieses Mal nicht bereit sich zu entschuldigen. Ohne Zögern antwortete er, dass ihn die Russen nicht behindern mögen, wenn sie ihm schon nicht helfen können. »Das war das erste Mal«, schrieb später Đilas, »dass ein Mitglied des Politbüros – und das war Tito selbst – einen derartig entschlossenen Dissens mit den Sowjets zum Ausdruck brachte.«[272]

★

›UNTERNEHMEN SCHWARZ‹

Die Tatsache, dass die Partisaneneinheiten ohne Hilfe von außen der Offensive sechs deutscher und vier italienischer Divisionen und einer erheblichen Anzahl von Tschetnik-Einheiten Widerstand geleistet hatten, war von großer politischer, strategischer und moralischer Bedeutung. Unter anderem brachte sie die Sowjetunion dazu, mit einer Note vom 2. April 1943 den Druck auf die jugoslawische Exilregierung zu erhöhen, sich von Mihailović zu distanzieren.[273] Auch in britischen, von den serbischen Nationalisten enttäuschten Regierungskreisen lebte das Interesse für das Geschehen auf dem Schachbrett Balkan wieder auf. Man begann sich bewusst zu werden, dass die jugoslawischen Aufständischen eine wichtige Rolle im Falle einer Landung der Alliierten auf Sizilien spielen würden, weil sie an der Ostküste der Adria bedeutende Feindkräfte binden würden.

Mihailović indessen tat alles, um sein eigenes Grab zu schaufeln. Er verstritt sich mit W. S. Bailey, dem Leiter der britischen Mission, die seit Weihnachten 1942 London über die Absichten und operativen Möglichkeiten der Tschetniks unterrichten sollten, da er der Meinung war, dass die Engländer ihn nicht ausreichend unterstützten. Im Februar 1943 betrank er sich bei einer Taufe in einem montenegrinischen Dorf und machte seinem Herzen mit abfälligen Bemerkungen über die westlichen Alliierten Luft. Er erklärte, dass seine Feinde in erster Linie die Partisanen seien, erst danach kämen die Ustascha und die Muslime. Gegen die werde er kämpfen, und erst wenn er sie besiegt habe, werde er seine Kräfte auch gegen die Deutschen richten. Hinsichtlich der Italiener betonte er, dass sie für ihn die einzige Versorgungsquelle seien und dass ihn kein Druck der Alliierten dazu bringen werde, auf ihre Unterstützung zu verzichten.

Diese Worte kamen Churchill zu Ohren, der einen Protestbrief an die jugoslawische Regierung richtete: Sollte Mihailović seine Haltung gegenüber den

Italienern und den jugoslawischen Landsleuten nicht ändern, würde sich die Regierung seiner Majestät gezwungen sehen, ihre Politik ihm gegenüber zu revidieren und sich auf andere Widerstandsgruppen zu stützen.[274] Diese Warnung war mehr als eindringlich, wenngleich sie nicht verriet, dass in London bereits über verschiedene Optionen diskutiert wurde, wie man im jugoslawischen Gebiet verfahren könnte, nämlich a) die Tschetniks mit den Partisanen auszusöhnen, auch wenn man dabei russische Hilfe in Anspruch nehmen müsste; b) das jugoslawische Territorium zwischen beiden bewaffneten Gruppen so zu teilen, dass östlich des Flusses Ibar in Serbien Mihailović »herrschte« und westlich davon Tito; c) wenn das nicht möglich wäre, die Unterstützung von Mihailović auf Tito umzudirigieren. Letztere Lösung erschien der Londoner Zentrale der SOE und dem Foreign Office allerdings wenig attraktiv, denn man war sich bewusst, dass man damit Jugoslawien praktisch den Kommunisten überlassen würde. Schließlich setzte sich aber Churchill mit seiner pragmatischen Haltung durch, dass man nun einmal jene Seite unterstützen müsse, die »mehr Deutsche umbringt«.[275]

Inzwischen hatte Feldmarschall Alfred Jodl am 3. April einen Befehl unterzeichnet, mit dem er General Alexander Löhr in Saloniki beauftragte, gegen die jugoslawischen Aufständischen eine neue Operation zu starten, dieses Mal unter dem Namen ›Schwarz‹. »Nach der Vernichtung des kommunistischen Tito-Staates stellt sich das Problem der Vernichtung der Organisation und Struktur des nationalen ›Serbentums‹ unter Führung von Draža Mihailović, sodass wir ein Hinterland haben werden, dass im Falle einer Landung der Alliierten auf dem Balkan sauber ist.« Dabei ahnten Hitler und sein Stab nicht, dass sie das Opfer einer britischen Kriegslist waren, denn die Gerüchte um eine britische Invasion waren den deutschen Spionagediensten absichtlich unterschoben worden.[276]

Die Deutschen bereiteten das erwähnte Unternehmen, das am Anfang gegen die Tschetniks gerichtet war, unter größter Geheimhaltung vor und informierten die Italiener erst im letzten Augenblick, Mitte Mai, als die Militärmaschinerie unter dem Kommando der Generäle Löhr und Lüters bereits angelaufen war. Wegen Italiens Kontakten zu Mihailović, der seinerseits immer noch mit den Briten verbündet war, trauten sie ihnen nicht.[277] Rudolf Lüters hatte 127.000 Soldaten zur Verfügung, wobei er sowohl auf die Elitedivision Edelweiß, die extra vom Kaukasus her verlegt worden war, als auch auf die SS-Division Prinz Eugen zählen konnte, die von Angehörigen der deutschen Minderheit im Banat gebildet wurde.[278] Am Morgen des 15. Mai 1943 begann er mit dem Angriff und drang dieses Mal ohne besondere Skrupel auf das Territorium vor, das sich unter italienischer Besatzung befand. Weil sich aber bald herausstellte, dass die Tschetniks, soweit sie nicht in alle Richtungen geflohen waren, von den entrüsteten Italienern Schutz bekamen, war er gezwungen, seinen ursprünglichen Plan aufzugeben und sich gegen die Partisanen zu wenden, den »einzigen wirklichen Feind«.[279] Titos Oberster Stab und die Hauptmacht seiner operativen Kräfte (annähernd 20.000 Kämpfer) wurden in der wilden Gebirgsregion des Durmitors, im Norden Montenegros zwischen den Flüssen Piva und Tara, umzingelt. Tito, der noch auf einen Waffenstillstand mit der Wehrmacht gehofft hatte, war von der Einkesselung, an der auch italienische, bulgarische und Ustascha-Einheiten beteiligt waren, überrascht. Da er mit Beginn des Krieges keinen funktionierenden Informationsdienst organisiert hatte, wurde ihm offenbar erst am 18. Mai 1943 völlig klar, dass die feindlichen Streitkräfte eine neue Offensive begonnen hatten.

Zudem hatten die Deutschen den Telegrafen-Code zwischen Tito und den Generalstäben seiner Divisionen geknackt und wussten, wo er sich aufhielt. Ihre Flugzeuge und die der Italiener konnten deshalb den Obersten Stab regelmäßig bombardieren, was unter den Mitarbeitern großes Durcheinander und Angst auslöste.[280] Wieder stellte sich die Frage, wohin mit den zahlreichen Verwundeten. Gojko Nikoliš, der Vorsteher der Sanitätsabteilung beim Obersten Stab, beschreibt die Situation in seinen Memoiren äußerst kritisch: »Kaltblütigkeit, Optimismus, Selbstbewusstsein, der Glaube an die Möglichkeit unseres endgültigen Sieges, die Weigerung auch nur daran zu denken, dass die Lage für uns kritisch sein könnte, ›die Gefahr ignorieren‹ – alle diese Eigenschaften waren ein Ideal, dem die gesamte militärische Erziehung der Partisanen anhing. Aber wenn man einer solchen Erziehung nicht auch ein Körnchen kritischen Geistes beimischt, ist es zwischen Tugenden und Schwäche nur ein Schritt, dann verschließt man die Augen vor den Tatsachen. Ich denke, dass man auch auf diese Details als auf Symptome der ›Kinderkrankheiten‹ einer jungen, revolutionären Armee hinweisen muss.«[281]

In der Nacht vom 27. auf den 28. Mai 1943 sprangen britische Einheiten am Durmitor ab. Die Mission, die unter der Regie des Kairoer SOE und des Special Intelligence Service stand, sollte die Stärke der Partisanenbewegung verifizieren, von der die Briten noch immer nur Informationen aus zweiter Hand hatten.[282] Tito schrieb ihrem Kommen eine solche Bedeutung zu, dass er seinen Abzug vom Durmitor tagelang hinausschob, obwohl klar war, dass er den enger werdenden Kessel so rasch wie möglich verlassen musste. Nach Aussage von General Terzić verloren die Partisanen aufgrund der verzögerten Ankunft der Briten mehr als 7 000 Kämpfer.[283]

Kurz nach der Landung nahmen die Anführer der britischen Mission, Captain Bill Stuart und William Deakin, an einer Beratung teil, auf der beschlossen wurde, den Kessel über Vučevo, Sutjeska und Zelengora zu durchbrechen. Tito befahl, auch das zentrale Lazarett in derselben Richtung zu verlegen, was leichter gesagt als getan war, denn für den Transport der Verwundeten – es waren mehr als 2 000 – hatten sie etwa zwei- bis dreihundert italienische Gefangene zur Verfügung, die so entkräftet waren, dass sie sich selbst kaum fortbewegen konnten. (Später brachten die Partisanen alle um.) Es gab auch kaum ein paar Hundert Pferde.[284] Es herrschte Mangel an Verpflegung, wobei von freiwilliger Beschaffung über die Volksausschüsse (zu Beginn des Aufstandes hatte Tito erklärt, kein Oberkommandierender eines Räuberheeres sein zu wollen) keine Rede sein konnte, sondern von Requirierung. Das hatte zur Folge, dass sich die Bevölkerung des Piva-Plateaus, die ohnehin so arm und vom Krieg erschöpft war, von den Partisanen ab- und den Tschetniks zuzuwenden begann.[285] Der Oberste Stab beschloss am 3. Juni auf einer Beratung, die operative Hauptgruppe in zwei kleinere Gruppen teilen, zugleich aber auch die schwerer Verwundeten nicht zu transportieren, sondern sie in Höhlen und zwischen den Felsen der Piva-Schlucht zu verstecken. Es folgten Tage und Nächte voller Grauen und Chaos, als im Kriegsgewitter alles verloren schien. Zu allem Überfluss erfuhren die Deutschen von mehreren italienischen Kriegsgefangenen, denen die Flucht gelungen war, wo sich Tito aufhielt.

Mit allen Kräften stießen die Deutschen am 9. Juni 1943 in diese Richtung vor. In der Erinnerung Titos: »Sie nahmen uns schrecklich unter Feuer, intensiv, ohne Unterbrechung beschossen sie immer dieselben Punkte. Sie warfen Hundert-Kilo-Bomben. Und dann sprühten plötzlich MG-Garben um uns herum. Die Deutschen schossen von einer Anhöhe aus ungefähr fünfhundert Meter Entfernung. Da befahl ich dem Kommandanten der Vierten Brigade (auch er ist hier gefallen), seine Leute zu sammeln und den Berg einzunehmen, da sonst die Brigaden nicht vorbei könnten. Die Engländer, die bei uns waren, sahen ihn ehrfürchtig an.«[286]

Tito wurde im Kampf am 9. Juni 1943 an der linken Hand verwundet, als er seinen Kopf zu schützen suchte.[287] Er war der einzige alliierte Oberkommandierende, der auf dem Schlachtfeld verwundet wurde. Ihm rettete sein Schäferhund Lux das Leben, der in dem Augenblick, als die Bombe wenige Fußbreit neben einer großen umgestürzten Buche explodierte, hinter der er und Davorjanka Paunović Schutz gesucht hatten, aufgesprungen war und sich an seinen Kopf gedrängt hatte. »Lux lag an meinem Kopf und presste sich mit seinem Körper eng an mein Gesicht. Er war nicht stark, er stank zum Himmel, und er war voller Läuse. Außerdem versperrte er mir die Sicht. Wir waren in großer Bedrängnis. [...] Ich versuchte Lux wegzuschieben. Aber vergeblich; er hatte sich so platziert, dass er mir fast auf dem Kopf lag und sich nicht wegrühren wollte. Wenn ich ihn nicht wegzuschieben suchte, lag er ganz ruhig da; und wenn ich schob, drehte sich sein Körper sofort wieder meinem Gesicht zu wie ein voller Getreidesack. Ich wurde ungeduldig und wütend, doch ich kriegte ihn nicht weg, also ließ ich ihn gewähren. Plötzlich spürte ich inmitten des Höllenlärms, wie Lux ein Zittern überlief und er starr wurde. Ihn hatte ein Schrapnell getroffen, das sonst mir durch den Kopf gegangen wäre.« Die Explosion hatte den Hund zerrissen, ebenso Captain Stuart und Titos Begleiter, den Spanienkämpfer Vasilij Đurović, während William Deakin verwundet wurde.[288] »Es hatte mich ziemlich erwischt«, erinnerte sich Tito später. Er glaubte, ins Herz getroffen zu sein. »Es ist vorbei, dachte ich.« Als er zu sich kam, verweilte sein Blick inmitten der Verwüstungen auf einem abgebrochenen Baum, auf dem traurig ein kleiner Waldvogel piepste. »Die Explosion hatte ihm ein Bein gebrochen und einen Flügel verletzt ... Das Geschöpf stand auf einem Bein und flatterte mit dem Flügelchen. Dieser Anblick hat sich mir tief ins Gedächtnis eingeprägt ...«[289] Als seine Hand nach einiger Zeit ganz schwarz und steif geworden war, holte man zwei Tage später noch mehrere Granatsplitter heraus. Zwei weitere Schrapnells fand man erst 1946, als Tito wegen eines Leistenbruchs operiert wurde.[290]

Jahre später erzählte Tito noch folgende Anekdote aus diesen Tagen: »Ich ging mit meiner Leibwache, müde, und achtete sorgfältig auf alle feindlichen Manöver. Es regnete, in der Hand hatte ich einen Stock, auf den ich mich stützte. Plötzlich stolperte ich in der finsteren Nacht und stürzte. Meine Hände krallten sich in etwas Festes und zugleich Weiches. Gestank verbreitete sich. Ich war auf einen zerfallenden Leichnam gestürzt. Am Weg und im nassen Gras wischte und rieb ich mir die Finger ab, aber es half alles nichts, der Leichengestank wollte nicht weggehen. Wohin ich auch ging, überallhin begleitete mich dieser schreckliche Gestank.«[291] Die Tragödie war aber auch nicht ohne Situationskomik: »Das war, als ich die verletzte Hand hatte. Ich trug sie in einem Verband, in der anderen hatte ich den Stock, die Maschinenpistole konnte ich nicht tragen. Wir gingen so und begegneten einem alten Mütterchen. Ich sagte zu ihr ... ›Macht Platz, Mütterchen, damit die Soldaten vorbeikönnen.‹ Und sie bleibt stehen und sieht mich an: *Was bist du wohl für ein Soldat, wenn du nicht einmal ein Gewehr hast?*«[292]

Diejenigen, die am Leben geblieben waren, wurden in der Nacht vom 8. auf den 9. Juni 1943 vom Durchbruch der Ersten proletarischen Division bei Tjentište an der Sutjeska aus dem tödlichen Kessel gerettet. Zu diesem hatte sich Koča Popović ohne Wissen und Erlaubnis des Obersten Stabs entschlossen, was ihm Tito sehr übel nahm, weil es so ausgesehen hatte, als wäre er vom

Schlachtfeld geflohen und hätte ihn mit der Hauptstreitmacht im Stich gelassen.[293] Später verlangte er sogar, man müsse Popović und seinen Mitarbeiter Žujović dafür vor ein Kriegsgericht stellen, was Ranković nur mit Mühe verhindern konnte.[294] Die Schlacht an der Sutjeska war ein einziges Leiden und Sterben, sie forderte mehr als 7 000 Tote, darunter mehrere bedeutende Kommandanten. (Die Deutschen sprechen sogar von 11 000 Gefallenen und von über 10 000– 20 000 Mann, die ihr Leben durch Typhus und Hunger verloren. Ihrer Meinung nach habe es auch unter der Zivilbevölkerung mehr als 15 000 Tote gegeben.) Es wird geschätzt, dass zwischen 3 000 und 4 000 Kämpfern die Flucht Richtung Bosnien gelungen ist[295], und Deakin meldete nach Kairo: »Wir konnten uns in der Nacht durch die deutschen Linien schlagen, ungefähr einen Kilometer auf der einen Seite und fünfhundert Meter auf der anderen Seite von den deutschen Stellungen entfernt. Der Kessel schloss sich kaum fünfzig Minuten nach unserem Ausbruch wieder.«[296] Zunächst dachten die Deutschen, dass sie Tito gefangengenommen hätten, denn am 10. Juni telegrafierte General Lüters in diesem Sinne an den Generalstab, dass für dessen Armee »das letzte Stündlein geschlagen« habe.[297] Doch das stellte sich bald als Irrtum heraus.

★

ERSTE KONTAKTE ZWISCHEN TITO UND CHURCHILL

Als sie die bewaldeten Hochebenen der Romanija, Devetak und Javor in Ostbosnien erreicht hatten, wurde klar, dass sie vor der *Fünften Offensive* in Sicherheit waren. Die Moral war natürlich auf dem Tiefpunkt, denn von allen Seiten kamen Meldungen über große Verluste, über zahlreiche gefallene Kommandanten, über Massaker der Deutschen, Italiener, der Ustascha und Tschetniks an Verwundeten und Sanitätspersonal – von 2 200 wurden kaum 900 gerettet – und von der schweren Führungskrise innerhalb des Obersten Stabes.[298]

Doch es zeigte sich, dass die tragischen Erfahrungen und durchstandenen Leiden nicht gänzlich umsonst gewesen waren, denn schon am 4. Juli 1943 informierte der britische Botschafter in Moskau die sowjetische Regierung, dass Großbritannien alle Widerstandskräfte in Jugoslawien unterstützen werde, also auch die Partisanen.[299] Zu verdanken war dieses Umdenken Churchills den Berichten, die Deakin nach Kairo geschickt hatte. Diese Entscheidung wurde besonders von englischen Militärkreisen begrüßt und lag zweifellos darin begründet, dass die Deutschen nach britischen Schätzungen während des *Unternehmens Schwarz* 2 500 Mann verloren hatten – »eine respektable Leistung der Jugoslawen, wenn wir bedenken, dass die Achse an die 1 500 Luftangriffe geflogen hat und 460 Tonnen Bomben abgeworfen hat«.[300] Ihren Teil trugen aber auch die Ereignisse im Mittelmeerraum dazu bei, vor allem die Landung der Alliierten auf Sizilien am 10. Juli 1943.

Bald danach begannen – unter der Bedingung, dass es sie nicht gegen die Tschetniks eingesetzt wurden – tatsächlich regelmäßige Lieferungen von Kriegsmaterial, das mit Fallschirmen abgeworfen wurde, unter dem sich allerdings auch völlig überflüssige Güter wie zum Beispiel Medikamente gegen Malaria befanden. Dabei ist für die ideologische Verblendung der Partisanenführung bezeichnend, dass sie darin keine bürokratische »Vernageltheit« sahen, an der sie selbst krankten, sondern Sabotage des »perfiden Albions« argwöhnten.[301] Dabei markierten die Hilfslieferungen für den Partisanenkampf die entscheidende Wende, da sie bedeuteten, dass das Alliierte Oberkommando für den Mittelmeerraum die Partisanen in seine strategischen Überlegungen miteinbezogen hatte. Das aber vermochten die Mitglieder des Obersten Stabs nicht richtig einzuschätzen, sie waren zu sehr auf die Sowjetunion und die Rote Armee als dem Vorbild für ihre eigene Armee fixiert.[302]

Fünf Tage nach der Landung der Alliierten auf Sizilien, am 15. Juli 1943, berief Tito eine Sitzung des Obersten Stabes und des ZK ein, um die Lage an der italienischen und an der Ostfront zu beurteilen, wo die Rote Armee zur Offensive übergegangen war. Auf seine Initiative hin beschloss man, die Hauptstreitmacht nach Westen zu verlegen, in das von den Italienern besetzte Gebiet, um im Augenblick ihrer Kapitulation den größtmöglichen Gewinn zu haben. Und natürlich auch, um sich einer Invasion der angloamerikanischen Truppen erwehren zu können, sollte es zu ihr kommen. Ende August kontrollierten die Partisanen das gesamte Gebiet zwischen Gospić und Bihać bis hin zur slawonischen Grenze, wo sie den Eisenbahnverkehr stark behinderten und sich auf einen Durchbruch an die Adriaküste vorbereiteten.[303]

Im August marschierten sie in Jajce ein, der mittelalterlichen Hauptstadt Bosniens, wo es uralte Katakomben gab, die im Falle eines Luftangriffes als Bunker für den Obersten Stab dienen konnten. Diese Eroberung wurde als bedeutender Schritt gefeiert, war es doch das erste Mal, dass ihnen eine Stadt in die Hände gefallen war, die mehr war als nur tiefste Provinz. »Die alte muslimische Bevölkerung sah uns aus den Kaffeehäusern auf orientalische Art gleichmütig zu, als wollte sie uns wissen lassen: Alle möglichen Heere und Horden sind hier vorbeigeritten, doch wir sitzen seit Jahrhunderten auf unserem Platz.«[304]

Am 8. September 1943 erfuhr Tito über das Radio vom einseitigen Waffenstillstand Italiens, wobei er die allgemeine Begeisterung, die diese Nachricht auslöste, nicht ganz teilen konnte, da ihn die Alliierten über die bevorstehende Unterzeichnung des Waffenstillstands mit der Regierung in Rom nicht unterrichtet hatten. Trotzdem entwaffneten seine Einheiten in den nächsten Tagen dreizehn italienische Divisionen, sicherten sich ausreichend Waffen für 80 000 Kämpfer und große Mengen an Ausrüstung und Lebensmitteln.[305] Vor dem Anrücken der Deutschen konnten sie einen großen Teil des Territoriums, das zuvor die Italiener okkupiert hatten, zumindest für kurze Zeit besetzen. Inzwischen trafen von der Ostfront noch weitere positive Nachrichten ein. Nach der siegreichen Schlacht bei Kursk im Juli 1943, ergoss sich die sowjetische Offensive wie eine Lawine nach Westen: Mitte September schöpften die russischen Soldaten »Wasser aus dem Dnjepr in ihre Helme«, und am 6. November befreiten sie zu Ehren der Oktoberrevolution Kiew.[306]

Inzwischen hatten die westlichen Alliierten Apulien besetzt und Anfang Oktober 1943 Titos Oberstem Stab erlaubt, in Bari eine Basis einzurichten, die überaus wichtig wurde für Hilfssendungen über die Adria und die Evakuierung verwundeter Kämpfer, aber auch Tausender Zivilisten, von Frauen, Kindern und Alten. Die Verbindung mit Italien machte es gleichzeitig möglich, dass sich auch jene Küstenland-Slowenen und Istrien-Kroaten den Reihen der Partisanen anschlossen, die die Faschisten in sogenannte Sonderbataillone gesteckt und als unzuverlässige Elemente im Süden oder auf den Inseln interniert hatten. Zusammen mit italienischen Soldaten slawischer Herkunft, die in Nordafrika in britische Gefangenschaft geraten waren, organisierten sich Letztere in Übersee-Brigaden und schlossen sich dem Partisanenkampf an. Allein über Bari gelangten annähernd 30.000 Mann an die dalmatinische Küste.[307]

Die Überzeugung, dass die Niederlage Deutschlands unausweichlich sei, bewirkte massenhafte Eintritte in die Volksbefreiungsarmee. Bereits einen Monat nach dem 8. September hatte sich die Zahl der Partisanen verdoppelt, sie zählten nun an die 300.000 Kämpfer, von denen aber viele über wenig militärische Erfahrung verfügten. Ihnen schlossen sich noch italienische Einheiten an, die sich nach dem Zerfall der Armee entschlossen hatten, den Kampf fortzusetzen, diesmal gegen die Deutschen. So entstanden italienische Einheiten – unter ihnen zuerst das Bataillon Garibaldi –, die sich in der Widerstandsbewegung tapfer schlugen. Auf Seiten der Partisanen fielen in den folgenden Monaten 8.000 Italiener, das waren 3.000 mehr, als in den zwei vorangegangenen Jahren in Jugoslawien umgekommen waren. Die Deutschen nahmen natürlich auch Tausende italienischer Soldaten gefangen und steckten sie in Konzentrationslager, wobei unter Mithilfe der örtlichen Bevölkerung, die ihnen Zivilkleidung und Nahrung gab, vielen die Flucht und die Rückkehr nach Hause gelang.[308]

Für die Tschetniks sah die Lage schlecht aus. Mit dem Argument, dass »unsere einzigen Feinde die Kommunisten« seien, versuchten sie ein Abkommen mit den Deutschen zu erzielen, die ihnen allerdings die kalte Schulter zeigten. Informationen über diese Versuche bestärkten die britische Regierung darin, dass man die Beziehungen zu Mihailović endgültig abbrechen müsse. Der wiederum verweigerte sich jeder Kooperation »mit diesem Einbrecher«, wie er Tito nannte.[309] Dass sich die britische Waagschale auf die Seite der Partisanen neigte, war wesentlich das Verdienst des neuen Leiters der britischen Mission Fitzroy Maclean, Diplomat und Schriftsteller, Churchills Freund und Brigadegeneral. Als Vertreter General Wilsons, des Befehlshabers der alliierten Streitkräfte im Mittelmeerraum, war er am 17. September 1943 auf die gleiche Weise wie sein Vorgänger zum Obersten Stab gekommen, nämlich per Fallschirmabsprung. Verglichen mit der Mission von Captain Deakin, der nur ein Agent der SOE war, handelte es sich hier um eine ausgesprochene Novität: Damit war eine offizielle Militärmission zu Tito entsandt worden, was *de facto,* wenn nicht *de iure,* seine Anerkennung durch die Alliierten bedeutete. Maclean erzählte viele Jahre später in einem Interview, dass er mit »offener«, aber nicht »leerer« Seele nach Jugoslawien gekommen sei. Und wirklich, schon bei der ersten Begegnung mit Tito war er von dessen Charisma in seinen Bann gezogen. Auf Tito bezogen zitierte er Napoleons Ausspruch »Im Krieg zählen nicht die Männer, sondern der Mann.« Während Tito in Deakin den Antikommunisten und Spion gesehen hatte, sah er in dem schottischen Konservativen beinahe einen Freund.[310] Tatsächlich zeigte sich Maclean begeistert von den Partisanen und erkannte bald, dass die Hoffnung auf ein mögliches Abkommen zwischen Tito und Mihailović, die man im *Foreign Office* noch immer hegte, völlig überholt war. Sofort bei der Ankunft in Jajce stellte er fest, dass die Situation in Jugoslawien überhaupt nicht den Vorstellungen entsprach, die man bei der britischen Regierung und beim Alliierten Militärkommando hatte. Bereits zwei Wochen später beschloss er deshalb, nach Kairo zurückzukehren, über das Gesehene zu berichten und vorzuschlagen – wie er Anfang November in einem ausführlichen Memorandum festhielt –, dass man die Unterstützung für Mihailović beenden und die Hilfsleistungen an die Partisanen wesentlich erhöhen solle.[311]

Der Bericht, in dem sich Maclean nicht eigens mit der Frage beschäftigte, ob Mihailović persönlich für die Kollaboration mit dem Feind verantwortlich sei oder nicht, sondern sich auf die großserbischen, antikroatischen und reaktionären Maßnahmen seiner Politik, auf seine Unfähigkeit, die jugoslawischen Völker hinter sich zu bringen, und auf seine militärische Starrköpfigkeit beschränkte, traf in dem Augenblick in London ein, als sich dort die Meldungen über eine geänderte Einstellung der Deutschen den Tschetniks gegenüber verstärkten. Das Oberkommando der Wehrmacht für Südosteuropa arbeitete am 1. November 1943 einen Bericht aus, in dem es hieß, dass die Partisanen eine überaus ernste Gefahr darstellten. Die Hauptaufgabe der deutschen Armee sei es deshalb nicht mehr, den Balkan vor einer möglichen Landung der Alliierten zu sichern, sondern Titos Truppen zu zerschlagen. Das setzte natürlich eine völlig anders geartete Politik gegenüber den Tschetniks voraus: Schon am 22. November entzifferten die Briten eine Nachricht, die sich auf das Abkommen zwischen dem deutschen Heereskommando und Mihailovićs Vertreter in Montenegro bezog: In ihm war die Rede von einer Unterbrechung der gegenseitigen Feindseligkeiten auf dem Territorium westlich von Sarajevo als einem ersten Schritt im gemeinsamen Kampf gegen die Partisanen.[312]

Macleans Memorandum und die Informationen, die der Geheimdienst zusammengetragen hatte, überzeugten Churchill endgültig davon, dass die Partisanen die einzige Guerillagruppe seien, die die Deutschen erfolgreich »totschlagen« würden. Auf der Teheran-Konferenz vom 28. November bis 1. Dezember 1943, auf der er sich mit Roosevelt und Stalin traf, erklärte er, dass Tito im Kampf gegen die Wehrmacht bedeutend mehr als Mihailović getan habe und dass die Briten ihn deshalb »mit allen Kräften« zu unterstützen gedächten. Dabei begann er auch schon von der Möglichkeit einer Landung im nordadriatischen Raum sprechen, die den angloamerikanischen Truppen den Durchbruch durch die Laibacher Pforte nach Mitteleuropa ermöglichen solle. Die Sowjets wurden vermutlich hellhörig, und obwohl sie dem jugoslawischen Problem bei dieser Gelegenheit keine große Aufmerksamkeit schenkten, wurde in einem Geheimabkommen der drei Großmächte festgehalten, dass man die Partisanen »im größtmöglichen Ausmaß mit Lieferungen und Ausrüstung, aber auch mit Kommando-Aktionen« unterstützen müsse. Auch Roosevelt stimmte dem zu, denn zu dem Zeitpunkt hatte der amerikanische Geheimdienst Office of Strategic Services (OSS) bereits Kontakte zu Tito geknüpft und begonnen, ihm aus Bari Waffen und Kleidung zu schicken.[313] Gleichzeitig versicherten sie der jugoslawischen Regierung, die inzwischen nach Kairo übersiedelt war, dass das Staatsgebiet Jugoslawiens als Ganzes erhalten bleiben solle und dass die Frage seiner Grenzen zu Italien – darüber wurde sowohl bei den Partisanen als auch in Exilkreisen gesprochen – nach dem Krieg auf der Grundlage des 14-Punkte-Plans Wilsons aus dem Jahre 1918 gelöst werden solle. Es ging um eine Wendung von entscheidender Bedeutung, denn nunmehr war es klar, dass die Wiederherstellung eines großserbischen Jugoslawiens nicht mehr zu den Kriegszielen der Großmächte zählte, obwohl sich andererseits auch nicht sagen lässt, dass Letztere die Partisanenbewegung als verbündete Armee anerkannt hätten.[314]

★

STRAFFUNG DER PARTISANENBEWEGUNG UND ERSTE NATIONALISTISCHE KONFLIKTE

Die Umbrüche im Frühjahr und Sommer 1943 fanden ihren Niederschlag auch innerhalb der Partisanenbewegung selbst. Weil sich das Ende des Krieges ankündigte, wurde allen klar, dass man die Fundamente für den neuen Staat noch konkreter angehen musste, als das auf der ersten Sitzung des AVNOJ geschehen war. Die Führer der kommunistischen Partei ließen keinen Zweifel daran, dass dieser Staat völlig anders sein würde als der vorherige. Svetozar Vukmanović-Tempo bekannte in einem Augenblick der Offenheit gegenüber griechischen Genossen: »In Jugoslawien werden wir nie zulassen, dass sich die alte Herrschaftsstruktur restauriert und dass ›freie Wahlen‹ abgehalten werden. Zu viele Opfer haben wir gebracht, als dass wir das zulassen würden! Den alliierten Mächten werden wir nicht erlauben in unseren Staat zu kommen. Nur Kräfte, die den Sieg über den Okkupator erkämpft haben, können Wahlen für die neue Regierung durchführen …«[315] Und Tito hatte schon im Jahre 1942 eine Abhandlung unter dem Titel *Die nationale Frage Jugoslawiens im Lichte des Volksbefreiungskampfes* veröffentlicht, in der er die unterschiedlichen historischen Traditionen und Gebietsinteressen der jugoslawischen Völker mit dem Versprechen einer föderalen Staatsordnung in Einklang zu bringen versucht hatte.[316] In diesem Kontext machte er auf einer Sitzung des Politbüros der KPJ den Vorschlag, dass die Streitkräfte des Volksbefreiungskampfes der Londoner Regierung das Recht absprechen sollten, im Namen der Völker Jugoslawiens zu sprechen, und endgültig die Staatsmacht zu übernehmen. »Tito und wir alle, die wir an dieser Sitzung des Politbüros mitwirkten«, schrieb Kardelj, »waren uns bewusst, dass dieser Beschluss bei den Regierungen der Großmächte Unzufriedenheit und negative Reaktionen auslösen und vor allem zwischen der Sowjetunion und den westlichen Großmächten gewisse politische Verwicklungen hervorrufen würde. […] Das war der Augenblick, als für uns die Interessen des Volksbefreiungsaufstandes und die Zukunft unserer Völker wichtiger waren als die Reaktionen der Großmächte.«[317]

Zur Verwirklichung dieser Politik wurde beschlossen, entsprechende Organisationsstrukturen zu schaffen, die die Völker in der künftigen Föderation vertreten sollten. In Slowenien war das nicht notwendig, weil dort schon eine Befreiungsfront (OF) bestand. In Kroatien wurde am 17. März 1943 ein Ausschuss zur Einberufung eines Antifaschistischen Parlaments der Volksbefreiung (ZAVNOH) gegründet, der am 13. und 14. Juni in Plitvice zusammentrat und sich zum höchsten Vertretungsorgan des Staates erklärte. ZAVNOH stellte sich als Koalition unterschiedlicher politischer Gruppen von Kroaten und Serben und anderen Minderheitsvölkern in Kroatien dar, doch die Kommunisten gaben, wie auch in der OF in Slowenien, den Ton an.

Die hegemoniale Rolle, die sich die Partei bzw. ihre Spitze diskret, aber entschlossen angeeignet hatte, führte aber zu Reibereien, die ihren Ursprung in den persönlichen Ambitionen einzelner Führer oder lokaler und ethnischer Patriotismen hatten. Bezeichnend ist, dass Tito die Nachricht über den Anschluss Istriens, Rijekas und Zadars an Kroatien, die der ZAVNOH auf seiner Sitzung am 20. September 1943 verkündete, mit Unwillen aufnahm. Seiner Meinung nach hatten sich die kroatischen Kommunisten mit Hebrang an der Spitze eine Souveränität behauptet, die nur Jugoslawien als dem gemeinsamen Staat zukam. Tatsache war aber, dass es einen gemeinsamen Staat noch nicht gab, denn der Oberste Stab hatte nur wenig Einfluss sowohl auf dem Territorium des ZAVNOH wie auf dem der OF.[318] Die nationale Gesinnung des kroatischen Parteiführers, der zwischen Sommer 1942 und Sommer 1943 annähernd 50 Prozent aller Partisanen unter seiner Kontrolle hatte, erschien jedenfalls der Mehrzahl der Mitglieder des Politbüros immer gefährlicher. Und das noch vor der zweiten Tagung des AVNOJ.[319]

Auch die slowenischen nationalen Bestrebungen, die die Propaganda von der »Brüderlichkeit und Einheit« der jugoslawischen Völker kaum verdecken konnte, wurden von Tito und seinen engsten serbischen und montenegrinischen Mitarbeitern mit Argwohn betrachtet, obwohl man ihnen gegenüber vorsichtiger war als bei den Kroaten, wussten sie doch, dass in Slowenien die Partisanenbewegung ohne patriotische Inhalte ziemlich bescheiden gewesen wäre. Als die OF Anfang Oktober 1943 in Kočevje eine Versammlung der Delegierten des slowenischen Volkes einberief, auf der der Anschluss der italienischen Provinz Küstenland an Slowenien verkündet wurde, wagte niemand diesem Ausdruck der Souveränität zu widersprechen, um bei den Slowenen keine latenten Vorbehalte gegen ein Zusammenleben in Jugoslawien zu wecken. Dass man aber in Titos Umfeld mit wachsender Besorgtheit auf die relative Selbstständigkeit der Slowenen und Kroaten blickte, steht außer Zweifel. Das war schon im Frühjahr 1943 bemerkbar, als Arso Jovanović und Ivo Lola Ribar in einem Bericht die

Lage in Slowenien als alarmierend bewerteten. Sie beschuldigten die slowenischen »Genossen«, nicht in Übereinstimmung mit der revolutionären Strategie des Obersten Stabes zu wirken.[320]

Auf der Versammlung von Kočevje wurden die slowenischen Delegierten für die zweite Tagung des AVNOJ gewählt, den Tito seit August als Parlament aller jugoslawischen Völker einzuberufen gedachte. Weil Stalin am 15. Mai 1943 die Komintern aufgelöst hatte, um die Welt davon zu überzeugen, dass die Sowjetunion nicht mehr nach der Weltrevolution strebe, meinte Tito, dass er nicht mehr wie in der Vergangenheit Moskau gegenüber zum Gehorsam verpflichtet sei und dass der richtige Augenblick für die Verwirklichung eines alten Planes gekommen sei: die Bildung einer eigenen Regierung, die auf der Volksmacht beruhen und den Bolschewismus außerhalb der Grenzen der Sowjetunion verwirklichen würde.[321] Zu ähnlichen Versammlungen wie in Kočevje war es schon früher und später auch anderswo gekommen: in Istrien, in der Bosanska Krajina, in Bosnien und Herzegowina und sogar in Mazedonien. Im Unterschied zu Slowenien und Kroatien, wo der Nationalismus ein Störfaktor war, setzten die Kommunisten in Mazedonien gerade auf einen solchen, um dem Widerstand Auftrieb zu geben, der einfach nicht aufflammen wollte. Die Partei hatte nämlich in den Jahren 1941 und 1942, trotz aller Anstrengungen, den Aufstand gegen die Bulgaren zu organisieren, keinen Erfolg gehabt. Die Mazedonier hatten die bulgarische Armee anfangs begeistert begrüßt, da sie meinten, nun das serbische Joch abgeschüttelt zu haben. Erst nach geraumer Zeit wurde ihnen klar, dass auch den Bulgaren ihre ethnische Verschiedenheit egal war und dass sich das neue Regime in Bezug auf die Ausbeutung der Erzvorkommen und der lokalen Arbeitskräfte wenig vom Belgrader Regime unterschied. Weil Moskau im Juni 1941 die diplomatischen Beziehungen zur jugoslawischen Exilregierung wieder aufgenommen hatte, hatte auch die Komintern ihren Beschluss über die Vereinigung der mazedonischen Kommunisten mit der KP Bulgariens annulliert.[322]

Die Arbeiterpartei Bulgariens verfolgte während des Krieges eine ganz andere Politik als die KPJ: Sie organisierte keinen Aufstand gegen die nazifreundliche Regierung in Sofia, sondern beschränkte sich in Erwartung der Rotarmisten auf antideutsche Propaganda unter der Bevölkerung. Hinsichtlich Vardar-Mazedoniens, einer Region, wegen der sich 1941 ein Streit zwischen den Nachbarn entzündet hatte, hatte sie, wenn auch nur dem Schein nach, den Beschluss der Komintern zugunsten Jugoslawiens akzeptiert. Mit der Ausrede, dass die Führung der KPJ weit weg sei und die lokalen Kommunisten nicht stark genug seien, bestätigte sie aber, dass es keine echten Gründe für einen bewaffneten Aufstand gab und dass es nicht sinnvoll war »in die Berge zu gehen«.

Gegen Ende des Jahres 1942 beschloss Tito zu handeln: Im Februar 1943 schickte er Svetozar Vukmanović-Tempo, einen seiner energischsten Mitarbeiter, der in Mazedonien, vor allem in seinem dem italienischen Albanien angeschlossenen Westteil, eine kommunistische Gruppe und mit ihr ein kleines Widerstandsnest gegründet hatte, in den Süden. Sein Einsatz im Kosovo verlief wenig erfolgreich, da die Albaner nie so viele Rechte und einen solchen Wohlstand genossen hatten wie unter den Italienern. Vukmanovićs Aufruf folgten nur die serbische und montenegrinische Bevölkerung, die sich in der unangenehmen Lage einer Minderheit befanden und sich deshalb den Partisaneneinheiten anschlossen, die an den Ländergrenzen auf serbischem, montenegrinischem und mazedonischem Gebiet aktiv waren. Auch nach der italienischen Kapitulation änderte sich die Lage nicht wesentlich: Das Kosovo wurde von den Deutschen besetzt, die die sehr lebendigen antijugoslawischen Gefühle unter der albanischen Bevölkerung schürten und behaupteten, dass die Partisanen russische und serbische Agenten seien, entschlossen das große Albanien zu zerstückeln und zu unterjochen. Diese Propaganda war von Erfolg gekrönt: Um sich der Serben zu erwehren, organisierten sich die Albaner in einer politischen Bewegung und in militärischen Einheiten, mit denen sie bis Kriegsende erfolgreich ein Gutteil des Landes unter Kontrolle behielten.[323]

Trotz der feindseligen Beziehung zwischen albanischer und slawischer Bevölkerung im Kosovo und in Westmazedonien gelang es der KPJ in Albanien selbst, enge Kontakte zu den dortigen Kommunisten zu knüpfen. Schon im Sommer 1941 entsandte das ZK den Ausbilder Miladin Popović, um eine Widerstandsbewegung zu organisieren. Später schloss sich ihm noch Dušan Mugoša an, und gemeinsam bildeten sie, entsprechend dem Auftrag der Komintern, aus den versprengten kommunistischen Gruppen eine einheitliche Partei. Am 1. März 1943 wurde im Dörfchen Labinot eine panalbanische Konferenz der Kommunisten einberufen, auf der Enver Hoxha zum Generalsekretär der KP Albaniens gewählt und nach jugoslawischem Vorbild eine Volksarmee aufgestellt wurde, die sich der bereits bestehenden Nationalen Front *Balli Kombëtar* anschloss. Die Zusammenarbeit zwischen Ballisten und Kommunisten war aber mit Ende des Sommers 1943 vorbei, weil die KPJ es so verlangte, da man befürchtete, dass Letztere ebenfalls vom großalbanischen Nationalismus infiziert werden könnten. In den Beziehungen zwischen der KP Jugoslawiens und der KP Albaniens konnte man natürlich nicht die Frage des Kosovo ausklammern: Aber wegen Titos Rücksichten gegenüber den Serben berührte man sie nur und beschloss, über die Grenze und über das Recht des albanischen Volkes auf Selbstbestimmung erst nach der Niederlage des Okkupators zu reden.[324]

Die Kommunistische Partei Griechenlands stellte – mit tatkräftiger Unterstützung Vukmanovićs – ebenfalls Partisaneneinheiten auf und schickte sie in einen erfolgreichen Kampf gegen die nazifaschistischen Kräfte. ELAS, die griechische Volksbefreiungsarmee, hatte in Rumelien, Thessalien, Epirus und im ägäischen Mazedonien starke Stützpunkte, obwohl sie sich, so wie die jugoslawischen Partisanen, mit einer rivalisierenden bürgerlich ausgerichteten Militärorganisation konfrontiert sah. Und anders als ihren jugoslawischen Genossen gelang es der ELAS nicht, einen allgemeinen griechischen Aufstand zu erzeugen, wie das ihren jugoslawischen Genossen gelungen war. Die griechischen Kommunisten kämpften nicht um die Herrschaft – so schreibt Vukmanović in seinen Erinnerungen –, sondern wollten nur die Besatzungsmacht vertreiben und es nach dem Sieg der Bevölkerung freistellen, über die eigene politische Zukunft zu entscheiden. Um diesen Fehler zu korrigieren, schlug Vukmanović den Griechen und Albanern vor, gemeinsam mit den Jugoslawen ein Balkan-Oberkommando zu bilden, das den Kampf im gesamten Raum koordinieren sollte. Weil die Kontakte zwischen Mazedonien und dem Obersten Stab ziemlich sporadisch waren und es bis Ende Oktober 1943 keine Radioverbindungen gab, verfügte Tito lange Zeit über keine Informationen über das Geschehen im Süden. Die ersten Berichte über Vukmanovićs Tätigkeit erreichten ihn erst Mitte September 1943. Nun erfuhr er, dass ein ZK der KP Mazedoniens und ein Generalstab gegründet worden waren, dass die Partei Sektierer und Saboteure (Philobulgaren) aus ihren Reihen ausgeschieden hatte und dass die Partisaneneinheiten zwischen vier- und fünfhundert Kämpfer zählten. In seinen Berichten sprach Vukmanović auch über die Lage im Kosovo, wo die Albaner den Serben feindselig gesinnt seien und unter dem Einfluss der Nationalisten stünden: Von zweihundert Partisanen, die es dieser Provinz gebe, seien nur achtzig albanischer Volkszugehörigkeit. Die Idee eines Balkan-Oberkommandos bewertete Tito völlig negativ aus der Überzeugung heraus, dass eine solche »kleine Internationale« weder von den Briten noch von den Russen gutgeheißen würde. Aus den Dokumenten geht nicht hervor, ob sich Tito vor dieser Entscheidung mit Moskau beraten hat, doch ist es mehr als evident, dass sich seine Anordnung, Vukmanović solle diesen Weg nicht weiter verfolgen, völlig mit Stalins Haltung deckte.[325]

Im Zuge der Ausweitung seines Einflusses nach Süden war sich Tito bewusst, dass er nicht im Namen Jugoslawiens würde sprechen können, solange er und seine Bewegung nicht in Serbien verankert waren, das sich noch immer im Zangengriff der Truppen Nedićs und der Deutschen befand, die sich zudem auf Mihailovićs und Ljotićs Einheiten, die extrem faschistische »Blaue Garde«, stützen konnten. (Von 150.000 Partisanen, deren es Ende Sommer 1943 gab, befanden sich in der Osthälfte Jugoslawiens kaum 2 000, und die wurden gejagt wie wilde Tiere.[326]) Im Oktober 1943 sah Tito den Augenblick gekommen, den Schwerpunkt der Operationen über die Drina nach Serbien zu verlagern, aber davon hielt ihn die starke Offensive der Deutschen ab, die im Herbst das gesamte Territorium unter ehemals italienischer Besatzung einzunehmen versuchten. Fast drei Monate wüteten in Slowenien, Istrien, Gorski kotar, Dalmatien und Herzegowina wilde Kämpfe zwischen Partisanen und deutschen Einheiten um die Kontrolle der Küste und der Verkehrsverbindungen ins Binnenland. In Slowenien konnten die Deutschen auf die Unterstützung der »Domobranzen«, der lokalen, klerikal gefärbten Landwehr, zählen, während sie in Montenegro mithilfe der Tschetniks und Albaner eine Operation größeren Umfangs organisierten, mit der sie das Überwechseln der Partisanen nach Serbien verhindern wollten, in dieses »wichtigste Bollwerk zur Sicherung des Balkans«, wie in einem Tagesbefehl Hitler selbst schrieb.[327]

★

ZWEITE TAGUNG DES AVNOJ UND VERSTIMMUNG IN MOSKAU

Trotz der Intensivierung der Kämpfe nahmen Tito und seine Mitarbeiter nicht von dem Vorhaben Abstand, in Jajce, der alten Hauptstadt der bosnischen Könige, eine zweite Tagung des AVNOJ einzuberufen. Die Vorbereitungen dafür wurden in erster Linie Kardelj, Kidrič und Moša Pijade übertragen. Wie schon ein Jahr zuvor, wurden die Beschlüsse, die der AVNOJ am 29. und 30. November fassen sollte, schon im Voraus vom Politbüro angenommen. Ende Oktober wurde beschlossen, ein Nationalkomitee zur Befreiung Jugoslawiens (NKOJ) als vorübergehende Exekutivbehörde zu ernennen, um der Exilregierung alle Zuständigkeiten zu nehmen. Die Vereinigung der jugoslawischen Völker in sechs föderale Einheiten wurde verkündet und dem König wurde die Rückkehr in die Heimat verboten, bevor nicht das Volk über die Frage einer künftigen Staatsform entschieden habe. Bei der Formulierung dieser Beschlüsse, die schon die Umrisse des künftigen sozialistischen Jugoslawien erkennen ließen, schwebte stets die Frage im Raum, wie die Sowjets reagieren würden, denn es war offensichtlich, dass diese wegen der allzu eigensinnigen Politik der KPJ immer ungehaltener wurden. Mitte September 1943 stattete der bulgarische Kommunist Šterju Atanasov dem Obersten Stab einen Besuch ab, der erste Gesandte aus Moskau, mit dem Tito nach mehr als zwei Jahren sprach. Er teilte unter anderem mit, dass man in der sowjetischen Hauptstadt eine Außenministerkonferenz der drei Großmächte vorbereite. In der Befürchtung, dass Molotow, Eden und Hull Beschlüsse fassen könnten, die nicht seinen Plänen entsprächen, sandte Tito am 2. Oktober ein Telegramm an Dimitrow, in dem er klarmachte, dass es für König Peter II. und seine Verräterregierung keine Rückkehr in die Heimat gebe. Das tat er umso überzeugter, weil ihm Maclean anvertraut hatte, dass die Briten nicht mehr allzu sehr auf den König und die jugoslawische Exilregierung setzten.[328] Und so bot er sich zehn Tage später gegenüber den Sowjets, wenn auch sehr vorsichtig, als neuer Führer Jugoslawiens an. In einem Telegramm schrieb er, dass man »in Slowenien, Kroatien und in der AVNOJ vorgeschlagen hat, mich auf der nächsten Sitzung zum Präsidenten des Nationalkomitees zu wählen, neben dem Oberbefehl über die Armee.« Bescheiden setzte er hinzu, dass er dem nicht zustimme. »Ich bitte um eure Unterstützung, um wenigstens die Genossen zu überzeugen. Im Ausland würde das meiner Meinung nach nicht gut aufgenommen werden.«[329] Natürlich bekam er von Dimitrow die erbetene »Unterstützung« sofort, seine Ernennung wäre nicht »angebracht«, was wie eine kalte Dusche auf ihn gewirkt haben muss.[330]

Die Antwort, die Tito auf diese Reaktion Moskaus fand, ist für seine Denkweise sehr aufschlussreich: Er entschied, dass man die Russen nicht »über alles« informieren und ihnen so Anlass zum Sabotieren des zweiten AVNOJ geben müsse, bevor er noch begonnen habe. Dementsprechend unterließ er es in den kommenden Wochen, Moskau detailliert über die Vorbereitungen zur geplanten Tagung zu unterrichten, erlaubte aber Atanasov, in zwei Telegrammen die Situation zu beschreiben, wie sie in den Reihen der Partisanen herrschte: »Die kommunistische Partei ist die einzige reale politische Kraft, die fähig ist, den neuen jugoslawischen Staat zu organisieren …«[331]

In dem Telegramm, das Tito am 26. November 1943 an Dimitrow schickte (trotz der Auflösung der Komintern stand er mit ihm auch weiterhin in regelmäßigem Kontakt), erwähnte er weder den Beschluss in Bezug auf den König noch den Vorschlag der slowenischen Delegation, dass ihm die Tagung zum Zeichen der Anerkennung seiner Verdienste nach dem Vorbild der Roten Armee den bis dahin in Jugoslawien noch unbekannten Rang eines Marschalls verleihen möge.[332] Fraglich ist sicher, wie spontan der erwähnte Vorschlag wirklich gemacht wurde, vor allem im Hinblick darauf, dass Josip Broz schon am 20. Oktober 1943 auf einem Diplom der Offiziersschule des Obersten Stabs als Marschall Jugoslawiens unterschrieben hatte.[333] Als man ihm die Ernennung anbot, errötete er jedenfalls und sagte verlegen: »Geht das alles nicht zu weit? Und was werden die Russen sagen?« Kardelj und die anderen beruhigten ihn rasch. Die Russen hätten ihre Marschälle, warum sollten die Jugoslawen nicht auch ihren haben. Als auf der Tagung der AVNOJ die Ernennung Titos an der Reihe war, wurde der Saal, wie Đilas berichtet, »von stürmischer und berauschender Einmütigkeit erfüllt«.[334] Das Präsidium des AVNOJ vollzog daraufhin am 30. November den formalen Akt »mit der Absicht, Genossen Josip Broz-Tito, dem Oberkommandierenden, die verdiente Anerkennung zu erweisen für die geniale Leitung der Operationen der Volksbefreiungsarmee und der Partisanenabteilungen Jugoslawiens und für die Fähigkeit und Beharrlichkeit, die er bei ihrer Schaffung und bei der militärisch-politischen Anhebung auf das heutige Niveau gezeigt habe«.[335]

Wie sehr die Beziehungen zu Moskau bereits bröckelten, verdeutlicht Kardelj in seinen Erinnerungen: »Wir beschlossen im Voraus, Moskau darüber nicht zu informieren, weil wir überzeugt waren, dass sie opponieren würden. Wir glaubten zwar noch immer, dass sie revolutionär gesinnt seien, wollten sie aber aus taktischen Gründen nicht informieren. Sie hatten während unseres gesamten Volksbefreiungskrieges ihr Verhältnis zu uns ihren taktischen Zielen untergeordnet, die in der Hauptsache darin bestanden, mit den Amerikanern und Engländern in gutem Einvernehmen zu bleiben. Sie waren der Meinung, dass es besser sei, notfalls die Revolution in Jugoslawien zu opfern, als sich in dieser Frage mit den Engländern und Amerikanern ins Gehege zu kommen. Uns war bewusst, dass wir uns auf sie nicht verlassen dürfen und die Russen beiseitelassen müssen, wenn wir durchkommen wollen.«[336] »Durchkommen« bedeutete natürlich, die aus der neuen Souveränität resultierenden staatsrechtlichen Zuständigkeiten auch formal zu übernehmen.

Wie in Bihać während des ersten AVNOJ sorgte die Führung der KPJ auch in Jajce dafür, dass die Versammlung völlig ihrem Willen unterworfen war. Die Beschlüsse wurden einstimmig und mit Applaus gefasst, ohne Diskussion.[337] Das föderative und republikanische Jugoslawien entstand letztlich auf die gleiche Weise wie das Königreich der Karađorđevićs. Obwohl sich der zweite AVNOJ als »oberster Vertreter der Souveränität der Völker und Länder Jugoslawiens als Ganzes« bezeichnete, war er in Wirklichkeit wieder nur der Ausdruck des Willens und der Interessen einer kleinen Gruppe, die sich wegen ihrer militärischen Macht die Organisation des neuen Staates nach eigenen Vorstellungen erlauben konnte, wobei sie auch keine Rücksicht auf ihre Moskauer Schutzmacht nahm. »Die neue Klasse«, schreibt Đilas in seinen Erinnerungen, »war von der Abspaltung vom Alten und von der Untreue gegenüber unseren geistigen Vätern« geprägt.[338]

Tito stellte zwar in seinem Einleitungsreferat entschieden in Abrede, dass der Volksbefreiungskampf »eine rein kommunistische Angelegenheit, eine

Bolschewisierung des Staates, ein Versuch der Kommunisten, an die Macht zu kommen« sei. Das sei Propaganda aus Goebbels Küche, die von den Besatzern und ihren Quislingen verbreitet werde.[339] Dementsprechend bezog der AVNOJ keine Stellung zu den zukünftigen sozialwirtschaftlichen Beziehungen, aber allein die Tatsache, dass er für sich alle politische Macht forderte und sich als Staatsorgan präsentierte, als »Organ der Revolution und der Macht«, wenn wir Kardelj zitieren, deutete an, in welcher Richtung sich Jugoslawien auch auf diesem Gebiet entwickeln würde.[340] In Jajce waren weder die Vertreter Mazedoniens noch die Vertreter des engeren, noch monarchistisch ausgerichteten Serbiens anwesend. Es überwogen die Kroaten und Slowenen. Zwei Kroaten wurden in die wichtigsten Funktionen gewählt: Tito zum Vorsitzenden des Nationalen Komitees der Befreiung Jugoslawiens, das alle Zuständigkeiten einer Regierung hatte, und Ivan Ribar zum Vorsitzenden des AVNOJ. Neben Tito spielten bei der Formulierung der Abschlüsse zwei Slowenen eine Schlüsselrolle. Dies führte dazu, dass in serbischen Kreisen die These zu kursieren begann, dass es in Jajce unter dem Diktat der Kroaten und Slowenen zu einer Verschwörung gegen Serbien gekommen sei.[341] »Die Tatsache, dass die gegenwärtige Partisanenregierung in Bosnien – Ribar-Tito – von allen alliierten Mächten anerkannt und unterstützt wird«, heißt es in einem Bericht, den Ende Dezember eine Abteilung der Sonderpolizei in Belgrad für das Präsidium des Ministerrats und den Innenminister erstellte, »und dass dieses Ereignis im Mittelpunkt der Aufmerksamkeit der ganzen Welt steht, hat in der serbischen Öffentlichkeit allgemeine Verunsicherung und Besorgnis ausgelöst. Von allen verlassen liegt Serbiens Schicksal in den Händen gerade jener – Nicht-Serben –, derentwegen es bis heute am meisten gelitten hat. Nach dem Krieg wird es sehr schwer werden, dass sich das serbische Element in diesen Ländern von der schrecklichen kommunistischen Seuche befreit, sodass es nach allgemeiner Überzeugung sogar zu bewaffneten Auseinandersetzungen kommen wird, solange die kommunistischen Vagabunden nicht ausgeschaltet sind.«[342] Dabei ist interessant, dass auch die serbischen Kommunisten fürchteten, dass Serbien seine Rolle als jugoslawisches »Piemont« – als vereinigendes Zentrum – verlieren könnte, während man sich unter den kroatischen und slowenischen Kommunisten sorgte, ob es in der geplanten Föderation tatsächlich zu einer wirklichen und nicht nur formalen Gleichberechtigung kommen würde. Nach der Beschlussfassung des AVNOJ versuchte Tito diese Zweifel verstummen zu lassen und traf sich zu diesem Zweck einzeln mit der kroatischen und der slowenischen Delegation, wobei er ihnen mehr versprach, als er später halten konnte. Auf die Frage von General Jaka Avšič, ob die slowenische Armee auf ihrem Territorium ihre Kommandosprache beibehalten werde, antwortete er entschlossen: »Klar, ihr seid die slowenische Armee und müsst daher die slowenische Sprache verwenden ...«[343]

Doch die zweite Tagung des AVNOJ wurde auch von einer Nachricht überschattet, die vor allem Tito schwer traf. Diese war, dass Ivo Lola Ribar am 27. November 1943 bei einem Luftangriff auf Glamočko Polje, von wo aus er als Chef der Militärmission beim alliierten Mittelmeer-Kommando nach Kairo hätte fliegen sollen, sein Leben verloren habe. Als Tito die Nachricht gelesen hatte, ließ er das Telegramm sinken, stützte sich mit den Händen auf den Tisch und sagte: »Einen Pfeiler haben sie mir zerstört.« Danach erwartete ihn eine der schwersten Aufgaben in seinem Leben. Dem alten Ivan Ribar, dem die Ustascha schon seine Frau ermordet hatte, auch die Nachricht vom Tod des jüngeren Lola und des älteren Sohnes Jurica zu überbringen, der in diesen Tagen ebenfalls im Kampf gefallen war. Ribar schwieg, dann umarmte er Tito: »Schwer ist dieser unser Kampf ...«[344] Auch in Verbindung mit dem Tod von Ivo Lola Ribar fehlte es nicht an Gerüchten und Verdächtigungen, ob dabei nicht Verrat im Spiel gewesen sei. Während Vladimir Velebit, der im Augenblick des fatalen Angriffs an Ribars Seite gestanden hatte, das entschieden verneinte, da es sich nur um einen tragischen Zufall gehandelt habe, war Tito anderer Meinung.[345]

Tito, Kardelj und ihre Mitarbeiter informierten erst nach Beendigung der Tagung Moskau über die Beschlüsse des zweiten AVNOJ. Auf ihre Depesche hin erfolgte keine Antwort. »Gewöhnlich antworteten sie schnell, aber dieses Mal gaben sie überhaupt keinen Laut von sich. Nachzusetzen wagten sie nicht, weil sie nicht wussten, wie die Sache ausgehen würde.« So weit Kardelj.[346] Weil Stalin während des Krieges lange Zeit fürchtete, es könnte zu einem Separatfrieden zwischen Deutschland und Großbritannien kommen, wollte er in London nicht den Verdacht erwecken, auf dem Balkan »revolutionäre« Absichten zu hegen. Deshalb kommentierte er wütend, dass die Beschlüsse des zweiten AVNOJ ein Messer in den Rücken der Sowjetunion seien. Moskau war zudem durch die Tatsache beunruhigt, dass die neuen jugoslawischen Führer die frühere Hegemonie der Serben nunmehr durch eine Hegemonie der Kroaten ersetzen wollten. »Ihr müsst berücksichtigen«, schrieb Dimitrow an Tito, »dass es über diese Frage viel Spekulation in verschiedenen anglo-amerikanischen Kreisen gibt.«[347] Aus diesen Gründen musste *Radio Freies Jugoslawien* mehr als zwei Wochen lang über die auf der Tagung gefassten Beschlüsse Schweigen bewahren. Erst als klar wurde, dass die britischen und amerikanischen Reaktionen nicht ablehnend waren und als man in der gesamten Weltpresse von Jajce lesen konnte und alle Radiosender von Titos Sieg sprachen, durfte eine Mitteilung gesendet werden, in der die Sowjetregierung mittelbar und überaus vorsichtig die in Jajce gefassten Beschlüsse bestätigte und »den Führern des neuen Jugoslawien« bedeutende Erfolge bei der Vereinigung seiner Völker attestierte.[348] »Erst danach bekamen wir eine Depesche«, berichtet Kardelj, »in der sie weder sagten, dass sie zustimmten, noch, dass sie nicht zustimmten, sondern nur allgemeine Rezepte gaben.«[349]

★

CHURCHILLS ILLUSIONEN UND KOOPERATION MIT DER SOWJETUNION

Tito war sich bewusst, dass er Churchill dafür dankbar sein konnte, dass sich dieser nicht öffentlich gegen das Nationalkomitee der Befreiung Jugoslawiens gewendet hatte. »Die Russen hätten nicht für uns gekämpft«, erklärte er noch Jahre später. »Aus irgendwelchen Überlegungen heraus hätte uns Stalin noch immer allein weiterkämpfen lassen. Churchills Haltung beschleunigte die innere Differenzierung der Kräfte und half mit, dass wir uns auf internationaler Ebene Geltung verschaffen konnten.«[350] In ihrem Protest gegen die »Gewalt der terroristischen Bewegung«, die ihrer Meinung nach nicht den nationalen, demokratischem und sozialen Willen der jugoslawischen Völker darstellte und in großem Maße nur aufgrund der unglücklichen Unterstützung durch »einige alliierte Institutionen« erfolgreich war, blieb die königliche Exilregierung allein. Ihre kaum verhohlene Kritik an der britischen Regierung kümmerte Churchill aber nicht besonders. Nach der Rückkehr aus Teheran am 10. Dezember 1943 empfing er König Peter II. und dessen Premierminister Božidar Purić in Kairo, um ihnen seine Entscheidung in Bezug auf Tito und Mihailović mitzuteilen. Purić versuchte zu protestieren: »Sie können Serbien, Ihren Verbündeten seit 1914, nicht so verraten. Für Sie sind nur die englischen Interessen wichtig. Die gesamte Welt und die Geschichte werden ihr Urteil über Sie sprechen.« »Aber Mihailović arbeitet mit den Deutschen zusammen«, erwiderte Churchill. »Haben Sie Beweise?«, fragte Purić. »Nein, die habe ich nicht, aber ich bin überzeugt, dass er ein Kollaborateur ist.«[351]

Churchill war nicht ehrlich, als er erklärte, er habe über Mihailovićs Zusammenarbeit mit der Wehrmacht keine Beweise. Denn in einem am 2. Januar 1944 an Eden gesandten Telegramm sagte er, er habe entsprechende Informationen von Deakin und von Offizieren bekommen, die in Mihailovićs Gebiet gewesen seien.[352] In Wirklichkeit hatte er sie vor allem mit Hilfe von *Ultra* bekommen, deren Geheimnis die Briten am sorgfältigsten hüteten und das er natürlich nicht dem jugoslawischen Präsidenten verraten konnte. Die Operation war so geheim, dass Informationen über sie sogar dem britischen Verwaltungs- und Militärapparat auf höchster Ebene vorenthalten wurden, was zur Folge hatte, dass Churchills Politik nicht sofort umgesetzt wurde. Das führte zum Jahreswechsel 1943/44 dazu, dass die Briten und Amerikaner (auch sie hatten Tito ihre Mission geschickt) die Partisanen unterstützten, gleichzeitig aber auch Kontakte zu Mihailović unterhielten.

Sich des deutschen Drucks auf die Befreiungsarmee bewusst, richteten die alliierten Militärdienste im Süden Italiens eine Versorgungsbasis ein, von der aus sie Waffen und Ausrüstung in den befreiten Teil der dalmatinischen Küste transportierten. Gleichzeitig hinderten ihre Flugzeuge die Deutschen erfolgreich daran, sich aller dalmatinischen Inseln zu bemächtigen. Militärkreise in Kairo beschlossen hinsichtlich Mihailović, ihn noch einmal auf die Probe zu stellen: Im Dezember 1943 forderte ihn das alliierte Kommando auf, er solle zwei Brücken zerstören und so den Verkehr zwischen Belgrad und Saloniki blockieren. »Mitte Januar«, schreibt Oberst Bailey, der sich damals noch in Mihailovićs Generalstab befand, »wurde klar, dass die Brücken nie gesprengt werden würden.«[353]

Unter dem Druck der *Sechsten Offensive,* die die Deutschen in Bosnien und im Sandžak gestartet hatten, musste der Oberste Stab am 6. Januar 1944 nach 145 Tagen der Ruhe Jajce verlassen. Auf einer Sitzung des Politbüros wurde der Beschluss gefasst, dass sich seine Mitglieder in zwei Gruppen teilen sollten: Kardelj ging mit einer nach Kroatien, Tito blieb mit dem Obersten Stab in Bosnien. Die neue Offensive war nicht stark und nicht so wirkungsvoll wie die vorhergehenden zwei, aber auf Grund der winterlichen Bedingungen, unter denen sie ablief, brachte sie viele Partisaneneinheiten in größte Bedrängnis. Der Oberste Stab war nur am Rande betroffen, denn er war in das Städtchen Drvar am Fluss Unac in Westbosnien und Herzegowina ausgewichen.[354] Die Stadt lag mehr oder weniger in Trümmern, deshalb hielt sich Tito in einer Höhle am rechten Flussufer auf, vor der man eine Baracke mit drei Räumen errichtet hatte. Die Höhle befand sich an der Flanke des Berges Gradina und bot einen wunderbaren Blick auf das ganze Tal. Zu ihr führten steile, in den Felsen geschlagene Stufen. Randolph Churchill, der Sohn des britischen Premiers, den Letzterer zu den Partisanen entsandt hatte, schrieb im März 1944 ironisch an seinen Vater: »Sein [Titos] Arbeitsraum ist ganz mit Fallschirmseide ausgeschlagen und ähnelt mehr dem Liebesnest einer Luxuskurtisane als dem Quartier eines Partisanenführers.[355]

Weil sich die Deutschen auf Dalmatien und die Inseln konzentrierten, um sich an der Adriaküste aus Furcht vor der dort erwarteten Landung der Alliierten ihre Stellungen zu befestigen, herrschte im bosnischen Hinterland Ruhe, sodass Tito auch Zeit für eine gelegentliche Partie Schach mit Ranković oder Đilas fand. Trotz der primitiven Verhältnisse, in denen sie lebten, bewahrten die Genossen einen bestimmten Stil im Benehmen, denn, wie Đilas schreibt, verwendete niemand Flüche, außer Moša Pijade, von dem der montenegrinische Schriftsteller mit einem Schuss Bosheit sagt, dass ihm die Flüche wegen seines orientalischen geistigen und sprachlichen Erbes »im Blut« steckten.[356] Tito sorgte auch für seine Garderobe: Er gab einem slowenischen Schneider den Auftrag, ihm eine Uniform anzufertigen, die seinem hohen Rang entsprach.[357]

Inzwischen häuften sich die guten Nachrichten. Schon am 8. Januar 1944 hatte Churchill Tito darüber informiert, dass er die Beziehungen zu Mihailović abgebrochen und seine Entscheidung auch Stalin mitgeteilt habe.[358] Am folgenden Tag sendete Tito eine Nachricht nach Moskau, in der er eine offizielle Anerkennung verlangte.[359] Er konnte nicht anders, als seinen engsten Mitarbeitern – und auch Dimitrow – preiszugeben, dass er in telegrafischem Kontakt mit Churchill stehe und dieser ihm einzureden versuche, mit Peter II. eine Übereinkunft zu finden, damit Letzterer am Kampf gegen den Okkupator teilnehmen könne.[360] Ein solches Szenario erschien aber sehr unwahrscheinlich, denn es war klar, dass für die Karađorđević-Dynastie die Zeit ablaufen würde. Jedenfalls schätzte so der jugoslawische Botschafter in Moskau Stanoje Simić, der am 10. März 1944 mit der Emigrantenregierung brach, die Lage ein.[361] Und auch Fitzroy Maclean, der schon Ende des vergangenen Sommers in London geschrieben hatte, dass die Zeit gekommen sei, wo man anerkennen müsse, »dass die Partisanen mehr feindliche Divisionen binden als die britische und die amerikanische Armee in Italien zusammen und dass sie in Jugoslawien herrschen werden, was immer wir tun«.[362] Am wichtigsten aber war die Tatsache, dass sich Stalin auf die Frage, wie mit dem König zu verfahren sei, Titos Position zu eigen machte. Als er sah, dass die Angloamerikaner das Volkskomitee der Befreiung Jugoslawiens als *fait accompli* hinnahmen, obwohl sie es offiziell nicht anerkannten, änderte er seine ablehnende Haltung gegenüber der neuen Regierung und begann sich laut Kardelj zu verhalten, »als würde er sie anerkennen«.[363] Er tat noch mehr: Schon bei der Rückkehr aus Teheran befahl er während eines Zwischenaufenthalts auf dem Flugplatz in Baku dem Chef der sowjetischen Luftwaffe Alexander J. Golowanow, sofort Militärhilfe für die Partisanen zu organisieren (wenngleich die Waffen erst Ende April 1944 einzutreffen begannen).[364] Als Premier Purić dem sowjetischen Botschafter in Kairo Nikolai W. Nowikow anbot, mit Moskau einen Freundschafts- und Kooperationsvertrag für zwanzig Jahre abzuschließen, antwortete Letzterer am 22. Dezember 1943 negativ. »Ich habe Ihnen acht Millionen Serben angeboten«, kommentierte Purić vorwurfsvoll, »und Sie wollen sie nicht.«[365] Über Dimitrow teilte Stalin am 9. Februar 1944 Tito mit, dass man sowohl Draža Mihailović wie auch die Regierung in Kairo entmachten müsse: Die einzig legitime Macht in Jugoslawien seien der AVNOJ und sein Volkskomitee. »Wenn König Peter alle diese Bedingungen annimmt, wird der AVNOJ sich nicht weigern, mit ihm zusammenzuarbeiten, wobei das Volk die Frage der Monarchie nach der Befreiung Jugoslawiens lösen wird.«[366] Den Brief schrieb Tito darauf wörtlich ab und leitete ihn als seine Bedingungen an Churchill weiter.[367]

Das Telegramm aus Moskau an den Obersten Stab wurde von den britischen Geheimdiensten abgefangen, was den Briten die Möglichkeit bot, Einblick in die enge Zusammenarbeit zwischen Tito und Stalin zu nehmen.[368] Das aber hinderte Churchill nicht, weiterhin zu glauben, er könne mit seinem politischen Geschick in Jugoslawien einen gewissen Einfluss für Großbritannien und seine finanziellen Interessen wahren. Anfang 1944 schrieb er: »Unsere Politik muss auf drei neuen Faktoren gründen: Die Partisanen werden in Jugoslawien herrschen. Sie sind für uns vom militärischen Blickwinkel aus so wichtig, dass wir ihnen alle Unterstützung anbieten müssen, wobei wir politische Bedenken militärischem Denken unterordnen. Es ist sehr fraglich, ob wir in Jugoslawien mit der Monarchie als verbindendem Faktor noch rechnen dürfen.«[369] Mitte Februar entschloss sich seine Regierung, die Kontakte zu den Tschetniks auch formal abzubrechen, und gab dem militärischen Personal, das noch bei Mihailović oder seinen Einheiten war, den Befehl, zurückzukehren. Am 22. Februar hielt Churchill im Parlament eine Rede, in der er die Grundzüge seiner Politik skizzierte und dabei einen Lobgesang auf Tito anstimmte, »diesem außerordentlichen Führer, der sich in der Schlacht um die Freiheit ausgezeichnet hat«. Er betonte auch, dass sich Großbritannien, wenn es Mihailović die Unterstützung aufkündige, damit nicht von König Peter II. abwende, obwohl es den jugoslawischen Völkern nicht die Monarchie aufzuzwingen gedenke.[370] Kurzum, Churchill versprach Tito Militärhilfe, erkannte ihn aber nicht als politischen Vertreter Jugoslawiens an in der Hoffnung, dass sich zwischen ihm und dem König noch eine Möglichkeit der Koexistenz finden lasse. Dabei hoffte er, dass die serbischen Bauern sich der Marx'schen Ideologie widersetzten und dass die »serbischen Kräfte« dem Ideal des Volksbefreiungskampfes entfremdet seien. Nur wenn Tito mit dem König einen Kompromiss erziele, könne er alle jene vereinen, die gegen die ausländischen Aggressoren Widerstand leisten.[371] Tito war zwar von Churchills Rede »begeistert«, nicht aber überzeugt, was dieses letzte Argument anging.[372] Im Gegenteil, er behauptete, die serbischen Bauern hätten keine Sympathie für den König. »Das werden Sie erkennen, wenn wir unsere Kräfte auf Serbien ausrichten.«[373]

Die TASS meldete am 5. Februar, dass die Sowjetregierung den Vertrag über eine Zusammenarbeit nach dem Krieg, wie sie der Präsident der Exilregierung vorgeschlagen habe, ablehne. Das bedeutete im Wesentlichen, dass man schon mit einem neuen, von Tito geführten Jugoslawien rechnete.[374] Moskau tat noch ein Übriges: Es beschloss, mit dem Obersten Stab nicht wie bisher nur auf der Parteiebene Beziehungen zu unterhalten, sondern auch eine Militärmission zu entsenden. Diese traf am 23. Februar 1944 tatsächlich in Drvar ein und wurde von den Partisanen begeistert begrüßt, obwohl man nicht sagen konnte, dass ihnen die Art und Weise gefiel, die die Russen für ihre Landung gewählt hatten. Sie waren nämlich nicht, wie die Engländer, mit Fallschirmen abgesprungen, sondern hatten Lastensegler mit der Begründung verwendet, dass der Leiter ihrer Mission, Generalmajor Nikolai Wassiljewitsch Kornejew, schon bejahrt und darüber hinaus ein Kriegsinvalide sei (er war bei Stalingrad am Bein verwundet worden). Zum Trost geriet ihnen aber die Tatsache, dass er unter allen Leitern der Militärmissionen den höchsten Rang bekleidete und dass er nicht beim Obersten Stab, wie etwa die Briten und Amerikaner, sondern beim AVNOJ akkreditiert war.[375] Am 24. Februar hielt Tito einen ersten festlichen Empfang für die Vertreter der ausländischen Streitkräfte, auf dem er sich in der neuen Marschalluniform zeigte.[376]

Schon zwei oder drei Wochen nach der Ankunft der Russen erzählte er seinen Mitarbeitern etwas verlegen und zugleich mit Stolz, dass ihn Kornejew während dem abendlichen Trinkgelage mit »Oska, Oska«-Rufen, einer russischen Variante für Josef, umarmt, geküsst und geherzt habe.[377] In einem Interview, das er im April 1944 dem Journalisten Joseph Morton für *Associated Press* gab – es war sein erstes Interview mit einem westlichen Journalisten –, erklärte er, dass es in der Partisanenbewegung keine »prosowjetischen« Elemente gebe.[378] Die Wirklichkeit war eine völlig andere.

Im Frühjahr 1944 befand sich Tito in der angenehmen Situation eines Mädchens, das unter zwei Freiern wählen kann: Russen wie Briten waren voller Lob für die Erfolge der Partisanenarmee. Das britische Konzept der politischen Nachkriegsordnung des Mittelmeerraums stützte sich auf die Restauration freundschaftlich verbundener Monarchien in Italien, Albanien, Jugoslawien und Griechenland. Diese Visionen lag Churchill nicht nur wegen seiner royalen Sympathien am Herzen, sondern auch wegen der Überzeugung, dass die einheimischen Dynastien die englische Vorherrschaft in diesen Ländern sichern würden. Sir Winston vertraute im jugoslawischen Fall auf sein diplomatisches Geschick und setzte von einem Pferd aufs andere in der Überzeugung, letztlich doch als Sieger ans Ziel zu gelangen. In Tito aber hatte er einen Gegner gefunden, der fähig war, seine Absichten zu verbergen und einen Dialog ohne zuvor errichtete Barrieren zu führen, zugleich aber die immer umfangreichere Unterstützung der Alliierten für die Festigung der eigenen Machtposition zu nutzen. Auch wegen der Halsstarrigkeit der großserbischen Elemente in der Exilregierung gelang es ihm, die Gespräche über eine Zusammenarbeit mit ihr bis zum späten Frühjahr hinauszuzögern, was er dazu nutzte, den Durchbruch seiner Einheiten nach Serbien zu organisieren und dort eine Widerstandsbewegung zu bilden. Das sollte die Machtverhältnisse stark zu seinen Gunsten verändern.[379]

Auf der Suche nach einem Übereinkommen mit Tito hinsichtlich der Monarchie versuchte Churchill in den ersten Monaten des Jahres 1944 Peter II. zu überreden, sich selbst von Mihailović, diesem »Mühlstein um seinen Hals«, loszusagen.[380] Das war alles andere als einfach, die serbischen Politiker der Exilregierung opponierten entschieden gegen eine solche Idee. Der britische Premier war natürlich nicht der Mann, der erlaubt hätte, dass »die Fallstricke der serbischen Politik« seine Pläne behinderten: Zuerst beschloss er gegen den Tschetnikführer einen Militärputsch zu organisieren, als er aber einsah, dass es in Mihailovićs Umgebung keinen Offizier gab, der eine derart anspruchsvolle Aufgabe hätte übernehmen können, ließ er diese Idee fallen. »Schade«, kommentierte Eden, stellte aber gleichzeitig fest, dass man die jugoslawische Exilregierung so bald wie möglich stürzen und Mihailović aus ihr aussondern müsse. Anfang März 1944 kehrte Peter II. aus Kairo nach London zurück, um sich mit der griechischen Prinzessin Alexandra zu vermählen. Bei dieser Gelegenheit sprach er sowohl mit dem britischen Premier als auch mit dem Außenminister, die ihn beide, anfangs erfolglos, zu überzeugen suchten, er solle sich ihre Richtung zu eigen machen. Um seinen Einfluss in Jugoslawien zu verstärken, ließ Churchill Tito große Mengen Waffen und Lebensmittel für die hungrige Bevölkerung im befreiten Gebiet zukommen. Eine wichtige Rolle dabei spielte in seinen Plänen Serbien, denn er war noch immer überzeugt, dass es der Partisanenbewegung gegenüber größtenteils feindselig eingestellt war und dass Tito diese Tatsache zu berücksichtigen hätte. Der Marschall verfügte jenseits Flusses Ibar tatsächlich über kaum mehr als eintausend Kämpfer, während Mihailović auf mindestens 20.000 Mann und wenigstens 45.000 Reservisten zählen konnte (hinzu kamen noch die Kräfte, die unter Nedićs und Ljotićs Kommando standen). Diese Machtbalance war nach Churchills Meinung nicht völlig negativ zu bewerten, ermöglichte sie doch diplomatische und militärische Manöver mit dem Ziel, die Serben zu Titos Fahnen übertreten zu lassen. Tito aber käme, nachdem sich seine Armee mit königstreuen Soldaten verstärkt hätte, unter britischen Einfluss. Als Erstes galt es, einen neuen Präsidenten der jugoslawischen Regierung zu wählen, der sowohl für Tito als auch für Peter II. annehmbar wäre und der in Jugoslawien, vor allem in Serbien, beliebt und zugleich fähig wäre, die schwierige Operation gemäß Churchills Vorstellungen durchzuführen.

Einen solchen Menschen zu finden, war nicht leicht, waren doch alle serbischen Exilpolitiker Anhänger Draža Mihailovićs und zur Zusammenarbeit mit den Kommunisten nicht bereit. Am Ende musste sich der britische Premier mit einem nicht-serbischen Kandidaten, mit Ivan Šubašić, zufriedengeben, für den sich die Amerikaner und ihre Geheimdienste starkmachten. Der letzte kroatische Banus hatte außer dieser Unterstützung noch manch anderen Vorzug: Er war Anhänger der Dynastie, andererseits verheimlichte er schon seit Langem nicht seine Sympathie für Tito und dessen Widerstandsbewegung. Und das, obwohl er vor dem Krieg die Kommunisten in Kroatien verfolgt hatte. Im Mai 1944 kam er auf Churchills Initiative hin aus den USA nach London und begann sofort Gespräche über die Zusammensetzung der neuen Regierung in der naiven Hoffnung, die alte Ordnung retten zu können. König Peter II., der aus diesem Spiel ausgeschlossen war, fühlte sich in seiner Würde verletzt, umso mehr, als Churchill ohne seine Zustimmung die Bildung einer neuen jugoslawischen Regierung bereits im Parlament angekündigt hatte. Gemeinsam mit Purić versuchte er sich zu widersetzen, aber als er sich vor vollendete Tatsachen gestellt sah und ihm trotz ausgeprägter Serbophilie auch Roosevelt den Rücken kehrte, war er Ende März zum Nachgeben gezwungen. So entstand eine neue Regierung, die etwas seltsam war, denn Šubašić hatte neben der Position des Präsidenten zugleich die Funktion alle anderen Minister übernommen, auch die von Draža Mihailović, der per königlichem Dekret vom 8. Juli 1944 seines Amtes als Kriegsminister enthoben war.[381]

Die Position Jugoslawiens im Nachkriegseuropa, über das die britische und sowjetische Regierung bereits intensiv nachdachten, wurde plötzlich überaus aktuell, wovon die Tatsache zeugt, dass am 1. April 1944 Churchill gegenüber Eden besorgt die »grandiose sowjetische Mission« bei Tito erwähnte und dass Tito seinerseits einige Tage später seine Militärmission nach Moskau entsandte. Angeführt wurde sie von General Velimir Terzić, die bedeutendste Persönlichkeit in ihr aber war Milovan Đilas, der in seinen Gesprächen mit Molotow und Stalin betonte, dass die neuen jugoslawischen Führer in der Sowjetunion das verheißene Land sähen. Mehr noch, nach Moskau ging er sozusagen zum Rapport in der Erwartung, im Kreml Lobesworte für die gut verrichtete Arbeit zu hören. An denen fehlte es nicht und als Đilas Stalin um ein Darlehen bat und sich zugleich zu versichern beeilte, dass die Jugoslawen es nach dem Krieg zurückzahlen würden, brauste Stalin geradezu auf: »Ihr beleidigt mich. Ihr vergießt euer Blut und wollt, dass ich von euch Geld für Waffen nehme. Ich bin kein Krämer, wir sind keine Krämer!«[382] Đilas schloss aus diesem Gespräch zweierlei: dass die jugoslawischen Kommunisten von nun an auf sowjetische Unterstützung zählen könnten und dass sie aus opportunistischen Gründen auch weiterhin gute Beziehungen zu den westlichen Alliierten unterhalten müssten, allerdings nicht ohne Vorsicht, denn die waren zu allerlei fähig – wobei sogar ein Attentat auf Tito nicht auszuschließen war. So begann zwischen Jugoslawen, Sowjets und Briten ein subtiles Spiel, dessen Ziel die Absicherung des politischen Einflusses auf dem Balkan und dessen einzige Regel das gemeinsame Bewusstsein war, dass man zuerst die Deutschen besiegen müsse. Auf eine sowjetische Parteinahme für die jugoslawischen Partisanen brauchte man nicht lange zu warten: Schon am 22. April teilten die Sowjets den Briten mit, dass man so eng wie möglich mit Tito zusammenarbeiten müsse. Anfang Mai richteten sie in Bari tatsächlich eine eigene Basis mit zehn Transportflugzeugen für die Versorgung der Volksbefreiungsarmee ein und ließen der Partisanenarmee Orden und Dienstgrade zukommen. Churchill beobachtete das alles mit finsterer Miene und voller Besorgnis und begann schon von einer Teilung der Einflusssphären auf dem Balkan zu sprechen.[383]

In Titos Oberstem Stab wurde Churchills Politik mit wachsender Unruhe gesehen und wurde als Beweis für die imperialistischen Ambitionen der Briten betrachtet. Doch Tito reagierte gelassen und bemühte sich die Kritik der Briten zu entkräften, dass die Serben nicht auf seiner Seite stünden. In einem Interview mit englischen und amerikanischen Journalisten, das am 16. Mai 1944 in der *Times* erschien, erklärte er nachdrücklich, dass sich seine Truppen aus 44 Prozent Serben, 30 Prozent Kroaten, 10 Prozent Slowenen, 5 Prozent Montenegrinern, 2,5 Prozent Mazedonier und ebenso vielen Muslimen zusammensetzten. Dabei verschwieg er natürlich, dass die Mehrzahl der Serben aus dem Gebiet westlich der Drina stammten, also aus der ehemaligen habsburgischen Monarchie, und dass die Führung der KPJ in Serbien selbst in der letzten Zeit mehrfach den Aufstand geprobt hatte, wenngleich ohne Erfolg.[384]

Dabei erhielt er weiterhin Rückendeckung durch die Sowjetunion. Mitte April 1944 sandte er ein Telegramm nach Moskau, in dem er über die bulgarischen Kommunisten und über Dimitrow selbst hinsichtlich ihrer Haltung zur mazedonischen Frage Klage führte. Über General Kornejew sandte ihm Stalin eine beruhigende Antwort, nach der er keine Entscheidung hinsichtlich Mazedoniens akzeptieren werde »ohne euer Einverständnis«. Mehr noch, Stalin skizzierte darin seine Vision der Nachkriegsordnung auf dem Balkan und betonte, dass er seinen Hauptstützpunkt in Südosteuropa in Jugoslawien sehe. Dieser

Haltung solle sich auch Bulgarien anschließen, wenn es sich dem Pakt mit den Deutschen entledigt und sich mit der Sowjetunion verbündet haben würde. Der einzige für Tito unangenehme Punkt im erwähnten Text war Stalins Bemerkung, dass es »in unserem Plan keine Sowjetisierung Jugoslawiens und Bulgariens« gebe.[385]

★

›UNTERNEHMEN RÖSSELSPRUNG‹

Im Frühjahr 1944 stand die Natur im Becken von Drvar in voller Pracht: In den Bergen donnerten plötzliche, aber kurze Gewitter, durch die Wolken brachen Garben hellen Lichts, überall rauschte Wasser zu Tale. Das ganze Tal stand in Grün und Blüte.[386] In diese Idylle brach am 25. Mai 1944 – dieser Tag wurde als offizieller Geburtstag Titos begangen[387] – der deutsche Angriff ein. Es handelte sich um das *Unternehmen Rösselsprung*, bei der das XV. Gebirgskorps zusammen mit Infanterieeinheiten aus Bihać, Knin und Livno Tito töten oder gefangen nehmen sollte. Die Deutschen hatten in größter Heimlichkeit eine Operation vorbereitet, mit der sie Drvar einzukesseln und mit Fallschirmspringern einzunehmen planten. Zu diesem Zweck setzten sie ein »Strafbataillon« ein, das aus verurteilten ehemaligen Offizieren bestand. Die starteten vom Zagreber Flugplatz, wobei man ihnen erst zwei Stunden vorher ihren Auftrag erklärte.[388] Der Angriff, an dem auch 2 000 Mann der Elite-Division Prinz Eugen teilnahmen, begann für Tito so unerwartet, dass er fast von Erfolg gekrönt worden wäre. Zwar hatte der Oberste Stab Informationen, die auf einen Angriff hindeuteten, und hatte daher die Erste proletarische Division unter Koča Popovićs Führung zu Hilfe gerufen. Zudem siedelte Tito, da die Baracke über dem Wasserfall vor der Höhle bei Drvar keine günstige Lage hatte, in das nahe gelegene Dorf Bastasi über. Aber die Partisanen hatten mit einem Angriff im April gerechnet. Als dieser ausblieb – die Deutschen hatten ihrerseits von der Truppenkonzentration erfahren –, zog Popović mit seinen Leuten wieder an die Front. In der Überzeugung, dass keine Gefahr bestünde, war Tito am 24. Mai nach Drvar zurückgekehrt, wo er für die Mitglieder der Militärmissionen, darunter auch Churchills Sohn Randolph und der Abgesandte General Eisenhowers Robert Crawford, ein Abendessen gab. Die Nacht verbrachte er in der Höhle.

Im Morgengrauen des 25. Mai 1944 wurde Tito schließlich vom Angriff überrascht. Am Himmel erschienen so viele Flugzeuge wie nie zuvor in der Zeit des Partisanenkampfes. Eine halbe Stunde lang bombardierten sie die Stadt, dann erschienen Transportflugzeuge, die lärmend über dem Tal von Drvar kreisten. Aus ihnen lösten sich neben Fallschirmspringern auch Lastensegler, die in steilen Bogen und Kurven auf Wiesen und Felder niedergingen. Sie waren voll deutscher Soldaten, von denen jeder ein Foto von Tito in der Tasche hatte, denn ihre Aufgabe war es vor allem, ihn zu fassen oder zu töten.[389]

Zuerst sah die Lage nicht besorgniserregend aus, aber als nach dem ersten Luftangriff Fallschirmspringer über Drvar absprangen und als auf der Flur unweit der Höhle, wo sich Tito mit seiner Begleitung aufhielt, mit Soldaten besetzte Lastensegler landeten, wurde die Sache brenzlig. Die erste Welle der Angreifer wurde zwar abgeschmettert, aber es kamen mehr und mehr. Der Stoßtrupp Panther – 110 Mann – kämpfte sich in Richtung Friedhof vor, weil dort in der Nähe der Oberste Stab vermutet wurde.

Als sich die Einheit Panther bewusst wurde, dass sie ins Leere stieß und dass die stärkste Verteidigung um die Höhle von Drvar stand, nahm sie sofort die Höhle unter Beschuss, sodass niemand hinaus konnte.[390] Titos Leibwache war zur Verteidigung gezwungen. Die Genossen aus dem Obersten Stab drängten Tito zum Rückzug, solange er noch möglich sei. Offensichtlich beunruhigt, wenn nicht sogar in Panik, fragte er, ob die Fallschirmspringer auch auf dem Plateau oberhalb der Höhle gelandet seien. Weil ihm das niemand sagen konnte, wies er den Rat mit der Begründung zurück, er werde nicht vor die deutschen MGs hinaustreten. »Ich will ihnen nicht direkt in die Hände fallen!«, rief er aus. Das Ihre trug auch Zdenka bei, die mit ihrem Geschrei das allgemeine Durcheinander noch vergrößerte und ihre Position zu verraten drohte. Die Kämpfer standen kurz davor, sie an Ort und Stelle zu erschießen. Unter ihnen auch Ranković.[391] Auch der Hund Tiger hörte nicht auf zu bellen, sodass Tito mehrmals nach der Pistole griff, um ihn zu erschießen, was er aber doch nicht übers Herz brachte.[392] In dieser bedrängten Lage bewahrte nur Ranković kühles Blut. Gemeinsam mit Žujović und Jovanović beschloss er die Höhle zu verlassen und die Verteidigung zu organisieren. Er schlug sich durch das Feuer bis zum Bereitschaftsbataillon durch und schickte einen Kurier zur Offiziersschule, die sich oberhalb der Höhle befand, mit dem Befehl an die Teilnehmer, in den Kampf einzugreifen. »Wir haben keine Waffen«, wurde ihm geantwortet, »aber wir werden alles tun. Wir werden ihnen die Waffen abnehmen.« Alle waren bereit, für den Oberbefehlshaber zu sterben. Es kam zum Kampf bis aufs Messer, der aber nicht verhindern konnte, dass die Deutschen weiter in Richtung Höhle vordrangen.

Der einzig mögliche Fluchtweg führte über eine Felswand, an der sie aber für die feindlichen Soldaten »wie auf dem Präsentierteller« gewesen wären.

Ohne Begleitung und Feuerschutz kletterte Ranković den Berg hinauf, gelangte auf das Plateau, und stellte fest, dass dort keine Deutschen waren. Währenddessen wurde die Situation in der Höhle immer dramatischer. Kardeljs Begleiter Vlado, der von Zeit zu Zeit zum Ausgang ging, um sich vom Geschehen ein Bild zu machen, bezahlte seine Kühnheit teuer. Eine feindliche Kugel traf ihn direkt in die Schläfe: Das Blut spritzte an die Wand der Höhle, ein Teil des Hirns rann in die unter seinen Kopf gelegte Kappe. Tito befahl seinem Adjutanten Nikica Prlja, ihm den Gnadenschuss zu geben, was Letzterer nach kurzem Zögern auch tat. »Ruhm sei dem Genossen Vlado«, sagte Tito und kniete neben dem Leichnam des gefallenen Kämpfers nieder. Erst gegen halb elf, als alles verloren schien, schickte Ranković über Žujović eine kurze Mitteilung mit einer Handlungsanleitung: Er müsse sich auf das Bergplateau zurückziehen, wo es keine feindlichen Einheiten gebe. Žujović stieg vom Plateau ab, zuerst durch den Wald, dann über den Bach, und erschien wieder in der Baracke. Er fand Tito in seiner Marschall- und Zdenka in Soldatenuniform vor. Offenbar hatte sie ihn überredet, sich den Deutschen zu ergeben. Žujović reagierte ungehalten. Er ergriff einen Revolver und begann zu schreien: »Was bedeutet das? Du hast die Paradeuniform angelegt, aber du musst wissen, dass du ihnen nicht lebend in die Hände fallen wirst. Geh raus, alter Feigling! Du willst dich den Deutschen ergeben und als Kommandant den Kopf retten, und gleichzeitig unseren Kampf zerstören und verraten?!« Unter Gewaltandrohung zwang er ihn, den Unterstand zu verlassen, und sorgte dafür, dass Davorjanka ihnen folgte.[393] Über den steilen Pfad, der zur Baracke hinaufführte, war ein Entkommen nicht möglich, weil er unter Dauerfeuer lag. Žujović schlug daher vor, den Holzboden unter der Baracke durchzuschlagen und sich zum Bett des Baches abzuseilen, der durch die Höhle floss, an der Stelle, wo sich bei Regen über einem steilen Felseinschnitt ein kleiner Wasserfall bildete. Das Bachbett war trocken und vor allem aber bot es Schutz vor dem deutschen Feuer. Aus Fallschirmseilen flochten sie ein Tau, an dem sie sich etwa fünfzehn Meter in die Tiefe hinabließen. Von dort gingen sie nach links zu einer größeren Felswand, von dort in der brennenden Mittagshitze schräg hinauf zum Gipfel des Berges. »Das Bett des Wildbaches, durch das wir uns absetzten«, erzählte später Kardelj, »war voller Felsen und stark zerklüftet, sodass wir gute Deckung hatten, aber natürlich mussten wir beim Abseilen sehr vorsichtig sein und auch in der Steilwand, wo wir hinter den Büschen auf allen Vieren bergauf krochen.«[394] Vor der Felswand stand Žujović, der den Weg wies. Kardelj mussten sie wegen seines verkrüppelten Fußes bald tragen.

Sie hatten die Höhle kaum verlassen, als gegen 11 Uhr 30 eine neues Feindgeschwader herankam. Der Himmel war voller Fallschirme, aber Titos Gruppe war fast schon gerettet. Gebückt, um kein offenes Ziel für die feindlichen Maschinengewehre zu bieten, krochen sie von Busch zu Busch schräg hinauf über die bewachsene Flanke. Jeder hastete in seiner eigenen Richtung zur Hochfläche hinauf. Tito war so erschöpft, dass er ein oder zwei Mal fast ohnmächtig wurde. Auf dem Plateau, das er deutlich später als die anderen erreichte – was Kardelj, Ranković und die anderen in große Unruhe gestürzt hatte –, waren sie endlich wieder alle zusammen. Ranković und Tito umarmten sich mit Tränen in den Augen. »Wo sind die ausländischen Missionen?«, fragte ihn Tito. Ranković erklärte, dass die Russen außer Gefahr seien.[395] Inzwischen hatten sich die Partisaneneinheiten, denen die Erste dalmatinische Brigade zu Hilfe geeilt war, organisiert und waren zum Gegenangriff übergegangen. Der war so entschlossen, dass sich die Deutschen bald in Schwierigkeiten befanden: Vor der völligen Vernichtung rettete sie eine motorisierte Kolonne, die am nächsten Tag aus Bihać zu Hilfe kam.[396]

Der deutsche Plan hatte einfach und überzeugend geklungen: eine kombinierte Operation aus der Luft und zu Lande, mit der sie den Oberkommandierenden gefangen nehmen und anschließend in den umliegenden Bergen noch die Hauptstreitmacht der Partisanenarmee vernichten wollten. Doch alles, was sie von Tito in die Hände bekamen, war sein Jeep und seine neue Marschalluniform. Diese hatten sie als Trophäe im Wiener Arsenal ausgestellt, dort, wo der junge Broz seinen Dienst in der kaiserlich-königlichen Armee angefangen hatte. Als das Arsenal später bombardiert wurde, verbrannte auch die Uniform.[397] Sie erbeuteten auch die Tagebücher Randolph Churchills und Vladimir Nazors, aber das war alles.[398] »Hitler war wütend, als er erfuhr, dass sie Tito nicht gefangen hatten. Er schrie: Verrat!«, notierte Glaise von Horstenau in seinem Tagebuch.[399]

Doch mit der Flucht aus Drvar waren die Mitglieder des Obersten Stabs noch längst nicht in Sicherheit: Sie irrten umher und kamen an den Fuß des Šator-Gebirges, wo sie mit Mitgliedern der alliierten Missionen zusammentrafen. Diese hatten sich nicht im deutschen Kessel befunden und hatten daher leicht auf die Hochebene oberhalb von Drvar fliehen können. Weil aus verschiedenen Richtungen gleich vier Kolonnen in Richtung Krbavsko Polje, wohin sich Tito geflüchtet hatte, vordrangen, war die Lage in den nächsten Tagen noch immer sehr kritisch. Die Deutschen besetzten in der Nacht das ganze Gebiet, sodass den Flüchtigen nur ein einziger Weg offen stand, während die Panzer der Wehrmacht gegen sie vorrückten. In dieser bedrängten Lage, verlor der russische General Kornejew die Nerven und schrie Ranković an: »Sie sind persönlich verantwortlich, wenn dem sowjetischen General und der sowjetischen Mission etwas passiert. Sie haben uns in diese Lage gebracht.«[400] Er verlangte, dass er und seine Leute mit dem Flugzeug nach Bari gebracht werden sollten. Ranković griff diese Idee sofort auf und schlug vor, Tito solle ebenfalls nach Italien ausgeflogen werden. Der wollte zuerst nichts davon hören, seine Kämpfer alleinzulassen, aber unter dem Druck seiner Begleiter willigte er schließlich ein, über die Radiostation, die sie noch zur Verfügung hatten, Hilfe zu rufen.[401]

In der Nacht vom 3. auf den 4. Juni 1944 stieß der legendäre Pilot Alexander S. Schornikow mit einem kühnen Manöver durch die niedrigen Sturmwolken und landete auf einer mit Landefeuer gekennzeichneten Rollbahn bei Kupres, wo die Mitglieder des Obersten Stabes, des Politbüros und der ausländischen Militärmissionen warteten. Das Flugzeug konnte insgesamt zwanzig Leute aufnehmen.[402] Trotz des Durcheinanders rief Tito beim Einsteigen Žujović zu: »Crni, pass auf mein Pferd auf.« Der aber entgegnete erbost: »Um sein Pferd macht er sich Sorgen, und uns lässt er im Dreck sitzen!«[403]

Seine Ankunft in Bari versuchte Tito vor den Briten geheim zu halten und wollte daher zunächst in der sowjetischen Basis unterschlüpfen, doch konnte ihn letztlich Vlatko Velebit, der ihn am Flugplatz erwartete, davon überzeugen, in einer Villa Quartier zu nehmen, die den Jugoslawen in der apulischen Stadt zur Verfügung stand.[404] Das *Unternehmen Rösselsprung* hatte Titos Vertrauen in die britische Regierung nicht gerade gestärkt. Es stand die Frage im Raum, woher die Deutschen die Information über seinen Aufenthalt in Drvar hatten. Das liegt auch daran, dass Stalin systematisch Misstrauen gegen die Briten schürte. Bereits im November 1943 hatte er Andeutungen über ein mögliches Attentat auf Tito von Seiten der »ausländischen Freunde« gemacht. »Vergessen Sie nicht«, hatte er später in einem Gespräch mit Đilas gesagt, »dass Flugzeuge in der Luft kaputtgehen können.«[405] Als er im Februar 1944 erfuhr, dass Churchill seinen Sohn Randolph zu Tito entsandt hatte, sagte Stalin zu Marschall Golowanow: »Merken Sie sich, dass man die Söhne von Premierministern nicht einfach mit Fallschirmen abspringen lässt und dass sie nicht ohne bestimmte Absichten zu fremden Oberkommandos kommen«. Und als die Nachricht vom Angriff auf Drvar kam, den er über eine Radioverbindung aufmerksam verfolgte, kommentierte er beißend: »Ich würde gern wissen, was für Machenschaften das sind. […] Offensichtlich verlieren die Söhnchen keine Zeit …«[406] Die Tatsache, dass gut eine Woche vor dem Angriff der Himmel über Drvar voller alliierter Flugzeuge war, sich aber dann um den 25. Mai keines blicken ließ, verstärkte diesen Verdacht noch. Erst am dritten Tag nach dem Angriff übernahmen die angloamerikanischen Luftstreitkräfte wieder die Lufthoheit über Westbosnien.[407]

Und auch der Verlauf der Rettungsaktion zeigt das Misstrauen gegenüber den Briten. Schornikow, der Tito und die russische Mission ausfliegen sollte, war vom britischen Kommandanten der RAF-Basis in Bari dahingehend informiert worden, dass die Aktion für die Nacht vom 4. auf den 5. Juni angesetzt sei, wohingegen die Aktion anderen Anweisungen zufolge eine Nacht früher stattfinden sollte. Um sich dennoch die Starterlaubnis für diese Nacht zu sichern, behauptete Schornikow gegenüber den Briten, er wolle in der Nacht vom 3. auf den 4. Juni nur einen Erkundungsflug machen.[408]

Dabei ging die größte Gefahr für Tito nach wie vor von den Deutschen aus. Gleich nach dem Scheitern des *Unternehmens Rösselsprung* begannen die Planungen einer neuen Operation mit Namen *Theodor*. Dieses Mal beabsichtigten sie den Kollaborateur Andreas Engvird einzuschleusen, der in den dreißiger Jahren Spanienkämpfer und einer der Führer der KP der Niederlande gewesen war. Sie glaubten, dass jemand mit einer solchen Vergangenheit leicht zu Tito vordringen und ihn mit einer in einer Füllfeder versteckten Mini-Bombe umbringen könne. Aufgrund der Wachsamkeit des Sicherheitsdienstes der Partisanen gelang ihnen das auch dieses Mal nicht.[409]

★

TREFFEN ZWISCHEN TITO UND CHURCHILL

In den Wochen nach dem *Unternehmen Rösselsprung* flogen die westlichen Alliierten von ihren Basen im Mittelmeerraum mehr als tausend Luftangriffe auf deutsche Einheiten in Jugoslawien. Dennoch: Der Preis, den die Partisanen bezahlen mussten, war hoch: Die I. und II. Division, die am meisten unter Beschuss gewesen waren, zählten an die 6.000 Gefallene.[410] Auch die Tatsache, dass sich Tito zusammen mit der Partisanenführung über Bari auf die Insel Vis hatte retten müssen, wo er am 7. Juni 1944 landete, zeigt, in welcher Krise sich die Widerstandbewegung gegen Ende des Frühjahrs befand. Der Oberste Stab musste sich nämlich dem Schutz der Briten unterstellen, die die dalmatinische Insel in eine wahre Festung verwandelt hatten. Der psychologische Schlag war so stark, dass man seine Flucht aus Angst vor der Wirkung, die diese Nachricht unter den Einheiten im Gelände haben könnte, lange geheim hielt. Das Politbüro quartierte sich in einem improvisierten Unterstand in einer Felswand des Berges Hum ein, während die Briten im Tal Weinberge rodeten und einen Behelfsflugplatz bauten, der die Verbindung mit Bari sicherstellen sollte.[411] Der

Rückzug auf die dalmatinische Insel wurde von Kardelj später so gerechtfertigt: »Nach Vis gingen wir deshalb, weil es ein befestigter Punkt auf dem Meer war und weil wir meinten, dass die Zeit gekommen sei, denn es war Anfang Juni 1944, der Krieg ging offensichtlich zu Ende und wir mussten nicht befürchten, dass uns die Deutschen auf Vis angreifen würden, weil sie schon ziemlich geschwächt waren, auf der anderen Seite aber hätten wir im Falle, dass wir in Bosnien geblieben wären, aus einer Offensive in die nächste gehen müssen und wären möglicherweise für einen oder zwei Monate von der Außenwelt abgeschnitten gewesen. Inzwischen hatte sich aber der Schwerpunkt unseres Kampfes bereits auf das außenpolitische Terrain zu verlagern begonnen. Deshalb wollten wir mit dem ZK und dem NKOJ aus dem Gebiet der Offensive heraus, um direkt intervenieren und auf die außenpolitische Situation um uns herum Einfluss nehmen zu können.«[412]

Die britische Gastfreundschaft verringerte Titos Misstrauen gegenüber den westlichen Alliierten keineswegs. Die Tatsache, dass die englische und die amerikanische Militärmission ihren Sitz einen Tag vor dem Angriff aus Drvar in die Umgebung der Stadt verlegt und sich auf diese Weise vom Obersten Stab abgesetzt hatten, ließ ihn eine geheime Verabredung zwischen den »Imperialisten« und den Deutschen vermuten. Die Briten sahen in Titos Anwesenheit auf der unter ihrer Kontrolle befindlichen Insel die Chance, Gespräche zwischen diesem und Šubašić in die Wege zu leiten. Obwohl die Invasion in der Normandie vor der Tür stand, sparten Churchill und Eden weder Zeit noch Energie, um dieses Ziel zu erreichen. »Noch immer unterstütze ich Tito sehr«, meldete der britische Premier dem Oberbefehlshaber der anglo-amerikanischen Truppen für den Mittelmeerraum General Henry M. Wilson. »Aber da er sich in unseren Schutzbereich auf der Insel begeben hat, wo er nicht mehr Rechte hat, als sie König Peter und der kroatische Banus haben, scheint mir das der richtige Ort für den Versuch zu sein, diese streitsüchtigen Jugoslawen zu einem Abkommen zu zwingen und die Einheit des Staates gegen die Hunnen herzustellen, was unser Hauptziel ist. Das scheint mir eine von Gott gegebene Chance und letzte Möglichkeit.«[413]

Churchills und Edens Beharrlichkeit, aber auch Stalins Empfehlung, man solle einen Dialog mit Šubašić nicht ausschlagen, ist es zu verdanken, dass Letzterer am 14. Juni nach Vis kam.[414] Hier unterbreitete er Tito, Kardelj, Bakarić, Ribnikar und Josip Smodlaka, dem Beauftragten für Außenpolitik im Nationalkomitee, seine naiven Vorschläge: Die Volksbefreiungsbewegung solle die königliche Regierung anerkennen und mit mehreren Mitgliedern in sie eintreten, in erster Linie mit Tito, der als Kriegsminister Mihailović ablösen würde. Wie wirklichkeitsfern Šubašićs Vorschläge waren, zeigt sich auch daran, dass am 16. Juni 1944 Titos Militärmission in Moskau mit der Sowjetregierung ein Abkommen über ein umfangreiches Finanzpaket unterzeichnete.[415] Es war einer der ersten internationalen Akte des neuen Jugoslawiens, der im Wesentlichen die Irrelevanz des Abkommens unterstrich, das am selben Tag auf Vis über die Zusammenarbeit zwischen den Partisanen und der königlichen Exilregierung unterzeichnet wurde. (In diese traten zwei Mitglieder der Volksbefreiungsbewegung ein, aber nicht als offizielle Vertreter des Nationalkomitees, sondern in eigenem Namen.) Mit dem Tito-Šubašić-Abkommen, über das in den folgenden Tagen detailliert und disparat auf Parteiversammlungen vor allem in Slowenien und Kroatien gesprochen wurde, erkannte die königliche Regierung die föderative Staatsverfassung an, verurteilte jede Zusammenarbeit mit dem Okkupator und rief alle einheimischen Kräfte auf jugoslawischen Boden auf, sich zu einer gemeinsamen Front gegen den Okkupator zusammenzuschließen.[416] Tito erkannte von seiner Seite aus zwar die königliche Regierung an, wiederholte aber zugleich, was der AVNOJ bereits beschlossen hatte: dass über die endgültige Staatsverfassung nach Ende des Krieges das Volk entscheiden werde. (Die Tatsache, dass kein einziger Serbe am Verhandlungstisch saß, bot später der großserbischen Politik die Möglichkeit zu behaupten, es sei um eine antiserbische Koalition aus Kroaten und Kommunisten gegangen).

Mit dem Ausgang der Gespräche zwischen Tito und Šubašić konnte Churchill nicht zufrieden sein, deshalb entschloss er sich zum persönlichen Eingreifen. In einer Note, die er Juni 1944 an Eden schickte, schrieb er, dass er seine Politik gegenüber Mihailović und Tito zwar nicht ändern werde, dass er für die Unterstützung, die er Letzterem biete, aber auch etwas bekommen müsse. »Jetzt, wo er unter unserem Schutz auf Vis in Sicherheit ist, ist die beste Gelegenheit, ihm das klarzumachen.«[417] Realistischer war sein Sohn Randolph, der wenige Tage nach der Unterzeichnung des Abkommens aus Kroatien an seinen Vater schrieb: »Zwei Gründe sind es, weshalb es für die britischen Interessen wesentlich ist, dass wir Marschall Tito und die Volksbefreiungsbewegung unterstützen: a) sind sie die einzigen Jugoslawen, die gegen die Deutschen kämpfen, und b) ob wir Tito unterstützen oder nicht, er wird nach dem Krieg der Herrscher von Jugoslawien sein.«[418]

Tito verstand natürlich genau, was Churchill von ihm erwartete. Wie er später erklärte, »wollte er uns wieder den König aufzwingen. [...] Der König wäre so eine Art trojanisches Pferd gewesen, mit dessen Hilfe man allmählich wieder zum Alten zurückgekehrt wäre.«[419]

Die Briten versuchten in der Folge ein Treffen zwischen Tito und dem für den Mittelmeerraum zuständigen General Wilson zu organisieren, zu dem es am 12. Juli kommen sollte. Aber zwei Tage vor der Abreise sagte Tito mit der

Begründung ab, dass ein Abkommen mit Šubašić in Jugoslawien auf ein negatives Echo stoße und dass seine Abreise dem Volksbefreiungskampf und seinem persönlichen Ansehen schaden würde. Bald darauf bereute er seinen Entschluss jedoch und informierte Maclean, dass er zu Gesprächen mit dem Oberkommandieren nach Süditalien fahren werde. Inzwischen hatte sich aber Churchill selbst entschlossen, Tito zu treffen, denn ihn interessierte seine Erscheinung »als Mensch aus dem Volke, aus den untersten Schichten, der auf eigene Initiative, mit organisatorischer Fähigkeit und Mut aus dem Nichts eine starke Armee geschaffen hat …«[420]

Zu dem Treffen, das die Briten in Süditalien organisiert hatten, reiste Tito mit der Bereitschaft an, den britischen Premier wenigstens mit Worten zufriedenzustellen und so weit wie möglich den revolutionären Gehalt des Volksbefreiungskampfes zu verbergen. Dabei achtete er auch auf Kleinigkeiten: Seinen Generälen in Italien verbot er sogar, rote Aufnäher auf den aus Moskau bezogenen Hosen der sowjetischen Uniformen zu tragen, weil sie mit dieser Farbe offenbar zu sehr an die Revolution erinnerten. Trotzdem empfingen ihn die »Verbündeten« nicht unbedingt freundlich. Für Tito hatten sie einen Bungalow reserviert, für seine Begleiter hingegen hatten sie auf die Schnelle eine Notunterkunft zusammengezimmert, die zwar ein Dach aufwies, aber statt der Wände nur ein Drahtnetz hatte – ein Käfig wie für wilde Tiere. General »Jumbo« Wilson, mit hochrotem Fleischergesicht, empfing den jugoslawischen Kollegen überaus dünkelhaft. Er hörte ihm kaum zu und benahm sich ihm gegenüber wie zu einem untergeordneten Offizier, nicht wie zu dem Oberkommandierenden einer verbündeten Armee. Trotzdem bewahrte Tito kühles Blut, er zeigte sogar ein listiges Lächeln.[421] Wie Vladimir Velebit sagt, seien an der negativen Atmosphäre nicht nur die Alliierten schuld gewesen, sondern auch »unser völlig unberechtigtes Misstrauen, unsere Wildheit und der Mangel an fundamentaler Bildung bei vielen unserer Leute, um von der Unkenntnis irgendwelcher Benimmregeln gar nicht zu sprechen«.[422]

Für Tito war es eine große Befriedigung sich auf dieser Reise nun endlich mit westlichen Staatsmännern allerhöchsten Ranges zu treffen, aber diese Aussicht machte ihn auch nervös. Das zeigt eine Episode, die Robert Murphy festgehalten hat, der amerikanische Diplomat, der Tito bei dessen Ankunft in Caserta kennengelernt und ihn gleich darauf zum Abendessen in seine neapolitanische Villa eingeladen hatte. Tito erschien in seiner glänzenden Marschalluniform, die ihm Stalin schenkte, mit zwei Leibwächtern und mit seiner Übersetzerin Olga Ninčić, der Tochter des ehemaligen Außenministers König Alexanders und König Peters II. Der Abend war unerträglich schwül. Murphy schlug deshalb vor, den Uniformrock abzulegen, da das Treffen doch informell sei. »Ist das erlaubt?« fragte Tito verlegen, folgte dem Vorbild seines Gastgebers aber mit Erleichterung.[423]

Nach dem Treffen mit Wilson unterhielt sich Tito in der Nähe des Bolsena-Sees mit General Harold Alexander, dem Befehlshaber der alliierten Truppen in Italien. Dieser erklärte, dass die Briten, nachdem sie Triest besetzt haben würden, über jugoslawisches Gebiet nach Mitteleuropa vorstoßen würden. »Wir wehrten uns dagegen«, erzählte Kardelj, »dass ihre Armee überhaupt nach Jugoslawien hineinkommt, doch Alexander blieb dabei, dass er [...] den Weg nach Österreich fortsetzen müsse, und behauptete, dass [...] er die Straße Ljubljana-Maribor und Rijeka-Zagreb brauche. [...] Auf Grundlage der Gespräche mit Alexander kamen wir zu dem Schluss, dass die Engländer Slowenien und Kroatien wollen, während sie Bosnien und Serbien den Russen überlassen würden.«[424]

Unter dem Eindruck dieser besorgniserregenden Annahme unternahm Tito am 7. und 8. August einen touristischen Besuch ins kurz zuvor befreite Rom. Er lehnte das Angebot der Briten ab, die ihm für die Reise ein Flugzeug zur Verfügung stellen wollten, und reiste mit seiner bewaffneten Eskorte mit dem Auto an. Mehr noch als britische Sabotage fürchtete er sich vor Ustascha- und Tschetnik-Emigranten und deutsche Agenten, von denen es in Rom nur so wimmelte. Sogar die Basilika Sankt Peter wollte er aus Vorsicht nur in Begleitung zweier mit Maschinenpistolen bewaffneter Leibwächter betreten. Weil die für die Sicherheit verantwortlichen Bediensteten des Vatikans sich dem widersetzten, kam es zu einem Wortwechsel, und dann zu einem Kompromiss. Die Begleiter ließen die Waffen draußen, aber Tito durfte das Grab des heiligen Petrus mit einer Pistole im Halfter besuchen. Ohne weitere Spannung ging es aber auch jetzt nicht: In der Basilika erkannte ihn ein Geistlicher und näherte sich ihm, um ihm die Sehenswürdigkeiten zu zeigen. Sogleich wurde dieser entfernt.[425] Neben diesem Vorfall erlebte er in Rom auch eine angenehme Überraschung: Am Kolosseum begrüßte ihn ein großes Transparent: »Evviva Tito«. Die Gaumenfreuden der italienischen Küche konnte er allerdings nicht genießen. Aus Angst, man könnte ihn vergiften, vermied er es, in seinem Hotel zu speisen und aß stattdessen hauptsächlich hartgekochte Eier.[426]

Das Treffen in Neapel am 12. und 13. August 1944 zwischen Churchill (in leichter Sommerjacke) und Tito (in seiner »prächtigen goldenen und blauen« Uniform, die für das russische, nicht aber für das süditalienische Klima angemessen war) verlief nicht viel fruchtbarer als die Begegnung mit Wilson und Alexander.[427] Der britische Premier war voll des aristokratischen Sarkasmus, und das nicht nur wegen Titos Äußerem, sondern auch wegen seines übertriebenen Misstrauens. In seinen Erinnerungen schrieb er später: »Der Marschall, der von zwei Leibwächtern grimmigen Aussehens begleitet wurde, von denen jeder eine automatische Waffe trug, wünschte sie für den Fall in seiner Nähe zu haben, dass es von unserer Seite zu Verrat käme. Mit größter Mühe brachten wir ihn davon ab und schlugen vor, sie im Austausch dafür zum Abendessen mitzubringen ...«[428]

Tito aber war Churchills Ironie offensichtlich entgangen, denn ihn hatte mehr die Tatsache beeindruckt, dass dieser ihn mit Tränen in den Augen und mit den Worten empfangen hatte: »Sie sind der erste Mensch aus dem versklavten Europa, dem ich begegne.« Und auch seine Versicherung, dass er gern nach Jugoslawien käme, wenn er nicht zu alt und zu dick für einen Absprung mit dem Fallschirm wäre, beeindruckte ihn. Später verhehlte er, trotz der Skepsis der Genossen, nicht seine Befriedigung und seinen Stolz wegen Churchills herzlichem Empfang.[429] Obwohl er bei diesem ersten Auftreten in den höchsten Kreisen der Weltpolitik nicht ganz frei von Hemmungen war, verlor er nicht den Kopf und suchte geschickt den eigenen Vorteil. Es kam zwar zu einem Grundsatzabkommen militärischen Charakters hinsichtlich einer möglichen Zusammenarbeit in Istrien, wobei Churchill aber nicht die Tatsache übersehen konnte, dass sich Tito seinem Einfluss zu entziehen suchte – trotz der Versicherung, dass er nach dem Krieg nicht die Absicht habe, in Jugoslawien ein kommunistisches Regime einzuführen. Den Zweifel an der Gültigkeit dieser Versicherung weckte schon sein entschiedenes Zurückweisen der Monarchie. Churchill sorgte sich dabei nicht nur um die Zukunft Jugoslawiens, sondern immer mehr auch um den Fortgang der Ereignisse im Donauraum und auf dem Balkan. Ihm war klar, dass Stalin in diesem Raum freie Hand haben wollte und dass er keine Rücksicht auf britische Interessen nehmen würde. Deshalb erklärte er Tito gegenüber ganz offen, dass sich seine Regierung einer Balkankonföderation zwischen Jugoslawien, Bulgarien, Albanien und Griechenland, über die bereits gesprochen wurde, widersetzen würde.[430] Was Triest und Istrien betraf – italienische Gebiete, die Tito aufgrund ihres hohen slawischen Bevölkerungsanteils für das neue Jugoslawien beanspruchte – war Churchill kategorisch. »Er war einverstanden, dass uns Istrien zufällt, außer Triest. Er sagte nicht, dass es den Italienern zufallen werde. Er sagte nur, dass Triest und Pula für sie notwendig seien wegen des Vormarsches Richtung Österreich.«[431]

★

FLUCHT VON VIS

Um Churchill zu beruhigen, veröffentlichte Tito nach seiner Rückkehr nach Vis am 17. August 1944 eine Deklaration, in der er unter anderem erklärte: »Die Volksbefreiungsbewegung Jugoslawiens ist in ihrem Wesen allumfassend, national und demokratisch. Deshalb betone ich erneut, dass für die Führung der Volksbefreiungsbewegung Jugoslawiens das einzige und wichtigste Ziel der Kampf gegen den Okkupator und seine Knechte sowie die Errichtung eines demokratischen föderativen Jugoslawiens ist, nicht aber die Errichtung des Kommunismus, wie uns unsere Feinde unterstellen.«[432] Im Gegenzug gab Ende August König Peter II. unter Churchills Druck ein Dekret heraus, in dem er Tito als einzigen Führer der bewaffneten Streitkräfte in Jugoslawien anerkannte und Draža Mihailović als Oberkommandierenden absetzte. Der wies den Bescheid zwar zurück und erließ sogar den Befehl einer allgemeinen Mobilmachung, dieser hatte aber wegen der Ereignisse an der Ostfront keine Wirkung. Innerhalb von zwei Wochen, zwischen dem 23. August und dem 8. September, hatte die Rote Armee nämlich eine Reihe entscheidender Erfolge errungen: Ende August war in Rumänien die pro-nazistische Regierung des Generals Antonescu gefallen, König Michael I. hatte der Sowjetunion und den westlichen Alliierten den Abbruch der Feindseligkeiten angeboten. Wenige Tage danach war die Rote Armee schon in Bukarest. Am 5. September erklärten die Sowjets Bulgarien den Krieg, das sich gar nicht zu verteidigen versuchte, sondern in einer plötzlichen Kehrtwende Deutschland, noch gestern sein Verbündeter, den Krieg erklärte. Kurzum, die Rote Armee war in vierzehn Tagen um gute fünfhundert Kilometer vorgerückt, hatte Serbien teilweise von Osten umschlossen und die Kräfteverhältnisse auf dem Balkan völlig verändert.[433]

Auf dem jugoslawischen Kriegsschauplatz begann der Oberste Stab eine Sonderdivision zu formieren, die anschließend in das besetzte Serbien vorstoßen sollte.[434] Schon vor der Begegnung mit Churchill war Tito nämlich davon überzeugt gewesen, dass für die Festigung seiner Macht Serbien entscheidend sei und dass diesem Ziel alle anderen Interessen untergeordnet werden müssten. »Dort müssen wir«, sagte er, »die Frage der Staatsordnung, der Londoner Exilregierung und vor allen Dingen die Frage des Königs lösen.«[435] Im Juli setzte er neue starke Kräfte Richtung Ostbosnien und Sandžak in Marsch, und Anfang August überschritten mehrere Stoßdivisionen aus Montenegro und dem Sandžak den Fluss Ibar und brachten den Kopaonik, ein Bergland in Zentralserbien, unter ihre Kontrolle. Inzwischen war die Erste proletarische Division am 24. August bis Zlatibor durchgebrochen und setzte den Vormarsch in Richtung Užice und Požega fort. Auch in Südserbien entstanden neue Brigaden und gingen in die Offensive.[436] Das Selbstbewusstsein, das ihm diese Nachrichten brachten, vor allem aber die Überzeugung, auf die Sowjetunion zählen zu können, drückte Tito öffentlich in einer Rede aus, die er am 12. September 1944 auf Vis anlässlich der Inspektion der Einheiten der Ersten dalmatinischen Stoßbrigade hielt. Er erklärte, dass sich Jugoslawien nicht mit den Grenzen zu Italien und Österreich zufriedengeben werde, wie sie nach 1918 gezogen worden waren, sondern dass es von beiden Staaten eine neue Grenzziehung verlange. Indem er eine Losung übernahm, die der slowenische Kommunist Lovro Kuhar im Jahre 1942 als Erster formuliert hatte, setzte er hinzu: »Fremdes wollen wir nicht – unseres geben wir nicht!«[437]

Die Ankunft der sowjetischen Truppen an der jugoslawischen Grenze feierte er mit einem Manifest, in dem er begeistert den »lange erwarteten Tag« begrüßte, und zugleich einen richtungsweisenden Entschluss fasste, den er schon in seinem ersten Brief an Stalin vom 5. Juli 1944 vorgeschlagen hatte: Er werde nach Moskau kommen, um zusammen mit ihm den Vormarsch der Roten Armee nach Serbien abzustimmen und so auf einen Schlag zweierlei erreichen: die Herrschaft über das Schlüsselterritorium zur Erlangung der Vormachtstellung in Jugoslawien und den Sieg der Revolution. Damit wären ein für alle Mal die Pläne der westlichen Alliierten durchkreuzt, Serbien als Festung der Karađorđevićs zu erhalten.[438]

Da auch die Amerikaner sahen, dass die Streitkräfte der Partisanen auf dem Balkan fünfzehn deutsche Divisionen und mindestens 100 000 Kollaborateure banden, hatten sie im Frühjahr 1944 auch selbst Kontakte mit dem Obersten Stab geknüpft und nach britischem Muster die Zusammenarbeit mit Mihailović aufgekündigt. Für die Einheiten der Alliierten in Italien, die es mit sechsundzwanzig Divisionen der Wehrmacht zu tun hatten, war es nämlich wichtig, dass diese Truppen keine Verstärkung durch den Zufluss neuer Kräfte aus dem Balkanraum bekamen. Am 25. August 1944 kam es deswegen auf der Insel Capri zu einem Geheimtreffen zwischen Tito und dem Direktor des amerikanischen Spionagedienstes OSS, William J. Donovan.[439]

Doch auch in der Folge hielt sich innerhalb der OSS die Überzeugung, dass man die Zellen zum Sammeln von Informationen in ganz Jugoslawien beibehalten müsse, auch in jenen Gebieten, die sich unter der Kontrolle Mihailovićs befanden. Ein Grund dafür war die Tatsache, dass sich in diesen Gebieten eine erhebliche Anzahl amerikanischer Piloten befand, die die Deutschen während des Einsatzes über Serbien abgeschossen hatten. Diese Idee wurde mit der Hilfe des Botschafters Robert Murphy und anderer einflussreicher Militärs in die Tat umgesetzt. In der Nähe des Dorfes Pranjani, achtzig Kilometer südlich von Belgrad, wo Mihailović etwa 250 amerikanische Piloten interniert hatte, sprang am 3. August ein Spähtrupp ab, der mithilfe der örtlichen Bevölkerung einen Notflugplatz anlegte. Am 9. und 10. August begann man in einer kühnen Aktion, die bis in den November andauerte, die Piloten mit Flugzeugen vom Typ C-47 auszufliegen. Außerdem entsandten die Amerikaner am 25. August in das von Mihailović kontrollierte Gebiet eine weitere, aus sechs Kundschaftern bestehende Gruppe. Ihr Anführer, Colonel Robert McDowell, erklärte dem General, dass seine Aufgabe nur darin bestehe, militärische Informationen zu sammeln, und seine Anwesenheit nicht als politische Unterstützung der Tschetnik-Bewegung verstanden werden dürfe. Trotzdem tauchte bald darauf ein Flugblatt auf, in dem es unter anderem hieß: »Eingetroffen sind Abgesandte der verbündeten amerikanischen Regierung und persönliche Vertreter von Präsident Roosevelt, dem treuen Freund der friedliebenden kleinen Völker.«[440]

Als Tito darüber informiert wurde – Ranković hatte schon seit 1943 seine Leute in Mihailovićs Stab –, reagierte er empört. Er befahl seinen Einheiten, die Zusammenarbeit mit den amerikanischen und britischen Offizieren abzubrechen und ihre Freizügigkeit einzuschränken, was die Bewegung im Gebiet und das Sammeln von Informationen betreffe. Die Briten konnten die Kontrolle später reduzieren, nicht aber die Amerikaner, denen gegenüber Tito überaus reserviert blieb in der Überzeugung, dass man sich auf sie nicht verlassen könne.[441] Dieses Misstrauen beruhte auf Gegenseitigkeit, wie die Tastsache zeigt, dass die OSS schon im Juni 1944 aus Teheran einen Bericht nach Washington schickte, der keineswegs vorteilhaft war. Auf seinem Flug von Moskau hatte nämlich Đilas in der iranischen Hauptstadt Halt gemacht, wobei er ein wenig angetrunken vor einer Gruppe alliierter Offiziere mit seinen Gesprächen mit Stalin prahlte. Dieser habe ihm gesagt, dass er sofort nach dem Krieg die Beziehungen zu den Briten und Amerikanern abbrechen werde und dass er dabei auf die Unterstützung Titos und der jugoslawischen Genossen zähle.[442]

Zu den schlechten gegenseitigen Beziehungen trug auch die Entscheidung Präsident Roosevelts bei, auf zwei Briefe Titos nicht zu antworten. Das Misstrauen, das in den amerikanisch-jugoslawischen Beziehungen herrschte, brachte William J. Donovan in einem Memorandum deutlich zum Ausdruck, das er am 1. Januar 1945 an James V. Forrestal richtete, den Unterstaatssekretär für Verteidigung. Darin sprach er von der Notwendigkeit geheimer Tätigkeit des OSS in Osteuropa auch nach dem Krieg, denn »alle, die nicht mit uns sind, sind gegen uns«. Zur Unterstreichung legte er diesen Worten ein Zitat aus einer Tito-Rede bei, die die *New York Times* am 29. September veröffentlicht hatte und die wie die Ankündigung der kurz bevorstehenden Revolution klang: »In einigen Ländern haben die Kommunisten ungenügenden Mut und Entschlossenheit gezeigt«, hatte Tito gesagt. »Wenn öffentliche Demonstrationen unmöglich sind, ist bewaffneter Kampf notwendig …«[443]

Im Kontext dieses Klimas des Misstrauens innerhalb der Anti-Hitler-Koalition muss Titos Abreise, besser gesagt seine Flucht von Vis, gesehen werden. In Kooperation mit den Sowjets und unter größter Geheimhaltung wurde sie von Ranković, dem Chef der Abteilung für den Volksschutz (OZNA), die im Mai desselben Jahres gegründet worden war, vorbereitet. Die Briten, die den Flugplatz kontrollierten, waren überzeugt worden, dass die sowjetischen Piloten Nachtlandungen trainieren müssten und dass es am besten sei, wenn sie das auf Vis täten. Sie gaben die entsprechende Erlaubnis und wohnten drei oder vier Nächte tatsächlich dem Landen und Starten der sowjetischen Flugzeuge bei. Als die Sowjets genug »trainiert« hatten, flog am 19. September 1944 um drei Uhr nachts auch Tito mit ihnen ab. Sein Flugzeug startete ohne Startsignale, in völliger Dunkelheit, dem Hund Tiger, der sich von seinem Herrn nicht trennen wollte, hatte man einen Sack über den Kopf gebunden, um sein Bellen zu dämpfen. Das Misstrauen in die Verbündeten war so groß, dass das Flugzeug, in dem sich Tito befand, von einem anderen begleitet wurde, das über Bosnien in die Gegenrichtung abdrehte.[444] Als die Briten einige Tage später bemerkten, dass ihr Gast buchstäblich »aufgefahren in den Himmel« war, ohne sie zu informieren oder sich zu verabschieden, reagierten sie mit Unwillen und beleidigtem Protest, aber die Zügel der jugoslawischen Ereignisse waren ihnen schon aus den Händen geglitten. Wie Kardelj sarkastisch meinte: »Letzten Endes muss sich Churchill auch weiterhin freundlich geben, denn sonst werden die Engländer sagen, dass seine ganze Politik auf dem Balkan gescheitert ist. Und die Russen sind in Donji Miholjac!« (Ortschaft in den Drau-Niederungen in Slawonien).[445]

Auf spätere Vorwürfe Macleans, er sei nach Moskau gegangen, ohne darüber seine Beschützer zu informieren, antwortete Tito provokant: »Auch Churchill fragt mich nicht, wann er reist und wohin.«[446] Die Flucht von Vis blieb aber auch den Deutschen nicht verborgen, die sie trotz der feindlichen Einstellung gegenüber den jugoslawischen Kommunisten schadenfroh kommentierten. Bei einem Treffen mit seinen Offizieren erklärte Heinrich Himmler, Reichsführer SS: »Leider ist er [Tito] unser Gegner, aber er ist ein Mann von starkem Charakter. Dieser Mann hat fürwahr den Titel eines Marschalls verdient. Wenn wir ihn jedoch erwischen, werden wir ihn auf der Stelle hinrichten. Er ist unser Feind, aber ich wünsche, dass wir ein Dutzend solcher Titos in Deutschland hätten, Leute von solchen Führerqualitäten und von solcher Entschlossenheit. Er steht auf der Seite der Russen, Engländer und Amerikaner, aber er hat den Mut, sie zu verspotten und die Engländer und Amerikaner aufs Peinlichste zu erniedrigen.«[447]

In der sowjetischen C-47 flog Tito zuerst nach Craiova in Rumänien, wo sich der Generalstab von Marschall Fjodor I. Tolbuchin befand. Nach zwei Tagen der Ruhe nach dem Flug, der nicht ohne Gefahr war, da man die feindlichen Linien überfliegen musste, setzte er am 21. September seinen Weg nach Moskau fort. Es folgten gleich fünf Gespräche mit Stalin, über die wir wenig Informationen haben, weil sie unter vier Augen stattfanden. Tito erklärte später, dass sie sowohl über politische wie über militärische Probleme diskutiert hätten, aber in einer ziemlich kühlen Atmosphäre. »Der Hauptgrund«, meinte Tito, »waren, denke ich, meine Telegramme während des Krieges, vor allem jenes, das mit den Worten begann: ›Wenn Sie uns keine Hilfe anbieten können, dann behindern Sie uns wenigstens nicht.‹ Das hat mir auch Dimitrow bestätigt, bei dem ich nach dem Treffen mit Stalin war. Dimitrow sagte zu mir: ›Walter, Walter, der *chozjajin* [für Stalin verwendete apotropäische Bezeichnung in der Bedeutung von »Herr«, »Meister«] war sehr wütend auf Sie wegen dieses Telegramms. […] Vor Zorn hat er mit den Füßen aufgestampft …‹«[448]

★

BEFREIUNG BELGRADS

Trotz zeitweiliger Unstimmigkeiten wegen des starken revolutionären Charakters, den der Volksbefreiungskampf hatte, und trotz Stalins Reserviertheit wurde Tito in Moskau eine Ehre zuteil, wie sie keinem ausländischen Staatsmann oder Befehlshaber bewaffneter Streitkräfte jemals zuteil geworden war. Der *chozjajin* lud ihn nämlich zur Sitzung des Militärrates ein, auf der Marschall Iwan D. Tschernjachowski den Plan der Offensive gegen Deutschland vorstellte. Offenbar wollte ihm Stalin seine Macht demonstrieren und ihm zugleich sein Vertrauen beweisen.[449]

Hinsichtlich der Monarchie und der Einführung des Sozialismus in Jugoslawien empfahl Stalin Vorsicht, einen König müsse man ja nicht auf ewig akzeptieren: »Vorübergehend, und dann stoßt ihr ihm im geeigneten Moment das Messer in den Rücken.«[450] Tito, der sich zwar in Gesprächen mit Maclean in der Vergangenheit bereiterklärt hatte, König Peter II. als Piloten in seine Armee aufzunehmen, war von dieser Aussicht wenig begeistert, denn er ahnte, dass er sich mit der Monarchie, die ihm Stalin aufzwingen würde, abzufinden hätte.[451] Auf der anderen Seite war dieser bereit, Titos Forderung nach einem Eingreifen der Sowjetunion in Serbien nachzukommen. Dieses war von großer Bedeutung, denn Hitler hatte am 8. August den Rückzug der Heeresgruppe E aus Griechenland und vom übrigen Balkan befohlen, der über serbisches Gebiet geführt werden sollte.[452]

Ein Abkommen, das unter anderem die Einkesselung Ungarns von Süden her vorsah und das als Konzession des Oberbefehlshabers der Partisanen an die Sowjets vorgestellt wurde, unterschrieben die beiden Staatsmänner am 28. September. Es trat sofort in Kraft.[453] Wie Tito später betonte, hatte man es deshalb so formuliert, weil man den westlichen Alliierten zeigen wollte, wie sie vorzugehen hätten, wenn sie für ihre militärischen Operationen jugoslawisches Gebiet benutzen wollten. Unter anderem sah das Abkommen auch vor, dass in den Gebieten, die von der Roten Armee besetzt würden, auch weiterhin die Verwaltung der Volksbefreiungsausschüsse zuständig sein würde.[454] Es handelte sich um einen Schritt von entscheidender politischer Bedeutung, denn damit machte Moskau deutlich, dass es das Nationalkomitee Jugoslawiens als einzigen legitimen Gesprächspartner ansah. »Jetzt«, schrieb Rodoljub Čolaković in sein Tagebuch, »kann keine verbündete Armee ohne vorherige Erlaubnis des Nationalkomitees Jugoslawiens einen Fuß auf unser Land setzen, wenn sie verbündet bleiben will.[455]

Um die Operation zu koordinieren, an der nach Stalins ausdrücklichem Willen auch die Bulgaren beteiligt sein sollten, kehrte Tito am 5. Oktober nach Craiova zurück, wo er bis Mitte des Monats blieb, während die Rote Armee über Kladovo und den Đerdap an der serbisch-rumänischen Grenze unaufhaltsam gegen Belgrad vorrückte. In derselben Richtung drangen auch 40–50 000 Partisanen vor, die Tito auch aus politischen Gründen den deutschen bewaffneten Streitkräften entgegenwarf. Sie sollten Seite an Seite mit den Russen kämpfen und deren Kontakt mit den Tschetniks verhindern, die die Rotarmisten mit roten Fahnen erwarteten.[456]

Am Vorabend des Angriffs auf die Hauptstadt versuchte Tito von Marschall Tolbuchin, dem Befehlshaber der 3. Ukrainischen Front, die Erlaubnis zu erwirken, dass seine Kämpfer als Erste in die Stadt einmarschieren dürften. Aber Tolbuchin, der in den Operationen zur Befreiung Serbiens 414 000 Mann eingesetzt und 25 000 verloren hatte, zeigte sich taub für diese Forderung. Er erlaubte den Jugoslawen lediglich, auf sowjetische Panzer zu klettern und am 20. Oktober nach sechs Tagen erbitterter Kämpfe zusammen mit der Roten Armee in Belgrad einzurücken.[457] Am selben Abend wurde dieses Ereignis in Moskau mit einer Kanonensalve gefeiert. Fünf Tage später kam auch Tito mit seinem Stab aus Vršac und Pančevo auf einem kleineren sowjetischen Kriegsschiff in die Hauptstadt.[458]

Das Eingreifen der Roten Armee in Serbien veränderte die strategische Lage auf dem Balkan grundlegend und gab den Partisanen die Möglichkeit, die Deutschen und ihre Verbündeten in den letzten Kämpfen zur Befreiung Jugoslawiens wirkungsvoller anzugreifen. Hinzu kommt, dass Stalin entscheidend zur Bewaffnung der jugoslawischen Armee wie auch zu ihrer Reorganisierung beitrug, denn er stellte ihr eine Reihe von Spezialisten zur Verfügung, mit deren Hilfe es, wie Tito sagte, möglich war, eine »starke Artillerie, eine hervorragende Luftwaffe und Panzereinheiten« zu organisieren.[459]

In dem Telegramm, das Tito den Soldaten der 3. Ukrainischen Front anlässlich der Befreiung Belgrads sandte, heißt es: »Euer Blut und das Blut der Kämpfer der Volksbefreiungsarmee Jugoslawiens, vergossen im gemeinsamen Kampf gegen den gemeinsamen Feind, wird die Brüderlichkeit der jugoslawischen Völker mit den Völkern der Sowjetunion für ewige Zeiten festigen.«[460] Aber hinter dieser Rhetorik, die nicht ohne panslawischen Anklang war, verbarg sich eine andere Realität. Zu Spannungen zwischen Jugoslawen und Russen kam es nicht so sehr aus Prestigegründen, sondern eher wegen des Auftretens der Rotarmisten, die sich in Serbien benahmen wie in einem besetzten Land, die plünderten, Frauen vergewaltigten und Zivilisten umbrachten. Das Ereignis, das das Fass zum Überlaufen brachte, geschah in Čukarica, einem Belgrader Vorort, wo ein Serbe eine Gruppe Rotarmisten zum Abendessen eingeladen hatte. Als die Russen sich betrunken hatten, griff einer der Gäste, dem Rang nach Major, nach der Frau des Gastgebers, einer Mutter von mehreren Kindern. Als der Ehemann sie verteidigen wollte, sperrten die Russen ihn in die Toilette, während die Frau von sieben Soldaten vergewaltigt wurde. Die Eheleute erhängten sich danach. Dieses Ereignis löste in Belgrad eine wahre Verbitterung aus, sodass Tito gezwungen war, offiziell bei General Kornejew zu intervenieren. »Im Namen der Sowjetregierung protestiere ich gegen solche Unterstellungen gegen die Rote Armee«, gab Letzterer zur Antwort. »Tatsache ist«, meinte der bei dem Treffen anwesende Đilas besorgt, »dass unsere Feinde diese Vorkommnisse ausnutzen werden. Die Angriffe von Soldaten der Roten Armee vergleichen sie mit dem Verhalten englischer Offiziere, die sich solche Angriffe nicht zuschulden kommen lassen.«[461]

Ende Oktober berichtete Tito so vorsichtig wie möglich Stalin selbst von dieser Angelegenheit, er bezeichnete das als seine kommunistische Pflicht und erwähnte zugleich, dass sich die Rote Armee nicht an die Absprache halte, der Volksbefreiungsarmee die Beute zu übergeben, die sie in Belgrad gemacht habe. Von fünfhundert Lastwagen und anderen Motorfahrzeugen, die sie beschlagnahmt hatten, gelang es der jugoslawischen Armee gerade mal sechs zurückzuhalten. Tito bat gleichzeitig, Stalin möge ihm tausend Lastwagen für Bedürfnisse der Armee an der Srem-Front und zur Versorgung der Städte schicken, in denen die Menschen verhungerten. Stalins schroffe Antwort lautete, dass es keinerlei Abkommen zur Übergabe von »Trophäen« gebe, und wies die Anschuldigungen bezüglich »teilweiser Zwischenfälle und Fehler«, die von sowjetischen Offizieren und Soldaten begangen worden seien, zurück. Die ließen sich nicht der gesamten Roten Armee ankreiden.[462] Von diesem Augenblick an blieb sein Verhältnis zu Jugoslawien und zu der Partisanenbewegung sichtlich abgekühlt, wie beleidigende Äußerungen zeigen, die er in Gesprächen mit Jugoslawen gerne fallen ließ: »Eure Partisanen kämpfen schlecht. Sie haben das Pulver nicht erfunden. Seht euch die Bulgaren an, das ist eine Armee, die da entsteht!«[463] Trotz der Bemühungen des sowjetischen Oberkommandos, seine Soldaten zu zügeln, gelang das nicht, wie der Bericht eines amerikanischen OSS-Offiziers aus Belgrad zeigt, der Ende Dezember direkt an Präsident Roosevelt erging. »Man fragt sich, wie sie (die Rotarmisten) sich verhalten werden, wenn sie das befreundete und befreite Jugoslawien verlassen und Deutschland besetzen werden.«[464]

Obwohl die Kritik hinsichtlich des Verhaltens der Rotarmisten negative Auswirkungen auf die sowjetisch-jugoslawischen Beziehungen hatte, konnte sie die Bündnispartnerschaft letztlich nicht beeinträchtigen, die es den Partisanen ermöglichte, den endgültigen Sieg nicht nur über die Deutschen und ihre serbischen Kollaborateure, sondern auch über die Tschetniks zu feiern. Von dem Augenblick an, da die Rote Armee in Serbien einmarschierte, hoffte Mihailović, dass es ihm gelingen werde, mit ihren Kommandeuren ein Abkommen über eine Zusammenarbeit zu schließen, und erteilte seinen Einheiten entsprechende Befehle. Die Russen waren zwar bereit, seine Hilfe anzunehmen, aber sobald die Kämpfe vorüber waren, arretierten sie die Tschetniks, übergaben sie Tito oder deportierten sie in die Sowjetunion. In einer solchen Situation blieb Mihailović nichts anderes übrig, als mit den Einheiten, auf die er noch zählen konnte, in den Sandžak und nach Bosnien auszuweichen und Serbien den Partisanen zu überlassen. Die versuchten natürlich sofort ihre Herrschaft zu festigen, und zwar nicht nur in Serbien, sondern auch andernorts in Jugoslawien. Auf jene Gebiete, wo sich der Partisanenwiderstand praktisch unabhängig gebildet hatte – was in erster Linie für Slowenien und Kroatien gilt –, legte sich jetzt über alles der bleierne Mantel des Konformismus und Zentralismus. Dazu trugen in manchem die sowjetischen »Instruktoren« bei, die »von oben« geschickt worden waren, wie Tito an Ranković schrieb, um die Arbeit des Geheimdienstes OZNA in der Vojvodina, in Serbien, Mazedonien, Montenegro, Kroatien und Slowenien zu koordinieren. Dabei konnte man sich nicht des Eindrucks erwehren, dass Stalin etwas predigte, seine Leute in Jugoslawien aber etwas ganz anderes taten. Von Kardelj verlangte er, »dass sich die Jugoslawen um keinen Preis auf irgendwelche revolutionären Experimente einlassen oder das sowjetische Regime nachahmen.«[465] Die sowjetischen Agenten aber lehrten inzwischen ihre jugoslawischen Genossen, wie genau das zu tun sei. Wie wertvoll ihre Anweisungen waren, lässt sich an den Erfolgen ablesen, die die OZNA dort hatte, wo sich die neue »Volksherrschaft« gefestigt hatte. Erste sichtbare Resultate erbrachte im Banat eine Aktion gegen die deutsche Minderheit, die sich während des Krieges fast vollständig den Nazis angeschlossen hatte. Jene »Švabi«, denen es nicht gelungen war, mit den Konvois der Wehrmacht zu flüchten, wurden liquidiert, in die Sowjetunion deportiert oder in Lager gesperrt und ein, zwei Jahre später, falls sie überlebt hatten, aus dem Land getrieben. Diese Repression leitete zu Beginn Tito selbst, wie einem Telegramm zu entnehmen ist, das er am 16. Oktober an einen seiner Generäle sandte: »Schicke mir über Bela Crkva schnell eine der stärksten Divisionen, eventuell die Krajiška, nach Vršac. Ich brauche sie, um Vršac von den Deutschen zu säubern. [...] Das haltet geheim.«[466]

Dasselbe Schicksal hätte auch die ungarische Minderheit ereilt, an deren Händen serbisches Blut klebte, wenn sich nicht die Russen mit der Begründung für sie eingesetzt hätten, dass nach dem Krieg Ungarn sozialistisch sein werde und es nicht angezeigt sei, die gegenseitigen Beziehungen zu vergiften.[467] Auf dem Land der »Švabi« begannen die Behörden in den folgenden Jahren mit der Ansiedlung von Menschen aus den Bergregionen Zentralbosniens, die am zahlreichsten an Partisanenkampf teilgenommen hatten und bei Kriegsende am stärksten im Offizierskader der JA vertreten waren. Diese Migrationsströme verliefen natürlich nicht ohne Spannungen, auch da nun Menschen mit unterschiedlichen kulturellen Traditionen und Denkweisen aufeinandertrafen.[468]

Es ist schwer zu sagen, ob die »Säuberung von fremden Elementen«, die Tito zu betreiben begonnen hatte, noch bevor er Vršac verließ, schon ein Zeichen des Übergangs von der Volksbefreiungsphase zur Revolution bedeutete. Aber die Vorkommnisse, die sich wenige Tage später in Belgrad ereigneten, können sicher als solche gesehen werden. Denn hier marschierten die Partisanen mit dem Befehl ein, sofort alle Ljotić- und Nedić-Anhänger zu erschießen.[469] Die OZNA nutzte die Gelegenheit und ließ sich erbarmungslos an den echten oder vermeintlichen Kollaborateuren aus, wie es diese in den Jahren zuvor mit den Kommunisten getan hatten – bei der Befreiung Belgrads hatten die Partisanen kein einziges Mitglied der KPJ vorgefunden.[470] Noch schlimmer war es im Kosovo, wo sich die Albaner mit der Waffe in der Hand gegen die serbischen »Befreier« und gegen die Mobilisierung zur Partisanenarmee zur Wehr setzten. Es kam zu einem wahren Volksaufstand, der so wirkungsvoll war, dass Tito im Februar 1945 in der Provinz eine Militärverwaltung mit all ihren Schrecken einführte. Etwa 1 200 Angehörige der kollaborierenden Einheiten der »Ballisten«, denen sich noch an die tausend Deserteure angeschlossen hatten, verschanzten sich in einem Gebirgsdorf, das von der 42. Division der jugoslawischen Armee umzingelt und mit einer Artilleriekanonade dem Erdboden völlig gleichgemacht wurde.[471] Stalin unterstützte diese Politik, obwohl er Tito riet, eine Amnestie für Mihailovićs Tschetniks zu erlassen.[472]

Mit der Befreiung Belgrads, Nord- und Ostserbiens, Ost-Srems und der Vojvodina kam es zu großen strategischen Veränderungen. Es entstand ein breites Territorium, auf dem es möglich war, die Bevölkerung für Kampfeinheiten und für andere militärische Zwecke zu mobilisieren. Während die Divisionen der JA bis zur Befreiung Belgrads 3 000 Kämpfer zählten, so stieg ihr Zahl jetzt sprunghaft auf 10 000 Mann. Es bildete sich eine Front, die von Kraljevo, Čačak, Užice an der Drina, an der Linie Sremska Mitrovica-Ilok und dann an Donau und Drau entlang bis zur ungarischen Grenze und darüber hinaus verlief, wo bulgarische und sowjetische Einheiten standen. Taktisch war sie nur in Srem verbunden, wo es zu Kämpfen mit der deutschen Armee kam, die sich aus dem Balkanraum Richtung österreichische Grenze zurückzog. Es handelte sich um 800 000 Mann, denen noch 300 000 unterschiedliche Kollaborateure hinzuzuzählen waren. Die jungen Rekruten, die zum Teil zum ersten Mal ein Gewehr in den Händen hielten, waren für den frontalen Kampf mit einem Heer dieser Größe natürlich noch nicht genügend ausgebildet; die Wehrmacht hatte ihre Schlagkraft nicht verloren, obwohl klar war, dass der Sturz des Dritten Reiches nicht fern war. Mehr aus politischen als aus strategischen Gründen – wegen des Prestiges vor Stalin und den anderen Verbündeten – beschloss Tito, den feindlichen Vormarsch aufzuhalten und damit zu beweisen, dass er über eine reguläre Armee verfügte. Das hatte eine Schlachtorgie zur Folge, die ihm die Serben nie vergeben haben.

Über die Folgen dieser »Schlächterei der serbischen Jugend«,[473] bei der in 175 Tagen etwa 37 000 Soldaten fielen, erzählt Gojko Nikoliš in seinen Memoiren Erschütterndes: »Vom Fenster des Büros an der Ecke der Nemanjina und General Ždanov-Straße sehe ich ganze Kolonnen von Bauern mit Särgen auf den Schultern. Greise und Großväter machen sich auf die Suche nach ihren Enkeln und Söhnen, Brüdern und Schwiegersöhnen. Sie graben die Felder um in Srem, rings um Vinkovci, Djakovo, Pleternica, Strizivojna, Požega, Pankrac, Čazma […] Die einen gehen die Nemanjina hinunter, die anderen kehren zurück. Die Särge aus Zinkblech schimmern auf den Schultern der gebeugten Greise. So ganze Tage, Monate, zwei Jahre.«[474]

Die Ereignisse an der Ostfront schreckten die Kollaborateure im gesamten jugoslawischen Raum auf, da sie die kommende Niederlage sahen, wenngleich sie auf unterschiedliche Weisen reagierten. In Slowenien, wo es im Herbst 1944 schätzungsweise 18 000 Domobranzen gab, sagte ein Kurat am 6. Oktober anlässlich der Beisetzung Gefallener in der Nähe von Kranj: »Besser ist, das ganze slowenische Volk stirbt heroisch, als dass es im kommunistischen Übel lebt.«[475] Im NDH-Staat Kroatien dagegen knüpften mehrere Ustascha-Führer schon im Sommer Kontakte zu Vertretern der Kroatischen Bauernpartei in der Hoffnung, sich mit ihrer Hilfe auf irgendeine Weise zu retten. Ihr Plan war es, einen mehr oder weniger fiktiven Putsch zu organisieren, nach dem die Angehörigen der Ustascha-Einheiten demobilisiert werden und sich die Domobranen (Angehörige der regulären Armee) mit den Tschetniks verbinden sollten, um so in West-Jugoslawien den Kommunismus gemeinsam zurückdrängen zu können. Die angloamerikanischen Verbündeten sollten nach diesen Plänen ihre Truppen in Dalmatien anlanden, und Vladimir Maček, der Führer der Kroatischen Bauernpartei, sollte an Stelle Pavelićs die Präsidentschaft der Republik übernehmen. In dieses Spiel war auch Erzbischof Alojzije Stepinac eingebunden, doch Pavelić wollte die ihm zugedachte Rolle des Sündenbocks nicht übernehmen, obwohl ihm sichere Zuflucht in der Schweiz versprochen wurde. Mithilfe der Gestapo ließ er am 30. August 1944 die Hauptinitiatoren des Plans verhaften. Damit konnte er aber nicht verhindern, dass im Staat die Angst umging, denn auch einem Blinden musste klar geworden sein, dass die Tage des NDH gezählt waren. Als Tito am 31. August und später noch einmal am 22. November 1944 eine Amnestie für Kollaborateure verkündete, die sich nicht des Volksverrats und Kriegsverbrechen schuldig gemacht hatten, kam es unter den kroatischen Domobranen (nicht hingegen unter den slowenischen Domobranzen und den Tschetniks) zu einem unaufhaltsamen Schwund.[476]

★

DIE KONFERENZ TOLSTOI UND DAS TITO-ŠUBAŠIĆ-ABKOMMEN

Während die Kämpfe um Serbien andauerten, gab es eine intensive diplomatische Schlacht in Moskau, wo man vom 9. bis 18. Oktober 1944 unter Beteiligung Stalins und Churchills eine Konferenz unter dem Codenamen *Tolstoj* abhielt. Der britische Premier kam mit dem klaren Bewusstsein in die sowjetische

Hauptstadt, dass ihn Tito betrogen hatte und dass seine Position im Donau-Balkan-Raum äußerst schwach war.[477] Das wird auch aus den Worten Harold Macmillans, des britischen Ministers für den Mittelmeerraum, deutlich, der in einem Bericht schrieb: »Wir dürfen nicht vor uns verhehlen, dass wir mit der Strategie, alle unsere Kräfte auf Westeuropa zu konzentrieren, unseren möglichen Einfluss in Rumänien, Bulgarien, Jugoslawien, Albanien und Griechenland verspielt haben, sodass uns kaum genügend Streitkräfte für den Abschluss der Kämpfe in Italien bleiben. Ohne Zweifel müssen wir durch Bluffen erreichen, was sich erreichen lässt, wobei wir aber nicht so offensichtlich betrügen dürfen, dass uns jeder leicht aufdecken kann.«[478]

Ein solcher »Bluff« war Churchills Vorschlag an Stalin über die Teilung der Einflusssphären auf dem Balkan und im Donauraum, (was Jugoslawien betrifft, sollte das Verhältnis 50 zu 50 sein, wobei die Russen die Infanterie der JA kontrollieren sollten, die Briten die See- und Luftstreitkräfte).[479] Damit bot der britische Premier dem Diktator das an, was die Rote Armee bereits hatte oder für sie in greifbarer Nähe war, während er für sich politischen Einfluss auf Gebieten forderte, wo es, wenn wir Griechenland ausnehmen, noch keine englischen Truppen gab. Stalin, dem es um ein gutes Verhältnis zum Westen ging, nahm diesen Vorschlag an und gab Churchill die Versicherung, dass er nicht vorhabe, in Europa eine bolschewistische Revolution in Gang zu setzen, und führte als Beweis für diese Behauptung gerade seine Politik in Rumänien, Bulgarien und Jugoslawien an.[480]

Das Moskauer Abkommen hatte aber auf die Entwicklung der Ereignisse keinen besonderen Einfluss und hinterließ sogar im Bewusstsein der englischen Diplomaten nur eine schwache Spur: Vier Jahre später gab es im *Foreign Office* schon niemanden mehr, der sich seiner in Einzelheiten erinnert hätte. Das lässt sich von den jugoslawischen Führern nicht behaupten. Dass hinter den Kulissen etwas auf ihre Kosten gedreht werde, ahnten sie schon Ende April oder Anfang Mai 1944, als Randolph Churchill in einem Wutausbruch die Aufteilung der Interessensphären zwischen seinem Vater und »Onkel Joe«, wie der Moskauer Diktator in der angelsächsischen Welt genannt wurde, erwähnte.[481] Als im darauffolgenden November Stalin selbst Kardelj den Inhalt des Abkommens mit Churchill anvertraute, waren die Jugoslawen über die Tatsache empört, dass ihr Land Gegenstand ausländischer Manipulationen geworden war: Wir werden nicht das Kleingeld sein beim Feilschen der Großmächte.[482] Noch Jahre später konnten sie sich nicht des Gefühls erwehren, dass es Geheimabsprachen auf ihre Kosten gab, und führten das »*Fifty-fifty*-Abkommen« oft als Beweis an, dass Jugoslawien Objekt imperialistischer Gier sowohl von Ost als auch von West sei.[483] Die Briten konnten sich ihrerseits, trotz des scheinbaren

Erfolges, den Churchill mit seinem Vorschlag errungen hatte, mit Titos untaktischem Verhalten nicht anfreunden. Als sich Außenminister Eden bei ihm in diesem Sinne beklagte, versuchte Molotow ihn vergeblich mit den Worten zu trösten: »Tito ist ein Bauer, der nichts von Politik versteht und zur Geheimniskrämerei neigt, deshalb informiert er niemanden über seine Pläne«.[484]

Tito ahnte, dass ihm die *Tolstoj*-Konferenz Unannehmlichkeiten bescheren könnte. Am selben Tag, als in Moskau die Gespräche zwischen Churchill und Stalin begannen, telegrafierte er an Šubašić und lud ihn ein, in die Heimat zurückzukehren, um mit ihm eine gemeinsame Regierung zu bilden. Zu diesem Schritt entschloss er sich nach zwei Monaten des Zögerns, weil er sich erst jetzt stark genug fühlte und auch weil er wusste, dass die Sowjetunion eine weitere Verschlechterung seiner Beziehungen zum Westen nicht gutheißen würde. Das Problem, das sich sofort zu Beginn stellte, war die Rolle König Peters II. bei der Bildung der neuen Regierung, denn nach der Verfassung hätte gerade er den Premier ernennen müssen. Tito, dem das Amt als Regierungschef zweifellos zukam, war aber nicht bereit, sie aus dessen Händen entgegenzunehmen. Am Schluss fand man in einer Idee Vladimir Velebits einen Ausweg: In Anlehnung an die Praxis, die auch während der Minderjährigkeit des Königs gegolten hatte, entschied man sich für eine Regentschaft, der der Herrscher, solange er sich im Ausland befindet, seine Vollmachten überträgt. Nach langem Verhandeln unterzeichnete Tito am 1. November 1944 mit Šubašić ein neues Abkommen, in dem beschlossen wurde, einen dreiköpfigen Regentschaftsrat einzusetzen, wobei der König auf Vorschlag des Nationalkomitees des AVNOJ zwei Mitglieder ernennen würde. Diese Lösung, zusammen mit der Zusage, dass in Jugoslawien politischer Pluralismus herrschen werde, sollte der neuen Regierung die nötige internationale Anerkennung sichern. Als das Abkommen erreicht war, galt es sich der Zustimmung des Königs und der alliierten Mächte zu versichern, was alles andere als einfach war, denn die Beziehungen zwischen Belgrad und London hatten sich gegen Ende 1944 sichtlich verschlechtert.[485]

Das Tito-Šubašić-Abkommen, das für die Monarchie einen zusätzlichen Schlag bedeutete, stieß auch bei den Sowjets auf Missfallen, weil sie eine negative Reaktion der Briten befürchteten. Um Churchill zu beruhigen und in der Hoffnung, die Machtfrage zu Gunsten König Peters II. zu korrigieren, riefen sie Ende November Tito und Šubašić nach Moskau.[486] Tito sagte seine Teilnahme vorsichtshalber ab, denn er erwartete, dass ihn Stalin mit aller Macht von der Richtigkeit seiner Politik überzeugen wollte, und entsandte zusammen mit Šubašić Edvard Kardelj in die sowjetische Hauptstadt. Obwohl sich Letzterer von dem wütenden *chozjajin* so manches anhören musste – er sprach verächtlich über die Partisanenarmee, kritisierte den fünfzackigen roten Stern und die roten Fahnen, behauptete, dass man »nicht auf unsere Instruktoren hört«, forderte die vorübergehende Rückkehr des Königs auf den Thron –, fuhr Tito unbeeindruckt mit der »Bolschewisierung« Jugoslawiens fort.[487]

Zu Hause fühlte er sich außerordentlich stark. »Zu Ende des Krieges«, sagte er später, »hatten wir eine große materielle Basis der Revolution, die Klassenfeinde konnten sich nicht einmal rühren. [...] Das war nur deshalb so, weil die Basis der Revolution riesengroß war, was es bis dahin nirgends auf der Welt gegeben hatte.«[488] Gerade deshalb hatte er nicht vor, Churchills und Stalins Absprache über die Teilung des Einflusses in Jugoslawien nach der Formel halb-halb zu akzeptieren. Stalin, der Kardelj und Šubašić von diesem Abkommen erzählte, setzte hinzu: »Das bedeutet, dass wir in Jugoslawien nichts ohne sie [die Briten] tun können, und sie nichts ohne uns.« – »Für uns war das nur eine zusätzliche Warnung«, kommentierte Kardelj, »dass wir in unseren Entscheidungen selbstständig zu sein haben.[489]

Auch der Plan der Briten, militärisch auf der Balkanhalbinsel einzugreifen, dem Churchill bereits längere Zeit anhing war noch nicht vom Tisch. Doch erneut blieb es nur bei Worten, die jedoch reichten, um die jugoslawischen Führer nervös werden zu lassen, umso mehr, da die britischen Truppen, die Anfang Oktober nach Griechenland geschickt worden waren, am 3. Dezember ihre Waffen gegen die kommunistischen Partisanen gerichtet hatten, um die Rückkehr von König Georg II. auf den Thron in Athen sicherzustellen. Im Gegensatz zu Stalin, der in diesem Falle eine überaus vorsichtige Politik betrieb, ermunterte Tito die griechischen Linken, im Kampf auszuharren, und versprach ihnen Militärhilfe.[490] Die blutigen Ereignisse in Athen verstärkten in Belgrad den Verdacht, dass Churchill in Jugoslawien ähnlich agieren könnte.[491] Zugleich fürchteten sie aber auch den Panhellenismus, denn zu dieser Zeit war eine Landkarte aufgetaucht, auf der fast ganz Albanien und das ganze Vardar-Mazedonien für Griechenland beansprucht wurde.[492]

Die Krise, in der sich Ende 1944 die Beziehungen zwischen den Briten und der Spitze der jugoslawischen Widerstandsbewegung befand, versuchte König Peter II. zu seinen Gunsten auszunutzen und wies die Forderung zurück, er solle seinen Rechten entsagen. Churchill, inzwischen zu der Überzeugung gelangt, mit Tito »eine Schlange am Busen genährt« zu haben, schätzte ganz nüchtern ein, dass in Jugoslawien der Anschein einer Monarchie höchstens mit Anerkennung der Regentschaft aufrechtzuerhalten war. Trotzdem vergingen zwei Monate, bevor Peter II. zum Nachgeben bereit war. (Wegen seiner Obstruktion wurden die Mitglieder des Regentschaftsrats erst am 2. März 1945 ernannt.) Auf der vom 4. bis 11. Februar abgehaltenen Konferenz von Jalta empfahlen die

»Großen Drei«, Stalin, Churchill und Roosevelt, dass in Jugoslawien das Tito-Šubašić-Abkommen umgesetzt werden und bis zur Einberufung einer verfassungsgebenden Versammlung ein vorläufiges Parlament tagen solle, in dem Mitglieder des AVNOJ und jene Abgeordnete des Vorkriegs-Nationalparlaments sitzen würden, die nicht mit dem Okkupator zusammengearbeitet hatten. Es waren insgesamt 118 Politiker, die bei den Wahlen von 1938 zur Zeit des diktatorisch regierenden Milan Stojadinović gewählt worden waren.[493]

Diese Übereinkunft, mit der offensichtlich versucht wurde, das bürgerliche Lager gegenüber der Widerstandsbewegung zu stärken, bezeichnete Tito empört als »wahres Verbrechen gegen Jugoslawien«, wobei sich seine Verärgerung eher gegen die Sowjets als gegen die Briten oder Amerikaner richtete.[494] Er warf ihnen vor, dass sie gegenüber Roosevelt und Churchill so leicht nachgegeben und ihn obendrein überhaupt nicht über ihre Absichten informiert hätten. Erst nach dem der Beschluss gefasst geworden sei, sei er informiert worden, ganz so als wäre seine Meinung dazu ohne jede Bedeutung.[495] Gegen die Entscheidung von Jalta legte er beim neuen Leiter der sowjetischen Militärmission, K. W. Kiselew, Protest ein und drohte, dass sein Verhältnis von nun an zu allen Verbündeten gleich sein werde. Das war der Auftakt zu einer weiteren Verschlechterung des Verhältnisses zur Sowjetunion.

Die Krise verschärfte sich, als Tito am 7. März 1945 die erste provisorische Regierung des Demokratischen Föderativen Jugoslawiens verkündete. Unter ihren dreißig Mitgliedern fand sich neben Šubašić, der zum Außenminister ernannt wurde, auch Milan Grol, ein Vertreter der Serbischen demokratischen Partei. In Kardeljs Worten war Grol ein »sehr selbstständigen Mann von großem Ansehen, aber ein rechtsorientierter reaktionärer Politiker, der mit uns eigentlich in keinem einzigen Punkt übereinstimmte«.[496] Für ihn hatte sich Tito entschieden, um gegenüber Stalin seine Unabhängigkeit unter Beweis zu stellen und gleichzeitig Churchill für sich zu gewinnen. Die Sowjets, die von dieser unerwarteten Ernennung erst durch die Briten erfahren hatten, waren wütend, denn sie hatten damit gerechnet, dass ihr Kandidat, der ehemalige Moskauer Gesandte des Königs Stanoje Simić, in die Regierung ernannt würde. Außerdem erschien ihnen die Erklärung, mit der sich die neue Regierung der Welt vorstellte, überaus »blass«. In einem geheimen Brief vom 11. März, der an Tito, Kardelj und Hebrang adressiert war, beklagten die Sowjets, dass in der Absichtserklärung der neuen Regierung die Zusammenarbeit zwischen den slawischen Ländern unerwähnt blieb und zudem keine Würdigung der Rolle der Sowjetunion bei der Befreiung Serbiens zu finden sei, und betonten, »dass ein solches Verschweigen dem demokratischen Jugoslawien nicht zum Vorteil gereicht«. Die sowjetische Regierung (also Stalin) stellte fest, »dass die Mängel der

Deklaration Ausdruck des Wirkens von Šubašić und Grol seien, die bereits bei den ersten Schritten der jugoslawischen Regierung auf eine unerwünschte Ausrichtung des demokratischen Jugoslawiens Einfluss nähmen«.[497] Tito antwortete, dass die Ernennung Grols durch die aktuelle Situation bedingt gewesen sei: durch die Überzeugung, dass es »möglich sein werde, auf diese Weise den Block der serbischen Reaktion leichter zu zerschlagen«, und durch die Meinung, dass anderenfalls »die Alliierten die neue Regierung nicht anerkennen würden«. Der Vorfall bereitete Tito aber doch große Sorge, denn gleichzeitig schickte er eine Depesche an Dimitrow, die vom britischen Geheimdienst abgefangen wurde und in der er fragte: »Wie ist mein Verhältnis zu Filipow?«[498]

Filipow alias Stalin reagierte sofort: Er gehe mit dieser Argumentation nicht konform. Das zwang Tito dazu, noch am selben Tag, dem 15. März 1945, eine Sitzung des Politbüros einzuberufen. Erst als das in einer Sondererklärung seinen Fehler zugab und die Deklaration mit »opportunistischer Angst vor der Verschärfung der Beziehungen zu Großbritannien und den USA« erklärte, beruhigte sich Stalin etwas. In dem Schreiben an ihn gelobten Tito und die Genossen Besserung, versprachen, sich künftig mit der Sowjetregierung über alle Fragen zu beraten und betonten, dass Jugoslawien eine einzige Option habe: »Mit der Sowjetunion gehen und unter ihrer Führung«.[499] Trotz dieses demütigenden Eingeständnisses ließ der nächste Zwischenfall nicht lange auf sich warten. Tito gab für die Gesandten, die die Sowjetunion, Großbritannien und die USA in Belgrad akkreditiert hatten, ein festliches Abendessen, bei dem der Vertreter Seiner Britischen Majestät auf dem Ehrenplatz saß, obwohl Stalins Vertreter Iwan W. Sadtschikow vor ihm nach Jugoslawien gekommen war. Nach dem Protokoll hätte ihm also der Vorzug gebührt. Wieder kam Protest aus dem Kreml.[500]

Von diesem Streit hinter den Kulissen ahnte Churchill nichts. Da er überzeugt war, das Spiel in Jugoslawien verloren zu haben, beschloss er, seine Politik der neuen Situation anzupassen. In einer Note, die er am 11. März 1945 an Eden schickte, schrieb er, dass Tito ruhig im eigenen balkanischen Saft kochen solle und dass er alles auf Italien setzen und versuchen werde, dieses vor der »kommunistischen Pest« zu bewahren.[501] Dabei dachte er an die starke Kommunistische Partei in Norditalien und an die Gefahr, dass es zwischen ihr und der KPJ zu einem gemeinsamen revolutionären Unternehmen kommen könne. Daher sah er mit großer Beunruhigung auf die Gebietsforderungen des neuen Jugoslawiens in Julisch Venetien, einschließlich Triests, wo die OF ab 1942 eine äußerst aktive Widerstandsbewegung aufgebaut hatte. Ihm wurde immer klarer, dass man auf diesem ethnisch gemischten Schlüsselgebiet den unmittelbaren Kontakt zwischen Titos Kämpfern und den italienischen Partisanen verhindern müsse.[502]

Während sich so schon die Möglichkeit eines ernsthaften Konflikts mit den westlichen Alliierten andeutete und die jugoslawischen Beziehungen zu Moskau alles andere als harmonisch waren, kämpfte die Hauptstreitmacht der Partisanenarmee noch mit den Truppen von General Löhr, die sich verzweifelt bemühten, sich bis zur österreichischen Grenze durchzuschlagen, um sich dort den Briten zu ergeben. Als in den größten Teilen Europas schon Frieden herrschte, kam es zu letzten Gefechten in Südkärnten. Am 15. Mai 1945 nahm die III. Armee unter dem Kommando von General Kosta Nadj 30 000 Soldaten gefangen, darunter zwölf Ustascha-Generale und Anführer der montenegrinischen Tschetniks sowie 20 000 Zivilflüchtlinge.[503]

Der Befreiungskrieg war beendet, der Bürgerkrieg aber wütete überall in Jugoslawien noch Monate und Jahre, bis zur völligen Liquidierung jeden Widerstands gegen das siegreiche kommunistische Regime.[504] Aber auch wenn seine Gegner um das Jahr 1947 im großen Ganzen vernichtet waren, schwelte noch die ethnische Feindschaft zwischen den jugoslawischen Völkern, die in der Zeit vor dem Krieg entzündet worden war und während des Krieges lichterloh brannte, trotz der aller Propaganda, die eine geradezu mystische Einheit der neuen Gesellschaft verkündete: »Wir sind Titos – Tito ist unser.« Das stimmte insofern, als dass sich Tito auf ein starkes Heer stützen konnte, das ihm die Kontrolle über den ganzen Staat sicherte. Wenn man den Angaben von Generaloberst Ilija Radaković Glauben schenken darf, waren die Kräfte der Volksbefreiungsarmee und der Partisanenabteilungen in sprunghaftem Anwachsen begriffen. Im Jahre 1941 zählten sie 80 000, im Jahre 1943 300 000 und im Jahr 1945 schließlich 800 000 Kämpfer.[505] Über die JA, die sich nach dem Krieg nach dem Vorbild der Roten Armee zu bilden begann, wachte Tito eifersüchtig: Bis an sein Lebensende hielt er sie unter seiner Kontrolle und erlaubte niemandem, in ihre Organisationsstrukturen einzugreifen.[506]

★

DER SIEG

Kaum war Tito am 27. Oktober 1944 nach Belgrad zurückgekehrt, besuchte er die Königspaläste in Dedinje und befahl, sie instand zu setzen. Der neue Herrscher, der in die Residenzen der Karađorđević-Dynastie einzog, war, wie der kroatische Historiker Dušan Bilandžić notierte, »ein Schafhirte aus dem Zagorje«, was für die *Čaršija*, die Belgrader Finanz- und Politikeroligarchie, aber nicht nur für sie, auch für manchen Serben der unteren Schichten, ein Schock war.[507] Die erwähnten Residenzen waren mehr vernachlässigt als beschädigt, man hatte beispielsweise weder das Mobiliar noch anderes Inventar entfernt. Tito bezog den *Beli dvor,* das Weiße Palais, das Fürst Pavle in neoklassizistischem Stil hatte erbauen lassen. Er hielt aber auch den *Stari dvor,* das Alte Palais König Aleksandar und eine noch unfertige Villa der Familie Acović in der Romunska 15 unter seinem Zugriff. Das Alte Palais war für hohe Gäste und Staatspräsidenten bestimmt, das Weiße Palais verwendete Tito als Arbeitsraum, während ihm die Villa in Dedinje als persönliche Residenz diente. Später übernahm er auch noch andere Villen und Gärten in der Nachbarschaft und schuf so einen größeren Komplex, um den er eine Mauer ziehen ließ. Bald wurde die Villa in Dedinje sein Hauptaufenthaltsort in Belgrad. Im Hof ließ er die Bronzestatue eines Pferdes aufstellen in Erinnerung an jenes, das er während des Krieges geritten hatte, und daneben noch eine Büste des gefallenen Ivo Lola Ribar.[508] Dass er gemäß Protokoll kein Recht auf die erwähnten Gebäude hatte, da er nicht das Staatsoberhaupt, sondern nur der Ministerpräsident war, störte ihn nicht weiter, wie auch nicht die Regenten, und später auch nicht den Vorsitzenden des Präsidiums der Bundesversammlung, Ivan Ribar, der formal die Funktion des Staatschefs ausübte.[509] Im Weißen Palais beging Tito feierlich das Neujahrsfest 1945, das schon im erwarteten Sieg glänzte. Seine Genossen sahen zum ersten Mal, wie er mit den Genossinnen, von denen die meisten »Handgranaten und Revolver umgeschnallt« hatten, Walzer tanzte. Der einzige Störfaktor war ein anonymes Briefchen, das sich unter die Neujahrsglückwünsche geschmuggelt hatte und auf dem stand: »Wie fühlst du dich in einem fremden Haus?« Tito verließ das Karađorđević-Palais auf der Stelle und kehrte nie mehr für längere Zeit dorthin zurück.[510] In anderen Fällen zeigte er allerdings weniger Zurückhaltung oder Verlegenheit bei der Aneignung von Gütern der ehemaligen Besitzer. Als man im Keller des Palastes in Dedinje Kisten voller Gold und Wertsachen fand, die Tito aufgrund seiner Geschicklichkeit als Schlosser leicht öffnete, riet ihm sein Begleiter, General Moma Đurić, er solle alles in die Volksbank bringen lassen, denn »was wollen wir damit«. – »Eh, Đurić. Lass nur, lass! Auch das werden wir brauchen.«[511] Er hatte den Artikel vergessen, den er im Mai 1939 im *Proleter* veröffentlicht hatte: »Die politische Arbeit eines Parteimitglieds ist von seinem persönlichen Leben nicht zu trennen. Das ist auch die erste Voraussetzung, damit ein Kommunist das Vertrauen der Massen gewinnt.«[512]

★

... UND SEINE VERLOCKUNGEN

Natürlich beschränkte sich Tito bei der Übernahme der königlichen Residenzen nicht auf Belgrad, sondern eignete sich auch alle anderen Paläste der Karađorđevics an, wobei er sich auch gegenüber seinen Genossen großzügig zeigte. Er erlaubte ihnen, sich in Villen einzurichten, die über das hügelige Dedinje, dem exklusivsten Belgrader Viertel, verstreut lagen, lud sie oft ein, auf Festessen, auf eine Partie Billard, zu Filmvorführungen, vor allen Dingen aber auf die Jagd. Die Jagd hatte in der neuen Wirklichkeit einen besonderen Symbolwert, stand sie doch für den erlangten Status (niemand aus der Führung war vor dem Krieg Jäger gewesen). Nach dem Krieg wurde die Jagd zu einem Ereignis, mit dem die Genossen ihre Zugehörigkeit zur herrschenden Elite unterstrichen. Mit der Zeit veränderte sie sich in ein Ritual, an das man sich streng zu halten hatte. Es war genau geregelt, was von jemandem geschossen werden durfte, je nachdem, ob es sich um Mitglied des Föderationsrates handelte, um einen Bundessekretär oder ein Präsidiumsmitglied. Oder um Tito.[513]

Tito war ein leidenschaftlicher Jäger und rühmte sich gern seiner Fähigkeiten. Ende des Jahres 1953, als er starke rheumatische Schmerzen hatte, als die Krise um Triest auf einem ihrer Höhepunkte war, als die Italiener gegen das Verteidigungsabkommen zwischen Jugoslawien, Griechenland und der Türkei intrigierten und sich gleichzeitig noch Milovan Đilas mit seinen häretischen Artikeln in der *Borba* meldete, waren auf Schloss Brdo, der ehemaligen slowenischen Residenz von Fürst Pavle, Titos Gedanken vor allem bei einem riesigen Steinbock aus dem Triglav-Massiv. Als die Nachricht eintraf, dass man ihn ausgemacht habe, fuhr er sofort auf die Jagd. Einer seiner Begleiter notierte: »Die ganze Zeit seines Aufenthalts in Slowenien wartete er […] auf diese Nachricht. Schon vier Jahre war es sein größter Wunsch, ihn zu schießen.«[514] Als aber bei einer anderen Gelegenheit auf der Jagd in den Karpathen der rumänische Diktator Nicolae Ceaușescu einen Bären schoss, der mit mehr »Punkten« bewertet wurde als der von ihm erlegte, erklärte er entrüstet: »So etwas würde ich mit meinen Gästen nie tun.«[515]

Da er für sich nicht beanspruchen konnte, eine Autorität auf ideologischem Gebiet zu sein, wie es bei Lenin und Stalin der Fall war, war Tito gezwungen, sich das Charisma durch Gesten der Macht zu schaffen, zu denen eine luxuriöse Lebensweise gehörte. Das war ihm keineswegs lästige Pflicht, sondern vielmehr eine wahre Leidenschaft nach Besitz, der er sich total hingab.[516] Beim Zusammenraffen von Besitztümern konnte er auf die Hilfe des NKWD-Mannes Ivan Krajačić-Stevo zählen, der einen ähnlichen Geschmack hatte. Die Briefe aus der ersten Nachkriegszeit, die ihm Letzterer schickte, sind beredt: »Lieber Alter, ich sende dir drei Riemen und eine goldene Tabakschachtel, und auch zwei Halsketten. Ich denke, dass du sie verschenken kannst, wenn du hinfährst (nach Moskau). Fachleute behaupten, dass ein Überzieher aus diesem grauen Stoff sehr gut ist, und so schicke ich dir drei Meter für einen Trenchcoat.« Und weiter: »Ich schicke dir auch zwei goldene Zigarettendosen, eine für den Tisch, eine für die Tasche. Ich denke, die Tischdose würde sich auf deinem Nachttisch gut machen.«[517]

Tito besaß Automobile, um nur einige aus seinem Fuhrpark zu nennen, die er von Stalin und Chruschtschow bekommen hatte, einen Rolls-Royce, von dem die einen sagten, er habe ihn von der englischen Königin bekommen, andere wiederum, er sei aus Slowenien. Zudem hatte er einen Mercedes, den er von Ante Pavelić oder General Löhr »geerbt« hatte. Er besaß Kutschen, die Jacht *Galeb*, das Segelschiff König Aleksandar Karađorđevićs, eine große Kollektion von Statuen, Gemälden, Teppichen und anderen Museumsgegenständen.[518] Dieser Lebensstil, der an den des Habsburger Erzherzogs denken ließ, veränderte natürlich auch seine äußere Erscheinung. Während er in der Zeit des Partisanenkampfes mit seiner Figur, vor allem mit dem gemeißelten Gesicht, an einen Raubvogel erinnerte, wurde er in der »Freiheit« bald rund und verwandelte sich dem Anschein nach in eine Art gutmütigen Paten. »Von Weitem«, schrieb der Diplomat Bogdan Radica, der bald nach dem Krieg in den Westen flüchtete, »erinnert er lebhaft an [den Vorkriegs-Ministerpräsidenten] Stojadinović. In Belgrad heißt er bei den Leuten Göring und in Zagreb Titler«.[519]

Sein Gehalt war am Anfang bescheiden, nur symbolisch, wobei aber niemand kontrollierte, wie viel Geld der »Hof« (offiziell das »Marschalat«) verschlang, denn es gab keine Trennung zwischen persönlichen und öffentlichen Ausgaben. Erst Ende des Jahres 1952, gute drei Wochen vor der Wahl zum Präsidenten der Republik, regelte das Amt für soziale Sicherheit Titos Lebensarbeitszeit: Unter Einrechnung der Jahre der Beschäftigung, der illegalen Tätigkeit und die Kriegsjahre wurden ihm vom 26. Mai 1908 bis zum 7. März 1945 36 Jahre, 9 Monate und 13 Tage anerkannt.[520] Die Verfassung von 1963, die in Artikel 220 vom Präsidenten der Republik spricht, bewilligte ihm für die Ausübung seiner Funktion 40 000 unversteuerte Dinar monatlich. Zwei Jahr später hob das Bundesparlament diese Summe auf 550 000 Dinar an, die zwei weitere Jahre später verdoppelt wurde. Ab 1. Januar 1967 erhielt er weitere 10 000 Dinar monatlich für Repräsentationsausgaben, vom 7. Januar an wurde diese

Summe jeden Monat um 1000 Dinar erhöht. Für Ausgaben, die er als Oberbefehlshaber hatte, erhielt er ab dem Jahr 1970 10 000 Dinar monatlich, außerdem bezahlte ihm die Kommunale Sozialversicherung ab dem Jahre 1965 einen Kinderzuschlag für die Enkel Jožek und Zlatica, während sein Sohn Aleksander (Miša) von der erwähnten Bezügeliste gestrichen wurde.[521]

Was die Investitionen für den Bau protokollarischer Präsidialobjekte, die Sicherheit, Reisen im Inland und in der Welt und »Sonstiges« betrifft, gab es ein Sonderbudget mit Mitteln, die aus den Staatsreserven geschöpft wurden. Das präsidiale Generalsekretariat, das die Gehälter Titos und seines Personals auszahlte, hatte dabei keinen Einblick in dieses Budget. Dafür war General Milan Žeželj zuständig, Volksheld und Gardekommandant, ein Serbe aus der kroatischen Lika, der während des Krieges neunmal verwundet worden war und der Tito, wie Louis Adamič erzählt, geradezu vergötterte.[522] Dazu muss man sagen, dass Tito den Staat bedeutend mehr kostete als König Aleksandar. Vladimir Popović, der Anfang der sechziger Jahre Titos Budget verwaltete, behauptete, dass im Jahre 1961 die täglichen Kosten für die Erhaltung des Hofstaats annähernd 1 100 000 000 Dinar betrugen.[523] Er umgab sich mit völlig überflüssigen Kostbarkeiten, sein Käppi etwa zierte ein Staatswappen, das wie sein Schreibgerät aus purem Gold war, und am Finger trug er einen schweren, diamantbesetzten Ring. Um diese kleinbürgerliche Gewohnheit zu rechtfertigen, behauptete er, es handele sich um einen Ring, den er sich vor dem Krieg in Moskau als äußerste Reserve für einen Moment finanzieller Not angeschafft habe. In Wirklichkeit, behauptet Đilas, sei ihm jener Ring während der Offensive *Schwarz* von der ausgezehrten Hand gerutscht. Der, den er nach dem Krieg trug und mit dem er auch auf dem Umschlagfoto seiner Biografie prunkte, die Vladimir Dedijer 1952 für die amerikanische Zeitschrift *Life* verfasst hatte, hatte mit der Geldanlage nicht im Entferntesten zu tun. Er hatte ihn sich von der Sowjetregierung gewünscht, als er im Frühjahr 1946 Moskau besuchte.[524]

Er ließ sich eine neue, aufwendig dekorierte Marschalluniform schneidern, in der er regelmäßig bei Treffen mit Offizieren erschien, und auch sonst trug, wenn er zeigen wollte, dass die Armee hinter ihm stehe. Als ihn Vladimir Dedijer einmal fragte, warum er von Uniformen so besessen sei, gab er ziemlich schroff zur Antwort, dass er sie nie tragen würde, wenn alle Jugoslawen Intellektuelle wären: »Leider sind unsere Leute größtenteils Bauern, und du weißt nicht, wie stark auf dem Land der Uniformkult ist. Jeder Bauer träumt nur davon, dass seine Kinder eine Stellung im Staatsdienst bekommen, vor allem, wenn man dort eine Uniform trägt.«[525]

Er zog sich drei, vier Mal am Tag um und nahm regelmäßig ultraviolette Bestrahlungen, um eine entsprechende Bräune zu haben. Nach dem Krieg, als es nicht einmal Milch für die Kinder gab, gönnte er sich regelmäßig Milchbäder. So behauptet zumindest der sowjetische Chirurg A. N Bakuljew. Das kann aber auch Anti-Tito-Propaganda gewesen sein, die nach dem Konflikt mit Stalin 1948 grassierte.[526] Er ließ sich die Zähne in Ordnung bringen und Ende der fünfziger Jahre begann er sich zum Schrecken seiner Bewunderer die Haare zu färben und sich eine Dauerwelle zu gestatten. Demjenigen, der ihm die Hand bot, drückte er sie nicht, sondern hob sie kaum an, sodass er ihn zu einer spontanen Verbeugung zwang.[527] Niemand verstand es wie er – sagt die kroatische Politikerin Savka Dabčević-Kučar – allein mit dem Blick, mit der Art und Weise, wie er einem die Hand gab, mit dem Gruß den Status klar zu machen, den er seinem Gegenüber beimaß. So verfuhr er sogar mit den engsten Mitarbeitern, etwa mit Bakarić oder mit Kardelj.[528] »Er kommunizierte niemals nur mit Worten«, sagt Savka Dabčević-Kučar weiter. Er kommunizierte auch »mit dem Gesichtsausdruck, der Sprache, dem Blick, vor allem aber mit der Haltung«.[529] »Nicht einen einzigen Augenblick hörte er auf, Generalsekretär der Partei, Präsident der Republik und Marschall zu sein«, ergänzt sie der serbische Schriftsteller Dobrica Ćosić.[530]

»Die Neigung zum übertriebenen und vulgären Luxus, die die höchsten Mitglieder des Regimes zeigen«, schrieb Mitte der sechziger Jahre der amerikanische Konsul aus Zagreb, »ist eines ihrer unangenehmsten Kennzeichen. Das Auseinanderklaffen von Theorie und Praxis des Kommunismus in diesem Sinne nimmt die breite Öffentlichkeit mehr als jeden anderen Aspekt des Gesellschaftssystems übel.«[531] Am schlimmsten war es in den ersten Nachkriegsjahren, als für das »Volk« besondere Punkte, Karten und Bons zum Kauf von Lebensmitteln und Kleidung eingeführt wurden, sich die Auserwählten aber ohne Hemmung auf alles stürzten, von dem sie so lange Zeit nur hatten träumen können. Kennzeichnend ist das Beispiel Edvard Kardeljs, dessen größter Wunsch noch im Mai 1944 eine Füllfeder war. Ein Jahre später konnte er sich noch manch anderes gönnen.[532] Der serbische Schriftsteller und ehemalige Partisan Dobrica Ćosić klagt 1950 in seinem Tagebuch: »Die äußeren Charakteristika unserer Bürokratie lassen sich in diesen Kennzeichen und Dingen zusammenfassen: Dedinje. Auto. Nylonstrümpfe. Cape aus Ballonseide. Ledermantel. Stiefel der Marke ›Velebit‹ außerhalb des freien Verkaufs. Diplomatenmagazin. Jagd. Reiten. Tennis. Premieren. Besuch von Malerateliers. Einladungen großer Maler und Schauspieler zum Abendessen. Interesse für Fußball und Kunst …« Im Gegensatz dazu aber beobachtete er: »In Čubura (Stadtteil von Belgrad) stehen sie ganze Nächte von neun Uhr abends bis zum Morgen wegen Fleisch im freien Verkauf an. Familien organisieren Bereitschaftsdienste und wechseln sich ab. Menschenmassen vor den Fleischereien. Sie sitzen, reden, spielen, beklagen sich, jammern […] Die Realität hat immer weniger Ähnlichkeit mit dem Ideal.«[533]

Tito hielt sich immer häufiger außerhalb von Belgrad auf, wobei er zu Anfang am liebsten an den See von Bled in den Julischen Alpen fuhr, wo er den Sommer verbrachte, um der schrecklichen Hitze in der Hauptstadt zu entgehen. Von 1947 an wählte er zu seiner Lieblingsresidenz den istrischen Archipel Brioni, wo er Villen übernahm, die noch aus Zeiten der österreichisch-ungarischen Monarchie und des Königreichs Italien stammten. Zuerst lebte er in der Villa der Herzogs von Spoleto, die er später Kardelj überließ, während er für sich selbst eine neue und größere, für Empfänge geeignete Residenz erbauen ließ. Er ließ die Inseln aufforsten und versetzte, wie ein westdeutscher Botschafter in den frühen siebziger Jahren schrieb, »den schäbigen, heruntergekommenen Besitz in den heutigen Zustand, der an das Landgut eines römischen Kaisers erinnert«. Auf 770 Hektar, auf denen annähernd 200 Stück Hochwild weideten, ließ er ein Luxushotel und eine Reihe Bungalows errichten, die für die höchsten Vertreter der jugoslawischen Führung und hohe ausländische Gäste bestimmt waren.[534] Unter ihnen fehlten nicht die Mitglieder europäischer Königshäuser und weltberühmte Schauspieler wie etwa Orson Wells, Sophia Loren, Gina Lollobrigida, Josephine Baker, Liz Taylor, Richard Burton, Yul Brynner und andere.[535] Er ließ die Strände in Ordnung bringen, erlaubte sich sogar einen zoologischen Garten für exotische Tiere, die er von verschiedenen Staatspräsidenten geschenkt bekam, und ließ sich auf dem Inselchen Vanga ein persönliches Refugium erbauen, wo er sich mit dem Entwickeln von Fotos und mit Weinbau beschäftigte, vor allem aber mit dem Drechseln von Metall und Holz. Dabei ist bezeichnend, dass man bei den Bauten auf Brioni für die Arbeit Gefangene einsetzte, was aber Tito nicht störte, denn alles, »was es in der Geschichte Großes gab, wurde von Sklaven erbaut«.[536] Nach den Worten des britischen Gesandten entstand so eine Mischung aus Arkadien und dem Londoner Tierpark Whipsnade.[537] In den Jahrzehnten nach dem Krieg sorgten in diesem verzuckerten Paradies mehrere tausend Menschen für seine Bequemlichkeit und Sicherheit. Wie einer seiner Leibärzte notierte, lebte kein zeitgenössischer Herrscher in größerem Luxus und Wohlstand.[538]

Die »Revolutionäre« aus Titos Kreis hatten gegen diesen Satrapengeschmack nichts einzuwenden, zum Teil deshalb, weil sie selbst sehr rasch die Privilegien zu schätzen lernten, die ihnen die Macht bescherte, zum Teil aus Vorsicht, um es sich mit ihm nicht zu verderben. Auch sie bemächtigten sich des Reichtums der »Volksfeinde« und gewöhnten sich an das süße, häufig unmoralische Leben.[539] »Alle waren schon freiwillige Diener der Einheit der Partei und Ideologie«, sagt Đilas, »alle schon entfremdet und hilflos außerhalb ihrer Sekte, außerhalb von Herrschaft und Utopie.«[540]

Das war aber nicht das Schlimmste. Das Schlimmste war, dass sich sofort nach dem Krieg eine starke vertikale Hierarchie aus Kommissaren und Partei zu bilden begann, die als selbstständige Herrschaftsstruktur wirkte, parallel zur staatlichen. »Eine solche Vertikale«, sagt Gojko Nikoliš, »musste unweigerliche negative Folgen haben: Sie wuchs sich aus zu einer autonomen Macht. übernahm allmählich die Funktion eines bürokratischen Befehlssystems.« Das bekamen natürlich als Erste die Intellektuellen zu spüren, die allein schon wegen dieser Eigenschaft automatisch verdächtig waren. »Sie denken zu viel.«[541] Letztere, aber auch die breiten Volksmassen, die von den Privilegien, die sich die Parteielite genehmigten, kaum etwas ahnten, hatten bis zu Titos Tod kaum Mitspracherecht im Staat. Nur selten kam eine öffentliche Meinung zum Ausdruck, so wie gegen Ende der sechziger Jahre, als in Belgrad und in anderen Städten ein Film vorgeführt wurde, in dem Titos Alltag auf Brioni gezeigt wurde. Die Szene, in der der Marschall mit einer Zigarette im Mund auf der Terrasse sitzt und mit einem Bleistift ein offensichtlich überaus wichtiges Dokument redigiert, wurde vom Publikum mit Hohn und Gelächter kommentiert. Als die Menschen die Aufnahmen von Titos Zoo sahen, klagten sie, dass »auf Brioni für die Tiere besser gesorgt wird als in diesem Staat für die Arbeiter«.[542]

★

1945–1953

★

Die Nachkriegszeit – Konsolidierung der Macht und Auseinandersetzung mit Stalin

VOLLSTRECKUNGEN OHNE RECHTSPRECHUNG

In den abschließenden Militäroperationen im Mai 1945 nahmen die jugoslawischen Streitkräfte 125 000 Kollaborateure und 280 000 deutschen Soldaten gefangen und achteten dabei besonders darauf, dass ihnen möglichst wenig Gestapo-Leute entkamen.[1]

Am 14. Mai erging zwar der Erlass Titos, dass das Töten von Kriegsgefangenen und Untersuchungsgefangenen um jeden Preis zu verhindern sei, wer verdächtigt wurde, Kriegsverbrechen begangen zu haben, solle vor ein Gericht gestellt werden. »Alle Kriegsgefangenen sind den Hauptstäben Sloweniens und Kroatiens zu überstellen.«[2] Aber schon am 18. Mai schaffte er die erwähnten Stäbe ab und gliederte ihre Einheiten in die JA ein. Das tat er auch unter dem Eindruck von Informationen über die Gefahr eines bewaffneten Konfliktes mit den Briten und Amerikanern an der Westgrenze. Weil Partisanenstreitkräfte am 1. Mai Triest und Görz eingenommenen hatten, war es zu erheblichen Spannungen zwischen Belgrad auf der einen und London und Washington auf der anderen Seite gekommen, denn die Alliierten verlangten den bedingungslosen Rückzug aus diesem strategisch wichtigen Gebiet und waren bereit, bis Ljubljana zu marschieren.[3] Das Gefühl der Bedrohung, das bei dieser Entwicklung der Ereignisse die jugoslawischen Führer befiel, bestätigte sie vermutlich in der Überzeugung, dass die gefangen genommenen oder überstellten jugoslawischen Kollaborateure möglichst rasch zu »vernichten« seien. Annähernd 30 000 von ihnen gelang es, sich nach Südkärnten durchzuschlagen, allerdings schickten die Briten den Großteil von ihnen in die Heimat zurück, wenngleich sie sich keine Illusionen hinsichtlich deren Schicksals machen konnten.[4] Über das Blutgericht, das folgte, war in Titos Beisein und in seinem Umfeld bei zahlreichen Gelegenheiten gegen Ende des Krieges die Rede gewesen, unter anderem auch Ende Dezember 1944 in Belgrad auf einer Sitzung der OZNA-Kommandanten, die von Aleksandar Ranković geleitet wurde. Dort hatte man beschlossen, dass alle Angehörigen der Quislingseinheiten physisch vernichtet werden sollten. Der endgültige Beschluss, wie mit ihnen verfahren werden sollte, wurde wahrscheinlich in Zagreb bei einer streng vertraulichen militärischen Beratung zwischen Tito und den Befehlshabern der vier Teilstreitkräfte der JA nach Einschätzung der aktuellen strategischen Lage gefasst. Man befürchtete nämlich, dass sich die Kollaborateure im Falle eines Konflikts mit den westlichen Verbündeten auf deren Seite schlagen und sich zu einer Art »trojanisches

Pferd« oder »Zeitbombe« entwickeln könnten.[5] Als die Briten in der zweiten Maihälfte 1945 tatsächlich damit begannen, sie zurückzuschicken, kam ein Oberst mit einem Brief von Ranković nach Slowenien, adressiert an den örtlichen OZNA-Führer Ivan Maček, dass eine »Justifizierung« durchzuführen sei.[6] Die Abrechnung mit den Domobranzen, Ustascha, Nedić- und Ljotić-Leuten sowie den Tschetniks war gründlich: Zahlreiche von ihnen wurden in Slowenien erschossen, die anderen wurden auf »Todesmärsche« zu Lagern im Landesinnern gezwungen, wo sie interniert werden sollten, wohin aber nur wenige lebendig gelangten.[7]

Für dieses Blutgericht kannte Tito kein Bedauern, im Gegenteil, es schien ihm mehr als gerechtfertigt, vor allem in dem Augenblick, da er sich mit Stalin zerstritten hatte. »Damals«, meinte er später, »kam es zu keiner bewaffneten Maßnahme gegen uns, weil Jugoslawien einig war, und die verschiedenen reaktionären Elemente im Staat konnten keine Provokationen durchführen, weil wir ihre Hauptmacht in der Zeit des Volksbefreiungskampfs liquidiert hatten.«[8] Die moralische Rechtfertigung für das Massaker fasste er gemeinsam mit den mitverantwortlichen Führern in der Feststellung zusammen, das »Urteil« über die Opfer habe »das Volk gesprochen«.[9]

Die rücksichtslose Abrechnung Titos mit den »Konterrevolutionären« rief im Westen keine Reaktion hervor.[10] Sie erntete aber Stalins lobende Zustimmung, auf die man an der jugoslawischen Spitze sehr stolz war. Bei einem Treffen mit einer polnischen Delegation kritisierte der *chozjajin* im Kreml die Warschauer Regierung wegen ihrer Nachgiebigkeit gegenüber oppositionellen Kräften und nannte Tito als Vorbild: »Tito ist ein *molodjec* [›ganzer Kerl‹]. Er hat alle seine Gegner beseitigt.«[11]

In den späteren Jahren war man in Jugoslawien weniger stolz auf diese Taten und die Machthaber taten alles, um den Mantel des Schweigens über sie zu legen. Für einige Zeit zumindest zu Hause mit gewissem Erfolg. Nicht so im Ausland, wo die Italiener die Rache gegen ihre Volksgenossen in Julisch Venetien, die von den Partisanen zwischen 1943 und 1945 geübt wurde, einsetzten, um ihre Grenzansprüche in diesem Gebiet gegenüber den jugoslawischen »Barbaren« zu behaupten.[12]

★

TEILUNG DER MACHT

Die provisorische Regierung, die Tito Anfang März 1945 bildete, hatte siebenundzwanzig Mitglieder. Die politische Emigration war in ihr außer durch Vizepräsident Šubašić noch durch Milan Grol, Juraj Šutej und Sava Kosanović vertreten. Es schien, als wäre damit das Abkommen zwischen Stalin und Churchill über die Teilung der Einflussbereiche auf dem Balkan verwirklicht, wobei sich Tito und sein Stab einer solchen Lösung nicht verschließen konnten, da von ihr die internationale Anerkennung des neuen Jugoslawiens abhing. Die tatsächliche Macht blieb natürlich in den Händen der KPJ bzw. des neunköpfigen Politbüros und des noch engeren Sekretariats (Tito, Kardelj, Ranković, Đilas). Kennzeichnend ist, dass Tito nie zu Regierungssitzungen kam, außer wenn sie Jubiläumscharakter hatten oder wenn er sich über seine Besuche in fremden Staaten informieren wollte. Den Sitzungen, die in großen, oft auch monatlichen Abständen einberufen wurden, saß gewöhnlich Kardelj oder ein anderer Vizepräsident vor, während Leo Mates, ein langjähriger Mitarbeiter Titos, die Aufgabe hatte, ihm über die geführten Diskussionen zu berichten. Aber auch auf der Parteiebene herrschte keinerlei Ordnung, denn Tito beriet sich in den ersten Nachkriegsjahren mit seinen Mitarbeitern auf ganz informelle Weise. Er wollte einfach herrschen und sich nicht mit oft zweitrangigen Einzelheiten und leeren Formalitäten beschäftigen.[13]

Und er herrschte dort, wo er sich auf seine mächtige Armee verlassen konnte, die sich komplett in den Händen der Partei befand und in ihrer Indoktrination zu jedem Opfer bereit war.[14] Die Partei (141 000 Mitglieder, davon 100 000 in der JA) verfügte ihrerseits über ein weit gespanntes Netz von Volksausschüssen, die die Kontrolle über die breiten Massen hatten.[15] Da war neben dem KNOJ auch die OZNA, die gegen den inneren und äußeren Feind kämpfte – die westlichen Geheimdienste sendeten in den beiden ersten Nachkriegsjahren angeblich 826 Diversanten- und Spionagegruppen mit mehr als 6 000 Terroristen nach Jugoslawien. In den Kämpfen mit ihnen verloren ebenso viele jugoslawische Staatsbürger ihr Leben.[16]

Trotz allem glaubten viele Jugoslawen weiterhin an die Ideale der Volksfront und daran, dass die »bourgeoisen« Kräfte politisch diskreditiert und schwach waren. Wie Tito später sagte, erweckte die Bildung der provisorischen Regierung in den Reihen der Opposition innerhalb des Staates und im Ausland die Illusion, dass noch nicht alles verloren sei. Aber die Umformung des Staates erfolgte im Eiltempo und ohne besondere Rücksichtnahme auf den Westen und ungeachtet der Hilfe der UNRRA (*United Nations Relief and Rehabilitation Administration*), die vor allem die USA bereitstellten.[17] »Wir gingen mit einer Begeisterung an den Ausbau des Sozialismus«, behauptete Tito, »wie man sie noch nie gesehen hatte.«[18] Die vier Mächtigen teilten sich Jugoslawien auf in ihre Feudalbesitze. Tito, der dem Rang nach am höchsten stand und gut zwanzig Jahre älter als die anderen drei war, beherrschte ganz Jugoslawien, in Kooperation mit Kardelj widmete er sich aber besonders Kroatien. Die spezifische Domäne Kardeljs war Slowenien, während Ranković und Đilas bereits vor dem Krieg für Serbien und Montenegro verantwortlich gewesen waren, über ihre Vasallen aber auch für Mazedonien, das Kosovo, die Vojvodina und Bosnien und Herzegowina.[19] Die Aufteilung der Zuständigkeiten fand noch auf einer anderen Ebene statt: Kardelj übernahm die Aufgabe eines Gestalters des Gesellschaftssystems und der Außenpolitik, Ranković wachte über die inneren Verhältnisse, während Đilas der Bereich Agitation und Propaganda zufiel, also die Herrschaft über das intellektuelle Leben. Gemeinsam mit Tito fällte diese Handvoll Menschen alle wichtigen Entscheidungen und präsentierte sie anschließend dem Politbüro zur gehorsamen Bestätigung.[20] Auf den unteren Ebenen der gesellschaftlichen Leiter bemächtigten sich der Hebel der Macht junge Leute zwischen fünfzehn und dreißig, die sich mit großem Selbstbewusstsein an die Verwaltung machten, obwohl sie sich der Dimensionen der Probleme, mit denen sie konfrontiert waren, häufig nicht bewusst waren. Unter ihnen verfügte der Großteil nur über eine äußerst bescheidene Bildung. Diese Generation verblieb in den folgenden dreißig, vierzig Jahren an der Macht.[21]

★

NATIONALISIERUNG UND AGRARREFORM

Jugoslawien erlebte in dieser Zeit eine Erneuerung, die zu großen sozialen Veränderungen führte, denn das Politbüro beschloss Anfang 1946 unter Titos Führung, dass man eine möglichst breit angelegte Nationalisierung der fundamentalen Produktionsmittel in Angriff nehmen müsse, wobei die Vorbereitungen dazu unter größter Geheimhaltung getroffen werden sollten. Dieser Beschluss war nicht ohne Gegner, die meinten, dass sie verfrüht komme, dass sie die Basis der Volksfront bzw. der neuen politischen Macht einengen würde. Sie behaupteten, dass man die Nationalisierung einzelner Wirtschaftszweige Schritt für Schritt angehen müsse. Auch aus der Sowjetunion kamen Ratschläge, dass man nichts übereilen solle, da Jugoslawien sonst seine internationale Position schwächen würde. Vor der Tür stand nämlich die Friedenskonferenz, auf der wesentliche Fragen in Verbindung mit der Westgrenze und Triest entschieden werden sollten. Dabei darf man nicht vergessen, dass die meisten Bergwerke, die wichtigsten Industrieunternehmen und Banken im Vorkriegsjugoslawien im Besitz von ausländischem Kapital gewesen waren. Gerade wegen dieser Einwände wartete Tito mit der Nationalisierung bis zum Jahresende. Erst jetzt, als die Entscheidungen der Großmächte hinsichtlich der Grenze zu Italien bekannt waren, gingen per Gesetz 90 Prozent der Unternehmen in gesellschaftliches Eigentum über. Das löste im Westen natürlich große Empörung und die Forderung aus, dass Belgrad für die beschlagnahmten Bergwerke und Fabriken Schadensersatz zu leisten habe. Gleichzeitig beschloss das Politbüro auch, dass sich die Nationalisierung nicht auf Agrarflächen erstrecken solle, außer auf solche im Besitz des Adels und der katholischen Kirche. Tito und sein Stab meinten nämlich, dass eine derartige Politik in Jugoslawien nicht denselben Charakter haben könne wie in der Sowjetunion zur Zeit der Oktoberrevolution. Dort habe man die Großgrundbesitze abgeschafft und das Land den Bauern gegeben. In Jugoslawien würde die Nationalisierung des Landes im Wesentlichen bedeuten, dass man Kleinbauern enteignete, denn die große Mehrheit der Agrarflächen sei in Kleinbesitz aufgesplittert. Deshalb wäre eine solche Entscheidung wirtschaftlich unvernünftig und politisch schädlich, denn sie würde die Verbindung zwischen Arbeiterschaft und bäuerlicher Bevölkerung infrage stellen und den Machthabern gerade jene Schichten entfremden, die in größtem Ausmaß zum Erfolg des Volksbefreiungskampf beigetragen hätten.[22]

Die »sozialistische Revolution« der ersten Nachkriegszeit hatte natürlich, wenn wir Kardelj zitieren, ihren Preis, denn mit ihren Exzessen hatte sie auch etwas Pathologisches. Die Menschen waren zu ständiger Agitation gezwungen, zu unaufhörlichem Marschieren in »spontanen« Umzügen, zum Rufen von Slogans, unter denen die häufigsten waren: »Es lebe Tito!«, »Es lebe Stalin!«, »Wir wollen Triest!«, »Ein Hurra auf die ruhmreiche Sowjetunion!«, »Tod den Volksfeinden!« usw. »Marschall Tito und seine Kollegen meinen«, schrieb Philip Hamburger in einem ironischen Artikel, der im Frühjahr 1946 im *The New Yorker* erschien, »dass eine gute, lange, sorgfältig geplante spontane Manifestation genau das ist, was der Doktor Jugoslawien verordnet hat, und dass eine vier- oder fünfmalige Dosis am Tag den Patienten auf die Beine bringen werde …«[23]

★

STREIT UM TRIEST

Ende Februar 1945 kam der britische Feldmarschall Sir Harold Alexander, seit November 1944 Oberbefehlshaber der alliierten Streitkräfte im Mittelmeerraum, nach Belgrad, um mit Tito das Zusammenwirken von Partisaneneinheiten und angloamerikanischen Truppen im Westteil von Julisch Venetien zu besprechen. Zum Schutz der Kommunikationswege zwischen Italien und Österreich forderte er für seine Truppen das Gebiet westlich der ehemaligen italienisch-jugoslawischen Grenze, was der Marschall unter der Bedingung akzeptierte, dass er die auf diesem Territorium von Partisanen schon in Kraft gesetzte Zivilverwaltung in seinen Händen behielt.[24] Über die endgültige Grenze sollte auf einer späteren Friedenskonferenz gesprochen werden. Wie im Jahre 1951 Kardelj sagte, war Alexander »in den Gesprächen mit Tito schrecklich unnachgiebig«. Damit verstärkte er noch den Argwohn, eine Politik der Teilung Jugoslawiens zu betreiben, auf die sich Churchill und Stalin geeinigt hätten. »Churchill rechnete damit, mit seinen Truppen nach Ljubljana und Zagreb zu kommen, und die Konsequenz wäre gewesen, dass wir die Engländer vielleicht noch heute hier hätten. Der Unterschied wäre lediglich der, dass nicht wir an der Macht wären, sondern dass in Belgrad die Russen säßen, und in Zagreb die Engländer.«[25] So weit Kardelj.

Kaum war Alexander abgereist, überzeugt, dass er von Tito »alles bekommen kann, was er will«,[26] befahl Letzterer am 2. März 1945 in Bosnien und Herzegowina einen neuen Truppenverband aufzustellen, die IV. Armee, deren operative Aufgabe der Durchbruch zum Isonzo sein solle. Offenbar war das Abkommen mit Alexander, wie schon im Jahr zuvor in Neapel das mit Churchill, nur ein taktischer Schachzug gewesen, der ganz andere strategische und politische Ziele verbarg.[27]

Tito reiste am 5. April erstmals offiziell nach Moskau. Er wurde mit einem Zeremoniell empfangen, das zuvor nur Edvard Beneš und Charles de Gaulle zuteil geworden war. Vielleicht sogar zu pompös, denn wegen der Anreise mit dem Flugzeug fühlte er sich schlecht und musste alle Kraft für die Begrüßungsrede zusammennehmen.[28] Im Kreml unterzeichnete er am 11. April 1945 in Stalins Beisein gemeinsam mit Molotow ein Abkommen über gegenseitige Hilfe und Zusammenarbeit mit zwanzigjähriger Laufzeit, ähnlich jenem, das die Sowjetunion im Dezember 1943 mit der tschechoslowakischen Exilregierung geschlossen hatte. Unter den neuen Verhältnissen bedeutete das praktisch, dass er vor der Welt dem sozialistischen Lager beigetreten war. In den USA und Großbritannien, wo man diese Tatsache wohl verstand, löste dieses Abkommen natürlich scharfen Protest aus und belastete die Beziehungen zu Belgrad zusätzlich.[29]

Nach Moskau hatte Tito neben Šubašić auch Đilas mitgenommen, um den Streit wegen der »Beleidigung« der Roten Armee beizulegen. Man konnte sehen, dass Stalin Đilas' Erklärung akzeptierte. »Warum haben Sie mir über das alles nicht geschrieben? Ich habe das nicht gewusst. Ich denke, dass damit der Streit beendet ist.«[30] Die Atmosphäre war freundschaftlich, wie auch Stalins Trinkspruch beim festlichen Abendessen bezeugt, das im Katharinensaal des großen Kremlpalastes stattfand. Der *chozjajin* sagte bei dieser Gelegenheit nämlich, dass er Tito von nun an nicht mehr mit »Herr« anreden werde (wie es bei offiziellen Gelegenheiten üblich war), sondern mit »Genosse«. Die Tatsache, dass er ihn abends zweimal zu sich auf seine Datscha einlud, ohne dass Šubašić davon etwas gewusst hätte, war ebenfalls bezeichnend.[31] Andererseits versäumte Stalin aber auch nicht die Gelegenheit, spitze Bemerkungen über Jugoslawien und seine »Partisanenarmee« zu machen, was Tito natürlich missfiel. »In den gegenseitigen Beziehungen zwischen Stalin und Tito«, schrieb Đilas, »konnte man etwas Eigenes, Unausgesprochenes beobachten – als würden beide ein beiderseitiges Unwohlsein empfinden, sich aber zurückhalten …«[32]

Krasnaja swesda, das Organ der Roten Armee, veröffentlichte am 15. April 1945 ein Interview mit Tito, in dem dieser betonte, dass sich »die Bevölkerung Istriens und Triests den Anschluss an das neue Jugoslawien wünscht und wir überzeugt sind, dass dieser Wunsch Wirklichkeit wird«.[33] Bei einer Begegnung mit jugoslawischen Offizieren, die sich in Moskau auf einem Militär- und Gegenaufklärungskurs befanden, sprach er selbstbewusst davon, dass Einheiten der JA gegen Triest vorrücken würden, obwohl er eingestand, dass man bei den Angloamerikanern mit Schwierigkeiten zu rechnen habe.[34] Nach zweiwöchigem Aufenthalt in Russland kehrte er voller Zuversicht in die Heimat zurück, wie aus dem Bericht hervorgeht, den er über seine Gespräche mit den sowjetischen Führer für das Politbüro verfasste: »Wir wurden großartig empfangen. Die UdSSR wird uns in jeder Hinsicht unterstützen.«[35]

In der Überzeugung, keine Zeit verlieren zu dürfen, schickte er Anweisungen nach Slowenien und Kroatien, man solle sich bereithalten, sofort in Julisch Venetien die Herrschaft zu übernehmen, die es auch zu sichern gelte, sollte es zu einem Vorstoß der angloamerikanischen Truppen kommen, auch um den Preis einer Auseinandersetzung mit ihnen. Inzwischen hatte die IV. Armee den Befehl bekommen, auf kürzestem Wege nach Triest zu marschieren, dessen Gebiet seit September 1943 von den Deutschen besetzt und verwaltet wurde.

Am 1. Mai 1945, nach erbitterten Kämpfen mit der Wehrmacht, marschierten die IV. Armee der JA und das slowenische IX. Korps in Triest und Görz ein und erreichten den Isonzo. Weil die Angloamerikaner sofort ihren Rückzug verlangten und sich dabei auf das Abkommen zwischen Tito und Alexander beriefen, bat am 5. Mai die jugoslawische Regierung die sowjetische um Hilfe hinsichtlich ihrer Gebietsansprüche. Die Antwort, die am 11. Mai eintraf, war vielversprechend, aber auch diplomatisch zweideutig: »Die Regierung der Sowjetunion wird mit allen Kräften daran mitwirken, dass die berechtigten Forderungen Jugoslawiens auf friedliche Weise gelöst werden.«[36] Offensichtlich war das aber nicht möglich, denn in den nächsten Tagen spitzten sich die Beziehungen zwischen Belgrad und dem Westen zu und entwickelten eine große politische Dimension. Winston Churchill und der neue Präsident der USA Harry S. Truman versuchten nämlich mit der Zurückdrängung der Jugoslawen aus Triest und Görz Stalin zu signalisieren, dass sie keine Ausbreitung des Kommunismus jenseits der Demarkationslinie, mit der in Jalta Europa in zwei Blöcke geteilt worden war, dulden würden. Feldmarschall Alexander verglich in einem Aufruf an seine Truppen Tito sogar mit Hitler, Mussolini und den japanischen Imperialisten, um seine »territoriale Raffgier« zu brandmarken.[37] Zum Erreichen ihrer Ziele drohten Churchill und Truman am Ende sogar mit einer militärischen Intervention, was man an der jugoslawischen politischen Spitze als Versuch der Zerschlagung Jugoslawiens wertete. In einer Gedächtnisnotiz hielt Edvard Kardelj fest, dass man in Belgrad den Streit sehr ernst nahm und in ihm das Bestreben der Westmächte sah, nicht nur zur alten Rapallo-Grenze vorzudringen, die 1920 zwischen dem Königreich SHS und Italien gezogen worden war, sondern sogar bis Zagreb.[38] Genauso ernst beurteilte man die Situation in Moskau, wo man Tito übelnahm, dass er die Krise in den Beziehungen mit dem Westen heraufbeschworen und einen bewaffneten Konflikt riskiert hatte.[39] Stalin war überzeugt, dass sich Jugoslawien Triest verdient habe, weil die Italiener es nach dem Ersten Weltkrieg okkupiert und als Basis für ihre Expansionspolitik auf dem Balkan verwendet und weil sie den slawischen Völkern in diesem Raum viel Leid zugefügt hätten.[40] Er äußerte das auch gegenüber Truman und Churchill und protestierte gegen die Wortwahl Feldmarschall Alexanders hinsichtlich Titos »Raffgier«.[41] Allerdings machte er auch deutlich, dass er wegen des Adriahafens nicht beabsichtige in einen Dritten Weltkrieg einzutreten, und verlangte, dass sich Tito binnen 48 Stunden aus ihm zurückziehen solle. Als Tito dem Kommandanten der IV. Armee Peko Dapčević den Befehl zum Rückzug aus dem westlichen Teil Julisch Venetiens gab, legte er ihm zur Erklärung Stalins Telegramm bei.[42]

Dieser erzwungene Rückzug klang für die Jugoslawen wie Verrat. Ihre Gefühle drückte Tito selbst in einer Rede am 26. Mai 1945 in Ljubljana aus, als er es vor einer riesigen Menschenmenge ablehnte, »im Kuhhandel der Großmächte das Kleingeld« und Gegenstand ihrer Politik der Interessenssphären zu sein.[43] Stalin reagierte überaus wütend, weil er sich von Tito mit den westlichen Imperialisten gleichgesetzt wähnte. In seinem Auftrag legte der sowjetische Botschafter in Belgrad offiziellen Protest ein, da die Rede Titos dessen feindselige Haltung gegenüber der Sowjetunion zum Ausdruck gebracht habe. »Sagen Sie Genossen Tito«, befahl Stalin, »dass wir darauf in der Presse antworten und ihn öffentlich bloßstellen müssten, sollte es noch einmal zu einem ähnlichen Ausfall kommen.«[44] In dem Moment, als sein Verhältnis zu den Angloamerikanern bereits ernstlich beschädigt war, da Letztere den Rückzug der Partisaneneinheiten aus dem österreichischen Kärnten erzwungen und nun ultimativ verlangten, auch Triest und Görz zu räumen, konnte sich Tito keine zusätzlichen Spannungen mit Stalin erlauben, weshalb er kleinlaut einlenkte. Er habe sich »mit naiver Ungeschicklichkeit« entschuldigt – schreibt der Botschafter I. V. Sadtschikow in seinem Bericht – und behauptet, er habe in Ljubljana aufgrund des schlechten Wetters die Nerven verloren: »Während meiner Rede gab es einen Hagelschauer. Der Regen und Hagel schlugen mir ins Gesicht, was mich so nervös machte, dass ich zu derart scharfen Worten gegriffen habe.«[45]

Stalin war so wütend, dass er Tito eine ganze Nacht am Telefon warten ließ, als der versuchte, ihn in der Triest-Frage zur Unterstützung zu bewegen. Auch aufgrund dieses Drucks kam es im Rahmen eines Abkommens zwischen den Jugoslawen und den Angloamerikanern am 9. Juni 1945 zum Rückzug der Partisaneneinheiten aus dem Westteil von Julisch Venetien, das in Erwartung einer neuen Grenzziehung zwischen Italien und Jugoslawien auf der Friedenskonferenz in zwei Besatzungszonen geteilt worden war. Die Zone A mit Triest wurde von den westlichen Alliierten besetzt, während die Zone B, zu der fast ganz Istrien gehörte, unter jugoslawischer Militärverwaltung verblieb.[46]

Der Zwischenfall hatte noch eine Kehrseite: Er zeigte die verborgenen Spannungen zwischen Kardelj und Tito, zu denen es aufgrund des zunehmend autokratischen Verhaltens des Letzteren gekommen war. Im Gespräch mit dem russischen Botschafter hatte Kardelj nämlich erklärt, dass er Stalins Kritik zustimme und dass Tito trotz seiner unbestrittenen Verdienste mitunter Jugoslawien als etwas ansehe, »was sich selbst genügt, außerhalb einer breiteren Einbettung in die Entwicklung der proletarischen Revolution und des Sozialismus«. Kritisch hatte er noch angemerkt, dass das ZK der KPJ kein kollektives Arbeiten kenne, und die Hoffnung ausgedrückt, »dass die Sowjetunion uns als die Vertreter einer der künftigen Sowjetrepubliken ansieht und nicht als Vertreter eines fremden Staates«.[47]

Obwohl Ton und Inhalt von Kardeljs Gespräch mit dem russischen Botschafter Tito nicht gefallen konnten, hat er ihm seine Worte, wie Đilas behauptet, nie zum Vorwurf gemacht. Laut Aussage von Svetozar Vukmanović-Tempo hingegen fehlte wenig, dass der slowenische Politiker aus der Partei ausgeschlossen worden wäre. Wie auch immer, ein Groll zwischen beiden blieb.[48]

Trotz der Triester Blamage hatten die jugoslawischen Kommunisten im späten Frühjahr und Sommer 1945 vermutlich den größten Einfluss auf die breiten Volksmassen, die in der Überzeugung, dass die neuen Führer fähig seien, ihnen ein besseres Leben zu sichern, auch »den Himmel zu stürmen« bereit waren.[49] Dabei muss man aber sagen, dass die Führung selbst nicht wusste, wie der Übergang vom Volksbefreiungskrieg zur »zweiten Etappe« des Ausbaus des Sozialismus zu bewerkstelligen sei, wie sich aus Worten Titos auf dem Gründungskongress der KP Serbiens im Mai 1945 schließen lässt.[50] Mit Bestimmtheit wussten sie nur eines: Dass man sich rücksichtslos auch jener politischen Gruppen und Einzelnen aus dem bürgerlichen Lager entledigen müsse, die zur Zusammenarbeit mit der KPJ bereit waren, in der Hoffnung, dass man eine gemeinsame Sprache finden könne und dass ihnen sogar eine loyale Opposition erlaubt sein werde.[51] Wie Winston Churchill auf der Potsdamer Konferenz der »Großen Drei« gesagt hatte, »hat Titos Verwaltung gerade ein strenges Parteienregime eingeführt, das von der politischen Polizei unterstützt wird, wobei die Presse wie in einigen faschistischen Staaten unter Kontrolle gehalten wird«. Stalins Verteidigung der Verhältnisse in Jugoslawien, war in diesem Zusammenhang ein eher zweifelhaftes Zeugnis.[52] Dabei ist ein Dialog zwischen Churchill und Stalin bei einem gemeinsamen Dinner aufschlussreich. Churchill erinnerte Stalin an ihren Beschluss hinsichtlich Jugoslawiens und sagte, dass der momentane Einfluss zwischen den beiden Großmächten in diesem Staat nicht mehr 50:50 betrage, sondern 99:1, und das nicht zu Gunsten Großbritanniens. Stalin behauptete seinerseits, dass in Jugoslawien der britische Anteil 90 Prozent betrage, 10 Prozent seien jugoslawischer, 0 Prozent sowjetischer Einfluss. »Die sowjetische Regierung weiß häufig nicht, was Titos Regierung vorhat.« Damit bestätigte er die Meinung, die er über Titos Starrsinn hatte und die er in Jalta mit der Feststellung ausgedrückt hatte: »Tito kann demjenigen einen Tritt versetzen, der ihm einen guten Rat gibt.«[53]

★

GRÜNDUNG DER FÖDERATIVEN VOLKSREPUBLIK JUGOSLAWIEN

Tito und sein Stab entledigten sich zuerst der serbischen und kroatischen Politiker, die ihnen gedient hatten, solange es gegenüber den westlichen Alliierten einen pluralistischen Staat zu demonstrieren galt. Die Hetze gegen Grol, Šubašić und die anderen Vertreter der bürgerlichen Parteien bewirkte, dass einer nach dem anderen seine politischen Funktionen zurücklegte und sich ins Ausland oder ins innere Exil zurückzog.[54] Als im Jahre 1945 die Diskussion über die Wahlen zum verfassungsgebenden Parlament geführt wurde, bauten die Kommunisten bewusst eine Reihe von Bestimmungen in das Gesetz ein, das die Mitarbeit der Opposition an den Wahlen verhindern sollte. So wurden all jenen die staatsbürgerlichen Rechte beschnitten, denen man Kollaboration mit dem Okkupator oder mit Kräften, die unter seiner Kontrolle standen, vorwarf. »Kollaboration« war aber natürlich ein sehr dehnbarer Begriff. Obwohl Tito und seine Genossen überzeugt waren, bei den Wahlen real mit 60 bis 70 Prozent aller Stimmen rechnen zu können, beschlossen sie, der Opposition zu verbieten, selbst anzutreten, indem man ihr die Legitimität absprach – man fürchtete, dass man sich andernfalls ein »ernsthaftes Problem« aufladen würde. Zur Vermeidung dieses Problems wurde aus den bestehenden Parteien und politischen Gruppierungen eine Massenorganisation gebildet, die unter der Führung der KPJ stand. Das Präsidium der »Volksfront«, die mit großem Getöse im August 1945 gebildet wurde, übernahm Tito, während zu ihrem Generalsekretär Sreten Žujović-Crni gewählt wurde. Trotz der Drohung Washingtons, die Wirtschaftshilfe an Belgrad einzustellen, wenn die Wahlen zum neuen Parlament nicht demokratisch ablaufen würden, kam es am 11. November 1945 zu einer Abstimmung, die niemanden überraschen konnte.[55] Die Volksfront hatte sich die absolute Mehrheit gesichert. Die Wahlberechtigten – unter ihnen zum ersten Mal auch Frauen – warfen (wegen des weit verbreiteten Analphabetismus) kleine Gummikugeln in die Kiste der Volksfront oder aber in eine unbezeichnete Kiste. Unter diesen Bedingungen bekam die Volksfront 8 393 435 Stimmen, während nur 838 239 Wähler den Mut hatten, ihre Kugel in die »schwarze« Schachtel zu werfen.[56] Es kam natürlich auch zu zahlreichen Fälschungen. Auf der Grundlage dieser Resultate wurde die verfassungsgebende Versammlung einberufen, die sich aus der Bundeskammer und der Kammer der Völker zusammensetzte. Am 29. November nahm es auf seiner ersten Sitzung eine Deklaration an, mit der die Monarchie abgeschafft und die Föderative Volksrepublik Jugoslawien ausgerufen wurde. Tito behauptete oft, dies sei der glücklichste Tag seines Lebens gewesen. Die Arbeit setzte die Versammlung daraufhin mit der Behandlung des Entwurfs einer neuen Verfassung fort, die am 31. Januar 1946 mit großer Mehrheit angenommen wurde, obwohl sie im Wesentlichen eine Kopie der sowjetischen Verfassung aus dem Jahre 1936 war. (Darüber machte man sich später in Moskau lustig.)[57]

Diese Verfassung garantierte unter anderem den sechs Einzelrepubliken Slowenien, Kroatien, Bosnien und Herzegowina, Montenegro, Serbien und Mazedonien das Recht auf Selbstbestimmung und Abspaltung. Die neu begründete Gleichberechtigung der jugoslawischen Völker wurde symbolisch auch dadurch unterstrichen, dass der Verfassungswortlaut in Serbisch, Kroatisch, Slowenisch und Mazedonisch verlesen wurde.[58] Nur das Albanische fehlte, trotz der zahlenmäßigen Stärke dieser Ethnie, die aber bereits ein Zankapfel in den innerstaatlichen Verhältnissen war, wie Tito 1978 in seinem letzten Interview mit George W. Hoffman eingestand. Als dieser ihn fragte, welcher der schwerste innerpolitische Schritt gewesen sei, mit dem er sich konfrontiert gesehen habe, antwortete er ohne zu zögern: »Die Serben zu überreden, die (autonomen) Provinzen Vojvodina und Kosovo zu akzeptieren.« Er selbst war zwar der Meinung, dass das Kosovo eine eigene Republik in Jugoslawien werden müsse, »aber das war nicht möglich, weil die Serben das nicht ertragen hätten«.[59]

Schon vor der Verabschiedung der neuen Verfassung, in der man das Wort »Sozialismus« vergeblich suchen würde, mehr noch aber nach ihr, wurde der Staat von einer Lawine radikaler wirtschaftlicher und sozialer Veränderungen erfasst. Dabei war sich Tito die ganze Zeit über bewusst, dass es sich um ein gewagtes Unternehmen handelte. Zu Velebit, dem er die Position im »gelben Haus« anbot, wie man zum Außenministerium sagte, obwohl Velebit meinte, zu wenig über Diplomatie zu wissen, sagte er unter Lachen: »Niemand von uns, die wir jetzt den Staat bauen, weiß irgendetwas darüber, wie man das macht. Wir alle müssen bei der Arbeit lernen.«[60] Er hatte aber volles Vertrauen in sich und seine Genossen, wie der Bericht zeigt, den er im Januar 1946 stolz nach Moskau schickte. Seiner Meinung nach hatte Jugoslawien in den ersten Monaten nach Kriegsende eine Stufe erreicht, auf der Russland in den Jahren 1917–1921 gestanden hatte, in der Zeit des lebhaftesten (und rücksichtslosesten) gesellschaftlichen Experimentierens.[61]

★

VERHÄLTNIS ZUR KATHOLISCHEN KIRCHE

Auf intellektuellem Gebiet begannen die Machthaber im Einklang mit dem »Kriegskommunismus« die Doktrin des »Sozrealismus«, jener ideologisch begründeter Stilrichtung der Kunst, einzuführen, wie ihn in der Sowjetunion Andrei Schdanow predigte und in Jugoslawien der Minister für Agitation und Propaganda Milovan Đilas in die Tat umsetzte.[62] Obwohl er in seiner Tito-Biografie behauptet, dass für ihn die ersten Nachkriegsjahre unkreativ und demütigend gewesen seien, kann man nicht sagen, dass er sich den Annehmlichkeiten seiner Stellung nicht mit Genuss hingegeben hätte. Die Tatsache, dass seine Frau Mitra in einem bekannten Juweliergeschäft für sagenhafte 600 000 Dinar Diamanten gekauft hatte, löste in Belgrad Empörung und Hohn aus: »Ja sam Mitrije proleter«, reimten die Leute sarkastisch, »ali volim soliter« (›Ich bin Mitrije der Proletarier, aber ich liebe Solitäre.‹). Kurzum, aus dem Revolutionär und Schriftsteller wurde, wie er selbst eingesteht, der Propagandist eines Monarchen, der noch absolutistischer herrschte als König Aleksandar.[63] »Das tat er mit solchem Elan«, erzählt Kardelj, »dass wir die Folgen seines radikalen und dogmatischen Ordnens der Verhältnisse in Kultur und Propaganda mildern mussten. [...] Er war ein Sektierer bis in die letzte Zelle seines Organismus.«[64] In diesem Urteil war er nicht zu hart, nach einem Gespräch zu urteilen, das Đilas 1946 mit einer Gruppe serbischer Akademiemitglieder führte. Während des Essens fragte er sie von oben herab, ob sie wüssten, was Macht bedeute. Keiner wollte antworten. Đilas, der sich damals allmächtig fühlte, sagte es ihnen selbst: »Macht, das bedeutet Prügel, meine Herren Akademiker!«[65]

Dazu muss auch gesagt werden, dass die Führer der KPJ mit dem politischen Doppelspiel, das schon während des Volksbefreiungskampfes konzipiert worden war, fortfuhren. Die Partei versteckten sie vor den Massen, als bewege sie sich immer noch in der Illegalität. Auf dem Gründungskongress der KP Serbiens im Frühjahr 1945 wurde den Delegierten nahegelegt nicht darüber zu sprechen, dass Tito anwesend gewesen sei und auf ihm gesprochen habe, denn das könne ihm als Staatsmann schaden. Auf dem 1. Kongress der jugoslawischen Schriftsteller im November 1946 erwähnte Tito mit keinem einzigen Wort die KPJ und ihre Rolle bei der Schulung der Intellektuellen, die »Parteilichkeit« in der Literatur und die Notwendigkeit, dass Schriftsteller und Dichter die marxistisch-leninistische Theorie beherrschten. Im Zentralorgan der KPJ *Borba* oder in der theoretischen Parteizeitung *Komunist* gab es kaum einmal einen Artikel, der der erwähnten Frage gewidmet war.[66] Die von »Konspiration« geradezu besessenen »Genossen« an der Macht hinderte das nicht daran, es bei der Umgestaltung der Gesellschaft Stalin in seiner ganzen Brutalität nachzumachen. »Die Partei hat vergessen«, klagte in seinem Tagebuch Edvard Kocbek, der sozial-christlich gesinnte slowenische Denker, eine der führenden Persönlichkeiten des Befreiungskampfes, am 11. Januar 1946, »dass wir uns in Europa befinden, dass wir die Pluralität des Lebens und des Geistes mehr respektieren müssten als in Russland, dass unsere Revolution etwas Spezifisches war, dass sie sich unmoralisch benimmt, dass sie die Hilfe der Verbündeten vergisst, dass sie in immer größerer Brutalität und Sterilität versinkt, dass sie auf dem Lande ein Wuchern ungezügelter Leidenschaften verursacht (Feindschaft, Gewalt, Lügen, Exzesse)«.[67]

In diesem Kontext konnte ein Angriff auf die Religion, vor allem auf die katholische Kirche, nicht ausbleiben. Dieser entsprang aber auch aus Titos Überzeugung, dass Jugoslawien vor dem Krieg ein künstliches Gebilde gewesen sei, dass seiner Bevölkerung das Bewusstsein einer gemeinsamen nationalen Zugehörigkeit gefehlt habe und dass dafür die ethnisch-religiösen Streitereien mitverantwortlich gewesen seien.[68] »Die Kirche kann sich nicht über den Staat stellen«, erklärte er 1945 im engeren Kreis während des Konflikts mit dem Zagreber Erzbischof Alojzije Stepinac, der es gewagt hatte, sich ihm zu widersetzen.[69]

Doch sind die Spannungen zwischen Staat und Kirche nicht nur den neuen Machthabern anzulasten. Vor dem Ende des Krieges hatte der Vatikan versucht Verbindungen zu der Partisanenarmee zu knüpfen und dabei Titos Einladung, Militärkurate nach Slowenien und Kroatien zu entsenden, anzunehmen. Dem hatten sich aber die jugoslawischen Bischöfe, die bis zum Schluss auf die Karte der antikommunistischen Kräfte gesetzt hatten, verweigert.[70] Auch nach dem Krieg suchte Tito einen *modus vivendi* mit der Kirche. Er ging so weit, dass er sich bei einem Treffen mit einer Delegation des Klerus in Zagreb am 2. Juni 1945, zu dem es auf seine Initiative hin gekommen war, als »Katholik« vorstellte, wenngleich er im selben Atemzug auch sagte, dass er das Verhalten eines Teils der Geistlichkeit während des Krieges nicht gutheißen könne. »Von meiner Seite aus würde ich sagen, dass unsere Kirche national sein muss, dass sie sich mehr dem Volk anpassen muss. Vielleicht kommt es Ihnen etwas seltsam vor, dass ich so stark die Nationalität betone. Aber es hat zu viel vergossenes Blut gegeben, ich habe zu viel Leiden des Volkes gesehen, deshalb wünsche ich, dass die katholische Geistlichkeit in Kroatien in nationaler Hinsicht mehr Verbundenheit mit dem Volk zeigt, als sie es jetzt tut. Ich muss offen sagen, dass ich mir nicht das Recht herausnehme, Rom zu verurteilen, Ihre oberste römische Instanz. Nein, das werde ich nicht tun. Aber ich muss sagen, dass ich hier die

Dinge kritisch sehe, denn diese Instanz hat immer mehr zu Italien gehalten als zu unserem Volk. Ich würde mir wünschen, dass die katholische Kirche in Kroatien, jetzt wo dazu alle Bedingungen gegeben sind, mehr Selbstständigkeit hätte. [...] Wir werden die sozialistische Gemeinschaft verwirklichen. In dieser Gemeinschaft wird es Orthodoxe, Katholiken und Angehörige anderer Glaubensbekenntnisse gegeben, die fest mit allen anderen Slawen verbunden sein müssen. In dieser Gemeinschaft wird es mit Sicherheit mehr Orthodoxe geben als Katholiken. Das bedeutet, dass man auch die Frage der Beziehungen zwischen der Orthodoxie und der Katholischen Kirche mit der großen Idee der Annäherung und engeren Zusammenarbeit der slawischen Völker in Einklang bringen muss, die in ihrer Geschichte infolge ihrer Spaltung so viel erlitten haben und deren Leiden ein Übermaß gerade in diesem Krieg erreicht hat, dessen Ziel die Vernichtung des Slawentums war.«[71]

Der Zagreber Erzbischof Alojzije Stepinac, der nach dem Krieg eine Zeit lang im Gefängnis gesessen hatte, wurde am Tag nach Titos Treffen mit den Vertretern des kroatischen Klerus entlassen. Das bewog Stepinac aber nicht zu einer freundlicheren Einstellung gegenüber den neuen Machthabern, als er am 4. Juni auch selbst dem Marschall begegnete. Entschieden lehnte er dessen Forderung ab, die Kirche solle sich vom Vatikan selbstständig machen: »Kein Katholik kann, auch nicht um den Preis des eigenen Lebens, an seiner obersten Instanz, dem Heiligen Stuhl, vorbei, denn sonst würde er aufhören Katholik zu sein.«[72] Die Tatsache, dass die jugoslawischen Bischöfe sich in einem Hirtenbrief öffentlich gegen die Agrarreform wendeten – nicht ganz uneigennützig, war die Kirche mit ihren immensen Besitztümern doch selbst betroffen –, verschlechterte die Beziehungen noch weiter. Die feindselige Einstellung des Regimes gegenüber der Kirche mündete in einem Prozess gegen Stepinac wegen »Kollaboration mit den Ustascha«, der unter großer medialer Anteilnahme im Herbst 1946 geführt wurde.

Dieses war nur eines der aufsehenerregenden Gerichtsverfahren, die die neuen Machthaber in den folgenden Jahren gegen wirkliche Gegner inszenierten, wie es Draža Mihailović einer war, aber auch gegen vermeintliche Gegner, wie es der Führer der serbischen linken Landarbeiter Dragoljub Jovanović war, und später auch gegen die eigenen Mitglieder, wie die sogenannten Dachauer Prozesse bezeugen, die in Ljubljana im April und August 1948 sowie im Juli 1949 ganz im stalinistischen Stil stattfanden und die sich gegen eine Gruppe von Altkommunisten richteten, die im Krieg im KZ Dachau interniert waren.[73] Sie wurden vom Regime beschuldigt, mit der Gestapo kollaboriert und nach dem Krieg die wirtschaftliche Entwicklung Sloweniens sabotiert zu haben. Einige der Angeklagten wurden, wenngleich völlig unschuldig, zum Tode verurteilt und hingerichtet. Zuvor war, wie es zu erwarten war, auch Mihailović zum Tode verurteilt und am 17. Juli 1946 erschossen worden, während der Erzbischof sechzehn Jahre Zwangsarbeit bekam.

Wie in der Sowjetunion der dreißiger Jahre kam es zu einer obsessiven Suche nach dem inneren Feind, zu einer ungehinderten Selbstherrlichkeit der Bürokratie und zu einem allgemeinen Zwang, der Druck auf alle Lebensbereiche ausübte. »Die Partei muss sehr rasch für alles und jedes herhalten; den absoluten Primat bekommt allmählich wieder die Ideologie. Wenn ich Ideologie sage, denke ich an ein doktrinäres Denken, das keine Andersdenkenden erträgt. Ich denke an das totalitäre und autoritäre Wesen jeden blinden Glaubens.« So beschrieb Koča Popović die ersten Nachkriegsjahre.[74] Andererseits aber blieb Jugoslawien doch anders als die Sowjetunion, denn es schaffte das Privateigentum, was kleinere Unternehmen und vor allem den Agrarsektor betrifft, nicht völlig ab. So bildete sich eine Ökonomie heraus, die ziemlich chaotisch war und nicht völlig mit den Bestrebungen der jugoslawischen Führer übereinstimmte, ein treibendes Element bei der Verbreitung des Kommunismus in Europa zu werden und von Moskau die Rolle der Avantgarde zu übernehmen.[75]

Die kameradschaftlichen Beziehungen innerhalb dieser Avantgarde begannen – nach Đilas Zeugnis – gute zwei Jahre nach dem Krieg zu zerbrechen, denn Tito spielte immer mehr die Rolle des charismatischen Führers, mit dem man nichts zu bereden hatte, sondern dem es nur zu gehorchen galt. »Auf ungewöhnliche Weise, mit Veränderung der Stimmfarbe, des Gesichtsausdrucks, seltener nur mit Worten verstand er es, seinem Gesprächspartner einen deutlichen Hinweis zu geben, wenn er eine verbotene Linie überschritten hatte – wenn er in die »Domäne geraten war, die nur die seine war. […] Er konnte aufmerksam zuhören (manchmal tat er vielleicht nur so, als hörte er zu), ohne zu unterbrechen, besonders wenn der Gesprächspartner bei der Präsentation bündig war und nicht zu lang, aber manchmal fiel er ihm mit ungewöhnlicher Schärfe ins Wort und unterbrach ihn und ordnete ihn seinem Maß unter«.[76] Diese Veränderung bemerkte auch Fitzroy Maclean, als er 1947 von einem Besuch in Jugoslawien zurückgekehrt war. Wie er dem *Foreign Office* berichtete, erschien ihm der Marschall fern von der Alltagswirklichkeit der kleinen Leute, mit denen er die Schwierigkeiten und Gefahren des Partisanenkampfes ertragen hatte: Seine Autorität teile er mit Personen, die nicht immer vertrauenswürdig seien, und er mache den Eindruck, über die Angelegenheiten im Staat und in der Welt nicht ganz auf dem Laufenden zu sein, vor allem aber habe es niemanden gegeben, der es gewagt hätte, ihm eine unangenehme Wahrheit offen zu sagen.[77]

★

PARISER FRIEDENSKONFERENZ

Auf der Konferenz der »Großen Drei« in Potsdam – Tito hatte ursprünglich gehofft, zu ihr eingeladen zu werden[78] – beschuldigten am 2. August 1945 die Briten die Jugoslawen, sich nicht an das Abkommen von Jalta zu halten. Die Sowjets traten dieser Kritik jedoch entschieden entgegen.[79] Gleichzeitig nahmen sie bei den Vorbereitungen zur Pariser Friedenskonferenz in Hinblick auf die Grenze mit Österreich und Italien eine projugoslawischen Haltung ein. Tito stellte schon am 21. Oktober 1945 fest, dass die SU ein »starker Garant« der jugoslawischen Unabhängigkeit sei.[80] Und in der Tat: Für die Zeit vom 1. bis 26. Dezember 1945 wurde in Moskau eine Konferenz einberufen, auf der die Außenminister der drei Großmächte übereinkamen, dass Großbritannien und die USA, trotz ihrer Vorbehalte, die sie gegenüber dem Tito-Regime hegten, die FLRJ anerkennen würden.[81] Als Beweis, wie nahe sich Belgrad und Moskau zu diesem Zeitpunkt gekommen waren, kann unter anderem die Tatsache genommen werden, dass Ende 1945 und zu Anfang des darauffolgenden Jahres in der Sowjetunion ein Epos des montenegrinischen Dichters Radovan Zogović über Tito in russischer Übersetzung erschien.[82] Dass im darauffolgenden Jahr gleich zwei sowjetische Filme gedreht wurden, *Osvoboždennaja Jugoslavija* (*Das befreite Jugoslawien*) und *V gorah Jugoslaviji* (*In den jugoslawischen Bergen*), in denen der Partisanenkampf als heroische Tat dargestellt wird, zeugt ebenfalls von der russischen Wertschätzung.[83] Die Anerkennung der jungen föderalen Republik, die schon Ende 1945 aus London kam, aus Washington allerdings erst im April 1946, bedeutete natürlich nicht, dass die britische und amerikanische Regierung den Druck auf das Tito-Regime nicht fortgesetzt hätten. So wollten die Alliierten die jugoslawische Binnenflotte, die die Nazis nach Deutschland verbracht hatten, und auch die Goldreserven, die Fürst Pavle noch vor dem Krieg in den Westen hatte bringen lassen, nicht zurückgeben.[84]

Noch schwerer wog, dass sich gegen Ende des Jahres 1945 die angloamerikanischen Spionagezentren zu einer einheitlichen Organisation zusammenschlossen. Mit ihrer Unterstützung leitete Oberstleutnant Andrej Glušič, Kommandant der slowenischen Armee im Verband der jugoslawischen Armee unter Draža Mihailović, der seinen Sitz im Lager Pongau bei Salzburg hatte, das Zentrum »OC 101« und schickte bewaffnete Einheiten nach Slowenien. Dieser Guerillakrieg hinter den Kulissen, der eines seiner Zentren auch in Triest hatte, verstärkte auf der anderen Seite die Bedeutung der UDBA, wie die OZNA seit

1946 hieß. Sie wurde zur Schutzherrin der neuen Macht, was ihr eine wichtige Position im neuen Staat sicherte.[85]

Die feindselige Haltung, die der Westen gegenüber Tito an den Tag legte, bekannte Churchill selbst, als er Anfang Januar 1946 in Brüssel sagte: »Während des Krieges habe ich geglaubt, ich könne Tito vertrauen. Er sagte mir zu, das Abkommen einzuhalten, dass er mit Šubašić geschlossen hatte. Aber jetzt bin ich mir völlig im Klaren darüber, dass ich einen meiner größten Fehler begangen habe …«[86] Anfang März 1946 sprach Churchill, der seit dem Vorjahr in der Opposition saß, weil ihn bei den Wahlen die Labour Party besiegt hatte, während einer Tournee durch die USA an der Universität Fulton im Bundesstaat Missouri. Dabei beschrieb er die Verhältnisse, zu denen es im gespaltenen Europa nach Ende des Krieges gekommen war, mit dem berühmten Bild vom Eisernen Vorhang, der sich über den Kontinent von Stettin bis Triest gesenkt habe. Gegen diese Worte, die den Beginn des Kalten Krieges zwischen West und Ost ankündigten, protestierte Stalin, und fünf Tage später schloss sich ihm auch Tito an.[87]

Die Beziehungen zwischen den Blöcken verschlechterten sich in den folgenden Monaten rapide, was massive Auswirkungen auch auf die Verhandlungen zwischen den Außenministern der vier Siegermächte über die neue Grenze zwischen Jugoslawien und Italien hatte (zu den Amerikanern, Briten und Sowjets hatten sich noch die Franzosen gesellt). Jugoslawien verlangte die Grenze am Isonzo, konnte aber wegen des Widerstands des Westens, der in Tito einen Exponenten der hegemonistischen Ambitionen Stalins sah, dabei nur auf die Unterstützung Molotows zählen. (Spionageberichte des Westens sahen in Tito den Hauptagenten der aggressiven Politik der Sowjets in Südosteuropa.)[88] Nach zähen Verhandlungen auf zwei Sitzungen in Paris im Juli 1946 kam es zwischen den Großmächten zu einem Kompromiss, der Jugoslawien zwar das Soča- bzw. Isonzo- und das Vipavatal, Notranjska (Innerkrain) und Kras (Karst), nicht aber Gorica (Görz) zusprach. Bezüglich der Bucht von Triest zwischen Duino und Novigrad beschlossen die Außenminister der USA, Großbritannien, Frankreich und der Sowjetunion das Freie Territorium Triest einzurichten, was Slowenien den Zugang zum Meer nahm. Als Kardelj Molotow entrüstet Vorwürfe machte, antwortete der schroff: »Glauben Sie denn, dass jeder Bezirk sein Meer haben muss?«[89]

Ihre feindselige Einstellung gegenüber dem Tito-Regime bewiesen die Amerikaner und Briten auch, indem sie in den Jahren nach dem Krieg mehr als zweitausend Mal das jugoslawische Territorium verletzten.[90] »Unser Außenministerium«, erinnerte sich Tito, »hat Dutzende Noten überreicht, in denen es gegen eine derart grobe Verletzung unserer Souveränität protestierte.

Ohne Erfolg.«[91] Während der Pariser Gespräche drangen die Amerikaner mit Militärflugzeugen systematisch in den jugoslawischen Luftraum ein – im Juli 1946 gab es an die 170 Überflüge[92] –, was Tito im August 1946 zu einer drastischen Entscheidung veranlasste. Genau zu dem Zeitpunkt, als die Friedenskonferenz stattfand, befahl er seinen bewaffneten Streitkräften, die amerikanischen Flugzeuge zur Landung zu zwingen. Beim ersten Mal glückte das Manöver, beim zweiten Mal, am 9. August 1946, weigerte sich der Pilot hartnäckig zu landen. Das Flugzeug wurde abgeschossen und beide Besatzungsmitglieder verloren ihr Leben.[93] Die USA wurden von einer wahren antijugoslawischen Hysterie erfasst, die Washington zwang, ultimativ die Freilassung der gefangen genommenen Piloten und eine hohe Entschädigung zu verlangen.[94] Diese gespannten Beziehungen, die sogar den Anschein machten, als könnten sie sich zu einer militärischen Konfrontation auswachsen,[95] wurden noch durch die Versuche der Amerikaner verschärft, sich in die Prozesse gegen Mihailović und den Erzbischof Stepinac einzumischen. Die diplomatischen Beziehungen zwischen den beiden Staaten waren auf ein Minimum heruntergefahren; getrübt waren aber auch die Beziehungen zur Sowjetunion, denn die Jugoslawen hatten das Gefühl, dass sich Letztere auf der Friedenskonferenz bei der Verteidigung ihrer Interessen nicht genügend engagiert hatte. Als die endgültige Entscheidung über die Einrichtung des Freien Territoriums Triest gefallen war, drohten sie zuerst, die Konferenz zu verlassen, später erklärten sie sogar, das Friedensabkommen mit Italien nicht unterzeichnen zu wollen. Erst auf starken diplomatischen Druck des Ostens und Westens hin gaben sie nach.[96]

Das Gefühl, dass die Sowjets ihre Interessen nicht entschieden genug vertreten hätten, hinterließ im Bewusstsein der jugoslawischen Führer viel Bitterkeit. »Beispielsweise«, erzählte später Tito, »sahen sie es als ihr Recht an, uns über außenpolitische Fragen, die uns unmittelbar betrafen, Fragen der größten Lebensinteressen Jugoslawiens, nicht zu informieren. So hat zum Beispiel Molotow auf einer Sitzung des Ministerrats (der vier Großmächte) im Frühjahr 1946 in Paris, als man über die Frage Triest verhandelte, vor der entscheidenden Sitzung auf einem Sondertreffen die ganze Nacht mit unserem Vertreter Kardelj über die Grenzlinie diskutiert, ohne ihn von seiner Absicht in Kenntnis zu setzen, dass er am nächsten Tag der französischen Grenzlinie zustimmen werde, die gegenüber Jugoslawien so ungerecht war. Aber Molotow hatte bei einer Ratssitzung in London auch zugestimmt, dass die Reparationen Italiens 300 Millionen Dollar betragen würden, davon 200 Millionen für die UdSSR und 100 Millionen für alle übrigen Staaten, die während des Krieges durch Italien gelitten hatten. Darüber sagte er uns ebenfalls kein einziges Wort, obwohl unser Staat wegen der italienischen Okkupation mehr als jedes andere Mitglied der Vereinten Nationen zu leiden hatte.«[97]

Aus Protest gegen ein solches Verhalten sandte Tito am 3. Juli Stalin ein Telegramm, in dem er sich über die Passivität der sowjetischen Delegation beklagte. Er bekam eine beruhigende Antwort, die aber keinerlei Einfluss auf die weitere Politik der Sowjetunion hatte, die nun einmal durch ihre eigenen globalen Interessen bedingt war.[98] Obwohl Edvard Kardelj in seinen Erinnerungen notierte, dass alle Völker Jugoslawiens der Sowjetunion für die Hilfe dankbar zu sein hätten, die sie ihnen auf der Pariser Friedenskonferenz geboten habe, konnte er sich auch selbst nicht der bitteren Bemerkung enthalten, dass die sowjetische Delegation »Kompromisse [...] mitunter ohne Notwendigkeit oder aber zu rasch oder ohne bestimmte Gegenleistungen geschlossen hat«.[99]

★

ÜBERGANG ZUR PLANWIRTSCHAFT

Vor dem Zweiten Weltkrieg war Jugoslawien einer der rückständigsten Staaten in Europa. Seine Wirtschaft war in großem Maße von ausländischem Kapital abhängig, das fast 50 Prozent aller Industriebetriebe unter seiner Kontrolle hatte. In ihnen waren an die 300 000 Arbeiter beschäftigt, das heißt, zwei Arbeiter auf 100 Einwohner, während sich knapp 80 Prozent der Bevölkerung mit dem Bestellen von Ackerland durchschlug. Die Anbaumethoden waren veraltet, 1939 gab es nur 3 500 Traktoren im Land. Dementsprechend niedrig waren Produktivität und Lebensstandard der Bevölkerung. Nach dem Krieg wurden die Verhältnisse noch schlechter, denn der Staat lag in Trümmern.[100] Schon im August 1945 wurde eine Agrarreform durchgeführt, die die Schulden der Bauern tilgte, Privateigentum von 20 bis 30 Hektar Land erlaubte, aber weder das Problem der Überbevölkerung auf dem Lande löste noch die Lebensbedingungen der Bauern verbesserte. Umso weniger, als im Herbst 1945 ein Zwangsankauf von Landwirtschaftserzeugnissen zur Ernährung der Städte und der Armee sowie zur Versorgung der Industrie mit landwirtschaftlichen Rohstoffen eingeführt wurde. Ebenso wurde ein System der planmäßigen Aufteilung aller verfügbaren landwirtschaftlichen und industriellen Produkte eingeführt. Die rationierte Ware wurde an Arbeiter, Angestellte und bestimmte Kategorien armer Bauern nach einem System aus Zuweisungen, Bons, Bezugsscheinen und Punkten verteilt.[101] Mit Beschluss des Präsidiums des AVNOJ war am 21. November 1944 das Vermögen des Deutschen Reichs und seiner Staatsbürger auf dem Gebiet Jugoslawiens wie auch das Vermögen von Kriegsverbrechern, Kollaborateuren der Besatzungsmächte, Verrätern und Wirtschaftskollaborateuren konfisziert worden. Mit einem am 5. Dezember 1946 beschlossenen Gesetz kam es zu Nationalisierung von Groß- und Mittelindustrie, Geschäften, Banken, Transportunternehmen. Deshalb umfasste schon im nachfolgenden Jahr der staatliche Sektor zusammen mit dem genossenschaftlichen Anteil 90 Prozent der Gesamtproduktion. Das bedeutete natürlich, wie Velebit sagte, dass wahrscheinlich die Hälfte der Industrie, die auf der Initiative und dem technischen Wissen der Eigentümer basierte, durch ein einziges superbolschewistisches Dekret vernichtet wurde. »Tito, Kardelj und andere damals führende Leute wussten nicht, oder wenn sie es wussten, interessierte es sie nicht, wie stark das Bewusstsein des persönlichen Eigentums ist und wie es das Unternehmertum motiviert.«[102]

Für die folgenden Jahre wurde unter Titos Führung nach sowjetischem Vorbild ein megalomaner Fünfjahresplan erstellt, der vorsah, dass in der Periode 1947–1951 das Volkseinkommen um 193 Prozent steigen sollte, dass sich die Industrieproduktion verfünffachen und die landwirtschaftliche Produktion sich mehr als verdoppeln würde. Der Akzent wurde naturgemäß auf die Schwerindustrie gelegt.[103] Der propagandistische Slogan von der »Volksrevolution«, der nach der Befreiung aufgekommen war, wurde in den Vorbereitungen auf den ersten Fünfjahresplan durch einen neuen ersetzt, der vom »Aufbau des Sozialismus« mit dessen Hilfe sich die FLRJ von der halbkolonialen Vergangenheit freimachen und sich aus einem rückständigen Agrarland in ein industriell-agrarisch entwickeltes Land verwandeln sollte.[104] Als Milovan Đilas gegen Ende seines Leben von einem Journalisten gefragt wurde, ob die Führer auch das nötige Wissen gehabt hätten, gab dieser die ehrliche Antwort: »Aber Sie wissen doch, dass es damit nicht weit her war. Dass es auf einer beschränkten marxistischen Doktrin beruhte, wobei bei uns die stalinistische Variante dieser Doktrin vorherrschte. Das Wissen derjenigen, die die Ökonomie führten, war einfach armselig. Einiges wussten jene Ökonomen, die wir als *bourgeois* bezeichneten, sie waren da, um im fachlichen Sinne zu helfen, aber damals war niemand da, der ihre Meinungen berücksichtigt hätte.«[105]

Milliarden an »Volkseigentum« wurden in eine rasche, für jugoslawische Verhältnisse überdimensionierte Industrialisierung gesteckt, wobei nur ein Teil der Investitionen klug angelegt wurde: Der Hauptteil ging in unvollendete und unausgegorene Projekte, die keinerlei Gewinn brachten. Über den ganzen Staat waren die Skelette dieser »sozialistischen Unternehmungen« verstreut.[106] Weil sich der durchschnittliche Lebensstandard verglichen mit dem vor den Kriegsjahren halbiert hatte, blieb Jugoslawien noch immer im Würgegriff der

Unterernährung, die nur zum Teil durch ausgiebige Hilfe der Vereinten Nationen (UNRRA) behoben werden konnte. Zur Ergänzung des Bildes muss auch die negative Haltung der Führenden gegenüber der Intelligenz und den Fachleuten aller Art erwähnt werden, die auf die schwarze Liste der »Kleinbürger« gesetzt und im gesellschaftlichen Leben stark diskriminiert wurden. Weil Jugoslawien außerdem weder über genügend Mittel noch Kader verfügte, um alle Planziele zu erfüllen, und weil von den westlichen Staaten keine Hilfe zu erwarten war, schloss die Regierung mit der Sowjetunion, Polen und der Tschechoslowakei eine Reihe von Verträgen über Investitionskredite wie auch über die Lieferung von notwendiger Ausrüstung für die die Schlüsselindustrie. Bis Mai des Jahres 1948 betrug der Austausch mit den sozialistischen Ländern 51 Prozent der gesamten Außenhandelsbilanz.[107]

★

REBELLION GEGEN STALIN

Wie Kardelj in einem Gespräch mit Dedijer im Juni 1952 sagte, verfolgten Tito und die Genossen ihre Nachkriegspolitik in der Überzeugung, dass die Sowjetunion umso stärker würde, je stärker Jugoslawien sei. Und dabei »waren wir gegenüber den Russen nie servil«.[108] Ihnen war nicht klar, dass eine solche Haltung fürs Stalin inakzeptabel war. Trotz der Orden, mit denen er sie überschüttete, ließ er seine ablehnende Haltung gegenüber den jugoslawischen Führern bei fast jeder Begegnung durchblicken. Und auch bei den Orden lag der Teufel im Detail: Im Herbst 1944 hatte Stalin Tito den Suworow-Orden verliehen, dem rumänischen König Michael I., der noch 1941 die Sowjetunion angegriffen hatte, im Juli des Folgejahres hingegen die höchste Auszeichnung: den Siegesorden. Diesen bekam Tito erst im September 1945.[109]

Die einzige Begegnung zwischen Tito und seinen Genossen und Stalin, die man als harmonisch bezeichnen kann, fand in Moskau in der Zeit vom 27. Mai bis zum 10. Juni 1946 statt. Es war Titos zweiter offizieller Besuch in der Sowjetunion, und die Frage des jugoslawisch-italienischen Grenzverlaufs stand auf der Tagesordnung. Stalin zeigte sich engagiert dabei, die Interessen Jugoslawiens gegenüber den westlichen Alliierten zu vertreten und schien den Jugoslawen gegenüber überhaupt wohlgesinnt. Nach dem Abendessen, das er für seine Gäste in seiner Datscha in Kunzewo gab, ging er mit ihnen durch den Park, plötzlich fasste er Tito unversehens um die Taille und hob ihn dreimal in die Luft (bzw. versuchte ihn zu heben): »*Vy zdorovy?*« (›Sind Sie gesund?‹) – »Ja, das bin ich.« – »Achten Sie auf Ihre Gesundheit. Europa braucht Sie […], denn ich werde nicht mehr lange leben. Die physiologischen Gesetze […], du aber wirst Europa erhalten bleiben …«[110] Tito und seine Begleiter, die dem *chozjajin* natürlich versicherten, dass er noch lange leben werde, strahlten vor Stolz. Vor allem, als Stalin Tito vorschlug, auf die Brüderschaft zu trinken. Und noch mehr Anfang Juni bei der Beisetzung des Vorsitzenden des Präsidiums des Obersten Sowjets Michail I. Kalinin, als Stalin Tito einlud, sich ihm und anderen Mitgliedern des Politbüros auf der Ehrentribüne anzuschließen.[111]

Bei dieser Gelegenheit bemerkte Tito, dass Stalin tatsächlich nicht mehr bei bester Gesundheit war. Als dieser die Stufen zur Tribüne am Lenin-Mausoleum am Roten Platz hinaufschritt, so Tito, sei Stalin ganz blass geworden und habe um Luft gerungen, was dieser aber zu verbergen gesucht habe. »Ich dachte bei mir: So hol doch Luft, mein Gott. Du krepierst ja.«[112]

Die sowjetische Regierung gab im Juni 1946 eine Pressemitteilung heraus, in der es hieß, dass sie Jugoslawien einen Kredit bereitstelle, mit dem die heimische Kriegsindustrie wieder angekurbelt und die Armee mit Waffen, Munition und anderem versorgt werden sollte. Zudem wurde ein Handelsabkommen zwischen beiden Staaten beschlossen und eine großzügige sowjetische Unterstützung für die jugoslawische Wirtschaft in Aussicht gestellt.[113]

Als Tito nach Belgrad zurückkehrte, sandte er den Damen aus der Entourage des *chozjajin* zum Dank folgende »bescheidene« Geschenke: Stalins Tochter Swetlana eine Platinuhr mit Brillanten, der Frau Molotows eine goldene Uhr mit Brillanten, ihrer Tochter ein goldenes Armband, der Frau des Ministers für Außenhandel, Mikojan, eine goldene Uhr der Marke Patek, der Frau des Mitglieds des Politbüros der KPdSU Schdanow eine goldene Uhr der Marke Jugo und der Frau des Ministers für Innere Angelegenheiten Beria eine goldene Uhr der Marke Eterna.[114]

Aber dieser Augenblick gegenseitiger Zuneigung wurde bald von Gegensätzen überschattet. Diese entsprangen zunächst der Unzufriedenheit der Jugoslawen mit der Art und Weise, in der die Sowjets in den Verhandlungen mit den westlichen Alliierten die Triest-Frage zu lösen gedachten. Als die Außenminister der vier Großmächte auf der Pariser Friedenskonferenz, die im August 1946 begann, die Errichtung eines Freien Territoriums Triest vorschlugen, war Tito entrüstet. Eine solche Lösung hätte nämlich Slowenien vom Meer abgeschnitten. In seiner Verärgerung gab er den Luftstreitkräften den Befehl, zwei amerikanische Militärmaschinen, die den jugoslawischen Luftraum verletzt hatten, zur Landung zu zwingen. Es handelte sich um den ernstesten militärischen Zwischenfall zwischen den Blöcken seit dem Krieg. Der sowjetische Außenminister

Molotow war entsetzt: »Wissen Sie nicht, dass sie die Atombombe haben?«, fragte er Kardelj, der die jugoslawische Delegation in Paris leitete. »Na und«, gab dessen persönlicher Sekretär Janez Stanovnik zur Antwort, »wenn sie die Atombombe haben, haben wir die Partisanenbombe.«[115]

Ohne diesen Stolz, der einer vierjährigen Partisanen-Epopöe entsprang, ist nicht zu verstehen, warum es 1948 überhaupt zu einem Konflikt zwischen dem Kreml und Belgrad kam. Wie Koča Popović sagte, habe sich »Josip Broz während des Krieges so sehr an die Selbstständigkeit gewöhnt, dass er sich schon aufgrund der Natur seiner Position, seines Charismas und der an seine Person gebundenen Macht nicht vorstellen konnte, sich in eine Position zurückzubegeben, die der Stalins untergeordnet war. Der Krieg hatte ihn als selbstständigen Führer bestätigt, unter anderem auch dadurch, dass er Entscheidungen fällte, die Moskau und der Komintern nicht genehm waren ...«[116] Und in diesem Kontext darf nicht übersehen werden, dass es bereits während des Krieges und kurz danach zu Reibungen zwischen der KPJ und der WKP (B) gekommen war, die die Beziehungen zwischen beiden Parteien und Staaten beeinflussten und ein Klima der Spannung schafften, ohne das es nicht zu Stalins Entschluss gekommen wäre, Tito zu stürzen. Ebenso gilt aber auch, dass die Jugoslawen nach dem Krieg naiv an die ökonomische Stärke der Sowjetunion glaubten und dass sie von ihr großzügige Unterstützung bei Lebensmitteln, Rohstoffen, Technologie und Darlehen zur Industrialisierung erhalten würden. Das war eine Illusion, denn die Sowjetunion war völlig am Boden, was aber die Jugoslawen nicht verstehen wollten oder nicht verstanden, weil sie überzeugt waren, dass es sich dabei um planmäßige Feindpropaganda handele.[117]

So bewegten sich die Beziehungen zu Moskau stark oszillierend zwischen Liebe und Misstrauen, bis immer offensichtlicher wurde, dass Stalin beabsichtigte, Jugoslawien wirtschaftlich und politisch zu beherrschen. Dies sollte unter anderem durch die Gründung gemeinsamer Wirtschaftsunternehmen geschehen, sogenannten gemischten Gesellschaften, die vor allem der Ausbeutung von Erzlagern dienten, und zwar auf eine Art, »die das Prestige Jugoslawiens nicht tangiert«, wie es bei traditionellen Konzessionen der Fall wäre, aber die eigenen Interessen dennoch rücksichtslos über die der Jugoslawen stellt.[118] Als sie im Jahre 1947 ein Abkommen mit Moskau unterzeichneten, in dem sich die Sowjets verpflichteten, 200 Millionen Dollar in Jugoslawien zu investieren, waren Tito und seine Genossen jedoch überzeugt, dass sich ihre Hoffnungen auf eine harmonische wirtschaftliche Zusammenarbeit bestätigen würden.[119]

Mit der Zeit erhärtete sich aber der Eindruck, dass die Sowjets die Industrialisierung ihres Landes zu verhindern und es auf Agrarniveau zu halten versuchten. Das hatte erste Kritik am sowjetischen System zufolge, wie es sich in der Politik gegenüber ihnen und auch gegenüber den anderen »Volksdemokratien« im Einflussbereich Moskaus manifestierte. Diese wurde zunächst nur in der Führungsspitze geäußert, zog aber bald schon größere Kreise. Tito war bei all dem sehr vorsichtig, aber beharrlich. Es war ein harter Kampf gegen Dogmen, die bis gestern noch die seinen gewesen waren.[120] Wie war es möglich, dass sich der »blühende Garten der Menschheit«, wie er die Sowjetunion nach Hitlers Überfall auf sie genannt hatte, in den Augen der jugoslawischen Führer in so kurzer Zeit in einen hegemonialen Staat verwandelt hatte, der um nichts besser war als die imperialistischen Großmächte des Westens?

Der Grund für dieses Umdenken war vor allem darin zu suchen, dass es den jugoslawischen Kommunisten gelungen war, eine Widerstandsbewegung zu bilden, die als einzige in Europa zu einer Armee herangewachsen war und die im Stande gewesen war, der Wehrmacht und ihren Helfershelfern wirkungsvoll zu trotzen. Dadurch hatte sich eine Machtstruktur herausgebildet, die nicht in völliger Abhängigkeit von der Sowjetunion stand, was bedeutet, dass sich ihre Repräsentanten gegenüber Stalin eine andere Haltung erlauben konnten als ihre Kollegen in den »Volksdemokratien«. Denn diese verdankten ihre Macht ausschließlich den sowjetischen Truppen auf dem eigenen Staatsgebiet. Tito beabsichtigte keineswegs Stalin zu trotzen, aber er beanspruchte eine größere Manövierfreiheit und war nicht bereit, sich mit der Rolle eines Vasallen zufriedenzugeben. Wie der Vizepräsident der polnischen Regierung Jakub Berman es ausdrückte, trat Tito »vor allem als Satrap eines nationalistischen Volkes auf, anstatt ein namenloser Moskauer Fürst zu werden«.[121] Das aber war entscheidend. Denn in Stalins Welt war kein Raum für unabhängige Geister, und wären sie ihm noch so ergeben gewesen.

Der sowjetische »Resident« in Belgrad, Saweli W. Burtakow, berichtete 1945 dem NKWD in Moskau über »Orel« (›Adler‹), wie die Chiffre für Tito lautete: »Neben seinen positiven Qualitäten – Popularität, schöne Erscheinung, Ausdrucksfähigkeit, Geist und fester Wille – besitzt OREL auch folgende negative Charakterzüge: Machtgier, Mangel an Demut, Arroganz und Unehrlichkeit. Sich selbst hält er für eine absolute Autorität, er liebt den völligen Gehorsam, mag keinen Meinungsaustausch und keine Kritik an seinen Befehlen; er ist leicht erregbar, von aufbrausendem Charakter und schroff, er renommiert gern.« Burtakow war auch der Meinung, dass man Tito hinsichtlich seiner Beziehungen zu London nicht uneingeschränkt glauben dürfe, »obwohl er nach außen hin scheinbare Feindseligkeit gegenüber den Alliierten zeigt, vor allem gegenüber den Briten«.[122]

Tito und Ranković wiederum waren mit Burtakow nicht ganz zufrieden, da er schamlos Schmuck und andere Wertsachen aus reichen Belgrader Häusern konfiszierte. Schon Ende des Jahres wurde er als Hauptberater bei der OZNA von Arseni T. Tischkow abgelöst, den die Jugoslawen unter dem Namen Timofejev kannten. Doch auch mit ihm kam es bald zu Spannungen, denn seine über ganz Jugoslawien verteilten Agenten provozierten mit ihrem überheblichen Benehmen das Urteil, sie würden sich allzu arrogant in innere jugoslawische Angelegenheiten einmischen. Noch stärkere Empörung rief ihr Versuch hervor, jugoslawische Mitarbeiter anzuwerben, wobei sich Tito vor allem über den Fall Dušica Petrović, eine seiner Chiffriererinnen, erregte, die ein sowjetischer Spion bereits 1945 zu verführen und zu rekrutieren versucht hatte. Als Ranković ihn davon in Kenntnis setzte, reagierte er entschlossen: »Wir werden kein Spionagenetz dulden! Das muss man ihnen sofort sagen.«[123]

Zu noch schwereren Meinungsverschiedenheiten kam es in der zweiten Hälfte des Jahres 1946, als in Griechenland ein Bürgerkrieg zwischen der Regierung in Athen und kommunistischen Einheiten unter General Markos ausbrach. Tito hielt es für eine bolschewistische Pflicht, diese zu unterstützen, Stalin aber sah das anders, da er sich schon im Oktober 1944 über die Aufteilung der Einflusszonen auf dem Balkan geeinigt und Griechenland den Briten überlassen hatte. Nach dem Krieg war er zwar davon überzeugt, dass ein bewaffneter Konflikt mit den kapitalistischen Alliierten unausweichlich sei, und verhehlte das in seinen Gesprächen mit den Jugoslawen auch nicht.[124] Er sah aber, dass die Sowjetunion zu schwach für einen Konflikt war (unter anderem hatte sie noch keine Atombombe), und versuchte daher zumindest vorerst erträgliche Beziehungen mit dem Westen zu unterhalten.

Tito kannte dergleichen Bedenken nicht, denn er hatte den Ehrgeiz, Jugoslawien zu einem Brennpunkt der revolutionären Bewegung für den gesamten europäischen Mittelmeerraum zu machen, einschließlich Griechenlands, Italiens und sogar Spaniens.[125]

Dabei kümmerte er sich nicht allzu sehr um die Meinung der Amerikaner und Briten, die sich im Rahmen der Pariser Friedenskonferenz den jugoslawischen Gebietsforderungen gegenüber Italien widersetzt hatten, sondern provozierte sie sogar. Die Tatsache, dass Jugoslawien entgegen einer UNO-Resolution die griechischen Kommunisten insgeheim gegen die Athener Regierung unterstützte und damit den Bürgerkrieg schürte, verstärkte die Überzeugung der Truman-Administration, dass Tito Stalins verlängerter Arm auf dem Balkan sei.

Auf US-Initiative bildete die UNO Anfang Dezember 1946 eine Sonderkommission, die vor Ort feststellen sollte, ob die Nachbarstaaten, in erster Linie Jugoslawien, die griechischen Aufständischen tatsächlich unterstützten, wie die griechische Regierung behauptete. Weil die Briten, die Letztere bisher mit ihren

Einheiten geschützt hatten, im Frühjahr 1947 aufgrund der Konfliktherde in Palästina und Indien, aber auch wegen finanzieller Schwierigkeiten dieser Aufgabe nicht mehr nachkommen konnten, erklärte Präsident Truman im März, dass die USA den Schutz der von »bewaffneten Minderheiten« oder äußerem Druck bedrohten legalen Regierung übernehmen würden.[126]

Die »Truman-Doktrin« wurde zum Grundstein der amerikanischen Außenpolitik. Sie beruhte auf der These, dass man die Ausbreitung des kommunistischen Einflusses außerhalb des Sowjetblocks mit allen Mitteln eindämmen müsse. Weil man auch Stalins Druck auf die Türkei fürchtete, wurde in den folgenden Monaten die Präsenz amerikanischer Streitkräfte im ägäischen Raum erheblich verstärkt, was wiederum die jugoslawischen Führer veranlasste, mit bulgarischen Politikern erneut Gespräche über eine Föderation aufzunehmen, wie sie auf Initiative Stalins und Dimitrovs schon einmal im Oktober 1943 vor der zweiten AVNOJ-Tagung geführt worden waren.[127]

Die jugoslawische Führung war von dieser Perspektive so begeistert, dass sie vorschlugen, das Abkommen zwischen den beiden Staaten schon am 1. Januar 1945 zu unterzeichnen. Die Sowjets waren vorsichtiger und erklärten, dass ein derart bedeutendes Unternehmen gründlicher Vorbereitung bedürfe und dass es das Beste wäre, als ersten Schritt einen Freundschafts- und Beistandspakt für zwanzig Jahre zu unterzeichnen. Das solle zudem auf diskrete Weise geschehen, da Jugoslawien noch keine international anerkannte Regierung besitze und Bulgarien von den Siegermächten als Feind angesehen werde. »Man muss bei außenpolitischen Fragen vorsichtig sein«, erklärte Stalin. »Unsere Hauptaufgabe ist es, die errungenen Siege zu stärken.«[128]

Zu Verwicklungen kam es kurz darauf, als die Jugoslawen verlangten, dass Bulgarien der Föderation als siebente Republik beitreten solle, während die Bulgaren einen Doppelstaat ähnlich dem ehemaligen Österreich-Ungarn anstrebten. Stalin, der zunächst das Modell eines Doppelstaates bevorzugt hatte, tendierte schließlich zur Eingliederung Bulgariens in Jugoslawien, was die Bulgaren – zur Verblüffung Dimitrows – folgsam akzeptierten.[129] Doch die Briten verhinderten einen solchen Schritt mit der Begründung, dass Bulgarien als besiegter Staat nicht souverän über seine Außenpolitik entscheiden könne. Sie waren überzeugt, dass eine solche Föderation die Sowjetunion auf dem Balkan erheblich stärken und auch die Verhältnisse in Griechenland und in der Türkei beeinflussen würde. Stalin, der so kurz vor der Jalta-Konferenz seine Beziehungen zum Westen nicht überspannen wollte, zeigte sich sogleich einverstanden und befahl den Abbruch der Gespräche.[130]

Als Teil der geplanten Föderation wünschte sich Tito neben Bulgarien auch

Albanien, das seine Regierung als erste von allen bereits am 28. April 1945 anerkannt hatte. Er plante auf dem Balkan einen großen sozialistischen Staat, zu dem auch die »Volksdemokratien« in Mitteleuropa hintendieren sollten. Er war nämlich davon überzeugt, dass Jugoslawien ein Zentrum des Kommunismus werden könne, das größere Strahlkraft hätte als die Sowjetunion. Auf diese Weise wollte er auch das Problem des mazedonischen Volkes lösen und alle drei Teile des zerstückelten Mazedonien, Pirin-Mazedonien in Bulgarien, Ägäis-Mazedonien in Griechenland und Vardar-Mazedonien in Jugoslawien, vereinen. Natürlich unter seiner Herrschaft.[131]

Im Juni 1946, nachdem die Friedensverhandlungen mit Bulgarien schon weit fortgeschritten waren, trafen sich Tito und Dimitrov in Moskau und kamen überein, so bald wie möglich in Gespräche über eine jugoslawisch-bulgarische Föderation einzutreten. Stalin unterstützte dieses Vorhaben, da Jugoslawien und Bulgarien, sollten sie sich zu einem Staat zusammenschließen, auf dem Balkan eine bedeutende Rolle spielen würden.[132] Erneut sprachen die drei darüber bei der Beisetzung M. I. Kalinins. Bei dieser Gelegenheit verabredeten sie, das Projekt zu realisieren, nachdem Bulgarien den Friedensvertrag unterzeichnet haben würde. Als das Anfang 1947 tatsächlich geschah, schien es für die Umsetzung des Plans keine Hindernisse mehr zu geben, obwohl der Vertrag formell erst am 15. September in Kraft treten sollte.[133]

Im Juni 1947 sprach Tito in seiner Villa am See von Bled über eine Föderation mit Bulgarien mit Georgi Dimitrow, der nach dem Krieg nach Sofia zurückgekehrt war und dort die Regierung führte. Und bereits am 1. August 1947 unterzeichneten die beiden Politiker ein »historisches« Protokoll, in dem sie beschlossen, den Handel und die wirtschaftliche Zusammenarbeit zwischen den Staaten in größtmöglichem Ausmaß zu entwickeln, eine Gemeinschaftswährung und eine Zollunion einzuführen. Alles das solle aber geheim bleiben, da Bulgarien formal seine volle Souveränität noch nicht erlangt hatte. Die Rede war auch von einer möglichen Vereinigung von Pirin- und Vardar-Mazedonien und von einer Selbstbestimmung des mazedonischen Volkes.[134] Dimitrow erklärte sogar in vertraulichen Gesprächen: »Wir werden eine Föderation eingehen, besser als die Russen, weil wir ein höheres Niveau haben, mehr Kultur …«[135] Bei einem Treffen mit bulgarischen Journalisten sagte Tito, dass »der Balkan gemeinsam mit der Sowjetunion ein Leuchtturm« werden müsse, der den »Weg zur richtigen Lösung der nationalen und sozialen Frage« weise. Auf einer der Sitzungen des ZK der KPJ behauptete er sogar, dass nur Jugoslawien der wahre Hort des »revolutionären Sozialismus« sei.[136] Kurzum, Tito fühlte sich stark und meinte, er müsse auf dem Balkan eine revolutionäre Kraft schaffen, die nicht nur mit der Sowjetunion konkurrieren, sondern die auch die Teilung Südosteuropas, wie sie zwischen den Großmächten in Teheran und Jalta vereinbart worden war, infrage stellte.[137]

Als Stalin jedoch erfuhr, worüber man in Bled gesprochen hatte, reagierte er ungehalten. Schon am 12. August 1947 schickte er Tito und Dimitrov ein Telegramm mit einem strengen Verweis. Den Jugoslawen und Bulgaren warf er vor, einen Pakt über Zusammenarbeit unterschrieben zu haben, der für »unbestimmte Zeit« gelten solle, was in der Diplomatie nicht üblich sei, und die Sowjetunion nicht darüber unterrichtet zu haben. Er nahm ihnen vor allem übel, dass sie das getan hätten, bevor der Friedensvertrag in Kraft getreten war, und dass sie damit dem Westen Anlass gegeben hätten, seine Präsenz in Griechenland und in der Türkei zu verstärken. »Die Sowjetunion ist durch ein Bündnis mit Jugoslawien und Bulgarien verbunden, denn sie hat mit Jugoslawien ein formales Bündnisabkommen. [...] In jedem Fall aber muss die sowjetische Regierung unterstreichen, dass sie keine Verantwortung für Pakte von so großer Bedeutung auf dem Gebiet der Außenpolitik übernehmen kann, die ohne Konsultation mit der sowjetischen Regierung geschlossen werden.«[138]

Tito beteuerte zwar, dass die jugoslawische Regierung die sowjetische nicht vor vollendete Tatsachen habe stellen wollen, und erklärte sogar, dass er bereit sei, die Einigung mit Bulgarien zu dementieren. Seine politische Linie änderte er jedoch nicht, denn am 27. November unterzeichnete er bei einem offiziellen Besuch in Bulgarien gemeinsam mit Dimitrov einen Zusammenarbeits-, Freundschafts- und Beistandspakt, wobei er die sowjetischen Anmerkungen nur insoweit berücksichtigte, dass er ihn auf einen Zeitraum von zwanzig Jahren beschränkte. Die Verhandlungen über eine Föderation hingegen sollten warten, da die Zeit dafür noch nicht reif sei. Auf einer Pressekonferenz im Anschluss an die Unterzeichnung rechtfertigte er seine Unterschrift unter dem Pakt mit der Notwendigkeit, dass sich Jugoslawien und Bulgarien vor der Gefahr einer deutschen Aggression, aber auch jeder anderen Aggression schützen müssten. »Deshalb sind wir nicht nur gegen den deutschen Imperialismus, sondern gegen alle, die unsere Unabhängigkeit bedrohen wollen.«[139] Meinte er damit nur den Westen oder auch die Sowjets?

Aufgrund eines stark zensurierten Dokuments aus dem Jahre 1948, das die CIA noch im Jahre 2008 als »vertraulich« kennzeichnete, könnte man schließen, dass er auch an sie dachte. Darin heißt es nämlich, dass sich der Konflikt zwischen Tito und Stalin schon in den ersten Julitagen 1947 ankündigte, als Marschall Tolbuchin von der Belgrader Regierung verlangte, der Roten Armee folgende Marinebasen zur Verfügung zu stellen: Pula, Šibenik und die Bucht von Kotor. Die jugoslawischen Behörden sollten die Jurisdiktion über diese Häfen abtreten und den Sowjets gleichzeitig den Bau eines neuen Hafens bei Metković nahe Ploće in Süddalmatien erlauben, wobei sie alle nötigen Mittel wie auch die Arbeitskraft beisteuern würden. Diese Forderungen soll Tolbuchin Anfang 1948 noch einmal gestellt haben, Tito habe sie aber in der festen Überzeugung zurückgewiesen, dass seine persönliche Sicherheit bedroht wäre, wenn er den Russen Stützpunkte zur Verwaltung überließe, über die er selbst keine Kontrolle hätte.[140]

Zweifel an der Loyalität der jugoslawischen Führer schürte in Moskau in großem Maße der Botschafter A. J. Lawrentjew, der in seinen Berichten aus Belgrad keine Gelegenheit versäumte, auf ihre »Fehler« hinzuweisen. So versah er zum Beispiel ein Referat, das Tito am 27. September 1947 auf dem II. Kongress der Volksfront über die Entwicklung der »volksdemokratischen« Staaten hielt, mit einem negativen Kommentar. Denn darin habe er die entscheidende Bedeutung verschwiegen, die die Sowjetunion bei ihrer Entstehung und Entwicklung gespielt habe. Am meisten aber nahm ihm Lawrentjew übel, dass Tito die Rolle der Roten Armee bei der Befreiung Jugoslawiens verschwiegen hätte. »Alle diese Ungesagtheiten entspringen offensichtlich dem Umstand, dass Tito den Prozess der Befreiung Jugoslawiens, den Prozess der sozial-ökonomischen Umgestaltung des Staates nur von lokalen nationalen Positionen aus sieht und damit auch selbst in eine nationale Beschränkung fällt.«[141]

In Moskau, wo man Titos Erklärungen und sein *voždizem* (›Führertum‹) aufmerksam verfolgte, nahm man ihm diese allzu selbstständigen Ansichten übel. Ebenso auch die Tatsache, dass er sich in seinen Reden in den Jahren 1945 bis 1947 nur einmal auf die Klassiker des Marxismus-Leninismus berief. »In allen Auftritten Titos und anderer Führer der KPJ gibt es keine Erwähnung von Genossen Stalin als dem bedeutendsten Theoretiker unserer Zeit – als genialen Fortsetzer des Werks von Marx, Engels und Lenin. Es findet sich keine Erwähnung der avantgardistischen Rolle der kommunistischen Parteien und vor allem der Rolle der Kommunistischen Allunions-Partei (Bolschewiki), ignoriert wird also der reiche Erfahrungsschatz der WKP (B) – des einzigen Landes, das die kommunistische Gesellschaft siegreich errichtet und das Schutzmacht für die gesamte progressive Menschheit ist.«[142]

Dieser Vorwurf war allerdings nicht ganz berechtigt, denn Kardelj hatte zum Beispiel noch im Dezember 1945 an Stalins Geburtstag von dessen »historischer Größe« gesprochen und ihn zum »Genie« erklärt. Es stimmt aber auch, dass Tito in seinen Erklärungen und Glückwünschen zurückhaltender war: Er gab sich keinen Emotionen hin und zollte Stalin nur für konkrete Dinge Anerkennung. »Vermutlich«, sagt Dedijer, »weil er besser als andere um die tatsächlichen Verhältnisse in der Sowjetunion unter der Stalinherrschaft wusste.«[143]

Das Agieren der Führer der KPJ, ihre »feindselige« Einstellung gegenüber der Sowjetunion, das übertriebene Betonen ihrer Rolle auf dem Balkan, alles das zeugte von einem Abenteurertum, das man in der Außenpolitik betrieb, von der Neigung, Jugoslawien als etwas Autarkes zu sehen, außerhalb des Rahmens der Revolution und des Sozialismus. Schon Anfang April 1945 notierte Dimitrow nach der Begegnung mit Tito in seinem Tagebuch: »Am Abend habe ich Tito bei mir in der Stadtwohnung empfangen. Wir sprachen lange über die Verhältnisse in Jugoslawien, über die Beziehungen zu den Engländern und Amerikanern, über ein mögliches Abkommen zum Zwecke einer Union (oder etwas anderem) zwischen Jugoslawien und Bulgarien usw. Allgemeiner Eindruck: Unterschätzung der Kompliziertheit der Lage und der Schwierigkeiten, die vor uns liegen, sehr überheblich, aufgeblasen und zweifellos ›schwindelig vor Erfolg‹. So, wie er spricht, sieht natürlich alles in Ordnung aus.«[144] Kurzum, aus Stalins Blickwinkel hatten sich Tito und seine Genossen in engstirnige Nationalisten verwandelt und den Weg des Verrats der von der Sowjetunion geführten sozialistischen Front beschritten, des Verrats am Internationalismus.[145]

Andererseits schmiedete Tito seine großspurigen Pläne ohne allzu große Rücksichtnahme auf Stalin, und das gerade in dem Augenblick, als mit der Gründung des Kominform im September 1947 Letzterer klar zu verstehen gegeben hatte, dass er die kommunistischen Kräfte zu einer Falange bündeln wolle, die nach seinem Willen zu marschieren hätte. Da die USA in dieser Zeit den Marshallplan vorbereiteten, mit dem sie dem zerstörten Europa – jenem Teil, das sie unter ihrer Kontrolle hatten – wirtschaftlich auf die Beine helfen wollten, schien es Stalin angebracht, die Reihen des eigenen Lagers enger zu schließen. Zu diesem Zweck wurde in aller Eile vom 22. bis zum 27. September 1947 in Szklarska Poręba im Riesengebirge ein Geheimtreffen der neun wichtigsten kommunistischen Parteien Ost- und Westeuropas abgehalten. Titos Wünsche schienen sich zu erfüllen, hatte er doch schon im April 1945 in Gesprächen mit Stalin die Möglichkeit einer Beratungsorganisation zwischen den kommunistischen Parteien erwähnt. Stalin hatte sich damals nicht klar dazu geäußert, im darauffolgenden Jahr, als sie sich wieder trafen, aber selber vorgeschlagen, dass die Jugoslawen in diesem Sinne eine Initiative setzen sollten. Tito hatte die Ansicht geäußert, dass es besser sei, wenn das die Franzosen täten, wohl wegen des Ansehens, das ihre Partei genoss. Am Ende sorgten dafür die Sowjets selbst, in Sorge über den amerikanischen »Dollar-Imperialismus«.[146] Bei dem Treffen entwickelte Andrei A. Schdanow, der Leiter der sowjetischen Delegation, die Theorie der zwei konträren Lager, die einander früher oder später unausweichlich in einer militärischen Konfrontation gegenüberstehen würden, und forderte deshalb die Kommunisten auf, ihre Reihen enger zu schließen. Es war ein politischer Schritt, der in gewissem Sinne zumindest in Europa die Komintern erneuerte.[147] Als die *Prawda* am 5. Oktober 1947 die Nachricht von der Konferenz brachte, notierte Dimitrov begeistert in seinem Tagebuch: »Diese Sitzung ist unsere Atombombe [...], die beste Antwort auf den antikommunistischen Vormarsch der amerikanischen Imperialisten.«[148]

Die Tatsache, dass Đilas und Kardelj bei der – ohne Tagesordnung einberufenen – Beratung in Szklarska Poręba als Fahnenträger der Orthodoxie auftraten, vermochten aber Titos unorthodoxe Worte in seiner Rede vor kroatischen Bauern am 25. August 1947 nicht auszulöschen: »Mit England und Amerika, aber auch mit anderen Staaten sprechen wir von gleich zu gleich. Wir werden nicht erlauben, dass man mit uns wie mit einem Kolonialvolk umgeht.«[149] In Moskau fragte man sich, ob mit »anderen Staaten« nicht auch die Sowjetunion gemeint war. »Auch in diesem Fall«, wurde im Kreml kommentiert, »werden die jugoslawischen Führer vermutlich sagen, dass unsere Behauptungen auf unrichtigen Informationen beruhen, aber sie sollen ihre Zeitung *Borba* vom 25. Mai 1945 (Titos Rede in Ljubljana) und die Zeitschrift *Glas* vom 26. August 1947 (Titos Gespräch mit den Bauern) lesen.«

Kurzum, Stalin war überzeugt, dass Tito eine langfristige und planmäßige antisowjetische Politik betrieb, genau in dem Augenblick, wo es notwendig gewesen wäre, die Sowjetunion als die einzige Kraft zu unterstützen, die fürs Erste einen Dritten Weltkrieg zu verhindern in der Lage war.

Im Gründungsakt des Kominform wird die KPJ an erster Stelle genannt, vermutlich deshalb, weil Tito schon 1945 seine Gründung vorgeschlagen und im nächsten Jahr bei einer Begegnung mit Stalin diesen Gedanken erneuert hatte.[150] Stalin selbst hatte auch entschieden, dass der Sitz der neuen Organisation und ihrer Zeitschrift, die den programmatischen Titel *Für festen Frieden, für Volksdemokratie* tragen sollte, in Belgrad sein würde.[151] Andererseits muss aber gesagt werden, dass die jugoslawischen Führer nicht besonders dankbar waren für die Ehre, die ihnen Stalin erwies, denn hinter den Kulissen sprachen sie davon, dass die WKP (B) »das Kominform als Werkzeug ihrer Vormachtstellung vor den anderen Parteien benutzen« wolle.[152]

In Moskau sah man eines der Hauptindizien für diesen rebellischen Geist auch darin, dass die jugoslawische Presse auf alle mögliche Weise die Rolle reduzierte, die sowjetische Einheiten bei der Befreiung Jugoslawiens gespielt hatten. So veröffentlichte zum Beispiel am 22. Dezember 1947, am Tag der Jugoslawischen Armee, die *Borba* eine Karte der in den Jahren 1941–1944 befreiten Gebiete, der man entnehmen konnte, dass das Land in dem Augenblick, als Tolbuchins Truppen ihren Fuß auf jugoslawischen Boden setzten, bereits befreit war. »In Wahrheit«, kommentierte man in Moskau, »wissen auch die Führer des KPJ sehr gut, dass das absolut nicht den Tatsachen entspricht.«[153]

Mit solchen Aktionen stellte Tito Stalins Geduld auf eine harte Probe, bis sie schließlich erschöpft war. Tito besaß sogar die Dreistigkeit, eine moderne Bewaffnung der JA zu verlangen, obwohl ihm die Russen, trotz anfänglicher Zusagen, zu verstehen gaben, dass sich Jugoslawien eine solche Belastung nicht erlauben könne: »Was wollt ihr mit einer starken Armee? Wir sind hier.«[154] Kurzum, dem *chozjajin* schien es, als hätte er es in Belgrad mit einer Gruppe »Pharisäer« zu tun, die vor dem Volk die WKP (B) über den grünen Klee priesen und überhaupt die gesamte Sowjetunion in den Himmel hoben, im engen Kreis der Eingeweihten aber erklärten, dass »die WKP (B) entartet« sei, dass der »Sozialismus in der UdSSR nicht mehr revolutionär« sei, dass dort »großrussischer Chauvinismus« herrsche und dass die UdSSR beabsichtige, Jugoslawien wirtschaftlich zu versklaven«.[155] »Das ist schon keine Kritik mehr«, stellte man in Moskau fest, »sondern Verleumdung, ein Versuch, die WKP (B) zu diskreditieren, die sowjetische Verfassung herunterzumachen.«[156]

Nach allem zu urteilen war es keine Übertreibung, als Kardelj später sagte, dass Stalin im gesamten sowjetischen Lager Tito am meisten hasste.[157] Eine Bewertung der sowjetisch-jugoslawischen Beziehungen lieferte auch Moša Pijade, als er meinte, dass der Streit, zu dem es 1948 kam, ein Konflikt war zwischen einem Staat, in dessen Segeln es keinen revolutionären Wind mehr gab, und einer jungen Revolution, die voller Begeisterung war.[158]

Was Stalins Geduldsfaden reißen ließ, war Titos Politik gegenüber Albanien, mit dem er im Frühjahr 1946 ein Freundschafts- und Kooperationsabkommen unterzeichnet hatte. Er versuchte es nämlich in ein jugoslawisches Protektorat zu verwandeln, wogegen Stalin nichts einzuwenden hatte. Was ihm an der Sache missfiel, war, dass Tito die Kontakte Tiranas zur Sowjetunion, die ohne jugoslawische Vermittlung zustande kämen, eifersüchtig verhindere. Der Druck auf die albanischen Führer war derart groß, dass sich einer von ihnen, Nako Spiru, aus Protest gegen die jugoslawische Bevormundung umbrachte (so lautete zumindest die offizielle Erklärung).[159] Stalin machte nach diesem Vorfall Tito den Vorschlag, er solle einen verantwortlichen Genossen, am besten Đilas, zu Gesprächen »über die Verhältnisse in Albanien« nach Moskau entsenden. Kaum war der Anfang Januar 1948 angekommen – begleitet vom Chef des Obersten Stabs Koča Popović und vom Minister für die Kriegsindustrie Mijalko Todorović – bestellte man ihn in den Kreml, wo er eine überraschende Begegnung mit Stalin hatte. Der hatte nämlich nichts dagegen einzuwenden, dass Jugoslawien Albanien »schluckt«, wie er sagte, wobei er mit einer vulgären Geste auch zeigte, wie das zu tun sei. Nach diesem »dringenden« Treffen mit

Abendessen in Stalins Datscha, wo die Atmosphäre mit feindseliger Stimmung gegenüber Tito geladen war, war die jugoslawische Delegation sich selbst überlassen und zum Umherirren zwischen Museen, Denkmälern und Theatern verurteilt.[160]

Zu einem Wandel in den Beziehungen kam es erst, als am Horizont erneut die Frage einer osteuropäischen Union auftauchte. Im November 1947 hatte Jugoslawien mit Bulgarien einen Freundschaftspakt geschlossen, ähnlich dem, den Belgrad im Juli 1946 mit Tirana vereinbart hatte. Und im Januar 1948 hatte Dimitrow in Bukarest für Bulgarien einen weiteren derartigen Vertrag mit Rumänien unterschrieben. Auf der Rückfahrt nach Sofia erklärte er im Salon seines Zuges am 17. Januar gegenüber westlichen Journalisten, dass der Moment mit Sicherheit kommen werde, da die Völker Rumäniens, Bulgariens, Jugoslawiens, Albaniens, der Tschechoslowakei, Polens, Ungarns und auch Griechenlands beschließen würden, sich entweder zu einer Föderation oder zu einer Konföderation zusammenzuschließen würden[161] Diese kühne Behauptung sagte Tito nicht zu, und er distanzierte sich von ihr, noch weniger gefiel sie Stalin, der das Gefühl hatte, nicht über diese Pläne informiert zu sein, die Wasser auf die Mühlen der Angloamerikaner sein könnten. Deshalb rügte er Dimitrow zuerst schriftlich und beauftragte anschließend die *Prawda*, seine Worte als »problematisch und unüberlegt« zu verdammen.[162]

Stalins Sorge war inzwischen noch zusätzlich durch Titos Entschluss geschürt worden, eine Division in den Süden Albaniens zu entsenden, dem die Griechen wegen seiner Unterstützung der kommunistischen Aufständischen gedroht hatten. Als Warnung an die Westler, nicht mit dem Feuer zu spielen, sollte im Städtchen Korça eine jugoslawische Militärbasis entstehen.[163] Zu diesem Schritt hatte sich Tito entschlossen, obwohl ihm Stalin noch im August 1947 signalisiert hatte, er solle vorsichtig sein: Auf den Vorschlag, auch die KP Griechenlands nach Szklarska Poręba einzuladen, hatte er nämlich geantwortet, dass deren Anwesenheit nur der angloamerikanischen Reaktion dienen würde. Offensichtlich konnte die Entsendung jugoslawischer Militäreinheiten nach Süd-Albanien – um die Enver Hoxha schon im Juni 1946 gebeten hatte – Anlass für eine Auseinandersetzung nicht nur zwischen jugoslawischen und griechischen Truppen geben, sondern auch mit den »Angelsachsen«, die in Epirus auf Seiten der Athener Regierung kämpften, wenn nicht sogar mit den Amerikanern, wie Stalin meinte. Die könnte den Kalten Krieg leicht in einen heißen verwandeln, auf den sich die Sowjetunion nicht einzulassen gedenke, da sie momentan einen Weg der Koexistenz mit den USA suche.[164] Das Schlimmste dabei war, dass Tito diesen Entschluss, wie am 21. Januar 1948 Botschafter Lawrentjew berichtete, »ohne Mitwirkung der sowjetischen Militärberater bei der jugoslawischen Armee« gefasst hatte. Enver Hoxha, der dieses Mal über Titos Schritt nicht begeistert war und dessen Sympathien für Belgrad stark abgekühlt waren, informierte sofort Stalin, und der antwortete, er sehe »keine Gefahr eines möglichen Angriffs auf euch [Albanien] von Seiten der griechischen Armee«.

Molotow schickte Tito Ende Januar eine Mahnung, dass die »Angelsachsen« die Entsendung jugoslawischer Truppen nach Albanien als Besetzung interpretieren und als Vorwand für eine Intervention nutzen könnten. In einem Gespräch mit A. J. Lawrentjew gab Tito sofort seine Bereitschaft zu erkennen, die geplante Expedition seiner Truppen in den Nachbarstaat zu verschieben oder auf das Projekt ganz zu verzichten. Gleichzeitig wies er aber auch darauf hin, dass im Falle einer Besetzung Süd-Albaniens durch den Westen diese Suppe auch von der Sowjetunion auszulöffeln sei.[165] Als Antwort kamen aus Moskau am 1. Februar gleich zwei Telegramme, in denen Molotow wütend erklärte, dass ihm das willkürliche Verhalten der jugoslawischen Regierung »unnormal« vorkomme und er es nicht zu akzeptieren gedenke. »Offenbar bestehen zwischen unseren beiden Regierungen ernste Meinungsverschiedenheiten, was die Beziehungen zwischen unseren Staaten angeht, die sich zu einem Bündnis zusammengeschlossen haben. Um die Missverständnisse zu vermeiden, scheint es notwendig, diese Differenzen gänzlich auszuräumen.«[166]

Anfang Februar 1948 bestellte Stalin Tito und Dimitrow in den Kreml, um mit ihnen ein für allemal zu klären, wie weit die Meinungsverschiedenheiten zwischen den drei Regierungen reichten. In dem Telegramm, das Molotow in seinem Namen beiden Staatsmännern schickte, hieß es unter anderem: »Das unglückliche Interview des Genossen Dimitrow in Sofia gab Anlass zu allen möglichen Gerüchten um die Bildung eines osteuropäischen Blocks unter Mitwirkung der UdSSR. [...] In dieser Situation [...] könnte die Weltpresse dies als antianglo- und antiamerikanischen Schritt seitens der UdSSR darstellen, was den aggressiven angloamerikanischen Elementen den Kampf gegen die demokratischen Kräfte der USA und Großbritanniens erleichtern könnte.«[167]

Stalins Einladung in den Kreml nahm Dimitrow gehorsam an und reiste am 9. Februar nach Moskau.[168] Tito hingegen zeigte sich misstrauisch. Seit einer Leistenbruchoperation, der er sich ein Jahr zuvor hatte unterziehen müssen, argwöhnte er nämlich, dass ihm Stalin nach dem Leben trachtete. Die Spannungen zwischen dem Kreml und Belgrad hatte Tito dadurch zu mildern versucht, dass er das Angebot des *chozjajin* annahm, ihm seine Spezialisten zu schicken, obwohl es sich um einen leichten Eingriff handelte. Nach der Operation war es allerdings zu Komplikationen gekommen, die den Verdacht nährten, dass die Professoren M. S. Bakaljew und N. R. Smotrow andere Anweisungen gehabt hatten, als den Patienten gesund zu machen. Wie Tito noch Jahre später behauptete: »Stalin wollte mich mehrmals umbringen. Auch mit jener Operation.«[169]

Also gab er vor, krank zu sein und beorderte auch Vladimir Bakarić und Edvard Kardelj nach Moskau, damit sie Đilas unterstützten, was Stalin zusätzlich erboste. Sie waren in einer Villa untergebracht, in der sie sorgsam darauf achten mussten, was sie sagten und wie. Đilas informierte Kardelj mit leisem Flüstern über seine negativen Eindrücke und sagte, dass man nicht mit echter Hilfe von sowjetischer Seite rechnen könne. Kardelj wiederum vertraute ihm Titos Absichten hinsichtlich Albanien an. Für das Klima des Misstrauens gegenüber den Gastgebern ist bezeichnend, dass im Salon der Villa, wo sie wohnten, ständig das Radio spielte. Ein sowjetischer Bediensteter fragte, warum. »Wir mögen Musik«, gab Đilas zur Antwort, »vor allem Kardelj …«[170]

Bei einem nächtlichen Treffen im Kreml mit Stalin und mit den Bulgaren am 10. Februar 1948 musste die jugoslawische Troika manchen Tadel und Vorwurf einstecken, die sich in einen Satz Stalins zusammenfassen lassen: »In eurem Fall handelt es sich nicht um Fehler, sondern um einen Standpunkt, der von unserem abweicht!«[171] Auf der Tagesordnung standen drei Punkte: das Abkommen von Bled, Dimitrows Interview, vor allem aber die Beziehungen Jugoslawiens zu Albanien in Bezug auf die griechische Frage. In allen drei Fällen, so Stalin, hätten sich die Belgrader und die Sofioter Regierung außenpolitische Schritte ohne die sowjetische Zustimmung erlaubt, obwohl sie die Moskauer Regierung aufgrund der bilateralen Verträge mit ihnen betroffen hätten. Und genau hier lag der Kern des Problems: Für Stalin war es den Satellitenstaaten nicht gestattet, in ihren gegenseitigen oder in ihren Beziehungen zum Westen eine politische Aktivität zu entwickeln, die nicht zuvor von Moskau bestätigt worden wäre. »Alles, was Dimitrow sagt, alles was Tito sagt« – bemerkte der wütende Stalin – »wird im Ausland hingenommen, als wäre es mit unserem Wissen gesagt.«[172] Die Zusammenkunft im Kreml, die um 22 Uhr begonnen hatte, war um 23 Uhr 15 bereits beendet. Stalin, der Dimitrow als altes Waschweib bezeichnete, während er gegenüber den Jugoslawen mehr Zurückhaltung zeigte, lud danach niemanden zum Abendessen in seine Datscha ein.[173]

Damit es in der Zukunft nicht mehr zu kopflosen Schritten käme, wie sie Stalin den Bulgaren und Jugoslawen vorhielt, waren am nächsten Tag Dimitrow und Kardelj sogar gezwungen, ein zwischenstaatliches Abkommen mit der Sowjetunion zu unterzeichnen, in dem sie beide auf eine selbstständige Außenpolitik verzichteten und sich verpflichteten, dass Bulgarien und Jugoslawien »sich in einen wichtigen internationalen Fragen mit Moskau beraten werden«. Kardelj, der am 11. Februar mitten in der Nacht in den Kreml gerufen wurde, um das erwähnte Dokument zu unterschreiben, tröstete sich damit, dass letzten Endes die Russen von ihm das verlangten, was er ohnehin schon tat. In der Aufregung unterschrieb er das Abkommen dort, wo die Unterschrift Molotows hätte stehen sollen. Das Abkommen musste sofort abgetippt und das Verfahren am nächsten Tag wiederholt werden.[174] Die jugoslawische Delegation blieb danach noch zwei, drei Tage in Moskau und besprach sich unter anderem mit Dimitrov darüber, wie die Föderation zu realisieren sei, von der Stalin bei dem Treffen im Kreml gesprochen hatte.[175] Kardelj nahm an diesem Gespräch teil, obwohl er schon am 10. Februar beim Verlassen des Kremls zu Đilas gemeint hatte, dass unter Stalins Bedingungen eine Föderation mit den Bulgaren nicht in Betracht komme. »Eine solche Föderation würde es Stalin erlauben, uns ein trojanisches Pferd zu bringen, und dann würde er Tito beseitigen und unser Zentralkomitee.« Die sowjetische Hauptstadt verließen die Jugoslawen in aller Heimlichkeit: »Bei Tagesanbruch brachten sie uns zum Flugplatz Wnukowo und steckten uns ohne jede Zeremonie ins Flugzeug.«[176]

Noch bevor die jugoslawische Delegation aus Moskau zurückgekehrt war, hörte man aus Bukarest, dass Titos Porträts plötzlich aus den Schaufenstern der Kaufhäuser verschwunden seien (das Ausstellen von Porträts kommunistischer Führer war ein Brauch, um die Schaufenster trotz des Mangels an Waren füllen zu können). Aus Tirana wurde gemeldet, dass der dortige sowjetische Geschäftsträger bei einem Empfang einen Toast auf Tito ausgebracht habe, aber nur, »wenn er mit seiner Arbeit die demokratische Front in der Welt tatsächlich stärkt«. Um den Druck noch zu erhöhen, eröffnete die Sowjetregierung kaum zehn Tage später Bogdan Crnobrnja, dem jugoslawischen Minister für Außenhandel, der nach Moskau gereist war, dass sie über ein neues Wirtschaftsabkommen zwischen den beiden Staaten erst Ende des Jahres zu verhandeln beabsichtige.[177]

Sofort nach der Rückkehr von Đilas, Bakarić und Kardelj aus Moskau trat am 19. Februar 1948 das Politbüro des ZK der KPJ zusammen und Đilas legte einen Bericht über die Gespräche mit Stalin und anderen sowjetischen Führern ab. Was die Außenpolitik betraf, machte sich Tito keine Sorgen, denn da gebe es zwischen den Regierungen keine größeren Meinungsverschiedenheiten. Er sprach sich aber gegen eine Föderation mit Bulgarien aus und wendete sich vor allem Fragen der Wirtschafts- und Militärhilfe zu, mit der Stalin offenbar Druck auf Jugoslawien ausüben wolle. »Es ist nicht klar, ob die UdSSR uns als starken, bewaffneten Staat zu sehen wünscht. Die Bewaffnung ist eine große Aufgabe. Wir müssen uns vor allem auf eigene Kräfte stützen, Korrekturen am Fünfjahresplan machen und uns des Ausbaus der Kriegsindustrie annehmen.

[...] Die sowjetischen Genossen ziehen aus zahlreichen Problemen falsche Schlüsse. Wir müssen fest unserer Linie folgen, was die Stärkung der Rolle Jugoslawiens in der Welt betrifft. Das wird letzten Endes auch zum Nutzen der UdSSR sein.«[178]

Eine eigenständige Haltung gegenüber Stalins Außenpolitik zeigten die jugoslawischen Führer auch zwei Tage später, als Tito, Kardelj und Đilas mit einer Gruppe hoher griechischer Parteifunktionäre zusammentrafen, unter denen sich auch der Generalsekretär der griechischen KP Nikos Zachariadis befand. Sie setzten sie davon in Kenntnis, dass Stalin bei dem Treffen am 10. Februar Zweifel an einem möglichen Erfolg ihres Aufstandes geäußert habe, zugleich aber versicherten sie ihnen, dass sie die militärische Unterstützung ihres »Befreiungskampfes« fortsetzen würden. Wie am 10. März Lawrentjew von Außenminister Stanoje Simić erfuhr, war die jugoslawische Luftwaffe tatsächlich in Kampfbereitschaft versetzt worden, um auf »militärische Provokationen der griechischen Monarcho-Faschisten« antworten zu können. Außerdem übten Tito und die Genossen Druck auf die Albaner aus, sie sollten Moskau klar machen, dass man so bald wie möglich jugoslawische Truppen in ihrem Staat stationieren und er mit Jugoslawien vereint werden müsse. Kurzum, der Bericht, den der sowjetische Botschafter am 26. Juli 1947 aus Belgrad nach Moskau gesandt hatte, klang im Frühjahr 1948 ausgesprochen aktuell: »Es ist völlig klar, dass Tito jetzt über die Möglichkeit einer militärischen Antwort auf die griechischen Provokationen nachdenkt.«[179]

★

ABRECHNUNG MIT ŽUJOVIĆ UND HEBRANG

Ende Februar informierte der Assistent des sowjetischen Außenhandelsministers Belgrad, man brauche zu den vorgesehenen Gesprächen über eine Verlängerung des Handelsabkommens keine Delegation nach Moskau entsenden. Für die jugoslawischen Führer war das ein böser Schlag, denn der kurz zuvor beschlossene Fünfjahresplan baute auf eine enge wirtschaftliche Zusammenarbeit mit der Sowjetunion und den Blockstaaten. Als Reaktion kam das »erweiterte« Politbüro am 1. März 1948 in Titos Privatvilla in Dedinje zu einer Sitzung zusammen, auf der Kardelj und Đilas noch einmal über ihre Gespräche mit Stalin berichteten.[180] Alle Anwesenden waren außerordentlich besorgt. Tito schlug sogar vor, vom Posten des Ministerpräsidenten zurücktreten, das aber nach Đilas'

Überzeugung eher deshalb, um zu sehen, ob er auf ihre Unterstützung zählen könne oder nicht. Die Sitzung begann mit der Feststellung Titos, dass die jugoslawisch-sowjetischen Beziehungen in eine Sackgasse geraten seien und dass die Russen versuchten, Jugoslawien in eine wirtschaftliche Abhängigkeit zu pressen und sie in eine Föderation mit den Bulgaren zu zwingen, was auch die Zusammenlegung beider Parteien bedeute. So wollten sie ein trojanisches Pferd in ihr Lager einschleusen und den Einfluss des NKWD auf dem Balkan stärken. Weiter erklärte er, dass es innerhalb der KPdSU zu ideologischen Verschiebungen gekommen sei und sich die Partei in eine Partei des »großrussischen Chauvinismus« gewandelt habe. Kardelj, Đilas und die anderen Mitglieder des ZK des KPJ pflichteten ihm bei: »Wir sind keine Figur auf dem Schachbrett.«[181] Đilas war sogar der Meinung, dass die KPdSU »weiterhin großen Druck auf uns ausüben wird, weil sich das neue Jugoslawien als starkes ideologisches Zentrum des Widerstandes gegen sie erweist. [...] Die Frage ist, ob sich der Sozialismus frei oder durch Erweiterung der UdSSR entwickelt.«[182] Alle waren der gleichen Meinung und stellten fest, dass man eine starke Armee haben müsse, weil nur die der Garant der Unabhängigkeit sei. »Für die Kriegsindustrie und die Bewaffnung werden wir ziemlich viel opfern müssen«, schloss Tito die Sitzung. »Von Worten von oben [aus Moskau] haben wir nichts. Ich denke, dass wir in der Lage sind, eine Armee zu unterhalten.«[183]

Nur Žujović-Crni, Finanzminister und Generalsekretär der Volksfront, schwieg. Er war ein intelligenter Mann mit großen politischen Erfahrungen, aber in den Augen der anderen machte er den Fehler, zu enge Kontakte mit Russland zu unterhalten. So reiste er nach dem Krieg gleich fünf Mal »zur Kur« auf die Krim.[184] Über ihm zogen sich allmählich dunkle Wolken zusammen, denn die Genossen begannen ihn prosowjetischer Positionen zu verdächtigen. Weil sie die Beziehungen zu Moskau nicht noch zusätzlich belasten wollten, hatten sie beschlossen, den Inhalt der Sitzung streng geheim zu halten.

Aber Žujović hielt sich nicht an diesen Beschluss. Auf Grund seines Verrats konnte Lawrentjew unverzüglich einen Bericht über die Sitzung nach Moskau schicken, der unter anderem auch die Feststellung des Generals Ivan Gošnjak beinhaltete, dass die Politik der UdSSR die Entwicklung der internationalen Revolution behindere. Und Titos Antwort darauf: »Genau!« Das Dokument gelangte sofort zu Stalin, der es hoch bewertete. In dessen Auftrag teilte Molotow Lawrentjew mit, er solle Žujović für die wertvollen Informationen danken. »Es handelt sich um eine bedeutende Arbeit sowohl für die Sowjetunion als auch für das Volk Jugoslawiens, denn es enthüllt innerhalb des jugoslawischen ZKs die falschen Genossen der Sowjetunion.«[185] Bereits am 9. März schickte Lawrentjew einen neuen Bericht nach Moskau, in dem er die Ansichten Žujovićs und des bosnischen Premiers Rodoljub Čolakovićs zur aktuellen Lage darlegte. Darin heißt es, dass es nur möglich sei, Jugoslawien aus der Sackgasse zu befreien, indem die WKP (B) eingriff, denn Tito habe alle Hebel der Macht in Händen und erlaube keine offene Opposition. Auf seiner Seite stehe die Parteispitze, die sich an die Güter gewöhnt habe, über die sie ohne jede Kontrolle verfüge. Die unteren Parteikreise seien sowohl auf der organisatorischen wie auf der ideologischen Ebene schwach. Žujović meinte, dass Tito das Angebot nicht ablehnen könne, Jugoslawien zu einem Bestandteil der Sowjetunion zu machen, wenn man so etwas planen könne. Er sei sich aber bewusst, dass die internationalen Verhältnisse diesen Schritt nicht erlaubten. Deshalb schlage er vor, dass die Sowjets eine jugoslawische Parteidelegation nach Moskau bestellten, wo es zu einem offenen Gespräch kommen müsse. Sollten die jugoslawischen Führer das ablehnen, sei er, Žujović, bereit, sie öffentlich zu entlarven. Ihm gingen aber auch noch andere Gedanken durch den Kopf: Er vermutete, dass Tito und die Angloamerikaner in Gesprächen seien, wobei Vladimir Velebit die Vermittlerrolle innehabe[186] (Ranković hatte Letzteren schon Monate zuvor in Verdacht, ein englischer Spion zu sein, und Kardelj hatte das Molotow übermittelt.)[187]

Am selben Tag, dem 9. März, berichtete Lawrentjew nach Moskau, dass die jugoslawische Regierung ihren Organen verboten habe, gleich wem irgendwelche Materialien zu übergeben, und die Geheimdienste angewiesen habe, in diesem Sinne die notwendige Kontrolle durchzuführen. Diese Maßnahme sei zwar schon im vergangenen Frühjahr beschlossen worden, habe aber nicht für den sowjetischen Handelsattaché gegolten, der trotz allem von den Wirtschaftsministern die Informationen bekommen habe, um die er gebeten habe. Die Tatsache, dass die jugoslawische Regierung ihr Verbot der sowjetischen Botschaft noch einmal offiziell übermittelt habe, könne nach Lawrentjews Meinung nur eines bedeuten: Sie habe ihr Verhältnis zur Sowjetunion geändert.[188]

Zwei Tage später, am 11. März, empfing Tito Lawrentjew und sagte ihm, dass seiner Regierung nicht klar sei, warum die UdSSR es ablehne mit Jugoslawien ein Wirtschaftsabkommen zu schließen, umso weniger, als sie ähnliche Abkommen mit anderen Staaten schließe. Er erwähnte noch eine Reihe anderer offener Probleme, angefangen mit dem Trinkspruch des sowjetischen Diplomaten in Tirana, wobei er sich versöhnlich zeigte, denn in jeder Familie komme es schließlich zu Streitereien, sogar unter Brüdern. Aus Moskau antwortete Molotow, dass der Trinkspruch ein Missverständnis oder eine Verleumdung sein müsse, ebenso wie die Behauptung, dass die sowjetische Regierung kein Handelsabkommen mit der jugoslawischen Regierung zu schließen gedenke.

Unterdessen schürte Žujović das Feuer weiter. Bei Kontakten mit sowjetischen Diplomaten bezeichnete er Tito, Kardelj, Ranković und Đilas als »politische Konvertiten«, die in Jugoslawien »den Sozialismus auf neue Weise« zu schaffen beabsichtigten. Deshalb habe man die Absicht gefasst, sich von der Sowjetunion zu trennen und die kritische Haltung zu den Verhältnissen in der UdSSR zu verschärfen.«[189]

Unter dem Eindruck dieser Berichte entschloss sich Stalin zu einem unerwarteten Schritt. Am 18. März teilte der Leiter der sowjetischen Militärmission in Jugoslawien dem Chef des Obersten Stabs Koča Popović mit, dass seine Regierung ihre Militärberater abziehe, da sie von Unkollegialität umgeben seien. Am nächsten Tag informierte der sowjetische Geschäftsträger Tito, dass auch die zivilen Ratgeber abberufen seien: »Sie hören nicht auf uns!« Beide waren in der Tat sehr unbeliebt, wegen ihres dünkelhaften Benehmens, ihrer übertrieben hohen Gehälter und der offenkundigen Versuche, Vertrauensleute in den heikelsten Knotenpunkten von Armee und Wirtschaft zu gewinnen. »Sie wollten Jugoslawien nach ihren Vorstellungen einrichten und brachten alle sowjetischen Erfahrungen mit«, sagte Tito später. »Mit einem Wort, sie wollten aus uns das allergewöhnlichste russische Gubernium machen.«[190]

Der plötzliche Abzug der sowjetischen Fachleute war zu bedrohlich, um Tito nicht zu beunruhigen: Sofort wandte er sich in zwei Briefen an den sowjetischen Außenminister Molotow, in denen er die Anschuldigungen über die Voreingenommenheit, mit der den sowjetischen Militär- und Zivilberatern begegnet worden sei, und der zu geringen Bereitschaft der jugoslawischen Bürokratie zur Zusammenarbeit mit ihnen zurückwies. »Unser Wunsch wäre es, dass uns die Regierung der UdSSR offen mitteilt, worum es geht, und uns auf alles aufmerksam macht, von dem sie glaubt, dass es mit den guten Beziehungen zwischen unseren Staaten nicht in Einklang steht.«[191]

Kardelj versuchte die Moskauer Regierung zu überreden, zumindest jene Zivilfachleute in Jugoslawien zu belassen, die für das Gelingen der Projekte, an denen die Sowjetunion mitarbeitete, notwendig waren. Ohne Erfolg. Am 27. März kehrte auch die letzte Gruppe in die Sowjetunion zurück. Am selben Tag kündigte Molotow gegenüber Lawrentjew an, dass am 29. März sein Abgesandter mit einem Brief nach Belgrad kommen werde, den er »dem Adressaten« unverzüglich zuzustellen habe.

Es war ein Brief von Stalin und Molotow »im Auftrag des ZK der WKP (B)« an Tito und das ZK der KPJ.[192] In diesem bezogen sie sich auf eine Studie, die im höchsten Parteiorgan unter dem Titel »Über die antimarxistischen Positionen der Führer der KPJ in der Außen- und Innenpolitik« erarbeitet worden war, beschuldigten Tito und seine Genossen, eine feindselige Einstellung gegenüber der Sowjetunion zu haben, und erklärten, dass ihnen der Weg Sorge bereite, den die Kommunistische Partei Jugoslawiens eingeschlagen habe. »Diese antisowjetischen Erklärungen verstecken sich häufig hinter linken Phrasen, dass der ›Sozialismus in der UdSSR nicht mehr revolutionär‹ und dass ›nur Jugoslawien der wahre Hort des revolutionären Sozialismus sei.« Solche Methoden habe in der Vergangenheit Trotzki verwendet. Und weiter: »Wir glauben, dass die politische Karriere Trotzkis lehrreich genug ist.« Doch damit nicht genug, es folgte eine Kaskade weiterer Sünden, die die Partei begangen habe: Die KPJ, die zwar an der Macht sei, das aber nicht zugeben wolle, gebe sich hinter der Maske der Volksfront den zweideutigen Anschein halber Legalität. Außerdem vernachlässige sie die innere Demokratie, denn die Mehrheit der Mitglieder des ZK sei nicht gewählt, sondern kooptiert, und anstatt im Einklang mit der marxistischen Lehre alle Staatsorgane zu kontrollieren, lasse sie sich vom Innenminister kontrollieren. Wie sei es möglich, eine solche Struktur als marxistisch-leninistisch und bolschewistisch auszugeben? Mehr noch, in der Partei herrsche nicht der Geist des Klassenkampfes, kapitalistische Elemente würden auf dem Lande und in den Städten immer stärker, ohne dass die Führung wirkungsvolle Maßnahmen gegen sie ergreife. Kurzum, das sei ein fauler, opportunistischer Revisionismus, wie ihn Bernstein, Vollmar und Bucharin theoretisiert hätten. Allerdings, was sei anderes von einer Partei zu erwarten, die geführt werde durch »zweifelhafte Marxisten«, wie es Đilas, Vukmanović, Ranković seien, und die in leitender Position im Außenministerium den englischen Spion Vladimir Velebit dulde. Unter solchen Bedingungen sehe sich die sowjetische Regierung in eine schwierige Lage gestellt und könne mit der jugoslawischen Regierung über das »mninidel« (Ministrstvo innostranych del, Außenministerium) Jugoslawiens nicht offen kommunizieren.[193]

Lawrentjew übergab Tito diesen Brief in dessen Zagreber Residenz, der Villa Weiss. Der Botschafter wurde sehr kühl empfangen, Tito bot ihm nicht mal einen Stuhl an. Beim Lesen der ersten Zeilen unter den neugierigen Augen der sowjetischen Diplomaten glaubte er sich »vom Blitz getroffen«. Trotzdem beherrschte er sich und las bis zum Ende, ohne seine Erregung zu zeigen. Nach drei, vier Minuten verabschiedete er den Botschafter schroff mit der Zusage, nach gründlichem Studium des Briefes zu antworten. Dann bestellte er Kardelj, Đilas, Ranković und Kidrič telefonisch nach Zagreb und machte sich unverzüglich an den Entwurf einer Antwort, der innerhalb von zwei Stunden fertig war.

Stalins Brief enthielt mehrere begründete Behauptungen, allerdings auch solche, die offensichtlich falsch, ungerecht oder zumindest übertrieben waren. Zu den schwersten gehörte die Beschuldigung, dass die Partei nicht öffentlich auftrete, dass in ihr keine Demokratie herrsche, sondern dass sie sich hinter der Volksfront verstecke. Die jugoslawischen Politiker hingegen sahen in der Volksfront den neuen Typ einer politischen Organisation, die die Massen unter der Führung der Partei vereinigt und es Letzterer ermöglicht, sich so wirkungsvoll wie möglich in der Gesellschaft zu verankern. Eine solche Struktur rechneten sie sich als ihren originären Beitrag zum Marxismus-Leninismus an und stellten ihn den anderen Volksdemokratien sogar als Vorbild hin. Die Partei behielt sich in der Praxis zwar die tatsächliche Kontrolle über den gesamten Staatsapparat vor, führte sie aber auf diskrete Weise durch. So hatten sich die Kommunisten mit einer Art Geheimnis umgeben, das umso größer war, je höher einer auf der Hierarchieleiter stand: Man wusste nicht, wer die Mitglieder des ZK und des Politbüros waren, und auch das Wort »Kommunismus« wurde von ihnen nur selten verwendet, obwohl Jugoslawien unter allen sowjetischen »Satelliten« vom Standpunkt der Doktrin aus zweifellos der am meisten orthodoxe und »monolithische« war. Gerade deshalb aber war Stalins Kritik in ihrem Wesen so ungerecht, weil sie die großen Bemühungen des Regimes nicht berücksichtigte, sich dem sowjetischen Modell so weit wie möglich anzunähern, und auch die Resultate nicht würdigte, die in diesem Sinne erreicht worden waren.[194] Wie Kardelj sagt, ließ Stalin »schon in seinem ersten Brief den jugoslawischen Kommunisten keine Wahl. Er trat als Richter auf und verlangte von ihnen – vor allem von Tito und den Führern der Partei –, die Rolle der Angeklagten zu akzeptieren.«[195]

Tito überging in seiner mehr als dreiunddreißig A4-Seiten umfassenden Antwort die begründeten Anschuldigungen und hob die unbegründeten hervor. Er erklärte, dass die Sowjets schlecht informiert seien und die jugoslawischen Verhältnisse in völlig falschem Licht sähen. Er äußert auch seine »schreckliche Überraschtheit« über den Ton und Inhalt des Briefes. Zwar ließ Tito es sich nicht nehmen, auch die Fehler der Sowjets anzusprechen (zum Beispiel die Tatsache, dass der sowjetische Geheimdienst jugoslawische Staatsbürger anwarb), vor allem aber forderte er zu gegenseitigem Verständnis auf, da es auch für die Sowjetunion von Nutzen sei, wenn Jugoslawien so stark wie möglich bleibe, denn es stehe der kapitalistischen Welt Auge in Auge gegenüber. Nur zu einer einzigen Konzession war er bereit: Velebit werde man von der Position des Assistenten des Außenministers abziehen und seinen Fall genau untersuchen.[196]

Neben dem Versuch, die jugoslawischen Verhältnisse zu erklären und zu rechtfertigen, gibt es in Titos Brief auch Feststellungen, die die von Stalin begonnene Polemik übersteigen und den unmittelbaren Kern des Streits ansprechen. Tito war sich völlig im Klaren darüber, dass die Frage des Parteipersonals und alle Anschuldigungen ideologischer Natur nur den Zweck hatten, die KPJ zu schwächen und sie dem Kreml unterzuordnen. Das wirkliche Problem, über das Stalin aber aus Vorsicht nicht gesprochen hatte, resultierte aus der völlig neuen geopolitischen Lage, die sich nach dem Zweiten Weltkrieg herausgebildet hatte. Die Existenz weiterer sozialistischer Staaten neben der Sowjetunion warf die heikle Frage nach ihren wechselseitigen Beziehungen und nach dem Verständnis nationaler Souveränität auf. Stalin meinte, dass das Problem der Souveränität nur formaler Natur sei, und behauptete, dass die politische Orientierung jeder Volksdemokratie allein schon nach der Logik der Dinge mit der politischen Orientierung der Sowjetunion in Einklang zu stehen habe. Tito, der die große Bedeutung der sowjetischen Erfahrungen nie in Abrede gestellt hatte, setzte dieser These eine andere entgegen und erklärte, dass man die lokalen Verhältnisse und Traditionen nicht opfern dürfe, sondern sie zu respektieren habe. Denn nur wenn der Sozialismus im Humus eines jeden einzelnen Staates wachse, könne er Wurzeln schlagen und Früchte tragen. In verdichteter Manier hatte er dieses Konzept schon am Anfang seiner Antwort auf Stalins Brief deutlich zum Ausdruck gebracht: »Selbst wenn jemand das Land des Sozialismus, die Sowjetunion, noch so sehr liebt, kann er doch seine Heimat, die ebenso den Sozialismus erbaut, nicht weniger lieben.«[197]

Im Schlussteil des Briefes entwickelte er seinen Gedanken ausführlicher und betonte, dass man die Erfahrungen jeder neuen »Volksdemokratie« als Fortsetzung und Bereicherung der Errungenschaften der Oktoberrevolution berücksichtigen müsse, als etwas Neues und Revolutionäres in der Praxis, zugleich aber im völligen Einklang mit dem Marxismus-Leninismus. In einer derart dynamischen Sicht der sozialistischen Bewegung wies er der Sowjetunion ihre Aufgabe und Rolle zu: Mit ihrer Autorität solle sie die Staaten unterstützen, die ihr ideologisch nahe stehen, sich aber nicht in deren Innenleben einmischen. Nur so werde sich der revolutionäre Prozess weiterentwickeln und in der Welt durchsetzen.[198]

Für Tito waren diese Ideen nicht völlig neu: Er hatte sie schon im Jahre 1945 ausformuliert und auf dem Gründungskongress der KP Serbiens vorgetragen. Damals stellte er fest, dass die Etappen der bürgerlichen und sozialistischen Revolution in Jugoslawien nicht klar getrennt seien und dass sich der Staat anders in Richtung Sozialismus entwickeln werde als die sowjetische Gesellschaft. Er erklärte zugleich, dass er darüber persönlich mit Stalin gesprochen und die Zusicherung bekommen habe, dass eine solche Ausrichtung der Leninschen Lehre nicht widerspreche. Im Jahre 1948 aber schien die These von unterschiedlichen Wegen in den Sozialismus so gefährlich geworden zu sein, dass seine vier treuesten Mitarbeiter (Kardelj, Ranković, Kidrič und Đilas), nichts davon hören wollten, als Tito sie ihnen vorlas. Nach ihrem Eintreffen in der Villa Weiss lasen sie zuerst Stalins Brief und dann Titos Antwort, die ihnen aber im Schlussteil zu gewagt erschien, um sie an Stalin zu senden. Diese Vorbehalte kamen in erster Linie von Đilas, dem die übrigen drei zustimmten. Tito akzeptierte ihre Einwände schweren Herzens, ihm war bewusst, dass er nicht zu weit gehen durfte, wenn er sich von den Genossen nicht isolieren wollte.

Obwohl Stalin ihn nicht persönlich angegriffen hatte (und das auch später nie tat), war es doch offensichtlich, dass seine Position außerordentlich exponiert und heikel geworden war. Als Đilas ihm seinen Rücktritt und den Rücktritt der anderen »zweifelhaften Marxisten« vorschlug, lehnte er den Vorschlag ohne zu zögern, sogar unwillig, ab. »Oh, nein! Ich weiß, was sie wollen: unser Zentralkomitee zerschlagen. Zuerst euch, dann mich!«[199]

Bei dem Treffen in Zagreb wurde beschlossen, Titos Antwort zur Freigabe dem Plenum des ZK vorzulegen, das schon seit Oktober 1940 nicht mehr einberufen worden war. Zu diesem Entschluss hatte Stalins Anschuldigung eines Mangels an Demokratie innerhalb der KPJ zweifellos entscheidend beigetragen. Aus dem gleichen Grund schlug Tito auch vor, die Einberufung des V. Parteikongresses auf die Tagesordnung zu setzen, da der letzte derartige Kongress vor zwanzig Jahren abgehalten worden sei. Auf diese Weise sollten die jugoslawischen Kommunisten mobilisiert und denjenigen, die in Stalin den Hüter der einzigen Wahrheit sahen, bewiesen werden, dass die Führung der KPJ stets bereit sei, seine Kritik anzunehmen, wenn sie berechtigt war. Tito glaubte allerdings nicht, dass er Stalin damit wirklich beruhigen würde, blieb mit seiner Überzeugung aber ziemlich allein. Unter seinen engsten Mitarbeitern war wahrscheinlich nur Kardelj fähig, sich der ideologischen Fesseln zu entledigen und die Dinge in ihrer nackten Wirklichkeit zu sehen. Obwohl auch für ihn Stalin noch immer die führende Persönlichkeit des revolutionären Sozialismus in der Welt war und er den Konflikt mit ihm als dramatisch erlebte, machte er sich keine Illusionen. Im Zug von Zagreb nach Belgrad sagte er den Genossen, dass die Beziehungen zwischen Jugoslawien und der Sowjetunion endgültig verfahren seien: »Ich kenne die Russen gut. [...] Ich kenne ihre Logik. Sie werden uns sogar zu Faschisten erklären, um vor der Welt den Kampf gegen uns moralisch und politisch zu begründen. Wenn sie könnten, würden sie uns auch mit Gewalt liquidieren.«[200]

Das geheime Plenum des Zentralkommitees wurde von Tito für den 12. April 1948 um 10 Uhr morgens in der Bibliothek des Alten Palais in Dedinje einberufen. Da es bisher keine Parteisitzungen in diesem Gebäude gegeben hatte, war die Wahrscheinlichkeit geringer, dass dort sowjetische Wanzen installiert waren. Geringer war ebenfalls die Gefahr eines Angriffs aus der Luft oder aus der Umgebung.[201] Tito nahm an ihr im Bewusstsein ihrer »schicksalhaften Bedeutung« teil. »Das Leben hat mich gelehrt«, erklärte er, » dass es in derart kritischen Momenten am gefährlichsten ist, wenn man ohne Überzeugung ist, wenn man ein Schwanken erkennen lässt. In solchen Situationen muss man stets mutig und entschlossen handeln.«[202] Nach einleitenden Worten, in denen er in großen Zügen die jüngsten Differenzen mit Stalin darstellte, verlas er dessen Brief vom 27. März und den Entwurf seiner Antwort. Die entgeisterten Zuhörer, die über die im Hintergrund ablaufenden Konflikte mit Moskau nicht informiert waren, wies er dabei auf den wesentlichen Punkt hin: dass die ideologischen Anschuldigungen, die Stalin formuliert hatte, nur ein Vorwand seien, hinter dem sich der Kern des Konflikts verberge – nämlich, ob die Beziehungen zwischen den sozialistischen Staaten auf Gleichberechtigung beruhen oder nicht. Von den Anwesenden verlangte er, sich zu den »schrecklichen Lügen« aus Moskau wegen »ungenauen Informierens« zu äußern. Um jeden Einzelnen zu zwingen, die Verantwortung für seine Standpunkte zu übernehmen, erklärte er auch, dass er das Protokoll – falls es angefordert werden würde – dem ZK der WKP (B) übermitteln werde. Kurzum, die Sitzungsteilnehmer mussten sich zwischen Tito und Stalin entscheiden, und zwar ohne jede Möglichkeit, sich in mehrdeutige Phrasen zu flüchten.[203]

Was folgte, war eine Reihe von Äußerungen, die mehr oder weniger überlegt, aber auch emotional gefärbt waren. Kardelj verwies auf die Tatsache, dass »Jugoslawien fast allein den ganzen Staat befreit hat, während die Tschechoslowakei und andere Staaten von der Roten Armee befreit worden sind. [...] Wir haben das Recht, von der Sowjetunion Vertrauen in die Partei zu verlangen, die solche Resultate vorzuweisen hat.« Der aufgewühlte Đilas erklärte sogar, dass ihm jetzt, wo ihn Stalin des Trotzkismus bezichtigt habe, nur der Selbstmord bleibe. Aber alle unterstützten Tito, der erklärte, dass »wir das Recht haben, auf gleichberechtigter Ebene mit den Sowjets zu diskutieren«. Žujović hingegen verteidigte »bleich und erregt« die sowjetischen Standpunkte: »Genossen! Ich berufe mich auf euer revolutionäres Bewusstsein. [...] Wo ist der Platz Jugoslawiens im Kampf gegen den Imperialismus? [...] Ich meine, das Ziel ist, dass unser Staat Bestandteil der UdSSR wird.«[204] Unter den Anwesenden war Žujović der einzige außerhalb des Politbüros, der den Inhalt von Stalins Brief schon vor der Sitzung kannte, denn Lawrentjew hatte ihn sofort eingeweiht, als das Schreiben ihn erreichte. Žujović hatte sich begeistert über den Inhalt gezeigt, darüber, dass alle Fragen so »prinzipiell« gestellt seien, äußerte aber Zweifel, dass der Brief eine Wirkung haben werde: »Alle Versuche, die Situation zu verbessern, werden abgewürgt. Deshalb ist die weitere Einmischung der WKP (B) notwendig.«[205]

Mit seinem Auftritt bei der Sitzung des Politbüros bestätigte Žujović natürlich den schon lange gehegten Verdacht, dass er den sowjetischen Botschafter über ihre Standpunkte in Kenntnis setzte. Zur entscheidenden Episode in diesem Sinne kam es am 10. April, als Đilas während einer Fahrt im Zentrum Belgrads vor der sowjetischen Botschaft sein Auto entdeckte und seinen bärtigen Chauffeur erkannte. Natürlich teilte er diese Entdeckung noch am selben Tag Tito bei einer Besprechung mit, an der auch Kardelj und Ranković teilnahmen und auf der die Themen des Plenums festgelegt werden sollten, die für zwei Tage später angesetzt war.

Als Žujović den Genossen vorwarf, sie setzten sich den sowjetischen Kommunisten gleich, brach ein lebhafter Streit aus, im Verlauf dessen Tito ihn fragte: »Und was hast du, Crni, vor zwei Tagen beim sowjetischen Botschafter gemacht?« Letzterer versuchte sich aus der unangenehmen Lage zu retten und erklärte, er habe den Kauf eines neuen Autos besprechen wollen. Worauf ihm Đilas spitz antwortete: »Der jugoslawische Minister kriecht vor dem sowjetischen Botschafter auf den Knien, um ein Auto zu bekommen …«[206] Der Streit endete erst, als Žujović bat, wegen Verpflichtungen im Parlament gehen zu dürfen. Die Anwesenden beschlossen, mit der Sitzung am nächsten Morgen fortzufahren, setzten aber auf Vorschlag Titos zuvor noch die Debatte über Crni und seinen Verrat auf die Tagesordnung. In dieser Nacht schliefen sie nicht besonders viel. Die wichtigsten Mitglieder der Führungsgruppe beschlossen, neben Žujović auch Andrija Hebrang auf die Anklagebank zu setzen, über den schon seit März eine Sonderkommission der Partei wegen »Fraktionismus« diskutierte und über den sie »wegen seines Verhaltens im (Ustascha-)Lager« bereits Hausarrest verhängt hatten. Man warf ihm nämlich vor, in der Untersuchungshaft im Jahre 1942 unter der Folter »weich« geworden zu sein. In Wahrheit bestand Hebrangs Schuld darin, dass er nach dem Krieg gegenüber Tito eine kritische Haltung eingenommen hatte, weil er sich zurückgesetzt und in seiner politischen Rolle geschmälert fühlte.[207]

Obwohl er vor der Kommission nichts zugab, was ihn hätte kompromittieren können, meinten die »Genossen«, dass es das Beste sei, sich beider potenziell gefährlicher »Vertreter der sowjetischen Linie«, zu entledigen.[208] Die Tatsache, dass beide, noch bevor Tito ihr Generalsekretär wurde, wichtige Persönlichkeiten in der KPJ gewesen waren und somit nicht zu der Mannschaft gehörten, die er sich nach 1937 selbst ausgesucht hatte, war bei ihrem Sturz von entscheidender Bedeutung. Auch in Moskau wusste man, dass ihre Loyalität in erster Linie Stalin galt. In Hebrangs Dossier, das im Archiv der Komintern aufbewahrt wird, wird Letzterer als »bewährter, fester, der Sache ergebener Kommunist, großer aufrichtiger Freund unserer Interessen« bezeichnet. »Für die UdSSR ist er bereit alles zu tun, was möglich ist.«[209]

Auf der Sitzung des Plenums des ZK vom 13. April, die anders als jene am Vortag in lockerer Atmosphäre stattfand, da das Spiel schon entschieden war, trug Ranković den Beschluss des Politbüros vor, das ZK über den »Fall Hebrang« zu informieren. Er verlas auch einen Brief, den ihm der kroatische Politiker geschrieben hatte und in dem er sich auf die Seite Stalins stellte. »Das war eine Art Dissertation für den künftigen Chef«, lautete Kardeljs Kommentar in seinen Erinnerungen.[210] Tito selbst war es, der daraufhin Hebrangs Fehler analysierte und ihn als jemanden darstellte, der der Partei feindselig gesinnt und gefährlich sei. Đilas pflichtete ihm bei und behauptete, dass Žujović und Hebrang die »Hauptvertreter der prosowjetischen Linie in Jugoslawien seien. Diese Feststellung erfolgte auch auf Grundlage abgehörter Telefongespräche.[211]

In der Einleitung des Briefes an Stalin, der auf dieser Sitzung seine endgültige Form bekam, wurden die beiden als Hauptverantwortliche für die Spannungen zwischen Moskau und Belgrad bezeichnet. Gerade die beiden hätten die sowjetischen Organe in Jugoslawien falsch informiert, um in Moskau Stimmung gegen Titos Regierung zu machen. Der Streit, der aus der parteischädigenden Tätigkeit einiger weniger Elemente entstanden sei, werde sich leicht beilegen lassen, wenn die KPdSU ein oder zwei Mitglieder ihres ZKs entsende, die die Ursachen der entstandenen Reibung vor Ort selbst untersuchen.[212] Diese Einladung, die Moskau implizit eine übergeordnete Stellung zuerkannte, und die Behauptung, dass Žujović und Hebrang die Hauptschuld an dem Streit trügen, waren die hauptsächlichen Abänderungen gegenüber dem Entwurf des Briefes, der von Tito konzipiert und von Kardelj, Ranković, Đilas und Kidrič ergänzt worden war. Noch wichtiger war die Tatsache, dass der Schluss des Briefes weggefallen war, in dem Tito ursprünglich geschrieben hatte: »Worum geht es also im Kern? Uns scheint, dass wir nicht derselben Meinung darüber sind, wie die Beziehungen zwischen unseren Staaten sein sollten.«[213] Seine These über das Recht eines jeden Staates auf den eigenen Weg in den Sozialismus und die Ablehnung des »Hegemonismus« klang abgemilderter, als sie zu Anfang formuliert war, um der Gesinnung der Mehrheit im Plenum Rechnung zu tragen, die in Stalin immer noch die Verkörperung der marxistischen Ideologie sahen.[214]

Die Debatte, wie sie von der Parteiführung am 12. und 13. April initiiert wurde, und der nach Moskau gesandte Brief sprachen demnach zwei unterschiedliche Sprachen. Dieser Unstimmigkeit waren sich viele nicht bewusst: Sie waren zufrieden, dem *chozjajin* in echt stalinistischem Stil zwei Opfer darzubieten, und zugleich überzeugt, mit einem solchen Schritt die getrübten Beziehungen wieder verbessern zu können. Um ihre Hingabe an die Sowjetunion auch mit einer symbolischen Geste zu untermauern, entsandten sie Jakov

Blažević, eines der jüngsten Mitglieder des ZK, an das Grab der im Kampf um die Befreiung Belgrads gefallenen russischen Soldaten mit dem Auftrag, dort einen Kranz niederzulegen.[215]

Tito und seine engsten Vertrauten gaben sich allerdings solchen Illusionen nicht hin. Ihnen war klar, dass die Bereitschaft, russische »Inspektoren« zu akzeptieren, und der Versuch, alle Schuld auf Žujović und Hebrang abzuwälzen, nicht die gewünschten Resultate erzielen würden. Wie hätte es auch anders sein können? Würde Stalin einwilligen, seine »Inspektoren« nach Jugoslawien zu entsenden, würde er damit indirekt zugeben, sich geirrt zu haben. Und wenn er so täte, als glaubte er den Anschuldigungen gegen Žujović und Hebrang, würde er den wichtigsten Parteien in Europa zeigen, dass er schon beim ersten Widerspruch bereit war, Leute zu opfern, die sich bei der Verteidigung seiner Führungsposition exponiert hatten? Seinen an Tito adressierten Brief vom 27. März hatte er nämlich allen Mitgliedern des Kominform zustellen lassen mit der Aufforderung, in dem Streit Stellung zu beziehen, und dem zwischen den Zeilen stehenden Befehl, sich der Verurteilung der Jugoslawen anzuschließen.[216]

Auf der Sitzung am 12. April 1948 hatte Tito erklärt: »Unsere Revolution ist rechtschaffen, unsere Revolution frisst nicht ihre eigenen Kinder!« Aber kaum hatte er diesen Gedanken ausgesprochen, begann er ihn schon zu verletzen.[217] Als Anfang Mai klar wurde, dass alle Brücken zu Stalin abgebrochen waren, war seine Hauptsorge, sich Žujovićs und Hebrangs zu entledigen und damit auch eine Warnung an andere mögliche »Verräter« zu senden.

Obwohl er bereits als sowjetischer Agent aufgedeckt war, pflegte Crni auch noch nach der Sitzung vom 13. April Kontakte zum sowjetischen Botschafter, dem er in Erwartung seiner Verhaftung alle Aufzeichnungen übergab, die er seit Beginn des Partisanenaufstandes gemacht hatte.[218] Er war nun einmal davon überzeugt, dass die sowjetische Partei die einzige Mutterpartei, der einzige vollkommene Interpret des Marxismus-Leninismus und dass Stalin der »Führer und Lehrer« war.[219] Hebrang, der ebenso dachte, hatte den Sowjets zwar keinerlei Informationen gegeben – das hatte Stalin in einem Brief vom 4. Mai selber bestätigt –, war aber wegen seiner Beliebtheit in Kroatien und wegen seiner Organisationsfähigkeiten gefährlicher als Žujović. Man konnte sich unschwer vorstellen, dass er Tito ersetzen würde, wenn es in Belgrad zum Umsturz käme, wie es angeblich geplant war.[220]

Im Präsidium des Volksparlaments bezeichnete Tito am 6. Mai 1948 Hebrang und Žujović als staatsfeindliche Elemente, als Gegner der staatlichen Einheit und des Sozialismus, weshalb sie ihrer Ministerposten enthoben worden seien. Am nächsten Tag wurde die Meldung, ohne besondere Erklärungen, von den Zeitungen gebracht, und am 9. Mai berichtete der Zagreber *Vjesnik* bereits, dass die neuen Minister für Finanzen und Leichtindustrie den Amtseid abgelegt hätten.[221]

Für denselben Tag wurde eine Plenarsitzung des ZK einberufen, zu der Žujović nicht mehr eingeladen wurde. Vorgelegt wurde der Bericht einer dreiköpfigen Parteikommission, die am 13. April den Auftrag bekommen hatte, seinen und Hebrangs Fall zu untersuchen. Blagoje Nešković, Ivan Gošnjak und Vida Tomšič schlossen ihre Arbeit am 8. Mai mit einem ausführlichen Schriftsatz ab, in dem sie die beiden beschuldigten, vor dem Krieg, während des Krieges und danach mit Wühlarbeit gegen den Staat und die Partei agiert zu haben, und schlugen deshalb ihren Ausschluss aus der KPJ vor. Andrija Hebrang wurde in dem Bericht als »parteischädigendes Element, als Verräter und Waffe des Klassenfeindes«, Sreten Žujović als »hartgesottener Fraktionist, parteischädigendes Element, Verleumder und Feind unserer Partei und unseres Staates« bezeichnet.[222] Einige Tage später wurde gegen beide ein Haftbefehl ausgestellt. Laut Đilas, ließ Tito sie auf eigene Faust festnehmen, ohne sich mit jemandem zu beraten.[223] Dabei rechtfertigte er seine Entscheidung mit der Feststellung, dass es wirklich schön anzusehen wäre, wenn Jugoslawien von einem »Ustascha« und einem »Tschetnik« geführt würden.[224] Als sie mit dem Auto durch das Zentrum von Belgrad fuhren, sagte Đilas zu Ranković: »Jetzt verfahren wir mit Stalins Anhängern genauso wie er selbst mit seinen Gegnern.« Worauf Ranković entsetzt antwortete: »Das darfst du nicht sagen! Darüber darfst du nicht sprechen!«[225]

Nach Zeugnissen, die der britische Botschafter Sir Charles Peake gesammelt hat, suchten die Sicherheitsorgane am 13. Mai vier Mal Hebrangs Villa auf und brachten getrennt zuerst ihn weg, dann seine Frau Olga und die Kinder (das älteste war gerade mal fünf Jahre alt) und schließlich noch den gesamten Familienbesitz. Etwas Ähnliches muss auch mit Žujović geschehen sein, denn sein Haus war, wie Peake berichtet, völlig leer und bewacht.[226] Zuerst wurden beide Häretiker in einem Gebäude in der Nähe Belgrads interniert, später brachte man sie in das sicherste Gefängnis der Hauptstadt, damit Stalins Agenten sie nicht befreien könnten. Wie wir bei Kardelj lesen können, waren Žujović und Hebrang vor allem deshalb arretiert worden, weil die jugoslawischen Führer fürchteten, dass die Sowjets sie außer Landes bringen und dem Kominform als die »wahren« Vertreter der KPJ präsentieren könnten.[227] Der sowjetische Geheimdienst scheint tatsächlich versucht zu haben, sie zu befreien, aber ohne Erfolg.[228]

Als er von der Festnahme der beiden erfuhr, verlangte Stalin sofort, dass auch sowjetische Organe an einer gerichtlichen Untersuchung gegen die beiden beteiligt werden. Tito und seine Genossen, die kurz zuvor noch bereit gewesen waren, die »Inspektion« der Bevollmächtigten der WKP (B) zu akzeptieren, lehnten das als unzulässige Einmischung in die inneren Angelegenheiten Jugoslawiens entschieden ab. Stalin reagierte darauf Anfang Juni, in dem er erklärte, dass er sie als »kriminelle Mörder« ansehen werde, sollte Hebrang und Žujović etwas Ernsthaftes zustoßen. Klar war, dass zwischen Tito und Stalin alle Brücken abgerissen waren.[229]

Die Belgrader Zeitung *Borba* veröffentlichte am 30. Juni 1948 den Beschluss des Politbüros über den Ausschluss Žujovićs und Hebrangs aus der Partei. Sie wurden darin zu Feinden der jugoslawischen Völker und zu fraktionistischen Elementen erklärt, die von 1937 an gegen die KPJ gearbeitet hätten. Damit begann ihr Leidensweg: Sie wurden einem strengen Verhör unterzogen, wobei Žujović vor allem seine Verbindung zu Gorkić vorgeworfen wurde, aber auch mehrere eigenmächtige Militäraktionen während des Volksbefreiungskampfes, in erster Linie der »Durchbruch« an der Sutjeska, den Tito noch immer als »Flucht« ansah, und seine Verschwörungspolitik nach 1945, die den wirtschaftlichen Aufstieg des Staates behindert habe.[230] Aus Protest begann Žujović einen Hungerstreik, den er aber bald abbrach, als man ihm nahelegte, sich mit einem Brief an Tito zu wenden.[231] Es ist nicht bekannt, ob er eine Antwort bekommen hat.

Hebrang blieb ziemlich ruhig, als man ihn auf Rankovićs Anweisung über den Parteiausschluss informierte. Ein Agent der UDBA trat ins Zimmer, wo er in einem Sessel saß und ein Buch las. Er hob nicht einmal den Kopf, um zu sehen, mit wem er es zu tun hatte, sondern fragte nur: »Wer ist das?« Als der Agent sich ihm vorstellte und ihm sagte, weshalb er gekommen sei, blieb er eiskalt. »Gut«, sagte er. Das war alles.[232] Was seinen Fall betrifft, so war die Hauptfrage, die die Vernehmenden interessierte, welcher Art seine Verbindungen zu den Pavelić-Leuten im Jahre 1941 waren und wie er sich im Ustascha-Gefängnis im Jahre 1942 verhalten hatte. (Tito wollte nämlich nicht den Eindruck erwecken, er würde Hebrang aus persönlichen Gründen »liquidieren«.) Weil Hebrangs Schuld auf jede erdenkliche Weise bewiesen werden musste, seien nach Meinung seiner späteren Verteidiger im Innenministerium auch mehrere Dokumente gefälscht worden, die ihn als Verräter belasten sollten.[233] Man beschuldigte ihn natürlich auch, als Vorsitzender der Planungskommission gemeinsam mit Žujović versucht zu haben, die Erstellung und Ausführung des ersten Fünfjahresplans zu sabotieren.[234] Vermutlich wurde er physisch bis zum Schluss nicht gequält, doch übte man mit allen Mitteln Druck auf ihn aus, auch mit falschen Zeugen.[235]

Hebrangs Schicksal war am 10. Juni 1949 besiegelt, als er nicht von dem Verhör zurückkehrte, zu dem man ihn aus dem Gefängnisgebracht hatte. Über sein

Ende gibt es unterschiedliche Darstellungen, die offizielle lautete, dass er sich in der Zelle am Heizungskörper aufgehängt habe. Es gingen auch Gerüchte um, dass ihn einer der Agenten mit einem Riemen erwürgt habe,[236] und auch, dass Tito, Ranković, Kardelj und Đilas »zugestimmt« hätten, Hebrang umzubringen, weil man ihn wegen der Spuren der erlittenen Folter nicht mehr vor ein Gericht stellen konnte.[237] Wahrscheinlich stimmt die Aussage Titos, die er wenige Monate vor seinem Tod machte: Weil man Hebrang auf Wunsch der kroatischen Führung hin nicht den Prozess machen wollte, habe er eine todbringende Injektion bekommen. Anschließend habe man ihn ins Gefängnis zurückgebracht, wo man ihm eine Schlinge aus einem zerschnittenen Bettlaken um den Hals gebunden habe.[238]

Über Hebrangs Schicksal sprach Tito im Frühling 1952 bei einem Abendessen mit Randolph Churchill, wobei er dessen doppelten Verrat beklagte, zuerst bei der Gestapo dann bei den Sowjets. Er sagte aber nicht, dass Hebrang zu diesem Zeitpunkt bereits tot war und antwortete auf Churchills Bitte, ihn mindestens von Weitem sehen zu dürfen, mit einem schroffen: »Nein!«[239] Als der über diese Unterhaltung am 21. Mai im *Daily Telegraph* berichtete, reagierten die jugoslawischen Behörden vier Tage später mit einem Kommuniqué, in dem sie Hebrangs Tod offiziell bestätigten. Danach erschien auch das Buch seines Untersuchungsrichters, des UDBA-Generals Mile Milatović, unter dem Titel *Slučaj Andrije Hebrang* (*Der Fall Andrija Hebrang*). Allerdings soll Milatović für das Buch nur seinen Namen hergegeben haben, die Initiative für eine Veröffentlichung soll von Milovan Đilas ausgegangen sein, der es gemeinsam mit Dobrica Ćosić auch redigiert haben soll.[240]

Zum Abschluss dieser tragischen Geschichte seien noch die Worte Vladimir Velebits zitiert: »Was später mit Hebrang passiert ist, warum Tito ihn hat einsperren lassen, warum er zugestimmt hat, dass man ihn umbringt, ist für mich ein schreckliches Rätsel. Umso mehr, als Hebrang, soweit mir bekannt ist, von allen alten Kommunisten Tito am nächsten stand.«[241]

Sreten Žujović hatte mehr Glück. Weil er im Gefängnis seine »Sünden« bekannte, wurde er nach zwei Jahren strenger Isolierung entlassen und rehabilitiert. Die Propaganda des Regimes benutzte ihn sogar für eine ungewöhnliche Farce: Sie verbreitete die Nachricht, dass man ihn im Gefängnis gequält und umgebracht habe. Nachdem westliche Zeitungen die Nachricht gebracht und man im Osten laut gegen das »Verbrechen« protestiert hatte, wurde eine Pressekonferenz einberufen, auf der Žujović erschien und alle »Verleumdungen« dementierte.[242]

Am besten kam noch Rodoljub Čolaković davon, der ebenso wie Žujović vertrauliche Kontakte zum sowjetischen Botschafter hatte, aber wendig genug war, sich noch rechtzeitig zur »Selbstkritik« zu entschließen. Er wurde nicht weiter verfolgt, verlor aber alle seine Machtfunktionen und wurde, nach den Worten eines serbischen Schriftstellers, »ein blasses Abbild seines Namens und Prestiges«.[243]

In den Wochen, die auf die Sitzung vom 12. und 13. April folgten, brachte Tito mit seinem Beharren auf der These, dass Jugoslawien auf internationalem Felde das Recht habe, souverän zu handeln, Stalin zur Weißglut. Diese Handlungsfreiheit hatte er in der Praxis zuvor schon dadurch bewiesen, dass er am 22. März auf eine Note der USA, Großbritanniens und Frankreichs hinsichtlich des Freien Territoriums Triest (die drei Westmächte hatten vorgeschlagen, es an Italien zurückzugeben) antwortete, ohne sich mit der Sowjetunion zu beraten. Damit hatte er das von Kardelj am 11. Februar im Kreml unterzeichnete Abkommen verletzt, was Molotow dazu veranlasste, jede Zusammenarbeit mit Jugoslawien auf außenpolitischem Gebiet einzustellen. Zwar entschuldigte man sich dafür und bat, die Sowjetunion möge das unterzeichnete Protokoll nicht aufkündigen, aber ohne Erfolg.[244] In einem Brief vom 4. Mai 1948 beschuldigten Stalin und Molotow im Namen des ZK der WKP (B) die jugoslawischen Führer, sie hätten sich mit den schlimmsten rechten und linken Revisionismen befleckt, die die bolschewistische Doktrin kenne, in erster Linie mit dem Trotzkismus-Bucharinismus, und sie sogar übertroffen. Schon eine dieser »Sünden« würde in der Sowjetunion ausreichen, um sie vor ein Erschießungskommando zu stellen.[245] Mit ihrer trotzigen Haltung gegenüber den Warnungen aus Moskau hätten sie gezeigt, dass »sie sich selbst für Menschen halten, die alles sehen und alles verstehen«.[246] »Aber die jugoslawischen Führer müssen zur Kenntnis nehmen, dass sie, falls sie auf derartigen Positionen beharren, damit den Weg der Negierung freundschaftlicher Beziehungen mit der Sowjetunion beschreiten, den Weg des Verrats der vereinten sozialistischen Front der Sowjetunion und der Republiken der Volksdemokratie. Sie müssten sich auch darüber im Klaren sein, dass sie, wenn sie auf solchen Standpunkten beharren, das Recht verlieren, materielle und andere Hilfe von der Sowjetunion zu verlangen, denn die Sowjetunion gewähre nur Freunden Hilfe.«[247] Stalin gab sich nicht zufrieden mit diesen Drohungen, Vorwürfen und dem Spott, dass die jugoslawischen Kommunisten ohne die Hilfe der Roten Armee nicht viel mehr erreicht hätten als die französischen oder italienischen. (Tito und seine Genossen beschuldigte er unter anderem, sich wie Kinder übermütig einzubilden, ihnen reiche das Meer nur bis an die Knie.)[248] Die Korrespondenz mit Jugoslawien leitete er zur Kenntnisnahme an die Führer der Mitgliedsparteien des Kominform weiter, auch an die Albaner, und verlangte von ihnen sich zu deklarieren, auf welcher Seite sie stehen.[249] Natürlich pflichteten ihm alle einmütig bei, obwohl sie sich bewusst waren, dass es sich um einen Konflikt zwischen zwei »Cäsarismen« handelte, wie Stella Blagoeva, Tochter des bulgarischen Parteigründers, sagte.[250] Als Erster und am schärfsten reagierte der Generalsekretär der KP Ungarns, Mátyás Rákosi, während der polnische Politiker Władisław Gomułka eine Vermittlerrolle zu spielen versuchte, aber ohne Erfolg. Sogar Dimitrov, der am 18. April auf seinem Weg über Belgrad nach Prag Đilas zugeflüstert hatte: »Bleibt standhaft!«, änderte bald seine Meinung und bezeichnete den Brief des *chozjajin* vom 4. Mai in seinem Tagebuch als »wunderschönes stalinsches Dokument«.[251] Für die Führung der KPJ bedeutete dies, dass sie ihr Leben aufs Spiel setzen würden, sollten sie der Einladung zur nächsten Sitzung des Kominform Folge leisten. (Kopinič hatte Tito über diese Gefahr schon im Januar 1948 unterrichtet.)[252]

In der Öffentlichkeit blieb man allerdings bis zuletzt dabei, Stalin die Treue zu bekunden. Obwohl Letzterer Tito am 25. Mai nicht zum Geburtstag gratuliert hatte – was im Westen nicht unbemerkt geblieben war –, schrieb die *Borba* noch am 28. Mai, dass »Tito der beste Freund der UdSSR« sei, dass »seine Liebe zum ersten Staat des Sozialismus der Funke« gewesen sei, der »die Flamme der Liebe und des Glaubens unserer Völker zum Land der Sowjets entfacht« habe.[253] Aber zur Konferenz des Kominform wollten sie doch nicht anreisen, wie sie in einem kargen Schreiben Stalin schon am 17. Mai mitteilten, weil sie sich in dieser Situation völlig »ungleichberechtigt« fühlten.[254] Um sie zu überreden, an der Konferenz teilzunehmen, entsandte Stalin ein Mitglied des ZK der KPdSU, den Mitarbeiter des NKWD Oberst Wasili W. Moschetow nach Belgrad, der schon vor dem Krieg für die jugoslawischen Angelegenheiten zuständig gewesen war, unter anderem auch für die Säuberungen unter den Kommunisten. Wenn er zumindest mit der schwachen Hoffnung angereist war, Tito umzustimmen, reiste er mit dem unangenehmen Gefühl zurück, dass die Brücken zwischen den Belgrader »Revisionisten« und den Moskauer »Orthodoxen« endgültig eingerissen waren. Davon hatten ihn Titos entschlossene Worte überzeugt, das Seine hatte aber auch ein seltsamer Zufall beigesteuert. In Titos Arbeitszimmer hingen an der Wand die Porträts von Lenin und Stalin. Einige Minuten bevor Moschetow den Raum betrat, war Stalins Bild zu Boden gefallen, und man hatte es vorübergehend an die Wand gelehnt. Dem sowjetischen Abgesandten konnten dieser Frevel und seine Symbolsprache natürlich nicht entgehen.[255]

★

AUSSCHLUSS AUS DEM KOMINFORM

Am 19. Juni 1948 kam aus Moskau ein Telegramm, das dieses Mal von Michail A. Suslow, dem Leiter der Abteilung für Außenpolitik beim ZK der WKP (B), unterschrieben war, mit der Nachricht, dass die Sitzung des Kominform, auf dem die inneren Verhältnisse innerhalb der KPJ diskutiert werden würden, in Bukarest stattfinden werde. Sollten die Jugoslawen die Einladung annehmen, möge man ihre Vertreter bis zum 21. Juni in die rumänische Hauptstadt entsenden. Dort möge man mit dem Genossen Gheorghiu-Dej im ZK der rumänischen Arbeiterpartei in Kontakt treten, der sie über den für das Treffen gewählten Ort informieren werde. »Wir erwarten sofortige Antwort an Filipow [Stalin]. Moskau.«[256] Das Telegramm gelangte auf den Tisch von Ranković, der für die Kommunikation mit der sowjetischen Hauptstadt zuständig war. Beigefügt war die Forderung, noch am selben Tag bis 23 Uhr zu antworten. Ranković sorgte zuerst für einen zwölfstündigen Aufschub. Aus dem Bericht, mit dem er Kardelj über dieses Detail unterrichtete, lässt sich schließen, dass er das in der Hoffnung tat, die Partei werde im letzten Augenblick doch noch eine nachgiebigere Haltung gegenüber Stalin zeigen. Er hob nämlich hervor, dass er die Antwort bis 21 Uhr 30 bekommen müsse – »sollten wir bei der gefassten Entscheidung bleiben«, – denn nur so wäre es möglich, die Übersetzung anzufertigen und sie zu chiffrieren; mit einer Spur professionellen Unmuts schrieb er am Ende noch hinzu, dass alles das seiner Meinung nach schon hätte vorbereitet sein müssen.[257]

Wenn schon nicht die Übersetzung, so war doch die Antwort, die das ZK der KPJ am nächsten Tag an das Kominform sandte, schon längere Zeit formuliert. Es war ein ausgewogenes Schriftstück, in dem die jugoslawischen Führer noch einmal den Versuch unternahmen, ihren Genossen und Richtern zu erklären, warum sie die Teilnahme an der Begegnung ablehnten. Sie erklärten, dass sie noch immer zur Mitwirkung bereit seien, dass aber das Thema, das dieses Mal auf der Tagesordnung stehe, nur die Meinungsverschiedenheit zwischen der KPdSU und der KPJ beträfe, weshalb beide Parteien das Problem in bilateralen Gesprächen lösen sollten.[258] Nach Đilas' Aussage schickte Tito dieses Dokument direkt ab, ohne es dem ZK noch einmal vorzulegen. Tito, der den vertraulichen Hinweis bekommen hatte, besser nicht nach Bukarest zu reisen, weil man ihn dort festnehmen könnte,[259] wollte diese Frage offensichtlich ein für alle Mal lösen und deshalb Zweiflern und Schwankenden nicht noch einmal Gelegenheit geben, zu Wort zu kommen. Ihn selbst quälten längst andere Sorgen: Er fürchtete einen militärischen Eingriff der Sowjetunion und sah sich schon wieder in den Wäldern, dieses Mal im Kampf gegen die Rote Armee. Bei einem Spaziergang mit Đilas am Schlossteich von Brdo, sprach er über diese Möglichkeit mit fast altgriechischem Schicksalsgefühl: »Auf eigener Erde fallen! Wenn nichts anderes, bleibt wenigstens das Gedenken!«[260]

Auf seine ablehnende Antwort reagierte das ZK der WKP (B) am 22. Mai mit einer neuen Zuschrift, die dieses Mal provokativ sowohl an Tito als auch an Hebrang adressiert war, als seien in Stalins Sicht beide gleichrangig. Die Behauptung, die jugoslawische Delegation würde sich auf der Sitzung des Kominform nicht in gleichberechtigter Position befinden, wurde zurückgewiesen, daran sei »kein Körnchen Wahrheit«. Um zu unterstreichen, wie frei die Diskussion innerhalb der erwähnten Zusammenkunft sei, erinnerte Stalin an die Sitzung in Szklarska Poręba, wo gerade die beiden jugoslawischen Delegaten »die Möglichkeit genutzt haben, die Fehler der italienischen und französischen Genossen zu kritisieren, und ihnen nicht geschienen hat […], damit das Prinzip der Gleichberechtigung zu verletzen«. Der Entschluss Titos und Kardeljs, nicht zum Bukarester Treffen zu kommen, bedeutete nach Stalins Meinung, dass sie nichts zu ihrer Rechtfertigung zu sagen hätten, dass sie damit schweigend ihre Schuld anerkennten und dass sie Angst hätten, vor die brüderlichen Komparteien zu treten. Da das Kominform für eine einheitliche Front des sozialistischen Lagers die Basis bilde, führe eine solche Politik zum Verrat der internationalen Solidarität und begebe sich auf Positionen des Nationalismus, der dem Kampf der Arbeiterklasse feindselig gegenüberstehe.[261]

In Bukarest bzw. im nahen königlichen Schloss saßen vom 19. bis 23. Juli 1948 die Mitglieder des Kominform gemäß Stalins persönlichen Anweisungen über Tito und seine Mitarbeiter Kardelj, Đilas und Ranković *in absentia* zu Gericht. Man beschuldigte sie des Renegatentums und ein »türkisches Terrorregime« zu sein und lud in einer besonderen Resolution die »anständigen jugoslawischen Kommunisten« ein, sie möglichst bald zu stürzen und an die Spitze der Partei eine neue, international orientierte Führung zu stellen. Zusätzlich erklärte der Vertreter der WKP (B) Schdanow: »Wir verfügen über Informationen, dass Tito ein ausländischer Spion ist.«[262]

Bei alledem ist aber nicht zu übersehen, dass die Resolution die jugoslawischen Führer zwar zahlreicher theoretischer und praktischer Sünden bezichtigt, kein Wort aber über die internationalen Probleme verliert, die den Streit in Wirklichkeit ausgelöst haben: die bulgarisch-jugoslawische Föderation, die Politik Jugoslawiens gegenüber Albanien, die griechische Frage.[263] Den Text der erwähnten, von Togliatti formulierten Resolution veröffentlichte als Erste die Prager Zeitung *Rudé právo* am 28. Juli 1948, am Sankt Veitstag, der in der Geschichte des serbischen Volkes seit der Schlacht auf dem Amselfeld im fernen Jahr 1389 bis zum Attentat auf Franz Ferdinand in Sarajevo im Jahre 1914 so schicksalhaft gewesen war. Per Teleprinter, dem neuen, gerade auf Brdo montierten »technischen Wunder«, bekam Tito ihn bald in die Hände. Während der Lektüre des langen Schriftstück soll er mit der Faust auf den Tisch geschlagen und Stalin kräftig verflucht haben.[264] In der folgenden Nacht suchte er seine Nerven so zu beruhigen, dass er ein Gewehr nahm und im Weiher des Schlossparks auf die Frösche schoss, die ihn mit ihrem Quaken nicht schlafen ließen.[265]

Wie später Nikita S. Chruschtschow erzählte, habe sich Stalin zu dieser Zeit gebrüstet, dass es genügen würde, wenn er den kleinen Finger rührte, um sich Titos zu entledigen. Er glaubte den Berichten seiner Agenten, vor allem dem des sowjetischen Vertreters beim Kominform in Belgrad, des Philosophen Pavel J. Judin, dass seine Autorität in Jugoslawien riesengroß sei. Niemand könne es mit ihm aufnehmen, vor allem nicht diese »marxistischen und militärischen Analphabeten«.[266] Dabei leisteten sie ihm gemeinsam mit anderen Souffleuren einen Bärendienst, denn aufgrund ihrer Berichte beging er einen der größten politischen Fehler in seinem Leben. Überzeugt, mit Tito und den Genossen in höchstens zwei Monaten fertig zu werden, schloss er die Jugoslawen aus der Kominform aus.[267]

Er verrechnete sich total, weil er nicht begriffen hatte, dass die jugoslawische Führung auf eine starke Armee und auf Polizeikräfte zählen konnte, die in erster Linie ihr und nicht Moskau treu ergeben waren, und weil er sich nicht darüber im Klaren war, dass die Mehrheit der Bevölkerung Tito unterstützen würde, um sich des russischen Einflusses zu entledigen. Nach Stalins Meinung »fürchteten sich die Führer der KPJ davor, den breiten Volksmassen die Wahrheit über ihr verräterisches und heuchlerisches Verhältnis zur WKP (B) zu sagen, denn die jugoslawischen Völkern hegen eine tiefe Liebe und Sympathie zur Sowjetunion und zur WKP (B)«.[268] Genau das Gegenteil trat ein: Die Bukarester Resolution wurde veröffentlicht zusammen mit der von Đilas verfassten Antwort. Darin wiesen die Jugoslawen nicht nur alle Anschuldigungen Stalins zurück, sondern gingen gleich zum Gegenangriff über und betonten die Rechtmäßigkeit ihrer politischen Ausrichtung. Der Partei – so schrieb Đilas –, der Arbeiterklasse und der arbeitenden Bevölkerung Jugoslawiens sei das größte Unrecht zugefügt worden, den Kräften hingegen, die dem sozialistischen Lager feindlich gesonnen sind, habe man eine überaus wirkungsvolle Propagandawaffe in die Hand gegeben. Das ZK der KPJ übernehme keinerlei Verantwortung für die Folgen: Die trügen seine Ankläger.[269]

Wenn Stalin glaubte, dass er unter den jugoslawischen Kommunisten genügend »gesunde Kräfte « finden werde, die die »politischen Akrobaten« an der Macht in Belgrad stürzen und den Staat in den Kreis der anderen Satelliten zurückführen würden, hatte er sich gründlich geirrt. Dessen scheint er sich schon Mitte Juli bewusst geworden zu sein, als er in einem Brief an den tschechischen Kommunistenführer Klement Gottwald schrieb, dass man nicht mit einem schnellen Sieg über Tito rechnen könne, aber dass man seinen Untergang mit einer geduldigen Isolierungsaktion herbeiführen werde. »Es kann keinen Zweifel geben, dass der Marxismus am Ende siegen wird.«[270]

Schon ab dem 29. Juni war es offenkundig, dass Tito die Situation vollständig im Griff hatte. Unterstützt wurde er von allen drei Machtorganen, von der Partei, der Armee und der Polizei, in Händen hatte er auch die Mittel der öffentlichen Informationskanäle. In Belgrad und im ganzen Staat nahm das Leben seinen Gang wie gewöhnlich: Der internationale Telegrafen- und Telefonverkehr war nicht gestört, Züge verkehrten regelmäßig, ebenso wenig waren besondere Militärmaßnahmen und ungewöhnliche Straßensperren zu bemerken. Die Vertreter der Macht benahmen sich kaltblütig, als wäre nichts geschehen. Tito, der sich schon geraume Zeit nicht mehr in der Hauptstadt aufhielt, erschien am 30. Juni erneut in der Öffentlichkeit. Ganze zwei Stunden widmete er sich einer Baustelle dort, wo Neu-Belgrad, diese Blume im Knopfloch des Regimes, im Entstehen begriffen war. Um die Einheit der jugoslawischen Völker zu betonen, wurde er von zwei serbischen Generälen, Svetozar Vukmanović-Tempo und Koča Popović, und von zwei kroatischen Politikern, Vladimir Bakarić und Ivan Krajačić-Stevo, begleitet.[271] Dieses Mal trug er auch zum ersten Mal bei einer offiziellen Gelegenheit nicht eine seiner aufmerksamkeitserregenden Uniformen, sondern Zivilkleidung. Es war offensichtlich, dass er auch mit äußerlichen Details das neue Bild der KPJ zeigen wollte. Die Jugendarbeitsbrigaden, die Neu-Belgrad nach sowjetischem Vorbild mit freiwilliger Stoßarbeit erbauten, empfingen ihn mit großer Begeisterung. Ohne besonderen Schutz mischte er sich unter Tausende Mädchen und Jungen, unterhielt sich mit ihnen und erkundigte sich nach dem Voranschreiten des großen Projekts.[272]

Die rasche, und entschlossene Antwort der jugoslawischen Führer auf die Bukarester Resolution weckte in London und Washington die Überzeugung, dass Tito nicht dem Muster zahlreicher (auch mutiger) Kommunisten in der Vergangenheit folgen werde, die sich, kaum waren sie wegen Abweichlertums verurteilt worden, schmachvoll von ihren Ideen losgesagt hatten. »Tito ist stolz, kühn, vor allem aber ist er in seine jetzige Position ohne Hilfe der Sowjetarmee gekommen.«[273] Das bedeutete aber auch, dass er alle Brücken hinter sich abgebrochen hatte. Es handelte sich, wie Cecil King, der britische Geschäftsträger in

Belgrad, schrieb, um eines der bedeutendsten Ereignisse in der Geschichte des Kommunismus. Zum ersten Mal eröffnete sich die Möglichkeit einer Häresie, die eine territoriale Basis hatte. Der ketzerische Leo Trotzki zum Beispiel hatte nicht mehr als eine Villa in Mexiko zur Verfügung, und trotzdem musste man ihn mit einem Eispickel erschlagen. Die Folgen des in einem europäischen Staat verankerten Renegatentums würden unvergleichlich schlimmer sein, vergleichen ließen sie sich nur mit jenen, die in der fernen Vergangenheit das Schisma zwischen Rom und Byzanz verursacht hatten.[274]

Wenn die Bukarester Resolution im Westen unzählige Gerüchte, Kommentare und Interpretationen auslöste, so war die Überraschung auch in den Satellitenstaaten nicht geringer, sogar in Kreisen, die der obersten Macht nahe waren. Parteidisziplin und Verschwörermentalität verhinderten wie in Jugoslawien auch anderswo, dass die Nachricht über den Streit zwischen Tito und Stalin zu jenen gelangte, die nichts davon wissen sollten. In Verbindung damit ist das Zeugnis Wolfgang Leonhards von Bedeutung, eines jungen und vielversprechenden Funktionärs des ZK der KP Deutschlands in der sowjetisch besetzten Zone. Als die Nachricht vom Ausschluss eintraf, ging es seiner Schilderung nach im Hauptquartier der Partei wie in einem Bienenstock zu: Obwohl die Sowjets gerade die Blockade Westberlins verhängt hatten, wurde über sie fast kein Wort verloren, so groß war die Überraschung ob der Resolution des Kominform. Nach der jugoslawischen Antwort, die von keiner Zeitung des sowjetischen Blocks veröffentlicht wurde, von der BBC und der Stimme Amerikas hingegen in allen Einzelheit gebracht wurde, war die Sensation noch größer. Darin, dass sich Tito nicht untergeordnet und seine Fehler nicht eingestanden hatten, sahen die kommunistischen Aktivisten überall in Europa eine Provokation, die nicht nur das Dogma von Kritik und Selbstkritik, sondern das gesamte stalinistische System ins Wanken brachte.[275]

Wenn man sich die Vorwürfe Stalins an die Adresse der Jugoslawen anschaut, stellt man fest, dass einige nicht ohne Grundlage waren, obwohl er sie auf seine Art verzerrte. Unter anderem beschuldigte er Tito, er versuche die KP dadurch zu »liquidieren«, indem er sie in der *bezpartijnyj* (›parteifreien‹) Volksfront ertränke, die im August 1945 als Bewegung aller »demokratischen« Kräfte der jugoslawischen Gesellschaft gegründet worden war. Weil man auf die Behauptung antworten musste, die KPJ sei im Grunde »illegal«, sie existiere genau genommen gar nicht, entschlossen sich Tito und die Seinen nach Jahren strengster Konspiration, als man über die Partei sozusagen nicht sprach, an die Öffentlichkeit zu gehen. Ende Juli 1948 wurde mit großem Pomp im Haus der Garde in Topčider, unweit der Dedinje-Residenzen, der V. Kongress der KPJ abgehalten. »In Belgrad«, berichtete der *Manchester Guardian*, »sind die Straßen wie Canyons aus roten Stoffen und überall sind riesige Tito-Porträts, mehr als die Lenins und Stalins. Wenn wir die Pracht der roten Fahnen vergleichen, dann ist Moskau zum 1. Mai nur ein blasser Abklatsch Belgrads.« Die Tatsache, dass die Menschen nach altem Brauch die Fenster mit Teppichen und Bettdecken schmückten, schien besonders bedeutsam, denn sie zeugte von einer echten Begeisterung, die von keiner Propaganda bestellt worden war.[276]

Den Kongress eröffnete Tito am 21. Juli mit einer Rede, die mehr als sieben Stunden dauerte. Trotz der unerträglichen Schwüle, die auf Belgrad lastete, gelang es ihm ohne sichtbare Ermüdungserscheinungen bis zum Ende durchzuhalten. Mehr als ein »politischer Bericht« (so der Titel des Referats) war seine Rede eine detaillierte Darstellung der Geschichte der Kommunistischen Partei Jugoslawiens, die mit ihren Wurzel weit bis ins Jahr 1860 zurückreichte. Tito hob ihre ruhmreiche kämpferische und opferreiche Vergangenheit hervor und betonte ihre Verdienste während des Krieges und beim Wiederaufbau. Entschlossen wies er die Resolution des Kominform als unerhörte Verleumdung, als Angriff auf die Einheit der Partei und Aufruf zum Bürgenkrieg zurück. Er kritisierte die Nachbarstaaten des sozialistischen »Lagers« wegen ihrer unlängst zum Ausdruck gebrachten kritischen Haltungen gegenüber Jugoslawien und wies jene »großen Marxisten« zurück, die die Theorie dogmatisch interpretierten und dabei vergäßen, dass ihr Zweck vor allem sei, Anweisung zur Aktion zu geben. In seinem Überblick über die Außenpolitik betonte er die Bindung Jugoslawiens an die Sowjetunion und drückte den unveränderten Wunsch der KPJ aus, gute Beziehungen zur KPdSU aufrechtzuerhalten. »Die KPJ hat ihre historische Sendung bisher ehrenvoll wahrgenommen, und ich bin zutiefst überzeugt, dass sie es auch in der Zukunft tun wird mit einem Sieg bei der Errichtung des Sozialismus in unserem Land, dass sie mit ihrer Festigkeit und Einheit, mit ihrer unerschütterlichen Treue zur Lehre von Marx, Engels, Lenin und Stalin mit Taten beweisen wird, dass sie sich nicht von deren Weg entfernt hat.«[277]

Die Rede, die mehrfach von Ausrufen und Ovationen zu Ehren der Partei und ihres Führers unterbrochen wurde, wurde auf Titos Geheiß übers Radio in alle Fabriken, auf Straßen und Plätze übertragen. Sie wurde mit einem wahren Delirium an Beifallsstürmen aufgenommen, die ihren Höhepunkt zum Ende des Kongresses erreichten. Tito beschloss sie mit einem donnernden Ruf: »Es lebe die große Sowjetunion mit dem genialen Stalin an der Spitze!«, obwohl völlig klar war, dass er nicht beabsichtigte, sich ihm zu beugen.[278] »Wer den Kongress erlebt hat«, erzählt in seinen Erinnerungen der damalige Vize-Außenminister Aleš Bebler, »der vergleicht ihn nicht mit irgendeiner anderen Kundgebung. Der ganze Saal, mehrere Tausend Menschen, war entrüstet ob der unerhörten Anschuldigungen und bereit zu einer deutlichen, entschiedenen, kompromisslosen Antwort. Deshalb gab es so viele Jubelrufe und Singen, Beifallklatschen und Schreien. Als wären wir alle ein Mann. Wenn Tito auf der Rednerbühne erscheint und wenn jemand einen Standpunkt sehr deutlich formuliert, haben die Rufe Tito – Partei, Tito – Armee, Tito – ZK keinen Anfang und kein Ende. Von diesen Rufen hallt der Saal von einem Ende bis zum anderen.« Es entstanden neue Texte zu alten Partisanenliedern: »*Druže Tito mi ti si kunemo, da sa tvoga puta ne skrenemo*« (›Genosse Tito, wir geloben dir, von deinem Weg nicht abzuweichen‹) *und* »*Što je više kleveta i laži, Tito nam je miliji i draži*« (›Je mehr Verleumdung und Lüge, desto teurer und lieber ist uns Tito‹).[279]

Titos charismatische Persönlichkeit beherrschte den Kongress völlig, und das nicht nur aufgrund der geschickten Regie der Agitprop-Abteilung – im Saal dominierte über den Porträts von Marx, Engels, Lenin und Stalin sein Porträt –, sondern auch deshalb, weil die Mehrheit der Delegierten in ihm tatsächlich das Bollwerk gegen die Moskauer Drohungen sahen, einen Führer, der den nationalen Stolz gegen die plötzlich feindseligen Brüder und Vorbilder verkörperte. Ein derart kollektives Gefühl brachte die *Borba* überzeugend zum Ausdruck, als sie, ähnlich wie die *Prawda* bei großen feierlichen Anlässen, am 21. Juli über eine viertel Seite Titos Bild brachte. Aber das war keine Fotografie, wie sie für Stalin üblich war, sondern eine Aufnahme der berühmten Statue von Augustinčić, die Tito im Militärmantel und mit einem Ausdruck unerschütterlicher Entschlossenheit im Gesicht zeigt. Kurzum, Tito wahr mehr als je zuvor das Symbol des Widerstandes und des Wunsches der jugoslawischen Völker nach Unabhängigkeit.[280]

★

DIE STALINISTISCHE OPPOSITION

Nach dem V. Kongress, auf dem die Parteiführung bestätigt wurde, nahm Stalins Kampf gegen Tito neue Dimensionen an: Aus Moskau wurden illegale Dokumente aus der *Prawda*-Druckerei nach Jugoslawien geschmuggelt, die aus den Inhalten ihrer geheimen Korrespondenz vom vergangenen Frühjahr zitierten. Offensichtlich versuchten die Initiatoren dieser Aktion die öffentliche Meinung in Jugoslawien von der Richtigkeit der Anschuldigungen gegen das Belgrader Regime zu überzeugen, zugleich aber auch die Menschen zu erschrecken. Schon seit März gingen nämlich Gerüchte um, dass alle diejenigen, die sich der Sowjetunion widersetzten, auf der Stelle umgebracht oder nach Sibirien geschickt würden, wenn sich die »gesunden Kräfte« durchsetzen.[281] Obwohl auf dem Kongress von 2 323 Teilnehmern nur fünf Delegierte gegen Tito stimmten und sich somit keine Oppositionsgruppe formiert hatte, fürchteten Tito und die Genossen einen prostalinistischen Aufstand. Deshalb und wegen der Angst vor einem Angriff von Osten oder Westen wurden neben der jugoslawischen Armee, die in den letzten Jahren stark russifiziert worden war, erneut Partisaneneinheiten aufgestellt, auf die man sich offensichtlich mehr verließ.[282]

Bei alledem ist vielsagend, dass in der Armee nach der Veröffentlichung der Bukarester Resolution für einen ganzen Monat die täglichen Wehrübungen ausgesetzt und durch eine intensive ideologische Schulung der Soldaten und Truppenführer ersetzt wurden. Nach dem Krieg hatten nämlich siebzehn jugoslawische Generäle und an die 600 Offiziere und Unteroffiziere an den bedeutendsten Militärakademien der Sowjetunion studiert.[283] Auf sie setzte Stalin und erlaubte denjenigen, die von der Bukarester Resolution in der Sowjetunion überrascht worden waren, eine Rückkehr nach Hause. Natürlich wurden sie in Jugoslawien mit erheblichem Misstrauen empfangen, das teilweise auch berechtigt war.[284] Trotz der Wachsamkeit der UDBA, die, um jede Aktion zu Gunsten des Kominform im Keim zu ersticken, unter Rankovićs Führung eine breit angelegte Tätigkeit entwickelt hatten, begannen sich bald die »gesunden Kräfte« zu melden. Als Erster rührte sich ein ehemaliger »Wahhabit«, der Montenegriner Radonja Golubović, jugoslawischer Botschafter in Bukarest. Anfang August 1948 veröffentlichte er in der Zeitschrift *Scânteia* einen langen Brief, den er ein paar Tage zuvor an das Präsidium des Belgrader Kongresses adressiert hatte. Er sei überzeugt gewesen, so schrieb er, dass die KPJ und ihr ZK versuchen würden, den Bruch mit den brüderlichen kommunistischen Parteien zu kitten, aber die vorherrschende politische Linie habe die Verhältnisse noch verschlechtert. »In unserer Partei gibt es eine erniedrigende Gewalt. Alle Genossen, die sich – wenn auch scheu und gewaltlos – gegen das antimarxistische und antisowjetische Verhalten des ZK der KPJ aussprechen, werden aus ihr ausgeschlossen und auf verschiedenste Weise gezwungen, ihren Standpunkt zu widerrufen, oder, wenn das nicht gelingt, in den Kerker geworfen.« Golubović hatte nicht die Absicht, der Führung zu folgen, da er überzeugt war, dass Jugoslawien unausweichlich das traurige Schicksal einer Kolonie des westlichen Imperialismus erwarte. Deshalb kündigte er an, seine Stellung als Botschafter aufzugeben. Dieser Entschluss fand ein starkes Echo und versetzte die Belgrader

Behörden in erhebliche Verlegenheit, da sein Protest von der *Prawda*, der gesamten internationalen kommunistischen Presse und auch von westlichen Blättern aufgegriffen wurde.[285]

Das Erscheinen einer prostalinistischen Opposition, die nicht völlig ignoriert werden konnte, wurde ein paar Tage später von Geschehnissen in Montenegro bestätigt. Dort wurde über Nacht ein großer Teil der Regierung ausgewechselt: Ohne jede Erklärung wurden der Vizepräsident des Vollzugsrats und andere hohe Funktionäre – alles Delegierte auf dem jüngsten Kongress der KPJ – aus dem Machtzentrum entfernt. Zu »bescheidenen Abweichungen«, wie Aleš Bebler westlichen Journalisten gegenüber vertraulich eingestand, war es auch in der Bundesregierung und in den Machtstrukturen der Republiken gekommen. Überall entstand mehr oder weniger lebendiger Widerstand, und es kam sogar zu Fällen, wo alte Kommunisten »in den Wald« zurückkehrten, um erneut in den Partisanenkampf gegen die »Faschisten« zu ziehen. Um nicht von den Diplomaten im Ausland zu reden, von denen sich zahlreiche unter den Schutz Moskaus flüchteten. (Es gab annähernd 5000 politische Emigranten.)[286] Am gefährlichsten war natürlich das Gären in der Armee, innerhalb des Offizierskaders, wo sich viele fragten, welche Perspektiven die jugoslawischen Streitkräfte hätten, wenn sie ihre Rolle als linker Flügel der Roten Armee einbüßten und sich gemeinsam mit Partei und Staat auf ein einsames Abenteuer einließen. Unter denen, die von den NKWD-Sirenen verlockt wurden, war sogar Boško Čolić, der während des Krieges und danach kaum von Titos Seite gewichen war. Nach der Bukarester Resolution bohrte er ein Loch in die Wand von Titos Arbeitskabinett und installierte dort ein Abhörgerät. Als man ihn enttarnte, hätte er zum Tode verurteilt werden müssen, was aber durch Tito verhindert wurde. Er bekam zwanzig Jahre Kerker, wurde aber schon Anfang der sechziger Jahre begnadigt.[287] Diese Episode blieb natürlich streng geheim. Genauso wie die Verschwörung des Generalmajors Momo Đurović-Val, eines Angehörigen der Leibgarde Titos, der laut Đilas die wichtigsten Mitglieder des Politbüros während einer Billardpartie in Titos Villa in Stalins Auftrag »liquidieren« sollte. Was die UDBA aber noch rechtzeitig verhindern konnte.[288]

Aber auf einen weiteren Zwischenfall brauchte man nicht lange zu warten. In der Nacht vom 12. auf den 13. August 1948 versuchten drei angesehene Offiziere der Jugoslawischen Volksarmee illegal die rumänische Grenze zu überschreiten und nach Bukarest zu flüchten. Der Berühmteste unter ihnen war der 41-jährige Montenegriner Arso Jovanović, Generaloberst und einstiger Chef des Obersten Stabes, der nach dem V. Kongress erfolglos versucht hatte, einen Militärputsch zu initiieren.[289] Schon zu Beginn des Krieges hatte sich erwiesen, dass er nicht fähig war, ein kohäsiver Faktor innerhalb der Partisanenkameradschaft zu werden.[290] Er trug die ganze Starrheit der alten jugoslawischen Armee in den Volksbefreiungskampf hinein, wobei sein psychologisches Profil das Seine dazu beitrug. Er war ein mutiger und wortgewandter Mann, aber mit engen Horizonten, ein Fanatiker, xenophob gegenüber dem Westen und zugleich ein verbissen russophil. In Montenegro hatte er sich im Jahre 1941 als Đilas-Mitarbeiter die Hände kräftig mit dem Blut von »Kulakensöhnen« schmutzig gemacht.[291] Obwohl er sich der Probleme mit emotionalem Pathos annahm, das er mit dem Verstand nicht zu zügeln wusste, schätzte Tito seine militärischen Qualitäten und setzte ihn häufig für wichtige Aufgaben ein.[292] Zusammen mit Žujović stand er am 1. Februar 1944 an der Spitze jener jugoslawischen Einheit, die die russische Mission beim Obersten Stab in Empfang nahm.[293] Im Januar des folgenden Jahres fuhr er zusammen mit Hebrang zu wichtigen politisch-militärischen Gesprächen nach Moskau. Aber gerade bei dieser Gelegenheit zeigten sich die Grenzen seiner intellektuellen und psychischen Fähigkeiten am deutlichsten. Im Generalstab der Roten Armee fragte er seine Gesprächspartner auf kindliche Weise, wie die Jugoslawische Armee und das Verteidigungsministerium zu organisieren seien, als hätten die Jugoslawen darin keinerlei Erfahrung.[294] Beim Abendessen bei Stalin versagte er schließlich völlig. Bei dieser Gelegenheit war der *chozjajin* gegenüber seinen Gästen absichtlich beleidigend, denn er behauptete unter anderem, dass die bulgarische Armee besser sei als die jugoslawische. Er erinnerte sich auch an Đilas' herablassende Haltung gegenüber der Roten Armee, was Arso Jovanović so erschütterte, dass er in hysterisches Weinen ausbrach. »Genosse Stalin, verstehen Sie doch, wie können Sie so etwas tun, Genosse, Genosse!« Nach einer anderen Variante soll er vom Stuhl aufgesprungen sein und sich Stalin drohend genähert haben, als wollte er ihm eine Ohrfeige versetzen. Hebrang wies ihn streng zurecht: »Arso, ich befehle dir damit aufzuhören.«[295] Bei der Rückkehr ins Hotel fauchte er ihn an: »Wenn sie mich fragen werden, wirst du weder ein gewöhnlicher Soldat, geschweige denn Chef des Obersten Stabs.«[296] Noch in derselben Nacht kamen zwei Oberste des NKWD, die Jovanović streng verhörten, da er sich gegenüber Stalin respektlos verhalten habe. Sie sollen ihn angeblich gezwungen haben, eine Verpflichtungserklärung zu unterschreiben, in Zukunft mit den sowjetischen Geheimdiensten zusammenzuarbeiten. Von diesem Augenblick an wurde Arso ein feuriger Stalin-Anhänger und ging sogar so weit, für die jugoslawischen Generäle Sowjetuniformen zu fordern.[297]

Vielleicht war er auch wegen des Zwischenfalls mit Stalin gezwungen, im folgenden Jahr seine Position als Chef des Obersten Stabs Koča Popović zu überlassen und zur Spezialisierung an die Woroschilow-Akademie in Moskau zu gehen. Dort verfing er sich noch mehr in den Netzen des NKWD, der ihn wegen eines Verhältnisses mit der Tochter eines sowjetischen Generals erpresste (Jovanović war verheiratet, und in der Partei herrschte noch der Puritanismus der Kriegsjahre). Wie es aussieht, entging das nicht den jugoslawischen Geheimdiensten. Im Mai 1948, bei seiner Rückkehr in die Heimat, wurde ihm ein ziemlich kühler Empfang zuteil: Zusammen mit den übrigen sechzehn Genossen, die in der Sowjetunion geschult worden waren, wurde er vor eine Sonderkommission unter der Leitung des stellvertretenden Verteidigungsministers Ivan Gošnjak gestellt. Was er vermutlich sehr übel nahm. Bei einer Begegnung mit Tito benahm er sich, um es mit Titos Worten zu sagen, »wie ein begossenes Huhn«.[298] Er bewegte sich zwar noch in Titos engerem Kreis, aber es war offensichtlich, dass ihm die jugoslawische Führung nicht mehr vertraute. Ihm wurde der ziemlich bescheidene Posten eines Kommandanten der Militärakademie zugeteilt, was ihn sehr enttäuschte und seinen Stolz verletzte. Schon bei der Festnahme Žujovićs und Hebrangs gab es Gerüchte, die seinen Namen mit den ihren verknüpften, die aber verstummten, als es schien, dass er auf Titos Linie eingeschwenkt war. Mit allen fünf Generalobersten der jugoslawischen Armee arbeitete er als Delegierter auf dem Belgrader Parteikongress zusammen, als er zum ersten Mal nach seiner Rückkehr aus der Sowjetunion in der Öffentlichkeit erschien. Obwohl er auf dem Kongress keine sichtbare Rolle zu spielen hatte, wurde er trotzdem zum Mitglied einer Kommission gewählt, deren Aufgabe die Vorbereitung eines neuen Parteiprogramms war.[299]

Die misslungene Flucht über die rumänische Grenze, die für Jovanović mit dem Tode (er wurde von einer Grenzwache erschossen) und für seine montenegrinischen Genossen mit der Festnahme endete, war eine wahre Sensation und rief große Neugier hervor. Sofort gab es Gerüchte, dass das Abenteuer des unglücklichen Generals zu einem wohlüberlegten politischen Plan gehöre, dessen Zweck es sei, die Belgrader Regierung zu unterhöhlen, und für dessen Ausführung Andrei J. Wyschinski und die rumänische Ministerin Ana Pauker verantwortlich seien. Die erwähnten Partei- und Staatsführer waren diesen Gerüchten zufolge nicht nur wegen der im August 1948 stattfindenden internationalen Konferenz zur Donauschifffahrt nach Belgrad gekommen, sondern vor allem deshalb, um die Flucht einiger jugoslawischer Persönlichkeiten vorzubereiten, die sofort nach ihrer Ankunft in Bukarest eine Exilregierung gründen sollten. Diese Regierung würde von der Sowjetunion und ihren Verbündeten anerkannt werden, was ihr die Möglichkeit gäbe, die jugoslawischen Kommunisten zum Aufstand aufzurufen und die östlichen Armeen um Hilfe zu bitten.[300] Die Tatsache, dass Arso Jovanović bei der Flucht nach Rumänien das Siegel des Obersten Stabs der jugoslawischen Volksarmee mitführte, verstärkte diesen Verdacht noch, denn es war nicht schwer sich vorzustellen, dass er damit die Aufforderung an die Rote Armee beglaubigen würde, in die Verhältnisse in Jugoslawien einzugreifen und Titos Verräterclique zu stürzen.[301]

Dieser Vorfall versetzte die jugoslawische Führung in große Unruhe. Wie Jovanović gehörten auch seine beiden Genossen Branko Petričević und Vlado Dapčević – beide waren festgenommen – zu den angesehensten Partisanenkämpfern. Petričević hatte mit Vukmanović-Tempo bei der politischen Führung der Armee zusammengearbeitet und war auf dem V. Kongress in den für das Parteistatut zuständigen Redaktionsausschuss gewählt worden.[302] Im selben Schlüsselressort arbeitete auch Dapčević, der außerdem ein Halbbruder von Peko war, einem der bekanntesten Generäle der JA. Vukmanović-Tempo machte dieser Vorfall so betroffen, dass er Tito seinen Rücktritt anbot, den dieser aber nicht annahm. Natürlich wurden in Belgrad Sofortmaßnahmen ergriffen, damit sich eine derartige Desertion nicht wiederholte. Die Grenzkontrollen wurden verstärkt und alle Reisepässe für ungültig erklärt, damit ihre Besitzer – das waren nur führende Vertreter des Regimes – nicht in Versuchung kämen. Trotz dieser Sicherheitsmaßnahmen gelang am 14. August noch eine spektakuläre Flucht: Pero Popivoda, der am 17. Juli gerade erst in den Rang eines Generalmajors befördert worden war, flüchtete mit dem Flugzeug nach Bukarest, von wo er sich gegen Ende des Monats mit der Erklärung meldete, er habe die Heimat verlassen, weil er nicht das Opfer des »Terroristen« Ranković sein wolle.[303] Die Tatsache, dass diese und andere Stalin-Anhänger mehrheitlich Montenegriner waren, war kennzeichnend für den geistigen Zustand in dieser Republik. Neben der traditionellen Verbundenheit mit Russland war da auch die Enttäuschung vieler Partisanen und ihrer Familien wegen der schweren Lebensumstände, die im Nachkriegsjugoslawien herrschten. »Wenn die Russen kommen, gibt es Gerechtigkeit, gibt es Posten und Lohn!«[304]

Die Meldung vom Tode Jovanovićs brachte die *Borba* am 18. August 1948, an dem Tag, an dem die Donaukonferenz endete. Offensichtlich war das die Wegzehrung für Pauker und Wyschinski, die sichtlich geschlagen aus Belgrad abfuhren. Auf die Reaktion der Oststaaten brauchte man nicht lange zu warten, sie war gewaltig und glich in Ton und Wortwahl der antiwestlichen Pressekampagne, die wenige Wochen zuvor das Attentat auf Palmiro Togliatti, den Generalsekretär der KP Italiens ausgelöst hatte. Schon am 20. August beschuldigte die inoffizielle rumänische Agentur Ager Press in einer Meldung, die von allen osteuropäischen Zeitungen übernommen wurde, die »Verräterclique Tito-Ranković«, Hitler-Methoden anzuwenden, und behauptete, dass Jovanović als Opfer eines »feigen Verbrechens« gefallen sei. Ähnliche Anschuldigungen (die auch in Belgrad zu hören waren) kamen darauf von allen Seiten. In Ungarn protestierte Mátyás Rákosi, Generalsekretär der KP, in geradezu hysterischen Tönen gegen die Gewaltherrschaft der jugoslawischen Führer, die die aufrichtigsten Demokraten und ruhmreichsten Helden des Befreiungskampfes umbrächten. »Anhänger der Sowjetunion und des Arbeiterinternationalismus sind heute in Jugoslawien ein gejagtes Wild.« In den folgenden Tagen nahm die Hetzkampagne, an der sich die sowjetischen Zeitungen zu Beginn nicht beteiligt hatten, an Intensität noch zu. Die Bukarester *Scânteia* brachte am 24. August einen langen Artikel des geflüchteten Golubović, in dem er die Führer der KPJ unter anderem als »Mörder- und Verbrecherbande« brandmarkte, die faschistische Methoden anwendeten, ähnlich denen Hitlers, Mussolinis und Francos.[305]

Mit dem Artikel Golubovićs war die Geduld der jugoslawischen Führung am Ende. Bis dahin hatte die Belgrader Regierung alles getan, trotz der Missverständnisse ihre Verankerung im sozialistischen Lager zu beweisen. In ihren Auseinandersetzungen mit der Kominform-Presse hatten die jugoslawischen Journalisten auf Angriffe durchwegs im verteidigenden Ton geantwortet. Aber bei den Vorwürfen, die bei der Veröffentlichung der Nachricht vom Tode Jovanovićs wie eine Lawine aus den östlichen Hauptstädten hereinbrach, und das nicht nur über die Presse, sondern auch in Propagandasendungen des Radios, erkannte die Belgrader Regierung die Notwendigkeit, ihre Strategie zu ändern.

Dies geschah zunächst in einer Note, die am 25. August an das rumänische Außenministerium gesandt wurde. Diese war so formuliert, dass sie nicht nur für die Bukarester Regierung unannehmbar war, sondern auch für Moskau, das sie offensichtlich hinter den Kulissen steuerte. Sie geißelte das Verhalten der höchsten rumänischen Führer, angefangen bei »Frau« Ana Pauker, die sich erdreistet habe, die jugoslawischen Kommunisten zu ermuntern, ihre Führung zu stürzen. Weil sich unter den Schürern der Feindschaft die bedeutendsten Regierungsmitglieder der Volksrepublik Rumänien befänden – so hieß es in dem Belgrader Schreiben –, würden sich die Beziehungen zwischen beiden Staaten unausweichlich verschlechtern. Umso mehr, als ihre nicht zu rechtfertigende Tätigkeit die Position des sozialistischen Jugoslawiens im Kampf gegen die imperialistischen Kräfte schwäche. Eine ähnliche Note wurde am nächsten Tag auch der ungarischen Regierung zugestellt. Beide betonten vor allem eines: Sollte die sozialistische Front auf dem Balkan und in Mitteleuropa zerfallen, liege dies sicherlich nicht an der Belgrader Regierung.[306]

★

GOLI OTOK

Die Belgrader *Borba* veröffentlichte am 21. August einen Artikel unter der Überschrift »Seien wir wachsamer im Kampf um die Festigung der Reihen der Partei«. Darin wurde zu einer Säuberung aufgerufen, die die Partei von Karrieristen, Wankelmütigen und feindlichen Elementen befreien sollte. Diesen Worten folgten sehr rasch Taten. Rankovićs Polizeimaschinerie, die noch aus den Jahren des Kampfes gegen Tschetniks und Ustaschi gut geölt war, nahm Fahrt auf und bewährte sich gegen wirkliche oder nur vermutete Kominformler.

»Obwohl Titos Entscheidung und die Entscheidung des Politbüros große Unterstützung bei den Kommunisten und im Volk fanden«, schreibt Kardelj, »existierten im Staat doch organisierte Kräfte, die in verschiedenen Bereichen und in unterschiedlichen Formen in immer größerem Umfang den Kurs des stalinschen Drucks auf Jugoslawien einschlugen. Uns war klar, dass die Schlacht um die Unabhängigkeit der Völker Jugoslawiens und die Unabhängigkeit des jugoslawischen sozialistischen Weges einen kleinen Bürgerkrieg erfordern würde, in dem wir auf dogmatisch konservative Gewalt mit revolutionärer Gewalt zu antworten hätten. So geschah es auch.«[307]

Mit dem »kleinen Bürgerkrieg« dachte Kardelj offensichtlich an eine Säuberung stalinistischen Typs in den Reihen jener, die sich im Konflikt zwischen Tito und Stalin für Letzteren entschieden hatten. Unter ihnen gab es nicht viele, die in einem ordentlichen Verfahren verurteilt wurden – das waren in der Mehrheit Offiziere (4 000–7 000) –, was aber auch keinen großen Unterschied machte, da man mit ihnen wie mit allen anderen verfuhr.[308] Als die Festnahmen bereits im Gange waren, verabschiedete das Parlament Hals über Kopf ein Gesetz zur »gesellschaftlich nützlichen Arbeit«, zu der die Menschen ohne Prozess in einfachen Verwaltungsverfahren »abgeordnet« wurden. Anfangs waren für die »gesellschaftlich nützliche Arbeit« bis zu zwei Jahren vorgesehen. Aber oft wurde dieser Zeitraum im Lager bis auf zehn, ja sogar achtzehn Jahre verlängert.[309]

Den Beschluss, die Kominformler zu internieren, fasste Tito im Herbst 1948, ohne sich mit dem Politbüro, dem Zentralkomitee oder dessen Sekretären Kardelj, Ranković und Đilas zu beraten. Er fasste ihn einfach auf Grundlage seiner Erfahrungen in Moskau, wo er gelernt hatte, wie mit dem inneren Feind zu verfahren ist. Vermutlich bereiteten ihm Berichte über den Einfluss Sorgen, den Stalins Anhänger auf Offiziere und verschiedene Parteikomitees ausübten. Der Befehl zur Säuberung kam überraschend, zu einem Zeitpunkt, als ein entsprechendes Lager überhaupt noch nicht eingerichtet war.[310] Tito hatte ihn angekündigt, als er auf dem II. Kongress der KP Kroatiens sagte: »Es gibt zwei Arten des Überzeugens, Genossen. Eine ist das Überzeugen mit Worten, es gibt aber auch ein Überzeugen auf andere Art.«[311]

Einen entsprechenden Ort für diese »andere Art« fand man auf Zuraten Ivan Krajačićs, der bei der Suche nach hochwertigem Marmor gemeinsam mit dem Bildhauer Augustinčić auf die Insel Goli (die »Kahle«) in der Kvarner-Bucht gestoßen war. Davon berichtete er Kardelj, dem sofort der Gedanke kam, dass dieser entlegene Ort für ein Konzentrationslager geeignet sei. Tito war einverstanden.[312] »Die Funktionäre der UDBA«, erzählte Ranković später, »die sich mit der Organisation der Lager beschäftigten und in ihnen Ordnung und Methoden einführten, waren in Moskau geschult worden, alle waren Schüler des NKWD …«[313] Die ganze Aktion wurde unter strengster Geheimhaltung durchgeführt, sodass von ihr – außer im engsten Kreis um Tito – niemand wusste, nicht einmal der Chef des Obersten Stabs der Jugoslawischen Armee Koča Popović, vermutlich aber auch nicht alle Mitglieder des Politbüros.[314] »Wenn wir nicht ein solches Lager schaffen«, rechtfertigte Kardelj den Schritt, »wird Stalin ganz Jugoslawien in ein schreckliches Lager verwandeln.«[315]

Das Regime auf Goli Otok (aber auch in anderen Lagern wie in denen auf Sveti Grgur, in Bileća und in Gradiška) war extrem roh und grausam, denn es strebte nach der Vernichtung der Menschenwürde, was die Machthaber mit der Behauptung begründeten, dass man die Gefangenen »umerziehen« müsse. Das versuchte man zu erreichen mit mangelhafter Versorgung mit Nahrung und Wasser, mit Schwerstarbeit, die keinen richtigen Sinn hatte – Brechen und Transportieren von Stein –, und aller möglichen physischen und psychischen Gewalt. Nach russischem Vorbild mussten die Sträflinge bei der Ankunft ein Spalier älterer Gefangener passieren, die sie mit Stöcken, Steinen oder einfach mit nackten Fäusten blutig prügelten. Und das war nur der Vorgeschmack. Die erste »Selbstverwaltung«, die in Jugoslawien eingeführt wurde, war die »Selbstverwaltung« auf Goli Otok. Erfunden hatten sie die UDBA-Leute, die die Aufsicht über die Mitgefangenen wenigen Auserwählten überließen und damit einen Teufelskreis schufen, in dem die Opfer zugleich auch Henker waren.[316] Die Hölle von Goli Otok und anderen ähnlichen Lagern machten an die 15 000 Menschen durch, darunter annähernd 800 Frauen, manche nur deshalb, weil sie im engeren Kreis etwas Ironisches auf Kosten Titos und seiner Genossen gesagt hatten. Manche waren sogar völlig unschuldig. Unter ihnen gab es natürlich auch überzeugte Stalinisten, die dem Regime im Falle eines sowjetischen Angriffs tatsächlich gefährlich werden konnten. Alle waren ausnahmslos ohne jeden Rechtsschutz, sie waren völlig abgeschnitten von ihren Familien und von der Außenwelt, wohin ihnen die Rückkehr versprochen wurde, wenn sie jene Mitgefangenen verrieten, die im Irrtum verharrten. Was natürlich nicht selten vorkam.[317] Hinsichtlich des Umgangs mit den Kominfomlern gab es in der Führung zu dieser Zeit keine Meinungsverschiedenheiten, denn man sah die Feinde überall.[318] Erst nach einiger Zeit kam es zu einer relativen Ernüchterung, wie die Tatsache bezeugt, dass Tito 1951 mehrere Generäle persönlich aus den Gefängnissen zu retten versuchte. Aber auch dann gab er noch öffentlich zu, dass es in der Armee »bestimmte regimekritische Elemente« gebe. Laut Behauptung eines Informanten der CIA hatte das Kominform mindestens ein Drittel der Offiziere »verseucht«. Sie wären noch zahlreicher gewesen, wenn die meisten der Vorkriegskommunisten, die ihre Ausbildung in Moskau absolviert hatten und daher Stalin treu ergeben waren, nicht im Befreiungskampf gefallen wären. Dies gestand Tito dem damals noch jungen Kongressmitglied John F. Kennedy bei einem Treffen im Januar 1951 ein.[319]

★

KOLLEKTIVIERUNG DER LANDWIRTSCHAFT

Während die »fünfte Kolonne« der Kominformler einigermaßen einfach in den Griff zu kriegen war, war es schwieriger, die Bauern zu zähmen, denen Tito und die Seinen die Kollektivierung des Agrarlandes aufzuzwingen versuchten – unter anderem auch, um zu beweisen, dass Stalin sich irrte, wenn er ihnen vorwarf, Nikolai I. Bucharin und dessen nachsichtige Politik gegenüber den »Kulaken« nachzuahmen. Nach dem Krieg hatten die neuen Führer auf dem Lande eine überaus vorsichtige Politik betrieben, so steht zum Beispiel in dem 1946 verabschiedeten Genossenschafts-Grundlagengesetz, dass Letztere »freiwillige Wirtschaftsorganisationen der arbeitenden Bevölkerung« seien.[320] Noch im Oktober 1947 beteuerte Tito: »Was die Gerüchte über Landenteignung betrifft, sagt den Bauern, das ist eine reine Lüge. Niemand wird den Bauern Land wegnehmen, denn wem zum Teufel sollen wir es geben.«[321] Damit befand er sich im Einklang mit Stalin, der nach dem Krieg den jugoslawischen Führern geraten hatte, mit der Kollektivierung auf dem Lande vorsichtig zu sein, denn: »Das ist eine schwierige und gefährliche Sache.«[322]

Zu Beginn des folgenden Jahres zeigte sich Tito über einige »harte« Maßnahmen gegenüber der Agrarbevölkerung verärgert. Jakov Blažević, dem gerade ernannten Bundesminister für Handel und Versorgung, versicherte er, dass man eine besonnene Politik gegenüber den Bauern führen müsse. »Die Bauern dürfen wir nicht verärgern, denn wer wird morgen in einem möglichen Krieg kämpfen? Wir dürfen keine Maßnahmen einführen, die wir während des Krieges kritisiert haben. Es darf nicht passieren, dass man den Bauern das Zugvieh ausspannt oder ihre einzige Kuh verkauft, denn was werden wir vom Bauern haben, wenn wir ihm die Kuh verkaufen.«[323] Als aber Moša Pijade in der *Borba* vom 12. Juni 1948 sagte, dass die Bauern der Hauptpfeiler der jugoslawischen Revolution gewesen seien, erlebte er einen wahren Hagel an Kritik »von verschiedenen Seiten« und musste sich Asche aufs Haupt streuen.[324] Zu den Wenigen, die sich vor einem derart radikalen Schritt wie der Errichtung »bäuerlicher Produktionsgenossenschaften« (ein Euphemismus für die Kollektivierung der Landwirtschaft) zu warnen trauten, gehörten Edvard Kardelj und Vladimir Bakarić. Aber ihre Worte verfingen nicht, wenngleich sich Ersterer in seiner Argumentation auf Lenin bezog und einer »Sozialisierung des Dorfes« nicht widersprach. Im Gegenteil, er plante sie sogar. Er verlangte nur ihre humanere und geduldigere Realisierung in der Überzeugung, dass die Bauern selber verstehen würden, welchen faktischen Nutzen sie davon hätten.[325] Schließlich überwog die Meinung, die ein Agitprop-Mann bei einem Treffen mit Bauern in der Šumadija knapp und bündig auf die Formel brachte: »Ihr Kulakenärsche, euretwegen hat uns Stalin angegriffen!«[326] Kurzum, es setzte sich die Losung durch »wir werden mit unseren Taten alle Anschuldigungen zunichte machen«. Vor allem auf Rechnung der »Kulaken«, die es zu vernichten galt, damit der Sozialismus siegte. Ende 1947 gab es auf dem Lande 799 kollektive Genossenschaften. Anfang Januar 1949 waren es 1 318, im Dezember desselben Jahres bereits 6 492.[327]

Bis Juni 1950 gelang es dem Regime, seine Kontrolle auf 22 Prozent des Ackerlandes auszuweiten.[328] Die Folgen zwangen das Tito-Regime fast in die Knie. Von Anfang an wehrten sich die Bauern gegen die Kollektivierung, zumeist passiv, indem sie das Vieh schlachteten oder Futtervorräte verbrannten. Am dramatischsten war es in Westbosnien, in der Cazinska Krajina, wo im Winter 1948 unter den dortigen Muslimen, unter denen ehemalige Partisanenkämpfer waren, eine regelrechte Revolte ausbrach.[329] Um den Widerstand gegen die Kollektivierung einzudämmen, versprachen die Behörden denen, die in die Genossenschaften eintraten, sie könnten sie nach drei Jahren wieder verlassen. Nach drei Jahren, so hatten es sich die Parteiideologen ausgerechnet, wären den Menschen die Vorteile der Kollektivwirtschaft bewusst geworden. Diese Hoffnung erfüllte sich indes nicht. Die Anzahl der Austrittsforderungen stieg bereits zur Erntezeit des Jahres 1951 unaufhörlich. Und weil die Behörden darauf zuerst mit Propaganda gegen die »Klassenfeinde« und später mit psychologischem und sonstigem Druck reagierte, ließen die Bauern das Korn auf den Feldern verderben oder verzögerten den Drusch so sehr, dass die Ähren Schaden nahmen.[330] Tito gestand selber ein, dass die Reaktion der örtlichen Machtstrukturen gegenüber den rebellischen Bauern übertrieben war: »Wir haben kein Sibirien, aber wenn wir eines hätten, würden sie die Leute dahin schicken …«[331]

Nach den bitteren Erfahrungen Anfang der fünfziger Jahre, als sich Jugoslawien auch infolge einer großen Dürre am Rande einer Hungersnot befand, verzichteten die Machthaber 1953 schließlich auf die Zwangskollektivierung aus Angst, es könnte zu einem bewaffneten Aufstand kommen. Ihr Verhältnis zu den Bauern war noch Jahrzehnte später von Misstrauen geprägt und blieb im Grunde für immer gestört, sodass sich die Landwirtschaft nur unter Schwierigkeiten modernisierte. 1956 erreichte Jugoslawien kaum das landwirtschaftliche Produktionsniveau von 1939.[332] In manchen Gegenden bearbeiteten die Bauern das Land noch auf mittelalterliche Weise, mit Holzpflügen und ohne Einsatz von Kunstdünger. 1960, als Dušan Bilandžić nach den Feiern zum Ersten Mai eine italienische Gewerkschaftsdelegation in die Save-Niederung zwischen Belgrad und Banja Luka führte, waren in diesem fruchtbarsten Landstrich der Föderation nur Pferdegespanne auf den Feldern zu sehen (mitunter auch vor den Pflug gespannte Menschen). »Seht doch, wie die kommunistischen Traktoren die Erde pflügen«, kommentierte einer der Italiener spitz.[333] Und noch 1955 schlug Landwirtschaftsminister Jože Ingolič vor, den Bauern nicht zu erlauben, neue Traktoren anzuschaffen, sondern nur alte, die sie von den staatlichen Genossenschaften übernehmen sollten.[334]

Unter solchen Bedingungen konnten zahlreiche Bauern nicht von ihrem Land leben und mussten sich eine Beschäftigung in der Industrie oder in der Bauwirtschaft suchen. Obwohl nach dem Krieg mehr als die Hälfte der jugoslawischen Bevölkerung auf dem Lande lebte, musste der Staat Nahrungsmittel einführen, weil die Bauern für den Markt zu wenig produzierten. Tito war sich dessen bewusst, konnte sich aber von der Idee eines starken Genossenschaftswesens, das für die Bauern annehmbar wäre und zugleich die Vergesellschaftung des Agrarlandes beförderte, nur schwer lösen. Obwohl er zugab, dass »wir die größte Fabrik, die wir hatten, die Nahrungsmittelfabrik, selbst vernichtet haben« und dass wir »einen kapitalen Fehler begangen haben, weil wir bei der Gründung von Genossenschaften den russischen Weg gegangen sind«, meinte er auch, dass das Regime es nicht verstanden habe, sie mit ausreichender Geduld zu reorganisieren und auf demokratische Fundamente zu stellen.[335] Wie er im November 1965 in einem Gespräch mit der Botschafterin der Deutschen demokratischen Republik Eleonore Staimer sagte, sei die Entwicklung der Landwirtschaft eine sehr schwierige Frage bei der Durchsetzung des Sozialismus – »viel schwieriger als eine Revolution«.[336]

★

VERBESSERUNG DER KONTAKTE ZUM WESTEN

Die jugoslawischen Führer waren einem schweren Irrtum erlegen, wenn sie glaubten, mit der Kollektivierung auf dem Lande und der Nationalisierung kleinerer, noch selbstständiger Unternehmen und Werkstätten die verlorene Gunst Stalins zurückgewinnen zu können. Im Gegenteil, zum Ende des Sommers 1948 verschärfte Stalin den Konflikt noch, indem er in den Satellitenstaaten alle diejenigen zu verfolgen begann, die im Verdacht stehen konnten, mit Tito zu sympathisieren. Das tat er, weil er der eigentlichen Häretiker nicht habhaft werden konnte. Als Erster stürzte der Pole Władisław Gomułka, Generalsekretär der Arbeiterpartei und Vizepräsident der Regierung, der zusammen mit zwei Gleichgesinnten nationalistischer und bourgeoiser Abweichungen beschuldigt wurde. In Wahrheit bestand seine Hauptschuld darin, dass er sich von der Bukarester Resolution distanziert hatte: Kurz darauf wurde er festgenommen und zu einer langen Gefängnisstrafe verurteilt.[337] Währenddessen starb am 31. August 1948 unerwartet Andrei A. Schdanow, der Hauptverkünder der ideologischen Nachkriegspolitik Stalins. Nach Informationen, die dem französischen Botschafter in Moskau Yves Chataigneau zugingen, wandte sich Tito sofort nach Schdanows Tod noch ein letztes Mal an den *chozjajin* mit der Einladung, die durch die Resolution des Kominform entstandene Krise gemeinsam zu lösen. Auch in Belgrad kreisten solche Gerüchte, die zusätzlich von der Hoffnung genährt wurden, dass sich dem *chozjajin* jetzt, nach dem Tod des Hauptbefürworters des Ausschlusses, die Möglichkeit bot, seine politische Linie ein wenig zu korrigieren. Aber diese Illusionen zerstoben schon am 8. September 1948, als auf den Seiten der *Prawda* ein langer Artikel unter dem Titel »Wohin führt der Nationalismus der Tito-Clique Jugoslawien« erschien. Der Text war die endgültige Verurteilung der Belgrader Führung, die sich unwürdig gezeigt hätte, heuchlerisch und im Widerspruch zur Lehre Lenins. Ihre berühmte Liebe zur Sowjetunion sei nichts anderes als eine billige Finte, mit der sie die jugoslawischen Völker hinters Licht führen wollten. In Wahrheit sei die

»Tito-Fraktion« gerade in den Tagen des V. Kongresses, als die Phrasen der Zugehörigkeit Jugoslawiens zur antiimperialistischen Einheitsfront am lautesten ertönten, ins feindliche Lager übergewechselt, habe dem Bündnis mit dem internationalen revolutionären Proletariat abgesagt und den Staat dem Untergang verschrieben. »Der Nationalismus der Tito-Clique entblößt Jugoslawien vor den äußeren Feinden«, verkündete der Artikel. Aber das täte nur eine »Clique politischer Mörder«, die sich tatsächlich im Kriegszustand mit der Partei befinde und nur mithilfe des Verwaltungsapparats herrschen könne.[338]

Diese scharfen Worte, die schärfsten, die die sowjetische Presse jemals gegen Tito verwendet hatte, waren mit Großbuchstaben und in Fettdruck mit der Kürzel CEKA unterzeichnet, was sich mit dem Zentralkomitee assoziieren ließ: Das gab dem Artikel natürlich noch zusätzliches Gewicht. Nach Meinung von Sachverständigen der britischen Botschaft in Moskau zeigten sich in dem Text voller scharfer ironischer Ausdrücke und der Wiederholung stets gleicher Gedanken Kennzeichen stalinscher Diktion. Das konnten auch die Führer in Belgrad nicht übersehen. Bisher hatten sich viele jugoslawische Kommunisten damit getröstet, dass sich die sowjetische Presse in ihrer Polemik gegen sie nie so feindselig gebärdete wie die Presse der Satellitenstaaten, und hatten gerade wegen der relativ gemäßigten Kritik noch immer Hoffnung auf eine mögliche Versöhnung gehegt. Deshalb wirkte der *Prawda*-Artikel wie eine kalte Dusche auf sie, was auch die Tatsache belegt, dass er weder von der Presse noch vom Radio erwähnt wurde. Um den Angriff noch zu verstärken, brachte die *Prawda* in derselben Ausgabe einen Nekrolog auf Arso Jovanović, »den unlängst in Jugoslawien barbarisch Ermordeten [...] dem Gedenken aller Teuren, die gegen den Faschismus gekämpft haben«. Am nächsten Tag übernahm das Organ der sowjetischen Regierung *Iswestija* den Artikel, versah ihn aber zusätzlich noch mit dem gegen die jugoslawischen Führer gerichteten Brief General Pero Popivodas, der zum ersten Mal am 27. August in der *Prawda* erschienen war. Der Kreml wollte offensichtlich mit seiner ganzen Autorität betonen, was für eine unverzeihliche Sünde der Nationalismus sei, und nicht nur den Jugoslawen, sondern auch den anderen »Satelliten« deutlich zu verstehen geben, dass der Internationalismus, in der Bedeutung der völligen Unterordnung unter Moskau, der unwiderrufliche Imperativ für jede kommunistische Partei und jeden sozialistischen Staat sei.[339]

Angesichts der Angriffe von allen Seiten, die Tito als Feind des Proletariats entlarven sollten (man sprach auch von Kontakten zu jugoslawischen bürgerlichen Kreisen und geheimen Treffen mit amerikanischen Abgesandten), kam manchem der Gedanke, dass Stalin versuchen werde, Tito aus dem Weg zu räumen. »Die Ermordung Titos«, schrieb der amerikanische Diplomat Robert

B. Reams am 15. September 1948 aus Belgrad, »ist für das Kominform vermutlich die konkreteste politische Option.« Er fügte allerdings hinzu, dass man »zuerst in eines der besten Sicherheitssysteme auf der Welt eindringen« müsse und dass im Falle von Titos Tod Unruhen oder Versuche eines Staatsstreichs zu erwarten seien, dass aber an seine Stelle sofort Aleksandar Ranković oder jemand anders treten könne.[340] Die jugoslawischen Behörden, die sich der Gefahr bewusst waren, gewährleisteten die Sicherheit Titos und seiner engsten Mitarbeiter mit der Einführung außerordentlich strenger Maßnahmen. Tito, Kardelj, Ranković und Đilas traten in der Öffentlichkeit nicht mehr gemeinsam auf und bewegten sich nur in Begleitung bis an die Zähne bewaffneter Einheiten. Als Tito Anfang September 1948 Zagreb besuchte, kam er gleich mit drei Panzerzügen, die mit Maschinengewehren und zwei Panzerattrappen bestückt waren.[341]

Der Bruch mit Moskau lastete schwer auf Tito, denn als disziplinierter Kommunist und Internationalist empfand er ihn als Bruch mit seiner ganzen Vergangenheit. In seinem Kreis war man überzeugt, und dieser Meinung war auch er selbst, dass seine Gallenkolik auf den Stress zurückzuführen war, unter dem er stand, so wie es ihm schon während des Krieges passiert war.[342] In jener Zeit war er häufig nervös und hatte auch engsten Mitarbeitern gegenüber mit Wutausbrüchen reagiert, obwohl er ihnen zugleich auch eine menschliche Wärme zeigen konnte, die er gegen Ende des Krieges und später nicht mehr besaß. In den Kontakten mit dem sowjetischen Botschafter A. J. Lawrentjew versuchte er seine nervliche Anspannung wohl zu verbergen, aber die Geheimdienste waren über sein tatsächliches Befinden informiert, hatten sie ihre Informanten doch in seinem engsten Kreis. Er war sich darüber im Klaren, dass es in dem Konflikt mit Stalin keinen Mittelweg gab, sondern nur die Kapitulation vor dem Diktator oder die totale politische Feindschaft. »Wir alle«, sagt Kardelj von sich und den Genossen im Politbüro, »trugen in dem Moment eine große Verantwortung für die Entscheidung in diesem Dilemma, aber Titos Verantwortung war bei Weitem die größte und schwerste. Denn Tito hatte sich in unserem Volksbefreiungskampf und in der Revolution eine solche persönliche Autorität erworben, dass sein Wort in diesem Fall auch die endgültige Entscheidung in diesem Dilemma bedeutete.«[343]

Die jugoslawischen Führer beschränkten sich nicht nur auf die Festigung ihrer Bollwerke, sondern gingen auch zur ideologischen Offensive über. Schon am 19. September erschien in der *Borba* ein Artikel Moša Pijades, des Lehrers Titos und Mentors anderer prominenter Kommunisten, unter dem Titel »Hier wurden Tatsachen für Dogmen geopfert.« Der Artikel war eine Sensation, denn der alte Revolutionär hatte zum ersten Mal mit all seiner beißenden Ironie die

KPdSU angegriffen und sie implizit reaktionärer Tendenzen beschuldigt. Er berief sich dabei nicht auf den Artikel in der *Prawda* in der Vorwoche, sondern kommentierte zwei antijugoslawische Kommentare im *Bolschewik* und warf den sowjetischen Politikern vor, in einem Meer dogmatischer Zitate versunken und völlig unfähig zu sein, neue Ideen und Theorien zu entwickeln, wie sie von der Zeit und den unterschiedlichen Verhältnissen in den einzelnen Staaten auf dem Wege in den Sozialismus gefordert würden. Auf die Behauptung des *Bolschewik*, dass die Gesetze des Übergangs aus dem Kapitalismus in den Sozialismus, die Marx und Engels entdeckt und die Stalin und Lenin im Rahmen des sowjetischen Staates und der Partei erprobt und weiterentwickelt hätten, verpflichtend seien für alle, antwortete Moša Pijade, dass die Bedingungen für die Entwicklung des Sozialismus im Hinblick auf den Ort und die besonderen Umstände unterschiedlich seien und dass dem wahren Marxismus-Leninismus jeglicher doktrinäre Zugang fremd sei.[344]

Eine noch größere Sensation als der Artikel Moša Pijades rief ein Artikel unter der Überschrift »Noch einmal über ungerechte und verlogene Verleumdungen« hervor, den die *Borba* am 2., 3. und 4. Oktober veröffentlichte. Der lange Text war nicht unterzeichnet, und gerade das erhöhte mehr noch als sein Inhalt seine Bedeutung. Zweifellos wäre er nie veröffentlicht worden, wenn Tito ihn nicht selbst geschrieben oder zur Gänze approbiert hätte. Er identifizierte sich in einem so hohen Maße mit dem Autor des Artikels, dass er in einem Gespräch mit einem amerikanischen Besucher sogar andeutete, dass der Text von ihm stamme. In Wirklichkeit hatte er aber nur gelesen und gutgeheißen, was Milovan Đilas geschrieben hatte, wobei er im ersten Moment einige Bedenken hatte, ob es angemessen sei, Stalin persönlich anzugreifen und damit die von der KPJ so lange gehegte Illusionen einer Möglichkeit seines Heil bringenden Eingreifens endgültig zerstieben zu lassen. Aber Đilas beharrte – wie er in seinen Erinnerungen berichtet – darauf, dass allen längst bekannt sei, wer hinter den gegen Jugoslawien gerichteten Anschuldigungen stehe, und dass ein Schweigen darüber nur zu einer gefährlichen Verwirrung unter den Mitgliedern der Partei führen werde. »Gut, dann soll es so bleiben«, war Tito einverstanden, »denn wir haben Stalin schon zu lange geschont.«[345]

Im erwähnten Artikel drückte Đilas eine Erkenntnis aus, zu der er in Gesprächen mit Kidrič und Kardelj gelangt war. Er behauptete, dass Jugoslawien einen besonderen Platz im sozialistischen Lager einnehme, denn der Volksbefreiungskrieg sei zugleich auch ein revolutionärer Prozess gewesen, in dem die Arbeiterklasse die Macht übernommen habe. Das gebe ihr das Recht, den Sozialismus auf ihre Weise zu errichten. Hingegen hätten jene Staaten des Ostblocks, die Sowjetunion eingeschlossen, die Jugoslawien nationalistischer Bestrebungen beschuldigten, sich vom »wahren Internationalismus« abgekehrt. Jugoslawien habe nicht die Absicht, ins imperialistische Lage überzuwechseln und sich von den sozialistischen Staaten zu isolieren, aber es gehe nicht konform mit unbegründeten Kritiken und von außen kommenden Versuchen, seine Führer vom Volk zu isolieren. Außerdem weise es entschieden das sowjetische Monopol an der richtigen Interpretation des Marxismus zurück und spreche Stalin das Charisma der Unfehlbarkeit ab. Bisher sei von ihm, Stalin, in der Presse keine Rede gewesen, aber nicht deshalb, weil sie sich Illusionen über seine Haltung zu dem Streit gemacht hätten, sondern weil es, da er nicht selbst in die Arena gestiegen sei, als nicht angebracht erschienen war, mit einer Polemik gegen ihn zu beginnen. Allerdings hätten alle Mitglieder der Partei seine Standpunkte gekannt. »Stalin ist die größte Autorität nicht nur der internationalen Arbeiterbewegung, sondern der gesamten demokratischen Welt. Aber im Streit zwischen der KPJ und der KPdSU ist das Recht nicht auf seiner Seite.«[346]

Sowohl die jugoslawische Öffentlichkeit als auch ausländische Beobachter verstanden sofort, worauf der Artikel abzielte: »Die jugoslawische Kritik am unfehlbaren Propheten aus Moskau beseitigt jede Möglichkeit einer Beilegung des Streites, wenn diese Möglichkeit überhaupt je bestanden hat«, lautete der Kommentar des amerikanischen Botschafters in der UdSSR.[347] Die Kritik rege, wie Đilas erklärte, die jugoslawischen Führer zum erneuten Studium des sowjetischen Systems an und bedeute den Beginn der tatsächlichen Loslösung von seiner auf Lüge und Gewalt beruhenden politischen Praxis. Auf die monolithische Vision einer in ihrer Orthodoxie erstarrten Gesellschaft antwortete Đilas mit einer Feststellung voll ethischen und revolutionären Elans: »Macht ist nicht alles, Wahrheit ist mehr als Macht!«[348] Sir Charles Peake, britischer Botschafter in Belgrad, der in seinem Bericht nach London zwar betonte, dass diese Ideen irgendwie vertraut klängen, da man sie bereits in Gesprächen von Regierungsmitgliedern, von hohen Vertretern des Außenministeriums sowie von Tito selbst mit zahlreichen ausländischen Gästen und Diplomaten hören könne, schätzte die Bedeutung des erwähnten Artikels dennoch hoch ein. Er zeige, schrieb er, dass jetzt eine offene Feldschlacht geschlagen werde. Die jugoslawischen Ereignisse könne man, seiner Meinung nach, mit einer Schachpartie vergleichen: Bisher sei es um kaum mehr als ein Ziehen von Bauern gegangen, jetzt aber stünden sich zum ersten Mal die Königinnen gegenüber. »Der Ausgang lässt sich nicht leicht vorhersagen, für den Moment lässt sich nur sagen, dass Tito die Partie schwerlich ohne Kampf beenden wird.«[349]

Tito hielt sich auch deshalb »über Wasser«, wie man zu seinem politischen Überleben im Westen sagte, weil man in Washington und London bald erkannte, wie nützlich ihnen sein renitentes Verhalten gegenüber Stalin war. Und zwar nicht nur aus psychologischen und propagandistischen Gründen, sondern auch aus strategischen. »In der globalen kommunistischen Bewegung ist ein neuer Faktor von wesentlicher tiefer Bedeutung auf Grund des Beweises dazugekommen, dass einer ihrer Anhänger den Kreml mit Erfolg herausfordern kann«, schrieben Mitarbeiter des State Departements. »Mit diesem Akt wurde die Aura mythischer Allmacht und Unfehlbarkeit, die die Macht des Kremls umgab, zerstört.«[350]

Sie verglichen Tito mit Martin Luther und Heinrich VIII. und meinten, dass sein Vorbild dem monolithischen Sowjetblock stark zusetzen werde. Gleichzeitig waren sie auch überzeugt, dass es für sie von außerordentlicher Bedeutung sei, wenn die Laibacher Pforte unterhalb des Nanos, die Adriaküste und das Vardartal von bewaffneten Streitkräften kontrolliert würden, die nicht länger unter sowjetischem Einfluss stehen. Damit habe Moskau die Möglichkeit unmittelbarer Druckausübung auf Griechenland, Österreich und Italien und den Zugang zum östlichen Mittelmeerraum und zum Nahen Osten eingebüßt.[351] Eine besondere Rolle kam in diesen Überlegungen gerade dem küstennahen Raum zu, denn die westlichen Strategen dachten lange Zeit tatsächlich, dass der Dritte Weltkrieg in dem Augenblick ausbrechen werde, wo die sowjetischen Panzer aus der ungarischen Puszta durch die Becken von Celje und Ljubljana über den Postojna-Sattel (Laibacher Pforte) unterhalb des Nanos ins Vipavatal und weiter in die Po-Ebene vorstoßen würden.

Ausgehend von dieser Annahme beschlossen sie bald, Tito zu unterstützen und ihn aus der Notlage zu retten, in die er geraten war, denn Stalin versuchte ihn vor allem dadurch zu vernichten, dass er die gesamte wirtschaftliche Zusammenarbeit zwischen Jugoslawien und dem Sowjetblock abbrach. In diesem Zusammenhang ist es interessant festzustellen, dass die Truman-Administration wenige Tage vor dem 28. Juni beschlossen hatte, Tito die jugoslawischen Goldreserven zurückzugeben, annähernd zwanzig Millionen Dollar, die Fürst Pavle Karađorđević am Vorabend des Zweiten Weltkriegs in den Westen hatte bringen lassen. Das lässt vermuten, dass man in Washington über geheime Kanäle bereits vor dem formalen Ausschluss der KPJ aus dem Kominform erfahren hatte, was sich hinter den Kulissen anbahnte.[352]

Auch Tito war sich über die strategische Bedeutung des Bruchs mit Stalin im Klaren und baute auf diesem Bewusstsein seine Politik auf. »Die Amerikaner sind ja nicht dumm«, meinte er im Gespräch mit Đilas, »und werden nicht zulassen, dass die Russen in einer solchen Situation bis an die Adria kommen.«[353] Dabei rechnete er nicht mit den paar Hitzköpfen in den US-Geheimdiensten, die den Moment für einen Tschetnik-Putsch gegen das Regime gekommen glaubten. Trotz der Warnung des US-Botschafters Cavendish W. Cannon, nicht mit dem Feuer zu spielen, entsandten die erwähnten Kreise im Januar 1949 mehrere serbische Fallschirmjäger nach Jugoslawien, die den Funken des Aufstands entfachen und König Peter II. auf den Thron zurückbringen sollten. Natürlich vereitelte die UDBA diesen Versuch sofort, nahm die Tschetniks gefangen und liquidierte sie. Auch das State Department wendete sich klar gegen solche Aktionen, was als Grundlage für den Dialog gesehen werden kann, der sich zwischen Tito und führenden Staatsmännern der kapitalistischen Welt zu entspinnen begann.[354]

Hilfe vom »imperialistischen Westen« anzunehmen war natürlich ein großer Schritt, umso mehr, da man fürchten musste, dadurch den Widerstand unter den Orthodoxen in der KPJ zu provozieren. Aber als der Wirtschaftsboykott, den die Sowjetunion gegen Jugoslawien verkündet und den »Satelliten« aufgezwungen hatte, immer spürbarer und die Lieferungen von Industriemaschinen und vor allem Erdöl aus dem Osten eingestellt wurden, blieb Tito keine Wahl. Bereits im August 1948 bezog Jugoslawien von den USA geheime Erdöllieferungen (die bisher aus Rumänien gekommen waren), obwohl er andererseits noch Mitte 1949 Bedenken hinsichtlich einer umfangreicheren Wirtschafts- und Militärhilfe hatte, die ihm Washington anbot.[355]

Zu der Überzeugung des Westens, dass der Bruch endgültig sei und dass Tito jede Hoffnung aufgegeben habe, »dass Stalin von den Wolken heruntersteigen« werde, trug auch Aleš Bebler bei, Mitglied der jugoslawischen Delegation bei der Generalversammlung der UNO. Bebler hielt sich am 5. Oktober 1948 in Paris zu einem Arbeitsessen mit einem der Hauptvertreter des Foreign Office auf, dem Staatssekretär Hector McNeil. Die beiden Diplomaten hatten sich schon im Frühjahr während eines längeren Aufenthalts Beblers in London kennengelernt, was zweifellos dazu beitrug, dass es sofort zu einem offenen Dialog zwischen ihnen kam. McNeil hatte sich auf die Begegnung sorgfältig vorbereitet und die wichtigsten Berichte des britischen Botschafters in Belgrad, Sir Charles Peak, durchgesehen. So kannte er dessen Thesen von der schrittweisen Entwicklung des Tito-Regimes und dass man es bei seiner Absetzbewegung von Moskau unterstützen müsse, wenngleich sehr vorsichtig.[356] Er war bereit, Beblers Worten jeden positiven Hinweis zu entnehmen, doch waren dessen politischer Realismus und dessen Offenheit dennoch eine große Überraschung für ihn. Bebler versuchte nämlich gar nicht erst zu verbergen, wie besorgt er über die möglichen Folgen der Isolation war, der sich die jugoslawische Delegation in Paris, wo sich beide Blöcke ihr gegenüber sehr kühl verhielten, ausgesetzt sah. Noch größere Besorgnis aber ließ er wegen der ökonomischen Verhältnisse in Jugoslawien erkennen: Der Staat könne im Augenblick auf keine äußere Hilfe zählen. Der Fünfjahresplan könne scheitern, und alles deute darauf hin, dass den Jugoslawen nichts bleibe als ihre unerschütterliche Entschlossenheit. Jegliche Hilfe, die die Briten anbieten könnten, wäre somit von lebenswichtiger Bedeutung.[357]

Hätte Bebler gewusst, dass McNeils Assistent Guy Burgess einer der sowjetischen »Maulwürfe« im Foreign Office war und dass viele Dokumente Jugoslawien betreffend über seinen Tisch gingen, hätte er sein Klagelied zweifellos gedämpfter vorgetragen und damit weniger Eindruck auf die Spitzen der britischen Diplomatie gemacht. So aber stieß seine Offenheit dort auf ein erhebliches Echo.

Während McNeils Bericht noch in den entsprechenden Büros des Foreign Office bewertet wurde, bestätigten die britischen Diplomaten in Belgrad, dass Beblers Äußerungen keinesfalls eine Momentaufnahme der Befindlichkeiten in der Belgrader Regierung waren, sondern die gewachsene Haltung der höchsten Staatsorgane wiedergäben, sogar die Titos persönlich. Gerade in diesen Tagen hatte Tito Louis Johnson, einen Vertreter der American Motion Picture Corporation, der auf dem jugoslawischen Markt Hollywood-Filme verkaufen wollte, zum Mittagessen geladen. Tito, der ein Filmliebhaber war, stand dessen Vorhaben nicht nur wohlwollend gegenüber – was allein für sich genommen schon von Bedeutung war, denn damit würde die jugoslawische Massenkultur beginnen, Richtung Westen zu blicken –, er sprach auch ganz offen mit dem Vertreter. Gleich zu Beginn des Treffens versprach Louis Johnson, dass er Titos Worte dem Führer der republikanischen Partei Thomas E. Dewey übermitteln werde, und Tito, entschloss sich, die Karten auf den Tisch zu legen.

Er betonte, dass er als Kommunist gelebt habe und dass er so auch sterben werde, dass er aber Herr im eigenen Haus sein wolle. Die Ursache für den Streit mit dem Kreml liege genau darin, dass ihm Stalin dieses Recht abspreche. In der augenblicklichen heiklen Situation müsse er die Handelsbeziehungen mit dem Westen absolut verbessern, doch solle der von ihm keine politischen Konzessionen erwarten, die unter seinen Anhängern entschlossenen Widerstand auslösen würden. Einer Antwort auf Johnsons Frage, was er tun würde, wenn es zu einem Krieg zwischen der Sowjetunion und den USA käme, wich Tito zuerst aus, sagte aber schließlich – im Gegensatz zu der mehrfach betonten unerschütterlichen Treue zu Moskau –, dass seine Reaktion von den Umständen abhängen würde, unter denen der Krieg ausbrechen, und davon, wer ihn auslösen würde. Damit gab er zu verstehen, dass er neutral bleiben würde, sollten die Sowjets angreifen.[358]

Beide Gespräche fanden ein breites Echo in Washingtoner und Londoner Diplomaten- und Regierungskreisen. Als der britische Außenminister Ernst Bevin McNeils Bericht las, notierte er am Rand, dass er mit seinen im Foreign Office für die Balkanregion zuständigen Mitarbeitern »über Politik« zu sprechen wünsche. Bei diesen Sitzungen kam man zu der Feststellung, dass man Tito in seinen Bestrebungen um Bewahrung der Unabhängigkeit unterstützen müsse. Sein Konzept fasste Bevin in die lakonische, aber entschlossene Direktive, die in den nachfolgenden Monaten fast zu einer Losung wurde, und das nicht nur für die Briten, sondern für alle Westler: *Keep him afloat!* (Haltet ihn über Wasser!)[359]

Dabei war Stalin die ganze Zeit über alles im Bilde, denn neben Burgess informierte ihn noch ein zweiter »Maulwurf«, Donald Maclean, Berater des britischen Botschafters in den USA, über die Diskussionen, die zwischen London und Washington über die jugoslawischen Frage abliefen. Die zahlreichen Warnungen, die sich in britischen und amerikanischen Dokumenten zu diesem Thema finden lassen, nämlich dass es sich um *top secret* handele und dass die Sowjets nichts über die Bereitschaft des Westens, Tito zu unterstützen, wissen dürfen, hatten die gegenteilige Wirkung.

Wie A. S. Anikejew sagt, ist es nicht ausgeschlossen, dass gerade das den Verlauf des Konflikts verschärfte und den Kreml ermunterte, gegen Tito noch entschlossenere Maßnahmen zu ergreifen.[360] Eine der schmerzhaftesten war der Ausschluss Jugoslawiens aus dem Endc Januar 1949 in Moskau gegründeten Rat für gegenseitige Wirtschaftshilfe (COMECON). Auf den Protest Kardeljs hin, der die sowjetische Regierung daran erinnerte, dass Jugoslawien eine Reihe von Wirtschaftsverträgen mit den Mitgliedern der neuen Organisation habe, antwortete der Kreml, dass nur Staaten, die in den gegenseitigen Beziehungen eine »ehrliche und freundschaftliche Politik« betrieben, das Recht hätten, im COMECON mitzuarbeiten.[361]

Dieser Ausschluss zeigte, dass die vorsichtige Außenpolitik, die Edvard Kardelj konzipiert hatte, als er im September 1948 Außenminister der Föderativen Volksrepublik Jugoslawien wurde, bei den Sowjets nicht verfing. Anfang Oktober berichtete er Tito nicht ohne Genugtuung von der Generalversammlung der UN in Paris: »Marko Ristić [Botschafter in der französischen Hauptstadt] erklärte Jugoslawien zum dritten unabhängigen Staat auf dieser Sitzung (neben den USA und der UdSSR). Es hat tatsächlich den Anschein. Komisch anzusehen sind die Tschechen und Polen, wie sie in den Korridoren vor uns flüchten, in den Waschräumen aber unsere Leute suchen und ihnen ihre Sympathie auf die unterschiedlichste Weise ausdrücken.«[362] Allerdings sprach Kardelj auf den Sitzungen der Vollversammlung völlig im Einklang mit der Sowjetunion und stimmte auch in diesem Sinne ab, da er sie nicht provozieren wollte. Und das, obwohl er sich schämte, mit keinem Wort den Streit mit Stalin erwähnt zu haben.[363] Noch Ende des Jahres erklärte er in einem wichtigen Auftritt vor dem Bundesparlament in Belgrad, dass Jugoslawien auf internationalem Felde Moskau treu bleibe. Der Streit mit Stalin sei eine interne Frage der kommunistischen Welt und stehe in keinem Zusammenhang mit dem Konflikt zwischen Ost und West. Diese Worte wurden allerdings in Washington nicht allzu wörtlich aufgenommen, denn es habe sich um Erklärungen »for the record« gehandelt.[364] Die Entwicklung der Ereignisse bestätigte diese Meinung, denn dem ökonomischen Boykott folgte bald darauf die kollektive Aufkündigung der Kooperations- und Freundschaftsverträge und ein faktisches Einfrieren der diplomatischen Beziehungen zwischen der Sowjetunion und den Staaten des sozialistischen Blocks auf der einen und Jugoslawien auf der anderen Seite.

Als die Amerikaner und Briten feststellten, dass das Tito-Regime stabil genug war, um dem gewaltigen sowjetischen Druck standzuhalten – sofern von ihrer Seite aus Unterstützung käme –, lief ein Programm an, das sich bald nicht mehr nur auf ökonomische Unterstützung beschränkte, sondern auch diplomatischen Beistand umfasste. Dabei versuchten sie nicht, Einfluss auf das sozialistische Regime zu nehmen, die einzigen Bedingungen waren, dass Jugoslawien die Grenze zwischen Vardar- und Ägäis-Mazedonien schloss und die Unterstützung der Rebellen gegen die Athener Regierung einstellte.[365] Weil sich die griechischen Kommunisten auf Stalins Seite geschlagen und den projugoslawisch orientierten General Markos abgesetzt hatten, hatte Tito schon im März 1949 Geheimkontakte mit der Athener Regierung angeknüpft, wobei sich aber Außenminister Konstantinos Tsaldaris in einem Interview für die Londoner Zeitung *Daily Mail* vorzeitig über diese Initiative ausgelassen und sie damit im Keim erstickt hatte. Die *Prawda* hatte nämlich sofort verkündet, dass es eine neue Allianz zwischen »Gestapo-Jugoslawien« und dem »monarcho-faschistischen« Griechenland gebe. Weil aber diese Sache wichtig war, gab der Westen nicht auf.[366] Sie entsandten Titos Kriegskameraden Fitzroy Maclean, dem der Marschall versicherte, dass er angesichts der veränderten Verhältnisse auf dem Balkan auch seine Politik tiefgreifend ändern werde.[367] Befeuert wurde diese Bereitschaft noch dadurch, dass die griechischen Aufständischen begonnen hatten, von einem vereinten und selbstständigen Mazedonien innerhalb einer demokratischen Föderation der Balkanvölker zu sprechen, natürlich von Gnaden des Kominform. So kam es dazu, dass sich die Belgrader und die Athener Regierung unverhofft auf derselben Seite sahen, da sie denselben Gegner hatten.[368]

In einer Rede, die Tito am 10. Juli 1949 in Pula in der dortigen Militärakademie hielt, gab er bekannt, dass er die Wirtschaftshilfe des Westens, wenn man sie ihm anböte, annehmen und dass er zugleich die Grenze zu Griechenland schließen werde. Damit verkündete er sozusagen das Ende des dortigen Bürgerkriegs.[369] Schon wenige Monate später waren die Kommunisten besiegt, und der Generalsekretär der KP Griechenlands Nikos Zahariadis erklärte im Dezember 1949, dass man sich nie zum Kampf entschlossen hätte, wenn man im Jahre 1946 »Titos Verrat« vorhergesehen hätte.[370] Die Sowjets rächten sich an Tito, indem sie in den diplomatischen Verhandlungen mit dem Westen über einen Friedensvertrag mit Österreich im Juni 1949 ihre Unterstützung für die jugoslawischen Gebietsforderungen in Kärnten einstellten und im Austausch für »deutsches Eigentum« in der Alpenrepublik die Karawankengrenze anerkannten, wie sie 1920 gezogen worden war. Zwischen Belgrad und Moskau war die Lage derart angespannt, dass die westliche Presse sogar den vollständigen Abbruch der diplomatischen Beziehungen erwartete.[371]

★

STALINS SÄBELRASSELN

Die drohendsten Töne waren einer diplomatischen Note zu entnehmen, die ein Angestellter der sowjetischen Botschaft in Belgrad am 20. August 1949 um 4 Uhr 15 morgens dem Pförtner des Außenministeriums übergab. Wie es im Falle einer Kriegserklärung üblich war. In dem zwölf Seiten langen Schreiben legte die Moskauer Regierung Protest ein wegen der Festnahme sowjetischer Staatsbürger, die in Jugoslawien lebten. Es handelte sich um sogenannte »weiße Russen«, die sich nach der Oktoberrevolution in das Königreich SHS geflüchtet hatten. Während des Zweiten Weltkriegs hatten einige von ihnen mit der Besatzungsmacht zusammengearbeitet, wobei am Ende des Krieges jene, denen die Flucht nicht gelungen war oder die nicht erschossen worden waren, die sowjetische Staatsbürgerschaft annehmen mussten. Moskau hatte sie ihnen zuerkannt, ohne sich dafür zu interessieren, ob die jugoslawischen Behörden dem zustimmten. Diese Großherzigkeit war nicht ohne Grund, denn von den »weißen Russen« erwarteten ihre »roten« Beschützer, dass sie eine Art fünfte Kolonne in Jugoslawien würden. Aber als es zum Bruch mit Stalin kam, war Tito nicht mehr bereit, ihre Spionagetätigkeit zu tolerieren. So wurden die »weißen Russen« bald Opfer der Ranković-Polizei, die sie schon ab 1948 heimlich einzusperren begann und sie im darauf folgenden Jahr fast komplett »säuberte«.

Moskau reagierte, wobei die Note vom 20. August nur die letzte, wenngleich aggressivste Maßnahme war, die zu ihrer Verteidigung gesetzt wurde. In ihr stand, dass die Jugoslawen nicht das Recht hätten, sowjetische Staatsbürger auf die Anklagebank zu setzen, und dass die sowjetische Regierung, wenn nötig, »noch nach anderen und wirkungsvolleren Methoden greifen werde, um sie zu beschützen«.[372]

Als sie die Note lasen, kriegten Kardelj und sein Stellvertreter Aleš Bebler es mit der Angst zu tun. Die Sowjetunion hatte kurz zuvor ihren Botschafter aus Belgrad abberufen, den jungen, korpulenten Lawrentjew, ohne ihn durch einen anderen zu ersetzen. Meldungen über Truppenbewegungen durch Rumänien und Ungarn Richtung jugoslawische Grenze klangen immer drohender: Ließen sich die »anderen und wirkungsvolleren Methoden«, von denen in der Note die Rede war, nicht als Kriegserklärung deuten? Kardelj rief in der Aufregung als Erstes die französische, britische und amerikanische Botschaft an und bat alle drei Botschafter zu einem Gespräch. Erst als Bebler auch Tito erreicht hatte, der auf Brioni weilte, beruhigte er sich einigermaßen und sagte das Treffen ab. Tito befahl nämlich, kühlen Kopf zu bewahren und nicht mit übereilten Schritten Wasser auf die Mühlen der Sowjets zu leiten. Deshalb beschloss er auch, noch ein paar Tage allein im Urlaub zu bleiben und vor der Rückkehr nach Belgrad in Zagreb haltzumachen, wie er es den Kroaten versprochen hatte. Doch auch selbst war er sehr besorgt, denn es war offensichtlich, dass die Note in der Hauptsache von Stalin selbst verfasst worden war.[373]

In den letzten Monaten des Jahres 1949 schien Stalin tatsächlich einen Militärangriff aus Bulgarien, Rumänien, Ungarn und Albanien gegen Jugoslawien vorzubereiten. Nach Informationen der Belgrader Regierung sollen mehr als sieben motorisierte Divisionen an ihren Grenzen zusammengezogen worden sein. Später erzählte Marschall Schukow, dass neben einem Panzervorstoß auch der Einsatz von Fallschirmjägerdivisionen im zentralbosnischen Hochland geplant waren. Die Sowjetunion sollte die Aktion ihrer Verbündeten kontrollieren und koordinieren und für die »internationalen Brigaden« zuständig sein, in denen neben ihren Staatsbürgern auch Tschechen, Polen und Ostdeutsche kämpfen sollten. Ihre scheinbare Neutralität sollte dazu dienen, die Einmischung des Westens in das Geschehen zu verhindern.[374] Wie Tito im Jahre 1952 zu seinem Biografen Dedijer sagte, hatte Stalin damit die jugoslawische Frage in ein »globales Problem« verwandelt. Klar war nämlich, dass die Sowjetunion das Gleichgewicht der Kräfte zwischen den Blöcken radikal verändern würde, wenn sie mit der Besetzung Jugoslawiens bis an die Ostgrenze Italiens und bis an die Adria vordringen würde.[375]

Da Tito eine Situation vermeiden wollte, zu der es zu Beginn des Zweiten

Weltkriegs gekommen war, als die Angreifer alle Kommunikationslinien der Belgrader Regierung unterbrochen hatten, noch bevor es zu Kämpfen gekommen war, verließen die politische Spitze und der Oberste Stab Belgrad und zogen sich nach Topola in der Šumadija zurück.[376] Im Inneren des Landes begann man mit der Evakuierung von Lebensmittellagern, Archiven und ganzen Fabriken aus der Vojvodina ins Herz des Staates, vor allem nach Bosnien und Herzegowina. Svetozar Vukmanović-Tempo bekam von Tito die Aufgabe, Partisaneneinheiten zu organisieren, die im besetzten Gebiet bleiben sollten. Das Gros der Armee, die 275 000 Mann zählte, solle sich ins zentrale Bergmassiv bis hinunter ans Meer zurückziehen. Nur in dem Gebiet ließ sich eine wirkungsvolle Verteidigung aufbauen. Die größten Anstrengungen galten natürlich der Bewaffnung der JA, auf die zu diesem Zweck im Jahre 1949 50 Prozent des jährlichen Staatsbudgets fiel.[377]

Stalin gab allerdings nach nüchterner Überlegung bald den Gedanken an einen militärischen Eingriff in Jugoslawien auf, und sprach in Briefen an Gottwald und andere Führer des Ostblocks die Empfehlung aus, dass man Tito vor allem diskreditieren müsse.[378] Einem späteren Bericht N. A. Bulganins zufolge habe er vor allem deshalb »nicht losgeschlagen«, weil sich dieser radikalen Entscheidung die Spitze der Roten Armee widersetzt habe.[379] Das wussten Tito und seine Genossen allerdings nicht. Erst später, im Jahre 1951, teilte ihnen der Führer der italienischen Sozialisten Pietro Nenni insgeheim mit, dass ihm Stalin Folgendes anvertraut habe: Gegen die Jugoslawen werde er alle Mittel außer der Armee einsetzen.[380]

Zu dem Zweck hatte er in Bukarest – wohin unter anderem auch die Kominform ihren Sitz verlegt hatte – einen besonderen Generalstab eingerichtet, der die Aufgabe hatte, Sabotageakte auszuführen und für ständige Truppenbewegungen an den jugoslawischen Grenzen zu sorgen, die die Jugoslawen ihrerseits zwingen würden, ihre Einheiten ein ums andere Mal zu verlegen, Verteidigungsstellungen auszuheben und die Menschen zur Wachsamkeit vor einem Angriff aufzurufen, der unmittelbar bevorzustehen schien.[381]

Weil sie überzeugt waren, dass der Angriff nur eine Frage der Zeit sei, bereiteten sie sich auf die Verteidigung vor. Auf die Wirtschaftsblockade, die den Fünfjahresplan bedrohte, regierten sie mit umfangreichem Schmuggel und verletzten dabei alle internationalen Gesetze.[382] Als Antwort auf eine mögliche Aggression bereiteten sie auch den Plan vor, den Đerdap-Staudamm an der Donau zu zerstören und die gesamte pannonische Tiefebene zu fluten, um so das Vorrücken der feindlichen Einheiten zu vereiteln.[383] Auf dem diplomatischen Parkett der Vereinten Nationen prangerten sie die aggressive Politik der Sowjetunion an und distanzierten sich weiter von Moskau. In diesem Zusammenhang ist die Rede Kardeljs zu sehen, in der er im September 1949 in New York betonte, dass Jugoslawien eine »unabhängige« Außenpolitik auf allen Gebieten führen werde.[384]

Weil auch die Amerikaner mit einem militärischen Eingreifen der Sowjets rechneten, unterstützten sie im Oktober 1949 Jugoslawiens Kandidatur um den Sitz eines nichtständigen Mitglieds des Sicherheitsrates der Vereinten Nationen. Dies versuchte die Sowjetunion, die eine Kandidatur der Tschechoslowakei befürwortete, mit allen Mitteln zu verhindern. Doch der Leiter der sowjetischen Delegation, A. J. Wyschinski, bemühte sich vergeblich, Stalins Wunschkandidaten durchzubringen. Am 20. Oktober 1949 wurde Jugoslawien in diese wichtige internationale Körperschaft gewählt, was ihm die Möglichkeit geben sollte, bei der Verurteilung der Sowjetunion mitzuwirken, sollte sie sich mittelbar oder unmittelbar unter den Aggressoren befinden.[385] Die Jugoslawen triumphierten und feierten Kardelj bei seiner Rückkehr aus New York »wie einen siegreichen Cäsar«. Und der britische Außenminister Ernst Bevin sagte selbstgefällig, dass Tito zwar ein »Hundesohn« sei, aber »jetzt ist er unser Hundesohn«.[386]

Mit seiner gewagten Politik, die nach einer Internationalisierung des Konflikts strebte, verstärkte Tito natürlich noch die Propaganda gegen sich und die Genossen, bei der Stalin Regie führte. In den benachbarten Satellitenstaaten wurden ab 1948 und 1949 eine Reihe von Schauprozessen gegen prominente Politiker angestrengt, die man des Titoismus bezichtigte und zum Tode oder zu schweren Zuchthausstrafen verurteilte. In Polen wurde, wie gesagt, Władisław Gomułka abgesetzt, der das Glück hatte, nur im Gefängnis zu landen. Der ungarische Außenminister László Rajk, der bulgarische Parteiveteran Trajčo Kostov und der Albaner Koçi Xoxe endeten vor einem Erschießungskommando oder am Galgen.[387] Natürlich hatten ihre Ankläger zuvor schreckliche Verschwörungen aufgedeckt, die die Angeklagten während des Krieges und danach mit Tito geschmiedet hätten, und so die antijugoslawische Hetze gerechtfertigt. Die Moskauer Zeitschrift *Novoje Vremja* schrieb im Oktober 1949: »Das Gerichtsverfahren gegen László Rajk war auch ein Gerichtsverfahren gegen Tito, Ranković, Kardelj und andere Faschisten in Belgrad. Diese Leute versuchen mit allen Kräften die Entwicklung der Geschichte aufzuhalten. Aber das ist bisher noch niemandem gelungen. [...] Das Verfahren gegen Rajk und seine Kompagnons hat zahlreiche Fälle von Spionage und Intrigen gegen die demokratischen Staaten enthüllt und vor allem gezeigt, welche Rolle Tito und Ranković in der politischen und militärischen Strategie spielen und warum sie an der Spitze eines Projekts stehen, das danach strebt, die demokratischen Volksregime in

Ost- und Südeuropa gewaltsam zu stürzen.«[388] Die »Entdeckungen«, die beim Rajk-Prozess zutage kamen, boten dem stellvertretenden Minister für äußere Angelegenheiten A. A. Gromyko die Gelegenheit, am 28. September 1949 den zwischen Tito und Molotow im April 1945 geschlossenen »Freundschafts-, Beistands- und Kooperationsvertrag« aufzukündigen. Ende Oktober wurde der jugoslawische Botschafter Karlo Mrazović wegen »Spionage« aus Moskau ausgewiesen, einen Monat später auch der Geschäftsbeauftragte, wenngleich die diplomatischen Beziehungen formal nicht abgebrochen wurden. Dem Vorbild folgten natürlich auch alle Satellitenstaaten, außer Albanien, mit dem Jugoslawien selbst die Beziehungen abbrach.[389]

Auf der dritten und letzten Sitzung des Kominform vom 16. bis 19. November in Ungarn wurden Tito und seine Vertrauten zu Verbrechern erklärt. Die Resolution, die bei dieser Gelegenheit zum Jahrestag von AVNOJ II veröffentlicht wurde, trug die vielsagende Überschrift: »Die jugoslawische Kompartei in der Gewalt von Mördern und Spionen«: »Der Kampf gegen die Tito-Clique ist die internationale Pflicht aller kommunistischen und Arbeiterparteien.«[390]

Natürlich blieb es nicht bei Worten. Laut Tito wurden in den folgenden Jahren in den Kominform-Staaten und in der Sowjetunion gleich 98 Spionagezentren aufgebaut, deren Aufgabe es war, »zu jeder Stunde Diversanten nach Jugoslawien zu schicken«. In Ungarn, Rumänien, Bulgarien und Albanien gab es besondere Lager, in denen Spezialisten für Spionagetätigkeit, Sabotage und Feindpropaganda trainierten. Der Zweck war, diese Leute nach Jugoslawien einzuschleusen und mit ihnen zu beweisen, dass sich die Bevölkerung spontan gegen den »titoistischen Polizeistaat« erhebt.[391] Die jugoslawischen Grenzen zu den Satellitenstaaten waren praktisch unpassierbar, und es kam regelmäßig zu bewaffneten Konflikten, weil Guerillagruppen in jugoslawisches Territorium eindrangen. Zwischen 1948 und 1952 gab es nach jugoslawischen Angaben 7 877 Grenzzwischenfälle, darunter waren bis zu 142 bewaffnete Zusammenstöße, an denen mehr als 600 feindliche Agenten beteiligt waren.[392] Am gefährlichsten aber war Triest, wo Stalins Agent Vittorio Vidali eine starke antijugoslawische Propaganda- und Spionagezentrale installiert hatte, die den Umstand ausnutzte, dass die Grenze in diesem Gebiet wegen der Teilung des Freien Territoriums Triest in eine angloamerikanische und eine jugoslawische Verwaltungszone äußerst durchlässig war. Hier entwickelte Vidali mit seinen italienischen und slowenischen Helfershelfern eine fieberhafte Anti-Tito-Tätigkeit und plante sogar einen Putsch in der jugoslawischen Kriegsmarine. Diesem Plan zufolge, der aber aufgrund der Wachsamkeit der UDBA fehlschlug, sollten seine Anhänger Split besetzen und anschließend die sowjetische Flotte zu Hilfe rufen.[393]

Die Regierung lebte in einem Belagerungszustand, wie der britische Botschafter Sir Charles Peake aus Belgrad berichtete. Bei einem langen Gespräch im November 1949 habe Tito nervlich äußerst angespannt gewirkt, obwohl er das durch plakativ zur Schau gestellte gute Laune zu verbergen versucht hätte. Die Tatsache, dass es zu dieser Begegnung in einem der Gemächer der Villa in Dedinje kam, die vermauerte Fenster hatte, machte deutlich, in welcher Bunkeratmosphäre der jugoslawische Premier lebte. Seinen Gesprächspartner versuchte er zwar zu überzeugen, dass er ruhig in die Zukunft blicke und nicht mit einem Angriff Stalins rechne, den er für klüger als Hitler halte und mit mehr Realitätssinn gesegnet. Diese Überlegungen konnten aber nicht den Eindruck seines Gesprächspartners zerstreuen, dass Tito mehr im Kopf habe, als er mit Worten sage.[394]

★

JUGOSLAWIEN ZWISCHEN DEN BLÖCKEN

Die jugoslawische Regierung nahm schon im Oktober 1949 geheime Kontakte zu den Amerikanern auf, wie ein Gespräch zeigt, das Kardelj, Đilas, Veljko Mićunović und Vladimir Popović in New York mit dem Leiter der CIA, Allen Dulles, führten. Sie versprachen ihm Informationen über sowjetische »Spionageagenturen« in Osteuropa, im Gegenzug bekamen sie Informationen aus auf Jugoslawien bezogenen Gestapo-Dokumenten, die die Amerikaner in Deutschland beschlagnahmt hatten.[395] Im November 1950 schloss Vlatko Velebit ein formales Abkommen mit Frank Wisner, der innerhalb der CIA das Büro für Geheimoperationen leitete, das Office of Policy Coordination. Um ihre Bereitschaft zur Zusammenarbeit zu beweisen, machten die Jugoslawen den Amerikanern ein wertvolles Geschenk: eine MIG-15, das modernste sowjetische Flugzeug, das wegen eines Schadens während eines Spionageflugs über Kroatien unweit von Zagreb hatte landen müssen.[396] Die Amerikaner revanchierten sich prompt. Von einem »weißen Russen«, ihrem Agenten, hatten sie erfahren, dass die Direktorin des Personalbüros im Außenministerium und ihr Geliebter, der fürs Chiffrieren zuständig war, für Washington bestimmte geheime Depeschen, die Kardelj seit 1949 aus Vorsicht mit der Hand schrieb, nach Moskau weiterleitete. Tito und seine Genossen waren über diese Enthüllung so bestürzt, dass sie im vierten Stock des Außenministeriums eine Sonderabteilung der UDBA einrichteten, was aber in den anschließenden Jahren fatale Folgen haben sollte, da sich nun Ranković die Möglichkeit bot, die Außenpolitik zu beeinflussen.[397]

Laut Dedijer, traf sich Tito in der Zeit in Belgrad häufig mit hohen Funktionären der CIA und sprach mit ihnen über gemeinsame Aktionen. Das blieb natürlich den Sowjets nicht verborgen.[398] Gleichzeitig entwickelten Titos Mitarbeiter eine lebhafte Propagandatätigkeit, mit der sie jene Leute in den kommunistischen und sozialistischen Parteien zu stärken versuchten, die bereit waren auf ihre Seite zu treten. Diese Aktion war besonders auf Italien und Frankreich ausgerichtet, teilweise auf Belgien und Deutschland, aber auch auf Indien und Indonesien. »Unsere Verbindungen mit den Sozialisten entwickeln sich gut«, berichtete Vladimir Dedijer im Dezember 1951 aus Paris an Tito. Und fügte etwas zu optimistisch hinzu: »Das ist für die Russen ein schrecklicher Schlag.«[399]

Auf der anderen Seite war Tito nicht bereit eine Außenpolitik zu betreiben, die nicht im Einklang mit seinen Überzeugungen gestanden hätte, auch wenn er damit Gefahr lief, sich mit dem Westen anzulegen. Im Januar 1950 übernahm die Revolutionsbewegung in Vietnam den nördlichen Teil dieser französischen Kolonie und installierte eine Regierung unter der Führung von Hồ Chí Minh. Als Antwort setzten die Franzosen eine Marionettenregierung in Saigon ein. Am 31. Januar erkannte die Sowjetunion die Hồ Chí Minh-Regierung in Hanoi an, wobei Tito die westlichen Diplomaten wissen ließ, dass er das Gleiche beabsichtige. In Paris kam es zu einem wütenden Protest und zu der Drohung, dass Frankreich die Hilfe des Westens für Jugoslawien boykottieren werde. Dean Acheson, der amerikanische Staatssekretär, war ebenso entrüstet. Seinem Botschafter in Belgrad teilte er mit, dass »die jugoslawische Anerkennung genau jene Kräfte stärken würde, gegen die wir für ihre Unabhängigkeit kämpfen. [...] Wir wollen der jugoslawischen Regierung nicht direkt drohen, aber geben Sie ihr klar zu verstehen, wie ernst die Folgen wären, würden sie Ho anerkennen.« Diese und weitere Warnungen schreckten Tito nicht ab. Entschlossen erklärte er, dass er nicht bereit sei, seine Unabhängigkeit gegen die Wirtschaftshilfe des Westens einzutauschen.[400] Genauso trat er im Jahre 1950 auf die Seite Mohammad Mossadeghs, der sich der Ausbeutung des iranischen Erdöls durch den Westen widersetzte und Schah Reza Pahlavi zu entmachten versuchte. Dabei hörte er auch nicht auf die eigenen Diplomaten, die an der Angemessenheit einer derart »prinzipiellen« Politik zweifelten. »Wir handeln mit Waren und mit Produkten, nicht aber mit unserem Gewissen und unseren Prinzipien«, sagte er in einer Rede in Užice am 18. Februar 1950.[401]

Die sowjetische Propaganda und die ihrer Verbündeten, vor allem Ungarn und Rumänien, konzentrierte sich in dieser Zeit darauf zu verbreiten, dass Tito nicht den revolutionären Widerstands- und Befreiungskampf angeführt habe, sondern dass seine »Clique« die Geschichte gefälscht habe. Jugoslawien wie auch das ganze übrige Osteuropa seien »mit der moralischen und materiellen Hilfe der sowjetischen Armee« befreit worden. Moša Pijade antwortete im Auftrag des ZK der KPJ mit einer Reihe von Artikeln, die sich auf die Korrespondenz aus dem Jahre 1942 zwischen Tito und Dimitrow bezog, aus der klar hervorging, wie überschaubar Stalins Hilfe zu Beginn der Volksbefreiungsbewegung gewesen war. Die Artikel erschienen in der *Borba* und wurden gegen Ende des Jahres ins Englische übersetzt, um dem Westen zu zeigen, wie weit die Wurzeln der Konflikte zwischen der KP Jugoslawiens und der Sowjetunion zurückreichten.[402] Inzwischen hatte sich die internationale Lage allerdings so verändert, dass man niemanden mehr über den Ernst des Streits zwischen Tito und Stalin aufklären musste.

Ende Juni 1950 brach nämlich der Krieg in Korea aus, mit dem Stalin auszuloten versuchte, wie weit er im Kräftemessen mit dem Westen gehen könne. Nach dem Zweiten Weltkrieg hatten sich auch auf der fernöstlichen Halbinsel zwei Staaten herausgebildet, von denen der nördliche unter dem Einfluss der Kommunisten stand, der südliche unter dem der Amerikaner. Als Nordkorea den Süden angriff, kam es im Sicherheitsrat der Vereinten Nationen zu einer Debatte, was zu tun sei. Die Amerikaner schlugen ein militärisches Eingreifen der Vereinten Nationen zur Verteidigung Südkoreas vor, was die Sowjets nicht mit einem Veto verhindern konnten. Seit mehreren Monaten boykottierten sie nämlich den Sicherheitsrat, weil Letzterer nicht die kommunistische Regierung in Peking als legale Vertreterin Chinas anerkennen wollte, sondern darauf beharrte, dass das noch immer die Regierung Chiang Kai-sheks sei, die sich 1949 nach Mao Zedongs Sieg nach Formosa (Taiwan) geflüchtet hatte. Infolge der Abwesenheit der Sowjets wurde der amerikanische Vorschlag angenommen.

Jugoslawien wusste zu Beginn nicht, wie es sich verhalten solle, und enthielt sich deshalb bei der Abstimmung am 26. Juni 1950 der Stimme.[403] Sein Vertreter bei den Vereinten Nationen, Aleš Bebler, teilte der amerikanischen Delegation zwar mit, dass seine Regierung die Aktion der USA in Korea verstehe und unterstütze, dass es aber wegen des ideologischen Konflikts mit der Sowjetunion nicht für ihre Resolution stimmen könne.[404] Die Amerikaner nahmen das sehr übel und wiesen Tito auf die Tatsache hin, dass Jugoslawien ohne ihre Hilfe nicht im Sicherheitsrat säße. Letzterer antworte, dass Moskau eine jugoslawische Billigung der Verteidigung Südkoreas berechtigterweise als Zeichen seiner Allianz mit dem Westen interpretieren würde. Das aber könnte einen Angriff der Sowjetunion und ihrer Verbündeten gegen Jugoslawien zur Folge haben. In den kommenden Monaten schlug sich Tito jedoch, wenngleich vorsichtig, auf die Seite der Amerikaner, vor allem als sich im November 1950 auch

China in den Krieg gegen Südkorea einmischte. Die Tatsache, dass sich dieser sowjetische Bruderstaat zu einer so gefährlichen Politik entschlossen hatte, löste in Belgrad die Furcht aus, dass sich Ähnliches auch auf dem Balkan ereignen könnte. Deshalb erschien es Tito notwendig, im Sicherheitsrat seine entschlossene Ablehnung jeglicher Aggression zu betonen. Von der Möglichkeit eines Angriffs auf Jugoslawien war man auch in Washington überzeugt, denn es war klar, dass sich der Kreml eine entscheidende strategische und politische Position schaffen würde, wenn er ein für alle Mal mit Titos Häresie aufräumte. Letzterer unterstützte aber nicht nur die Aktion der Vereinten Nationen (das heißt Washingtons) gegen Nordkorea, sondern machte auch deutlich, dass er im Falle eines internationalen Konflikts von globalen Ausmaßen nicht neutral bleiben, sondern gegen die Rote Armee kämpfen werde.[405]

Die propagandistische Aggression des Sowjetblocks gegen Jugoslawien hatte zwei Höhepunkte – im Sommer 1950 und im November desselben Jahres –, was mit den ersten Monaten des Koreakrieges zusammenfiel. N. A. Bulganin, der sowjetische Kriegsminister, sagte am 6. Mai in Prag in einer Rede zum Gedenken an die Befreiung der Tschechoslowakei: »Die jugoslawischen Völker haben ein schöneres Schicksal verdient, und wir glauben, dass der Tag nicht fern ist, wo sie über die faschistische Tito-Ranković-Clique siegen werden.«[406] Das deuteten die amerikanischen Geheimdienste als psychologischen Druck, der die Aufmerksamkeit der Weltöffentlichkeit von den Ereignissen in Fernost ablenken solle, was aber die Jugoslawen, die in große Anspannung einen Angriff erwarteten, sehr beunruhigte.[407] Zu einem neuerlichen Moment ernster Spannungen kam es im November 1950, als Präsident Truman dem Kongress den Gesetzesentwurf über die Jugoslawienhilfe vorstellte. Als Antwort kam von der sowjetischen Seite sogar der Vorwurf, Tito beabsichtige seine Nachbarn präventiv anzugreifen. Nicht nur Albanien, wie es zu Beginn hieß, sondern auch Bulgarien und Rumänien, und zwar mit einem *Blitzkrieg*, mit dem er bis ans Schwarze Meer vordringen wolle.[408] Wie wir aus Đilas' Zeugnis wissen, wurde in Titos Kreis tatsächlich über diese Möglichkeit gesprochen.[409] Gleichzeitig wurde eine Reihe von Verteidigungsmaßnahmen ergriffen und sogar der Plan entwickelt, sich im äußersten Fall mit der Hauptstreitmacht ins Ausland zurückzuziehen (offenbar unter den Schutz der NATO). Währenddessen sollte im Staat selbst ein Partisanenkampf mit nicht mehr als 150 000 Kämpfern geführt werden.[410]

Wir wissen heute, dass Stalin im Januar 1951 die Verteidigungsminister der Satellitenstaaten tatsächlich zu einer Beratung einbestellte, bei der die Rede von einem Angriff gegen Jugoslawien im kommenden Frühjahr war. Wenn Ungarn, Rumänien, Bulgarien und Albanien gleichzeitig ihre Grenzen überschritten und die Rote Armee über die Tschechoslowakei und Ungarn Richtung Laibacher Pforte vorrückte, könnte Jugoslawien noch vor einem möglichen Eingreifen der Vereinten Nationen besiegt sein. Dann aber würde der Westen keinen Dritten Weltkrieg zur Erhaltung des Tito-Regimes riskieren. Marschall G. K. Schukow bekam den Auftrag, die schon im Vorjahr ausgearbeiteten Pläne zu erneuern und eine Militäroperation vorzubereiten, bei der die Kräfte der sowjetischen Verbündeten dreimal stärker wären als die jugoslawischen.[411] Ein Offizier der ungarischen Luftwaffe, der 1951 in den Westen floh, erzählte seinen amerikanischen Befragern, welch feindselige Propaganda in den Kasernen seiner Heimat herrsche. Tito sei ein »amerikanischer Hund an der Kette«, der nur auf ein Zeichen aus Washington warte, um Ungarn anzugreifen.[412]

Auf einer für den 4. Dezember 1950 einberufenen Sitzung des Politbüros schätzte Tito die Situation als überaus ernst ein. Er meinte, dass die »Russen« ihre »Vasallen« einsetzen würden, um Jugoslawien anzugreifen, denn die hatten in der letzten Zeit massiv aufgerüstet, teils ohne sich um die Beschränkungsbestimmungen des Pariser Friedensvertrags zu kümmern. Im Frühjahr 1951 ließ er ein »Weißbuch« erstellen, das die internationale Öffentlichkeit auf den militärischen Druck der Sowjets aufmerksam machen sollte.[413] Und als er sich bewusst wurde, dass es ohne unmittelbare Kontakte zur Truman-Administration nicht gehen werde, beschloss er nach längerem Zögern, unter Berücksichtigung der psychologischen Barrieren der ehemaligen Partisanen, »konkrete Maßnahmen zur Rüstungsbeschaffung« zu ergreifen.[414] Er entsandte eine Geheimmission nach Washington, zu der der Chef des Obersten Stabs, Koča Popović, und Vladimir Velebit gehörten.[415] Dort trafen sie auf wohlwollende Gesprächspartner, denn amerikanische Diplomaten- und Militärkreise hatten schon seit November 1949 darüber beraten, welcher Weg für die Aufrüstung Jugoslawiens zu wählen sei.[416]

Die Tatsache, dass die Jugoslawen dabei amerikanische »Ratschläge« annahmen, was die Organisation und Verteilung ihrer Armee betraf, trug in mancher Hinsicht zur Verbesserung der Atmosphäre zwischen Belgrad und Washington bei. So kam Tito amerikanischen Forderungen nach, seine besten Einheiten im Gebiet der Laibacher Pforte zu verteilen, und kam damit besonders Wünschen der NATO hinsichtlich der Verhinderung eines möglichen Vorstoßes sowjetischer Divisionen nach Norditalien entgegen.[417] »Die USA haben entscheidenden strategischen Nutzen vom Austritt Jugoslawiens aus dem sowjetischen Orbit«, heißt es in einem Bericht für den National Security Council. »Mit seiner strategischen Lage und seiner Armee, die mehr als 30 Divisionen zählt, kann ein unabhängiges Jugoslawien als Schutzschild zur Verteidigung des Westens im östlichen Mittelmeerraum dienen und dessen Stärke im breiteren Raum Afrikas und des Nahen Ostens erhöhen.«[418] Dabei meinten die amerikanischen Generäle sogar, dass es zum Schutz Jugoslawiens angebracht sei, auch Atomwaffen einzusetzen, wenn man einkalkulierte, dass die Sowjetunion damals erst über ein bescheidenes Arsenal an Atombomben verfügte. Sie meinten, dass im Falle eines Angriffs gegen die »Satelliten« die Russen nicht mit einem Gegenangriff gegen die USA mit Atombomben antworten, sondern sie für den Fall aufsparen würden, wenn es zu einem solchen Angriff gegen ihr eigenes Territorium käme.[419]

Die neuen Beziehungen zum Westen verschafften Jugoslawien noch größere Wirtschaftsdarlehen, die im Juli 1951 in Form einer »Drei-Parteien-Hilfe« der USA, Großbritanniens, und Frankreichs institutionalisiert wurden: »zum Nutzen des Weltfriedens mit dem Ziel, die Wirtschaft Jugoslawiens zu stärken, seine Verteidigungsfähigkeiten zu vergrößern und seine Unabhängigkeit zu bewahren«.[420] Dabei ging es nicht nur um finanzielle Unterstützung und die Bereitstellung von Nahrungsmitteln, vor allem Getreide, sondern auch um erhebliche Lieferungen von Militärmaterial, deren Wert bereits Anfang der fünfziger Jahre ungefähr eine halbe Milliarde Dollar betrug.[421]

Diese Kontakte wurden von den Sowjets natürlich als Verrat am Sozialismus gebrandmarkt, wobei sich vor allem Wjatscheslaw M. Molotow hervortat. In Warschau erklärte er am 22. Juli 1951, dass Jugoslawien im Würgegriff von Spionen und Verbrechern, die ihr Volk mordeten, zum Mehrparteienkapitalismus zurückkehre. Das brachte offensichtlich das Fass zum Überlaufen, denn Tito antwortete am 27. Juli bei der Feier zum Tag des Aufstandes in Kozara (Nordwestbosnien) so scharf wie noch nie zuvor. Er verteidigte nicht nur den sozialistischen Charakter seines Regimes, sondern griff auch Stalins Diktatur mit ungewöhnlicher Heftigkeit an: »Mit welchem Recht spricht er (Molotow), der einer der Hauptanführer des Staates ist, wo sich ein unerhörter Genozid ereignet, in dem ganze Völker vor den Augen der ganzen Welt vernichtet werden?«[422]

In einer zweiten Rede, die er in jenen Tagen hielt, erwähnte Tito die USA auf so lobende Weise wie nie zuvor und erklärte sie zum einzigen Bollwerk der Freiheit auf der Welt. Er verglich die amerikanische Politik mit der sowjetischen und sagte, dass Stalin zwar bis zum Extrem zynisch sei, dass er aber zu intelligent sei, um den Westen anzugreifen, weil ihm klar sei, wie stark dieser ist. Diese Hymne auf Amerika bedeutet allerdings nicht, dass er auf seine selbstständige Politik auch auf strategischem Gebiet verzichtet hätte. Mit der Forderung der Amerikaner, die jugoslawische Armee solle sich vor allem auf die Sicherung der Laibacher Pforte und der Talenge des Vardar konzentrieren, war er nicht einverstanden und teilte ihnen über Koča Popović mit, dass es seine Pflicht sei, das gesamte Staatsgebiet zu verteidigen, nicht nur diese beiden Punkte, die für den Westen von Bedeutung seien.[423]

Washington, das Jugoslawien in seine militärisch-politischen Strukturen einzubinden wünschte, gefiel eine derart selbstbewusste Haltung natürlich nicht. Schon im folgenden Sommer übermittelten die USA, Großbritannien und Frankreich Tito ein Dokument, in dem sie ankündigten, keine bedingungslose Wirtschaftshilfe mehr leisten zu wollen. Tito sagte in einem Gespräch mit dem amerikanischen Botschafter George V. Allen, dass ihm das Dokument weder dem Ton noch dem Geist nach gefalle, und dass Jugoslawien ganz auf die Hilfe verzichten werde, wenn der Westen seine Haltung nicht ändere, auch wenn man »den Gürtel enger schnallen« müsse.[424] Eine derart entschlossene Haltung konnte er sich erlauben, weil er wusste, dass er auf die breite Unterstützung des Volks setzen konnte. Eine Untersuchung, die im Jahre 1951 von der amerikanischen und der britischen Botschaft durchgeführt wurde, zeigte nämlich, dass Tito sehr beliebt war, selbst unter den Gegnern des Kommunismus. Sein Selbstbewusstsein und seine Festigkeit, die er in Krisenverhältnissen gezeigt hatte, hatten trotz aller ethnischen und ideologischen Unterschiede zur Stärkung der Einheit unter den jugoslawischen Völkern beigetragen.[425]

Anfang der fünfziger Jahre begann man in Washington ernsthafte Überlegungen anzustellen, Jugoslawien in das NATO-Bündnis aufzunehmen. Die Amerikaner waren nämlich überzeugt, dass die Jugoslawen im Falle eines sowjetischen Angriffs »ausgezeichnet abschneiden« würden.[426] Dazu kam es aber auch deshalb nicht, weil sich die Italiener gegen eine Aufnahme der Jugoslawen, mit denen sie immer noch um den Status des Freien Territorium Triest stritten, wehrte.[427] Aber auch Tito zögerte, da er fürchtete, dass die Präsenz westlicher Truppen auf jugoslawischem Gebiet sein Regime zu Fall bringen könnte.[428] Bei einem Treffen mit dem Vizesekretär im State Department George W. Perkins äußerte er zudem, dass er deshalb außerhalb der Blöcke bleiben wolle, damit ihm die Jugoslawen im Falle eines Angriffs vom Osten nicht vorwerfen konnten, diesen provoziert zu haben.[429] So kam es zu einer Kompromisslösung, die aber erst nach äußerst verwickelten und stellenweise angespannten diplomatischen Verhandlungen heranreifte. Im November 1952 fanden in Belgrad Gespräche zwischen General Thomas T. Handy, dem Leiter der amerikanisch-britisch-französischen militärischen Dreierdelegation, und General Peko Dapčević statt. Im Rahmen dieses Treffens, bei dem die Jugoslawen ihre strategischen Pläne offenlegen sollten, war Handy nicht bereit, jene Zusicherungen zu geben, wie man sie im Westen für den Fall eines sowjetischen Angriffs bereits gemacht hatte. Er gab sogar zu verstehen, dass es sich in dem Fall nur um einen

»lokalen Krieg« handeln würde. Wie Tito auf der Sitzung des ZK am 27. November 1952 sagte, »verhält sich der Westen zu uns wie zu einem abhängigen Staat«. »Sie wollten alle unsere Pläne sehen, bieten aber nichts im Austausch!«[430]

Trotz der vorübergehenden Abkühlung in den Beziehungen fuhren die Amerikaner beharrlich mit dem Ausbau ihres *cordon sanitaire* gegenüber dem Ostblock fort, indem sie unter anderem die jugoslawische Volksarmee mit 200 Düsenjägern vom Typ F-84 ausrüsteten, dass sie Piloten in ihren Basen ausbildeten und ihre Militärberater nach Jugoslawien entsandten. Auch der Sieg der republikanischen Partei bei den Präsidentschaftswahlen Ende 1952 und der Einzug General Dwight D. Eisenhowers ins Weiße Haus und John Foster Dulles ins State Departement änderte nichts an den Beziehungen der USA zu Jugoslawien. [431]

Schon Anfang 1951 hatte Tito über Vermittlung des amerikanischen Journalisten C. L. Sulzberger Geheimkontakte mit dem griechischen König Paul und dem Chef des griechischen Generalstabs angeknüpft, um sie über seine Bereitschaft zu informieren, in Verteidigungsfragen mit der Regierung in Athen zusammenzuarbeiten. Es folgten formale Gespräche mit Premier Sofoklis Venizelos, bei denen sogar Pläne erörtert wurden, im Kriegsfall gemeinsam Albanien zu besetzen, es unter sich aufzuteilen und sich so den Rücken freizuhalten. Die Amerikaner nahmen diese Kontakte wohlwollend zur Kenntnis. In den Jahren 1953 und 1954 stand die Eisenhower-Administration bei der Entstehung des Balkanpakts zwischen Griechenland und der Türkei – beides Mitglieder der NATO – und Jugoslawien Pate.[432] Auf britische Initiative hin hatten sie am 28. Februar 1953 in Ankara einen »Freundschaftsvertrag« unterzeichnet, dessen Ziel es war, den südöstlichen Mittelmeerraum gegen einen möglichen sowjetischen Angriff abzusichern. Neben regelmäßigen Konsultationen der Regierungen sah das Abkommen nämlich auch solche zwischen den drei Generalstäben vor. Nach Titos offiziellen Besuchen in Ankara und Athen im Februar und Juli 1954 unterzeichnete Jugoslawien am 9. August 1954 in Bled mit beiden Staaten einen zwanzig Jahre geltenden »Balkanpakt« über gegenseitigen Beistand im Falle eines Angriffs gegen eines der drei Mitglieder. Mit ihm wurde das Land mittelbar ein Teil jenes Sicherheitsgürtels, den Washington um den Sowjetblock in Südeuropa zu ziehen versuchte, und schützte sich gleichzeitig auch vor möglichen Militärschlägen von italienischer Seite. Damit bekam es die gleichen Sicherheitszusagen, übernahm aber auch Verpflichtungen, als wäre es formal in die NATO eingebunden, obwohl es seine Armee keinem fremden Oberbefehl unterordnete.[433] »Ich weiß nicht, ob uns dieser Pakt schützen wird«, meinte Tito, als die Verhandlungen noch im Gange waren, »er ist aber eine gute Warnung an Stalin, auf dem Balkan keine Dummheiten zu machen, weil er sonst den Dritten Weltkrieg auslösen würde.«[434]

★

ZUSPITZUNG DER TRIESTER FRAGE UND IHRE LÖSUNG

Interessant ist noch ein anderes Resultat der amerikanischen Außenpolitik, die nach einer Stärkung des Südflügels des Bündnisses im Adria-Donauraum strebte, nämlich das am 5. Oktober 1954 unterzeichnete Londoner Memorandum, mit dem nach schweren Differenzen in den vergangenen Jahren das Freie Territorium Triest zwischen Jugoslawien und Italien aufgeteilt wurde. Die Lösung dieser Streitfrage, die es bisher verhindert hatte, dass der Westen Jugoslawien voll in seine Verteidigungsstrukturen einbinden konnte, sollte die Grundlagen für eine künftige freundschaftliche Zusammenarbeit zwischen den Nachbarstaaten legen.[435]

Wegen des Streits um Triest war Tito in den Nachkriegsjahren gegenüber Italien feindlich eingestellt gewesen, denn er beschuldigte es, in Hinblick auf jugoslawisches Gebiet einschließlich Dalmatiens imperialistische Pläne zu hegen. Der Streit spitzte sich im August 1953 gefährlich zu, als in Rom die Regierung von Alcide de Gasperi von der rechtsgerichteten Regierung Giuseppe Pellas abgelöst wurde. Schon in seiner Antrittsrede im Parlament forderte dieser von den westlichen Verbündeten die Umsetzung der »Dreimächteerklärung« vom 18. März 1948, in der sie der Sowjetunion eine Revision des Friedensvertrags hinsichtlich des Freien Territoriums Triest vorgeschlagen hatten. Es sollte zur Gänze unter italienische Souveränität gestellt werden. Zwischen März 1948, als Jugoslawien noch Mitglied des sowjetischen Blocks war, und August 1953, als es *de facto* an den westlichen Block angeschlossen war, hatten sich die Verhältnisse allerdings radikal geändert, obwohl die Italiener das, vor allem aus innenpolitischen Gründen, nicht anerkennen wollten. Das bewog Pella, von Worten zur Tat überzugehen: Er befahl die Verlegung dreier Panzerdivisionen und einer Fallschirmjägereinheit auf einen Stützpunkt nahe Görz und Triest, an die Grenze zur Zone A des Freien Triester Territoriums und Jugoslawien. Darüber informierte er nicht das Oberkommando der NATO, obwohl er es hätte tun müssen, mehr noch, hinter dem Rücken der Verbündeten plante er sogar die Operation *Delta*, in der seine Einheiten Triest besetzen sollten. Weil zu erwarten war, dass es zu Grenzscharmützeln mit jugoslawischen Einheiten kommen würde, zögerte man im römischen Generalstab nicht, über eine breiter angelegte Militäraktion nachzudenken, die den gesamten Küstenstreifen umfassen sollte, also jenen Teil Sloweniens, der nach dem Ersten Weltkrieg bereits italienisch gewesen war.[436]

Auf diese Provokation antwortete Tito mit einer seiner berühmtesten Reden. Zum 10. Jahrestag der italienischen Kapitulation trat er am 6. September 1953 auf einem großen Partisanentreffen in Okroglica nahe Nova Gorica auf und rief, dass sich Jugoslawien nicht vor »italienischen Helden« fürchte, die mit dem »Holzschwert« fuchtelten. Diese Worte gossen zusätzliches Öl ins Feuer und überzeugten die Angloamerikaner, dass sich das Triester Problem nicht ohne ihr Eingreifen lösen lasse. Sie beschlossen, die Zone A, die sich unter ihrer Verwaltung befand, Italien zu überlassen, die Zone B hingegen bei Jugoslawien zu belassen. Als sie diese Entscheidung am 8. Oktober gleichzeitig Pella und Tito mitteilten, reagierte Letzterer sehr ruhig, wenngleich er meinte, dass sich die Italiener nicht mit der Zone A zufrieden geben, sondern ihre Forderungen auch auf die Zone B aufrecht erhalten werden. Das aber würde bedeuten, dass die »Bilaterale Note«, wie die Demarche genannt wurde, die gespannten Beziehungen zwischen den Staaten nicht würde lösen können. Zudem erzürnte es Tito, dass die britischen und amerikanischen Diplomaten ihn vor vollendete Tatsachen gestellt und man ihm kein Mitspracherecht zugebilligt hatte. Das um so mehr, als die Italiener den Beschluss als ihren Sieg ausgaben, was Tito als »Tritt ins Knie« empfand. Er hatte das Gefühl, von den Alliierten ausgespielt worden zu sein: »Wir können die Heimat nicht im Tausch gegen Hilfe verkaufen«, erklärte er. Weil er außerdem unter dem Druck linker Kreise innerhalb der KPJ stand, die ihm vorhielten, seine Politik der Annäherung an den Westen habe keine Früchte getragen, reagierte er in den folgenden Tagen überaus entschlossen. In Leskovac drohte er am 10. Oktober 1953 vor einer tausendköpfigen Menge, dass Jugoslawien seine Interessen, wenn nötig, auch mit militärischen Mitteln durchsetzen werde, denn es werde »den Einmarsch italienischer Truppen in die Zone A als aggressive Handlung werten«. Er sprach »sehr laut, erregt und atemlos, sodass mitunter eine elementare, einfache, fast peinliche Situation entstand«, berichtet der slowenische Schriftsteller Edvard Kocbek.[437] An diesem und am nächsten Tag in Skopje, wiederholte er die Drohung, dass »im selben Moment, wo der erste italienische Soldat seinen Fuß in die Zone A setzt, auch unsere Armee dort einmarschiert«, und erklärte, dass Jugoslawien bereit sei, notfalls auf die amerikanische und britische Hilfe zu verzichten.[438] Unterdessen kam es in Belgrad und anderen jugoslawischen Städten zu Demonstrationen, die zum Teil spontan, zum Teil gelenkt waren und bei denen die Menschen mehr oder weniger überzeugt riefen: »Gebt uns Gewehre, wir gehen nach Triest! Das Leben geben wir, Triest geben wir nicht!« Tito berief 90 000 Reservisten ein und ordnete an, die Einheiten der jugoslawischen Volksarmee in der küstennahen Region zu verstärken.

Das Säbelrasseln an der italienisch-jugoslawischen Grenze wurde von allen Seiten mit großer Sorge betrachtet. Zur Beruhigung der Geister trug Tito selbst bei. Wie in den schwersten Augenblicken der Vergangenheit nahm er auch dieses Mal die Dinge in seine Hand und sandte über seinen schottischen Kampfgenossen Fitzroy Maclean am 25. Oktober 1953 eine deutliche Botschaft nach London und Washington: Er betonte, dass er keinerlei Diktat der Alliierten akzeptieren könne, weil das seine Position im Lande schwächen würde. Diejenigen in der Partei, die mit seiner Politik der Annäherung an den Westen nicht einverstanden seien, behaupteten schon, dass ihn seine angloamerikanischen Freunde verraten hätten, was wiederum die Russen zu ihren Zwecken ausschlachten würden. Deshalb habe er sich zu einer radikaleren Politik als bisher entschließen müssen, was aber nicht bedeutet, dass er nicht zu einem Kompromiss bereit sei. Er meinte, dass man die Teilung des strittigen Gebiets in Übereinstimmung mit den schon gezogenen Grenzen zwischen Zone A und B akzeptieren könne, forderte aber für Jugoslawien zusätzlich noch einen angemessenen Hafen nahe Triest. Außerdem sollten sich die Alliierten beim Abschluss des Abkommens verpflichten, keine weiteren italienischen Forderungen zu unterstützen.[439]

Auf dieser Grundlage begannen am 2. Februar 1954 in London Geheimgespräche zwischen dem jugoslawischen Gesandten Vladimir Velebit, dem Assistenten des Unterstaatssekretärs im Foreign Office Geoffrey W. Harrison und dem amerikanischen Botschafter in Wien Llewellyn E. Thompson. Die Gespräche waren das Ergebnis intensiver diplomatischer Verhandlungen, die seit Mitte Januar hinter den Kulissen abgelaufen waren und in dem Geist stattfanden, dass man eine Lösung finden müsse, die für die Jugoslawen besser wäre als die »bilaterale Note« vom 8. Oktober 1953, für die Italiener aber nicht schlechter.[440] Aufgrund dieser schwierigen Prämisse zogen sich die Gespräche bis Ende September 1954 hin und machten sogar ein Eingreifen Präsident Eisenhowers notwendig. Es war nämlich zu hitzigen Streitigkeiten hinsichtlich einer Grenzkorrektur zwischen Zone A und Zone B zu Gunsten der Jugoslawen gekommen. Um sie zu beruhigen, entsandte der amerikanische Präsident den Unterstaatssekretär für UN-Angelegenheiten Robert Murphy, den Tito schon aus Kriegszeiten kannte, nach Belgrad und Rom. Der amerikanische Diplomat, der am 14. September 1954 in Belgrad eintraf, führte zunächst ein Gespräch mit Kardelj und Bebler, das aber ergebnislos blieb. Murphy versuchte nämlich die Triest-

Frage dadurch zu lösen, indem er Jugoslawien im Falle einer Beilegung der territorialen Streitigkeiten Finanzhilfen und Getreidelieferungen versprach. Beides benötigte Jugoslawien dringend, dennoch antwortete die Delegation (also eigentlich die beiden Slowenen Kardelj und Bebler): »Der Präsident würde den Menschen lieber sagen, dass sie in diesem Jahr hungrig sein werden, als ihnen die Nahrung mit dem Abtreten nationalen Territoriums zu sichern.«[441]

Tito, durch einen persönlichen Brief geehrt, in dem Eisenhower seine staatsmännische Weisheit lobte, zeigte sich hingegen versöhnlicher.[442] Die Tatsache, dass ihm der amerikanische Präsident so große Aufmerksamkeit zuteilwerden ließ, tat seinem Selbstgefühl gut und war vermutlich Ausschlaggebend dafür, dass die Gespräche fortgesetzt wurden. Obwohl er noch einmal betonte, dass die Frage »innenpolitisch dynamitgeladen« sei, zeigte er sich mit den territorialen Korrekturen, wie sie Italien verlangte, einverstanden. Damit wiederum löste er den lebhaften Widerspruch Kardeljs aus. Nach einem Tag stürmischer Beratungen reiste Murphy am 18. September dennoch nach Rom mit einem territorialen Angebot, dass für die Italiener annehmbar war.[443]

Ende September war das Abkommen endlich auch in den Details ausformuliert. Unterzeichnet wurde es am Sitz des Foreign Office in London am 5. Oktober 1954. Der britische Außenminister Anthony Eden stellte zufrieden fest, es handele sich um eine »öffentliche Vereinbarung, zu der es auf geheime Weise gekommen« sei, was nicht ganz der Wahrheit entsprach, denn dem Grundtext wurde eine Reihe von Briefen beigefügt, die nicht an die Öffentlichkeit kamen. Vor allem blieb die Frage seines eigentlichen Charakters offen, denn es handelte sich um ein Internationales Abkommen, das aber nicht dieses Siegel trug und das Freie Territorium Triest *de jure* nicht aufhob, obwohl es das *de facto* tat.[444] In diesem Sinne handelte es sich um einen doppeldeutigen diplomatischen Schachzug, der den Artikel 21 des Pariser Friedensvertrags nicht revidierte, außer darin, dass er die »vorübergehende« Verwaltung beider Zonen des Freien Territoriums Triest von militärischen auf zivile Behörden übertrug und in der Zone A die Angloamerikaner durch Italiener ersetzte.[445]

Tito war mit dem Londoner Memorandum im Großen und Ganzen zufrieden, denn die Slowenen und Kardelj hatten nicht damit gerechnet, dass sie den Adriahafen Koper erfolgreich für sich beanspruchen können würden. »Wir haben entschlossen gekämpft und das Maximum bekommen. In dieser Situation hat Triest für Italien jede größere Bedeutung verloren, vor allem strategisch …«[446]

Einen guten Monat später fuhr Vukmanović-Tempo an der Spitze einer Delegation nach Washington zu Gesprächen über Wirtschaftshilfe durch die USA. Wegen seines aufbrausenden Charakters geriet er zwar mit dem Botschafter

Robert Murphy aneinander, doch am Ende versprachen die Amerikaner zusätzlich zu den 400.000 Tonnen Weizen, die sie schon zugesagt hatten, eine Lieferung von weiteren 450.000 Tonnen. Kontakte knüpften die Jugoslawen auch zur Internationalen Bank für Wiederaufbau und Entwicklung, die der Belgrader Regierung ein Darlehen zur Modernisierung der Landwirtschaft bewilligte und mittelfristige Kredite umschuldete. Kurzum, Washington garantierte, dass es Jugoslawiens wirtschaftlichen Zusammenbruch verhindern werde.[447]

★

STALINS TOD UND DIE FOLGEN

Die Einbindung Jugoslawiens in die politischen Strukturen des Westens hätte vermutlich noch eine Fortsetzung gefunden, denn Tito hatte sogar von der Möglichkeit gesprochen, dass sich Jugoslawien der »Europäischen Verteidigungsgemeinschaft« anschließen könnte, die Anfang der fünfziger Jahre in Planung war,[448] wenn Stalin nicht am 5. März 1953 unerwartet an einem Hirnschlag gestorben wäre.[449] Seine Propagandaschlacht gegen Tito hatte Stalin sozusagen bis zum letzten Atemzug geführt, sie wurde aber auch nach seinem Tod noch gewohnheitsmäßig fortgesetzt. Zwischen 1948 und 1955 kam es in den »Volksdemokratien« zu vierzig aufsehenerregenden Prozessen gegen »Titoisten«, um nicht von den Tausenden zu sprechen, die wegen projugoslawischer Haltung verfolgt wurden.[450] Noch im November 1952 wurde in Prag ein großer Prozess geführt, in dem der Generalsekretär der KP der Tschechoslowakei Rudolf Slánský, der ehemalige Außenminister Vladimir Clementis und andere führende Vertreter des Regimes des Titoismus, der Spionage und anderer erfundener Verbrechen angeklagt wurden. Sie gestanden alles und wurden zum Tode oder zu schweren Zuchthausstrafen verurteilt.[451] In den Tagen und Monaten nach Stalins Beisetzung nahm die Anzahl der Grenzverletzungen zwischen Jugoslawien und den Satellitenstaaten noch zu.[452]

Solange er am Leben war, hatte sich der *chozjajin* nicht mit der Verfolgung der »Titoisten« und der Inszenierung bewaffneter Zwischenfälle an der jugoslawischen Grenze zufriedengegeben. Wie wir aus sowjetischen Quellen wissen, tat er in den letzten Jahren seines Lebens mithilfe der Geheimdienste alles, um Tito auch physisch zu vernichten, hatte dabei aber keinen Erfolg. Nach Informationen, die die CIA zusammentrug, gab Stalin den Auftrag, ihn innerhalb von drei Monaten nach dem Januar 1953 zu liquidieren.[453] Unter den zahlreichen Attentaten, die von den Agenten des KGB geplant wurden, stechen aufgrund ihres Einfallsreichtums jene hervor, in die Josef R. Grigulewitsch-Maks verwickelt war, Botschafter Costa Ricas in Italien und Jugoslawien, der unter dem Namen Teodoro B. Castro agierte, in Wahrheit aber einer von Stalins Agenten war. (Er war auch in den ersten Attentatsversuch auf Trotzki verwickelt.)[454] Weil er aufgrund seines Diplomatenstatus die Möglichkeit hatte, an Tito heranzukommen, hatte er sich angeboten, ihn zu töten. Bei einem geheimen Treffen in Wien mit seinen Moskauer Vorgesetzten schlug er vier mögliche Varianten der Ermordung des »Aasgeiers« vor, wie man Tito in Anspielung auf seinen einstigen Titel »Adler« im Lager Stalins nannte. Die erste Variante lautete: Grigulewitsch sollte während eines Empfangs aus einer besonderen Vorrichtung eine Dosis Lungenpest-Bakterien auf ihn abfeuern. (Er selbst würde dagegen geimpft sein.) Die zweite sah einen Angriff auf Tito während seines Besuchs in London vor. In der jugoslawischen Botschaft, wohin »Castro« eingeladen war, sollte er den Marschall erschießen und sich selbst mit der Explosion einer Tränengasbombe den Rückzug sichern. Mithilfe von Tränengas sollte Grigulewitsch auch den »Terakt«, den ›terroristischen Akt‹, an dem Tag ausführen, an dem Tito die diplomatischen Vertreter der ausländischen Staaten in Jugoslawien empfing. Nach dem vierten Plan sollte er Tito eine Schatulle mit wertvollen Steinen überreichen, aus der sofort nach dem Öffnen giftiges Gas freigesetzt würde. Selbst würde er sich mit einem Gegengift schützen.[455] Obwohl Stalin Grigulewitschs Vorschlag eines Attentats unterstützte, wurde keiner dieser Versuche realisiert, wohl auch deshalb, weil Titos Sicherheitsdienst schon gleich nach dem Krieg nach dem Vorbild des stalinschen organisiert worden war und deshalb überaus effektiv war.[456]

Am 1. März 1953 informierten Agenten des KGB bei einem mitternächtlichen Treffen Stalin über die Erfolgsaussichten, was diesen überzeugte, dass man die Sache noch überdenken müsse, einschließlich der Frage, ob es nicht einfacher sei, die »internen Spannungen« an der jugoslawischen Spitze zur Liquidierung Titos auszunutzen. Offensichtlich war der Bericht, den sie ihm überreichten, das letzte Dokument, das er in den Händen hielt, bevor ihn in den frühen Morgenstunden des 2. März der fatale Gehirnschlag traf.[457] Nach seinem Tod fand man in seinem Tischchen unter einem Stapel Zeitungen mehrere Briefe, die für ihn persönlich wichtig waren. Darunter soll sich auch ein Zettel von Tito befunden haben, in dem er sich beklagte, dass Stalins Agenten mit allen verfügbaren Mitteln, mit Schuss- und Stichwaffen und mit Gift, versucht hätten, ihn aus der Welt zu schaffen, und Stalin selbst drohte: »Ich werde nur einen schicken, und der wird sein Ziel nicht verfehlen.« Ob diese Warnung etwas mit dem plötzlichen Gehirnschlag Stalins zu tun hatte, wird für immer ein Geheimnis bleiben. (Schwerlich aber würde Tito die Drohung ausgesprochen haben, wenn er sich nicht sicher gewesen wäre, sie auch in die Tat umsetzen zu können.)[458] So wie Stalin in Titos Kreis seinen Agenten »Val« hatte, Generalmajor Momo Đurović, so hatte aller Wahrscheinlichkeit nach auch Tito seine Leute im Kreml.[459] Dabei darf auch die Tatsache nicht übersehen werden, dass Lawrenti P. Beria, Chef der sowjetischen Geheimdienste und 1953 Vizepräsident der Moskauer Regierung, gegen den Konflikt mit Tito war und auch nach 1948 noch mit Belgrad kommunizierte.[460] Die beiden hatten sich Ende September 1944 kennengelernt, als Tito nach Moskau gekommen war, um sich mit Stalin über das Eingreifen der Roten Armee in Serbien zu besprechen. Bei einem Abendessen in der Datscha des *chozjajin,* bei dem nach russischem Brauch ein Trinkspruch auf den anderen folgte, wurde Tito übel, weil er nach Jahren des Krieges solche Mengen Alkohols nicht gewöhnt war. Er eilte in den Garten (oder ins Bad) und erbrach dort. Plötzlich erschien ein Schatten hinter ihm. Es war Lawrenti Beria, der ihm zuflüsterte: »Keine Angst, das ist nur dein Freund, der kleine Polizist.«[461] Wurde von Tito dieses »Freundschaftsangebot« angenommen? Jedenfalls fiel Beria 1953 in Ungnade und musste befürchten, dass ihn das gleiche tragische Schicksal ereilen werde, wie es bei seinen Vorgängern Jagoda und Jeschow an der Spitze der Geheimdienste der Fall war. In den Stunden, in denen Stalin im Koma lag, tat er alles, damit ihm die Ärzte nicht rechtzeitig zu Hilfe kamen. Pawel Sudoplatow, Spezialist für »nasse Operationen« (politische Morde), war überzeugt, dass Stalin von Berias Leuten umgebracht wurde. Und Stalins Sohn auch.[462]

Als die Nachricht von Stalins Tod kam, verhehlte Tito seine Befriedigung nicht. Auf die Frage, wie er sie aufgenommen habe, antwortete er: »Die Nachricht [...] habe ich zusammen mit einer Depesche bekommen, in der man mir mitteilte, dass mein Hund Tiger schwer erkrankt sei. Es tat mir schrecklich leid um Tiger. Er war ein wunderbarer Hund ...«[463]

Stalins Tod änderte die Situation für Jugoslawien gravierend, denn die neue Moskauer Führung begann schon im Frühjahr 1953 Kontakte mit Belgrad anzuknüpfen und ließ die Bereitschaft durchblicken, die Beziehungen zu normalisieren. Ein erstes Anzeichen von Tauwetter war schon bei Stalins Beisetzung zu spüren, als der Unterstaatssekretär im Außenministerium J. A. Malik zum jugoslawischen Geschäftsträger Dragoje Đurić trat und ihm vor dem gesamten diplomatischen Chor die Hand drückte.[464] Auch die Jugoslawen zeigten ihre Bereitschaft, den Streit beizulegen. So hatte die jugoslawische Regierung bei der Nachricht von Stalins Tod beschlossen, Veljko Mićunović, Kardeljs Stellvertreter im Außenminister, in die sowjetische Botschaft zu schicken. Der drückte dem dortigen Geschäftsführer das Beileid der jugoslawischen Führung aus (das alles andere als aufrichtig war). Bald darauf kamen weitere vielversprechende Signale der Dialogbereitschaft Moskaus. Der sowjetische Außenminister Molotow empfing am 29. April, zum ersten Mal seit 1948, den jugoslawischen Geschäftsträger in Moskau, Đurić, und führte mit ihm ein zehnminütiges Gespräch.[465]

In der traditionellen Proklamation des ZK der KPdSU zum Ersten Mai waren keine Grüße an die Kominformler enthalten; ein paar Tage später traten sowjetische Diplomaten bei den Vereinten Nationen in New York zu ihren jugoslawischen Kollegen und erklärten, dass die Russen und die Jugoslawen die tapfersten Völker auf der Welt seien, und deuteten die Möglichkeit eines neuerlichen Zusammenkommens an; vielleicht zuerst auf sportlichem Terrain. Doch kaum einen Monat später wurden am 6. Juni auf Molotows Initiative hin die diplomatischen Beziehungen wieder aufgenommen.[466] Tito verfolgte diese Schritte mit der gebotenen Vorsicht, verschloss aber die Tür nicht vor der Möglichkeit eines Dialogs. Schon im Frühjahr 1953 hatte er auf einer Pressekonferenz in London erklärt: »Wir in Jugoslawien wären glücklich, wenn sie [die Sowjets] eines Tages zugäben, dass sie mit unserem Staat unangemessen umgegangen sind. Das würde uns freuen. Wir werden warten, wir werden sehen.«[467]

Darauf brauchte man nicht lange zu warten, denn in Moskau wie auch in den Satellitenstaaten entwickelten sich die Dinge rasch. Außer Polen nahmen alle wieder diplomatische Beziehungen zu Jugoslawien auf, es kam hier und da zu einem kleineren Wirtschaftsaustausch, zu einem Abkommen über die Donauschifffahrt, während es immer weniger Grenzzwischenfälle gab. Auch die Anti-Tito-Propaganda verstummte. Währenddessen traf sich am 25. Juni 1953 L. P. Beria mit Premier G. M. Malenkow (mit dem er sich gegen Molotow verbündet hatte), um sich über eine eigenhändig verfasste Botschaft zu besprechen, die sein Agent in Belgrad Ranković übergeben sollte. Sie lautete: »Ich benutze die Gelegenheit, Ihnen, Genosse Ranković, eine herzliche Grußbotschaft des Genossen Beria zu überreichen, der Sie in guter Erinnerung hat. Genosse Beria hat mir aufgetragen, Ihnen persönlich und streng vertraulich mitzuteilen, dass sich Malenkow, Beria und ihre Freunde für eine unbedingte und radikale Revision und Verbesserung der gegenseitigen Beziehungen beider Staaten einsetzen. In Verbindung damit bittet Sie Genosse Beria, den Genossen Tito persönlich zu informieren, und wenn Sie und Genosse Tito diese Ansicht teilen, wäre es zweckmäßig, eine vertrauliche Begegnung besonders bevollmächtigter Personen zu organisieren. Das Treffen könnte in Moskau stattfinden, aber wenn Sie das nicht für annehmbar halten, auch in Belgrad. Genosse Beria hat die

Überzeugung geäußert, dass von diesem Gespräch niemand erfahren wird außer Tito und Ihnen.«[468]

Diese Botschaft ist aber nie an Ranković gelangt. Schon am nächsten Tag wurde Beria auf der Präsidiumssitzung des ZK der KPdSU verhaftet, und sein Versuch der Annäherung an Tito wurde von seinen ehemaligen Genossen als Ausdruck des Plans aufgefasst, mit den »Imperialisten« Kontakte anzuknüpfen, was bedeutete, dass Beria, wie Molotow sagte, »ein Agent, ein Klassenfeind« war. Ihren Anschuldigungen nach soll er unter Titos Einfluss sogar beabsichtigt haben, in der UdSSR ein Zweiparteiensystem einzuführen, und versucht haben, im Kampf um die Macht Unterstützung »bei den Churchills, Dulles' und Tito-Rankovićs« zu finden.[469] Diese Worte, die offensichtlich den Zweck hatten, Beria möglichst stark zu belasten und damit das Todesurteil gegen ihn zu rechtfertigen, hatten aber keinen großen Einfluss auf die Entwicklung der Beziehungen zwischen Moskau und Belgrad. Der Normalisierungsprozess ging weiter. Am 22. September 1953 kam der neue jugoslawische Botschafter Dobrivoje Vidić in die sowjetische Hauptstadt und bemühte sich ernsthaft um eine Verbesserung der zwischenstaatlichen Beziehungen. In Moskau war Tito zu dem Zeitpunkt nicht »Genosse«, wie es Beria gewollt hatte, sondern noch immer nur »Herr«. Weil Tito von Berias Versuch, die Kontakte zwischen beiden Staaten zu erneuern, nichts wusste, trauerte er ihm auch nicht nach. Im Gegenteil. Tito bezeichnete seinen Sturz als »progressiven Akt«.[470] Interessant ist aber auch Rankovićs Kommentar: »Bei Beria, denke ich, ist das Wichtigste, dass die Polizei unter die Kontrolle der Partei gestellt wird.« Er ahnte nicht, dass er aus demselben Grund dreizehn Jahre später selber um seine Machtposition kommen sollte, wenngleich auf weniger dramatische Weise als Stalins Henker.[471]

In der zweiten Hälfte des Jahres 1953 setzten sich die Machtkämpfe im Kreml fort. Erst nach dem Sturz des Premiers der sowjetischen Regierung Georgi M. Malenkow Ende Februar 1955 und dem Aufstieg Nikita Sergejewitsch Chruschtschows kam es zu einer entscheidenden Wende in den jugoslawisch-sowjetischen Beziehungen. Chruschtschow hatte zwar noch 1949 zu Stalins Siebzigstem dem *chozjajin* einen Lobgesang angestimmt wegen seines »Kampfes auf Leben und Tod« gegen alle möglichen Revisionisten, einschließlich der »Tito-Ranković-Bande von Mördern und Spionen«.[472] Aber kaum hatte er sich an der Spitze der Macht festzusetzen begonnen, änderte er seine Meinung. Er war nämlich überzeugt, dass er die Innen- und Außenpolitik der Sowjetunion in erster Linie so umgestalten müsse, dass der Streit mit Jugoslawien beigelegt würde. Dies sei dringend geboten, um eine weitere Annäherung des Landes an den Westen und die NATO zu verhindern.[473]

Eine solche Annäherung war natürlich nicht ganz einfach umzusetzen, allein schon wegen der Tatsache, dass die sowjetische Propagandamaschine Jahre hindurch das Titoregime mit dem schlimmsten Revisionismus gleichgesetzt hatte und es nach 1949 in Jugoslawien zu ideologischen Verschiebungen gekommen war, die dem sowjetischen System völlig entgegenliefen. Die jugoslawischen Ideologen verurteilten weiterhin öffentlich die stalinsche Außenpolitik, da sie »hegemonistisch« sei, die Politik des zaristischen Russlands auf dem Balkan kopiere und deshalb mit dem Sozialismus nichts gemein habe. In diesem Sinne ist die Parallele von einiger Aussagekraft, die Edvard Kardelj zwischen Napoleon und Stalin zog. »Die Völker, die von den Franzosen die Befreiung erwartet hatten«, sagte er, »erlebten die größte Enttäuschung, genau wie jetzt die Völker Osteuropas.« Und noch lakonischer war seine Antwort auf die Frage, wer eigentlich schuld sei am Ausschluss der KPJ aus dem Kominform: »Dschingis Khan!«[474]

Nach diesem ersten Schritt in Richtung einer Kritik am Sowjetsystem machten die jugoslawischen Führer einen weiteren und begannen sich zu fragen, ob etwas nicht stimme mit dem Regime, in dem die Partei alle Macht, die Arbeiterklasse aber keine hat. Boris Kidrič hatte schon 1935, als er nach Moskau kam, über die sowjetische Bürokratie geschimpft, sodass ihn Kardelj auffordern musste, in seinen Äußerungen vorsichtiger zu sein.[475] Nach dem Krieg, als Kidrič in der Regierung war, hatte er entscheidenden Einfluss auf deren kritisches Verhältnis zur Sowjetunion.[476] Bei der Suche nach den Ursachen, die zum Streit zwischen der KPJ und der KPdSU geführt hatten, und in der Überzeugung, dass Letztere einen Irrweg »asiatischen« Typs beschreite, begannen die jugoslawischen Führer erneut die Klassiker zu lesen, vor allem Marx und Engels. Dabei entdeckten sie den »europäischen« Weg in den Sozialismus, der nicht auf Zwang und Bürokratie beruhen sollte, sondern auf einer möglichst freien Organisation der Gesellschaft. In ihr sollte jeder Einzelne über die Früchte seiner Arbeit walten, was die Entwicklung einer wahren Demokratie fördern würde, die bedeutend vollständiger wäre als die in den westlichen Ländern. Dabei beriefen sie sich auf die Erfahrung des Volksbefreiungskampfes, da sich in der Umgestaltung der jugoslawischen Gesellschaft »viele spezifische Linien finden lassen, die man in der revolutionären Entwicklung anderer Staaten nutzbar machen kann«. So hieß es in ihrem ersten Brief nach Moskau zu Beginn des Schismas am 13. April 1948: »Das bedeutet nicht, dass wir einen Schatten auf die Rolle der WKP (B) werfen, auf das Gesellschaftssystem in der UdSSR. Im Gegenteil, wir studieren das sowjetische System und nehmen es als Beispiel, Tatsache ist aber, dass wir in unserem Staat den Sozialismus in etwas anderer Form errichten. [...] Das tun wir nicht, um zu beweisen, dass unser Weg besser ist als jener, den die Sowjetunion geht. Wir bilden uns nicht ein, dass das etwas Neues ist, aber wir tun, was uns das Leben diktiert.«[477]

Ein Jahr später war man schon forscher in der Zurückweisung des sowjetischen Modells und bei der Suche nach neuen Wegen der sozialen Entwicklung. Nach der traumatischen Erfahrung des Ausschlusses begann man sich der Gefahr bewusst zu werden, »dass sich der progressive Zentralismus der Revolution in einen konservativen Zentralismus bürokratischer Willkür zu deformieren beginnt«. »Schon vorher«, notiert Kardelj, »haben wir uns diesen Tendenzen widersetzt, aber nicht konsequent und entschlossen genug. Die Analyse der Ursachen für Stalins Angriff gegen die KPJ lehrte uns aber, dass wir uns radikaler Mittel bedienen müssen im Kampf gegen die Gefahr, die der Revolution droht.«[478]

Tito war es anfangs nicht klar, dass man Stalin auch auf ideologischer Ebene antworten musste. Kardelj und Đilas gelang es nur schwer, ihn davon zu überzeugen, dass man sich mit dem sowjetischen System, das offensichtlich staatskapitalistische Züge aufwies, kritisch auseinandersetzen müsse. Dabei fanden sie Unterstützung auch bei Boris Kidrič, Vladimir Bakarić und anderen Genossen, die meinten, dass der Streit Ausdruck einer Krise im Leninismus und in der sowjetischen Form des Stalinismus sei und dass das klar ausgesprochen gehöre. Bei der Verurteilung des Bürokratismus, in den die KPdSU abgeirrt sei, wiesen sie aber stets darauf hin, dass auch das jugoslawische System in die gleiche Falle geraten könne. Obwohl sich die »Praktiker« – Tito, Ranković – dessen weniger bewusst waren, begannen auch sie an den Dogmen zu zweifeln, an die sie bis dahin geglaubt hatten.[479] Wie kritisch man in der Spitze der KPJ gegenüber Stalin und seiner Doktrin geworden war, bezeugen die Kommentare, die Vladimir Bakarić bei der Lektüre von dessen im Moskauer *Bolschewik* am 3. Oktober 1952 erschienenen Artikel »Ökonomische Probleme des Sozialismus« an den Rand schrieb. »Anti-Marx und Primitivismus«, »Ha-ha-ha«, »Idiot«.[480] Noch mehr zeugt davon Kidričs Feststellung, dass der Streit mit Stalin im Kern ein Zusammenprall der alten verknöcherten Konterrevolution mit einer jungen sozialistischen Revolution wie der jugoslawischen sei.[481]

Die Sowjets hatten natürlich nicht übersehen, dass in Jugoslawien trotz allem Radikalismus mancher Politiker und trotz allen Wortgeklingels von »Selbstverwaltung« Kommunisten im Sattel saßen, mit denen man reden konnte.[482] Der Prozess der Wiederaufnahme der Beziehungen aber war kein leichter, denn das Misstrauen und die Verärgerung über Moskau waren in Belgrad noch immer groß.

Um dieses auszuräumen, taten die sowjetischen Behörden in den folgenden

Monaten eine Reihe versöhnlicher Schritte in Richtung einer »Normalisierung«. Über die jugoslawische Frage wurde im Präsidium des ZK der KPdSU eine lebhafte Debatte geführt, die am 31. Mai 1954 mit der Ankündigung Nikita S. Chruschtschows endete, im Namen des ZK der KPdSU einen geheimen Brief an Tito zu schreiben. Damit wollte er offensichtlich zeigen, wer jetzt am Ruder saß. In diesem Brief schlug er ein Gipfeltreffen »sei es in Moskau oder in Jugoslawien nach Ihrem Dafürhalten« vor und versuchte zugleich alle Verantwortung für den Bruch auf Beria, den »Agenten des internationalen Imperialismus« und seine Mitarbeiter abzuwälzen. Davon zeugten »Tatsachen«, die in der letzten Zeit ans Licht gekommen seien. Es erübrigt sich zu sagen, dass keine konkreteren Angaben erfolgten. Als zweiten Sündenbock für das gestörte Verhältnis machten die Sowjets Đilas aus – der zu dieser Zeit in Ungnade gefallen war – er sei »Pseudomarxist, ein Mensch, dem der Nutzen des Kommunismus fremd ist«.[483]

Tito und jene Genossen, die mit dem Inhalt des Briefes bekannt gemacht wurden, zeigten sich über dessen Inhalt überrascht und glaubten zuerst, es handele sich um einen propagandistischen Schachzug. Zu dem Zeitpunkt, in dem die Triest-Krise noch nicht gelöst und die Unterzeichnung des Balkanpaktes vor der Tür stand, war es nicht schwer sich vorzustellen, dass Chruschtschow ihre Beziehungen zum Westen zu erschweren versuchte. Deshalb entschloss sich Tito zu Vorsicht: Er antwortete Chruschtschow nicht persönlich, sondern übertrug Mitte Juli dem Vizepräsidenten der Regierung Edvard Kardelj die Aufgabe, mit dem sowjetischen Botschafter in Belgrad in Kontakt zu treten. Er solle ihm mitteilen, dass Jugoslawien die Initiative begrüße, aber im Moment nicht antworten könne, weil eine verfrühte Nachricht über einen Dialog mit den Sowjets die Entwicklung der Triest-Verhandlungen beeinflussen könnte. Dies geschah beim Empfang für den äthiopischen Kaiser Haile Selassie am 21. Juli 1954. Bereits am 24. Juli kam Chruschtschows Antwort, dass er die jugoslawische Position verstehe und eine möglichst günstige Lösung der Triest-Frage wünsche.[484]

Als die sich einer Lösung zuneigte, antwortete Tito am 11. August 1954 – drei Tage nach der Unterzeichnung des »Balkanpakts« in Bled – mit einem langen Brief, in dem er im Namen des Exekutivausschusses des Bundes der Kommunisten Jugoslawiens seine Bereitschaft zur Versöhnung erklärte, aber den Vorschlag Chruschtschows überging, die Kontakte zwischen den beiden Parteien wiederzubeleben, und vor allem den Versuch zurückwies, die Schuld an allem Geschehenen Beria und Đilas anzulasten. Bei einer Großveranstaltung in Ostrožno in Zentralslowenien, an der am 19. September 1954 an die 350 000 Menschen teilnahmen, informierte er die Öffentlichkeit über die Annäherung mit Moskau und erwähnte die Möglichkeit einer Zusammenarbeit mit dem Osten nicht nur auf wirtschaftlicher, sondern auch auf politischer Ebene. Dabei steckte er aber auch die Grenzen ab, innerhalb derer er auf beiden Gebieten zur Zusammenarbeit bereit war. »Diese Normalisierung können wir nicht aufs Geratewohl durchführen, indem wir uns umarmen und küssen, als wäre alles vorbei. Sie darf unsere außenpolitische Linie nicht ändern – sie kann auch nicht unsere innere Entwicklung, unseren Weg in den Sozialismus beeinflussen. Diese Normalisierung muss jede Einmischung des einen in Dinge des anderen ausschließen …«[485]

Chruschtschow reagierte am 23. September mit einem dritten Brief, in dem er Titos Meinung akzeptierte, dass man zuerst die Beziehungen zwischen den Staaten verbessern müsse, bevor die zwischenparteilichen Beziehungen an die Reihe kämen. Was die Verantwortung für den Bruch von 1948 betreffe, so stimme er zu, dass sie von nebensächlicher Bedeutung sei und man in die Zukunft blicken müsse, auch damit die feindliche Propaganda auf der einen wie auf der anderen Seite zum Verstummen gebracht werde. Schon drei Tage später, am 27. September, sandte Chruschtschow Tito einen weiteren Brief, in dem er unter anderem das Buch *Istoričeskij materializm* (›Der historische Materialismus‹) von F. W. Konstantinow erwähnte, das im Vorjahr in Moskau erschienen war. »In diesem Buch wurde im Gegensatz zu unseren Absichten und infolge eines Versehens des Autors und [des Verlags] Gospolitizdat eine störende Provokation zu Lasten der Führung Jugoslawiens veröffentlicht. Das ZK der KPdSU hat über diesen groben Fehler diskutiert […] und die Verantwortlichen, die die Richtlinien des ZK der KPdSU über den Charakter des in der UdSSR veröffentlichten Materials verletzt haben, mit einem angemessenen Urteil streng bestraft.«[486]

Zeitgleich entschied das höchste Parteiorgan, die Tätigkeit des von Emigranten gebildeten »Vereins jugoslawischer Patrioten« zu unterbinden, da sie die Normalisierung der Beziehungen zwischen den beiden Staaten erschweren könnte. Damit waren auch das Blatt *Für ein sozialistisches Jugoslawien* und andere verwandte Publikationen zum Verstummen gebracht, vor allem aber der Radiosender *Slobodna Jugoslavija,* der aus Bukarest sendete. Bald darauf teilte Botschafter A. P. Wolkow Tito mit, dass der Autor des Schlagworts, das in der Enzyklopädie der UdSSR Jugoslawien einen faschistischen Staat nennt, verhaftet worden sei. In den öffentlichen Bibliotheken wurde das Buch *Tito – glavar' predateljej* (*Tito – Häuptling der Verräter*) vernichtet, in den sowjetischen Zeitungen erschien um den 20. Oktober herum eine Reihe von Artikeln über die »heldenhafte Volksbefreiungsarmee, die mithilfe der Roten Armee Belgrad befreit hat«.[487]

Am 16. November antworteten die Jugoslawen, dass sie mit einem Gipfeltreffen einverstanden seien, wobei Tito betonte, dass er weder die Absicht habe, ins »Lager« zurückzukehren noch dem Sozialismus abzuschwören: »Sowohl dem Westen wie dem Osten mussklar sein, dass Jugoslawien in seiner Außenpolitik nicht die Richtung verlassen wird, die es seit 1948 verfolgt. Es hat seinen Weg.«[488] Am Ende dieses Annäherungsprozesses, der auch Ausdruck von Chruschtschows Bemühungen war, die eigene Macht zu festigen und seiner Todfeindschaft mit Stalin und auch seiner Bewunderung für Tito, der sich ihm zu widersetzen wagte, Ausdruck zu verleihen, reiste der neue Herrscher im Kreml am 25. Mai 1955 mit großer Entourage nach Belgrad. Das war ein mutiger Schritt, der innerhalb des Präsidiums des ZK auf Widerstand der stalinistischen Gruppe mit Molotow an der Spitze stieß. Diese war aber nicht stark genug, um Chruschtschow aufzuhalten. Und mochten ihm die Genossen in Moskau auch noch so freundschaftlich auf die Schultern klopfen und sagen: »Pass auf dich auf, halte die Augen offen, dort können sie dich sogar umbringen.«[489]

In Belgrad traf er zum ersten Mal mit einem ausländischen Staatsführer zusammen, zum ersten Mal sah er sich auch einer Meute ausländischer Journalisten gegenüber, die keinerlei Nachsicht zeigte bei der Beschreibung der sowjetischen Parteigrößen in ihren hellblauen, schlecht geschnittenen und zerknautschten Anzügen.[490] Hier begann Chruschtschow den Stalinkult niederzureißen, was er im folgenden Februar auf dem XX. Kongress der KPdSU noch entschlossener fortsetzte. »Dir ist es gelungen«, sagte er in einer Anwandlung von Aufrichtigkeit zu Tito, aus dem Konflikt mit Stalin » als Sieger hervorzugehen, weil du den Staat und vierzig Divisionen hinter dir hattest. Wenn ich nur ein Regiment gehabt hätte, würde ich mich Stalin schon lange vor 1948 widersetzt haben.«[491]

Dem »Gang nach Canossa«, wie die *New York Times* diese Versöhnungsreise nannte, war trotzdem kein voller Erfolg beschieden. Denn Chruschtschow gelang es nicht, Tito und seine Genossen zu überreden, in das sowjetische Lager zurückzukehren. Das lag daran, dass sie zur Zusammenarbeit mit der Sowjetunion nur auf der Grundlage völliger Gleichberechtigung bereit waren. Ein Abkommen, das ihnen einen solchen Status garantierte, die sogenannte *Belgrader Deklaration*, die zu einem der wichtigsten Dokumente der Beziehungen der beiden Länder werden sollte, wurde am 1. Juni 1955 unterzeichnet.

★

DIE IDEE DER SELBSTVERWALTUNG

Wenn sich Titos gebildetere Genossen sofort nach dem Krieg berufen gefühlt hatten, an der Modernisierung des Marxschen und Leninschen Denkens kreativ, wenngleich – wegen Stalins allerhöchster Autorität – mit äußerster Vorsicht, mitzuwirken, lässt sich verstehen, dass sie sich nach dem Ausschluss aus dem Kominform nicht länger Zügel anlegten. Schon auf der Sitzung des ZK der KPJ am 1. März 1948 hatte Đilas erklärt, dass »Jugoslawien ein mächtiges ideologisches Zentrum des Widerstandes gegen sie [die Sowjets]« werde.[492] Zu dem Begann es sich in den Jahren 1949 und 1950 tatsächlich zu entwickeln, als die Idee der »Arbeiterräte« und der »Selbstverwaltung« basierend auf Marx' *Kapital* und auf den französischen utopistischen Sozialisten aufkam, die im 19. Jahrhundert das Konzept freier Zusammenschlüsse unmittelbarer Produzenten entwickelt hatten, aber auch auf den Leninschen Sowjets (›Räte‹).

Erste Versuche in dieser Richtung wurden vor allem in den Fabriken gestartet, um die Position der Partei innerhalb der Arbeiterschaft zu stärken. So entstanden Keimzellen von Arbeiterräten oder ähnliche Organisationen, die sich als zukunftsweisend erwiesen.[493] »Die anfängliche Idee der Selbstverwaltung war meine«, erinnerte sich später Đilas. »Ich war der Meinung, dass man das System vereinfachen müsse: Dass wir alles den Arbeitern in den Fabriken überlassen und wir nur die Steuern einnehmen sollten. Im Wesentlichen so wie in den Betrieben im Westen, wobei aber die Eigentumsverhältnisse sozialistisch bleiben würden. [...] Ich sah die schnelle und skandalöse Vervielfältigung der Bürokratie und des Papiers, und da kam mir der Gedanke – beim Lesen von Marx –, dass das alles auch einfacher gehen müsse. Ich erinnere mich gut, dass ich mit Kidrič und Kardelj im Auto saß. Vor meiner Villa. [...] Es regnete, und wir sprachen lange miteinander. Da erwähnte ich vor ihnen meine Idee der Selbstverwaltung. [...] Ihr Kommentar war, dass es noch zu früh dazu sei, dass die Idee an sich gut sei, aber zu früh komme. Nach zwei, drei Tagen ruft mich Kidrič an und sagt: ›In Wirklichkeit ist das eine gute Idee. Das ist möglich!‹ Darauf stimmte auch Kardelj zu, und wir begannen mit der Arbeit.«[494] Eine erste Diskussion zu diesem Thema führten die leitenden Mitglieder des Politbüros – Đilas, Kardelj, Kidrič – mit Tito schon im Spätfrühling oder zu Beginn des Sommers 1949, als sie ihn in den Ferien in Split aufsuchten. Seine erste Reaktion war negativ, denn er hatte eigentlich nicht verstanden, was sie wollten. Die Selbstverwaltung war nämlich der kommunistischen Erfahrung, wie er sie kannte, völlig fremd, außerdem schien ihm, dass das jugoslawische Proletariat dafür noch nicht reif sei. Aber als sie ihm erklärten, dass die Selbstverwaltung sie aus der Falle des Stalinismus retten und dass sie sogar zu einem Modell für andere werden könne, und als sie das alles mit Zitaten von Marx stützten, hatte er bald verstanden, worum es ging, und konnte sich für die Idee erwärmen. Wenn der Klassenkampf das Ziel hat, dass die Arbeiterklasse in der Gesellschaftsordnung die Lohnsklaverei abschafft, muss sie sich auch des Staatseigentums entledigen. »Gut, das machen wir, und wir stellen sie unter die Losung: ›Alle Fabriken den Arbeitern!‹«, sagte Tito. Auf Grundlage der im Volksbefreiungskampf gewonnenen Erfahrungen formte sich so der Entschluss heraus, eine organische Aktion zur Umwandlung der gesamten Verwaltung der gesellschaftlichen Produktionsmittel in Angriff zu nehmen.[495]

Der Frage, wie sie sich aus der ideologischen Verlegenheit herauswinden sollten, in die sie nach dem Streit mit Stalin geraten waren, stellte sich Ende 1949, Anfang 1950 Đilas in dem Essay »Lenin in der Beziehung zwischen den sozialistischen Staaten« und in einer Broschüre mit dem Titel *Überlegungen zu Fragen der Gegenwart*.[496] Er stellte fest, dass alle Völker in den Sozialismus gelangen werden, weil das unausweichlich sei, sagte aber zugleich auch, dass es nicht für alle auf dem gleichen Weg geschehen werde. »Im Sozialismus gibt es keine führenden Völker oder Staaten.«[497] Gleichzeitig kritisierte er das Sowjetsystem stalinistischer Prägung: »Der Bürokratismus in der UdSSR ist der Zufluchtsort aller Klassenformationen [...], wobei er die verderbtesten Seiten in sich vereint. [...] Sie [die Sowjetbürokratie] trägt die Züge aller vergangenen Klassen in sich [...], sie ist gierig und unersättlich wie die Bourgeoisie, aber ohne ihren unternehmerischen und sparsamen Geist. Gegenüber den Werten menschlicher Arbeit ist sie rücksichtslos wie die Feudalherren und Sklavenhalter, aber ohne deren Sinn für geistige Kultur. [...] Sie ist primitiv, gefräßig und chauvinistisch wie das Kleinbürgertum, aber ohne dessen Fleiß und Patriotismus. Sie erinnert an gewisse Gebäude, die Kopien und Kompilationen aller möglichen Stile sind, aber ohne jede innere Verbundenheit und Harmonie.«[498]

Wie Miroslav Krleža schrieb, war es im Kopf und in der Moral des hundertprozentigen stalinistischen Derwischs zu einem Gärungsprozess gekommen, zu einer intellektuell-moralischen Krise des Menschen, der an ein einziges Buch geglaubt hatte, an den *Kurzen Lehrgang der KPdSU (B)*. »Der Mensch des einen Buches begann das Problem der Demokratie zu entdecken, vor allem der sozialdemokratischen Demokratie labouristischen Typs ...«[499] Aus dieser anfänglichen Kritik des »blühenden Gartens der neuen Weltzivilisation« begann die Idee eines neuen, anders gearteten Sozialismus zu entstehen, der in der Hauptsache von Edvard Kardelj und Boris Kidrič ausgearbeitet wurde. »Auf die Idee der Selbstverwaltung«, schrieb später Dušan Bilandžić, »konnte nur ein Lehrer kommen.«[500] Fügen wir hinzu: und zwei gescheiterte Studenten. In jedem Fall handelte es sich um eine überaus verführerische Idee, über die Kardelj und Kidrič »sozusagen ohne Anfang und Ende diskutierten und gemeinsam mit anderen Genossen konkrete Lösungen suchten«. – »Ich weiß nicht«, notierte später Kardelj, »ob jemals in der Geschichte in so kurzer Zeit eine solche Masse an Menschen in kreativer Tätigkeit und auf der Suche nach neuen Wegen mobilisiert wurde, wie es mit Tito an der Spitze nach unserem Konflikt mit Stalin der Fall war.«[501]

Der Grundgedanke fußte auf der Überzeugung, dass man sich die Unterstützung des Volkes sichern müsse, damit der Sozialismus sich tatsächlich verwirklichen und seinen Gipfel erreichen könne. »Die Feststellung, dass gerade das Entstehen eines technobürokratischen Monopols, das aus dem Staatseigentum erwächst, die Hauptquelle des Stalinismus bildet, hat uns dazu geführt, dass wir das Problem des sozialistischen Eigentums als einen historischen Prozess der unaufhörlichen Befreiung der Arbeit und des Arbeiters anzusehen begannen, als eine Entwicklung von Produktionsbeziehungen, also von Beziehungen zwischen den Menschen, und nicht als Beziehung zwischen Dingen oder zwischen Staat und Arbeiter. Deshalb setzten wir uns das Ziel, das System des Staatseigentums stufenweise zu überwinden und [...] einen historischen Prozess der Überwindung der Besitzmonopole, einschließlich der staatlichen zu eröffnen, und zwar mit dem Kampf der Arbeiterklasse selbst, die ihre Arbeit und deren Resultate selbst verwalten sollte.«[502] So Kardelj in seinen Aufzeichnungen. Kurzum, nicht der Staat sollte über die Menschen herrschen, die Menschen sollten über die Produktionsmittel und damit über ihr Leben herrschen.

Die Ideen einer neuen Wirtschaftspolitik, die sich in der Parteispitze durchzusetzen begannen, stießen von Anfang an auf starke Hindernisse, sagt Kardelj, zum Teil aufgrund objektiver Schwierigkeiten, aber auch infolge bewusster oder unterbewusster Widerstände der bereits in erheblichem Maße bürokratisierten Technostruktur in der Produktion. »Es ging nicht glatt: weder in den Fabriken, noch in den Gewerkschaften, noch in der Partei«, wo ein »heftiger Kampf mit dogmatischen etatistischen Auffassungen und Anschauungen auch unserer Leute geführt wurde, die ansonsten gegen den Dogmatismus waren, gegen das Kominform«.[503] »Deshalb wurde das erste Gesetz zur Selbstverwaltung erst im folgenden Jahr angenommen.«[504]

Das »Grundgesetz über die Verwaltung von Staatsunternehmen und höheren Industriebetrieben durch Arbeiterkollektive« wurde von Tito auf einer außerordentlichen Sitzung des Bundesparlaments am 27. Juni 1950 vorgestellt, wobei er betonte: »Der Slogan ›Die Fabriken den Arbeitern, das Land den Bauern‹ ist keinerlei abstrakte propagandistische Parole, sondern eine Parole, die eine tiefe inhaltliche Bedeutung in sich birgt, denn sie umfasst das ganze Programm der sozialistischen Verhältnisse in der Produktion: im Hinblick auf das Gesellschaftseigentum, im Hinblick auf die Rechte und Pflichten der arbeitenden Menschen – demgemäß müssen und können wir es verwirklichen, wenn wir den Sozialismus wirklich errichten wollen.«[505]

Dazu muss angemerkt werden, dass die neue Wirtschaftspolitik im Jahre 1950, trotz hochtönender Worte nicht das nötige Vertrauen und Engagement der Arbeiter geweckt hätte, vor allem wegen fehlender Rechtssicherheit und wegen des Auseinanderklaffens von Theorie und Praxis. Das Modell der Selbstverwaltung verlangte nämlich vom Arbeiter, sich als kluger und weitsichtiger Unternehmer mit entwickeltem »sozialistischem Bewusstsein« zu erweisen und neben seiner Beschäftigung noch Zeit und Energie für die Erfüllung dieser Aufgaben zu opfern.[506] In der Alltagsrealität kam es bald zum Konflikt zwischen diesen wenig realen Prämissen, die auf dem ideologischen »Überbau« beruhten, und den gesellschaftlichen, ökonomischen und politischen Gegebenheiten.Die jugoslawischen Theoretiker sprachen viel über die »Entwicklung der Initiative der Massen von unten«, die schon während der Volksbefreiungsbewegung die erste und hauptsächliche Voraussetzung für den Sieg gewesen sei. Der Analphabetismus und der überaus bescheidene Bildungstand breiter Volksschichten, die wirtschaftliche Rückständigkeit, die allgemeine Schwäche der jugoslawischen Gesellschaft, vor allem aber die fehlende Bereitschaft der Partei, ihrer hegemonistischen Stellung zu entsagen, lähmten aber in Wirklichkeit von allem Anfang an das Selbstverwaltungsexperiment. Die Tatsache, dass der technologische Fortschritt ein immer komplexeres Management verlangte, für das erfahrene Kader benötigt wurden, untergrub in den folgenden Jahrzehnten die Vision einer aktiven Mitwirkung der Arbeiter an der Verwaltung der Unternehmen immer mehr. Und das umso prägnanter, als die Direktoren bis hin zu Titos Tod von Parteikomitees und nicht von den Arbeiterräten eingesetzt wurden und weil der Staat mit seinen Vorschriften auch weiterhin fast den gesamten Gewinn der Unternehmen verteilte.[507]

So blieb die »Selbstverwaltung« in Wirklichkeit eine politisch-ideologische Parole. »Die Arbeiterräte haben die Produktion und die Wirtschaft noch nicht verbessert«, klagte Ende 1954 Dobrica Ćosić. »Sie ermöglichen mehr Initiativen, aber auch mehr Leerlauf. Viele Worte, aber wenig wirkliche Demokratie.«[508] Trotzdem wurde die Selbstverwaltung unter Berufung auf die Pariser Kommune aus dem Jahre 1871 auch im öffentlichen Leben, von den Gemeinden bis zu den Republiken, eingeführt, weil man überzeugt war, dass es sich um die höchste Form der modernen Demokratie handele.[509] »Wenn wir es in der

Gesamtheit sehen«, meinte Koča Popović beim Untergang Jugoslawiens, »scheinen wir für die wirkliche Selbstverwaltung nicht reif gewesen zu sein. Denn Selbstverwaltung [...] setzt eine entwickelte, zivilisierte Gesellschaft voraus, wie es zum Beispiel die schweizerische ist. Wie gehen, sagen wir, Selbstverwaltung und verbreiteter Analphabetismus zusammen, oder die massenhafte Verwahrlosung nicht nur des allgemeinen staatsbürgerlichen Bewusstseins hinsichtlich der gemeinsamen Interessen der Angehörigen der modernen Gesellschaft, sondern sogar in solchen elementaren Dingen, wie es die öffentliche Hygiene ist? Als er seine theoretischen Konzepte formulierte, hatte Kardelj vielleicht Slowenien im Sinne, keinesfalls aber das Kosovo ...«[510]

Tatsächlich war Kardelj nicht in der Lage gewesen, die Vielgestaltigkeit des jugoslawischen Staates völlig zu verstehen, wenn er sie aber verstand, ging er von dem Standpunkt aus, dass »Slowenien für Jugoslawien akzeptabel sein muss und Jugoslawien so, dass Slowenien es akzeptieren kann«. »Diese visionäre These«, stellte Tito gegen Ende seines Lebens fest, »sagt alles.«[511]

☆☆☆

Weil sich die jugoslawischen Machthaber bewusst waren, dass sie nach dem Bruch mit Stalin ihre Popularität bei den Massen, die dem kommunistischen Regime mehrheitlich ablehnend gegenüberstanden, stärken mussten, erließen sie eine Reihe von liberalen Maßnahmen auch auf sozialem und kulturellem Gebiet. Am 1. Januar 1950 verkündeten sie eine Amnestie für mehr als 7.000 politische Gefangene (Kominformler waren ausgenommen), erlaubten Kritik bis zu einem gewissen Maß, lockerten die Beschränkungen hinsichtlich Auslandsreisen für Studenten, Intellektuelle und Sportler und milderten den Druck auf die Religionsgemeinschaften. Vor allem gestalteten sie den Fünfjahresplan um, der auf eine durchgreifende Industrialisierung ausgerichtet war. Schon am 12. November 1950 erklärte Tito in einem Interview für eine westdeutsche Presseagentur, »dass kein Fünfjahresplan mehr so sein wird, wie der erste war«. Er betonte, dass sich die jugoslawische Wirtschaft immer mehr auf allgemeine Verbrauchsgüter ausrichten werde, denn »in den kommenden fünf Jahren müssen wir vor allem den Lebensstandard heben«. Dabei gab er zu, dass die Nationalisierung kleiner Handwerksbetriebe ein Fehler gewesen sei und dass in Bälde einige von ihnen den Eigentümern zurückgegeben würden.[512]

Auch der intellektuelle Freiraum begann sich nach dem Bruch mit Stalin in der jugoslawischen Wirklichkeit zu vergrößern. Die Behörden gaben die Russifizierungspolitik auf, die in den Jahren 1945 bis 1947 betrieben worden war, und fassten im Januar 1950 einen Beschluss, mit dem sie den Russischunterricht in den Schulen mit dem Unterricht anderer Fremdsprachen gleichsetzten. Russische Lehrbücher, vor allem geisteswissenschaftliche, wurden ausgetauscht, und der *Komunist* verkündete im August desselben Jahres, dass Stalins *Geschichte der KPdSU – Kurzer Lehrgang* nicht mehr zum Parteicurriculum gehöre. Am 23. September wurde in Belgrad sogar eine Ausstellung von Mića Popović eröffnet, die von einer Broschüre begleitet war, in der der Maler jede totalitäre Kontrolle der Kunst mit scharfen Worten ablehnte. Das Blatt der serbischen Volksfront *20. Oktober* kommentierte zwar, dass »einige Standpunkte Popovićs nicht richtig seien, aber dass ihm niemand das Recht streitig mache, sie auszudrücken«.[513]

Diese liberale Ausrichtung bezeugte Anfang Oktober 1952 der III. Kongress der Schriftsteller in Ljubljana. In seiner Eröffnungsrede betonte Miroslav Krleža die Notwendigkeit schöpferischer Freiheit. Er verurteilte zwar den Mangel an gesellschaftlichem Engagement bei jenen, die behaupteten, dass »Revolutionen kommen und gehen, die lyrische Poesie aber bleibt«, zugleich aber wies er die Meinung derjenigen zurück, die meinten, dass im Sozialismus nur engagierte und tendenzielle Literatur möglich sei. Sein Auftritt war kennzeichnend für die intellektuelle Atmosphäre, die sich in Jugoslawien zu Beginn der fünfziger Jahre durchgesetzt hatte. Die Agitprop-Abteilung wurde in eine Kommission für Kultur und Bildung umgewandelt, die alle Mittel zur Information der breiten Massen, alle Erziehungseinrichtungen und jede künstlerische Tätigkeit kontrollierte, wobei die präventive Zensur abgeschafft worden war, nicht allerdings die Verpflichtung jener, die auf dem Gebiet von Radio, Bildung und Kultur arbeiteten, der Parteilinie zu folgen. Trotzdem begannen in das intellektuelle Leben auf allen Ebenen Einflüsse des Westens, seiner Stile und Moden einzudringen. Die innovatorische Unruhe und Versuchung, die sich unter Künstlern und anderen Intellektuellen zu zeigen begann, wurde von den Machthabern wohl billigend gesehen, aber auch mit Unbehagen und mit der Befürchtung, sie könnten sich von den »kleinbürgerlichen« Lockungen des Westens verführen lassen und außer Kontrolle geraten. Es ist kein Zufall, dass Edvard Kardelj und Milovan Đilas die Rede Mirosla Krležas bereits vor dem Schriftstellerkongress gelesen und gutgeheißen hatten.[514]

★

DER VI. KONGRESS DER KPJ

Auf dem VI. Kongress der KPJ distanzierten sich die jugoslawischen Kommunisten deutlich von einer bolschewistisch-leninistischen Tradition, behaupteten, die einzig wahren Erben Karl Marx' zu sein, und verpflichteten sich, die erste sozialistische Gesellschaft der Welt zu errichten.[515] Nach heftigen Debatten unter den herrschenden Vier, von denen Kardelj und Đilas die entschiedensten Befürworter von Reformen waren, fand der Kongress mit zweiwöchiger Verspätung vom 2. bis 7. November 1952 mit dem ganzen, solchen Parteitreffen eigenen Pomp in Zagreb statt.[516] Zu ihm waren auch indische und indonesische Sozialisten eingeladen, mit denen Tito am Vorabend der Eröffnungssitzung in Gesellschaft der wichtigsten Genossen sprach. Das Protokoll der Diskussion zeigt, wie weit die Jugoslawen in ihren Überlegungen und Plänen gingen. Und wie weit ihre politischen Vorstellungen bereits auseinandergedriftet waren, obwohl sie sich dessen nicht ganz bewusst waren. Bei dem Treffen betonte Tito, dass die Volksfront immer stärker sozialistischen Charakter annehme, und prophezeite ihr eine glänzende Zukunft. »Um nicht acht Millionen Menschen zu verlieren, werden wir aus der Volksfront den Sozialistischen Bund der Werktätigen machen. Dieser Bund wird Kontakte mit anderen sozialistischen Parteien anknüpfen und könnte heute oder morgen sogar der Sozialistischen Internationale beitreten.« (In ihr wäre er aufgrund seiner großen Mitgliederzahl eine der größten Parteien.) »Eine andere für unser inneres Leben wichtige Sache«, fuhr Tito fort, »ist aber das Leben unserer Partei und die weitere Entwicklung von Theorie und Praxis des Sozialismus, daher die Abänderung des Namens der heutigen KPJ in Bund der Kommunisten Jugoslawiens. Letzterer hat eine andere Rolle und Aufgabe in der gegenwärtigen Etappe unserer inneren Entwicklung. Er muss immer mehr erzieherischen Charakter annehmen. Würden wir die heutige Linie weiter verfolgen, ungeachtet aller Anstrengungen, bürokratische Methoden zu verhindern, würde das dennoch in eben jene Richtung führen. Von einem Organ der Diktatur des Proletariats könnte die Partei nicht zum Erziehungsfaktor der breiten Massen im sozialistischen Geist werden. Bei uns werden die Kommunisten keine Privilegien haben, sie werden ihre gesellschaftlichen Funktionen nicht nur deshalb bekommen, weil sie Kommunisten sind. Damit wollen wir die sowjetische Praxis vermeiden, dass sich die Partei in einen bürokratischen Organismus verwandelt. Diese beiden Dinge, der Sozialistische Bund der Werktätigen Jugoslawiens und der Bund der Kommunisten Jugoslawiens, sind in gewissem Sinne miteinander verbunden und ergänzen sich gegenseitig.« Đilas ging noch einen Schritt weiter und sprach bereits von Demokratisierung und von der Bedeutung der jugoslawischen Erfahrung für alle Völker, während Kardelj betonte, dass der Sozialismus in den hoch entwickelten Staaten Westeuropas auf die unterschiedlichste Weise und über die unterschiedlichsten Parteien verwirklicht werden könne. »Sogar nichtkommunistische Parteien und Gruppierungen können sich solcher Formen bedienen.«

Diesen Ansturm kühner Ideen hielt Tito daraufhin etwas zurück, indem er an die Bedeutung des demokratischen Zentralismus innerhalb der Partei erinnerte, auch wenn sie nur als Erzieherin wirken wolle. »Ohne ihn gibt es keine gleichmäßige ideelle Entwicklung.« Đilas meinte daraufhin, dass der demokratische Zentralismus, den Lenin betone, nicht seine Erfindung sei: Schon die Jakobiner seien demokratische Zentralisten gewesen. Erst die Russen hätten aus ihm Vampire gemacht. Aber beim demokratischen Zentralismus müsse man den Staat von der Partei unterscheiden. Tito korrigierte ihn: »In Russland gibt es keinen demokratischen Zentralismus, denn dort herrscht ein zentralistischer Bürokratismus.«[517]

Auf dem VI. Kongress fehlte es nicht am üblichen rhythmischen Skandieren zu Ehren des »Helden Tito« und anderer Führer der Partei, »nicht immer nach dem Diktat des Herzens und der Überzeugung, sondern nach der Gewohnheit und der rituellen Konvention des Kongressverhaltens«.[518] Es kam auch zu einstimmigen Annahmen von Beschlüssen, über die zweitausend Delegierte zu entscheiden hatten. Ungeachtet der sorgfältigen, an die Tradition gebundenen Regie, markierte der Kongress einen Umbruch. Auf ihm wurde die Sowjetunion als hegemonistische Macht gebrandmarkt, die die Oktoberrevolution verraten, die imperiale Politik des zaristischen Russlands übernommen, die Bauern erneut in den Feudalismus gezwungen und die Arbeiter der Gnade und Ungnade der despotischen Parteibürokratie ausgeliefert habe. In seinem Einleitungsreferat übernahm Tito die These Kidričs vom »Staatskapitalismus«, der sich in der Sowjetunion etabliert habe, und verwahrte sich zugleich gegen die Theorie einer »führenden Nation« innerhalb des Sowjetsystems. Hierbei stützte er sich auf Kardelj, der auf die Gefahr hinwies, dass das siegreiche Proletariat des mächtigsten Volkes anderen Völkern auf den Rücken steigen könne. »In einem Vielvölkerstaat ist die Theorie einer führenden Nation in Wirklichkeit ein Ausdruck von Hörigkeit, nationaler Unterdrückung und ökonomischer Ausnützung anderer Völker. […] Es ist verständlich, dass sich die nichtrussischen Nationen einer solchen Theorie und Praxis widersetzt haben und sich noch heute widersetzen.«[519]

Auf Grundlage dieser Erkenntnisse kehrten die Jugoslawen zu Marx zurück: Sie änderten nicht nur den Namen der KPJ in Bund der Kommunisten Jugoslawiens, in Anlehnung an sein *Manifest* von 1848, sondern kündigten an, die Staatsverwaltung dezentralisieren und ihre Kompetenzen auf die Gemeinden bzw. Kommunen übertragen zu wollen. Dabei betonten sie in Übereinstimmung mit Lenin die Notwendigkeit, dass der Staat abstirbt, und stellten fest, dass es zu dieser Frage in der sozialistischen Theorie und Praxis zwei Richtungen gebe: Die erste, die »theistische«, habe die Klassiker des Marxismus verraten, weil sie versucht habe, die Affirmation der Persönlichkeit, die Befreiung der Arbeit bzw. der Arbeiterklasse zu ersticken, und die zweite, die »atheistische«, die keine andere Kraft und keinen anderen Willen kenne außer jenem, der dem werktätigen Menschen und der arbeitenden Klasse entspringt.[520] Die jugoslawischen Kommunisten erklärten sich natürlich zu Anhängern der »atheistischen« Strömung und nahmen sich Lenins NEP (›Neue Ökonomische Politik‹, 1921–1928 in Kraft) zum Vorbild, als sie erklärten, dass die Planwirtschaft durch Marktwirtschaft ersetzt werden müsse. Boris Kidrič, der Präsident des Wirtschaftsrates, erklärte in seinem Referat, dass die Produzenten auf diese Weise selbst über das gesellschaftliche Eigentum verfügen und dessen Produkte frei verkaufen würden. In Industrie, Handel und Landwirtschaft würden Selbstverwaltungsausschüsse als freie Unternehmer agieren. Denn eine Gesellschaft, meinte Kidrič, die versuche »das Gesetz des Wertes zu ersticken, geht geradewegs in den Stalinismus.«[521]

Was den Bund der Kommunisten Jugoslawiens betreffe, sei seine Aufgabe – so Tito im Gespräch mit den indischen und indonesischen Sozialisten – eine völlig andere als die der alten KPJ. Die Macht, die Letztere hatte, würde jetzt vom Sozialistischen Bund der Werktätigen (wie die Volksfront nun hieß) ausgeübt werden, der Dachorganisation der Gewerkschaften und anderer Massenvereinigungen. Der Bund der Kommunisten Jugoslawiens würde zum ideologischen Zentrum werden, das seinen Einfluss auf das wirtschaftliche, politische und gesellschaftliche Leben nicht mehr in Anordnungen, sondern mit Argumenten geltend machen würde. In der Resolution des Kongresses wurde festgeschrieben: »Der Bund der Kommunisten Jugoslawiens ist nicht der unmittelbare operative Verwalter oder Befehlsgeber im wirtschaftlichen, staatlichen oder gesellschaftlichen Leben und kann es nicht sein.«[522]

Diese radikalen Veränderungen lösten innerhalb der Partei erhebliche Verwirrung aus, denn vielen war nicht klar, wie von nun an ihre Rolle in der Gesellschaft aussehen würde. Zugleich aber stießen sie auf große internationale Resonanz, vor allem im Osten, wo das Kominform sie als Beweis dafür heranzog, dass die »jugoslawischen Kommunisten (auch weiterhin) im Sumpf des Revisionismus waten«.[523] Das brachte aber Letztere nicht vom eingeschlagenen Weg ab. Am 13. Januar 1953 trat das neue Verfassungsgesetz in Kraft, das die Reformen bestätigte und die jugoslawische Gesellschaft noch weiter vom sowjetischen Modell entfernte. Das Gesetz sah zwei Häuser vor: den Bundesrat und den Rat der Erzeuger (Staatsunternehmen und Genossenschaften), der nach Kardeljs Worten ein »Instrument der Klassenpolitik« werden solle, während der ehemalige Rat der Völkerschaften zu einem Anhängsel des Bundesrates wurde. »Unsere Föderation ist nicht mehr nur eine Vereinigung von Völkern und ihren Staaten«, meinte Kardelj, »sondern wurde zum Träger bestimmter gesellschaftlicher Funktionen eines Einheitsstaates.«[524] Oberstes Regierungsorgan wurde der Bundesvollzugsrat mit 43 Mitgliedern, bestehend aus 37 von der Bundesversammlung gewählten Delegierten und den sechs Republikspräsidenten. Der Vorsitzende des Bundesvollzugsrates war zugleich Präsident der Föderation und Oberbefehlshaber der bewaffneten Streitkräfte.[525] Diese Verpflichtungen übernahm natürlich Tito, der eine neue Regierung bildete, die keine klassischen Minister mehr kannte, sondern Staatssekretäre.[526] Sekretär für Äußere Angelegenheiten wurde Koča Popović, der in dieser Funktion Tito im April 1953 auf seiner ersten offiziellen Reise in den Westen begleitete: nach Großbritannien, wohin ihn Winston Churchill eingeladen hatte, der nach dem Sieg der Konservativen im Jahre 1951 erneut Premier geworden war. Die Reise wurde als großer Erfolg der jugoslawischen Außenpolitik der letzten Jahre angesehen, denn es schien, dass zwischen Belgrad und London Einigkeit herrschte, was eine gemeinsame Abwehr der sowjetischen Gefahr betraf. Die Staatsmänner vereinbarten ausgehend von der Prämisse, dass ein Angriff gegen Jugoslawien ein Angriff gegen Europa bedeute, dass die militärischen Planungsstäbe, mit ihrer Kooperation fortfahren sollten. Churchill rundete diesen Gleichklang mit der pathetischen Aussage ab: »Sollte unser Bundesgenosse Jugoslawien angegriffen werden, werden wir mit euch kämpfen und sterben.« Und Tito versicherte ihm, dass sein Staat ein Teil der »freien Welt« sei, obwohl man das noch nicht laut sagen könne.[527]

★

VERLANGSAMUNG DES DEMOKRATISIERUNGSPROZESSES

Tito war auf der *Galeb* nach Großbritannien gereist, einem italienischen Kriegsschiff, das 1951 auf Kopiničs Initiative hin aus der Kvarner-Bucht gehoben und zu einem Schulschiff der jugoslawischen Marine umgebaut worden war.[528] Später wurde es noch zusätzlich für die Bedürfnisse Titos umgerüstet. Bevor er die montenegrinischen Gewässer verließ, erhielt er die »frohe Botschaft«, dass Stalin gestorben sei.[529] Dieses unerwartete Ereignis beeinflusste seine politische Haltung in den folgenden Monaten entscheidend. Wie Milovan Đilas sagt, hatte Tito nach 1949 die neue ideologische Ausrichtung übernommen, die ihm seine intellektuell beweglicheren Genossen vorgeschlagen hatten, aber nach Stalins Tod warf er sie als Ballast und gegen seine persönliche Herrschaft gerichtete Drohung ab.[530] Schon in der Zeit des Kampfes gegen den Stalinismus hatte er scharf und beleidigt reagiert, wenn in seinem Kreis Zweifel an der sozialistischen Natur der Sowjetunion und in der Folge am Sozialismus in Jugoslawien selbst laut wurde. »Manchmal schien er mir«, so Đilas, »die Prophetenrolle eines Hohepriesters gegen das Schisma zu spielen.«[531]

Die jugoslawischen Führer, vor allem Tito, hofften, dass nach Stalins Tod hinter den Kremlmauern ein Kampf um die Macht ausbrechen und damit der Druck auf Jugoslawien nachlassen werde. Das geschah tatsächlich. Tito erkannte die gebotene Chance, brachte den Demokratisierungsprozess vor allem auf ideologischer Ebene zum Stehen und unterwarf die Partei seiner absoluten Herrschaft. Er begann seine persönliche Macht stärker zu betonen, zeigte sich weniger bereit, eigene Fehler zuzugeben, und übte ungeduldig Druck auf die mit Wirtschaftsfragen befassten Mitglieder des ZK aus, dass man sich von westlicher Wirtschaftshilfe freimachen müsse. Militärhilfe, meinte er, sei weniger demütigend.[532]

Wie rasch es zu einem Linksruck kam, lässt sich am besten an der Politik des Regimes in der Bauernfrage ablesen. Unter dem Eindruck der Unzufriedenheit der Agrarbevölkerung, die sich in einer Reihe von Sabotageakten niederschlug[533], erließ die Regierung am 30. März 1953, drei Wochen nach Stalins Tod, nach heftiger Debatte ein Dekret zur Reorganisierung der bäuerlichen Genossenschaften. Diese Maßnahme hatten Kardelj und Đilas vorgeschlagen, während Tito sich ihr mit Unterstützung etlicher »Sachverständiger« der Partei lange vor allem aus prinzipiellen Gründen widersetzte. Er war nämlich überzeugt, dass sich der Sozialismus nur mit einem starken Proletariat errichten lasse, das in Jugoslawien erst noch dadurch geschaffen werden müsse, indem sich die Bauern in Arbeiter verwandeln.[534] Das Dekret bedeutete das Ende des ideologischen Krieges gegen die Bauern, denn es erlaubte die Auflösung der Genossenschaften und die neuerliche Errichtung privater Wirtschaftsbetriebe.

Obwohl das Gesetz vorsah, dass sich Einzelne erst ab kommendem Herbst selbstständig machen durften, kam es sofort nach seiner Verabschiedung zu einer Massenflucht aus den kollektiven Bauernhöfen, was einem offenen Protest gegen die Einführung des Sozialismus auf dem Lande gleichkam. Aber der Prozess der Liberalisierung geriet ins Stocken aufgrund des Widerstandes lokaler Parteigrößen, Bürokraten der Genossenschaften und auch armer landloser Bauern – deren gab es an die 100 000 –, die in ihm einen Angriff auf ihre existenziellen Interessen sahen. Unter Berücksichtigung der Tatsache, dass Letztere besonders zahlreich am Volksbefreiungskampf teilgenommen hatten, beschloss die Regierung schon am 22. Mai 1953 eine Reihe von zusätzlichen Maßnahmen, die die potenziell positiven Folgen, mit denen wegen der Abschaffung der Kollektivierung zu rechnen war, zunichte machten. Sie beschränkte die Menge des Ackerlandes, das eine einzelne Familie besitzen durfte, auf gerade einmal 10 Hektar (20 Hektar in Gebirgsgegenden), führte ein neues Abgabensystem ein, das ihr die Möglichkeit sicherte, Druck auf die Privaten auszuüben, und behielt die Kontrolle über den Verkauf landwirtschaftlicher Produkte. Damit verlieh sie dem Misstrauen der Mehrheit der bäuerlichen Bevölkerung gegenüber dem Regime zusätzlichen Auftrieb[535] und erstickte die Möglichkeit einer gesunden Wirtschaftsentwicklung auf dem Lande. Zugleich wurde auch die Demokratisierung des öffentlichen Lebens ausgebremst, die Verselbstständigung des Sozialistischen Bundes der werktätigen Menschen vom BdKJ und die Integration gebildeter Menschen ohne Parteibuch in das politische und wirtschaftliche Leben.[536]

Trotz der Rückkehr zur Orthodoxie, die auf Stalins Tod folgte, begrüßten die Jugoslawen die antisowjetischen Arbeiterunruhen, zu denen es im Juni und Juli 1953 in Ostberlin, Pilsen und Ostrau kam. Radio Zagreb brachte am 8. Juli einen Kommentar, nach dem der »Aufstand in Ostberlin, den sowjetische Panzer und Polizei in Blut erstickt haben, die Unruhen in Tschechien und die Ereignisse in Ungarn nicht mehr nur das Symptom einer hinterhältigen Krankheit sind. Das Eis ist schon lange gebrochen und bewegt sich voran. […] Es ist unmöglich die Tatsache zu negieren, dass das jugoslawische Beispiel eine wichtige psychologische Rolle gespielt hat, denn es hat bewiesen, dass der Mensch sich einem so schrecklichen Despotismus, wie es der russische ist, erfolgreich widersetzen kann …«[537] Andererseits konnte man an der Spitze selbst nicht die Tatsache außer Acht lassen, dass jede Schwächung der Sowjetunion auch

»unsere Positionen« schwächen würde, wie Tito meinte. »Genau«, zog Kardelj nach. »Wir dürfen keinesfalls zulassen, dass die Krise in der Sowjetunion und in den Oststaaten auf antisozialistischen Positionen gelöst wird.«[538]

Während sie die Bedeutung ihres antistalinistischen Widerstandes betonten, befanden sich die jugoslawischen Führer selbst in der Krise, und zwar vor allem wegen des Wandels, den die Partei seit dem Ausschluss aus dem Kominform durchgemacht hatte. Schon vor Stalins Tod hatte Tito mit Besorgnis auf ihre organisatorische Zersplitterung und auf Erscheinungen hingewiesen, die den »demokratischen Zentralismus« in ihren Reihen untergraben würden.[539] Dies war nicht unberechtigt, denn schon vor dem VI. Kongress und um so mehr danach hatte sich der Bund der Kommunisten Jugoslawiens grundlegend gewandelt, hatten doch seine Führer jede Beschränkung und jedes bürokratisches Hemmnis für eine Mitgliedschaft – zum Beispiel die Anwartschaft der Kandidaten und ihre soziale Herkunft – abgeschafft. So hatte die Partei 1948 kaum 70 000 Mitglieder, die den gebildeten Schichten angehörten, im Jahre 1954 aber fast 319 000.[540] Im selben Zeitraum erlebte die KPJ bzw. der BdKJ auch umfangreiche interne Verfahren, in deren Folge zwischen 1950 und 1955 123 000 Mitglieder Parteistrafen erhielten oder aus der Partei ausgeschlossen wurden.[541] Diese Dynamik löste erheblich Unruhe im Parteikader aus, wo man die eigenen Privilegien in Gefahr sah und mit Passivität oder Pessimismus reagierte.

Eine Folge dieses Zustandes war, dass Ende 1952 die Zahl der Parteimitglieder um 80.000 zurückgegangen war. Über die Mutlosigkeit, die sich im BdKJ ausbreitete, schrieb sogar die *Borba* ganz offen, und das Zagreber Blatt *Naprijed* klagte: »Unter den Kommunisten herrscht Lethargie, die Leute sind träge geworden. In der Organisation des ersten Rayons arbeitet nicht einmal die Hälfte der Mitglieder des Bundes in einer der Massenorganisationen mit. […] Zahlreiche Kommunisten sind apathisch geworden.«[542] Als Antwort auf diese Erscheinungen forderte Tito auf dem I. Plenum des ZK auf Brioni im Juni 1953, kaum sieben Monate nach dem VI. Kongress, die Reihen zu schließen und den Bund der Kommunisten von jedem Ballast zu befreien. Er kritisierte jene, die in der Parteidisziplin nachgelassen hätten, die »kleinbürgerliche Ideen von Freiheit und Demokratie« verbreiteten und unfähig seien, sich gegen »fremde und antisozialistische Erscheinungen« zur Wehr zu setzen. Zugleich wandte er sich in einem Brief an alle Parteiorganisationen, in dem er erklärte, dass man die »Passivität« ablegen, »alte und verbürokratisierte Mitglieder aus dem Bund vertreiben«, dass man »die Geistes- und Bildungsarbeit entwickeln und alle Feinde zum Schweigen bringen« müsse.[543] Đilas sah dies als Hinweis, dass Tito von seiner Kritik an der sowjetkommunistisch geprägten Praxis abzurücken beginne, dass er den Demokratisierungsprozess zu stoppen und die Partei auf den alten und sicheren Weg des Leninismus-Stalinismus zurückzuführen versuche.[544] Alles zusammen natürlich in Erwartung einer Verbesserung der Beziehungen mit der Sowjetunion, wie Kardelj bei der Rückfahrt von Brioni nach Belgrad im Vertrauen zu Đilas sagte.[545]

Die Krise innerhalb der Partei, die zu Beginn der fünfziger Jahre auftrat, ging auch an ihrer Führung nicht spurlos vorbei. Tito, Kardelj, Đilas und Ranković hatten in der Zeit des Konflikts mit Stalin die Reihen eng geschlossen. Als aber der *chozjajin* gestorben war und die äußere Bedrohung nachließ, war eine gewisse Abkühlung in der Beziehung zwischen Tito und seinen potenziellen Nachfolgern festzustellen. Wie es Veljko Mićunović sagte: »Tito braucht niemanden mehr, er ist der große Sieger über die Sowjetunion, und jetzt sieht er auf seine Mitarbeiter von oben und ohne Respekt herab.«[546]

Sie waren nicht mehr so wichtig für ihn wie in den Jahren 1949 bis 1953, wenngleich er an ihnen festhielt, vor allem wohl deshalb, weil er mit ihnen schon jahrelang zusammengearbeitet hatte und ihre Fehler und ihre guten Eigenschaften kannte. Kardelj diente ihm als Theoretiker und Gesetzgeber, Ranković als Administrator, guter Personalmanager und stets wacher Leibwächter, Đilas als der Mann mit neuen Ideen. Dennoch begann der Klimawandel am »Hof« eine Nervosität in das erwähnte Trio hineinzutragen, deren Mitglieder jeder auf seine Weise begannen ihre Stellung zu festigen und einander als Konkurrenten um die Macht zu sehen. Tito war sich dessen wohl bewusst, denn er erinnerte sich der Worte Berias, der ihm bei einem seiner ersten Besuche in Moskau zugeflüstert hatte: »Walter, Walter, glauben Sie niemandem in Ihrer Umgebung, weder Ranković, noch Đilas noch Kardelj, die arbeiten gegen Sie, halten Sie vier Augen offen und achten Sie darauf, was sie tun.«[547]

★

ĐILAS ABFALL

Nach dem Brioni-Plenum spürte Đilas, dass er sich Titos und der Partei, zwischen denen es keinen rechten Unterschied mehr gab, entledigen müsse, wenn er nicht wollte, dass er sich selbst im Glanz und Schatten seiner Macht verlor. »Die Fixiertheit auf mein eigenes Schicksal hat es offenbar verhindert, dass ich Titos Persönlichkeit auch weiterhin verherrlichte und das als unfehlbar ansah, was ich von ihm gelernt hatte.«[548] Dabei war er sich nicht bewusst, dass das Regime seine Stärke und Festigkeit gerade aus Titos Charisma schöpfte, das seinen Einfluss auch auf jene Schichten ausstrahlte, die gegen ihn Widerstand leisteten, denn vor allem nach dem Bruch mit Stalin sahen sie in ihm den Wahrer nationaler Interessen. Đilas war überzeugt, dass sich auf Brioni eine Tendenz zu Restauration und Bürokratismus durchgesetzt hätte, mit der er sich im Namen seiner Ideen vom »Absterben der Partei« auseinanderzusetzen habe. Darüber, wie diese Partei entarten könne, hatte er sich unter anderem schon in einem am 5. April 1952 in der Zeitschrift *Svedočanstva* unter dem Titel *Klasa ili kasta* (›Klasse oder Kaste‹) erschienenen Artikel ausgelassen. Darin hatte er festgestellt, dass sich in der Sowjetunion eine neue Klasse von Bürokraten gebildet habe, die die weitere Entwicklung der Gesellschaft bremsten. Von der Kritik an den sowjetischen Verhältnissen bis zur Kritik an den jugoslawischen war es natürlich nur ein Schritt.[549]

Tito versuchte ihn zu retten. Er bemerkte Đilas immer reservierteres, wenn nicht sogar ablehnendes Verhalten, das sich unter anderem darin zeigte, dass er nie zum Urlaub nach Brioni kam, sondern nur, wenn es aus Parteiraison geboten war. Er wollte für ihn eine Villa auf der Insel bauen lassen und lud ihn ein, dort zu wohnen, denn »du sonderst dich vom Kollektiv ab«.[550] Đilas aber wurde immer intoleranter gegenüber dessen Neigung, Staat und Partei mit der eigenen Person gleichzusetzen. »Warum bin ich verpflichtet nach Brioni zu gehen?«, ließ er zu Hause in Gesprächen mit seiner neuen, jungen und angriffslustigen Frau Štefica Barić seinem Ärger freien Lauf.[551]

Obwohl die Krise um Triest im Herbst 1953 noch kaum überwunden war, fand Tito die Zeit, sich mit Đilas zusammenzusetzen und über ihre ideologischen Konflikte und über die Artikel zu sprechen, die Letzterer seit Kurzem in der *Borba* veröffentlichte. Sie trafen sich am 9. Oktober 1953 im Weißen Palais, wo Tito versöhnlich, aber nicht ohne warnenden Unterton sagte: »Das ist gut. Du schreibst gut. Du müsstest mehr über die Bourgeoisie schreiben, die stark ist und vor allem selbstbewusst. Und für die Jugend – die Jugend ist das Wichtigste. Bei uns ist die Demokratie noch nicht reif – noch braucht es die Diktatur!«

Đilas war überrascht, denn er glaubte das ohnehin schwach entwickelte jugoslawische Bürgertum schon längst überwunden. Er hatte den Eindruck, dass sich Tito eigentlich noch gar nicht von den alten Denkklischees gelöst hatte und dass man über einen ganz anderen Feind sprechen müsse: über den Leninismus-Stalinismus in jugoslawischem Gewande, über Fragen der Partei und ihrer Reform.[552] Aber dabei ging er in den Kampf mit dem Elan eines Mannes, der glaubte, dass ihm nichts geschehen könne. Waren nicht Tito und seine junge Frau Jovanka gerade in diesen Tagen zum Abendessen zu ihm und seiner neuen Gattin gekommen, mit der Jovanka in freundschaftlichen Beziehungen stand?[553] War nicht gerade er für den jugoslawischen Staatsfeiertag am 29. November zum 10. Jahrestag des AVNOJ ausgewählt worden, Titos Ansprache an die Bevölkerung zu schreiben? Saß er nicht zu seiner Rechten?[554]

Der erste von vierzehn Artikeln aus Đilas' Feder, die seinen Sturz verursachten, erschien am 11. Oktober 1953 in der *Borba*, dem Sprachrohr des BdKJ, unter dem Titel *Spiel der Kräfte*. Noch Anfang Oktober hatte er in einem Gespräch mit Dedijer behauptet, dass in der Politik Kompromisse notwendig seien. »Die Hauptsache ist, dass unsere Entwicklung voranschreitet. Wir dürfen nicht vor dem Bewusstsein der Massen einherschreiten.«[555] Ein paar Tage später schlug Đilas ganz andere Töne an: In dem erwähnten Artikel griff er indirekt Tito und unverblümt den »Bürokratismus« innerhalb der Partei an, denn der Feind des Sozialismus sei nicht nur die Bourgeoisie, sondern auch die Bürokratie, die ständig Gesetze übertrete, sie zu ihren Gunsten ausnutze und versuche ideologisch-politisch zu herrschen. Um ihre Existenz zu rechtfertigen und sich selbst und ihren Dogmen treu zu bleiben, erfinde sie dabei die Feinde selbst. Auf Aufforderung, er solle seine neuen Perspektiven doch einmal deutlich machen, zählte Đilas am 29. November die notwendigen Maßnahmen auf, die es im Kampf gegen den Bürokratismus zu ergreifen gelte, wobei er darauf hinwies, dass es sich um seine persönlichen Ansichten handele, hinter denen keinerlei »Forum« stehe. Die Wurzeln des »Bürokratismus« müsse man seiner Meinung nach in der Tatsache suchen, dass die Partei den Kampf gegen das Bürgertum nur auf Grundlage von Theorie und »Parteilinie« führe, nicht aber auf der Grundlage von Gesetzen. Das ließe sich dadurch verhindern, dass der Kampf gegen den »Klassenfeind« nur mit Mitteln geführt werde, die das Gesetz nicht verbietet. Die Aufgabe der Staatsorgane (Gerichtswesen, UDBA, Miliz) sei es nicht, den Klassenkampf zu verschärfen, sondern für die Durchsetzung der Gesetze zu sorgen. Diese Organe müssten sich von jeder Einmischung der Partei in ihre Arbeit freimachen, denn sonst könnten sie beim besten Willen nicht verhindern, undemokratisch zu werden.

Am aufschlussreichsten waren Đilas' Überlegungen in dem Artikel *Subjektivne sile* (›Subjektive Kräfte‹), der am 27. Dezember 1953 in der *Borba* erschien. Seiner Meinung nach sei das sozialistische und revolutionäre Bewusstsein nur bei Fragen ausgeprägt, die schon verwirklicht und unstrittig seien (Nationalisierung, Einheit, Verteidigung der Selbstständigkeit). Aber was jene Fragen angehe, die das Leben unausweichlich mit sich bringt, nämlich die Fragen des Klassenkampfes unter den gegenwärtigen Bedingungen, der Rechtsordnung, des neuen Klassengefüges, der Rolle der Verwaltung und der politischen und gesellschaftlichen Organisationen, der Freiheit der Kultur, der wirklichen Kritik am Bürokratismus, da müsse man sagen, dass manche zwar eine Antwort darauf suchten, dass diese aber zu wenige seien. »Sozialistisches Bewusstsein finden wir heute auch außerhalb der offiziellen Organisationen, ja gerade außerhalb und das trotz der zahlreichen kommunistischen Foren und Funktionäre. Diese sogenannten subjektiven Kräfte finden wir heute nicht nur bei Kommunisten und klassenbewussten Arbeitern, sondern auch bei jenen, die ein unabhängiges, sozialistisches und demokratisches Jugoslawien wollen [...] ungeachtet dessen, ob ihre ideologischen Ansichten bis in alle Einzelheiten mit den pseudosozialistischen oder auch wirklich sozialistischen Dogmen dieses oder jenes Funktionärs übereinstimmen.« In einem weiteren Artikel, der am 29. November 1953 in der *Borba* erschien, stellte Đilas sogar fest, »dass heute keine Partei oder Gruppierung, noch weniger aber eine Klasse die objektiven Bedürfnisse der gesamten Gesellschaft ausdrücken kann, keine darf sich das Recht herausnehmen, das Wirken der produktiven Kräfte zu ›dirigieren‹, wenn sie dabei nicht gelähmt oder unterdrückt werden sollen«.

Diese Ansichten stießen in der jugoslawischen öffentlichen Meinung auf große Resonanz nicht nur innerhalb bürgerlicher Kreise, sondern auch innerhalb der Partei, vor allem in der mittleren Ebene, die auf öffentlichen Meetings rasch mit Selbstkritik antwortete. In Đilas' Artikeln sahen sie die Ankündigung einer vorsichtigen Demokratisierung des Regimes, die völlig im Gleichklang mit Tito war. Đilas hatte offensichtlich einen Nerv getroffen und das Unbehagen vieler ausgedrückt. Interessant ist in diesem Zusammenhang, dass die *Borba* in der Rubrik »Leserbriefe« nur über positive Reaktionen in den Diskussionen berichtete, die in verschiedenen Parteiorganisationen in Verbindung mit seinen Artikeln stattfanden.

Am meisten Staub wirbelte ein Artikel auf, der am 27. Dezember 1953 unter dem Titel »Bund oder Partei« in der *Borba* erschien, einen Tag, nachdem Đilas – auf Titos Forderung – zum Vorsitzenden der gerade einberufenen Bundesnationalversammlung gewählt worden war. Natürlich unter »frenetischem Applaus«.[556] In dem erwähnten Artikel schrieb er, dass sich die Partei zwischen dem V. und VI. Kongress wesentlich verändert habe, weil die Verhältnisse das erforderlich gemacht hätten, dass aber jetzt solche grundsätzlichen Veränderungen nicht mehr notwendig seien, denn die auf dem VI. Kongress angenommenen Statuten seien so elastisch, dass sie organisatorische Neuheiten zuließen. Des Weiteren führte er aus, »dass heute die Krise von Form und Inhalt der politisch-ideologischen Arbeit bedeutend tiefer ist. Die wachsende Freiheit in der Wirtschaft ist mit den alten Beziehungen und Ansichten in Konflikt geraten. Jetzt gilt es über unser gesamtes zukünftiges organisatorisches und ideologisches System und den Apparat zu diskutieren – es geht um einen grundlegenden Wandel.«

Den Vorwurf, er wolle die Partei abschaffen, bezeichnete Đilas als lächerlich. Er wolle sie nur reorganisieren, denn der Bund der Kommunisten sei nicht mehr die alte KPJ, da er nicht mehr alle Macht in den Händen halte, und auch hinsichtlich der Zusammensetzung der Mitgliedschaft nicht mehr homogen sei. Träger des sozialistischen Bewusstseins seien nicht nur die Kommunisten, sondern mit ihnen zusammen auch die breiten Volksmassen. Vor allem nach dem Krieg habe sich der Bund der Kommunisten immer mehr »verbäuerlicht« und bürokratisiert und sei immer mehr zu einem Anziehungspunkt auch für Leute geworden, die sich mit ihrem Eintritt Privilegien zu sichern suchten. Die alte, vorrevolutionäre und revolutionäre KP gebe es seiner Meinung nach nicht mehr – es gebe nur ihre revolutionäre Hinterlassenschaft. »Deshalb ist die heutige Arbeit in den Basisorganisationen [...] des Parteiapparates nicht nur fruchtlos, sondern lähmt sogar jede kreative Arbeit der Kommunisten, ihren Kampf um Demokratie und ihr wahrhaftes Mitwirken im politischen und öffentlichen Leben. [...] Deshalb brauchen die Kommunisten keine laufenden politischen Fragen außerhalb des Sozialistischen Bundes mehr zu lösen.« Was also sei den Basisorganisationen des Bundes der Kommunisten Jugoslawiens noch geblieben? Die Auswahl der Funktionäre und Delegierten und etwas überaus Wichtiges – die innere ideologische Arbeit. Aber auch die solle nicht mehr hinter verschlossenen Türen stattfinden, sondern könne jeden einschließen, den sie interessiert. »Der heutige Bund der Kommunisten würde auf diese Weise als klassische Partei ›absterben‹, es würde sich aber die freiwillige Disziplin der wahren Kommunisten verstärken.« Schrittweise würde der Bund der Kommunisten ein fester ideologischer Kern werden, der parallel zum Sozialistischen Bund tätig sein würde, so wie der Kommunist im Gleichschritt marschiert mit dem Staatsbürger.[557]

Inzwischen waren auf Đilas' Artikel auch westliche Diplomaten und Zeitungen aufmerksam geworden, die seinen Überlegungen großen Raum gaben, da sie in ihnen das wichtigste Geschehen in Jugoslawien seit dem Bruch mit dem Kominform sahen. Diese Unterstützung durch das »bourgeoise« Lager brachte Đilas natürlich keinen Nutzen.[558] Der Erste, der ihn auf den Ernst seiner Lage aufmerksam machte, war sein Freund General Peko Dapčević. Der war vor dem Jahreswechsel zu einer Beratung bei Tito in Bled gewesen und nach Belgrad mit der Nachricht zurückgekehrt, dass »der Alte« wütend sei. Dasselbe bestätigte wenige Tage später auch Kardelj. Das löste unter ihnen eine heftige Debatte aus, in der Đilas so kühn war wie noch nie zuvor. Er behauptete, dass Tito auf der Seite der Bürokratie stehe und dass man sich früher oder später mit ihm auseinandersetzen müsse. Er kündigte die Bildung einer neuen sozialistischen Partei an und trat im Wesentlichen für ein Zweiparteiensystem ein.

Später milderte er diese Standpunkte zwar etwas ab, was Kardelj hoffen ließ, dass er sie nicht wiederholen werde. Jedenfalls beschloss er, darüber weder Tito noch das Politbüro zu informieren, obwohl ihm klar war, dass er das hätte tun müssen. Aber zwei Tage später, als er am 24. Dezember die *Borba* in die Hand nahm, musste er feststellen, dass Đilas für seine Warnungen taub gewesen war. In einem mit »Antwort« überschriebenen Artikel informiert er nämlich die Leser, dass seine publizistische Tätigkeit auf Kritik gestoßen sei und er deshalb reagieren müsse. Er distanzierte sich von dem Vorwurf, ein abstrakter Philosoph zu sein, und betonte, dass er gerade im Gegenteil »die irreale Welt der zahllosen Auserwählten und Prädestinierten verlassen und so weit wie möglich in die reale Welt der gewöhnlichen arbeitenden Bevölkerung eintauchen« wolle. Er werde sich nicht gegen den Vorwurf verteidigen, ein Häretiker zu sein. Seine Häresie sei »glänzend«, und jeder Kommunist müsse stolz sein, sich ihr anschließen zu können. Was ihn angehe, so sei er nicht bereit, stalinistische Dogmen aus zweiter Hand als letzte Wahrheit zu akzeptieren. Die Art und Weise, wie man ihn kritisiert habe, sei ein klarer Beweis des »prinzipienlosen, stalinistischen, bürokratischen, pseudodemokratischen« Charakters seiner Gegner.[559]

Unterdes hatte Tito seine Artikel gelesen und erkannt, dass Đilas, trotz Wortreichtum und Wirrheit, »genaugenommen den Bund der Kommunisten angegriffen hat [...], dass es um die Liquidierung des Bundes der Kommunisten geht, um die Zerschlagung der Disziplin ...«.[560] Von dieser Meinung hatten auch andere gehört, denn in den nächsten Tagen konnte Đilas nicht verborgen bleiben, dass sich um ihn herum eine Leere zu bilden begann, obwohl ihn mehrere Genossen noch ermunterten durchzuhalten. Vukmanović-Tempo zum Beispiel sagte auf dem Neujahrsempfang der Regierung zu ihm: »Đido, streu dir keine Asche aufs Haupt, ich gehe mit dir bis ans Ende.«[561]

Die letzten zwei Artikel in der *Borba* am 1. und 4. Januar 1954 widmete Đilas der marxistischen Doktrin vom Absterben des Staates, wobei er so weit ging, dass er auch ein »Absterben der Partei« andeutete, denn in der Zukunft würden die Verdienste im Befreiungskampf und eine ehrliche kommunistische Überzeugung keine Bedeutung mehr haben, sondern Kenntnisse auf geschäftlichem Gebiet. Ausgehend von dieser Feststellung, riet Đilas dem Bund der Kommunisten Jugoslawiens, er solle sich des Ballastes der Opportunisten und Karrieristen entledigen und sich auf die Idealisten konzentrieren.[562] »Die Bewegung ist heute nur in demokratischen und nicht in revolutionären Formen möglich, und die Seele der Revolution lässt sich nur in wirklicher Freiheit bewahren. [...] Die leninistische Form der Partei und des Staates ist veraltet.«[563]

Der montenegrinische Schwärmer hatte Ende Dezember 1953 erkannt, dass er nicht mehr Seite an Seite mit Tito könne. Später versuchte er dieses Bewusstsein als sein Damaskuserlebnis zu deuten, als Gefühl, der Politik des ZK des Bundes der Kommunisten nicht mehr folgen zu können, geschweige denn an ihr mitzuarbeiten.

Mochte er nun aus rationaler Überzeugung, die Revolution und sich selbst retten zu müssen, oder aus emotionalem Antrieb heraus gehandelt haben, Đilas krönte seine Artikelserie mit einem Essay, den er in der kurz zuvor gegründeten kulturpolitischen Zeitschrift *Nova misao* unter dem provokanten Titel »Anatomie einer Moral« veröffentlichte. Obwohl er schon von Titos Verstimmung wusste und nach Brdo eingeladen war, um die entstandenen Differenzen mit ihm zu klären, hatte er es in einem Telefongespräch mit Ranković abgelehnt, »sich dem Monarchen zu Füßen zu werfen«.[564] Im Gegenteil, in fieberhafter Aggressivität hatte er sich mit der Publikation beeilt, überzeugt, seine Sendung erfüllen zu müssen. »Mit seinen Artikeln«, sagt Stane Kavčič, einer der wichtigsten slowenischen Politiker der Nachkriegsgeneration, »hatte Đilas als Erster und über Nacht bei uns viele Fragen des Sozialismus und der Demokratie aufgeworfen, aber leider auf eine solche Weise, dass er damals mehr Schaden anrichtete als Nutzen.«[565]

Das gilt besonders für die »Anatomie einer Moral«, der eigentlich nur als Lückenfüller für einen nicht fertigen Artikel in der Zeitschrift erschien. In dem Essay brandmarkte Đilas die »verlogene Klassenmoral« der führenden Parteischicht, der er selber angehörte, ohne jede Rücksicht und warf ihr vor, alle Schwächen der Bourgeoisie übernommen zu haben. Seine Genossen beschuldigte er, eine exklusive Kaste zu bilden und sich gegen alle abzuschotten, »die neu in die Partei gekommen« seien. Vor allem griff er die Frauen der hohen Parteifunktionäre an, die nicht bereit gewesen seien, eine junge und schöne Schauspielerin, die einundzwanzigjährige Milena Vrsjakov unter sich aufzunehmen, obwohl sie einen Volkshelden, den montenegrinischen General Peko Dapčević geheiratet hatte. Der Grund? Während des Krieges habe sie nicht in den Reihen der Partisanen gekämpft, weil sie kaum dreizehn Jahre alt war.

Dieses Pamphlet war allzu persönlich, als dass die führenden Genossinnen es ihm verzeihen konnten: Es hatte nämlich einen wunden Punkt getroffen, denn an der jugoslawischen Spitze hatte sich tatsächlich ein Club ehemaliger Partisaninnen gebildet, die die Teilnahme am Kampf an der Seite ihrer Männer als eine Art Adelsprädikat empfanden. Über jüngere Frauen, die durch Heirat in ihren Kreis kamen, fanden sie kein gutes Wort. »Eh, wo waren die mit den kurzen Röcken, *ko je 'cerih pucao!*« (›als vor Kälte die Bäume platzten‹)[566]

Đilas geißelte diese überhebliche Einstellung sarkastisch und machte noch manch andere bissige Bemerkung auf Kosten der »exaltierten Frauen halb bäuerlicher Herkunft« und »bescheidener Bildung«, die überzeugt seien, dass sie wegen ihrer Partisanenverdienste »Luxusmöbel und Kunstwerke zusammenraffen« dürften, »ohne Geschmack natürlich«, mit deren Hilfe sie »ihre primitiven Instinkte und das aufgeblasene Bewusstsein ihres sozialen Status befriedigen, mit der ganzen Prätention und Allwissenheit von Ignoranten«.[567]

Es kam zu Protesten an der Spitze der Antifaschistischen Frauenfront und zu manchem häuslichen Streit, was Đilas endgültigen Abschuss beschleunigte. Tito war sich im Klaren darüber, dass es sich hier um den Versuch einer moralischen Disqualifikation seiner Person und des engsten Kreises seiner Genossen handelte, denen Đilas vorwarf, ihren revolutionären Aufgaben nicht mehr nachzukommen. Tatsächlich hatten sie sich in eine überaus exklusive Gemeinschaft zurückgezogen, was sich auch daran zeigte, dass sich von den 135 Mitgliedern des Zentralkomitees nur fünf während des Krieges der Partei angeschlossen hatten und alle anderen ihr noch seit den Zeiten der Komintern angehörten.[568]

Als Đilas in den ersten Januartagen 1954 zu Tito gerufen wurde, um in Gegenwart von Kardelj und Ranković seine Standpunkte zu erläutern, trat er anfangs aggressiv auf und griff sogar die Klassiker des Marxismus an, deren Behauptungen nicht ewig gültig seien. Tito war entsetzt: »Bist du bereit, das auch öffentlich zu behaupten?« – In jedem Augenblick und sehr gern!«[569] – »Du bist ein anderer geworden«, kommentierte Tito und verlangte, er solle den Posten des Vorsitzenden der Bundesnationalversammlung niederlegen.[570] Đilas versuchte sich zwar zu verteidigen, erinnerte an seine persönliche Loyalität Tito gegenüber, an alle Artikel, in denen er ihn verherrlicht und in denen er in der Auseinandersetzung mit den Sowjets den demokratischen Inhalt seiner Politik betont habe, aber ohne Erfolg.[571] Doch das bedeutete nicht, dass für Tito, wie auch für Kardelj und Ranković, die Trennung von Đilas nicht schmerzlich gewesen wäre. Als Letzterer bei dem erwähnten Treffen um eine Tasse Kaffee bat, da er unausgeschlafen sei, entgegnete Tito: »Auch andere können nicht schlafen.«[572]

Am 7. Januar 1954 lud der norwegische Botschafter in Belgrad Đilas ein, in Begleitung von Titos Biografen Vladimir Dedijer Skandinavien einen offiziellen Besuch abzustatten. Đilas nahm die Einladung an. Schon am 10. Januar aber brachte die *Borba* eine Erklärung des Vollzugskomitees (wie das Politbüro seit Neuem hieß, in der stand, dass seine Artikel, vor allem aber der Essay *Anatomie einer Moral* unter den Mitgliedern des BdKJ große Unruhe ausgelöst hätten, auch in Hinblick auf seine hohe Position. »Die Artikel von Genossen Milovan Đilas sind das Resultat seiner persönlichen Überlegungen, die der Meinung der Mitglieder des Vollzugskomitees, dem Geist der Beschlüsse des VI. Kongresses und dem Beschluss der zweiten Plenarsitzung des ZK des BdKJ wesentlich widersprechen. Er hat sie veröffentlicht, ohne zuvor die Genossen im Vollzugskomitee über die Ideen zu informieren, die er vorzustellen beabsichtigt, und trotz der Tatsache, dass ihn nach der Veröffentlichung der ersten Serie mehrere Genossen auf den offensichtlichen Schaden hingewiesen haben, den solche Artikel der Entwicklung des BdKJ und dem Ausbau der sozialistischen Demokratie in unserem Staat zufügen könnten.«

Noch am selben Tag begann auch die öffentliche Abrechnung mit ihm, denn Boris Ziherl, einer der markantesten und verbohrtesten slowenischen Theoretiker, begann eine Reihe von Schriftsätzen zu veröffentlichen, in denen er sich mit Đilas Gedanken kritisch auseinandersetzte. In Belgrad kreisten inzwischen bereits Gerüchte, dass Đido »Trotzkist« sei, was ihn äußerst beunruhigte. Dedijer, der in dieser Zeit jeden Abend bei ihm war, beschreibt ihn, wie er bleich, ausgemergelt und mit hervorstehenden Augen in seinem Büro herumirrte, mit der Pistole mit dem Silbergriff, die ihm General Kornejew geschenkt hatte, fuchtelte und drohte, er werde seine Verleumder umbringen, und im nächsten Augenblick, dass er sich, seine Frau und sein Kind auslöschen werde.[573]

★

DAS ENDE DER »JUGOSLAWISCHEN VIER«

Am 13. Januar 1954 wurde Đilas aus dem Vollzugskomitee des BdKJ ausgeschlossen, was ihn dazu animierte, Tito einen persönlichen Brief zu schreiben, um ihm »jetzt, nach siebzehn Jahren gemeinsamer Arbeit, einige Dinge zu sagen, die zu unseren persönlichen Beziehungen gehören und die das Einzige sind, was zwischen uns nicht geklärt ist«. Nachdem er ihm sein Unbehagen geschildert hatte, das er in den letzten Monaten wegen Titos Zurückhaltung ihm gegenüber verspürt hatte, ging er auf sein letztes Pamphlet ein. »Ich entschuldige mich bei dir wegen der *Anatomie,* aber nur so weit, weil ich dabei nicht im Traum an Dich gedacht habe, weil ich immer der Meinung war, dass Du, leider, das Leben leben musst, das du lebst (was für andere nicht gilt). […] Häufig im Leben hatte ich Konflikte mit Dir, immer kleine und nervöse, teilweise auch wegen meines wilden Temperaments. Aber nie bin ich in eine unaufrichtige Beziehung zu Dir hineingewatet, außer in Fällen, die ich dir auch angezeigt habe. Ich hatte keine andere Gelegenheit, Dir alles das zu sagen. Đido.«[574]

Wenn Đilas gehofft hatte, Tito mit diesem Herzenserguss erweichen und wenigstens im ZK bleiben zu können, hatte er sich geirrt. Trotz der Warnungen eines der besten Kenner und Freunde Jugoslawiens, des österreichischen Botschafters Walter Wodak, dass das Regime vor einer sensiblen Prüfung in Bezug auf die Beziehungen zum Ausland stehe,[575] wurde am 16. Januar, drei Tage nach dem Ausschluss Đilas aus dem Vollzugskomitee, das III. außerordentliche Plenum des ZK des BdKJ einberufen, das über den Umgang mit ihm diskutierte. Die Initiative kam von Tito, der Kardelj und Ranković den Auftrag gab, sie umzusetzen.[576] Das war eine bittere Überraschung, denn er hatte gehofft, dass sich der Konflikt vielleicht ohne öffentliche Debatte und ohne großen Schaden für seine politische Karriere beilegen lasse. Er hatte damit gerechnet, dass er im Zentralkomitee bleiben und dass man ihm erlauben werde, wenngleich in abgemilderter Form, seine Ideen weiterzuentwickeln.[577] Er war sich bewusst, dass er mit der Veröffentlichung des Artikels in *Nova misao* eine »Dummheit« begangen hatte: »Ich bin ein großes Kind … Ich bin kein Staatsmann. Alles würde zusammenbrechen, wenn ich den Staat führen müsste.«[578]

Aber Tito hatte beschlossen, ihn völlig zu isolieren, und führte vor der Sitzung eine Reihe von Gesprächen mit Mitgliedern des ZK, von denen er meinte, sie könnten schwanken oder mit Đilas' Positionen liebäugeln. Indem er sich auf die Einheit der Partei und auf den Schaden berief, den Đilas dem Staat zugefügt habe, konnte er die Mehrheit – außer Dedijer – auf seine Seite ziehen.[579] Auf dem III. Plenum, das in Belgrad in einer mit Angst und Spannung geladenen Atmosphäre zusammentrat, sprach Tito als Erster. Er betonte die Gefährlichkeit der Đilas'schen Artikel, dass sie die Disziplin innerhalb der Partei untergrüben, ja geradezu ihre Liquidierung forderten und damit die Existenz des Staates selbst bedrohten. Đilas predige eine abstrakte Demokratie, die sich selbst das Ziel sei, eine Demokratie, die in die Anarchie führe: »antisozialistische Positionen« … »Zerschlagung des Bundes der Kommunisten …« Ihm folgte Đilas, der bleich vor Erregung und Erschöpfung, seine Standpunkte verteidigte, obwohl er einräumte, nicht zu verlangen, dass die anderen mit ihm übereinstimmten. »Mein größter Fehler war es, dass ich meine Ansichten vorgestellt habe, ohne sie zuvor mit meinen Kollegen durchdebattiert zu haben, und dass ich die Zeit für gekommen hielt, meine persönlichen Ansichten öffentlich äußern zu können, ungeachtet des offiziellen Standpunktes.« Kardelj, dem die Aufgabe übertragen war, Đilas' Denken auf theoretischer Ebene zu analysieren, beschuldigte ihn daraufhin des Revisionismus übelster Sorte, wie ihn gegen Ende des 19. Jahrhunderts der deutsche Sozialdemokrat Eduard Bernstein in die marxistische Doktrin hineingetragen habe.[580] Dabei war es ihm offenbar nicht peinlich, dass er selbst gemeinsam mit Tito 1948 von Stalin mit Bernstein verglichen worden war. Đilas' Versicherung, Bernstein nie gelesen zu haben, half nichts. In der polemischen Auseinandersetzung mit dessen Parteikritik unterstrich Kardelj deren Bedeutung, setzte dabei aber einen überraschenden Akzent: Er bezeichnete die Partei als ein notwendiges Instrument im Kampf um den Sozialismus und die Entwicklung der demokratischen Prozesse in Jugoslawien. »Vielleicht war er sogar ein größerer Häretiker als Đilas«, stellt Dedijer fest, »aber er war klüger und beweglicher. Er konnte sich sogar zurückziehen und Mimikry einsetzen. [...] In manchen Fragen gab er nach, aber das Wesentliche verteidigte er.«[581]

Kardeljs Auftritt erlebte Đilas als Verrat, denn sie hatten sich in den vergangenen Monaten sozusagen jeden Tag gesehen oder zumindest lange miteinander telefoniert, nicht so sehr wegen der Arbeit als wegen verwandter Gedanken und Pläne.[582] Aber Kardelj war zu sehr Pragmatiker, um nicht zu begreifen, welchem Abgrund Đilas entgegenraste, und wurde ihm gegenüber deshalb immer vorsichtiger und zurückhaltender.[583] Er mochte ihn zwar wegen seiner »wilden Ehrlichkeit und Offenheit«, denn »ihm kam alles über die Lippen, was in seinem Kopf vorging«. Er hatte aber begriffen, dass Đilas in seiner »unaufhaltsamen Ambition« und seinen abstrakten Konzeptionen das Tempo des demokratischen Prozesses überschätzte, der in Jugoslawien ablief, und war nicht bereit gewesen, ihm auf dem Weg in den Untergang zu folgen.[584] Er behauptete sogar, dass sich ihm augenblicklich der Geist verwirrt habe[585] und erwähnte, dass Đilas von der Möglichkeit zweier sozialistischer Parteien gesprochen habe, die miteinander im Wettstreit lägen (ohne zu enthüllen, das seine davon hätte anti-titoistisch sein müssen).[586]

Tito, der das selbstverständlich ahnte, ging noch weiter und brandmarkte Đilas als »Klassenfeind«. Die KP in Jugoslawien zu liquidieren sei nicht möglich, meinte er, denn sie sei für die Verwirklichung der Ziele der Revolution verantwortlich und gehöre sicherlich nicht »zum alten Eisen«. Dieser Meinung schlossen sich alle Mitglieder des Plenums an. Auch Svetozar Vukmanović-Tempo, wenn auch mit Tränen in den Augen. Moša Pijade, der nach Kardeljs Meinung ein Opportunist und Demagoge war und der Đilas noch aus Zuchthauszeiten nicht leiden konnte, sprach sogar von »politischer Pornographie«, obwohl er sich in der Vergangenheit mit seinen Artikeln einverstanden gezeigt hatte. »Über Nacht sammelte er allen Groll, den er gegen mich hatte, und schüttete ihn über mir aus.«[587]

Der Einzige, der sich für Đilas einsetzte, war – neben dessen ehemaliger Frau Mitra Mitrović – Vladimir Dedijer. Auch er betonte unter Tränen und fast benommen, dass seine Artikel von den Mitgliedern des Zentralkomitees, die ihn jetzt verurteilten, hastig gelesen worden seien. »Đilas hat nur versucht, unsere Ansichten zu systematisieren.« Doch Đilas selbst distanzierte sich von Dedijers Auftritt und erklärte, dass es sich dabei um keine politische, sondern um eine emotionale Argumentation gehandelt habe. Er wusste nicht, dass Dedijer ihn nicht so sehr aus Freundschaft verteidigte, sondern um ihm zu beweisen, dass er kein Feigling sei, als den ihn Đilas bei einer Gelegenheit im Krieg gegenüber Tito hingestellt hatte.[588]

Letztlich wusste Đilas, »der beste Redner der Partisanenrevolution«, auf die Vorwürfe keine rechte Antwort.[589] Er folgte Kardeljs Rat, Reue zu zeigen, und verstrickte sich dabei in eine wirre Selbstkritik, sagte teilweise sogar seinen Ideen ab. Wie er später selber sagte, entdeckte er vor dem Plenum den Keim des Masochismus in sich, den Gedanken »wenn alles schon schlecht ist, dann soll es ganz schlecht sein«. Am Schluss war er völlig am Boden zerstört, »er flüchtete einfach durch den Saal von einem Menschen zum anderen, so als suchte er Hilfe, was er tun solle«. Er war sich bewusst, dass er vielleicht den größten Fehler in seinem Leben begangen hatte.[590] Obwohl er seiner Überzeugung und seiner Würde absagte und damit den Weg der Opfer stalinistischer Schauprozesse beschritt,[591] konnte er Tito nicht erweichen. Im Gegenteil, weil Letzterer mutige Menschen bewunderte, auch wenn sie Gegner waren, hatte Đilas mit seinem moralischen »Selbstmord«, um es mit Dedijer zu sagen, in seinen Augen ziemlich verloren. Hinsichtlich Đilas Selbstkritik meinte er: »Wir werden sehen, wie ehrlich sie ist«, und gegenüber ausländischen Journalisten erklärte er, der politische Tod sei das Schlimmste, was ihm passieren könne, wobei er aber nicht seine Betroffenheit ob der Spaltung verhehlte.[592]

Weil Đilas nicht wegen Fraktionismus verurteilt wurde – Tito hatte gemeint, dass »hier nichts Organisiertes«[593] vorliege –, wurde er nicht aus dem BdKJ ausgeschlossen, er wurde nur mit einer »letzten Ermahnung« belegt und verlor seinen Sitz im ZK. Tito wollte auch nicht vor der westlichen Öffentlichkeit mit Maßnahmen hervortreten, die zu sehr an die Sowjetunion erinnert hätten. Đilas schrieb später selbst: Nach der Erfahrung mit Andrija Hebrang und den Anhängern des Kominform sei Tito, wenn es sich um führende Parteifunktionäre handelte, dem Prinzip gefolgt: »Nicht den Kopf, aber über den Kopf!«[594] Es folgte eine überaus scharfe Zeitungskampagne, die natürlich von oben bestellt war, wobei Đilas auch die Erklärung nicht zur Hilfe geriet, dass er seine Fehler zugebe, »als wäre der Teufel von meiner Seele ausgefahren«.[595] Die Parteikommission, der Vladimir Bakarić vorsaß, enthob ihn am 20. Januar aller öffentlichen Ämter, und selber trat er von der Position des Vorsitzenden der Bundesnationalversammlung zurück.[596] Am nächsten Tag verlangten Wähler in Pančevo, dass auch Vladimir Dedijer – wegen »Doppelzüngigkeit« – sein Abgeordnetenmandat verlieren müsse.[597] Sein Arzt wollte sogar keinen Hausbesuch bei ihm machen, obwohl er wegen einer Kopfverletzung, die er in der Zeit des Partisanenkampfes erlitten hatte, an epileptischen Anfällen litt. Als Tito davon erfuhr, schickte er ihm seinen Arzt.[598] Das war aber die einzige Gnadengeste, derer die beiden Häretiker teilhaftig wurden.

Den Platz des Vorsitzenden der Bundesnationalversammlung nahm Đilas' ehemaliger Kumpan und Gegner Moša Pijade ein, und ins Vollzugskomitee wurden der Slowene Miha Marinko und der Serbe Petar Stambolić kooptiert, wodurch die Gruppe der orthodoxen Kommunisten noch verstärkt wurde.

Die montenegrinischen Studenten, die in Belgrad besonders zahlreich waren, waren größtenteils Đilas-Anhänger. In der Zeit seiner Affäre druckten und verteilten sie Flugblätter zu seiner Verteidigung. Die Behörden sperrten etwa zehn Initiatoren diese Aktion ein, mehrere montenegrinische Offiziere wurden für alle Fälle ins Landesinnere versetzt,[599] Peko Dapčević verlor seine Funktion als Chef des Obersten Stabs und musste sich mit der Funktion eines Mitglieds der Bundesregierung bescheiden.[600] Aber es ging nicht nur um die Montenegriner: Ein großer Teil der intellektuellen Belgrader Elite, für die Đilas ein Idol war, »die fortschrittlichste Persönlichkeit in der jugoslawischen revolutionären Bewegung«, war entsetzt, weil sie das Gefühl hatte, zusammen mit ihm auf der Anklagebank zu sitzen. »Die Kommunisten nahmen zuerst sich die Freiheit und dann den anderen. Das ist die große Tragik unserer Existenz. Die Revolution hat sich in Religion verwandelt. [...] Die Parteibürokratie fürchtet alle, die denken.« So Dobrica Ćosić. Sein Freund, der Schriftsteller Oskar Davičo, drohte in seiner Verzweiflung sogar mit Selbstmord.[601]

Es kam auch zu weiteren kleineren Säuberungen, deren ranghöchstes Opfer Dušan Diminić war, Mitglied des ZK des Bundes der Kommunisten Kroatiens und Chefredakteur des Wochenblatts *Naprijed.* Die Mehrzahl jener Parteimitglieder, die sich bis gestern noch an Đilas begeistert und seine Ideen sogar weitergetragen hatten, streuten sich Asche aufs Haupt und stellten lauthals fest, dass die Entscheidung des ZK des BdKJ politisch völlig gerechtfertigt und auch logisch sei.[602] Đilas und Dedijer wurden am 30. Januar darüber in Kenntnis gesetzt, dass sie nicht ins Ausland reisen dürften, womit ihre Pläne hinsichtlich der Skandinavienreise hinfällig waren. Als sich die ehemaligen Genossen, angefangen mit Tito und Ranković, gegenüber Đilas noch gesprächsbereit gezeigt hatten, nahm Letzterer das Angebot nicht an, weil er sich entschlossen hatte, nicht nur mit ihnen zu brechen, sondern auch mit der Ideologie.[603] An diesem Entschluss hinderte ihn auch nicht die Tatsache, dass er ohne Ministergehalt blieb, dass seine Frau nicht mehr im Dienst war und dass er folglich mit seiner Familie nur mehr von dem Honorar lebte – 220 000 Dinar –, das er für seine fatalen Artikel bekommen hatte.[604] (Das Honorar war allerdings alles andere als gering, wenn man bedenkt, dass das Durchschnittsgehalt in Jugoslawien um die

9 000 Dinar betrug.) Die Summe hatte er zwar der Bibliothek in Nikšić geschenkt, wo er zur Schule gegangen war, die aber gab es ihm zurück, denn »wir wollen kein schmutziges Geld von einem Verräter des Sozialismus«. – »Meine Mutter, eine kluge montenegrinische Bauersfrau, sagte daraufhin: Gott segne sie, denn sonst hätten wir keinen roten Heller gehabt.«[605]

Zwei Monate später beschloss der von der UDBA streng überwachte Đilas aus dem Bund der Kommunisten Jugoslawiens auszutreten. Nach Dedijers Erzählung habe ihm »eine Slowenin, die Đilas' Hauptverbindung in dieser Republik war und ihn dazu gedrängt hatte, die Artikel zu schreiben, aus Verachtung ins Gesicht gespuckt, als er mit der Kappe in der Hand bei einem Treffen der Parteizelle in seinem elitären Wohnviertel erschien«. Đilas reagierte mit dem ganzen Jähzorn seines hitzigen Charakters.[606] Kurz darauf erschien er vor dem Haus von Marija Vilfan, der Frau von Titos Generalsekretär, die in Dedinje der erwähnten Zelle vorsaß. Als er läutete, erschien der mittlere der Vilfan-Söhne an der Tür, der dreizehnjährige Jernej. »Gib deiner Mutter das hier«, sagte er zu ihm, und händigte ihm sein Parteibuch aus.[607]

Am 22. Dezember 1954 brachte die Londoner *Times* ein Interview ihres Belgrader Korrespondenten mit Dedijer, in dem dieser »Druck« erwähnte, dem er wegen seiner Loyalität zu Đilas ausgesetzt gewesen sei. »Ich war nicht und bin noch immer nicht einverstanden mit zahlreichen theoretischen Thesen des Herrn Đilas, aber ich respektiere ihn als Intellektuellen und Humanisten. [...] Ich kann die Kontakte zu einem Freund nicht aufkündigen, der heute so allein ist. Meiner Meinung nach muss ein Kommunist in erster Linie Mensch sein, und jede politische Bewegung, die die Ethik und Moral hintanstellt, trägt den Keim der eigenen Vernichtung in sich.«[608]

Zur selben Zeit – vor Titos Abreise nach Indien und Burma – gab Đilas dem Belgrader Korrespondenten der *New York Times* ein Interview, in dem er die jugoslawische Innen- und Außenpolitik kritisierte und behauptete, dass sich die Macht in den Händen der reaktionärsten Elemente der Partei befinde, und Redefreiheit und die Einführung eines Zweiparteiensystems forderte. Auf einem Kongress des Bundes der Kommunisten von Bosnien und Herzegowina in Sarajevo wurden deshalb beide von Kardelj, der Tito in dessen Abwesenheit vertrat, scharf angegriffen und zu zwei »bankrotten Politikern« erklärt, die in der Hoffnung, erneut an die Macht zu gelangen, zum Werkzeug feindlich gesinnter Kräfte geworden seien. Dedijer reagierte sofort und berief bei sich zu Hause eine Pressekonferenz für ausländische Korrespondenten ein, auf der er Kardeljs Behauptungen zurückweisen wollte. Aber als die Journalisten kamen, wurden sie vor der Tür von einer Gruppe von UDBA-Leuten erwartet, die ihnen mitteilten, dass es keine Konferenz geben werde. Zusammen mit Đilas fand sich

Dedijer darauf am 24. Januar 1955 vor Gericht wieder. Zum Verteidiger wählten beide Ivo Politeo, der 1928 bereits Tito und nach dem Krieg verschiedene Ustascha-Führer und Erzbischof Stepinac verteidigt hatte. Nach der Schlussverhandlung, die für die Öffentlichkeit teilweise nicht zugänglich war, von Politeo aber als korrekt bezeichnet wurde, fielen die von den Richtern verhängten Strafen sehr milde aus. Đilas wurde zu anderthalb Jahren Gefängnis, Dedijer zu sechs Monaten verurteilt, beide auf Bewährung. Wenn Ersterer im Verlauf von drei Jahren, der zweite im Verlauf von zwei Jahren nichts Ungesetzliches täte, würde beiden die Strafe erlassen.[609] Es war offensichtlich, dass die Behörden die Angelegenheit nicht überziehen wollten – wie diplomatische Kreise in Belgrad mit Erleichterung konstatierten –, um unangenehme Auseinandersetzungen mit dem Westen zu vermeiden.[610]

Kaum war die Nachricht über die Schwierigkeiten, in denen sich Đilas und Dedijer befanden, nach England gedrungen, fragten sich ihre britischen Freunde von der Labour Party, mit denen sie in den letzten Jahren enge Kontakte geknüpft hatten, zu fragen, was zu tun sei. Sie beschlossen, sich nicht öffentlich zu äußern, weil das nur die Situation verschlimmert hätte, sondern sprachen privat mit dem jugoslawischen Botschafter in London und baten die indischen Sozialisten, gegenüber Tito für die Beschuldigten einzutreten, was möglicherweise für die milden Urteile mitverantwortlich war.[611]

Đilas war über den Ausgang des Prozesses begeistert. »Dieses Urteil ist glänzend und eine große Sache«, sagte er zu Bekannten (und natürlich auch zur UDBA). »Das ist Titos Werk. Damit wird das Ansehen Titos im ganzen Staat und im Ausland gehoben. Über den demokratischen Geist bei uns bin ich angenehm überrascht. […] Ich habe mindestens zwei, drei Jahre strengen Kerker erwartet.« Er gelobte, das Urteil zu respektieren und sich nicht mehr mit Politik zu beschäftigen. Doch kurz darauf änderte er seine Meinung, empört, weil ihm die Behörden wider Erwarten die Kriegsrente gestrichen und begonnen hatten, Menschen aus seinem Umkreis zu verfolgen. Sein unbändiger Charakter und seine solipsistische Neigung zum Märtyrertum erlaubten ihm nicht, seinen guten Absichten treu zu bleiben. Er provozierte auch weiterhin, gab explosive Interviews, schrieb häretische Artikel und Bücher. Dabei fand die Broschüre *Die Neue Klasse* (1957), die mit Unterstützung der CIA in zahlreiche Sprachen übersetzt wurde, besondere Resonanz. Damit und mit dem darauf folgenden Weltbestseller *Gespräche mit Stalin* (1962) verdiente er zwar viel Geld, doch er zahlte dafür einen hohen Preis, denn er saß von 1956 bis 1961 und von 1962 bis 1966 im Kerker in Sremska Mitrovica, wo er schon vor dem Krieg eingesperrt gewesen war.[612] Aber auch als er wieder in Freiheit war, hörte er nicht auf zu provozieren. So erklärte er in einem Interview für die *New York Times* am 30. Oktober 1970: »Nicht nur, dass der in Jugoslawien herrschende Bund der Kommunisten nicht mehr marxistisch-leninistisch ist, er ist auch nicht mehr jugoslawisch. Parallel zur Föderalisierung des Staates hat sich der BdKJ in sechs republikanische Parteien aufgespalten, die sich untereinander zumeist nicht einmal mehr auf mündliche Abkommen einigen können.«[613]

Solche und ähnliche Aussagen, die häufig ins Schwarze trafen, versetzten Tito in Wut, sodass er gegen Ende seines Lebens mehrmals versucht war, Đilas erneut einsperren zu lassen. Vielleicht hat es deshalb nicht getan, weil ihm im Dezember 1977 Margaret Thatcher, die britische »eiserne Lady«, während eines Besuchs in Jugoslawien sagte, dass für ihn Đilas im Gefängnis gefährlicher sei als in Freiheit. Sie hatte recht, die Verfolgung, der er ausgesetzt war, beschädigte das Bild Jugoslawiens im Westen stark und zerstörten jenen »Honeymoon«, zu dem es zwischen den europäischen Sozialdemokraten und dem Sozialistischen Bund der Werktätigen Mitte der fünfziger Jahre gekommen war.[614]

★

1953–1973

★

Die Präsidentenjahre – Entdeckung der Blockfreiheit, Suche nach einem Sozialismus mit »menschlichem Antlitz« und Kampf um die Einheit Jugoslawiens

EDVARD KARDELJ UND DIE NEUE VERFASSUNG

Als Interpret der Erneuerer-Kreise beendete Edvard Kardelj Anfang 1953 seine Arbeit am Text, der die »stalinistische« Verfassung von 1946 ablösen sollte. Darauf war er sehr stolz, denn er sah in ihm ein Mittel zur Demokratisierung der Gesellschaft. Beide Häuser der Nationalversammlung – der Bundesrat und der Rat der Völkerschaften – nahmen sie am 13. Januar an, und schon am nächsten Tag wurde Tito auf einer gemeinsamen Sitzung in Anwesenheit von Vertretern des Diplomatischen Korps zum ersten Präsidenten der Föderativen Volksrepublik Jugoslawien gewählt. Nur ein Delegierter des Rates der Völkerschaften stimmte dagegen.[1] Die Zeremonie war überaus feierlich und von dem Respekt geprägt, den sich Tito nach dem Bruch mit Stalin in der internationalen Öffentlichkeit des Westens erworben hatte. Der französische Botschafter Philippe Baudet, der den abwesenden amerikanischen Doyen des Diplomatischen Korps, vertrat, ging so weit, dass er in seiner Rede sogar erklärte: »Die Einstimmigkeit, mit der die Nationalversammlung Sie gewählt hat, hat uns nicht überrascht. Diese Einstimmigkeit war in den Herzen und Seelen aller, einschließlich der Vertreter des Diplomatischen Korps, bereits eingeschrieben, denn Sie, Herr Präsident, repräsentieren im höchsten Maße die erhabensten und edelsten Züge der Völker Jugoslawiens und des neuen Jugoslawiens.«[2]

Die neue Verfassung, die Kardelj konzipiert hatte, bedeutete seiner Meinung nach vor allem eine Stärkung der Macht des Volkes. In einer Antwort an jene, die klagten, dass die Bundesversammlung in den Jahren nach dem Krieg einem Friedhof geglichen habe, da die Abgeordneten nur automatisch die Hand gehoben hätten, versicherte Kardelj: »Jetzt wird es noch übergenug Diskussion geben – wir werden konkrete Probleme zu lösen haben.« Und zu Đilas gewandt flüsterte er listig: »Vielleicht werden wir langsam sogar zu einer Opposition kommen …«[3]

Nach Đilas' Sturz übernahm Kardelj die Initiative zur Festigung der Kontakte zu den westlichen sozialdemokratischen Parteien. Im Herbst 1954 besuchte er gemeinsam mit Vladimir Bakarić, dem Präsidenten des kroatischen Parlaments, Deutschland, Schweden, Norwegen, Dänemark und Frankreich und sprach dort mit den jeweiligen Führern der Linken. In Oslo hielt er am 8. Oktober eine Rede über die »Sozialistische Demokratie in Jugoslawien«, in der er betonte, was er schon am VI. Kongress gesagt hatte, dass es nämlich möglich sei, sozialistische Elemente in den kapitalistischen Staaten zu finden, wie auch kapitalistische in den sozialistischen. Die These, wonach das konservative und das progressive Lager deckungsgleich mit den zwei Blöcken seien, bezeichnete er als nicht akzeptabel.

Diese Abneigung, eine manichäische Spaltung der Welt zu akzeptieren, und noch mehr seine Behauptung, dass Sozialismus ohne Demokratie nicht möglich sei, wurden in Moskau mit Empörung zur Kenntnis genommen. Mihail A. Suslow, der sowjetische Chefideologe, erklärte in seiner Kritik der Osloer Rede, dass Kardelj kein Kommunist sei, kein Marxist-Leninist, sondern ein Sozialdemokrat.[4] Aber auch in Belgrad, wo nach Stalins Tod aus höchsten Kreisen Kritik am VI. Kongress und sogar die Forderungen, dass »alles liquidiert« werden müsse, zu hören gewesen waren, wurden seine Thesen nicht überall mit Zustimmung begrüßt.[5]

Trotz der Kühnheit seiner Ideen, hatte Kardeljs Reise nach Skandinavien und Westeuropa nicht den erwünschten Erfolg. Es hatte sich herausgestellt, dass die führenden Sozialisten zwar an einer Zusammenarbeit mit Jugoslawien interessiert waren, dass man aber nicht bereit war, den Sozialistischen Bund der Werktätigen in die Sozialistische Internationale aufzunehmen, da der den demokratischen Pluralismus nicht anerkenne und die eingegliederten Gewerkschaften auf das Streikrecht verzichtet haben.[6]

Diese ablehnende Haltung bedeutete für die Jugoslawen zweifellos eine große Enttäuschung, wenngleich sie gerade zu jener Zeit auf internationalem Parkett einige Erfolge verbuchen konnten. Sie hatten die Triest-Krise umschifft, es bahnten sich weitere Verhandlungen mit Italien an und vor allem war die Spaltung mit Moskau überwunden. Zudem war Jugoslawien mit der der *Belgrader Deklaration*, die am 1. Juni 1955 nach intensiven Verhandlungen unterzeichnet wurde, das Recht zugesprochen worden, den Sozialismus nach eigenem Ermessen und entsprechend seinen spezifischen Gegebenheiten zu errichten. Es handelte sich um einen großen Erfolg Titos und seiner These von der Souveränität jedes sozialistischen Staates, was aber noch nicht bedeutete, dass alle Missverständnisse zwischen Moskau und Belgrad ausgeräumt waren. Chruschtschow hoffte, dass er die Jugoslawen überreden könne, wieder ins Lager zurückzukehren und dem Warschauer Pakt beizutreten. Die aber wollten von einer Moskauer Hegemonie »von der Adria bis Japan«, wie Tito es formulierte, nichts hören.[7]

★

ENTDECKUNG DER BLOCKFREIHEIT

Schon früh hatten Tito und seine Genossen begonnen, sich für den fernen Osten zu interessieren und Kontakte zu den dortigen kommunistischen Parteien zu suchen. So wurde Anfang 1948 der montenegrinische Revolutionär und Dichter Radovan Zogović gemeinsam mit Vladimir Dedijer nach Kalkutta zur Tagung des II. Kongresses der KP Indiens entsandt. Das war aber nur der äußere Grund ihrer Mission. Der eigentliche Auftrag war, zu Mao Zedong, der damals noch um die Macht in China kämpfte, vorzudringen und Verbindung zur antikolonialistischen Bewegung in Indonesien aufzunehmen.[8]

Nach den Unabhängigkeitserklärungen Indiens und Indonesiens und nach dem Sieg der chinesischen Kommunisten verstärkten sich die Interessen Belgrads für den Fernen Osten noch, wenngleich sie wegen des Konflikts mit Stalin und des Umstandes, dass sich China in diesem auf Stalins Seite geschlagen hatte, einen anderen Fokus bekamen. Ein Inkubator für neue Ideen in der Weltpolitik wurden für die jugoslawischen Diplomaten die Vereinten Nationen, besonders nachdem sie in Herbst 1949 in den Sicherheitsrat aufgenommen worden waren. Hier knüpften sie besonders enge Beziehungen mit den Vertretern Indiens, die auch neu im Sicherheitsrat waren – ein Blick auf die Beschlüsse der Vereinten Nationen der Jahre 1950 und 1951 zeigt, dass Jugoslawien und Indien, bei zahlreichen Entscheidungen übereinstimmten[9]. Krishna Menon, der Vertreter Indiens im Sicherheitsrat, machte seinem jugoslawischen Kollegen Aleš Bebler sogar den Vorschlag, Jugoslawien möge ein Fenster für Indien in Europa öffnen und Indien ein Gleiches für Jugoslawien in Asien tun.[10] Die beiden Staaten eröffneten bald diplomatische Vertretungen in Neu Delhi und Belgrad, wobei der jugoslawische Botschafter Josip Đerđa sich nicht auf die Kommunistische Partei Indiens stützen konnte, da sie eng mit Moskau verbunden war. Stattdessen suchte er den Dialog mit den Sozialisten und der herrschenden Kongresspartei. In diesem begegnete er der Idee einer »dritten Kraft«, die unabhängig vom Westen und Osten sein sollte, sich jedoch nicht nach dem Muster der Schweizer Neutralität isolieren, sondern sich an der Lösung der großen Weltprobleme aktiv beteiligen sollte. Es war für ihn auch nicht zu übersehen, dass die indischen Eliten die jugoslawische Auseinandersetzung mit Stalin mit Interesse verfolgten. Der einflussreiche *New Delhi Chronicle* beispielsweise bezeichnete Jugoslawien – dank Titos trotziger und letzlich erfolgreicher Politik – als das einzige selbstständige Land der Welt.[11]

Als im Herbst 1951 Đerđa, nach dem Ende seiner Mission in die Heimat zurückkehrte und über die Idee einer »dritten Kraft« und die Möglichkeit eines Dialogs mit jenen Völkern sprach, die sich aus der kolonialen Knechtschaft befreit hatten oder zu befreien suchten, stieß er damit auf offene Ohren. »Das ist interessant«, sagte ihm Edvard Kardelj auf einer Kollegiensitzung im Außenministerium. »Gehen wir zu Tito!« Er rief ihn über eine Sonderleitung an und verabredete sofort ein Treffen.[12]

Zu Beginn zeigte sich Tito jedoch keineswegs begeistert über diesen Gedanken. Er war der Meinung, dass es keinen Sinn habe, Bündnisse mit dem *Armenhaus* der Welt zu schließen.[13] Und auch Kardelj hatte Bedenken, »mit den Feudalen« zusammenzuarbeiten, die in den afroasiatischen Ländern herrschten, die sich gerade erst vom Kolonialismus zu befreien begannen. Noch Ende 1951 stellte er fest: »Ein drittes Lager als politische Kraft ist unmöglich. Möglich ist nur, dass ein sozialistisches Land, wie es unseres ist, laufend die Widersprüche ausnützt, die in dem einen und dem anderen Lager entstehen, und sich weiterentwickelt …«[14] Doch bald darauf erwärmte er sich für die Idee – auch unter dem Einfluss seines Vizeministers Aleš Bebler, der die selbstständige indische Außenpolitik hoch schätzte und schon von einer Nicht-Gebundenheit an die Blöcke sprach. Er baute sie aus, wobei seine Kollegen sagten: »Er hat sich wieder ein Spielzeug ausgedacht, lassen wir ihn, denn daraus wird sowieso nichts.«[15]

Auf das Interesse für Indien nahm in den folgenden Jahren Joža Vilfan Einfluss, der zwischen Februar 1952 und März 1953 jugoslawischer Botschafter in Neu-Delhi war. Er knüpfte enge persönliche Kontakte zum indischen Ministerpräsidenten Jawaharlal Nehru und anderen Persönlichkeiten des politischen und kulturellen Lebens. Belgrad entsandte in dieser Zeit mehrere Missionen nach Indien, denn die jugoslawischen politischen Analytiker waren zu dem Schluss gekommen, dass dieser Staat eine wichtige Rolle auf internationalem Gebiet spielen werde, ausgehend von Nehrus Ideen einer Zusammenarbeit zwischen jenen asiatischen und afrikanischen Staaten, die sich vom Kolonialismus befreit hatten oder dabei waren sich zu befreien.[16] Diese neue politische Orientierung wurde vom sogenannten »Geist von Bandung« eingeläutet, jener indonesischen Stadt, wo sich im April 1955 die Führenden der erwähnten Staaten trafen, um eine Bewegung zu gründen, die auf einer Politik wechselseitiger Solidarität beruhte. Tito sah ihr Potenzial, besonders da er nach Stalins Tod eine freiere, vom Westen unabhängigere Außenpolitik betreiben konnte.[17] Er erkannte, dass er der Sprecher der Staaten der Dritten Welt werden könnte, die nicht mehr ein Objekt der Großmächte sein müsste, sondern eine Stimme in der Weltpolitik, vor allem aber auch in Bezug auf die Verteilung des Reichtums haben könnte. Schon am 13. Juli 1954 hatte er zu Edwin Kretzmann, dem ersten Sekretär der amerikanischen Botschaft in Belgrad, gesagt: »Ein kleiner Frosch springt nicht in die Pfütze, um sich in ihr zu verstecken, sondern spricht mit den großen Fröschen und hat so das Beste von beiden Welten.«[18]

Der nächste Schritt war im Juli 1953 ein Besuch des indischen Vizepräsidenten, des berühmten Philosophie- und Theologieprofessors Sir Sarvepalli Radhakrishnan, der von Tito als dessen persönlicher Gast empfangen wurde. Sein Besuch war der krönende Abschluss einer intensiven Reisetätigkeit indischer Persönlichkeiten aus Politik und Kultur in den vorangegangenen Monaten. Das offizielle Kommuniqué betont die gute Zusammenarbeit zwischen beiden Ländern: »Indien und Jugoslawien geben heute ein Beispiel für das aufrichtige Bemühen um den Weltfrieden und die Aufnahme freundschaftlicher Beziehungen zwischen allen Ländern der Welt, sie leisten einen bedeutenden Beitrag zur Überwindung der Kriegsgefahren.«[19]

Im August 1954 kam eine Delegation der Generalversammlung der UN nach Jugoslawien, angeführt von Nehrus Schwester Vijaya Lakshmi Pandit. Sie besuchte mehrere jugoslawische Republiken und führte eine Reihe von Gesprächen mit führenden Politikern, einschließlich Tito. Am Ende ihrer Reise übergab sie ihm eine offizielle Einladung, Ende des Jahres oder zu Beginn des Jahres 1955 Indien zu besuchen.[20] Tito zögerte nicht: Schon am 30. November 1954 begab er sich auf die Reise in Begleitung der höchsten Vertreter des Regimes, mit Außenminister Koča Popović, Innenminister Aleksandar Ranković, General Milan Žeželj und dem ehemaligen Botschafter in Neu-Delhi Joža Vilfan. Diese Reise stieß auf interne Widerstände. Man warnte Tito vor den Gefahren, in die er sich begab, rechnete die Kosten der Reise vor und äußerte die Bedenken, dass es eine Reise ohne Resultat werden würde. Aber Tito war überzeugt, dass man Mut zeigen müsse, wenn man große Ideen verwirklichen wolle: »Ich habe so gedacht: Mein Gott, was sollen wir machen. Wir existieren einer neben dem anderen. Gut, friedliebende Koexistenz. Aber das ist ein passives Prinzip. Unumgänglich ist die aktive Koexistenz, um bestehen zu können. Unumgänglich ist der Kampf der bündnisfreien Staaten, damit sich die Verhältnisse in der Welt zum Besseren wenden. Und das ist eine revolutionäre Aktion ...«[21]

Tito war der erste europäische Staatsmann, der Indien nach der Entlassung in die Unabhängigkeit besuchte, und wurde mit königlichen Ehren empfangen. In Übereinstimmung mit Jawaharlal Nehru, dem indischen Premierminister, betonte er in seinen Auftritten die Notwendigkeit der Koexistenz als einziger Alternative zum totalen Krieg im Atomzeitalter. Und Koexistenz setzte seiner Meinung nach die Abschaffung der Blockpolitik voraus, was aber nicht bedeute, dass sich Jugoslawien und Indien, bis dies erreicht sei, in eine Art passiver Neutralität flüchten müssten. Im Gegenteil, sie beabsichtigten, aktiv das Ihre zur Errichtung des Friedens beizutragen.[22] Vor dem indischen Parlament hielt Tito am 21. Dezember 1954 eine Rede, in der er seine Idee der Politik der Blockfreiheit darlegte. Als Erstes hob er die vier bedeutendsten Gefahren für den Frieden in der gegenwärtigen Welt hervor: die Ungleichheit zwischen den Völkern und Staaten, die Einmischung der Großmächte in die inneren Angelegenheiten anderer Völker, die Aufspaltung der Welt in Interessensphären und den Kolonialismus. Dann äußerte er die Überzeugung, dass die bündnisfreien Staaten ihre Reihen schließen müssten, und warnte vor der Neigung ehemaliger Kolonien, vertrauensvoll auf die Sowjetunion zu setzen. Wenn sie ihre wirtschaftliche Abhängigkeit von den ehemaligen Kolonialherren mildern und sich industriell entwickeln wollten, müssten sie den Handelsaustausch und die wirtschaftliche Zusammenarbeit vor allem untereinander stärken. Zum Abschluss trug er in seiner Rede noch die Idee der »aktiven Koexistenz« vor, die zur Bildung eines neuen Gleichgewichts in der Welt beitragen könne.[23]

Tito war sich der Bedeutung seiner Politik bewusst, wie sich einem informellen Gespräch mit Mitarbeitern und jugoslawischen Journalisten im Zug nach dem Besuch Kalkuttas entnehmen lässt. »Was könnte das kleine Jugoslawien allein (in diesem Kampf um die Unabhängigkeit von den Blöcken) ausrichten, wenn sich ihm nicht ein großer Staat anschließt? Deshalb versuchen wir Verbündete zu gewinnen. Das war das Ziel dieser Reise. Warum hätten wir uns sonst auf einen so langen Weg machen sollen? Bestimmt nicht wegen der Tigerjagd.« Auf die er aber trotzdem ging, bewaffnet nur mit einem Fotoapparat, um so auf die Unterstellung einer Zeitung zu reagieren, die geschrieben hatte, er würde Indien nur deshalb besuchen.[24]

Aus Indien und Burma kehrte Tito mit der Erkenntnis zurück, dass sich Jugoslawien neue Dimensionen der internationalen politischen Arbeit eröffneten, die über Europa hinausgingen. Das drückte er unter anderem in der Rede aus, die er auf dem Zagreber Bahnhof vor einer großen Menschenmenge hielt, kaum dass er heimischen Boden betreten hatte. Darin sagte er: »Wir wissen, dass wir heute auch in Asien zahlreiche Freunde haben, dass unser Staat dort großes Ansehen genießt. Das hat unser Volk mit seinem Kampf erreicht, mit seiner Hingabe ...«[25]

Diese Anbahnung einer neuen Allianz wurde im Westen natürlich nicht mit Begeisterung aufgenommen. Anfang 1955 sagte der Demokrat Walter George, Vorsitzender der Kommission für äußere Angelegenheiten des amerikanischen Senats, im Namen vieler Kollegen, dass Tito auf Unterstützung durch die USA verzichten müsse, wenn er auf dem Weg der Neutralität beharre.[26] Diese Drohungen konnten Tito jedoch nicht aufhalten, umso weniger, da sich Nehru selbst zur Zusammenarbeit entschlossen hatte, als er sah, mit welcher Aufmerksamkeit die Sowjets den jugoslawischen Präsidenten behandelten. Allein die Tatsache, dass Anastas I. Mikojan, Vizepräsident der Moskauer Regierung, während eines offiziellen Besuchs in Neu-Delhi sich überaus lobend über Tito äußerte und feststellte, dass er in manchem den Sowjets geholfen habe, Indien besser zu verstehen, machte auf Nehru großen Eindruck. Schon am nächsten Tag teilte er dem jugoslawischen Botschafter Bogdan Crnobrnja mit, dass er die Einladung zu einem Besuch auf Brioni annehme.[27]

Am 18. und 19. Juli 1956 nahm so der Führer der größten Demokratie der Welt an einem Treffen mit dem ägyptischen Präsidenten Nasser und Tito teil, bei dem die drei Staatsmänner mit einer besonderen »Deklaration« das Fundament für eine gemeinsame »ungebundene« oder, wie sie sagten, »nicht engagierte« Politik legten, die sich gegen die Blockteilung der Welt wehren solle, die Spannungen und Angst zur Folge hätten. »Die Teilung der heutigen Welt in Machtblöcke«, schrieben sie im Abschlusskommuniqué, »beinhaltet die Tendenz, dass die Angst zu einer dauernden wird. Der Friede lässt sich nicht durch Spaltung erreichen, sondern mit dem Streben nach kollektiver Sicherheit in den globalen Beziehungen und mit der Verbreitung der Vorherrschaft der Freiheit, aber auch mit der Abschaffung der Dominanz eines Staates über den anderen.«[28] Wie man in Bonn konstatierte, war damit Tito aus dem europäischen und kommunistischen Kreis herausgetreten, indem er bis dahin aktiv gewesen war, und hatte begonnen, sich in einer Politik globaler Dimensionen Geltung zu verschaffen.[29]

Ausgehend von der Überzeugung, auf der Weltbühne eine wichtige Rolle im Prozess der Befreiung der Dritten Welt vom Joch des Kolonialismus spielen zu sollen, konzipierte Tito in dieser Zeit eine kühne Politik. Auf Nassers Bitte hin unterstützte er den jemenitischen Thronfolger Muhammad al-Badr, der dem britischen Kolonialismus Widerstand entgegenzusetzen versuchte. Er brachte ihn mit den Sowjets zusammen, die auf seine Initiative hin zum ersten Mal Waffen ins Ausland verkauften, und entsandte mehrere Leute nach Sanaa, die dort den jemenitischen Prinzen beraten sollten. Dieses streng geheime Unternehmen hatte keinen großen Erfolg, denn die erwähnten Agenten der UDBA wurden bereits nach zwei Wochen wieder abberufen.[30] Von größerer Bedeutung war der Entschluss Titos, unter der Hand Waffen an die Algerier, Marokkaner und Tunesier zu liefern, die sich gegen die französische Herrschaft erhoben hatten. Das erzeugte natürlich großen Unwillen in Paris. Am 19. Januar 1958 stoppten die französischen Seestreitkräfte auf offenem Meer das Frachtschiff *Slovenija* und zwangen es, den Hafen von Oran anzulaufen. Als sie das Schiff durchsuchten, fanden sie Waffen, die offensichtlich für die nordafrikanischen Rebellen bestimmt waren.[31] Die Jugoslawen ließen sich dadurch nicht aufhalten, denn Tito war – im Unterschied zu den Sowjets und den Chinesen – überzeugt, dass man die Volksbefreiungsbewegungen der unterjochten Völker in jedem Fall unterstützen müsse, auch wenn sie nicht im Einklang mit seinen ideologischen Ansichten oder wirtschaftlichen Interessen standen.[32] In diesem Sinne unterstützte er Ende der Fünfziger auch die kubanische Revolution unter Fidel Castro. Es ist kein Zufall, dass Castros engster Mitarbeiter Che Guevara schon 1959, sofort nach dem Amtsantritt der neuen Regierung in Havanna, in einer Goodwill-Mission Jugoslawien besuchte und dort auch mit Tito zusammentraf.[33]

★

DIE MOSKAUER DEKLARATION

Die Belgrad-Reise Nikita S. Chruschtschows im Mai 1955 war von entscheidender Bedeutung für die Entwicklung der Ereignisse in der Sowjetunion. Wie Chruschtschow später in seinen Erinnerungen eingestand, hatte er zum ersten Mal wirklich verstanden, wie verfehlt Stalins Politik gewesen war, als er nach Jugoslawien kam und dort mit Tito und den übrigen Genossen sprach.[34] In der Präsidiumssitzung des ZK der KPdSU am 6. Juni 1955, auf der er über diese Gespräche berichtete, entwickelte sich eine Debatte, die unmittelbar zur Demontage des Stalin-Mythos führte. Den Schlüsselsatz hierbei steuerte A. I. Mikojan bei, als er sagte, dass man »auf andere« zielen müsse, wenn Beria nicht schuld sei am Bruch mit den Jugoslawen.[35] So begann der Prozess der Entstalinisierung, der seinen Höhepunkt in der Nacht zwischen dem 24. und 25. Februar des folgenden Jahres auf dem XX. Kongress der KPdSU erreichte, der unter der Losung: »Rückkehr zum Leninismus« in Moskau einberufen worden war. Gemäß dieser Ankündigung griff Chruschtschow in seiner »Geheimrede« Stalin an und sagte unter anderem, dass für den Streit zwischen der Sowjetunion und Jugoslawien Letzteres nicht verantwortlich gewesen sei. Schuld sei Stalin gewesen, der den Anschluss an die Realität völlig verloren habe. »Es genügt, wenn ich den kleinen Finger bewege – und Tito ist nicht mehr. Er wird fallen«, hatte der *chozjajin* vor dem Ausschluss der KPJ aus dem Kominform zu Chruschtschow gesagt. »Aber das ist nicht geschehen«, kommentierte Chruschtschow in seinem Referat. »Ungeachtet dessen, wie viel und wie Stalin nicht nur mit seinem kleinen Finger gewunken hat, sondern auch mit allem anderen, was er bewegen konnte, ist Tito nicht gefallen. Warum? Der Grund war der, dass Tito [...] den Staat und das Volk hinter sich hatte, das durch die schwere Schule des Kampfes um Freiheit und Unabhängigkeit gegangen war, ein Volk, das seine Führer unterstützte.«[36] Mit diesem Eingeständnis, über das Tito unterrichtet wurde, eröffneten sich neue Möglichkeiten für eine Zusammenarbeit zwischen Moskau und Belgrad.[37]

Der Bund der Kommunisten hatte keine eigene Delegation zum XX. Kongress der KPdSU entsandt, allerdings schickte Tito eine Grußadresse an die »sowjetischen Genossen«, in der er seine Genugtuung angesichts seines Triumphes über den allmächtigen Stalin kaum verbarg.[38] Bei der Lektüre der jugoslawischen Zeitungen und Zeitschriften aus dieser Zeit, sagt Slobodan Stanković, wird deutlich, dass sich die führenden Persönlichkeiten an der Spitze der Partei »im siebenten Himmel« wähnten. In ihren Augen war Tito ein wahres Genie, der Führer eines kleines Staates, der mutig genug war, sich dem Großen erfolgreich zu widersetzen. Häufig bemüht wurde die biblische Geschichte von David und Goliath ...[39]

Im Sommer 1955 besuchte eine jugoslawische Parlamentarierdelegation, zu der zehn Mitglieder des ZK und ein Mitglied des Politbüros gehörten, Moskau. Es folgte das sowjetisch-jugoslawische Wirtschaftsabkommen, abgeschlossen am 1. September desselben Jahres, das den Umfang des Handelsvolumens zwischen den Staaten verdoppeln sollte. Gleichzeitig stieg der Anteil des Ostblocks am jugoslawischen Außenhandel auf 33 Prozent.[40] Im Februar 1956 nahm der XX. Kongress der KPdSU die Empfehlung an, die »Freundschaft und Zusammenarbeit mit den Brudervölkern der FLRJ zu stärken«, bald darauf sagte der Kreml Jugoslawien umfangreiche Kredite zu.[41]

Anfang März 1956 berief Tito aus Moskau den Botschafter Dobrivoje Vidić ab, von dem es im Kreml hieß, er habe zu enge Kontakte zur amerikanischen Botschaft, und ersetzte ihn durch den Montenegriner Veljko Mićunović, den Unterstaatssekretär für äußere Angelegenheiten. Bei einem für Vidić veranstalteten Abschiedsessen zog Chruschtschow nach einem Trinkspruch eine kleine Broschüre aus der Westentasche und reichte sie dem Botschafter: »Geben Sie das Genossen Tito, er wird es mit Interesse lesen. Ich denke, dass Sie, die Jugoslawen, es nicht besser geschrieben hätten.« Es war der Text des Geheimreferats, mit dem er Stalin angegriffen hatte. Auf Tito machte diese Geste einen großen Eindruck und überzeugte ihn davon, dass das Gesellschaftssystem der UdSSR auf dem Wege der Genesung sei.[42] Am 17. April lösten die Sowjets das Kominform auf und schlossen sich damit der jugoslawischen These an, dass diese Organisation nach der Belgrader Deklaration völlig anachronistisch geworden sei.

Im Mai unterschrieben beide Staaten ein Kooperationsabkommen, und Ende desselben Monats gestand Tito auf ein, dass der Personenkult auch in Jugoslawien nicht mehr angebracht sei. Er schlug nämlich vor, am 25. Mai von nun an nicht mehr seinen Geburtstag, sondern den »Tag der Jugend« zu begehen. Immer häufiger sprach er auch davon, dass man neben den Beziehungen zwischen beiden Regierungen auch die zwischen beiden Parteien erneuern müsse, trotz der Behauptungen einiger jugoslawischer Führer, Kardeljs in erster Linie, während der Pilgerfahrt N. S. Chruschtschows nach Belgrad, dass Derartiges nicht geschehen werde.

Am 2. Juni traf er nach einer triumphalen Reise durch Rumänien und Moldawien mit einer vielköpfigen Entourage und seiner Frau Jovanka, die als Erste Dame Jugoslawiens zum ersten Mal im Ausland war, in der sowjetischen Hauptstadt ein.[43] Auf dem Bahnhof, wo ihn alle sowjetischen Führer mit Chruschtschow an der Spitze erwarteten, begrüßte ihn das Transparent: *»Da zdravstvuet dorogoj tovarišč Tito i ego klika!«*[44] (»Hoch lebe der teure Genosse Tito und seine Clique!«) Diese pejorative Bezeichnung war in den vergangenen Jahren von der sowjetischen Propaganda so oft benutzt worden, dass sie die ursprüngliche Bedeutung verloren hatte.

Am selben Tag musste Molotow seinen Posten als Außenminister räumen, was sich durchaus als Zeichen lesen lässt, dass Chruschtschow Tito als verlorenen Sohn empfangen wollte. Seine Reise wurde zu einem Triumphzug; in Stalingrad und Kiew begrüßten ihn Hunderttausende, auf den Straßen von Leningrad mehr als eine Million Menschen. Die echte Begeisterung der Massen, die Tito wegen seines ungezwungenen, aber würdevollen Auftritts zuteil wurde trug zur Bildung einer fiebrigen Atmosphäre bei, der sich auch die Sowjetführer nicht entziehen konnten.[45] Wie der jugoslawische Botschafter Veljko Mićunović festhielt, wetteiferten unter Chruschtschows Taktstock Woroschilow, Bulganin, Mikojan, Kaganowitsch und sogar Molotow miteinander, wer Stalins Politik gegenüber Jugoslawien entschiedener verurteilen würde.[46] Aber obwohl Chruschtschow im Bemühen, sich bei den Jugoslawen einzuschmeicheln, öffentlich erklärte, »dass auch die FLRJ im Aufbau des Sozialismus erfolgreich« sei, bedeutet das noch nicht, dass er ihren Forderungen zur Gänze nachgekommen wäre. Im Gegenteil, bei einer Großveranstaltung im Dynamo-Stadion, wo er am 19. Juni gemeinsam mit Tito auftrat, versuchte er in seiner Rede den Eindruck zu erwecken, als sei Jugoslawien in das »sozialistische Lager« zurückgekehrt, dessen »monolithische Einheit« er besonders betonte. Tito versuchte ihn zu korrigieren und sagte, dass er nicht beabsichtige, seine Eigenständigkeit abzusagen, denn »unser Weg ist ein anderer als eurer«.[47]

Die Krönung des Besuchs sollte die Moskauer Deklaration sein, die sich Tito als Bestätigung der Gleichberechtigung nicht nur zwischen der KPdSU und der KPJ, sondern auch zwischen allen anderen kommunistischen Parteien vorstellte.[48] Aber die Sowjets, die bereits in Belgrad unwillig auf solche Vorschläge reagiert hatten, waren damit nicht einverstanden. Ihr Ziel war es die Jugoslawen zu überzeugen, dass man eine »ideologische Einheit« erreichen müsse, was mit anderen Worten bedeutete, dass sie ihrem Lager beitreten müssten. Chruschtschow und die Seinen waren überzeugt, dass der jugoslawische Beitritt die gegenseitigen Beziehungen zwischen den sozialistischen Staaten entscheidend verbessern und zugleich ihre Herrschaft im Kreml selbst festigen würde. Obwohl Tito Chruschtschow gegen die stalinistischen Kräfte, die in der KPdSU und in den Volksdemokratien noch stark waren, unterstützen wollte, konnte er sich mit diesem Vorschlag nicht anfreunden. Er erklärte, nicht einmal den Terminus »Lager« akzeptieren zu können, denn der erwecke die Assoziation an eine Diktatur und stelle eine »veraltete Organisationsform« dar. (Und das, obwohl er auf der anderen Seite bei einem Besuch auf dem Kreuzer *Frunze* vor den versammelten Matrosen versichert hatte, dass Jugoslawien ein treuer Wahrer des Sozialismus innerhalb seiner Grenzen in Südeuropa sei.[49]) Es kam zu einer stellenweise heftig geführten Debatte, die kaum eine Stunde vor den vorgesehenen Abschlussfeierlichkeiten beendet wurde.

Klar war jedenfalls, dass ein Misserfolg der Gespräche deutlich machen würde, auf welch schwachen Füßen N. S. Chruschtschow stand, wo sich doch bereits die Krisenereignisse in Polen und Ungarn ankündigten.[50] Am Ende bedeutete die am 9. Juni 1956 im Georgssaal des großen Kremlpalastes unterzeichnete Deklaration einen Kompromiss. Sie erkannte die Gleichberechtigung zwischen den Staaten und die gegenseitige Nichteinmischung in innere Angelegenheiten an und erlaubte »im Geiste der internationalistischen Prinzipien des Marxismus-Leninismus« die »Vielfalt der sozialistischen Entwicklung«. Unerwähnt blieb die allgemeine Gleichheit zwischen den Parteien, die Tito ebenfalls im Sinn gehabt hatte. Dennoch bedeutete die Deklaration für die Sowjets ein großes Zugeständnis. Wie es Chruschtschow sagte: »Es wäre nicht möglich gewesen anderen zu erlauben, was Jugoslawien erlaubt wurde.«[51]

Nach dem dreiwöchigen Besuch kehrte Tito in der Überzeugung aus Moskau zurück, dass Chruschtschow zwar auf dem richtigen Weg, der Stalinismus aber noch immer lebendig sei – auch wegen der Mikrofone, die überall versteckt waren, wo er sich aufhielt, sogar am Ufer des Schwarzen Meeres auf dem Spazierweg in Sotschi. Auch die Tatsache, dass die russischen Behörden Milan Gorkić, seinen Vorgänger an der Spitze der KPJ, genau zu dem Zeitpunkt rehabilitierten, als die jugoslawische Delegation in Moskau weilte, ließ sich kaum als Freundschaftsgeste interpretieren. Das umso weniger, als Tito über diese

Entscheidung, die in allen Zeitungen vermeldet wurde, nicht vorab informiert worden war.[52] In Bukarest, wo er auf der Rückreise Zwischenstopp machte, erklärte er zwar in einem Moment des Triumphgefühls: »Die Moskauer Satelliten sind keine Satelliten mehr!«[53] Aber schon nach der Rückkehr nach Belgrad stellte er nüchterner fest: »Es geht etwas schwer, die einen ziehen voran, die anderen zurück.«[54]

★

UNRUHEN IN POLEN UND UNGARN

Sofort nach der Abreise der jugoslawischen Delegation bekräftigten die Sowjets, dass sie nicht beabsichtigten, auf die führende Rolle innerhalb des sozialistischen Blocks zu verzichten. Noch bevor Tito nach Belgrad zurückgekehrt war, berief Chruschtschow für den 22. und 23. Juni 1956 ein Treffen der höchsten Führer der Satellitenstaaten ein, auf dem er die gerade unterschriebene Moskauer Deklaration völlig außer Acht ließ. »Und niemand hatte etwas hinzuzufügen oder zu bemerken«, notierte Veljko Mićunović verbittert in seinem Tagebuch.[55] Während den Moskauer Vasallen eine solche Haltung zusagte, weil sie den Status quo und damit auch ihre Herrschaft bestätigte, verstanden die Völker Osteuropas Titos Besuch als »dritte russische Revolution« und versprachen sich von ihr die Verbesserung der eigenen Situation. Tito hatte die Sowjetunion noch nicht verlassen, als es im polnischen Posen zu Zusammenstößen zwischen Arbeitern und Polizei kam, die sich am 28. und 29. Juni zu einem wahren Volksaufstand auswuchsen. Diese dramatischen Ereignisse schwächten natürlich Chruschtschow und flößten jenen sowjetischen Führern neuen Mut ein, die mit seiner Politik nicht einverstanden waren. In den Zeitungen konnte man wieder ihre Erklärungen zur »internationalen proletarischen Solidarität« und Forderungen nach Zusammenschluss der Reihen gegen die »kapitalistischen Machenschaften« lesen.[56]

Im Westen wusste man die ursächlichen Verbindungen zwischen der Rehabilitierung des Bundes der Kommunisten Jugoslawiens und den polnischen Ereignissen nicht recht zu bewerten. Und die Tatsache, dass auch die Jugoslawen hinsichtlich der Unruhen von Posen die sowjetische These vom Einfluss westlicher reaktionärer Elemente auf die polnischen Arbeiter übernahmen, stärkte den Glauben an eine fundamentale Übereinstimmung zwischen Tito und Chruschtschow.[57]

In Washington, London und anderen Hauptstädten der »freien Welt« wurde die Annäherung zwischen Tito und den Sowjets mit Sorge gesehen. Kennzeichnend für den Gegenwind, der aus den USA kam, ist ein Änderungsantrag zum Gesetz über Auslandshilfe, der am 29. Juli 1956 im Senat vorgestellt wurde und der den Ausschluss Jugoslawiens aus diesem Programm vorsah. Obwohl der Vorschlag zurückgewiesen wurde, halbierte der Senat die Summe, die Jugoslawien ursprünglich erhalten sollte, und erteilte Präsident Eisenhower die Auflage, dass er sie in einem Zeitraum von 90 Tagen endgültig nur anweisen dürfe, wenn er überzeugt sei, dass das im amerikanischen Interesse liege. Beunruhigt wegen dieser Nachricht sandte Tito Eisenhower einen geheimen Brief, in dem er betonte, dass die Hilfe der USA zwar wichtig sei, noch wichtiger sei ihm aber ihre Freundschaft. In einem Gespräch mit dem amerikanischen Botschafter Riddleberger wies er auch auf die Tatsache hin, dass seine Politik der guten Beziehungen mit den sozialistischen Staaten Letztere vom Stalinismus befreien und ihnen beweisen werde, dass sie das Recht auch auf eine andere Meinung als Moskau haben.[58] Diese honigsüßen Worte waren zwar erfolgreich, was die kurzfristige Entscheidung des Präsidenten anging, konnten aber nicht die weiteren Misstöne und Spannungen zwischen beiden Staaten beseitigen. Davon zeugt auch die massiv reduzierte Militärhilfe der Amerikaner. Während diese zwischen 1951 und 1955 ein Volumen von 717 Millionen Dollar hatte, sank sie auf nur 16 Millionen im Zeitraum zwischen 1956 und 1963.[59]

Obwohl Tito versuchte, seine Gesprächspartner im Westen zu beschwichtigen, hielt er ihnen zugleich vor, die neue Situation nicht einschätzen zu können, die in der Sowjetunion auch unter seinem Einfluss entstanden sei. »Manchmal ist der Teufel nicht so schwarz, wie er gemalt wird«, sagte er zum amerikanischen Botschafter.[60] Die Überzeugung, der Träger neuer Werte in den internationalen Beziehungen zu sein, beschränkte sich nicht nur auf den afroasiatischen Raum, sondern bezog sich zunehmend auch auf die Satellitenstaaten, und zwar mit der Absicht, ihre Verselbstständigung von Moskau zu fördern. Die jugoslawischen Diplomaten hoben in Gesprächen mit Kollegen aus den Satellitenstaaten die Vorzüge ihrer gesellschaftlichen und wirtschaftlichen Ordnung hervor und verglichen sie mit dem »staatsbürokratischen System« der Sowjetunion. Um seinen Weg in den Sozialismus zu verteidigen, entsandte Tito auch je eine Delegation nach Polen und Ungarn, die ihm für Veränderungen nach jugoslawischem Vorbild am reifsten erschienen.[61] In Polen unterstützte er Władisław Gomułka in seinen Reformbestrebungen und ermunterte ihn zu größerer Unabhängigkeit von Moskau, in Albanien intrigierte er gegen das diktatorische Regime von Enver Hoxha, in Bulgarien trug er zum Sturz von Vălko Červenkov bei, in Rumänien ermunterte er die Gegner von Gheorghiu-Dej.

Am entschiedensten trat er gegen den verhassten ungarischen Führer Mátiyás Rákosi auf, den er zu Fall zu bringen und durch Imre Nagy zu ersetzen suchte (Letzterer hatte lange im Gefängnis gesessen, weil er des Titoismus beschuldigt wurde). Titos Bestrebungen, den Nachbarstaat aus dem »Alptraum des Stalinismus« zu befreien, waren aber nur zum Teil erfolgreich, denn die Sowjets hatten sich Mitte Juli zwar entschlossen, Rákosi zu entfernen, setzten aber an die Spitze des ungarischen Staates Ernő Gerő, der ein ebenso verbissener Stalinist war wie sein Vorgänger. Allerdings kamen sie Titos Forderung nach, László Rajk zu rehabilitieren und ihn in Budapest mit einem Staatsbegräbnis zu ehren. In Jugoslawien wurde diese posthume Ehrung des ehemaligen ungarischen Ministers, der 1949 unter der Anklage des Titoismus zum Tode verurteilt worden war, als wichtiges Zeichen der Entstalinisierung begrüßt.[62]

Auf das unaufhaltsame Gären, das Polen und Ungarn erfasst hatte, reagierten die Sowjets am 13. Juli 1956 mit einem Brief, den sie an die Mitglieder der eigenen Partei und auch an die Parteien der Satellitenstaaten schickten. In ihm warnten sie vor dem »Nationalkommunismus«, distanzierten sich von den beiden feierlich mit den Jugoslawen unterzeichneten Dokumenten und bezeichneten sie wegen ihrer »prowestlichen« Politik als Opportunisten, über Tito schrieben sie ausdrücklich, dass N. A. Bulganin zu weit gegangen sei, als er ihn während seines jüngsten Besuchs im Juni mit dem Titel »Kommunist-Leninist« geehrt hatte. (Chruschtschow verlangte deswegen sogar eine Parteirüge gegen ihn.)[63] Der Inhalt des Briefes blieb in Belgrad nicht lange unbekannt; mehr noch, es gelang mithilfe der Geheimdienste während des Besuchs einer bulgarischen Delegation in Belgrad, das streng vertrauliche Bulletin mit dem Text des Gesprächs zwischen Chruschtschow und den höchsten Führern in Sofia in die Hände zu bekommen. Der Generalsekretär der KPdSU soll darin erklärt haben, dass man Tito auf jede Weise ins »Lager« locken müsse, »um ihm dann den Hals umzudrehen«.[64] Die sowjetische Presse und die Zeitungen der Satellitenstaaten bliesen wieder ins antijugoslawische Horn, während die Jugoslawen damit antworteten, dass sie mehrere Kominformler vor Gericht stellten, die gerade aus dem Ostblock in die Heimat zurückgekehrt waren. Alles das aber hinderte den impulsiven Chruschtschow nicht, Ende August einen ungewöhnlichen und unerwarteten Entschluss zu fällen: Obwohl ihn die interne Opposition in die Zange nahm, beschloss er, nach Jugoslawien zu reisen um sich Unterstützung für die Fortsetzung seiner reformistischen Politik zu holen. Noch immer hoffte er, Tito überreden zu können, in sein Lager zurückzukehren.[65]

Die Gespräche zwischen Tito und Chruschtschow begannen am 19. September 1956 auf Brioni und im Jagdreservat Belje und wurden nach acht Tagen auf

Jalta fortgesetzt. Dort blieben sie bis zum 5. Oktober und trafen »zufällig« auch Gerő, der seine Ferien auf der Krim verbrachte. Ihre langen und stürmischen Debatten lösten zwar nicht alle offenen Fragen, brachten sie aber einander menschlich näher und waren durchaus nicht fruchtlos. Tito ließ sich zwar nicht ins »Lager« locken, wie es Chruschtschow wollte, versprach aber, seine Beziehungen zu den Satellitenparteien zu normalisieren und den Mann zu unterstützen, den die Sowjets in Budapest an der Macht sehen wollten.[66] So erhielt Ernő Gerő die Einladung, zu einem offiziellen Besuch nach Belgrad zu kommen, in der Erwartung, dass dieser Schritt seine Position in Ungarn stärken werde. Mitte Oktober kam er wirklich in die jugoslawische Hauptstadt, an der Spitze einer Delegation, in der sich auch János Kádár befand. Im Gegensatz zu Gerő, der sich nach Titos Meinung der Dramatik der Situation nicht bewusst war, hinterließ Kádár in Belgrad einen guten Eindruck. So sagte Tito nach der Abreise der Delegation zu seinen Mitarbeitern, dass ihn Kádár wegen seines Realismus und seiner Gemäßigtheit für sich eingenommen habe.[67]

Die Pilgerfahrt zum ehemaligen Todfeind brachte Gerő keinen Nutzen: Am 23. Oktober 1956 kam es in Budapest zu Massendemonstrationen, die von den Ereignissen in Polen ausgelöst wurden, wo zwei Tage zuvor ebenfalls mit Unterstützung Belgrads der »Titoist« Gomułka an die Macht zurückgekehrt war.[68] Zu Beginn schien es, als werde man die Situation in den Griff bekommen, denn noch am 30. Oktober 1956 wurde in Moskau eine Deklaration der Regierung der UdSSR veröffentlicht, in der diese zusagte, ihre Beziehungen zu den Satelliten auf eine neue theoretische und praktische Grundlage zu stellen. Sie erkannte die Prinzipien völliger Gleichberechtigung an, der Respektierung der territorialen Integrität, der nationalen Unabhängigkeit, der Souveränität und Nichteinmischung in innere Angelegenheiten und deutete sogar die Möglichkeit eines Abzugs ihrer Truppen aus Polen, Ungarn und Rumänien an. Der jugoslawische Botschafter Mićunović notierte triumphierend in seinem Tagebuch, dass die Deklaration so klinge, »als hätten wir sie geschrieben«.[69]

Aber sie kam zu spät. Die Verhältnisse in Ungarn wuchsen sich zu einem Aufstand aus, den weder die Geheimpolizei noch Einheiten der Sowjetarmee, die Gerő gegen den aufständischen »Pöbel« zu Hilfe gerufen hatte, stoppen konnten. In dieser Situation beschlossen die Kremlführer, den verhassten Apparatschik seinem Schicksal zu überlassen und ihn in der Position des Regierungspräsidenten durch Imre Nagy und in der des Parteisekretärs durch János Kádár zu ersetzen.[70] A. I. Mikojan, der aus Moskau nach Budapest geeilt war um die Geister zu beruhigen, versprach zugleich den baldigen Abzug der sowjetischen Truppen aus Ungarn. Aus Sorge über die Entwicklung der Ereignisse schrieb Tito am 29. Oktober der ungarischen Partei einen Brief, in dem er der neuen politischen Richtung seine Unterstützung zusagte, vor allem aber die »arbeitende Bevölkerung« aufforderte, nicht den Glauben an den Sozialismus zu verlieren und sich nicht von »reaktionären Elementen« verführen zu lassen.[71]

★

VOLKSAUFSTAND IN UNGARN

Das Geschehen nahm aber den entgegengesetzten Verlauf: In dem vom Volksaufstand erfassten Staat bildeten sich spontan Arbeiterräte, bürgerliche, auch rechtsgerichtete Parteien kehrten auf die politische Bühne zurück, in den Zeitungen tauchten antikommunistische Losungen auf. In Budapest wurde das erste Stalin-Denkmal in Osteuropa gestürzt, während die Jagd auf Kommunisten begann, vor allem auf Angehörige der Polizei, die in einigen Fällen von der Menge gelyncht wurden.[72] Der Westen wiegelte die Aufständischen über den amerikanischen Propagandasender Free Europe auf, während man in Moskau, wo man dieses Intrigieren als Angriff auf das nach dem Zweiten Weltkrieg entstandene Gleichgewicht der Kräfte interpretierte, bereits von »Konterrevolution« zu sprechen begann.

Imre Nagy entschloss sich am 31. Oktober, die parlamentarische Demokratie zu erneuern, aus dem Warschauer Pakt auszutreten und die Neutralität Ungarns zu verkünden, geleitet von der naiven Hoffnung, dass Moskau ihm einen ähnlichen Status zuerkennen werde wie ein Jahr zuvor Österreich. Die sowjetischen Führer, die solche Schritte nicht akzeptieren konnten, weil sie sich bewusst waren, dass jedes Nachgeben das Ende ihrer Hegemonie in Mittel- und Osteuropa bedeuten würde, entschlossen sich noch am selben Tag zu einem militärischen Eingreifen. Dabei setzten sie auch auf die Krise, in der sich der Westen wegen des israelisch-französisch-englischen Angriffs auf Ägypten als Antwort auf Nassers Verstaatlichung des Suezkanals befand. Vor einem so gewagten Schritt versuchte sich Chruschtschow der Zustimmung aller »brüderlichen« Parteien zu versichern, auch der jugoslawischen. Weil es Tito ablehnte, zu Konsultationen nach Moskau zu fahren, kam er am 2. November 1956 zusammen mit Malenkow heimlich nach Brioni, wo er in der folgenden Nacht mit Tito und den wichtigeren jugoslawischen Führern sprach.[73] Die waren wegen des ungarischen Aufstands äußerst besorgt und sogar bereit mit ihren Truppen im Nachbarstaat einzugreifen, denn sie waren davon überzeugt, dass der Zusammenbruch des Sozialismus dort fatale Folgen für die gesamte Donau-Balkanregion hätte. Tito hatte Nagy schon am 30. Oktober gewarnt, er solle nicht zulassen, dass die internationale Reaktion die ungarischen Ereignisse missbrauche, damit sie sich nicht zu einer Konterrevolution auswachse. Aber Letzterer hörte nicht mehr auf ihn.[74] Deshalb hießen die jugoslawischen Führer ohne zu zögern das Eingreifen der Sowjetarmee gut, verlangten aber, dass János Kádár der neue Regierungschef werden solle, da er ihrer Meinung nach geeigneter sei als Ferenc Münnich, für den sich die Sowjets erwärmten. Laut einer Befragung, die in einer Reihe von Fabriken durchgeführt wurde, waren die Jugoslawen nämlich überzeugt, dass es in Ungarn möglich wäre den Sozialismus zu retten, wenn sich jemand fände, der die Arbeiterräte nach ihrem Modell organisierte. Um in diesem Sinne die Einwilligung Chruschtschows zu erlangen, boten sie an, Nagy politisches Asyl in ihrer Botschaft zu gewähren und ihn so zu neutralisieren.[75]

Die Ereignisse liefen daraufhin nach dem vereinbarten Szenario ab: Am 3. November forderte Kádár, der zwei Tage zuvor aus Budapest in den Teil Ungarns geflohen war, in dem die Rote Armee noch anwesend war und dort eine neue Regierung gebildet hatte, die Russen auf, zu Hilfe zu kommen und die Konterrevolution niederzuschlagen. Das geschah noch in derselben Nacht, nicht ohne die verzweifelte Reaktion der ungarischen Aufständischen. Chruschtschow schickte am nächsten Morgen Tito ein triumphierendes Telegramm: »Hurra, hurra, hurra, unsere Truppen sind in Budapest eingerückt!«[76] Und Tanjug rechtfertigte am 5. November das blutige sowjetische Eingreifen damit, dass man die ungarischen Ereignisse »mit Realismus« sehen müsse, da es schließlich um die »Rettung des Sozialismus« gehe.[77]

Am frühen Morgen des 4. November bat Nagy mit einer größeren Gruppe von Mitarbeitern und ihren Familien – insgesamt 52 Menschen – in der jugoslawischen Botschaft um Asyl, in den nächsten Tagen wies er entschlossen das Diktat zurück, das ihm nach sowjetischen Anweisungen die Jugoslawen übermittelt hatten, nämlich formal vom Amt des Ministerpräsidenten zurückzutreten. Dabei kam es zwischen Tito und Chruschtschow zu einer unerwarteten Unstimmigkeit. Ersterer forderte nämlich den Kreml auf, Nagy zu erlauben sich in Budapest frei zu bewegen oder ihm zumindest einen Passierschein für Jugoslawien zu geben, der andere erklärte, dass er ein Verräter sei, der bestraft werden müsse, und stellte Tito vor eine unangenehme Wahl: Wenn er Nagy und seine Mitarbeiter an Kádár ausliefere, würde das im vergangenen September geschlossene Kooperationsabkommen in Kraft bleiben, sollte er aber hartnäckig bleiben und versuchen die Renegaten zu retten, werde er ihn vor der Welt der Unterstützung der ungarischen »Konterrevolution« beschuldigen.[78] Um seinen Worten größeres Gewicht zu verleihen, befahl Chruschtschow, sowjetische Panzer sollten etwa dreißig Kilometer tief in den Nordosten Sloweniens eindringen und in Budapest die jugoslawische Botschaft umstellen. Einer der Soldaten begann sogar zu schießen und tötete einen jugoslawischen Diplomaten, der an seinem Schreibtisch saß.[79] Titos Entrüstung über ein solches Verhalten wurde noch durch einen Artikel Enver Hoxhas in der Zeitung *Zëri i Popullit* vergrößert, in der der albanische Führer die »neuen Formen des Sozialismus« scharf angriff, die »ins Museum des alten Krempels des internationalen Opportunismus« gehörten. Offensichtlich zielte er vor allem auf Jugoslawien. Die Moskauer *Prawda* druckte den Artikel nach und verlieh ihm damit zusätzliches Gewicht.[80]

Auf die Reaktion brauchte man nicht lange zu warten. Am 11. November 1956 hielt Tito in Pula eine Rede vor vierhundert istrischen Aktivisten, in der er das erste sowjetische Eingreifen in Ungarn verurteilte, zu dem auf Initiative Ernő Gerős gekommen sei. Er brandmarkte es als »Katastrophe«, denn damals sei es noch möglich gewesen, den Zorn der Menschenmassen in die richtigen Bahnen zu lenken. Dabei stützte er sich auf das Zeugnis Dobrica Ćosićs, der sich Ende Oktober in Budapest aufgehalten und mit seiner Sympathie für die ungarischen Aufständischen starken Einfluss auf die oberste jugoslawische Führung hatte.[81] Das zweite Eingreifen der Sowjetunion bezeichnete Tito als das »kleinere Übel«, denn es habe verhindern sollen, dass Ungarn im Chaos aus Bürgerkrieg und Konterrevolution versinkt, und die Welt möglicherweise vor einem neuen großen Konflikt bewahrt. Doch im Widerspruch zu dieser Aussage unterstrich er, dass die Jugoslawen die Politik der Nichteinmischung auch weiterhin unterstützten, und betonte, dass die ungarische Katastrophe ihre Ursachen in der stalinistischen Praxis hätte, die in der Sowjetunion und in der Mehrzahl ihrer Satelliten noch lebendig sei. »Sie haben begriffen, wo die Hauptursache all dieser Schwierigkeiten liegt, und auf dem XX. Kongress Stalins Handlungsweise und seine Politik verurteilt. Aber sie haben die ganze Sache falsch angefangen, und zwar als Frage des Personenkults und nicht als Frage stalinistischer Methoden und Praxen. [...] Das, was sie im Jahre 1949 und später gesät haben, das ernten sie jetzt. Sie haben Wind gesät, jetzt ernten sie Sturm.«[82]

Obwohl Tito in Pula auch über »bestimmte stalinistische Elemente« sprach, die sich in der Sowjetunion der Politik Chruschtschows widersetzten, und die Hoffnung ausdrückte, dass Letzterer die Vorherrschaft behalten werde, versetzte seine Deutung der Geschehnisse Chruschtschow in Wut. Nur allzu gut war er sich nämlich bewusst, dass er mit der Erstickung des ungarischen Aufstandes auch Titos Regime vor dem Untergang bewahrt hatte.[83] Auf einem Empfang im Kreml am 17. November 1956 griff er zusammen mit Bulganin und Molotow Botschafter Mićunović scharf an, sie seien öffentlich als Stalinisten gebrandmarkt worden, als ob sich bei ihnen nichts getan hätte. »Wer hat das gebraucht, wenn nicht unsere Feinde?«[84] Es schien, als wäre die »Normalisierung« zwischen den Sowjets und Jugoslawien kläglich gescheitert. Die sowjetische Presse startete eine antijugoslawische Kampagne, und zwischen Moskau und Belgrad entspann sich ein lebhafter Briefwechsel. »In der Rede sind einige Äußerungen zu finden«, verkündete die TASS in einem Kommentar zum Tito-Auftritt in Pula, »die nach Form und Inhalt den Prinzipien des proletarischen Internationalismus und der internationalen Solidarität der Werktätigen widersprechen.« Der sowjetische Botschafter in Belgrad, N. P. Firjubin, kam zu einem Abendessen mit Tito sogar mit einem Stapel antisowjetischer Bücher, die in den letzten Jahren in Jugoslawien erschienen waren, um zu beweisen, wie feindlich die jugoslawische Haltung gegenüber der Sowjetunion sei.[85] In seinem Bericht, den er am 21. November mit einer ausführlichen Darstellung der Grundzüge der jugoslawischen Politik nach Moskau schickte, hob er hervor, dass die jugoslawischen Führer »mit einem offenen Angriff gegen die sowjetische sozialwirtschaftliche Ordnung, gegen die freundschaftlichen Beziehungen der UdSSR zu den Staaten der Volksdemokratie begonnen haben«, da sie hofften, sie auf den »jugoslawischen Weg« bringen zu können.[86]

Der Streit besiegelte zugleich Nagys Schicksal: Mit seinen Begleitern verließ er am 22. November die jugoslawische Botschaft, nachdem Kádár am Vortag auf Titos und Kardeljs Verlangen zuerst die mündliche, daraufhin auch noch schriftliche Versicherung gegeben hatte, dass er nichts zu befürchten habe. Kaum hatte er gegen sechs Uhr abends den Militärbus bestiegen, der ihn und seine Mitarbeiter nach Hause fahren sollte, wurde er von sowjetischen Agenten verhaftet, denn Chruschtschow meinte, dass es gefährlich sei, wenn er in Budapest in Freiheit bliebe. Deshalb beschlossen sie, ihm »Asyl« in Rumänien zu geben.[87]

Um ihre Ehre zu retten, beschwerten sich die Jugoslawen lauthals und verlangten, dass es zu einer tiefgreifenden Veränderung des politischen Systems nicht nur in Ungarn, sondern auch in den anderen sozialistischen Ländern kommen müsse. In einer programmatischen Rede, die Kardelj am 7. Dezember 1956 in der Bundesnationalversammlung hielt, war manch Nachhall Đilas'scher Ideen zu spüren (der gerade zu dieser Zeit vor Gericht stand). Vor allem was die Anschuldigung betraf, dass sich innerhalb der Sowjetgesellschaft eine Schicht von Bürokraten etabliert habe, die die Herrschaft der Arbeiterklasse missbrauche. Diese Kaste habe sich als kommunistisch ausgegeben, in Wirklichkeit habe sie aber Despotismus betrieben und den Fortschritt und das Entstehen einer neuen Realität in den gesellschaftlichen Beziehungen zum Stillstand gebracht. »Wenn eine Partei das nicht versteht, kann sie sich noch so sehr an ihre kommunistische Brust klopfen, mit dem Marxismus-Leninismus prahlen und sich auf ihre historische Führungsrolle berufen. Trotzdem wird sie die Rolle einer Bremserin der sozialistischen Entwicklung spielen. Sie kann sogar zu einer reaktionären Kraft werden, wenn sie auf diesem Wege beharrt. Zu denken, dass eine Partei den fortschrittlichen und demokratischen Charakter ihrer Herrschaft nur deshalb garantiert, weil sie sich kommunistisch nennt, ist ein schwerer antimarxistischer Irrtum.«[88]

Den Sowjets entging natürlich nicht die Verwandtschaft zwischen Kardeljs und Đilas' Worten: Am 18. Dezember schrieb die *Prawda*, dass die Verurteilung Đilas' nicht gerade zu Gunsten von »Herrn« Kardelj spreche und zeige, auf wie schwachen Beinen seine »revisionistische« Theorie stehe. Dabei sagte sie nicht, dass der Unterschied zwischen Đilas und Kardelj in Folgendem bestand: Während Ersterer die völlige Abkehr von Moskau und freie Wahlen verlangt hatte (darin war er Imre Nagy nahe), blieb der Zweite dem Glauben an die erlösende Kraft des Kommunismus treu.[89]

Chruschtschow war auch über Kardelj verärgert, weil er in dessen Auftritt vor dem Parlament einen persönlichen Angriff sah. Als er wenige Tage später den jugoslawischen Botschafter in Moskau Veljko Mićunović zu einem Gespräch empfing, bemerkte der auf seinem Tisch Kardeljs Text und einen Maiskolben: »Sie denken, dass ich nicht weiß, dass Kardelj an mich gedacht hat, als er von kommunistischen Führern sprach, die sich nur um den Mais kümmern«, sagte Chruschtschow und schlug mit der Faust auf den Tisch.[90]

Die ungarischen Ereignisse, für die man Titos Regierung verantwortlich machte, hatten die Jugoslawien innerhalb des sozialistischen Lagers völlig isoliert, und das genau zu dem Zeitpunkt, da die Beziehungen Belgrads zum Westen nicht gerade die allerherzlichsten waren. Titos Kritik am französisch-englischen Abenteuer in Ägypten hatte nämlich in London, Paris und auch Washington die Zweifel an der Ausgeglichenheit seiner Haltung gegenüber beiden Blöcken bestätigt. Tatsächlich hatten die Jugoslawen versucht, die Auseinandersetzung mit den Sowjets auf ideologischer Ebene zu führen. In einem Interview in der *Borba* hatte Tito erklärt, dass man zwischenparteiliche von zwischenstaatlichen Beziehungen unterscheiden und die Diskussion über ideologische Fragen von der Zusammenarbeit zwischen den Staaten trennen müsse.[91] Aber das war ihnen nicht geglückt. In der Überzeugung, dass der jugoslawische »Nationalkommunismus« die Einheit des Ostblocks untergrabe, blockierten die Sowjets im Februar 1957 ein Darlehen in Höhe von fast 100 Millionen Dollar, das sie unter Beteiligung der Deutschen Demokratischen Republik der Belgrader Regierung bewilligt hatten. Im April warfen sie im Zusammenspiel mit Budapest, Tirana und Sofia die heikle Frage der ethnischen

Minderheiten in Jugoslawien auf und drohten nachdrücklich mit erneuten Grenzzwischenfällen. János Kádár setzte den »Nationalkommunismus« sogar mit dem Faschismus gleich, während die Albaner ihre verbale Offensive aus den Jahren 1948-1952 wieder aufnahmen und irredentistische Forderungen in Bezug auf das Kosovo äußerten.[92]

Dies alles veranlasste Tito am 19. April die Medien aufzufordern, ihre Angriffe gegen die Sowjetunion zu dämpfen. Als im April Enver Hoxha Moskau besuchte, erklärte auch Chruschtschow, dass der Streit zwischen dem Sowjetblock und Jugoslawien aufhören müsse. Im Mai 1957 verschickte die sowjetische Führung zudem ein Rundschreiben an die Satellitenparteien, in dem sie diese aufforderten, trotz der ideologischen Unterschiede die Beziehungen zu Jugoslawien zu verbessern. Es folgte eine vielversprechende Reise des jugoslawischen Sekretärs für Volksverteidigung Ivan Gošnjak nach Moskau.[93] Im Juli 1957 verbesserten sich die Beziehungen weiter, als unerwarteterweise die »parteischädigende Gruppe« – Malenkow, Kaganowitsch, Molotow und Schepilow – gestürzt wurde, also jene Fraktion im ZK der KPdSU, die am antijugoslawischsten eingestellt war und die mit Chruschtschow um die Macht gekämpft hatte. Diese Nachricht wurde in Belgrad mit Genugtuung aufgenommen, denn es war klar, dass dieser Sieg Chruschtschows die reformistischen Kräfte in der Sowjetunion stärken und die Möglichkeit zum Dialog eröffnen würde.[94] Und tatsächlich: Schon am 16. Juli 1957 genehmigten die Sowjets nach einer »privaten« Reise Kardeljs und Rankovićs auf die Krim das zugesagte Darlehen erneut. Am 29. Juli wurde in Moskau ein Protokoll über den Ausbau eines Kombinats in Montenegro unterzeichnet, das jährlich 50 000 Tonnen Aluminium erzeugen und an dem neben der Sowjetunion auch die DDR mitwirken sollte. Es ging um ein Projekt, über das Kardelj und Stalin schon 1947 debattiert hatten, das aber wegen des Bruchs im Jahre 1948 nicht realisiert worden war. Für Jugoslawien hatte es eine enorme Bedeutung, denn man rechnete damit, dass es der Militärindustrie Schwung verleihen würde.[95]

In der Folge schlug Tito ein Geheimtreffen mit Chruschtschow auf einer Jacht auf der Donau an der Grenzelinie zwischen Jugoslawien und Rumänien vor. Auf diesem sollte der Streit endgültig beigelegt werden. Im letzten Augenblick aber überlegte er es sich anders und teilte telegrafisch mit, dass es besser wäre, wenn sie offiziell in Bukarest zusammenkämen. Am 1. und 2. August 1957 trafen sich die beiden Staatsmänner in Begleitung ihrer Delegationen in Snagov nahe der rumänischen Hauptstadt, in jenem Königspalast, wo im Juni 1948 die berüchtigte Resolution des Kominform beschlossen worden war, und begannen ein Gespräch über die offenen Fragen zwischen den Staaten und Parteien. Es kam zu einem hitzigen Meinungsaustausch über die ungarischen Ereignisse, wobei die Jugoslawen forderten, dass der »Sozialismus das Vorzimmer Heinrichs VIII., Ivan des Schrecklichen und die Zellen der päpstlichen Inquisition hinter sich lassen« solle, aber auch ihre Bereitschaft zur Verbesserung der gegenseitigen Beziehungen ausdrückten. Die zweitägigen Gespräche endeten mit Umarmungen und Küssen.[96] Der karge Bericht über das Treffen in Rumänien fand vor allem im Westen große Resonanz. In Washington, London und anderen Hauptstädten festigte sich die Meinung, dass Tito und Chruschtschow ein Abkommen erzielt hätten, auf dessen Grundlage Belgrad Moskau in internationalen Belangen unterstützen und dieses im Gegenzug den jugoslawischen Weg in den Sozialismus anerkennen werde.[97] So verhielt es sich tatsächlich, denn Tito hatte unter anderem versprochen, zur Fünfzigjahrfeier der Oktoberrevolution an einer von den Chinesen vorgeschlagenen Konferenz der sozialistischen Staaten teilzunehmen, um die Einheit und ideologische Übereinstimmung des kommunistischen »Lagers« zu betonen.[98] Und im Herbst zeigte sich erneut, dass der Westen in seiner Einschätzung richtig lag. Denn Tito selbst drückte in einem Artikel für die Zeitschrift des Belgrader Außenministeriums sein Vertrauen in die friedliebende Politik der UdSSR aus und gab zu verstehen, dass er im Westen die größte Gefahr für den Weltfrieden sehe.[99]

Im September 1957 besuchte eine polnische Regierungs- und Parteidelegation mit Władisław Gomułka an der Spitze Jugoslawien, offensichtlich in Absprache mit Chruschtschow. Im Abschlusskommuniqué erkannte Tito nicht nur die umstrittene Oder-Neiße-Linie als endgültige Grenze zwischen Polen und Deutschland an, er machte auch eine bedeutende ideologische Konzession, indem er den »proletarischen Internationalismus« als das Prinzip anerkannte, auf das sich die Beziehungen der kommunistischen Staaten und Parteien untereinander stützen sollten. Das war ein klares Abrücken von dem bisherigen jugoslawischen Standpunkt, dass der »proletarische Internationalismus« nur eine Rauchbombe sei, hinter der sich sowjetische hegemonistische Bestrebungen gegenüber kleineren Staaten versteckten. Bei einem festlichen Abendessen, das er zu Ehren der Polen gab, ging er sogar so weit, in seinem Trinkspruch die »führende Rolle« der Sowjetunion anzuerkennen.[100]

Zur gleichen Zeit begannen in Belgrader diplomatischen Kreisen Gerüchte zu zirkulieren, dass Tito bei dem Treffen in Bukarest Chruschtschow zugesagt habe, diplomatische Beziehungen mit der Deutschen Demokratischen Republik aufzunehmen, obwohl er wusste, dass er damit ein großes Wagnis eingehen würde.[101] Denn in Bonn galt die sogenannte »Hallstein-Doktrin«, nach der Westdeutschland keine diplomatischen Beziehungen mit Staaten unterhalten dürfe, die die DDR anerkannten. Zwar unterhielt Jugoslawien schon seit 1954 politische und wirtschaftliche Beziehungen zur DDR, doch die wurden durch jene mit Westdeutschland weit in den Schatten gestellt.[102] Tito hatte sich schon lange mit der Frage der deutschen Wiedervereinigung beschäftigt und zur Erreichung dieses Ziels eine Konföderation unter Anerkennung der administrativen Autonomie beider deutscher Staaten vorgeschlagen. Weil eine solche Konföderation aber mehr als unrealistisch war, erkannte er – trotz aller von seinen engsten Mitarbeitern, angefangen mit Außenminister Koča Popović, geäußerten Zweifel, wie die »westlichen Freunde« diesen Schritt aufnehmen würden – am 15. Oktober die Regierung in Ostberlin an. Die Antwort ließ nicht lange auf sich warten: Am 19. Oktober 1957 brach die Bundesrepublik Deutschland die diplomatischen Beziehungen mit Belgrad ab.[103] Diese Reaktion, die die Jugoslawen trotz aller Drohungen nicht erwartet hatten und die man in Bonn als Lektion sah, fand starken Widerhall in der internationalen Öffentlichkeit und blieb nicht ohne Folgen. Tito hatte gehofft, dass die Staaten der Dritten Welt, in erster Linie Indien, seinem Beispiel folgen würden, aber Nehru, der Tito vorwarf, sich vor diesem Schritt nicht mit ihm beraten zu haben, wies die Idee zurück, was eine spürbare Abkühlung der Beziehungen zwischen beiden Staaten zur Folge hatte.[104] Die USA begannen ihre Militärhilfe an Belgrad zurückzufahren und drückten klar ihren Unwillen über Titos Außenpolitik aus. Weil er seine Unabhängigkeit betonen wollte, beschloss der deshalb im Dezember 1957, dass er von nun an keine amerikanischen Waffen mehr umsonst annehmen, sondern dass er sie kaufen werde. Im März des folgenden Jahres leisteten die USA seinem Wunsch Folge, stoppten ihre Militärhilfe (nicht aber ihre Wirtschaftshilfe) und zogen ihre Militärmission ab, die in den vergangenen Jahren, trotz häufiger Reibungen, der Jugoslawischen Volksarmee Hilfestellungen bei den Vorbereitungen auf einen möglichen sowjetischen Angriff geleistet hatte.[105] Das Ansehen Titos im Westen litt in der Folge dieses Schrittes und auch der wirtschaftliche Schaden war massiv.[106]

★

DIE MOSKAUER KONFERENZ

Trotz des großen Gefallens, den Tito den Sowjets mit der Anerkennung der DDR erwiesen hatte, verhielten die sich ihm gegenüber nicht gerade rücksichtsvoll. Kaum zwei Wochen nach seinem Entschluss, die DDR anzuerkennen, setzte Chruschtschow wegen »Verletzung leninscher Prinzipien in der Sowjetarmee« den berühmten Marschall G. K. Schukow ab, der 1945 Berlin eingenommen hatte und nach Stalins Tod sowjetischer Verteidigungsminister gewesen war. Er war auch eine der Schlüsselfiguren bei Chruschtschows Aufstieg gewesen, da er großen Anteil an der Absetzung Berias und dem Zerschlagen der »parteischädigenden Gruppe« hatte. Es war sogar die Rede von einem »Team Chruschtschow-Schukow«, das angeblich die Moskauer politische Szene beherrschte, was den Jugoslawen durchaus passte, da sie auf Schukow und seinen positiven Einfluss auf den undurchsichtigen Chruschtschow setzten. Noch bei seiner Begegnung mit Tito in Bukarest hatte dieser gesagt, dass »andere Vögel sängen, wenn Schukow (im Kampf um die Macht) auf die Seite Molotows und Malenkows träte«. Zwei Monate später stürzte er ihn wegen »Bonapartismus«, noch bevor er von einem offiziellen Besuch in Jugoslawien und Albanien in die Heimat zurückgekehrt war. Die Tatsache, dass er den Minister nach Belgrad geschickt hatte, weil er in Armee und Partei das Terrain für seine »Liquidierung« vorbereiten wollte, und dass er ihn noch absetzte, während er auf dem Flug aus der jugoslawischen Hauptstadt nach Moskau war, nahm die Belgrader Regierung mit Entrüstung auf. Klar war, dass Chruschtschow seine Machtposition dadurch zu verstärken suchte, indem er sie missbrauchte, und das gerade in dem Augenblick, wo Tito in den Gesprächen mit dem sowjetischen Armeeführer seine Bereitschaft zu einer engeren militärischen Kooperation erklärt hatte. Chruschtschow ging sogar so weit, dass er die Entmachtung Schukows mit der Behauptung rechtfertigte, dieser habe bei seinem Besuch in Jugoslawien die Situation in diesem Staat und dessen freundschaftliche Gefühle für die sowjetischen Völker allzu positiv bewertet. Auf der Sitzung, auf der der Fall Schukow behandelt wurde, erklärte Chruschtschow auch, dass Tito in der Innenpolitik »nicht der kommunistischen Linie folgt, am wenigsten noch in den Beziehungen zur Sowjetunion«.[107]

Zeitgleich mit dieser diplomatischen Ohrfeige erschien in Moskau in 100 000 Exemplaren ein Pamphlet, wieder aus der Feder von Enver Hoxha, in dem dieser die »Verräterrolle« des jugoslawischen Revisionismus anprangerte. Diese unerwarteten Tiefschläge aus dem Kreml zwangen die jugoslawischen Führer, ihre Außenpolitik erneut zu überdenken. Vizepräsident Kardelj wurde sogar nach Griechenland geschickt, um Kontakte mit der Athener Regierung anzuknüpfen, für den Fall, dass es notwendig werden würde, in höchster Not den Balkanpakt wiederzubeleben.[108]

Drei Tage nach Erscheinen des Hoxha-Pamphlets, am 29. Oktober 1957 täuschte Tito »einen plötzlichen Lumbago-Anfall« vor, um nicht an der Moskauer Konferenz der kommunistischen Parteien der ganzen Welt teilnehmen zu müssen, die anlässlich des 40. Jahrestages der »großen sozialistischen Oktoberrevolution« stattfinden sollte.[109] Zu der Konferenz war auch der Bund der

Kommunisten Jugoslawiens eingeladen, aber seine Führer forderten aus Vorsicht zuvor eine Erklärung von Moskau, wie sie organisiert sein werde. »Man antwortete uns«, sagt Kardelj, »dass das eigentlich nur eine Konsultation über Formen von und Erfahrungen mit Aktionen sein werde, und wenn ein öffentliches Dokument vorbereitet und angenommen werde sollte, werde es auf der Linie des Friedens und der Koexistenz sein.« Als aber im Oktober der Entwurf des erwähnten Dokuments eintraf, stellte sich heraus, dass die Sowjets darin auf der dogmatischen Interpretation der sozialistischen Solidarität und auf der Stärkung des Lagers mit der Sowjetunion an der Spitze beharrten. Das war für die Jugoslawen unannehmbar.[110] Tito sagte zu General Milan Žeželj, dem Kommandanten seiner Leibgarde: »Wir müssen überaus vorsichtig sein. Wir werden weder den Russen noch den Westlern erlauben, auf unsere Kosten ihre Schäfchen ins Trockene zu bringen. Wir müssen unsere unabhängige Politik fortführen. Nur so können wir das Ansehen bewahren, dass wir uns in der Welt erworben haben. Der Westen würde das ausnützen, dort reden sie schon davon, dass uns die Russen in ihr östliches Lager gezogen haben. In das Lager werde ich nicht einmal tot gehen.«[111]

Bei den Feierlichkeiten, die zwischen dem 3. und 19. November 1957 stattfanden, standen der jugoslawischen Delegation statt seiner Kardelj und Ranković vor, was Chruschtschow verärgerte, denn er hatte geplant, in der Öffentlichkeit gemeinsam mit Tito und Mao Zedong aufzutreten, die zu seiner Rechten und seiner Linken sitzen sollten.[112] Die Gelegenheit beabsichtigte er dafür zu benutzen, eine »Konferenz der kommunistischen und Arbeiterparteien der sozialistischen Staaten« einzuberufen, die nach der ungarischen Katastrophe die führende Stellung der KPdSU wieder herstellen und mit einer gemeinsamen Erklärung abgeschlossen werden sollte: In ihr sollten die wesentlichen Prinzipien der »sozialistischen Entwicklung«, wie sie die sowjetische Erfahrung diktierte, bekräftigt werden. So blieb ihm nur der Versuch, Kardelj dazu zu überreden, und zu diesem Zwecke lud er die jugoslawische Delegation zu einem Abendessen nach Podmoskowje ein. Es kam zu einer stürmischen Debatte, in der Chruschtschow den Jugoslawen vorwarf, die Deklaration nicht unterschreiben zu wollen, weil sie es sich nicht mit den Amerikanern verderben wollten: »Ihr braucht amerikanische Hilfe, Weizen, den Marxismus habt ihr vergessen. […] Ihr entfernt euch vom Sozialismus, wenn ihr ihn nicht schon verlassen habt. […] Wir dachten, wir hätten uns in Bukarest über alles geeinigt. Jetzt sehe ich, dass ich mich verrechnet habe. Ich fürchte mich, vor das sowjetische Volk und die Partei zu treten und offen zu sagen, dass mich die Jugoslawen in Bukarest über den Tisch gezogen haben.«[113]

Nach Meinung der übrigen zwölf Delegationen, die die Deklaration unterschrieben hatten, waren die Gründe für die ablehnende Haltung der Jugoslawen in einer falschen und dem Marxismus-Leninismus fremden Überzeugung zu suchen, was die Kräfteverhältnisse in der Welt betraf, und in der Unterschätzung der Gefahr des Imperialismus, vor allem des amerikanischen. Die jugoslawische These, dass die Existenz zweier Militärblöcke die internationale Spannung verstärke, sei nicht hinnehmbar, denn der Warschauer Pakt diene der Sicherung der Errungenschaften des Sozialismus und sei damit ein wesentlicher Faktor der Friedenssicherung, die NATO hingegen sei ein Werkzeug, um imperialistische Konflikte zu schüren. Es sei eindeutig – erklärten sie –, dass die jugoslawischen Genossen bei der Bewertung der internationalen Ereignisse nicht von den Klassenpositionen ausgehen. Ihr Konzept einer friedliebenden Koexistenz entferne sich von den leninistischen Prinzipien, weil es nicht die Notwendigkeit des ideologischen Engagements berücksichtige. Die Jugoslawen dächten, dass die sozialistischen Kräfte in der Welt stark seien und dass man sie daher nicht für den Sieg des Lagers zu organisieren brauche. Das bedeute, dass sie auf die Spontaneität der Arbeiterbewegung setzten und der marxistisch-leninistischen Doktrin von der Notwendigkeit des aufeinander abgestimmten Kampfes widersprächen. Die Jugoslawen wollten auf zwei Stühlen sitzen und negierten, mehr noch, schadeten damit in der Praxis der wichtigsten Waffe, über die die internationale Arbeiterklasse verfüge.[114]

Zusammen mit den Delegierten der anderen 63 in Moskau anwesenden kommunistischen und Arbeiterparteien unterzeichneten die Jugoslawen am 19. November zwar das Friedensmanifest, das aber stellte die Sowjets nicht zufrieden. Bei dieser Gelegenheit trat Kardelj mit einer Rede auf, die allgemeine Billigung erntete, was ihm aber hinsichtlich des Drucks, den in den Tagen zuvor Chruschtschow auf ihn ausgeübt hatte, nicht zum Trost gereichte. Nervlich war er so erschöpft, dass er auf dem Heimweg nahe Budapest in Ohnmacht fiel.[115] Aus Moskau kehrte er überaus verärgert zurück, blieb aber fest entschlossen, mit dem Ausbau seiner politischen Idee fortzufahren. Darin bestärkte ihn auch das IX. Plenum des ZK des BdKJ, das am 7. Dezember 1957 auf Brioni zusammentrat. Die Teilnehmer billigten das Verhalten der jugoslawischen Delegation einstimmig, wobei sie auch optimistisch betonten, dass der Meinungsunterschied kein Hindernis für die »brüderliche Zusammenarbeit« zwischen den kommunistischen Parteien und Staaten sein dürfe. Aber das war leichter gesagt als in die Tat umgesetzt.[116]

★

DER STREIK VON TRBOVLJE

Inzwischen hatten sich am Horizont bereits ganz andere Gewitterwolken zusammengeballt. Es war nämlich nicht zu übersehen, dass die Spannungen zwischen den jugoslawischen Völkern in der letzten Zeit größer geworden waren – vor allem zwischen Serben und Kroaten. In Kroatien ging die Parole vom »Serbokommunismus« um, mit der Menschen die Meinung ausdrückten, dass die Serben diejenigen seien, die vom Regime den größten Nutzen hätten. Im Gegensatz dazu fühlten sich die Serben, aber auch die Montenegriner und Mazedonier, zurückgesetzt, wenn sie ihren Lebensstandard mit dem kroatischen oder slowenischen verglichen. Diese Meinungsunterschiede waren selbst in einflussreichen Partei- und Intellektuellenkreisen festzustellen, wo man Proteste gegen die Privilegien hören konnte, die die nördlichen Republiken angeblich genossen. Der bekannte serbische Schriftsteller Dobrica Ćosić, Mitglied des ZK des BdK Serbiens und Rankovićs Schützling, sprach mehrfach öffentlich davon, dass die kroatischen »Genossen« die Entwicklung der serbischen Landesteile sabotieren würden.[117] Im September 1954 vermerkte er in seinem Tagebuch: »Große Teuerung. Das Leben wird immer schwerer. Belgrad liegt im Halbdunkel. Immer längeres Abschalten des elektrischen Stroms. Vom Minister bis zum Pensionisten klagen alle über den Zustand in der Landwirtschaft. Alle sind unzufrieden. Alle hassen die Slowenen.«[118]

In Slowenien, das gezwungen war, 10 Prozent seines Bruttosozialprodukts an die Bundesregierung abzuführen, kam die aufgestaute Unzufriedenheit am 13. Januar 1958 zum Ausbruch, als im »roten Kohlerevier« Trbovlje der erste große Streik nach dem Krieg ausbrach. Wie ihre Väter, die schon im Jahre 1924 gegen Belgrad protestiert hatten, verschränkten 4 000 Bergleute drei Tage lang die Arme und verlangten bessere Löhne, da sie mit dem Verteilungsschlüssel, der ihnen vom Zentrum oktroyiert worden war, nicht einverstanden waren. Der Streik kam für die Behörden äußerst überraschend und stellte sie vor die Fragen: Wie ist es möglich, dass es in einem Staat zum Streit kommt, in dem das Volk an der Macht ist, das mit dem Volk für das Volk regiert? Noch unangenehmer war, dass die verbliebenen Kommunisten unter den Arbeitern völlig isoliert waren, denn niemand von ihnen war in den Streikausschuss gewählt worden. Der slowenische Parteibonze Miha Marinko, der aus Trbovlje stammte und gekommen war, um die Bergleute zu beruhigen, brachte sie mit seinem Mercedes so in Rage, dass er kaum mit heiler Haut davonkam. Es war abzusehen, dass der Streik sich auch auf andere Bergwerke und Fabriken in Slowenien ausweiten würde. Es kam zu Festnahmen von Kurieren mit Briefen, in denen sich der Streikausschuss an die Arbeiterkollektive in der Republik wandte und sie aufforderte, sich ihm anzuschließen. Die Lage wurde an der Spitze des BdK Sloweniens als überaus gefährlich eingeschätzt.[119] Edvard Kardelj, der anfangs versucht hatte, das Geschehen vor Tito geheim zu halten, empfand es als brennende Niederlage. Auf dem Plenum des ZK des BdK Sloweniens am 24. Januar 1958 verglich er die Ereignisse von Trbovlje mit dem ungarischen Aufstand und warnte, »dass es reiner Zufall war, wenn es nicht nötig wurde, auch in Trbovlje mit Waffen zu intervenieren«. Im Gegensatz zu den Ungarn waren die streikenden Bergleute nämlich nicht »ausgesprochen konterrevolutionären Parolen aufgesessen«, obwohl das leicht hätte geschehen können. In dem Falle wären die Behörden »gezwungen gewesen, mit Gewalt und Waffen zu intervenieren. Ich muss sagen, dass wir auch dazu bereit waren und dass wir nicht lange überlegen werden, wenn sich jemand erdreisten sollte, die Hand an die sozialistischen Errungenschaften unser arbeitenden Bevölkerung zu legen«.[120] Drastischer drückte sich der alte UDBA-Mann Ivan Maček aus: »Keine Armee, gebt ihnen Wein, und dann alle in die Grube.« Der Schriftsteller Bojan Štih, der diese Worte festgehalten hat, kaufte sich aus höhnischem Protest Grubenhelm und Pickel und spazierte damit durch Ljubljana. Er landete im Gefängnis.[121]

Unter den Politikern aber gewann inzwischen der gesunde Menschenverstand das Übergewicht. Es wurden mehrere Aktivisten nach Trbovlje entsandt, angeführt vom damaligen Vizepräsidenten des Vollzugsrats Stane Kavčič. Es kam zu einem Dialog mit den Bergleuten, die im Wesentlichen das erreichten, was sie gefordert hatten: die Erhöhung des Kohlepreises und eine Verbesserung der Löhne. Die slowenischen Theoretiker und Pragmatiker, sagt Kavčič, »erhielten aber eine Lektion, die eine positive Wirkung auf die spätere Entwicklung und Politik hatte«.[122] Obwohl Tito den Streik als das Werk »imperialistischer Mächte« und »feindlicher Elemente« verurteilte, ist kennzeichnend, dass das Vollzugskomitee auf einer geheimen Sitzung am 6. Februar 1958, an der auch die prominentesten Vertreter der Republiken und Bundesorgane teilnahmen, den Kern des Problems berührte, nämlich die Beziehungen zwischen den Republiken und der Zentralverwaltung, und sich fragte, wie die Beziehung zwischen Partei und Gesellschaft verfasst sein solle. Während Tito »administrative Maßnahmen« befürwortete, verteidigten die Slowenen die liberale politische Linie, wie sie der VI. Kongress skizziert hatte. Kardelj stellte fest, dass es nach 1952 zu einem »Entwicklungsstillstand« gekommen sei, sodass sich »auf allen Ebenen die bürokratischen Tendenzen verstärkt« hätten und »die Partei ihre ideologische Funktion verspielt« hätte. Wegen dieser unterschiedlichen Standpunkte brach zum ersten mal Streit an der jugoslawischen Staats- und Parteispitze aus, der zunächst zwar nicht dramatisch erschien, der aber Divergenzen ankündigte, die bis zu Titos Tod beziehungsweise bis zum Zerfall Jugoslawiens anhielten.[123]

Kardelj wusste, was er da sagte. Er hatte im Jahre 1954 eine Niederlage und nach Đilas' Verurteilung eine tiefe moralische und psychologische Krise durchlitten. Damals war auf einer Parteisitzung auch folgende Warnung zu hören gewesen: »Wir, Genossen, müssen von nun an wach sein und gut die Augen aufmachen, auch wenn wir lesen, was Genosse Kardelj schreibt.«[124]

Am 17. Februar 1958 sandte das Vollzugskomitee den Parteimitgliedern einen Brief, in dem es, die Debatte wenige Tage zuvor zusammenfassend, sich zur politischen Krise des Systems zu Wort meldete. Mit Argumenten, die von Đilas' Standpunkten nicht weit entfernt waren, tadelte es die Korruption von Parteifunktionären, den Bürokratismus und die Privilegien und gab zum ersten Mal zu, dass in Jugoslawien partikularistische, nationalistische und chauvinistische Tendenzen aufgetreten waren.[125] Es unterschlug aber die Hauptfrage, nämlich das Problem der Beziehung zwischen den Republiken und dem Zentrum. Die Tatsache, dass Tito die Hauptthesen dieses Briefes als seine eigenen übernahm, dass Kardelj und Ranković ihn bei ihren Auftritten aber gar nicht erwähnten, als hätten sie ihn überhaupt nicht gelesen, interpretierten ausländische Diplomaten als Zeichen der fehlenden Abstimmung an der Parteispitze und als Versuch Titos, seine politische Rolle zu stärken und sich als Oberschiedsrichter zwischen den verschiedenen Strömungen zu profilieren, die sich innerhalb des Bundes der Kommunisten Jugoslawiens herauszubilden begannen.[126] Trotzdem fand der Brief unter den Mitgliedern großen Widerhall. »Dies ist das revolutionärste Dokument dieser Art, seitdem die Partei an die Macht gekommen ist«, kommentierte Dobrica Ćosić, zugleich setzte er aber vorsichtig hinzu, dass »der Brief nur ein blutleeres Propagandapapier sein wird, wenn ihm nicht Gesetze folgen, Verordnungen, staatliche Kontrolle und vor allem freie und unnachsichtige Kritik der Presse und der öffentlichen Meinung. Wieder wird der kleine Mann den Buckel hinhalten müssen.«[127]

★

DER VII. KONGRESS DES BUNDES DER KOMMUNISTEN JUGOSLAWIENS

Die jugoslawischen Politiker bereiteten zu diesem Zeitpunkt, seit Februar 1957, ein neues Parteiprogramm vor, denn das alte war schon auf dem VI., dem »Zagreber«, Kongress offiziell für ungültig erklärt worden. Es sollte auf dem VII. Kongress des BdKJ beschlossen werden, der mit großer Verspätung im November in Ljubljana hätte stattfinden sollen. Im letzten Augenblick war er auf den April des folgenden Jahres verschoben worden, denn an der Parteispitze war es in Kardeljs Gruppe zu großer Sorge wegen Titos Bereitschaft gekommen, mit den Sowjets zusammenzuarbeiten. Erst als der Marschall seine Reise nach Moskau zur Feier der Oktoberrevolution absagte, beruhigten sich die Beziehungen zwischen den führenden Politikern so weit, dass Kardelj mit seiner Arbeit fortfahren konnte. Nach Stalins Tod war er überzeugt gewesen, dass Jugoslawien unter den neuen Umständen mit seinem Einfluss im internationalen Raum kreativ wirken könne. »Die sowjetischen Politiker haben einen totalen Misserfolg erlitten. Wir haben nicht nur bewiesen, dass wir recht haben, sondern auch, dass wir im Stande sind uns zu widersetzen.«[128] Doch bald darauf waren die demokratischen Reformen wegen der Đilas-Affäre, aber auch wegen der polnischen und ungarischen Unruhen ins Stocken geraten. Aleksandar Ranković nutzte die dramatischen Ereignisse zur Stärkung seines Einflusses, der ohnehin schon groß war wegen des Erfolges, den die UDBA im Kampf gegen die Kominformler vorweisen konnte. Das verursachte einen Stillstand in der Entwicklung des demokratischen Prozesses und hatte die Rückkehr zum Zentralismus zur Folge. Nach dem erneuten Streit mit Chruschtschow aber hoffte Kardelj, dass die Zeit nun reif für Reformen sei, und vergrub sich deshalb in die Vorbereitungsarbeit für den VII. Kongress.[129] Er erklärte, dass die sowjetischen Versuche, die Jugoslawen auf ihre Linie zu zwingen, »allzu sehr an die Praxis des Kominform erinnern«, und meinte, dass jetzt der richtige Augenblick für die Präsentierung des eigenen ideologischen Konzepts gekommen sei. Dabei half ihm eine vielköpfiges Gremium von Fachleuten – Intellektuelle und Parteifunktionäre. Unter den Klängen Beethovenscher Musik baute er das ganze Jahr hindurch, trotz Krankheit, seine Ideen mit ganzer Hingabe aus, zugleich aber in dem Bewusstsein, eine Utopie zu errichten. »Aber Utopien haben die Eigenschaft«, sagte er zu seinen Mitarbeitern, »dass sie Wirklichkeit werden.«[130]

Der Entwurf des Programms ging auf Titos Initiative hin an alle »brüderlichen« kommunistischen Parteien mit der Bitte um Meinung und Verbesserungen.[131] Das geschah mehr aus Höflichkeit denn aus Dialogbereitschaft, da es klar war, dass der Text im fundamentalen Widerspruch zur ideologischen Doktrin der Sowjets stand. Als Veljko Mićunović ihn dem Chefideologen der KPdSU M. A. Suslow, dem Hüter der Orthodoxie und offenen Feind der jugoslawischen Revisionisten, überbrachte, entzündete sich zwischen ihnen ein heftiger Streit.[132] Das Moskauer Politbüro kam zu dem Urteil, dass Tito die Führung innerhalb der internationalen kommunistischen Bewegung übernehmen wolle und der KPdSU den ideologischen Kampf ansage. Aus Protest widerrief er den geplanten Besuch des Präsidenten der UdSSR K. E. Woroschilow in Jugoslawien im letzten Augenblick, während sich Chruschtschow schriftlich an Tito selbst wandte und ihn zu überreden versuchte, auf die radikalsten Thesen des Parteiprogramms zu verzichten. Es meldeten sich auch die Polen, die zwei ihrer Vertreter nach Belgrad entsandten. »Macht uns keine Schwierigkeiten, denn die Russen werden sich widersetzen.« Tito ordnete zwar an, dass es im Text zu mehreren formalen Korrekturen kam, die jedoch nicht wesentlich waren.[133] Damit ließen sich die Sowjets aber natürlich nicht zufriedenstellen.

N. S. Chruschtschow, der zu diesem Zeitpunkt seine Position gefestigt hatte, da er neben dem höchsten Parteiamt am 28. März 1958 auch den Vorsitz des Ministerrates übernommen hatte und der wegen der sowjetischen Erfolge in der Erforschung des Weltalls großes Ansehen daheim und im Ausland genoss, missfiel der Titoismus, wie ihn Kardelj interpretierte. Weder sagten ihm seine Kritik am »Hegemonismus und Stalinismus« zu noch das erklärte Ziel der Jugoslawen, nämlich ein Kommunismus ohne Staat und Partei. Im Programm des BdKJ stand im Prinzip nichts, was nicht bereits aus Jugoslawien zu hören gewesen war, aber weil es zu einer Zeit der schärfsten antirevisionistischen Kampagne erschienen war und weil es für sich beanspruchte, den einzig richtigen Weg in den Sozialismus aufzuzeigen, musste man darauf antworten. Wenige Tage vor Beginn des VII. Kongresses erschien in der Aprilnummer der Moskauer Zeitschrift *Komunist* eine überaus negative Rezension, in der drei angesehene Parteiideologen den BdKJ beschuldigten, in zahlreichen Punkten von der »Theorie und Praxis des Marxismus-Leninismus« abzuweichen und die Einheit der kommunistischen Parteien und sozialistischen Staaten zu untergraben.[134] »Die heroischen Völker Jugoslawiens, die nicht wenig Blut für Recht und Freiheit vergossen haben, um ihr Leben auf sozialistischen Fundamenten zu errichten, haben ein besseres Schicksal verdient. Zum großen Ziel – zum Kommunismus und Sozialismus – führen nicht isolierte, falsche und verschlungene Wege, sondern ein einziger, für alle gemeinsamer und breiter Weg.«[135] Nach Einschätzung amerikanischer Analytiker sei Moskau seit 1948 nicht mehr so entschieden aufgetreten.[136]

Mitte März 1958 wurde das Parteiprogramm zur öffentlichen Diskussion freigegeben, wobei die in Bukarest getroffene Übereinkunft gebrochen wurde, Meinungsverschiedenheiten und gegenseitige Kritik nicht in die Öffentlichkeit zu tragen.[137] In dem in zehn Kapitel gegliederten Text umriss Kardelj mit der ihm eigenen Pedanterie und mit großem Wortreichtum die Vision des Sozialismus und der internationalen Beziehungen, wie sie sich im letzten Jahrzehnt im Bewusstsein der jugoslawischen Führer, vor allem in seinem, herausgebildet hatte. Sie basierte auf der Betonung der Gleichberechtigung zwischen den Staaten und Parteien, auf der Beseitigung »bürokratischer Tendenzen«, auf der Entwicklung der sozialistischen Selbstverwaltung, auf der These vom Absterben des Staates und auf der Behauptung, dass selbst die Diktatur des Proletariats eine vergängliche sei. Das Moskauer Dogma, dass die kommunistischen Parteien das Monopol über alle fortschrittlichen Bewegungen hätten, die zum Sozialismus streben, und dass sich dieser nur in ihnen und über sie verwirklichen könne, wies Kardelj als theoretisch verfehlt und schädlich zurück. Seiner Meinung nach sei es nicht möglich, den Sozialismus nur im sowjetischen Block zu suchen und auch in Jugoslawien nicht, denn er sei in der ganzen Welt verbreitet, auch in den kapitalistischen Staaten. Kurzum, das Programm sprach den Kommunisten das Recht ab, die sozialistische Idee und Praxis zu monopolisieren, und öffnete der Zusammenarbeit aller »fortschrittlichen« Kräfte die Tür. Das aber brachte in die Beziehungen zwischen ihnen eine neue Dynamik hinein, innerhalb derer es nicht möglich war, einen Oberschiedsrichter anzuerkennen. »Im Kampf um die Einheit und Zusammenarbeit der Arbeiterbewegung«, sagte Kardelj auf dem Kongress, »dürfen wir den ideologischen Kampf gegen Opportunismus, Reformismus, Dogmatismus, Revisionismus usw. nicht außer Acht lassen. Dementsprechend werden wir uns entschlossen gegen jeden Versuch der Einmischung in unsere inneren Angelegenheiten oder der Aufzwingung fremder Meinungen wehren. Ohne diesen Kampf käme die Einheit einem Kaschieren der revolutionären sozialistischen Perspektiven gleich, einem Aufzwingen von Desorientierung, von Ballast, von Konservatismus.«[138]

In Bezug auf die Außenpolitik bezeichnete das Programm das Blockdenken als größtes Friedenshindernis und setzte den Freiheitskampf der unterdrückten Völker mit dem Klassenkampf gleich. Dabei verurteilt Kardelj die Teilung der Welt in Interessensphären, lehnt Imperialismus und Hegemoniebestrebungen gleichermaßen ab und warnt sogar, dass nicht auszuschließen sei, dass es auch unter den sozialistischen Staaten zu gegenseitiger Ausnützung und zu Konflikten kommt.[139] »Schon von sich aus versteht es sich«, stellte er weiter fest, »dass wir mit allen kommunistischen Parteien in allen Fragen solidarisch sind, die die Entwicklung des sozialistischen Fortschritts, die Stärkung der Arbeiterbewegung und die Stärkung des Friedens betreffen. In diesem Sinne war der Bund der Kommunisten Jugoslawiens der revolutionären Idee des proletarischen Internationalismus stets treu. Mit den anderen marxistischen Parteien verbindet uns auch heute die Ideologie des Marxismus und Leninismus, trotz bestimmter ideologischer Unterschiede. Und da verlangt nun das Programm des BdKJ, dass diese Zusammenarbeit auf völliger Freiwilligkeit und Gleichberechtigung beruht, dass die Aufzwingung fremder Ansichten von Seiten einer Mehrheit ausgeschlossen bleibt und dass das ausschließliche Recht jeder einzelnen Partei gilt, über die Zweckmäßigkeit und über die ideale und taktische Berechtigung dieser oder jener Maßnahme selbst zu urteilen.«[140]

Kardelj ging noch einen Schritt weiter, denn im Programm betonte er neben der Autonomie der Partei auch die wesentliche Autonomie des Menschen. Dahinter steckt die Überzeugung, dass »der Sozialismus das persönliche Glück des Menschen nicht irgendwelchen ›höheren Zielen‹ unterordnen kann, denn das höchste Ziel ist das Glück des Menschen«. Diese Feststellung klang so radikal, dass man sie zweimal aus dem Entwurf des Programmtextes gestrichen hatte. Am Ende gelang es Kardelj doch, sie unterzubringen, aber er musste sie mit dem Satz neutralisieren: »Andererseits hat niemand das Recht, sein persönliches Interesse zum Schaden des gemeinsamen Interesses aller durchzusetzen.«[141] Trotz Titos Widerspruch gelang es ihm, das Parteiprogramm mit einem noch provokanteren Satz zu krönen, nämlich mit einer Paraphrase der Marx-Engels'schen Behauptung, dass man alles kritisieren müsse, was existiert: »Nichts, was geschaffen wurde, darf für uns so heilig sein, dass es nicht übertroffen werden könnte.«[142]

Chruschtschow erregte sich besonders über den Umstand, dass sich Tito in seinem Einleitungsreferat für die Wirtschaftshilfe bei den USA bedankte, vor allem für die Weizenlieferungen, wobei er das Darlehen – annähernd 285 Millionen Dollar –, das die Sowjetunion Jugoslawien zugesagt hatte, kaum erwähnte.[143] Schon zwei Tage nach dem Abschluss des Kongresses, am 28. April 1958, erschien in der *Prawda* ein Leitartikel, der sich zwar nicht explizit auf Jugoslawien bezog, dafür aber unmissverständlich zum Kampf gegen den Revisionismus aufrief. Wenige Tage später, am 4. Mai, erschien dieser auch in Peking. In den folgenden Monaten fuhren die Sowjets und ihre Satelliten eine giftige Polemik gegen das revisionistische Jugoslawien und beschuldigten es, die marxistische Ideologie gegen Dollar verkauft zu haben. Die Jugoslawen, so behaupteten sie, hätten mit ihrem Parteiprogramm genaugenommen einen Gegenentwurf zu der Deklaration vorgestellt, die im November 1957 von zwölf kommunistischen Parteien in Moskau unterzeichnet worden war. Indem sie der Doktrin der »zwei Lager« abgesagt und sie durch die These zweier gleich gefährlicher Militärblöcke ersetzt habe, hätten sie die sozialistischen Staaten auf die Ebene von kapitalistischen und imperialistischen Mächten herabgesetzt. Auf dem Kongress der KP Bulgariens in Sofia verurteilte Chruschtschow am 3. Juni 1958 das Programm des BdKJ scharf, beschuldigte die jugoslawischen Führer, sich von den »westlichen Imperialisten« kaufen zu lassen, wiederholte den Vorwurf an Jugoslawien, dass es während der ungarischen Revolution die »Reaktion« unterstützt habe und meinte, dass der Ausschluss aus dem Kominform im Jahre 1948 völlig gerechtfertigt gewesen sei. »Wir werden den Krieg gegen alle jene führen, die mit ihren Handlungen die Einheit der kommunistischen und Arbeiterparteien gefährden, die das immer zahlreicher und stärker werdende Lager der Staaten des Sozialismus schwächen.«[144]

Titos Reaktion ließ nicht lange auf sich warten, denn am 15. Juni erklärte er in dem istrischen Städtchen Labin unter anderem: »Genosse Chruschtschow sagt wiederholt, dass man den Sozialismus nicht mit amerikanischem Weizen errichten könne. Ich denke, dass das derjenige tun kann, der weiß, was zu tun ist, während derjenige, der das nicht weiß, den Sozialismus auch mit seinem eigenen Weizen nicht erbauen kann. Chruschtschow behauptet, wir lebten von milden Gaben, die wir von den imperialistischen Staaten bekommen. [...] Welches moralische Recht haben diejenigen, die uns wegen amerikanischer Hilfe oder Darlehen angreifen, wo doch Chruschtschow unlängst selbst versucht hat, ein Wirtschaftsabkommen mit Amerika abzuschließen.«[145]

Kaum drei Tage später, am 18. Juni 1958, kam von sowjetischer Seite ein weiterer Schlag, als man erfuhr, dass Imre Nagy zusammen mit drei Genossen zum Tode verurteilt und erschossen worden war. Im Kommuniqué der ungarischen Regierung, die diese Meldung verbreitete, hieß es unter anderem, dass Imre Nagy zusammen mit anderen zuvor Unterschlupf in der jugoslawischen diplomatischen Vertretung gefunden hätten, aus der heraus er Anweisungen für die Fortsetzung des bewaffneten Kampfes, zur Organisation eines Streiks und zur Reorganisierung der Subversion im Untergrund erteilt habe. Die Jugoslawen, die zwischen den Zeilen dieses »konterrevolutionären« Handelns beschuldigt wurden, reagierten mit einer ausgesprochen scharfen Note und beriefen sich in ihr auf die Regierungsvereinbarung von 1956, mit der Nagy und seinen Mitstreitern Sicherheit garantiert worden sei. Sie waren umso empörter, da Kádár Ende März 1958 bei einem Treffen mit Tito im Jagdrevier Karađorđevo versichert hatte, dass der laufende Prozess gegen den ehemaligen Premier und seine Mitarbeiter, nicht gegen Jugoslawien gerichtet sei. Tito sandte Chruschtschow einen persönlichen Protestbrief, der auch allen Organisationen des BdKJ zugestellt wurde. Und Anfang 1959 wurde auch ein *Weißbuch* veröffentlicht, in dem die jugoslawische Regierung eine umfangreiche Dokumentation zum Falle Nagy präsentierte.[146] Der Geist Imre Nagys, sagt Sergej N. Chruschtschow, der Sohn Nikita Sergejewitschs, »stand für immer zwischen Tito und meinem Vater«.[147]

Einen Monat später, am 12. Juli 1958, bezeichnete Chruschtschow die jugoslawischen Kommunisten als »Bakterien«, die den Kommunismus »verderben«, und beschuldigte sie, amerikanische Unterstützung als Belohung für den Versuch zu erhalten, den sozialistischen Block zu spalten.[148] Obwohl er in Sofia versprochen hatte, dass es auf zwischenstaatlicher Ebene zu keinen Schwierigkeiten und keinem Stillstand mehr kommen werde, widerrief er kurz darauf das bereits genehmigte Darlehen. Damit fiel der Plan der Errichtung eines Aluminiumkombinats in Montenegro ins Wasser, der dieser Republik einen wirtschaftlichen Aufschwung hätten bescheren sollen. Die Tatsache, dass sich dem Boykott sofort auch die DDR anschloss, wurde von den Jugoslawen als hinterhältig und niederträchtig eingestuft, denn ihretwegen hatten sie die Beziehungen zur BRD abgebrochen und dabei großen wirtschaftlichen Schaden erlitten.[149]

Die jugoslawische Presse feierte in den folgenden Monaten unisono die Errungenschaften des VII. Kongresses und betonte die Bedeutung des Selbstverwaltungssozialismus und der Politik der Blockfreiheit. Dabei überschätzte sie natürlich die eigenen Möglichkeiten, behauptete, dass Jugoslawien ein Opfer böswilliger Angriffe sei, und hob Tito in den Himmel.[150] Schon wenige Monate vor dem Kongress in Ljubljana, aber auch während des Kongresses, waren in den Reihen des BdKJ Stimmen laut geworden, dass der fünfundsechzigjährige Tito die Posten des Ministerpräsidenten und des Generalsekretärs der Partei niederlegen und nur die Stellung des Staatspräsidenten behalten solle. Sein Nachfolger an der Spitze des BdKJ solle Ranković werden, und an der Spitze der Regierung Kardelj.[151] Aber die feindselige Haltung Moskaus begrub diese Pläne, soweit sie überhaupt eine Grundlage hatten, endgültig, denn Tito kam zu der Überzeugung, dass jede Veränderung an der Spitze gefährlich sei. In Jugoslawien begann man sich aufs Neue an das Fifty-fifty-Abkommen aus dem Jahre 1944 zwischen Churchill und Stalin zu erinnern und behauptete, dass die Aufteilung des Staates zwischen beiden Großmächten im Wesentlichen noch immer aktuell sei.[152]

★

AUSEINANDERSETZUNG MIT CHINA

In der Proklamation, die im Jahre 1958 vom ZK der KPdSU anlässlich des Jahrestages der Oktoberrevolution veröffentlicht wurde, war Jugoslawien nicht unter den Staaten verzeichnet, »die den Sozialismus aufbauen«. Deshalb wurde der BdKJ auch nicht zum XXI. Kongress der KPdSU eingeladen, der für Ende Januar 1959 geplant war.[153]

Doch während man in Moskau die Partei zu ignorieren versuchte, war man dort gleichzeitig der Meinung, dass zumindest auf Staatsebene gute Beziehungen zu Jugoslawien aufrechtzuerhalten seien. Die wirtschaftliche, kulturelle und wissenschaftliche Zusammenarbeit wurde fortgesetzt.[154] Einen radikaleren Standpunkt gegenüber dem jugoslawischen »Revisionismus« nahmen Bulgaren und Albaner ein, was sicherlich auch in ungelösten Grenzstreitigkeiten begründet lag. Die *Politika* schrieb am 17. September 1958, dass die Regierung in Tirana die Volksgenossen im Kosovo offen dazu aufgefordert habe, sich gegen Titos Regime zu erheben, kommentierte, dass Albanien die Rolle des Provokateurs »in dieser unglücklichen, unzivilisierten Geschichte« zugefallen sei, und warf der Regierung Enver Hoxhas vor, alle seine vergangene »Vulgarität« überboten zu haben.[155]

Während die Feindseligkeiten der Bulgaren und Albaner in Belgrad niemanden überraschten, sah es mit jenen, die aus China zu vernehmen waren, anders aus. Die politische, wirtschaftliche und kulturelle Zusammenarbeit mit China war seit der Aufnahme diplomatischer Beziehungen am 11. Februar 1955 mehr als korrekt, wenn nicht gar herzlich gewesen, denn Tito und sein Stab hatten schon 1948 in Mao Zedong ihren natürlichen Verbündeten gegen den »großen Moskauer Bruder« gesehen. Diese Hoffnung lag darin begründet, dass die chinesischen Kommunisten, ähnlich wie die jugoslawischen, die Revolution aus eigener Kraft erlangt hatte. Bald aber erwies sie sich als Illusion, denn die Chinesen stellten sich auf Stalins Seite.[156]

Erst nach 1955 änderten sie ihre Haltung und gestanden öffentlich ein, dass ihre Politik gegenüber Jugoslawien falsch gewesen sei. Mao Zedong erklärte nach dem Besuch Chruschtschows in Belgrad auf einem Empfang sogar: »Ich gratuliere Tito zum Sieg seiner Prinzipien. Die Belgrader Deklaration ist das wichtigste Dokument, das die Arbeiterbewegung bisher hervorgebracht hat.« Und Tschu En-lai, Maos engster Mitarbeiter, sagte Ende 1956 zum jugoslawischen Botschafter in Indien, wo dieser sich auf Besuch befand: »Wir müssen und werden Freunde sein.«[157] Auf dem Moskauer Treffen zum 40. Jahrestag der

Oktoberrevolution nahm Mao gegenüber der jugoslawischen Delegation eine sehr freundliche Haltung ein und betonte die Gemeinsamkeiten des BdKJ und der KP Chinas in ihrem Verhältnis zur KPdSU: »Ihr und wir unterscheiden uns nur darin, dass ihr Schnauzbärte tragt und wir nicht.«[158] Ein Jahr später, am 28. Februar 1958, unterzeichneten beide Staaten ein Handelsprotokoll, das einen Warenaustausch in Höhe von 19,6 Millionen Dollar vorsah.[159]

Doch bald danach kam es zu ersten Meinungsverschiedenheiten. So widersprachen die Chinesen der häretischen Behauptung, die auf dem VII. Kongress geäußert worden war, dass die Abschaffung der Blöcke die Welt vor der Gefahr eines Atomkrieges retten würde. Sie beschuldigten die Jugoslawen, der Revolution und der Diktatur des Proletariats entsagt zu haben, und warfen ihnen vor, ihre nicht konformen Standpunkte zu einer Doktrin erhoben zu haben.[160] In der Folge entspann sich eine Auseinandersetzung, die in Zeitungen und Zeitschriften ausgefochten wurde. So titulierte die *Rote Fahne*, das Organ des ZK der KP China, die führenden jugoslawischen Staatsmänner und allen voran Tito als »Agenten des Imperialismus«.[161] Das hatte eine Abkühlung der diplomatischen Beziehungen zur Folge, denn sowohl der chinesische Botschafter in Belgrad Wu Hsiu-Chuan als auch der jugoslawische in Peking Vladimir Popović wurden abberufen.

Dabei verbarg sich hinter den Provokationen aus Peking eigentlich etwas ganz anderes. Nämlich ein Konflikt, den Mao Zedong mit Chruschtschow hatte, den beide Großmächte allerdings hinter den Kulissen ausfochten. Der Hintergrund war, dass man in Peking nach dem Schlag, den die Sowjetunion wegen des Ungarnaufstands hatte einstecken müssen, den eigenen Status innerhalb der kommunistischen Welt erhöhen und künftig selbst eine von Moskau unabhängige ideologische Ausrichtung vorgeben wollte. Kardelj hatte die Spannung in den Beziehungen zwischen beiden Parteien schon bei der Novembertagung in Moskau im Jahre 1957 wahrgenommen und die Genossen gewarnt, dass die »Schlacht um den ideologischen Primat in der internationalen Arbeiterbewegung zwischen Russen und Chinesen begonnen« habe.[162] Niemand aber hatte in Belgrad erwartet, dass sich der Konflikt derart zuspitzen würde und vor allem nicht auf diese Weise. Denn die beiden Länder agitierten nicht offen gegeneinander, sondern wählten Nebenschauplätze für ihre Polemiken. Die Chinesen gaben Jugoslawien diese undankbare Rolle, vor allem aber Tito, dem »Verräter des Weltproletariats«, und die Sowjets nahmen sich Albanien vor, das in letzter Zeit zum Pekinger Vasallen auf dem Balkan geworden war. Die Jugoslawen waren sich natürlich bewusst, was sich hinter den Kulissen abspielte, und waren nicht bereit »einzuknicken«, wie Vladimir Popović sagte, sondern gossen infolge des VII. Kongresses noch Öl ins Feuer.[163]

Ihren Höhepunkt erreichten die Auseinandersetzungen am 6. November 1959 auf einem zur Feier des 42. Jahrestages der Oktoberrevolution nach Moskau einberufenen Treffen von 81 Vertretern der kommunistischen und Arbeiterparteien. Bei dieser Gelegenheit versuchte man den wachsenden Streit zwischen Peking und Moskau auch dadurch zu überwinden, indem man den jugoslawischen »internationalen Opportunismus« gemeinsam verurteilte: Dadurch, dass sie sich hartnäckig an ihre revisionistischen Thesen klammerten, entfernten sich die jugoslawischen Führer immer weiter von den Prinzipien des Marxismus-Leninismus, brächten ihren Staat in immer größere Abhängigkeit vom Imperialismus, vor allem vom amerikanischen, und stellten sich in letzter Konsequenz gegen das sozialistische Lager.[164] Begleitet wurde diese Kritik durch die Feststellung, dass einige der prominentesten jugoslawischen Führer, Kardelj, Bakarić, Vukmanović, Stambolić, bürgerlicher Herkunft und bei den revisionistischen Tendenzen federführend seien. Und auf dem VII. Kongress sei es ihnen gelungen, ihr Programm durchzusetzen, das allen Bestrebungen der Sowjetunion, die Beziehungen zwischen dem BdKJ, der KPdSU und anderen Bruderparteien zu normalisieren, einen Schlag versetze.[165] Die Einzigen im Lager, die sich mehr oder weniger mit den Jugoslawen solidarisch zeigten, waren die Polen. Aber auch sie meinten, sie seien »Bauerntölpel, die mit ihren Gedanken nicht hinterm Berg zu halten wissen«.[166]

In einem Kommentar zur Entspannungspolitik, die Ende der fünfziger Jahre zwischen Moskau und Washington einsetzte, unterstrich Tito im Dezember 1959 in Zagreb, dass die Menschheit infolge des technologischen Fortschritts, von dem Marx und Lenin nicht hatten wissen können, nunmehr in eine »neue Epoche« friedvoller Entwicklung eintrete. Die neuen Probleme, die sich stellten, seien nicht mehr an die Frage Krieg oder Friede geknüpft, sondern seien Probleme der internationalen Zusammenarbeit und des Wettbewerbs. »Damit schreibt dieser Häretiker die Frage der Klassenwidersprüche und des Klassenkampfes gänzlich ab«, kommentierte das Blatt *Hung-ch'i* am 16 April 1960, »und versucht die marxistisch-leninistische Analyse unserer Zeit als eine Zeit des Imperialismus und der proletarischen Revolution sowie des Sieges des Sozialismus und Kommunismus in Abrede zu stellen. In Titos neuer Epoche gibt es in der Tat keinen Imperialismus, keine proletarische Revolution und Diktatur. Wesentliche Punkte der Klassenwidersprüche und des Klassenkampfes in unserer Zeit sind nicht zu finden, wesentliche Fragen des Leninismus kommen nicht vor …«[167]

Als Antwort auf diesen Angriff, schrieb Kardelj im Auftrag des Vollzugskomitees in nur zwanzig Tagen die Abhandlung *Socializem in vojna* (*Sozialismus und Krieg*), die im August 1960 erschien. In ihr zeigte sich der slowenische Ideologe alles andere als rücksichtsvoll gegenüber dem sowjetischen Hegemonismus. Er erklärte, dass ein Krieg zwischen sozialistischen Staaten, der zum Ziel hätte, dem angegriffenen Staat einen Sozialismus in der Interpretation des Aggressors aufzuzwingen, unweigerlich ein »reaktionärer Faktor« sein würde.[168] Offensichtlich dachte er dabei an die Sowjets. Bei der Frage, ob ein Krieg zwischen den Blöcken unvermeidbar sei oder nicht, gab er allerdings Chruschtschow Recht und wies die chinesische These zurück, dass der Imperialismus nur ein »Papiertiger« sei, den man nicht zu fürchten brauche.[169]

Gerade deshalb, weil die Chinesen sie in ihrem Kampf gegen den »Revisionismus« immer mehr gleichsetzten, begannen im folgenden Jahr, im September 1960, auf der Generalversammlung der UN in New York Tito und Chruschtschow unerwarteterweise erneut miteinander zu sprechen. Die beiden Staatsmänner trafen sich drei oder vier Mal und vereinbarten, die gegenseitigen Angriffe einzustellen. »Wir haben uns vollständig ausgesprochen«, sagte Chruschtschow nach der ersten zweistündigen Begegnung, »denn unsere Ansichten sind identisch oder einander sehr nahe.« Diese Worte waren vor allem an die Chinesen gerichtet, da die Beziehungen zwischen China und Moskau auf einen endgültigen Bruch zusteuerten. Es war offensichtlich, dass Chruschtschow ihnen eine deutliche Warnung schickte: Die Außenpolitik des sowjetischen Blocks werde er im Einklang mit seinen Ansichten gestalten und ungeachtet der Standpunkte Pekings, dem nachzugeben er auf keinem Gebiet beabsichtige.[170] Die Chinesen reagierten heftig und begannen erneut, aus allen Rohren auf die Jugoslawen zu schießen. Im Februar 1961 verschärfte sich die Auseinandersetzung weiter: In Tirana war der Kongress der KP Albaniens einberufen worden, auf dem Enver Hoxha, sich auf die Moskauer Deklaration beziehend, die Jugoslawen eines metaphysischen Idealismus beschuldigte, der direkt in den Revisionismus und Opportunismus führe. Zwischen den Staaten kam es zu ernsten Spannungen und einer Reihe von Zwischenfällen, die den Abbruch der diplomatischen Beziehungen zur Folge hatten.[171]

Im Westen beobachtete man diese Auseinandersetzung mit großem Interesse und ermunterte Jugoslawien, auf den Positionen zu beharren. Als im Oktober 1958 der neue jugoslawische Botschafter in Washington, Marko Nikezić, sein Mandat antrat und das Weiße Haus besuchte, sagte Präsident Eisenhower in seiner Begrüßungsrede, »dass die amerikanische Regierung mit Respekt und Wohlwollen die Entschlossenheit der Jugoslawen und ihrer Regierung beobachtet. Jugoslawien, das sich erfolgreich dem sowjetischen Einfluss widersetzt hat, wird auch weiterhin amerikanische Unterstützung erhalten, um sich einen stabilen Wohlstand zu sichern.«[172] So geschah es auch: Im Herbst 1958 suchten die Jugoslawen in den USA und Großbritannien um ein Darlehen in Höhe von

100 Millionen Dollar nach, und im Dezember begann die amerikanische Administration eine Debatte darüber, wie ein neues Hilfsprogramm für das Tito-Regime umzusetzen sei. Ein Jahr später bewilligte sie zur Unterstützung der wichtigen Rolle, die Jugoslawien in ihren Augen spielte, ein zusätzliches Entwicklungsdarlehen, das für den Bau eines Wasserkraftwerks bei Dubrovnik bestimmt war.[173] Zum Dank wies die Belgrader Regierung die Zeitungen an, den Westen nicht mehr anzugreifen. Das galt in erster Reihe für die USA, Großbritannien und Frankreich.[174]

★

»FRIEDENSREISE« NACH ASIEN UND AFRIKA

Nach 1958 begann Jugoslawien im Namen einer »aktiven Koexistenz« seine Beziehungen zu den afroasiatischen Staaten, zu Lateinamerika, aber auch zu Skandinavien stärker zu pflegen, obwohl Norwegen und Dänemark Mitglieder der NATO waren. Dies geschah gewissermaßen auch aus einer Notlage heraus. Das Land war infolge der Auseinandersetzungen mit China und der Sowjetunion, aber auch durch die Anerkennung der DDR in eine Isolation geraten, die durch Kontakte mit den erwähnten Ländern abgemildert werden sollte. Zu diesem Zweck reisten zahlreiche Delegationen jugoslawischer Gewerkschaftler und Politiker in europäische und überseeische Staaten (so war Kardelj zum Beispiel im Frühjahr 1959 in Dänemark, Norwegen und Schweden).[175] Am 1. Dezember 1958 begab sich Tito selbst mit der Galeb auf eine zehnwöchige Reise, die ihn nach Indonesien, Burma, Indien, Ceylon, Äthiopien, den Sudan, die Vereinigte Arabische Republik (Ägypten und Syrien) und Griechenland führte. Wie aus Neu-Delhi ein westdeutscher Diplomat berichtete, fiel Titos »inoffizieller« Besuch in der indischen Hauptstadt zwischen dem 14. und 16. Januar 1959 besonders herzlich aus und traf auf ein großes Echo. Dies lag auch daran, dass Nehru Tito aufgrund seiner Haltung gegenüber der Sowjetunion, aber auch aus persönlichen Gründen überaus schätzte. Und nicht nur in Indien, sondern im ganzen »freien« Asien genoss der jugoslawische Staatsmann großes Ansehen und Einfluss, da er sich als Fürsprecher und Anwalt der Völker, die sich vom kolonialen Joch zu befreien versuchten, hervorgetan habe.[176] In einer Atmosphäre geradezu königlichen Glanzes verlief der Besuch Titos und seiner Entourage auch auf Ceylon, wo man Tito das gleiche Menü servierte und dasselbe

Porzellan und Besteck verwendete, mit dem wenige Jahre zuvor Königin Elisabeth II. bewirtet worden war.[177] (Getrübt wurde das festliche Mal nur durch den Umstand, dass Tito die asiatische Küche nicht schmeckte.[178]) Genauso prunkvoll wurde er in Indonesien und am Hof von Kaiser Haile Selassie in Addis Abeba empfangen. Anschließend noch im Sudan und in Ägypten. Nur in Burma fiel der Besuch wenig herzlich aus.[179]

Dass der Aufwand, der auf der Reise betrieben wurde, die Unmengen an Gepäck, seine riesige Entourage, die prächtigen Empfänge und feudalen Jagdausflüge, von leichtem Größenwahn zeugte, wagte in Jugoslawien natürlich keiner auszusprechen. Aber Dobrica Ćosić vermerkte in seinem Tagebuch: »Dieser große Politiker und Kämpfer hatte weder die Kraft noch die Weisheit, seinen politischen Triumph vor Monarchismus und Absolutismus zu bewahren und seine moderne Formel für Frieden und Rettung der Zivilisation vor den Auseinandersetzungen und Konflikten der Militärblöcke nicht durch feudales Benehmen, Operettendekor, Paraden, Kostüme, durch all diesen Zirkus mit Schiffen, Flugzeugen und höfischem Plunder zu verunstalten.«[180]

In Gesprächen mit Chruschtschow in Rumänien im August 1957 hatte sich Tito verpflichtet, seinen politischen Einfluss in Asien und Afrika zum Nutzen der gemeinsamen Interessen des sozialistischen Lagers einzusetzen.[181] Was nun auf der Reise geschah, war das genaue Gegenteil. Überall warnte er vor der Sowjetunion und China und gab seinen Gastgebern ein detailreiches Bild seiner jüngsten Erfahrungen mit den beiden Mächten. In Moskau überhörte man das geflissentlich, während man es in Peking als weiteren Beweis auffasste, dass Jugoslawien ein Werkzeug der »imperialistischen Aggression« sei.

Und in der Tat wurde Titos Verhalten in Washington und London sehr positiv aufgenommen. Wie man im State Departement sagte, war Tito in einer solchen Rolle wertvoller, als wenn er in die westliche politische Allianz eingeschlossen gewesen wäre.[182] Möglichweise wäre die Einschätzung eine andere gewesen, wenn man gewusst hätte, dass er zu der »großen Friedensreise« mit einer Ladung Waffen und Munition gestartet war, die auf der Galeb und auf dem Begleitschiff Lovćen versteckt war. Dieses Arsenal war nicht nur Indonesien zugedacht, der ersten Etappe auf Titos Tournee, sondern der algerischen Befreiungsfront, an die es Sukarno unter Vermittlung Nassers weiterreichen sollte. Die Franzosen kontrollierten nämlich regelmäßig die jugoslawischen Schiffe, nachdem sie ihrem Schmuggelunwesen auf die Spur gekommen waren.[183]

★

ERNEUTE WIRTSCHAFTSREFORM

Die Delegation der französischen KP, die 1957 in Jugoslawien mehrere Städte und Dörfer besuchte, stellte fest, dass der Lebensstandard der Bevölkerung sehr niedrig war, sogar niedriger als in anderen sozialistischen Staaten.[184] In den nachfolgenden Jahren besserten sich die Verhältnisse etwas, vor allem aufgrund der gestiegenen Industrieproduktion. Im Vergleich mit der Vorkriegsperiode hatte sie sich um das Sechsfache erhöht und das Bruttosozialprodukt hatte sich seit 1952 verdreifacht. Der Konsum stieg gegen Ende des Jahrzehnts um zehn Prozent jährlich.

Es entstand eine Reihe neuer Industriezweige, wobei sich die Schere zwischen den entwickelten Republiken, in erster Linie Slowenien und Kroatien, und jenen, die in der Hauptsache Rohstoffe und Energie erzeugten, weiter öffnete. Das hatte einen Abfluss von Arbeitskräften in den höher entwickelten Nordwesten der Föderation zur Folge. Eine große Diskrepanz begann sich auch zwischen Industrie- und Agrargebieten aufzutun, wo die Landfläche in kleinteiligen Privatbesitz aufgesplittert war (kaum 16 Prozent des kultivierten Bodens entfiel auf den genossenschaftlichen Sektor). Aus diesem Grund und wegen des Misstrauens der Behörden gegenüber den Bauern war Jugoslawien noch lange nach dem Krieg gezwungen, Lebensmittel zu importieren, in erster Linie Getreide (rund eine Million Tonnen pro Jahr). Das belastete die Bilanz stark, ihr Außenhandelsdefizit nahm ständig zu und belief sich bald auf eine Milliarde Dollar.[185] Erst 1959 musste infolge einer guten Ernte kein Getreide eingeführt werden.[186] Dies war aber auch eine politische Entscheidung, da Chruschtschow Jugoslawien vorgeworfen hatte, »die Imperialisten um Almosen« anzubetteln.

Tito versuchte den katastrophalen Zustand im Agrarsektor mit Dürre und anderen Unbilden der Natur zu erklären, aber auch mit der Verschwendungssucht der Menschen, so erhob er zum Beispiel in einer Rede im September 1954 in der Nähe von Celje in Slowenien den Vorwurf, man würde »vor allem auf dem Lande reichlich Brot essen«.[187] Nach den Feststellungen, die am 1. Januar 1959 der *Komunist* über den Lebensstandard auf dem Lande veröffentlichte, lebten die Bauern tatsächlich überwiegend von Brot, wobei aber große Unterschiede zwischen den Republiken zu bemerken war. In Slowenien und der Vojvodina wurden jährlich zehn Kilo Zucker pro Kopf verbraucht, in Mazedonien kaum drei. Solche Unterschiede im Lebensstandard waren natürlich Gift für das sozialistische Bewusstsein der Menschen. Zudem verschärften sich die

Konflikte, da die reicheren Republiken unzufrieden mit der Umverteilung zwischen den verschiedenen Landesteilen waren.[188] Dabei ging es nicht so sehr darum, dass sie die weniger entwickelten Regionen (Montenegro, Kosovo, Mazedonien, Teile von Bosnien und Herzegowina, aber auch Serbiens und sogar Kroatiens) nicht unterstützen wollten, als mehr um die Forderung, dass in den erwähnten Republiken die Produktivität gesteigert werden müsse, damit die Hilfe nicht in ein »Fass ohne Boden« falle.[189] Der Vorsitzende des slowenischen Vollzugsrats Viktor Avbelj kommentierte das so: »Die Slowenen zahlen über ihre Möglichkeiten in die Staatskasse Jugoslawiens ein. Außer uns leisten lediglich Bosnien in Form von billigen Rohstoffen und die Vojvodina mit günstigen Landwirtschaftsprodukten ihren Beitrag (...) Alle übrigen nehmen aus dieser Kasse nur heraus.«[190]

Über diese Meinungsverschiedenheiten durfte man natürlich nicht öffentlich sprechen, denn noch immer galt die Parole von der »Brüderlichkeit und Einheit«. Auch der Stand der Selbstverwaltung entsprach nicht der offiziellen Propaganda, denn die Arbeiterorgane in den Unternehmen spielten häufig nicht jene Rolle, die ihnen das Gesetz garantierte. Wegen des Fehlens an technischem und administrativem Wissen hatten die Direktoren das letzte Wort, die andererseits nur ernannt wurden, wenn sie die Zustimmung des lokalen Volksausschusses (der Staats- und Parteimacht) hatten.[191] Aber Tito und sein Stab verschlossen lange die Augen davor. Noch auf dem II. Plenum des ZK des BdKJ am 18. und 19. Januar 1959 stellten sie enthusiastisch fest: »Unsere Entwicklung war drei bis vier Mal schneller als in den am höchsten entwickelten westeuropäischen Staaten, zwei Mal schneller als in den am wenigsten entwickelten Staaten und ist auch schneller als in den osteuropäischen Staaten.« In seinem Schlusswort meinte Tito, dass heute »die ganze Welt über die Erfolge Jugoslawiens bei der Industrialisierung und der Entwicklung der Landwirtschaft spricht (...) Notwendig ist, dass wir das Prestige bewahren, das wir errungen haben, und beweisen, dass unser Weg beim Aufbau des Sozialismus der richtige ist«.[192]

Dass nicht alles so rosig war, wurde sehr bald offenkundig. Die Unzufriedenheit der Bevölkerung, die schon lange schwelte, brach kaum mehr als ein Jahre nach dem Streik von Trbovlje, Mitte Mai 1959, erneut zu Tage. Es begann gegen Mittag in der Zagreber Universitätsmensa wegen des schlechten Essens. Die Jungen demolierten zuerst die Räume, dann gingen sie auf die Straße und marschierten Richtung Stadtzentrum. Sie trugen Transparente, auf denen es unter anderem hieß: »Es lebe Tito – wir brauchen Brot!« – »Es lebe Bakarić – Wir haben Hunger!« Der Demonstrationszug, dem sich noch an die tausend Menschen anschlossen, wurde von Miliz und Angehörigen der UDBA erfolgreich aufgehalten und in Seitenstraßen abgedrängt, sodass er nicht auf den Platz vor dem Nationaltheater gelangte, wobei an die neunzig Menschen verletzt wurden und einer angeblich sogar sein Leben verlor. Ein große Anzahl Demonstranten wurde festgenommen und auf Lastwagen abtransportiert. Erst gegen fünf Uhr am Nachmittag hatten sich die Verhältnisse in der Stadt wieder normalisiert. Am nächsten Tag erwähnten die Zagreber Zeitungen den Protest kurz, die Belgrader Blätter verschwiegen ihn komplett. In jedem Fall aber war die Regierungsspitze durch diese Vorkommnisse sehr beunruhigt und versuchte an der Belgrader Universität mit einer Stipendienerhöhung für die Besten die materielle Situation zumindest einigermaßen in den Griff zu bekommen.[193] Sie war aber entschlossen, falls notwendig, auch Gewalt anzuwenden. Als auf der Sitzung des Universitätskomitees Vladimir Bakarić gefragt wurde, wie man die Jungen bändigen solle, sagte er: »Ganz einfach, wir treiben sie mit Wasserwerfern auseinander.« Und als jemand meinte: »Was aber, wenn sie nicht auseinandergehen?«, erklärte er zynisch, als wäre es die normalste Sache der Welt: »Dann eben mit Panzern«![194]

Neben der Unzufriedenheit eines großen Teils der Jugend und der Arbeiterklasse, die der Partei immer mehr entfremdet waren, muss man auch die Unzufriedenheit der Mittelschicht erwähnen, die sich nach der Repression der ersten Nachkriegszeit allmählich wieder herausbildete. Die Ursache war eine Stagnation, die die Regierenden mit der Aufnahme von Darlehen im Ausland zu überwinden suchten, was aber auf der anderen Seite eine Inflation auslöste. Die vermittelte zwar vorübergehend den Anschein eines mehr oder weniger hohen Standards, führte aber den Staat unausweichlich ins Chaos.[195]

Die Verhältnisse wurden so angespannt, dass sie auf dem erwähnten II. Plenum des ZK des BdKJ am 18. und 19. November 1959 zur Sprache kommen mussten. Dort stellte Tito offen die Frage nach der Hilfe für die weniger entwickelten Republiken, verurteilte den Widerstand gegen diese Hilfe als »Lokalismus« und damit die wirtschaftlichen und nationalistischen Bestrebungen der kroatischen und slowenischen Führer gleich mit. Am deutlichsten äußerte sich Ranković, der am 1. Dezember 1959 in Kraljevo, dem serbischen Industriezentrum, sagte, dass die Entwicklung der rückständischen Gebiete nicht nur aus ökonomischen, sondern auch aus politischen Gründen beschleunigt werden müsse. »Eine solche Entwicklung ist die erste Bedingung für die Einheit und Brüderlichkeit unser Völker, denn nur auf diese Weise wird die völlige politische und wirtschaftliche Gleichberechtigung möglich.«[196]

In dieser Zeit verschlechterte sich auch das Verhältnis zwischen Tito und Kardelj, und ihre Meinungsverschiedenheiten bei außen- wie innenpolitischen

Themen häuften sich. Unter den älteren, dogmatischen Kadern war häufig die Klage zu hören, dass sie »die Nasen voll« hätten von Kardeljs »Demokratismus«.[197] Auf dem II. Plenum des ZK des BdKJ im November 1959 sagte Tito: »Niemand hier hat das Recht, der Mehrheit seine Meinung zu oktroyieren. Und wenn diese Mehrheit etwas beschließt, dann muss das auch durchgeführt werden. Wer das nicht tut, kann nicht mehr Mitglied des Zentralkomitees sein.«[198] Damit war direkt Kardelj angesprochen

Stein des Anstoßes war vor allem die Eisenbahnstrecke Belgrad–Bar, die der wirtschaftlichen Entwicklung Montenegros dienen sollte, die aber von den Slowenen wegen der großen, für ihren Bau notwendigen Kosten und wegen der negativen Folgen, die sie für ihre wirtschaftliche Entwicklung haben könnten, abgelehnt wurde.[199] Innerhalb des BdKJ kam es zu einer Polarisierung zwischen »progressiven« und »konservativen« Kräften, wobei Erstere – wie die CIA feststellte – neben der Demokratisierung der Partei auch die Ausweitung der Selbstverwaltung, das heißt Dezentralisation sowohl auf politischem wie auf wirtschaftlichem Gebiet, die Bildung einer Konföderation oder die weitere Stärkung der politischen und ökonomischen Autonomie der Republiken und die Wahrung guter Beziehungen zum Westen vertraten. Die »Konservativen« widersetzten sich einer Demokratisierung der Partei, befürworteten eine zentralisierte Ökonomie und Regierung innerhalb einer gestärkten Föderation und eine relativ enge Zusammenarbeit mit der Sowjetunion. Sie waren davon überzeugt, dass ihnen aufgrund ihrer Mitgliedschaft im BdKJ eine privilegierte Machtposition über die Nichtmitglieder zustehe, und widersprachen allem, was in diesem Sinne ihre Herrschaft schmälern konnte.[200]

Weil der Fünfjahresplan für den Zeitraum 1957 bis 1961 ein Jahr vor den Prognosen beschlossen und weil das Bruttosozialprodukt eine zwölfprozentige Jahreswachstumsrate, eine der höchsten der Welt, überstieg, gewannen die an politischer Macht, die eine möglichst rasche Wirtschaftsreform verlangten, um Jugoslawien in einen politisch stabilen Staat zu verwandeln. Dass das möglich sei, glaubten sogar die amerikanischen Beobachter innerhalb der CIA und der mit ihr verbundenen Dienste: »Im vergangenen Jahrzehnt«, heißt es im Jugoslawien-Bericht vom 23. Mai 1961, »hat sich das Regime schrittweise von einer ganzen Reihe Zwangsvorstellungen freigemacht, die es aus der Epoche der Stalinismus geerbt hatte: dass man den Bauern die kollektive Landwirtschaft aufzwingen muss; dass man um jeden Preis die Schwerindustrie entwickeln muss, nach Möglichkeit mithilfe großer Investitionsprojekte; dass man die Wirtschaft gegen den Einfluss der Weltmärkte schützen muss. Nach Aufgabe dieses Dogmas hat Belgrad vorsichtig experimentiert und allmählich eine besondere Art von Misch-Sozialismus übernommen, der das Staatseigentum mit zahlreichen

Kennzeichen der Marktwirtschaft verband. Dieser Ansatz, der in der Vergangenheit durch ständige Hilfe des Westens möglich wurde, war ungewöhnlich erfolgreich.«[201]

Die wirtschaftliche Entwicklung der späten fünfziger Jahre gab jenen Auftrieb, die behaupteten, dass die Wirtschaft zu abhängig vom Staat sei. Letzterer hatte mit den Steuern, die in seine Kassen geflossen waren, Mittel angehäuft, aus denen er den Generalinvestitionsfonds finanzierte. Von ihm waren in der Hauptsache Unternehmen abhängig, die Investitionen zur Expansion benötigten. Unter ihnen kam es natürlich zu einem scharfen Wettbewerb um den Anteil am Kuchen, wobei immer häufiger die Behauptung zu hören war, dass die »Arbeiterklasse und die werktätige Bevölkerung, die bereits über die Produktionsmittel verfügen, auch unmittelbar über die Gewinnverteilung entscheiden müssen«. Das bedeutet im Prinzip, dass die Unternehmen selbst über ihr Geld verfügen und damit in die Lage versetzt werden sollten, möglichst gute wirtschaftliche Ergebnisse zu erzielen. Über die Notwendigkeit einer Wirtschaftsreform hatten die jugoslawischen Führer schon 1959 auf dem November-Plenum zu sprechen begonnen, wobei sie feststellten, dass die Produktion gesteigert und die Verwaltung der Unternehmen rationalisiert werden müsse. Das müsse »in einigen Fällen« auch zu Entlassung und strengerer Kontrolle der Arbeiter führen. Edvard Kardelj meinte auf der Sitzung, dass man die Produktion nur erhöhen könne, wenn vor den Fabriken ganze Schlangen von Arbeitern warteten. Auf den Einwand jener, die das als »kapitalistische Methode« bezeichneten, gab er zur Antwort, dass auch im Kapitalismus nicht alles schlecht sei und dass man auch unter den Kapitalisten »vernünftige Leute« finden könne, die wüssten, was notwendig ist und was nicht.[202]

Im folgenden Jahr kam es zu einer weiteren Steigerung der Industrieproduktion, wie Tito am 26. Dezember 1960 in einer Rede vor der Bundesnationalversammlung feststellte, als er den neuen Fünfjahresplan vorstellte. Als Ursache für diese Erfolge führte er die Selbstverwaltung an, wegen der in den letzten Jahren das Bruttosozialprodukt um ganze dreizehn Prozent gestiegen sei. In Wirklichkeit lagen die Gründe in der Modernisierung der Fabriken, in westlichen Krediten und in dem niedrigen Ausgangsniveau der jugoslawischen Industrie. Aber die Presse feierte diese Errungenschaften und verglich sie mit besonderer Genugtuung mit jenen aus dem Sowjetblock, wo sich kein Staat ähnlicher Zahlen rühmen konnte.[203] In seinen Einschätzungen und Plänen wurde Tito sehr selbstbewusst. Er sprach nicht nur davon, dass man ein Kernkraftwerk bauen müsse, sondern dachte auch an reaktorgetriebene Schiffe in der Überzeugung, dass Jugoslawien am Beginn einer großen wirtschaftlichen und technologischen Entwicklung stehe. Er sah es schon als Lieferant für Industrie- und Landwirtschaftsprodukte für die Staaten des Sowjetblocks und der Dritten Welt.[204]

Die Verhältnisse sprachen zusätzlich zugunsten einer dezentralisierenden, den Einfluss des Staates auf die Investitions- und Entwicklungsfonds reduzierenden Wirtschaftsreform. In diesem Sinne engagierte sich besonders der jugoslawische Gewerkschaftsbund, der unter dem Taktstock des nach wie vor umtriebigen Svetozar Vukmanović-Tempo immer wieder einen Wandel in den sozialwirtschaftlichen Beziehungen forderte und sich für die Stärkung der Selbstverwaltung einsetzte, die bisher oft nur auf dem Papier bestand. Dabei lag der Fokus auf der Schaffung materieller Anreize für jeden Einzelnen, da man nur auf diese Weise die Produktionsleistung steigern könne. Bisher war es immer wieder vorgekommen, dass es sich für die Arbeiterkollektive »nicht ausgezahlt« hatte, produktiver und besser zu arbeiten, da ihnen der Staat durch verschiedene Steuern und Abgaben den größten Teil des Einkommens wieder abnahm. Das System – sagt Dušan Bilandžić – war für Durchschnittskollektive angelegt, denn es schützte jene, die zurückblieben, und nahm jenen, die sich auszeichneten.[205]

Auf die Ungleichheit in der Wirtschaft und auf die ersten Anzeichen einer Inflation versuchte die Staatsführung mit einer Regelung der Beziehungen zwischen Staat und Unternehmen zu antworten, was die Verteilung des Sozialeinkommens betraf. Auf diesem Gebiet erließen der Bundesvollzugsrat und die Bundesnationalversammlung im Januar 1960 Vorschriften zur Einführung neuer Preisrelationen und zur Umgestaltung des Kredit- und Bankensystems. Vorgesehen waren auch eine Devisenreform, die die unterschiedlichen Dinar-Wechselkurse abschaffen und für Auslandsgeschäfte einen einzigen Wechselkurs einführen sollte, und eine Abwertung, die man mithilfe von Krediten vor allem des IMF, der USA, der BRD und Großbritanniens finanzieren wollte.[206] Es ging um den Verzicht auf staatliche Kontrolle der Unternehmen, die volle Autonomie bekamen, was – nach Meinung der Kritiker – die Einführung kapitalistischer Verhältnisse ermöglichen würde. Kardelj war da optimistischer. In einem Gespräch mit Journalisten meinte er, dass die Reform den Lebensstandard zwar vorübergehend senken werde, dass sie aber die Voraussetzungen für eine gesunde Preisregulierung auf der Grundlage einer hohen Herstellungsproduktivität schaffe, die der Wirtschaft Auftrieb verleihen solle.[207]

★

KARDELJ, RANKOVIĆ UND DER KAMPF UM DIE TITO-NACHFOLGE

Auf dem Plenum des ZK des BdKJ in den ersten Februartagen des Jahres 1961 kam es zu einer lebhaften Debatte über die weitere Entwicklung. Die Konservativen widersetzten sich der »vulgären Wirtschaftslogik« der Reformvertreter und griffen vor allem Kardelj an, der kapitalistische Tendenzen fördere. Dieser antwortete ihnen auf dem II. Plenum des Sozialistischen Bundes der Werktätigen, dass man den jugoslawischen freien Markt nicht mit dem kapitalistischen vergleichen könne, der anarchisch und planlos sei. »Unser Markt ist an einen Plan gebunden und stellt in gewissem Sinne nicht nur eine Ergänzung, sondern das Mittel des Plans dar.« Zur Verringerung möglicher »Exzesse« hinsichtlich Preisgestaltung, Gehältern und Arbeitsplätzen kündigte Kardelj »administrative Maßnahmen« an, was bedeutete, dass er der Politik weiterhin die Kontrolle über die Wirtschaft zuerkannte.[208] In einem Interview, das am 2. Februar 1961 im *Komunist* erschien, beschrieb Avdo Humo, der Vorsitzende des Ausschusses für soziale Planung, das jugoslawische System wie folgt: Im sowjetischen Block sei der Staat Eigentümer der Produktionsmittel, was bedeute, dass die arbeitende Bevölkerung seine Angestellten seien; im kapitalistischen System seien die Eigentümer Privatpersonen, und auch dort seien die arbeitenden Menschen Angestellte. Nur in Jugoslawien seien die Werktätigen selbst die Unternehmer, was bedeute, dass das »Mietsystem der Arbeiterschaft« abgeschafft sei – Grundlage des neuen Systems sei die Selbstverwaltung, bei der die Werktätigen mit ihren Arbeiterräten zusammenarbeiteten. Bis zur Einführung des Kommunismus aber, wo jeder zur Verfügung haben werde, was immer er benötige, müsse man fürs Erste das marxistische Prinzip respektieren: »Jedem entsprechend seiner Arbeit«.[209] Der *Vjesnik u srijedu* hatte einen Tag zuvor geschrieben: »Die jetzigen Reformen unterscheiden sich von früheren insofern, als dass sie nicht mehr auf dem Prinzip beruhen, dass jede Wirtschaftsorganisation überleben muss. Nur jene Unternehmen werden überleben, die ihre Fähigkeit und ihren gesellschaftlichen Nutzen unter Beweis stellen.«[210]

In zwei aufeinander folgenden Sitzungen verabschiedete die Bundesnationalversammlung gleich zweiunddreißig Gesetze zur Wirtschaftsreform, die vom Vollzugsrat am 23. Februar 1961 genehmigt worden waren. Die Neuregelungen wurden in Slowenien, in Teilen Kroatiens, Serbiens und Bosnien und Herzegowinas, wo die Unternehmen schon rentabel arbeiteten, begrüßt. In den weniger entwickelten Regionen wurden sie jedoch mit Sorge betrachtet.[211] Und das mit gutem Grund: In den folgenden Monaten zeigte sich, dass die Schwierigkeiten größer waren als erwartet, dass sich die Preisunterschiede nicht beseitigen ließen, dass man weder der Inflation noch der Wirtschaftanarchie entkommen konnte, zu der es infolge des passiven Widerstandes der Arbeiterschaft und des Staats- und Parteiapparates auf Bundesebene kam. Mehrere Unternehmen nutzten die Gelegenheit, die Gehälter (vor allem der Manager) zu erhöhen, was die sozialen Ungleichheiten verschärfte. Umso mehr, als zahlreiche Unternehmen, vor allem in Bosnien und Herzegowina, Montenegro und Mazedonien Arbeiter entließen.[212] Größer wurde das Ungleichgewicht des Handels mit dem Westen und dem Osten, vor allem mit der Sowjetunion. Unter anderem war Jugoslawien im Jahr 1961 aufgrund von Dürre und Überschwemmungen erneut gezwungen, 500 000 Tonnen Getreide aus den USA einzuführen.[213] Man munkelte, dass es an der Spitze zwei Lager gebe, dem konservativen der beiden sitze Ranković vor, der nicht wolle, dass der BdKJ noch länger die Selbstverwaltung vorantreibe. Das andere habe sich um Vukmanović-Tempo und Kardelj gebildet und setze sich für die Weiterführung der Reformpolitik ein.[214] Außerdem zeichne sich seit Đilas' Sturz, wenn nicht sogar früher, immer stärker ein Konflikt zwischen Kardelj und Ranković um die Tito-Nachfolge ab. Schon zu Beginn der fünfziger Jahre, als der Slowene Kardelj noch Außenminister war, hatte ihm Ranković Knüppel zwischen die Beine geworfen, indem er seine Botschafterkandidaten systematisch mit der Begründung ablehnte, sie seien unzuverlässig. Im Jahre 1952 hatte er beispielsweise von den 150 vorgeschlagenen Namen nur fünf akzeptiert, was für Kardelj überaus demütigend war.[215] Weil Letzterer als Hauptinitiator der Reformen galt und Ranković ihr Gegner war, war es unvermeidlich, dass sich um die beiden zwei Strömungen von »Technokraten« und »Apparatschiks« bildeten, die unter anderem auch noch eine nationale Färbung hatten. Weil die Reformisten nach immer größerer De-Zentralisierung und De-Etatisierung strebten, die Dogmatiker aber eine zentralistische Richtung in der Politik vertraten, schlugen sich die stärker entwickelten Republiken auf die Seite der Ersteren und die weniger entwickelten auf die der Letzteren. Dabei war nicht unwichtig, dass Kardelj Slowene war und Ranković Serbe.[216] Dieser Konflikt bereitete Tito zwar Sorgen, da er sich bewusst war, »dass er mit seinen beiden ersten Mitarbeitern keine gemeinsame Sprache finden«[217] konnte, gleichzeitig nutzte er ihn aber auch zur Stärkung der eigenen Machtposition.[218]

★

DIE AFRIKAREISE

Tito wendete seinerseits weiter große Energien auf die Pflege seiner Kontakte zu den afroasiatischen Staaten auf, da er überzeugt war, dass sich der wirtschaftliche Aufschwung Jugoslawiens mit dem erwarteten wirtschaftlichen Aufblühen der Dritten Welt verbinden lasse. Zu diesem Zweck wurde auch ein Darlehensprogramm für »Entwicklungsstaaten« ausgearbeitet (insgesamt angeblich mehr als elf Milliarden Dollar)[219] und der Clearing-Tausch von Produkten gegen Rohstoffe gefördert. Daneben begannen jugoslawische Fachleute die erwähnten Staaten beim Ausbau von Häfen, Industrieunternehmen und bei geologischen Untersuchungen zu unterstützen und verschafften sich auf diesen Gebieten Ansehen und Geltung. Bei der Entwicklung kultureller Beziehungen war von großer Bedeutung, dass Hunderte von Studenten aus Afrika und Asien zum Studium an jugoslawische Hochschulen und Universitäten kamen.[220]

Nach der Rückkehr von der dreimonatigen Reise, die ihn nach Indonesien, Burma, Indien, Sri Lanka, Äthiopien, Sudan, Ägypten und Syrien und auf dem Heimweg noch nach Griechenland geführt hatte,[221] wurde Tito in Belgrad ein überwältigender Empfang bereitet. An die 300 000 Menschen, vom Schulkind bis zum Arbeiter, wurden zu diesem Zweck mit Autobussen und Lastwagen an die Straßen entlang seiner Route gebracht.[222] Der Erfolg der Reise bestärkte ihn in der Überzeugung, dass die blockfreien Staaten bei der Lösung der Probleme der modernen Welt mit den Großmächten zusammenarbeiten müssten. In einem Klima wachsender internationaler Gegensätze, als sowohl aus Washington wie aus Moskau unverhohlene Drohungen des Einsatzes von Atomwaffen kamen, waren solche Bemühungen seiner Meinung nach unentbehrlich. Als es im Mai 1960 bei der Begegnung zwischen Chruschtschow und Eisenhower zu großen Spannungen gekommen war, weil die Sowjets in ihrem Luftraum ein amerikanisches Spionageflugzeug abgeschossen hatten, schrieb Tito die Hauptschuld dafür den USA zu. Gleichzeitig forderte er, dass die Blockfreien, die nicht in den Kalten Krieg verflochten seien, in den Vereinten Nationen eine aktivere Rolle in den internationalen Beziehungen übernehmen müssten, da man den Großmächten schlechterdings nicht alle Verantwortung für das Schicksal der Welt überlassen könne. Diese Überzeugung kam auch in dem Kommuniqué zum Ausdruck, das einen Monat später nach einem einwöchigen Besuch des Präsidenten der Vereinigten Arabischen Republiken Gamal Abdel Nasser in Jugoslawien veröffentlicht wurde.[223] Feierlich bestätigt wurde sie auf der XV.

Sitzung der Generalversammlung der UN, auf der Tito mit den Führern Ägyptens, Indiens, Indonesiens und Ghanas zusammentraf. Die Vertreter dieser Staaten nutzten die Jubiläumsfeierlichkeiten, um der Versammlung vorzuschlagen, an Eisenhower und Chruschtschow die Aufforderung zur Wiederaufnahme des Dialogs zu richten, der vor Kurzem abgerissen war. Damit ging die Blockfreien-Bewegung von programmatischen Parolen zur Aktion über.[224]

Trotz der Sorge, ob die Injektionen, die er gegen Tropenkrankheiten bekam, seiner Gesundheit schaden könnten, begab sich Tito im Frühjahr 1961 erneut auf Reise, diesmal nach Afrika. Damit wollte er Chruschtschow zuvorkommen, der in den ersten Monaten desselben Jahres ebenfalls den Besuch mehrerer afrikanischer Staaten plante.[225] Weil aber unmittelbar zu Beginn der Reise die Nachricht vom brutalen Mord an Patrice Lumumba kam, dem Führer der antibelgischen Bewegung im Kongo, begann Tito an eine breiter angelegte Aktion zu denken. In seinem Zorn erklärte er, dass es sich »um das größte Verbrechen in der Gegenwartsgeschichte« handele, dass die Schuld am Tod Lumumbas vor allem die Vereinten Nationen mit Generalsekretär Dag Hammarskjoeld an der Spitze trügen, weil sie ihn nicht geschützt hätten, und dass man eine Konferenz der »neutralen« Staaten in Kairo einberufen müsse. »Abdel (Nasser) anrufen. Sukarno eine Depesche schicken (…) Nur kleine, blockfreie Staaten können für den Frieden kämpfen. Nur sie können den Krieg verhindern. Der Mensch und die Völker. Die globale öffentliche Meinung. Man muss diese Narren (die Imperialisten) verhindern. Ihnen die Welt entgegenstellen, sie allein lassen.«[226]

Damit war die Idee einer Konferenz der Blockfreien geboren, auf der die Mitgliedsstaaten eine Strategie für einen Kampf gegen den Kolonialismus und für eine Eindämmung des Konfliktes zwischen den beiden Blöcken ausarbeiten sollten. Man brauchte nur noch Nehru zu überzeugen, der nach Titos Meinung wegen der Schulden, die Indien im Westen hatte, und wegen der Reaktion im Lande nicht entschlossen genug war. »Aber man muss ihm helfen, sich aus seinem Sumpf selbst herauszuziehen.«[227]

Auf der Afrikareise wurde Tito von annähernd 1400 Menschen begleitet, darunter auch ein vierzigköpfiges Orchester, unterstützt von zahlreichen Sängern aus dem Bereich der Volks- und Unterhaltungsmusik. Die Jacht Galeb, auf der sich Tito und seine Frau Jovanka nebst Begleitung eingeschifft hatten, erhielt gleich von drei jugoslawischen Kriegsschiffen Geleitschutz. Die Tournee dauerte zweiundsiebzig Tage, vom 28. Februar bis zum 22. April, und schloss Ghana, Togo, Liberia, Guinea, Mali, Marokko und Tunesien ein. Die letzte und bedeutendste Etappe war Ägypten, obwohl es sich in diesem Fall um einen »inoffiziellen« Besuch handelte. Wieder erzählte Tito seinen Gastgebern von den negativen Erfahrungen mit der wirtschaftlichen Zusammenarbeit mit Moskau, behauptete, dass diejenigen mit dem Westen besser seien, und warnte davor, sich einseitig zu binden. Jugoslawien präsentierte er ihnen als Musterstaat, der auf seine Unabhängigkeit von den Blöcken bedacht sei, und stieß damit – besonders in Ghana und Guinea – auf großes Interesse.[228] Der Präsident Ghanas Kwame Nkrumah sagte: »Das ist der realistische Staatsmann der Gegenwart. Von allen modernen Staatsmännern hat er Afrika am besten verstanden. Und wir haben ihn am besten verstanden.«[229]

Dabei hatte seine Reise tatsächlich eine neue Qualität, denn auf ihr begegnete zum ersten Mal in der Geschichte ein führender europäischer Staatsmann den afrikanischen Führern als Gleicher unter Gleichen, ohne Paternalismus und ohne mit Kritik am Westen zu sparen. Wie Rodoljub Čolaković berichtet, war sich Tito der psychologischen Bedeutung seiner Reise bewusst. Nach der Rückkehr sprach er im engeren Kreis »von den afrikanischen Völkern, von ihrem Verhältnis zum weißen Mann und besonders zu einem weißen Mann, der Tito genannt wird«.[230]

Die Reise verlief nicht ohne Zwischenfälle, so kam es zum Beispiel bei der Verteilung der zahlreichen Geschenke, die Tito für seine Gastgeber mitgebracht hatte, zu einem solchen Ansturm, dass er resigniert ausrief: »Soll jeder nehmen, was er will!«[231] Die Schlusskommuniqués über seine Gespräche mit den jeweiligen Politikern, die offensichtlich schon im Voraus ausgearbeitet worden waren, wurden zwar den örtlichen Verhältnissen angepasst, betonten aber stets die Zusammenarbeit und Gleichberechtigung zwischen den Staaten und verurteilten den Imperialismus, Kolonialismus und Neokolonialismus. Zudem enthielten sie die Feststellung, dass der Unterschied zwischen dem entwickelten Norden und dem weniger entwickelten Süden eine Bedrohung für den Weltfrieden darstelle. Diese Idee wurde später von Edvard Kardelj aufgenommen und mit dem schwedischen Wirtschaftsexperten Gunnar Myrdal weiter ausgearbeitet. Auch Tito akzeptierte sie, denn schon am 14. Mai 1957 forderte er in einem Interview für die britische Zeitung *Daily Herald* eine organisierte Hilfe für die nicht entwickelten Staaten und Länder, denn » sie bildet die erste unabdingliche Voraussetzung für den Wohlstand der Welt«.[232]

In Kairo traf Tito schon zum neunten Mal mit Präsident Nasser zusammen und sprach mit ihm über die Organisation der Konferenz der Blockfreien, über die auf der Generalversammlung der Vereinten Nationen im Vorjahr beide auch mit Nehru, Sukarno und Nkrumah gesprochen hatten.[233] Dabei kam es jedoch zu einer Komplikation, denn Tito versuchte seinen Gastgeber während einer Fahrt auf dem Nil davon zu überzeugen, dass auch Nehru diese Idee unterstütze, obwohl der sie in Wirklichkeit mit erheblichem Zweifel aufgenommen hatte. Weil ihn sein diplomatischer Berater Veljko Mićunović darauf hinwies, dass dem nicht so sei, meinte Tito zornig, dass Nehrus Zusage kommen werde, wenn sie nicht schon eingetroffen sei. Später griff er Mićunović unter vier Augen scharf an, weil der sich erkühnt hatte, ihm vor Nasser zu widersprechen. Die Folge war der vermutlich heftigste Wortwechsel in Titos Leben. Ein Wortwechsel, der nur die Spitze des Eisberges war, denn während der Fahrt auf der *Galeb* kam es zu starken Spannungen zwischen Tito und seinen Mitarbeitern, zwischen Tito und Jovanka, zwischen Jovanka und allen Mitreisenden, die über die Gepflogenheiten an diesem »orientalischen Hofstaat« entsetzt waren. Wegen all dem war Tito so übel gelaunt, dass er fast jeden Kontakt mit den Mitgliedern der Delegation abbrach und sich in der freien Zeit nicht unter ihnen blicken ließ. Angeblich habe er sich nie unwohler gefühlt und sei sogar in Tränen ausgebrochen, als er seinem Adjutanten Žeželj erzählte, wie er kompromittiert worden sei.[234] Mićunović hatte nämlich nicht nur gewagt, ihm vor Nasser Paroli zu bieten, sondern ihm auch später im Verlauf ihrer Auseinandersetzung Vorhaltungen gemacht wegen seines despotischen Verhaltens gegenüber den Mitgliedern der Delegation und wegen Jovankas Einmischung in politische und staatliche Angelegenheiten, von denen sie nichts verstehe. Er ging noch weiter und warf Tito vor, sich wie ein orientalischer Satrap zu benehmen: »Was Sie tun, kommt unseren Staat teuer zu stehen. Das ist eine derartige Verschwendung, dass ich mich schäme, daran auch selbst mitgewirkt zu haben.«[235] Dobrica Ćosić, der auf die Reise eingeladen war, um sie als berühmter Schriftsteller angemessen zu dokumentieren, zog es vor, über Einzelheiten dessen, was sich zugetragen hatte, zu schweigen.

Doch die Eindrücke, die er dennoch festgehalten hat, sind niederschmetternd: »Ich bin einfach krank geworden aus Enttäuschung über Tito und die Genossen. Auf der *Galeb* habe ich erkannt, dass die Führung des Bundes der Kommunisten Jugoslawiens mit Tito an der Spitze eine monarchistische, bürokratische Oligarchie ist, moralisch heuchlerisch und ohne Scham in ihrer Machtgier.«[236]

Bei der Rückkehr verlangte Tito, dass man gegen Veljko Mićunović, Leo Mates und Lazar Koliševski, mit denen er sich während der Reise ebenfalls zerstritten hatte, ein Parteidisziplinverfahren anstrenge. Nur dank des Eingreifens Rankovićs ging es für alle drei gut aus, und sie wurden nur für einige Zeit von Tito ferngehalten. Leo Mates verlor seinen Sekretärsposten, Tito und Jovanka verziehen aber Ranković nicht, dass er gegen die drei »Sünder« nicht so vorgegangen war, wie sie es gewünscht hatten. Für Tito war der Vorfall auf der *Galeb* so traumatisch, dass er nach der Heimkehr über seinen Rückzug ins Privatleben nachzudenken begann: Als er auf Brioni mit dem Sekretär des Sozialistischen

Bundes der Werktätigen zusammentraf, stellte er ihm sein Projekt eines kollektiven Präsidiums vor, das ihn an der Spitze der Föderation ablösen sollte.[237]

★

ERSTE KONFERENZ DER BLOCKFREIEN

Die Idee einer Konferenz der Blockfreien Staaten begann Wurzeln zu schlagen, auch da es zusehends offensichtlich wurde, dass es einer Reform der Vereinten Nationen bedurfte. Eine solche Reform sollte die Machtverhältnisse innerhalb der Vereinten Nationen verschieben und die Blockfreien dazu befähigen, zu einem schlagkräftigen Werkzeug des Friedens zu werden. Wie notwendig ein solches war, zeigte sich gerade, als Tito zu seinem Besuch in Ägypten von Bord ging: Am 17. April 1961 wurde bekannt, dass eine Gruppe kubanischer Emigranten im Auftrag der CIA in der Schweinebucht gelandet und – erfolglos – versucht hatte, einen Aufstand gegen das Castro-Regime zu entfachen.

Schließlich entschloss sich auch Nehru, sich an der Initiative zu beteiligen. Dieser Stimmungswandel rührte wohl daher, dass er die Hoffnung hatte, ihre allzu radikale Ausrichtung verhindern zu können. Tito und Nasser unterzeichneten am 22. April 1961 in Alexandria ein gemeinsames Schreiben, in dem sie die Führer von zwanzig »blockfreien« Staaten einluden, an der »Gipfelkonferenz« teilzunehmen. Vom 5. bis 13. Juni folgte in Kairo eine Vorbereitungskonferenz, auf der Diplomaten aus einundzwanzig Staaten Afrikas und Asiens und Jugoslawien die Tagesordnung der geplanten Konferenz erstellten, was natürlich nicht ohne Reibungen ablief, da zunächst Begriffe wie »Neutralität«, »Blockfreiheit« und »Unabhängigkeit« definiert werden mussten.[238] Noch am einfachsten war es die Entscheidung zu treffen, dass die Konferenz am 1. September 1961 in Belgrad beginnen werde. Das war natürlich einen großer diplomatischer Erfolg für Jugoslawien, das, abgesehen von Zypern, das einzige europäische Gründungsmitglied der neuen Bewegung war. Diese Bewegung umfasste mehr als ein Drittel der Weltbevölkerung und ein Viertel der Stimmen in der Generalversammlung der Vereinten Nationen. Allerdings darf nicht übersehen werden, dass die Länder im Vergleich zu denen, die sich zu einem der beiden Blöcke zählten, kaum wirtschaftliches oder militärisches Gewicht besaßen. Vielleicht stieß die Konferenz auch deshalb weder in Washington noch in Moskau auf Ablehnung, denn dort stimmte man zumindest in einem überein: in der Genugtuung, dass das rote China nicht eingeladen war.

Seit Frühjahr 1960 hatte der Konflikt zwischen dem Kreml und Peking den Rahmen einer ideologischen Debatte gesprengt und war in offene Feindschaft umgeschlagen.[239] Am schärfsten reagierte Frankreich auf die Konferenz der Blockfreien, da zusammen mit achtzehn weiteren antikolonialistischen Bewegungen auch die Befreiungsfront Algeriens als offizielle Vertreterin des Landes nach Belgrad eingeladen worden war. Aus Protest berief General Charles de Gaulle, der auch sonst Tito nicht gewogen war, angeblich wegen des Schicksals Draža Mihailovićs, seinen Botschafter aus Belgrad ab.[240]

Inzwischen war eine ernste internationale Krise ausgebrochen. Diese war durch die Entscheidung die Regierung der DDR ausgelöst worden, der grassierenden Republikflucht durch den Bau einer Mauer Einhalt zu gebieten. Vor der geplanten Konferenz sagte Tito dem amerikanischen Botschafter in Belgrad George F. Kennan, dass er zwar mit der Deutschlandpolitik der USA und vor allem in der Berlin-Frage nicht übereinstimme, deutete aber an, dass er auf der Konferenz einen Mittelweg suchen und bei seinen Auftritten alles unterlassen werde, was der Situation noch zusätzlichen Zündstoff verleihen könnte. Zum Dank antwortete ihm Eisenhower, dass er die Belgrader Konferenz begrüße.

Am Vorabend der Konferenz, die vom 1. bis 6. September 1961 stattfand traf aber die Nachricht ein, dass Chruschtschow entschieden hatte, Kernwaffentests in der Atmosphäre, auf die er zur Bekräftigung seiner Friedenspolitik in den vergangenen Jahren verzichtet hatte, wieder aufzunehmen, und zwar mit der Zündung einer Wasserstoffbombe, die mit ihren 57 Megatonnen alle bisherigen Versuche in den Schatten stellen sollte. Tito wurde darüber am 30. August auf dem Belgrader Flughafen durch den sowjetischen Botschafter informiert.[241] Am nächsten Tag eröffnete er die Konferenz mit einer Rede, die mehr protokollarischen Charakter hatte. Nach einer erneuten Begegnung mit dem sowjetischen Botschafter, wegen der er sogar den Beginn der Sitzung versäumte, trat er am 3. September noch einmal vor die Versammelten, dieses Mal mit einer inhaltlich verbindlicheren Botschaft. Chruschtschow hatte ihn nämlich dringend gebeten, seine Entscheidung hinsichtlich der »Zar-Bombe« zu unterstützen. Tito schrieb im letzten Augenblick in den vorbereiteten Text noch ein paar Sätze hinein und übernahm so praktisch die Argumente, mit denen die Sowjets ihren Schritt interpretierten. Anstatt sie zu verurteilen, wie es die Mehrzahl der Teilnehmer wünschte, kritisierte er lediglich den Zeitpunkt, der für den neuen Kernwaffenversuch gewählt worden war. Gleichzeitig verlangte er eine »Welt-Atomkonferenz«, bei der auch Nicht-Atomstaaten mitwirken und entscheiden sollten. Ganz klar stützte er auch die Deutschlandpolitik Moskaus und griff den Westen wegen seiner Haltung in der deutschen Frage an. Dem entrüsteten Kennan versicherten später jugoslawische Diplomaten, dass Titos Standpunkt vor allem als Stärkung Chruschtschows gegen seine inneren Gegner zu sehen sei, wobei nicht klar ist, wen genau sie damit meinten.[242] Wie überzeugend sie das taten, ist die große Frage, denn sogar Koča Popović war von Titos Improvisation überrascht worden und zeigte sich ungehalten, weil er zuvor nicht informiert worden war.[243]

Auf der Konferenz selbst wurde nicht mit großen Worten gespart und der Kampf gegen Kolonialismus, Neokolonialismus und Imperialismus wurde zum wichtigsten Prinzip der Bewegung ausgerufen. Das kann aber nicht verdecken, dass man sich auf keinerlei Initiativen zu den brennenden Fragen des Zeitgeschehens einigen konnte.[244] Titos Forderung an die Vereinten Nationen, eine globale Konferenz abzuhalten, auf der das Problem der modernen Wirtschaftsordnung behandelt werden sollte, vor allem in Hinblick auf das Nord-Süd-Gefälle, löste zwar mehrere Initiativen innerhalb der Reihen der Blockfreien und der Vereinten Nationen selbst aus, trug aber keine konkreten Früchte. Titos Idee einer »neuen internationalen Wirtschaftsordnung« fand im Wesentlichen nicht zum Leben, weil man sich in Washington und Moskau nicht für sie erwärmen konnte. Das Äußerste, was die Konferenz bewerkstelligen konnte, war die Aufforderung an Nikita S. Chruschtschow und den neuen Präsidenten der USA, John F. Kennedy, »den Dialog über eine friedliche Lösung der jetzigen Gegensätze aufzunehmen«, ausgehend von der Feststellung, dass Großmächte »den Schlüssel zu Krieg und Frieden« in Händen halten.[245]

Die strittigste Frage, mit der sich die Delegierten konfrontiert sahen, war das Problem Deutschland. Tito, Kardelj und Popović setzten sich dafür ein, dass die Konferenz die Existenz zweier deutscher Staaten anerkannte, scheiterten damit aber an Indien und weiteren Staaten, die eine heftige Reaktion des Westens fürchteten.[246] Trotz dieses Misserfolgs erzielte Jugoslawien allein damit, dass es eine Konferenz dieser Größenordnung auf die Beine gestellt hatte, einen moralischen Sieg, in dessen Folge sein internationales Ansehen stark stieg. Tito gewann in dieser Zeit die Reputation eines Staatsmannes von Weltrang, was er auch in der Innenpolitik einzusetzen verstand, wo sein Interesse an den Staaten der Dritten Welt bei den Massen nicht unbedingt auf Verständnis stieß. Gegenüber seinen Kritikern betonte Tito, dass sich die jugoslawische Föderation mithilfe seiner Politik eine Stellung in der Welt gesichert habe, die keine der Republiken für sich genommen je einnehmen könnte.[247]

Auf der anderen Seite darf man die Tatsache nicht übersehen, dass im Westen Titos »verständnisvolle« Haltung hinsichtlich des sowjetischen Atomversuchs große Enttäuschung ausgelöst hatte. Hier meinte man, seine Kehrtwende im Verhältnis zur Sowjetunion folgendermaßen interpretieren zu müssen: Als

Tito erkannte, dass Nehru größeren Einfluss besitzt als er, habe er sich zu einer radikaleren Haltung entschlossen, um sich die führende Rolle unter jenen blockfreien Staaten zu sichern, die dem Westen gegenüber kritisch eingestellt waren. Außerdem – so hieß es – sei er angesichts Chruschtschows Aufkündigung des Kernwaffenmoratoriums wirklich vor der Möglichkeit eines Krieges erschrocken und habe versucht, so viele Staaten wie möglich um sich zu scharen, sodass die Großmächte zum Verhandeln gezwungen wären.[248] Niemand habe geglaubt, dass die Erklärung, die die jugoslawischen Diplomaten Kennan angeboten hatten, aufrecht gewesen war, denn offensichtlich verstanden sie in Washington die inneren Verhältnisse im Kreml nicht so gut, wie es Tito tat. Über Chruschtschow hatte er schon im Februar 1961 auf seiner Afrikareise gesagt: »Ich unterstütze ihn, weil ich überzeugt bin, dass er nie für den Krieg sein wird.«[249]

Ein Detail der Konferenz verdeutlicht noch, in welch »freundschaftlicher« Atmosphäre sie wirklich verlief: Die Jugoslawen hatten in allen Villen, in denen die befreundeten ausländischen Gäste residierten, geheime Abhöranlagen installiert. Diese Operation trug den Namen *Mir* (›Friede‹) und war von Tito persönlich genehmigt worden.[250]

★

KARDELJ IN UNGNADE

Auf der Konferenz der Blockfreien blieb Edvard Kardelj im Schatten, weil er bei Tito in Ungnade gefallen war.[251] Lange Zeit hatte er voll Bewunderung über Tito gesprochen und noch zum 60. Geburtstag gratulierte er: »Deine 60 Jahre – mit allem, was Du unserer Partei und unserem Staat in seinem Bemühen um eine bessere Zukunft gegeben hast – sind nicht nur Dein Stolz, sondern der Stolz von uns allen, die wir unter Deiner Führung gekämpft und für den Sozialismus gesiegt haben und die wir Dich verehren und lieben als die Seele und die Verkörperung dieses Kampfes.«[252]

Dieses Zitat stammt aus einer Zeit als Kardelj noch als der natürliche Nachfolger Titos galt, was er bei einer Gelegenheit auch selbst sagte. Unter den jugoslawischen Kommunisten herrschte schon vor dem Krieg die Meinung, dass Kardelj der Erste sei nach Tito. Von dieser Rolle war selbst so überzeugt, dass er sich bei einem Besuch in London Ende 1945 dem Generalsekretär der KP

Großbritanniens Harry Pollitt als »Stellvertreter« des Marschalls Tito vorstellte. Kurzum, er brauchte nicht um die Macht zu kämpfen, weil alle wussten, wo sein Platz ist.[253]

»Diese Überzeugung«, erklärte Vladimir Dedijer 1979 anlässlich Kardeljs Tod für TV Ljubljana, »hielt, soweit ich die Dokumente geprüft habe, bis zum Jahre 1954 an, als neue Prätendenten auftraten, die hofften, nach Titos Tod in seinen Mantel schlüpfen zu können.«[254] In vorderster Reihe natürlich Aleksandar Ranković. Zu dieser Kräfteverschiebung an der Spitze kam es in der Zeit der Kontaktanbahnung mit Stalins Nachfolgern, zu der sich Tito entschloss, ohne sich mit seinen Mitarbeitern darüber zu beraten. Kardelj war zwar bereit, seine ablehnende Haltung gegenüber der Sowjetunion und sogar gegenüber Stalin zu überdenken, über den er sagte, dass man nicht die positiven Elemente in seiner Politik übersehen dürfe, obwohl er sie auf primitive, asiatische Weise realisiert habe. Trotzdem sei durch sein Verdienst etwas von der Oktoberrevolution erhalten geblieben.[255] Diese Erkenntnis konnte aber nicht die Besorgnis mildern, die bei ihm, aber auch bei anderen jugoslawischen Führern, angesichts des Eifers aufkam, mit dem sich Tito dem Dialog mit den Russen widmete.

In seinen Erinnerungen notierte Kardelj zwar, dass die Jugoslawen jeden Gedanken an neue Formen eines Internationalen Zentrums der Arbeiterbewegung, an Lager und Ähnliches zurückweisen würden. Zugleich schreibt er aber auch, dass Chruschtschow »aus Gott weiß was für Gründen behauptet hat, dass ich der verbissenste Gegner des Beitritts Jugoslawiens zum sozialistischen Lager und der eifrigste Befürworter der Blockfreien-Politik bin. Aber darin waren wir uns innerhalb der Führung einig, darin gab es keinen Unterschied unter uns. Und doch stürzte sich Chruschtschow immer wieder auf mich und ging so weit zu versuchen, eine Spaltung in unsere Führung hineinzutragen. Das ist ihm zwar nicht gelungen, aber mit seiner globalen Politik fuhr er trotzdem fort.«[256]

Beim Lesen dieser Worte drängt sich die Frage auf, ob der slowenische Politiker ganz aufrichtig war. Denn aus anderen Quellen wissen wir, dass es gerade in dieser Zeit zu Reibungen zwischen ihm und Tito hinsichtlich der Beziehungen zu den Sowjets gekommen war. Weil er und die Leute aus seinem Umkreis meinten, dass die Moskauer Sirenen Tito allzu sehr umgarnten, beauftragten sie den alten UDBA-Mann Ivan Maček, Titos persönlichen Freund, ihn zu größerer Vorsicht zu überreden. Während eines gemeinsamen Urlaubs in Brdo, erfüllte Maček diesen Auftrag tatsächlich. Es kam zu einer stürmischen Auseinandersetzung, an deren Ende es aber schien, als hätte er Tito überzeugt.[257]

Aber während der Reise der jugoslawischen Delegation nach Moskau im Juni 1956 zeigte sich Kardelj wieder nicht einverstanden mit einer erneuten Aufnahme engerer Kontakte zwischen BdKJ und KPdSU, wie Tito sie favorisierte. Er teilte die Überzeugung Koča Popovićs, dass die *Moskauer Deklaration* ein Abweichen von den Prinzipien der *Belgrader Deklaration* aus dem Jahre 1955 darstelle, die sich nur auf die Beziehungen zwischen den Staaten bezog. Vor allem aber meinte er, dass besonders in der Innenpolitik, in der Bürokratie und bei der Polizei in der Sowjetunion noch immer die alten stalinistischen Kader am Ruder seien.[258]

Das Verhältnis zwischen Tito und Kardelj hatte sich deutlich abgekühlt und Letzterer wurde etwa bei feierlichen Anlässen immer mehr an den Rand gedrängt. Das zeigten auch die Fotomontagen der Gruppenfotos der höchsten Führer, die wie gewöhnlich sorgfältig arrangiert von der sowjetischen Presse veröffentlicht wurden. Dabei fiel auf, dass Kardelj immer in der zweite Reihe abgebildet war und dass ihm das Protokoll auch bei Sitzungen und Empfängen stets einen Platz am Rande zuwies. Dahinter steckten politische Differenzen, die sehr ernst gewesen sein mussten, wenn es stimmt, dass Tito im Jahre 1956 Ranković sogar Kardeljs »Liquidierung« vorgeschlagen hatte, weil er es nicht ertragen konnte, dass man ihm in Bezug auf seine Standpunkte gegenüber den Sowjets widersprach.[259] Nach seiner Rückkehr aus Moskau rief er Anfang August Ranković an und bat ihn zu einem Mittagessen auf Oplenac, dem Schloss der Karađorđevićs. Dort vertraute er Ranković auf einem Spaziergang an, dass er mit Kardelj nicht mehr zusammenarbeiten könne. »Auf Schritt und Tritt desavouiert er mich. Mit mir spricht er über nichts mehr. Er greift die Russen an. Er betreibt seine eigene Politik gegenüber den Russen. Und Pepca [Kardeljs Frau] intrigiert gegen mich und Jovanka. Rufen wir ein Plenum des ZK ein. Aus der Partei raus, er oder ich.«[260]

Obwohl er Titos kritische Haltung gegenüber Kardelj teilte, meinte Ranković dennoch, dass seine Liquidierung übertrieben und schädlich wäre und seine Aussagen kein allzu großes Gewicht und schon gar nicht die Qualität hätten, Titos Ansehen und Autorität zu untergraben. Er wies ihn darauf hin, dass die Đilas-Affäre noch frisch sei und dass ein neuer Konflikt eine Spaltung in Partei und Staat verursachen könnte. Damit brachte Ranković Tito so in Rage, dass er nicht einmal mehr zum Mittagessen bleiben wollte. »Wir haben einen Kaffee getrunken und sind nach Belgrad zurückgefahren.«[261] So jedenfalls schildert Dobrica Ćosić' die Episode.

In seinen Erinnerungen erzählt Aleksandar Ranković über das Gespräch auf Oplenac mehr oder weniger die gleiche Geschichte, bis auf den Schluss, wo er sagt: »Damals hat er mir zum ersten Mal gesagt, dass Kardelj ein unverbesserlicher Nationalist sei, mit dem es noch Schwierigkeiten geben werde. Am Schluss akzeptierte er meinen Vorschlag (Kardelj zu überwachen) und den Rest des Tages verbrachten wir sehr angenehm. Ich war glücklich.«[262] Glücklich deshalb, weil er Tito beruhigt hatte, oder weil er dachte, sich eines gefährlichen Konkurrenten entledigt zu haben?

Die Spannung in der jugoslawischen Spitze bekamen auch die amerikanischen Geheimdienste mit, die schon im September 1956 berichteten, dass nach Kardeljs Meinung einige jugoslawische Führer in ihrer unkritischen Sympathie gegenüber dem Sowjetblock zu weit gegangen seien. Nach Einschätzung der Geheimdienste habe sich Kardelj mit Unterstützung des slowenischen und eines Teils des kroatischen ZK einer allzu engen Annäherung an Moskau widersetzt und den Standpunkt vertreten, dass die höher entwickelten Republiken und Provinzen in Jugoslawien eine solche Politik nicht mittragen könnten. Sie sprachen sogar von der Bildung einer Fraktion innerhalb des BdKJ und stellten die These auf, dass einige unter Titos Mitarbeitern ein Bündnis mit Moskau fürchteten, weil es im Falle seines Todes dazu führen könne, dass der Staat wieder unter sowjetische Herrschaft gerät. Und in einer Bestandsaufnahme der internationalen Lage zu Ende des Jahres 1957 verwiesen sie auf die Tatsache, dass Titos Politik Jugoslawien fast bis zum Abbruch der Verbindungen mit dem Westen geführt habe. »Es ist wahrscheinlich, dass jemand von den Parteiführern – zum Beispiel Kardelj – einige taktische Schritte Titos kritisiert hat.«[263]

Der Kontakt zwischen beiden wurden immer spärlicher, und wie Kardelj vor seinem Tod Dedijer erzählte, führten sie zu Beginn der sechziger Jahre ganze acht Monate lang kein ernsthaftes Gespräch.[264]

Ende 1956 hatten sich die Beziehungen zwischen beiden zwar gebessert, denn die Ungarnkrise hatte gezeigt, dass gegenüber der Sowjetunion tatsächlich Vorsicht geboten war, doch trotz vorübergehender Waffenruhe drangen die Meinungsverschiedenheiten immer wieder in den Vordergrund. So zum Beispiel 1957, als Kardelj auf das Problem der nationalen Frage in Jugoslawien hinwies, von der Tito behauptete, dass sie in Kürze überwunden sein werde, da sich am Horizont bereits das Ideal der »jugoslawischen Nation« ankündige, das auf einer Übereinkunft zwischen Serben und Kroaten beruhe.[265] Bereits 1953 hatte Titos Kabinettschef Joža Vilfan notiert, dass der »Genosse Präsident« mit großer Hoffnung davon gesprochen habe, wie der Zusammenschluss, zu dem es unter den Völkern Jugoslawiens gekommen sei, die negativen Eigenschaften der Menschen in bestimmten Bereichen korrigiert habe und wie es zu einer Regeneration der ganzen Nation kommen werde.«[266] – »Tito glaubte, dass sich die jugoslawischen Völker am Ende zu einer wirklichen Nation vereinen werden«, stellt Đilas fest. »Als ich dazu bemerkte, dass das auch König Aleksandar Karađorđević gedacht habe, gab er zur Antwort: ›Ach, aber damals gab es keinen Sozialismus‹.«[267]

Kardelj, der nach Đilas' Sturz einen zunehmenden Etatismus in Jugoslawien verspürte, stellte sich gegen Titos Überzeugung, wenngleich auf diplomatische

Weise. So bereitete er eine zweite, überarbeitete Ausgabe seiner Studie *Razvoj slovenskega narodnostnega vprašanja* (*Die Entwicklung der slowenischen nationalen Frage*) vor, die er vor dem Krieg unter dem Pseudonym »Sperans« veröffentlicht hatte. Dazu hatte ihn wahrscheinlich eine am Tag der Jugend 1957 in Belgrad durchgeführte Umfrage angeregt, derzufolge neunzig Prozent der Befragten geantwortet hätten, sie würden sich der Nationalität nach als Jugoslawen fühlen. »Was für Jugoslawen, was für eine Selbsterklärung«, kommentierte Kardelj schroff.[268] Er fügte dem Originaltext eine lange, auf die neuen Verhältnisse abgestimmte Einleitung hinzu, in der er betonte, dass Jugoslawien kein Schmelztiegel werden könne und dürfe. Selbst wenn es »heute« und »in diesem Augenblick« nützlich erscheine.[269] In einem Gespräch mit dem serbischen Schriftsteller Dobrica Ćosić stellte er fest, dass das »Jugoslawentum kein nationaler Begriff sein kann«. »Jugoslawentum kann nur eine sozialpolitische Kategorie sein, also eine sozialistische.«[270]

Wegen seiner Rolle innerhalb der Parteiführung, wagte niemand gegen Kardeljs Thesen aufzutreten, denn Tito hatte öffentlich nicht reagiert. Er versuchte zwar die Veröffentlichung des Buches zu verhindern, doch auf Rankovićs Zureden ließ er von dieser Absicht ab.[271] Man nahm es schweigend hin, was bedeutete, dass der Konflikt mit Kardelj um ein paar Jahre hinausgeschoben war.[272]

Öffentlich brach er zum ersten Mal 1961 aus, als Dobrica Ćosić im Zagreber *Telegram* auf die Schwierigkeiten in den Beziehungen zwischen den Republiken hinwies und meinte, dass man die »Vampire des Nationalismus« mit deren Abschaffung überwinden könne. »Entschuldigung, wie haben Sie gesagt?« war der Titel einer Antwort von Dušan Pirjevec, einem der angesehensten slowenischen Intellektuellen, in der er nicht ohne Deckung durch die heimische Parteiführung die unitaristischen und zentralistischen »Blutsauger« zurückwies.[273] Tito, Ranković und das ZK Serbiens stellten sich anfangs auf Ćosićs Seite, aber als sie feststellten, welche Reaktion die Polemik in Slowenien ausgelöst hatte, zogen sie ihre Unterstützung zurück, da sie »der Partei sehr schadet«.[274]

★

RANKOVIĆS KUGEL

Das Scheitern der »neuen ökonomischen Ordnung«, wie die Reformen genannt wurden, die er zu Beginn der sechziger Jahre mit aus der Taufe gehoben hatte, war der Anlass zur Abrechnung mit Kardelj. Unter der politischen Elite hatte der Misserfolg einen wahren Schock ausgelöst, war sie doch entsprechend ihren ideologischen Prinzipien davon überzeugt gewesen, dass ein sozialistischer Staat nicht in eine Rezession rutschen könne. Es galt einen Sündenbock zu finden. Und dieser sollte Kardelj sein, dessen politische Karriere nun am seidenen Faden hing und dessen ideologische Autorität derart untergraben war, dass man sogar die von ihm geleitete Studiengruppe für die Erarbeitung künftiger Systemveränderungen auflöste.[275]

Der slowenische Politiker war überzeugt, seine Schlacht verloren zu haben und dass man ihm nach dem Leben trachte, denn er war Ende Januar 1961 auf einem Jagdausflug in Srem ernsthaft verwundet worden. Ihn hatte angeblich ein Schuss aus dem Gewehr von Jovan Veselinov-Žarko getroffen, den der serbische Politiker aufgrund von Unerfahrenheit ausgelöst hatte. Die offizielle Version lautete aber, ihn habe ein Gewehrkolben am Kinn getroffen.

In Kardeljs Umfeld erzählte man eine andere Geschichte: Am Tag des Unglücks habe man Niederwild gejagt, Hasen und Fasane, für die man Schrotkugeln verwendete. Aber der slowenische Politiker sei von einer Kugel größeren Kalibers am Hinterkopf getroffen worden, sodass sich die Frage stelle, ob er nicht wirklich liquidiert werden sollte. Kardelj selbst hatte mehrmals geäußert, dass ihn Ranković umbringen wolle, und seine Frau Pepca war überzeugt: »Edo und ich leben wie unter einem eisernen Stiefelabsatz, Tito wird uns eines Tages alle einsperren.« Bakarić, dem sie am meisten vertraute, prophezeite sie sogar: »Er wird uns alle umbringen.«[276] Die Beziehungen zwischen Tito und den slowenischen Politikern war so angespannt, dass Kardelj zum 25. Mai 1961 auch nicht das rituelle Glückwunschtelegramm an Tito sandte. Zumindest ist in den Zeitungen keine Spur davon zu finden.[277]

Nach diesem Vorfall und nach seinem Krankenhausaufenthalt schien es Kardelj jedenfalls angebracht, mit Frau und Kindern für den Juni und Juli 1961 nach London zu gehen, »um Englisch zu lernen«. Er ging in eine Art freiwillige Verbannung, ohne Tito oder sonst wem mitzuteilen, wohin er fuhr. Wie die Geheimdienste behaupteten, habe er die Absicht gehabt, für immer zu emigrieren oder sich im besten Fall nach Ljubljana zurückzuziehen, wo er an der Universität Marxismus unterrichten wollte. Obwohl *Observer* und *Sunday Times* schrieben, dass Kardeljs Aufenthalt in London nicht so unschuldig sei, wie er aussehe, wurde den Blättern vom Foreign Office kein Glaube geschenkt. Man fragte sich nur, wie es möglich sei, dass in der jetzigen angespannten Situation unmittelbar vor der Konferenz der Blockfreien die jugoslawische Regierung auf einen ihrer wichtigsten Männer verzichten könne.[278]

In der britischen Hauptstadt beriet sich Kardelj mit lokalen Spezialisten, die ihm von einer Operation abrieten, da die Kugel kaum einen Millimeter vom

Kleinhirn entfernt stecke und ein Eingriff eine Gesichtslähmung hervorrufen könne. Und so blieb »Rankovićs Kugel« in seinem Schädel. Man entfernte sie erst siebzehn Jahre später bei Kardeljs Obduktion. Dabei stellte man fest, dass der Schuss aus einem Militärgewehr stammte.[279]

Der einzige, den Kardeljs Flucht nicht beunruhig hatte, war Ranković gewesen. Offensichtlich hatte er ihn völlig isolieren wollen, so hatte er ihm zum Beispiel nicht erlaubt, nach Užice zur Zwanzigjahrfeier der dortigen »Republik« zu kommen, er solle sich vielmehr »erholen«. (Zu dieser Zeit verdächtigte ihn die UDBA, gemeinsam mit seiner Frau im Dienste der CIA zu stehen.) Unter jenen, die den Rückzug Kardeljs aus dem öffentlichen Leben nicht begrüßten, war auch Vladimir Bakarić, der mit ihm einen wichtigen Verbündeten verlieren würde. Er bemühte sich daher nach Kräften, ihn zur Rückkehr in die Heimat zu überreden.[280]

Die Gerüchte, die der Vorfall im Ausland, aber mehr noch zu Hause hervorgerufen hatte, waren für Tito so unangenehm, dass er nach Kardeljs Rückkehr eine wenig unterhaltsame Komödie inszenierte. Ende August musste Letzterer zusammen mit Ranković und Veselinov an einer »Gamsjagd« im Trenta-Tal im Herzen der Julischen Alpen teilnehmen. Das Foto der drei »Genossen« erschien am nächsten Tag mit großem Aufmacher im Laibacher *Delo*.[281] Damit waren für Kardelj noch nicht alle Unannehmlichkeiten ausgestanden. Unter anderem verschwand in dieser Zeit ein großer Teil seines Archivs – es war von Mitarbeitern der UDBA auf vier Lastwagen mit unbekanntem Ziel abtransportiert worden.[282]

Als Reaktion auf den Umgang mit Kardelj trug die politische Führung Sloweniens dem Laibacher Kreiskomitee des BdK und dem Sozialistischen Bund der Werktätigen auf, zu seinen Ehren auf dem Platz der Revolution eine Volksversammlung zu organisieren. Denn dort war man der Meinung, dass bürokratische, zentralistische und gegen die Selbstverwaltung gerichtete Kräfte in der politischen Staatsspitze versuchten, Kardelj als angesehenen Kämpfer für die Selbstverwaltung zu liquidieren. »Deshalb sind wir in Slowenien verpflichtet, ihm die größtmögliche Unterstützung zu geben.« Die Manifestation war so erfolgreich, dass die Menschen sogar in den Seitenstraßen standen, weil der Platz für alle zu klein war.[283]

★

DAS MÄRZPLENUM

Über den Konflikt zwischen den stärker entwickelten und den weniger entwickelten Republiken sprach Tito bereits Anfang Juni 1961 in der altehrwürdigen Stadt Kruševac in Zentralserbien, wobei er sechs oder sieben Mal betonte, dass die Einheit der jugoslawischen Völker um jeden Preis gewahrt bleiben müsse. Eine Einheit, die durch die geplanten Wirtschaftsreformen bedroht sein könnte. Dabei erwähnte er, dass er auch »anderswo« zur Verteidigung dieser These antreten werde, was bedeutete, dass er mit jenen abrechnen werde, die seiner Meinung nach die Integrität des Staates bedrohten.[284]

Das dritte Plenum des ZK des BdKJ erklärte am 27. November 1961, dass zu viel Demokratie beim Ausbau des Sozialismus hinderlich sei, und übernahm erneut selbst die Kontrolle über Investitionen, Industrieplanung, Gehälter und Handel, um die Lage zu »stabilisieren« und damit die führende Rolle der Partei in der Wirtschaft zu unterstreichen. Kardeljs Vorschläge zur Stärkung des Sozialistischen Bundes der Werktätigen, wodurch die breiten Massen so aktiv wie möglich ins politische Leben eingebunden werden sollten, wurde zurückgewiesen. Kritik erfuhren auch die Ideen des VI. Kongress der KPJ zum progressiven Absterben von Staat und Partei. Der reformistische Flügel, darunter zahlreiche Slowenen, wurde schrittweise aus ihren Positionen in der Bundesverwaltung entfernt, während sich Tito immer offensichtlicher auf Dogmatiker vom Schlage eines Ivan Gošnjak, Ivan Krajačić oder Petar Stambolić stützte.

Wegen der Gefahr, dass sich das Rad in Richtung Zentralismus und Planwirtschaft zurückdrehen könnte, verfassten mehrere bedeutende jugoslawische Wirtschaftsleute ein *Gelbbuch*, dem später noch ein *Weißbuch* folgte. In beiden versuchten sie den Marxisten an der Macht zu zeigen, dass es auch im Sozialismus zu Perioden des Voranschreitens und des Stillstands komme und dass die Reform vor allem deshalb nicht gelungen sei, weil man nicht genug Mut gezeigt habe. Dies ist nur ein weiteres Zeichen für die Schlacht, die hinter den Kulissen zwischen der liberalen und der konservativen Strömung ausgefochten wurde und unweigerlich auch ethnische Dimensionen annahm. Anlass für die Meinungsverschiedenheiten war der Entwurf des Plans für das Jahr 1962, der in Slowenien, aber auch in Kroatien großes Unbehagen auslöste, denn er unterstrich deutlich die Rolle der Bundesadministration bei der Gestaltung des Wirtschaftslebens. Im Dezember 1961 enthielten sich in der Kammer der Produzenten drei Abgeordnete der Stimme zum Plan, während in der Bundesnationalversammlung ein Abgeordneter (der Vizepräsident des slowenischen Parlaments) dagegen stimmte, was in der jugoslawischen Parlamentspraxis zum ersten Mal geschah und daher erheblich Staub aufwirbelte.[285]

Inzwischen hatte Kardelj trotz aller Schwierigkeiten die Arbeit am Verfassungsentwurf abgeschlossen. Als Ranković ihn in die Hände bekam, schien er ihm die völlige Souveränität der Republiken vorzusehen, was seiner Meinung nach unakzeptabel war. Er eilte zu Tito, der ihm zustimmte: »So geht es nicht. Gib mir dein Exemplar des Verfassungsentwurfs.« Am nächsten Tag meldete er sich bei ihm am Telefon: »Wenn die Dinge so weitergehen, werde ich meinen Rücktritt einreichen!« »Nicht nötig, dass du deinen Rücktritt einreichst«, gab Ranković zur Antwort, »wir berufen das Plenum des ZK ein und lösen die Sache.«[286]

So kam es zu einer außerordentlichen und geheimen Sitzung des Vollzugskomitees des BdKJ vom 14. bis 16. März 1962, an der neben den Mitgliedern des erwähnten Organs die gesamte politische Elite teilnahm, ohne im Vorfeld zu wissen, worüber gesprochen werden sollte.[287] Zur allgemeinen Überraschung wurden auf der Sitzung Materialien zu verschiedenen Fällen von grassierender Korruption unter den leitenden Funktionären der Republik und zu immer augenfälligeren Symptomen des Nationalismus präsentiert. Tito warnte davor, dass »bei Einzelnen die Dezentralisierung immer mehr den Charakter und Sinn einer Desintegrierung annehme«, und forderte die konsequente Respektierung des demokratischen Zentralismus. »Der Mensch fragt sich – ja gut, ist dieser unser Staat tatsächlich fähig sich zu behaupten, ohne dass wir auseinanderfallen? (…) Es stellt sich die Frage, ob diese Gemeinschaft reif ist fürs Leben oder nicht.«[288]

In der Folge brach eine hitzige Diskussion aus zwischen den Befürwortern einer radikalen Weiterentwicklung der Selbstverwaltung und den Etatisten. Letztere trugen den Sieg davon, während wegen ihres sogenannten »dezentralisierten Etatismus« bzw. »Republikanismus« vor allem die Slowenen unter Beschuss gerieten, die angeblich »in eine kleinbürgerliche Anarchie« hineinwateten.[289] Ranković verlangte, dass man die Selbstverwaltung begrenzen, im Staat Ordnung schaffen, die Rolle der Partei stärken, den ideologischen Kampf verschärfen und liberalistische Einflüsse abwehren müsse, vor allem was die Investitionen betreffe. Seine Gegner verteidigten sich natürlich, unter anderem betonte Kardelj noch einmal seinen Grundgedanken, dass das jugoslawische Experiment nicht nur für die Völker Jugoslawiens von Bedeutung sei. Das Abrücken von der Selbstverwaltung würde bedeuten, die Lösung der »Kardinalprobleme der Entwicklung des Sozialismus in der Welt« aufs Spiel zu setzen und anzuerkennen, dass es »keinen Ausweg aus der Stalinschen Sackgasse« gibt.[290]

Ranković und seine Leute waren sich der Bedeutung der Debatte auf der Märzsitzung des Vollzugskomitees bewusst und nahmen sie auf Tonband auf, um sie später, wenn die Frage der Tito-Nachfolge akut würde, als Beweis zu verwenden, wie sehr sich die »Liberalen« seinem Erbe entfremdet hätten. Die Aufnahme sollte dazu verwendet werden – so behaupteten wenigstens später Stane Kavčič und Mika Tripalo, ehemalige Präsidenten der jugoslawischen Jugend und vielversprechende Politiker in Slowenien und Kroatien –, um jene zu diffamieren, die sich Rankovićs Aufstieg an die oberste Macht widersetzen würden.[291] Unter diesen Bedingungen beschloss das Vollzugskomitee des ZK des BdKJ, dass alle Republikführungen gegenüber der Bundesspitze schriftlich Stellung beziehen müssen. Weil sie auf die Unterstützung der übrigen Republikführungen zählen konnten (Vladimir Bakarić und die KP Kroatiens schwiegen vorsichtig), war es offensichtlich, dass Tito und Ranković mit diesem Manöver Kardelj aus dem politischen Leben entfernen oder seinen Einfluss auf die Entwicklung der Gesellschaft wesentlich verringern und die Selbstverwaltung aufs Abstellgleis schieben wollten. Dabei hatten sie aber nicht mit dem Rückhalt gerechnet, den Kardelj in Slowenien hatte, denn er beherrschte im Wesentlichen die heimische politische Szene und konnte in der Auseinandersetzung mit dem Belgrader Zentralismus auf die Unterstützung der öffentlichen Meinung bauen.[292]

Die erweiterte Sitzung des ZK des BdK Sloweniens am 29. und 30. März 1962 unterstützte dann auch einmütig den Entwurf einer Resolution, die die unitaristischen, administrativen, ökonomischen und politischen Strömungen im Staate angriff. Die slowenischen Politiker gingen noch weiter und verhehlten nicht ihre Überzeugung, dass »der Alte schon seit fünf Jahren nicht mehr mit dem Geschehen in unserem Staat vertraut ist«.[293] Titos und Rankovićs Antwort auf diese Provokation war äußerst scharf: Am 3. April beriefen sie eine neue Sitzung des Vollzugskomitees des BdKJ in Belgrad ein, wobei sich Kardelj selbst vor dem Radikalismus seiner Volksgenossen fürchtete und ihnen vorwarf, mit dem von ihnen präsentierten Text seine Stellung untergraben zu haben. Die slowenischen politischen Führer, an deren Spitze der alte UDBA-Mann Ivan Maček und der junge liberal orientierte Stane Kavčič standen, waren jedoch anderer Meinung. Ihre Antwort lautete, dass es bei den Standpunkten, die das slowenische ZK mit dieser Resolution vertrete, in Wirklichkeit um die Frage gehe: alles oder nichts.[294]

Letztlich endete die Sitzung ohne einen entscheidenden Sieg der einen oder anderen Seite, wenngleich sich die Waagschale zugunsten der Konservativen gesenkt hatte. Kardelj war so erschüttert, dass er auf die scharfe Kritik Titos, Gošnjaks und anderer Genossen keine Antwort fand. Er schwieg unter Tränen. Das half ihm vermutlich, sich aus seiner schwierigen Lage zu retten, ebenso wie auch die Erklärung, mit der er sich vor Tito verneigte: »Die Größe unserer Partei liegt darin, dass wir Tito an der Spitze haben. Er ist das Genie, das die Partei stets zu retten versteht, wenn es am schlimmsten kommt. Ich bin überzeugt, dass er sie auch dieses Mal retten wird.«[295]

Das Vollzugskomitee des BdKJ adressierte am 3. April 1962 an die Mitglieder der Partei einen Brief, in dem es dazu forderte, »Ordnung in den eigenen Reihen« zu schaffen, ein Auge auf den »ungesunden Liberalismus« und auf »Chauvinismus, Nationalismus, Lokalismus und die verschiedenen bürokratischen und kleinbürgerlichen Ideen« zu haben. Damit zielte es insbesondere auf die Slowenen ab, denen man vorwarf, sich nicht für Jugoslawien, sondern nur für die eigenen Belange zu interessieren.[296] Eine weitere Niederlage, die Kardelj einstecken musste, war der Beschluss, die Präsentation des Entwurfs der neuen Verfassung um sechs Monate zu verschieben.

Unterdessen verlängerte die Bundesnationalversammlung ihr eigenes Mandat um ein Jahr und stimmte für die Reorganisierung mehrerer wichtiger Wirtschaftssektoren und harmonisierte deren Wirken. Drastisch wurde die Einfuhr beschränkt, mit Sondernovellierungen wurde das Strafgesetzbuch entscheidend verschärft, während am 19. April ein engmaschiges Netz aus Kontrollkommissionen eingeführt wurde, die über die Verteilung des Reingewinns wachen sollten, was natürlich eine Abkehr von der Selbstverwaltungsdoktrin bedeutete. Die Losung des Tages hieß: Kampf den Deformationen in der Gesellschaft.[297]

★

DIE REDE VON SPLIT

Um der Bevölkerung die aktuelle Lage zu erklären und bei ihr Unterstützung zu finden, hielt Tito am 6. Mai 1962 anlässlich der Eröffnung eines neuen Wasserkraftwerks bei Split eine lange Rede vor 150 000 Menschen. Darin sprach er auch über die Krise in der Führung des BdKJ und erklärte, dass die Kommunisten wieder die führende Rolle im Staat, die sie aus »Unachtsamkeit« verloren hätten, übernehmen müssten: »Ich meine, dass die größte Schwäche in der Tatsache zu suchen ist, dass die Kommunisten nicht wachsam genug waren, dass sie irgendwie zugelassen haben, dass ihnen jede führende Rolle aus den Fingern gleitet.« Ohne sich des Kerns des Problems anzunehmen, nämlich der Frage, wie die jugoslawische Gesellschaft verfasst sein solle, kritisierte er die planlose Industrialisierung, die Korruption und die sozialen Unterschiede, die in der letzten Zeit wegen des zu liberalen Klimas und des ökonomischen Lokalismus auf Republikebene zugenommen hätten. Er verurteilte diejenigen, die mit Streik auf die schwerwiegenden wirtschaftlichen Probleme antworten wollten, und trat entschlossen gegen jeden Nationalismus und Chauvinismus auf, an dem seiner Meinung nach die Intellektuellen die Schuld trügen, in erster Linie die »bourgeoisen Schriftsteller«. Die beschuldigte er, schädlichen Einfluss auf die Jugend auszuüben, und betonte zugleich, dass die Werte der gemeinsamen sozialistischen Kultur, Einheit und Brüderlichkeit unantastbar seien und er niemandem erlauben werde, sie zu zerstören. »Das ist unser Weg; das ist es, was wir wollen, nicht aber die Zerschlagung unserer Einheit.«[298]

Seine Rede in Split wurde, da sie eine »Gleichschaltung« ankündige, von vielen als Rückkehr zum Stalinismus angesehen und stieß auf heftige Reaktionen. Wie Tito später selbst sagte: »Das ganze Volk ist zusammengeschreckt!«[299] Er erhielt aber auch zahlreiche Briefe, in denen ihn die Staatsbürger ihrer Unterstützung versicherten und forderten, man solle die negativen Erscheinungen im gesellschaftlichen Leben energisch bekämpfen, während man an den Spitzen aus Partei und Verwaltung der Meinung war: »Tito hat scharfe Worte gebraucht, aber das ist nicht so schlimm, sicherlich hat er es nicht so ernst gemeint, alles kommt in Ordnung …«[300]

Anders dachte Kardelj, der die Rede in Split als Angriff gegen sich und gegen Slowenien empfand und hinter den Kulissen eine Kampagne gegen den Vormarsch des Zentralismus plante. »Das machte mich wütend«, erzählte Tito, »und unsere Beziehungen kühlten sich ab.«[301] Zu einer immer größeren gegenseitigen Entfremdung kam es aber nicht nur zwischen Tito und Kardelj. Es hatte schon in der Vergangenheit zahlreiche Konflikte zwischen den Genossen gegeben, doch ab dem Beginn der sechziger Jahre gewannen diese eine neue Qualität. So stellte Ranković fest: »Es war zu sehen, dass sich unsere gegenseitigen Beziehungen so gelockert hatten, dass sie sich auf Begegnungen bei Sitzungen beschränkten, an offiziellen Orten, mitunter auf der Jagd, und noch dann, wenn wer mit jemandem mitgehen musste. Solche Pflichtbeziehungen zwischen Einzelnen führten zu einer Verschärfung, zu extremer Unduldsamkeit, häufig zu Streitereien.«[302]

In der Folge von Titos Rede in Split kam es zur Bildung von Kommissionen, die die Herkunft von Vermögen überprüfen sollten, sowie zu einer Reihe von Maßnahmen gegen Veruntreuung und Wirtschaftskriminalität, was in zahlreichen Unternehmen eine wahre Paralyse verursachte. Niemand wagte mehr für gleich welche Entscheidung die Verantwortung zu übernehmen, eine Investition oder eine Auslandsreise zu genehmigen, um sich nicht zu exponieren. Unter Beschuss geriet vor allem der Privatsektor, die Behörden zwangen zahlreiche Handwerker dazu, ihre Werkstätten zu schließen, und zahlreichen Aussagen zufolge hatte man sogar vor, die Kollektivierung der Landwirtschaft wieder voranzutreiben.[303]

Die Welle der Rechtgläubigkeit, die den Staat zu überfluten drohte, machte sogar Tito unruhig, sodass er gut eine Woche nach seiner Rede in Split seine Worte abmilderte, denn es gelte nicht eine »Hexenjagd« zu inszenieren. Aber seine Warnung fand keinen Widerhall unter den Konservativen, die sich einiger Schlüsselstellungen in der Bundesverwaltung bemächtigt hatten und keinen Zweifel daran ließen, auf welche Weise sie die »Einheit und Brüderlichkeit« zu realisieren gedachten. Wie die Botschafterin der DDR in Belgrad konstatierte, bewirkte Titos Kritik die schrittweise Wiedereinführung der Zentralplanung. »Die jugoslawischen Genossen geben offen zu, dass sie seit 1950 große Fehler gemacht haben.«[304]

Es zeigte sich, dass das gesamte gesellschaftliche Konzept der »integralen Selbstverwaltung«, wie es Kardelj vertrat, in Gefahr war: Gerade als er zusammen mit Bakarić an einer neuen Verfassung arbeitete, drohte die »Zentralisierung der Dezentralisierung« das ganze Projekt, das seit Dezember 1960 in Schwung gekommen war, zum Stillstand zu bringen. Der erste Entwurf der Verfassung, der auf einer betonten Selbstverwaltung der Arbeiter und Bürger aufbaute und angeblich sogar die Möglichkeit einer konstruktiven Opposition innerhalb des Parteirahmens vorsah, hätte schon Ende 1961 vorgestellt werden sollen. Aber wegen des Linksrucks musste er in den folgenden Monaten so gründlich überarbeitet werden, dass vom ersten Text, wie Tito im Frühjahr 1962 Adlai Stevenson, dem amerikanischen UN-Botschafter, persönlich anvertraute, kaum zehn Prozent übrig geblieben waren. Der Entwurf kam am 20. und 21. September 1962 in die öffentliche Debatte, genau zu dem Zeitpunkt, als Tito erfolglos versuchte, die führenden slowenischen Politiker zu überreden, ihm beim Sturz Kardeljs zu helfen. Stane Kavčič sagte entschieden, dass es keinerlei Konflikt Tito – Kardelj gebe, sondern höchstens Missverständnisse zwischen Tito und Slowenien bestehen könnten.[305]

★

ANNÄHERUNG AN MOSKAU

In diese Zeit der innenpolitischen Konflikte fällt sicherlich nicht zufällig eine erneute Annäherung zwischen Belgrad und Moskau, in deren Folge Tito, Ranković und Gošnjak sogar forderten, die Verurteilung der UdSSR wegen Hegemonismus aus dem Programm des BdKJ zu streichen. Nur wegen des entschlossenen Widerstandes der liberalen Mitglieder des Vollzugskomitees wie beispielsweise Lazar Koliševskis wurde diese Idee nicht verwirklicht.[306] Den Höhepunkt der Annäherung zwischen den beiden Parteien und Staaten bildete Titos Besuch in der Sowjetunion in der Zeit vom 3. bis 20. Dezember 1962. Dabei zeigte schon die Zusammensetzung der jugoslawischen Delegation deutlich das aktuelle Kräfteverhältnis: Ihr gehörte Ranković an, nicht dabei waren Kardelj und Außenminister Koča Popović. Letzterer behauptete nämlich schon lange, dass die Politik, die in der Sowjetunion die »Garanten des Sozialismus« sehe, nirgendwo hinführe und dass das »Dogma von der internationalen Arbeiterbewegung« fatal sei. »Das Leben hat uns gelehrt, dass es eine Fiktion war, dass es in der Realität der europäischen und globalen Beziehungen der Nachkriegszeit im Osten nur eine Dominanz gegeben hat, die von der Moskauer stalinistischen Zentrale aufgezwungene …«[307]

In Moskau sprachen Tito und Chruschtschow über die innenpolitische Krise in Jugoslawien und beide stimmten darüber ein, dass Kardelj aus dem öffentlichen Leben entfernt werden müsse. Das Einverständnis, das sich zwischen den Sowjets und ihren jugoslawischen Gästen herausbildete, zeigte sich auch daran, dass Tito nach seiner Rückkehr die dekadenten westlichen Einflüsse in der jugoslawischen Literatur und Kunst verurteilte.[308] Noch mehr aber durch Rankovićs Rede in Kiew am 22. Dezember 1962 in einem Kunstfaserkombinat, wo er öffentlich von der »Arbeiterklasse der ganzen Welt unter der Führung der Sowjetunion« sprach. Seit langer Zeit war dies das erste Mal, dass ein hochrangiger jugoslawischer Politiker die Führungsrolle der Sowjetunion anerkannte. In den liberalen Kreisen in Jugoslawien wie auch im Westen löste dies natürlich erhebliche Besorgnis aus.[309]

Kaum drei Tage nach der Abreise der jugoslawischen Delegation nach Moskau fuhr Kardelj am 6. Dezember 1962 nach Indonesien, wo er mit Thesen auftrat, die im Widerspruch zu dem standen, was Tito und Ranković in der Sowjetunion gesagt hatten. Unter dem Einfluss der »nützlichen und wichtigen Diskussion«, die er einen Monat zuvor mit dem schwedischen Premier Erlander geführt hatte, sprach er im Geiste des VII. Kongress des BdKJ und der Konferenz der Blockfreien und betonte Jugoslawiens Engagement im Kampf gegen den Kolonialismus. Gleichzeitig griff er den »Hegemonismus« an und bezeichnete ihn als Imperialismus in neuem Gewand. Der sofortige Protest der Sowjets bewog Tito, Ranković den Auftrag zu erteilen, Kardelj ein Telegramm zu schicken, in dem er seinen Standpunkt kritisierte und ihm drohte, dass man ihn vor die Kontrollkommission der Partei zitieren werde.[310] Auf der Sitzung des ZK des BdKJ wenige Tage später, am 27. Dezember 1962, kam es zu einem heftigen Wortwechsel zwischen Kardelj und Ranković, der sich natürlich nicht nur auf die Außenpolitik beschränkte, sondern auch Fragen der weiteren Entwicklung der jugoslawischen Gesellschaft berührte. Aus Protest zog sich Kardelj mehr oder weniger aus dem politischen Leben zurück, er behielt nur zwei Funktionen, die eher nur formaler Natur waren: Er blieb Mitglied des Föderationsrates und Mitglied des Präsidiums des BdKJ.[311]

Im Frühjahr 1963 schloss Kardelj trotz aller Schwierigkeiten sein verfassungsgebendes Werk ab, so gut es unter den gegebenen Umständen eben möglich war. Dabei nützte ihm in manchem ein Artikel, den am 10. Februar die *Prawda* veröffentlicht hatte, in dem sie in derart begeisterten Tönen über die jugoslawische Rechtgläubigkeit schrieb, dass viele in Jugoslawien ins Grübeln gerieten.[312] Das Organ der KPdSU verteidigte nämlich den jugoslawischen Sozialismus vor den chinesischen Angriffen damit, dass es seine Verbundenheit mit dem sowjetischen hervorhob. Zwar kritisierte die *Prawda*, dass sich im BdKJ einige Führer von den »klassenmäßigen Ausgangspositionen des Marxismus-Leninismus« entfernt hätten, doch weiter hieß es, dass »die Schritte, die in der letzten Zeit die Führung des BdKJ in Bezug auf Parteiorganisation, Wirtschafts-, Innen- und Außenpolitik unternommen hat, manches korrigiert haben, was die internationale kommunistische Bewegung als störend und schädlich für den Ausbau des Sozialismus in Jugoslawien angesehen hat. Das ist eine unbezweifelte und sehr positive Tatsache.«[313]

Es ging um eine Bewertung, die mehr wie eine amtliche Deklaration und weniger wie ein gewöhnlicher Zeitungsartikel klang, auch weil der Text mit der Losung schloss »Proletarier aller Länder, vereinigt euch!«, die von den Sowjets gewöhnlich für wichtige Dokumente verwendet wurde. Die jugoslawischen Korrespondenten in Moskau konnten sie natürlich nicht übersehen, wenngleich sie in ihren Berichten nur jene Teile hervorhoben, die für heimische Ohren angemessen waren. Aus ihren Texten konnte man den Eindruck gewinnen, als ob die neu begründete sowjetisch-jugoslawische Freundschaft in völliger Übereinstimmung mit der Politik der Blockfreiheit und Selbstverwaltung stünde. In Wirklichkeit aber war das genaue Gegenteil der Fall, denn der integrale Wortlaut bestätigte die Thesen von der Einheit des »sozialistischen Lagers«, wie sie von N. S. Chruschtschow vertreten wurden.[314]

Der emigrierte Politologe Slobodan Stanković, Jugoslawienexperte bei *Radio Free Europe* in München, stellte in einer ausführlichen Analyse des Artikels die Frage, ob es möglich sei, die Behauptungen der *Prawda* als Beweis zu nehmen, dass Tito »seinen Sonderweg in den Sozialismus«, in die Blockfreiheit und die Freundschaft mit dem Westen verlassen habe. Er tröstete sich mit der Feststellung, dass noch nicht alle Hoffnung verloren sei, solange es in Jugoslawien »einige Führer« gebe, die sich einer allzu engen Freundschaft zu Moskau widersetzten.[315]

Und tatsächlich gab es, wie Koča Popović in seinem Tagebuch notierte, an der jugoslawischen Spitze schon Anfang 1963 den ernstlichen Verdacht, dass Ranković eine »Parallelpolitik« führe, was den Vollzugsrat des ZK des BdKJ bewog, seine erste Januarsitzung genau dieser Frage zu widmen. In Bezug auf die Rede, die Ranković in Kiew gehalten hatte, verbreitete Stane Kavčič sogar das Gerücht, dass »Genosse Marko ein Anhänger des sowjetischen Typs des Sozialismus« sei, und behauptete polemisch, »dass Jugoslawien ohne einen Sozialismus skandinavischen Typs nicht existieren kann«.[316] Noch wichtiger aber war die Tatsache, dass sich auch führende serbische Politiker zu fragen begannen, ob es richtig sei, wenn Ranković Tito nachfolge. »In Serbien«, meinte Petar Stambolić, »haben wir ihn als schwere Last empfunden. Ich erinnere mich eines Gesprächs mit Milentije Popović im Jahre 1963. Beide stimmten wir darin überein, dass es ein großes Unglück wäre, wenn Ranković Tito ersetzen würde. Man muss sich erinnern, dass alles, was in dieser Zeit passierte, mit der Frage der Russen verbunden war, denn wir fürchteten sehr, dass sie uns erneut in ihren Block hineinziehen würden (…) In diesem Kontext muss man den Fall Ranković sehen.«[317] Diese Bemerkungen blieben natürlich im Kreis Eingeweihter. Auf jeden Fall aber wurden jene bestärkt, die meinten, dass man sich durch Stärkung des Selbstverwaltungsprinzips gegen den Vormarsch des Etatismus zur Wehr setzen müsse.

Im Gegensatz zu Ranković begann Tito sich bei seinen Auftritten den Reformkräften wieder anzunähern. Resultat dieser Annäherung war der neue Verfassungsentwurf, der einem Kompromiss gleich kam, da er auf der einen Seite die Rolle der Partei innerhalb der jugoslawischen Gesellschaft hervorhob, auf der anderen Seite aber doch wesentliche Elemente des auf der Selbstverwaltung fußenden Laibacher Programms bewahrte.[318]

★

DIE VERFASSUNG VON 1963

Der Wortlaut der Verfassung, der im März 1963 unter Berücksichtigung der Anmerkungen der Behörden auf lokaler und Republikebene stark abgeändert worden war, wurde am 7. April 1963 feierlich verabschiedet. Um die hohe Entwicklungsstufe zu unterstreichen, die Jugoslawien erreicht hatte, wurde der Staat von Föderativer Volksrepublik in Sozialistische Föderative Republik umbenannt und ihm damit ein Titel zuerkannt, mit dem sich bislang nur die Sowjetunion und die Tschechoslowakei schmückten. In den Debatten um den Verfassungsentwurf hatte Kardelj mehrfach betont, dass er eine ideale Klassengesellschaft voraussetze, die unter der Führung des BdKJ und des Sozialistischen Bundes der Werktätigen errichtet werden müsse. Beide Organe wurden im Text ausdrücklich als Tragpfeiler des politischen Systems bezeichnet, das so konstruiert sei, dass darin den »werktätigen Menschen« sowie den Gemeinde- und Republiksverwaltungen, die gegenüber den zentralen Vollzugsbehörden eine Vormachtstellung einnehmen sollten, die größte Rolle zufalle. Zu dem Zweck wurde eine Gerichtsinstanz eingerichtet, die über die Verfassungsmäßigkeit der Bundes- und Republiksgesetze wachen sollte, grundlegend wurde aber auch das parlamentarische System einschließlich der Bundesversammlung umstrukturiert. Letztere erhielt neben der Länderkammer weitere vier: die Kammern für Wirtschaft, für Bildung und Kultur, für Soziales und Gesundheit sowie für Gesellschaftspolitik. Jeder Wähler hatte damit sowohl als Staatsbürger als auch als Mitglied seiner ethnischen Gemeinschaft und als Werktätiger innerhalb seines Produktions- und Administrationssektors das Recht, Abgeordnete zu wählen – Letzteres galt allerdings nicht für die Bauern, denen der »Produzentenstatus« noch immer nicht zuerkannt wurde. Die Verfassung schied unter anderem auch die Funktion des Vorsitzenden des Bundesvollzugsrates von der Funktion des Staatspräsidenten, die »wegen seiner historischen Verdienste« ohne zeitliche Begrenzung für Tito reserviert war. Letzterer, der bereits die Siebzig überschritten hatte, hätte nach dem Gesetz nämlich nicht mehr kandidieren können, da er bereits zwei Präsidentschaftsmandate absolviert hatte.[319]

Im offensichtlichen Bestreben, die herrschende Klasse durchzulüften, wurden außer dieser auch alle anderen Funktionen auf vier Jahre begrenzt und nach russischem Vorbild in ein Rotationssystem eingebettet. Das sollte die Bildung von Cliquen in wichtigen Knotenpunkten des Verwaltungsapparates verhindern und einer möglichst großen Anzahl von Funktionären ermöglichen, Verwaltungserfahrungen sowohl auf Republik- als auch auf Bundesebene zu sammeln. Mit der Verfassung, die zur »besten der Welt« erklärt wurde, wurde im Wesentlichen der politische Systemwandel bestätigt, zu dem es nach dem Bruch mit Stalin gekommen war. Ihr wichtigstes Kennzeichen war vielleicht die zumindest grundsätzliche Einführung konkurrierender Wahllisten, obwohl sie gleichzeitig die Möglichkeit, das Mehrparteiensystem zu restituieren, begrub.

Vielleicht auch deshalb begrüßten N. S. Chruschtschow und L. I. Breschnjew, der Vorsitzende des Obersten Sowjets, die Verfassung und gratulierten Tito »zur neuen Etappe im Leben Ihres Staates«.[320]

Dabei betonte die Verfassung auch den Wert der Selbstverwaltung und erweiterte vor allem die Zuständigkeiten der Parlamente, die bisher mehr eine Art Brutstätte für junge Parteirekruten gewesen waren als ein Schauplatz politischer Entscheidungsfindung. Obwohl die Parteiausschüsse innerhalb des BdKJ ihre Macht behalten hatten, wurde die neue Bundesversammlung (zum ersten Mal trat sie am 30. Juni 1963 zusammen) unter Kardeljs Vorsitz zu einer Festung der Liberalen, die die Partei irgendwie umgingen und ihre besten Leute entsandten. Kardelj war der Meinung, dass in der Nachkriegszeit die zentralistische Verwaltungsweise gerechtfertigt gewesen sei, dass aber nun der Augenblick gekommen sei, wo die legislativen Funktionen auf die Bundesversammlung übertragen werden müssten, wenn man die Menschen am politischen Prozess beteiligen wolle. Er hoffte, dass diese mit ihren fünf Kammern schrittweise die »politische Kontrolle« über die übrigen Zweige der Staatsgewalt übernehmen werde, auch über das Präsidium der Föderation, dass sie tatsächlich zu einem selbstständigen legislativen Organ werde und dass sie diese Rolle der Bundesregierung (die bisher die Initiative zu achtzig Prozent aller Gesetze gegeben hatte) aus der Hand nehmen werde. Würde das geschehen, meinte er, wäre es möglich, das Regime zu demokratisieren, denn damit würde das Recht auf Diskussion und abweichende Meinung verwirklicht. Alles das solle vor den Augen der Öffentlichkeit geschehen, in der Erwartung, dass sich das jugoslawische autoritäre Regime in ein Selbstverwaltungsregime verwandeln und über die klassische Parteiendemokratie hinauswachsen werde.[321]

★

RANKOVIĆS PYRRHUSSIEG

Ranković, der als Organisationssekretär des BdKJ seit 1940 »die Partei völlig in den Händen« hatte, war sich anfangs der Gefahr durch Kardeljs Demokratisierungs- und Dezentralisierungsmanöver nicht bewusst, obwohl er selbst in die neue Verfassung eingewilligt hatte, überzeugt, dass sie die Macht der Parteiführung nicht beschneiden werde.[322] Er meinte, dass bei allen hochtrabenden programmatischen Worten die tatsächliche Macht wichtig sei, vor allem jene, die er selbst hatte: die Kontrolle über die UDBA und über alle Ernennungen auf alle Posten von Bedeutung (wobei man nicht vergessen darf, dass Tito stets das letzte Wort hatte). Ernennungen, zu denen es nicht so sehr wegen der Befähigung der Kandidaten kam als wegen positiver Bewertungen der Geheimdienste. Ranković versuchte seine Position noch zusätzlich dadurch zu festigen, dass er im Austausch für seine Einwilligung die Funktion des Vizestaatspräsidenten für sich forderte. Was im letzten Augenblick auf Titos Forderung hin auch geschah.[323]

Kardelj war wütend, denn er brauchte nicht erst die *Washington Post* zu lesen – die bezeichnete Rankovićs Ernennung als Beweis, dass er zum Nachfolger Titos erkoren war –, um zu wissen, was das bedeutete. »Ranković ist jetzt der Zweite nach Tito sowohl in der Partei als auch in der Regierung«, notierten Mitarbeiter der CIA, »und sein ehemaliger Konkurrent Kardelj ist nach einer langen Periode politischer Finsternis hinuntergerutscht; zahlreiche Regierungsfunktionen, die er in der Vergangenheit innehatte, werden jetzt von Ranković wahrgenommen.«[324] Dabei übersahen sie aber die Tatsache, dass Tito nicht vorhatte, das Steuer aus der Hand zu geben oder Ranggleiche neben sich zu dulden. Niemand dachte auch an seine Frau Jovanka, die jemand allzu Starken in der Nähe des Präsidenten nicht ertrug.[325]

Die vorbereitenden Manöver zum Abschuss von Ranković begannen unscheinbar. Auf kaum eine Reaktion war Titos Entscheidung von 1963 gestoßen, Generalleutnant Jefto Šašić, Chef der Gegenspionage der jugoslawischen Volksarmee (KOS) und enger Vertrauter Rankovićs, abzulösen. Auf Rat Ivan Krajačićs, der grauen Eminenz der Zagreber politischen Szene, wurde Šašićs Posten mit dem Kroaten Ivan Mišković besetzt, der bis dahin Leiter der Militärpolizei gewesen war. (Bei Kriegsende hatte Mišković als KOS-Kommandant in der III. Armee große Verantwortung für die außergerichtlichen Massenhinrichtungen von Angehörigen der Ustascha- und Domobranzen-Armee.[326]) Anfang 1965 kam es auch an der Spitze des Bundessekretariats für Innere Angelegenheiten zu einem Wechsel. Der bisherige Funktionsträger Vojin Lukić-Vojkan, der ebenfalls Rankovićs Mann war, musste nach kaum zwei Jahren seinen Platz an Milan Mišković abtreten, »was von den Genossen aus Serbien gefordert werde«. Er wurde Organisationssekretär des ZK des BdK Serbiens, was offensichtlich einer Degradierung gleichkam. Diese Veränderungen in den Kadern schufen eine ganz eigenartige Situation, denn nun standen an den Spitzen des militärischen Geheimdienstes und der Polizei die Brüder Mišković.[327]

★

SOZIALE UND NATIONALE SPANNUNGEN DER FRÜHEN SECHZIGER JAHRE

Trotz des katastrophalen Erdbebens in Skopje, das über tausend Menschen das Leben kostete und Schäden in Höhe von einer Milliarde Dollar verursachte, kam es 1963 zu einer bedeutenden Besserung der Wirtschaftslage. In den ersten fünf Monaten des Jahres stieg die Industrieproduktion im Vergleich mit demselben Zeitraum des Vorjahres um vierzehn Prozent an. Der Export nahm ständig zu, gleichzeitig konnte man mit einer guten Ernte rechnen.[328] Aber schon im Jahre 1964 geriet die jugoslawische Wirtschaft erneut ins Schlingern, sodass Jugoslawien gezwungen war, die Importe vorübergehend zu stoppen und den IWF um ein neues Darlehen zu bitten. Unter der Arbeiterschaft begann es zu gären, es kam zu Streiks bzw. zu »vorübergehenden Arbeitsniederlegungen«, besonders in Slowenien. An der politischen Spitze selbst festigte sich die Überzeugung, dass man von der Bevölkerung keinen allzu großen Verzicht mehr erwarten konnte. Selbst Tito sagte am 7. März 1964 in einer Rede in Niš, dass Lebensstandard und Entwicklung endlich Hand in Hand gehen und dass bei der Gestaltung der neuen ökonomischen Pläne auch die Bedürfnisse des Einzelnen berücksichtigt werden müssten. Auf dem VI. Plenum des ZK des BdKJ am 17. März 1964 beschlossen die Delegierten, die Wirtschaft der staatlichen Kontrolle zu entziehen, den Bürokratismus zurückzudrängen, und betonten, dass die Partei »dazwischen und darinnen, nicht aber von draußen und von oben« führen müsse. Mitte April 1964 nahm die Bundesversammlung eine Resolution zur weiteren Wirtschaftsentwicklung an, in der es hieß, dass die administrativen Maßnahmen keine befriedigenden Resultate erbracht hätten und dass es notwendig sei, eine radikale Reform anzugehen und den Unternehmen bei der Gewinnverteilung mehr Freiheit zu geben.

In diesem Geiste, der allerdings durch nationalistische Polemiken zwischen Belgrad und Zagreb belastet wurde, liefen die Vorbereitungen für den VIII. Kongress des BdKJ. Der letzte Kongress des BdKJ hatte im April 1958 stattgefunden. Nach den Statuten hätte er bereits 1963 einberufen werden müssen, aber wegen der innerparteilichen Konflikte, die sich in der Zwischenzeit angehäuft hatten, beschloss man, ihn um anderthalb Jahre zu verschieben. Man war sich durchaus seiner Bedeutung bewusst, denn es war klar, dass auf dem VIII. Kongress das Selbstverwaltungssystem ausgebaut werden musste, sollte es nicht eines langsamen Todes sterben. Nach Meinung Najdan Pašićs, Direktor des Jugoslawischen Instituts für Gesellschaftswissenschaften, musste der Kongress mit einem Paradox umgehen, denn sein Ziel sei es gewesen, eine aktivere Partei zu formen, zugleich aber ihren Einfluss auf Wirtschaft und Verwaltung zu verringern. Es galt also, dass die Partei eher die Rolle einer Führerin als einer Aufseherin übernehmen solle.[329] In diesem Sinne kam es zu einer lebhaften Debatte, an der sich auf der einen Seite als Befürworter einer Liberalisierung vor allem Kardelj und Vukmanović-Tempo beteiligten und auf der anderen Petar Stambolić, der Präsident des Bundesvollzugsrats, wie auch zahlreiche hohe Funktionäre vor allem aus den weniger entwickelten Republiken. Wie das VI. Plenum des ZK des BdKJ im März 1964 gezeigt hatte, war das Kräfteverhältnis noch längst nicht so, dass es den Sieg der einen oder der anderen Strömung garantiert hätte.[330]

Als nach mehrmonatiger interner Grundsatzdiskussion vom 7. bis 13. Dezember 1964 in Belgrad schließlich doch der VIII. Kongress stattfand, sprach man auf ihm ziemlich offen über die aktuellen wirtschaftlichen und interethnischen Probleme der jugoslawischen Gesellschaft.[331] Tito, der seit dem stürmischen Parteiplenum im März 1962 den Bruch zwischen Liberalen und Konservativen zugelassen und dabei auf der Suche nach dem notwendigen Gleichgewicht zur Erhaltung des Regimes die einen wie die anderen benutzt hatte, trat dieses Mal unerwarteterweise auf die Seite der liberalen Fraktion. Wie Ranković bemerkte, sei er von 1963 an völlig dem slowenischen und vor allem dem kroatischen Einfluss erlegen: »Er hatte den Pelz gewendet. Er verstellte sich nicht einmal mehr: In der National- und Staatspolitik setzte er auf eine Konföderation.«[332] »Im Verlauf von 1963 und 1964«, entrüstete sich Ranković weiter, »schleppten sie Tito unaufhörlich durch Slowenien. Sie bauten ihm Jagdhütten, führten ihn auf die Jagd, organisierten Veranstaltungen (…) Die Slowenen koordinierten ihre Politik mit den Kroaten. Ivan Krajačić, Krleža und Bakarić umzingelten ihn. Damals ging Tito allen Genossen in Belgrad aus dem Weg (…) 1964 verbrachte Tito zehn Monate außerhalb Belgrads: auf Brioni, auf Brdo bei Kranj, in Kroatien und Slowenien.«[333]

Auf dem VIII. Kongress des BdKJ schnitt Tito unerwartet alle Schlüsselfragen an, über die bei ähnlichen Anlässen bisher noch nie debattiert worden war.[334] Obwohl er improvisiert und ohne rechten Schwung sprach, wurde er doch deutlich: Er behauptete zwar, dass »chauvinistische Elemente, die ein Erbe Vorkriegsjugoslawiens sind, noch immer unter der Asche glimmen« und überall, »in Kultur, Wirtschaft, Wissenschaft und Geschichtsschreibung« präsent seien, zugleich aber verurteilte er die etatistisch-bürokratischen Tendenzen und das unitaristische Ignorieren der sozialökonomischen Funktionen von Republiken und Provinzen. Er lehnte »administrativ-zentralistische Methoden« ab und wetterte gegen jene, die eine »künstliche« jugoslawische Nation propagierten. Die Tatsache, dass er sich bei den Wahlen zum Kongress zum ersten Mal als »Kroate« deklarierte, war schon für sich genommen bezeichnend.[335]

Ranković, der die Thesen über die »vervampierte« Nationalpolitik schon vor dem Kongress zur Einsicht bekommen hatte, protestiert bei Tito, weil das zur Zerschlagung Jugoslawiens führen würde. Zwischen ihnen kam es zu einem derartigen Streit, dass sie zwei Monate lang nicht mehr miteinander sprachen. Ranković versuchte daraufhin Kardelj zu überzeugen, dass man neben dem Staatszentralismus auch den Republiketatismus verurteilen müsse, denn der schwäche den Jugoslawismus. Aber ohne Erfolg.[336]

In der Debatte, die auf Titos Auftritt folgte, kristallisierte sich die Meinung heraus, dass es innerhalb der SFRJ verschiedene nationale Subjekte gebe, die sich auf unterschiedlichen Entwicklungsstufen befänden. Einen der entscheidenden Sätze in diesem Sinne sagte Kardelj, nämlich, dass »jedes Volk das Recht und die reale Möglichkeit hat, gemäß den Resultaten seiner Arbeit zu leben und sich zu entwickeln«.[337] Diesen Gedanken nahm die Abschlussresolution auf, die die These von einer einzigen jugoslawischen Nation als Ausdruck von bürokratischem Zentralismus und Unitarismus verurteilte. Auf Vorschlag Stane Kavčičs und gegen den Widerstand Dobrica Ćosićs wurde auch die Formulierung aufgenommen, dass »eine Nation über den Überschuss ihrer Arbeit verfügen muss. In dieses Recht darf die zentrale Staatsspitze nicht eingreifen. Die Bundesregierung ist nur der Koordinator der jeweiligen Entwicklungs- und Wirtschaftspolitik der Republiken.«[338]

Da sich eine größere Autonomie der Republiken auch innerhalb des BdKJ wiederfinden sollte, beschloss man, dass von nun an die Kongresse des Bundes der Kommunisten auf Republikebene vor dem Bundeskongress abgehalten werden sollten und nicht nach ihm. Das bedeutete, dass die lokalen Parteiführer nicht nur gehorsame Vollzieher einer politischen Vorgabe sein würden, sondern dass sie über ihre Delegierten auf ihre Gestaltung Einfluss nehmen könnten. Der einzige Widerspruch, der auf dem Kongress zu hören war, kam von Ranković, der vom »demokratischen Zentralismus« innerhalb der Partei, des Staates und der Wirtschaft sprach. Er wies auch auf die Tatsache hin, dass es im BdKJ Gruppen gebe, die die führende Rolle des Bundes innerhalb der Gesellschaft infrage stellten. Obwohl er damit der offiziellen Linie widersprach, erntete natürlich auch er großen Applaus. Sein Referat wurde »einstimmig angenommen«.[339] Aber weil es klar war, dass sich die beschlossenen Reformen, nicht mit ihm umsetzen ließen, war sein weiteres Schicksal schon zu diesem Zeitpunkt sehr ungewiss.[340]

Eines der wichtigsten Ereignisse auf dem VIII. Kongress war die Wahl eines hundertfünfundfünfzigköpfigen Zentralkomitees und die einstimmigen Bestätigung Titos als dessen Generalsekretär. Das ZK wählte noch am selben Tag ein erweitertes Vollzugskomitee, das nach der neuen Regelung neunzehn Mitglieder statt der vorhergehenden dreizehn zählte. Den bisherigen ersten Sekretären des BdKJ Aleksandar Ranković und Edvard Kardelj wurde noch Veljko Vlahović an die Seite gestellt, der in der Partei beliebter war als die beiden anderen.[341] Mit der Ernennung dieses Triumvirats waren die Stimmen widerlegt, die in den vorangegangenen Wochen vermutet hatten, dass Tito abtreten, die Position des Generalsekretärs des BdKJ Vlahović überlassen und sich selbst mit der Position eines Ehrenvorsitzenden der Partei zufriedengeben werde. Zu seinen weiteren Plänen erklärte er selbst auf einer Pressekonferenz am 12. Dezember 1964, dass er sich stark genug fühle (was er in den Augen der anwesenden Diplomaten auch zu sein schien), den Bund der Kommunisten Jugoslawiens auch in Zukunft zu führen.[342]

★

NOCH EINE WIRTSCHAFTSREFORM

Als man mit der Einführung der Wirtschaftsreform begann, schnitt sie in Titos Worten »wie ein chirurgischer Eingriff« in das soziale Gewebe ein, wobei sich niemand Illusionen machte, dass es nicht schmerzlich sein werde.[343] Tatsächlich handelte es sich nicht nur um ein paar Korrekturen am System, wie sie in der Vergangenheit vorgenommen worden waren, sondern um ein langwieriges und komplexes Programm.

Dazu muss man feststellen, dass sich der Lebensstandard und der Zustand der Wirtschaft seit dem Krieg deutlich verbessert hatte. Zu Fortschritten war es besonders im Gesundheits- und Bildungswesen gekommen, und das durchschnittliche Wirtschaftswachstum seit dem Krieg (7,2 Prozent jährlich) war das dritthöchste weltweit. Der Rückstand auf Europa verringerte sich, was vor allem in den weniger entwickelten Republiken der Föderation zu bemerken war. Das nationale Jahresdurchschnittseinkommen lag bei 500 Dollar pro Kopf, die Infrastruktur war zufriedenstellend, die Einnahmen aus dem Tourismus näherten sich 100 Millionen Dollar jährlich. Jugoslawien war zwar im Ausland mit 1,2 Milliarden Dollar verschuldet, aber zugleich machte die Industrialisierung so rasche Fortschritte, dass es in dieser Hinsicht zusammen mit Japan weltweit an der Spitze stand. Die Folge war eine starke Urbanisierung und ein massenhafter Übertritt der bäuerlichen Bevölkerung in die Reihen des Proletariats, was besonders für die Jungen eine Möglichkeit bedeutete, sich dem traditionsverhafteten Leben auf dem Lande zu entziehen. »Für sie ist das ein Sprung«, notierte Bilandžić, »wie es ihn in Jahrhunderten nicht gegeben hat.«[344]

Am 23. und 24. Juli 1965 verabschiedete die Bundesversammlung dreißig Gesetze zur Reform der Wirtschaft. Die Ziele, die sie sich gesetzt hatte, hießen Erhöhung der Produktivität, technische Modernisierung, Senkung der Produktionskosten und Steigerung der Rentabilität der Unternehmen, um die Konkurrenzfähigkeit der Produkte auf dem Weltmarkt zu erhöhen. Zu diesem Zweck wurde weiterhin festgelegt, dass die Unternehmen von nun an über 70 Prozent ihrer Einkünfte verfügen konnten. Die Regierung rechnete auch mit einer raschen Verbesserung der Außenhandelsbilanz und mit einem Umschuldungsprogramm in Zusammenarbeit mit den USA, Großbritannien, Frankreich, Italien und der Sowjetunion, mit denen es zu intensiven Gesprächen kam.[345] Der Dinar wurde abgewertet, wobei bis Juli 1965 für 1 Dollar 750 Dinar zu zahlen waren, ab Ende dieses Monats hingegen 1250 Dinar. Das bedeutete, dass sich jugoslawische Erzeugnisse auf den freien Märkten zu niedrigerem Preis verkaufen ließen, was den Export ankurbeln sollte. Exportsubventionen, die bislang galten und die das Bundesbudget stark belasteten, wurden gestrichen, dafür wurden die Einfuhrzölle auf 20 Prozent hinaufgesetzt. Ein starker Akzent wurde auf die Förderung des Tourismus gelegt, in deren Folge – trotz manch innerem Widerstand – die Visumpflicht abgeschafft wurde, wie auch auf die selbstständige Entwicklung der Unternehmen, denen ein großer Teil der Steuerlast erlassen wurde. Im Westen wurden die Reformen nicht nur deswegen begrüßt, sondern auch weil Jugoslawien künftig als einziger sozialistischer Staat ausländische Investitionen erlaubte.[346] Als Unterstützung für das Projekt sagten die Amerikaner im November 1965 eine Lieferung von 700 000 Tonnen Getreide im Wert von 46 Millionen Dollar zu, wobei sie in den ersten zwei Jahren keine Bezahlung verlangten.[347]

Die Wirtschaftsreform trat Ende Juli 1965 in Kraft. Sie verursachte allerdings sofort einen Preissprung, vor allem bei allgemeinen Konsumgütern. Weil die Subventionen für Mieten, Strom, Gas und öffentlichen Verkehr wegfielen, kam es zu deutlichen Verteuerungen dieser Dienstleistungen.[348] Die Praxis zeigte jedenfalls, dass die Reform schwerer zu verwirklichen war, als man erwartet hatte: Der Produktionsbereich verfügte über keine Mittel zur Modernisierung, die Verwaltungskader waren nicht elastisch genug, um sich den neuen Marktverhältnissen anzupassen.[349] Tito, Kardelj, Bakarić und andere Führer versuchten zwar in zahlreichen Auftritten die Menschen zu überzeugen, dass die Schwierigkeiten nur vorübergehender Natur seien und dass die Reform für die Entwicklung der jugoslawischen Gesellschaft notwendig sei, doch ohne großen

Erfolg, vor allem in Serbien und anderen weniger entwickelten Republiken.[350] Dabei bereitete, wie Tito mehrfach betonte, die Tatsache die größten Sorgen, dass der Widerstand gegen die Reformen nicht so sehr aus den Reihen der Bevölkerung kam als vielmehr aus den Reihen der führenden Politiker.[351] Auf die Forderung, dass es zu tiefgreifenden Veränderungen im Denken kommen müsse, reagierten viele mit passivem Widerstand in der Erwartung, dass sich der »kapitalistische Weg« als falsch herausstellen werde.[352] Den Kern der Meinungsverschiedenheiten fasste Stane Kavčič, Sekretär des BdK Sloweniens, am 2. November 1965 in einem Artikel unter dem Titel »Krivi pogledi nekih komunista« (»Falsche Ansichten einiger Kommunisten«) in der *Borba* zusammen. Darin greift er jene an, die den Parteiorganen Zuständigkeiten der Staatsorgane zu übertragen versuchten und nicht verstanden hätten, dass man in der Wirtschaft den Einfluss der Politik verringern müsse, damit sich objektive »Marktbedingungen« durchsetzen können.[353] In diesem Sinne habe Kardelj bereits auf der Sitzung des Präsidiums des BdKJ am 12. Januar 1965 erklärt: »Der Markt ist keine Sache des guten Willens, sondern ein Gesetz zur Lebenserhaltung.«[354] Kurz gesagt, die Unternehmen sollten unter denselben Bedingungen wie im kapitalistischen System arbeiten und über ihre Gewinne genauso frei verfügen.

Unzufriedenheit mit der neuen politischen und ökonomischen Ausrichtung zeigte sich besonders in Serbien und Montenegro, wo es innerhalb der Staatsverwaltung und der Partei zu passivem Widerstand, wenn nicht gar offenem Boykott kam. Die Zurückweisung der Reform basierte auf ideologischen Prämissen, entsprang aber auch konkreten Interessen, aus Angst der Bundesbürokratie und der Geheimdienste (in denen die Serben besonders zahlreich vertreten waren), die Kontrolle über den Staat zu verlieren. Ranković, der als treuer Wächter der bolschewistischen Tradition des BdKJ galt, wurde zum Katalysator dieser Unzufriedenheit und Unruhe. Dabei wurde es in der Parteispitze allmählich einsam um ihn, und er geriet immer häufiger in Konflikte mit Tito. Er war nervös, was sich am Zittern seiner Hände, an seinem unsteten Blick und seinem erhöhten Alkoholkonsum ablesen ließ. Als ihn nach siebenjähriger Abwesenheit aus der Heimat Vladimir Dedijer besuchte und ihn fragte, was es Neues gebe, gab er lachend zur Antwort: »Na ja, was schon. Rotation, Selbstverwaltung – Vlado, ich gehe als Polizeiprotokollant nach Vraska Chuka.« (Vraska Chuka in den Bergen an der Grenze zu Bulgarien bedeutete das Ende der Welt.)[355]

Tito lebte auch selbst schon lange in der paranoiden Angst, durch seine engsten Mitarbeiter bedroht zu sein. Er vermutete, dass sie ihn abhörten, seine Sachen stahlen und ihm nach dem Leben trachteten. »Das Misstrauen gegenüber allem und jedem lag in seiner Natur, es bestimmte seinen Charakter.« Anfang der sechziger Jahre beschuldigte er in diesem Sinne gleich drei seiner persönlichen Sekretäre und selbst den Volkshelden General Milan Žeželj, den Kommandanten seiner Leibgarde, der ihm blind ergeben war. Auf Grund von haltlosen Verdächtigungen, die von Jovanka noch eifrig geschürt wurden, verlangte Tito von Ranković, diese engen Mitarbeiter zu »arretieren«, zu befragen, ihnen den Prozess zu machen und sie parteidisziplinarisch zu bestrafen. Ranković versuchte ihn zu beruhigen und ihn von der Treue der Betroffenen zu überzeugen, aber ohne Erfolg. Es war ihm einzig gelungen, die Unglücklichen vor der Festnahme zu bewahren und ihnen anderwärts eine angemessene Arbeitsstelle zu verschaffen.[356] Womit er sich aber selbst Titos Unwillen zuzog.

Im Jahre 1964 geschah etwas noch Schlimmeres. In Ungnade fiel einer der engsten Mitarbeiter Rankovićs, der serbische Regierungspräsident Slobodan Penezić-Krcun, der 1946 die Aktion zur Festsetzung Draža Mihailovićs geleitet hatte. Er war wegen ungebührlicher Aussagen bekannt, wie zum Beispiel für die, dass für die Stabilität Jugoslawiens das Wichtigste eine Übereinkunft zwischen Serben und Kroaten sei. »Wir haben die Bundespolizei in Händen, sie die Armee, und alles ist in Ordnung.« Einmal ging er allerdings zu weit. Auf einer Fahrt im Blauen Zug des Präsidenten nach Zagreb sagte er in angetrunkenem Zustand zum Marschall: »Alter, mach dir keine Sorgen, solange wir Serben treu zu dir stehen. Wenn du uns verlierst, werden dich deine Kroaten und Slowenen nicht retten.«[357] Diese Drohung überhörte Tito nicht, umso weniger, als ihn Jovanka schon lange gewarnt hatte, dass ihm »die Serben das Konzept verderben werden«. Von Ranković verlangte er, gegen Penezić eine Parteiuntersuchung einzuleiten, was der am 6. November 1954 auch tat.[358] Penezić, der von sich selber sagte, er habe »die Arme bis an die Schultern voll Blut«, erlitt im darauffolgenden Dezember jedoch einen Autounfall. Nach einer der Varianten zum Unglücksverlauf habe eine unbekannte Flüssigkeit den Schlauch eines Vorderreifens zerfressen und bei großer Geschwindigkeit zum Platzen gebracht. Nach einer anderen sei die Halbachse gebrochen. Nach einer dritten habe der Fahrer infolge Straßenverschmutzung die Kontrolle über das Steuer verloren und sei gegen eine einsame Eiche auf einem nahen Feld gekracht.[359] Tito nahm am Begräbnis des verstorbenen UDBA-Mannes, »um den das ganze serbische Volk trauerte«, nicht teil, sondern empfing auf Schloss Brdo lieber einen amerikanischen Schauspieler. Und das, obwohl ihm Penezić in der Schlacht an der Sutjeska zusammen mit Ljubomir Đurić das Leben gerettet hatte.[360]

★

RANKOVIĆS STURZ

Im September 1965 meldete sich nach mehrmonatiger krankheitsbedingter Abwesenheit Vladimir Bakarić auf der politischen Bühne zurück. Zusammen mit Kardelj, den er nicht nur wegen seines »theoretischen Scharfsinns« schätzte, sondern auch wegen des »entwickelten Gespürs für die politische Realität«, besuchte er Mitte des Monats die Zagreber Messe, das bedeutendste Ereignisse dieser Art in Jugoslawien. Bei dieser Gelegenheit führten sie offenbar eine Reihe von Gesprächen, die die Entwicklungen der folgenden Monate prägten, denn beide setzten sich – innerhalb der sozialistischen Ordnung – für einen möglichst modernen Rechtsstaat ein.[361] In diesem Geiste und in der Überzeugung, dass die Hilfe des Westens versiegen werde, sollte es nicht zu einer Modernisierung der Wirtschaft kommen, analysierte Kardelj die aktuellen Probleme der Gesellschaft ganz offen und schlug ihre umfassende Umgestaltung vor. Auf der Sitzung des Vollzugskomitees am 12. und 13. November 1965 sprach er zur Überraschung der Anwesenden über Jugoslawien wie über eine Wirklichkeit, die nicht selbstverständlich sei: »Letzten Endes werde ich sagen, Genossen, in Jugoslawien sind wir nicht vereint wegen Jugoslawien, sondern wegen des Sozialismus. Und wenn uns nicht klar wird, dass es der Sozialismus ist, der Jugoslawien vereint, dann kann Jugoslawien kein anderer Faktor vereinen. Und wenn ich sage Sozialismus, denke ich an gesellschaftlichen Fortschritt auf der Grundlage des Sozialismus.«

Im Staat gab es seiner Einschätzung nach drei politische Richtungen: die slowenisch-kroatische, an möglichst großer Selbstständigkeit interessierte, die zentralistische, die von den weniger entwickelten Republiken vertreten werde, und die hegemoniale, die vor allem in Serbien anzutreffen sei. Letztere sei die stärkste und würde wohl die Oberhand gewinnen, wenn die alten Kader die politische Bühne verließen. Um dieser Gefahr zu begegnen, sollte ein runder Tisch eingerichtet werden, an dem die einzelnen souveränen Republiken ihre spezifischen Interessen in ständigen Verhandlungen miteinander koordinieren könnten. Dabei sollte das Bestehen der sozialistischen Ordnung von gleich zwei Wächtern gewährleistet werden: von dem nach dem Prinzip des demokratischen Zentralismus organisierten BdKJ und von der gemeinsamen Armee. Dieser Vorschlag erschien den jugoslawischen Führern allerdings zu kühn, denn er sah für den Staat nur die Rolle eines »technischen Instruments« zur Vermittlung zwischen den einzelnen Partnern vor und zielte in Wirklichkeit auf eine Konföderation ab. Er wurde ad acta gelegt. Unterstützung fand nur die Wirtschaftsreform, während die brennenden politischen und interethnischen Verhältnisse, die Kardelj im Auge hatte, unberührt blieben.[362]

Die Lösung blieb auf halbem Wege stecken, und die Spaltung zwischen »Liberalen« und »Konservativen« vertiefte sich weiter. Wie ein Informant zu amerikanischen Geheimdienstleuten sagte, taten Letztere alles, um das Reformprogramm zu boykottieren.[363] Das Symbol dieses Widerstandes war Aleksandar Ranković, von dem Kardelj sagte, dass er sich aufgrund der Konstanz seines Denkens, seiner organisatorischen Fähigkeiten und seines Sinn für Teamwork große Verdienste um die Ausformung des jugoslawischen Sozialismus erworben habe. Aber in einer Zeit, in der in Jugoslawien neue soziale und politische Verhältnisse entstehen sollten, war er aufgrund zweier Eigenschaften seines Denkens und seines Charakters zu einem störenden Element geworden: »Die erste war seine Neigung«, fuhr Kardelj fort, »die Wirksamkeit staatlicher Zwangs- und Diszplinierungsmittel zu überschätzen, was den BdKJ auf den Weg des Zentralismus und der Geschlossenheit der Foren und einer pragmatischen Entscheidungsfindung drängte, die zweite war sein nicht entwickeltes Gespür für die Gesetzmäßigkeiten der nationalen Frage, was die laufende Lösung der Probleme in den interethnischen Beziehungen behinderte und zu einem ernsten Problem für den Bund der Kommunisten geworden war«.[364] Aus diesen Gründen schien es notwendig geworden, Ranković zu entfernen.

Ende 1965 verstärkten sich in Belgrad Gerüchte, die schon seit 1962 umliefen, dass Ranković noch vor Titos Tod die Macht ergreifen werde.[365] So erging aus dem Außenministerium ein Telegramm an mehrere jugoslawische Botschafter im Ausland, dass es um Titos Gesundheit nicht zum Besten stehe (er hatte eine starke Grippe) und dass man deshalb auf »Veränderungen« vorbereitet sein solle[366].

Tito, der sich mit Ranković freundschaftlich verbunden fühlte, obwohl er schon jahrelang den Verdacht hatte, dass ihn dieser an der Spitze von Staat und Partei ersetzen wolle, konnte sich lange nicht entscheiden, wie er mit diesem umgehen solle. Und das nicht nur wegen ihrer persönlichen Beziehung. Wie er später selbst erzählte, auch deshalb, weil er abwarten musste, bis sich das Gleichgewicht der Kräfte im ZK des BdKJ zu seinen Gunsten verschoben hatte.[367] Das war offenbar Ende 1965, Anfang 1966 der Fall. Kurz nach dem Jahreswechsel trat Ranković von der Position des Vorsitzenden des einflussreichen Partisanenverbandes zurück, den er Jahrzehnte hindurch geleitet hatte. Was als erstes Indiz zu deuten ist.[368] Kennzeichnend ist aber auch, dass sich etwa zur selben Zeit das ZK des BdK Sloweniens kritisch über die UDBA bzw. den Staatssicherheitsdienstes äußerte und sich dafür einsetzte, dessen Vollmachten zu beschränken. Mit diesem Vorschlag waren sogar die Mazedonier einverstanden, die ebenso wie die Slowenen und Kroaten in der Angst vor dem großserbischen Nationalismus lebten.[369]

In der Belgrader öffentlichen Meinung wehte hingegen ein anderer Wind. So wie die Serben in der Vergangenheit Ranković deshalb gehasst hatten, weil er Draža Mihailović hatte festnehmen lassen, verehrten sie ihn jetzt geradezu, weil sie in ihm den Wahrer ihrer Interessen sahen.[370] Wenn er mit dem Auto durch die Straßen fuhr, applaudierten die Passanten und riefen: »Leka, Leka!« Manchmal sogar: »Leka, Präsident.« All das und manches andere konnte Tito nicht überhören.[371]

Entscheidend für Rankovićs Schicksal war aber, dass ihm der Versuch misslang, sich innerhalb des serbischen BdK eine stabile Machtbasis zu schaffen. Im Gegenteil: Seit Mai 1965 hatte sich dort eine liberale Strömung formiert, die den konservativen »feindlichen Elementen« den Kampf ansagte.[372] Mitte März 1966 verurteilte sie auf einer Sitzung des Exekutivausschusses des ZK des BdK Serbiens die ablehnende Haltung führender Politiker gegenüber Reformbemühungen und betonte, dass es an der Spitze zu einer Machtverschiebung zugunsten jüngerer Kader kommen müsse. In der Debatte wurde besonders betont, dass die Fehler der Führung des BdK Serbiens auch »nationalistische Erscheinungen« zur Folge gehabt hätten.[373] Die Warnungen vor einem Anwachsen des Nationalismus setzten sich in den folgenden Wochen fort und erreichten bei den Feiern zum Tag der Jugend am 25. Mai ihren Höhepunkt, als Tito selbst diesen in seiner Rede verurteilte, was wohl eine besonders an die Serben gerichtete Botschaft war.[374]

In der ersten Hälfte des Jahres 1966 schien Ranković noch immer fest im Sattel zu sitzen. Ende März sandte ihn Tito an der Spitze zum XXIII. Kongress der KPdSU nach Moskau. Bei dieser Gelegenheit bereiteten die Gastgeber »Genossen Marko« einen Bärendienst, denn sie empfingen ihn wie einen Staatsführer, wobei Slobodan Šakota, Mitglied der Delegation und Assistent des Bundessekretärs für Innere Angelegenheiten, bei einem Abendessen in Anwesenheit der obersten Kremlführung das Glas zu Ehren des »künftigen, jungen Präsidenten der SFRJ« erhoben haben soll.[375] Später war sogar die Rede davon, dass Ranković gegenüber den Russen über Titos Senilität gesprochen habe, was er aber selbst in seinen Erinnerungen entschieden in Abrede stellte.[376] Mitte Mai desselben Jahres war er auf Einladung der dortigen Partei auf einem offiziellen Besuch in Polen. Auch bei dieser Gelegenheit mangelte es nicht an boshaften Worten. In Warschau soll er sich heimlich mit Suslow, der grauen Eminenz der KPdSU getroffen haben. Das trug bereits die Züge eines geplanten Staatsstreichs.[377]

Nach seiner Rückkehr aus Moskau legte Tito, der über Rankovićs mutmaßliches Treiben informiert war, ihm gegenüber eine große Zurückhaltung an den Tag. Als auf einem Empfang die Jungen ein Volkslied anstimmten, in dem der »Held Marko« besungen wurde, drehte sich Veselinov (der noch gestern zu einem der größten Anhänger Rankovićs gezählt hatte) zum Marschall um und fragte ihn: »Genosse Tito, wie ist es möglich, ein solches Lied in Jugoslawien zu singen?« Tito gab keine Antwort, sondern verließ indigniert den Empfang.[378]

In dem Spiel hinter den Kulissen, das jetzt gegen Ranković in Fahrt kam, hatte Titos Vertrauter Ivan Krajačić-Stevo, der sowjetische Agent und »Exekutor« der Vorkriegszeit, eine wichtige Rolle inne.

Dieser hatte zu den Initiatoren der Volksbefreiungsbewegung in Kroatien gehört, war ab 1943 Organisationssekretär des ZK der KP Kroatiens und ab 1944 Kommandant der kroatischen OZNA gewesen. Gleichzeitig leitete er ab Februar 1942 mit Titos Zustimmung das Zentrum der sowjetischen Geheimdienste für den Balkan, was bedeutete, dass er nicht für »Ded« arbeitete, sondern für den »Direktor« (Spionageabteilung des Generalstabs der Roten Armee).[379] In dieser Zeit kümmerte er sich um Titos Sohn Miša, was zwischen beiden eine Verbindung schuf, die fast bis an Titos Lebensende hielt. Obwohl er ein »Mensch von bescheidenen Fähigkeiten« war, wurde er nach der Befreiung Innenminister der SR Kroatiens und Mitglied des ZK der KPJ. Angeblich war er hundertprozentiger Invalide, denn gegen Ende des Krieges war das Militärflugzeug, in dem er sich zusammen mit Randolph Churchill befand, bei Topusko abgestürzt und hatte Feuer gefangen.[380] Dass er aber tatsächlich so stark behindert war, ist in Hinblick auf seine vielseitige Tätigkeit in den folgenden Jahrzehnten schwer zu glauben. Nach der Veröffentlichung der Resolution des Informbüros soll er den Auftrag bekommen haben, Tito zu liquidieren, was er aber nicht tat. Letzterer sagte später dazu, dass ihn westdeutsche Geheimdienstler über diesen Plan informiert hätten. Damals beschloss er nach Zagreb zu fahren und Krajačić herauszufordern. Er sagte zu ihm: »Komm, Stevo, fahren wir nach Samobor (ein altes Städtchen westlich von Zagreb). Ich werde fahren.« Unterwegs hielt Tito auf einem Parkplatz an und sagte zu ihm: »Stevo, führe Stalins Auftrag aus!« Krajačić erbleichte, nahm die Pistole und Stalins Depesche aus der Tasche und sagte: »Alter, ich habe meinen Auftrag ausgeführt.«[381]

Aus diesem Grund, vielleicht aber auch deshalb, weil sich Tito aus ungeklärten Gründen vor ihm fürchtete, genoss Krajačić »bei Hofe« eine besondere Stellung, was sich auch in seiner Position als Leiter des Geheimdienstes ausdrückte, in der er unmittelbar Tito verantwortlich war. In Bezug auf Titos

Sicherheit, hatte Krajačić stets das letzte Wort. Dabei war nicht zu übersehen, dass er sich in seiner Gegenwart manches erlauben konnte und sich auf geradezu »paradoxe« Weise schroff verhielt.[382] Neben Stevo waren in die Verschwörung gegen Ranković noch der Sekretär für Innere Angelegenheiten Milan Mišković und sein Bruder Ivan, Kommandant des KOS, eingebunden. Ranković äußerte später den Verdacht, dass ihn Krajačić mehrfach auf eine »gut organisierte Jagd« zu locken versucht habe, wo sich ein »Unglück« ereignen sollte.[383] Da der aber die Einladung vorsichtig ausschlug, musste seine Absetzung auf andere Weise bewerkstelligt werden. Dabei war bis zum Schluss nicht klar, wie Kardelj später im vertrauten Kreis erzählte, welche Strömung – die liberale oder die konservative – Tito unterstütze und wer auf der Anklagebank sitzen würde: er oder Ranković.[384]

Kardelj wirkte an der Verschwörung nicht unmittelbar mit, denn er hatte sich »aus Gesundheitsgründen« nach Slowenien in Sicherheit gebracht.[385] Das bedeutete natürlich nicht, dass er nicht unterrichtet gewesen wäre oder sie nicht gutgeheißen hätte. Wenige Wochen nach Rankovićs Sturz vertraute er dem amerikanischen Politologen Fred Warner Neal an, dass das Vollzugskomitee gegen »Genossen Marko« in einer konzertierten Aktion vorgegangen sei, und merkte an, dass in den letzten Monaten Angehörige der UDBA eine fieberhafte Tätigkeit entwickelt hätten. Mit Abhören, heimlichem Mitschneiden von Gesprächen oder sogar offenen Drohungen hätten sie versucht, hohe Funktionäre zum Boykott der Reform, vor allem des auf dem VIII. Kongress beschlossenen Rotationsprinzips zu zwingen. Dieser Mechanismus sollte bereits bei den Wahlen gelten, die für Mai 1967 vorgesehen waren und für die schon eine Kommission zur Suche geeigneter Kandidaten tätig war. Vorgesehen war, dass es zu einem ersten größeren Revirement an der Machtspitze selbst kommen würde – 30 000 Funktionäre sollten ausgewechselt werden –, wobei die Regel gelten sollte, dass einzelne Führer nicht gleichzeitig Partei- und Staatsfunktionen innehaben dürfen. Es war klar, dass das Prinzip der Rotation nicht für Tito galt, wohl aber für Ranković, der weder auf seinen Posten als Vizepräsident der SFRJ noch auf seine Position im BdKJ zu verzichten beabsichtigte.[386]

Das aber konnten Kardelj und Bakarić, am wenigsten aber Tito hinnehmen, denn es drohte die Gefahr, dass die Serben unter der Führung eines starken Führers die Herrschaft über die anderen Republiken erlangten.[387] In seinem Gespräch mit Neal zeigte Kardelj Großmut gegenüber Ranković, obwohl bekannt war, dass sie in den letzten Monaten überhaupt nicht mehr miteinander gesprochen hatten: Er gestand ihm zu, an den Sünden der UDBA nicht persönlich Schuld zu tragen und dass genaugenommen der BdKJ einen Fehler gemacht habe, indem er ihm erlaubte, so lange an der Spitze der Geheimpolizei zu bleiben: »Man hätte ihm eine andere Arbeit geben müssen.«[388] Weniger gnädig war Tito, der in der Vergangenheit Ranković bedingungslos vertraut hatte, sodass er 1948 in Belgrad zwischen seiner eigenen und dessen Residenz eine direkte Telefonverbindung für den Gefahrenfall hatte errichten lassen. Nach erhaltenen Informationen war er dieses Mal aber überzeugt, dass »Ranković einen Staatsstreich vorbereitet«.[389]

Als Erstes verfiel man auf die Idee, innerhalb der UDBA einen Putsch gegen Ranković zu initiieren. Weil aber dieser Versuch misslang, musste eine alternative Lösung gefunden werden. Auf Forderung der slowenischen Führung sandte am 15. Juni 1966 Edi Brajnik, Assistent des Bundessekretärs für Innere Angelegenheiten, Tito aus Ljubljana einen Brief, in dem er die Einberufung des Vollzugskomitees des ZK des BdKJ mit einem einzigen Tagesordnungspunkt vorschlug: »Problematik der Staatssicherheit«. Die Sitzung des erwähnten Organs wurde tatsächlich schon für den nächsten Tag in Titos Belgrader Residenz einberufen. Doch vor der Konferenz schickte Krajačić zwei Fachleute des kroatischen Sekretariats für Innere Angelegenheiten in die Villa, um diese zu durchsuchen. Wie Genosse Stevo später erklärte, machten die beiden ihre Arbeit gut. Sie hatten entdeckt, dass die persönlichen Räume des Präsidenten und sogar Jovankas Schlafzimmer in der Užička 15 verwanzt waren und dass die Leitungen der Abhöreinrichtungen in den Keller der benachbarten Leka-Villa führten.[390]

Ranković wurde sich erst nach der Sitzung des Vollzugskomitees bewusst, in welchen Schwierigkeiten er war. Zu ihr war er eine Stunde vor Beginn eingeladen worden, ohne dass man ihn vorher informiert hätte, worüber gesprochen werden würde, während alle anderen Mitglieder über die Angelegenheit genauestens informiert waren.[391] Tito erklärte, dass die UDBA Abhöreinrichtungen nicht nur bei ihm, sondern auch in Kardeljs Räumen und bei anderen installiert habe, und betonte, dass ein ähnliches Polizeisystem »die Sowjetunion seinerzeit fünfzehn Millionen Menschen gekostet« habe.[392] (Er vergaß zu erwähnen, dass der Auftrag zur Verwanzung seiner Wohnung und der Wohnungen einiger der engsten Mitarbeiter seit 1950 von ihm selbst gekommen war und dass auch Kardelj sein eigenes Kabinett hatte abhören lassen.)[393] Die Mitglieder des Vollzugskomitees, Ranković eingeschlossen, stimmten überein, dass mit dieser Praxis Schluss sein müsse, obwohl Letzterer meinte, zu Unrecht beschuldigt zu werden.

Tito schlug die Einrichtung einer von »Partei und Staat« gebildeten Sonderkommission unter Leitung des Mazedoniers Krsta Crvenkovski vor, die die »Führungsmethoden in den Organen der Staatssicherheit« bewerten solle. Um ihr ein möglichst unparteiisches Aussehen zu geben, sollte jede der sechs Republiken ein Mitglied entsenden. Gleichzeitig schlug er auch die Gründung einer »zweiten Kommission mehr technischen Charakters« vor, obwohl die in Wirklichkeit bereits nach seinem Auftrag tätig war.[394] Um den Kommissionen die Arbeit zu erleichtern, bot Ranković den Rücktritt von allen seinen Funktionen an, da er sich für die Arbeit des Staatssicherheitsdienstes verantwortlich fühle. Von der relativ kurzen Sitzung kehrte er sehr betroffen zurück, denn er war sich bewusst, das Opfer einer sorgfältig vorbereiteten Verschwörung geworden zu sein. Zu seiner Frau, die ihm entgegen kam, sagte er: »Es ist alles aus, wegen eines lausigen Abhörens«, dann sagte er zu sich selbst: »Wenn es das überhaupt gegeben hat!«[395]

Die Partei- und Staatskommission beendete ihre Arbeit am 20. Juni 1966 und präsentierte dem Vollzugskomitee ihre Ergebnisse auf einer Sitzung, die in Titos Belgrader Villa einberufen wurde. Dabei wurde Ranković gar nicht erst befragt. Dies ging auf eine Anordnung Titos zurück, der selbst mit ihm sprechen wolle. Mit den Befragungen, die die Kommission durchführte, kam anfangs nicht viel ans Tageslicht, denn es war klar – wie eines ihrer Mitglieder, Mika Tripalo, sagte –, dass »Amateure« professionellen Polizisten nicht gewachsen sein würden. Alle befragten Geheimdienstler hätten zunächst versucht, Ranković und Stefanović-Ćeća, den damaligen Chef der UDBA, zu schützen, später seien sie aber bereit gewesen, Letzteren zu opfern, um Genossen Marko zu retten. Erst als man im Sekretariat für Innere Angelegenheiten den Safe öffnete, in der man Dossiers über zahlreiche Botschafter und Leiter des erwähnten Ressorts mit Bemerkungen und Anweisungen Rankovićs und Stefanovićs fand, war man auf die richtige Spur gekommen. Jetzt begannen die ersten Geständnisse zu tröpfeln, wobei sich etliche Mitarbeiter oder ehemalige Mitarbeiter der UDBA selbst bei der Kommission anzeigten und wichtige Details beibrachten. »Das, was nicht schwer festzustellen war«, berichtet Tripalo, »wurde bald völlig klar: die arrogante und dominante Stellung des Sicherheitsdienstes in der Gesellschaft und die Tatsache, dass er im Dienst einer Gruppe von Funktionären stand. Es lässt sich schwerlich behaupten, dass Ranković eine Verschwörung gegen Tito angezettelt hat, der Wahrheit näher kommt, dass er Vorbereitungen getroffen hat, um eines Tages, nach Titos Tod, seinen Platz einzunehmen.[396]

Der Staatssicherheitsdienst, hieß es in dem Bericht der Crvenkovski-Kommission, habe sich im Konflikt mit Stalin zwar große Verdienste erworben, habe sich aber nach der Einführung der Selbstverwaltung nicht der Versuchung entziehen können, »sich über die Gesellschaft zu stellen«. Weil er »einer der entscheidenden Faktoren in der Formierung der Gesellschaftspolitik« sein wollte, habe er seinen Einfluss nicht nur auf den Partei- und Staatsapparat, sondern auch auf eine Reihe von Wirtschaftsunternehmen zu erweitern versucht, um deren Investitionspolitik zu lenken. Dabei sei er »mehr oder weniger zum Monopol einiger weniger« geworden, und sein Leiter, Aleksandar Ranković, habe nicht mehr unter der Kontrolle der Partei gestanden.[397] In der Debatte über dieses Dokument, die am 20. Juli innerhalb des Vollzugskomitees geführt wurde, griffen die Anwesenden Ranković scharf wegen seiner Verschwörungs- und Putschabsichten an. Dieser fasste die Angriffe als Wiederkäuen von »Weiberargumenten« auf, die von den »Ehefrauen einiger Funktionäre in imaginärer Angst um das Schicksal ihrer Männer« verbreitet würden.[398] Unter ihnen soll sich Pepca Kardelj hervorgetan haben, die schon ein Jahr vor Rankovićs Abschuss auf einem Spaziergang mit einer Freundin durch Belgrad auf seine Wohnung gedeutet und gesagt habe: »Von dort geht alles Schlechte aus!«[399] Gnädiger gegenüber Genossen Marko zeigte sich Edvard Kardelj. Ende Juni begegneten sie einander zufällig im Aufzug des ZK-Palastes in Belgrad. »Glaubst du wirklich, Bevc, dass ich dich und Tito abgehört habe?« fragte Ranković. – »Das glaube ich nicht. Du weißt sehr gut, dass Tito von dem Gedanken besessen ist, dass ihn die Serben umbringen wollen«, sagte Kardelj zu ihm. – »Davon weiß ich nichts«, antwortete Ranković. – »Eh, Marko, das solltest du aber wissen«, erwiderte Kardelj.[400]

Auf der Sitzung am 20. Juni beschloss das Vollzugskomitee, für den 1. Juli das IV. Plenum des ZK des BdKJ nach Brioni einzuberufen, wo die »staatspolitische« Kommission den »Abschlussbericht« über ihre Arbeit vorlegen solle.[401] Der Sekretär für Verteidigung Ivan Gošnjak war mit dieser Initiative nicht einverstanden. Obwohl Ranković nicht sein Freund war, meinte er, dass es nicht richtig sei, ihn allein für alle jugoslawischen Probleme verantwortlich zu machen. Deshalb schlug er Tito vor, die altgedienten Kader sollten auf ihre Positionen verzichten, was ihm erlauben würde, eine neue Regierungsmannschaft zusammenzustellen. Tito nahm diesen Vorschlag zuerst an, verwarf ihn aber später.[402] Doch Gošnjak warf die Flinte nicht ins Korn: Um den 25. Juni herum arrangierte er ein Treffen zwischen Ranković und Tito, auf dem Tito deutlich machte, dass er auch weiterhin beabsichtige, mit ihm zusammenzuarbeiten. Dabei – so erzählte später Leka seiner Frau – habe er automatisch seine Sonnenbrille aufgesetzt, um seine Augen und seine Gedanken zu verbergen. Tito habe sich aber nicht verkneifen können, Ranković die schlechte Gesellschaft vorzuhalten, mit der er sich in letzter Zeit umgebe und die Gerüchte verbreite, nach denen er, Tito, anfange senil zu werden und nur mithilfe von Drogen überleben könne.[403]

Die Verschwörung gegen Ranković war gewagt, denn die UDBA hatte bewaffnete Einheiten und sogar Panzer zur Verfügung. Aber die Tatsache, dass die Jugoslawische Volksarmee geschlossen hinter Tito stand, gab Ranković nicht viel Spielraum, auch wenn er einen Staatsstreich hätte durchführen wollen, über den an der Spitze des BdKJ als konkrete Möglichkeit gesprochen wurde. Jedenfalls bereitete man sich auf alles vor, schon Mitte Juni wurden Radio- und Fernsehstationen verstärkt bewacht und sowohl Armee als auch Polizei mobilisiert. Weil das auch in Slowenien und Kroatien geschah, wo keine Pro-Ranković-Demonstrationen zu erwarten waren, drängte sich amerikanischen Diplomaten der Verdacht auf, dass man »nationalistische Elemente« fürchtete, die den Krisenmoment zu ihren Gunsten ausnützen könnten.[404] Zur Durchführung der Aktion wurden Kader aus Kroatien, Slowenien und aus der Jugoslawischen Volksarmee eingesetzt, nicht aber aus Serbien, da Letztere als unzuverlässig galten.[405]

Die Situation hatte sich dermaßen zugespitzt, dass Tito Belgrad heimlich verließ, weil man Informationen hatte, dass Ranković Tito mithilfe der UDBA internieren wolle. (Es existiert die Erzählung, dass ihn Krajačić selbst in seinem Mercedes auf Nebenstraßen über Osijek nach Brioni gefahren hat.)[406]

Der Archipel, der zur Zeit der Sommerferien gewöhnlich von ausgewählten Gästen bevölkert war, war dieses Mal halb verwaist, außer den Mitgliedern des ZK patroullierten dort nur Armee und Polizei. Die gespannte Atmosphäre wird gut durch einen Brief veranschaulicht, den Krajačić am 6. Juli an Tito schrieb. Obwohl er eine ordentliche Schulschrift hatte, schrieb er diesmal sehr nervös, sodass einige Wörter schwer lesbar sind. Aus dem Inhalt geht jedenfalls hervor, dass Genosse Stevo auf Vlado Bakarić und auch auf Ivan Mišković, den Leiter der KOS, baute, »der gewillt ist alles zu tun, damit deine Situation ins Reine gebracht werden kann, denn alle Leute, die dich umgeben, sind sehr problematisch, und wir müssen einen Weg finden, diese Sache zu lösen.«[407]

Kaum waren sie, am Vorabend des Plenums, auf Brioni angekommen, wurde den Mitgliedern des ZK schon das Material für den nächsten Tag ausgehändigt. Ein Gutteil dieses Materials ist später veröffentlicht worden, nicht aber die sogenannte »Dokumentation«, die alle Teilnehmer nach dem Plenum zurückgeben mussten. Darin waren Informationen, die sich unmittelbar auf das Abhören bezogen, und die Namen von Personen, die darin verwickelt sein sollten.[408] Ranković wurde sich des Ernstes seiner Lage erst mitten in der Nacht vor der Sitzung bewusst, als er, als Letzter unter den Mitgliedern des ZK, kurz vor Mitternacht das Referat ausgehändigt bekam, das die Diskussion am nächsten Tag einleiten sollte. Darin standen nämlich völlig neue Anschuldigungen. Er war davon so getroffen, dass ihm schlecht wurde. Wie sich später herausstellte, hatte er einen leichteren Herzinfarkt, was der untersuchende Arzt aber niemandem, nicht mal Ranković selbst sagte.[409]

Tito trat auf dem IV. Plenum selbstkritisch auf, weil er sich nicht der Lösung der Probleme angenommen habe, die sich in der Führung der Partei schon seit 1962 angehäuft hätten. Zugleich beschuldigte er Ranković und Stefanović, sich schützend vor die illegale Tätigkeit einer Gruppe von Funktionären des Staatssicherheitsdienstes gestellt zu haben, die beabsichtigt habe, sich der Herrschaft zu bemächtigen und die Entwicklung einer sozialistischen Selbstverwaltungsdemokratie zu torpedieren. Dabei hätten sie auch ihn selbst überwacht, abgehört und ihn durch mangelhafte oder unzutreffende Informationen manipuliert. »Es handelt sich um den Kampf einer Fraktion, einer Gruppe um die Macht.«[410]

Auf der stürmischen Sitzung des ZK, die mehrere Stunden dauerte, war Ranković physisch angeschlagen, er hatte Fieber und starke Brustschmerzen. Er sah aus, wie einer der Anwesenden erzählte, »wie ein Kleiderständer und nicht wie ein lebendiger Mensch«.[411] Trotzdem ergriff er nach Tito und Crvenkovski das Wort. Zuerst versuchte er sich zu verteidigen, indem er eine im Voraus gefertigte Erklärung verlas, die aber gar nicht auf die gegen ihn erhobenen Anschuldigungen einging. Er gab zu, dass die Methoden, mit denen die UDBA arbeitete, »schmutzig« seien, betonte aber, dass diese Methoden nicht die seinen seien, da er die Geheimdienste schon lange nicht mehr unmittelbar führe. Er verneinte auch, ein serbischer Nationalist zu sein. Man unterbrach ihn und verlangte von ihm, sich zu den ihn belastenden Vorwürfen zu äußern. Diese Forderung überhörte er und fuhr fort mit dem Verlesen seiner inhaltsleeren Erklärung. In der Pause tat er Ivan Gošnjak so leid, dass der ihm riet, die Veranstaltung zu verlassen, da das, was ihn erwarte für ihn schwer zu ertragen sein würde. Ranković wies den Vorschlag zurück und antwortete, er müsse alles hören, was gegen ihn und seine Arbeit angeführt werde.[412]

Zum Schluss der Debatte legte Ranković seine Trotzhaltung doch ab und gab – wenngleich ohne jede Unterwürfigkeit – nicht nur seine moralische, sondern auch seine politische Verantwortung für die Fehler zu. Er versprach, sich gegen all jene zu erwehren, die ihn als Werkzeug zur Spaltung des BdKJ missbrauchen wollten, und wies die Behauptung zurück, er habe von den Aktivitäten der UDBA gewusst, sei der Sektiererei schuldig und habe geplant, Titos Nachfolge anzutreten.[413] Bei einem kurzen Gespräch unter vier Augen sagte Ranković zu Tito: »1962 haben die Slowenen Kardelj im Plenum gerettet, ich hingegen bin in Hinblick auf die Einheit des Staates glücklich, dass meine Serben es bei mir nicht getan haben.« Und weiter: »Mich kannst du, Alter, leicht loswerden. Aber wenn du abtrittst, kommt in Jugoslawien die Sintflut.«[414]

Tito überhörte diese Prophezeiung. Er schloss die Sitzung erleichtert mit der Feststellung, dass alles »noch besser als erwartet« verlaufen sei und er sich bei den Mitgliedern des Zentralkomitees für das erwiesene Vertrauen bedanke. Sogar bei Ranković bedankte er sich »für die gute Haltung«.[415]

Die Meldung über das Plenum auf Brioni, die über Lautsprecher sogar in Warenhäusern verbreitet wurde, platzte wie eine Bombe in die jugoslawische Öffentlichkeit, die über die Divergenzen in der Partei nichts wusste. In Slowenien reagierte man reserviert, in Kroatien hocherfreut, denn »ein Zurück gibt es nicht mehr«.[416] In Ranković sahen sie nämlich nicht nur ein Symbol der Polizeidiktatur, sondern auch für großserbische Pläne und Hegemoniestreben.[417]

In Serbien war man schockiert, denn dort glaubte man, den führenden Mann gerade in dem Moment eingebüßt zu haben, da sich die Frage der Tito-Nachfolge stellte. Den Unmut hatte schon Tage vor dem Plenum Dobrica Ćosić in einem Brief an Tito ausgedrückt, in dem er, überzeugt, dass die Affäre antiserbische Züge trage, nach den Gründen für die »skandalöse« Verurteilung Rankovićs fragte. Dieser Brief wurde seinerzeit nicht öffentlich, zerrüttete aber die Beziehung zwischen Ćosić und Tito nachhaltig: Der Dialog zwischen beiden riss ab, und der berühmte Schriftsteller wurde immer kritischer gegenüber dem »Brioni-Regime« und seinem obersten Repräsentanten. Ćosić wurde zum Wortführer jener Serben, die an die jugoslawische Idee glaubten, unter der Voraussetzung natürlich, dass die ihre Werte und Interessen schützte. In dieser Hinsicht wurde er für das Regime sehr gefährlich, um so mehr weil es wegen seines Ansehens nicht möglich war, ihn auf diese oder jene Weise zu »liquidieren«.[418]

Am 14. Juli 1966 kam es zu einer gemeinsamen Sitzung aller Kammern der Bundesversammlung, auf der über Rankovićs Antrag diskutiert werden sollte, ihn des Amtes des Vizepräsidenten der SFRJ zu entpflichten. Da Ranković gleich nach dem Plenum auf Brioni aus gesundheitlichen Gründen um einen dreiwöchigen Urlaub gebeten hatte, verlief die Debatte in seiner Abwesenheit. Es war ein kurzes Verfahren, das kaum zehn Minuten dauerte. Der Vorsitzende der Bundesversammlung Edvard Kardelj verlas Rankovićs knappe Rücktrittserklärung und erklärte, da sich niemand zu Wort meldete, der Antrag sei angenommen. Kardelj berichtete anschließend unter Punkt zwei der Tagesordnung, dass Koča Popović von sechsunddreißig Abgeordneten als neuer Vizestaatpräsident vorgeschlagen worden sei. Die Nachricht wurde mit langem Applaus begrüßt, wobei nicht übersehen werden darf, dass Popović seit seinem Rücktritt als Außenminister im Jahre 1964 im Grunde politisch nicht mehr aktiv war.[419] Seine Ernennung war Balsam für die serbische Seele, obwohl sich eigentlich niemand der Illusion hingeben konnte, dass dieser einsame Intellektuelle etwas verändern könne. »Solange Tito existiert und solange diese Tito-Führung existiert, wird der Bund der Kommunisten das sein, was er ist: ein amorpher, liberalisierter, konformistischer Stalinismus.«[420] So Dobrica Ćosić.

Auf Rankovićs Sturz folgte eine umfangreiche Säuberung innerhalb der UDBA und des BdKJ, zuerst in den »serbischen« Gebieten: in Serbien selbst, in der Vojvodina, im Kosovo und in Montenegro, anschließend auch in Bosnien und Herzegowina, in Kroatien und in Slowenien, obwohl sich in diesen beiden Republiken die Geheimdienste immer in den Händen einheimischer politischer Eliten befunden hatten.[421] Es stellte sich heraus, dass allein in Kroatien der Staatssicherheitsdienst Dossiers von 1 300 000 Staatsbürgern gesammelt hatte.[422] Zu Tausenden wurden Funktionäre festgenommen und zu Haftstrafen verurteilt, aus dem BdKJ ausgeschlossen oder von ihren Posten enthoben. Parteikomitees aller Art und Stufen wetteiferten bei der Aufdeckung von Korruption und Machtmissbrauch innerhalb der UDBA. In den Zeitungen erschienen Artikel mit heuchlerischen Fragen wie »Wie ist das möglich«, man ließ sich über »unsere Variante des Stalinismus« aus und deckte Intrigen und Vergehen auf, derer sich »stalinistische, reaktionäre, mit Kasten vergleichbare polizeibürokratische und rückständige Kräfte« schuldig gemacht hätten. Die schlimmsten Verbrechen aber, die die OZNA bzw. UDBA sofort nach dem Krieg in Verbindung mit dem Zwangsaufkauf von Getreide, mit Goli Otok und den »Dachauer Prozessen« in Ljubljana verübt hatten, wurden nicht erwähnt. »Davon war nicht die Rede«, meinte einer von Rankovićs Leuten, »weil man sich dafür nicht wie Pontius Pilatus die Hände reinwaschen konnte.«[423]

Die Kroaten benutzten die Gelegenheit, sich des Vorsitzenden des kroatischen Parlaments (Sabor), Ivan Krajačić, zu entledigen, der mit der Gruppe Ranković-Stefanović zwar nichts zu tun hatte, der aber wegen seines despotischen und taktlosen Auftretens äußerst verhasst war. Wie der amerikanische Konsul in Zagreb sagte, war Krajačić dreifach gefährlich: wegen seiner Gewalttätigkeit, seines Rülpsens und seines schlechten Atems.[424] In Zagreb erzählte man, dass man als Vorwand für seine Entfernung (er war kaum sechzig Jahre alt) die Tatsache benutzt habe, dass er in angetrunkenem Zustand, in dem er häufig war, erklärt hatte: »Gebt mir eine Pistole – ich will los und Serben umbringen.«[425] In Wirklichkeit hatte er noch Schlimmeres getan. Bei der Einweihung des Denkmals für die Opfer des Konzentrationslagers Jasenovac am 3. Juli 1966 brüllte er beim Essen nach der Feierlichkeit betrunken die Delegation aus Serbien an: »Marsch, Tschetniks! Raus! Hier ruhen anständige Kroaten, aber dieses Lager haben wir für euch Serben gebaut! Für Tschetniks und Zigeuner!

Von euch haben wir viel zu wenige hier umgebracht.«[426] Der Zwischenfall machte Tito tief betroffen und wütend. Trotz aller Freundschaft gab er den kroatischen Führern die Anweisung, Krajačić als Vorsitzenden des Sabors abzulösen. Sein Rücktritt »wegen schlechter Gesundheit« bedeutete noch nicht, dass er bei Tito in Ungnade gefallen wäre, wie die Tatsache bezeugt, dass man ihn nicht aus dem ZK des BdKJ ausschloss und dass ihm der Marschall zu seinem Geburtstag am 28. August 1966 eine hohe Auszeichnung verlieh und ihm herzliche Glückwünsche sandte. Auch in späteren Jahren stand ihm die Tür zum »Hof« weit offen. Tito hatte ihm sogar erlaubt, über jede seiner dreißig Residenzen frei zu verfügen. Zehn Jahre später überreichte er ihm zum siebzigsten Geburtstag, trotz aller »Gaunereien und Diebstähle«, in die er verwickelt war, den Orden eines Helden der sozialistischen Arbeit.[427]

★

REORGANISIERUNG DES STAATSSICHERHEITSDIENSTES UND VERSUCH EINER LIBERALISIERUNG DES BDKJ

Ende Juli 1966 wurde eine zwanzigköpfige Kommission zur Reform des Staatssicherheitsdienstes eingesetzt, deren Vorsitz Petar Stambolić, der Präsident des Bundesvollzugsrats, innehatte. Wie Milan Mišković, der Bundessekretär für Innere Angelegenheiten, in verschiedenen Interviews erklärte, war es ihre Aufgabe zu bestimmen, welchen Platz der erwähnte Dienst innerhalb des jugoslawischen Selbstverwaltungssystem einnehmen solle und wie man die Kontrolle der Öffentlichkeit (d.h. der Partei) über ihn wiederherstellen könne.[428] Im Wesentlichen blieb dennoch alles beim Alten: Die UDBA, obwohl auf die verschiedenen Republiken aufgegliedert, hörte noch immer illegal alle prominenten Persönlichkeiten ab und schickte die Resultate dieser Arbeit nach Belgrad, wo sich wieder vertrauliches »Material« anzuhäufen begann.[429]

Bedeutender als die Stambolić-Kommission war die vierzigköpfige Kommission für Erneuerung und Entwicklung des BDKJ, die unter großem Medienpomp am 15. Juli die Arbeit aufnahm. Ihre Hauptaufgabe war es, das Organisationssystem der Partei so umzugestalten, dass es nicht wieder in die Hände einer einzigen Person fallen konnte. Sie wurde von Kardeljs Vertrauensmann Mijalko Todorović, dem Vizepräsidenten der Bundesversammlung, geführt, dem man eine glänzende politische Zukunft voraussagte und in dem man sogar einen möglichen Nachfolger Titos sah.[430] Den Medien gegenüber erklärte er, dass der BdKJ »in den letzten Jahren mit der allgemeinen Entwicklung unserer Gesellschaft nicht Schritt gehalten hat« und dass er »ihre Entwicklung in vielem behindert hat anstatt sie zu befördern«. Seiner Meinung nach eröffne das IV. Plenum Möglichkeiten zum weiteren Aufschwung der unmittelbaren Demokratie und Selbstverwaltung auch auf Gebieten, »die bisher nicht hinreichend offenstanden«. Für Oktober desselben Jahres kündigte er ein neues Plenum an, das die Arbeit der Kommission bestätigen und entscheiden solle, ob es angezeigt sei, einen außerordentlichen Parteikongress einzuberufen.[431]

Die Mitglieder der Todorović-Kommission nahmen sich der Arbeit mit großem Elan und Sanierungseifer an. Der Slowene Mitja Ribičič stellte sogar das Prinzip des demokratischen Zentralismus in Frage, während sein mazedonischer Kollege Krsta Crvenkovski das »Absterben« des Bundes der Kommunisten prophezeite, da sich Jugoslawien auf eine »Demokratie ohne Partei« zubewege. Ihr gemeinsames Ziel war es, die Macht innerhalb des ZKs zu zerschlagen und damit zu verhindern, dass sie sich in wenigen Händen konzentrierte, wie es bisher mit dem vierköpfigen Sekretariat und dem Vollzugskomitee der Fall war. Sie hatten den Plan, die Entscheidungsgewalt auf das gesamte Zentralkomitee zu übertragen, das ihrer Meinung nach bisher ein eher »amorpher Körper« gewesen sei, ohne wirklichen Einfluss, und meinten, dass man jene absägen müsse, die mit Rankovićs Fraktion verbunden waren.[432] Wie eine kalte Dusche wirkte auf sie aber die Rede Titos am 1. September 1966, in der er sich von solchen Überlegungen distanzierte, jede Möglichkeit des »Absterbens« des BdKJ verneinte und die leninistische Vision einer disziplinierten »Kaderpartei« erneuerte.[433]

Natürlich galt sein Wort. Auf dem V. Plenum des BdKJ am 4. Oktober in Belgrad kam es im Wesentlichen doch zu einer formalen, nicht aber inhaltlichen Umgestaltung des Parteiaufbaus: Anstelle des vierköpfigen Sekretariats (Tito, Ranković, Kardelj und Vlahović) wurde die Funktion eines Vorsitzenden des BdKJ eingerichtet – die natürlich Tito zufiel –, dem bei der Ausarbeitung der politischen Linie das neu gegründete Präsidium zur Seite stehen sollte. Mit Letzterem sollte als gleichwertiges Organ das Vollzugskomitee zusammenarbeiten, das für die Führung der Partei in der täglichen Praxis zuständig sein sollte. In Wirklichkeit kam es anders. Ins Präsidium wurden automatisch alle Mitglieder des ehemaligen Vollzugskomitees aufgenommen, außer Todorović, der Sekretär des neuen Vollzugskomitees wurde (das aber nicht mehr die Funktion des Politbüros hatte). Außerdem wurden noch siebzehn ältere Parteiführer ins Präsidium kooptiert, sodass von den fünfunddreißig Mitgliedern, die es zählte, kaum fünf weniger als fünfzig Jahre alt waren. Es war augenscheinlich, dass die alte Garde noch fest im Sattel saß, denn Tito selbst forderte für diesen zentralen Körper das Recht, nicht nur die politische Linie zu bestimmen, sondern bei Bedarf auch darüber zu befinden, wie sie realisiert werden solle.[434] Somit war der Versuch einer Liberalisierung des BdKJ gescheitert.

In seinem Schlusswort drückte Tito seine Verwunderung darüber aus, dass es in der Diskussion zu einem Ausdruck von Unzufriedenheit über diese Lösung gekommen sei, die unter anderem die Forderung nicht berücksichtigt hatte, Partei- und Staatsfunktionen in Hinkunft zu trennen und ihre Häufung in ein und derselben Person nicht zuzulassen. Er überhörte einfach die Einwände der liberalen Strömung, die auch mit der Forderung nach einer Beschneidung der Privilegien, die der Parteinomenklatur garantiert waren, nicht durchdrang.[435] Aus welcher Richtung der Wind wehte, zeigt der Umgang mit einem Interview Koča Popovićs, das die *Politika* zum Staatsfeiertag am 29. November 1966 bringen sollte. Darin sagte der Vizepräsident der SFRJ: »Der Auftrag, den wir der Partei geben, ist schwerer als mithilfe von Disziplin zu herrschen. Sie verlangt bedeutend mehr Qualitäten. Letzten Endes kann mithilfe von Disziplin, sei es polizeilicher oder militärischer, auch ein südamerikanischer General herrschen. Dazu braucht es keine Idee. Aber wenn jemand den Sozialismus errichten und mit ideeller Arbeit verwirklichen will, ist das ein bedeutend schwereres Geschäft.«

Solche Überlegungen gefielen Tito gar nicht. Obwohl das Interview schon für den Druck vorbereitet, gesetzt und für zwei volle Seiten einer besonderen Festtagsnummer der *Politika* umbrochen war, erschien es nicht.[436]

★

RANKOVIĆS BEGNADIGUNG UND VII. PLENUM DES BDKJ

Die Bundesversammlung nahm am 9. Dezember 1966 einen Bericht des Bundesvollzugsrates entgegen, dass »Aleksandar Ranković sich verfassungswidrige betätigt und gegen die Ziele der sozialistischen Gesellschaft gearbeitet« habe.[437] Aber Ende 1966 kam es zu dem Beschluss, dass Ranković und andere achtzehn seiner engeren Mitarbeiter nicht gerichtlich verfolgt werden würden. Auch dieses Mal aus Rücksicht auf die öffentliche Meinung Serbiens, aber auch deshalb, weil gegen »Genossen Marko« keine konkreten inkriminierenden Anschuldigungen erhoben werden konnten.[438]

Nach seiner Begnadigung zog sich Ranković ins Privatleben zurück. Außer dass er eine knappe Erklärung zu seinem »schändlichen Ausschluss aus Partei und Politik« zu Papier brachte, die lange geheim blieb, tat er nichts, was ihn öffentlich hätte kompromittieren können. Trotzdem lebte er unter Aufsicht der Polizei, die ihn von Zeit zu Zeit auch warnte, dass die Ustascha-Emigration ein Attentat auf ihn vorbereite.[439] Vor seinen Vertrauten allerdings hielt er nicht mit seiner Meinung über Tito hinterm Berg, und die war vernichtend. Er verglich ihn mit Napoleons Minister Fouché, wobei er einen französischen Schriftsteller zitierte, der über Letzteren gesagt hatte: »Ein totaler Verräter, aber kein Gelegenheitstäter. Er ist eine geniale Verräternatur, denn Verrat ist nicht so sehr seine Absicht, seine Taktik, sondern seine Natur.« Und weiter: »Im Leben habe ich keinen Menschen getroffen, der mehr an sich geglaubt und alles um sich herum mehr verdächtigt hätte (…) Mit der Zeit, mit den Jahren, schenkte er den Menschen in seiner Nähe immer weniger Vertrauen (…) Wie oft hat er gesagt: einsperren, vor Gericht stellen, parteiinternes Disziplinarverfahren einleiten, der Funktion entheben, degradieren.«[440]

Anfang Juli 1967 wurde in Belgrad das VII. Plenum des BdKJ einberufen, das in der Hauptsache dem arabisch-israelischen Sechstagekrieg und dem Militärputsch in Griechenland gewidmet war. Es stellte sich aber auch der Frage der Reorganisation der Partei. Kennzeichnend für das neue Klima, das sich trotz allem nach Rankovićs Sturz in der Partei durchsetzte, war die Tatsache, dass Tito dieses Mal überaus scharfe Kritik erntete, weil er den Sowjets erlaubt hatte, den jugoslawischen Luftraum für Hilfssendungen an Ägypten zu benutzen, und weil er Nasser eine größere Anzahl Panzer geschenkt hatte.[441] Außerdem hatte er, ohne das Vollzugskomitee davon zu unterrichten, Mitte Juni an zwei Sitzungen der Führer des Warschauer Pakts in Moskau und Budapest teilgenommen. Auf beiden hatte er sich mit ihrer Nah-Ost-Politik einverstanden erklärt und im Widerspruch zum Beschluss des Vollzugsrates sogar die diplomatischen Beziehungen zu Israel abgebrochen.[442] Diese Entscheidung war völlig eigenmächtig erfolgt und hatte in Jugoslawien wütende Reaktionen ausgelöst: Zehn Mitglieder der Staats- und Parteispitze kamen zu einer Geheimsitzung zusammen, auf der sie übereinkamen, Tito nicht länger an der Staatsspitze zu belassen, sollte er Jugoslawien weiterhin an die UdSSR binden. Ihrer Meinung nach stand seine Politik im Gegensatz zu den Interessen Jugoslawiens als unabhängiger Staat. Kardelj, Bakarić, Koča Popović und Gleichgesinnte verlangten seinen Kopf, wobei sich zu seiner Verteidigung nur Gošnjak meldete.[443] An der Spitze der Partitokratie sprach man davon, dass »der Alte die modernen Verhältnisse und Bedürfnisse nicht mehr verstehe«, dass er an »Verfolgungswahn« leide, dass er »nicht weiß, was er tut, nicht, was er sagt«.[444] Tito nahm das nicht einfach hin, sondern drohte den »Genossen«, er werde vor die Bundesversammlung gehen, wenn sie ihn weiter kritisierten, und bändigte sie damit.[445]

Neben dieser dramatischen Diskussion auf dem VII. Plenum war nicht die Tatsache zu übersehen, dass Todorović zwar Tito hinsichtlich seiner Außenpolitik scharf kritisiert hatte, dass er aber seine radikalen Ansichten hinsichtlich des BdKJ abmilderte und jenen anpasste, die die Führungsrolle der Partei in der Gesellschaft betonten. »Der Demokratische Zentralismus«, erklärte er, »ist auch unter den neuen Bedingungen das Grundprinzip, um ein einheitliches Wirken zu gewährleisten.« Dazu stellte die Botschafterin der DDR, die orthodoxe Eleonore Staimer, mit Befriedigung fest: »Das um so mehr, da bereits das VII. Plenum gezeigt hat, dass es Genossen Todorović und seinen Anhängern nicht gelungen ist, ihre liberalistische Linie durchzusetzen (…) Zu den inneren Fragen der SFRJ hat das Plenum gezeigt, dass sich die positiven Kräfte mit dem Genossen Tito an der Spitze in einer Reihe von wichtigen Grundfragen weiter durchsetzen konnten. Das Bestreben, die Rolle der Partei beim weiteren Aufbau des Sozialismus zu stärken und nicht zu schwächen, wird immer deutlicher sichtbar.«[446] Der erste Sekretär der Sowjetbotschaft in Belgrad setzte im August 1967 hinzu, dass das Etikett »Reorganisierung des BdKJ« in Wirklichkeit mehr verspreche, als ursprünglich geplant gewesen sei. Was die fundamentalen Fragen angehe, z. B. den demokratischen Zentralismus, die Rolle der Arbeiterklasse und des Klassenkampfes usw., so hätten sich »gesunde Ansichten« durchgesetzt.[447]

Diese Niederlage bewog Mijalko Todorović und seinen Kreis, aufs Neue von Titos Autokratie zu sprechen, was Letzteren zu einem komplexen politischen Spiel zwang. Weil er befürchtete, dass ihn die Serben, da er Kroate war, wegen Rankovićs Absetzung eines Staatsstreichs beschuldigen könnten, gab er ihnen in mancherlei Hinsicht nach. So bekam Serbien in den folgenden Jahren neben wichtigen politischen Funktionen an die achtzig Prozent aller Staatsinvestitionen (Đerdap, Bahnstrecke Belgrad-Bar, Infrastruktur in Belgrad). Damit erwarb er sich aber nicht die Gegenliebe der serbischen Führer, die in ihm weiterhin einen bolschewistischen Dogmatiker und Autokraten sahen, der mit den Russen Schacher treibe. Sie fürchteten weiterhin, dass Jugoslawien in den Ostblock zurückkehren könne, und versuchten deshalb Tito mit geschickten Zügen zu neutralisieren und zu zwingen, auf die Partei- und Staatsspitze zu hören. Als in Indonesien Diktator Sukarno die Macht abgeben musste, obwohl er nominal auch weiterhin Staatschef blieb, war in Belgrad immer häufiger zu hören: »Sukarnisieren wir Tito.« Den Serben schloss sich die Mehrheit der Slowenen an, auch Lazar Koliševski, der mehrjährige Ministerpräsident und Parteivorsitzende Mazedoniens. In dieser Stimmung kam es auf Anregung von Stane Kavčič sogar zu dem Versuch, Tito die Kontrolle über die Armee zu nehmen, die er über General Ivan Gošnjak führte. Aber dieser Schachzug glückte nicht.[448]

Anderer Meinung als die Serben, Slowenen und Mazedonier waren die Kroaten, die glaubten, Titos Schwäche in Belgrad ausnutzen und ihn vor ihren Karren spannen zu können. Wie die neu gewählte Vorsitzende des BdK Kroatiens Savka Dabčević-Kučar im engeren Kreis ihrer Mitarbeiter sagte: »Wenn uns Tito unterstützt, werden wir siegen!«[449] Es war klar, dass die anderen Republiken keine starke Persönlichkeit an der Spitze von Partei und Staat wünschten, dass aber Kroatien die Absicht hatte, auf Tito zu setzen, was die Animosität Ljubljanas und Belgrads gegenüber Zagreb schürte. Ohne Umschweife beschuldigten sie die Kroaten, den Autokraten zu schützen und ihn an der Macht zu halten.[450]

★

DIE »JUNGE GARDE«

Der amerikanische Botschafter in Belgrad Charles B. Elbrick stellte zu Rankovićs Sturz durchaus richtig fest, dass dieses Ereignis das System der Herrschaftsbezüge, wie es sich nach dem Krieg in Jugoslawien zwischen den sechs Republiken herausgebildet hatte und wie es in den nachfolgenden Jahren sorgfältig gepflegt worden war, zerstört hatte. Das IV. Plenum hatte seiner Meinung nach dem Prinzip der »Brüderlichkeit und Einheit«, das bisher die Bindekraft zwischen den Mitgliedern der Partei darstellte, einen kräftigen Schlag versetzt. »Wahrscheinlich wird als unmittelbares Resultat all dessen die Spannung zwischen den Völkern und Völkerschaften wachsen, denn jede wird versuchen, neue Bedingungen für die Durchsetzung ihrer Interessen zu schaffen, die nicht immer im Einklang mit den gemeinsamen jugoslawischen stehen.«[451]

Diese Prophezeiung sollte sich bald erfüllen, denn in den einzelnen Republiken bildeten sich Erneuerungsgruppen – in Kroatien eine »nationale«, in Serbien eine »liberale«, in Slowenien eine »technokratische« –, die nach der Durchsetzung der Selbstverwaltung auf allen Gebieten des gesellschaftlichen Lebens strebten, und zwar unter Berücksichtigung heimischer Verhältnisse. Ihre Träger waren Angehörige der mittleren Generation, die sich erst in den letzten Jahren im Rahmen der Umbildung des BdKJ in Stellung gebracht hatten. Der hatte sich nämlich in eine Föderation aus neun relativ autonomen Organisationen verwandelt, die von den sechs Republiken, von beiden Provinzen und vom Militär entsandt wurden. Außer bei Letzterem, das im Zugriff der Partisanen-Nomenklatura verblieb, gelangten in Belgrad, Zagreb, Ljubljana und Skopje neue Leute ans Steuer, die aber nicht, wie es Tito zur Schwächung der partikularistischen Ideen vielleicht gehofft hatte, die zentrifugalen Tendenzen bremsten. Ganz im Gegenteil. »Ein unveränderlicher Zug des jugoslawischen politischen Lebens«, stellte das CIA fest, »ist, dass die Mehrzahl der Serben, Kroaten, Slowenen und Mazedonier sich vor allem als Serben oder Kroaten oder Slowenen oder Mazedonier fühlen und erst dann, wenn überhaupt, als Jugoslawen. Die nationalen und ethnischen Gegensätze sind hausgemacht; lange stellten sie eine zentrifugale Kraft dar, die von keinem Bündnis zur Lösung der wirtschaftlichen oder politischen Aufgaben überwunden werden konnte. Die Angst vor der Wiederkehr der ›großserbischen Hegemonie‹ erfüllt alle Jugoslawen außer den Serben; manche Kroaten und Slowenen sprechen ernsthaft von völliger Abspaltung, was keine Zentralregierung zulassen könnte; weniger drastische Angriffe gegen das föderale Konzept kommen aus allen Regionen.«[452]

Diese Feststellungen berücksichtigten allerdings nicht, dass über jedem und allem die »alte Garde« wachte, die sich bedroht sah und ihre »Führungsrolle« nicht abgeben wollte. Das gilt in erster Linie für Tito. Während einer Sitzung, auf der die »Jungen« besonders heftig agierten, schob er Kardelj einen Zettel zu: »Die wollen uns ablösen.«[453]

★

WIRTSCHAFTSKRISE UND GASTARBEITERWELLE

Die neue Garde stürzte sich voller Optimismus in die Offensive zur Erneuerung der Gesellschaft. Wie Stane Kavčič in einer Bewertung der Periode 1965–1970 schrieb, handelte es sich um eine »intensive Abrechnung mit unserem Stalinismus auf fast allen Gebieten – wir bewegten uns in einer Richtung, die uns rasch zu einer besser entwickelten Demokratie und Ökonomie führen sollte – auf dieser Grundlage würden wir uns schrittweise aus unserer materiellen und ideellen Rückständigkeit herauswinden, ungeachtet dessen, ob sie nun das Resultat unserer Verhältnisse oder des ideellen Einflusses der bolschewistischen Theorie und Praxis war«. Doch bald verkomplizierten sich die Dinge. »Es war logisch«, sagt Kavčič weiter, »dass durch eine solche gesellschaftliche Entwicklung auch viele Widersprüche und heikle Probleme und auch Gefahren an die Oberfläche gespült wurden – mehr Marktwirtschaft erforderte mehr Wissen, gestärkt wurde die Rolle der Fachleute und Manager, und es bildete sich eine Technokratie heraus –, der höhere Grad an Demokratie in Partei und Gesellschaft erzeugte mehr Ideen und Standpunkte, notwendig war größere Toleranz ihnen gegenüber, und es entstand auch eine liberale Strömung. Es stellte sich heraus, dass die ökonomischen, politischen und systemischen Interessen zwischen den Republiken sehr unterschiedlich waren, und es brach eine neue Welle des Nationalismus aus – alle diese Widersprüche ließen sich nicht auf die alte Weise nach Art der Komintern lösen, also mit Disziplin, Regression und Säbel – sie hätten mit mehr Demokratie, Toleranz und Dialog im Bund der Kommunisten entflochten werden müssen – auch Andersdenkenden hätte man im BdKJ und in der Gesellschaft staatsbürgerliche Rechte einräumen müssen.«[454]

Was stattdessen geschah, war, dass die »alte Garde« mit ihren bolschewistischen Methoden reagierte, kaum hatte sie bemerkt, dass die Jungen gefährlich wurden. Die Tatsache, dass Tito Anfang der siebziger Jahre Kardelj an allen Partei- und Staatsstrukturen vorbei zum Koordinator der Politspitze Jugoslawiens ernannt hatte, zeigt, wer die tatsächliche Macht in Händen hielt. In serbischen konservativen Kreisen sprach man davon, dass so offenbar geworden sei, wozu das Plenum auf Brioni, auf dem Ranković ausgeschaltet worden war, gedient hatte. Man habe ihn entfernen müssen, damit er keinen Widerstand gegen die Reduzierung der serbischen Staatlichkeit und die Stärkung der anderen Republiken und der beiden Provinzen leisten konnte. Damit habe sich ein neues politisches Konzept durchgesetzt, das nach einer Zerschlagung des zweiten Jugoslawiens strebe. Die Dezentralisierung des Bundessystems, in erster Linie des Staatssicherheitsdienstes in acht Einheiten, habe vor allem diesem Ziel dienen sollen.[455]

In Kroatien trat neben Mika Tripalo die Wirtschaftsprofessorin an der Zagreber Universität Savka Dabčević-Kučar auffallend in Erscheinung, als sie nach Rankovićs Sturz auf dem Plenum des ZK des BdK Kroatiens mit aller Entschlossenheit die Parteiführung und deren Privilegien angriff: »Die Partei kann sich nicht ihrer Verantwortung für die Ereignisse der Vergangenheit entziehen.«[456] Mit Unterstützung durch Vladimir Bakarić (der sich schützend vor sie stellte, weil er die Konkurrenz Mika Tripalos fürchtete, des begabtesten »neuen« Mannes in Kroatien) stieg sie bald selbst an die Spitze des BdK Kroatiens auf und wurde Ende März 1969 zur Vorsitzenden des Vollzugsrates der Republik gewählt.[457] Dass sie, eine Novität, auf den stereotypen Parteijargon verzichtete, fiel auch Miroslav Krleža sofort auf. Nach einer ihrer Reden trat er zu ihr und gratulierte ihr mit den Worten: »Sie wollen Europa in die Partei hineinbringen.«[458] Das Gleiche wollten ihre Altersgenossen: Marko Nikezić und Latinka Perović in Serbien, Stane Kavčič und seine Leute in Slowenien und Krsta Crvenkovski und Slavko Miloslavleski in Mazedonien.[459] Unter ihnen waren vor allem die Serben wichtig, die in Rankovićs Sturz eine gute Gelegenheit zur Formierung eines modernen, demokratischen Serbiens sahen, frei von dem Verdacht, ganz Jugoslawien dominieren zu wollen.[460]

Die jugoslawische Gesellschaft hatte sich in den Jahrzehnten nach dem Krieg grundlegend gewandelt. Im Jahre 1946 gab es im Staat nicht mehr als 624 000 Arbeiter und Angestellte, achtzig Prozent der Bevölkerung waren Bauern, und mindestens die Hälfte der Staatsbürger waren Analphabeten. Ende der Sechziger gab es vier Millionen Beschäftigte und weniger als fünfzig Prozent Bauern. Die Anzahl der Studenten stieg in dieser Zeit von 16 000 auf 200 000. Trotzdem blieb Jugoslawien Schlusslicht der europäischen Entwicklung, denn im Jahre 1970 betrug das Bruttonationaleinkommen nur 860 Dollar pro Kopf. Es konnte sich mit dem Griechenlands vergleichen, blieb aber hinter Rumänien und Bulgarien zurück, um nicht von Italien zu sprechen, das ein doppelt so hohes BNE hatte. Entscheidend aber war die Tatsache, dass die Schere in der Entwicklung der sechs Republiken und zwei Provinzen immer weiter auseinanderklaffte, anstatt sich zu schließen. In Slowenien betrug das durchschnittliche BNE annähernd 1550 amerikanische Dollar, war also fünf Mal höher als im Kosovo, das als das rückständigste Gebiet galt.[461]

Die Wirtschaftsreformen schlossen den Staat immerhin schrittweise in den westlichen Markt mit ein. Im Jahre 1970 etwa betrug der Warenaustausch mit Westeuropa siebenundfünfzig Prozent, mit den USA sechs Prozent. Kaum fünfundzwanzig Prozent waren an den Ostblock gebunden. In den ersten zwei Jahren nach ihrer Einführung schienen die Reformen zu greifen, doch bald zeigte sich, dass die Verquickung von Markt- und Planwirtschaft nicht die gewünschten Resultate erbrachte. Der Vorsitzende des Bundesvollzugsrats Boris Kraigher, einer ihrer Hauptarchitekten, war sich dessen schon Ende 1966 bewusst, einen guten Monat vor seinem Tod bei einem Autounfall (natürlich wurde von einem Attentat gemunkelt). Ein Jahr später machten sich auch die höchsten Staatsführer wie Edward Kardelj und Vladimir Bakarić keine Illusionen mehr. Das lag vor allem am Widerstand der wenig entwickelten Republiken, die meinten, dass die Marktwirtschaft wegen der zu großen Unterschiede zwischen den Republiken für Jugoslawien nicht angemessen sei. Die Industrieproduktion begann zu stagnieren, eine immer größere Arbeitslosigkeit zur Folge hatte: Anfang 1968 suchten 327 000 Menschen Arbeit. Zu ihnen muss man ca. 750 000 Arbeiter zählen, die »vorübergehend« ins Ausland, vor allem nach Westdeutschland gegangen waren. Unter ihnen war eine große Anzahl Kroaten, was dem Phänomen eine zusätzliche politische Dimension verlieh, denn die »Gastarbeiter« kamen im Ausland mit der Ustascha-Emigration in Kontakt.[462]

Dabei war die Generation, die den Krieg mitgemacht und nach dem Sieg im Jahre 1945 leitende Positionen innehatte, den Herausforderungen der Zeit nicht gewachsen. Immer öfter hieß es, dass man in der Vergangenheit mit den Vertretern des Bürokratismus zu kämpfen hatte, jetzt aber mit jenen der Technokratie, die aber beide das gleiche Ziel hätten: im Namen der Arbeiterklasse die Macht zu übernehmen. Sie selbst, mit Tito an der Spitze, sahen sich berufen, die Proletarier zu verteidigen und in ihrem Namen zu herrschen.[463] Bei einem Gespräch mit einer Delegation aus Bosnien und Herzegowina am 24. März 1968 sagte Tito das ganz deutlich: »Unser Bund der Kommunisten muss eine Parteilinie haben, er darf nicht nur Ratgeber, sondern muss Träger des wirtschaftlichen, kulturellen und jeden sonstigen Fortschritts sein.[464]

★

ANNÄHERUNG ZWISCHEN JUGOSLAWIEN UND DER SOWJETUNION

In den sechziger Jahren stieg Titos internationales Ansehen unaufhaltsam. Nach dem Erfolg der ersten Konferenz der Blockfreien in Belgrad im September 1961 war es ihm, wie wir gesehen haben, gelungen, auch die Gegensätze zu Moskau zu überwinden. Das hatte Chruschtschow selbst auf dem XXII. Kongress der KPdSU vom 17. bis 31. Oktober 1961 verkündet, als er zur allgemeinen Überraschung Jugoslawien rehabilitierte und zugleich Stalins Leichnam aus dem Lenin-Mausoleum entfernen ließ. »Die Kritik am sogenannten jugoslawischen Revisionismus zeigte sich in neuem Licht«, kommentierten die Ostdeutschen devot.[465] Das war der Startschuss einer Verbesserung der Beziehungen zur Sowjetunion, für die sich Chruschtschow einsetzte, als er im Gespräch mit dem sowjetischen Botschafter in Belgrad befahl, die oberflächlichen Verurteilungen des »jugoslawischen Revisionismus« einzustellen und die wirtschaftliche Zusammenarbeit zwischen der SFRJ und den Staaten des Ostblocks zu regeln.[466] Das merklich veränderte Klima veranlasste den amerikanischen Botschafter George Kennan zu folgender Feststellung: »Es ist zu sehen, dass meine hiesigen Klienten trotz aller Stockungen und Frustrationen ihre Bemühungen fortsetzen, sich bei Herrn Chruschtschow Liebkind zu machen, wobei es manchen Kreisen scheint, dass sie in letzter Zeit erfolgreicher waren als in der Vergangenheit (…) Traurige Realität ist jedenfalls: Wenn die sowjetischen Führer nur ein einladendes Lächeln in diese Richtung senden, sind Tito und seine engsten Berater sofort bereit, Onkel Sam mit all seinen Geschenken und Fresskörben in der Hoffnung zu vergessen, die Sonne genießen zu können, die im Osten scheint …«[467] Dass er sich nicht geirrt hatte, bewies die Rede, die Tito am 13. November 1961 in Skopje hielt. Sie war mit ausgesprochen antiamerikanischem Inhalt des Tenors gespickt, dass Jugoslawien nicht erlauben werde, dass seine Außenpolitik von wirtschaftlichen Interessen oder Druck bedingt werde. Das wurde im Kreml natürlich überaus gern vernommen, während Titos Worte in Washington auf empörte Befremdung stieß, denn Jugoslawien brauchte zum Überleben noch immer amerikanischen Weizen (nach dem Programm PL 480 bekam es ihn im Wesentlichen umsonst). Anfang Januar sandte Chruschtschow Tito herzliche Wünsche zum Jahresbeginn und bereitete damit den Boden für weitere freundschaftliche Schritte.[468]

Im April 1962 kam der sowjetische Außenminister Andrei Gromyko nach Belgrad, im September und Oktober folgte der Besuch des Präsidenten der UdSSR Leonid Breschnjew und im darauffolgenden Dezember (auf Einladung Chruschtschows) Titos »Arbeitsurlaub« in Moskau.[469] In der sowjetischen Hauptstadt erwies man ihm unter anderem die Ehre, ihn zu einer Sitzung des Obersten Sowjets der UdSSR einzuladen, auf der Chruschtschow unter anderem erklärte: »Niemand kann, wie Buddha, Tatsachen und offenkundige Wahrheiten ignorieren und urteilen, welcher Staat sozialistisch ist und welcher nicht (…) Wenn wir von den objektiven Gesetzen ausgehen, aus der Lehre des Marxismus-Leninismus, kann man nicht negieren, dass Jugoslawien ein sozialistischer Staat ist.«

Nach seiner Rückkehr erklärte Tito, dass die sowjetischen Führer bereit seien, ein konstruktiveres Verhältnis zu Jugoslawien aufzubauen, worauf die Spitze des BdKJ an alle Parteiforen die Direktive ausgab, »den Antisowjetismus aus den Köpfen unserer Kader zu entfernen«.[470] Dazu trug auch die Tatsache bei, dass Tito immer mehr über die aggressive Politik beunruhigt war, die die USA im Mittelmeerraum und in Fernost verfolgten, wobei sie seiner Meinung nach die Uneinigkeit des kommunistischen Lagers infolge der dogmatischen Politik der Chinesen und der »Kulturrevolution« Mao Zedongs ausnützten.[471] In diesem Rahmen war er überzeugt, dass gerade er eine Rolle von globaler Dimension spielen, gegen das chinesische Abenteuer auftreten (der Streit zwischen Peking und Neu-Delhi um die Grenze in Tibet machte ihm große Sorgen) und sich gleichzeitig vor einer möglichen »imperialistischen« Gefahr durch die USA schützen müsse.[472] Es kam zu Geheimgesprächen mit der UdSSR, nach denen

Jugoslawien T-54-Panzer, MIG-21-Maschinen und Boden-Luft-Raketen vom Typ SA-2 erhielt, zusammen mit den entsprechenden Radareinrichtungen. Sie wurden auf vier Örtlichkeiten in der Nähe Belgrads und Zagrebs verteilt, offensichtlich zur Verteidigung gegen einen Angriff vom Westen.[473]

Der Besuch N. S. Chruschtschows in Belgrad vom 20. August bis 3. September 1963 zeigte den Grad der Übereinstimmung, die beide Staatsmänner in den wichtigsten internationalen Fragen erreicht hatten.[474] Die jugoslawischen Politiker, die bis dahin ihre Unabhängigkeit von den »Blöcken« betont hatten, begannen die Rolle Jugoslawiens innerhalb der »internationalen revolutionären Arbeiterbewegung« hervorzuheben. Im Hinblick auf die Dritte Welt setzten sie weniger auf die Blockfreiheit als auf das Interesse der Entwicklungsstaaten, mit Unterstützung des Ostblocks eine »friedliebende Koexistenz« zu errichten. Dabei versuchten sie, als Gegenmodell zur westlichen »neokolonialistischen« Politik, vor allem eine Allianz mit den »fortschrittlichen« Bewegungen in Afrika, Asien und Lateinamerika zu schmieden.[475]

Als im Oktober 1962 wegen der Entdeckung sowjetischer Raketen auf Kuba eine Krise ausbrach, die die Welt wegen der ultimativen Forderung des neuen amerikanischen Präsidenten J. F. Kennedy, dass Chruschtschow sie abziehen müsse, an den Rand eines Dritten Weltkrieges brachte, machte die Belgrader Regierung keinen Hehl daraus, auf welcher Seite sie stand. Obwohl er Castro nicht sehr zugeneigt war, wies Tito darauf hin, dass einseitige Aktionen den Weltfrieden ernsthaft gefährden könnten, und setzte sich für eine Lösung des Streits zwischen den Großmächten im Rahmen der UN ein. Dabei appellierte er nicht nur an die Amerikaner, sondern auch an die Sowjets und warnte Chruschtschow eindringlich – wie der amerikanische Botschafter George Kennan berichtete –, Castro nicht in die Falle zu gehen.[476]

Seine ablehnende Haltung den USA gegenüber wurde noch durch die Erfahrung verstärkt, die er im Herbst 1963 machen musste, als ihn Präsident Kennedy einlud, seine Reise durch Lateinamerika (Brasilien, Chile, Bolivien, Mexiko) mit einem (inoffiziellen) Besuch in Washington abzuschließen.[477] Obwohl sich die amerikanischen Behörden sehr bemühten, ihn mit allen Ehren zu empfangen, kam es doch zu Zwischenfällen, die von serbischen und kroatischen Emigranten inszeniert wurden. Weil Letztere lange Zeit hindurch die Unterstützung der amerikanischen Behörden genossen hatten, die vor der Tatsache, dass sich in ihren Reihen Kriegsverbrecher befanden, beide Augen verschlossen, gebärdeten sie sich äußerst aggressiv.[478] So sehr, dass Tito seinen Besuch Kaliforniens, wohin er eingeladen war, mit der Ausrede absagte, er sei an Grippe »erkrankt«. Am schlimmsten war es in New York, wo eine feindselige Menschenmenge das Waldorf Astoria, in dem er mit seiner Begleitung wohnte, geradezu belagerte und seine Teilnahme an einem ihm zu Ehren organisierten Empfang verhinderte. Angeblich entging er nur um ein Haar einem Attentat. Ein Serbe hatte sogar geplant, ein Flugzeug in das mächtige Hotelgebäude zu lenken.[479]

Obwohl er in den Vereinten Nationen, wo er in der Generalversammlung sprach, viel Zustimmung erfuhr, kehrte er mit dem bitteren Gefühl in die Heimat zurück, dass die Tschetniks, die Ustaschas und die albanischen Extremisten gegen ihn nur hatten wüten können, weil sie innerhalb des amerikanischen Apparates Unterstützung genossen.[480] Als einen Monat später die Nachricht von der Ermordung Kennedys eintraf, weilte gerade eine von Gheorghe Gheorghiu-Dej angeführte rumänische Delegation in Belgrad.[481] Letzterer erzählte später, dass er und Tito, unendlich aufgewühlt aufgrund der tragischen Nachricht, sich die ganze Nacht gefragt hätten, was da geschehen sei und wohin Amerika gehen werde.[482] Tito glaubte jedenfalls nicht, dass das Attentat allein das Werk des labilen Lee Oswalds gewesen, sondern dass der Präsident das Opfer einer Verschwörung amerikanischer Militärkreise geworden sei. In einem Gespräch mit der ostdeutschen Gesandten Eleonore Staimer sagte er, dass ihm in den USA ganz leicht das Gleiche wie Kennedy hätte widerfahren können. Seiner Meinung nach stünden hinter der ganzen Sache gezielte Provokationen amerikanischer Militärkräfte. Er sei selber Kämpfer gewesen, und es sei unmöglich, aus dem abgebildeten Gewehr in so kurzer Zeit vier gezielte Schüsse auf ein fahrendes Auto abzugeben, die so gut treffen. Sicher habe nicht nur einer geschossen. Sicher sei auch, dass man diese Mörder nicht finden werde, da sie von den Militärkräften geschützt würden.[483]

Überzeugt, dass die amerikanische Außenpolitik den Weltfrieden gefährde, versuchte Tito in den sechziger Jahren, den »reaktionären« Kräften mit der Errichtung einer breiten »Friedensfront« entgegenzutreten. Diese sollte durch die Blockfreien und den größten Teil der sozialistischen Staaten gebildet werden, dazu durch die Volksbefreiungsbewegungen der Dritten Welt, die fortschrittlichen Kräfte im kapitalistischen Lager, aber auch einige westliche Staaten, die gegenüber der Washingtoner Politik kritisch eingestellt waren, wie es bei Frankreich der Fall war. Eine solche Front könne am erfolgreichsten innerhalb der UN wirken, wo sich das Kräfteverhältnis bald zu Ungunsten der USA verschieben würde. Ihr Ziel sollte die Isolierung der USA und Chinas sein, sodass beide Staaten zu einer gemäßigteren Außenpolitik gezwungen wären.[484]

Um den Einfluss Pekings auf die Blockfreien zurückzudrängen, vor allem auf Sukarno, der die These vertrat, dass in einer Welt, in der die Reichen herrschen, der Krieg ein legitimes Mittel des Widerstandes sei, reiste er Mitte April 1965 nach Algerien, dem kurz zuvor Tschu En-lai einen Besuch abgestattet hatte. Obwohl die Westler meinten, Tito wolle auf der internationalen Szene eine politische Rolle spielen, die seine Möglichkeit übersteige, opponierten sie gegen diesen Schritt nicht. Im Gegenteil, sie waren überzeugt, dass er in ihrem Interesse sei.[485] Weniger begeistert waren sie allerdings über seine Äußerungen gegen den Imperialismus, die er auch in Algerien fallen ließ. Bei der Jahresfeier des Sieges über die Nazifaschisten am 10. Mai 1965 ging er so weit, dass er die Politik Mussolinis und Hitlers vor dem Zweiten Weltkrieg mit der der USA in Vietnam, im Kongo und in der Karibik verglich. Dabei verurteilte er vor allem die Bombardierung Nordvietnams, die seiner Meinung nach alle beleidigten, besonders jene, die eine ähnliche Erfahrung während des Zweiten Weltkriegs gemacht hatten.[486]

Diese Auftritte, die umso bedeutender waren, weil Hồ Chí Minh in der Verurteilung des jugoslawischen »Revisionismus« auf Seiten Mao Zedongs stand, blieben in Washington nicht unbeachtet. Ende Juli 1965 entsandte der amerikanische Präsident Lyndon B. Johnson seinen persönlichen Beauftragten, Gouverneur W. Averell Harriman, nach Brioni, damit er sich mit Tito berate, wie man aus dem Krieg in Vietnam herauskommen könne. In den Gesprächen mit Harriman verhehlte Tito nicht seine Überzeugung, dass die USA sofort mit der Bombardierung Nordvietnams aufhören müssten, um Hanoi zu Friedensverhandlungen zu bewegen. Seiner Meinung nach müssten die Amerikaner dem Vietkong, der Bewegung zur Befreiung Südvietnams, erlauben, in Saigon eine »gemischte« Regierung zu bilden, etwa so, wie er selbst nach dem Krieg eine Regierung gemeinsam mit Šubašić gebildet hatte.[487] Diese Ratschläge wurden in Washingtons zwar nicht befolgt, was aber die Administration Präsident Johnsons nicht daran hinderte, den Dialog mit Tito fortzusetzen und die jugoslawische Wirtschaftsreform finanziell zu unterstützen.[488]

Von der Friedensinitiative des jugoslawischen Präsidenten war die nordvietnamesische Regierung nicht besonders angetan. Mitte Juni 1966 verurteilte ihre Presseagentur seine Bemühungen um eine politische Lösung der Vietnamkrise scharf. »Tito kann seine wahre Farbe eines freiwilligen Dieners der amerikanischen Imperialisten nicht verbergen«, schrieb sie. »Allen ist bekannt, dass er hartnäckig versucht die stinkende Ware der Friedensgespräche zu verkaufen, die seine amerikanischen Herren produzieren.« Dieser Angriff traf Tito nach Berichten seiner engsten Mitarbeiter sehr, vor allem weil sich auch Hồ Chí Minh persönlich eingeschaltet und ihn als Lakaien des Imperialismus verunglimpft hatte, der ein königliches Leben im Luxus führe.[489]

★

DER SECHSTAGEKRIEG

Wenn Hồ Chí Minh in Bezug auf den Luxus recht hatte, so irrte er, was die Aufrichtigkeit Titos und seines Kampfes gegen den Imperialismus betraf. So verurteilte zum Beispiel Jugoslawien in aller Schärfe den Staatsstreich in Griechenland, den mit amerikanischem Segen im April 1967 eine Handvoll reaktionärer Oberste ausgeführt hatte, und den arabisch-israelischen Sechstagekrieg. Wegen seiner engen Kontakte zu Nasser war Tito proarabisch orientiert, was ihn aber nicht an dem Versuch hinderte, zwischen Ägypten und Israel zu vermitteln.[490]

Als der Sechstagekrieg (5.–10. Juni 1967) mit der Niederlage Ägyptens, Syriens und Jordaniens endete, gab Tito keine Ruhe. Er arbeitete einen Friedensplan zur Lösung der israelisch-palästinensischen Problematik aus, der in fünf Punkte gegliedert war, von denen die ersten beiden die wichtigsten waren: Er schlug vor, dass sich die siegreichen israelischen Truppen auf die Grenzlinie vom 5. Juni 1967 zu Beginn der Auseinandersetzungen zurückziehen sollten, und sah als Gegenleistung für alle in den Krieg verwickelten Nahost-Staaten internationalen Schutz vor, den die Großmächte und die UN gewährleisten sollten. Zu dem Zweck schickte er seine Abgesandten nach Washington, Moskau, London und Paris und reiste selbst zusammen mit Kardelj nach Kairo, um Nasser davon zu überzeugen, dass man eine Formel finden müsse, mit deren Hilfe die arabischen Staaten Israel anerkennen könnten.[491] Aber ohne Erfolg. Wenn nichts anderes, so bekam er doch die überzeugte Unterstützung von Papst Paul VI. und ein schmeichelhaftes Lob vom Konstantinopler Patriarchen Athenagoras: »Ich habe Ihren Plan zur Befriedung des Nahen Ostens gelesen und bewahre ihn in meinem Archiv als wichtiges Zeugnis auf (…) Ich möchte Ihnen sagen, dass Sie ein wahrer Kämpfer für den Frieden in der Welt sind. Eines Tages wird der gute Same, der in die Herzen und Seelen der Menschen gelegt wurde, Frucht bringen.«[492]

★

DIE STUDENTENREVOLTE VON 1968

Mitte Januar 1968 gelang es den serbischen Liberalen in der örtlichen Organisation des Bundes der Kommunisten in Belgrad eine Säuberung durchzuführen. Die Kontrollkommission der Partei veröffentlichte den Ausschluss von nahezu 400 Mitgliedern aus dem Bund der Kommunisten Serbiens, und zwar keineswegs nur aufgrund von Säumnissen bei der Bezahlung der Mitgliedsbeiträge, von Abwesenheit auf Sitzungen und ähnlichen Sünden, wie es hieß, sondern wegen ihrer Opposition zum Parteiprogramm, also Widerstands gegen die Reformen.[493] Das zeigt, wie gespalten die serbische Gesellschaft und wie stark in ihr radikale Strömungen vertreten waren, von großserbischen Chauvinisten bis hin zu utopistischen Linken. Alle diese Spannungen verdichteten sich 1968 zu Studentenunruhen, deren unmittelbare Ursache eine Schlägerei zwischen Studenten und jungen Stoßarbeitern wegen des Zutritts zu einem kostenlosen Popkonzert war: Wer würde die verfügbaren Plätzen bekommen – die Studenten oder die Brigadiere? Die Miliz griff mit großer Brutalität ein und entfachte damit einen Aufstand.[494] Es war ein Ausbruch lange angesammelter Spannungen, verursacht unter anderem durch die nach der Wirtschaftsreform und der Einführung marktwirtschaftlicher Mechanismen entstandenen Schwierigkeiten für junge Intellektuelle (53 000 Absolventen jährlich) bei der Arbeitssuche.

Unter dem Einfluss der Mai-Unruhen in Frankreich und anderswo in Europa gingen die Belgrader Studenten mit linksradikalen Losungen auf die Barrikaden und riefen am 4. Juni 1968 die »Rote Universität Karl Marx« aus. Viele unter ihnen folgten den Ideen der Philosophiezeitschrift *Praxis*, die seit 1964 als Organ von zumeist der Zagreber und Belgrader Universität angehörenden Professoren in der kroatischen Hauptstadt erschien. Zu einer Gruppe versammelt, die wegen ihrer Sommerschule auf der Insel Korčula nicht nur im Lande, sondern auch in ganz Europa berühmt war, entwickelten sie eine fundamentale Kritik des jugoslawischen Systems, ausgehend von dem marxschen Gedanken der Entfremdung, die zwischen der menschlichen Natur, wie sie ist, und jener, wie sie potenziell sein könnte, besteht. In diesem Kontext meinten sie, dass die Selbstverwaltung nicht alle ihre kreativen Möglichkeiten ausspielen könne, solange sie in autoritäre und hierarchische Staats- und Parteistrukturen eingezwängt bleibe, und forderten die Umwandlung des Systems in eine Selbstverwaltungsgemeinschaft von Produzenten und Staatsbürgern. Obwohl die Zeitschrift *Praxis* wegen dieser »kleinbürgerlichen Ideen«, gegen die Tito persönlich Stellung bezog, im April 1968 vorübergehend eingestellt wurde, zeigte sich schon zwei Monate später deutlich, welchen Einfluss sie hatte. Die Belgrader Studenten erhoben sich gegen das bestehende Regime und hängten als Symbol ihrer Forderung nach einem wahren Sozialismus ein großes Tito-Bild aus der Zeit des Partisanenkampfes an die Fassade der Universität. Eben zur Unterstützung der Forderung, dass man zu den Wurzeln zurückkehren müsse.[495] Die

Protestbewegung griff auch auf die anderen jugoslawischen Universitäten über, behielt aber ihr Epizentrum weiterhin in der Hauptstadt, wo neben dem linksradikalen der unitaristische, »jugoslawische«, im Wesentlichen großserbische Unterton nicht zu überhören war. Bis zu Rankovićs Sturz war der Staat von der serbischen Bürokratie beherrscht worden – sechsundsechzig Prozent der Funktionäre in den Bundesorganen waren Serben, die Kroaten stellten kaum neun Prozent –, die aber in den folgenden Jahren an Macht verlor.[496] Das konnte den zukünftigen Bürokraten natürlich nicht entgehen. Sie verlangten eine Reihe von Maßnahmen, die die in der Gesellschaft vorhandenen sozialen Unterschiede beseitigen sollten, ein langfristiges Wirtschaftsentwicklungskonzept, um das Problem der Arbeitslosigkeit zu lösen, eine schnelle und tiefgreifende Entwicklung der Selbstverwaltungsbeziehungen, die Reform des Bildungssystems, das Recht auf gleiche Bildung für alle sowie die Verbesserung der sozialen Absicherung und materiellen Situation der Studenten. Während der Demonstration suchten sie ständig den Kontakt zu den Werktätigen, weil sie überzeugt waren, dass die Vereinigung der beiden Pole des Proletariats, der Intellektuellen auf der einen und der Werktätigen auf der anderen Seite, von entscheidender Bedeutung sei.

Die Revolte von fünfzigtausend Studenten löste in der Parteispitze eine wahre Panik aus. In Belgrad wurde am 9. Juni 1968 eine Sitzung des Präsidiums des ZK des BdKJ einberufen, auf der Tito, von Brioni zurückgekehrt, mit scharfer Kritik an den Studenten auftrat. Vor allem hob er den »großen Schlag gegen das Prestige unseres Staates im Ausland« hervor, den die Demonstrationen zu verantworten hätten. Kardelj schloss sich der Parteiführung Serbiens an und forderte die Armee auf, gegen die Demonstranten vorzugehen.[497] Zu diesen äußersten Maßnahmen brauchte man nicht zu greifen, da Tito selbst es war, der das Krisengeschehen mit dem ihm eigenen Geschick entschärfte, indem er die Bewegung öffentlich als »explosiven Ausdruck einer Revolte« bezeichnete, »die sich schon seit einer Reihe von Jahren von unten angekündigt« habe.[498] Am 8. Juni 1968 versuchte er mit einem viel beachteten Fernsehauftritt die Studenten zu besänftigen und ihnen »trotz bestehender Schwierigkeiten bestimmte Perspektiven zu eröffnen«. Er erkannte die »positive Unruhe« der Juni-Ereignisse an und versprach, sich diesmal persönlich für die Lösung der Probleme einzusetzen: »Wenn ich diese Fragen nicht zu lösen im Stande bin, kann ich meine Position nicht länger bekleiden.«[499] Ganz anders klang sein Kommentar nach der Sendung: »Auch das ist erledigt. Solche Dinge geschehen, Genossen, wenn ein Paar Affen nicht rechtzeitig verhaftet werden.«[500]

Dieser meisterhafte taktische Schachzug hatte kathartische Wirkung: Die Studenten beruhigten sich über Nacht, überzeugt, gesiegt zu haben. Auf den

Straßen tanzten sie Kolo und sangen vor Glück: »Druže Tito, mi ti se kunemo …« (›Genosse Tito, wir geloben dir …‹)[501] Unter Kardeljs Leitung arbeitete die Parteispitze daraufhin am 14. Juni ein eigenes Dokument aus, die »Richtlinien über die wichtigsten Pflichten des BdKJ bei der Entwicklung des Systems der gesellschaftlichen und politischen Beziehungen«, das unter der Bedingung, dass der BdKJ die führende Kraft der Entwicklung bleibt, eine Ausweitung der Selbstverwaltungsverfassung in Aussicht stellte. Doch kurze Zeit später begann Tito vor jenen kleinbürgerlichen liberalen Gruppierungen zu warnen, die sich an den Universitäten gesammelt hätten, um sich gegen die »humanistische Intelligenz« zu wenden, gegen die Befürworter des Mehrparteiensystems, gegen den so genannten politischen »Pluralismus«, gegen »Đilasisten« und »dogmatische Elemente«.[502] Bald mussten die Studenten erkennen, dass das Regime nicht ernstlich bereit war, auf ihre Forderungen einzugehen, denn schon im Herbst 1968 löste es die Parteiorganisation an der Philosophischen Fakultät der Belgrader Universität auf und begann die Studentenblätter, die mit kritischen und ironischen Artikeln die aktuelle Realität aufs Korn genommen hatten, zu zensieren.[503]

Als die Studenten der Belgrader Philosophischen Fakultät im Juni 1969 die Proteste gegen das Regime und seine Politik wieder aufzunehmen versuchten, blieben sie allein. Die Parteizeitung *Komunist* kritisierte die »Opposition der Radikalen«, die an der Universität auf »gesellschaftliche Destruktion« ausgerichtet sei, ungewöhnlich scharf und verglich die Redaktion der Zeitschrift *Student* mit Ustaschas und Tschetniks.[504] »Es gibt keine Hoffnung für diese Gesellschaft«, lautete der bittere Kommentar Dobrica Ćosićs. »Alles wird in Chaos, Blut, Diktatur und Untergang auseinanderbrechen …«[505]

★

NORMALISIERUNG DER BEZIEHUNGEN ZUR SOWJETUNION UND IHREN SATELLITEN

Außer Enver Hoxha und Mao Zedong besuchte oder empfing Tito in den Jahren 1964/1965 alle führenden Vertreter der sozialistischen Staaten und machte damit einen zusätzlichen Schritt in Richtung Normalisierung der Beziehungen zum Sowjetblock. Mitte Oktober 1964 waren die Jugoslawen zwar sehr besorgt wegen des plötzlichen Sturzes N. S. Chruschtschows, mit dem Tito in den letzten zwei Jahren freundschaftliche Kontakte angeknüpft hatte, wobei er sogar zwischen ihm und den rumänischen Führern, die autonomistische Tendenzen verfolgten, vermittelt hatte. Er schätzte an Chruschtschow vor allem die Bereitschaft, seinem Gesprächspartner zuzuhören, das Gehörte zu überdenken und manchmal sogar seine Meinung zu ändern. Lange war er nicht davon überzeugt gewesen, dass ihn die neuen Kremlherren, mit Leonid I. Breschnjew an der Spitze, gleichwertig ersetzen könnten.[506] Als er im Jahre 1965 vom 18. Juni bis zum 1. Juli auf persönliche Einladung Breschnjews erneut die sowjetische Hauptstadt sowie Minsk und Sibirien besuchte, nahm er den Dialog mit der neuen sowjetischen Führung, die ihn mit allen Ehren empfing, dennoch wieder auf. Die Jugoslawen waren nicht nur von der Tatsache überrascht, dass Tito auf der Fahrt vom Flugplatz bis Moskau ein dreißig Kilometer langes »Spalier« erwartete, sondern auch davon, dass ihn die Gastgeber im Zarenpalast des Kremls wohnen ließen, dessen Haupttor sich zum ersten Mal für einen ausländischen Staatsmann öffnete.[507]

Begeistert über so viel Aufmerksamkeit erklärte Tito in Swerdlowsk sogar, dass Jugoslawien im Falle eines Krieges mit der Sowjetunion und anderen sozialistischen Staaten »Schulter an Schulter« kämpfen werde. Diese Worte überraschten den Westen zwar nicht, denn sie kannten Titos Denkweise. Aber die Tatsache, dass er sie öffentlich aussprach, schien ihnen dennoch der Aufmerksamkeit wert.[508] Bei der Rückkehr nach Belgrad betonte er, dass die Ansichten über die Fragen, die er mit den Russen diskutiert habe, »identisch [sind] oder sehr nahe beieinander« lägen.[509] Unter seiner Entourage herrschte die Meinung vor, dass die »sowjetisch-jugoslawischen Beziehungen nie so eng« und dass die »sowjetisch-chinesischen Beziehungen nie so kühl« gewesen seien.[510]

Im Jahre 1966 trübte Rankovićs Sturz die Herzlichkeit des Dialogs zwischen Belgrad und Moskau ein wenig, denn die Sowjets sahen die Reformen des BdKJ, die ihrer Meinung nach in der Geschichte des Sozialismus ohne Präzedenz waren, mit Besorgnis. Sie fragten sich, ob Tito noch »Herr der Lage« sei, obwohl sie andererseits auch konstatierten, dass Jugoslawien keine Aktion verhindere, die zur Einheit der kommunistischen Bewegung beitrage. Deshalb waren sie bereit, die Veränderungen in der SFRJ geduldig abzuwarten, da es sich um innere Angelegenheiten handele, die den Interessen des sozialistischen Blocks nicht unmittelbar schadeten.[511] In diesem Geiste besuchte Breschnjew im September 1966 zum ersten Mal Jugoslawien in seiner Funktion eines Generalsekretärs der KPdSU, und im darauffolgenden Jahr nahm Tito an den Feiern zum 50. Jahrestag der Oktoberrevolution teil.[512]

★

DER »PRAGER FRÜHLING«

Schon gegen Ende 1967, als sich in der Tschechoslowakei erste Anzeichen eines Tauwetters bemerkbar machten, begannen die jugoslawischen Führer die »neue Richtung« mit offener Sympathie zu unterstützen. Eine solche Entwicklung sei notwendig, da sie der gegenwärtigen Phase beim Ausbau des Sozialismus in der Tschechoslowakei entspreche. Auf der Rückreise von Japan, dem Iran und der Mongolei nahm Tito vom 28. bis 30. April 1968 an einem Geheimtreffen in Moskau teil, das Breschnjew einberufen hatte, um mit den Führern von fünf Parteien, Mitgliedern des Warschauer Paktes, über eine Lösung der tschechoslowakischen Krise zu sprechen. Zwischen ihnen und Tito kam es zu einem heftigen Meinungsaustausch, denn er warnte, dass jede Gewaltanwendung zu einer katastrophalen Situation führen könne. Er verwendete dabei vermutlich absichtlich die gleiche Ausdrucksweise, mit der er zwölf Jahre zuvor die Niederschlagung der ungarischen Revolution kommentiert hatte. Seinen Gesprächspartner konnte er nicht überzeugen: »Warum habt ihr Jugoslawen Angst vor dem Wort Intervention?«, fragte Breschnjew. »Soll man warten, bis sie in der Tschechoslowakei, so wie in Ungarn 1956, damit anfangen Kommunisten aufzuhängen?! Die Geschichte wird es uns nicht verzeihen, wenn wir angesichts der antikommunistischen Kräfte die Hände in den Schoß legen und untätig zusehen, wie sie den Sozialismus begraben!« »Pass auf, Broz«, setzte er noch hinzu, »dass es bei dir nicht auch zu Prozessen ähnlich den tschechoslowakischen kommt!« Auf diese schroffe Warnung entgegnete Tito, dass die Situation in Jugoslawien eine ganz andere sei, denn sie hätten mit den Gegnern des Sozialismus schon in der Zeit des Volksbefreiungskrieges und der Revolution abgerechnet. Was die Gefahr angehe, die dem Sozialismus in der Tschechoslowakei drohe, meinte er, dass er in seiner Jugend in tschechischen Fabriken gearbeitet und die dortige Arbeiterklasse gut kennengelernt habe. Deshalb sei er überzeugt, dass sie in der Lage sei, selbstständig mit dem Klassenfeind fertig zu werden und die Errungenschaften des Sozialismus zu schützen. Er sei auch der Meinung, dass man Alexander Dubček, dem Generalsekretär der KP der Tschechoslowakei, und der tschechischen Intelligenz, die immer auf Seiten der kommunistischen Partei gestanden hätte, vertrauen müsse.[513]

Trotz dieses hitzigen Meinungsaustausches kehrte Tito mit der Hoffnung nach Belgrad zurück, dass die Russen den Streit mit den Tschechen und Slowaken nicht durch militärisches Eingreifen lösen würden.[514]

Er meinte sogar, dass die Entwicklung in der ČSSR ein »Übergang zu einer höheren Stufe des Sozialismus« sei, und versuchte deshalb schon im Frühjahr ein Treffen mit Dubček zu organisieren, das in der sozialistischen Welt das Recht auf einen eigenen Weg unterstreichen sollte.[515] Das Neunte Plenum des ZK des BdKJ, einberufen am 16. Juli 1968, machte sich diese Position zu eigen und betonte, dass die Arbeiterklasse, ihre Partei und andere sozialistische und fortschrittliche Kräfte der ČSSR aufgefordert seien, selbst, ohne Einmischung von außen, die Verhältnisse im Staat zu bewerten und die Probleme zu lösen, die sich in den vergangenen Jahren angesammelt hätten.[516]

Kardelj verfolgte von seiner Seite aus die Entwicklung der Ereignisse in der Tschechoslowakei mit großer Aufmerksamkeit, überzeugt, dass die Jugoslawen dabei nicht zurückstehen dürften. Doch bald begann er sich zu fragen, wohin die Radikalisierung des Prager Frühlings führe. Gemeinsam mit zahlreichen »Liberalen« in der Partei war er nämlich der Meinung, dass sich das System nur von oben reformieren lasse, aus der Partei heraus, und nie von unten, aus dem Volk.[517]

Weil auch Tito fürchtete, dass in der Tschechoslowakei die »antisozialistischen Elemente« stärker werden könnten, besuchte er vom 9. bis 11. August 1968 Prag, wo er in Gesprächen mit Dubček und seinen Mitarbeitern zur Vorsicht aufrief, zugleich aber den Prozess der Demokratisierung in einer Pressekonferenz öffentlich verteidigte. Er wurde triumphal empfangen, mit spontanen Manifestationen der Menschen, die in ihm einen Befürworter des »Prager Frühlings« sahen. In den folgenden Tagen unternahm er gemeinsam mit dem rumänischen Präsidenten Nicolae Ceauşescu alle Anstrengungen, ein militärisches Vorgehen des Warschauer Paktes gegen Dubček und seine Regierung zu verhindern. Er führte mehrere Telefongespräche mit Breschnjew, Kádár und anderen Parteiführern, die ihm versicherten, dass man nicht eingreifen werde.[518] Ein Versprechen, dass sich als brüchig erweisen sollte.

Am 21. August marschierten Streitkräfte des Warschauer Pakts mit Ausnahme Rumäniens in die Tschechoslowakei ein und besetzten Prag. Begründet wurde dieses Vorgehen damit, dass eine Konterrevolution auf dem Vormarsch sei und dass der Bruderrepublik im Namen der internationalen Solidarität Hilfe zu leisten sei. Schon zwei Tage später verurteilten die Regierung der SFRJ und das ZK des BdKJ das militärische Vorgehen entschlossen und brandmarkten es als »Aggression«, »Intervention«, »Okkupation« und »grobe Einmischung in die inneren Angelegenheiten der ČSSR«. Den beteiligten fünf Staaten, vor allem der Sowjetunion, warfen sie vor, die Entwicklung des Sozialismus in der ČSSR, vor allem der sozialistischen Demokratie, verhindern zu wollen. Tito erklärte, dass es absurd sei, von »Konterrevolution« zu sprechen, denn die habe es nirgends gegeben, wie er sich selbst bei seinem kürzlich erfolgten Besuch in der tschechischen Hauptstadt habe überzeugen können. Für ihn war das Eingreifen des Warschauer Pakts besonders schmerzlich, denn er hatte in den letzten Jahren das Misstrauen gegenüber der UdSSR als Folge der imperialistischen Propaganda der Westmächte bezeichnet. »Wo immer ich konnte, habe ich versucht, das zu korrigieren. Ich habe Vertrauen gefordert – aber jetzt ist alles das zerstört.«[519] In einer Radio- und TV-Erklärung hielt er mit seiner Enttäuschung nicht hinterm Berg: »Der Einmarsch ausländischer Militäreinheiten in die Tschechoslowakei ohne Einladung und ohne Genehmigung der legalen Regierung macht uns zutiefst besorgt. Damit wurde die Souveränität eines sozialistischen Staates überrollt und zerstört und den sozialistischen und fortschrittlichen Kräften in der Welt ein schwerer Schlag versetzt.«[520]

Nirgends, ausgenommen in der Tschechoslowakei, erzeugte der Zusammenbruch des »Sozialismus mit menschlichem Antlitz« eine solche Reaktion wie in Jugoslawien. Es kam zu öffentlichen Protesten und einer Medienkampagne gegen die Sowjetunion, die neostalinistischer Methoden und eines großrussischen Chauvinismus bezichtigt wurde. Aus Moskau und anderen Hauptstädten des Warschauer Pakts kam die Antwort, dass die Jugoslawen in der antisowjetischen Propaganda mit dem Westen und den maoistischen Schismatikern völlig übereinstimmten. Das bewog Tito und seine Genossen aber nicht, ihre Haltung zu ändern, stattdessen beschlossen sie eine Reihe von Maßnahmen, mit denen sie die Bevölkerung auf die Möglichkeit eines Angriffs vorzubereiten suchten. Ihre Furcht verstärkte sich noch nach einer diplomatischen Note, die Tito am 30. August im Auftrag der Regierung und des ZK der KPdSU durch den Botschafter Iwan A. Benediktow überreicht wurde. In ihr griffen die Moskauer Führer Jugoslawien wegen seines antisowjetischen und antisozialistischen Handelns und seiner Unterstützung der »Konterrevolution« scharf an.[521] Die Jugoslawische Volksarmee wurde in höchste Bereitschaft versetzt, es kam zu einer Teilmobilmachung, an der Grenze zu Ungarn und Bulgarien wurden Verteidigungszonen eingerichtet, die Flugplätze wurden präpariert, um die Landung feindlicher Flugzeuge zu verhindern, und in den größeren Städten wurden Übungen für Nachtangriffe abgehalten.[522]

Im Herbst 1968 verschärften sich die internationalen Verhältnisse zusätzlich wegen einer Erklärung Leonid I. Breschnjews, dass das globale Interesse der kommunistischen Gemeinschaft wichtiger sei als die Souveränität einzelner Staaten. Die Moskauer *Prawda* hatte seinen Gedanken schon am 26. September verkündet: »Jede kommunistische Partei ist nicht nur dem eigenen Volk verantwortlich, sondern allen sozialistischen Staaten, der gesamten kommunistischen Bewegung. Wer das vergisst und nur die Selbstständigkeit kommunistischer

Parteien betont, der verfällt in Egoismus und kommt seinen internationalen Verpflichtungen nicht nach (…)«

Die neue »Doktrin« hatte für die Jugoslawen einen drohenden Unterton. Der sowjetische Botschafter versicherte zwar in einem Gespräch mit Tito, dass sich die Erklärung nicht auf Jugoslawien beziehe, was diesen aber nur teilweise beruhigte. Seine Forderung nach einer diesbezüglichen öffentlichen Deklaration wurde von den Sowjets nämlich zurückgewiesen. Es kam zu einer heftigen Zeitungspolemik, die kaum zur Klärung der Begriffe beitrug, obwohl sowohl die sowjetische Presse wie auch die der Satellitenstaaten die »These von der beschränkten Souveränität eine Erfindung der bourgeoisen Propaganda« nannten, »die von den Revisionisten übernommen wurde«.[523]

Wie nach dem Bruch mit Stalin war Tito erneut gezwungen, Schutz im Westen zu suchen, der auch dieses Mal große Sympathie für Jugoslawien zeigte, wenn er die Tschechoslowakei schon nicht verteidigen konnte. Der amerikanische Präsident Lyndon B. Johnson gab eine Erklärung zur Unterstützung der jugoslawischen Unabhängigkeit und Eigenstaatlichkeit ab und entsandte seinen Unterstaatssekretär im State Department Nicholas Katzenbach nach Belgrad. Sogar de Gaulle war von der Entschlossenheit der Jugoslawen überrascht, sich gegen einen möglichen sowjetischen Angriff zur Wehr zu setzen. Als er nach zehntägigem Warten Titos Sondergesandten empfing, der gekommen war, um Unterstützung zu erbitten, nickte er während des Gesprächs greisenhaft ein. Aber kaum hatte er verstanden, um was es ging, war er sofort bei sich: »Aber das ist fantastisch … das ist wesentlich! Heute ist Tito der einzige Mensch in Europa, der imstande ist so zu antworten!«, rief der alte Soldat aus und schlug mit der Faust auf den Tisch.[524]

Auf einer Sitzung der Außenminister der NATO-Staaten im November 1968 wurde außerdem ein Kommuniqué verabschiedet, das die Sowjetunion warnte, dass jedes Eingreifen ihrerseits, das »unmittelbar oder mittelbar auf die Lage in Europa und im Mittelmeerraum Einfluss nimmt, eine internationale Krise mit unabsehbaren Folgen nach sich ziehen wird«. Es war klar, dass die USA und ihre Verbündeten die so genannten »Grauzonen« im Sinn hatten, jene europäischen Staaten, die die NATO nicht abdeckte, und dass sie um das Schicksal Jugoslawiens, Finnlands, Österreichs und auch Rumäniens besorgt waren. In Abstimmung mit dem Sekretariat für Äußeres begrüßte die jugoslawische Presse diese Erklärung zunächst, wies sie aber nach ein paar Tagen des Nachdenkens als unerwünscht und unnötig zurück. Trotzdem liefen die diplomatischen Gespräche mit dem Westen weiter und förderten zutage, dass Tito nichts gegen eine Stärkung der militärischen Zusammenarbeit mit Mitgliedern des nordatlantischen Bündnisses einzuwenden hätte. In diesem Sinne kam es zu verstärkten

Kontakten mit Italien und den ehemaligen Partnern im Rahmen des Balkanpaktes, Türkei und Griechenland (obwohl hier bereits die Junta der Obersten an der Macht war). Der stellvertretende Verteidigungsminister Ivan Dolničar legte Washington ein Verzeichnis von Waffen vor, die Jugoslawien in den USA zu kaufen beabsichtigen, und schlug zugleich vor, dass jugoslawische Offiziere erneut an amerikanischen Militärakademien ausgebildet werden sollten.[525]

Weil die Angst vor einem sowjetischen Eingreifen gegen Ende 1968 etwas nachgelassen hatte, antwortete Tito auf die NATO-Erklärung, dass sein Staat sich keinesfalls bedroht fühle und er nicht gedenke, sich unter den »Schirm« einer der beiden Großmächte zu begeben.[526] Gleichzeitig kam es zu einem allmählichen Nachlassen der feindseligen Ausfälle gegenüber dem sozialistischen Lager. Immer häufiger war zu hören, dass Jugoslawien trotz aller Meinungsverschiedenheiten weiterhin an guten Beziehungen interessiert sei, vor allem auf wirtschaftlichem, wissenschaftlichem und kulturellem Gebiet. Bei den Feierlichkeiten zum 25. Jahrestag der Zweiten Sitzung des AVNOJ in Jajce ging Tito kaum auf die tschechoslowakischen Ereignisse ein, was ein deutliches Zeichen dafür war, dass er erneut den Dialog mit der Sowjetunion suchte.[527] In einem Gespräch mit Journalisten erklärte er sogar, man müsse sich »auf die weitere Entwicklung der Zusammenarbeit hin ausrichten, trotz unterschiedlicher Ansichten«.[528] Es handelte sich um einen taktischen Schachzug, der besonders in Slowenien und Belgrad auf Kritik stieß. Zu dieser beschwichtigenden Haltung hatten Tito die italienischen und französischen Kommunisten gebracht, vor allem aber auch wirtschaftliche Interessen. So hatten die Russen infolge der jugoslawischen Haltung zum Einmarsch in Prag die Lieferung von Militärausrüstung gestoppt, die die Jugoslawen bereits bezahlt hatten. Nach Titos versöhnlicher Rede in Jajce kam es zu einem Handelsabkommen, das den wirtschaftlichen Austausch zwischen beiden Staaten um sechzehn Prozent erhöhte. Das Gleiche geschah in den Beziehungen zu den anderen östlichen Satelliten, was für Jugoslawien bedeutend war, da es mit seinen Produkten auf den westlichen Märkten kaum konkurrenzfähig war.[529]

★

EINFÜHRUNG DER TERRITORIALVERTEIDIGUNG

Schon im August 1968 hatte das Exekutivbüro des ZK des BdKJ darüber diskutiert, wie man mit der aus den Prager Ereignissen resultierenden Bedrohungslage umgehen solle. Bei dieser Gelegenheit sah sich der Verteidigungsminister Ivan Gošnjak scharfer Kritik wegen seiner prosowjetischen Haltung unter der Anschuldigung ausgesetzt, er habe den Truppen des Warschauer Pakts die Grenzen öffnen wollen. Nach der Sitzung kam Kardelj nach Ljubljana und erklärte der slowenischen politischen Elite, dass man die Bildung einer Territorialverteidigung beschlossen habe, die eine militärische Parallelorganisation zur JA sein werde, wie es sie schon zur Zeit des Kominform gegeben habe. Im Falle eines Angriffes solle sie in den besetzten Gebieten als Partisanen Widerstand leisten. Dieser Beschluss wurde in Kroatien, vor allem aber in Slowenien mit Begeisterung aufgenommen, denn man sah ihm die Möglichkeit, neben der regulären Armee, die von den Serben dominiert wurde, eigene bewaffnete Einheiten aufzubauen.[530] Ivan Maček-Matija, der eiserne Mann der slowenischen UDBA, sei bei dieser Meldung, so erzählt sein Sohn, wie ein Kind auf einem Bein gehüpft. In den folgenden Jahren ließ er in den Wäldern Unterkrains ein geheimes Waffendepot anlegen, zu dem die Armee keinen Zutritt hatte. Es sollte sich viele Jahre später bei der Abspaltung Sloweniens von Jugoslawien als nützlich erweisen. Die Erlaubnis zum Aufbau einer eigenen Territorialverteidigung wurde auch deshalb mit Freude aufgenommen, da die Slowenen noch nicht verschmerzt hatten, dass ihre Partisanenarmee 1945 in die entstehenden Jugoslawischen Streitkräfte eingegliedert wurden, in der das Serbokroatische Kommandosprache war.[531] Aus demselben Grund missfiel der Beschluss aber auch vielen Führungskadern der Volksarmee, angefangen mit Ivan Gošnjak, da man die Effizienz der republikanischen Streitkräfte bezweifelte und meinte, dass sie das Prestige der Volksarmee bedrohe.[532]

Nach Rankovićs Sturz schien Ivan Gošnjak auf der Höhe seiner Macht und seines Einflusses. Er arbeitete eng mit Tito zusammen, vor allem, als er sich dem Versuch widersetzte, auch die Armee in die »Selbstverwaltung« einzuschließen, wie sich das Kardelj wünschte. Aber es verging kein Jahr, als ihm der Boden unter den Füßen zu schwanken begann, denn er stand schon lange wegen seiner Personalpolitik in der Kritik, die er völlig eigenmächtig am Exekutivkomitee vorbei führte. Als es nach dem IV. «Brioni«-Plenum zu einer Zunahme des Nationalismus kam, warf Gošnjak Tito vor, dass dieser im Zuge der Absetzung Rankovićs nicht auf seinen Rat gehört und alle »historischen« Kader ausgewechselt habe, um auf diese Weise ein neues Kapitel in der Innenpolitik aufzuschlagen. Das nahm ihm Tito übel, und ihre Beziehung verschlechterte sich so sehr, dass der Verteidigungsminister, wenn er vom Marschall sprach, das Schimpfwort »dieser Hund« verwendete.[533] Im Juni 1967 entließ Tito ihn vom seinem Posten und ersetzte ihn durch den Serben Nikola Ljubičić, der neben der Tatsache, dass er Ende 1941 Tito aus einem italienischen Hinterhalt gerettet hatte, eine einzige weitere Qualität hatte: Er verstand zu gehorchen. Dieser Wechsel führte auch deshalb zu keiner Verringerung der Spannungen und Intrigen innerhalb der Armee, weil in ihrem aus Partisanen bestehenden Kern nationalistische Tendenzen immer stärker zum Vorschein kamen. Das aber verstärkte die Sorgen jener Militärangehörigen, die »jugoslawisch« eingestellt waren. (Wegen interner Auseinandersetzungen, die häufig Ausdruck persönlicher Konflikte und Affären waren, wurden 1968 achtunddreißig Generäle und 2 400 Offiziere entlassen.)[534]

★

AUFGEHEIZTE NATIONALISMEN

In der zweiten Hälfte der sechziger Jahre begann überall in Jugoslawien die nationale Frage aufzubrechen. Schon im Herbst 1966 waren innerhalb des Sozialistischen Bundes der Werktätigen erneut Forderungen der Slowenen und Mazedonier nach mehr Gleichberechtigung ihrer Sprachen in den Bundesorganen laut geworden.[535] Ende des Jahres und Anfang 1967 kam es zu einem offenen Streit mit den Bulgaren hinsichtlich Mazedoniens, der zuerst unter den Historikern beider Völker geführt wurde, wobei die Mazedonier den Nachbarn vorwarfen, eine Assimilierungspolitik gegenüber ihrer Minderheit in Pirin-Mazedonien zu verfolgen, und von der Regierung in Sofia verlangten, deren nationale Autonomie anzuerkennen. Die Bulgaren wollten davon nichts wissen, sie negierten sogar die Existenz einer besonderen mazedonischen Ethnie, da es sich lediglich um einen Zweig ihres Volkes handele. In den folgenden zwei Jahren nahm der Streit zu und wurde in durchaus scharfen Tönen geführt, die bis zu Titos Tod nicht verstummten, trotz zeitweiliger Versuche, die Gemüter zu beruhigen.[536] Um ihre nationale Identität zu stärken, strebten die Mazedonier schon seit Kriegsende die Autokephalie ihrer Kirche an, die in der orthodoxen Welt das wichtigste Kennzeichen der Eigenstaatlichkeit ist. Solange Ranković an der Macht war, gab es keine Möglichkeit, diesem Wunsch zu entsprechen, denn er galt als Schutzherr der Serbischen Orthodoxen Kirche, unter deren Jurisdiktion auch die mazedonischen Eparchien standen. Aber kaum ein Jahr nach seinem Sturz, am 18. Juni 1967, erhielten die Mazedonier die Erlaubnis der kommunistischen Behörden, sich abzuspalten und einen eigenen Patriarchen zu wählen. Die Serbische Orthodoxe Kirche leistete dagegen zwar heftigen Widerstand und bezeichnete diesen Schritt als Schlag gegen die »jugoslawische

Idee«, doch vergeblich. Sie erkannte die Mazedonische Kirche aber nie als autokephal an, wie es auch der Ökumenische Patriarch von Konstantinopel nicht tat.[537]

Tito sah die Aufheizung der Nationalismen mit Sorge. Auf dem IV. Plenum des ZK des BdKJ im Februar 1967 machte er deutlich, dass »wir keine Ausbreitung defätistischer Losungen, von nationaler Intoleranz und Chauvinismus zulassen werden, wie es mitunter in unseren Schulen und in anderen Bereichen unseres öffentlichen Lebens der Fall ist«.[538] Trotz dieser Warnung brach schon einen guten Monat später ein Sprachenkonflikt zwischen Serben und Kroaten aus, der noch größere Sprengkraft in sich barg als der serbisch-mazedonische Kirchenstreit. Die Ursachen dieses Haders reichen in das Jahr 1954 zurück, als in Novi Sad auf Befehl der Parteiführung die Vertreter beider patriotisch-gemeinnützigen Gesellschaften, der serbischen *Matica srpska* und der kroatischen *Matica hrvatska*, zusammenkamen und ein Abkommen aushandelten, in dem sie die Existenz der serbokroatischen oder kroatoserbischen Sprache festschrieben, die zwei Varianten besitze, die ekavische und die ijekavische, und zwei Schriften, die kyrillische und die lateinische. Aber in den folgenden Jahren stellte sich heraus, dass sich im gemeinsamen Sprachraum (Serbien, Kroatien, Bosnien und Herzegowina und Montenegro) zum Schaden des kroatischen Ijekavischen immer mehr das serbische Ekavische durchsetzte. Die Tatsache, dass die Lateinschrift begonnen hatte die kyrillische Schrift zu verdrängen, war den Kroaten dabei kein großer Trost. Sie fingen an, sich als Opfer serbischer hegemonistischer Bestrebungen zu sehen, deren Ziel es sei, die kroatische Kultur und Sprache in einer jugoslawischen Gemeinsamkeit mit serbischem Vorzeichen zu verwässern.[539]

Auf Anregung prominenter Mitglieder der Jugoslawischen Akademie der Wissenschaften und Künste in Zagreb wurde im April 1967 – nicht ohne den Segen Bakarićs – die *Deklaration zur Bezeichnung und Lage der kroatischen Literatursprache* veröffentlicht, die außer von Vertretern von achtzehn Kultur- und Wissenschaftsinstitutionen auch von Miroslav Krleža unterzeichnet wurde. Obwohl er nach dem Sturz Đilas einer der wichtigsten Intellektuellen in Titos Umfeld war und deshalb großes Ansehen genoss, hatte er sich offensichtlich, was die *Deklaration* betraf, nicht mit ihm abgesprochen.[540] In diesem Text schlugen nämlich die prominentesten kroatischen Intellektuellen einen Zusatz zu dem Verfassungsartikel vor, der die Einheit der serbisch-kroatischen bzw. kroatisch-serbischen Sprache definiert, und verlangten die Trennung beider Sprachen. Es kam zu einem Skandal, wie ihn das Nachkriegsjugoslawien noch nicht erlebt hatte. Die Serben antworteten mit Verbitterung und forderten sogar, die Unterzeichner der *Deklaration* einzusperren. (Das verhinderte Bakarić, wobei er selbst aber bemüht war, sich aus der Schusslinie zu halten.)[541] Als Antwort auf die kroatischen Forderungen veröffentlichte der Belgrader Schriftsteller Antonije Isaković gemeinsam mit anderen Intellektuellen den *Vorschlag zum Nachdenken*, in dem er großserbische Ideen entwickelte und unter anderem erklärte, dass man in Kroatien Schulen für die serbische Minderheit eröffnen müsse, in denen die kyrillische Schrift verwendet wird.[542] Hauptzielscheibe der Angriffe war natürlich Krleža. Er wurde beschuldigt, eine »Bastion des Großkroatentums« zu sein.

Weil die Geister beruhigt werden mussten, beschloss Krleža in Absprache mit Tito um Entlassung aus dem ZK des BdK Kroatiens anzusuchen, was auch gewährt wurde.[543] Noch am selben Tag rief ihn Tito an und lud ihn zu einem Abendessen nach Brioni ein.[544] Der Schriftsteller, dessen Losung »den Kopf bewahren« lautete, nahm die Einladung selbstredend an.[545]

Nach Rankovićs Sturz sahen sich die Serben nicht nur wegen der Kroaten in Bedrängnis, sondern auch wegen der Muslime – sowohl in Bosnien und Herzegowina als auch im Kosovo. Den Bosniaken, Slawen der Herkunft nach, war lange Zeit nach dem Krieg verwehrt gewesen, sich als selbstständige ethnische Gemeinschaft zu etablieren, die Behörden billigten ihnen nur die religiöse Identität zu. Erst Januar 1968 wurden sie zu einem der konstitutiven Völker der Föderation erklärt, wobei man in Belgrad davon sprach, dass sich Tito damit in der arabischen Welt habe beliebt machen wollen.[546] Die aufgebrachten Serben waren überzeugt, dass mit diesem Schachzug die Macht der Orthodoxie auf dem Balkan gebrochen werden solle und dass Tito gemeinsam mit Kardelj die Idee der Komintern einer Zerschlagung Jugoslawiens planmäßig verfolge.[547] Diese Meinung erhielt noch durch die Tatsache Nahrung, dass nach Rankovićs Sturz der Druck der UDBA auf die albanische Minderheit nachließ, was aber die Kosovaren nicht zufriedenstellte, da sie sich so schnell wie möglich von Belgrad unabhängig machen wollten. In Priština und anderen Städten des Kosovo brachen am 27. November 1968 – am Vorabend des Tages der Skanderbeg-Fahne, des Nationalfeiertags Albaniens, und unmittelbar vor dem jugoslawischen Staatsfeiertag – Studentenunruhen aus, die sich zu einem regelrechten Volksaufstand auswuchsen und einen Monat später auch auf das benachbarte Tetovo in Mazedonien übergriffen.[548] Die Demonstranten riefen Losungen und trugen Transparente wie: »Wir wollen eine Verfassung«, »Es lebe Enver Hoxha«, »Wir fordern die Vereinigung mit Albanien«.[549] Der angeblich von Tirana organisierte Aufstand wurde mit Waffengewalt erstickt. Später kam es allerdings doch zu einer umfangreicheren Verwaltungsreform zugunsten der »Skipetaren«, was Letztere zumindest zeitweilig verstummen ließ, wenn es sie auch nicht gänzlich zufriedenstellte. Sie wähnten sich nämlich auch weiterhin politisch und wirtschaftlich in kolonialer Abhängigkeit von Belgrad.[550] Die Serben wussten das sehr wohl: »Wir haben ihnen nationale Kader gegeben, eine Universität, die albanische Fahne, eine Sprache – was wollen sie noch?«, fragten sie Jahre später. »Die Albaner sollen wissen, dass wir das Kosovo mit Panzern verteidigen werden.«[551] In Serbien kam es in der Folge zu einem Anstieg des Nationalismus, der sich unter anderem im demonstrativen Feiern des orthodoxen Weihnachtsfestes 1968 zeigte, wie es das seit 1941 nicht mehr gegeben hatte. »Mit dem orthodoxen Glauben bekräftigen wir, dass wir Serben sind«, schrieb Dobrica Ćosić und notierte, dass jene immer mehr würden, die aus Enttäuschung über Jugoslawien die Idee eines »Großserbien« wiedererweckten. Man müsse sich von der kroatischen chauvinistischen Politik und der slowenischen ökonomischen Hegemonie, die Serbien in die koloniale Abhängigkeit drücke, endlich befreien![552]

★

DAS NEUE EXEKUTIVBÜRO

Alle diese Spannungen versuchten die Behörden durch eine Liberalisierung des Systems zu mildern, über die schon seit 1967 Debatten geführt worden waren, die aber wegen des wachsenden Drucks der Inflation und anderer mit der gescheiterten Wirtschaftsreform verbundener Schwierigkeiten ins Stocken geraten waren.[553] Sie kamen erst Ende 1968 wieder in Gang, als eine Reihe von Verfassungsänderungen beschlossen wurde, die unter anderem mehr Gleichberechtigung zwischen den »Völkern« (Serben, Kroaten, Muslime, Mazedonier, Slowenen, Montenegriner) und »Völkerschaften« (Albaner, Ungarn usw.) vorsahen. Nunmehr waren die Rechte der autonomen Provinzen innerhalb der Republik Serbien als auch die Beziehungen zwischen der Föderation und den einzelnen Republiken, die breitere politische Zuständigkeiten auf legislativem und ökonomischem Gebiet bekamen, genauer definiert. Eine der wichtigsten Gesetzesänderungen sah gleiche Rechte für alle Sprachen und Schriften der ethnischen Minderheiten vor, sodass in Titos Jugoslawien gleich zwölf Sprachen amtssprachlichen Status bekamen.

Neben diesen Neuerungen muss auch die Reform der Partei erwähnt werden, innerhalb derer die traditionelle Struktur der Parteizellen durch Gemeindekonferenzen ersetzt wurde, die das politische Leben demokratisieren sollten.

Gleichzeitig begann man auf Initiative Lazar Koliševskis, selbstredend mit Titos Zustimmung, die »alten« Kader, deren Verdienste vor allem mit dem Volksbefreiungskampf und dem Wiederaufbau der Nachkriegszeit verbunden waren, massenhaft in Pension schicken und sie nach fast fünfundzwanzig Jahren durch jüngere, besser ausgebildete Kräfte zu ersetzen. Das Tragische lag darin, dass die frischgebackenen Pensionisten noch verhältnismäßig jung waren, Anfang fünfzig, wenn nicht sogar Mitte vierzig, was natürlich mancherlei persönliche Probleme verursachte. »Als ich plötzlich (im Alter von fünfundfünfzig Jahren) ohne Funktion dastand«, schrieb fast zehn Jahre später Svetozar Vukmanović-Tempo vorwurfsvoll an Tito, »war es für mich praktisch unmöglich, auf der Linie der Selbstverwaltung aktiv zu sein (…) Die nicht geringe Anzahl ›alter‹ Revolutionäre hat jedenfalls keine Möglichkeit, außerhalb ihrer Basisorganisation tätig zu werden.«[554] Er war eines der prominentesten Opfer der Säuberung, weil er mit seiner Forderung, den Gewerkschaften, denen er vorsaß, mehr Mitspracherecht bei der Gestaltung des politischen Selbstverwaltungssystems zu geben, zu einem Störfaktor geworden war.[555]

Vom 12. bis 15. März 1969 wurde der IX. Kongress des BdKJ abgehalten, an dem außer der rumänischen keine andere Partei des Ostblocks teilnahm. Diesen Boykott empfand Tito als persönliche Beleidigung, auf die er damit antwortete, dass er nicht an der vom 6. bis. 17. Juni in Moskau stattfindenden Internationalen kommunistischen Konferenz teilnahm. Dafür hatten fünfundzwanzig sozialistische und sozialdemokratische Parteien aus dem Westen ihre Delegationen zum IX. Kongress entsandt. Er war der erste Kongress einer kommunistischen Partei nach der Spaltung der Arbeiterbewegung nach dem Ersten Weltkrieg, an dem Delegationen der gemäßigten Linken in so großer Zahl teilnahmen. Er war besonders wichtig, weil auf ihm zum ersten Mal in der Geschichte des BdKJ die Frage nach den Beziehungen zwischen den entwickelten und nicht entwickelten Republiken und Provinzen in Jugoslawien gestellt wurde und man den Parteien in den einzelnen Republiken Selbstständigkeit zugestand, was bedeutet, dass das Prinzip des Föderalismus auch auf dieser Ebene eingeführt wurde. Zugleich wurde auf dem Kongress deutlich, dass die Selbstverwaltung im Wesentlichen nur auf dem Papier bestand, denn die Unternehmen konnten nur über sechs Prozent ihres Gewinns frei verfügen. Es war klar, dass ihre Autonomie gestärkt werden musste. Obwohl diese Meinung von vielen Wirtschaftlern, Geschäftsleuten und Technokraten mit einem Fragezeichen versehen wurde – manche unter ihnen schlugen sogar drastische Maßnahmen vor wie die Schließung von dreißig Prozent der Fabriken und die Konzentration der Produktion auf jene, die rentabel arbeiteten – behielten die Parteitheoretiker die Oberhand. Sie hatten nicht die Absicht, die geheiligten Prinzipien der Selbstverwaltung zu beschneiden, schlossen dabei aber die Augen vor der Diskrepanz zwischen den Idealen, die sie verkündeten, und der Existenz eines autoritären Parteiapparates, den sie selbst darstellten.[556]

Als Gegengewicht zur Dezentralisierung des BdKJ und seiner (zumindest deklarierten) Trennung von Staat und Wirtschaft wurde ein neues oberstes Organ gebildet, das die Partei führen sollte.[557] In den Tagen vor dem Kongress verwickelte sich Tito in einen dramatischen politischen Kampf, denn seine Mitarbeiter, mit Kardelj an der Spitze, versuchten ihm Mijalko Todorović, einen der prominentesten Vertreter der serbischen politischen Elite, als Generalsekretär der Partei, also als tatsächlichen Führer, aufzudrängen. Um das zu verhindern, griff er zu einem trickreichen Manöver: Er entschied, die Funktion des Generalsekretärs abzuschaffen und sie durch ein Exekutivbüro zu ersetzen, das vierzehn Mitglieder zählen sollte – je zwei aus jeder Republik und je eines aus den beiden Provinzen. Das Büro sollte ohne ständigen Vorsitzenden arbeiten, wobei jedes der Mitglieder – nach dem Rotationsprinzip – als »Diensthabender« zwei Monate lang den Vorsitz innehaben solle. »Die Delegierten«, berichtet Bilandžić, »hüpften vor Freude im Saal herum, als Tito seinen Entschluss vorstellte.« Offensichtlich hatten sie den Eindruck, dass er mit dieser Maßnahme Jugoslawien und den BdKJ vor der Zersplitterung gerettet habe, denn ihr Zweck sei, in Belgrad die »besten und fähigsten« Persönlichkeiten aus den Republiken und Provinzen zusammenzuführen und so einen mächtigen Herrschaftskörper zu schaffen. Aber in Wirklichkeit war es genau umgekehrt: Ähnlich wie zu Zeiten Ludwigs XIV. in Versailles wurden die jugoslawischen »Magnaten« in Belgrad konzentriert, um sie leichter kontrollieren zu können und um Titos »autokratische Stellung« zu stärken.[558] Wie Latinka Perović sagt, hatte Tito mit dieser Entscheidung »nicht nur Todorović, sondern auch alle führenden Persönlichkeiten der Partei in ein amorphes Organ umgeschmolzen, während er selbst außen vor blieb«.[559]

★

DIE »STRASSENAFFÄRE«

Das Frühjahr 1969 verlief dramatisch. Dafür sorgten zuerst Ustascha-Emigranten, die in Belgrad zwei Bombenattentate durchführten und zudem noch auf den Leiter der jugoslawischen Militärmission in Berlin schossen. Im ganzen Land brach eine regelrechte »Attentatspsychose« aus, die die gerade wieder aufgenommenen diplomatischen Beziehungen zwischen Belgrad und Bonn stark belastete, wenngleich sie sie schon nicht im Keim ersticken konnte, wie es die kroatischen Extremisten vermutlich beabsichtigt hatten.[560]

Die Aufnahme diplomatischer Beziehungen war möglich geworden, weil es in Westdeutschland im Jahre 1966 zu einer Großen Koalition zwischen CDU/CSU und der SPD gekommen war, in der der Sozialdemokrat Willy Brandt das Außenministerium übernommen hatte. Einer der ersten Schritte seiner Ostpolitik war die Aussöhnung mit Jugoslawien nach zehnjähriger Spannung, zu der es durch die Anerkennung der DDR durch Jugoslawien gekommen war. Und tatsächlich entstand zwischen den beiden Staaten rasch ein Klima gegenseitigen Vertrauens, das über die persönliche Sympathie, die Tito und Brandt füreinander hegten, hinausging. Im Gegensatz zu Konrad Adenauer, dem langjährigen Kanzler der BRD, für den Tito ein »ganz gewöhnlicher Räuber« war, erklärte der neue Bonner Außenminister, dass Tito aufgrund seiner Vergangenheit als Widerstandskämpfer und wegen seiner Anstrengungen, einen neuen Bundesstaat zu schaffen, der auch im »Interesse der mediterranen Stabilität« lag, Respekt verdiene. Noch mehr schätzte er Titos Blockfreiheitspolitik, die nach Brandts Meinung nicht nur konstruktiven Einfluss auf die Dritte Welt hatte, sondern auch auf neutrale Staaten in Europa.[561] Derselben Meinung war auch Herbert Wehner, einer der führenden westdeutschen Politiker, den Tito noch aus den schweren Zeiten im Hotel Lux kannte und dem er wegen einer freundschaftlichen Geste dankbar war, die er ihm damals erwiesen hatte. Auf einem Bankett im Mai 1971 erklärte er gegenüber seinen jugoslawischen Gästen: »Wir stimmen in so vielen Dingen überein, dass es besser ist, wenn wir das nicht laut sagen, damit wir weder Ihnen noch uns schaden. Sie werden keinen besseren und aufmerksameren Beobachter Ihres Weges finden, als es die Sozialdemokraten in diesem Teil des gespaltenen Deutschlands sind.« In diesem konstruktiven Klima wurden auch Schritte zur Vorbereitung der von der Sowjetunion vorgeschlagenen Konferenz über Sicherheit und Zusammenarbeit in Europa (KSZE) unternommen. Tito und Brandt waren sich einig, dass sie nicht nur der Konfrontation zwischen den Blöcken dienen dürfe, sondern dass auf ihr auch die neutralen und blockfreien Staaten zu Wort kommen müssten.[562]

DIE »STRASSENAFFÄRE«

Das Frühjahr 1969 war auch die Zeit der slowenischen »Straßenaffäre«, als es die Laibacher Regierung als Erste unter allen Landesregierungen wagte, die Bundesregierung herauszufordern. In Slowenien gärte schon lange eine Unzufriedenheit mit den bestehenden Verhältnissen. Die Menschen wollten ein besseres Leben, das die Reformen nicht mit sich gebracht hatten, und zugleich mehr politische Freiheit, die das Selbstverwaltungssystem versprochen, aber nicht gegeben hatte.

Die slowenische Regierung plante seit geraumer Zeit eine Autobahn, die von Šentilj (Spielfeld) an der österreichischen Grenze nach Nova Gorica (Görz) und Koper (Capodistria) führen und Slowenien mit West- und Mitteleuropa verbinden und seiner Wirtschaft neuen Auftrieb verleihen sollte. Sie warb für das Projekt indem sie betonte, dass mehr als 94 Prozent des jugoslawischen Verkehrs nach Westeuropa über Slowenien laufe, dass man aber im Jahrzehnt 1956 bis 1965 nur 3,4 Prozent des verfügbaren Geldes aus dem Straßenfonds des Bundes erhalten habe. Zudem solle die Finanzierung der Autobahn ohne besondere Belastungen gewährleistet werden: Die notwendigen Mittel würde die Republik zu einem Teil selbst aufbringen, den anderen Teil sollte die Internationale Bank für Wiederaufbau und Entwicklung beisteuern, die zu dieser Zeit günstige Darlehen für den Bau von Verkehrswegen bereitstellte. Daher hofften die Slowenen, dass man ihnen in Belgrad keine Knüppel zwischen die Beine werfen würde.

Doch als in der zweiten Hälfte 1968 der Bundesvollzugsrat unter dem Vorsitz des Slowenen Mitja Ribičič diese Frage diskutierte, schlug er der Internationalen Bank vor, die verfügbaren Darlehen ausschließlich für den Straßenbau in Serbien bereitzustellen. In der slowenischen Öffentlichkeit brodelte es vor Empörung.[563] Stane Kavčič und seine Mitarbeiter, die nicht über die Gründe für den negativen Bescheid informiert worden waren, kamen zu einer außerordentlichen Sitzung zusammen und schrieben Ribičič einen scharfen Protestbrief, in dem sie eine neuerliche Prüfung ihres Antrags forderten und eine Debatte im slowenischen Parlament zu diesem Problem ankündigten. Das Parlament verlangte daraufhin Ribičičs Rücktritt. In vierzig am Bau der Autobahn interessierten Gemeinden kam es zu Protesten, auf denen auch separatistische Töne zu hören waren. »Die Straßenaffäre«, notierte Kavčič in sein Tagebuch, »war an ihrem Beginn ein erster großer Aufstand jener Menschen in Slowenien, die die Reform aus dem Jahre 1965 weiterführen wollten, die mehr tatsächliche und weniger formale Demokratie verlangten und die den Zentralismus der Föderation schwächen und die Selbstständigkeit der Republiken stärken wollten.«[564]

Doch in der allgemeinen Entrüstung überschritt der Streit die Grenzen des Problems, das ihn ausgelöst hatte, und eröffnete eine Reihe von heiklen Fragen darüber, wer das letzte Wort bei der Annahme von Investitionsbeschlüssen haben solle, ob die Regierung einer Republik die Bundesregierung kritisieren und ob die öffentliche Meinung Einfluss auf die Politik ausüben dürfe. »Bei der Straßenaffäre«, schreibt Kavčič weiter, »verliefen also viele Ereignisse außerhalb des

Monopols und der Praxis des Bundes der Kommunisten, des demokratischen Zentralismus und der Parteidisziplin. Das konnte ein gefährliches Modell auch für andere werden.«[565]

Mitja Ribičič, der wegen der Affäre seinen Jahresurlaub abgebrochen hatte, bezeichnete den Protest der Laibacher Politiker als inakzeptabel, denn wenn er ihrem Druck nachgäbe, müsste er auch den anderen nachgeben, was eine Bedrohung für die wirtschaftliche Stabilisierung wäre. Seiner Meinung nach handelte es sich um eine »Massenbewegung« gegen die Föderation. Angesichts dieses Arguments änderten Tito und Kardelj, die ihn am Anfang gedrängt hatten, er solle Kavčičs Antrag stattgeben, ihre Haltung. Damit die so genannte »Ordnungspartei« sie beide nicht der Sympathie gegenüber den zentrifugalen Bestrebungen im Staate bezichtigte, bezeichneten sie auf der Sitzung des Exekutivbüros am 7. August 1969 das Verhalten der slowenischen Regierung als unzulässig, nationalistisch, mit technokratischen Denkmustern durchsetzt. »Ein demokratischer Staat, der sich eines Drucks nicht erwehren kann«, erklärte Kardelj spitzfindig, »könnte sich als demokratischer Staat nicht halten.« Im Einklang mit Tito meinte er, dass man zur Sicherung der Ordnung auch zu undemokratischen Mitteln greifen müsse, sollte sich eine derartige Praxis fortsetzen. Dabei wies er darauf hin, dass die Methode des Drucks, wie ihn sich die Laibacher Regierung erlaubt habe, »entweder zu eigenem Polizeiterror oder zu einer Wiederholung Ungarns oder der Tschechoslowakei führt (…) ein solcher Weg aber wäre die schwerste Niederlage gerade für das slowenische Volk«.[566]

★

AUFBEGEHREN IN ZAGREB UND DIE USTASCHA-EMIGRATION

Der Konflikt zwischen der «alten Garde« und den jungen, liberal orientierten Kräften, die die Macht in Zagreb, Belgrad und in Ljubljana übernommen hatten, war in Wirklichkeit ein Kampf um die Nachfolge Titos. Ein Kampf, dessen sich Tito völlig bewusst war und den er geschickt zur Verteidigung der eigenen Position einsetzte. Unter den Jungen waren die kämpferischsten die Zagreber, denn sie versuchten ihre politische Aktion auf eine breite Volksbewegung zu stützen, indem sie sich Forderungen der öffentlichen Meinung nach möglichst großer Selbstständigkeit Kroatiens innerhalb der jugoslawischen Föderation zu eigen machten. Antriebskraft war die Unzufriedenheit angesichts der unerfüllten Versprechen des IX. Kongresses des BdKJ.[567] Aber auch der Wunsch, sich von den Diskriminierungen zu befreien, denen die Kroaten im Nachkriegsjugoslawien wegen der Ustascha-Verbrechen ausgesetzt waren (unter den Serben war die Meinung von einer Kollektivschuld des kroatischen Volkes ziemlich verbreitet). Sie verlangten eine Neuordnung des Staates, die den Republiken innere Autonomie und gleichen Einfluss auf die Zentralregierung sichern sollte. »Die »*Massenbewegung*«, erklärte Mika Tripalo später, »bezeichnete die neuen demokratischen Verhältnisse gegenseitiger Einflussnahme und des ständigen Dialogs zwischen der Partei und der Arbeiterklasse, zwischen der Partei und breiten Schichten der Staatsbürger, zwischen bewusster Aktion und spontaner Bewegung, aber auch die Kontrolle der Menschen und der Arbeiterklasse über die Partei und ihre Funktionäre.«[568]

Für den Aufstieg neuer Leute an die Macht war es wichtig, dass sie auf die Unterstützung durch Tito selbst zählen konnten, der sich dem Druck Belgrader Kreise ausgesetzt sah und glaubte, er könne mithilfe der Kroaten eine »Föderalisierung der Föderation« erreichen. Er hoffte, mit der Umgestaltung Jugoslawiens in eine Gemeinschaft autonomer Einheiten die Ziele der Serben vereiteln und sich selbst die Schiedsrichterrolle auf Lebenszeit sichern zu können.[569] Zugleich war er überzeugt, dass man in Serbien eine Verschwörung gegen ihn schmiede, und klagte mehrfach in greisenhafter Paranoia, dass er sich auf niemanden verlassen könne, obwohl er auf die Loyalität von General Ljubičić, von Innenminister Radovan Stijačić und von General Ivan Mišković, dem Leiter seines Sicherheitsdienstes, zählen konnte. Und die der kroatischen »jungen Garde«. Dabei war die Tatsache nicht unwesentlich, dass sich Tito persönlich an Mika Tripalo und Pero Pirker band, weil ihm ihre junge, häufig geistreiche Gesellschaft zusagte und sie es verstanden, ihn mit Witz und Lockerheit aufzuheitern, was sich andere vor ihm nicht getrauten.[570] Wie er später selbst erklärte, habe er eine Zeitlang sogar mit dem Gedanken gespielt, Tripalo zu seinem Nachfolger zu machen.[571]

Die kroatischen Liberalisten konnten allerdings auf Vladimir Bakarić zählen, der schon seit den dreißiger Jahren einer der einflussreichsten Mitarbeiter und Vertrauten Titos war. Nach 1945, vor allem nach Hebrangs Sturz, war er in Kroatien zu einer Art »Banus« geworden, denn er führte loyal alle Aufträge aus, die ihm die Belgrader Parteizentrale diktierte. Seine Mitarbeiter behaupteten halb im Scherz, halb im Ernst, dass man immer schauen müsse, wohin Bakarić gehe, und dann ihm nach, denn er gehe nie ins Ungewisse. Allerdings herrschte Bakarić nicht mit harter Hand, wurde nie seiner »bürgerlichen« Herkunft und seiner intellektuellen Integrität untreu und wurde in seinem Verhältnis zu den Menschen nie unnötig grob. Savka Dabčević-Kučar notierte zu Beginn ihrer Zusammenarbeit in ihrem Tagebuch, dass Bakarić im ZK als Einziger an die Tür klopfe, bevor er den Raum betritt. Es ist kein Zufall, dass er bei den Partisanen »der Seidene« hieß.[572]

Nach Rankovićs Sturz, an dem er entscheidend mitgewirkt hatte, begann sich Bakarić immer stärker jener Gruppe jüngerer kroatischer Politiker anzunähern, die die Führung der Republik übernommen hatten, und ihnen den Rücken freizuhalten, obwohl er sich bis Ende 1969 nicht exponierte.[573] Zu einer Wende kam es am 13. Dezember des Jahres, als er in einer Rede vor dem Parteiaktiv des BdKK auf Vorwürfe reagierte, die aus Belgrad über das erneute Anwachsen des kroatischen Nationalismus erhoben wurden. Der Dalmatiner Miloš Žanko, einer der sieben Vizepräsidenten der Bundesversammlung und Mitglied des kroatischen Zentralkomitees, hatte bereits im Februar 1969 auf diese Gefahr hingewiesen, natürlich im Konsens mit den konservativen Kreisen, die hofften, in Kroatien eine politische Krise auszulösen.[574]

Es kam zu einem lebhaften Streit in der Presse, aber hinter den Kulissen auch zu einem Briefwechsel zwischen Žanko und Savka Dabčević-Kučar und zu Gesprächen mit führenden Zagreber Politikern, was die Krise in den Beziehungen zusätzlich verschärfte. Weil die führenden kroatischen Zeitungen seine Antwort auf die gegen ihn gerichteten Angriffe nicht abdrucken wollten, wandte sich Žanko an die Belgrader *Borba*, wo er zwischen dem 17. und 23. November 1969 einen längeren Text unter dem Titel »Dieser nationalistische Wahnsinn hat System« veröffentlichte. Unmittelbarer Anlass war ein Artikel des Schriftstellers Vlado Gotovac, der in der Oktoberausgabe der Zeitschrift *Kritika* Jugoslawien scharf angegriffen und die »Wirklichkeit« und den »Alltag« Kroatiens innerhalb der Föderation als »schmutzig, verrückt, wütend, kopflos, lächerlich, grotesk, tragisch, idiotisch« charakterisiert hatte.[575] In seiner Antwort rechnete Žanko mit der »nationalistischen und reaktionären« Richtung ab, die sich in Zagreb unter dem Schutz der *Matica hrvatska*, mehrerer ihrer Zeitschriften und eines Teils der Katholischen Kirche Geltung verschaffe. Den kroatischen Führern warf er vor, sie seien nicht in der Lage, den »vervampierten kroatischen Nationalismus« zu bändigen, sondern würden ihn im Gegenteil noch fördern.[576] Wie Savka Dabčević-Kučar feststellt, war es noch nie vorgekommen, dass jemand die gesamte legal gewählte Parteispitze einer Republik auf die Anklagebank setzte.[577]

Die serbischen Nationalisten sahen in Žankos Artikeln natürlich ein »Licht« in der Dämmerung des Jugoslawismus als Idee und als Staat.[578] Ganz anderer Meinung waren hingegen die kroatischen Politiker, die erklärtermaßen nicht vorhatten, den Bundeszentralismus länger hinzunehmen. Bakarić und Savka

Dabčević-Kučar beriefen am 15. Januar 1970 das X. Plenum des BdK Kroatiens ein, auf dem sie mit großer emotionaler Verve den Nationalismus ablehnten, noch entschiedener aber den »Unitarismus« und »Hegemonismus« bürokratisch-konservativen Zuschnitts, was für sie ein Synonym für den großserbischen Zentralismus war. Natürlich taten sie das nach Konsultationen mit Tito im Oktober und November 1969, bei denen er sie in der Überzeugung bestärkt hatte, dass Žankos Artikel Teil einer serbischen Verschwörung seien.[579]

Die X. Sitzung ging so als jener entscheidende Augenblick in die Geschichtsbücher ein, in dem sich die Zagreber Liberalisten als Befürworter einer tief greifenden Erneuerung des Regimes exponierten, wobei sie in der Autonomie der einzelnen Republiken das wesentliche Merkmal des Selbstverwaltungssystems sahen. Ihrer Meinung nach verbiete diese Orientierung jede zentralistische und unitaristische Staatsordnung. In Belgrad interpretierte man die X. Sitzung des ZK des BdKK natürlich völlig anders – als »ideologische Kriegserklärung« an Serbien, als Augenblick der Wahrheit, in dem man die »jugoslawischen Masken abgelegt« habe.[580] Aber nicht nur die Nationalisten, auch die serbischen Liberalisten waren unzufrieden, weil die kroatischen Führer auf eigene Faust Fragen gestellt hätten, die man auf Bundesebene hätte gemeinsam lösen müssen. Um aber das Feuer nicht weiter zu schüren, entschlossen sie sich zu vorsichtigem Schweigen.[581]

Der selbstbewusste Angriff der Zagreber Liberalisten gegen die konservativen Kräfte, den man auch in Slowenien guthieß, hatte in Kroatien auf verschiedenen Ebenen des BdK eine Reihe von Sitzungen zur Folge, auf denen die Beschlüsse des X. Plenums größtenteils angenommen wurden. Ihre Angriffe gegen den Zentralismus verschärften die Zagreber noch, indem sie ihr eine wirtschaftliche und gesellschaftliche Ausrichtung gaben. In einer Reihe von Erklärungen und Publikationen verurteilten sie die große Akkumulation des verfügbaren Kapitals bei den Zentralbanken und anderen Belgrader Institutionen, die durch das schiefe Finanzsystem verursacht worden sei. Das habe auf Kosten der unmittelbaren Erzeuger, genau genommen auf Kosten der Arbeiterklasse, die Bildung einer »Finanzoligarchie« ermöglicht, die die Wirtschaft des Staates beherrsche, die die Selbstverwaltung bedrohe und die Entwicklung der Republiken lähme. Der Zagreber Wirtschaftler Šime Đodan wies im Februar 1971 darauf hin, dass zu Zeiten Kaiser Franz Joseph I. 55 Prozent der kroatischen Staatseinnahmen ins Ausland abgeflossen seien, zu Zeiten König Aleksandars und Fürst Pavles 46 Prozent, zu Zeiten Titos hingegen ganze 63 Prozent. »Somit bedeutet die Sozialistische Föderative Republik Jugoslawien für die Kroaten die größere Auspressung und ist deshalb weniger akzeptabel als Österreich-Ungarn oder das alte Jugoslawien.«[582]

Was war an der Sache dran? Jugoslawische Unternehmen, die ins Ausland exportierten oder durch den Tourismus an Devisen kamen, konnten nach einem Gesetz aus dem Jahre 1967 über diese Einnahmen nicht frei verfügen. Fabriken durften in ihren Kassen nur sieben Prozent der Deviseneinnahmen zurückbehalten, Gastgewerbebetriebe fünfzehn Prozent. Der übrige Teil wanderte in die Zentralbanken, die ihren Sitz in Belgrad hatten, wo die »Čaršija«, das serbische Banken- und Wirtschaftsestablishment, das Sagen hatte. Dort floss das Geld über verschiedene Kanäle und unter günstigen Bedingungen in den lokalen Mammutfinanzunternehmen zusammen – Jugobanka, Investicijska banka und Kmečka banka – die den jugoslawischen Markt in großem Maße beherrschten und über den gesamten Import bestimmten.[583] Dazu kam noch das Devisenverteilungssystem, dass zu einer Art halboffizieller schwarzer Börse geführt hatte, sodass es vorkam, dass unmittelbare Erzeuger über verschiedene Wege jene Devisen zurückkaufen mussten, das sie selbst verdient hatten. Da die Industrie Kroatiens neben der slowenischen die stärksten Verbindungen zum Westen hatte und die Republik in den letzten Jahren viele Devisen durch den Tourismus eingenommen hatte, fühlten sich die Kroaten durch dieses System immer stärker übervorteilt und verlangten, dass das Geld dort bleibe, wo es verdient werde. In Zagreb begann man sogar von einem »Ausverkauf« der istrischen und dalmatinischen Küste zu sprechen, denn es kam vor, dass große Belgrader Finanzinstitutionen örtliche Hotel- und Gastgewerbeunternehmen aufkauften. Die Kroaten forderten deshalb immer nachdrücklicher eine sogenannte »dritte Nationalisierung«, nach der das akkumulierte Kapital auf jene Arbeitsorganisationen umverteilt werden solle, die es verdienen, da sie der Überzeugung waren, dass ein solcher Schritt der Wirtschaft der gesamten Föderation Auftrieb verleihen werde.[584]

Dabei konnte man auf die Unterstützung Edvard Kardeljs zählen, der schon seit längerem Verfassungsänderungen plante, die die Vormachtstellung des Bundes schwächen und die ökonomischen und politischen Rechte der Republiken stärken sollten.[585] Auf einer für den 8. Juli 1970 einberufenen Sitzung erklärte er, dass es ihm einerlei sei, ob Jugoslawien eine Föderation, eine Union von Staaten oder eine Konföderation sein werde. Wichtig sei, dass die Völker übereinkämen, was gemeinsam zu regeln sei, und dass darüber das Bundesparlament entscheide, alles andere aber solle den Republiken übertragen werden.[586] Im folgenden Oktober veröffentlichte er seinen dritten Vorschlag zum Umbau der Verfassung, der in einen neuen Staatsvertrag zwischen den sechs Republiken und den beiden Provinzen münden sollte. Das Wort »Konföderation« verwendete er zwar nicht mehr, er schlug aber vor, dass die Träger der Souveränität die Republiken sein sollten, während die Föderation lediglich für die Bereiche Verteidigung und Außenpolitik sowie das einheitliche Sozial- und Wirtschaftssystem zuständig sein solle. Und selbst diese Aufgaben, wie auch die Ernennungen der Bundesfunktionäre, die sie durchzuführen hätten, sollten in Übereinstimmung mit dem Willen der Führung in den jeweiligen Republiken wahrgenommen werden.[587]

In dieser Zeit kam es zwischen Kardelj und Tito zu der Absprache, ein Präsidium der SFRJ zu installieren, das sich als eine Art kollektiver Staatsführung auf die Übernahme der Macht nach dem »Abtreten« des Marschalls vorbereiten solle. Darüber sprach Tito selbst, als er sich am 21. September 1970 mit dem politischen Aktiv der Zagreber Parteiorganisation zu einer Konferenz traf, die fast zur Gänze im Fernsehen übertragen wurde. Er kündigte die Bildung eines Kollektivorgans an der Staatsspitze an, wobei klar war, dass er das Steuer noch nicht aus den Händen zu geben beabsichtigte. Wie in einem Bericht der westdeutschen diplomatischen Vertretung zu lesen steht, sprach er einfach, ohne Notizen und machte den Eindruck gedanklicher Frische und großer Konzentration und bewies, dass er noch immer Herr der Lage war.[588]

Trotz seiner Aufforderung zur Toleranz fehlte es nicht an Kräften, die den Konflikt zwischen den einzelnen Nationen noch schüren wollten. Vor allem in Serbien war man mit den angekündigten Verfassungsänderungen unzufrieden, und zwar vor allem wegen der Autonomie, die beide Provinzen ihrer Republik erhalten sollten. Man sagte, dass man die Verfassung nicht jeden Augenblick ändern könne und dass sich so wichtige Fragen nicht auf improvisierte Weise lösen ließen. Man war auch über die allzu radikale Betonung der Selbstverwaltung besorgt, denn Serbien sei, wie es Marko Nikezić und Latinka Perović in einem Gespräch mit Kardelj ausdrückten, erst dabei, »die Opanken [einfache Bauernschuhe] abzustreifen«, und man könne das Land nur mithilfe von Fachleuten und Managern modernisieren.[589]

Außerdem entzündete sich Anfang 1971 erneut der Sprachenstreit zwischen Serben und Kroaten, weil sich die *Matica srpska* und die *Matica hrvatska* nicht über die Ausgabe eines gemeinsamen Wörterbuchs einigen konnten (wie ihnen 1969 von oben aufgetragen worden war). Weil die Arbeiten ins Stocken geraten waren, veröffentlichte die *Matica srpska* am 10. Januar eine Erklärung, in der sie die kroatische »Schwester« der Obstruktion beschuldigte. Letztere wies am 20. Januar 1971 diese Unterstellung ungewöhnlich scharf zurück und bezichtigte die Serben, die »kulturelle und nationale Individualität und Ganzheitlichkeit der kroatischen Sprache« in Abrede zu stellen. Zugleich kündigte sie an, ihr Wörterbuch ohne den serbischen Anteil herausgeben zu wollen. Diese Polemik stieß in den Medien auf starkes Echo, ebenso die Frage der Wahl des Prorektors der Zagreber Universität, der bei der Verwaltung dieser wichtigsten

Hochschuleinrichtung in Kroatien mit annähernd 35 000 Studenten mitwirken sollte. Gemäß den neuen akademischen Statuten, die nach den Unruhen von 1968 beschlossen worden waren, sollte der Prorektor aus den Reihen der Studenten von einem Senat gewählt werden, der drittelparitätisch aus Professoren, Assistenten und Studenten zusammengesetzt war. Deren Parteiorganisation hatte zu diesem Zweck ihren Kandidaten vorgeschlagen, aber der Senat wählte statt seiner den fünfundzwanzigjährigen Ivo Zvonimir Čičak, der an der Philosophischen und an der Theologischen Fakultät eingeschrieben und für seine nationalistischen Ansichten und seinen hitzigen Charakter bekannt war. Obwohl darüber nicht begeistert, unterstützte die kroatische Parteiführung seine Wahl, da sie nun einmal auf demokratische Weise zustande gekommen sei.[590]

Die Parole des Tages lautete Demokratie. Das unterstrich auch ein Treffen der führenden Persönlichkeiten der Föderation, das Ende 1970 unter Titos Leitung auf Brioni stattfand und auf dem über die Gesetzesänderungen gesprochen wurde, die annähernd ein Drittel der geltenden Verfassungsnormen ersetzen sollten.[591] Geändert werden solle das Verhältnis zwischen dem Zentrum und den einzelnen Republiken, wobei Letztere breitere Zuständigkeiten im Namen einer »totalen Föderalisierung« erhalten sollten. Die Bundesregierung solle die Kontrolle über die Außenpolitik und Verteidigung behalten, sie solle für die Regelung und Aufrechterhaltung des »assoziierten Binnenmarkts«, für die Umlenkung der Fonds von den Reicheren zu den Ärmeren und für ein Schiedsgericht zwischen den Republiken zuständig sein. Alle anderen Funktionen und Verantwortungen – einschließlich der Kontrolle über die Mehrzahl der Wirtschaftsaktivitäten – solle sie an die Republiken, Gemeinden und einzelnen Unternehmen abtreten. Angestrebt sei ein organisierter Wirtschafts- und Verwaltungspluralismus als erste Voraussetzung zur Bildung einer sozialistischen Demokratie unter Berücksichtigung aller ethnischen und regionalen Unterschiede.[592]

Im Rahmen dieser weitreichenden Verfassungsänderungen stellten die so genannten »Arbeiter-Zusatzartikel«, die von Kardelj als »außerordentlich wichtig und revolutionär« bezeichnet wurden, einen besonderen Komplex dar. Seiner Meinung nach sollten sie den Arbeitern zumindest im Prinzip die Möglichkeit sichern, den Prozess der gesellschaftlichen Reproduktion zu überwachen. »In den Beziehungen gegenseitiger Abhängigkeit und wechselseitiger Verantwortung« sollten Letztere das gesamte Einkommen, das sie mit ihrer Arbeit schufen, verwalten und über seine Verwendung entscheiden können. »Lediglich eine solche ökonomische Position kann auch ihre dominante Rolle im politischen Machtsystem sichern.«[593]

In diesem Erneuerungsprozess hatte die serbische liberalistische Führung (Marko Nikezić, Latinka Perović, Mirko Čanadović) die Schlüsselrolle inne. Sie spielte nicht auf die nationalistische, großserbische Karte, sondern widersetzte sich vielmehr der konservativen Strömung, die in Belgrad von Draža Marković und Petar Stambolić angeführt wurde,[594] in der Überzeugung, dass sich Serbien von seinem »staatsbildenden« Selbstbild innerhalb Jugoslawiens lossagen und im Dialog mit den anderen Republiken, als Gleiche unter Gleichen, vor allem auch im Hinblick auf die eigene Entwicklung zu sorgen habe.[595] Ungeachtet des zu erwartenden Sinkens der Popularität beim eigenen Volk, vor allem bei der Intelligenz, fasste der Vorsitzende des Bundes der Kommunisten Serbiens, der progressive Marko Nikezić, diesen Standpunkt in der Formel »saubere Rechnungen« zusammen und forderte, dass jede entwickelte Republik ihre Programme aus eigener Tasche bezahlen solle. Damit würde Serbien sozusagen auf seine Rolle als Basiszelle innerhalb Jugoslawiens verzichten und in gewissem Sinne den gleichberechtigten Status innerhalb der föderativen Gemeinschaft akzeptieren.[596]

Der Startschuss der Erneuerung sollte am 17. April 1971 erfolgen, an dem Tag da Titos Mandat als Präsident der SFRJ auslief. Wie er in Zagreb im September des Vorjahres angedeutet hatte, würde er sich mit der Bezeichnung »Ehrenvorsitzender auf Lebenszeit« zufrieden geben, seinen Platz an der Spitze des Staates würde ein neues kollektives Präsidialorgan übernehmen, in das die einzelnen Republiken ihre Vertreter entsenden würden. Es sei offensichtlich, heißt es in einem dieser Thematik gewidmeten Dokument der CIA, dass die jugoslawischen Führer die Notwendigkeit erkannt hätten, den Prozess der Tito-Nachfolge in einen Verfassungsrahmen zu stellen, um ein Chaos in dem Augenblick zu verhindern, in dem er die politische Bühne verließ. Aber am 13. Februar 1971 teilte Edward Kardelj, der die Koordinierungskommission für die Verfassungsreform leitete, in einer Pressemitteilung mit, dass es nicht möglich sei, sie in einem Zug durchzuführen, da sie noch nicht vollständig ausgereift sei. Selbst die erste Phase, die die Bildung neuer Verfassungsorgane und die Aufteilung der Zuständigkeiten zwischen Bund und Republiken regeln sollte, würde sich wegen notwendig gewordener Erörterungen im Bundesparlament, im Bund der Kommunisten Jugoslawiens und vor allem in der Öffentlichkeit hinziehen. Zugleich gab er auch zu verstehen, dass die jugoslawischen Führer keinerlei Beeinträchtigung der Zentralmacht zulassen würden, wovon unter anderem auch die Tatsache zeugte, dass das Parlament Titos Mandat bis Ende August verlängerte.[597] An der Staatsspitze überwog offensichtlich die Meinung, dass es angesichts der hitzigen Stimmung in Kroatien und Serbien nicht opportun sei, die Zügel aus der Hand zu geben.[598]

☆ ☆ ☆

Jugoslawien war nämlich inzwischen durch eine weitere Affäre in Unruhe gestürzt worden, in deren Zuge die kroatischen Führer als Staatsverräter und Mitarbeiter von Ustascha-Organisationen in Westdeutschland und anderswo in der Welt dargestellt werden sollten. Bis Mitte der sechziger Jahre spielten diese aus politischen Emigranten bestehenden Gruppen keine große Rolle, da sie ziemlich isoliert waren. Als aber nach der Wirtschaftsreform von 1965 die Belgrader Behörden die Grenzen weit öffneten und den Menschen erlaubten, sich eine Beschäftigung im Ausland zu suchen, änderten sich diese Verhältnisse dramatisch. Die Mehrzahl der Arbeitsmigranten wählte nämlich die Bundesrepublik Deutschland als Ziel – bis 1970 war annähernd eine halbe Million jugoslawischer Gastarbeiter dorthin gegangen. Hier kamen sie in Kontakt mit politischen Emigranten, von denen mindestens 6000 Mitglieder verschiedener Flüchtlingsorganisationen waren, und zwar überwiegend solcher der Ustaschi und Tschetniks. Unter dem Etikett »unabhängiges Kroatien« entwickelten Erstere eine intensive Propaganda und versuchten in ihrem Sinne Einfluss auf die kroatischen Volksgenossen zu nehmen, die in Deutschland ihr Brot verdienten. Diese Agitation beunruhigte die Belgrader Behörden natürlich sehr, vor allem weil die Ustascha-Organisationen Ende der sechziger, Anfang der siebziger Jahre auch terroristische Aktionen ausgeführt hatten. Da Proteste bei der deutschen Regierung keine große Wirkung zeigten,[599] schleuste die UDBA zahlreiche V-Männer in die Exilorganisationen ein, sodass sie von mindestens 90 Prozent aller geplanten Aktionen wusste. Dass sie daneben in manche »Liquidierung« von Menschen, die ihr im Wege standen, verwickelt war, versteht sich von selbst.[600]

Diese trüben Verhältnisse benutzten »zentralistische Kräfte« für eine Verschwörung, deren Ziel es war, Vladimir Bakarić, vor allem aber Mika Tripalo und Savka Dabčević-Kučar zu diskreditieren und zum Rücktritt zu zwingen. Es wurden Gerüchte in Umlauf gebracht, nach denen sie Kontakte zur Ustascha-Emigration in München hätten, in erster Linie zu ihrem Führer, Branko Jelić, und dass sie die Abspaltung der Republik nach Titos Abtreten vorbereiteten. Nach Informationen des rumänischen Geheimdiensts Securitate sei diese Gruppe prosowjetisch ausgerichtet und genieße die Unterstützung des KGB, mit dem Jelić bereits die notwendigen Kontakte geknüpft habe.[601] Hatte nicht sein Blatt *Hrvatska država* in seiner Februar/März-Nummer behauptet, dass der Warschauer Pakt die kroatische Unabhängigkeit verteidigen und Kroatien einen Status zuerkennen werde, wie ihn Finnland besaß?[602]

Die führenden kroatischen Politiker schäumten: In öffentlichen Auftritten versuchten sie ihre Entrüstung über solche Verleumdungen zwar zu zügeln, hinter den Kulissen taten sie das allerdings nicht, denn sie verlangten von Tito, den Dingen auf den Grund zu gehen, und erzwangen von ihm die Einsetzung einer Untersuchungskommission. Als Vorsitzenden der Kommission schlug Tito Stane Dolanc vor, einen ehemaligen hohen Funktionär des militärischen Geheimdienstes, der in den letzten zwei Jahren – auch dank verwandtschaftlichen Verbindungen – eine kometenhafte politische Karriere gemacht hatte, war er doch vom Sekretär des Universitätskomitees des Bundes der Kommunisten in Ljubljana bis in die Position eines Sekretärs des Exekutivkomitees des ZK des BdKJ aufgestiegen.

Die Kommission stellte am 23. März 1971 die Resultate ihrer Arbeit vor: Ihrer Meinung nach handelte es sich um ein Ränkespiel der Geheimdienste, die sich mit der politischen Emigration zusammengetan hätten, um die kroatischen Führer zu kompromittieren. Weiter ging aus dem Bericht hervor: Die Agenten des Staatssicherheitsdienstes hatten die Jelić-Gruppe so sehr unterwandert, dass es unmöglich war zu beurteilen, welcher Schritt der einen und welcher der anderen Organisation zuzuschreiben war.[603] Die Fäden der Verschwörung sollten nach Belgrad führen, ins Außenministerium, dem der Vertreter der serbischen liberalen Strömung Mirko Tepavac vorstand. Obwohl sie auf diese Weise mit der Affäre mittelbar in Zusammenhang gebracht wurden, versuchten die serbischen Politiker ruhig Blut zu bewahren, in der Überzeugung, dass die Intrige weder in Zagreb noch in Belgrad entstanden sei, sondern dass Tito selbst hinter ihr stehe. Jedenfalls wiesen alle die auf sie gemünzten Unterstellungen offiziell zurück.[604]

Die Kroaten, die den Eindruck hatten, dass die Serben die Bedeutung der Affäre systematisch herunterspielten, verloren jede Geduld. Obwohl das Exekutivbüro beschlossen hatte, dass der Bericht der Dolanc-Kommission geheim bleiben solle, entschied das kroatische ZK am 6. April 1971, mit der »Verschwörung« an die Öffentlichkeit zu gehen. Die »Meldung«, die am nächsten Tag vom *Vjesnik* und anderen kroatischen Medien gebracht wurde, löste in Belgrad eine Protestwelle aus. Mirko Tepavac drohte sogar mit Rücktritt von seinem Posten als Außenminister.[605]

Tripalo und andere hohe kroatische Funktionäre verlangten, dass mit den »schmutzigen Intrigen« der inneren und äußeren Feinde und allen Versuche, die Kroaten als die problematischste jugoslawische Nation darzustellen, endgültig Schluss sein müsse. In den Zeitungen brach eine wütende Debatte los, in der die prokroatische und die proserbische Front mit aller Schärfe aufeinanderprallten. »Tripalos Äußerungen«, berichtete der britische Generalkonsul Joseph Dobb in Zagreb, »nahmen einem wegen ihrer Unverantwortlichkeit den Atem.«[606]

In die ohnehin aufgeheizte Atmosphäre platzte die Nachricht vom Attentat auf den jugoslawischen Botschafter in Stockholm, den Montenegriner Vladimir Rolović, einen ehemaligen OZNA-Obersten, das der Ustascha-Terrorist Vinko Barišić am 16. April 1971 verübt hatte. In Serbien und in Montenegro löste das Attentat eine regelrechte Welle einer Anti-Ustascha- und Anti-Kroatien-Hysterie aus,[607] die sich noch auswuchs, als ein weiterer Angehöriger der Ustascha auf dem Belgrader Bahnhof und im Kino Balkan Sprengstoff legte. Man sprach sogar davon, dass KOS eine Liste mit den Namen von 450 prominenten Serben in Kroatien entdeckt habe, die von kroatischen Nationalisten liquidiert werden sollten.[608]

Um die erhitzten Gemüter zu beruhigen, berief Tito für den 28. bis 30. April 1971 auf Brioni die XVII. Sitzung des Präsidiums des BdKJ ein. Sie versprach stürmisch zu werden, denn schon in einem Vorgespräch mit Tripalo erklärte Tito, dass die Situation überaus ernst sei, dass eine Konterrevolution drohe (dabei denke er nicht nur an Kroatien, sondern auch an Serbien), dass er kein Dubček sei, sondern dass er Ordnung schaffen werde, wenn nötig auch mithilfe der Armee. Im Verlauf der Diskussion mussten die Zagreber manchen Vorwurf wegen ihres Nachgebens gegenüber »chauvinistischen Elementen« einstecken, die Belgrader ihrerseits wegen ihrer Reserve gegenüber den Zusatzartikeln zur Verfassung.[609] Der dramatischste Moment aber kam am letzten Tag der Konferenz, als ein Adjutant zu Tito trat und ihm etwas zuflüsterte. Der unterbrach die Sitzung gegen seine Gewohnheit, verließ den Saal und sagte nach seiner Rückkehr zu den entgeistert blickenden Anwesenden, dass er gerade mit Breschnjew telefoniert habe. Der sowjetische Führer habe ihm seine Besorgnis wegen des Geschehens in Jugoslawien ausgedrückt und ihm »brüderliche« Hilfe angeboten.[610] Er habe Breschnjew versichert: »Wir arbeiten an der Konsolidierung der Partei. Wir haben große Fragen, die lediglich die Partei lösen kann. Das müssen wir allein und ohne fremde Hilfe tun.« Die kroatischen und serbischen Liberalisten konnte er allerdings nicht überzeugen, das nicht alles selbst inszeniert zu haben, um sie mit einem militärischen Eingreifen der Russen zu schrecken.[611]

Sollte es so gewesen sein, hatte er mit seiner Taktik Erfolg, denn auch die Geschichte mit dem Anruf Leonid Breschnjews trug dazu bei, dass sich die Geister einigermaßen beruhigten und man zu einem Kompromiss fand.[612]

Es schien, als hätte das Präsidium die Grundlagen »für die zukünftige Aktion des BdKJ und die Lösung aller anstehenden Probleme gelegt«. Das Abschlusskommuniqué war zwar mit üblicher, stellenweise schwer verständlichen Phraseologie gespickt, in einem aber war es eindeutig: Äußere subversive Faktoren würden die inneren jugoslawischen Schwierigkeiten ausnützen, wobei sie auch auf innere Feinde zählen könnten. Die organisierte Aktion zur Disqualifizierung der Zagreber Führung sei ein Teil dieses Planes gewesen. Darin seien aber keine Organe der Bundesverwaltung verwickelt.[613] Es schien, als hätten sowohl die

Kroaten als auch die Serben Genugtuung erfahren. Am meisten noch die Kroaten, denen gegenüber Tito in einem Gespräch vor der Abschlusssitzung des Präsidiums einräumte, dass er mit ihnen in manchem übereinstimme. Als er sich die Klagen der kroatischen Delegation anhörte, wie sehr ihre Republik benachteiligt sei, erhob er sich plötzlich aus seinem Sessel, legte sichtlich erschüttert die Hand aufs Herz und sagte mit schwerer Stimme: »Hier habe ich das Gefühl, dass ihr recht habt, aber euch fehlt es an staatsmännischer Klugheit.«[614]

Zu der Überzeugung, dass es Savka Dabčević-Kučar, Mika Tripalo und ihren Mitarbeitern »an staatsmännischer Klugheit fehlt«, war zu diesem Zeitpunkt auch Vladimir Bakarić gelangt, der wegen seiner oft pythischen Aussagen bereits mit Buddha verglichen wurde. Spätestens seit Ende April 1971, wenn nicht schon früher, begann er sich nämlich vorsichtig von ihnen abzugrenzen. Vermutlich spürte er, in welches Unheil ein kroatischer Nationalismus führen würde, den seine jüngeren Kollegen nicht mehr zu bändigen wussten. Wie Tito später bei einem internen Treffen erklärte: »Bakarić hat nicht die Angewohnheit in Schlachten zu ziehen, die im Vorhinein zum Scheitern verurteilt sind.«[615] Auf einer Reise durch Kroatien begann Bakarić als erfahrener Parteimann die erhitzten patriotischen Gefühle zu beruhigen und erklärte, dass bei der Definition des kroatischen Staates die Verwendung des Wortes »national« nicht opportun sei. Damit erkannte er die konstitutive Rolle der serbischen Minderheit in der Republik an. In dem Ort Tounj trat er zum ersten Mal mit scharfen Worten gegen das in Zagreb an der Macht befindliche Trio auf. Damit zog er sich manche Kritik zu und musste sich sogar gegen die Anschuldigung zur Wehr setzen, mit den unitaristischen Kräften zu sympathisieren.[616]

☆ ☆ ☆

Dass für Kroatien stürmische Zeiten anbrachen, war schon auf dem II. Kongress der Selbstverwalter vom 5. bis 8. Mai 1971 in Sarajevo offenkundig geworden, auf dem vor allem Kardelj das Wort führte. In seinem Einleitungsreferat warnte er die Republiken davor, die Autonomie, die ihnen die Verfassungsänderungen garantierten, zur Förderung chauvinistischer und partikularistischer Tendenzen zu missbrauchen. Savka Dabčević-Kučar, die in der ersten Reihe saß, schloss sich bei diesen Worten dem allgemeinen Applaus nicht an. Sie stand noch unter Schock seit dem Gespräch, das sie im April 1971 in Ljubljana mit Kardelj geführt hatte, als er ihr ganz offen erklärt hatte: »Lieber sehe ich russische Panzer auf den Straßen, als dass wir mit Ihrer Dubčekiade die Errungenschaften der Revolution gefährden.«[617] Er blieb der Meinung, dass in Jugoslawien jeder Schritt in Richtung politischer Pluralismus »unweigerlich zum Sieg der Konterrevolution führt«.[618]

Auf dem II. Kongress der Selbstverwalter kamen nicht nur die Kroaten unter Beschuss, sondern mehr noch die Serben. In Belgrad hatte inzwischen der Widerstand gegen die diskutierten Verfassungsänderungen zugenommen, wobei vor allem Kritik an Tito laut wurde. Die Gegner der Zusatzartikel behaupteten, dass in dem Augenblick, wo Grenzen zwischen den Republiken errichtet würden, »es unsere Hauptaufgabe ist, die politischen Rechte des serbischen Volkes zu schützen, von dem ein großer Teil (vierzig Prozent) außerhalb der Grenzen Serbiens lebt«. Was sich jetzt abspiele, bedeute die Zerschlagung Jugoslawiens. Ein Universitätsprofessor vertrat sogar die Auffassung, dass Tito nicht mehr für das Amt des Präsidenten der Republik kandidieren dürfe.[619] Und Mijalko Todorović verstieg sich in der jugoslawischen Botschaft in Moskau zu der Aussage: »Tito ist alt geworden, er macht es nicht mehr lange.« Diese Worte teilte der Botschafter sofort dem Marschall mit, der vor Wut tobte.[620] Aber es kam noch schlimmer: Breschnjew, der mit Tito einen geheimen Kommunikationskanal hatte, über den vertrauliche Informationen liefen, warnte ihn, er solle ein Augenmerk auf die Kroaten haben, die sich abspalten, noch mehr aber auf die Serben und Bosnier, die ihn absetzen wollten.[621]

Für das politische Klima des Augenblicks war kennzeichnend, dass Tito bereits bei einem öffentlichen Auftritt in Sarajevo mehrere pensionierte Generäle angegriffen hatte, die gegen ihn arbeiten, mit den Russen kokettieren und diese zum Eingreifen in Jugoslawien auffordern würden. Weil er noch nie zuvor die militärische Führung offen kritisiert hatte, schlugen diese Worte wie eine Bombe ein. Bei einem geheimen nächtlichen Treffen am 8. Mai mit ausgewählten Parteifunktionären aus verschiedenen Republiken (Bakarić, Kardelj, Ljubičić, Milentije und Koča Popović) wurde er noch offener. Er sprach von Spitzeln und Verschwörern an der Spitze der serbischen Partei und befahl, dass man neben mehreren Generälen auch Ranković festnehmen solle, der mit ihnen gemeinsame Sache mache. Damit gab er sich aber noch nicht zufrieden: Milentije Popović sagte er, dass es in Belgrad ein Zentrum der Konterrevolution gebe. »Ich bin darüber informiert. Es ist eine Verschwörung gegen mich!« Er verlangte Mijalko Todorović aus dem BdKJ zu werfen, da er ein Verbindungsglied zwischen dem serbischen Führungskader und den Russen sei. »In Belgrad sagen manche, ich sei ein leergeschossenes Gewehr. Aber ich bin ein geladenes Gewehr und warte nur darauf, wann der Moment gekommen ist und wen ich ›abschießen‹ muss.«[622] Die Anwesenden konnten ihn kaum beruhigen.

Der Angriff gegen die beiden angesehenen Politiker, die Serbien die längste Zeit in den Bundesorganen sowohl auf Staats- wie auf Parteiebene vertreten hatten, war offensichtlich gegen eine Caterpillar Vierergruppe gerichtet, zu der auch Kardelj und Bakarić gehörten und die versuchte, wie Latinka Perović sagt, Jugoslawien vom stalinistischen Sozialismus abzubringen. Obwohl diese Politiker in Tito ein Hindernis bei der Entwicklung der Gesellschaft sahen, waren sie sich auch bewusst, dass er das Bollwerk gegen die Sowjetunion war, und widersetzten sich ihm deshalb nicht. Das reichte allerdings nicht.[623] Milentije Popović, der mit Mijalko Todorović sehr verbunden war, teilten sie doch dieselben reformistischen Ideale, informierte seinen Freund sofort per Telefon über das Geschehen. Sie verabredeten sich für den nächsten Tag im Abgeordneten-Klub in Belgrad. Als sie tatsächlich zusammensaßen, bekam Popović ein Telegramm, in dem Tito die Anschuldigungen gegen Todorović bestätigte. Das erschütterte ihn derart, dass er einen Infarkt erlitt und starb.[624]

Vier Wochen nach dem XVII. Plenum des Präsidiums des ZK des BdKJ wurde am 2. Juni 1971 in Belgrad ein weiteres Plenum einberufen, das die Wirkung der auf Brioni gefassten Beschlüsse bewerten sollte. Entgegen allen Erwartungen sahen die Teilnehmer die innenpolitische Entwicklung als günstig an und erreichten einen Waffenstillstand, indem sie übereinkamen, mit ihren Meinungsverschiedenheiten künftig anders umzugehen. »Jeder fege vor seiner eigenen Tür.« Hinsichtlich der Zusatzartikel zur Verfassung beschloss man, sie im »Geist von Brioni« so bald wie möglich anzunehmen, wobei ein Zeitplan erstellt wurde, der vorsah, dass das Bundesparlament sie im Juni bestätigen solle, damit in der zweiten Julihälfte der Präsident der SFRJ sowie die Mitglieder des Präsidiums gewählt werden könnten. Darauf sollte die Einsetzung des neuen Exekutivrates und die Ernennung jener Personen erfolgen, die verantwortliche Positionen innerhalb des Regierungsapparates einnehmen würden.[625]

In diesem Augenblick hoffte Tito, in Mika Tripalo einen Verbündeten zu finden. Während sich in Belgrad das Exekutivbüro versammelte, lud er am 15. Juni 1971 den kroatischen Politiker zu einem privaten Gespräch ein, bei dem er ihm eine Funktion anbot, »von der er nicht einmal träume«, also die Nachfolge, wenn er ihm helfe, die Probleme in Kroatien zu lösen. Tripalo antwortete, dass er seinen Prinzipien und seiner Treue zur Heimat nicht absagen könne. Daraufhin erklärte Tito, dass das Problem in Kroatien die Serben in der Lika und anderswo in der Republik seien, worauf Tripalo polemisch entgegnete, dass nicht die Serben das Problem seien, sondern die Kroaten in Kroatien. Worauf sie sich ohne Ergebnis trennten.[626]

In Zagreb, wo Parolen umgingen wie »Tito, ich spuck dir auf die Stirn, trägst du keine Ustascha-Uniform«, »1941 wird sich nicht wiederholen« und »Bisher tranken wir dalmatinischen Wein, jetzt trinken wir serbisches Blut«,[627] unternahm die Parteiführung durchaus den Versuch, den nationalistischen Überschwang breiter Volksmassen und ihrer Wortführer zu zügeln. Bei einem Gespräch, das am 4. Juli 1971 zwischen Tito und Savka Dabčević-Kučar und ihren Mitarbeitern in der Villa Zagorje stattfand, drohte er erneut mit der Armee, sollten sie nicht selbst Maßnahmen ergreifen, denn »eher wird die Armee Ordnung schaffen, als dass das die Russen tun …«.[628] Dabei sahen sich die Zagreber Führer zwei Fronten ausgesetzt, denn die Zeitschrift *Praxis* griff sie von der Linken an und erklärte, die Selbstverwaltungsordnung in Jugoslawien sei gescheitert, während nationalistisch gesinnte Studenten um Čičak aus Protest gegen den Ausschluss zweier extrem patriotisch orientierter und redegewandter Universitätsdozenten aus den Reihen des Bundes der Kommunisten Kroatiens einen »heißen Herbst« ankündigten.

☆☆☆

Im Sommer 1971 war nach Monaten großer Anstrengungen die Arbeit an den Zusatzartikeln, die im großen Ganzen von Edward Kardelj geleitet wurde, abgeschlossen. Sein ursprüngliches Konzept, nach dem die Gemeinden die Basiszellen der jugoslawischen Gesellschaft sein sollten, hatte er fallen gelassen und sich zugunsten starker Republiken entschieden. Das Bundesparlament bestätigte am 30. Juni 1971 die Verfassungsänderung, die die Föderation reformierte und konföderale Elemente einbrachte, da sie den Republiken Eigenstaatlichkeit zuerkannte, fußend auf der Souveränität der Völker, und ihnen in bestimmten Fällen sogar ein Vetorecht einräumte. Zugleich war nunmehr eine neue Körperschaft begründet, das kollektive Staatspräsidium, das sich aus je drei Vertretern jeder Republik und je zwei Vertretern der Provinzen zusammensetzen, neben Tito also insgesamt zweiundzwanzig Mitglieder umfassen und nach dem Rotationsprinzip arbeiten sollte: Jedes Jahr sollte ihm in genau bestimmter Reihenfolge ein anderer Vertreter einer föderalen Einheit vorsitzen. So könne sich keine Republik oder Provinz innerhalb der Föderation entscheidenden Einfluss sichern. Das war die ursprüngliche Vorstellung, denn Tito selbst hatte eine Führungsstruktur gefordert, die es erlaube, »dass ich gehen kann, wann ich will«.[629] Weil aber zugleich beschlossen wurde – vor allem auf Verlangen der Kroaten und Bosnier –, dass Tito Vorsitzender des Präsidiums werden und dass nur sein Vizepräsident jedes Jahr neu gewählt werden solle, war klar, dass er noch nicht vorhatte abzutreten.[630]

Zumindest nach außen hin war Tito mit dieser Regelung nicht zufrieden. »Anstatt mich zu entlasten«, klagte er, »und das neue Präsidium seine Verantwortung für den Staat übernehmen zu lassen, hat man mir noch mehr Pflichten auferlegt, doch das wird nur vorübergehend sein.«[631] Man hatte ihm zwar den Vorsitz auf Lebenszeit angeboten, den hatte er aber abgelehnt, da er die Funktion versehen werde, solange er dazu fähig sei, für ein Jahr oder ähnlich, bis das neue oberste Organ normal funktioniere.[632]

Die Zusatzartikel bestimmten unter anderem, dass niemand eine Partei- und eine Staatsfunktion gleichzeitig innehaben und dass niemand eine Funktion länger als ein Mandat ausüben dürfe. Das galt allerdings nicht für Tito, der Präsident des Staates wie des Bundes der Kommunisten Jugoslawiens blieb.[633] Diese neuerliche Bestätigung seiner Autokratie löste in der Belgrader Öffentlichkeit großen Unmut aus, umso mehr, als ihm die Serben offen vorzuwerfen begannen, gegenüber den Kroaten zu nachgiebig und schwach zu sein. Als er am 3. Juli 1971 einer Vorstellung im Serbische Nationaltheater beiwohnte, geschah es zum ersten Mal nach dem Krieg, dass niemand im Publikum sich erhob und applaudierte, als er den Saal betrat.[634]

Die kroatischen Führer begrüßten die Reformen als großen Sieg, denn sie sahen in ihnen die Chance zur Realisierung ihrer wirtschaftlichen Forderungen. Nachdem der Fonds für Unterentwickelte unter die Kontrolle eines paritätischen Ausschusses aus Vertretern aller Republiken gelangt war, blieb noch die Frage zu klären, wie das Devisen-, Außenhandels-, Kredit-, Banken- und Finanzsystem zu regeln sei. Unter dem Druck der nationalen Euphorie führte man eiligst Zuständigkeiten in der inneren Verwaltung ein, die man der Bundesregierung abgerungen hatte, wobei Intellektuelle im Umkreis der *Matica hrvatska* und der Zagreber Universität mahnten, dass man sich nicht mit halben Lösungen zufrieden geben dürfe und man die nationalen Interessen wirkungsvoll vertreten müsse. Inzwischen erhob aber auch die serbische Minderheit in Kroatien, die annähernd fünfzehn Prozent der Bevölkerung ausmachte und die die Kriegsgräuel des Ustascha-Regimes nicht vergessen hatte, ihre Stimme. Ihre Vertreter innerhalb des Partisanenverbandes und der Kulturorganisation Prosvjeta wurden gegenüber den Verhältnissen in der Republik immer kritischer, sie forderten Schutz vor der drohenden Assimilation und vor dem »ethnischen Schlüssel«, der in den Unternehmen bei der Aufnahme von Arbeitnehmern verstärkt Anwendung fand.[635]

Die Belgrader Presse verfolgte die prekäre Situation der serbischen Minderheit in Kroatien naturgemäß mit großer Aufmerksamkeit und löste in der öffentlichen Meinung eine Welle der Empörung aus. Man schrieb, dass Savka Dabčević-Kučar und ihre Mitarbeiter extreme Nationalisten und antijugoslawische Elemente seien und Jugoslawien zerschlagen wollten, und unterstellte ihnen, möglicherweise nur das Werkzeug eines »äußeren Feindes« zu sein. Hinter den Kulissen wurde Tito zudem vorgeworfen, die Kroaten in übertriebener Weise zu unterstützen und der Dezentralisation das Wort zu reden, weil er der Schiedsrichter zwischen den Republiken bleiben wolle, und alles das zum Schaden Serbiens und seiner zentralen Rolle innerhalb der Föderation.[636] Allerdings schluckte die serbische liberale Führung den Köder des Nationalismus nicht, sondern suchte im Gegenteil den Dialog mit den Kroaten, überzeugt, dass eine solche Politik langfristig die einzig vernünftige sei.[637] Damit hatte sie allerdings keinen großen Erfolg.

Kennzeichnend für Titos Unentschlossenheit im Jahre 1971 war sein Besuch in Zagreb Anfang September. Auf dem Flugplatz erwartete ihn eine Ehrengarde mit einer Kapelle, die die Staatshymne *Hej Slovani* und gleich darauf auch die kroatische Nationalhymne *Lijepa naša* spielte, die in der Öffentlichkeit bei solchen Gelegenheiten seit den Zeiten der Ustascha nicht mehr zu hören gewesen war. Tito war überrascht, machte sogar einen Schritt vorwärts, blieb aber dann auf der Stelle ruhig stehen. In Zagreb, wo man die neu gewonnene Eigenstaatlichkeit feierte, wie sie die Verfassungszusätze garantierten, erwartete man ihn mit Ovationen. Die Bevölkerung drängte sich massenhaft an den Straßen, die Begeisterung erreichte ihren Höhepunkt, als er gemeinsam mit den kroatischen Führern zu Fuß durch das Stadtzentrum ging.[638] Gegen Ende der Reise durch die Republik schwächte er, vermutlich auch unter dem Einfluss Krležas, seine ablehnende Haltung gegenüber dem *Maspok* (Masovni pokret – Massenbewegung) stark ab, denn man hatte ihm versichert, dass es sich um eine demokratische Bewegung handele und dass sich noch alles einspielen werde. Während des Banketts für zweihundert Geladene, das man ihm zu Ehren im Zagreber Hotel Esplanade veranstaltete, erklärte er überraschenderweise, dass das Gerede von einem ungebremsten Nationalismus in Kroatien nicht stimme. »Jetzt, wo wir mit den Verfassungszusätzen die Voraussetzungen für die endgültige Lösung der Nationalitätenfrage geschaffen haben, sodass jede Republik ihre Eigenstaatlichkeit besitzt, bedeutet das nicht die Desintegration unserer Gesellschaft, die Desintegration unserer Gemeinschaft, des sozialistischen Jugoslawiens, es bedeutet im Gegenteil eine noch stärkere Einheit auf neuen Grundlagen, so wie es im multinationalen sozialistischen Jugoslawien auch sein muss. Das wollen wir. Hier in Kroatien habe ich viel davon gesehen und gelernt. Beim nächsten Mal weiß ich, wie ich, anders als ich es bisher konnte, verschiedene Meldungen und Informationen zu bewerten habe.«[639]

Seine im Fernsehen übertragene Rede wurde von den Anwesenden in einem regelrechten Delirium der Begeisterung und Zustimmung begrüßt.[640] Nicht von allen. Jene, die begonnen hatten auf Distanz zu gehen oder die Zagreber

Führer sogar zu kritisieren, waren bis ins Mark getroffen. Bakarić stand der Schweiß im Gesicht und war völlig grau, Kardelj senkte wütend den Kopf über den Teller, und das Gleiche tat Jovanka.[641] Die Frage ist natürlich, wie aufrichtig Tito war und wie sehr Dušan Bilandžić im Recht war, als er den Auftritt als taktischen Schachzug bezeichnete, mit dem Tito vor dem geplanten Treffen mit Leonid Breschnjew und Richard Nixon der internationalen Öffentlichkeit demonstrieren wollte, dass Jugoslawien nicht im Zerfallen begriffen sei, wie es ausländische Medien behaupteten.[642] Die Serben nahmen ihm jedenfalls seine Worte sehr übel, weil sie überzeugt waren, dass er sich bei den Zagrebern beliebt machen wollte, um ein Gegengewicht zu seiner schwachen Stellung in Belgrad zu haben.[643] Hier setzte eine wütende Kampagne gegen ihn ein, in der ihm vorgeworfen wurde, sich völlig mit der kroatischen nationalistischen Politik identifiziert zu haben. Er wurde als Totengräber Jugoslawiens bezeichnet, es kam zu einem fatalen Anstieg einer geradezu pathologischen Feindseligkeit gegenüber den Kroaten, und es schien, als könne jeden Augenblick ein Bürgerkrieg ausbrechen, die JLA eingreifen und eine russische Intervention erfolgen.[644] Den negativen Eindruck, den er mit seiner Rede hervorgerufen hatte, versuchte Tito bald zu korrigieren, denn schon einen Monat später, am 5. Oktober, erklärte er in Karlovac vor Reserveoffizieren, sich wegen der Ustascha-Verbrechen seiner kroatischen Herkunft nicht verpflichtet zu fühlen. Das wiederum tat seiner Beliebtheit in Zagreb Abbruch, wo Stimmen laut wurden, dass ihm die Geschichte das Nachkriegsmassaker an 140 000 größtenteils unschuldigen Kroaten nie vergeben werde. Angeblich hatte sich Tito zu der neuerlichen Kritik an seinen Volksgenossen deshalb entschlossen, weil er erfahren hatte, dass Savka Dabčević-Kučar nach dem Abendessen im Hotel Esplanade vergnügt erklärt hatte: »Wieder haben wir dem alten Schwachkopf etwas vorgemacht!« »Das aber hatte ein Vögelchen gehört«, berichtet Vladimir Dedijer, »und am nächsten Morgen lag ein Bericht darüber, was sie gesagt hatte, auf Titos Tisch.« Das Vögelchen war natürlich der militärische Geheimdienst KOS (›Amsel‹), der die kroatische Politikerin schon seit zwei Jahren systematisch belauschte.[645]

★

RICHARD NIXON IN JUGOSLAWIEN

Nach der sowjetischen Invasion in der Tschechoslowakei blieben Titos Versuche, von den Sowjets eine Bestätigung der Garantien zu erhalten, die ihm

Chruschtschow hinsichtlich der Unabhängigkeit Jugoslawiens und seines Rechts auf einen selbstständigen Weg in den Sozialismus gegeben hatte, lange Zeit ohne Erfolg. Weder während des Besuchs Andrei Gromykos in Belgrad im September 1969 noch während des Besuchs Mitja Ribičičs in Moskau im Juli 1970 waren die Russen zu einer öffentlichen Erklärung bereit gewesen, dass sich die Breschnjew-Doktrin der »beschränkten Souveränität« nicht auf die Jugoslawen erstrecke.[646] Laut Latinka Perović, die sich auf neuere russische Forschungen beruft, konnte die Sowjetunion nach dem Eingreifen des Warschauer Pakts in Prag nicht zulassen, dass die Wirtschaftsreform in Jugoslawien Erfolg hätte. Das hätte nämlich bedeutet, dass ein Sozialismus mit einem anderen Antlitz möglich ist. Daher war Tito zu einer zweigleisigen Politik gezwungen: Auf der einen Seite versuchte er wesentliche Kennzeichen des russischen Modells zu erhalten (was unter anderem seine Machtstellung sicherte),[647] auf der anderen Seite betonte er die internationale Unterstützung, auf die er zählen könne. Weil er nach dem Tode Nehrus und Nassers der einzige noch lebende Initiator der Blockfreienbewegung war, meinte er sie umso mehr pflegen und stärken zu müssen, da sie ihm die Möglichkeit gab, auf internationaler politischer Bühne eine Rolle zu spielen. Zwischen dem 26. Januar und dem 27. Februar 1970 besuchte er offiziell Tansania, Sambia, Äthiopien, Kenia, den Sudan, Ägypten und Libyen. Das Resultat dieser Reise war die Einberufung der dritten Konferenz der Blockfreien für Anfang September in Lusaka, der Hauptstadt Sambias, die Tito schon lange geplant hatte, um der Bewegung neuen Schwung zu verleihen.[648] Seiner Meinung nach war die Konferenz in Lusaka »der Neubeginn des selbstbewussten Wirkens der Blockfreien, das auf den alljährlichen Außenministerkonferenzen und den Gipfeltreffen alle vier Jahre einen dynamischen Charakter annehmen soll«.[649] Tatsächlich erreichte die Bewegung zumindest vorübergehend ihr Ziel, denn sie erlebte in den folgenden Jahren ihre »goldene Zeit« und wurde ein aktiver Faktor auf der internationalen Szene.[650]

Gleichzeitig gelang es ihm, auch die Kontakte zu China zu erneuern, das im letzten Jahrzehnt keine Gelegenheit ausgelassen hatte, den jugoslawischen Weg anzugreifen. Noch im Mai 1968 hatte es in der chinesischen Presse wahre Tiraden gegen Titos negative Einschätzung der »Kulturrevolution« gegeben.[651] Nach der Konferenz in Lusaka und dem Erlöschen der »Kulturrevolution« wurden aber 1970 auf Titos, Mao Zedongs und Tschu En-lais Initiative hin die diplomatischen Beziehungen zwischen beiden Staaten wieder aufgenommen, diesmal offensichtlich mit antisowjetischen Vorzeichen. Das sichtbarste Resultat dieser Annäherung war außer der Erneuerung des Wirtschaftsaustausches zwischen Jugoslawien und China auch die erneute Anknüpfung diplomatischer

Beziehungen zwischen Belgrad und Tirana sowie eine Reise des Außenministers Tepavac nach Peking im April 1971.[652]

Wie groß Titos internationales Ansehen war, machte Ende September, Anfang Oktober 1970 der Besuch Richard Nixons deutlich, des ersten amerikanischen Präsidenten, der nach Jugoslawien kam.[653]

Obwohl Tito in den Gesprächen mit ihm und Außenminister Henry Kissinger deutlich machte, dass er mit der amerikanischen Politik in Vietnam, mit der Militärunterstützung Israels und der Anwesenheit der VII. Flotte der USA im Mittelmeer nicht einverstanden war[654], erklärten die Amerikaner, dass sie den »Titoismus« hoch schätzten, dass er eine pluralistische Entwicklungsmöglichkeit im Rahmen des sozialistischen Gesellschaftssystems symbolisiere und mit seiner Politik der Blockfreiheit zum Gleichgewicht der Kräfte in Europa beitrage.[655] Es handelte sich nicht nur um Höflichkeitsfloskeln, wie Nixons Wunsch, Titos Geburtsort Kumrovec zu besuchen, und die folgende Episode bezeugen: Tito sagte zu seinem Gast bei einer Gelegenheit: »Sie sind ein großer Präsident, aber Sie werden ein noch größerer sein, wenn Sie den Krieg in Vietnam beenden!« Nixon, der die Angewohnheit hatte, wichtige Dinge, die er hörte, niederzuschreiben, zog ein Heftchen aus der Tasche und notierte sich die Bemerkung.[656]

An der Wende des Jahrzehnts unternahm Tito auch eine Reihe von Reisen nach Westeuropa. Vor dem Herbst 1970 hatte er nur vier westeuropäische Staaten besucht, und auch die nur in großen Abständen. Ranković hatte in seinem generellen Misstrauen gegenüber dem Westen nämlich seinen Leuten im Außenministerium den Auftrag gegeben, alles Erdenkliche zu tun, um Tito von solchen Reisen abzuhalten.[657] Im Oktober 1970 absolvierte er eine Tournee durch Belgien, Luxemburg, Westdeutschland, die Niederlande und Frankreich, alles Mitglieder der NATO und der Zollunion. Komplikationen gab es nur mit Italien, obwohl oder weil Jugoslawien große Hoffnungen auf die Italiener gesetzt und nach der Niederschlagung des Prager Frühlings eine enge militärische Kooperation mit dem Nachbarstaat geplant hatte.[658] Der Grund dafür war, dass Italien noch immer die Frage der Souveränität der Zone B des ehemaligen, nur auf dem Papier bestehenden Freien Territoriums Triest stellte. Das war für die Jugoslawen sehr unangenehm, umso mehr, als sie sich im Osten mit Bulgarien konfrontiert sahen, das unaufhörlich die mazedonische Frage aufwärmte. Wenn sie überzeugt sein konnten, dass der Standpunkt Roms hinsichtlich der Zone B innerhalb der NATO keine Unterstützung genoss, mussten sie doch ebenso überzeugt sein, dass Sofia seine Politik in enger Verbindung mit Moskau verfolgte und dass einige bulgarische Politiker ganz offen den Anschluss Vardar-Mazedoniens an ihren Staat verkündeten, sobald das möglich sei.[659]

Weil immer wieder betont werden musste, dass die Grenzen, die in Europa nach dem Zweiten Weltkrieg entstanden waren, unantastbar seien, musste auch die Grenzfrage mit Italien sobald wie möglich gelöst werden. In diesem Sinne liefen schon Ende der sechziger Jahre zwischen Belgrad und Rom intensive diplomatische Gespräche, die aber von der italienischen Rechten erfolgreich torpediert wurden. Im Dezember 1970 hatten sich die Beziehungen zwischen den Staaten unerwarteterweise derart abgekühlt, dass Tito wenige Tage vor einem geplanten Besuch in der italienischen Hauptstadt die Reise absagte. In den folgenden Monaten kam es erneut zu diplomatischen Kontakten zwischen beiden Außenministern, die den Streit so weit glätteten, dass Tito im März 1971 doch nach Rom reiste, was allerdings nicht nachhaltiger zur Lösung der offenen Fragen zwischen beiden Staaten beitrug.[660]

★

TITO UND DER HEILIGE STUHL

Das meist beachtete Ereignis der Italienreise war Titos Begegnung mit Papst Paul VI., denn es war das erste Mal, dass ein kommunistisches Staatsoberhaupt den Apostolischen Palast betrat. Die Beziehungen zwischen dem Heiligen Stuhl und Belgrad waren seit September 1946 wegen des Prozesses gegen den Zagreber Erzbischof Alojzije Stepinac äußerst angespannt gewesen. Die Beziehungen verschlechterten sich noch dramatisch, als Pius XII. den kroatischen Erzbischof im Jahre 1952 in den Kardinalsrang erhob. Tito konnte nicht verstehen, wieso sich der Papst zu diesem feindseligen Schritt entschlossen hatte, gerade als ihn Stalin derart angriff. Das um so mehr, weil er Stepinac im Jahre 1951 aus dem Gefängnis entlassen und in seinem Geburtsort konfiniert hatte. Dieser Gnadenakt hatte die Katholische Kirche offenbar nicht zufrieden gestellt. In den Augen der Gläubigen der ganzen Welt blieb der Kardinal ein Opfer des titoistischen Regimes.

Der Nachfolger von Pius XII., Johannes XXIII., hatte jedoch bald nach dem Beginn seines Pontifikats (1958) den Anstoß zur Wiederaufnahme des Dialogs gegeben, die Nachkriegsveränderungen in Jugoslawien anerkannt und sich von der Ustascha-Emigration distanziert. Als Tito im 1963 Lateinamerika besuchte, versuchte er unter anderem auch die dortigen Bischöfe zu bewegen, ihm gegenüber keine allzu ablehnende Haltung einzunehmen. Trotz des Widerspruchs einflussreicher Kreise der römischen Kurie und der Serbischen orthodoxen Kirche, die die Verbrechen der Katholiken im NDH-Staat nicht vergessen hatten, unterzeichnete der Nachfolger Johannes des XXIII., Paul VI., nach Geheimverhandlungen im Jahre 1966 ein Protokoll über die Zusammenarbeit mit Belgrad und erneuerte 1970 die diplomatischen Beziehungen. Der Vatikan sah gerade in Jugoslawien einen Präzedenzfall für die Beziehungen von Kirche und Staat, die sich auch anderswo in der kommunistischen Welt verwirklichen ließen.[661] Tito machte seinerseits versöhnliche Schritte auf die Katholische Kirche zu, unter anderem indem er 1964 gemeinsam mit Jovanka das Kartäuserkloster Pleterje besuchte und im folgenden Jahr bei der Formulierung eines neuen Gesetzes über die Religionsgemeinschaften involviert war, das den Gläubigen mehr Rechte zusicherte.[662] Hinter den Kulissen hatte er über diplomatische Kanäle seit Ende 1966 häufig Kontakt mit Papst Paul VI., mit dem er Ansichten zu brennenden internationalen Fragen austauschte. Der Papst war derart »beeindruckt von Titos staatsmännischer Klugheit und Fähigkeit und seiner Rolle in den internationalen Beziehungen«, dass er ihn als aufrichtigen und größten Anwalt des Weltfriedens bezeichnete.[663]

Das klang auch in seiner Begrüßungsansprache wider, als er Tito im Vatikan empfing, wobei er »vergaß«, dass Pius XII. alle Katholiken exkommuniziert hatte, die in den Stepinac-Prozess verwickelt gewesen waren, mittelbar auch Tito. Darin lobte er seine Bemühungen um die Erhaltung des Friedens und die Förderung besserer und fruchtbarer Beziehungen »zwischen den Völkern und Kontinenten«. Die Zusammenarbeit, die sich Jugoslawien und der Heilige Stuhl auf diesem Gebiet zum Ziel gesetzt hätten, sagte er, habe bereits zu vielversprechenden Resultaten geführt.[664] Die Aufmerksamkeit, die er Titos Besuch widmete, war schon bei dessen Ankunft in Rom erkennbar gewesen, denn auf dem Flughafen hatten ihn neben den Repräsentanten des italienischen Staates auch Vertreter des Vatikan erwartet, was äußerst ungewöhnlich war. Zum ersten Mal in der Geschichte wurde einem Besucher des Papstes eine solche Ehre zuteil.[665] Kardinal Jean-Marie Villot, Staatssekretär des Heiligen Stuhls, sagte, dass sich »Jugoslawien glücklich schätzen kann, dass es Tito hat«, und Kardinal Eugène Tisserand pflichtete ihm bei: »Er ist der Stolz der jugoslawischen Völker, und wenn andere Staaten Tito hätten, brauchte man um den Frieden in der Welt nicht zu fürchten …«[666]

Die Tatsache, dass der Papst Tito am 28. März empfing, am selben Tag, an dem sich die anderen kommunistischen Führer in Moskau zum XXIV. Kongress der KPdSU versammelten, hatte besonderen Mitteilungswert.[667] Auf dem Kongress erwähnte Breschnjew Jugoslawien nur in einem einzigen Satz, indem er es in die sozialistischen Staaten mit einschloss, was man notfalls auch dahingehend interpretieren konnte, dass es zum sowjetischen Interessengebiet gehörte. Was aber durch Titos zeitgleichen Besuch im Vatikan offensichtlich nicht bestätigt wurde.[668]

★

BRESCHNJEW IN BELGRAD, TITO IN DEN USA

In der Überzeugung, dass man Jugoslawien »über Wasser halten« müsse, geizte der Westen nicht mit wirtschaftlicher und politischer Hilfe, die sich auch in mehr oder weniger offenen Äußerungen ausdrückte, dass die NATO keine Ausweitung des sowjetischen Einflusses bis an die Adriaküste zulassen werde.[669] Titos Regime befand sich nämlich infolge Inflationsdrucks, Außenhandelsdefizits und wachsender Arbeitslosigkeit erneut in Schwierigkeiten. Die Jugoslawen suchten um 600 Millionen Dollar Darlehen beim Internationalen Währungsfonds (IMF), den USA und einer Reihe westeuropäischer Staaten an, das ihnen erlauben sollte, das Jahr 1972 zu überstehen. In Washington war man der Meinung, dass noch weitere Hilferufe zu erwarten seien.[670]

Bei aller fieberhaften Aktivität, die sich nach 1968 auf internationalem Gebiet mit der Festigung der Beziehungen zu den Blockfreien, zu China und dem Westen entwickelte, vergaßen die Jugoslawen nicht, gebetsmühlenartig zu wiederholen, dass ihre Politik nicht gegen die Sowjetunion gerichtet sei. Und tatsächlich verstärkte sich zu Beginn der siebziger Jahre der Dialog zwischen Belgrad und Moskau spürbar. Als im Sommer 1971 die Nachricht kam, dass Tito als erster Präsident eines kommunistischen Staates zu einem offiziellen Besuch in die USA eingeladen worden sei, beeilte sich Breschnjew auf eigene Initiative mit einem Besuch Belgrads vom 22. bis 25. September, dem ersten nach dreieinhalb Jahren. Zwischen beiden Delegationen wurden intensive Gespräche geführt, noch wichtiger aber war der siebenstündige Dialog beider Staatsmänner »unter vier Augen« während eines Jagdausflugs nach Karađorđevo, der natürlich Gegenstand aller möglichen Vermutungen, Verdächtigungen und Befürchtungen war.[671] Nach durchaus lebhaftem Meinungsaustausch gab Breschnjew zum Abschluss des »inoffiziellen Freundschaftsbesuchs« die Erklärung ab, die Tito so lange Zeit gefordert hatte: Er bestätigte die Gültigkeit des Belgrader Abkommens aus dem Jahre 1955, mit dem Chruschtschow Jugoslawien das Recht zuerkannt hatte, seinen eigenen Weg zum Sozialismus zu gehen. Im Gegenzug versprach ihm Tito, die Verhältnisse im Staat zu regeln, und erlaubte gleichzeitig, dass die offizielle Deklaration das Prinzip des »sozialistischen Internationalismus« und die »Verbundenheit der kommunistischen Parteien der ganzen Welt« beinhaltete. Er machte sich keine Illusionen darüber, dass die Sowjets ihren hegemonistischen Ambitionen abgesagt haben könnten. Die Versicherungen Breschnjews in diesem Sinne bezeichnete er als »Worte, Worte, Worte«, doch nahm er sie als willkommenen Waffenstillstand hin, den es umso mehr zu nutzen galt, als die Sowjets 600 Millionen Dollar und vielleicht noch mehr an neuen Darlehen zugesagt hatten.[672]

Ende Oktober 1971 erfolgte Titos Besuch in Washington, wohin er auch als Vermittler zwischen den Großmächten reiste. Den Amerikanern rang er ein gemeinsames Kommuniqué ab, in dem sie erklärten, dass Friede und Sicherheit in »ganz« Europa unteilbar seien. Noch nie hatten sie sich so deutlich zugunsten der jugoslawischen Unabhängigkeit deklariert wie bei dieser Gelegenheit, zusätzlich bezeichneten sie die Blockfreiheit als »wichtigen Faktor«, der einen »aktiven Beitrag zur Lösung der globalen Probleme« und »zur Entwicklung der internationalen Beziehungen« leiste.[673] Tito wurde, wie der *Evening Star* schrieb, mit »außerordentlichem Pomp« (aber auch mit außerordentlichen Sicherheitsvorkehrungen) empfangen. Die *Washington Post* bezeichnete ihn als legendären Staatsführer, der die offene Bewunderung Präsident Nixons genieße und in engem Kontakt mit der sich verändernden Welt und ihren neuen politischen Konstellationen stehe. Die *Baltimore Sun* betonte, dass es Tito gelungen sei, die außen- und innenpolitischen Spannungen mit einer Politik der »Vermittlung und des Ausgleichs« zu verringern. Darin sei er ein wahrer Herold einer Epoche des Abbaus der Spannungen, dessen Rat und Hilfe von vielen gesucht werde. Heute ohne Zweifel auch in Washington.[674]

Dabei darf man nicht außer Acht lassen, dass sich Titos Besuche in Westeuropa und den USA kräftig verzinsten, denn Jugoslawien bekam zur Unterstützung seines Stabilisierungsprogramm sehr günstige Darlehen in Höhe von annähernd einer Milliarde amerikanischer Dollar.[675]

★

DER SCHLAG GEGEN DEN »KROATISCHEN FRÜHLING«

Im Oktober 1971 wurde an den Plitvicer Seen in Kroatien ein großes Manöver unter dem Namen *Svoboda 71* (›Freiheit 71‹) abgehalten, an dem Einheiten der regulären Armee und der Territorialverteidigung mit mehr als einer Million Mann teilnahmen. Dies sollte die Bereitschaft der bewaffneten Streitkräfte zur Verteidigung des Staates und zum Schutz seiner Gesellschaftsordnung unterstreichen.[676] Obwohl Tito auch bei dieser Gelegenheit in Gesprächen mit der kroatischen Führung einige seiner wichtigsten Mitarbeiter, hohe Persönlichkeiten aus Politik, Staat und Militär, beschuldigte, »Agenten ausländischer Nachrichtendienste«[677] zu sein, kamen die inneren Verhältnisse doch einigermaßen zur Ruhe. Der Chefredakteur der Belgrader Zeitschrift *NIN*, Frane Barbieri, stellte Mitte November fest, dass die Beilegung der serbisch-kroatischen Auseinandersetzungen der Verfassungsreform zu verdanken sei. Mit ihr, so Barbieri weiter, sei einer der für die innenpolitische Entwicklung störendsten Faktoren beseitigt worden, denn »die Verfassungsreform hat der Bundesbürokratie die materielle Grundlage ihrer Macht entzogen, soweit die einzelnen Republiken und autonomen Provinzen sie den Zentralbehörden nicht freiwillig gelassen haben«.[678]

In Wirklichkeit handelte es sich nur um die Ruhe vor dem Sturm, den eine Woche vor dem 29. November, dem jugoslawischen Staatsfeiertag, ein Vorlesungsstreik Zagreber Studenten auslöste. Zwar hatten auch sie die »Veränderungen in der gesellschaftspolitischen Ordnung, die die Sozialistische Republik als souveränen Nationalstaat des kroatischen Volkes konstituieren«, euphorisch begrüßt, nun aber forderten sie, dass sich Kroatien um einen eigenen Sitz in den Vereinten Nationen bemühen und einen Vertreter zur Weltbank entsenden müsse, der mit ihr unmittelbar über Darlehen verhandeln solle. Sie forderten auch eine autonome Nationalbank und ein selbstständiges Heer, vor allem aber, dass Kroatien die eingenommenen Devisen in seinen Kassen behalten müsse.[679]

»Sie benehmen sich wie die Affen im Urwald«, kommentierte Krleža. »Sie sind auf den Baum geklettert und merken vor lauter Geschrei nicht, dass ihnen das Feuer schon unterm Hintern brennt.«[680] Tito erfuhr von ihren Forderungen während seiner USA-Reise. Er war verärgert, denn er meinte, dass die kroatischen Führer die Lage im Griff haben müssten.

Die Studenten sandten Tito und den kroatischen Führern zwar Telegramme, in denen sie sie ihrer Loyalität versicherten, doch konnten sie nicht in den Verdacht entkräften, dass es sich um eine konterrevolutionäre Aktion handelte, die von außen gesteuert wurde. Die Meinungen darüber, wer dabei die Regie führte, gingen dabei auseinander: Die einen zeigten mit dem Finger auf die Ustascha-Emigranten, die anderen auf die Belgrader Geheimdienste, die versuche, die kroatische Führung zu kompromittieren. Letztere distanzierte sich zwar von dem Streik, drückte aber ihr Verständnis für die »Ungeduld der Jungen« aus. Die Bemühungen Savka Dabčević-Kučars und ihrer Mitarbeiter, die Studenten zur Beendigung des Streiks zu überreden, blieben erfolglos und weckten bei der Belgrader Führung den Eindruck, dass hinter diesen Versuchen eigentlich die Absicht stand, den Studentenprotest vor den eigenen Karren zu spannen.[681]

Zwar nahm die Studentenbewegung keine größeren Ausmaße an und begann schon zum Ende des Monats zu versiegen, doch Tito nutzte sie zu einer Abrechnung mit den Kroaten.[682] Er tat dies, so munkelte man in Belgrad, weil ihm zu Ohren gekommen sei, dass ihn »Savka und Mika« zu Fall bringen wollten.[683] Ende November 1971 kehrte er mit dem Entschluss, endgültig mit dem kroatischen Nationalismus aufzuräumen, vorzeitig von einem Besuch in Rumänien zurück. Diese Entscheidung ging auch auf ein Gespräch mit General Ljubičić zurück, in dem der Tito gesagt hatte, dass Mitglieder des Partisanenverbandes nicht nur in Serbien sondern auch in Kroatien und anderen Republiken wegen seiner Unentschlossenheit überaus beunruhigt seien, und dass seine Stellung an der Spitze des Staates und der Armee in Gefahr sei: »Entweder du oder sie.«[684]

Tito berief eine Sitzung nach Karađorđevo ein, seinem liebsten Jagdrevier, wohin er »die Genossen aus Kroatien zu einem Gespräch« einlud.[685] Das Gespräch mit Savka Dabčević-Kučar und ihren Mitarbeitern am 30. November und 1. Dezember zog sich über zwanzig Stunden hin – was für ihn äußerst ungewöhnlich war, da er lange Sitzungen nicht mochte –, und verlief ganz ohne dramatische Töne. Die angespannte Atmosphäre war lediglich an den bewaffneten Wachen vor dem Gebäude abzulesen.[686] Tito meinte zwar, dass es in Kroatien nur wenige Hundert Chauvinisten gebe, denen es aber gelungen sei, eine Massenbewegung zu initiieren, was nicht hinnehmbar sei. In der Republik herrsche zu viel Demokratie. »Ich habe immer gesagt, dass es für den Klassenfeind keine Demokratie gibt.« [687]

Die Marathonsitzung war nach Titos Meinung nicht erfolgreich, da von den neunzehn Mitgliedern der kroatischen Delegation nur Bakarić und sieben weitere auf seine Seite getreten waren, während die Mehrheitsgruppe um Savka Dabčević-Kučar und Mika Tripalo nicht kapitulieren wollte.

Die Debatte wurde daraufhin am 1. und 2. Dezember weitergeführt, und zwar innerhalb des erweiterten Präsidiums des BdKJ, das zur XXI. Sitzung einberufen worden war und von Stane Dolanc geleitet wurde. Dieses Mal wurde Titos Ton schärfer: Er erklärte, Ziel des *Maspok* sei es, zuerst den Sozialistischen Bund der Werktätigen zu vernichten und dann schrittweise die Partei in eine Organisation nationalistischen Typs umzuwandeln. »Ist da der Weg zum Nationalsozialismus noch weit?«[688] In seiner Schlussrede, der in den jugoslawischen Medien große Aufmerksamkeit geschenkt wurde, warf er der Zagreber

Führungsriege fehlende Wachsamkeit, Leichtsinn und faulen Liberalismus vor, der sich negativ auf die Lage in Kroatien ausgewirkt hätte. Das Programm der dortigen Kommunisten sei unklar und weiche von den Beschlüssen des IX. Kongresses des BdKJ ab, wovon unter anderem das Aufkommen des *Maspok* zeuge. Er sagte, dass sich einer solchen Bewegung Lumpenproletarier, konterrevolutionäre Nationalisten, Chauvinisten, Dogmatiker »und weiß der Teufel was noch« anschließen könnten. Dabei wies er auch auf die Unterstützung aus dem Ausland hin, die diese Kräfte genössen, womit er die Ustascha-Emigranten meinte, aber auch die westlichen und östlichen Geheimdienste. Er verurteilte die kroatische Presse, die teilweise verfassungswidrig und illegal sei, besonders griff er die *Matica hrvatska* an, deren Wühlarbeit man nicht länger dulden könne. Die scharfe Kritik, die er Monat für Monat an die kroatische Parteiführung adressiert habe, sei fruchtlos geblieben, wie die Tatsache bezeuge, dass diese nach wie vor zu keiner Selbstkritik fähig sei.[689]

Doch auch Tito blieb auf dieser Sitzung nicht ganz von Angriffen verschont. Kardelj warf ihm vor, dass er die Führer des *Maspok* allzu lange unterstützt habe und ihn daher eine Mitschuld an den Zuständen in Kroatien treffe. Aber diese Worte kamen nicht ins Stenogramm.[690]

Titos Rede, die noch am selben Tag vom Fernsehen ausgestrahlt wurde, wurde vom Präsidium zur Gänze approbiert und unter die Beschlüsse der XXI. Sitzung aufgenommen. Die Einzigen, die die Kroaten zu verteidigen suchten, waren die serbischen Liberalisten mit Latinka Perović und Marko Nikezić an der Spitze, denn ihnen war klar geworden (aber zu spät, wie Savka Dabčević-Kučar feststellte), dass sie als Nächste an der Reihe wären. Schon im Mai hatten sie sich nämlich bei einem geheimen Treffen mit Tito wegen der Tito-feindlichen Atmosphäre in Belgrad endgültig zerstritten.[691]

Gegen Abend des 2. Dezember 1971 empfing Tito Savka Dabčević-Kučar, Mika Tripalo und deren Mitarbeiter, sie sollten ihm mitteilten, ob sie die Beschlüsse der XXI. Sitzung annähmen oder nicht. Dabčević-Kučar und Tripalo antworteten ausweichend und verlangten, dass man sie zuerst in Kroatien diskutieren müsse und dass erst danach eine endgültige Entscheidung fallen könne. Das lehnte Tito ab und sagte, dass derjenige, der die Beschlüsse nicht akzeptiere, die Verantwortung für die Folgen tragen müsse. Die noch immer widerspenstige Savka beschied ihn spitz: »Genosse Tito, passen Sie auf, was Sie tun, mit uns ist die gesamte kroatische Arbeiterklasse und das kroatische Volk.« Tito sah sie ruhig an und sagte: »Savka, du irrst dich zutiefst.«[692]

Schließlich versuchte Tito zumindest Tripalo auf seine Seite zu ziehen. Am 8. Dezember, als in Karađorđevo eine Sitzung des Exekutivbüros stattfand, telefonierte er mit Savka und Pirker und legte ihr nahe, aus dem ZK des Bundes der

Kommunisten Kroatiens auszuscheiden, gleichzeitig versuchte er Tripalo zu überreden, zu bleiben und seine Arbeit fortzusetzen. Der lehnte ab mit den Worten: »Ich bin verantwortlich. Ich sehe mich als Verantwortlichen für diese Politik«.[693]

An die Stelle der Führer, die in Ungnade gefallen waren, traten Leute, über die es keinen Zweifel gab, »dass sie gehorchen werden«, wie Vladimir Bakarić erklärte.[694] Vorsitzende des ZK des Bundes der Kommunisten Kroatiens wurde die Parteiideologin Milka Planinc, die, wie es hieß, in ihrer Funktion als Politkommissarin an den Nachkriegsmassakern mitgewirkt hatte. Parteisekretär wurde der ehemalige Partisan und Journalist Josip Vrhovec, während Ivan Mišković, langjähriger Mitarbeiter der UDBA und bereits Bundesminister für Innere Angelegenheiten, Mitglied des Vollzugsausschusses des ZK wurde. Neben diesen grauen Apparatschiks aber ging die tatsächliche Macht auf lokale konservative Gruppierungen wie den Partisanenverband, in dem vor allem die Serben Einfluss hatten, und die Sicherheitsdienste über. Letztere bekamen so großen Einfluss, dass sich Mitte der Siebziger sogar Vladimir Bakarić zu der Warnung veranlasst sah, die Partei möge aufpassen, was vor sich geht.[695]

Der Abschuss der Zagreber Liberalisten war nach dem Sturz Ranković das dramatischste Ereignis in der jugoslawischen Gegenwartsgeschichte. Mit ihm bewies sich Tito noch einmal als Herr der heimischen politischen Szene und bestätigte die Regel, dass ein kommunistisches Regime nicht ohne eiserne Hand auskommt.[696] Das machte er auch mit dem Ausnahmezustand deutlich, der in Zagreb verhängt wurde. In der Stadt wimmelte es vor Polizeieinheiten, Studentenwohnheime wurden abgeriegelt, um weitere Demonstrationen im Keime zu ersticken. Trotzdem kam es an mehreren aufeinanderfolgenden Abenden zu Zusammenstößen zwischen der Polizei und mehreren Hundert Studenten, die sich unter »Savka-Tripalo«-Rufen auf dem Platz der Republik versammelt hatten.

In den folgenden Tagen wurden Gerichtsverfahren eingeleitet, bei denen man Titos Anweisung folgte, »sie [die Richter] sollen sich nicht an die Paragraphen klammern wie ein Betrunkener an den Gartenzaun«.[697] Die festgenommenen Studenten wurden zu Gefängnisstrafen von vier bis acht Wochen verurteilt. Schlimmer erging es den prominenteren Vertretern des *Maspok*, die eingesperrt und angeklagt wurden, da sie die Gesellschafts- und Staatsordnung mit Gewalt zu ändern versucht hätten. Überall in Kroatien kam es zu Verhaftungen, Gerichtsprozessen und zu Ausschlüssen aus Partei, Verwaltung und Wirtschaft. In ihren Erinnerungen schreibt Savka Dabčević-Kučar, dass in dieser Periode annähernd die Hälfte der Mitglieder aus dem Bund der Kommunisten Kroatiens ausgeschlossen wurde (oder die Partei von sich aus verließ).

Auch mehrere Universitätsprofessoren verloren ihre Stellung,[698] während Tito persönlich General Janko Bobetko absetzte, da er das Vertrauen des Volkes in die Partei und die Jugoslawische Volksarmee untergraben habe.[699] In Kreisen der politisch engagierten Zagreber Intelligenz herrschte Alarmstimmung, aber auch Enttäuschung, weil sich das kroatische Volk als dasjenige Mitglied der jugoslawischen föderalen Struktur auf der Anklagebank wiederfand, das angeblich am wenigsten Vertrauen verdiene.[700] »In Kroatien, dessen Bevölkerung sich in eine Art ›innere Emigration‹ zurückgezogen hat«, berichtete der westdeutsche Generalkonsul aus Zagreb, »herrschte eine Stimmung dumpfer Verzweiflung.«[701]

★

KAMPF GEGEN DIE MANAGER

Seit der letzten Wirtschaftsreform hatte Tito bei öffentlichen Auftritten häufig vor der Gefahr durch Bürokraten und Technokraten gewarnt. Schon im September 1969 hatte er ihnen in einer Rede in Sarajevo vorgeworfen, eine Monopolstellung einnehmen und die Produzenten erneut auf die Stufe von Lohnarbeitern herabsetzen zu wollen.[702] Diese Polemik nahm in den folgenden zwei Jahren noch zu, bis er sich ihr nach der Niederlage der Kroaten ganz widmete. Dabei ging es in Wirklichkeit nicht so sehr um ideologische Fragen, als mehr um die Frage der Macht. Die Parteiführung sah nämlich, dass innerhalb der Arbeiterorganisationen die »Manager« und ihre Verwaltungsausschüsse den Einfluss der Partei untergruben. In der Vergangenheit waren diese dank loyaler Mitglieder des BdKJ nicht schwer zu beherrschen gewesen. Doch mittlerweile hatten die Mitglieder der Verwaltungsausschüsse durch ihre fachliche Kompetenz eine Machtstellung erworben, die sie schwieriger zu kontrollieren machte. Diese Gefahr sah auch Edvard Kardelj, der den BdKJ davor warnte, »sich von der eigenen Klassenbasis zu lösen und auf die Ebene eines unbedeutenden Anhängsels der Bürokratie herabzusinken, die von den Managern beherrscht wird«.[703]

Immer häufiger war zu hören, dass die Idee einer Partei, die führt, aber nicht herrscht, wie es in Jugoslawien in den letzten zwanzig Jahren propagiert wurde, gescheitert sei. Tito kam zu dem Schluss, dass die Partei eine starke Kontrolle über die dezentralisierte Selbstverwaltungsgesellschaft ausüben müsse, wenn sie überleben wolle. Er forderte mehr Macht für ihre Zentralorgane und mehr

Disziplin, wobei beides, wenn nötig, auch durch Gewalt sicherzustellen sei. In diesem Sinne wurde ein besonderes »Aktionsprogramm« aufgesetzt, das die Kontrolle der Arbeiter über die Investitionen sichern, die Korruption ausmerzen und aus der Partei alle »fremden Elemente« entfernen sollte.[704]

Den Startschuss für die Offensive gab die II. Konferenz des BdKJ vom 25. bis 27. Januar 1972. Sie sollte, wie Tito sagte, »einen Wendepunkt in unserem Organisieren« markieren. In diesem Sinne wurde das Exekutivbüro umgebaut – es wurde von fünfzehn auf acht Mitglieder verringert. Kardelj, Vlahović, Todorović und Crvenkovski wurden entfernt, dafür wurden Leute aus der zweiten Reihe aufgenommen, was Titos Macht stärkte.[705] Die Politik des laissez-faire wurde verurteilt und es erfolgten Ankündigungen, dass die Partei wieder mehr Kontrolle über die Wirtschaft ausüben solle. Dies bezog sich vor allem auf Banken und Unternehmen, die mit dem Ausland Geschäfte machten, da sie Kapital zum Schaden der Werktätigen akkumulierten und sich an ihrer Arbeit bereicherten. Im Wesentlichen handelte es sich um Vorwürfe, die bereits die kroatischen Liberalisten erhoben hatten, wenngleich mit nationalem und nicht mit klassenbezogenem Akzent. Die obersten Führer benutzten sie, um mit Argumenten, denen jede wirtschaftliche Logik fremd war, die Idee des auf Gewinn und Konkurrenzfähigkeit beruhenden Unternehmens zu verwerfen und an seine Stelle die »Organisation der assoziierten Arbeit« zu setzen, die auf proletarischer Solidarität gegründet sein solle.

Die slowenischen und serbischen Liberalisten versuchten sich gegen diese Linie zu wehren und vertraten den Standpunkt, dass man die Reform weiterführen und die Wirtschaft noch mehr von der Gängelung durch die Partei befreien müsse. Sie warnten vor einer »gefährlichen Machtkonzentration« und warfen den konservativen Kräften mehr oder weniger offen vor, selbst der größte Hemmschuh für die Entwicklung hin zu einer demokratischen und ökonomisch stärkeren Gesellschaft zu sein.

Doch gerade die, auf die die Liberalen setzten, die Manager, erwiesen ihnen einen Bärendienst. Denn sie bereicherten sich auf Kosten der Gesellschaft selbst. Sie hatten bedeutende Mittel (vier Milliarden Dollar) ins Ausland verbracht und mit dem Geld neue Unternehmen unter eigenem Namen gegründet. Diese Operationen, die mit der Behauptung rechtfertigt wurden, damit den Durchbruch der jugoslawischen Industrie auf den Weltmarkt zu ermöglichen, eröffnete natürlich die Möglichkeit für jede Art von Veruntreuung und unsauberen Geschäften. Zudem hatten sich viele Unternehmen hoch verschuldet, und der Staat sah sich bald mit einem großen Außenhandelsdefizit und der höchsten Inflationsrate in Europa konfrontiert.[706] Es war kein Zufall, dass im Jahr 1971 mehr als 130 Direktoren ins Ausland flohen, wo sie »ihre« Unternehmen hatten. Das gab den konservativen Kräften die Möglichkeit, gegen den Liberalismus zu wettern und sich selbst als Hüter von Moral und Rechtgläubigkeit darzustellen.

★

TERROR DER USTASCHA-EMIGRATION

Am 5. April 1972 hatte General Ivan Mišković, Sekretär des Sicherheitsrates innerhalb des Präsidiums der SFRJ, dem *Vjesnik* ein Interview gegeben, in dem er vor den Gefahren warnte, die Jugoslawien von links und besonders von rechts drohten.[707]

Tatsächlich glaubte die kroatischen Emigration den Zeitpunkt gekommen, gegen Titos Regime loszuschlagen. In Westdeutschland hatte die Jelić-Gruppe begonnen, regelrechte Terrorseminare zu veranstalten.[708] Schon Ende Januar 1972 wurde ein Bombenattentat auf ein Flugzeug der JAT verübt, das über der Tschechoslowakei abstürzte, und eines auf einen Zug in der Nähe von Zagreb.[709] Aber das war nur der Anfang. Im Juni überschritten neunzehn junge Ustaschi, von denen die meisten aus Australien kamen, bei Maribor die österreichisch-jugoslawische Grenze. Sie eigneten sich einen Lastwagen an und fuhren mit ihm bis Bugojno in Bosnien, um die dortige Bevölkerung zu einem Aufstand zu bewegen. Es kam zu einem mehrwöchigen Gefecht mit bewaffneten jugoslawischen Streitkräften, bei dem es dreizehn Tote und fünfzehn Verwundete gab. Die Bevölkerung der Umgebung gewährte den Ustaschi keinerlei Unterstützung, was bedeutete, dass sie ohne Verpflegung und sogar ohne Wasser blieben. Am Ende waren sie gezwungen, Waldfrüchte und Gras zu essen. Über alle Bewegungen der Diversanten-Gruppe informierten die Bauern die Organe der Staatssicherheit und trugen so zu ihrer raschen Niederwerfung bei. Miliz und Armee töteten oder verhafteten die Terroristen zwar, das Ereignis jagte den Leuten an der Macht trotzdem Angst ein.[710] Umso mehr, da dies nur eine Episode in einer breit angelegten Offensive war, die die kroatischen nationalistischen Organisationen zu dieser Zeit gegen Jugoslawien anstrengten. Laut Tito hatte ein kroatisch-australischer Terrorist auch versucht, Essen in einer Kaserne im Kosovo und in Belgrad zu vergiften. Man verdächtigte ihn auch des Plans, Leitungswasser zu vergiften. »Ein biologischer, chemischer und psychologischer Krieg hat begonnen«, kommentierte Tito. »Die feindlichen Aktionen werden besonders in der Fremdenverkehrssaison stark zunehmen.«[711] Und tatsächlich:

Da die Ustascha-Emigration vermutete, dass die fast zwei Milliarden Dollar Einnahmen aus dem Fremdenverkehr Jugoslawien vor dem Bankrott retteten, versuchten sie, die Touristen abzuschrecken, um so das Regime ins Wanken zu bringen. Wie? Indem man an den beliebtesten Adriaständen Minen vergrub, die dann explodieren würden, wenn es die meisten Badegäste gäbe. Allerdings konnte der Staatssicherheitsdienst Anschläge dieser Art vereiteln.[712]

In diese angespannte Lage platzte die Nachricht, dass Italien bei Udine einen Hubschrauber beschlagnahmt habe, mit dem die Ustaschi Tito von Brioni hätten entführen wollen. Obwohl ihm geraten wurde, nach Belgrad zurückzukehren, blieb Tito auf dem Archipel, wo die Sicherheitsvorkehrungen noch zusätzlich verstärkt wurden und auf dem Meer Marineeinheiten patrouillierten. Koča Popović, der trotz Verbotes in Taucherausrüstung auf Fischjagd gegangen war und auf Warnungen der Soldaten nicht reagierte, weil er sie angeblich nicht gehört hatte, hätte das fast mit dem Leben bezahlt. Die Wache schoss, traf ihn aber nicht.[713] Was Tito betraf, so wurden seine Außenkontakte für einige Zeit rigoros eingeschränkt und liefen über einen einzigen Sekretär, es hieß einfach, er sei in Urlaub.[714]

In dieser Lage suchten die jugoslawischen Machthaber den Dialog mit einer Reihe westlicher Regierungen, vor allem mit der australischen, um sich deren Unterstützung bei der Abwehr der Terroristen zu versichern.[715] Dabei fürchteten sie, dass einige Mächte – in erster Linie die Sowjetunion, aber auch die USA – die kroatische Unzufriedenheit nutzen könnten, um ihren Einfluss in Jugoslawien zu verstärken. Dass die kroatischen Emigranten in rechtsgerichteten Kreisen im Westen Schutz genossen, war erwiesen, aber in der Belgrader Führungsspitze vermutete man, dass sie auch in Moskau Unterstützer hatten, und äußerte gegenüber ausländischen Diplomaten den Verdacht, dass »mächtige Spionagedienste« sowohl die Ustascha als auch andere »faschistische Organisationen« im In- und Ausland unterstützten.[716]

★

LIQUIDIERUNG DER SERBISCHEN LIBERALISTEN

In dieser Zeit glaubte sich Tito in seine jungen Jahre zurückversetzt, als er mit den Fraktionen innerhalb der KPJ zu kämpfen hatte. In einem Gespräch mit einer Delegation des Partisanenverbandes, die er am 21. April 1972 in Kumrovec empfing, sagte er, er habe Probleme mit Abweichlern noch immer erfolgreich gelöst, so im Jahre 1937, und noch früher, im Jahre 1928. Damit bezog er sich offensichtlich nicht nur auf die kroatischen Dissidenten, denn er betonte, dass er mit der Entwicklung in den anderen Republiken nicht zufrieden sei. »Schon lange spreche ich von der Notwendigkeit einer Säuberung des Bundes der Kommunisten.«[717] Er zielte vor allem auf Serbien, obwohl er der dortigen »jungen Garde« keinen Nationalismus vorwerfen konnte.

Die serbischen Liberalisten wollten mehr Demokratie, wobei ihr Führer Marko Nikezić während des ganzen Zeitraums, in dem er an der Macht war, sehr vorsichtig, wenn auch zuversichtlich agierte. »Ich dachte«, sagte er später, »dass es obligatorisch sei (…) im Einklang mit Tito zu sein (…) Ich dachte, dass er bedeutend mehr Demokratie zulassen könne, gerade weil er unantastbar war (…) Ich wollte ihn als jemanden sehen, der das Patronat über unsere Evolution ausübt (…) Ich glaubte, dass wir unter seiner Schirmherrschaft noch eine Etappe zurücklegen müssten, um uns in einer moderneren Zeit aufzustellen.«[718]

Doch Nikezić (den der britische Botschafter D. L. Stewart Anfang 1972 in seinen Aufzeichnungen als den wohl intelligentesten und vernünftigsten Mann bezeichnete, der jemals eine hohe Stellung in Serbien bekleidet hat) irrte gewaltig.[719] Tito war nämlich von einer fixen Idee besessen, die er in einem Privatgespräch – vermutlich mit Fitzroy Maclean – äußerte, das von britischen Agenten abgefangen wurde: »Von Belgrad aus Jugoslawien zu regieren ist die wahre Hölle. Aber ich habe nie die Worte vergessen, die Churchill zu mir (im August 1944) in Italien sagte, und zwar, dass in einem bestimmten Moment nur eines wichtig ist: Macht, Macht und noch einmal Macht«.[720]

Titos Angriffe gegen Nikezić begannen Ende März 1972, als er von seinen Geheimdienstlern einen Bericht über Serbien bekam, laut dem in den letzten zwei Jahren die höchsten Vertreter der Republik mittelbar oder unmittelbar Kritik an der Parteipolitik geübt oder sogar gegen grundsätzliche, »den weiteren Ausbau unseres gesellschaftspolitischen Systems« betreffende Richtlinien opponiert hätten. Zugleich hätten sie sich Titos Vision vom »Klassenkampf« und seiner harten Hand gegen die liberalen Kroaten widersetzt, da sie der Meinung seien, dass man so die offenen Fragen nicht lösen könne. Stattdessen seien sie der Überzeugung, dass die Betonung der Einheit im Bund der Kommunisten Jugoslawiens zu einer Partei stalinistischen Typs führen würde, und hätten den demokratischen Zentralismus kritisiert.[721]

Als Reaktion auf diesen Bericht berief Tito am 11. April auf Brioni eine Sitzung mit Marko Nikezić, Latinka Perović und ihren Mitarbeitern ein. Diese übten sich gegenüber Tito in Selbstkritik, aber Tito verlangte von ihnen konkrete

Maßnahmen, mit denen sie beweisen sollten, dass sie in der Lage seien, mit den »feindlichen Elementen« fertigzuwerden.

Tatsächlich kam es zu Prozessen gegen die Studentengruppe wegen »Trotzkismus« und gegen Prof. Mihail Đurić wegen großserbischen Nationalismus, vor allem aber zu starkem Druck auf die Srpska književna zadruga (›Serbische Buchgenossenschaft‹), die elitärste Kulturorganisation in Belgrad, deren Führung um Dobrica Ćosić zum Rücktritt gezwungen wurde. Aber alle Beteuerungen der Loyalität gegenüber Tito und der Richtung des BdKJ konnten die serbischen Liberalisten nicht retten. »In ihrem Kahn auf dem jugoslawischen Meere wehrten sie sich gegen das Krokodil, indem sie ihm Sklaven in den offenen Rachen warfen …«, schrieb Ćosić. Aber ohne Erfolg.[722]

Im Juli 1972 kam es zum offenen Bruch zwischen den führenden serbischen Politikern und ihren Gegnern, die von Draža Marković, Mitglied des ersten Präsidiums SFRJ, angeführt wurden.[723] Letztere waren überzeugt, dass Nikezić und seine Mitarbeiter mit ihrer Nachgiebigkeit gegenüber den Kroaten, vor allem aber mit ihrer Demokratisierung die Position Serbiens geschwächt hätten, was nach Titos Abtreten fatal sein könne. Man müsse sie noch vor Ablauf ihres Mandats eliminieren, damit sie ihre schädliche Politik, nämlich die Suche nach einer Übereinkunft mit den anderen jugoslawischen Republiken und sogar einem Abkommen mit den Kosovo-Albanern, nicht fortsetzen können. Es stellte sich aber heraus, dass die Liberalisten noch immer fest im Sattel saßen, denn in diesem Konflikt trugen sie den entscheidenden Sieg davon.[724]

Doch Tito arbeitete mit Unterstützung Kardeljs und Bakarićs auch weiterhin gegen sie. Während eines Besuchs in der Sowjetunion im Juni 1972, wo er zu seinem achtzigsten Geburtstag den Leninorden und einen Marschallstab bekam, gab er auf ein Lob Leonid Breschnjews für seine Entschlossenheit, mit der er die Verhältnisse in Kroatien geregelt habe, zur Antwort: »Ich bin noch nicht fertig, die Hauptarbeit erwartet mich noch in Serbien.«[725]

Auch nach dem Sommerurlaub, den er aus Angst vor Entführung abgeschieden verbrachte, gab Tito am 10. September in Prijedor, anlässlich des dreißigsten Jahrestages der Kozara-Schlacht, zu verstehen, wer die Gegner der Arbeiterklasse seien: Technokraten, Gewinnler und Universitätsprofessoren, die die Jugend mit westlichen Ideen verdürben.[726] Die Erfahrung mit der Ustascha hatte Titos ablehnende Haltung gegenüber dem Westen und seinen Werten offensichtlich noch verstärkt und ihn überzeugt, dass man erneut den Weg der marxistischen Rechtgläubigkeit beschreiten müsse, wenn Jugoslawien überleben solle.

Die nächste Etappe dieses Prozesses war die Sitzung des Exekutivbüros am 18. September 1972, auf der Stane Dolanc den Vorschlag machte, den Mitgliedern des Bundes der Kommunisten Jugoslawiens einen Brief mit einer Auflistung der gravierendsten Fehler und einem Aufruf zu ideologischer und politischer Einheit zu schreiben.[727] Das war in erster Linie gegen Nikezić und die serbischen Liberalisten gerichtet.[728] Tito, der sein ganzes Leben überzeugt gewesen war, dass die bolschewistische Organisation der Avantgarde die Grundbedingung der Revolution und des Ausbaus des Sozialismus sei, akzeptierte die Initiative, und Dolanc trat sofort in Aktion: Am 19. September 1972 hielt er in Split eine Rede, in der er erklärte, dass sich alle bewusst sein müssten, dass in Jugoslawien die Kommunisten an der Macht seien und dass es ohne eine einheitliche kommunistische Partei angesichts seiner unterschiedlichen geschichtlichen, wirtschaftlichen und kulturellen Traditionen kein Jugoslawien gäbe. Das aber bedeute, dass die Partei durch eine Säuberung auf allen Ebenen gestärkt werden und das Strafgesetz so abgeändert werden müsse, dass es die Errungenschaften der Revolution schützt, notfalls auch mit »administrativen Methoden«.

Diesen Drohungen, die die *Prawda* mit großem Aufmacher nachdruckte,[729] folgte wenige Tage später der Brief an alle Parteimitglieder. Auch darin postulierten sie die dringende Notwendigkeit, die Einheit, die Fähigkeit zur Aktion und die Effizienz des BdKJ zu stärken und ihn wieder zu einer revolutionären Organisation zu machen. »Die heutige Etappe der Revolution hat wegweisende Bedeutung für die Entwicklung und das Schicksal des Sozialismus in Jugoslawien. Die wesentliche Frage ist, ob die Arbeiterklasse die Gesamtheit der gesellschaftlichen Reproduktion beherrschen und sich die Schlüsselrolle im politischen und gesellschaftlichen Entscheidungsprozess sichern kann, oder ob jene Verhältnisse und Kräfte stärker werden, die dem Nutzen der Arbeiterklasse, des Sozialismus und der Selbstverwaltung entgegenstehen …«[730]

In einem Interview für den Zagreber *Vjesnik* mit der bekannten kroatischen Journalistin Darja Janeković, das am 7. Oktober 1972 erschien, fügte Tito noch hinzu, dass Jugoslawien eine Avantgarde-Partei brauche. Das bedeute, dass in ihr kein Platz sei für Karrieristen ohne Bindung an den Sozialismus und Kommunismus. Eine entschiedene Absage erteilte er der Demokratisierung, der im Jahre 1952 der VI. Kongress die Tür geöffnet hatte, und betonte, dass die Kommunisten einheitlich und diszipliniert arbeiten müssten. »Wer Kommunist ist, ist Soldat solange die Revolution dauert, er ist ein Soldat der Revolution.«[731] Wegen seines dogmatischen Inhalts und der Ankündigung einer neuen Säuberungswelle sorgte das Interview für Aufregung. »Es wurde nicht gut aufgenommen«, stellte Marko Vrhunec, damals Titos Sekretär, untertreibend fest, »besonders in jungen, liberalen Kreisen.«[732]

Eine Woche nach dem Interview, in dem Tito angekündigt hatte, mit den Liberalisten »erbarmungslos« abzurechnen, wurde ein Aktiv der serbischen Kommunisten einberufen, zu dem auch führende Militärs der Jugoslawischen Volksarmee geladen waren. Die Debatte zog sich, mit einer Unterbrechung zum Wochenende, von Mittwoch, dem 9., bis Montag, dem 16. Oktober 1972 hin. Es handelt es sich um ein ungewöhnliches Treffen, das auf Titos Initiative hin von Draža Marković organisiert worden war, um Nikezić und die Seinen, die alle institutionellen Organe des Bundes der Kommunisten Serbiens in den Händen hielten, zu isolieren.[733] Zwischen den »gesunden Kräften« und den Führern der Liberalisten, die sich zur Verteidigung ihrer Ideen auf die Gewerkschaften stützten, entzündete sich eine heftige Debatte, an der sich auch Tito beteiligte. Er vertrat die These, dass man »zu demokratiesüchtig« sei, konnte aber den größeren Teil der Anwesenden nicht überzeugen. Mehr noch, beim Abschluss der ersten Gesprächsrunde geschah etwas Unerwartetes. Er blieb in der Minderheit, obwohl sich Nikezić und Latinka Perović nur schwach verteidigt hatten. Am Freitagabend feierten die Liberalisten in Belgrad bereits: »Tito ist besiegt.«[734]

Tito war kein guter Redner. Wie der serbische Schriftsteller Ivan Ivanji, der ihm assistierte, wenn er Kontakte mit Leuten aus dem deutschen Sprachraum hatte, in seinen Erinnerungen sagt, war er »der beste schlechte Redner auf der Welt«. Weil er gern improvisierte, war er in seinen Ausführungen oft nicht ganz logisch und nahm häufig Zuflucht in abgenutzten Phrasen.[735] Wenn es aber ernst wurde, mitten im politischen Kampf, verstand er es seine Gedanken überaus scharf zu formulieren. Sein Einschreiten gegen die serbischen Liberalisten im Jahre 1972, stellt Đilas fest, sei geradezu ein Modell für inneren Einklang und Argumentationsgeschick.[736] Tito präsentierte sich als entschlossenen Kämpfer für Jugoslawien, das von einer verfehlten serbischen Politik bedroht sei. »Es ist höchste Zeit, dass wir das ausmerzen, was unser Volk, unsere werktätigen Menschen aufbringt.«[737] Auf die Anklagebank setzte er vor allem die Finanzoligarchie, aber auch Politiker, die sich schützend vor sie stellten, denn es sei betreffend der »Umstrukturierung der Banken, der Wiederausfuhr, des Außenhandels und des Großhandels« nichts unternommen worden. Das war die Hauptkritik der anderen Republiken an Serbien gewesen, die sich Tito mit der Feststellung zu eigen machte, dass dieser Mangel weitreichende politische und ökonomische Folgen für den ganzen Staat habe. Er bezichtigte die »Bande von Halunken«, wie Draža Marković die Gegner genannt hatte, des Anarcholiberalismus, des Elitismus und der Technokratie. Er warf ihnen vor, die Konzentration des Kapitals in Belgrad unterstützt, den Klassenkampf vernachlässigt und vor allem an der Universität offene Angriffe gegen ihn selbst zugelassen zu haben.

Die Mehrheit mit Nikezić und Latinka Perović an der Spitze«, schreibt Bilandžić, habe sich schachmatt gesehen. Denn aus der Verteidigungshaltung zum Angriff auf Tito überzugehen, bedeute Jugoslawien anzugreifen.[738] »Er kämpft ›klassenbewusst‹, bolschewistisch um seinen Thron«, kommentierte Dobrica Ćosić ätzend.[739]

Unter dem Gewicht der Anschuldigungen traten Nikezić und Latinka Perović am 21. Oktober 1972 auf einer geschlossenen Sitzung des ZK des Bundes der Kommunisten Serbiens von allen Regierungs- und Parteifunktionen zurück. Als man Ersteren zuvor gewarnt hatte, dass Tito die Generäle, vor allem Verteidigungsminister Ljubičić, hinter sich habe, hatte er noch selbstbewusst erwidert: »Ich glaube nicht, dass die Generäle einem achtzigjährigen Greis folgen werden.« Aber er hatte sich geirrt.[740] Ihr Sturz – Nikezić war einundfünfzig, Latinka Perović neununddreißig Jahre alt – bedeutete auch die Niederlage der »europäischen« Richtung, die im serbischen politischen und intellektuellen Leben schon zweihundert Jahre lang präsent, aber kaum einmal stark genug gewesen war, sich als Mehrheitsrichtung durchzusetzen. Die Folgen waren schlimm sowohl für Serbien als auch für Jugoslawien, sogar schlimmer als jene, die der Sturz der kroatischen Liberalisten ausgelöst hatte. »Der jugoslawische Liberalismus«, klagte *The Economist*, »wurde aus dem Fenster geworfen.«[741] Dafür öffnete die Niederlage des »gebildetsten Teils der serbischen Gesellschaft« erneut der »levantinischen«, xenophobischen und in ihren Mythen gefangenen Partei Tür und Tor, die unfähig war, ihr Volk aus der wirtschaftlichen und zivilisatorischen Rückständigkeit herauszureißen. Die Aktion, die im Namen der »Stärkung der Einheit« konzipiert war, war weder kurz noch einfach. Trotz des Widerstandes wurde sie gründlich und ohne jede Rücksichtnahme durchgeführt, obwohl sich Tito darüber im Klaren war, von welcher Qualität die Leute waren, die er aus ihrer Position warf.

Schon am 11. November 1972 trat Koča Popović aus dem kollektiven Staatspräsidium aus. Er konnte seine kritische Einstellung gegenüber den Vorgängen nicht verhehlen und war überzeugt, dass es sich um eine Art »Staatsstreich am Hofe« handelte. Nach kurzem Gespräch mit Tito, dem er vorwarf überzureagieren und die Dinge unnötig zu dramatisieren, erklärte er gegenüber seinem Sekretär: »Fehler sind schon viele Jahre lang gemacht worden, was mich zu ihrer Beseitigung bewogen hat, jetzt aber habe ich jede Hoffnung verloren, dass sich etwas tun lässt, deshalb ziehe ich mich zurück.«[742] Nach ihm gingen mehr oder weniger freiwillig auch der Außenminister Mirko Tepavac, der als Gegner Titos erneuter Annäherung an Moskau schon lange auf der Abschussliste stand, und die Chefredakteure der beiden bekanntesten Belgrader Zeitungen, *Politika* und *NIN*.[743] In den folgenden Monaten verloren an die 6000 Menschen ihren Arbeitsplatz im politischen, wirtschaftlichen und kulturellen Leben, ersetzt wurden sie durch unbekannte Durchschnittsleute. In den Unternehmen und

Institutionen bereitete sich – wie der Direktor des Belgrader Fernsehens, selbst ein Opfer der Säuberung, in seinem Tagebuch festhielt – eine »Flut des Primitivismus« aus, denn gerade mittlere Angestellte und Arbeiter versuchten die Restauration der »Diktatur des Proletariats« auszunutzen, um sich selbst in Position zu bringen. Unter den Intellektuellen fehlte es natürlich nicht an Opportunisten, was selbst Draža Marković zu der Klage bewog: »Wie schwach und armselig sind doch diese Kulturkoryphäen bei uns! Wie sie bei einem etwas besser organisierten Anspannen unserer Kräfte zusammenfallen wie ein Kartenhaus! … Komisch und traurig zugleich.«[744]

★

ENTMACHTUNG STANE KAVČIČS IN SLOWENIEN

Kaum hatte man die Belgrader »Anarcholiberalen« enthauptet (was im Volk kein großes Bedauern auslöste, waren sie doch allzu entschlossen gegen den großserbischen Nationalismus aufgetreten), kamen die slowenischen Liberalisten an die Reihe. In Ljubljana war die Säuberung weniger spektakulär, denn Tito nahm an ihr nicht persönlich teil, sondern überließ die Arbeit seinen Vasalen vor Ort. Im Schussfeld befand sich vor allem Stane Kavčič, der Vorsitzende des slowenischen Exekutivrates, dem vorgeworfen wurde, der werktätigen Bevölkerung zu wenig Aufmerksamkeit gewidmet und die Mittelschichten unterstützt zu haben. Seine Gegner hielten ihm vor, er habe die Integration Sloweniens in West- und Mitteleuropa voranzutreiben versucht, vor allem in Richtung Bayern und Österreich, dabei aber die Staaten der Dritten Welt vernachlässigt.[745] So habe er in diesem strategischen Teil Jugoslawiens eine Instabilität hervorgerufen, die die Sowjetunion nicht lange tolerieren würde. Aber damit war es seiner Sünden nicht genug: Auf dem Gewissen habe er zudem die »Straßenaffäre«, separatistische Bestrebungen und die Ambition, die Wirtschaft im liberalistischen Sinne umzugestalten, einen freien Kapitalmarkt und sogar Aktiengesellschaften einzuführen. In einem Gespräch mit Bilandžić behauptete Kardelj, Slowenien würde unter Kavčičs Fittichen von siebzig Direktoren beherrscht, die den Bund der Kommunisten aus der Gesellschaft hinausgeworfen hätten. »Wir standen vor dem Zusammenbruch der Selbstverwaltung und des Sozialismus.«[746]

Für den Sozialismus, wie ihn Kardelj verstand, war Kavčič mit seinen Ideen tatsächlich eine Gefahr, denn mit seiner Vision der Entwicklung der slowenischen Gesellschaft setzte er auf geheime Wahlen und ein pluralistisches politisches System.[747] »Kardelj wollte immer«, schrieb Kavčič später, »dass vor allem sein slowenischer Sängerchor aufeinander abgestimmt, einstimmig oder zumindest harmonisch tönt.« Disharmonisches Musizieren vertrug er nicht. Deshalb – aber auch wegen persönlicher Zerwürfnisse – musste sich Kavčič zurückziehen. Auf der XXIV. »konspirativen« Sitzung des ZK des Bundes der Kommunisten Sloweniens am 4. November 1972 wurde er aller Funktionen enthoben. Er musste sogar ein Dokument unterschreiben, dass er in Zukunft keinerlei Erklärung zu seiner Person abgeben werde. Das geschah an seinem dreiundfünfzigsten Geburtstag. Dabei vergaß Kardelj seine moralische Schuld, die er gegenüber Kavčič hatte, als ihn dieser im Jahre 1962 vor Tito gerettet hatte.[748] »Ruhigen Gewissens kann man sagen«, kommentierte ein slowenischer Vorkriegsparteimann, »dass Tito in allen anderen Republiken bedeutend toleranter vorging als Kardelj in Slowenien. Das war Kardeljs streng privates Jagdrevier. In Slowenien fällte er alle Entscheidungen. Man musste ihn gesehen haben, wenn er in Ljubljana erschien. Er mischte sich in alles ein.«[749] Die Botschaft, die mit der politischen Entmachtung Kavčičs und seiner Mitarbeiter an Slowenien erging, so lautete der Kommentar des britischen Botschafters, war folgende: »Die Republik muss aufhören so ausgesprochen nicht-kommunistisch und so ausgesprochen westeuropäisch zu sein.«[750]

★

DIE »ALTE GARDE« HERRSCHT

Das gleiche Schicksal ereilte in diesen Tagen auch wichtige Parteipersönlichkeiten in Bosnien und Herzegowina, in der Vojvodina und in Mazedonien. Den Sturz der höchsten Führungsvertreter der Republiken nutzten Tito und seine Vertrauten wie üblich dazu, ihnen alles anzulasten, was die jugoslawische Gesellschaft drückte: Inflation, schlechte wirtschaftliche Entwicklung, mangelnde Liquidität, Überschuldung, verfehlte Investitionen, Korruption, illegales Geschäftsgebaren, soziale Unterschiede. So wurde mit einem wahren Staatsstreich der Reformfluss gestoppt, der sieben Jahre zuvor begonnen und in den letzten drei Jahren größeren Schwung genommen hatte. Der Slogan, der diese Politik rechtfertigte, lautete, das künftige Jugoslawien müsse auf dem »Gefühl der Verantwortung seiner Teile für das Ganze« erbaut werden.[751] Es handelte sich, wie Bilandžić erklärt, um die persönliche Tragödie der höchsten Partei- und Staatsführer: Sie hatten die Demokratisierung selbst eingeleitet, aber als sie das Regime in die Krise stürzte und ihre Herrschaft bedrohte, verwarfen sie sie mit der Ausrede, die Selbstverwaltung retten und den Bürgerkrieg sowie das militärische Eingreifen der Sowjets verhindern zu wollen. In Wirklichkeit waren sie vor der chaotischen Befreiung der Wirtschaft, Gesellschaft und Politik einfach erschrocken und hatten sich unter den Schirm der orthodoxen Ideologie geflüchtet.

Damit endete eine Epoche, schrieb Stane Kavčič Jahre später in seiner leidenschaftlichen Anklageschrift, als die Generation der Revolutionäre auf die Generation der Söhne traf, die in Politik und Gesellschaft ein moderneres Konzept durchsetzen wollte. Die »alte Garde« war nicht fähig, die neuen Werte zu verstehen und zu akzeptieren, deshalb wehrte sie sich und siegte mithilfe Titos Autorität. An der Macht vereinte sie sich mit der Generation der Enkel, die nicht am Partisanenkampf teilgenommen hatte, die aber im Gehorsam und in der Disziplin der Parteischulen erzogen worden war. Die als Kaderwechsel bezeichnete Operation war damit abgeschlossen: »Die alte Garde herrscht, die mittlere Generation schweigt, die junge amtiert.«[752] In einer anderen Notiz, die er für Dedijer anfertigte, setzte er noch hinzu: »Die bolschewistische Praxis hatte gesiegt. Den neuen Ideengehalt, den sie benötigte, gaben ihr Kardelj und Bakarić, die politische Autorität kam von Tito. Ich denke, dass gerade in dieser Zeit durch das regressive Verhältnis gegenüber der neuen Problematik die geschichtlich progressive Rolle der erwähnten drei zu Ende ging. Hier beginnt ihre Götterdämmerung und damit die große Krise unserer Gesellschaft. Etwas Ähnliches war seinerzeit mit der französischen, russischen und chinesischen Revolution geschehen.«[753]

Aus dem politischen Parteiwortschatz verschwanden plötzlich Phrasen, die in den letzten zwanzig Jahren im Schwange gewesen waren: Absterben des Staates, Rückzug der Partei aus den Machtpositionen, Demokratisierung der Gesellschaft.[754] Die Prinzipien, die in den ersten Monaten des Jahres 1973 wieder aktuell wurden, klangen wie die Ankündigung der Rückkehr zum orthodoxen Marxismus: demokratischer Zentralismus und Diktatur des Proletariats, monolithische Einheit von Gedanke und Aktion, Planwirtschaft. Es wurde betont, dass es die bolschewistischen Wurzeln der Partei wiederzuentdecken gelte. Nur so könne man die Beziehungen zur Arbeiterklasse, der die »Avantgarde« an der Macht immer mehr fremd geworden war, verbessern. In den letzten Jahren hatten die Arbeiter massenhaft die Partei verlassen und immer häufiger versucht, durch Streiks (oder Arbeitseinstellungen, wie sie beschönigend genannt wurden) ihren Forderungen Nachdruck zu verleihen, damit aber auch gezeigt, wie gering sie das Selbstverwaltungssystem schätzten.

Aber Tito und sein Kreis meinten, dass sich alles regeln werde, wenn sie die Verantwortung für die eigene Niederlage auf jene abwälzten, die den Reformideen nicht rechtzeitig abgesagt hatten, und auf die Mittelschicht, die von ihnen den größten Nutzen hatte. Indem sie die professionelle Qualifikation höher ansetzten als die Parteizugehörigkeit, hatten die Liberalisten der Technik- und Manager-Intelligenz Auftrieb gegeben, die man jetzt sehr leicht beschuldigen konnte, Hauptträger »bourgeoiser« Ideen und Abweichungen zu sein. Die Durchsetzung »techno-bürokratischer Strukturen« in den Unternehmen – so hieß es, habe die Arbeiter ihrer Rechte beraubt und die Selbstverwaltung zur Farce gemacht. Man müsse die Richtung ändern und der Arbeiterklasse ermöglichen, an die Macht zurückzukehren. Die Losung des Tages hieß »moralisch-politische Eignung«. Die hatte jeder nachzuweisen, der eine Position in Partei oder Staat anstrebte.[755] »Das ist ein anderer Ausdruck für Klassen- und Parteizugehörigkeit«, kommentierte Dobrica Ćosić entrüstet.[756]

Hinter diesen revolutionären Parolen verbarg sich aber in dem Augenblick, als Tito seinen achtzigsten Geburtstag feierte, noch immer der Kampf um seine Nachfolge. Ein Kampf voller Intrigen, den ein serbischer Liberalist mit der biblischen Metapher vom Säen des Windes und Ernten des Sturms veranschaulichte: »Sturm werden wir alle ernten, ganz Jugoslawien, und zwar einen Sturm, der schwer sein wird und vernichtend für die jugoslawische sozialistische Gesellschaft und die Selbstverwaltung – konservativ, großserbisch, feindlich gegenüber der Selbstverwaltung und dem Sozialismus.«[757]

Tito interpretierte die Wendung natürlich anders. Er meinte, dass die Gefahr eines Bürgerkriegs drohe, und erklärte öffentlich, er wolle dieser Gefahr mit seiner eigenen und nicht mit der sowjetischen Armee begegnen.[758] Die Frage ist, ob es sich dabei nicht nur um eine Ausrede handelte, hinter der sich seine Machtgier verbarg. Die Diagnose, die Ranković nach seiner »Pensionierung« über ihn gestellt hat, scheint durchaus zutreffend zu sein: »Politische Affären waren für ihn ein unumgängliches Bedürfnis, mit der Zeit wurden sie geradezu eine Sucht. Er fand Genuss darin, seine Macht über jemanden zu zeigen. Niemand zweifelte daran, dass er darin Erfolg haben werde, und sei die arrangierte Affäre noch so schmutzig, unanständig, gut oder schlecht konstruiert.«[759]

★

1973–1980

★

Die späten Jahre – Jugoslawien in einer wirtschaftlichen und politischen Krise

KARDELJS VISION DER ENTWICKLUNG JUGOSLAWIENS

Nach dem Selbstmord seines Sohnes Borut Ende 1971 kapselte sich Kardelj für mehrere Monate von allem ab und suchte häufig Trost im Alkohol. Doch der X. Kongress des Bundes der Kommunisten Jugoslawiens (27. – 30. 5. 1973) verlieh ihm neuen Elan, den er zur Abfassung der nunmehr vierten Nachkriegsverfassung nutzte, in der Illusion, mit ihr das Land kreativ beeinflussen zu können. Wie Kavčič schreibt, war Kardelj ein feinfühliger und in bestimmtem Sinne der Demokratie und dem Humanismus verpflichteter Mensch. Da er sich zumindest teilweise bewusst war, dass die Abrechnung mit der liberalistischen Elite und die weiteren Säuberungen gefährliche Folgen haben konnten, umso mehr, als die jugoslawischen Völker sie nicht unterstützt hatten (zumindest die Kroaten und Slowenen nicht), suchte er nach einem Ausweg aus dem Dilemma, und den sah er in einer neuen Verfassung. Er war davon überzeugt, dass die Selbstverwaltung aus dem Kampf gegen den Bürokratismus im Staats- und Wirtschaftsapparat hervorgegangen sei. Dieser Konflikt zwischen »sozialistischer Selbstverwaltung und technokratischem Stalinismus« sei jetzt »in eine neue Phase der Revolution« hineingewachsen, für die die Verfassung die Pflöcke einschlagen sollte. Ihr Ziel sollte es sein, der Arbeiterklasse und allen arbeitenden Menschen die Möglichkeit zu geben, ihre führende Rolle in einer Gesellschaft zu verwirklichen, die nicht »konfliktgeladen« wäre. »Die Verfassung geht vom Menschen und seinen authentischen Interessen und Bedürfnissen und von den Beziehung zwischen den Menschen aus, die auf der Grundlage ihrer neuen Rechte und gegenseitigen Verpflichtungen entstehen, und nicht von den Beziehungen zwischen Mensch und Staat.« Dabei war Kardelj noch immer überzeugt, dass es nicht nur um die Frage der inneren Verfasstheit Jugoslawiens ging, sondern um ein Modell des Sozialismus, das internationale Dimensionen besaß.[1]

»Kardelj war und wollte vor allem Theoretiker sein«, sagt Kavčič in einer anderen Niederschrift. »Er wollte die Praxis auf Grundlage der Theorie steuern. Bei ihm bekam deshalb die Theorie die Aura einer Religion – der marxistischen Religion –, deren Hauptquelle nicht Lenin und der Oktober waren, sondern die Pariser Kommune und die Marx-Engels'schen Visionen des frühen Sozialismus. Vor allem die letzten fünfzehn Jahre seines Lebens war Kardelj unbedingt davon überzeugt, dass die Geschichte gerade ihn auserwählt habe, die theoretischen und praktischen Grundlagen für etliche Visionen der Klassiker des Marxismus zu schaffen.«[2]

Während er eine ideale Gesellschaft entwarf, benutzte er die reale als Laboratorium für die Erprobung seiner Modelle, ohne einen Blick für den Sumpf der Skandale, die Intrigen und Korruption zu haben, in dem sie versank. Ebenso wenig berücksichtigte er die ökonomische Hilflosigkeit Jugoslawiens, die intellektuelle Beschränktheit seiner Führungskader und die verlorenen Illusionen der Staatsbürger, die sich in der Rolle von Versuchskaninchen sahen. Er kannte keine Zweifel, wie wir sie zu Beginn des Jahres 1973 aus dem Tagebuch Dušan Bilandžićs herauslesen können: »Ich frage mich, ob es möglich ist, in einem kleinen und dazu rückständigen Staat ein neues Gesellschaftssystem zu errichten, das sich von dem der gesamten, uns umgebenden Welt unterscheidet, vor allem wenn wir die Tatsache im Auge haben, dass sich große ökonomische Gemeinschaften mit mehreren Hundert Millionen Verbrauchern herausbilden. Die Weltgeschichte kann nicht in einem kleinen Land geboren werden, außer als Keim eines geschichtlichen Trends.«[3]

Mehr noch als für Intellektuelle vom Schlage Bilandžićs waren Kardeljs Pläne für die großserbische »Čaršija« störend. Die Tatsache, dass er mit Bakarić und dem bosnischen Parteimagnaten Branko Mikulić zu der »mächtigen Troika« gehörte, die großen Einfluss auf Titos Entscheidungen hatte, und dass er mit der Einsetzung von Slowenen in wichtige Positionen in der Staatsspitze seine eigene Kaderpolitik betrieb, gefiel in Belgrad nicht jedem. Besonders übel nahm man ihm, dass er Mitja Ribičič auf den Posten eines Vizepräsidenten des Präsidiums der SFRJ gehievt hatte, denn es sah so aus, als wollten die Slowenen gerade in dem Moment zum Zünglein an der Waage zwischen Serben und Kroaten werden, in dem die Frage der Nachfolge Titos immer brennender wurde.[4] Wie Niko Kavčič, einer der scharfsinnigsten Beobachter der damaligen jugoslawischen Situation, waren die Serben immer weniger bereit, die »ideologischen Zügel« geduldig zu ertragen, die er ihnen anzulegen versuchte.[5]

★

DIE VERFASSUNG VON 1974 – EIN SCHRITT ZUR »REPUBLIK DER ASSOZIIERTEN ARBEIT«

In den siebziger Jahren, schreibt Đilas, erstickte Tito alle Erneuerungsströmungen. Er stützte sich auf die alten gesellschaftlichen, nationalen und individuellen Kräfte, auf verallgemeinernde Formeln und die ewig gleichen Ideale seiner Jugend: Partei, Klasse, Marxismus, Monolithismus wurden wieder aktuelle Losungen.[6] Zum Teil aufgrund seiner Senilität, zum Teil wegen stalinistischer Reflexe brachte er nicht den Mut auf, sich auf die neue liberale Generation zu stützen, und entschied sich für das, was er am besten kannte und was ihm am sichersten schien: für die Bürokratie.[7]

Kardelj aber glaubte noch daran, dass es möglich sei Bedingungen zu schaffen, die Jugoslawien nicht nur das Weiterbestehen, sondern auch die soziale Entwicklung sichern könnten. In diesem Sinne spannte er alle Kräfte an, auch aus Furcht vor der Sowjetunion, denn er wusste, dass deren Führung keinen Gefallen an der Selbstverwaltung und Blockfreiheit fand, aber bereit war, die Existenz eines selbstständigen Jugoslawiens zuzulassen, solange es in ihrem Interesse lag, die Gegensätze im gespaltenen Europa zu mildern.[8] Es galt also den geeigneten Moment zu nutzen und so rasch wie möglich eine neue Verfassung auszuarbeiten, die die Realisierung der fortschrittlichsten und gerechtesten Gesellschaft auf der Welt gewährleisten sollte. Einer Gesellschaft, die auch im Falle einer großen Krise nicht einfach umzustoßen wäre. Schade nur, wie Savka Dabčević-Kučar sagte, dass er »ein Kämpfer nur für eine Demokratie war, deren Ziel, Ausgangspunkt und Kriterium er selbst war«.[9]

Kardelj bemühte sich, den Staatsbürgern den Inhalt und die Ziele der neuen Verfassung und die neuen Begriffe, die in den politischen Wortschatz einflossen, näherzubringen. Unter anderem trat er mindestens achtmal mit langen Referaten im Fernsehen auf, die aber »wegen ihres einschläfernden Wortreichtums nicht gerade erfolgreich« waren.[10] Wie der tschechoslowakische Botschafter in Belgrad feststellte, war »Kardelj bei der Arbeiterklasse nicht beliebt, weil seine ›Theorien‹ zu ›gelehrt‹ und wenig klar sind«.[11] »Wenn er nicht so unerträglich langatmig in seinen Reden und Schriften wäre«, heißt es in Kardeljs biografischem Profil, das von der britischen Botschaft erstellt wurde, »hätte er als politischer Theoretiker von großer internationaler Bedeutung Anerkennung finden können.«[12]

Tito sah Kardeljs Ideen mit Skepsis, vor allem weil er fürchtete, dass sie ihm »die Ökonomie vernichten«, wie er sich ausdrückte, nachdem er sein Referat auf dem II. Kongress der Selbstverwalter in Sarajevo mit angehört hatte. Unter dem Druck der sich häufenden Konflikte und dramatischen Prozesse der letzten Jahre ließ er sich aber mehr oder weniger resignierend doch auf die neue Verfassung ein, wenngleich erst nach einem neuerlichen Streit, der ihr beiderseitiges Verhältnis erneut trüben sollte.[13] Wie Josip Kopinič sagt, war Tito bis Mitte der Sechziger arbeitsfähig und für sein Handeln verantwortlich, dann aber begann er die Kontrolle über die innenpolitische Entwicklung zunehmend zu verlieren und überließ die Initiative zur Reform der jugoslawischen Gesellschaft Kardelj und Bakarić.[14] Für alle Fälle sorgte er jedoch dafür, dass in die neue Verfassung zahlreiche Sicherungsmechanismen eingebaut wurden, die wesentliche Elemente des Regimes, wie er es selber in den Jahrzehnten nach dem Krieg geformt hatte, schützen sollten. Vor allem verlangte er, dass in ihr neben der Rolle der Partei auch die Rolle der bewaffneten Streitkräfte in Hinblick auf die Verteidigung der Unabhängigkeit und Souveränität Jugoslawiens genau definiert sein müsse.[15] Zu den erwähnten Sicherheitsmechanismen gehörte auch ein Artikel, den ihm Kardelj zugesagt hatte, mit dem Tito die Position des Staatspräsidenten auf Lebenszeit garantiert wurde. Damit wurde seine Herrschaft auch auf formaler Ebene absolut. »Ich bin mir bewusst«, rechtfertigte sich Kardelj, »dass die verfassungsmäßige Ausrufung eines Staatspräsidenten auf Lebenszeit nicht gerade ein Kompliment für ein demokratisches Land ist. Aber das musste ich um des Staates und seines Funktionierens willen einfach tun. Zuvor waren alle höchsten Staatsfunktionäre in ihrer Arbeit in bestimmter Hinsicht eingeschränkt. Tito zweifelte an jedem. Bei jedem fürchtete er, dass er ihm die Macht nehmen wolle. Besonders einige von uns waren im Schussfeld. Neben mir waren das Dolanc und Ljubičić. Und Jovanka schürte mit ihren Lügenmärchen stets Titos Misstrauen und Argwohn.«[16] Lapidarer drückte er denselben Gedanken in einem Gespräch mit serbischen Politikern aus: »Wenn Tito zu euch sagt, er habe auf eine Funktion verzichtet: *um nichts auf der Welt!*«[17]

Die neue Verfassung wurde von Tito am 23. April 1973 in einer feierlichen Rede im Bundesparlament verkündet. »Er sah ganz annehmbar aus«, berichtete der britische Botschafter, »aber noch nie hatte ich bei solcher Gelegenheit so sehr den Eindruck, als läse er ohne Inspiration die Worte eines anderen. Sein Text war zeitlich genau abgemessen und dauerte eine Stunde, das Parlament tagte danach nur noch fünf Minuten, was vermutlich die Ärzte so angeordnet hatten. Im Unterschied zu seinen improvisierten Reden war diese ausnehmend langweilig.«[18] Es war nicht nur wegen der Anweisungen der Ärzte.

Tatsächlich war Tito von der Verfassung nicht sonderlich begeistert. Da sie die Eigenstaatlichkeit der Republiken und die Autonomie des Kosovo und der Vojvodina stark betonte, sah er sie als Gefahr für die Einheit Jugoslawiens. Ebenso störte ihn die Tatsache, dass sie den Republiken den Austritt aus der Föderation ohne Absprache mit den anderen Partnern bzw. ohne gesamtjugoslawisches Referendum ermöglichte. Er akzeptierte sie nur deshalb, weil er in der Verfassungskommission überstimmt worden war und nicht mehr genügend Kraft hatte, sich in das innenpolitische Geschehen einzumischen. Er behauptete aber, dass sich in drei, vier Jahren zeigen werde, wie recht er mit seiner Skepsis habe. Eine Skepsis, die er auch dadurch zeigte, dass er die Verfassung nicht selbst unterzeichnete, als sie am 21. Februar 1974 angenommen wurde. Auch weil ihm eine Krankheit zusetzte, überließ er diese Aufgabe dem Präsidenten des Rats der Völker im Bundesparlament Mika Špiljak.[19]

Diese Verfassung war nun bereits die vierte in der Geschichte Nachkriegsjugoslawiens und Ausdruck von gedanklichen Konstrukten, an denen Kardelj seit Ende der sechziger Jahre arbeitete und die er in seinem Referat »Kritische Analyse des Funktionierens des politischen Systems der sozialistischen Selbstverwaltung« vorgestellt hatte. Mit ihm hatte er für stürmische Debatten in den Parteiorganisationen gesorgt, hatte er doch wesentliche Fragen angeschnitten, die in den nachfolgenden zwei Jahren in die Gesetzgebung Eingang fanden. Nach dem Sturz der Liberalisten in Zagreb, Belgrad und Ljubljana aber stellte der »Parteitheologe«, wie man ihn respektlos nannte, seine ideologische Arbeit nicht ein.[20] Er war überzeugt, dass sein Bemühen einen wichtigen Schritt zur Verwirklichung der Marx'schen Vision einer »Republik der assoziierten Arbeit« darstelle, in der die Arbeiterklasse und die übrigen werktätigen Menschen die Herrschaft unmittelbar ausüben würden. Er wollte eine Gesellschaft schaffen, »in der der Mensch immer weniger Staatsbürger, d.h. Untergebener des Staates, und immer mehr gleichberechtigtes Mitglied einer Selbstverwaltungsgemeinschaft ist«. In diesem Sinne sollte die Selbstverwaltung auch in nichtwirtschaftlichen Tätigkeitsbereichen eingesetzt und als ganzheitliches Gesellschaftssystem zur Geltung gebracht werden. Zur Verwirklichung dieses Ziels sollten vor allem die »Basisorganisationen der assoziierten Arbeit« dienen, die nach ökonomischen Prinzipien als selbstständige Einheiten tätig sein und auf der Grundlage ihrer Interessen untereinander Übereinkünfte treffen sollten. Die Politik würde sich in die Selbstverwaltung nicht mehr einmischen, sondern sich auf die Gestaltung des Gesellschafts- und Wirtschaftssystems und auf seine langfristige Planung beschränken. Um die »Basisorganisationen der assoziierten Arbeit« möglichst gut in das politische Geflecht einzubinden, führte Kardelj die »Vertretung durch Delegierte« ein. Die setzte ein komplexes Gefüge von Rats- und Parlamentsversammlungen in den Unternehmen, in den Ortsgemeinschaften und Gemeinden, den autonomen Provinzen und Republiken, bis hin zur Föderation voraus. Jede »Basisorganisation der assoziierten Arbeit« würde in geheimen Wahlen eine Delegation wählen, die einen »korporativen Delegierten« in das Gemeinde-, Republiks- und Bundesparlament entsendet. Diese Delegierten sollten keine professionellen Politiker sein, sondern ihre Arbeitsverpflichtung beibehalten. Damit würde eine unmittelbare Demokratie geschaffen, die ständig mit der Selbstverwaltungsbasis verbunden wäre und nicht zu einem Spielball partikulärer Kräfte entarten würde, die versuchen könnten, die Macht in der Gesellschaft zu monopolisieren.[21] Auf diese Weise würden völlig neue soziale Verhältnisse entstehen, die es der Arbeiterklasse ermöglichten, ihre politischen und wirtschaftlichen Interessen unmittelbar zu verwirklichen und selbstständig über die Mittel und Resultate ihrer Arbeit zu verfügen. Daneben versprach die Verfassung jedem Arbeiter ein »persönliches Einkommen und andere Bezüge auf Grundlage ihrer Arbeit mindestens in eine Höhe, die seine materielle und soziale Sicherheit gewährleistet«.[22]

Kurzum, die Verfassung, die mit ihren 406 Artikeln zu den längsten auf der Welt, aber auch zu den am schwersten verständlichen gehörte, enthielt eine Reihe von Elementen, die nach einer weiteren Festigung der sozialistischen Fundamente Jugoslawiens strebten. Es sollte um eine besondere Form der Diktatur des Proletariats gehen, die innerhalb einer harmonisch organisierten Staatsgemeinschaft zur Wirkung käme, in der die einzelnen Republiken und Regionen wichtige Zuständigkeiten besäßen. Nur die Bereiche Verteidigung, Innere Sicherheit und Außenpolitik sowie die Sorge für einen einheitlichen jugoslawischen Markt sollten unter der Kontrolle der Bundesregierung bleiben.[23] »Gemäß dieser Verfassung«, sagte Kardelj selbstbewusst, »wird Jugoslawien weder eine Föderation noch eine klassische Konföderation, sondern eine ›Völkergemeinschaft‹, die in großem Ausmaß inhaltlich neue Kategorien in den Beziehungen zwischen unseren Völkern schaffen wird. In einer solchen Gemeinschaft wächst die Unabhängigkeit der Völker mehr als in einer klassischen Föderation oder Konföderation.«[24]

Vorsichtiger äußerte sich Tito, als er den Verfassungsentwurf Fitzroy Maclean zum Lesen gab: »Glauben Sie, dass sie funktionieren wird?« fragte er ihn. »Ich weiß nicht, warum sie es nicht sollte«, gab Letzterer höflich zur Antwort. – »Das hoffe ich.«[25]

In Wirklichkeit funktionierte die Verfassung nicht, wie ein serbischer Politiker feststellte: »Der kluge Krainer hat Tito ziemlich hereingelegt (…) Anstelle einer monolithischen Partei, die Titos Idol war, entstanden acht Parteien, anstatt eines starken Staates schuf die Verfassung von 1974 eine Konföderation aus acht Staaten, anstatt einer Ökonomie haben wir acht, bis zum Hals verschuldete Ökonomien bekommen. Der kluge Krainer hat natürlich auf die physiologischen Gesetze gesetzt, dass er Tito überleben und nachfolgen werde und er sich dann die Verfassung so zurechtschneidern werde, dass ihm alle zu gehorchen haben.«[26]

Unter den Republiken tat sich Serbien am schwersten mit der neuen Verfassung, denn es sah in ihr eine weitere Erosion seiner zentralen Stellung innerhalb der Föderation und einen Angriff auf seine Ganzstaatlichkeit. »Unter der Maske ›Demokratisierung und Dezentralisierung‹ wurden auf diese Weise der Separatismus und Zerfall Jugoslawiens legitim möglich gemacht«, kommentierte später Dobrica Ćosić.[27] Weil aber Serbien in der herrschenden Spitze schwach vertreten war, hatte es doch wegen der Kaderwechsel nach 1972 seine fähigsten Leute verloren, war es gezwungen, die neue Verfassung zu akzeptieren. Das geschah nach einer heftigen Debatte, in die Tito persönlich involviert war. Aber er sprach sich weder zugunstenjener aus, die den Provinzen Vojvodina und Kosovo mehr Zuständigkeiten zubilligen wollten, noch zugunstenihrer Gegner. So hatte Kardelj freie Hand, seine Ideen zu verwirklichen.[28] Schon lange war er der Meinung gewesen, dass die wichtigste Voraussetzung für das Überleben Jugoslawiens nach Titos Tod das politische Gleichgewicht seiner vielfältigen ethnischen Komponenten sei. Er war davon überzeugt, dass die verschiedenen Völker und Völkerschaften genügend Reife und Disziplin besäßen sich der Gefahr der Fragmentierung hinreichend bewusst seien, sodass sie die bestehende Staatsordnung auch ohne das Vorhandensein einer zentralen charismatischen Persönlichkeit beibehalten würden.[29] Er hatte die Verfassung so gestaltet, dass sie für großserbische Kreise einen schweren Schlag bedeutete, denn sie schaffte Jugoslawien als einheitlichen Bundesstaat ab und schwächte den Einfluss Belgrads sowohl auf die serbische Bevölkerung außerhalb Serbiens als auch auf beide Provinzen.[30] Sie stellte die Vojvodina und das Kosovo den Republiken praktisch gleich und gab ihnen eine Reihe von Rechten, die einer konföderalen Staatsordnung entsprachen: Die Mitglieder des Präsidiums der SFRJ würden nicht vom Bundesparlament, sondern von den Parlamenten der Republiken und Provinzen gewählt werden, innerhalb dieses Organs aber sollten die Beschlüsse einvernehmlich gefasst werden, was bedeutete, dass die Mitglieder der Föderation ein Vetorecht hatten, wozu noch das Recht auf Selbstbestimmung und Loslösung kam.[31]

Kardelj war intelligent genug, um Zweifel an seiner Arbeit zu haben, obwohl er hoffte, dass sie erfolgreich sein werde. Bei einem Treffen in Ljubljana im Jahre 1974 begründete er die Verfassungsänderungen zwar voller Überzeugung, am Ende seiner einleitenden Worte sagte er aber auch, dass dies sein letzter Versuch sei, die SFRJ am Leben zu erhalten.[32] Trotz allen Schönredens war die Verfassung in ihrem Kern ein neues Experiment, das über ein verzweigtes Selbstverwaltungssystem die brennenden politischen, wirtschaftlichen, sozialen und nationalen Probleme entschärfen sollte.[33] In Wirklichkeit aber öffnete sie der Vorherrschaft der einzigen Strukturen Tür und Tor, die in der allgemeinen Zersplitterung noch eine starke innere Organisation besaßen: dem Militär und der Polizei. Kennzeichnend in diesem Sinne waren das Volksverteidigungsgesetz aus dem Jahre 1974, das die Kontrolle der jugoslawischen Volksarmee über die Territorialverteidigung verstärkte, und das Ende 1975 beschlossene Gesetz zum Schutze des Staates und seiner sozialistischen Ordnung, das die Strafen für

»Volksfeinde« wesentlich verschärfte. In ihm fand sich der berüchtigte Artikel 133, offensichtlich leninistischen Zuschnitts, der von »feindlicher Propaganda« und »konterrevolutionärer Tätigkeit« sprach und damit jede, auch verbale Kritik am Regime unter Strafe stellte. Er war derart dehnbar formuliert, dass er den Behörden die Möglichkeit zum Einschreiten gegen jedermann gab, der es wagte, seine Stimme zur Verteidigung der Grundrechte des Menschen zu erheben. »Die Polizei verhört, sperrt ein, droht, lädt zur Mitarbeit ein …«, kennzeichnete Dobrica Ćosić die Verhältnisse.[34]

★

DAS GESETZ ZUR ASSOZIIERTEN ARBEIT

In dieser Periode hoher legislativer Aktivität war das Gesetz zur assoziierten Arbeit von höchster Bedeutung, das am 25. November 1976 nach siebenmonatiger öffentlicher Debatte, an der sich Tito nicht beteiligt hatte, angenommen wurde. Dieses »Mammutgesetz« mit seinen 671 Artikeln, das zu Recht »kleine Verfassung« genannt wurde, setzte sich zum Ziel, »die Selbstverwaltung unter den Bedingungen der sozialistischen Marktwirtschaft zu stärken, zu regeln und effizienter zu machen«. Schützen sollte es sie ebenso vor stalinistischen wie vor zentralistischen Tendenzen, aber auch vor der Anarchie des Marktes.

Im Gegensatz zu Bakarić, der über wirtschaftswissenschaftliche Kenntnisse verfügte und in der Ökonomie ein wildes Pferd sah, das man nicht einfach zähmen und nach Wunsch satteln könne, verstand Kardelj von Wirtschaft eher wenig. Er sah sie »stets durch die Brille bestimmter ideologischer Prämissen und suchte Ansätze und Normen, um sie in deren Korsett zu stecken. Er glaubte, dass das mithilfe des Willens, Wissens und Bewusstseins des Bundes der Kommunisten möglich sei«.[35] Im Namen der »Vereinbarungsökonomie«, wie man abwertend sagte, und im Namen der Selbstverwaltungsübereinkunft warf er nicht nur die traditionellen Marktgesetze über Bord, sondern auch jegliche Initiative, die eine zweckdienliche Planung der jugoslawischen Wirtschaft anstrebte.[36] Die Losung »Die Fabriken den Arbeitern« ergänzte er durch die Losung »Den ganzen Gewinn den Arbeitern«, überzeugt, damit den »freien Produzenten« auch die politische Herrschaft zu sichern. Dabei sah er jene Stufe der sozialistischen Entwicklung voraus, in der die Erzeugnisse nicht nach dem Marktwert getauscht werden, sondern nach der Arbeitsmenge. »Die größten Übel und Fehler dieser Richtungsänderung«, schrieb Kavčič, »waren nicht die Säuberungen im Kader (die enfernten Kader waren nicht unersetzlich), sondern der geänderte politische Kurs: von der Marktwirtschaft steuerten wir um zur Vereinbarungsökonomie, von der Demokratisierung der Zivilgesellschaft zu einem Selbstverwaltungsinstitutionalismus, dessen Grad an Demokratie vom Bund der Kommunisten bestimmt wurde. Der Bund der Kommunisten stellte sich die Aufgabe und saß der Illusion auf, dass es möglich sei, mithilfe des Selbstverwaltungsinstitutionalismus den Rhythmus, die Interessen, den Pluralismus, Form und Inhalt des gesellschaftlichen Lebens zu regulieren. Noch schlimmer: Er wollte den Unterschied zwischen Staat und Gesellschaft auslöschen, fast die gesamte Politik und Entscheidungsfindung vergesellschaften und ihnen einen harmonischen Charakter verleihen.«[37]

Mit der Einführung von Basisorganisationen der assoziierten Arbeit (»TOZD«), von Organisationen der assoziierten Arbeit (»OZD«) und von zusammengesetzten Organisationen der assoziierten Arbeit (»SOZD«) setzte Kardelj einen ungeheuren bürokratischen Mechanismus in Gang, der erschreckende Dimensionen erreichte. Man nimmt an, so Bilandžić, dass bei der »Verwirklichung« des Gesetzes zur assoziierten Arbeit zwischen 1 250 000 und 1.500.000 Rechtsakte »verabschiedet« wurden, die natürlich in der Hauptsache auf dem Papier blieben.[38] Das Resultat dieser Hyperproduktion an Vorschriften und eines mammutartigen Verwaltungsüberbaus war eine Paralyse der Wirtschaft, denn die jährliche Wachstumsrate der Industrie fiel innerhalb von zehn Jahren von dreizehn Prozent auf null. Ende des Jahres 1977 stellte eine Arbeitsgruppe des BdKJ und des Bundesexekutivrats fest, dass im Vorjahr »ein Drittel aller Basisorganisationen der assoziierten Arbeit nicht einmal die einfache Reproduktion sicherstellen konnte und auch keinen einzigen Dinar Akkumulation hervorgebracht hat«.[39] Die verfahrenen Verhältnisse versuchte man durch beschleunigtes Schuldenmachen im Ausland zu retten, wobei das aufgenommene Geld ohne besondere Kontrolle verteilt wurde. Obwohl er selbst vor der »Manie« des unvernünftigen Geldausgebens gewarnt hatte, verteilte Vladimir Bakarić, wie Josip Kopinič berichtet, an einem einzigen Tag 13,5 Milliarden Dollar für Bedürfnisse der Republiken und Provinzen. Es wurde sorglos ausgegeben, und »ein Gutteil des Geldes endete vermutlich auf Schweizer Konten«. Einige Jahre vor dem Zerfall der SFRJ sagte der Finanzminister der Regierung in Bern, dass die Jugoslawen fast 13 Milliarden Dollar auf unverzinsten Konten bei Schweizer Banken hätten.[40]

Bei der Gestaltung seiner Konzepte zur »integralen Selbstverwaltung« durfte Kardelj nicht die Kommunistischen Parteien Italiens, Frankreichs und Spaniens außer Acht lassen, die sich Mitte der siebziger Jahre vom Dogma der Diktatur des Proletariats losgesagt und anerkannt hatten, dass der politische Pluralismus für die Entwicklung einer wahrhaft gesunden Gesellschaft wesentlich sei. Der slowenische Ideologe begrüßte den »Eurokommunismus« als positive Erscheinung in der internationalen Arbeiterbewegung, wobei er vor allem seine kritische Haltung zum Hegemoniedenken Breschnjew'schen Typs betonte.

Gleichzeitig aber meinte Kardelj, dass die neue Interpretation des Marxismus nur für die spezifische Realität des Westens gelte und folglich nicht als »allgemeines Rezept« oder sogar als Modell für Jugoslawien tauge. Unter den Bedingungen des reifen Sozialismus, den es bereits erreicht habe, würde der politische Pluralismus seiner Meinung nach einen Schritt zurück bedeuten. Die Resultate dieser Überlegungen entwickelte er in der Abhandlung »Entwicklungslinien des gesellschaftspolitischen Systems«, die er Anfang November 1977 dem XI. Kongress des BdKJ als Diskussionspapier vorlegte.[41] Darin versuchte er sich an der Quadratur des Kreises, nämlich den in Jugoslawien an der Macht befindlichen Sozialismus mit dem Konzept des Pluralismus zu kombinieren, aber keines politischen, sondern eines »Pluralismus der Selbstverwaltungsinteressen«. »Bis ins Extrem wollte er so das Projekt der Errichtung des Sozialismus demokratisieren«, sagt Kavčič, »bei dem das ideologisch-strategische Monopol noch immer in den Händen eines nach den Prinzipien einer bolschewistischen Partei organisierten Subjekts liegt. Über diese Grenzen ging er nicht hinaus und glaubte auch nicht, dass das möglich wäre. Er war fest davon überzeugt, dass der Marxismus-Leninismus noch immer das Monopol über den Sozialismus habe. Er glaubte, dass der Marxismus nicht nur eine Ideologie sei, sondern vor allem auch eine Wissenschaft. In taktischer Hinsicht überschritt er die Rahmen der Komintern. In gedanklich-philosophischer nie. Deshalb blieb er im Verhältnis zwischen Demokratie und Sozialismus inkonsequent und halbherzig. Dem Staatsbürger wollte er so viel Raum wie möglich geben, gleichzeitig aber verlangte er von ihm, sich unter dem Schirm der Politik zu bewegen, den die allwissende Führung bestimmt. Früher haben wir das dirigierte Demokratie genannt.«[42]

Die Inflation an normativem Recht, mit der Kardelj, ewig unzufrieden mit dem Erreichten, die Genossen überschüttete, stieß selbst bei seinen Kollegen im Präsidium auf Kritik. Zwischen Worten und Praxis, zwischen »Reform der Reform« und der moralischen und wirtschaftlichen Krise, in der die jugoslawischen Gesellschaft immer tiefer versank, klaffte eine zu große Diskrepanz, als dass sie sie nicht ebenfalls bemerkt hätten.[43] Die konservativen Kreise innerhalb der Partei flüsterten ungehalten und immer lauter von einer »Đilasiade«, die wieder aktuell geworden sei.[44] Niemand griff Kardelj an, denn alle erwarteten, dass er Tito nachfolgen werde, aber niemand glaubte mehr an seine Theorien.

»Die Spatzen pfeifen es von den Dächern«, kommentierte Dušan Bilandžić im Dezember 1978, »dass sich die alten Ideen verschlissen haben. Neue Lösungen, eine neue Richtung, eine neue Politik kann es zu Titos Lebzeiten nicht geben. Alle warten auf den ›D-Day‹.«[45]

Hinter der Utopie, die Kardelj, dieser »ausgesprochen didaktische Moralist«[46] propagierte, verbarg sich die bittere Realität der Tito'schen Autokratie, die als einziger Stützanker des verunglückten jugoslawischen Experiments übriggeblieben war. Sein unbegrenzter Machwille wurde all jenen immer augenfälliger, die wussten, was sich im Hintergrund abspielte: »Warum hat sich der einstige Adler in einen Alleinherrscher verwandelt?«, fragte sich in seinem Tagebuch sein Kamerad aus den Vorkriegszeiten Rodoljub Čolaković.[47] In solchen Verhältnissen hatten sich alle Regierungsmannschaften sowohl auf Bundes- wie auf Republikebene als unfähig und dilettantisch erwiesen. Seit dem Jahre 1972 hatten sie in verschiedenen Entwicklungsplänen 40 Milliarden US-Dollar verbraucht, erreicht aber hatten sie sozusagen nichts.[48] Dabei hatten sie sich im Ausland kräftig verschuldet, dem Beispiel des Bundesministers für Finanzen Petar Kostić folgend, der ohne Wissen der Regierung eine Milliarde Dollar Schulden machte, um die verlustreiche Eisenhütte in Smederevo zu retten.[49] Nach der Ratifizierung der Verfassung im Jahre 1974 verstärkte sich diese Tendenz noch, denn die Republiken benötigten dank ihrer Eigenstaatlichkeit keine Bewilligung Belgrads mehr für Darlehen, die sie im Ausland aufnehmen wollten. Während Jugoslawien Mitte der siebziger Jahre um etwas mehr als 4,6 Milliarden US-Dollar verschuldet war, waren es gegen Ende des Jahrzehnts schon 16 Milliarden. Die Weltwirtschaftskrise, die durch einen sprunghaften Preisanstieg bei Erdöl und Erdölderivaten verursacht worden war, bremste in Verbindung mit den hausgemachten Problemen das Wirtschaftswachstum, an das die Jugoslawen in der Vergangenheit gewöhnt waren, stark ab. Als Antwort darauf flüchteten sich einzelne Republiken in die Autarkie, was das Scheitern der Bemühungen der Bundesregierung, einen gemeinsamen Markt zu schaffen und jene »Arbeitsteilung« durchzusetzen, von der die Propaganda des Regimes immer redete, noch deutlicher werden ließ. Obwohl der höher entwickelte Norden gemäß dem Fünfjahresplan 1971–1975 für den unterentwickelten Süden fast drei Milliarden Dollar bereitstellte und für den darauf folgenden Fünfjahresplan diese Summe noch zu überschreiten plante, war die Kluft zwischen den Republiken nicht mehr zu überbrücken.[50]

Kardelj war sich bewusst, in welch gefährlichem Gelände der Staat wandelte: Ab 1974 gab es keine Parteisitzung oder sonstige geschlossene Konferenz mehr, auf der die aktuellen wirtschaftlichen und politischen Trends nicht kritisiert worden wären. Auf einem Treffen von Bundesfunktionären im Februar

1977, als Kardelj bereits wusste, dass er todkrank war, sagte er: »Wartet nicht mehr auf mich (…) Wenn ich die Zeitungen lese und die Reden höre, packt mich einfach die Angst. (…) In einem oder zwei Jahren werden wir eine galoppierende Inflation haben wie in Chile« (wo es gerade einen Staatsstreich gegen den linksgerichteten Präsidenten Salvador Allende gegeben hatte).[51] Noch bitterer ist die Feststellung, die er gegenüber Bogdan Maglić machte, einem in den USA lebenden jugoslawischen Physiker: »Unser System ist schrecklich und falsch. Praktisch lässt sich nichts machen. Änderungen zum Besseren sind nicht möglich.«[52] Am ausdrücklichsten aber gab er seine Niederlage in einem seiner ehrlichsten und schönsten Sätze zu: »Glück kann dem Menschen weder der Staat noch ein System noch eine politische Partei geben. Glück kann sich der Mensch nur selber schaffen.«[53]

★

KARDELJS TOD

Gegen Ende seines Lebens nahm Tito immer seltener an Sitzungen teil; lieber rief er die Vertreter verschiedener Verantwortungsbereiche zu sich zum Gespräch. Das Exekutivbüro des ZK des BdKJ funktionierte, indem sein Vorsitzender Stane Dolanc aus den Diskussionen mit Tito und Kardelj die Direktiven mitbrachte, die von den Mitgliedern anschließend einfach angenommen wurden. »Diesen drei«, so Jure Bilić, Sekretär im ZK des BdKK, »geht es darum, an der Macht zu bleiben, sonst interessiert sie nichts.«[54] Im Klima des späten »Titoismus«, den man in Jugoslawien mit großem Propagandaaufwand feierte, wurde sein Träger geradezu vergöttlicht. Er wurde zum Instrument eines Herrschaftssystems, das ihn zur Verteidigung der eigenen Privilegien benutzte.[55] Kardelj war sich durchaus bewusst, »dass sich Jugoslawien nie mehr einen Tito leisten darf«, obwohl er seine geschichtliche Bedeutung nicht negierte.[56]

Auf der VI. Sitzung des Präsidiums des ZK des BdKJ am 9. Oktober 1978 auf Schloss Brdo schnitt er die Frage an, wie die Partei beschaffen sein solle, wenn Tito sie einmal nicht mehr führt. Dabei ging er alle Nachfolgekandidaten durch, die Jugoslawien bereisten und sich als »kleine Titos« präsentierten und dieselbe gesellschaftliche Rolle spielen wollten, wie er sie spielte, ohne seine Persönlichkeit oder Fähigkeiten zu besitzen. »In der kommenden Zeit werden wir sicher keinen neuen Tito suchen, denn den gibt es nicht und wird es noch lange nicht geben.« Deshalb schlug Kardelj die Einrichtung eines Kollektivorgans vor, das den BdKJ nach demokratischen Prinzipien lenken solle, obwohl er sich keinen Illusionen hingab, dass das bei der Rückständigkeit der jugoslawischen Gesellschaft einfach sein werde: »Deshalb müsste man die Macht der Hierarchie und des hierarchischen Prinzips, das bei uns noch immer stark ist, zerschlagen.«[57]

Dachte Kardelj mit »kleinen Titos« auch an seinen Schützling Stane Dolanc, den tatsächlichen operativen Führer des ZK des BdKJ, in dem manche schon den Nachfolger des Marschalls sahen? Zu seinen Gunsten arbeitete seit Längerem eine starke Propagandamaschinerie, der beleibte Slowene genoss Titos Vertrauen und hatte zugleich enge Kontakte zu Militärkreisen und ihren Gegenspionagediensten.[58] Von Bedeutung war ebenfalls, dass der zweiundfünfzigjährige Dolanc auf dem XI. Kongress des BdKJ im Juni 1978 in eine neue Funktion gehievt wurde – in die eines Sekretärs des Präsidiums des BdKJ –, was bedeutete, dass er als der Erste unter Titos engsten Mitarbeitern angesehen wurde. Nach einem Bericht der CIA rechnete er sogar mit der Möglichkeit, Verteidigungsminister zu werden, und verwickelte sich deshalb in einen ziemlich »schmutzigen« Konkurrenzkampf mit einem anderen potenziellen Kandidaten, Admiral Branko Mamula. Sein Aufstieg gefiel der Parteispitze allerdings gar nicht. Von Dolanc sagte Dobrica Cosić, er sei der mächtigste Mann in der Brioni-Monarchie. Fast anderthalb Jahre war er ihre eiserne Faust. »Der Herrschaft des altersschwachen Tito verlieh er die Energie eines Alpinisten und die Grausamkeit eines Kammerjägers. Mit Dolanc ersetzte Tito gerade jene Kräfte, die ihm ausgingen und ohne die seine Despotie nicht funktioniert hätte.«[59] Diese Sätze scheinen Gerüchte zu bestätigen, die Mitte der siebziger Jahre über Dolanc kursierten: Er sei jemand, mit dem auf Bärenjagd zu gehen nicht ungefährlich sei. »Das war nicht mit großer Böswilligkeit gesagt«, berichtete der britische Botschafter, »aber schon die Tatsache, dass das von einem Politiker kam, der dem wirklichen inneren Kreis nahestand, bestärkte mich in der Überzeugung, dass niemand Titos Werkzeug der Rezentralisierung werden kann, ohne sich einen Haufen Gegner zu machen, was die Frage der Zukunft nach Tito angeht.«[60]

Natürlich ging es nicht nur um Dolanc. An der Spitze vor allem des Militärs wurde über Kollegen und Mitarbeiter munter drauflos geredet als von problematischen Leuten, von möglichen Verrätern, die man beschuldigte, Verbindungen zum Westen oder zu den Russen zu haben. Über all das informierte man Tito oder bot sich ihm als Informant an, und er registrierte alles, wirkte auch selber an der Verbreitung von Gerüchten mit und reagierte von Zeit zu Zeit auf diese oder jene Weise.[61]

In Erwartungen der Rotation, zu der es in Kürze kommen sollte, bildete sich schon Ende 1976 eine breite Front gegen Dolanc, unter dessen Gegnern sich der bereits erwähnte Jure Bilić hervortat, der gegen ihn wühlte, sosehr es nur ging. Analytiker der CIA waren sogar der Meinung, dass die Sowjets darin verwickelt wären, denn Dolanc war nicht nach ihrem Geschmack, da er seine kritische Einstellung gegenüber ihren »hegemonistischen« Ambitionen und seine eigenen mehr oder weniger liberalen Ansichten vom Sozialismus nicht verhehlte (er behauptete, dass nicht nur die Kommunisten den Sozialismus errichten können, und bezeichnete die »Zentralisten« als die größte Gefahr für die jugoslawische Gesellschaft). Jedenfalls war man in Washington überzeugt, dass der »überaus pragmatische und gut organisierte« Slowene gute Möglichkeiten habe, in Erwartung des »D-Days« seine Position zu festigen. Andererseits verwarfen sie auch nicht die Hypothese, dass ihn unvorhergesehene Ereignisse an der jugoslawischen Spitze noch zu Fall bringen könnten: »Der zentrale Faktor dabei ist vermutlich Tito selbst. Seine persönliche Reaktion auf die Konflikte innerhalb der Führung ist allem Anschein nach jetzt so, dass er die Entwicklung eines Wettkampfs fördert. So kann er auf die Selektion des Primus inter Pares Einfluss nehmen, ohne dass es scheint, als wollte er seinen Willen denen aufzwingen, die ihn überleben werden.«[62]

Die intrigante Atmosphäre, die Titos letzte Jahre kennzeichnete, veranschaulicht gut die Geschichte des bosnischen Muslimen Džemal Bijedićs, der im Juli 1971 mit Kardeljs Unterstützung Vorsitzender des Bundesvollzugsrates wurde. In der Zeit seines Mandats hatte er gleich zwei Flugzeugunglücke, wobei er beim zweiten am 18. Januar 1977 sein Leben verlor. Die allgemeine Meinung war, dass ihn jene umgebracht hätten, die sich der Anerkennung einer »muslimischen Nation« im Herzen Jugoslawiens, deren Architekt Bijedić war, aber auch einer Allianz der kleineren Ethnien gegen Serbien widersetzten.[63]

Als im Juli 1978 Dolanc vorschlug, innerhalb des Präsidiums ein fünfköpfiges Gremium zu bilden, dem er selbst vorsitzen würde, reagierte die alte Garde mit Bakarić an der Spitze entschlossen. Angeblich erklärte ihm Bakarić ganz offen, dass die Parteiführer wohl wüssten, wie Stalin nach Lenins Tod an die Macht gekommen sei, und dass sie nicht die Absicht hätten, diese Erfahrung zu wiederholen. Es kam zu heftigen internen Reibereien, die von gegenseitiger Rivalität und Eifersucht geprägt waren und eine Paralyse politischer Entscheidungsprozesse zur Folge hatten. In Erwartung des »D-Days« entstand an der Parteispitze ein so ungesundes Klima, dass ein britischer Diplomat folgende zynische Feststellung machte: »Der letzte große Dienst, den Tito seinem Staat erweisen kann, ist, dass er möglichst bald stirbt.«[64]

Weil er keinen seiner Mitarbeiter zu mächtig werden lassen wollte, war es kein Zufall, dass Tito nur elf Tage nach Kardeljs Rede über des Marschalls »kleine« Nachahmer am 20. Oktober 1978 ohne vorherige Ankündigung den Mitgliedern des Präsidiums des BdKJ vorschlug, sie sollten diese Körperschaft in ein kollektives Organ, ähnlich dem Präsidium der SFRJ, umwandeln. Und so wurde beschlossen, dass der Vorsitzende des Präsidiums nach genau festgelegtem Rotationssystem jedes Jahr aufs Neue ernannt werden solle. Als Erster wurde Bakarićs Verbündeter, der einundfünfzigjährige Branko Mikulić, dem der Ruf eines harten Dogmatiker vorausging, in diese Position (in der Funktion als Titos Stellvertreter) gewählt. Sekretär des erneut umgebildeten Präsidiums blieb zwar Stane Dolanc, aber an der Parteispitze bildete sich eine Doppelherrschaft von Vizepräsident und Sekretär heraus, die den Zweck der gegenseitigen Kontrolle zu haben schien, in Wirklichkeit aber bereits Dolancs Untergang ankündigte. Am 15. Mai 1979, einen Tag bevor er mit Tito nach Moskau hätte abreisen müssen, teilte er zur allgemeinen Überraschung mit, dass er aus freien Stücken als Sekretär des Präsidiums zurücktrete, da er mehrere Funktionen Kardeljs übernehmen müsse. Der war nämlich am 10. Februar gestorben, wobei er vor seinem Tod nicht anders gegen Titos Schüren interner Streitigkeiten zum eigenen Machterhalt zu protestieren wusste, als dass er sich für ein Privatbegräbnis entschied. Tito erlaubte das nicht, sondern verlangte ein Staatsbegräbnis, an dem er auch teilnahm. Bei der feierlichen Verabschiedung in Ljubljana konnte er allerdings trotz aller lobender Worte über Kardeljs Lebenswerk seine Verstimmtheit über den Verstorbenen nicht verbergen.[65]

Mit dem Rücktritt von Dolanc entfiel auch dessen Teilnahme an der Russland-Delegation, die zuvor von westlichen Beobachtern als Bestätigung angesehen worden war, dass er als möglicher Nachfolger Titos in die Arena zurückkehre. Obwohl Dolanc als Vertreter Sloweniens im Präsidium verblieb und die höchste staatliche Auszeichnung bekam, den Orden »Held der sozialistischen Arbeit«, verlor er in diesem kritischen Moment, weniger als ein Jahr vor Titos Tod, seine Schlüsselstellung an der Spitze der KPJ. Fast ein ganzes Jahrzehnt lang hatte er das Exekutivbüro des BdKJ geleitet, obwohl für diese Funktion ein einjähriges Mandat und die konsequente Rotation der Kader vorgesehen war.

Titos Auftreten auf dem Kongress der jugoslawischen Gewerkschafter, auf dem er ohne Namen zu nennen gegen das »Führertum« einiger Funktionäre polemisiert hatte, wurde als versteckte Kritik zu Dolancs Lasten gedeutet.[66] Er war das letzte Opfer unter Zehntausenden wichtiger Leute, die Tito bei den zahlreichen Säuberungen in seinem Leben aus dem Weg geräumt hat. (Es nützte nichts, dass er Tito mit schlüpfrigen Witzen unterhielt und bereit war, mit ihm Karten zu spielen, obwohl er wusste, dass er zu verlieren hatte.)[67]

Nach Kardeljs Tod entledigte sich Tito ohne große Bedenken seines ideologischen Werks. Weil er sich an die Regel »divide et impera« hielt, sagte er dem Reformismus der Slowenen ab und verband sich mit einer Gruppe Konservativer, deren wichtigster Vertreter Dušan Dragosavac war, ein Angehöriger der serbischen Minderheit in Kroatien, der zum Parteisekretär ernannt wurde. Auch an der Spitze der jugoslawischen Volksarmee kam es in dieser Zeit zu einem vielsagenden Wechsel: Der slowenische General Stane Potočnik wurde als Chef des Generalstabs von Branko Mamula abgelöst, ebenfalls ein kroatischer Serbe. Andere Serben aus den ehemals österreichisch-ungarischen Landesteilen stiegen mit dem Auftrag in Machtpositionen auf, sowohl Kroaten als auch Slowenen, aber auch die eigenen Volksgenossen aus dem alten Serbien in Schach zu halten.[68]

★

ABKÜHLUNG DER BEZIEHUNGEN ZWISCHEN WASHINGTON UND BELGRAD

Die Liquidierung der serbischen, slowenischen und mazedonischen Liberalisten im Jahre 1972 wurde von den Sowjets begrüßt, da sie darin die Wiederherstellung des Partei-Zentralismus im BdKJ sahen. Wie in Belgrad die diplomatischen Vertreter des Ostblocks mit Genugtuung feststellten, begannen manche Funktionäre im Kampf gegen den Nationalismus und Liberalismus wieder »unsere« Terminologie zu verwenden.[69] Tito hatte allerdings das alte System der Nomenklatura, das Ranković so geschickt zu seinen Gunsten eingesetzt hatte, nicht erneuert, sondern die Administration der Partei seinen Vertrauensleuten in den einzelnen Republiken übertragen. Sich selbst behielt er nur die Besetzung einiger Schlüsselpositionen in der staatlichen Verwaltung vor, im BdKJ, in den Geheimdiensten und im Militär, wobei er darauf achtete, dass es auf Bundesebene nicht wieder zu einer Hegemonie der Serben und Montenegriner kam, wie sie für die Periode vor 1966 typisch gewesen war. Auf alle Fälle konnte die Partei nach den Krisenjahren 1971 und 1972 in mancher Hinsicht ihren Einfluss auf das Gesellschaftsleben wieder stärken. In den Verlagen, an den Universitäten, in den Fabriken, in den Regionalverwaltungen erschienen erneut »Parteikollektive«, die zu einem wichtigen Instrument des Regimes bei der Durchsetzung politischer Rechtgläubigkeit wurden.[70] Die jugoslawische Presse strich das Wort »Stalinist« aus ihrem Wortschatz und unterließ jede kritische

Anspielung auf die sowjetische Realität. Konstante der »neuen Richtung«, die mit der XXI. Sitzung des Präsidiums des BdKJ in Karađorđevo eingeleitet wurde, war die Warnung vor dem drohenden Feind im Westen, wobei Tito sich selbst übertraf. Auf der III. Konferenz des BdKJ im Dezember 1972 in Belgrad wies er beispielsweise auf die 300 000 Reservisten hin, darunter auch Offiziere, die sich »zeitweilig« zum Arbeiten in Westeuropa aufhielten. Die ergäben »drei große Armeen«, die Jugoslawien im Ausland habe. Dabei fragte er sich, ob die westlichen Regierungen »im Falle eines wie immer gearteten Konflikts Jugoslawiens mit gleich wem« ihre Rückkehr in die Heimat erlauben würden. Die Partei, setzte er hinzu, habe bisher »zu sehr auf die Devisen geschaut und zu wenig darauf, was es bedeutet, wenn junge und fähige Menschen und sogar Offiziere eine Arbeit im Ausland annehmen«.[71] Unterstützung bekam er auch von Dolanc, der zum Jahreswechsel 1972/73 in einem Interview für die Tageszeitung *Delo* feststellte, »dass in einigen westeuropäischen Ländern die Aktivität gegen Jugoslawien im Wesentlichen eine Aktivität gegen die progressiven Kräfte im eigenen Staat ist«. Obwohl diese Überlegungen zum Teil auch von den angespannten Beziehungen zu Italien und Österreich wegen der Grenze bei Triest bzw. der slowenischen Minderheit in Kärnten beeinflusst waren, zielten sie vor allem darauf, in der öffentlichen Meinung ein Gefühl der Bedrohung zu schaffen, das als eine Art Ventil für die Unzufriedenheit der jugoslawischen Bevölkerung mit den inneren Verhältnissen wirken sollte.[72]

Als am 6. Oktober 1973 ein neuer Konflikt zwischen Israelis und Arabern ausbrach, überlegte Tito nicht lange, auf welche Seite man zu treten habe. Mit seiner Unterstützung für die Araber versuchte er zugleich seine Autorität innerhalb der Blockfreien zu stärken, denn auf der jüngsten IV. Konferenz der Bewegung in Algier war nicht zu übersehen gewesen, dass sein Einfluss schwand. Die jugoslawischen Journalisten bekamen den Auftrag, so zu berichten, »als befänden wir uns im Krieg mit Israel«. Sowjetischen Flugzeugen erlaubte Tito wieder die Nutzung des jugoslawischen Luftraums und von Flugplätzen für den Transport von Waffen für die ägyptischen und syrischen Einheiten, und als die schwer geschlagen waren, vergaß er sich so weit, dass er Nassers Nachfolger Sadat sogar riet, Tel Aviv zu bombardieren. Diese Botschaft wurde von der amerikanischen Gegenspionage abgefangen und löste in Washington naturgemäß große Entrüstung aus. Die Amerikaner beschuldigten Tito, das Feuer im Nahen Osten weiter zu schüren, und gaben, was noch wichtiger ist, die Hoffnung endgültig auf, dass Jugoslawien in der UN zwischen den zerstrittenen Mächten vermitteln könne. Die Beziehungen zwischen Belgrad und Washington verschlechterten sich so sehr, dass sie für einige Zeit sogar unterbrochen waren. Kissinger schnitt den jugoslawischen Botschafter in Washington und wollte Titos Außenminister nicht empfangen, als der an einer Sitzung der Generalversammlung der Vereinten Nationen teilnahm.[73]

In dieser keineswegs angenehmen Lage erlebte der Marschall aber zumindest eine moralische Genugtuung. Ende Juni 1974 bat ihn der Präsident des Jüdischen Weltkongresses, Nahum Goldmann, um ein Treffen. Goldmann, der mit Tito schon lange in freundschaftlichem Dialog stand, hatte festgestellt, dass dessen Vorhersagen aus dem Jahre 1967 eingetroffen waren, und zwar in erster Linie die Feststellung, »dass Israel nicht ewig von der Position der Stärke aus agieren kann«. In den Verhältnissen, die nach dem Jom Kippur-Krieg entstanden waren, war der Präsident des Jüdischen Weltkongresses überzeugt, dass Tito, entsprechend »seiner Reputation, Objektivität, Weitsicht, Prinzipientreue«, zielführend zwischen Arabern und Israelis vermitteln könne.[74] Doch dazu kam es nicht.

Die Abkühlung der Beziehungen zwischen Washington und Belgrad stieß auf ein positives Echo in der Führung der Jugoslawischen Volksarmee, weil man dort meinte, dass »die auf Eroberungszug befindlichen imperialistischen Mächte überall auf der Welt in breiter Offensive vorrücken. Zuerst in Vietnam, Kambodscha, später in Chile, danach mit Druck auf Panama, Puerto Rico u. a. m. Schließlich auch im Nahen Osten. In ihrer Offensive, deren Ziel die Eroberung neuer Positionen ist, gehen sie sehr weit – sogar bis an den Rand eines Dritten Weltkriegs.«[75] In jugoslawischen Regierungs-, Wirtschafts- und Intellektuellenkreisen löste Titos proarabische Politik Bedenken aus. Man sprach davon, dass er die Interessen Jugoslawiens völlig mit seinen eigenen Ambitionen gleichsetze, auf der Weltbühne eine bedeutende Rolle zu spielen. Doch Tito blieb hartnäckig bei seiner Ausrichtung und gelangte mit Breschnjew zu einem Einvernehmen, wie es schon seit Jahren nicht mehr der Fall gewesen war. Im November 1973 besuchte er ihn in Kiew, wohin er »zur Jagd« gereist war, und löste damit in der westlichen Presse eine Lawine von Vermutungen aus. »Warum müssen sich die beiden so häufig treffen?« fragte sich *The Economist* argwöhnisch. »Sind sie nur zwei gute Freunde?«[76]

Das Abschlusskommuniqué ihrer Gespräche zeigte tatsächlich, dass sie noch etwas mehr geworden waren. Um das Klima zu kennzeichnen, das dieses Treffen prägte, verwendeten Tito und Breschnjew zum ersten Mal die Wörter »Glaube und Vertrauen« und vergaßen dabei die *Belgrader* und *Moskauer Deklaration* zu erwähnen, so als wäre sie gänzlich überholt. Weil Tito eine überaus scharfe Haltung gegenüber den amerikanischen »Gangstern« und ihrer Politik in Vietnam, Kambodscha, im Nahen Osten und im Mittelmeerraum einnahm und überzeugt war, dass Jugoslawien, da von kapitalistischen Staaten umgeben – Italien, Griechenland, Österreich –, überaus exponiert war, versprach ihm Breschnjew neben anderen militärischen Lieferungen auch Raketen vom Typ SAM, die kurz zuvor an der ägyptisch-israelischen Front eingesetzt worden waren.

Am X. Kongress des BdKJ im Jahre 1974, der die Bedeutung von »demokratischem Zentralismus« und »leninistischer Disziplin« betonte, nahm nach langer Zeit wieder eine sowjetische Delegation teil, während die *Prawda,* das offizielle Organ der KPdSU, in ihrem Kommentar nachdrücklich auf Titos Entschlossenheit und seine Erfolge im Kampf gegen die »Feinde des Sozialismus« hinwies. Davon war er auch selbst überzeugt, denn auf dem »Kongress des Sieges«, wie er ihn bezeichnete, sparte er nicht mit Ausdrücken der Genugtuung, umso mehr, als man ihn als Vorsitzenden des BdKJ auf Lebenszeit bestätigt hatte. »Wir haben alle Gegner besiegt«, verkündete er und stellte zugleich fest, dass es sich um den »besten Kongress in der Geschichte unserer Partei« handele, um einen »Kongress, der der ganzen Welt wie eine Fackel leuchtet«. Die politische Erfahrung der letzten Jahre sei negativ gewesen, denn »die größte Gefahr für den Sozialismus und die Selbstverwaltung sind Technokratie und Bürokratie im Verbund mit Nationalismus, Liberalismus und Dogmatismus als ideologische Deckung«.[77]

Dieser Schwenk hin zur Orthodoxie sowjetischen Typs trübte nicht nur das jugoslawische Verhältnis zu Washington, sondern auch das zur Europäischen Wirtschaftsgemeinschaft. Als sich die arabischen Staaten entschlossen, als Antwort auf den israelischen Sieg im Jom-Kippur-Krieg den Ölpreis wesentlich zu erhöhen, vergaßen die Jugoslawen die eigenen Wirtschaftsinteressen völlig und begrüßten diesen Schritt. Vergeblich wies Außenminister Mirko Tepavac daraufhin, dass Jugoslawien statt der proarabischen »Blockfreiheit« lieber eine Neutralität schweizerischen oder österreichischen Typs anstreben solle. »Unsere Politik«, notierte Stane Kavčič in seinen Tagebuch, »sieht in jedem arabischen Scheich, in jedem schwarzen Häuptling oder asiatischen Despoten einen größeren Verbündeten als im entwickelten und zivilisierten Westeuropa ...« In dieser Politik – stellte er resignierend fest – herrschten stalinistisches Misstrauen, Sektierertum und asiatische Mentalität.[78] Er hatte natürlich recht. Er irrte sich nur mit dem Wörtchen »unsere«, denn in Wahrheit handelte es sich um die persönliche Politik Titos, der sich mit den Jahren immer mehr mit Jugoslawien gleichsetzte, zugleich aber immer empfänglicher wurde für Schmeicheleien. »Herr Präsident«, sagte der Diktator der Zentralafrikanischen Republik Jean-Bédel Bokassa auf dem IV. Gipfel der Blockfreien in Algier zu ihm, »das, was Alexander dem Großen, Cäsar, Napoleon und Wilhelm II. nicht gelungen ist, nämlich den größten Teil der Menschheit mit Waffengewalt zu vereinen, ist Ihnen mit der Kraft der Ideen gelungen. Sie haben die kleinen und mittleren

Staaten der modernen Welt, die zwei Drittel der Menschheit und auch ihr Gewissen darstellen, vereint.«[79] Es ist klar, dass sich die Beziehungen zwischen Jugoslawien und der Zentralafrikanischen Republik (dem späteren Kaiserreich) nach diesen schmeichelhaften Worten überaus herzlich gestalteten.

Mirko Tepavac, durch den Sturz seiner liberalen Freunde geschwächt, konnte sich in solchen Verhältnissen nicht mehr in der Position des Außenministers halten. Er trat am 1. November 1973 zurück, auf seinem Posten folgte der konservative Miloš Minić, der in der Vergangenheit eine Zeit lang in Ungnade gewesen war, aber jetzt als »Mann Titos« galt, der einer engen Zusammenarbeit mit der UdSSR zuneigte.[80] Den Preis für die neue Entdeckung der Kameradschaft mit den Sowjets zahlten die Zeitschrift *Praxis* und ihre Mitarbeiter, unter denen sich mehrere angesehene Philosophieprofessoren der Belgrader und Laibacher Universität befanden. Wegen des Einflusses, den diese »Trotzkisten« in intellektuellen und studentischen Kreisen hatten, wurden sie ihrer Lehrstühle enthoben, während die Zeitschrift eingestellt wurde.[81] »Jugoslawien«, stellte der Vizepräsident des Präsidiums der SFRJ in einem Gespräch mit dem tschechoslowakischen Verteidigungsminister Martin Dzuro fest, »fühlt sich als Teil der sozialistischen Welt. Im Spannungsfall wird es sich den sozialistischen Staaten anschließen und gemeinsam mit ihnen gegen den Imperialismus kämpfen.«[82] Im Namen dieser Freundschaft, wenn nicht sogar eines informellen Bündnisses, erlaubte Tito Anfang des Jahres 1974 den Sowjets die Benutzung von Adria-Häfen in Dalmatien zur Reparatur ihrer Kriegsschiffe, was für sie wegen ihrer immer größeren Präsenz im Mittelmeerraum überaus wichtig war.[83]

★

KAMPF GEGEN DIE JUGOSLAWISCHEN KOMINFORMLER

Aber genau in dem Augenblick, als es zwischen Moskau und Belgrad keine offenen Fragen mehr zu geben schien – obwohl die wirtschaftliche Zusammenarbeit nicht den Erwartungen entsprach –, kam es zu einem unerwarteten Zwischenfall, der mit der Kominform-Emigration in Zusammenhang stand. In der Zeit des fünfjährigen Drucks auf Jugoslawien hatte diese Emigration eine intensive Anti-Tito-Propaganda über Presse und Radiosender geführt, die aus den benachbarten sozialistischen Staaten und der Sowjetunion sendeten.[84] Daneben hatte sie Diversanten-Gruppen gebildet, die Grenzzwischenfälle inszenieren und in der Föderation die Produktion untergraben und das gesellschaftliche Leben destabilisieren sollten. Am Ural war sogar ein jugoslawisches Flugzeuggeschwader zusammengestellt worden, das man zu Anfang der fünfziger Jahre nach Moskau verlegte, damit es im Falle eines Angriffs auf Jugoslawien bei der Hand war. In der sowjetischen Hauptstadt erschien außerdem seit dem 1. Mai 1949 das Blatt *Für ein sozialistisches Jugoslawien*, das zum Organ des Bundes der jugoslawischen Patrioten zur Befreiung vom faschistischen Joch der Tito-Ranković-Clique und der imperialistischen Knechtschaft mutierte.[85]

In den dramatischen Jahren des Streites mit Stalin stellten die Emigranten (damals waren es an die 3500) die »gesunden Kräfte« und »wahren Marxisten-Leninisten«, die zum »Kern einer neuen KPJ« werden sollten. Ihre Delegierten traten auf allen Tribünen der Parteikongresse der sozialistischen Staaten auf, und als Stalin starb, legten sie einen Kranz mit der Aufschrift »Dem größten Freund und Beschützer der Völker Jugoslawiens« auf seinen Sarg. Nach 1954, als es zu einer Annäherung zwischen Tito und Chruschtschow kam, wurden ihre Organisationen in Moskau nur formal aufgelöst, wenn auch die Radiosender und Zeitungsblätter ihre Arbeit einstellten. Das Problem war auch 1956 nicht gelöst, als Chruschtschow von Tito verlangte, sich in Kiew mit einer Delegation der Emigranten zu treffen. Hintergrund dieser Begegnung war eine Übereinkunft zwischen beiden Regierungen, die den Kominformlern eine Amnestie zusicherte und Heimkehrwilligen die Rückkehr in die Heimat ermöglichen sollte.[86]

Obwohl Tito diesen Vorschlag akzeptierte und die Problematik von der Tagesordnung zu bringen suchte, agierten die Emigrantengruppen weiterhin gegen sein Regime. Annähernd 1300 Kominformler nahmen die verkündete Amnestie zwar in Anspruch und verließen das sowjetische »Lager«. Bei der größeren Anzahl der Emigranten aber (bei fast allen, die außerhalb Moskaus lebten) verhinderten die Sicherheitsorgane, dass sie sich mit der erwähnten Konvention vertraut machten. Die Folge davon war, dass die Mehrheit von ihnen die sowjetische Staatsbürgerschaft annahm. Das wiederum sagte Moskau zu, denn so verfügte es über Menschen, mit denen es nach Gutdünken manipulieren konnte.[87] Deshalb waren ihre Aktivitäten auch nicht völlig zum Erliegen gekommen: Die Kominformler trafen sich weiterhin in »patriotischen Klubs« und meldeten sich jedes Mal zu Wort, wenn die Beziehungen zwischen Belgrad und Moskau angespannt waren. An den XX. Kongress der KPdSU adressierten sie einen Brief, der aber nicht verlesen wurde, weil es dort mit dem Geheimreferat Nikita S. Chruschtschows zur Abrechnung mit Stalin kam. Aber als gegen Ende der fünfziger Jahre ein Konflikt zwischen der KPdSU und dem BdKJ wegen dessen »revisionistischem« Programm ausbrach, meldeten sich die

Kominformler erneut. An den XXI. außerordentlichen Kongress der KPdSU im Jahre 1959 richteten sie eine Anti-Tito-Adresse, die unter die offiziellen Dokumente gereiht wurde.[88] Zugleich traten sie mit einer Reihe von Artikeln und Publikationen in Erscheinung, die gegen die jugoslawischen Häretiker gerichtet waren.

In den nachfolgenden Jahren spalteten sie sich in zwei Strömungen: eine von Mile Perović geführte »extreme« und eine »gemäßigte« mit Vlado Dapčević an der Spitze. Interessanter als Ersterer, der nur ein grauer Fanatiker war, war Dapčević, der ein beachtenswertes Abenteurerleben hinter sich hatte. Er war der Halbbruder des legendären Generals und späteren Vizepräsidenten des Bundesparlaments Peko Dapčević und hatte nach dem Krieg zum engen Mitarbeiterstab von General Arso Jovanović gehört. Im August 1948 versuchte er gemeinsam mit diesem nach Rumänien fliehen, beide wurden aber gefasst und eingesperrt. Im Jahre 1955 wurde er begnadigt und in seinem Geburtsort nahe Cetinje interniert, von wo ihm drei Jahre später, nach dem VII. Kongress des BdKJ gemeinsam mit einer Gruppe aktiver Offiziere die Flucht nach Albanien gelang. Von dort ging er in die Sowjetunion und im Jahre 1967 mit Erlaubnis der Moskauer Behörden nach Brüssel, wo er unter den Auslandsjugoslawen Anti-Tito-Propaganda betrieb.[89]

Nach dem Sturz Chruschtschows gab Breschnjew in Gesprächen mit Tito zwar zu, dass illegale Kontakte zwischen Gegnern des jugoslawischen Regimes in Moskau und jugoslawischen Emigranten möglich seien, wies aber die Behauptung kategorisch zurück, dass die sowjetischen Behörden sie unterstützten. »Das existiert für uns nicht, nur unsere Feinde können uns Derartiges unterstellen.«[90] In Wahrheit aber hatten Emigranten in Moskau mit staatlicher Duldung schon 1971 Titos Geburtstag mit zwei Vorträgen »gefeiert«, in denen sie ihn persönlich verunglimpften. Es kam zu einer lebhaften Zeitungspolemik zwischen der *Politika*, die über den Vorfall berichtet hatte, und der *Iswestija* und auch zu einem offiziellen Protest des Belgrader Außenministeriums. Über die Tätigkeit der Kominformler wurde auch im September desselben Jahres bei der Begegnung zwischen Tito und Breschnjew in Karađorđevo gesprochen, wobei Letzterer noch einmal versicherte, dass die sowjetische Führung keine feindlichen Aktivitäten gegen Jugoslawien unterstütze.[91] Wie bald darauf bekannt wurde, hatte die Moskauer Regierung die Kominformler zwar formal aufgelöst, sie in Wirklichkeit aber wissen lassen: »Wenn ihr aktiv sein wollt, seid es im Ausland.«[92]

★

DIE NEUE KOMMUNISTISCHE PARTEI JUGOSLAWIENS

Am 6. April 1974, zu einer Zeit, als Tito lautstark verkündete, dass die Sowjetunion Jugoslawien keineswegs bedrohe, und gegen Versuche des Westens protestierte, »uns mit ihr zu erschrecken«, tagte im montenegrinischen Hafen Bar in aller Heimlichkeit der Gründungskongress einer neuen Kommunistischen Partei Jugoslawiens. Unter den Organisatoren des Treffens, das parallel zu den Vorbereitungen für den X. Kongress des BdKJ stattfand, war auch Dušan Brkić, ehemaliger Häftling auf der Strafinsel Goli Otok.[93] Auch unter seinem Einfluss beschlossen die Teilnehmer des Treffens ein Programm und Statut, das diametral dem entgegengesetzt war, was das Tito-Regime seit 1948 verfolgt hatte. Sie erklärten den BdKJ für aufgelöst, verkündeten die Gründung einer »neuen KPJ«, die sich das stalinistische System und die Breschnjew-Doktrin der beschränkten Souveränität zu eigen gemacht habe und nach der Einbindung Jugoslawiens in die Sowjetunion strebe. Auch erklärten sie Tito als Generalsekretär der Partei für abgesetzt und ernannten statt seiner den alten Kominformler Mile Perović.[94]

Die jugoslawischen Behörden erfuhren von dem Kongress nicht durch Zufall, denn sie hatten in der »Kiewer Gruppe« ihren Informanten. Als klar war, dass die für das illegale Treffen benötigten Materialien in einem Diplomatenauto über Budapest ins Land geschmuggelt werden sollten, wurde nahe der Grenze ein Verkehrsunfall inszeniert. In ihn war der Sohn eines Sowjetdiplomaten verwickelt, der in der Botschaft in Belgrad arbeitete. In seinem Gepäckraum fanden die Polizisten Flugblätter, die er nach Bar transportieren sollte. Die Behörden traten natürlich sofort in Aktion, verhafteten die Kongressteilnehmer, stellten sie vor Gericht und verurteilten sie zu zwei bis vierzehn Jahren Gefängnis.[95]

Der Vorfall war ein schwerer Schlag für Tito, denn er musste erkennen, dass die Führer der Sowjetunion trotz betonter Freundschaft ihren »hegemonistischen« Plänen nicht entsagt hatten. In einem Augenblick innerer Spannungen, etwa nach Titos Tod, würden sie möglicherweise zu einer Täuschung greifen, wie sie sich in der ungarischen und tschechoslowakischen Krise als opportun erwiesen hatte – und auf Ersuchen dieser neugegründeten KPJ nach Jugoslawien einmarschieren. Wie Vladimir Bakarić zum dänischen Journalisten Gunnar Nissen sagte, war man in Moskau der Meinung, dass in Jugoslawien nur Tito »gut« sei, seine Mitarbeiter hingegen nicht.[96] Trotz der Behauptung, dass die

Aufdeckung der Anti-Parteigruppe der Kominformler keinen Einfluss auf die Beziehungen zur Sowjetunion haben werde, kam es in Wirklichkeit zwischen beiden Staaten zu einer spürbaren Abkühlung, denn nichts konnte den Verdacht der Jugoslawen entkräften, dass die Russen noch immer subversive Tätigkeiten in ihrem Staat planten.[97] Zur Steigerung des Misstrauens trug noch General Jan Šejna bei, der Verantwortliche für das politische Ressort in der tschechoslowakischen Armee, der 1968 in die USA floh und im Februar 1974 in einem Interview für die Wiener Zeitschrift *Profil* von einem militärischen Plan des Warschauer Paktes sprach, demzufolge im Krisenfall Truppen des Sowjetblocks über österreichisches Gebiet nach Jugoslawien einmarschieren sollten.[98] In Belgrad wurde öffentlich beklagt, dass die Sowjets ein weitverzweigtes gegen Jugoslawien arbeitendes Spionagenetz unterhielten. In privaten Äußerungen warfen sie den Sowjets zudem vor, sowohl in die Kosovo-Unruhen des Jahres 1968 wie auch in die folgenden gegen das Regime gerichteten Aktionen von Emigrantengruppen verwickelt gewesen zu sein.

Auch im Augenblick der größten Freundschaft zwischen Tito und Breschnjew gaben die sowjetischen Geheimdienste nicht das Ziel auf, in Jugoslawien eine fünfte Kolonne zu schaffen. Nur so jedenfalls lässt sich die Tatsache deuten, dass im Juni 1973 der Leiter des KGB Jurij W. Andropow durch einen seiner Agenten Dobrica Ćosić wissen ließ, er solle aufpassen, da ihm von höchster Stelle »Gefahr« drohe. Offenbar sahen die Sowjets in dem berühmten Schriftsteller, der zu dieser Zeit der Sprecher einer oppositionellen, stark nationalistisch gefärbten Strömung in Serbien war, einen möglichen Verbündeten.[99]

Obwohl laut Angaben der Sicherheitsdienste nur zwölf Personen an dem Kongress in Bar teilgenommen hatten, unterschätzte Tito die Angelegenheit nicht. Er ordnete eine Untersuchung an, die mit der Festnahme von zweiunddreißig Kominformlern, in der Hauptsache Montenegriner, und der Beschlagnahme einer größeren Menge in der Sowjetunion gedruckten Materials endete. Ende Juli 1974 kam es zu einer großen Säuberung, bei der annähernd 24 000 Menschen festgenommen wurden, vor allem Intellektuelle, Studenten, Parteifunktionäre, Angehörige der Elite.[100] Die Affäre war zwar schon im Frühjahr bekannt geworden, aber es war verboten, über sie zu sprechen, solange Tito nicht die Angelegenheit mit Breschnjew geklärt hatte. Das Exekutivkomitee des BdKJ sandte am 25. Juli 1974 ein Memorandum an das Politbüro der KPdSU, in dem es darauf hinwies, dass über die umstürzlerische Tätigkeit der Kominformler zwischen Vertretern Jugoslawiens und der UdSSR häufig, auch auf höchster Ebene, gesprochen worden sei. »Deshalb ist das Exekutivkomitee des Präsidiums des Zentralkomitees des BdKJ der Meinung, dass den verantwortlichen Sowjetorganen eine derartige antijugoslawische Aktivität der IB-Emigration nicht unbekannt ist. Die verantwortlichen Sowjetorgane haben keine wirkungsvollen Maßnahmen [gegen sie] getroffen.«[101]

Nach ergebnislosem Austausch zweier diplomatischer Noten und fruchtlosen Gesprächen zwischen Stane Dolanc und dem Geschäftsträger der UdSSR, den Botschaftern Ungarns und der Tschechoslowakei reiste Anfang September Kardelj in die Sowjetunion, offiziell privat, in Wirklichkeit aber, um eine Erklärung für die Ereignisse von Bar einzufordern. Das Resultat seiner Reise war allerdings nicht positiv: Die Kremlführer stritten nämlich wie in der Vergangenheit jede Verstrickung in den illegalen Kongress ab, denn sie hätten die prominentesten Kominformler, die in der Sowjetunion lebten, bereits gezwungen, in den Westen zu übersiedeln. Tito versuchten sie auch dadurch zu besänftigen, dass sie größere Mengen an modernen Waffen nach Jugoslawien schickten, wobei sie allerdings ihre kritische Einstellung zum Selbstverwaltungssystem und zur Politik der Blockfreiheit nicht verhehlten, da die Jugoslawen ihrer Meinung nach die Verfasstheit der gegenwärtigen, ihn zwei Blöcke gespaltenen Welt ignorierten. Ebenso sei es in Jugoslawien neben der »Divinisierung« Titos auch zu einer »Divinisierung« der Selbstverwaltung und der Blockfreiheit gekommen, sodass jede Kritik unmöglich sei. Sie behaupteten, dass die Belgrader Behörden die im Staate vorhandenen sozialistischen Kräfte unterstützen und sie den prowestlichen Kräften entgegenstellen müssten, die ihrer Meinung nach die Annäherung zwischen Jugoslawien und der Sowjetunion zu untergraben versuchten. Letztere seien vor allem in intellektuellen und journalistischen Kreisen stark, die trotz der Übereinkunft Titos und Breschnjews, die feindliche Propaganda zum Verstummen zu bringen, noch immer antisowjetische Artikel veröffentlichten.[102]

Solche doppelbödige Argumentation, die zwischen Negierung jeglicher Verantwortung und Kritik pendelte, bestärkten Tito in der Überzeugung, dass die Sowjets trotz aller schönen Worte noch immer planten, Jugoslawien oder zumindest seinen orthodoxen Teil in ihren Einflussbereich zu ziehen. Und weil inzwischen die *Washington Post* das ganze Geschehen um den Kongress in Bar aufgedeckt hatte, gab es keinen Grund mehr zu schweigen. Zwei Tage nach Kardeljs Rückkehr aus Kiew, am 12. September 1974, erwähnte Tito in einer Rede vor Stahlarbeitern in Jesenice die Verschwörung gegen den BdKJ, ohne sie zu dramatisieren. Eine ganz andere Botschaft signalisierte eine Woche später das Urteil gegen die zweiunddreißig Kominformler, gegen die hinter verschlossenen Türen verhandelt worden war: Sie wurden zu insgesamt mehr als zweihundert Jahre Kerker verurteilt. In den folgenden Tagen war die Presse voller Artikel über die Kominform-Emigranten, deren Anzahl mit 725 angegeben wurde und die mehrheitlich serbischer Nationalität sein sollten. Zugleich organisierte der Staatssicherheitsdienst gegen ihre einheimischen Sympathisanten eine wahre Hetzjagd. Man brauchte nicht lange zu warten, bis seine Organe drei weitere regimefeindliche Gruppen in Bosnien und Herzegowina, Dalmatien, Belgrad und in der Vojvodina aufgespürt hatten.[103]

Das sorgte für eine weitere Verschlechterung der Beziehungen zu den Sowjets, die natürlich in bewährter Propagandamanier antworteten: Zum 30. Jahrestag des Sieges, im Frühjahr 1975, veröffentlichten sowohl Marschall Iwan I. Jakubowski als auch Andrei A. Gretschko in Prager Zeitungen Artikel, in denen sie der Roten Armee das gesamte Verdienst an der Befreiung Ost- und Mitteleuropas, einschließlich Jugoslawiens, und an der Durchsetzung des Sozialismus in diesem Raum zuschrieben. Die Tito-Partisanen hätten ihrer Meinung nach beim Sieg über den Nazi-Faschismus nur eine Nebenrolle gespielt. Die These, dass die KPJ wie alle anderen osteuropäischen Parteien mithilfe der Sowjettruppen an die Macht gekommen sei, griffen die Bulgaren eiligst auf und sprachen in ihrer Presse von dem entscheidenden Anteil, den bei der Befreiung Serbiens auch ihre Einheiten geleistet hätten.[104]

Auf diese Beleidigung der Volksbefreiungsarmee, die das Spezifikum der jugoslawischen Revolution und die Legitimität der KPJ indirekt in Abrede stellte, reagierte Tito am 2. April 1975 in Skopje und einen Tag später auch im Kosovo in aller Schärfe.[105] Danach dann auch ganz unmittelbar in einem langen Fernsehinterview, in dem er seine Sicht des Zweiten Weltkriegs darlegte.[106] Damit löste er eine wahre Lawine von Protestresolutionen aus, die von Partisanenkämpfern auf zahlreichen Treffen verabschiedet wurden, wobei sie immer wieder die Worte Titos wiederholten: »Wir sind von Anfang an mit der Sowjetunion Seite an Seite gegangen. Ich wüsste gern, wer von denen, die heute unsere Opfer so sehr abwerten, sonst noch mitgegangen ist.«[107] Die Russen, angefangenen mit Breschnjew und Kosygin, versuchten sich zwar zu rechtfertigen, der Groll aber blieb und gab dem Misstrauen neue Nahrung.[108] Kardelj verstärkte es noch, als er eine Einladung ausschlug, an den Feierlichkeiten zum 250. Jahrestag der Gründung der sowjetischen Akademie der Wissenschaften und Künste teilzunehmen.[109]

Die Amerikaner versuchten die Gelegenheit natürlich sofort auszunützen. Am 3. und 4. August 1975 weilte Präsident Gerald Ford zu einem Besuch in Belgrad und unterzeichnete unter anderem einen 600 Millionen schweren Vertrag für den Bau eines Kernkraftwerks in Krško.[110] Tito ergriff die dargebotene Hand und versuchte die Abkühlung in den gegenseitigen Beziehungen zu überspielen, zu der es 1973 wegen des arabisch-israelischen Konflikts gekommen war. Dieser Prozess der erneuten Annäherung war aber nicht leicht, da es immer wieder zu Missverständnissen und Auseinandersetzungen kam. So zerriss Tito Anfang 1976 in einem dramatischen Entschluss die Verträge über eine Lieferung von TOW-Panzerabwehrraketen, die Jugoslawien dringend benötigte, während Verteidigungsminister Nikola Ljubičić den Amerikanern vorwarf, Jugoslawien nicht die allerneuesten Waffen verkaufen zu wollen. Alles zusammen wurde von einer Medienkampagne gegen die Aktivitäten der Emigrantengruppen in den USA begleitet, die von »feindlich gesinnten Elementen« in Washington geschützt würden.[111] Im Oktober desselben Jahres war Tito überaus verstimmt, als Jimmy Carter, der demokratische Präsidentschaftskandidat, der auf außenpolitischem Gebiet ziemlich unbeholfen war, bei einer Fernsehdebatte mit seinem Konkurrenten Gerald Ford erklärte, dass er nicht an die Möglichkeit einer sowjetischen Invasion in Jugoslawien glaube. Dabei fügte er hinzu, keine amerikanischen Truppen zu dessen Verteidigung einsetzen zu wollen, wenn Derartiges geschehen sollte, denn die Sicherheit der Vereinigten Staaten wäre in diesem Falle nicht bedroht. Als daraufhin Carter gewählt wurde, kühlten sich die Beziehungen zwischen beiden Staaten wieder deutlich ab. 1978 versuchte Carter sie zu verbessern und lud deshalb Tito ein, zum dritten Mal Washington zu besuchen. Bei dieser Gelegenheit wechselte er das Register völlig, er verpflichtete sich, schärfer gegen extremistische Emigranten vorzugehen und sagte dem unabhängigen, territorial ganzheitlichen und vereinten Jugoslawien Unterstützung zu. Es kam zu offenherzigen Gesprächen, im Verlauf derer Carter Tito fragte, warum die Russen die USA so sehr hassten. Der sagte ohne Umschweife, das komme daher, »weil Sie sie mit Ihren Militärbasen eingekreist haben und weil Sie sie wirtschaftlich vernichten wollen, indem Sie ihnen mit der Neutronenbombe drohen und ihnen einen Rüstungswettkampf aufzwingen«. Sein Auftritt beeindruckte Zbigniew Brzeziński, den Berater des Präsidenten in Fragen der nationalen Sicherheit, so sehr, dass er später erklärte: »Gemeinsam mit den USA und der Sowjetunion ist Jugoslawien der einzige Protagonist in der internationalen Arena.«[112]

Am 26. Dezember gaben die jugoslawischen Behörden bekannt, dass hinter verschlossenen Türen ein Prozess gegen den Kominformler Vlado Dapčević laufe, der in der Nacht zwischen dem 8. und 9. August auf geheimnisvolle Weise aus seinem Hotel in Bukarest verschwunden war.[113] In die rumänische Hauptstadt hatte sich Dapčević unvorsichtigerweise begeben, weil er mit dem Schutz durch seine sowjetischen Unterstützer rechnete, dabei aber die guten Beziehungen zwischen Tito und Nicolae Ceauşescu, dem rumänischen Staatspräsidenten, und zwischen der UDBA und der rumänischen Securitate unterschätzte. Die jugoslawischen Agenten ergriffen ihn und brachten ihn nach Belgrad, wo er wegen »illegalen« Grenzübertritts, geplanter feindlicher Aktivität und sogar des Versuchs, die Abspaltung des Kosovo und Westmazedoniens zugunsten Albaniens herbeizuführen, zuerst zum Tode und dann zu zwanzig Jahren Zuchthaus verurteilt wurde.[114]

Zeitgleich gab Tito den Leitern der Sicherheitsdienste »Sonderanweisungen« für Aktionen gegen Dissidenten. Im ganzen Staat wurden Aufforderungen zur »Wachsamkeit« erlassen, die geradezu paranoide Züge annahmen.[115] Die rücksichtslose Vorgehensweise gegen die Regimefeinde, die auch Morde nicht ausschloss, nahm Mitte der siebziger Jahre derartige Ausmaße an, dass die Hamburger Wochenzeitschrift *Der Spiegel* im Zusammenhang mit der jugoslawischen Regierung sogar von einer »politischen Mafia« auf dem Balkan schrieb. Der französische Präsident Giscard d'Estaing verschob angesichts eines ungeklärten Mordes an zwei jugoslawischen Emigranten in Paris und Nizza seinen schon angekündigten Besuch bei Tito. Als die jugoslawischen Behörden im August 1976 einen amerikanischen Staatsbürger mit jugoslawischen Wurzeln, der seine alte Heimat bereiste, der Spionagetätigkeit beschuldigten und festnahmen, kam es auch zwischen Washington und Belgrad zu einem Konflikt. Gegen das Vorgehen der jugoslawischen Regierung protestierte der amerikanische Botschafter in Belgrad Lawrence Silberman auf das Heftigste. Mit seinem Auftreten zog er allerdings Titos Groll auf sich, der ihn beschuldigte, sich in die inneren Angelegenheiten des Staates einzumischen. Er wurde zur Persona non grata erklärt und musste abberufen werden.[116]

Gegen Ende der sechziger Jahre gab es in Jugoslawien kaum politische Gefangene. Nach den Säuberungen in Kroatien und in Serbien änderten sich in den nachfolgenden Jahren die Verhältnisse, sodass Tito 1976 während eines Besuchs in Schweden einräumen musste, dass sich in seinen Kerkern vermutlich mehr »Politische« befanden als in jedem anderen osteuropäischen Staat, außer in der Sowjetunion.[117] Der Sekretär des schwedischen *Amnesty International* schätzte ihr Zahl auf annähernd tausend.[118]

Da Tito fürchtete, dass eine derart eklatante Verletzung der Menschenrechte dem internationalen Ansehen Jugoslawiens schadete, verkündete er im Vorfeld der Europäischen Sicherheitskonferenz, die im Juni 1977 in Belgrad stattfinden sollte, eine umfangreiche Amnestie. Zudem scheint er noch vor seinem Tod eine Initiative in Gang gesetzt zu haben, die das Verbaldelikt abschaffen sollte. Zu diesem Zweck war eine Sondersitzung des ZK des BdKJ vorgesehen, zu einer Debatte über dieses Thema kam es allerdings nie.[119]

★

VERSCHLECHTERUNG DER BEZIEHUNGEN ZU MOSKAU

Jugoslawien hatte zum Ende von Titos Leben zwei Gesichter: Auf der einen Seite wollte es dem Westen seinen demokratischen »Anstand« beweisen, auf der anderen dem Osten seine Entschlossenheit, sich dem Würgegriff zu entziehen, den die Sowjets immer wieder anzusetzen versuchten.

In diesem Sinne ist ein Zwischenfall bezeichnend, zu dem es Mitte November 1976 während des Staatsbesuchs Breschnjews in Belgrad gekommen sein soll. Zu Beginn des Treffens habe der Generalsekretär der KPdSU erklärt, dass er lieber nicht in Anwesenheit von Stane Dolanc spreche, denn der habe sich »dem Imperialismus verkauft«. Tito habe daraufhin seinem Gast die Zigarette aus dem Mund gerissen, sie auf dem Teppich zertreten und geschrien: »Du Ochse! Wir sind nicht in der Tschechoslowakei und ich bin nicht Dubček!«[120] In den Gesprächen, die in gespannter Atmosphäre fortgesetzt wurden, verlangte Breschnjew erneut Marinebasen an der Adriaküste für seine Kriegsflotte, Überflugsrechte für sowjetische Flugzeuge durch den jugoslawischen Luftraum und größere politische und wirtschaftliche Zusammenarbeit, einschließlich der Gründung einer Gesellschaft der sowjetisch-jugoslawischen Freundschaft. Er verlangte auch, dass der BdKJ in Hinkunft regelmäßig an den ideologischen Beratungen der Führer des sozialistischen Blocks teilnehme, dass Tito die Politik der Blockfreiheit zugunsten Moskaus revidiere und die antisowjetischen Äußerungen in den jugoslawischen Medien zum Schweigen bringe, denn die seien Ausdruck einer »der UdSSR nicht freundschaftlich gesinnten Denkweise«. Tito hörte ihm scheinbar ruhig zu, zündete sich eine Zigarre an, klappte seinen vor ihm auf dem Tisch liegenden Notizblock zu und sagte: »Es ist schon spät. Das Beste ist, wir gehen jetzt zum Abendessen und setzen die Gespräche morgen um neun fort.« Da er sich gleichzeitig vom Tisch erhob, blieb den überraschten Russen nichts anderes übrig, als die Vertagung hinzunehmen.[121]

Als er aber mit seinen Mitarbeitern allein geblieben war, kommentierte er gereizt, dass Breschnjew Fragen angeschnitten habe, die er nicht erwartet hätte, und bestimmte innerhalb der jugoslawischen Delegation eine Gruppe, die darauf Antworten ausarbeiten solle. Die formulierte die ganze Nacht Argumente, die Tito am nächsten Tag erlaubten, alle Forderungen zurückzuweisen. Dabei hob er besonders hervor, dass er nicht nur im eigenen Namen spreche, sondern die Meinung aller jugoslawischen, bei der Begegnung anwesenden Führer vertrete, und ganz sicher auch die Meinung des BdKJ und aller jugoslawischen Völker und Völkerschaften.[122] Das hinderte Breschnjew aber nicht daran, sein Ansinnen im August des folgenden Jahres zu wiederholen, als sie sich erneut in Moskau trafen. Auch diesmal stieß er auf taube Ohren.[123] Doch das sowjetische »Ultimatum«, wie die Forderungen von westlichen Journalisten interpretiert wurden, beunruhigte die Jugoslawen. Sie sahen es als Zeichen dafür, dass Moskau seine hegemonistischen Pläne nicht aufzugeben gedenke. Dabei war vor allem die These alarmierend, die der Chefideologe der KPdSU Michail Suslow vertrat, dass die sowjetische Außenpolitik, die Stalinzeit eingeschlossen, vom Jahre 1917 an hundertprozentig richtig gewesen sei. Kardelj sandte deshalb in seinen letzten Tagen über Dolanc eine Botschaft an Tito, in der er erklärte, dass die Frage, wie man sich gegen die sowjetische Gefahr wappnen könne, die schwerste Aufgabe nicht nur des aktuellen Augenblicks, sondern auch zukünftiger Generationen sei.[124]

Titos reservierte Einstellung gegenüber der Sowjetunion kam vor allem während des Besuchs des französischen Präsidenten Giscard d'Estaing in Belgrad Ende 1976 zum Ausdruck. In einem Privatgespräch sagte er, dass für ihn die Forderung nach allgemeiner Abrüstung, die Jugoslawien gerade zu dem Zeitpunkt lautstark vor den Vereinten Nationen vertrat, nicht unbedingt viel bedeute, da es sich um reine Propaganda handele. Wie in Washington Henry Kissinger bei einem Treffen der Außenminister Frankreichs, Großbritanniens und Westdeutschlands feststellte, »planen die Jugoslawen genau, was sie tun werden, wenn die Sowjets kurzen Prozess machen«. Und sein französischer Kollege Louis de Guiringaud bemerkte nach einer Reise nach Belgrad: »Sie betonten mehrmals, dass sie bereit seien, sich gegen die Russen zu wehren. Tito hatte ich das nie sagen hören. Dieses Mal hörten wir ihm eine oder zwei Stunden zu. Sehr entschlossen, in jedem Teil seiner Rede und seines Exposés. Es war klar, dass sie mit allen Kräften ihre Unabhängigkeit, ihre Ganzstaatlichkeit verteidigen würden ...«[125] In diesem Kontext ist es nicht verwunderlich, dass die USA erneut begannen, die jugoslawische Armee aufzurüsten. Was einer der wenigen Erfolge der Außenpolitik Titos gegen Ende seines Lebens war.[126]

★

EXKURS

★

Tito und die Frauen

Tito war ein Mensch von großen Leidenschaften, in seinen persönlichen Wünschen und seinem Hunger auf alles, beim Essen und Trinken, in Liebe und Feindschaft, bei der Übernahme wichtiger Entscheidungen und in den Beziehungen innerhalb der Familie, gegenüber seinen Mitarbeitern und dem Personal. »Tito versteht das Leben ganz zu genießen«, schrieb Dobrica Ćosić über ihn, als er 1961 die Gelegenheit bekam, ihn aus der Nähe zu beobachten. »Dieser Mensch verzichtet auf kein Wohlbehagen. Bei nichts ist er Asket.«[1] Vor allem nicht in der Gier nach Macht.

Im Gespräch war er locker, wobei er unter vier Augen mit den Genossen nicht jedes Wort auf die Goldwaage legte. »Tito war ein impulsiver Mensch«, schreibt Vladimir Dedijer. »Er verstand es, gewisse Dinge so im Kern zu treffen, sie so volkstümlich zu sagen, mit allen unseren gewöhnlichen Verbalausdrücken.«[2] Dabei muss man aber auch sagen, dass er die Selbstbeherrschung nur in den allerkritischsten Momenten verlor, und das auch nur für kurze Zeit. Gern lud er Gäste ein und nutzte gesellige Zusammenkünfte, Empfänge, Essen oder Filmvorführungen oft für wichtige politische Gespräche und Entscheidungen. Im Gegensatz zu Stalin mit seinen gargantuesken Gelagen zwang er seine Gäste nicht zu übermäßigem Trinken oder zu anstößigem Benehmen.[3] In den letzten Jahren wies er nach dem Abendessen (aber auch tagsüber) ein Glas Whisky nicht zurück und meinte, dass Churchill ihn gelehrt habe, wie man ihn trinken müsse. Alkohol löste ihm die Zunge, er konnte lachen, angenehm sein, witzig, scherzte auch gern auf seine Kosten – das war Teil seines angeborenen oder erworbenen Charmes.[4] Von der Mutter hatte er die schöne Stimme geerbt, und er sang gern Volkslieder und Schlager. Von ihr hatte er auch kochen gelernt, in den Jahren in der Illegalität hatte er sich in dieser Kunst noch vervollkommnet.[5] Gern hatte er politische Witze, und als solche in den Sechzigern jeden Tag neu entstanden, hatte sein persönlicher Sekretär dafür zu sorgen, dass sie ihm zu Ohren kamen. Gewöhnlich lachte er herzlich über sie, auch wenn sie ihm gegenüber kritisch waren. Er konnte sogar auf eigene Kosten ironisch sein. Im Juli 1944 kam der satirische Schriftsteller Evelyn Waugh gemeinsam mit Randolph Churchill als Mitglied der Britischen Mission nach Vis. Sofort begann er den »Einfall« zu verbreiten, dass Tito eine Frau und obendrein eine Lesbierin sei. Als Tito ihm einmal am Strand begegnete – er war nur mit der Badehose bekleidet gerade aus dem Wasser gekommen – fragte er ihn spöttisch: »Captain Waugh, meinen Sie wirklich, dass ich eine Frau bin?«, und zog sich damit die ewige Antipathie des englischen Dandys zu.[6] Und als er gegen Ende der siebziger Jahre, aus dem Ausland kommend, auf dem Belgrader Flughafen landete, erkannte er in der Gruppe, die ihn und seine Begleitung erwartete, Stevan Doronjski, den Vorsitzenden des Präsidiums des BdKJ. »Da sind sie ja. Gut«, sagte er, »das Regime ist noch an der Macht – wir können von Bord.«[7]

Er war nicht über die Maßen selbstverliebt, dass er gleich welche Lobeshymne auf sich akzeptiert und nicht auch seine Fehler zugegeben hätte. Nicht ertragen konnte er zum Beispiel das Partisanenlied, das ihn mit einem »weißen Veilchen« verglich, und er schämte sich über das erste Foto mit Churchill, auf dem er in der Marschalluniform, die ihm Stalin geschickt hatte, wie ein Ölgötze aussieht: »Da bin ich in einer Pose, als wäre ich gerade aus dem Wald gekommen.«[8] Er verstand es auch, Menschen zu bezaubern, die nicht unbedingt auf seiner Seite standen. Während seines Besuchs in Kiew im Jahre 1973 erhob sich Breschnjew während der Pause in der Oper und begann ein Gedicht zu rezitieren, das einem in der Schweiz ermordeten russischen Diplomaten und Schriftsteller gewidmet war. Zur großen Überraschung aller erhob sich daraufhin Tito und begann auf Russisch Puschkin zu rezitieren. Er reihte Gedicht an Gedicht, mindestens zwanzig Minuten lang. Die Russen waren verblüfft und begeistert. Der schon ein wenig angetrunkene Breschnjew saß die ganze Zeit in Tränen da.[9]

Tito liebte die Frauen »mehr als Soliman der Prächtige«, um es mit den Worten seiner letzten Frau Jovanka zu sagen, und verzichtete auf sein Sexualleben auch nicht in der Zeit im Untergrund oder des Partisanenkampfes, um von den späten Jahren gar nicht zu sprechen. Noch im Alter erinnerte er sich einer steirischen Gräfin, die an den jungen Revolutionären Gefallen gefunden, sie in ihrer Wiener Wohnung versteckt und für sie die Verbindung zur Partei aufrechterhalten hatte. Ohne die geringste Dankbarkeit zu zeigen nannten ihre Schützlinge sie »unseren Parteistrohsack«. »Du weißt ja, wie es mit uns Illegalen war ...« sagte er – nicht ohne spitzbübische Selbstgefälligkeit – zu Jovanka. »Jedenfalls waren wir keine Heiligen.«[10] Nach eigenen Worten hatte er gutes Benehmen in einem Unteroffizierskurs in der österreichisch-ungarischen Armee gelernt. Möglicherweise war aber auch die Grazer Aristokratin seine Lehrerin.

★

PELAGIJA DENISOVA BELOUSOVA (POLKA) UND IHR SOHN ŽARKO

Er war drei Mal verheiratet, hatte aber auch zwei Partnerinnen, mit denen er in eheähnlicher Gemeinschaft lebte. Das erste Mal heiratete er Pelagija Denisova Belousova, und zwar kirchlich, im Jahre 1918. Zwei Jahre später auch noch zivil, denn die Bolschewiken erkannten kirchliche Eheschließungen nicht an.[11] Sie war die Tochter eines Petersburger Arbeiters, der noch zu Zeiten des Zaren wegen seiner linken Überzeugungen nach Sibirien verbannt worden war. In Omsk wurde er Vorsteher in der Eisenbahnwerkstatt, wo Broz arbeitete und begann, sich für den Kommunismus zu begeistern.[12] Als sie ihn heiratete, war Pelagija kaum dreizehn oder vierzehn Jahre alt, was bedeutet, dass sie erheblich jünger war als er. Sie war ein schönes Mädchen, was auch sonst kennzeichnend war für Titos Frauen: Alle nach der Reihe waren sie schön und jung. Wie sagte er selbst: »Jede meiner Frauen war in dem Moment, als ich sie kennenlernte, Jungfrau und ein naives Schäfchen. In der Ehe verwandelte sich jede in eine Löwin, denn ich schätzte und respektierte ihre Persönlichkeiten. Wenn die Löwinnen anfingen zu beißen, musste ich sie zähmen, was ziemlich schwer war und zu zahlreichen Missverständnis führte.«[13] Als er im Jahre 1920 nach Jugoslawien zurückkehrte, brachte er die junge Russin, die ebenfalls Kommunistin war, mit sich. Sie hatten vier Kinder, von denen nur ihr Sohn Žarko überlebte. Die Ehe begann schon in den zwanziger Jahren zu bröckeln, aber über die Ursachen wollte Tito nie sprechen, denn offensichtlich hing ihm die Angelegenheit lange nach. Jedenfalls kehrte Pelagija nach Broz' Verurteilung mit ihrem Sohn illegal in die Heimat zurück, um einer fünfjährigen Internierung im Zagorje und einer möglichen Festnahme zu entgehen. Sie war überzeugt, dass sie in Jugoslawien ihr Leben vergeudete und dass man Josip umbringen werde, wenn er wie bisher weitermachte.[14]

Nach ihrer Rückkehr nach Moskau schrieb sie sich an der Kommunistischen Universität der nationalen Minderheiten des Westens (KUNMZ) ein, ihren Sohn Žarko brachte sie in ein Heim für Komintern-Kinder, da sie nicht wollte (oder es nicht möglich war), dass er mit ihr und ihrem neuen Partner zusammenlebte. Als Broz im Jahre 1935 in Moskau erschien, konnte sie ihm nicht einmal sagen, wo sich der elfjährige Junge befand, da sie ihn aus den Augen verloren hatte. Tito war so getroffen, dass er eines Nachts vor seinem Freund Kopinič in Tränen ausbrach. Das war einer der Hauptgründe, warum er sich nach zweimonatigem Versuch, wieder mit ihr zusammenzuleben, am 19. April 1936 von Pelagija scheiden ließ. »Ich denke«, sagte Zdenka Kidrič, die sie in Moskau kennengelernt hatte, »dass sie nicht Titos große Liebe war.«[15]

Es gibt aber noch eine andere Variante dieser Geschichte. Nach den Worten des kroatischen Kommunisten Ante Ciliga, der später mit der Partei brach, aber Mitte der dreißiger Jahre in der Sowjetunion lebte, hatte sich Pelagija nach ihrer Rückkehr aus Zagreb einer Gruppe Jugoslawen angeschlossen, die sich Stalins Tyrannei widersetzten. Wegen dieser Tätigkeit soll sie als »Trotzkistin« festgenommen worden sein. Das sei in der Nacht im Hotel Lux im Beisein von Broz geschehen, der keinen Finger gerührt habe, um sie zu schützen. Wegen ihr soll er in den folgenden drei Jahren zwischen Leben und Tod geschwebt haben, denn die Geheimpolizei GPU habe auch ihn des Trotzkismus verdächtigt. Pelagija sei aus der Partei ausgeschlossen und in eine zehnjährige Verbannung nach Mittelasien deportiert worden. In Moskau ging bald darauf die Kunde um, dass sie im Kerker gestorben sei.[16] Tito scheint diesem Gerücht geglaubt zu haben, denn im Jahre 1949 äußerte er das in einem Gespräch mit dem Schriftsteller Louis Adamič.

In Wirklichkeit war Polka noch vor dem Krieg aus der Verbannung zurückgekehrt, war aber 1948 im Zusammenhang mit der Auseinandersetzung zwischen Stalin und Tito zu weiteren zehn Jahren verurteilt worden. Und das trotz der Tatsache, dass sie inzwischen eine neue Familie gegründet hatte.[17] Der KGB schlug ihr damals vor, nach Jugoslawien zu gehen, wo sie als Informantin arbeiten sollte, aber Polka lehnte ab. Vielleicht auch deshalb, weil man ihr gesagt hatte, dass Tito ihren Sohn Žarko umgebracht habe, da er Stalinist gewesen sei. Im Jahre 1956 wurde sie politisch rehabilitiert und erhielt die Erlaubnis, sich in dem kleinen Städtchen Istra unweit Moskaus niederzulassen, wo sie als Lehrerin in überaus bescheidenen Verhältnissen lebte. Dort spürte sie der kroatische Historiker Ivan Očak auf, der ihr die Wahrheit über ihren Sohn sagte und ihr half, wieder Kontakt zu ihm zu aufzunehmen.

Sie starb im April 1968, bevor es ihrem Sohn gelang, ihre Reise nach Jugoslawien zu organisieren. Tito, der dafür gesorgt hatte, dass sie eine bescheidene Pension für ihre revolutionäre Vorkriegstätigkeit bekam, ließ einen Kranz auf ihr Grab legen. Doch er hat sie nie erwähnt und auch keinen Kontakt zu ihr gesucht, wenn er in den fünfziger und sechziger Jahren nach Russland fuhr.[18] Er verbot sogar, irgendetwas über sie zu veröffentlichen. Kardelj warnte Đilas schon vor dem Krieg, nach Pelagija zu fragen, denn das sei für Tito schmerzlich und unangenehm. Gegenüber seinem Sohn aber hegte er zärtliche Gefühle. Teils aufgrund seines unruhigen Charakters, teils infolge der pädagogischen Methoden der Sowjets war Žarko zu einem regelrechten Hitzkopf geworden, mit dem sich Tito herumschlagen musste, als er ihn endlich gefunden hatte.[19] Allzu sehr aber kümmerte er sich auch nicht um ihn, denn der Junge lebte bis zum Krieg in verschiedenen Internaten oder bei fremden Vormündern (eine Zeitlang auch bei Josip Kopinič) und war so schlecht versorgt, dass sich 1940 Dimitrow genötigt sah, für ihn eine monatliche Zuwendung von zusätzlichen 100 Rubel zu bewilligen, da die 250, die er bekam, zum Leben nicht ausreichten.[20]

Während des Krieges erwähnte ihn Tito jedenfalls mehrmals und war stolz auf ihn, als er erfuhr, dass er bei der Verteidigung Moskaus als siebzehnjähriger Freiwilliger einen Arm verloren hatte und zum Helden der Sowjetunion ernannt worden war. Diese Nachricht stimmte allerdings nicht ganz, denn Žarko hatte nur den Orden des vaterländischen Krieges bekommen.[21] Žarko kehrte nach Kriegsende nach Jugoslawien zurück, wo er dem Vater weiterhin graue Haare machte, da er dem Alkohol verfiel und sich Ausschweifungen hingab. Im Februar 1946, bei einem Besuch des Moissejew-Ensembles in Belgrad, inszenierte er »unglaubliche und unfassliche Dinge«, um mit Gustav Vlahov, dem politischen Sekretär in Titos Kabinett, zu sprechen, den der Vater gebeten hatte, auf ihn aufzupassen. Es kam zu einem so ernsten Zwischenfall zwischen Žarko und einem russischen Offizier, die wegen einer Ballerina in Streit geraten waren, dass Tito, als ihn Vlahov am nächsten Tag über das Vorgefallene informierte, sagte: »Das haben Sie nicht gut gemacht, Sie hätten schießen müssen!« Auf Žarko nämlich. Der wurde unter Hausarrest gestellt, was ihn aber nicht zu Verstand brachte. Unter anderem fügte er sich kurz nach dem erwähnten Vorfall mitten in Belgrad eine so schwere Verletzung zu, dass wegen der anspruchsvollen Operation Stalin höchstpersönlich seinen Chirurgen zu Hilfe schickte. Letzterer kam allerdings zu spät, weil der Eingriff sofort vorgenommen werden musste, da der Bursche sonst seinen Verletzungen erlegen wäre.[22] Die Skandale gingen weiter. Im Jahre 1966 traf er Lazar Koliševski fast mit einer Kugel, als der mit Frau und Tochter nahe seiner Wohnung auf Brioni spazieren ging. Žarko hatte aus seinem Fenster auf Elstern geschossen. Als sich Koliševski ganz aufgeregt bei Tito beklagte, gab dieser resigniert zur Antwort, dass ihn diese Nachricht nicht überrasche: »Ja gut, es ist passiert, so ist es nun mal … Žarko ist so, du kennst ihn ja …«[23]

★

ELSA JOHANNA KÖNIG (›LUCIJA BAUER‹)

Am 13. Oktober 1936 heiratete Tito die zweiundzwanzigjährige Deutsche Elsa Johanna König, die unter dem Pseudonym Lucija Bauer ebenfalls im Hotel Lux lebte und in der Komintern als Monteurin von Radioapparaten arbeitete. Da Walter schon drei Tage nach der Hochzeit Moskau verließ und erst im Frühjahr des Jahres 1938 zurückkehrte, war ihre Verbindung nur von kurzer Dauer. Während er sich in Jugoslawien und in Paris aufhielt, beschuldigte der NKWD Lucija Bauer Ende September 1937 der Spionage für die Gestapo und richtete sie wohl im Dezember desselben Jahres hin.[24] Aus den vier Briefen, die Broz ihr schrieb und die erhalten sind, lässt sich herauslesen, dass sie eine emotionale und sexuell aufgeladene Beziehung hatten, und wie wir aus dem Zeugnis Zdenka Kidričs wissen, litt die »Deutsche« sehr darunter, dass ihr Josip nicht oft genug schrieb. In einem Anfall von Eifersucht habe sie auf einem Foto mit einer Nadel die Augen durchstochen.[25] Als Broz von dem Schicksal seiner jungen und unglücklichen Frau erfuhr, zögerte er keineswegs, sie zu verurteilen, umso mehr, als auch sie ihn während der Verhöre in der Lubjanka stark belastet hatte. Um zu erklären, warum er die Verbindung mit ihr überhaupt eingegangen war, führte er seinen Sohn Žarko an, dem Lucija eine zweite Mutter werden sollte, obwohl Letzterer ihr nie begegnet sein will.[26] Für alle Fälle aber merkte Broz auch selbstkritisch an: »Ich denke, dass ich hier nicht wachsam genug war, und das ist ein dunkler Punkt auf meiner Karriere.«[27] Aus der Verlegenheit versuchte ihn auch dieses Mal Kopinič zu retten, indem er erklärte, dass Elsa nun einmal den Anschein einer vertrauenswürdigen Person erweckt habe, denn sie habe lange mit Funktionären der Komintern zusammengewohnt und niemand habe sie des Verrats verdächtigt.[28]

★

HERTA HAAS UND DAVORJANKA PAUNOVIĆ

Die dritte Gefährtin Titos war Herta Haas, Wirtschaftsstudentin aus Maribor, 1914 in Slovenska Bistrica geboren. Sie entstammte der Familie eines vermögenden Rechtsanwalts österreichischer Volkszugehörigkeit, weshalb ihr die slowenischen »Genossen« vorwarfen, eine »Bourgeoise« zu sein. In Wahrheit war sie eine überaus attraktive, elegante und intelligente Frau, der man nicht vorwerfen konnte, der Partei nicht ergeben zu sein. Fotos aus der Jugend zeigen sie als heiteres, lächelndes Mädchen mit Augen, die an die der Schauspielerin Bette Davis erinnerten.[29] Als Polyglotte, deren Muttersprache Deutsch war, bewegte sie sich mit Leichtigkeit auf internationalem Parkett, deshalb ist es kein Zufall, dass sie für die KPJ vor dem Krieg und während des Krieges anspruchsvolle Aufgaben als Kurierin wahrnahm. Nach dem Krieg zog sie nach Belgrad, wo sie heiratete und zwei Kinder bekam. Gegenüber Tito bewahrte sie würdevolle Zurückhaltung, ohne je zu vergessen, dass er der Vater ihres Erstgeborenen Aleksandar – Miša war.

Zur Trennung zwischen Herta und Tito kam es schon 1941, endgültig dann im Jahre 1943. In Zagreb war nämlich vor Kriegsbeginn die serbische Französischstudentin Davorjanka Paunović erschienen. Tito selbst gab ihr den nach dem kroatischen Wort für ›Brunnen‹ gebildeten Namen Zdenka und bezeichnete sie mit zärtlichen Wörtern, wie er sie für keine andere seiner Frauen gefunden hat: »Den Kosenamen habe ich ihr nach einem Quell gegeben, der einen nie versiegenden Ursprung klaren und kühlen Wassers bedeutet. Gewöhnlich entspringt er unter einem Stein und beglückt den Menschen schon mit seinem Anblick. Zdenka war ein unerschöpflicher Quell meiner Ideen und meiner intellektuellen, revolutionären und politischen Tätigkeit. Sie war mir Inspiration und körperliches Vergnügen. Bis zum Ende ihres kurzen Lebens bedeutete sie mir eine starke geistige Anregung.«[30]

Weil sie in Kontakt mit den sowjetischen Geheimdiensten stand, nahm Zdenka in Zagreb an einem Kursus für Radiotelegrafie teil, um sich für die Kommunikation mit Moskau zu befähigen. Im Haus von Stella und Josip Kopinič-Vazduh lernte sie Broz kennen. Als er mit den Mitgliedern des Politbüros nach Belgrad übersiedelte, waren sie bereits ein Paar. Das blieben sie die ganzen Kriegsjahre über und Zdenka arbeitete für Tito als Sekretärin und Kurierin, wobei sich nicht sagen lässt, dass sie für diese Aufgaben besonders geeignet gewesen wäre. Sie war eine nervöse Panikmacherin, und außer Tito, der bis über beide Ohren in sie verliebt war, mochte sie niemand, obwohl sie schön war, schlank, braungebrannt, mit ungewöhnlich grünen Augen. »Sie hatte ein solches Lächeln, solche Augen, die ich nie vergessen kann«, sagte Jovo Kapa über sie, ihr erster Freund.[31]

Als Tito im Mai 1941 mit Zdenka in Belgrad erschien, herrschte in der Partei ein strenger Puritanismus, den Đilas und Ranković predigten. Tito passte sich an und hängte sein Verhältnis lange nicht an die große Glocke. Erst im Frühjahr 1942 wurden sich die Genossen bewusst, dass er mit ihr liiert war, vor allem deshalb, weil Zdenka vehement verlangte, dass man ihr den Platz an Titos Seite zuerkannte. Sie schmollte, stritt und benahm sich aggressiv und überheblich. Die Folge war, dass ihr alle aus dem Wege gingen und nicht verstehen konnten, wie es ihr gelungen war, Tito derart für sich einzunehmen. Marijan Stilinović, Sekretär der Parteizelle beim Obersten Stab, entschloss sich eines Tages, ihm offen zu sagen, was er und die Genossen von Zdenka hielten. »Ich weiß, Marjan, ich schäme mich«, antwortete Tito, »aber was soll ich machen, wenn ich keine Minute ohne diese Frau sein kann!«[32]

Im Frühjahr 1942, nachdem Zdenka angeblich ein Kind zur Welt gebracht hatte, das in Pflege gegeben wurde, lief das Fass über. In Foča wurde eine Sitzung einberufen, die nur einen Tagesordnungspunkt hatte: das Verhältnis Titos zu Davorjanka Paunović. Einer von Titos Begleitern verlangte bei dieser Gelegenheit sogar seinen Ausschluss aus der Partei wegen unangemessenen Betragens. Aber Tito blieb unerschütterlich: »Ich kann ohne sie nicht! Macht, was ihr wollt!«[33] Darin, dass er sich auch während des Krieges eine Geliebte gönnte, war er allerdings nicht allein, denn das taten auch andere Angehörige des Obersten Stabes. »Allmählich«, schreibt Dedijer, »erkannte ich die Wahrheit: In den Partisaneneinheiten galten für alle Delinquenten auf dem Gebiete der Liebe strenge Strafen, außer für diejenigen, die diese Vorschriften erlassen hatten.«[34]

Was Tito anging, so hofften alle in seiner Umgebung, dass er wieder den Kontakt zu Herta Haas suchen werde. Die hatten die Deutschen im Jahre 1943 in ein Ustascha-Lager gesperrt und sie nach einigen Monaten im Rahmen eines Gefangenenaustauschs freigelassen. Nach den überstandenen Torturen, die sie fast in den Selbstmord getrieben hätten, begab sich Herta im Frühjahr 1943 in Begleitung von Đilas aus Sarajevo zum Obersten Stab, der sich in einem Wald aufhielt. Unterwegs sagte Đilas kein Wort zu ihr über Zdenka, und Herta schien von ihrer Existenz auch nicht zu wissen. Es war ein regnerischer Tag. Sie betrat die Hütte, wo sich Tito und seine »Sekretärin« aufhielten. Tito war dabei sich zu rasieren (er rasierte sich jeden Tag, auch in den schwersten Momenten).[35] »Was macht die hier«, fragte Herta. »Was machen Sie hier?« antwortete Zdenka. »Entweder ich oder sie«, sagte Herta. »Nein, ich werde gehen«, antwortete Tito.[36] Als Herta der grausamen Wahrheit, dass Tito sie verlassen hatte, ins Gesicht sehen musste, brach sie an Đilas Schulter in Tränen aus, nahm die Trennung später aber mit Stolz hin. Tapfer überstand sie das Unternehmen *Schwarz* und kehrte erst im Sommer 1943 aus Bosnien nach Slowenien zurück. Zdenka aber verlor während der Offensive völlig die Nerven, was in Titos engerer Begleitung manche Kritik auslöste. »Sie benahm sich«, meinte Đilas sarkastisch, »als wäre es das Hauptziel der Deutschen, sie persönlich zu vernichten.« Als bei einem ihrer Nervenzusammenbrüche Tito mehr zum Scherz den Kommandanten seiner Leibwache fragte, was er mit ihr machen solle, antwortete der: »Wenn ich an Ihrer Stelle wäre, Genosse Tito, ließe ich sie erschießen.«[37]

Gegen Kriegsende erkrankte Zdenka an Tuberkulose. Im Juli 1944 wurde sie zur Behandlung in die Sowjetunion geschickt, aber ohne Erfolg, denn sie wollte die verordnete Therapie nicht befolgen. Als Tito im Herbst 1944 Moskau besuchte, zwang ihn Zdenka, sie mit zurückzunehmen, obwohl die gefährliche Krankheit nicht geheilt war. Die Frage von Leben oder Tod hing nun ausschließlich von der Disziplin der Patientin ab, die aber weit davon entfernt war, wie Gustav Vlahov berichtet, ihre Situation richtig zu einzuschätzen.[38] Nach ihrer Rückkehr nach Belgrad konnte man ihr nur noch selten begegnen. Sie erschien mit einem schmerzhaften Lächeln im Gesicht, sagt Đilas, als wollte sie sich entschuldigen. Gleichzeitig aber kümmerte sie sich pedantisch um Titos Versorgung und war geradezu pathologisch eifersüchtig. Titos Adjutanten Moma Đurić hat sie nie verziehen, dass er Herta Haas erlaubt hatte, ihren Sohn Miša zu besuchen, der damals im Weißen Schloss lebte.

Zdenka starb am 1. Mai 1946 in der Lungenheilstätte Golnik, wohin Tito sie in letzter Hoffnung geschickt hatte. Sie wurde kaum siebenundzwanzig Jahre alt. Auf ihren Wunsch begrub man sie im Garten des Weißen Schlosses, damit sie Tito nahe sei. Ihr Tod traf ihn sehr, er setzte keinen der Genossen davon in Kenntnis und lud niemanden zur Beisetzung ein. Außer ihm trauerte auch niemand um sie.[39] In der Not, in der er sich befand, schrieb er Herta Haas einen langen Brief und bat sie, zu ihm zurückzukehren. Die Antwort war kurz und bündig: »Mein Lieber, eine Herta Haas geht vor einem Mann nur einmal in die Knie!«[40] Er dachte natürlich auch an Cana Babović, mit der er zehn Jahre zuvor ein kurzes Verhältnis in Moskau gehabt hatte, ließ diese Idee aber fallen, als Ranković meinte, dass »sie ihm nicht gefalle«. Cana, eine der Heldinnen der serbischen KP, wurde darüber angeblich schrecklich wütend und hat Ranković nie vergeben. Im Jahre 1966 trug sie entscheidend zu seinem Sturz bei.[41]

Pepca Kardelj behauptete später, dass Tito ihr und ihrem Mann zu diesem Zeitpunkt eine Art Menage-à-trois vorgeschlagen habe, was Letzterer aber abgelehnt habe. Zdenka Kidrič kommentierte diese Aussage mit der ironischen Feststellung, dass sich Pepca alles aus den Fingern gesogen habe: »Ihr Traum war es, Erste Dame Jugoslawiens zu werden.«[42]

Tito tröstete sich bald über den Verlust Zdenkas hinweg, er begann für Zinka Kunc-Milanov zu schwärmen, die weltberühmte Opernsängerin, die gegen Ende des Krieges aus New York in die Heimat zurückgekehrt war. Sie war eine stolze Frau von königlichem Auftreten und blendender Schönheit, die sich aber nicht für ihn erwärmen konnte. Stattdessen heiratete sie den General Ljubomir Ilić, der sich schon während des spanischen Bürgerkriegs ausgezeichnet und später in der französischen Widerstandsbewegung mitgewirkt hatte. Obwohl er sich nicht um das Geschwätz der Genossinnen kümmerte, die sich über immer neue Eroberungen echauffierten, besonders über eine Opernsängerin im Kreise der Genossen, machte ihr Tito nicht weiter den Hof, denn es war klar, dass er nicht die Frau eines seiner Generäle verführen konnte.[43]

Im Jahre 1946 begegnete er der populären sowjetischen Filmschauspielerin Tatjana Okunewskaja, die als russische Greta Garbo galt. Tito soll ihr gesagt haben, dass er sie zwar nicht sofort heiraten könne, dass er aber bereit sei, für sie alle jugoslawischen Filmstudios, alle Theater zu öffnen. »Kommen Sie mit mir.«[44] Aber auch daraus wurde nichts. Trotzdem musste Tatjana Titos Hofmachen teuer bezahlen: Als man diesen aus dem Kominform ausschloss, schickte man sie in ein sibirisches Gulag, wo sie mehrere Jahre blieb.[45]

★

JOVANKA BUDISAVLJEVIĆ

Die neue Gefährtin war die Hauptmännin Jovanka Budisavljević, ihrer Herkunft nach Serbin aus der Lika, die sich während des Krieges im Jahre 1942 kaum siebzehnjährig einer lokalen Fraueneinheit angeschlossen hatte. Im Kampf wurde sie zweimal leicht verwundet. Gegen Ende des Krieges wurde sie Kommissarin der Internistischen Klinik in Drvar, anschließend der Chirurgischen Klinik der I. Armee. Sie stammte aus einer angesehenen, wenn auch armen bäuerlichen Familie und hatte die Grundschule besucht, was für Mädchen auf dem Land nicht selbstverständlich war. Da sie eine vertrauenswürdige Kraft war, war sie nach dem Krieg eine Zeit lang im Obersten Stab der Jugoslawischen Armee in Belgrad und danach in Niš tätig, um Ende 1945 von der OZNA für die Verwaltung von Titos Kabinett verpflichtet zu werden. Damit wurde sie automatisch Mitarbeiterin des Militärischen Abschirmdienstes. Was häusliche Verrichtungen betraf, so hatte sie einige Erfahrung, denn sie hatte in der Vergangenheit einem Verwandten geholfen, der Inhaber einer Pension war. Ihre größte Qualifikation aber bestand darin, dass sie eine untadelige Partisanenkarriere hinter sich hatte – sie war Trägerin der Gedenkmedaille 1941 und anderer Orden für militärische Verdienste – und dass sie der Partei und ihrem obersten Führer völlig ergeben war. So kam sie in unmittelbaren Kontakt mit Tito, denn sie gehörte eigentlich zu seiner Leibgarde, die nach dem Vorbild der Leibgarde Stalins, aber auch nach der König Aleksandar Karađorđevićs gebildet war. In den Dienst kam sie in Uniform und schweren Militärstiefeln und mit der Titovka auf dem Kopf.[46]

Nach einer Variante soll Ranković sie für Tito ausgesucht haben. Gerüchten zufolge, die Ranković nicht sehr überzeugend zurückwies, habe er sie ihm irgendwie untergeschoben, unter dem Motto »die Natur tut das Ihre«. Wahrscheinlicher ist aber die Darstellung, nach der Tito von dem Mitarbeiter des NKWD Ivan Krajačić mit Jovanka bekannt gemacht wurde, der damit seine Stellung »bei Hofe« stärken wollte, da man das unwissende Mädchen aus der Lika manipulieren konnte. Wie Kopinič berichtet, wurde sie Mitte 1945 nach Moskau geschickt, wo sie neun Monate lang die F. E. Dserschinski-Akademie des KGB besuchte. »Als sie zurückkehrte, machte Stevo sie sofort zu Marschall Titos Hausfrau.«[47] Das soll er auf Befehl seiner sowjetischen Vorgesetzten getan haben, die eine verlässliche Person in der Nähe des Marschalls haben wollten. Über diesen Weg war das eine einfache Installierung, denn in den Jahren nach dem Zweiten Weltkrieg – schreibt in seinen Erinnerungen Vojin Lukić, der ehemalige jugoslawische Innenminister – konnte keine Person zur Arbeit bei Tito aufgenommen werden, wenn sie nicht von Krajačić überprüft worden war und er ihrer Einstellung nicht persönlich zugestimmt hatte. Und Ivan Maček, der, wie wir auch aus sowjetischen Quellen wissen, Tito sehr nahestand, fügt noch hinzu, dass »Jovanka Stevo bis an dessen Lebensende unterstellt« war.[48]

Auch Jovanka war ausnehmend schön, mit dichtem schwarzem seidigem Haar, weißer Haut, ohne Koketterie, aber nicht ohne zurückhaltende Fraulichkeit, die, sagt Đilas, an Nonnen oder ledige Bäuerinnen erinnerte. Die eng geschnittene Uniform betonte noch ihre Attraktivität und die Schlankheit ihres jungen Körpers. Sie hatte ein anmutig geformtes Gesicht und große schwarze Augen, aus denen Geduld, Respekt und Hingabe leuchteten. Der einzige Fehler war ihre Fistelstimme, die aber anfangs nicht störte, da sie wenig sprach. Sie war kaum dreiundzwanzig Jahre alt und damit zweiunddreißig Jahre jünger als

Tito. Die Genossen bekamen bald mit, dass sich zwischen ihnen etwas anbahnte, und nahmen daran keinen Anstoß. »Warum auch nicht?«, meinte Koča Popović, »das ist etwas ganz Normales.«[49] Gustav Vlahov erzählt: »Eines Tages, während wir im Vestibül um das Klavier standen, ging Jovanka Budisavljević die Treppe in den ersten Stock hinauf, um zu kontrollieren, ob die Zimmer an diesem Tag in Ordnung gebracht und sauber gemacht worden waren. Tito drehte sich zu mir um und meinte, dass Jovanka eine *sehr rassige Ličanka* (›Mädchen aus der Lika‹) sei (...) Dieser Vorfall war für mich das Zeichen, dass Jovanka dem Genossen Tito gefiel.«[50]

Ihre Beziehung, die sie lange Zeit verbargen, stand zu Beginn auf tönernen Füßen. Sechs Jahre lang war nicht klar, was ihre Rolle an Titos Seite sein sollte, und sie war in den Kreis des Begleitpersonals abgedrängt. Ein eigenes Leben hatte sie sozusagen nicht, und es kam vor, dass sie während wichtiger Sitzungen stundenlang mit den Sicherheitsleuten zusammen im Vorzimmer saß, bis Tito erschien, um sich auszuruhen. Gegenüber den Mitgliedern des Politbüros benahm sie sich überaus respektvoll und wagte eigentlich nicht sie anzusprechen. Unter solchen Bedingungen war sie auch allen möglichen Demütigungen ausgesetzt, es kam vor, dass die Genossen von der Garde sie zwangen, die Speisen zu kosten, die sie selbst für Tito zubereitet hatte, um sich zu überzeugen, dass sie nicht vergiftet waren. All das ertrug sie geduldig aus Liebe zu ihrem »Helden«, den sie anhimmelte wie eine Gottheit. Und auch er hatte sich sehr verliebt. Als auch Jovanka wegen einer Lungenkrankheit in den Jahren 1946 bis 1947 in Golnik weilte, sandte er ihr jeden Tag rote Rosen und Liebesbriefe. Es ist nicht klar, warum er das Wesen der Beziehung so lange ungeklärt ließ und sie erst nach sechs Jahren heiratete. Vermutlich hatte er Zweifel, ob sie geeignet sei, in der Öffentlichkeit als seine legale Gattin aufzutreten. Schon in Golnik hatten Patienten, die die Möglichkeit hatten, sowohl Zdenka als auch Jovanka zu treffen, festgestellt, dass die beiden Frauen nicht zu vergleichen waren. Während Erstere vor dem Tod still und wehmütig wurde, war die andere unmöglich überheblich und aggressiv. Als sie 1948 als Vertreterin des Verteidigungsministeriums am V. Kongress der KPJ teilnahm, sah sie wichtiger aus als die Generäle und Veteranen des spanischen Bürgerkriegs. Sie saß in der ersten Reihe und benahm sich während einer Rede Titos wie eine Art Cheerleader, denn sie sprang immer wieder auf, klatschte und zwang die anderen Delegierten, es ihr nachzutun. Als Jovanka 1949 zusammen mit Rankovićs Frau Slavka nach Koper kam, wo sie einen illegalen Reisepass bekommen sollte, um damit nach Triest zu fahren und »ein paar Frauensachen« zu kaufen, machte sie auf die örtlichen Milizbeamten keinen guten Eindruck. »Zu wem gehört die Ziege?«, fragte einer von ihnen. »»Sei bloß still, das ist Titos Zukünftige.«[51]

Auf Titos Entschluss, sich endlich doch mit ihr zu verheiraten, hatte der puritanische Ranković großen Einfluss, der oft erklärt hatte, dass die leitenden Kader auch im Privatleben ein Vorbild sein müssten.[52] Im Frühjahr 1951 erlitt er eine Gallenkolik, die ihm große Schmerzen verursachte. Die Ärzte stellten eine angegriffene Bauchspeicheldrüse fest, was lebensbedrohlich werden konnte. Am Abend vor der Operation versammelte sich eine Gruppe engster Mitarbeiter bei Tito, wo zum ersten Mal auch Jovanka anwesend war, stolz, dass das nun eine Selbstverständlichkeit war. Ein Jahr später, im April 1952, heirateten sie, wobei Tito es in einem Gespräch mit »Đido« für wichtig hielt zu betonen, dass seine junge Frau »eine von uns« sei.[53]

Ihre Hochzeit war nicht sonderlich festlich. Laut General Žeželj gab es überhaupt keine formelle Zeremonie. Nach einer anderen Variante waren die Trauzeugen für Jovanka Aleksandar Ranković und für Tito Ivan Gošnjak, aber die Trauung soll in einem Belgrader Gemeindebüro erst nach der Feier registriert worden sein. Bei der durfte auf keinen Fall Ivan Krajačić-Stevo fehlen, der nach serbischem Brauch Jovankas »Brautführer« sein sollte. Jovanka war achtundzwanzig, Tito mehr als doppelt so alt.[54] Das Festmahl wurde im Alten Schloss Dunavka bei Ilok inmitten von Weinbergen und Jagdrevieren ausgerichtet. Die Hochzeitsgäste stammten überwiegend aus dem Führungskader und waren engste Mitarbeiter Titos, die die bäuerlichen Gewohnheiten ihrer Jugend noch nicht abgelegt hatten. Wie Slavka Becele Ranković erzählt, wollten die ausgebrachten Trinksprüche kein Ende nehmen, sodass das Festmahl zu einem Besäufnis ausartete. »Wir stießen an, Glas um Glas, tranken aus und hoben die leeren Gläser aufs Neue – die Welt soll wissen, wer hier ein Held ist!« Krajačić prostete den Jungverheirateten zu und begrüßte Titos Eintritt in den »Klub der Pantoffelhelden«.[55]

Nachdem er sein Verhältnis mit Jovanka geregelt hatte, verlangte Tito, dass alle leitenden Leute ihre intimen Beziehungen legalisierten. Unter ihnen war auch Milovan Đilas, der sich von Mitra Mitrović, mit der er die Vorkriegsjahre im Untergrund und die Schrecken der Partisanenzeit durchlebt hatte, scheiden ließ und mit seiner jungen Sekretärin Štefka eine neue Ehe begann. In Belgrad kam es zu einer wahren Flut von Trauungen, was die Frau des französischen Botschafters zu der Feststellung veranlasste: »Anderswo gehen wir auf Beerdigungen, hier auf Hochzeiten.«[56]

Als Titos Frau erschien Jovanka zum ersten Mal am 19. September 1952 in der Öffentlichkeit, als der britische Außenminister Anthony Eden Jugoslawien besuchte. Es handelte sich um kein routinemäßiges Diplomatentreffen, sondern um wichtige bilaterale Gespräche, wie die Triester Frage zu lösen sei. Und es war der erste hohe Staatsbesuch seit dem Bruch mit Stalin. Deshalb waren die Augen aller auf Bled gerichtet, wo der britische Gast empfangen wurde. Tito nutzte die Gelegenheit, um der Öffentlichkeit seine junge Frau vorzustellen. Das Foto mit den drei auf der Couch sitzenden Personen ging um die Welt: auf der einen Seite der füllige, aber noch immer jugendlich wirkende Präsident, auf der anderen Seite der aristokratische Eden und in der Mitte Jovanka, mit kurzer Frisur, schlank wie ein Mannequin, mit einem wundervollen Hollywoodlächeln, das bald schon zum »schönsten jugoslawischen Lächeln« erklärt wurde. (Später ging unter den Belgrader Studenten das Spottwort von der »heiligen Jovanka vom ewigen Lächeln« um.)[57] Da man ihn nicht über Titos neue Frau informiert hatte und er der Überzeugung gewesen war, dass Tito Junggeselle sei, war seine junge Gattin, die er nach seiner kurz zuvor erfolgten Scheidung geheiratet hatte, nicht mitgereist.[58]

Hinter Jovankas Lächeln blitzt aber auch ihre Unsicherheit auf, weil sie sich in einer Umgebung sah, die nicht die Ihre war und die sie nicht beherrschte. Sie war so verängstigt, dass sie, nach Đilas' Worten, zitterte wie eine Debütantin aus einem russischen Roman beim Hofball.[59] Ihre Unsicherheit kam auch ein paar Monate später zum Ausdruck, als Tito im Frühjahr 1953 seine erste wichtige Reise in den Westen antrat: nach London, an den Hof von Königin Elisabeth II. Jovanka fuhr nicht mit, weil sie sich der Aufgabe offensichtlich nicht gewachsen fühlte. Man muss ihr zugutehalten, dass sie aus überaus bescheidenen Verhältnissen kam, dass sie fast keine Schulbildung hatte und dass sie als ehemalige Partisanin vermutlich besser wusste, wie man mit einer Maschinenpistole umgeht, als wie man sich in einer Gesellschaft benimmt. Es stimmt zwar, dass sie vor der Heirat einen zwei- oder dreiwöchigen Kurs für gutes Benehmen durch Botschafter Vladimir Velebit und seine Frau Vera in Rom erhalten hatte.[60] Aber das war zu wenig, obwohl die Velebits das Gegenteil behaupteten. Innerhalb Titos engstem Kreis gehörten sie zu den wenigen, die Jovanka bis zum Schluss zugeneigt waren. Letztere genoss nämlich, auch wegen ihres überheblichen und rachsüchtigen Charakters, keine Sympathien, vor allem nicht unter den Frauen der höchsten Führer. Als es Pepca Kardelj im Jahre 1954 einmal wagte, sie wegen ihres allzu auffälligen Dekolletés zu kritisieren, gab Jovanka spitz zurück: »Ich kann eben etwas vorzeigen.« Sie rächte sich, indem sie sie für acht Jahre von der Liste der Personen strich, die an den »Hof« geladen wurden.[61]

Weil sie ein heller Kopf war, hatte Jovanka oder Jole, wie sie manchmal von Tito genannt wurde, nach der Heirat manches gelernt und repräsentierte Jugoslawien nach Meinung ausländischer Diplomaten an seiner Seite durchaus würdig. Trotzdem konnte sie ihre tiefe Unsicherheit nie ganz ablegen, obwohl sie später sogar das Gymnasium absolvierte, und zwar auf der Grundlage ernsthafter Prüfungen.[62] Sie begann sich überaus auffällig zu kleiden und sich mit Schmuck zu behängen, der für die Gattin des Führers einer Revolution und eines sozialistischen Staates nicht gerade angemessen war. Das stach besonders während Titos Besuch in Dhaka im Jahre 1974 ins Auge, wo ihn als Herold eines besseren Lebens mehr als eine Million Menschen erwarteten. Später sagte er einem seiner Mitarbeiter, dass er einen ähnlichen Empfang nur noch in Mexiko und in Ägypten erlebt habe. »Es war eine feierliche Parlamentssitzung in Bangladesh. In diesem ärmsten Staat der Welt ist sogar der Parlamentspalast äußerst bescheiden. So war auch die Kleidung der Einheimischen.« Zu dem Festakt, bei dem Präsident Tito sprach, kam Jovanka in einem auffälligen weißen Kleid, trug Diamantohrringe und hatte eine schwere Diamantenkette angelegt. In dieser Tropenhitze sah sie aus wie ein trauriger Weihnachtsbaum. Alle im Saal starrten sie an mit einer Mischung aus Verachtung und Entrüstung. Während Tito über Not und Armut sprach.[63]

Infolge des psychologischen Drucks, dem sie als First Lady ausgesetzt war, suchte Jovanka ihr Heil im Essen. Marija und Joža Vilfan, die in den fünfziger Jahren Tito nahe standen, erzählten, dass sie während der Besuche auf Brdo nachts aufstand, in die Küche ging und sich vom Hefestrudel bediente. Deshalb, aber auch weil sie gern ins Glas schaute, nahm sie bald stark zu und verwandelte sich aus einem Mannequin in eine üppige Matrone, obwohl sie ihren Charme nie verlor. Allerdings erwies sie sich als schwieriger Charakter, sie wurde unerträglich, hoffärtig, halsstarrig und oft bösartig: Mit den Bedienten, die in den verschiedenen Residenzen Titos arbeiteten, verfuhr sie tyrannisch, ständig entließ oder wechselte sie das Personal, was zu einem Klima der Angst führte. Sie soll mehr als eintausend Personen verschiedener Berufe und Funktionen aus dem Dienst am Präsidentenhof entlassen haben.[64] Anfang der siebziger Jahre verlangte sie, auf einen Schlag fünfzig Leute aus der Verwaltung von Brioni zu entfernen. Obwohl die Personalpolitik sehr anspruchsvoll war, da in Titos Nähe nur arbeiten konnte, wer vertrauenswürdig und hoch qualifiziert war, wiederholte sie ständig, »dass keiner arbeitet und keiner eine Ahnung hat«.[65] Leo Mates, der von 1958 bis 1961 die Funktion des Generalsekretärs des Präsidenten bekleidete, sagte über sie: »Jovanka war so bösartig zum Personal des Weißen Schlosses, dass sie lebenslänglichen Kerker verdient hätte.«[66]

Extrem unhöflich und oft geradezu aggressiv war Jovanka auch gegenüber den wichtigsten Mitarbeitern des Präsidenten, die in ihren Erinnerungen manches kritische Urteil über sie festhielten. Bei seinem Dienstantritt bekam Mates von seinem Vorgänger Joža Vilfan den Rat: »Pass auf, dass du mit der Ersten Dame gut auskommst, ihre Meinung ist für deine Arbeit wichtiger als die Titos.«[67] Außer mit Vilfan, der die Praxis eingeführt hatte, dass man mit ihr

»bei Hofe« so umging, wie es sich für eine First Lady gehörte, geriet Jovanka mit allen engeren Mitarbeitern Titos in Konflikt. Auch mit Vladimir Popović, Mitglied der obersten Parteileitung, der ins Exil nach London gehen musste, wo er bald seinem Krebsleiden erlag. Verbittert äußerte er vor seinem Tod: »Man hat mich aus dem Kabinett des Präsidenten der SFRJ hinausgeworfen wie einen Hund.«[68] Zudem beklagte er, dass Tito schon lange »Jovankas Gefangener« sei. Nicht besser erging es Bogdan Crnobrnja, dem Jovanka erklärte, dass Tito ihn »am Kandelaber aufhängen« müsse. Als Tito ihn als Botschafter nach Washington schickte, hörte Jovanka noch immer nicht auf, ihn zu verfolgen. Im September 1971, am Vorabend von Titos Besuch in den USA, an dessen Vorbereitung Crnobrnja großen Anteil hatte, verlangte sie, ihn von diesem Posten zu entfernen. Er hatte sich nämlich den Rat erlaubt, Jovanka solle sich nicht allzu auffällig kleiden in Hinblick darauf, dass die Gattin des amerikanischen Präsidenten in der Wahl ihrer Garderobe sehr bescheiden sei. Als Außenminister Mirko Tepavac erfuhr, was vor sich ging, führte er den Befehl zwar aus, fasste aber doch den Mut, Tito zu fragen, warum der Botschafter genau im Augenblick seiner Reise nach Washington ausgewechselt werden müsse. »Hast du dich jemals mit deiner Frau gestritten?«, war Tito aufrichtig. »Jovanka ist mir über den Kopf gewachsen. Was konnte ich anderes tun, als ihr nachzugeben, um des lieben Friedens willen.«[69]

Jovanka wurde vielen schon in den späten fünfziger Jahren unerträglich, wie aus dem Bericht des Kommandanten der Leibgarde Titos General Milan Žeželj über die große Asien-Afrika-Reise von 1959 hervorgeht. Sie protestierte wegen des Protokolls, das sie angeblich diskriminiere, und wegen übertriebener Sicherheitsvorkehrungen und schuf auf der *Galeb* ein Klima voller Spannungen.[70] Noch größer waren die Spannungen auf der 1961 unternommenen Reise Titos nach Afrika. Jovanka wurde dieses Mal von einer ganzen Gruppe von Schneiderinnen begleitet, die ihr Kleider nähten, und zwar nicht eines oder zwei, sondern Dutzende für den Besuch eines jeden Staates. Alles zusammen an die 150. »Auf dem Schiff befand sich eine ganze Schneiderwerkstatt«, sagte Titos Sekretär Leo Mates. Einmal erklärte Jovanka sogar, dass ein Sonderflugzeug dringend Seide aus Belgrad bringen müsse, die sie zu Hause vergessen habe. Tito lehnte ab. Es kam zu einem heftigen Streit, wobei ihm Jovanka mit giftiger Stimme vorhielt: »Und du, was hast du gestern gemacht? Während der Mittagsruhe bist du auf das Handelsschiff (das die *Galeb* begleitete) gegangen, um den Seehund zu besichtigen, den sie dir in Ghana geschenkt haben. Aber allen hast du gesagt, du gehst die Seeleute besuchen, um zu sehen, wie sie leben.« Auf diese Worte hin, die vor dem Begleitpersonal gefallen waren, fuhr

Tito auf: »Sobald wir ein Flugzeug kriegen, fliegst du nach Haus!« Worauf Jovanka in Tränen ausbrach. Beide verzogen sich in die Kabine. Ganze zwei Tage ließen sie sich nicht blicken.[71]

In den letzten Jahren ihres Lebens mit Tito begann Jovanka, die von serbischen Mythen und serbischer Geschichte durchdrungen war, politische Ambitionen zu entwickeln und agitierte zuerst gegen Aleksandar Ranković. Sie erklärte, nicht enden zu wollen wie Königin Draga, die 1903 gemeinsam mit König Aleksandar Obrenović auf grauenhafte Weise von serbischen Verschwörern umgebracht worden war, und verlangte Rankovićs politischen Abschuss. Laut Kardelj war sie noch radikaler: Ranković gehöre umgebracht und drei Meter tief vergraben.[72] Angeblich hatte sie gemeinsam mit Ivan Krajačić und seinen Technikern Abhöreinrichtungen unter ihrem und Titos Bett »entdeckt«. Jedenfalls rühmte sie sich oft, dass das Plenum von Brioni, auf dem es zu Rankovićs Sturz kam, ihr Werk gewesen sei. Mit dem Resultat war sie so zufrieden, dass sie nach dem Plenum mit einer Sondermaschine nach Paris flog, um Sommergarderobe einzukaufen. (Gewöhnlich fuhr sie dazu nach Italien.)[73]

Nach Titos Tod fand man in einer Waschmaschine seine Aufzeichnungen und andere Dokumente in Verbindung mit Rankovićs Entfernung, die Jovanka versteckt haben soll. Solange sie am »Hof« war, hatte sie nämlich die Schlüssel zu allen persönlichen Safes ihres Mannes.[74] Nach der Demontage des »Genossen Marko« zeigte Jovanka, die damals kaum siebenunddreißig Jahre alt war, ihre Ambitionen immer offener. Den gealterten Gatten wünschte sie zu schützen und »von einigen Verpflichtungen und Obliegenheiten freizustellen«, indem sie sie auf sich selbst übertrug. »Tito ist völlig blind. Um ihn herum schmiedet man Verschwörungen, aber er sieht nichts. Hier bin ich die Einzige, wie eine Glucke, die ihre Küken schützt, nur ich kann ihn retten.« Sie begann Titos Kontakte mit der Welt zu sondieren, zu entscheiden, wen der Präsident empfangen würde und wann, und seine Telefongespräche zu überwachen. So entstand eine Atmosphäre der Belagerung, in die sich das Ehepaar vergrub, wobei es schwer zu sagen ist, wer von beiden dafür mehr verantwortlich war.

Als in Zagreb die Liberalisten an die Macht gekommen waren, hatten sie zu Anfang die »Genossin Jovanka« umworben und ihr im Sommer 1970 sogar vorgeschlagen, sie solle in dem neuen kollektiven Staatspräsidium, das sie im Rahmen der Zusatzartikel zur Verfassung planten, Kroatien vertreten. Als Savka Dabčević-Kučar diesen Vorschlag Tito vortrug, schwieg dieser eine Weile, trank dann seinen Whisky aus und sagte: »Gehen wir!«[75] Damit war die Kandidatur Jovankas begraben, nicht aber ihre Rolle in dem sich entwickelnden kroatischen Drama. Mehrere Monate später, als es in seine akute Phase eintrat, wählten die Serben in Kroatien sie selbsttätig zu ihrer Beschützerin und überschütteten sie mit Briefen (bis zu 2 000 am Tag) und Informationen, die sie über die »genozide Ustascha-Politik« der Zagreber Führung informieren sollten, die so bedrohlich sei, dass sie »nicht in ihren Häusern schlafen« und »Wachen rings um die Dörfer aufstellen«.[76] »Madame Broz«, berichtete der britische Botschafter ans Foreign Office, »spielt hinter den Kulissen eine immer ausgeprägtere politische Rolle, die nicht immer nützlich ist.«[77]

Im Oktober 1971 meinte Jovanka während ihres Geburtstagsessens, an dem Tito und Dolanc teilnahmen, dass sich in Kroatien das Jahr 1941 wiederholen werde, wenn die Armee nicht eingreife. »Ich hoffe, dass die Serben dieses Mal nicht so naiv und leichtsinnig sind (…) und sich wie Schafe zur Schlachtbank führen lassen.«[78] In der Überzeugung, dass Tito eine »giftige nationalistische Schlange« sei, habe sie ihn, wie sie selbst erzählte, »Tage und Nächte mit Informationen bombardiert, die ich aus Kroatien bekam und die zum Inhalt hatten, dass dort die Ustaschi am Werk sind und dass die kroatischen Kommunisten die nationalistische Ideologie akzeptieren«.[79] Über Jovankas Rolle Ende November 1971, als Tito entschlossen war, die serbischen Machthaber zu stürzen, schreibt Savka Dabčević-Kučar: »Als wir nach Karađorđevo kommen, sehe ich sie im Augenblick unserer Ankunft wie einem Bild der spanischen Meister entstiegen. Hoffärtig steht sie da, erhobenen Hauptes, mit einem harten Ausdruck in einem kaum menschlichen Gesicht. Da steht die Herrscherin und sieht zufrieden von oben auf uns herab, und ihre Augen erscheinen uns wie die eines Polypen.«[80]

Wegen ihrer Verdienste, die sie sich im Kampf gegen die kroatischen Nationalisten erworben hatte, und wegen ihres Engagements für die Bewegung der Blockfreiheit verlangte Jovanka, dass ihr Tito einen wichtigen Platz innerhalb der Partei zuerkenne und sie ins ZK aufnehme. Sie hoffte, nach seinem Tod seine politische Erbin zu werden. In jedem Fall hatte sie Ende der sechziger, Anfang der siebziger Jahre großen Einfluss auf Tito. Bezeichnend ist, dass er ihr Depeschen zu lesen gab, die er nicht einmal seinen Mitarbeitern anvertraute.[81] Sie interessierten vor allem Berichte über innere und äußere Verhältnisse und auch über die Armee. Savka Dabčević-Kučar sagt in ihren Erinnerungen, dass es nicht opportun war, über die serbische Vormacht in der Jugoslawischen Volksarmee mit Tito privat zu sprechen, wenn Jovanka anwesend war.[82]

Mit ihrem Verhalten machte sich Jovanka so viele Feinde, darunter auch den vorsichtigen Bakarić und Kardelj, die beide über sie und ihren Einfluss auf Tito eine außerordentlich negative Meinung hatten. Obwohl sie das nach außen nicht zeigten, ahnte sie deren reservierte Einstellung ihr gegenüber und erwiderte sie, wenn auch verdeckt.[83] Dazu gehört auch, dass sie in Angst um ihr und Titos Leben versuchte, einen Schutzwall von vertrauenswürdigen Leuten um sich zu errichten und sie unmittelbar an der Staatsspitze zu installieren.[84] Als sie ihre ersten Schritte in die Öffentlichkeit machte, hatte Tito noch zu ihr gesagt: »Du brauchst nur zu lächeln!« Mit Zunahme ihrer Macht, sagt Slavka Becele Ranković, »lächelte« Jovanka immer weniger, das Chaos aber entstand, als sie ganz zu »lächeln« aufhörte und anfing, die Stirn zu kräuseln.[85] Jedenfalls ist klar, dass sich in den letzten Jahren seines Lebens Titos Verhältnis zu ihr stark abkühlte, und er schien sich in bestimmter Hinsicht sogar vor ihr zu fürchten, denn er soll sich mitunter nachts ins Badezimmer eingeschlossen haben, nur um ihrer Gesellschaft zu entgehen. Wie er zu seinen Vertrauten sagte, hätte Jovanka auch Aufseherin in den südafrikanischen Goldminen sein können, wo die Arbeiter mit der Peitsche traktiert würden.[86]

Den Umbruch in ihren Beziehungen brachte das Jahr 1972, wobei eine Episode für ihre Entfremdung sinnbildlich ist, die sich im Juni zutrug, am Vorabend der Abreise Titos nach Moskau. Jovanka verlangte nämlich, dass Oberstleutnant Slavko Popović, Titos persönlicher Adjutant, die Reise nicht antreten sollte, da er ein russischer Spion sei. Andernfalls, drohte sie, würde sie selbst zu Hause bleiben. Es entzündete sich ein heftiger Streit, der mit Titos Kapitulation endete. Später zeigte eine Untersuchung, dass Slavko Popović völlig unschuldig war.[87] Der Vorfall war kennzeichnend dafür, wie sich Jovanka immer stärker in die Regierungsgeschäfte einmischte. Aufgrund seiner Angst vor Verschwörungen, konnte sich Tito ein solches Verhalten nicht anders erklären, als dass bestimmte heimische Kreise oder ausländische Dienste sie dazu anstifteten. Deshalb trug er Ivan Mišković auf, sie streng zu überwachen und festzustellen, warum Jovanka geheime Dokumente entwendete und an wen sie sie weitergab.[88] Letzterer entdeckte ihre engen Kontakte mit Zagreb, vor allem mit Krajačić und Krleža, sowie Verbindungen zu aktiven Generälen und Reservegenerälen und mehreren Politikern. Aber auch, dass Jovanka, versteckt hinter einem Vorhang, der in der Belgrader Residenz das Kabinett Titos und die Bibliothek von den Wohnräumen trennte, dessen Gespräche belauschte. Bakarić erklärte später, sie habe das systematisch getan.[89] In seinen Erinnerungen erzählt der tschechische Parteiführer Antonín Novotný, wie Tito während eines vertraulichen Gesprächs unter vier Augen im Oktober 1967 von Zeit zu Zeit aufgestanden sei und hinter die Tür geblickt habe, ob dort nicht jemand lausche: »Und das war in seinem eigenen Palais.«[90]

Ende Januar 1974 wurde eine Parteikommission eingerichtet, die den Auftrag hatte, alle zu verhören und zu überprüfen, zu denen Jovanka irgendwelche Verbindungen hatte, um herauszufinden, welchen Einfluss sie auf sie hatten. Tito wollte in erster Linie wissen, wer ihm seine Frau »verdirbt«, dass sie »in der Residenz ungesunde Verhältnisse schafft«. Nach einem heftigen Disput mit dem Leiter der Kommission Rato Dugonjić, einem der Vizepräsidenten des Präsidiums der SFRJ, beklagte sich Jovanka, dass die UDBA sie überwache und abhöre, so wie sie auch Tito abhöre. Sie behauptete, über Dokumente zu verfügen, die General Ivan Mišković schwer belasteten, war aber nicht bereit, sie der Kommission zu übergeben. Diese Beschuldigungen machte sich die Kommission nicht zu eigen, äußerte vielmehr die Meinung, dass sie selbst bei ihrem Gatten systematisch Angst und Misstrauen schüre, um ihn so an sich zu binden. Nach Meinung Dugonjićs und seiner Kollegen war Tito auf diese Weise zu ihrem Werkzeug auf dem Weg zur Macht geworden. Sie kamen zu dem Schluss, dass sich Jovanka seit dem Jahre 1958 intensiv in der Außenpolitik engagiere, dass sie diplomatische Depeschen und Berichte der Nachrichtendienste lese, dass sie an den Planungen von Titos Reisen nach Asien und Afrika mitgewirkt habe, in Hinblick auf Besuche ausländischer Staatsmänner, in Hinblick auf Wahlen und Personalwechsel, in Hinblick auf das Protokoll, und dass sie versucht habe, Titos Residenz in den Hof eines Monarchen zu verwandeln.[91]

Auf einer gemeinsamen Sitzung der Kommission und des Exekutivbüros des ZK des BdKJ sagte Edvard Kardelj über Jovanka: »Das ist ein kranker Mensch, krank bis zu dem Maße, dass es für Tito gefährlich wird (…) Man muss über ihre Isolierung nachdenken.« Dolanc pflichtete ihm bei und meinte: »Sollte Genossen Tito etwas zustoßen, sind wir schuld.« Auf der nächsten Sitzung, an der auf Titos Aufforderung auch Jovanka teilnahm, sagte er an sie gerichtet: »Vierzig Jahre baue ich an dieser Partei, und ich werde nicht erlauben, dass sie auf die Weise zerstört wird, wie du es tust, Jovanka. Wohin führt das?« Am 9. März 1974 wurde eine weitere Sitzung des erweiterten Vollzugskomitees des ZK des BdKJ einberufen, deren Vorsitz wiederum Tito innehatte. Auf ihr schlug Kardelj vor, dass in Hinkunft alle, die sich in leitenden Positionen befänden, ausschließlich Tito verantwortlich seien und nur von ihm Befehle entgegennehmen dürften. Diese Entscheidung wurde Jovanka anschließend von ihm selbst, Dolanc und Dugonjić mitgeteilt. Aber das Gespräch mit ihr musste wegen eines Nervenzusammenbruchs abgebrochen werden und blieb ohne Ergebnis.[92] Das hauptsächliche Opfer dieser Affäre war allerdings Mišković, an dem sich Jovanka rächte, indem sie einen wahren Psychokrieg gegen ihn führte, den sie letztlich auch gewann: »Aus gesundheitlichen Gründen« sah sich Mišković gezwungen, von allen seinen Funktionen zurückzutreten.[93]

Weil Tito trotz seines hohen Alters seine Neigung zum anderen Geschlecht nicht abgelegt hatte, tauchten in dieser Zeit »bei Hofe« zwei Masseurinnen auf, die Schwestern Darijana und Radojka Grbić, gegen die Jovanka lange wütend, aber erfolglos ankämpfte.[94] Seit den ersten Tagen ihrer Ehe hatte Jovanka Tito Eifersuchtsszenen gemacht. Seine intime Beziehung zu den beiden jungen Frauen, die jeden Tag ganze Stunden in Anspruch nahm und zu Beginn völlig unschuldig war, warf sie allerdings völlig aus dem Gleis. Sie verlangte, dass die Dauer der Massage streng begrenzt werde und dass obligatorisch ein Arzt anwesend sein müsse, was Tito aber ablehnte. Er wusste nicht oder wollte nicht wissen, dass die beiden Physiotherapeutinnen nach verrichteter Arbeit jeden Tag dem Adjutanten vom Dienst, gewöhnlich Admiral Tihomir Vilović, Bericht erstatteten, worüber während der Massage gesprochen wurde. Wenn die Informationen interessant waren, landeten sie auf dem Tisch von General Nikola Ljubičić, dem Verteidigungsminister.[95]

Nach einer Reihe von Missverständnissen zwischen den Eheleuten Broz kam es im Februar 1975 im montenegrinischen Sommerkurort Igalo zum Bruch. Hier inszenierte Jovanka derartige Ausfälle, dass der Adjutant des Präsidenten General Marko Rapo und seine Ärzte tatsächlich Angst um Titos »Leben und Gesundheit« bekamen. Sie befürchteten, dass Jovanka in einem Wutanfall auf ihn schießen, ihn mit einem stumpfen Gegenstand oder etwas anderem angreifen könnte. Auf Initiative von Kabinettschef Aleksandar Šokarac wurden die Vizepräsidenten des Präsidiums der SFRJ Petar Stambolić, Stane Dolanc, Đemal Bijedić und Nikola Ljubićić nach Igalo geholt. Ihnen gegenüber musste Tito bei einem geheimen Treffen auf der *Galeb* eingestehen, dass er sich in großen Schwierigkeiten befinde und, sollte er Jovankas Schreckensherrschaft nicht zügeln können, von allen Funktionen zurücktreten müsse. Die jugoslawische Xanthippe wurde sozusagen arretiert und aus Igalo nach Belgrad verfrachtet, wo eine politisch-medizinische Sonderkommission eingerichtet wurde, die ihren Geisteszustand überprüfen sollte. Es kam zu eingehenden Befragungen, die mit der Feststellung endeten, dass Jovanka in keinerlei Verschwörung verwickelt, sondern lediglich paranoid sei und dass es für Tito das Beste wäre, wenn er sich von ihr scheiden ließe. Das tat er jedoch nicht, sondern er versöhnte sich sogar wieder mit ihr und ließ es sogar zu, dass sie an den »Feinden« Rache nahm. Das Gleiche widerfuhr den Ärzten, denen Tito vorwarf, dass sie in dem für das Präsidium erstellten Bericht seine Gattin »grob beleidigt und verunglimpft« und sie für verrückt erklärt hätten.[96] Jedenfalls kam es im Februar 1975 zu einer Umbildung des Kabinetts des Präsidenten der Republik, die den Einfluss Jovankas »bei Hofe« stark einschränkte und Tito in die Isolation zwang, da man ihn wegen des hohen Alters nicht übermäßig belasten dürfe.[97]

Tito hatte eine chronische Arteriosklerose entwickelt, die einen zu hohen Blutdruck zur Folge hatte. Dazu kamen in der zweiten Hälfte der siebziger Jahre ernste Anzeichen einer Zuckerkrankheit, die ihn schließlich ins Grab bringen sollte. Zur Verschlechterung seines Zustandes – auch sein Sehvermögen hatte in den letzten Jahren stark nachgelassen – trug auch Jovanka bei, indem sie eine intensive Insulintherapie verhinderte. Außerdem war er ein leidenschaftlicher Raucher – er rauchte bis zu 120 Zigaretten am Tag. Als die Ärzte ihm schließlich das Rauchen verboten, hatte das zur Folge, dass er immer reizbarer und auch vergesslich wurde. Erst als sie ihm erlaubten, von Zeit zu Zeit eine Zigarre zu rauchen, besserte sich sein Zustand etwas.[98]

Unter diesen Vorzeichen kam es zu einer Schlacht um die Kontrolle über ihn, die mit allen Mitteln geführt wurde. Jovanka, fest entschlossen, ihren Ehemann mit ihr treu ergeben Leuten zu umgeben, wurde zu einer Gefahr für die alte Garde (Bakarić, Kardelj, Ljubičić, Dolanc), der sich noch die Bosnier und mehrere hohe Offiziere hinzugesellten. Auf einem Empfang sagte Ljubičić offen zu ihr: »Sie wollen Macht, Macht, Macht.« Darauf soll sie geantwortet haben: »Was soll mir die Macht, ich weiß doch, wie man bei uns an die Macht kommt.«[99] In Wirklichkeit hatte Ljubičić recht. Weil ihn Jovanka fürchtete und ihm übelgenommen hatte, dass er es abgelehnt hatte, sie in den Generalsrang zu befördern, bereitete sie, während er sich auf einer Dienstreise in Libyen befand, einen Erlass über seine Pensionierung vor, ohne davon Tito in Kenntnis zu setzen. Zusammen mit zwei Generälen aus ihrer heimatlichen Lika, Đoko Jovanić und Miloš Šumonja, Krajačićs Schützlingen und ihren Vertrauten, fertigte sie eine Liste aller hohen Offiziere an, die pensioniert werden sollten. Als Erster unter ihnen Nikola Ljubičić. Als der zurückgekehrt war, fand er die Liste auf seinem Schreibtisch vor. Es kam zu einer Sitzung des Militärrats, auf dem man Tito über die Existenz dieses Dokumentes unterrichtete. Jovanić, der seit 1974 den Nachrichtendienst im Bundesverteidigungsministerium leitete und schon damit gerechnet hatte, Minister zu werden, wurde sofort pensioniert, Šumonja wurde als Botschafter in die Niederlande geschickt. Auch General Franjo Herljević, der das Bundesinnenministerium führte und zu Jovankas Kreis gehörte, wurde gezwungen, auf seinen Rang zu verzichten, obwohl man ihn nicht aus dem Vollzugsrat entfernte. Mit diesen Schritten wurde die Gruppe der serbischen Generäle aus der Lika entmachtet, die einen starken Einfluss ausgeübt und in den letzten Jahren ein Regime verschärfter Polizeikontrolle in der Föderation installiert hatten, gegen das sich sowohl Bakarić als auch Dolanc gestellt hatten.[100] Aber Jovanka verlangte noch immer tief greifende Veränderungen in der jugoslawischen Volksarmee und wurde immer aggressiver.[101] An einem späten Abend im April 1975 flüchtete Tito sogar in Pantoffeln aus seiner Residenz in der Užička 15 ins Weiße Schloss, wohin er Stambolić und Dolanc rief, damit sie ihn beschützten.[102]

Von da an lebte er bis zu seinem Tod zeitweilig von Jovanka getrennt, wenngleich sie in der Öffentlichkeit noch gemeinsam auftraten. Noch immer entschuldigte er ihr Verhalten mit ihrer »schweren Jugend« und ihrer Menopause und erwähnte in diesem Zusammenhang auch den »großen Altersunterschied«. Er schickte ihr regelmäßig große Sträuße roter Rosen und gab ihr den Rat, sich nicht mit der Politik, mit dem Kabinett und den Residenzen zu beschäftigen, sondern mit gelegentlichen öffentlichen Feierlichkeiten und Wohltätigkeitsaktionen.[103] Aber davon wollte Jovanka nichts hören.

Jovanka hatte damit gerechnet, auf dem X. Kongress des BdKJ im Jahre 1974 ins ZK gewählt zu werden. Sie war überzeugt, sich eine solche Anerkennung aufgrund ihrer bisherigen Verdienste um Tito und Jugoslawien und ihrer staatsmännischen Fähigkeiten verdient zu haben.[104] Den Vorschlag hätten unter anderem Dolanc, Bakarić und Kardelj machen sollen. Aber als die einem Gespräch mit Tito entnahmen, dass er ihn nicht unterstütze, verzichteten sie auf die Initiative. Als Jovanka auf der Abschlusssitzung des Kongresses erkannte, dass sie ausgespielt worden war, brach sie in lautes Weinen aus, wobei die meisten dachten, sie würde vor Freude weinen, weil Tito erneut einstimmig als Parteivorsitzender bestätigt worden war. Später im Salon, wo sich eine ausgewählte Gesellschaft versammelt hatte, trat sie vor allen Anwesenden in einem Wutanfall mit dem Fuß gegen seinen Sessel.[105] Ihren Gegnern vergab sie nie und begann gegen sie – Kardelj, Dolanc, Ljubičić und Bakarić – in der Hoffnung zu intrigieren, ihren Gatten von der Gefährlichkeit dieser Gruppe überzeugen und sie so »liquidieren« zu können.[106] Wie um sich bei ihr zu entschuldigen, entschied Tito auf Kardeljs und Bakarićs Anregung hin, ihr den höchsten jugoslawischen Orden für die Sorge und Aufmerksamkeit zu verleihen, die sie ihm hatte angedeihen lassen. Aber Jovanka wies den Orden zurück, den ihr Bakarić am 11. Dezember 1975 in einer Zeremonie in Zagreb überreichen sollte (Tito wollte es nicht selbst tun, um sie damit nicht Ceauşescu oder Mao Zedong gleichzustellen).[107] Sie nahm ihn aber auch deshalb nicht an, weil sie nicht die Absicht hatte, sich mit Bakarić zu versöhnen: Wenn sie beleidigt war, so war sie es rasch und für immer. Sie erklärte »schon lange unterdrückt und erniedrigt« worden zu sein. Mit der Auszeichnung wolle man sie kaufen, aber darauf lasse sie sich nicht ein.[108]

Im August 1976, während einer Reise nach Sri Lanka, wo ein Gipfeltreffen der Blockfreien stattfand, flammte der Streit erneut auf. Als Jovanka bemerkte, dass sich Darijana Grbić in Titos Begleitung befand, bekam sie einen hysterischen Anfall. Der Streit nahm derartigen Formen an, dass Tito sie schlug. Gegen Ende des Gipfels versuchte er zwar die Wogen zu glätten, indem er ihr die Aufgabe übertrug, bei den Abschiedsbegegnungen anstatt des Vizepräsidenten des Präsidiums der SFRJ die ausländischen Staatsmänner zu begrüßen, die auf die *Galeb* kamen, was Jovanka zwar zusagte, aber nicht ruhig stellte.[109] Weil sie sich immer mehr bedroht fühlte, ließ sie im Mai 1977 in Florenz ein aufwendig bebildertes Buch mit dem Titel *Njuni dnevi* (Ihrer beider Tage) drucken, das beweisen sollte, wie harmonisch das Leben der Eheleute Broz sei. In der Interpretation vieler enthielt diese Publikation mit zahlreichen Aufnahmen ihres persönlichen Fotografen Ivo Eterović noch eine andere Botschaft: eine Art Nachfolgekandidatur. In der Monografie wurde Tito nämlich als pflegebedürftiger Greis gezeigt, während die nicht einmal fünfzigjährige Jovanka vor Kraft nur so zu strotzen schien.[110] Um ihre Person populär zu machen gab sie sogar einen Film in Auftrag, der den Titel *Ženska četa iz Like* – (Das Frauenbataillon aus der Lika) tragen und ihre Partisanenvergangenheit feiern sollte. Das Drehbuch war angeblich schon geschrieben, zur Realisierung des Films kam es aber nie.[111]

Kaum zwei Monate später, im August 1977, reiste Tito in die Sowjetunion, nach Nordkorea und anschließend nach China, wohin ihn nach dem Tod Mao Zedongs und Tschu En-lais die neue Führung eingeladen hatte. Dass er der erste Staatsmann der Welt war, der sich mit Hua Guofeng traf, war für ihn eine große Genugtuung. Er war überzeugt, mit Maos Nachfolgern einen Dialog anknüpfen zu können, der ihm in seinem schwelenden Konflikt mit der Sowjetunion nützen werde. Auf die lange Reise ging er allein, denn seine Frau hatte verlangt, dass die Masseurin Darijana, Adjutant Vilović und Stane Dolanc aus der Begleitung ausgeschlossen würden, was Tito aber nicht akzeptierte. Jovanka brachte nicht nur persönliche Gründe vor, sondern auch politische, denn sie behauptete unter anderem, dass Dolanc und andere »offizielle« Mitglieder der Delegation nicht nach Moskau dürften, da sie antisowjetisch orientiert seien.[112] In »Hofkreisen« wurde noch Schlimmeres geflüstert: dass nämlich Jože Smole, jugoslawischer Botschafter in der Sowjetunion, Jovankas Kontakten zu den Sowjets auf die Spur gekommen sei und den Präsidenten darüber heimlich unterrichtet habe. Die Tatsache, dass zur gleichen Zeit auch Ivan Krajačić-Stevo, ihr langjähriger Förderer, in Ungnade fiel, obgleich ihm Tito in der Vergangenheit manchen, oft auch groben Fehltritt nachgesehen hatte, spricht immerhin für diese Gerüchte. [113]

Am Vorabend von Titos Reise nach Peking kam es zwischen den Eheleuten Broz zu einem heftigen Streit, in dem Jovanka ihren Mann einen verdorbenen

Idioten, Lüstling und Hurenbock schimpfte und er sie als schamlose Person, ungeschliffenen Klotz aus der Lika und paranoide Lügnerin bezeichnete.[114] Nach der Rückkehr von der Reise, auf der es Tito gelungen war, die Beziehungen zu Peking auch auf der Parteiebene zu erneuern, verschwand Jovanka aus dem öffentlichen Leben.[115] Wie Tito in dieser Zeit zu Lazar Koliševski, dem Vorsitzenden einer weiteren für den »Fall Jovanka« zuständigen Parteikommission, sagte: »Ein Revolutionär sollte niemals heiraten!«[116] Die Trennung von seiner Frau war für ihn trotz allem überaus schmerzlich. Als die höchsten Vertreter von Staat und Partei Druck auf ihn ausübten, doch endlich in die Scheidung einzuwilligen, schwieg er so lange, dass es allen Anwesenden peinlich wurde. Doch dann sagte er, dass er diesen Rat nicht annehmen könne: »Jovanka und ich leben mehr als dreißig Jahre zusammen. Ich habe sie sehr geliebt, und auch jetzt empfinde ich noch viel für sie. Wir werden jeder für sich leben, aber offiziell werden wir uns nicht scheiden lassen.«[117]

Diese Meldung schlug wie Blitz aus heiterem Himmel ein, niemand hatte eine solche dramatische Entwicklung vorhergesehen, wie die zahlreichen Glückwünsche für das neue Jahr 1978 bezeugen, die Titos engste Mitarbeiter, Genossen und Freunde an ihn und Jovanka gemeinsam adressiert hatten.[118] Dobrica Ćosić, der 1993 als Präsident Jugoslawiens die Protokolle in Verbindung mit dem »Fall Jovanka« durchsah, berichtet, dass diese Angelegenheit zwischen 1974 und 1988, also noch lange nach Titos Tod, von den höchsten politischen Foren in insgesamt 59 Sitzungen diskutiert worden sei. »Jovanka Broz hat Jugoslawien tatsächlich zwei Jahrzehnte lang gebeutelt …« Nach den Protokollen der verschiedenen Kommissionen zu urteilen, scheint es, dass Josip Broz mehr von seinem persönlichem Ehedrama gequält wurde als von der Sorge um die Rettung Jugoslawiens aus der politischen, ökonomischen und moralischen Agonie. Seiner Gattin schickte er zum Geburtstag auch weiterhin rote Rosen, obwohl sie auch in seinen letzten Lebensjahren ihre Verhaltensweise gegenüber seinen Mitarbeitern und dem Personal nicht änderte. Als er begann ihr den Hof zu machen, hatte er Jovanka erklärt: »Ich fühle, dass ich mit dir Glück und Frieden finden könnte.« Er hatte sich von Grund auf getäuscht. »Tito war ein kommunistischer Napoleon«, vermerkte der scharfsinnige Dobrica Ćosić in seinem Tagebuch, »dessen Waterloo das eheliche Schlafzimmer war.«[119]

★

1980

★

Titos Tod und sein politisches Vermächtnis

DER PERSONENKULT

Angesichts des unausweichlich bevorstehenden Todes Titos entwickelte in den späten Sechzigern und Siebzigern der Kult um seine Person noch einmal ein neues Ausmaß. Er war nach dem Stalinkult gestaltet, betonte aber gerade damit, dass er Tito auf die Ebene des *chozjajin* erhob, den jugoslawischen Sonderweg. Zur Ausbreitung des Tito-Kults trug nicht wenig die Tatsache bei, dass er ein gut aussehender Mann war, mittelgroß, von kräftiger Statur, mit hellem Haar und ausdrucksvollen, keineswegs bäurischen Gesichtszügen. Der Bildhauer Antun Augustinčić, der anlässlich der Zweiten AVNOJ-Sitzung sein Porträt angefertigt hatte, sagte im Scherz: »Er muss aristokratischer Herkunft sein. Wer hat schon einmal einen solchen Menschen aus dem Zagorje gesehen?«[1] »Er hat den Kopf und das Gesicht eines Führers«, pflichtete ihm kaum zwanzig Jahre später Dobrica Ćosić bei. »Das ist der Kopf für eine Porträtbüste; ein Profil für Goldmünzen. Etwas Klassisches, Römisches ist an Kopf und Gesicht dieses Mannes.«[2]

Der Personenkult hatte schon vor dem Krieg begonnen, und zwar vor allem in jenen Milieus, die am rückständigsten waren. Während des Befreiungskampfes nahm er noch zu. Nach Rankovićs Worten hätten er selbst, Tito, Kardelj und Đilas im Herbst 1942 sich unter einer Buche zu einer Besprechung getroffen. Bei dieser Gelegenheit habe Đilas gemeint, »dass wir Tito nicht genügend popularisieren. Auch wir müssen einen Führer haben, einen Mann, an den sich die Massen binden. Einen Heerführer. Einen Parteisekretär. So wie die Russen Stalin haben.«[3] In den patriarchalen Milieus, in denen die Volksepik ihre tiefen Wurzeln hatte, fiel diese Anregung auf fruchtbaren Boden. In dem Lied »*Tito, ljubičice bela* …« verglichen ihn die einfachen Kämpfer mit dem seltenen ›weißen Veilchen‹, um seine geschichtliche Ausnahmeerscheinung zu betonen. Ähnlich ist es auch mit dem bekanntesten Lied, das mit einem Eidschwur der Volksmenge auf ihren Führer endet: *Druže Tito, mi ti sie kunemo, / da sa tvoga puta ne skrenemo* (*›Genosse Tito, wir geloben dir, von deinem Wege nicht zu weichen‹*).[4] Auf »künstlerisch« anspruchsvollere Weise drückte diesen Gedanken der montenegrinische Dichter Radovan Zogović in folgenden Versen aus: *Tita je rodio u gnevu, / u čeznji stvaranja / titan – / narod, / i borba – / mati, / Tito – to smo mi, / svi! – / i vojska, i zemlja, i gorak* (*›Tito zeugte im Grimm, / in Schaffenssehnsucht / ein Titan – / das Volk, / und der Kampf – / die Mutter, / Tito – das sind wir, / alle! – / die Armee, das Land, der Berg‹*).[5] Menschlicher war Vladimir Nazor in seinem *Lied von der Faust*, dessen erste Strophe lautet: *Uz Tita i Staljina / dva junačka sina, / nas neće ni Pakao / smest ...* (›*An der Seite Titos und Stalins / macht uns auch die Hölle / nicht irre ...*‹).[6] Wie Lado Kozak sagt, wurde der Tito-Kult auf der Zweiten AVNOJ-Sitzung institutionalisiert: »Glänzende Uniformen, Applaus, stürmische Hochrufe, Pomp, Gewöhnung an die Monarchenrolle.«[7] Er wurde der »totale Führer«, wenn wir Đilas' Formulierung verwenden wollen.[8]

Zusätzlich Schwung lieferte dem Personenkult die sowjetische Mission, die 1944 nach Drvar kam, denn sie gab in Gesprächen mit Ranković zu verstehen, dass man diesen unbedingt nach sowjetischem Modell ausgestalten müsse. Die Russen erklärten auch, dass man Tito mit »Sie« anreden müsse und nicht mit »du«, was Ranković sofort akzeptierte. Er schickte an die Kommandanten aller Korps eine Weisung, wie man künftig den Oberbefehlshaber anzureden hätte. Die sowjetische Mission verlangte auch, dass man die Gleichbehandlung aller Partisanen hinsichtlich Ernährung, Kleidung und Schuhwerk aufhob, was die Kommandierenden natürlich begrüßten, angefangen mit Tito, der allerdings auch schon zuvor besondere Privilegien genossen hatte.[9] Als er im Juni 1944 nach Vis kam, war sein Kult im Bewusstsein der breiten Volksmassen bereits fest verankert. Beim Ausschiffen der Flüchtlingsgruppe von dem britischen Kriegsschiff blieben, wie Louis Adamič berichtet, mehrere Hundert Menschen wie erstarrt stehen, als jemand sagte, dass sich Tito unter ihnen befinde. »Dann begannen in der völligen Stille, die eine Minute dauerte, einige aus der Menge wie wild zu rufen, andere weinten vor Freude, umarmten sich und fielen vor Dankbarkeit auf die Knie.«[10]

Den Wert des Kultes um seine Person hatte Tito schon während des Partisanenkampfes begriffen, denn zwischen den Vorbereitungen für den II. AVNOJ fand er nicht nur Zeit für eine Büste Modell zu sitzen, die Augustinčić für ihn anfertigte, sondern auch für ein fotografisches Porträt, mit dem er sich der Welt präsentierte. Meister George Skrigin, ein russischer Emigrant aus Odessa, der damit beauftragt war, sagte später, Tito habe ganze drei Stunden für ihn posiert.[11] Nach dem Sieg wurden in allen Kasernen, Büros, in allen Betrieben, Banken, sogar Restaurants und Kaffeehäusern Fotos von Tito angebracht, die zum unverwechselbaren Kennzeichen des jugoslawischen Alltags wurden. So auch der Namenszug TITO auf allen möglichen Flächen: angefangen bei Wänden und Mauern bis hin zu Flugzeugflügeln und Berghängen. »Tito ist für uns alles. Alles.« So wurde es Louis Adamič versichert, als er 1949 einen Besuch in der alten Heimat machte. Auf dem II. Kongress der KP Serbiens, an dem der Schriftsteller teilnahm, wollten die Ovationen zu Beginn der Sitzung kein Ende nehmen. Rhythmisches, dröhnendes Klatschen, Ausrufe: Heroj Tito! Heroj Tito! Heroj Tito! ... Heroj Tito! Heroj Tito! ... und immer so weiter.[12]

Nach dem Streit mit Stalin nahm der Tito-Kult neue Dimensionen an, denn jetzt hatte er in Jugoslawien keinen Konkurrenten mehr. Als die Illusion erloschen war, dass der Moskauer *chozjajin* doch noch das Unrecht eingestehen werde, das er der KPJ angetan hatte, verschwanden dessen Porträts aus den leeren Schaufenstern der Geschäfte in Belgrad, Zagreb und Ljubljana und anderen urbanen Zentren und wurden ersetzt durch bronzegefärbte Gipsbüsten des Marschalls. Đilas schreibt: »Der Tito-Kult, der in bestimmten Zügen den Stalin-Kult nachahmte, gab Jugoslawien die Möglichkeit, sich zu wehren und seine Selbstständigkeit zu schützen.« Denn die »sowjetischen Forderungen ließen sich nur mit Methoden und Mitteln zurückweisen, die den sowjetischen ähnlich waren«.[13] Die Belgrader Studenten sangen schon Ende 1948 bei Demonstrationen zur Unterstützung der KPJ folgende Spottverse, bei denen sie auf Stalin, den ›Stählernen‹ anspielten: *Druže Tito, ti si od čelika, s tobom je cela Amerika* (›Genosse Tito, du bist aus Stahl, mit dir ist ganz Amerika‹). *Mi smo mladi skojevci, ne pijemo vina, žedni smo krvi brkatog Stalina* (›Wir sind junge Kommunisten, wir trinken keinen Wein, uns dürstet nach dem Blut von Schnauzbart Stalin‹).[14] Aber als die Führungselite im Jahre 1949 in New York an der Sitzung der UN-Vollversammlung teilnahm und die Zeitschrift *Life* eine Fotoreportage über Tito und seinen Stab brachte, gab Aleš Bebler zu bedenken, dass Tito aussehe wie ein südamerikanischer Diktator. Nach der Rückkehr erwähnte Đilas auf einer Sitzung über die Aktivitäten bei der Vollversammlung diese unangenehme Ähnlichkeit, was Tito zwar in Verlegenheit, aber nicht zur Einsicht brachte. Es gab zwar Augenblicke, wo die Behörden eine kritische Note zuließen, aber das geschah selten. So zum Beispiel 1962 bei der Maiparade. Zwischen den Marschierenden befand sich auch eine Gruppe von sechs Studenten, die einen großen Spiegel trugen. Als sie an der Tribüne vorbeikamen, auf der Tito mit den höchsten Würdenträgern des Regimes stand, drehten sie den Spiegel zu ihr.[15] Und als zehn Jahre später der Maler Mića Popović eine Ausstellung eröffnete, auf der zwei Bilder einander gegenüberhingen – »Der Präsident der Republik und das niederländische Königspaar« und »Züge mit Arbeitern auf dem Weg nach Deutschland« –, wurde sie sofort geschlossen, da es »politische Implikationen« gebe.[16] Doch zu diesem Zeitpunkt war der Tito-Kult, wie Koča Popović feststellt, bereits zu einem der wesentlichen Faktoren geworden, die die Entwicklung der jugoslawischen Gesellschaft bremsten.[17]

Je älter er wurde, desto abhängiger wurde Tito vom Kult um seine eigene Person, der geradezu pharaonische Züge annahm. »Auf diesem Planeten«, klagte Dobrica Ćosić, »hat nur Jugoslawien eine Stafette« (die die Jungen durch ganz Jugoslawien trugen und dem Marschall an seinem Geburtstag überreichten). Er war auch der »liebste Gast«, wie Tito rituell betitelt wurde, wohin immer er kam.[18] »Er war tatsächlich der Meinung«, erinnert sich Savka Dabčević-Kučar, »die Armee, das ist – er! Die Partei – das ist er! Der Staat – das ist er! An dem ›Leiden‹, das wir Bescheidenheit nennen, litt er nicht!«[19]

Komplimente bekam er nicht nur von Untergebenen, sondern auch von gekrönten Häuptern. Die Ouvertüre in diesem Aufzug an Hoheiten machte der äthiopische Kaiser Haile Selassie, der Jugoslawien im Juli 1954 zum Zeitpunkt des schärfsten diplomatischen Konflikts mit Italien besuchte. Der Besuch war nicht ohne symbolische Bedeutung, denn beide Staaten waren in jüngerer Vergangenheit Opfer des Mussolini'schen Imperialismus geworden und hatten noch offene Rechnungen mit Rom. Das Ereignis war auch deshalb von besonderer Bedeutung, weil Haile Selassie der erste Staatschef war, der nach dem Bruch mit Stalin nach Jugoslawien kam. Der Protokolldienst erließ für die »Genossen« besondere Anweisungen, wie sie sich für die zu Ehren des »Nachfolgers König Salomons« organisierten Empfänge zu kleiden hätten. Den Männern wurde vorgeschrieben, welche Sakkos, Fräcke und Smokings sie bei verschiedenen Gelegenheiten zu tragen hätten, während für die Frauen bei den Abendempfängen lange Kleider vorgeschrieben waren. »Auf keinen Fall kommen sportlich geschnittene Kleidung oder Sportschuhe oder Sandalen in Betracht.« Die Chauffeure sollten zweireihige Uniformen tragen, besonders vorgeschrieben wurde auch, wie die Maîtres d'hotel und die Kellner gekleidet zu sein hatten.[20] Die Betonung auf dem richtigen Bekleidungsstil nahm in den folgenden Jahren geradezu groteske Formen an. Wann immer Tito einen Staat besuchte, besorgte das Protokoll für die Mitglieder der Delegation neue Garderobe und für ihre Gattinnen jeweils zwanzig Kleider aus Paris.[21]

Tito liebte Auszeichnungen, Ehrenmitgliedschaften von Akademien der Wissenschaft und Künste, Ehrendoktorate und trug unter allen zeitgenössischen Staatsmännern vermutlich am meisten davon zusammen. Unter anderem besaß er dreizehn goldene Säbel, die ihm bei verschiedenen Gelegenheiten von befreundeten Regierungen überreicht worden waren, an die zehn goldene Halsbänder mit Brillanten, er besaß sechzehn heimische und neunundneunzig ausländische Orden, darunter so prestigeträchtige wie den britischen Höchst Ehrenvollen Orden vom Bade, den ihm 1972 Königin Elisabeth II. verliehen hatte, oder den dänischen Königlichen Elefanten-Orden (1974). Aus den sozialistischen Ländern erhielt er unter anderem den Leninorden (UdSSR, 1972) und den Goldenen Stern eines Helden der Republik (Nordkorea, 1977), außerdem waren ihm der Große Halsbandorden der Königin von Saba mit Schärpe (Äthiopien 1952), der Orden vom Aztekischen Adler (Mexiko, 1963), das Großkreuz des Chrysanthemenordens (Japan, 1968) und das Großkreuz des Mono-Ordens (Togo, 1976) verliehen worden. Es kam zu der grotesken Situation, dass der Sozialistische Bund in Belgrad kurz vor seinem Tod vorschlug, ihm die Anerkennung als Volksheld zum vierten Mal zu verleihen, da er die Operation glücklich überstanden habe. Daraus wurde allerdings nichts, da sich sein Zustand inzwischen verschlechtert hatte.[22]

In Gesellschaft gekrönter Häupter fühlte sich auch Tito vornehm. Gern erzählte er, wie die griechische Königin Friederike einmal, als sie zu Gast auf Brioni war, gesagt habe, dass sie zweifellos Mitglied der von ihm geführten Partei wäre, wenn sie in Jugoslawien geboren wäre.[23] Sehr schätzte er ihr Geschenk, ein Paar weiße Pudel, die seine Lieblinge wurden und am »Hof« eine Art Hundedynastie begründeten.[24] Anlässlich des achtzigsten Geburtstags des Marschalls riet der britische Botschafter, Königin Elisabeth II. möge ihm etwas Silbernes schenken: »Ortskenntnis und Geschmäcker legen nahe, dass etwas aus der späten viktorianischen Epoche eher angemessen wäre als Älteres und Erleseneres.«[25] Anstatt Silber oder Whisky der Marke Chivas Regal, wie man ihr riet, entschied die britische Königin, Titos Achtzigsten mit einem offiziellen Besuch zu ehren, »solange er noch im Sattel sitzt«. Es war ihr erster Besuch in einem kommunistischen Staat.[26] Nachdem man schon die niederländische Königin Juliana und die britische Prinzessin Margaret zu Gast hatte, wusste man an Titos »Hof«, wie man mit Gästen aus europäischen Dynastien umzugehen hatte.[27] Elisabeth II. war von dem Empfang, den sie im Oktober 1972 in Jugoslawien erlebte, genau in der Zeit, als Tito die serbische liberale Führung enthauptet hatte, so angetan, dass sie ihm nach der Rückkehr eine Silberschale übersandte und sich über ihn angeblich äußerst schmeichelhaft mit den Worten äußerte: »Wenn dieser Mann ein Mechaniker ist, bin ich nicht die englische Königin.« Für Tito aber war der Höhepunkt seines sozialen Aufstiegs der Walzer, den er auf Brioni mit Ihrer Majestät tanzen durfte.[28]

Seine Karriere sollte noch durch den Friedensnobelpreis gekrönt werden. Um dies zu erreichen scheute die jugoslawische Führung keine Mühen, und Pierre Grégoire, Präsident der Luxemburger Abgeordnetenkammer, stand an der Spitze der Kampagne. Weil aus Andeutungen zu vernehmen waren, dass Tito tatsächlich in der engeren Wahl für diesen prestigeträchtigen Preis stehe, wurde 1973 eine Arbeitsgruppe mit der Aufgabe eingerichtet, auf heimischer und internationaler Ebene die notwendige Zustimmung zu erreichen. Den jugoslawischen Botschaftern in der ganzen Welt wurde aufgetragen, entsprechende Unterstützung sicherzustellen.[29] Nicht ohne Erfolg. An die hundert Politiker von Weltrang – darunter Willy Brandt, Indira Gandhi, Haile Selassie, U Thant, Urho Kekkonen, Habib Bourguiba, Nahum Goldmann –, und auch zahlreiche angesehene Prominente – Ivo Andrić, Fitzroy Maclean und Charlie Chaplin – unterstützten einen dreihundert Seiten langen Vorschlag, den Vladimir Dedijer und der slowenische Politologe Rudi Rizman ausgearbeitet hatten. Dabei erschien es der Belgrader Diplomatie notwendig, sich auch der positiven Haltung des Heiligen Stuhls zu versichern. Der damalige Staatssekretär von Papst Paul VI., Kardinal Agostino Casaroli, hatte nichts dagegen, ebenso nicht der Zagreber Kardinal Franjo Kuharić (wenngleich er im Gegenzug für seine Unterstützung die Rehabilitierung von Alojzije Stepinac verlangte, denn man müsse die konservativen Kreise im Vatikan und im heimischen Episkopat zum Verstummen bringen).[30] Auch der Sabor der Serbischen orthodoxen Kirche sagte seine Unterstützung zu.[31]

Einen Bärendienst aber erwies der Oberste Sowjet der UdSSR der Kandidatur Titos, indem er sie mit einer Sonderresolution unterstützte und das auch öffentlich bekannt gab. Das aber löste im Westen ein negatives Echo aus.[32] Vermutlich blieb der Vorstoß vor allem wegen der Gegnerschaft der USA und der jüdischen Lobby stecken, die Tito seine proarabische Politik verübelte, aber auch wegen des Protests jugoslawischer Emigranten, der von Ljubo Sirc in ein langes Memorandum gegossen wurde. In diesem listete der slowenische Ökonom alle »Sünden« Titos auf und konnte offenbar überzeugen.[33] Der norwegische König versuchte Titos Kandidatur zu retten und schlug Letzterem vor, sich wegen der Strafinsel Goli Otok zu entschuldigen. »Wenn ich mich bei jemandem entschuldigen muss, dann bei denen, die unschuldig dort hingekommen sind«, antwortete Tito beleidigt. »Bei den Kominformlern habe ich nicht vor, mich zu entschuldigen.«[34]

Die halboffizielle Ausrede des Nobelkomitees, warum man ihm den Preis nicht zuerkannt habe, lautete natürlich anders: Tito sei Soldat und könne als solcher den Friedenspreis nicht bekommen.[35] Angesichts der Rolle, die er zu diesem Zeitpunkt in der Welt bei der Verteidigung des Friedens spielte, und angesichts der Tatsache, dass gerade ihm es gelungen war, Jugoslawien in den Kreis der zehn Staaten mit dem höchsten internationalen Ansehen einzuschließen, wurde diese Entscheidung von vielen als ungerecht empfunden.[36] In jenem Jahr teilten sich den Preis der nordvietnamesische Diplomat, Politiker und General Le Duc Tho und der amerikanische Außenminister Henry Kissinger, der sich zwar um das Ende des Vietnamkrieges verdient gemacht hatte, zugleich aber auch für die vernichtende Bombardierung Hanois und für den Putsch gegen den chilenischen Präsidenten Salvador Allende verantwortlich war. Als Ersatz bekam Tito zwar den Nehru-Friedenspreis, der ihm vom indischen Präsidenten Varahagiri V. Giri überreicht wurde, aber das war allenfalls ein Trostpflaster.[37]

★

TITOS GESUNDHEIT UND EIN MÖGLICHER MACHTVERZICHT

Über Titos Abtreten beziehungsweise seinen Tod wurde in diplomatischen Kreisen zum ersten Mal schon zu Beginn der fünfziger Jahre gesprochen. Von da an wurde der in die Jahre kommende Marschall zum Objekt aufmerksamer Beobachtung, deren Resultate sich in zahlreichen Korrespondenzen der in Belgrad akkreditierten Botschafter oder ihrer Kollegen in den Hauptstädten finden lassen, die Tito besucht hat. Schon im Februar 1964 ging zum Beispiel das Gerücht um, dass er vorhabe, sich aus dem aktiven politischen Leben zurückzuziehen, sich mit der zeremoniellen Präsidentenfunktion zufriedenzugeben und nach Zagreb zu übersiedeln. Dort hatte sein Freund Krajačić, ein Megalomane, der für sein eigenes Schwimmbecken zweimal täglich Meerwasser in Tanklastern anfahren ließ, eine große Residenz zu errichten begonnen, wohin sich Tito in den Ruhestand zurückziehen sollte.[38] Er soll sich Paläste zum Vorbild genommen haben, die er in Indien gesehen hatte, wobei bezeichnend ist, dass das erwähnte Bauwerk, die Villa Zagorje, teils aus staatlichen, teils aus illegalen Mitteln aus Schmugglertätigkeiten finanziert wurde, über die Tito informiert war. Die Villa, die über ein eigenes Jagdrevier und einen Bunker für den Fall eines Atomkrieges verfügte, kostete 27 Milliarden Dinar. Tito gefiel sie nicht, sodass er bei ihrem Anblick ausrief: »Ihr habt sie für euch gebaut, nicht für mich.« Später gewöhnte er sich an das luxuriöse Gebäude und hielt sich dort öfters auf. Das war natürlich nicht das einzige Objekt, das Krajačić für Tito in Kroatien erbaute. Wie er selbst sagt, trug er Sorge auch für die Residenzen in Dubrovnik, Split, auf Brioni, in Samobor und Kumrovec. Um von den zahlreichen »Jagdhütten«, die Tito größtenteils nie betreten hat, gar nicht zu reden.[39]

Während in den Sechzigern Meldungen überwogen, die Titos guten Gesundheitszustand betonten, gibt es schon zu Beginn der Siebziger immer öfter Hinweise, dass es mit seiner Gesundheit nicht zum Besten stand. Noch im Juli 1969 machte Tito bei der Übergabe der Akkreditive des amerikanischen und westdeutschen Botschafters auf Brioni den Eindruck eines »gesunden Mannes in den Sechzigern und nicht von siebenundsiebzig. Er war agil, rasch im Gespräch und voll lockerem Humor.«[40] Zwei Jahre später, im November 1971, berichtete der westdeutsche Botschafter in Kanada, wo Tito nach seinem Besuch in den USA Station machte, dass er zu Beginn der offiziellen Zeremonien lebhaft und frisch war, dass aber bald darauf seine zunehmende Ermüdung nicht zu übersehen war.[41]

Schon Mitte Juni 1971 ordnete Präsident Richard Nixon an, dass der National Security Council eine Studie zur möglichen Entwicklung in Jugoslawien nach Titos »Abtreten« erstellen solle. Und Anfang März 1972 trat in London ein Gemeinsames anglo-amerikanisches Informationskomitee zusammen, das sich die gleiche Aufgabe stellte. Dabei setzten die Briten für alle Fälle ein Beileidstelegramm auf, das die Königin an Titos Witwe senden würde.[42]

Natürlich ging es nicht nur um das Protokoll. Unter anderem wurde die Frage aufgeworfen, wie die italienische Reaktion sein werde, falls »Jugoslawien kommunistisch wird« (wenn es von der Sowjetunion besetzt werden sollte). Würde dann nicht die gesamte Nato-Strategie im Mittelmeerraum zusammenbrechen?[43] Ende September und Anfang Oktober 1972 kam es zwischen Amerikanern und Briten zu bilateralen Gesprächen darüber, was zu tun sei, wenn es nach Titos Tod zu einem militärischen Eingreifen der Sowjets in Jugoslawien käme.[44] Die Gespräche wurden in den folgenden Jahren fortgesetzt, umso mehr, da aus Belgrad Nachrichten eintrafen, dass Tito zum ersten Mal im Leben auf seine Ärzte höre.[45] In einem Szenarium, das in Washington bereits im September 1971 entworfen wurde, steht unter anderem, dass im Falle einer sowjetischen Besetzung Serbiens, Mazedoniens und Montenegros die USA von den Vereinten Nationen verlangen würden, ihre bewaffnete Einheiten, die sogenannten Blauhelme, nach Slowenien und Kroatien zu entsenden. »Diese Aktion müssten sie [die Vereinten Nationen] mit der klaren Begründung erzwingen, dass die USA und die NATO, sollte es nicht zu einem Eingreifen der UN kommen, keine andere Wahl hätten, als die Unabhängigkeit der prowestlich orientierten Kroaten und Slowenen sicherzustellen. In dem Falle (…) würden wir in die beiden nördlichen Republiken einmarschieren.«[46]

Ab Frühjahr 1973 kränkelte Tito ständig, obwohl man das hinter Mitteilungen zu verbergen suchte, er sei mit Vorbereitungen für den X. Kongress des BdKJ beschäftigt.[47] Im April 1973 berichtete der französische Botschafter, dass sein Erscheinen annehmbar sei, nur dass seine Stimme jetzt »die Stimme eines alten Mannes …« sei.[48] Kurz darauf brach Tito aus gesundheitlichen Gründen, die nicht weiter erläutert wurden, eine Reise durch Serbien ab (er hatte einen Herzinfarkt erlitten).[49] Nach einer anstrengenden Reise nach Indien, Bangladesh, Nepal und Syrien suchte ihn im folgenden Jahr eine Grippe heim, von der er sich erst nach sechs Wochen wieder erholte, sodass er bei der Verkündung der neuen Verfassung nicht anwesend war. In westlichen Militärkreisen liefen schon Gerüchte um, dass er »am Ende« sei.[50]

Im Jahre 1975 hatte er so starke Ischiasschmerzen, dass er den Besuch des ungarischen Parteiführers János Kádár verschieben musste und die Parade zum dreißigsten Jahrestages des Sieges nur mithilfe schmerzlindernder Injektionen verfolgen konnte. Als er Kádár schließlich empfing, versuchte er den Eindruck abzuschwächen, dass es schlecht um ihn stehe. »Im Westen wird gern spekuliert: Wie oft haben sie von mir gesagt, ich sei am Ende. Sehen Sie mich an, sehe ich etwa aus, als wäre ich am Ende?«[51]

Er wusste nicht, dass man in seiner Umgebung von einer »Fossilisierung Titos« sprach und dass man über seine Reden bei Banketts oder bei Besuchen von Fabriken spottete. In den letzten zehn Jahren würde er sie immer gleich beenden: »Genossen, nur Brüderlichkeit und Einheit werden uns bewahren, werden unserem Selbstverwaltungssozialismus Schwung verleihen, nur Brüderlichkeit und Einheit … dessen müssen wir alle eingedenk sein!«[52] Jene, die über ihn spotteten, ahnten nun einmal nicht, dass das »sein letzter Aufschrei« war, wie Ivan Ivanji sagt, denn er war sich des Untergangs bewusst, auf den Jugoslawien zutrieb.[53]

Im Mai 1974 hielt die NIA (National Intelligence Agency) ein Seminar zu sowjetischen und osteuropäischen Fragen ab, auf dem die wichtigsten Fachleute der amerikanischen Geheimdienste darüber diskutierten, was in den ersten Monaten nach Titos Tod geschehen werde.[54] Das Bewusstsein, dass Titos Tage gezählt seien, hatte größten Einfluss auf die italienisch-jugoslawischen Beziehungen. Die römische Regierung hatte sich nämlich zu der Überzeugung vorgearbeitet, dass man die offene Grenzfrage zwischen den Zonen A und B des ehemaligen STO regeln müsse, da im gegenteiligen Falle russische Panzer auch auf den Straßen Triests auftauchen könnten. Nach Jahren der Spannung, die die Jugoslawen als Ausdruck des imperialistischen, von Washington aus gelenkten Drucks auf ihren Staat interpretierten, kam es zu Geheimverhandlungen, die am 10. November 1975 mit der Unterzeichnung der so genannten Osimo-Verträge abgeschlossen wurden. Mit kleineren Korrekturen bestätigten sie die Teilung des umstrittenen Gebiets, wie sie mit dem Londoner Abkommen von 1954 erreicht worden war. Tito, der an der Formulierung der erwähnten Verträge persönlich beteiligt war, sah sie als großen Erfolg an, der der Beziehung Jugoslawiens zu Italien ein neues Fundament gab.[55]

Trotz seiner gesundheitlichen Beschwerden reiste Tito nach Südamerika, Schweden, Finland, Griechenland, Portugal und in die Türkei. Auf der Konferenz für Sicherheit und Zusammenarbeit in Europa (KSZE), die im Juli 1975 in Helsinki stattfand, spielte er eine wichtige Rolle bei der Überwindung der Spannungen auf dem Kontinent, denn er kannte mehr als jeder andere der anwesenden Staatsmänner die »schreckliche Kalvarie« von Faschismus und Krieg.[56]

Eingedenk der Tatsache, dass Jugoslawien an sieben Staaten grenzte, von denen zwei Mitglieder der NATO und drei des Warschauer Pakts waren, war er mehr als alles andere daran interessiert, zur Festigung der kollektiven Sicherheit beizutragen und dabei eine Vermittlerrolle wahrzunehmen.[57] Deshalb unterstützte er auch die Stärkung der Beziehungen zwischen den vier neutralen europäischen Staaten (Österreich, Finnland, Schweden, Schweiz), die zusammen mit Jugoslawien die Gruppe der N + N *(neutral and non-aligned)* bildeten und in die Schlussakte von Helsinki auch Abkommen militärischen Charakters aufzunehmen versuchten.[58]

Ein Jahr später, am 29. und 30. Juni 1976, nahm er in Ostberlin auch am Kongress der europäischen kommunistischen Parteien teil, der ganze achtzehn Monate lang intensiv vorbereitet worden war. Seine Teilnahme wurde bis zum letzten Augenblick nicht bestätigt, denn es war offensichtlich, dass mit den Sowjets, trotz »langer und offener« Verhandlungen keine gemeinsame Sprache zu erzielen war. Schließlich aber entschloss er sich doch, in die Hauptstadt der Deutschen Demokratischen Republik zu reisen, was einer Sensation glich, denn zum ersten Mal nahm er an einer solchen Begegnung als Parteiführer und Staatspräsident teil. Für Breschnjew bedeutete seine Anwesenheit zweifellos viel, wie sich an der Aufmerksamkeit ablesen lässt, die er ihm widmete: Mit ihm traf er sich schon einen Tag vor dem Kongress, erwartete ihn bei der Eröffnung am Saaleingang und wies ihm beim Bankett den Platz zwischen sich und Gastgeber Erich Honecker zu.[59] Wie Aleksandar Grličkov sagt, der die jugoslawische Delegation bei den Vorbereitungsgesprächen mit den Sowjets leitete, kam Tito »auf weißem Pferde« zum Kongress, denn bei dieser Gelegenheit wurde auch eine Deklaration über das Recht eines jeden Staates verabschiedet, seinem eigenen Weg in den Sozialismus zu folgen, wie auch, dass alle kommunistischen Parteien gleichberechtigt seien. Genau das, wofür er ganze dreißig Jahre gekämpft hatte.[60] Sein Kommentar zu seinen engsten Mitarbeitern war: »Wir haben die Rechnung für das Jahr 1948 glattgestellt.«[61]

Gegen Ende seines Lebens zeigte sich Tito über die inneren und internationalen Verhältnisse sehr besorgt. Deshalb stürzte er sich wie selten im Leben in die Arbeit.[62] Was die Innenpolitik betraf, so wies er mit Nachdruck auf die Gefahr des Nationalismus in der Beziehung zwischen den Republiken hin und erklärte durchaus drohend, dass er auf die integrative Stärke der Jugoslawischen Volksarmee setze: Nur die werde die Garantie sein für die Ganzstaatlichkeit. Die Vertreter der Armee planten ihre Arbeit in diesem Sinne und bauten die Gegenaufklärung aus – einen »gesellschaftlichen Selbstschutz«, der für das Weiterbestehen des Regimes sorgen sollte.[63] Tito machte auch die Zunahme des islamistischen Fanatismus in Bosnien und Herzegowina mit seinen vier Millionen sunnitischen Muslimen Sorge, vor allem aber die Verhältnisse im Kosovo, wo er einen »Volksaufstand« der Albaner vorhersagte, sollten die Behörden nicht rechtzeitig Maßnahmen ergreifen. »Hier wird es zuerst knallen«, meinte er schon 1976 zu der Journalistin Darja Janeković. Er war überzeugt, dass die Regierung in Tirana ihre Agenten in die Provinz entsende und dass sich dort der Gold-, Drogen- und Waffenschmuggel konzentriere, der von den örtlichen Politikern, der albanischen Emigration und ausländischen Geheimdiensten unterstützt werde.[64] Doch die Bemühungen, dem gegenzusteuern, erwiesen sich als fruchtlos, denn der Nationalismus der Kosovo-Albaner war nicht zu bremsen. Tito bekam das hautnah zu spüren, als er im Oktober 1979 die Provinz zum letzten Mal besuchte. Am Vorabend seines Kommens waren seine Fotos an der Philosophischen Fakultät der Universität in Priština heruntergerissen worden.[65]

Die »Šiptari«, wie die Serben zu den Albanern sagten, fürchtete Tito umso mehr, als gerade sie in Zusammenarbeit mit der Ustascha das letzte von einundzwanzig oder fünfundzwanzig Attentaten gegen ihn auszuüben versucht hatten. Ausgeführt werden sollte es in Zagreb, wo er Mitte September 1975 zur Zeit der Messe Lokalpolitikern den Orden des Volkshelden verleihen wollte. Als die sowjetischen Geheimdienste die Jugoslawen über die Anschlagspläne informierten, wurde das Besuchsprotokoll im letzten Augenblick geändert. Die deponierten Bomben explodierten zwar, doch zu ihrem einzigen Opfer wurden die Fensterscheiben der Zagreber Bank. Die Zeitungen berichteten über den Vorfall nicht, was durchaus Zeichen dafür ist, wie beunruhigt die Führung in Partei und Staat waren.[66] Vor allem fürchteten sie, dass es zur Zusammenarbeit zwischen den verschiedenen Emigrantengruppen kommen könnte, die bei Titos Tod Jugoslawien angreifen würden. »Die Kühnheit der letzten terroristischen Aktionen«, heißt es in einem Bericht der CIA, »hat Belgrad veranlasst, die Sicherheitsvorkehrungen im Lande zu verdoppeln und ausländische Regierungen, die die Gerichtshoheit über potenzielle Terroristen besitzen, vor ihnen zu warnen.«[67]

Weil Westdeutschland nach Meinung der Jugoslawen nicht alles Notwendige getan hätte, um die Agitation der feindlichen Emigration zu ersticken, und nicht bereit war, acht jugoslawische »Terroristen« auszuweisen, revanchierte sich Tito auf raffinierte Weise. Als im Jahre 1978 vier Mitglieder der revolutionären Gruppe Rote Armee Fraktion nach Jugoslawien flüchteten, nahmen die Behörden sie zwar fest, lieferten sie aber später nicht an die westdeutsche Regierung aus, als diese das verlangte, sondern erlaubte ihnen, sich in arabische Staaten abzusetzen. Die Folge war eine Abkühlung der Beziehungen zwischen Belgrad und Bonn und eine lautstarke Propagandakampagne in Ostdeutschland, wo man die Ernsthaftigkeit der Brandt'schen Ostpolitik in Frage stellte.[68]

In einem weiteren Schritt zur Vollendung seines Lebenswerks wollte er ein für alle Mal die Beziehungen zur Sowjetunion in Ordnung bringen. Im November 1976 war er, wie wir gesagt haben, erneut mit Leonid Breschnjew zusammengetroffen, der nach fünf Jahren wieder zu einem offiziellen Besuch nach Belgrad kam. Wenige Wochen zuvor waren in Bosnien und Herzegowina, Montenegro und Serbien große Militärmanöver unter dem Namen *Goljat* (›Goliath‹) abgehalten worden. Sie dienten der Vorbereitung auf einen möglichen Angriff durch Panzerdivisionen von den Ebenen der rumänisch-ungarischen Grenze und auf einen anschließenden langwierigen Partisanenkampf. Obwohl es nicht deutlich ausgesprochen worden war, war klar, dass die jugoslawischen Strategen in der Sowjetunion und ihren Satelliten noch immer potenzielle Aggressoren sahen.

Breschnjew, der mit Tito, Kardelj und Dolanc eine Reihe von offenherzigen, hier und da erregten Gesprächen geführt hatte, war bemüht, diese Ängste zu vertreiben. Während des festlichen Abendessens erklärte er in einem Trinkspruch scherzhaft, dass Jugoslawien nicht Rotkäppchen sei, das laut der Westpresse »der schreckliche Wolf fressen will«. Aber mit diesen beruhigend gemeinten Worten konnte er kaum punkten. In einem nach dem Besuch veröffentlichten Bulletin ist zwar ein Absatz zur Unabhängigkeit des BdKJ zu finden, wie er bisher noch in keinem sowjetisch-jugoslawischen Dokument gestanden hatte, das Wort »Vertrauen«, das die Deklaration von 1973 enthält, wird aber hier in einem ganz neuen Kontext verwendet: Vertrauen sei etwas, was unaufhörlich ergänzt und ausgebaut gehöre. Kurzum, nach den Aktionen der Kominformler schenkten die Jugoslawen den Sowjets keinen Glauben mehr, sondern waren überzeugt, von ihnen jeden denkbaren Stich im allerempfindlichsten Moment erwarten zu können: bei Titos Tod.[69] Als die sowjetische Presse das Treffen in den Kontext einer »kollektiven Debatte der Strategie und Taktik der sozialistischen Staaten« zu stellen versuchte, betonten die jugoslawischen Kommentatoren – offensichtlich auf Bestellung von oben –, dass von einer Rückkehr Jugoslawiens in die »sozialistische Gemeinschaft« keine Rede sein könne.[70]

Die Sorge Titos und seines Stabes wegen der Andeutungen, sie würden ins »Lager« zurückkehren, war umso größer, als ihnen schien, dass sich auch im Westen der Gedanke einer Zugehörigkeit Jugoslawiens zum Warschauer Pakt festigte. In diesem Sinne entwickelte Helmut Sonnenfeld, der Leiter der Osteuropaabteilung im State Department, bei einem Treffen mit amerikanischen, in den kommunistischen Ländern akkreditierten Botschaftern im Dezember 1975 in London eine viel beachtete These: Die latente Konfliktsituation zwischen der Sowjetunion und ihren Satelliten sei für den Weltfrieden gefährlicher als die Spannungen zwischen den Blöcken. Das Interesse des Westens sei es also, zu einer Gestaltung eher »normaler und organischer« Beziehungen in der sowjetischen geopolitischen Sphäre beizutragen, denn in ihr habe Moskau »logische Rechte«, die es zu respektieren gelte. Als Informationen über die »Sonnenfeld-Doktrin« an die Öffentlichkeit drangen, wurden sie in Belgrad mit großem Missfallen aufgenommen, denn der amerikanische Diplomat hatte in seine Überlegungen auch die Jugoslawen einbezogen und an ihre Adresse gesagt, dass man ihren Führern klarmachen müsse, »dass unser Interesse an ihrer Unabhängigkeit nicht größer ist als ihr eigenes und dass sie sich deshalb keine irgend geartete Außenpolitik erlauben können«.[71] Diese Worte interpretierte die jugoslawische Presse als Versuch, den Geist von Jalta wiederzubeleben, der auf dem Konzept der Aufteilung Europas unter den Großmächten beruhte, und folglich als Angriff auf die Souveränität und Blockfreiheit Jugoslawiens. Tito war überzeugt, dass zwischen Moskau und Washington ein Gentleman's agreement bestand, das sowohl den Amerikanern als auch den Russen das Recht zusicherte, »im eigenen Revier zu jagen«.[72] Der Gedanke, dass zum sowjetischen Jagdrevier auch Jugoslawien gehöre, war für ihn selbstredend unannehmbar.

★

TITO UND DIE BEFREIUNGSBEWEGUNG IN DER DRITTEN WELT

Noch ein zweites wichtiges Merkmal seiner späten Jahre muss hervorgehoben werden. Tito blieb bis zum letzten Augenblick seines Lebens im Kern ein Guerillaführer, der mit seinen Ratschlägen und seinem Ansehen entscheidend zur Entwicklung der Befreiungsbewegungen beitrug, vor allem in mehreren afrikanischen Staaten. Während er sich in den Fünfzigern für die algerische Befreiungsfront engagierte und in den Sechzigern die südvietnamesischen Rebellen unterstützte, widmete er seine Aufmerksamkeit in den Siebzigern besonders den Palästinensern und dem Unabhängigkeitskampf in den portugiesischen Kolonien Angola, Mosambik und Guinea-Bissau. Über diese Bewegungen sagte er 1974 auf dem X. Kongress des BdKJ, sie seien ein wichtiger Bestandteil der progressiven Kräfte im aktuellen Weltgeschehen.

Wenngleich er bestrebt war, die Amerikaner dort nicht zu verprellen, wo sie besondere Interessen hatten, trug er mit seiner Haltung und seinem Engagement viel zum Kampf gegen den Imperialismus und Kolonialismus bei und unterstrich, dass er die Unterstützung der Befreiungsbewegungen als internationalistische Pflicht aller sozialistischen und demokratischen Länder ansah.[73] In einem Artikel, den am 15. Januar 1974 die *Internacionalna politika* veöffentlichte, schrieb der angesehene mazedonische Diplomat Dimče Belovski; »Jugoslawien hat sein ganzes globales Prestige, das es sich im Volksbefreiungskampf erworben hat, in die Waagschale geworfen, um den Kolonialvölkern Asiens und Afrikas beizuspringen. Es gibt keine Befreiungsbewegung, die wir im Einklang mit unseren Möglichkeiten nicht moralisch, politisch und materiell unterstützen würden.«[74] Er beschränkte sich aber nicht nur auf jene, die für die Unabhängigkeit kämpften. Als Mitte der siebziger Jahre der Grenzstreit zwischen dem Iran, in dem der Schah Mohammad Reza Pahlavi herrschte, und dem Irak Saddam Husseins ausbrach, machte Tito seinen ganzen Einfluss geltend und trug zu einem (vorübergehenden) Waffenstillstand zwischen den beiden Staaten am Persischen Golf bei.[75]

Nach der Verabschiedung der Verfassung des Jahres 1974 wurde auf Grundlage eines Abkommens zwischen den Republiken und Provinzen ein besonderer Solidaritätsfond für Blockfreie und Entwicklungsstaaten gegründet. Zweck dieses Fonds war es, Hilfe für die Volksbefreiungsbewegungen bereitzustellen, die in der Hauptsache vom Sozialistischen Bund der werktätigen Bevölkerung Jugoslawiens koordiniert wurde. In der Zeit, als die Palästinensische Befreiungsbewegung (PLO) noch international isoliert war, gehörte Tito zu den ersten, die sie unterstützen. Er ging sogar soweit, dass er indirekt terroristische Aktionen rechtfertigte, sagte er doch, dass die unterdrückten Völker das Recht hätten, mit allen Mitteln um ihre Freiheit und Unabhängigkeit zu kämpfen. Bei solchen Standpunkten ist es nicht verwunderlich, dass Jassir Arafat, der Führer der Palästinenser, in den letzten zehn Lebensjahren Titos mindestens einmal im Jahr sein Gast war. Noch häufiger aber traf sich Tito mit dem Führer der angolischen Guerilla Agostinho Neto, wobei auch erwähnt werden muss, dass Jugoslawien zu der Zeit mehrere Hundert Angehörige von Guerillaeinheiten aus Angola, Guinea-Bissau und Mosambik ausbildete und ihnen Waffen, Lebensmittel und medizinische Hilfe zukommen ließ.

Im November 1975, nachdem Angola seine Unabhängigkeit ausgerufen hatte, drangen Truppen der Südafrikanischen Union, ein Teil der regulären Armee Zaires und die Rebellenbewegungen FNLA und UNITA von allen Seiten nach Angola ein. Sie versuchten die Hauptstadt Luanda einzunehmen und die Befreiungsbewegung MPLA zu zerschlagen. Tito befahl sofort militärische Hilfe zu schicken. Es wurden zwei jugoslawische Kriegsschiffe nach Angola entsandt, was von entscheidender Bedeutung war: Wie später lokale Führer erklärten, wurde der erste Kampf um die Unabhängigkeit Angolas – der Kampf um Luanda – mit jugoslawischer Hilfe gewonnen. Erst in der zweiten Phase schlossen sich ihm auch kubanische Einheiten an.[76]

Besonders gute Kontakte unterhielt Tito auch zum Rebellenführer Rhodesiens, des späteren Zimbabwe, Robert Mugabe, obwohl Jugoslawien auch die zweite, von Joshua Nkomo geführte Befreiungsbewegung keineswegs diskriminierte. Sonst hielt man sich an die Regel, reguläre Kontakte nur zu jenen Befreiungsbewegungen zu unterhalten, die von der Organisation für Afrikanische Einheit und der Bewegung der Blockfreien offiziell anerkannt waren. Zu ihnen gehörte nicht die westsaharische Befreiungsbewegung Frente Polisario, die gegen Mauretanien und Marokko für die Selbstständigkeit Westsaharas kämpfte. Zu Titos Beisetzung kamen unangemeldet auch deren Vertreter. Das Protokoll war zuerst der Meinung, es handele sich um die Vorhut des algerischen Präsidenten, stellte dann aber fest, dass es sich um einen Fehler handelte, wenn nicht gar um eine Täuschung. Ein hochgewachsener, schwarzhaariger junger Mann sagte zur Erklärung, warum er dabei sein wolle: »Wir sind Titos Kinder, deshalb sind wir zur Beisetzung gekommen, um uns zum letzten Mal vor ihm zu verneigen.« Sie wurden nicht abgewiesen, obwohl die Vertreter Marokkos protestierten.[77]

★

DIE FRAGE DER UNABHÄNGIGKEIT DER BLOCKFREIENBEWEGUNG

Ebenso wie um die Selbstständigkeit Jugoslawiens war Tito gegen Ende seines Lebens auch um die Unabhängigkeit der Blockfreienbewegung besorgt. Er besuchte Kuweit, um die Einheit der arabischen Welt zu stärken, intensiv mischte er sich auch in den Konflikt ein, der zwischen Äthiopien und Somalia aufgeflammt war und versuchte die Sowjets und die Kubaner dazu zu bringen, ihre Einheiten vom Horn von Afrika abzuziehen.[78] Größte Anstrengungen widmete er der Konferenz der Blockfreien in Havanna, wohin er im September 1979 reiste, um aus »Respekt vor den ursprünglichen Prinzipien« den Bruch innerhalb der Bewegung zu verhindern. Der deutete sich schon längere Zeit an, und Tito war es schon auf der Konferenz der Blockfreien im August 1976 in Colombo nur mit Mühe gelungen, diesen zu kitten.

In den Monaten, die auf den Gipfel in Algier im September 1973 folgten, schien es, als hätten die Staaten der Dritten Welt in der internationalen Arena größeres Gewicht bekommen, denn die Verteuerung des Erdöls, zu der sich die Araber nach dem Oktoberkrieg zwischen Ägypten und Israel entschlossen hatten, hatte gezeigt, dass der »Süden« in der Lage war, auf den reichen »Norden« Einfluss zu nehmen. Obwohl die Preiserhöhung bei Erdöl und seinen Derivaten auch Jugoslawien stark trafen, bezeichnete Tito in einem Gespräch mit dem deutschen Kanzler Helmut Schmidt sie als vielleicht »größtes Ereignis in der Menschheitsgeschichte«. Er erwartete, dass die industriell entwickelten Staaten mit den unterentwickelten – aber rohstoffreichen – Ländern ein neues, gerechteres partnerschaftliches Verhältnis eingehen würden. Folgerichtig befürwortete er den Vorschlag des UN-Generalsekretärs, auf der folgenden Generalversammlung vorwiegend ökonomische Fragen zu erörtern. Tatsächlich fand zum ersten Mal in der Geschichte der Vereinten Nationen im September 1973 eine Sondersitzung statt, auf der diese Thematik diskutiert wurde und eine »Deklaration über die Errichtung einer neuen internationalen Wirtschaftsordnung« und ein Aktionsprogramm verabschiedet wurde, was die Blockfreien als einen Erfolg ansahen.[79]

Aus der Idee einer neuen Wirtschaftsordnung, die in Algier zum Kampfruf aller Entwicklungsländer geworden war, die entschlossen waren, sich der Ausbeutung zu widersetzen, wurde jedoch nichts. Im Gegenteil, die Blockfreien-Bewegung geriet auch wegen der inneren Konflikte zwischen den Mitgliedsstaaten in der arabischen Welt, in Asien und in Afrika in eine Identitätskrise, die ihren Einfluss in der UN deutlich schmälerte. Nach Titos Meinung waren dafür vor allem die USA mit ihrer »imperialistischen Strategie der Fragmentierung« verantwortlich, die darauf angelegt sei, die Blockfreien mithilfe von »Söldnerregimes« in Afrika und Asien zu zerschlagen.[80] Die Krise versuchte er zu überwinden, indem er in den verschiedenen regionalen Konflikten die Rolle eines Vermittlers und Verkünders gemeinsamer Ziele übernahm, die für alle annehmbar seien: Abrüstung der Großmächte und Schaffung einer neuen, für die Entwicklungsländer gerechteren internationalen Wirtschaftsordnung. Titos Unterstützung der Befreiungsbewegungen in Afrika löste im Westen natürlich Unmut aus. Er war zwar so vorsichtig, nicht seine Militärberater in die Krisengebiete zu schicken (wie das Kuba und Ostdeutschland taten), dafür aber erlaubte er die Bereitstellung von Übungsgelände für Palästinenser, Libyer und Südafrikaner auf jugoslawischem Boden. Um nicht von den Waffen zu reden, die er an die Staaten der Dritten Welt verkaufte.[81]

In diesem Rahmen begannen Kuba und einige andere blockfreie Staaten gegen die Äquidistanz zu den Blöcken zu opponieren und erklärten, dass man sich im Kampf gegen den Imperialismus auf den »natürlichen Verbündeten«, die Sowjetunion, stützen müsse. Darüber sollte 1979 auf einem Kongress in Havanna diskutiert werden. Die Jugoslawen setzten zwar die Gefahr durch den westlichen Imperialismus und den sowjetischen Hegemonismus keineswegs gleich, konnten diese These aber nicht akzeptieren, da es sich ihrer Meinung nach um eine gefährliche Politik handelte, die in ihrem Wesen »reaktionär« war, die Einheit der Blockfreien unweigerlich schwächte, ihre internationale Rolle schmälerte und den Raum für die weitere Entwicklung des Sozialismus als »globalen Prozess« einengte.[82] Schon 1961 hatten sie amerikanischen Diplomaten versichert, sie brauchten sich in Hinblick auf die Blockfreien keine Sorge zu machen, da sie die Kubaner daran hindern würden, der Bewegung ein ausgesprochen antiwestliches Gepräge zu geben.[83] Castros Versuche, in den folgenden Jahren revolutionäre Bewegungen in Lateinamerika und Afrika auszulösen, stießen auf Titos entschiedene Gegnerschaft. Er vertrat vielmehr die These, dass man mit allen Staaten der Dritten Welt ungeachtet ihrer inneren Regime freundschaftliche Beziehungen pflegen müsse, nicht nur mit jenen, die sozialistisch ausgerichtet seien, wie es Castro vorschwebte.[84]

Trotz seiner überaus kritischen Haltung gegenüber dem amerikanischen Imperialismus blieb Tito auch im Jahre 1979 bei der Meinung, dass man den sowjetischen Hegemonismus nicht unterschätzen dürfe.

Um den Zerfall der Blockfreien zu verhindern und in der Überzeugung, dass es »für unsere Bewegung um die Frage sein oder nicht sein« gehe, besuchte er in sechs Monaten gleich sieben Staaten in Afrika und Asien, um sich die nötige Unterstütung zu sichern. Im Extremfall wäre er sogar bereit gewesen, eine Gegenkonferenz in Belgrad einzuberufen, »denn das Verhalten Kubas ist tatsächlich absurd. Viele meinen, dass Kuba nicht die Kriterien erfüllt, Gastgeber eines solchen Gipfels zu sein«.[85]

Bei dem Kongress in Havanna, dem sechsten in Folge, waren 95 Mitgliedsstaaten und 21 Beobachterstaaten anwesend. Vor diesem Weltforum – niemals zuvor waren so viele Staatspräsidenten zusammengekommen – spielte Tito ein letztes Mal die Rolle des Führers und Lehrers und versuchte den Blockfreien klarzumachen, dass sie nicht jenen aufsitzen dürfen, die sie für »der Bewegung fremde Interessen« begeistern möchten. Er genoss einen persönlichen Triumph, denn man begrüßte ihn mit regelrechten Ovationen. Der Präsident von Guinea Sékou Touré bezeichnete ihn als »großen Staatsmann der Armen der ganzen Welt.«[86] Die Ergebnisse seiner Bemühungen waren allerdings nicht überwältigend. Nach dramatischen Debatten schloss der Gipfel mit einem Dokument, das sich zwar von dem unverhüllt prosowjetischen Entwurf der Kubaner unterschied, doch hatten diese sich mit Gleichgesinnten bereits des Organisationsbüros der Bewegung bemächtigt, das die Blockfreien die nächsten drei Jahre bis zum neuen Kongress führen sollte.

Die Jugoslawen spürten auf Kuba schmerzlich ihre Isolation, wenngleich sie vorgaben, das Dahinschwinden ihrer Führungsrolle innerhalb der Bewegung nicht zu bemerken. Um der Blockfreiheit neuen Auftrieb zu geben, hätten sie das falsche Wesen des sowjetischen Sozialismus betonen, damit aber auch die Legitimität des eigenen Regimes in Frage stellen müssen. »Und hier fließt der Rubikon«, schrieb Stane Kavčič, »den zu überschreiten die jetzige Führung Jugoslawiens mit Tito an der Spitze weder gewillt noch in der Lage ist.«[87]

Bei der Erörterung der Opposition gegen den sowjetischen »Hegemonismus« darf man allerdings nicht die Tatsache außer Acht lassen, dass Jugoslawien wirtschaftlich immer stärker von der Sowjetunion abhängig wurde. Im Jahre 1979 wurde ein Niveau wirtschaftlicher Verknüpfung erreicht, das jenem der Zeit vor dem Bruch mit Stalin gleichkam. Gleiches galt für die Armee, die trotz des Ausbaus der heimischen Rüstungsindustrie auf Lieferungen aus der UdSSR angewiesen war.[88]

Über ihre Meinungsverschiedenheiten sprachen Tito und Breschnjew auch beim letzten »inoffiziellen und freundschaftlichen« Besuch in Moskau im Mai 1979. Den beiden Staatsmännern gelang es nicht, ein Übereinkommen hinsichtlich der wesentlichen Streitfragen – die Beziehungen zu China, die Politik in Südostasien und am Horn von Afrika, die bulgarischen Bestrebungen in Mazedonien und die Blockfreien-Bewegung – zu erreichen. Alles, worauf man sich verständigen konnte, war, dass beide Seiten die öffentlichen Polemiken zum Verstummen bringen und einen Fünfjahresplan für die Entwicklung ihrer Handelsbeziehungen ausarbeiten würden.[89] Aber kaum war Tito abgereist, sendete Radio Moskau einen Kommentar, der erneut die Doktrin Breschnjews von der begrenzten Souveränität der sozialistischen Staaten betonte. Weiter hieß es, dass die Sowjetunion mit Jugoslawien gleichberechtigte Beziehungen pflegen wolle, dabei aber »nicht nur nationale, sondern auch internationale Interessen« zu berücksichtigen habe.[90]

★

»NICHTS DARF UNS ÜBERRASCHEN!«

Mehr noch als über Kuba war Tito gegen Ende der siebziger Jahre über die Situation in Südostasien besorgt. Aus jugoslawischem Blickwinkel sah der Einmarsch Vietnams in Kambodscha am 25. Dezember 1978 nach einer Aggression aus, die die Sowjetunion unter dem Etikett »brüderliche Hilfe« inspiriert hatte, ohne sich um die internationale öffentliche Meinung zu kümmern. Die Behauptung, Kambodscha sei unter dem blutrünstigen Pol Pot-Regime kein sozialistischer Staat, war nach Titos Meinung nur eine Ausrede, mit der die Aggressoren die Verletzung des internationalen Rechts und der Prinzipien der Beziehungen zwischen sozialistischen Staaten zu rechtfertigen suchten. Niemand habe das Recht, über den sozialistischen Charakter eines Staates zu befinden, nur das Volk selbst und seine Führung. Wer behaupte, dass die unzweifelhaften Verbrechen des Pol Pot-Regimes ein Indikator seines nicht-sozialistischen Charakters seien, kenne die Geschichte schlecht. In der Sowjetunion habe es unter Stalins Herrschaft Millionen von Ermordeten gegeben, aber niemand sei auf Grund dessen zu dem Schluss gekommen, dass ihr das sozialistische System abhandengekommen sei. Der Angriff Vietnams habe überaus gefährliche Verhältnisse geschaffen, nicht nur in Südostasien, sondern in der Welt überhaupt.

Der BdKJ debattiere über die Verhältnisse in Indochina und sei zu zwei wesentlichen Feststellungen gekommen: Erstens, dass sich Kardeljs prophetische Vorhersage erfüllt habe, wonach Spannungen zwischen sozialistischen Staaten objektiven Charakter hätten, was bedeutet, dass Kriege zwischen ihnen nicht ausgeschlossen seien. Zweitens, dass Jugoslawien, im gegenwärtigen Augenblick und in der Zukunft, auf alle Eventualitäten vorbereitet sein müsse. Umso mehr, als es einer ständigen sowjetischen Einmischung und, von bulgarischer Seite, sogar Gebietsforderungen ausgesetzt sei. Die Bereitschaft zum Widerstand müsse alle Bereiche umfassen: politisch, ökonomisch und militärisch. Nach Titos Meinung hätten die Medien in der Sowjetunion eine feindselige Stimmung gegenüber Jugoslawien erzeugt, während Bulgarien den Großteil seiner Armee an seiner Grenze zusammengezogen habe. »Heute haben wir eine Situation, wie wir sie die ganze Zeit seit dem Krieg nicht gehabt haben. Nach dem Krieg haben wir gesagt, wir werden so arbeiten, als hätten wir hundert Jahre Frieden vor uns, und wir werden uns vorbereiten, als würde morgen der Krieg ausbrechen. Mir scheint, dass jetzt die Zeit für Letzteres gekommen ist. Es gilt zu arbeiten, und zwar so, dass wir uns so der Stärkung der Einheit des Staates widmen, als werde es morgen Krieg geben. Denn die Konstellation der heutigen Beziehungen in der Welt ist so, dass niemand sagen kann, was morgen sein wird.«[91]

In diesem Sinne wurde eine große Propagandaaktion gestartet, die die gesamte Bevölkerung unter der Losung *Nichts darf uns überraschen* zu erfassen suchte und planmäßig eine Psychose der Angst und Bedrohung schuf. Als hätte sich die ganze Welt gegen Jugoslawien verschworen.[92] Dabei war nicht zu übersehen, dass diese Aktion vor allem der Festigung des Regimes und der Überwindung seiner ökonomischen und politischen Widersprüche galt, die sich Tag für Tag anhäuften. Der Partei war es in den Jahren nach der Niederlage der Liberalisten erneut gelungen, die zentrale Rolle im jugoslawischen Alltag zu übernehmen und ihre Autorität zu stärken. Trotz aller Beteuerungen der »Allgegenwärtigkeit der Selbstverwaltung« lagen wesentliche Fragen zur Führung des Staates und der Gesellschaft in den Händen des engeren Kreises um Tito.

Auch auf dem XI. Kongress des BdKJ vom 20. bis 23. Juni 1978 wurde deutlich, dass die Partei auf die »Diktatur des Proletariats« beziehungsweise seiner Avantgarde baute und keineswegs beabsichtigte, sich der Kontrolle der Machtorgane zu unterwerfen: der Geheimdienste, der Armee und der Diplomatie.[93] Die Situation wird am besten durch eine Episode illustriert, zu der es bei den Vorbereitungen von Titos Einleitungsreferat zum XI. Kongress kam. Auf der Grundlage seiner Richtlinien war es von einer Gruppe von Fachleuten verfasst worden, die die ganze Nacht hindurch gearbeitet hatten, damit Tito es am nächsten Tag durchsehen und ergänzen könnte. Das tat er auch, worauf er sich am späten Nachmittag erneut mit seinen Mitarbeitern zusammensetzte und ihnen neue Anweisungen gab. Am Ende der Diskussion folgte ein gemeinsames Abendessen, bei dem in lockerem Ton einer der Anwesenden vorschlug, den Teil des Referates, der die Außenpolitik betraf, dem Außenminister zur Kenntnisnahme zu schicken. Tito trommelte mit den Fingern, schwieg eine Weile und sagte: »Wir könnten es ihm schicken!« Doch dann verkrampfte sich sein Gesicht, er schlug mit der Faust auf den Tisch und sagte wütend: »Wir werden es ihnen nicht schicken, das weiß ich besser als sonst wer in Jugoslawien.«[94]

★

»DIKTATOREN SCHAFFEN SICH NIEMALS EINEN NACHFOLGER«

Im Mai 1978, zur Feier von Titos sechsundachtzigsten Geburtstag, hatte man ein Treffen der alten Kampfgefährten auf Brioni organisiert. Unter ihnen war auch Rodoljub Čolaković, der in seinem Tagebuch vermerkte: »Ich wünschte mir, ich wäre nicht hingegangen. Der Alte verfällt, spricht schwer, auch wenn er seine weiße Uniform angezogen hat und aufgetakelt, ist dass es nicht zum Aushalten ist. Und das ganze Fest läuft ab, als wäre er heil und gesund. In Wirklichkeit hat er bösen Zucker, seine Beine versagen, aber er glaubt, es sei der

Ischias (...) Seine rechte Hand zittert, die linke Lippe fällt herunter, und er presst ständig die Zähne zusammen, weil er sich bewusst ist, dass seine Lippe runterhängt.«[95]

Im Herbst 1979, nach seiner hundertsiebzigsten Auslandsreise, die ihn nach Rumänien geführt hatte, verschlechterte sich Titos Gesundheit dramatisch, vor allem die Durchblutung des rechten Beins machte Probleme, die auch durch intensive klinische Versorgung nicht behoben werden konnten. Tito und seine Genossen hatten sich während des Krieges jeden Tag mit dem Tod konfrontiert gesehen und ihn als Preis für die Erringung des Sieges in Kauf genommen. Aber als sie an die Macht gekommen waren, wandelte sich ihre Einstellung zum Tod, jetzt war er nicht mehr die Regel, sondern schmerzliche Ausnahme. Ein herber Schlag war für sie der Tod Boris Kidričs im Jahre 1953 gewesen, denn mit ihm war zum ersten Mal nach dem Krieg ein Mann aus dem engsten Führungskreis gestorben, der zudem nach dem Streit mit Stalin der Motor der Reformen gewesen war. Tito kam zur Beisetzung nach Ljubljana und kehrte anschließend mit dem Blauen Zug nach Belgrad zurück. Während der Fahrt entwickelte sich ein Gespräch über die Vergänglichkeit des Lebens, in dem Đilas meinte, dass der Mensch nichts anderes sei als veränderliche Materie. Tito unterbrach ihn mit vorwurfsvollem Lächeln: »Sprechen wir jetzt nicht darüber. Wer weiß das, wer weiß etwas darüber?«[96]

Tito war sich bewusst, dass er eine Leere hinterlassen würde. Und er wollte es auch nicht anders. Als Stalin starb, verriet er sich selbst mit den Worten: »Diktatoren schaffen sich niemals einen Nachfolger.« Und als im November 1953 zum zehnten Jahrestag der Zweiten Sitzung des AVNOJ Đilas vorschlug, einen besonderen »Marschall-Orden« (ein Werk des Bildhauers Antun Augustinčić) einzuführen, den nach Titos Tod der neue Führer erben sollte, widersetzte er sich dieser Idee: »Natürlich, damit ihn dann irgendein Hasenfuß trägt!«[97]

In den letzten Jahren seines Lebens begann Jugoslawien wirtschaftlich und politisch zurückzufallen, die 1974 verabschiedete Verfassung erwies sich als nicht praktikabel, es war nicht möglich, den Bundesstaat zu einer Konföderation umzugestalten, die Republiken auf neue Weise miteinander zu verbinden, den Übergang vom Einparteienregime zu einem System des politischen und ökonomischen Pluralismus zu bewerkstelligen. Die Übertragung der Macht auf die Republiken hinderte die Bundesregierung in großem Maße daran, eine erfolgreiche ökonomische Strategie zu entwickeln, und den BdKJ, Einfluss auf die lokalen politischen Spitzen zu nehmen. Stane Dolanc veranschaulichte den Zustand mit der Feststellung, dass »der demokratische Zentralismus an den Republikgrenzen Halt macht«.[98]

Miroslav Krleža, der sowohl das königliche als auch das sozialistische Jugoslawien gut kannte, wusste, wohin das führt. Schon Anfang der Siebziger war ihm klar, dass sich eine solche Föderation, wie sie Tito geschaffen hatte, nicht würde halten können: »Der alte Herr hat sich einen Maßanzug schneidern lassen, sich aber nicht bewusst gemacht, dass der ihm aus allen Nähten platzt.«[99] Ob er sich dessen tatsächlich nicht bewusst war, sei dahingestellt. In einem Interview mit dem italienischen Schriftsteller Alberto Moravia meinte Tito, dass ihn der Erste Weltkrieg gelehrt habe, wie sich im Leben alles verändert, dass kein Staat ewig ist, dass jedes Reich vergänglich ist.[100] Unmittelbar vor seinem Tod musste er das auch für seinen Staat erkennen.

Noch im Mai 1978 stellte er auf dem XI. Kongress des BdKJ optimistisch fest, dass »wir jugoslawischen Kommunisten wie immer bisher unsere Verpflichtung gegenüber der Arbeiterklasse, unseren Völkern und Völkerschaften, allen sozialistischen, progressiven und demokratischen Kräften in der Welt ehrenvoll erfüllt haben (…) Deshalb sehen wir voll Heiterkeit und Optimismus dem morgigen Tag entgegen.«[101] Aber diesen Worten glaubte er selbst schon lange nicht mehr. Schon im Oktober 1967 hatte im vertraulichen Gespräch mit seinem tschechoslowakischen Kollegen Antonín Novotný seinen Zweifel am Überleben der jugoslawischen Föderation ausgedrückt: »Alle hassen sich untereinander. Jede Sitzung unseres ZK ist ein Gemetzel«.[102] Kaum einen Monat nach dem Manöver *Svoboda 1971* (›Freiheit 1971‹), Ende November, als er Hals über Kopf aus Bukarest zurückgekehrt war, um mit den kroatischen Liberalisten abzurechnen, sagte er im Zug zu seinen Mitarbeitern: »Wenn Sie wüssten, wie ich die Zukunft Jugoslawiens sehe, wären Sie schockiert.«[103]

Als ihn auf Brioni der alte Kampfgenosse Svetozar Vukmanović-Tempo besuchte und ihn fragte: »Was ist mit Jugoslawien?«, antwortete Tito. »Jugoslawien gibt es nicht mehr.« – »Was ist mit der Partei?« – »Die Partei gibt es nicht mehr.«[104] Er hatte recht, wenngleich er auch mit größerem Stolz auf seine Hinterlassenschaft hätte blicken können, denn in den Jahren seiner Regierung hatte sich die Lebensqualität für breite Bevölkerungsschichten entscheidend gebessert, hatte der Polizeidruck nachgelassen und hatte sich die Diskrepanz zwischen den Privilegien der Spitzen von Partei und Politik und den Staatsbürgern stark verringert. Jede vierte Familie besaß ein Auto, um nicht von den »Wochenendhäusern« zu reden, die überall wie Pilze aus dem Boden geschossen waren. Jugoslawien war einer der offensten Staaten der Welt, was Touristen wie Einheimische betraf, die ohne Visum in ganze vierundvierzig Staaten reisen konnten. Die Jugoslawen genossen alle Freiheiten, außer der Freiheit der Rede. Aber in diesem Detail steckte der Wurm der Zersetzung.[105] Weil es keine Meinungsfreiheit gab, war es auch nicht möglich offen darüber zu sprechen, wie die

Zukunft Jugoslawiens nach Titos Tod aussehen sollte. Dass es so nach seinem Tod nicht weiter gehen konnte, war allen klar. »Als nationaler Patriarch, Retter und politischer Organisator ist Tito tatsächlich unersetzlich«, notierte das CIA schon 1967 in einer Studie über »das jugoslawische Experiment«. »Fast ein Vierteljahrhundert lang war er das Symbol der Einheit der jugoslawischen Völker und der höchste Schiedsmann in Jugoslawien. Wie eine geordnete Nachfolge zu realisieren sei, ist die größte Frage, mit der sich die Partei konfrontiert sieht – und Tito selbst. Obwohl Tito gegenüber dem Problem nicht blind ist, den sein Abgang hervorrufen wird, kann sich in diesem Bereich eines möglichen Konflikts sein Genie für Kompromisse und Improvisation nicht zur Geltung bringen. Der Mensch kann zwar für sein Begräbnis sorgen, wird in ihm aber schwerlich eine aktive Rolle spielen.«[106]

Bitter war bei alledem die Tatsache, dass wegen der stickigen Verhältnisse, die sich im Staat gebildet hatten, politisch denkende Menschen zwar Titos Tod fürchteten, ihn sich aber auch herbeiwünschten, wissend, dass vorher eine Veränderung unmöglich war. »Sein Tod wird als letzte Hoffnung und Rettung erwartet«, schrieb Dobrica Ćosić schon Anfang Januar 1978.[107]

Auf der persönlichen Ebene lebte Tito in der Dämmerung seines Lebens nicht nur ohne Frau, er war auch ohne Genossen. Er war so einsam, dass diese Tatsache sogar der britische Botschafter in einem Schlussbericht für das Jahr 1978 betonte.[108] Sie wurde extrem evident bei der Feier zum fünfunddreißigsten Jahrestag der Schlacht an der Neretva, denn zu der großen Zeremonie war außer den Funktionären keiner seiner engsten Mitkämpfer gekommen. Koča Popović war in Ungnade gefallen, es fehlte auch Peko Dapčević, der legendäre Kommandant der Zweiten proletarischen Division. Mitten in der Begrüßungsrede fragte Tito laut: »Wie kommt es, dass Peko Dapčević nicht hier ist? Schickt ihm sofort einen Hubschrauber.« So geschah es auch, aber Peko wollte nicht kommen, weil man ihn nicht rechtzeitig eingeladen hatte.[109] Noch schlimmer war es vielleicht, dass Tito bei seinem Auftritt vollkommen das Maß verlor und ohne die geringste Zurückhaltung nur von sich und seiner Rolle in der schicksalhaften Schlacht sprach. »Er redete sich selbst ein, der Größte zu sein«, kommentierte Lazar Koliševski bissig.[110]

★

TITOS TOD

Das neue Jahr 1980 begrüßte Tito im Kreise seiner Söhne und engsten Mitarbeiter in Karađorđevo, wobei ganz Jugoslawien an den Fernsehschirmen beobachten konnte, dass er die Glückwünsche sitzend entgegennahm.[111] Am 1. Januar nahm er am traditionellen Mittagessen mit den wichtigsten jugoslawischen Politikern teil und drückte bei dieser Gelegenheit die Hoffnung aus, »dass wir auch das kommende Jahr gemeinsam erwarten werden«. Er schien guter Laune und Gesundheit zu sein. In Wirklichkeit aber hatte er schon vor den Feiertagen eine Embolie im linken Bein erlitten, die sich nicht mit Gerinnungshemmern beseitigen ließ. Zwei Tage später wurde er ins Universitätsklinikzentrum in Ljubljana »zu einer Routineuntersuchung« eingeliefert. Eine den letzten politischen Entscheidung, die Tito traf, bevor er ins Krankenhaus ging, war das Verbot, den Dinar um 30 Prozent abzuwerten, wie es der Vorsitzende des Bundesvollzugsrats, der Finanzminister und der Gouverneur der Nationalbank vorgeschlagen hatten. Ihm war klar, dass das gegenüber der Welt ein Eingeständnis der katastrophalen Situation der jugoslawischen Wirtschaft gewesen wäre. Das wollte er nicht erleben. Die Verhältnisse waren in der Tat dramatisch: Jugoslawien hatte annähernd 21 Milliarden amerikanische Dollar Auslandsschulden, für deren Rückzahlung ein großer Teil des Nationaleinkommens draufging, die Arbeitslosigkeit stieg und Hunderttausende verließen als Gastarbeiter das Land.[112]

Nach der Untersuchung wurde Tito aus dem Klinikzentrum entlassen, obwohl den Ärzten klar war, dass er operiert werden musste. Nach erneuter Hospitalisierung versuchte man ihm auf Rat des amerikanischen Chirurgen Michael DeBakey und des russischen Spezialisten Marat Knjazev zuerst mit einem Bein-Bypass zu helfen. Weil dieser Eingriff nicht die gewünschte Wirkung hatte, musste ihm wenige Tage später das linke Bein abgenommen werden. Er wehrte sich lange gegen eine Operation, er sei schließlich mit zwei Beinen geboren und wolle nicht als Krüppel sterben. Am Ende, sozusagen im letzten Augenblick, willigte er doch in den Eingriff ein.[113]

Da es klar war, dass er seine »letzte Schlacht« schlug, legte die politische Spitze schon Mitte Februar das »Programm« seiner Beisetzung fest. Der Zeitpunkt war alles andere als günstig, denn am 27. Dezember 1979 war die Sowjetunion in Afghanistan einmarschiert, um in diesem Staat ihre Interessen zu sichern. Das bestätigte die Jugoslawen zusätzlich in ihrer Überzeugung, in ernster Gefahr hinsichtlich ihrer Position im Mittelmeerraum zu sein. »Heute in Afganistan, morgen schon in deinem *stan«* (›Wohnung‹), sangen die Studenten der Zagreber Universität, was die Behörden veranlasste, sie mit der Polizei zum Verstummen zu bringen. Es sah nämlich so aus, als wären die Sowjets mehr als je zuvor bereit, militärische Gewalt zur Durchsetzung ihrer außenpolitischen Ziele einzusetzen, und das nicht nur im Mittleren Osten.[114] »Das ist eine Schweinerei«, kommentierte Tito. »Es gibt keine Garantie, dass sie nicht auf dieselbe Weise noch andere Staaten angreifen werden. Auch uns …«[115] Dabei bezog er sich sicherlich auch auf eine Nachricht, die er unter größter Geheimhaltung von Ceauşescu bekommen hatte, dass die rumänischen Dienste über Informationen verfügten, denen zufolge die Sowjetunion einen Angriff gegen Jugoslawien vorbereite.[116]

Diese Einschätzung überwog auch im Weißen Haus, von wo Präsident Jimmy Carter einen persönlichen Brief sandte und Tito seiner Unterstützung versicherte. Gleichzeitig wandte er sich auch an Breschnjew mit einem Memorandum, in dem er das Interesse der USA und ihrer Verbündeten an der Erhaltung der jugoslawischen Unabhängigkeit unterstrich. Auch Margaret Thatcher, die britische Premierministerin, wünschte Tito baldige Genesung und erklärte im Parlament, »dass wir alles Mögliche tun werden, um die Unabhängigkeit Jugoslawiens zu gewährleisten«. Diese Aussagen wusste man in Jugoslawien zu schätzen und man zählte vor allem auf »unsere Freunde im Westen«, wie Verteidigungsminister Ljubičić zum Kommandanten der Royal Air Force sagte.[117]

In Jugoslawien brach dennoch Panik aus. Die Menschen räumten die Geschäfte leer, begannen ihre Ersparnisse abzuheben, viele flüchteten sogar ins Ausland. Die Armee wurde in Alarmbereitschaft versetzt, rings um Belgrad und andere wichtige Städte wurden Panzer und Kanonen in Stellung gebracht. Um einer sowjetischen Einkreisung zu entgehen, dachten laut CIA einige hohe politische Vertreter in Belgrad wie zu Beginn der fünfziger Jahre sogar an einen Präventivschlag gegen Albanien, um sich den Rücken freizuhalten. Zeitgleich steigerte sich hinter den Kulissen der Machtkampf zwischen der Bakarić-Gruppe, die forderte, dass dieser zum Vorsitzenden des Parteipräsidiums gewählt werden müsse, und den Serben mit Petar Stambolić und Miloš Minić an der Spitze, die dagegen opponierten.[118]

Um die Machtübernahme in geordnete Bahnen zu lenken, galt es, Titos Agonie zu verlängern. Bei einer Besprechung des Ärztekonsiliums mit Mitgliedern des Präsidiums, berichtet Dr. Lalević, einer von Titos Ärzten, »sagte Dolanc zu uns, dass sich an diesem Tag in Bulgarien mehrere Panzerkolonnen in Richtung unserer Grenze in Marsch gesetzt hätten. Sie hätten in ihrer Nähe Halt gemacht und nach einiger Zeit umgedreht«. »Und deshalb ist für uns«, habe Dolanc fortgesetzt, »nicht jeder Tag wichtig, sondern jede Stunde des Lebens des Präsidenten«.[119] In den folgenden Monaten wurde Tito einer Intensivtherapie unterzogen. Es gelang den Ärzten, den Blutzufluss zu den vitalen Organen weitgehend zu sichern, wobei es aber immer wieder zu Gefäßverstopfungen kam und sich Tito regelmäßig Dialysebehandlungen unterziehen musste. Sein Zustand war so kompliziert, wie man es in der medizinischen Praxis selten erlebte. Lange vor dem Tod trat eine Atemnot auf, weshalb man ihn künstlich beatmen musste. Es traten auch Schwierigkeiten mit der Leber auf, was eine Gelbsucht zur Folge hatte. Schließlich trat der Tod infolge des Zusammenbruchs des peripheren Blutsystems und aufgrund von Herzstillstand ein. Bei der Obduktion wurde im Magen ein Tumor entdeckt, der so groß wie ein Hühnerei, aber vermutlich gutartig war. Im Bericht hieß es, dass es aufgrund der Krankheit zu derartig starken Veränderungen gekommen sei, »wie sie bei anderen Patienten fast nie zu beobachten sind«.[120]

Josip Broz Tito starb am Sonntag, dem 4. Mai 1980, um 15 Uhr 05 im achtundachtzigsten Lebensjahr. Die höchsten Partei- und Staatsbehörden wurden darüber mit der Losung *Das Spiel ist abgesagt* informiert.[121] Drei Stunden später kam auch die amtliche Mitteilung, dass das »große Herz« des Genossen Tito zu schlagen aufgehört habe. Nach seinem Tod kehrte er im Blauen Zug nach Belgrad zurück, den er nach Kriegsende von König Aleksandar übernommen und hatte herrichten lassen, weil er ihm nicht luxuriös genug erschien.

Titos Begräbnis sollte in die Geschichte eingehen. An ihm nahmen Staatsoberhäupter, Ministerpräsidenten und Vertreter fast aller Staaten der Welt teil. Es handelte sich, wie der britische Botschafter es formulierte, um eine »Versammlung, die vermutlich einmalig war«.[122] Ein Großer der italienischen kommunistischen Partei, Giancarlo Pajetta, notierte in seinen Erinnerungen: »Eine riesige Menschenmenge wartete Tag und Nacht, um den Sarg zu sehen (…) Ich sehe noch, wie an der Spitze des Trauerzuges die heroische Erste proletarische Brigade mit ihrer roten Fahne und dem Band mit den jugoslawischen Farben marschiert. Neben den Mächtigen der Welt gehen Kommunisten und Sozialisten, Volksbefreiungsbewegungen von allen Seiten. Ich erinnere mich, wie die Arbeitermiliz mit Maschinengewehren donnernde Salven zum Abschied abfeuert; wie sich Könige und Emire, Lady Thatcher und Breschnjew, die Vertreter Chinas, die Oberhäupter aller Staaten, Minister und Generäle aller Armeen erheben. Alle stehen beim Klang der *Internationalen*.«[123]

Wie Stalin wurde auch Tito in einem Mausoleum beigesetzt, wenngleich nicht in einem so düsteren wie jenem, das sich der *chozjajin* eine Zeit lang mit Lenin teilte. Als Ort der letzten Ruhe hatte sich Tito das Haus der Blumen in Dedinje erwählt, das er sich hatte erbauen lassen, nachdem er Jovanka verlassen hatte. In einem seiner letzten Gespräche mit General Ljubičić hatte er gesagt:

»Ich würde mir wünschen, dass ihr mich, wenn ich sterbe, dort begrabt (...) von wo aus man so schön Belgrad sieht ...« Im Gegensatz zu Lenin und Stalin wollte Tito aber nicht einbalsamiert werden, da ihm diese Praxis zuwider war.[124] Wenn die Aussage des serbischen UDBA-Mannes Marko Lopušina zutrifft, hätte man seinen Körper trotzdem auf diese Weise konserviert, wenn er nicht infolge der intensiven Therapien vor der Zeit zu zerfallen und stark zu riechen begonnen hätte. Aus hygienischen Gründen sollen Dolanc, Mikulić und Doronjski deshalb in größter Heimlichkeit entschieden haben, dass der Sarg bei der öffentlichen Beisetzung leer bleiben solle. Ivan Dolničar, zu diesem Zeitpunkt Generalsekretär des Präsidiums und für die Organisation der Beisetzung verantwortlich, stellt diese Behauptung entschieden in Abrede. Er berichtet auch, dass Tito vor seinem Tod angeordnet habe, dass man ihm seinen Brillantring, mit dem so viele Ereignisse seines Lebens verbunden gewesen seien, mit ins Grab gebe. Und so geschah es auch.[125]

☆☆☆

Ungerecht wäre es natürlich, seine Geschichte mit der Feststellung zu schließen, dass Josip Broz – trotz seiner fünfunddreißigjährigen Diktatur – ein Tyrann gewesen sei, wie es Josef Wissarionowitsch Stalin einer war. Im Gegenteil, gerade weil er sich dessen Tyrannei widersetzt und in Jugoslawien den »Selbstverwaltungssozialismus« mit mehr oder weniger menschlichem Antlitz geschaffen hat, blieb er zahlreichen Zeitgenossen als Staatsmann im Gedächtnis, dem man Dankbarkeit schulde. Das Jugoslawien, dass er bei seinem Tod zurückließ, unterschied sich stark von jenem, in dem er im Jahre 1945 die Herrschaft angetreten hatte. Von einem zentralisierten stalinistischen Regime wechselte es über zu einem marktorientierten Sozialismus, erlebte eine rasche Industrialisierung, die breiten Bevölkerungsschichten einen ständigen Anstieg des Lebensstandards garantierte – wenngleich auf Pump. Obwohl der Bund der Kommunisten Jugoslawiens an der Macht blieb, garantierte das Selbstverwaltungssystem zumindest auf lokaler Ebene erhebliche Einflussmöglichkeiten auf politische Entscheidungsvorgänge. Opposition jeder Art war zwar verboten, die literarische Produktion jedoch war keiner präventiven Zensur mehr unterworfen, noch wichtiger aber war die Tatsache, dass die Staatsgrenzen weit offen standen. Nicht nur für die Menschen, auch für Ideen.

Zu einem Bruch mit Stalin wäre es ohne Tito nicht gekommen: »Das ist ganz allein Titos Werk«, stellten Kardelj und Bakarić mehrfach fest.[126] Die Tatsache, dass er sich davor auch Hitler und Mussolini widersetzt und den jugoslawischen Völkern den Sieg über die faschistischen Okkupatoren im Zweiten

Weltkrieg gesichert hat, dass er sich von den fünfziger Jahren an den imperialen Sirenen des Westens zu entziehen und sich an die Spitze der »Erniedrigten und Beleidigten« der Dritten Welt zu stellen wusste, sollte ihm hoch angerechnet werden. Auf internationalem Gebiet konnte Jugoslawien die 1948 drohende Isolation überwinden, indem es zu einer aktiven multilateralen Politik überging, die dem Land im Rahmen der Blockfreien-Bewegung Einfluss und Prestige sicherte, das seine wirtschaftliche und militärische Bedeutung bei Weitem überstieg.

Als Träger einer neuen Form des Sozialismus, verschieden vom sowjetischen, und als Vermittler zwischen Ost und West sowie Nord und Süd wurde es zu einem bedeutenden Akteur auf internationalem Parkett.

Andererseits lassen sich aber auch weder die anfänglichen Grausamkeiten des Tito-Regimes (Nachkriegsmassaker, Goli Otok) noch sein letztliches Scheitern übersehen, denn ohne seine kohäsive Kraft war Jugoslawien in dieser Form weder am Leben zu erhalten noch ließ sich das Selbstverwaltungsexperiment in eine moderne und pluralistische Demokratie transformieren. Die Wirtschaftskrise der siebziger Jahre brachte eine Reihe von Problemen mit sich, die das System nicht zu lösen verstand: eine im Durchschnitt siebzehnprozentige Inflation, ein großes Defizit in der Außenhandelsbilanz, immer deutlichere Unterschiede zwischen den entwickelten und nichtentwickelten Republiken innerhalb der Föderation, die den nationalen Konflikten zwischen den Republiken und Provinzen Nahrung gaben. »Die frühen achtziger Jahre«, konstatierten im September 1979 die CIA in einem Memorandum unter dem Titel »Perspektiven für Jugoslawien nach Tito« – »werden vermutlich eine unruhige Periode werden. [...] Verursacht werden sie durch das operative Unvermögen oder den Tod des Präsidenten Josip Broz Tito, dessen Rolle bei der Gestaltung und Erhaltung des modernen Jugoslawien so groß war, dass es fraglich ist, ob es möglich sein wird, den Staat ohne ihn zu erhalten.«[127] Sie sollten recht behalten: Kaum mehr als zehn Jahre nach seinem Tod fiel Jugoslawien in sich zusammen wie ein Kartenhaus, wobei manches seiner Völker ein wahres Blutgericht erlebte. Was also bleibt von Titos Lebenserfahrung? Vielleicht lässt sie sich noch am besten mit dem Volksspruch zusammenfassen, den er selbst am liebsten hatte: *»Auch wenn ich in der Moschee war, gebeugt habe ich mich nicht.«*[128]

★

ANHANG

ANMERKUNGEN

Einführende Worte

1 K. Marx, (Rezension) *Les Conspirateurs*, par A. Chenu, ex-capitaine des gardes du citoyen Caussidière. – Les societés secrètes; la préfecture sous Caussidière; les corps-franc. Paris, 1850. – *La naissance de la République en Février 1848*. Par Lucien de la Hodde – Paris, 1850, in: Neue Rheinische Zeitung. Politisch-ökonomische Revue, IV (1850).

2 V. Dedijer, Novi prilozi za biografiju Josipa Broza Tita, I., Mladost, Spektar, Liburnija, Zagreb, Rijeka, 1980–1984, p. 164; P. Marković, Titova komunikaciona strategija kao publicistički činilac, in: Tito – viđenja i tumačenja, Arhiv Jugoslavije, Institut za Noviju Istoriju Srbije (INS), »Biblioteka Zbornici Radova«, 8, Belgrad, 2011, p. 650.

3 Nacionalna i sveučilišna knjižnica, Zagreb (NSK), Rukopisna ostavština Miroslava Krleže, »A« 310.

4 V. Dedijer, Novi prilozi, I., op. cit., p. 233.

5 G. Nikoliš, Korijen, stablo, pavetina: memoari, Liber, Zagreb 1981, p. 335.

6 F. Maclean, Josip Broz Tito: a Pictorial Biography, McGraw-Hill, New York 1980, p. 76–80.

7 Politisches Archiv, Berlin (PA), B 11, Band 263, I, p. 41.

8 D. Ćosić, Piščevi zapisi, (1951-1968), E. Višnjić, Belgrad 2001, p. 175.

9 The National Archives, London (TNA), FCO 28/1641/ENU 3/312/1.

10 L. Adamič, Orel in korenine, Državna založba Slovenije, Ljubljana 1981, p. 120–124, 133.

11 H. Kissinger, The White House Years, Weidenfeld and Nicolson, London 1979, p. 928.

12 V. Vlahović, Strogo pov, 1955–1958. Neobjavljeni rokopis, IŠ »Stručna knjiga«, Belgrad 1998, p. 58.

13 D. Ćosić, Piščevi zapisi (1951–1968), op. cit., p. 177.

1892–1939

1 V. Dedijer, Novi prilozi, II., op. cit., p. 136, 137; P. Simić, Tito. Skrivnost stoletja. Jugoslovanski predsednik v novi luči, Orbis, Ljubljana, 2009, p. 19; P. Simić, Z. Despot. Strogo poverljivo. Arhivski dokumenti, Službeni glasnik, Belgrad 2010, p. 15, 39; J. Ridley, Tito. A Biography, Constable, London, 1994, p. 42, 43; V. Adamović,

Tri diktatora: Staljin, Hitler, Tito. Psihopolitička paralela, Informatika, Belgrad, 2008, p. 449–451.

2 V. Dedijer, Novi prilozi, II., op. cit., p. 136, 221, 226; E. Kocbek, Dnevnik 1949, Cankarjeva založba, Ljubljana, 1999, p. 226; L. Adamič, op. cit., p. 322, 323.

3 V. Dedijer, Novi prilozi, I., op. cit., p. 20; Novi prilozi, III., op. cit., p. 51; Arhiv Slovenije, Ljubljana, (AS), L. Šentjurc 1539; tehnična enota (t. e.) 40. V. Adamović, op. cit., 452.

4 M. Đilas, Tito. Eine kritische Biographie, Molden, Wien, 1980, p. 31, 39; V. Dedijer, Novi prilozi, I., p. 21; Novi prilozi, II., op. cit., p. 151; P. Simić, Tito, op. cit., p. 26.

5 Arhiv Jugoslavije, Belgrad (AJ), 837, KPR, I V-5-b, K 49.

6 J. Ridley, op. cit., p. 48; I. Krajačić – Stevo, Resnica mora zmagati, Dnevnik, 11. 11. 1984.

7 V. Dedijer, Novi prilozi, II., op. cit., p. 219–231; L. Adamič, op. cit., p. 330, 331; R. Petković, Subjektivna istorija jugoslovenske diplomatije, Službeni list SFRJ, Belgrad 1998, p. 44.

8 V. Dedijer, Novi prilozi, I., op. cit., p. 42, 46; W. Klinger, D. Kuljiš, Tito. Neispričane priče, Nezavisne novine, Paragon, Banja Luka – Zagreb, 2013, p. 22.

9 M. Krleža, Moji susreti s Titom, Večernji list, 23. 5. 1972, p. 4.

10 J. Ridley, op. cit., p. 59; L. Adamič, op. cit., p. 337.

11 M. Đilas, Tito, op. cit., p. 234; V. Dedijer, Novi prilozi, I., op. cit., p. 58; Novi prilozi,III., op. cit., p. 48; AJ, 837, KPR, IV-5-b, K 49: J. Ridley, op. cit., p. 59.

12 M. Đilas, Tito, op. cit., p. 251. V. Adamović, op. cit., p. 508.

13 S. Dabčević-Kučar, '71: Hrvatski Shovi i stvarnost, II., Interpublic, Zagreb 1997, op. cit., p. 666.

14 V. Dedijer, Novi prilozi, I., op. cit., p. 60; Novi prilozi, II., op. cit., p. 43, 245, 246; J. Ridley, op. cit., p. 62, 63. W. Klinger, D. Kuljiš, op. cit., p. 30

15 V. Dedijer, Novi prilozi, III., op. cit., p. 61.

16 D. Ćosić, Piščevi zapisi (1951–1968), op. cit., p. 200.

17 Rossijskij Gosudarstvennyj Arhiv Social'no-Političeskoj Istorii (RGASPI), Fond 495, opis 74, delo 586, p. 8.

18 Ju. S. Girenko, Stalin-Tito, Izdatel'stvo političeskoj literaturi, Moskau, 1991, p. 18; L. Adamič, op. cit., p. 337; J. Broz Tito, Intervjui, August Cesarec, Zagreb, Belgrad, 1980, p. 112; T. Kuljić, sociološkoistorijska studija, Gradska biblioteka »Žarko Zrenjanin«, Zrenjanin 2005, p. 202.

19 V. Dedijer, Novi prilozi, I., op. cit., p. 63; V. Dedijer, Novi prilozi, III., op. cit., p. 54; D. Ćosić, Piščevi zapisi (1951–1968), op. cit., p. 193.

20 V. Dedijer, Novi prilozi, I., op. cit., p. 64; Novi prilozi, III., op. cit., p. 609; AS, Dedijer 1979 (AS, Dedijer), Technische Einheit (t. e.) 215, G. Vlahov, Život u Belom dvoru, Feljton, p. 83; L. Adamič, op. cit., p. 338.

21 V. Dedijer, Novi prilozi, I., op. cit., p. 65, 66; Novi prilozi, III., op. cit., p. 50; Ju. S. Girenko, op. cit., p. 18; J. Ridley, op. cit., p. 65; L. Adamič, op. cit., p. 339, 340.

22 J. Ridley, op. cit., p. 320.

23 V. Dedijer, Novi prilozi, III., op. cit., p. 50; D. Ćosić, Piščevi zapisi (1951–1968), op. cit., p. 185; W. Klinger, D. Kuljiš, op. cit., p. 42; R. West, Tito ad the Rise and Fall of Yugoslavia, Sinclair-Stevenson, London 1994, p. 44, 45.

24 J. Broz Tito, Intervjui,op. cit.,p. 91.

25 V. Dedijer, Novi prilozi, I., op. cit., p. 71; Novi prilozi, II., op. cit., p. 243–266; RGASPI, Fond 495, opis 74, delo 589; Fond 495, opis 74, delo 597, p. 3–6; L. Adamič, op. cit., p. 343, 344; W. Klinger, D. Kuljiš, op. cit., p. 43.

26 RGASPI, Fond 495, opis 74, delo 587; Fond 495, opis 74, delo 597, p. 6; M. Simčič, Ženske v Titovi senci. Tito brez maske 2, Intelektualne storitve, Ilirska Bistrica, 2010, p. 144; L. Adamič, op. cit., p. 346; B. Mandić, Tito u dijalogu sa svijetom, Agencija »Mir«, Novi Sad, 2005, p. 221, 222; id.,S Titom. Četrt veka v kabinetu, Dam Graf, Belgrad, 2012, p. 150)

27 AS, Dedijer, t. e. 262; Rodoljub Čolaković, Kazivanje o jednom pokoljenju, III, Svjetlost, Sarajevo, Prosveta, Belgrad, 1972, p. 14.

28 AJ, 837, KPR, IV-5-a, K 38.

29 V. Dedijer, Novi prilozi, III., op. cit., p. 50; L. Adamič, op. cit., p. 349; B. Mandić, Tito izbliza, Jugoslovenska revija, Belgrad, 1981, p. 30.

30 M. Vrhunec, Josip Broz-Tito. Osebnost-storitve-titoizem. Pričevanje, Društvo piscev zgodovine NOB Slovenije, Ljubljana,2009, p. 130; M. Krleža, Titov povratak, 1937, Večernji list, 25. 5. 1972, p. 2.

31 AS, Dedijer, t. e. 274.

32 M. Krleža, Moji susreti s Titom, op. cit., p. 4.

33 AS, Dedijer, t. e. 274.

34 M. Simčič, Ženske, op. cit., p. 131. W. Klinger, D. Kuljiš, op. cit., p. 14, 51; Mandć, Tito izbliza, op. cit., p. 24.

35 TNA, FCO 28/1628/ENU 3/303/1; V. Dedijer, Novi prilozi, I., op. cit., p. 75.

36 D. Bilandžić, Povijest izbliza. Memoarski zapisi 1945–2005, Prometej, Zagreb 2006, p. 592.

37 V. Dedijer, Novi prilozi, II., op. cit., p. 173, 267, 268. N. Barnett, Tito, Haus, London 2006, p. 32.

38 J. Ridley, op. cit., p. 78.

39 AS, Dedijer, t. e. 111.

40 NSK, M. Krleža, »A« 210.

41 A. Bajt, Bermanov dosje, Mladinska knijga, Ljubliana 1999, p. 782, 783.

42 RGASPI, Fond 575, opis 1, delo 413; AS, Dedijer, t. e. 7.

43 AS, Dedijer, t. e. 111.

44 M. Đilas, Tito, op. cit., p. 99; V. Dedijer, Novi prilozi, II., op. cit., p. 270, 271; P. Simić,Tito. op. cit., p. 45; P. Simić, Z. Despot, op. cit., p. 51; AS, Dedijer, t. e. 236.

45 N. Kisić Kolanović,.Iluzije i otrežnjenja, Institut za suvremenu povijest, Biblioteka Hrvatska povjesnica, Zagreb 1996, p. 24; V. Dedijer, Novi prilozi, I., op. cit., p. 143; Ju. S. Girenko, op. cit., p. 295; G. Swain, Tito and the Twighlight of the Communist International, 1919-1943, Manchester University Press, Manchester, 1998, p. 205.

46 AJ, 838, LF, III-11/8.

47 V. Dedijer, Novi prilozi II., op. cit., p. 232. W. Klinger, D. Kuljiš, op. cit., p. 60-80.

48 F. W. Deakin, Yugoslavia 1941–1945, The Military Organisation of the Yugoslav Communist Party (1918–1940), p. 5; V. Dedijer, Novi prilozi, I., op. cit., p. 153; Novi prilozi, II., op. cit., p. 289; Novi prilozi, III., op. cit., p. 51.

49 NSK, Arhiv Bakarić, Kutija, 10.; V. Dedijer, Novi prilozi, II., op. cit., p. 279; Večer, 8. 8. 1928; P. Simić,Tito, op. cit., p. 46; AJ, 838, LF III-11/11; W. Klinger, D. Kuljiš, op. cit., p. 82.

50 AJ, 837, KPR, IV-5-a, K 38; Ju. S. Girenko, 30; J. Ridley, op. cit., p. 98, 99.

51 N. Kisić Kolanović,op. cit., p. 29; V. Dedijer, Novi prilozi, II., op. cit., p. 267 ff.; Večer, 7. 11. 1928.

52 NSK, Arhiv Bakarić, Kutija 22, Novosti, 8. 1. 1928; V. Dedijer, Novi prilozi, I., op. cit., p. 154–175; Novi prilozi, II., op. cit., p. 276; Večer, 9. 11. 1928; M. Stefanović, Podpis: Tito. »Bila sva Titova šifranta«. Pripoved Branke in Pavleta Savića, Globus, Zagreb 1980, p. 180.

53 Večer, 14. 11. 1928; 15. 11. 1928; P. Damjanović, Originalnost i teškoće Titovog puta, Borba, 25. 5. 1976.

54 M. F. Kranjc, Zarote in atentati na Tita, Grafis Trade, Grosuplje, 2004, p. 127.

55 J. Ridley, op. cit., p. 102.

56 F. W. Deakin, Yugoslavia, op. cit., The Military Organisation of the Yugoslav Communist Party (1918–1940), p. 6; V. Dedijer, Novi prilozi, II., op. cit., p. 284, 285; Novi prilozi, op. cit., p. 608; M. Đilas, Memoir of a Revolutionary, Harcourt Brace Jovanovich Publishers, New York, 1973, p. 190, 191. Anm. 82, W. Klinger, D. Kuljiš, op. cit., p. 88 ff.; J. Broz Tito, Autobiografska kazivanja, I, Narodna knjiga, Belgrad 1982, p. 87.

57 AJ, 837, KPR, IV-5-b, K 49.

58 AJ, 838, LF III-11/12.

59 V. Dedijer, Novi prilozi, III., op. cit., p. 52; Ju. S. Girenko, op. cit., p. 36; W. Klinger, D. Kuljiš, op. cit., p. 101, 102.

60 L. Adamič, op. cit., p. 401; I. Očak, Gorkić. Život, rad i pogibija, Globus, Zagreb 1988, p.221; G. Nikoliš, Zapisi pod pritiskom. NIRO « Književne novine », Belgrad 1988, p. 404.

61 RGASPI, Fond 495, opis 73, delo 161; P. Simić, op. cit., p. 57; V. Dedijer, Novi prilozi, I., op. cit., p. 210; Novi prilozi, III., p. 167.

62 AS, Dedijer, t. e. 261.
63 RGASPI, Fond 575, opis 1, delo 413; R. Čolaković, Kazivanje, op. cit., III, p. 446, 491.
64 Ju. S. Girenko, op. cit., p. 38; A. Fine, Strongmen Can Be Beneficial. The Exceptional Case of Josip Broz Tito, in : B. Fischer (ed.), Balkan Strongmen: Dictators and Authorirarian Rulers of South East Europe, Purdue University Press, London 2007, p. 269–317; W. Klinger, D. Kuljiš, op. cit. S. 106.
65 V. Dedijer, Novi prilozi, I., op. cit., p. 211.
66 AS, Dedijer, t. e. 111.
67 S. Eiletz, Titova skrivnostna leta v Moskvi 1935-1940, Mohorjeva, Celovec 2008, p. 29, 43, 44; V. Dedijer, Novi prilozi, III., op. cit., p. 52.
68 Spomini tovariša Tita na slavno preteklost, Slovenski poročevalec, 17. 4. 1959.
69 S. Eiletz, Titova skrivnostna, op. cit., p. 189.
70 P. Simić, Tito, op. cit., p. 57, 58.
71 L. Adamič, op. cit., p. 415.
72 AS, Dedijer, t. e. 51; L. Adamič, op. cit., p. 417. W. Klinger, D. Kuljiš, op. cit., p. 126.
73 V. Dedijer, Novi prilozi, I., op. cit., p. 218.
74 P. Simić, Tito, op. cit., p. 58; V. Dedijer, Novi prilozi, I., op. cit., p. 219.
75 V. Dedijer, Novi prilozi, op. cit., II., p. 306; Ruth von Mayenburg, Hotel Lux, C. Bertelsmann Verlag, München 1978, p. 18.
76 RGASPI, Fond 495, delo 27, 21, p. 290-297; Fond 495, opis 277, delo 21.
77 V. Dedijer, Novi prilozi, III., op. cit., p. 56.
78 V. N. Bondarev, Misterija Tito. Moskovske godine, Čigoja štampa, Belgrad, p. 80, 81.
79 S. Eiletz, Titova skrivnostna, op. cit., p. 32, 99; D. Ćosić, Piščevi zapisi (1951–1968), op. cit., p. 178.
80 P. Simić, Tito, op. cit., p. 62. W. Klinger, D. Kuljiš, p. 126.
81 TNA, FCO 28/2118; W. Klinger, D. Kuljiš, op. cit., p. 126.
82 RGASPI, Fond 575, opis 1, delo 413.
83 M. Đilas, Tito, op. cit., p. 74; V. Dedijer, Novi prilozi, III., op. cit., p. 53; I. Ivanji, Titov prevajalec, Karantanija, Ljubljana 2007, p. 128.
84 A. Bebler, Pismo, Mladina, Nr. 26, 2009; V. Dedijer, Novi prilozi, III., op. cit., p. 53; E. V. Matonin, Iosip Broz Tito, Molodaja Gvardija, Moskau 2012; A. Timofejev, Sovjetski uticaj i Josip Broz Tito uoči izbijanja ustanka u Jugoslaviji 1941. godine, in : Tito – viđenja i tumačenja, op. cit, p. 742–744; W. Klinger, D. Kuljiš, op. cit., p. 115, 116.
85 Spomini tovariša Tita na slavno preteklost, Slovenski poročevalec, 17. 4. 1959.
86 Ruth von Mayenburg, op. cit., p. 200.
87 V. Vlahović, op. cit., 146, 147; V. Dedijer, Novi prilozi, III., op. cit., p. 445.
88 M. Đilas, Tito, op. cit., p. 85.

89 S. Eiletz, Titova skrivnostna, op. cit., p. 33.
90 S. Dabčević-Kučar, '71, II., op. cit., p. 863.
91 National Archives and Records Administration, Washington (NARA), CIA, Records Search Tool (CREST), Bi-Weekly Propaganda Guidance, 11. 5. 1959. Tito throws down the gauntlet.
92 M. Poč (ed.), Edvard Kardelj. Skica za monografijo, Delo, Ljubljana 1979, p. 15; AS, Dedijer, t. e. 7.
93 AS, Dedijer, t. e. 242; G. Berić, Zbogom XX. stoleće – Sečanja Ive Vejvode, Profil knjiga, Zagreb, 2013, p. 216; W. Klinger, D. Kuljiš, op. cit., p. 56; R. Čolaković, Kazivanje, III, op. cit. S. 182–184, 189.
94 AS, Dedijer, t. e. 111.
95 A. Bajt, op. cit., p. 784, 870-874; V. Dedijer, Novi prilozi, II., op. cit., p. 140.
96 V. Cenčić, Titova, Titova poslednja isporijest, Grafos, Orfelin, Cetinje, Belgrad, op. cit., 73; R. Čolaković, Kazivanja,III., op. cit., p. 43.
97 V. Dedijer, Novi prilozi, III., op. cit., p. 53; Spomini tovariša Tita na slavno preteklost, Slovenski poročevalec, 17. 4. 1959; AS, Dedijer, t. e. 111; L. Adamič, op. cit., p. 425; N. V. Bondarev, op. cit., p. 114–120.
98 Spomini tovariša Tita na slavno preteklost, Slovenski poročevalec, 17. 4. 1959; N. V. Bondarev, op. cit. S. 120–126.
99 G. R. Swain, Tito: the Formation of a Disloyal Bolshevik, International Review of Social History, XXXIV, 2, 1989, p. 250, 251.
100 V. Dedijer, Novi prilozi, I., op. cit., p. 223, 224; Novi prilozi, III., op. cit., p. 53, 189; Ju. S. Girenko, op. cit., p. 46. V. N. Bondarev, op. cit., p. 120-126.
101 RGASPI, Fond 575, opis 1, delo 413; Fond 539, opis 3, delo 1390, p. 19; Fond 495, opis 74, delo 584, p. 78; S. Clissold, Đilas. The Progress of a Revolutionary, Maurice Temple Smith, London 1983, p. 29. R. Čolaković, Kazivanje,III., op. cit., p. 41.
102 G. R. Swain, Tito: the Formation, op. cit., p. 251; I. Očak, Gorkić, op. cit., p. 244.
103 RGASPI, Fond 495, opis 18, delo 1109, p. 4–6. W. Klinger, D. Kuljiš, op. cit., p. 131.
104 G. R. Swain, Tito: the Formation, op. cit., p. 251; id., Tito and the Twilight of Comintern. V: T. Rees, A. Thorpe (ed.), International Communism and the Communist International, 1919–43, Manchester University Press, 1998, p. 209; W. Klinger, D. Kuljiš, op. cit. S. 116; N. V. Bondarev, op. cit. S. 173.
105 A.Bebler, Pismo, Mladina. Nr. 26, 2009; I.Goldstein, S.Goldstein, Tito, Profil, Zagreb 2015, p. 123.
106 L. Adamič, op. cit., p. 428–430; P. Simić, Z. Despot, op. cit., p. 63–66; A. Timofejev, op. cit., p. 742; N. V. Bondarev, op. cit. S. 147, 156–163.
107 RGASPI, Fond 495, opis 18, delo 1135; G. Dimitrow, Diario, Gli anni di Mosca (1934–1945), Einaudi, Turin 2000, p. 48.
108 RGASPI, Fond 495, opis 18, delo 1134.

109 V. Dedijer, Novi prilozi, I., op. cit., p. 228, 229.
110 P. Simić, Tito, op. cit., p. 87.
111 AS, Dedijer, t. e. 3; t. e. 236.
112 S. Eiletz, Titova skrivnostna, op. cit., p. 63; RGASPI, Fond 575, opis 1, delo 411, p. 57–80.
113 I. Očak, Gorkić, op. cit., p. 250. R. Čolaković, Kazivanje, III., op. cit., p. 289, 299.
114 G. R. Swain, Tito: the Formation, op. cit., p. 252; id., Tito and the Twilight, op. cit., p. 209; AS, Dedijer, t. e. 242.
115 V. Dedijer, Novi prilozi, III., op. cit., p. 52.
116 Spomini tovariša Tita na slavno preteklost. Slovenski poročevalec, 17. 4. 1959.
117 V. Dedijer, Novi prilozi, I., op. cit., p. 231.
118 Spomini tovariša Tita na slavno preteklost, Slovenski poročevalec. 17. 4. 1959; V. Cenčić, Inigma I, op. cit., p. 76; R. Čolaković, Kazivanje, III, p. 21, 47–50, 492.
119 V. Dedijer, Novi prilozi, I., op. cit., p. 236–238; P. Simić,Tito, op. cit., p. 94, 95; S. Clissold, Đilas, op. cit., p. 31; Ju. S. Girenko, op. cit., p. 48, 49; Spomini tovariša Tita na slavno preteklost, Slovenski poročevalec, 17. 4. 1959; J. Ridley, op. cit., p. 130; L. Adamič, op. cit., p. 435; AS, Dedijer, t. e. 242; I. Očak, Gorkić, op. cit., p. 257, 258.
120 Spomini tovariša Tita na slavno preteklost, Slovenski poročevalec, 17. 4. 1959. R. Čolaković, Kazivanje, op. cit., III. S. 625.
121 F. Maclean, Disputed Barricade. The Life and Times of Josip Broz-Tito Marshal of Jugoslavia, Jonathan Cape, London 1957, p. 103–104.
122 M. Đilas, Tito, op. cit., p. 75.
123 M. Gligorijević, Rat i mir Vladimira Dedijerja. Sećanja I – rat govori, Narodna knjiga, Belgrad, 1986, p. 44; V. Dedijer, My Two Comrades, Cross Currents 4, A Yearbook of Central European Culture, 1985, p. 398.
124 V. Adamović, op. cit., p. 459; K. Nikolić, Tito govori što narod misli, Službeni list SCG, Belgrad 2006, p. 288.
125 G. Vlahov, Život u Belom dvoru, op. cit., p. 85.
126 Is Yugoslav President Tito Really a Yugoslav? https://www.nsa.gov/public_info/_files/cryptologic_spectrum/isyugoslav.pdf.; I. Ivanji, op. cit., p. 159.
127 A. Razumovski, Ein Kampf um Belgrad. Tito und die jugoslawische Wirklichkeit, Ullstein, Frankfurt a. M. – Wien 1980, p. 245, 246.
128 T. Badinovac (ed.), Zagreb i Hrvatska u Titova doba, Savez društava »Josip Broz Tito« Hrvatske, Zagreb 2004, p. 52.
129 M. Đilas, Tito, op. cit., p. 261.
130 AS, Dedijer,t.e. 242; S. Ćuruvija, Ibeovac. Ja, Vlado Dapčević, Filip Višnjić, Belgrad, 1990.
131 M. Đilas, Tito, op. cit., p. 115.

132 M. Stefanović, op. cit., p. 18.
133 T. Badinovac, op. cit., p. 51.
134 V. Dedijer, Novi prilozi, I., op. cit., p. 233; B. Shepherd, Terror in the Balkans, Harvard University Press, Cambridge (Mass.), 2012, p. 91; B. Mandić, Tito izbliza, op. cit., p. 225.
135 V. Dedijer, Novi prilozi, III., op. cit., p. 317.
136 V. Velebit, Svjedok, op. cit., 57, 463; N. Simčič, Ženske, op. cit., p. 167.
137 J. Ridley, op. cit., p. 123.
138 V. Cenčić, Enigma, II., op. cit., p. 106, 197.
139 S. Clissold, Đilas, op. cit., p. 25; M. Đilas, Memoir of a Revolutionary, op. cit., p. 175; R. Čolaković, Kazivanje, III., op. cit., p. 339, 676, 677.
140 Spomini tovariša Tita na slavno preteklost, Slovenski poročevalec, 17. 4. 1959; AS, Dedijer, t. e. 223.
141 M. Đilas, Memoir of a Revolutionary, op. cit., p. 181.
142 I. Banac, Sa Staljinom protiv Tita, Globus, Zagreb, 1990, p. 74; Ju. S. Girenko, op. cit., p. 54; R. Čolaković, Kazivanje, III., op. cit., p. 340.
143 S. Eiletz, Titova skrivnostna, op. cit., p. 51; W. Klinger, D. Kuljiš, op. cit. S. 172; R. Čolaković, Kazivanje, III., op. cit., p. 154, 155, 342.
144 V. Dedijer, Novi prilozi, I., op. cit., p. 235; V. Cenčić, Titova, op. cit., p. 75; W. Klinger, D. Kuljiš, op. cit., p. 141, 142.
145 D. Jović, Yugoslavia. A State that Withered Away, Purdue University Press, West Lafayette 2009, p. 56.
146 D. Bilandžić, Povijest, op. cit., p. 39, 247, 295; RGASPI, Fond 495, opis 69, delo 272, p. 32.
147 AS, Dedijer, t. e. 274.
148 T. Badinovac, op. cit., p. 52, 55; AJ, 837, KPR, IV-5-b, K 49.
149 AJ, 837, KPR, IV-5-b, K 49.
150 Spomini tovariša Tita na slavno preteklost, Slovenski poroöevalec, 17. 4. 1959.
151 I. Očak, Gorkić, op. cit., 307, 319.
152 P. Simić, Tito, op. cit, p. 98; G. R. Swain, Tito: the Formation, op. cit, p. 252, 253; id., Tito and the Twilight, op. cit., p. 210; L. Adamič, op. cit., p. 436; W. Klinger, D. Kuljiš, op. cit., p. 163, 181, 182; R. Čolaković, Kazivanje,III., op. cit., p. 492.
153 Spomini tovariša Tita na slavno preteklost, Slovenski poročevalec, 17. 4. 1959.
154 S. Eiletz, Titova skrivnostna, op. cit., p. 65; AS, Dedijer, t. e. 242; W. Klinger, D. Kuljiš, op. cit., p. 165; R. Čolaković, Kazivanje, III., op. cit., p. 139, 140.
155 RGASPI, Fond 495, opis 74, delo 588, p. 6.
156 V. Dedijer, Novi prilozi, II., op. cit., p. 319; P. Simić, Z. Despot, op. cit., p. 81.
157 M. Đilas, Tito, op. cit., p. 85.
158 V. Dedijer, Novi prilozi, I., op. cit., p. 239; Novi prilozi II., op. cit., p. 306, 342; Novi

prilozi, III., op. cit., p. 152; D. Druškovič, Prežihov Voranc. Pisatelj in politik, Drava, Celovec, Ljubljana, 2005, p. 243; RGASPI, Fond 495, opis 74, delo 586, p. 8, 9.

159 Ju. S. Girenko, op. cit., p. 57.

160 L. Adamič, op. cit., p. 399; K. Čavoški, Tito. Tehnologija vlasti, Dosije, Belgrad 1990, p. 83.

161 AS, Dedijer, t. e. 143; t. e. 188; t. e. 235; t. e. 236; t. e. 261; t. e. 274; AS,L.Šentjurc, t. e. 40; W. Klinger, D. Kuljiš, op. cit., p. 128.

162 G. Stritsberg, Mojih pet življenj, Založba Obzorja, Maribor 1971, p. 413, 414.

163 L. Adamič, op. cit., p. 434, 435; P. Simić, Z. Despot, op. cit., p. 70, 71.

164 F. Copeman, Reason in Revolt, Blandford Press, London 1948, http://spartacus-educational.com/SP Dimitrow.htm; S. Carillo, Mi testament politico, Galaxia Gutenberg, S.L., 2014, p. 193.

165 Tito's sojourn in Spain, The South Slav Journal, Vol. 5. No. 4 (18), 1982/1983, p. 47, 48.

166 F. Copeman, Reason in Revolt, Blandford Press, London 1948, http://spartacus-educational.com/SP Dimitrow.htm; S. Carillo, Mi testament politico, Galaxia Gutenberg, S.L., 2014, p. 193.

167 P. Simić, Tito, p. 92; E. V. Matonin, op. cit., p. 69; A. Razumovsky, op. cit, p. 144, 145.

168 AS, Dedijer, t. e. 261; t. e. 298; M. Lopušina, Ubij bližnjeg svog I-III, (Ulomci), Jugoslovenska tajna policija 1945/1997, p. 12, 13.

169 M. Lopušina, op. cit., p. 14.

170 L. Adamič, op. cit., p. 434; P. Simić, Tito, op. cit., p. 93.

171 AS, Dedijer, t. e. 271.

172 G. Strisberg, op. cit., p. 411.

173 G. R. Swain, Tito: the Formation, op. cit., p. 253, 254; R. Čolaković, Kazivanje, III., op. cit. S. 82, 122–126, 128, 156, 331, 348–350, 528, 529.

174 M. Đilas, Tito, op. cit., p. 81; N. Kisić Kolanović, op. cit., p. 32; RGASPI, Fond 575, opis 1, delo 411, p. 45, 46, 48, 63; Fond 495, opis 74m delo 588, p. 7a–7b; P. Simić, Tito, op. cit., p. 99, 100; Ju. S. Girenko, op. cit., p. 53; M. Đilas, Memoir of a Revolutionary, op. cit., p. 278; W. Klinger, D. Kuljiš, op. cit., p. 171, 172; R. Čolaković, Kazivanje, III., op. cit., p. 157, 158, 338 ff.

175 V. Dedijer, Novi prilozi, II., op. cit., p. 332–334; Novi prilozi, III., op. cit., p. 105; V. Cenčić, Titova, op. cit., p. 80; I. Grdina, Josip Kopinič. V: P. Bobič (ed.), Tvorci slovenske pomorske identitete, Založba ZRC, Ljubljana 2010, p. 119; AS, Dedijer, t. e. 274.

176 J. B. Tito, Broz, Zbrana dela 1–24, Komunist, Borec, Ljubljana 1978–1989, 4., p. 14–17.

177 AS, Dedijer, t. e. 242.

178 D. Ćosić, Piščevi zapisi (1951–1968), op. cit., p. 194; AS, Dedijer, t. e. 242; W. Klinger, D. Kuljiš, op. cit., p. 173; R. Čolaković, Kazivanje, III, op. cit., p. 343–345, 351, 409.

179 S. Eiletz, Titova skrivnost, op. cit., p. 50, 52; RGASPI, Fond 575, opis 1, delo 411, p. 48.; W. Klinger, D. Kuljiš, op. cit., p. 174.

180 S. Eiletz, Titova skrivnostna, op. cit., p. 52, 53, 58–61; Ju. S. Girenko, op. cit., p. 55; R. Čolaković, Kazivanje, III., op. cit., p. 407.

181 RGASPI, Fond 575, opis 1, delo 411, p. 63.

182 AS, Dedijer, t. e. 242; W. Klinger, D. Kuljiš, op. cit., p. 152, 158.

183 R. Čolaković, Kazivanje III., op. cit., p. 408, 433–441; Z. Antonić, Raddjub Čolaković u svetlu svog dnevnika, IP »knija«, Belgrad 1991, op. cit., p. 422.

184 J. Broz Tito, Zbrana dela, 4., op. cit., p. 31.

185 J. Ridley, op. cit., p. 136; G. R. Swain, Tito: the Formation, op. cit., p. 257; id., Tito and the Twilight, op. cit., p. 211; AS, Dedijer, t. e. 111; t. e. 242.

186 T. Badinovac (ed.) op. cit., p. 50.

187 M. Đilas, Tito, op. cit., p. 80, 81; M. Đilas, Memoir of a Revolutionary, op. cit., p. 279, 280; W. Klinger, D. Kuljiš, op. cit., p. 174, 175.

188 F. W. Deakin, Yugoslavia, op. cit., The Military Organisation of the Yugoslav Communist Party (1918–1940), p. 6, 7; AS, Dedijer, t. e. 188; L. Adamič, op. cit., p. 477, 478.

189 RGASPI, Fond 575, opis 1, delo 411.

190 Ibid., Fond 495, opis 18, delo 1232, p. 4.

191 Ibid., Fond 495. opis 74, delo 587, p. 2–4.

192 S. Eiletz, Titova skrivnostna, op. cit., p. 95; P. Simić, op. cit., p. 102; V. Dedijer, My two Comrades, op. cit., p. 399. R. Čolaković, Kazivanje, III., op. cit., p. 463, 466.

193 RGASPI, Fond 575, opis 1, delo 411, p. 42–44; Fond 496, 74, 587.

194 Ibid., Fond 495, opis 18, delo 1256; Fond 495, opis 74, delo 587, p. 48.

195 T. Badinovac, op. cit., p. 52; V. Cenčić, Enigma, I., op. cit., 82; RGASPI, Fond 495, opis 74, delo 587, p. 49.

196 V. Cenčić, Enigma, I., op. cit., p. 30; AS, Dedijer, t. e. 229; I. Grdina, op. cit., p. 111, 136.

197 V. Cenčić, Enigma, I., op. cit., p. 52–73; J. Kopinič, Zgodovinske enigme, intervju, Mladina,št. 35, 25. 10. 1986, p. 9; V. Velebit, Svjedok, op. cit., 62, 63; I. Grdina, op. cit., p. 117.

198 RGASPI, Fond 495, opis 11, delo 362, p. 54; Fond 495, opis 74, delo 587, p. 64–66.

199 S. Eiletz, Titova skrivnostna, op. cit., p. 97; P. Simić, Z. Despot, op. cit., p. 82–85.

200 S. Eiletz, Titova skrivnostna, op. cit., p. 97–99; V. Cenčić, Titova, op. cit., p. 82–87, 188; V. Cenčić, Enigma, I., op. cit., p. 85–88; AS, Dedijer, t. e. 236; M. Lopušina, op. cit., p. 19.

201 V. Dedijer, Novi prilozi, III., op. cit., p. 52, 54; M. Gligorijević, op. cit., p. 315.

202 AJ, 837, KPR, IV-5-b, K 49.

203 V. Dedijer, Novi prilozi II., op. cit., p. 333.

204 S. Eiletz, Titova skrivnostna, op. cit., p. 92, 93; V. Dedijer, Novi prilozi, III., op. cit., p. 56; 152; Spomini tovariša Tita na slavno preteklost, Viri revolucionarnih sil, Slovenski poročevalec, 17. 4. 1959; AS, Dedijer, t. e. 236.

205 P. Simić,Tito, op. cit., p. 105–108; P. Simić, Z. Despot, op. cit., 86–90; M. Simčič, Ženske, op. cit., p. 151; Spomini tovariša Tita na slavno preteklost, Slovenski poročevalec, 17. 4. 1959; A. B. Edemskij, Od konflikta k normalizacii. Sovetskojugoslavskie odnošenja v 1953–1956 godah, Nauka, Moskau, 2008, p. 28.

206 S. Eiletz, Pred sodbo zgodovine. Stalin, Tito in jugoslovanski komunisti v Moskvi, Mohorjeva, Celovec, 2010, p. 154; V. Dedijer, Novi prilozi, II., op. cit., p. 329.

207 S. Eiletz, Titova skrivnostna, op. cit., p. 93; RGASPI, Fond 495, opis 74,delo 590.

208 V. Dedijer, Novi prilozi, I., op. cit., p. 230; Novi prilozi, II., op. cit., p. 327; V. Cenčić, Titova, op. cit., p. 78, 79.

209 RGASPI, Fond 495, opis 18, delo 1256, p. 27–38a; J. Broz-Tito, Zbrana dela, 4., op. cit., p. 109–118.

210 G. Dimitrow, Diario, op. cit., p. 117; id., Tagebücher 1933–1943, Aufbau Verlag, Berlin 2000, p. 197.

211 J. Ridley, op. cit., p. 141; AS, Dedijer, t. e. 111; t. e 242; L. Adamič, op. cit., p. 447.

212 W. Klinger, D. Kuljiš, op. cit., p. 158.

213 V. Dedijer, Novi prilozi, III., op. cit., p. 56.

214 RGASPI, Fond 495, list 74, delo 590, p. 23; AS, Dedijer, t. e. 223; S. Eiletz, Pred sodbo zgodovine, op. cit., p. 137.

215 V. Cenčić, Titova, op. cit., p. 94–96; Cenčić, Enigma, I., op. cit., p. 103, 105, 106; J. Ridley, op. cit., p. 139; AS, Dedijer, t. e. 199; t. e. 236.

216 M. Gligorijević, op. cit., p. 219, 220.

217 S. Eiletz, Titova skrivnostna, op. cit., p. 101.

218 AS, Dedijer, t. e. 111.

219 RGASPI, Fond 495, opis 74, delo 587.

220 G. Dimitrow, Diario, op. cit., p. 151; id., Tagebücher, op. cit., p. 233.

221 V. Dedijer, Novi prilozi, III., op. cit., p. 56.

222 V. Dedijer, Novi prilozi, I., op. cit., p. 240.

223 L. Adamič, op. cit., p. 438; AS, Dedijer, t. e. 242.

224 RGASPI, Fond 495, opis 18, delo 1296; Ju. S. Girenko, op. cit., p. 66; J. Broz – Tito, Zbrana dela, 4., op. cit., p. 144–151.

225 RGASPI, Fond 575, opis 1, delo 411, p. 102; P. Simić, Tito, op. cit., p. 112; P. Simić, Z. Despot, op. cit., p. 93; AS, Dedijer, t. e. 274.

226 S. Eiletz, Titova skrivnostna, op. cit., p. 104; RGASPI, Fond 575, opis 1, delo 411, p. 100, 101.

227 G. Dimitrow, Diario, op. cit., p. 153; Ju. S. Girenko, op. cit., p. 70, 71; AS, Dedijer, t. e. 236.

228 J. Ridley, op. cit., p. 140; AS, Dedijer, t. e. 111.

229 M. Đilas, Tito, op. cit., p. 74–76.

230 P. Simić, Tito, op. cit., p. 156. R. Čolaković, Kazivanje,III., op. cit., p. 439.

231 R. Čolaković, Kazivanje,III., op. cit., p. 339.

232 M. Đilas, Tito, op. cit., p. 99. R. Čolaković, Kazivanje, III., op. cit., p. 553.

233 RGASPI, Fond 575, opis 1, delo 411, p. 104–106.

234 V. Dedijer, Novi prilozi, II., op. cit., p. 326; RGASPI, Fond 575, opis 1, delo, 411, p. 122; Fond 495, opis 11, delo 371, p. 2, 6; P. Simić, op. cit., p. 131–133; P. Simić, Z. Despot, op. cit., p. 95–98.

235 M. Đilas, Tito, op. cit., p. 86.

236 AS, Dedijer, t. e. 242.

237 M. Đilas, Tito, op. cit., p. 87.

238 V. Dedijer, Novi pilozi, II., op. cit., p. 362; Novi prilozi III., op. cit., p. 28; P. Simić, op. cit., p. 281; AS, Dedijer, t. e. 229; P. Simić, Z. Despot, op. cit., p. 102, 103.

239 M. Đilas, Tito, op. cit., p. 114.

240 F. W. Deakin, Yugoslavia, op. cit., The British Image of Yugoslav Communism (1921–1941), p. 21.

241 V. Dedijer, Novi prilozi, II., op. cit., p. 936.

242 RGASPI, Fond 575, opis 1, delo 411, p. 66; Ju. S. Girenko, op. cit., p. 56; AS, Dedijer, t. e. 111.

243 S. Eiletz, Titova skrivnostna, op. cit., p. 74, 75, 76, 91; RGASPI, Fond 575, opis 1, delo 411, p. 113–117.

244 RGASPI, Fond 495, opis 74, delo 591, p. 14.

245 V. Dedijer, Novi prilozi, III., op. cit., p. 56.

246 S. Eiletz, Titova skrivnostna, op. cit., p. 55; P. Simić,Tito, op. cit., p. 140; S. Clissold, Đilas, op. cit., p. 26, 34; V. Cenčić, Enigma, I., op. cit., p. 111: AS, Dedijer, t. e. 197; t. e. 223; M. Đilas, Memoir of a Revolutionary, op. cit., p. 178, 179. W. Klinger, D. Kuljiš, op. cit., p. 150, 159; R. Čolaković, Kazivanje,III., op. cit., p. 590.

247 AS, Dedijer, t. e. 111.

248 S. Eiletz, Titova skrivnostna, op. cit., p. 106, 107; P. Simić,Tito, op. cit., p. 141; P. Simić, Z. Despot, op. cit., p. 95; V. Dedijer, Novi prilozi, III., op. cit., p. 26; V. Cenčić, Titova, n. d, p. 88, 92; id., Enigma, I., op. cit., p. 101, 107–112; Ju. S. Girenko, op. cit., p. 79, op. 5: AS, Dedijer, t. e. 236.

249 V. Dedijer, Novi prilozi, III., op. cit., p. 56; Spomini tovariša Tita na slavno preteklost, Slovenski poročevalec, 17. 4. 1959; AS, Dedijer, t. e. 223.

250 V. Cenčić, Enigma, I., op. cit., p. 95.

251 AJ, 837, KPR, IV-5-b, K 49; Spomini tovariša Tita na slavno preteklost, Slovenski poročevalec, 17. 4. 1959; V. Cenčić, Enigma I., op. cit., p. 113.

1939–1945

1 AS, Dedijer, t. e. 7.

2 G. R. Swain, The Comintern and Southern Europe. In: T. Judt (ed.), Resistance and Revolution in Mediterranean Europe 1939–1948, Routlege, London und New York 1989, p. 34.

3 V. Dedijer, Novi prilozi, II., op. cit., p. 360; M. Stefanović, op. cit., p. 24; A. Bajt, op. cit., p. 758; G. Dimitrow, Diario, 185; D. Ćosić, Piščevi zapisi (1951–1961), op. cit., p. 178; Ju. S. Girenko, op. cit., p. 75; P. Damjanović, Originalnost i teškoće Titovog puta, Borba, 25. 5. 1976.; AS, Dedijer, t. e. 111; K. Čavoški, op. cit., p. 276.

4 AS, Dedijer, t. e. 111; S. Clissold (ed.) Yugoslavia and the Soviet Union 1939–1973. A Documentary Survey, The Royal Institute of International Affairs, Oxford University Press, London, New York, Toronto, 1975, p. 112.

5 A. Bajt, op. cit., p. 745.

6 Ibid.; R. Čolaković, Kazivanje, III., op. cit., p. 566, 567, 587.

7 F. W. Deakin, Yugoslavia, op. cit., The Setting (1941), p. 9; The British Image of Yugoslav Communism (1921–1941), p. 16.

8 F. W. Deakin, Yugoslavija, op. cit., The British Image of Yugoslav Communism (1921–1941), p. 18, 23; TNA, FO 371/23877 R12201; RGASPI, Fond 495, opis 74, delo 593.

9 I. Očak, Gorkić, op. cit., p. 260, 261. R. Čolaković, Kazivanje, III., op. cit., p. 430.

10 I. Očak, Gorkić, op. cit., p. 249. R. Čolaković, Kazivanje, III., op. cit., p. 609, 610.

11 D. Ćosić, Piščevi zapisi (1951–1968), op. cit., p. 176; M. Gligorijević, op. cit., p. 204, 206, 210; G. R. Swain, Tito: the Formation, op. cit., p. 260; I. Očak, Krleža-Partija. Miroslav Krleža u radničkom i komunističkom pokretu 1917–1941, Spektar, Zagreb 1982.

12 T. Badinovac, op. cit., p. 54; AS, Dedijer, t. e. 242.

13 J. Broz – Tito, Zbrana dela, 5., op. cit., p. 18.

14 AS, Dedijer, t. e. 3; L. Adamič, op. cit., p. 449.

15 V. Velebit, Svjedok, op. cit., p. 59; M. Stefanović, op. cit., p. 24; V. Dedijer, Novi prilozi, I., op. cit., p. 260; AJ, 838, LF III-10/2.

16 V. Cenčić, Titova, op. cit., p. 97, 152, 291, 292; Ju. S. Girenko, op. cit., p. 80; V. Velebit, Svjedok, op. cit., p. 60; AS, Dedijer, t. e. 261; t. e. 262.

17 AS, Dedijer, t. e. 252; D. Bisenić, Život bez rukavica, in: Danas, 30. 12. 2009, p. 4.

18 J. Ridley, op. cit., p. 150; M. F. Kranjc, op. cit., p. 298.

19 S. Clissold, Đilas, op. cit., p. 34.

20 Ju. S. Girenko, op. cit., p. 80; J. Ridley, op. cit., p. 151; AS, Dedijer, t. e. 111; L. Adamič, op. cit., p. 449, 450; J. Broz Tito, Zbrana dela, 8., p. 21, 22 (serbokroatische Ausgabe).

21 AS, Dedijer, t. e. 242.

22 T. Badinovac, op. cit., p. 54; I. Banac, op. cit., p. 80–82.

23 V. Dedijer, Novi prilozi, III., op. cit., p. 217; M. Gligorijević, op. cit., p. 205; I. Očak, Gorkić, op. cit., p. 242, 243, V. Kalezić, Đilas miljenik i otpadnik kommunizma. Kontroverze pisca i ideologa, Zadne, Belgrad 1988, op. cit., p. 110, 111.

24 I. Očak, Gorkić, op. cit., p. 251. R. Čolaković, Kazivanje, III., op. cit., p. 611.

25 V. Dedijer, Novi prilozi, III., op. cit., p. 18.

26 NSK, M. Krleža, »A« 169; V. Cenčić, Titova, op. cit., p. 139; D. Ćosić, Piščevi zapisi (1951–1968), op. cit., p. 127, 176; J. Ridley, op. cit., p. 145; M. Gligorijević, op. cit., p. 153, 211; M. Đilas, Vlast kao strast, Start, 21. 1. 1989, p. 28; AS, Dedijer, t. e. 242; B. Mandić, Titi izbliza, op. cit., p. 72; &T.

27 G. Vlahov, Život u Belom dvoru, op. cit., p. 86; AS, Dedijer, t. e. 242; M. Krleža, Moji susreti s Titom, op. cit., p. 4.

28 P. Simić, Tito, op. cit., p. 139.

29 J. Ridley, op. cit., p. 152; J. Broz Tito, Zbrana dela, 6., op. cit., p. 15.

30 RGASPI, Fond 575, opis 1, delo 411, p. 133; Fond 495, opis 74, delo 65, p. 9; R. Čolaković. Kazivanje, III., op. cit., p. 56, 560–562.

31 G. Dimitrow, Diario, op. cit., p. 197.

32 A. Bajt, op. cit., p. 745–749, 766.

33 RGASPI, Fond 495, opis 74, delo 592, p. 12.

34 G. R. Swain, Tito: The Formation, op. cit., p. 262, 263.

35 V. Dedijer, Novi prilozi, III., op. cit., p. 170; J. Pirjevec, Sklep sekretariata Izvršnega komiteja Komunistične internacionale, št. 688 z dne 15. septembra 1940, Prispevki za novejšo zgodovino, XXXVII, 2, 1997 (Ferenčev zbornik), p. 117–122.

36 RGASPI, Fond 495, opis 18, delo 1325. W. Klinger, D. Kuljiš, op. cit., p. 207 passim.

37 D. Bilandžić, Hrvatska moderna povijest, Golden Marketing, Zagreb, 1999, p. 126.

38 RGASPI, Fond 575, opis 1, delo 411, p. 141–146; Ju. S. Girenko, op. cit., p. 82, 83.

39 AS, Dedijer, t. e. 111.

40 V. Dedijer, Novi prilozi, III., op. cit., p. 27; AS, Dedijer, t. e. 242; t. e. 252.

41 T. Badinovac, op. cit., p. 54, 55; V. Dedijer, Novi prilozi, I., op. cit., p. 262; Novi prilozi, II., op. cit., p. 365.

42 P. Simić, Tito, op. cit., p. 155; D. Ćosić, Piščevi zapisi (1951–1968), op. cit., p. 178.

43 V. Dedijer, Novi prilozi, III., op. cit., p. 147.

44 T. Badinovac, op. cit., p. 54, 55; V. Dedijer, Novi prilozi, II., op. cit., p. 365–367; A. Bajt. op. cit., p. 764.

45 N. Kisić Kolanović, op. cit., p. 46; D. Bilandžić, Hrvatska, op. cit., p. 122; V. Dedijer, Novi prilozi, I., op. cit., p. 263; AS, Dedijer, t. e. 111; Ćuruvija, op. cit.

46 AS, Dedijer, t. e. 197; J. B. Tito, Zbrana dela, 6., op. cit., p. 50.

47 V. Dedijer, Novi prilozi, III., op. cit., p. 215.

48 A. Ranković, op. cit., Jugoslovenska knjiga, Belgrad 2001, p. 130–134.
49 AS, Dedijer, t. e. 242.
50 V. Dedijer, Novi prilozi, III., op. cit., p. 317.
51 AS, Dedijer, t. e. 111.
52 AS, Dedijer, t. e. 188.
53 J. Ridley, op. cit., p. 153; L. Adamič, op. cit., p. 440; AS, Dedijer, t. e. 242.
54 V. Cenčić, Enigma, I., op. cit., p. 137.
55 J. Broz Tito, Zbrana dela, 6., op. cit., p. 149–177; G. Nikoliš, Zapisi pod pritiskom, op. cit., p. 453, 454; R. Čolaković, Kazivanje, III., op. cit., p. 306–309.
56 G. R. Swain, Tito and the Twilight, op. cit., p. 214.
57 W. M. Leary, William M., Fueling the Fires of Resistance: Army Air Forces Special Operations in the Balkans during World War II, Air Force History and Museums Program, Washington DC 1995, p. 1.
58 Ju. S. Girenko, op. cit., p. 85.
59 AS, Dedijer, t. e. 242.
60 TNA, HS 3/151.
61 M. Stefanović, op. cit., p. 177; V. Dedijer, Novi prilozi, I., op. cit., p. 264.
62 M. Stefanović, op. cit., p. 177, 178.
63 G. Dimitrow, Diario, Pamjatniki Istoričeskoj Mysli, Moskau 1994, op. cit., p. 291; N. S. Lebedeva, M. M. Narinskij (ed.), Komintern i vtoraja mirovaja vojna, I., op. cit., p. 518.
64 RGASPI, Fond 495, opis 74, delo 594, p. 21; M. Stefanović, op. cit., p. 230; G. Dimitrow, Diario, op. cit., p. 291–293; N. S. Lebedeva, M. M. Narinskij, I., op. cit., p. 519, 520; J. Broz Tito, Zbrana dela, 6., op. cit., p. 211.
65 V. Dedijer, Novi prilozi, II., op. cit., p. 375. S. Clissold, Đilas, op. cit., p. 122, 123.
66 AS, Dedijer, t. e. 7.
67 F. W. Deakin, Yugoslavia, op. cit., The Setting (1941).
68 NARA, CIA Records Search Tool (CREST), Weekly Summary, The Role of the Military in the Yugoslav System, 20. 5. 1969.
69 F. W. Deakin, Yugoslavia, op. cit., The Setting (1941), p. 2, 3.
70 V. Velebit, Svjedok, op. cit., p. 59, 61, 62; T. Badinovac, op. cit., p. 55; M. Stefanović, op. cit., p. 186; G. Dimitrow, Diario, op. cit., p. 215; N. S. Lebedeva, M. M. Narinskij, I., op. cit., p. 255–260; G. R. Swain, The Comintern, op. cit., p. 38; V. Cenčić, Enigma, I., op. cit., p. 128–131; I. Grdina, op. cit., p. 120, 121.
71 P. Simić, Tito, op. cit., p. 192; A. Nenadović, Razgovori s Kočom, Globus, Zagreb, 1989; J. Ridley, op. cit., p. 187; M. Gligorijević, op. cit., p. 132; V. Cenčić, Enigma, I., op. cit., p. 195; II., op. cit., p. 100.
72 D. Ćosić, Piščevi zapisi (1969–1980), op. cit., p. 242, 243; V. Adamović, op. cit., p. 547.

73 RGASPI, Fond 495, opis 74, delo 607, p. 1; AS, Dedijer, t. e. 242.
74 RGASPI, Fond 495, opis 74, delo 607, p. 1.
75 M. Đilas, Tito, op. cit., p. 19; AS, Dedijer, t. e. 242.
76 V. Dedijer, Novi prilozi, II., op. cit., p. 382; A. Bajt, op. cit., p. 782; RGASPI, Fond 495, opis 74, delo 607, p. 2; AS, Dedijer, t. e. 7; t. e. 111.
77 RGASPI, Fond 495, opis 74, delo 607, p. 2; V. Velebit, Svjedok, op. cit., p. 69.
78 D. Bilandžić, Hrvatska, op. cit., p. 127; A. Bajt, op. cit., p. 773.
79 AS, Dedijer, t. e. 111.
80 AS, Dedijer, t. e. 7.
81 T. Badinovac, op. cit., p. 44.
82 M. Đilas, Tito, op. cit., p. 20; V. Velebit, Svjedok, op. cit., p. 260.
83 M. Đilas, Tito, op. cit., p. 22; D. Bilandžić, Povijest, op. cit., p. 610; A. Bajt., op. cit., p. 774; S. Clissold, Đilas, op. cit., p. 48; G. R. Swain. Tito: The Formation, op. cit., p. 268. 380; S. Clissold, Đilas, op. cit., p. 48; V. Kljaković, Velika Britanija, Sovjetski savez i ustanak u Jugoslaviji 1941. G., Vojnoistorijski glasnik, 2(1979), op. cit., p. 44, W. Klinger, D. Kuljiš, op. cit., p. 239.
84 S. Clissold, Đilas, op. cit., p. 48; V. Kljaković, Medjunarodni aspekti, op. cit., p. 44.
85 AS, Dedijer, t. e. 51,
86 D. Bilandžić, Povijest, op. cit., p. 188; W. Klinger, D. Kuljiš, op. cit., p. 127, 236.
87 V. Velebit, Svjedok, op. cit., p. 69, 241, 242; V. Cenčić, Titova, op. cit., p. 111; I. Očak, Gorkić, op. cit., p. 265.; W. Klinger, D. Kuljiš, op. cit., p. 244.
88 V. Dedijer, Novi prilozi, I., op. cit., p. 272; V. Cenčić, Titova, op. cit., p. 76.
89 V. Velebit, Svjedok, op. cit., p. 70.
90 V. Cenčić, Titova, op. cit., p. 35, 59, 102, 103, 114, 124, 148, 258, 259, 315; AS, Dedijer, t. e. 271,; M. Lopušina, op. cit., p. 20.
91 J. Broz Tito, Zbrana dela, 7., op. cit., p. 26, 27.
92 Ju. S. Girenko, op. cit., p. 92.
93 AS, Dedijer, t. e. 242.
94 V. Dedijer, Novi prilozi, I., op. cit., p. 273; Novi prilozi, II., op. cit., p. 383; RGASPI, Fond 495, opis 74, delo 607, p. 3; V. Cenčić, Enigma, I., op. cit., p. 140; II., p. 271–274; V. Velebit, Svjedok, op. cit., p. 70; L. Adamič, op. cit., p. 482; R. Čolaković, Kazivanje, III., op. cit., p. 490.
95 Ju. S. Girenko, op. cit., p. 91.
96 NIN, 18. jun. 1989; RGASPI, Fond 495, opis 74, delo 607, p. 5.
97 NSK, Arhiv Bakarić, Kutija 116; D. Bilandžić, Povijest, op. cit., p. 38.
98 RGASPI, Fond 495, opis 74, delo 593.
99 A. Nenadović, op. cit., p. 132.
100 D. Bilandžić, Povijest, op. cit., p. 88; V. Velebit, Svjedok, op. cit., p. 264.
101 RGASPI, Fond 495, opis 74, delo 602, p. 3.

102 V. Dedijer, Novi prilozi, I., op. cit., p. 274; Novi prilozi, II., op. cit., p. 388; D. Ćosić, Piščevi zapisi (1951–1968), op. cit., p. 69.

103 D. Ćosić, Piščevi zapisi (1969–1980), op. cit., p. 243.

104 J. Broz Tito, Zbrana dela, 7., op. cit., p. 46; AS, Dedijer, t. e. 261.

105 V. Dedijer, Novi prilozi, I., op. cit., p. 274; Novi prilozi, II., op. cit., p. 387; Ju. S. Girenko, op. cit., p. 95.

106 G. Dimitrow, Diario, op. cit., p. 320, 325.

107 V. Dedijer, Novi prilozi, II., op. cit., p. 996; A. Bajt, op. cit., p. 841.

108 V. Dedijer, Novi prilozi, I., op. cit., p. 276; Novi prilozi, II., op. cit., p. 389.

109 AS, Dedijer, t. e. 111.

110 Ju. S. Girenko, op. cit., p. 107; M. Đilas, Vlast kao strast, Start, 21. 1. 1989, p. 29, 31.

111 D. Bilandžić, Povijest, op. cit., p. 13.

112 RGASPI, Fond 575, opis 1, delo 413; V. Dedijer, Novi prilozi, III., op. cit., p. 344, 345; cf. Zbornik dokumenata i podataka o narodnooslobodilaćkom ratu jugoslovenskih naroda, tom V, knj. III., Borbe u Hrvatskoj 1942 god., Belgrad, 1952; V. Cenčič, Titova, op. cit., p. 35, 56; AS, Dedijer, t. e. 7; M. Gligorijević, op. cit., p. 247; J. Kopinič, Zgodovinske enigme, op. cit., p. 12.

113 AS, Dedijer, t. e. 8; AS, Dedijer, t. e. 197; t. e. 271; t. e. 261.

114 G. Dimitrow, Diario, op. cit., p. 326; V. Cenčič, Titova, op. cit., p. 105, 106, 123, 187, 261; id., Enigma, I., op. cit., p. 200. 206–217; AS, Dedijer, t. e. 215; V. Velebit, Svjedok, op. cit., p. 242; G. R. Swain, Tito. A Biography, I. B. Tauris, London 2011, p. 34, 35.

115 V. Dedijer, Novi prilozi, II., op. cit., p. 57, 425, 428; V. Cenčič, Enigma, I., op. cit., p. 217, 218.

116 D. Bilandžić, Povijest, op. cit., p. 318; RGASPI, Fond 575, opis 1, delo 413; V. Cenčič, Titova, op. cit., p. 35; AS, Dedijer, t. e. 199.

117 N. Kisić Kolanović, op. cit., p. 59; D. Bilandžić, Povijest, op. cit., p. 273, 287, 295; V. Dedijer, Novi prilozi, II., op. cit., p. 462, 437–469; V. Cenčič, Titova, op. cit., p. 57, 106–109, 127; id., Enigma, I., op. cit., p. 244–272; A. Ranković, op. cit., p. 201; AS, Dedijer, t. e. 199.

118 J. Broz Tito, Zbrana dela, 7., op. cit., p. 61–63, 75; V. Dedijer, Novi prilozi II., op. cit., p. 1010, AS, Dedijer, t. e. 261.

119 S. Clissold, Đilas, op. cit., p. 53.

120 I. Banac, op. cit., p. 88; G. R. Swain, Tito. A Biography, op. cit., p. 42.

121 A. Bajt, op. cit., p. 815.

122 A. Bajt, op. cit., p. 816; S. Clissold, Đilas, op. cit., p. 68; Ju. S. Girenko, op. cit., p. 106.

123 AS, Dedijer, t. e. 201.

124 Ju. S. Girenko, op. cit., p. 111; V. Pavličević, »Lijeve greške« Milovana Đilasa ili partijski silogizam, Podgorica, 2012, p. 23, 26, hrrp//www.ff.neg.ucg.ac.me/dokumenta/dilas.

125 L. Karchmar, Draža Mihailović and the Rise of the Četnik Movement 1941–1942, II., Garland Publishing, New York, London 1987, p. 201; P. Lalević, S Titom po svetu, JP Službeni glasnik, Belgrad 2012, p. 52; W. Klinger, D. Kuliš, op. cit., p. 155–157.

126 Ju. S. Girenko, op. cit., p. 109; J. Ridley, op. cit., p. 173; L. Adamič, op. cit., p. 491, 493, 494.

127 M. Stefanović, op. cit., p. 36.

128 I. Banac, op. cit., p. 21; A. Nenadović, op. cit., p. 44; G. R. Swain, Tito. A Biography, op. cit., p. 37.

129 A. Nenadović, op. cit., p. 128.

130 AS, Dedijer, t. e. 7.

131 RGASPI, Fond 495, opis 74, delo 602, p. 11.

132 F. W. Deakin, Yugoslavia, op. cit., Partisan Suspicions of the British, p. 1; M. Halder, Der Titokult, Charismatische Herrschaft im sozialistischen Jugoslawien, Oldenbourg, München 2013, p. 156–157.

133 Ju. S. Girenko, op. cit., p. 108; E. Kardelj, Spomini. Boj za priznanje in neodvisnost nove Jugoslavije,1944–1957, Državna založba Slovenije, Radnička štampa, Ljubljana, Belgrad 1980, p. 27, 162; L. Adamič, op. cit., 495.

134 P. Lalević, op. cit., str, 53; B. Mandić, S Titom, op. cit., p. 25.

135 A. Bajt, op. cit., p. 337, 338; V. Dedijer, Novi prilozi, I., op. cit., p. 303; D. Ćosić, Piščevi zapisi (1951–1961), op. cit., p. 178; V. Glišić, Užička Republika, Nolit, Belgrad 1986; L. Adamič, op. cit., p. 488; B. Shepherd, op. cit., p. 145.

136 D. Ćosić, Piščevi zapisi (1969–1980), op. cit., p. 243.

137 AS, Dedijer, t. e. 7.

138 Ju. S. Girenko, op. cit., p. 110.

139 M. Đilas, Tito, op. cit., p. 26.

140 J. Ridley, op. cit., p. 173; AS, Dedijer, t. e. 236; P. Požar, Jugosloveni – žrtve staljninskih čistki, Nova knjiga, Belgrad, 1989; M. Marić, Deca komunizma, Mladost, Belgrad 1987, p. 28, 29.

141 M. Đilas, Tito, op. cit., p. 183; P. Simić, Tito, op. cit., p. 165.

142 AS, Dedijer, t. e. 111; L. Adamič, op. cit., p. 495, 496.

143 M. Đilas, Tito, op. cit., p. 46; AS, Dedijer, t. e. 111.

144 M. Đilas, Tito, op. cit., p. 30.

145 AS, Dedijer, t. e. 7.

146 AS, Dedijer, t. e. 111; t. e. 201; t. e. 215; t. e. 261; t. e. 271.

147 L. Gibianskij, Sovjetski Sojuz i Novaja Jugoslavija, 1941–1947, Nauka, Moskau, 1987, p. 31, 41; M. Stefanović, op. cit., p. 183; V. Cenčić, Enigma, I., op. cit., p. 199.

148 TNA, HS 3/151; J. G. Beevor, SOE : Recollections and Reflections 1940–1945, The Bodely Head, London, Sydney, Toronto 1961.

149 L. Gibianskij, op. cit., p. 39; V. Dedijer, Novi prilozi, II., op. cit., p. 433; M. Gligori-

jević, op. cit., p. 169; V. Kljaković, Velika Britanija, Sovjetski savez i ustanak u Jugoslaviji 1941. godine, Vojnoistorijski glasnik, 2, 1970, p. 71, 72; P. Howarth, Undercover. The Men and Women of the Special Operations Executive, Routledge & Kegan Paul, London 1980, p. 76.

150 TNA, CAB 121/576/11.

151 E. Barker, British Wartime Policy towards Yugoslavia, The South Slav Journal, Volume 2, No. 2, April 1979, p. 4.

152 TNA, HS 3/126: A. Bajt, op. cit., p. 353, 376; M. Stefanović, op. cit., p. 38.

153 V. Dedijer, Novi prilozi, I., op. cit., p. 308.

154 TNA, HS 3/198; HS 3/155; E. Barker, British Wartime Policy, op. cit., p. 4.

155 A. Ranković, op. cit., p. 204, 225.

156 F. W. Deakin, Yugoslavia, op. cit., Partisan Suspicions of the British, p. 2; V. Dedijer, Novi prilozi, I., op. cit., p. 305.

157 J. Ridely, op. cit., p. 179; V. Kljaković, Velika Britanija, cit., p. 75, 78.

158 I. Banac, op. cit., p. 25.

159 TNA, CAB 121/676/16; V. Dedijer, Novi prilozi, I., op. cit., p. 307, 308.

160 M. Đilas, Wartime, Harcourt Brace Jovanovich, London, 1977, p. 88; B. Mandić, S Titom. op. cit., p. 26; B. Shepherd, op. cit., p. 145, 146.

161 V. Dedijer, Dnevnik, 1941–1944, I, Liburnija, Mladost, Rijeka, Zagreb 1981, p. 52; M. Gligorijević, op. cit., p. 169; E. Kardelj, Spomini, op. cit., p. 36.

162 V. Dedijer, Novi prilozi, III., op. cit., p. 148; 220; J. Ridley, op. cit., p. 180; V. Kljaković, Velika Britanija, op. cit., p. 92.

163 RGASPI, Fond 495, opis 74, delo 607, p. 12, 13; V. Dedijer, Novi prilozi, I., op. cit., p. 308.

164 A. Ranković, op. cit., p. 204, 205; G. R. Swain, Tito. A Biography, op. cit., p. 40; B. Mandić, Tito izbliza, op. cit., p. 35.

165 J. Ridley, op. cit., p. 182; L. Adamič, op. cit., p. 497.

166 Ju. S. Girenko, op. cit., p. 113; J. Ridley, op. cit., p. 181.

167 F. W. Deakin, Yugoslavia, op. cit., Partisan Suspicions of the British, p. 18.

168 V. Dedijer, Novi prilozi, II., op. cit., p. 392; K. Schmider, Partisanenkrieg in Jugoslawien 1941–1944, Mittler, Hamburg, 2002, p. 59–64; A. Suppan, Hitler – Beneš – Tito. Krieg und Völkermord in Ostmittel- und Südosteuropa, ÖAW, Wien 2013, p. 978, 979.

169 A. Bajt, op. cit., p. 373, 374; V. Velebit, Svjedok, op. cit., p. 265.

170 D. Bilandžić, Povijest, op. cit., p. 40.

171 P. Simić, Tito, op. cit., p. 171; J. Broz Tito, Zbrana dela, 8., op. cit., p. 67, 68.

172 Ju. S. Girenko, op. cit., p. 114; J. Broz Tito, Vojni memoari, Front, 5. 5. 1972.

173 D. Bilandžić, Povijest, op. cit., p. 434; V. Velebit, Svjedok, op. cit., p. 294.

174 D. Bilandžić, Hrvatska, p. 138; V. Kljaković, Velika Britanija, op. cit., p. 101.

175 D. Čosič, Piščevi zapisi (1969–1980), op. cit., p. 244; AS, Dedijer, t. e. 5.

176 V. Dedijer, Novi prilozi, II., op. cit., p. 55; Novi prilozi, III., op. cit., p. 472; AS, Dedijer, t. e. 5; M. Gligorijević, op. cit., p. 238.

177 A. Bajt, op. cit., p. 372; S. Clissold, op. cit., p. 76; V. Dedijer, Novi prilozi, I., op. cit., p. 310.

178 RGASPI, Fond 495, delo 73, 112.

179 AS, Dedijer, t. e. 7.

180 Novi prilozi, II. op. cit., p. 947; Ju. S. Girenko, op. cit., p. 114; D. Ćosić, Piščevi zapisi (1969–1980), op. cit., p. 244; A. Ranković, op. cit., 221; AS, Dedijer, t. e. 5.

181 D. Ćosić, Piščevi zapisi (1969–1980), op. cit., p. 244.

182 D. Bilandžić, Hrvatska, op. cit., p. 138; A. Bajt, op. cit., p. 387, 388; V. Dedijer, Novi prilozi, I., op. cit., p. 314–316.

183 AS, Dedijer, t. e. 7.

184 Ju. S. Girenko, op. cit., p. 128; L. Adamič, op. cit., p. 500.

185 Bundesarchiv, Berlin (BA), DY 30 IV 2/20/127; V. Dedijer, Novi prilozi, II., op. cit., p. 394.

186 AS, Dedijer, t. e. 7.

187 V. Dedijer, Novi prilozi, III., op. cit., p. 471.

188 D. Ćosić, Piščevi zapisi (1951–1968), op. cit., p. 201.

189 Ibid., p. 244, 245.

190 A. Nenadović, op. cit., p. 51, 52; A. S. Anikeev, Kak Tito ot Stalina ušel: Jugoslavija, SSSR i SŠA v načal'nij period »holodnoj vojni« (1945–1957), Institut Slavjanovedenija RAN, Moskau, 2002, p. 26, 27; V. Velebit, Svjedok, op. cit., p. 272, 273.

191 NSK, Arhiv Bakarić, Kutija 46: M. Vrhunec, Josip Broz, op. cit., p. 278; V. Velebit, Svjedok, op. cit., p. 84.

192 D. Bilandžič, Povijest, op. cit., p. 593; V. Dedijer, Novi prilozi, II., op. cit., p. 145, A. Bajt, op. cit., p. 412; M. Stefanović, op. cit., p. 62; A. Ranković, op. cit., p. 222; M. Gligorijević, op. cit., p. 48.

193 A. Bajt, op. cit., p. 373.

194 V. Cenčić, Enigma Kopinič, II., op. cit., p. 12.

195 V. Dedijer, Novi prilozi, I., op. cit., p. 320; Novi prilozi, III., op. cit., p. 487–502; Ju. S. Girenko, op. cit., p. 104; V. Velebit, Svjedok, op. cit., p. 83.

196 J. Broz Tito, Zbrana dela, 9., op. cit., p. 65; L. Gibianskij, Sovjetski Sojuz, op. cit., p. 44; Ju. S. Girenko, op. cit., p. 15.

197 L. Adamič, op. cit., p. 532; B. Mandić, S Titom, op. cit., p. 27, 28; Z. Roter, Padle maske. Od partizanskih sanj do novih dni, Sever&Sever, Ljubljana 2013, p. 302; B. Shepherd, op. cit., p. 151.

198 A. R. Golovanov, Dal'naja bombardirovočnaja, Del'ta NB, Moskau 2004, p. 133, 134.

199 A. Bajt, op. cit., p. 887; V. Dedijer, Novi prilozi, I., op. cit., p. 324.

200 Ju. S. Girenko, op. cit., p. 130.

201 A. Bajt, op. cit., p. 424; I. Banac, op. cit., p. 24; G. Dimitrow, Diario, op. cit., p. 421; A. Dallin, F. I., Firsov (ed.), Dimitrow and Stalin 1934–1943. Letters from the Soviet Archives, Yale University Press, New Haven 2000, p. 216, 217, 421, 422; N. S. Lebedeva, M. M. Narinskij, II., op. cit., p. 201, 202; G. R. Swain, Tito. A Biography, op. cit., p. 44.

202 BA, DY 30 IV 2/20/127; Ju. S. Girenko, 131.

203 V. Dedijer, Novi prilozi, III., op. cit., p. 220; G. Dimitrow, Diario, op. cit., p. 355–357, 388, 391, 430, 450; Ju. S. Girenko, op. cit., p. 148; L. Adamič, op. cit., p. 524–529.

204 Ju. S. Girenko, op. cit., p. 132, 133; J. Broz Tito, Zbrana dela, 9., n.d., p. 135.

205 M. Đilas, Tito, op. cit., p. 27; J. Pleterski, Senca Ajdovskega gradca: o slovenskih izbirah v razklani Evropi, samozaložba, Ljubljana, 1993, p. 75; I. Banac, op. cit., p. 89; V. Dedijer, Novi prilozi, III., op. cit., p. 209, 210; G. Dimitrow, Diario, op. cit., p. 320, 322, 382, 383, 427; D. Jović, op. cit., p. 56, 57.

206 D. Bilandžić, Povijest, op. cit., p. 222; D. Ćosić, Piščevi zapisi (1969–1980), op. cit., p. 197.

207 V. Velebit, Svjedok, op. cit., p. 84, 87, 90; B. Shepherd, op. cit., p. 177.

208 D. Bilandžić, Hrvatska, op. cit., p. 137, 138.

209 Zgodovina Slovencev, Cankarjeva založba, Ljubljana 1979, p. 764.

210 AJ, 837, KPR, IV-5-a, K 38; D. Čosić, Piščevi zapisi (1951–1968), op. cit., p. 200; L. Adamič, op. cit., p. 564; G. R. Swain, Tito. A Biography, op. cit., p. 48; B. Shepherd, op. cit., p. 177.

211 D. Ćosić, Piščevi zapisi (1969–1980), op. cit., p. 243.

212 AS, Dedijer, t. e. 298.

213 V. Dedijer, Novi prilozi, I., op. cit., p. 334.

214 G. Dimitrow, Tagebücher, op. cit., p. 521, 522; Ju. S. Girenko, op. cit., p. 148.

215 M. Simčič, Ženske, op. cit., p. 181, 182, 232; V. Cenčić, Titova, op. cit., p. 126, 130,131; id., Enigma, II., op. cit., p. 23–27; AS, Dedijer, t. e., 8; t. e. 261; I. Grdina, op. cit., p. 127.

216 F. W. Deakin, Yugoslavia, op. cit., Broz alias Tito. The First »Revelations« (February–June 1942); V. Dedijer, Novi prilozi, II., op. cit., p. 16, 76, 336; Novi prilozi, III., op. cit., p. 325, 341, 342; V. Cenčić, Titova, op. cit., p. 73, 119, 319, 320; id., Enigma, II., op. cit., p. 34; AS, Dedijer, t. e. 4; t. e. 198; D. Barjaktarević, Čovek sa maskom, Duga, 23. 10. 1982, p. 16; V. Velebit, Svjedok, op. cit., p. 246. Ćuruvija, op. cit.; W. Klinger, D. Kuljiš, op. cit., p. 192.

217 V. Velebit, Svjedok, op. cit., p. 247; 472, 473.

218 M. F. Kranjc, op. cit., p. 179, 180.

219 V. Cenčić, Enigma, II., op. cit., p. 50; V. Velebit, Svjedok, op. cit., p. 94; W. Klinger, D. Kuljiš, op. cit., p. 192.

220 V. Cenčić, Titova, op. cit., p. 142; V. Cenčić, Enigma, I., op. cit., p. 181; II., op. cit., p. 55, 56; M. Milatović, Slučaj Andrije Hebranga, Kultura, Belgrad 1952; M. Gligorijević, op. cit., p. 133; AS, Dedijer, t. e. 199; t. e. 271,; V. Velebit, Svjedok, op. cit., p. 473, 474; W. Klinger, D. Kuljiš, op. cit., p. 192.

221 F. W. Deakin, Yugoslavia, op. cit., »The Livno« Affair (September 1942), The Case of Mr. Ott, p. 6; N. Kisić Kolanović, op. cit., p. 65–72.

222 V. Dedijer, Novi prilozi, III., op. cit., p. 341; AS, Dedijer, t. e. 198.

223 Ju. S. Girenko, op. cit., p. 296.

224 L. Gibianskij, Sovjetski Sojuz, op. cit., p. 44, 45; G. Dimitrow, Diario, op. cit., 458, 472.

225 J. Ridley, op. cit., p. 192, 193; G. Dimitrow, Diario, op. cit., p. 476.

226 G. Dimitrow, Diario, op. cit., p. 486, 488.; R. West, op. cit., p. 165.

227 E. Barker, Britanska politika na Balkanu u II svjetskom ratu, Globus, Zagreb 1978, p. 295; Ju. S. Girenko, op. cit., p. 140.

228 V. Dedijer, Novi prilozi, I., op. cit., p. 337.

229 TNA, HS 3/170., P. Batty, Hoodwinking Churchill. Tito's Great Confidence Trick, Shepheard-Walwyn, London 2011, p. 50, 76–78.

230 V. Dedijer, Novi prilozi, II., op. cit., p. 606; R. West, op. cit., p. 278.

231 V. Dedijer, Novi prilozi. III., op. cit., p. 130; G. Dimitrow, Diario, op. cit., p. 494, 495, 528, 540, 541; N. S. Lebedeva, M. M. Narinskij, II., op. cit., p. 267, 268; Ju. S. Girenko, op. cit., p. 126, 127, 142, 143; G. R. Swain, Tito and the Twilight, op. cit., p. 216.

232 AS, Dedijer, t. e. 111; t. e. 201; A. S. Anikeev, op. cit., p. 28; G. R. Swain, Tito. A Biography, op. cit., p. 50; TNA, HW 17/51.

233 E. Kardelj, Spomini, op. cit., p. 19; V. Velebit, Svjedok, op. cit., p. 295.

234 M. Stefanović, op. cit., p. 77.

235 Ju. S. Girenko, op. cit., p. 144.

236 J. Ridley, op. cit., p. 194, 195.

237 N. Kisić Kolanović, op. cit., p. 76.

238 M. Stefanović, op. cit., p. 74.

239 L. Adamič, op. cit., p. 569.

240 J. Pirjevec, Tito, Stalin in Zahod, Delavska enotnost, Ljubljana, 1987, p. 130.

241 F. W. Deakin, Yugoslavia, op. cit., The German and Allied Plans for a Balkan Landing, p. 4; cf. O. Luthar, J. Perovšek (ed.), Zbornik Janka Pleterskega, Založba ZRC, ZRC SAZU, Ljubljana, 2003, p. 399–405); Johann Wüscht, Jugoslawien und das Dritte Reich: Eine dokumentierte Geschichte der deutsch-jugoslawischen Beziehungen von 1933 bis 1945, Seewald Verlag, Stuttgart 1969, p. 317–318.

242 F. W. Deakin, Yugoslavia, op. cit., The German and Allied Plans for a Balkan Landing, p. 5.

243 Ibid., p. 6; V. Dedijer, Novi prilozi, I., op. cit., p. 339, 340.

244 F. W. Deakin, Yugoslavia, op. cit., The German Planning of Operation »Schwarz« (January–March 1943).

245 G. Nikoliš, Korijen, op. cit., p. 467–469; V. Velebit, Svjedok, op. cit., p. 99.

246 V. Dedijer, Novi prilozi, II., op. cit., p. 63; M. Stefanović, op. cit., p. 89; S. Clissold, Đilas, op. cit., p. 99.

247 G. Nikoliš, Korijen, op. cit., p. 467; A. Bajt, op. cit., p. 484.

248 V. Dedijer, Novi prilozi, II., op. cit., p. 25.

249 M. Đilas, Tito, op. cit., p. 50.

250 AS, Dedijer, t. e. 7; K. Popović, Intervju, Danas, 7. 2. 1989, p. 26.

251 L. Rendulic, Soldat in stürzenden Reichen, Damm Verlag, München, 1965, p. 332.

252 A. Ranković, op. cit., p. 219; Z. Skušek Močnik, Intervju z Vojinom Lukićem, Mladina, 17. 4. 1987, p. 21; AS, Dedijer, t. e. 143; t. e. 201. Siehe auch die Polemik zwischen V. Dedijer und Nora Beloff in: The New York Review of Books, 26. 9. 1985, p. 59, 60; W. Klinger, D. Kuljiš, op. cit., p. 278.

253 V. Dedijer, Novi prilozi, I., op. cit., p. 344; D. Ćosić, Piščevi zapisi (1969–1980), op. cit., p. 236, 245. W. Klinger, D. Kuljiš, op. cit., p. 260; B. Shepherd, op. cit., p. 235.

254 V. Dedijer, Novi prilozi, II., op. cit., p. 802; A. Bajt, op. cit., p. 480–483; A. Nenadović, op. cit., p. 65, 66; AS, Dedijer, t. e. 46; t. e. 201; F. Maclean, Disputed Barricade, op. cit., p. 320. R. West, op. cit., p. 145, P. Batty, op. cit., p. 96.

255 F. W. Deakin, Yugoslavia, op. cit., The German First Mountain Division and Operation »Schwarz«, p. 6.

256 Id., Yugoslavia, op. cit., The German Planning of Operation »Schwarz«, p. 17.

257 Ibid.

258 M. Đilas, Tito, op. cit., p. 26, 56.

259 Ibid., p. 48.

260 F. W. Deakin, Yugoslavia, op. cit., German-Partisan Negotiations and the Case of Mr. Ott (March to December 1943), p. 2; V. Dedijer, Novi prilozi, II., op. cit., p. 802, 803. Es ist überflüssig zu erwähnen, dass die erwähnte »Depesche« nirgends zu finden ist; cf. A. Nenadović, op. cit., p. 75, 76; M. Đilas, Vlast kao strast, Start, 21. 1. 1989, p. 29.

261 Ju. S. Girenko, op. cit., p. 153; J. Ridley, op. cit., p. 205.

262 F. W. Deakin, Yugoslavia, op. cit., German-Partisan Negotiations and the Case of Mr. Ott (March to December 1943), p. 3; V. Dedijer, Novi prilozi, II., op. cit., p. 804, 805; A. Bajt, op. cit., p. 499 ff. ; A. Nenadović, op. cit., p. 72, 73; P. Simić, Z. Despot, op. cit., p. 111–116.

263 Ju. S. Girenko, op. cit., p. 154, 155; AS, Dedijer, t. e. 189; L. Adamič, op. cit., p. 506–508.

264 F. W. Deakin, Yugoslavia, op. cit., German Partisan Negotiations and the Case of Mr. Ott (March to December 1943), p. 3, 4.

265 Ibid.

266 Ibid.; J. Ridley, op. cit., p. 205–207.

267 F. W. Deakin, Yugoslavia, op. cit., The German Planning of Operation »Schwarz« (January–March 1943), p. 10; S. Clissold, Đilas, op. cit., p. 106; V. Velebit, Svjedok, op. cit., p. 283–289.

268 F. W. Deakin, Yugoslavia, op. cit., German-Partisan Negotiations and the Case of Mr. Ott (March to December 1943), p. 10–13; »The Livno Affair« (September 1942) The Case of Mr. Ott, p. 6; TNA, HW 17/51; V. Velebit, Svjedok, op. cit., p. 283.

269 A. Nenadović, op. cit., p. 72.

270 Ibid., p. 75, 76; V. Velebit, Svjedok, op. cit., p. 279–289.

271 G. Dimitrow, Tagebücher, op. cit., p. 671; Ju. S. Girenko, op. cit., p. 156.

272 S. Clissold, Đilas, op. cit., p. 102; D. Ćosić, Piščevi zapisi (1951–1968), op. cit., p. 184.

273 Ju. S. Girenko, op. cit., p. 158.

274 A. Bajt, op. cit., p. 546–548; J. Ridley, op. cit., p. 202; E. Barker, British Wartime Policy, op. cit., p. 5.

275 F. W. Deakin, Yugoslavia, op. cit., Mihailovic and/or Tito. Summit Considerations (February–April 1943), p. 1 ff.; A. Bajt, op. cit., p. 552; J. Ridley, op. cit., p. 215.

276 F. W. Deakin, Yugoslavia, op. cit., The German and Allied Plans for a Balkan Landing, p. 7.

277 Id., Yugoslavia, op. cit., The German Planning of Operation »Schwarz« (January–March 1943), p. 11 ff.; A. Bajt., op. cit., p. 519.

278 F. W. Deakin, Yugoslavia, op. cit., The German First Mountain Division and Operation »Schwarz«, p. 2; V. Dedijer, Prilozi, II., p. 19.

279 F. W. Deakin, Yugoslavia, op. cit., The German Appreciation of »Schwarz«, p. 2–4; J. Tomasevich, The Chetniks. War and Revolution in Yugoslavia, 1941–1945, Stanford University Press, Stanford (CA) 1975 p. 252, 253.

280 AS, Đilas, t. e. 8; J. Kopinič, Zgodovinske enigme, Intervju, Mladina, št. 35, 25. 10. 1986, p. 8–12; V. Velebit, Svjedok, op. cit., p. 303.

281 G. Nikoliš, Korijen, op. cit., p. 538; A. Bajt, op. cit., p. 518.

282 F. W. D. Deakin, Gora trdnjava, Državna založba Slovenije, Ljubljana 1976.

283 J. Ridley, op. cit., p. 210; AS, Dedijer, t. e. 215; V. Velebit, Svjedok, op. cit., p. 102.

284 G. Nikoliš, Korijen, op. cit., p. 525; S. Clissold, Đilas, op. cit., p. 114.

285 G. Nikoliš, Korijen, op. cit., p. 526, 527; L. Adamič, op. cit., p. 490.

286 G. Nikoliš, Korijen, op. cit., p. 530; AS, Dedijer, t. e. 220.

287 G. Nikoliš., Korijen op. cit., p. 533.

288 M. Stefanović, op. cit., p. 71, 107, 192; L. Adamič, 127, 128.

289 M. Stefanović, op. cit., p. 193; V. Dedijer, Novi prilozi, I., op. cit., p. 348; D. Ćosić, Pičevi zapisi (1951–1968), op. cit., p. 193.

290 AS, Dedijer, t. e. 220.

291 E. Kocbek, Dnevnik 1949, op. cit., p. 241, 242.

292 AS, Dedijer, t. e. 220.

293 A. Nenadović, op. cit., p. 79–87. W. Klinger, D. Kuljiš, op. cit., p. 290.

294 D. Ćosić, Piščevi zapisi (1969–1980), op. cit., p. 242; AS, Dedijer, t. e. 8.

295 F. W. Deakin, Yugoslavia, op. cit., The German Appreciation of »Schwarz«, p. 5, 6.

296 V. Velebit, Svjedok, op. cit., p. 303.

297 J. Ridley, op. cit., p. 211.

298 G. Nikoliš, Korijen, op. cit., p. 536.

299 L. Gibjanskij, Sovjetski Sojuz i Novaja Jugoslavija, op. cit., p. 59.

300 F. W. Deakin, Yugoslavia, op. cit., Tito and/or Mihailovic (May–June 1943), p. 9; cf. L. Huot, Puške za Tita, Borec, Ljubljana, 1965; V. Velebit, Svjedok, op. cit., p. 104, 487.

301 G. Nikoliš, Korijen, op. cit., p. 549, 550, 569; V. Velebit, Svjedok, op. cit., p. 103.

302 TNA, HS 3/170.

303 F. W. Deakin, Yugoslavia, op. cit., The German and Allied Plans for a Balkan Landing, p. 10; Ju. S. Girenko, op. cit., p. 161.

304 G. Nikoliš, Korijen, op. cit., p. 555; L. Adamič, op. cit., 568.

305 BA, DY 30/IV B2/20/134; V. Dedijer, Novi prilozi, II., op. cit., p. 857, 858; D. Bilandžić, Hrvatska, op. cit., p. 151; A. Bajt, op. cit., p. 533; V. Velebit, Svjedok, op. cit., p. 107, 305.

306 G. Nikoliš, Korijen, op. cit., p. 561.

307 AS, Dedijer, t. e. 284; G. Bajc, Operacija Julijska krajina. Severovzhodna meja Italije in zavezniške obveščevalne službe (1943–1945), Založba Annales, Koper 2006, p. 71, 72.

308 J. Pirjevec, Jugoslavija, op. cit., p. 135.

309 TNA, HS 3/120; HS 5/969.

310 V. Dedijer, Novi prilozi, III., op. cit., p. 132; Ju. S. Girenko, op. cit., p. 166; F. Maclean, Eastern Approaches, Jonathan Cape, London 1949, p. 308; V. Velebit, Svjedok, op. cit., p. 108; P. Batty, op. cit., p. 146–50.

311 D. Biber, Tito-Churchill, op. cit., p. 37; A. Bajt, op. cit., p. 557; TNA, HS 3/191; HS 5/969. Batty, op. cit., p. 116, 118, 123 ff.

312 D. Biber, Tito-Churchill. Strogo tajno, Del-Globus, Ljubljana, Zagreb 1981, p. 29–37; TNA, HW 1/1451.

313 A. Bajt, op. cit., p. 303, 304; E. Barker, British Wartime Policy, op. cit., p. 7, 8; NARA, CREST, Confidential Future Release Note, date 21. 12. 1945.

314 D. Bilandžić, Povijest, op. cit., p. 682, 683; V. Velebit, Svjedok, op. cit., p. 315.

315 S. Vukmanović-Tempo, Revolucija teče dalje. Memoari, I., Mladinska knjiga, Ljubljana 1972, p. 335.

316 D. Bilandžić, Povijest, op. cit., p. 684.

317 AS, Dedijer, t. e. 7.

318 D. Bilandžić, Povijest, op. cit., p. 274; I. Banac, op. cit., p. 100.

319 D. Bilandžić, Povijest, op. cit., p. 436; I. Banac, op. cit., p. 94; V. Dedijer, Novi prilozi, III., op. cit., p. 144; G. Berić, op. cit., p. 108.

320 B. Repe, Ob 70. obletnici podpisa Dolomitske izjave, in: »Svobodna misel«, 30. 3. 2013, p. 9, 10.

321 G. R. Swain, The Cominform, op. cit., p. 46; id., Tito and the Twilight, op. cit., p. 218; AS, Dedijer, t. e. 111.

322 N. Kisić Kolanović, op. cit., p. 50

323 J. Pirjevec, Jugoslavija, op. cit., p. 138, 139.

324 V. Velebit, Svjedok, op. cit., p. 101.

325 A. S. Anikeev, op. cit., p. 49.

326 D. Bilandžić, Povijest, op. cit., p. 38; A. Bajt. op. cit., p. 429; V. Velebit, Svjedok, op. cit., p. 294. Ivanji, op. cit., p. 188.

327 J. Broz Tito, Zbrana dela, 17., op. cit., p. 11.

328 Ibid., p. 6, 7; A. S. Anikeev, op. cit., p. 30.

329 J. B. Tito, Zbrana dela, 17., op. cit., p. 167; P. Simić, Z. Despot, op. cit., p. 118, 119.

330 Ju. S. Girenko, op. cit., p. 167; G. R. Swain, Tito. A Biography, op. cit., p. 67.

331 Ju. S. Girenko, op. cit., p. 170.

332 B. Repe, Josip Broz Tito. Kar dobro zapisan v spominu Slovencev, Delo, 23. 8. 1997; Spomini E. Kardelja za TV oddajo »Teh naših 50 let«: Leto 1943; V. Dedijer, Novi prilozi, I., op. cit., p. 353.

333 P. Simić, Tito, op. cit., p. 197. M. Halder, op. cit., p. 54.

334 S. Clissold, Đilas, op. cit., p. 128; M. Djilas, Der Krieg der Partisanen. Jugoslawien 1941–1945, Molden, Wien 1978, p. 469.

335 AJ, 838, LF, III-10/2.

336 AS, Dedijer, t. e. 7.

337 P. Simić, Tito, op. cit., p. 173.

338 M. Djilas, Der Krieg, op. cit., p. 461; P. Simić, Z. Despot, op. cit., p. 129.

339 J. B. Tito, Zbrana dela, 17., op. cit., p. 152.

340 AS, Dedijer, t. e. 7.

341 D. Bilandžić, Hrvatska, op. cit., p. 156.

342 AJ, 838, LF III-11/14,.

343 N. Veljanovski, Titove dileme o AVNOJU i ustavnem uredjenju Jugoslavije 1943–1946, in: Tito – viđenja, op. cit., p. 292–293.

344 M. Stefanović, op. cit., p. 132; V. Dedijer, Novi prilozi, I., op. cit., p. 354, 355.

345 AS, Dedijer, t. e. 262.

346 AS, Dedijer, t. e. 7.

347 G. Dimitrow, Diario, op. cit., p. 670.

348 V. Dedijer, Novi prilozi, I., op. cit., p. 358; G. Dimitrow, Diario, op. cit., p. 664; Ju. S. Girenko, op. cit., p. 176.

349 AS, Dedijer, t. e. 7.

350 D. Ćosić, Piščevi zapisi (1951–1968), op. cit., p. 202.

351 B. Miljuš, La révolution yougoslave, L'age d'homme, Lausanne, 1982, p. 160, 161.

352 F. W. Deakin, Yugoslavia, op. cit., The Prime Minister in Cairo (2–10 Dec. 1943), p. 4; TNA, HW 1/1451; J. Cripps, Mihailović or Tito? How the Codebreakers Helped Churchill to Choose, in: R. Erskine, M. Smith (ed.), The Bletcley Park Codebrakers. Bireback, London 2011, p. 137, 138; R. West, op. cit., p. 165, 169.

353 E. Barker, Britanska politika, op. cit., p. 343; P. Batty, op. cit., 163, 164.

354 G. Nikoliš, Korijen, op. cit., p. 575, 576.

355 D. Biber, Tito-Churchill, op. cit., p. 128.

356 M. Đilas, Tito, op. cit., p. 224; D. Ćosić, Piščevi zapisi (1951–1968), op. cit., p. 195.

357 P. Simić, Tito, op. cit., p. 178.

358 L. Gibjanskij, Sovjetski Sojuz, op. cit., p. 91; A. Bajt., op. cit., p. 620.

359 L. Gibjanskij, Sovjetski Sojuz, op. cit., p. 92; M. Stefanović, op. cit., p. 141.

360 M. Đilas, Tito, op. cit., p. 72, 73; TNA, HW 17/51.

361 L. Gibjanskij, Sovjetski Sojuz, op. cit., p. 84.

362 TNA, WO 202/138.

363 E. Kardelj, Spomini, op. cit., p. 25

364 A. E. Golovanov, op. cit.

365 A. S. Anikeev, op. cit., p. 32.

366 Ju. S. Girenko, op. cit., p. 182, 183.

367 A. S. Anikeev, op. cit., p. 33.

368 TNA, HW 17/51.

369 A. S. Anikeev, op. cit., p. 31.

370 A. Bajt, op. cit., p. 620; V. Velebit, Svjedok, op. cit., p. 128.

371 D. Bilandžić, Hrvatska, op. cit., p. 161; G. Dimitrow, Diario, op. cit., p. 701.

372 TNA, WO 202/337.

373 D. Ćosić, Piščevi zapisi (1951–1968), op. cit., p. 200.

374 L. Gibjanskij, Sovjetski Sojuz, op. cit., p. 83, 84.

375 L. Gibjanskij, Sovjetski Sojuz, op. cit., p. 85–90; A. Bajt, op. cit., p. 596, 921; V. Dedijer, Novi prilozi, I., op. cit., p. 362; P. Howarth, op. cit., p. 93; V. Velebit, Svjedok, op. cit., p. 119, 120. W. Klinger, D. Kuljiš, op. cit., p. 317–320; A. Suppan, II., op. cit., p. 1276.

376 V. Dedijer, Novi prilozi, I., op. cit., p. 363: L. Adamič, op. cit., p. 503.

377 M. Đilas, Tito, op. cit., p. 62.

378 N. Kisić Kolanović, op. cit., p. 102.

379 D. Bilandžić, Hrvatska, op. cit., p. 163.

380 F. W. Deakin, Yugoslavia, op. cit., The Prime Minister in Cairo (2–10 December 1943), p. 4; N. Buchanan, »We have Become Mediterraneaites«, Washington General Strategy in the Mediterranean 1949–1945, Rutgers – The State University od New Jersey, New Brunswick (NJ), 2011, p. 435–461; Memorandum for the President : From Peter to Tito, CIA, Historical Program, http://ww.cia.gov/library/center-for-the-study-of-intelligence/kent-csi/vol9mo2a07p.0001.hrm.p.2.

381 E. Barker, Churchill in Eden v vojni, Globus, Zagreb 1980, p. 232, 233; V. Velebit, Svjedok, op. cit., p. 129; L. Adamič, op. cit., 503.

382 Ju. S. Girenko, op. cit., p. 192, 193.

383 L. Gibjanskij, Sovjetski Sojuz, op. cit., p. 87, 90, 94; V. Dedijer, Novi prilozi, I., op. cit., p. 365; K. Čavoški, op. cit., p. 247.

384 J. Broz Tito, Zbrana dela, 20., op. cit., p. 30.

385 AJ, KMJ I – 3-b/574 D; L. Gibianskij, Mosca, il PCI e la questione di Trieste (1943–1948). V: Gori, Francesca, Pons, Silvio (ed.), Dagli archivi di Mosca. L'URSS, il Cominform e il PCI 1943–1951, Carocci, Rom 1998, p. 89, 90; 90

386 G. Nikoliš, Korijen, op. cit., p. 596.

387 V. Dedijer, Novi prilozi, II., op. cit., p. 137.

388 T. Jakovina, Sjećanja Hitlerovega opunomoćenika u ustaškoj državi, Globus, 27. 6. 2008, p. 40, cf. E. Glaise von Horstenau, Edmund, Ein General im Zwielicht. Die Erinnerungen Edmund Glaises von Horstenau, I., II., III., red. Peter Broucek, H. Böhlau, Wien, Köln, Graz, 1980–1988; AS, Dedijer, t. e. 198; D. Greentree, Knight's Move : The Hunt for Marshal Tito, Angus&Robertson, London 2012.

389 J. Ridley, op. cit., p. 234; AS, Dedijer, t. e. 227; M. F. Kranjc, op. cit., p. 193–198.

390 V. Dedijer, Novi prilozi, III, op. cit., p. 77.

391 M. Simčič, Ženske, op. cit., p. 202; J. Ridley, op. cit., p. 187; AS, Dedijer, t. e. 262.

392 Ju. S. Girenko, op. cit., p. 197, 198.

393 D. Ćosić, Piščevi zapisi (1969–1980), op. cit., p. 239–240; AS, Dedijer, t. e. 3; t. e. 227.

394 AS, Dedijer, t. e. 7; W. Klinger, D. Kuljiš, op. cit., p. 344–347.

395 L. Becele Ranković, Življenje z Leko. Spomini slovenske partizanke, Grafis Trade, Grosuplje, 2002, p. 67–70; M. Stefanović, op. cit., p. 145, 146; V. Dedijer, Novi prilozi, I., op. cit., p. 367–369; L. Adamič, op. cit., p. 557.

396 G. Nikoliš, Korijen, op. cit., p. 598–603.

397 AJ, 837, KPR, IV-5-b, K 49.

398 NARA, German Archives, T 120, 1080.

399 J. Ridley, op. cit., p. 235.

400 AS, Djilas, t. e. 7.

401 J. Ridley, op. cit., p. 236; L. Adamič, op. cit., p. 557, 558.

402 L. Becele Ranković, op. cit., p. 80, 81; V. Dedijer, Novi prilozi, I., op. cit., p. 371.

403 M. Đilas, Tito, op. cit., p. 236.

404 V. Velebit, Svjedok, op. cit., p. 131.
405 V. Dedijer, Novi prilozi, II., op. cit., p. 864; Ju. S. Girenko, 196, 204; A. S. Anikeev, op. cit., p. 34.
406 A. F. Golovanov, op. cit., p. 490–493.
407 L. Adamič, op. cit., p. 510; M. F. Kranjc, op. cit., p. 204.
408 G. Nikoliš, Korijen, op. cit., p. 603; W. M. Leary, op. cit., p. 17; M. Adamović, Brozovi strahovi. Kako je čuvan Tito i pokušaji atentata, Avtorsko izdanje, Belgrad 2004, p. 64; Ju. S. Girenko, op. cit., p. 198, 199. E. V.Matonin, op. cit., p. 204, 205.
409 M. F. Kranjc, op. cit., p. 207, 211.
410 W. M. Leary, op. cit., p. 17.
411 N. Kišić Kolanović, op. cit., p. 99; E. Kardelj, Spomini, op. cit., p. 21.
412 AS, Dedijer, t. e. 7.
413 D. Biber, Tito-Churchill, op. cit., p. 182; W. Klinger, D. Kuljiš, op. cit., p. 362.
414 S. Clissold, Đilas, op. cit., p. 144, 147; V. Dedijer, Novi prilozi, I., op. cit., p. 373–376.
415 L. Gibjanskij, Sovjetski Sojuz, op. cit., p. 90; V. Velebit, Svjedok, op. cit., p. 325.
416 G. Nikoliš, Korijen, op. cit., p. 608; V. Dedijer, Novi prilozi, II., op. cit., p. 867; E. Kardelj, Spomini, op. cit., p. 60, 61.
417 D. Biber, Tito-Churchill, op. cit., p. 243.
418 V. Velebit, Svjedok, op. cit., p. 327.
419 Ju. S. Girenko, op. cit., p. 210.
420 V. Velebit, Svjedok, op. cit., p. 135–138, 330.
421 G. Nikoliš, Korijen, op. cit., p. 611.
422 V. Velebit, Svjedok, op. cit., p. 134.
423 R. Murphy, Diplomat Among Warriors, Doubleday & Company, inc. Garden City, New York 1964, p. 223.
424 AS, Dedijer, t. e. 7; V. Velebit, Svjedok, op. cit., p. 360, 361.
425 AJ, KMJ I – 1/1 D; KPR, IV-5-a, K 38.
426 AS, Dedijer, t. e. 92; t. e. 198.
427 A. Bajt, op. cit., p. 915; V. Velebit, Svjedok, op. cit., p. 139; R. West, op. cit., p. 186.
428 V. Dedijer, Novi prilozi, II., op. cit., p. 871.
429 D. Ćosić, Piščevi zapisi (1951–1968), op. cit., p. 202; M. Đilas, Wartime, op. cit., p. 401.
430 D. Bilandžić, Hrvatska, op. cit., p. 165; V. Dedijer, Novi prilozi, I., op. cit., p. 378, 379; V. Cenčić, Titova, op. cit., p. 194.
431 D. Ćosić, Piščevi zapisi (1951–1968), op. cit., p. 202.
432 J. B. Tito, Zbrana dela, 22., op. cit., p. 42.
433 Ju. S. Girenko, op. cit., p. 219.
434 L. Ambrožič, Novljanovo stoletje, 1908–2004, Modrijan, Ljubljana 2006, p. 311.
435 N. Kišić Kolanović, op. cit., p. 73; P. Simić, Z. Despot, op. cit., p. 138.

436 G. Nikoliš, Korijen, op. cit., p. 613.

437 M. Stefančić, op. cit., p. 158.

438 Ju. S. Girenko, op. cit., p. 222; B. Petranović, Tito : Stalin (1944–1946), Jugoslovenski istorijski časopis, l. XXIII (1–2) 1988, p. 143.

439 K. Roosevelt, War Report of the OSS, two volumes, Introduction to the 1976 edition, Walker, New York, 1976, p. 127; NARA, CREST, W. J. Donovan, 14. 1. 1951.

440 K. Roosevelt, War Report, op. cit., p. 132; V. Velebit, Svjedok, op. cit., p. 337, 338; J. Tomasevich, op. cit., 378–385; A. N. Buchanan, op. cit., p. 2011; P. Batty, op. cit., p. 181, 182; D. Biber, Failure of a Mission: Robert McDowell in Yugoslavia, v: George C. Chalou, The Office of Strategic Services in World War II, National Archives and Record Aministration, Washington, DC, 2002, p. 194–217.

441 K. Roosevelt, War Report, op. cit., p. 132; L. Adamič, op. cit., p. 502.

442 AS, Dedijer, t. e. 201; Šentjurc, t. e. 40.

443 AS, Dedijer, t. e. 220; NARA, CREST, Memorandum to Secretary of Defence, James W. Forrestal on Subversive Warfare from William J. Donovan, 1. 1. 1945.

444 P. Simić,Tito, op. cit., p. 182; M. Stefanović, op. cit., p. 160; V. Dedijer, Novi prilozi, I., op. cit., p. 383; Ju. S. Girenko, op. cit., p. 224, 225; J. Ridley, op. cit., p. 245; V. Velebit, Svjedok, op. cit., p. 141; B. Petranović, Tito i Stalin, op. cit., p. 143.

445 N. Kisić Kolanović, op. cit., str 102; A. Bajt, op. cit., p. 923; TNA, HS 4/350.

446 AJ, 837, KPR, IV-5-a, K 38.

447 J. Ridley, op. cit., p. 247; M. F. Kranjc, op. cit., p. 170, 171; B. Mandić, S Titom, op. cit., p. 137, 138.

448 M. Stefanović, op. cit., p. 161. Mandić, S Titom, op. cit., p. 137, 138.

449 D. Ćosić, Piščevi zapisi (1951–1968), op. cit., p. 177, 184; B. Mandić, Tito izbliza, op. cit., p. 324.

450 I. Banac, op. cit., p. 28; M. Stefanović, op. cit., p. 162; V. Dedijer, Novi prilozi, I., op. cit., p. 385; Novi prilozi, III., op. cit., p. 195; Ju. S. Girenko, op. cit., p. 229.

451 V. Dedijer, Novi prilozi, III., op. cit., p. 605; B. Petranović, Tito i Stalin, op. cit., p. 146.

452 D. Bilandžić, Hrvatska, op. cit., p. 179; M. Stefanović, op. cit., p. 161.

453 V. Dedijer, Novi prilozi, op. cit., p. 872, 873.

454 Ju. S. Girenko, op. cit., p. 230, 231.

455 Ibid., p. 238; R. Čolaković, Zapisi iz oslobodilačkog rata, II, Svjetlost, Sarajevo, p. 807; A. S. Anikeev, op. cit., p. 41.

456 AS, Dedijer, t. e. 271.

457 P. Simić, Tito, op. cit., p. 184; V. Dedijer, My two Comrades, op. cit., p. 405. A. Suppan, op. cit., II, p. 1282.

458 Ju. S. Girenko, 234, 249. A. Suppan, op. cit., p. 1283.

459 Ju. S. Girenko, op. cit., p. 227, 232, 234, 236, 262.

460 Id., op. cit., p. 237.

461 S. Clissold, Đilas, op. cit., p. 156; V. Dedijer, Novi prilozi, I., op. cit., p. 411; Novi prilozi, III., op. cit., p. 196, 221; D. Ćosić, Piščevi zapisi (1951–1968), op. cit., p. 177.

462 AJ, KMK I-3-b/571; Ju. S. Girenko, op. cit., p. 255, 256; P. Simić, Z. Despot, op. cit., p. 140–144; B. Petranović, Tito i Stalin, op. cit., p. 152, 153.

463 Ju. S. Girenko, op. cit., p. 257.

464 AS, Dedijer, t. e. 243.

465 D. Biber, Tito-Churchill, op. cit., p. 394.

466 AS, Dedijer, t. e. 252; P. Simić, Z. Despot, op. cit., p. 145; A. Suppan, op. cit., II, 1296, 1297.

467 D. Biber, Tito Churchill, op. cit., p. 437; V. Dedijer, Novi prilozi, III., op. cit., p. 132, 133; 171; AS, Dedijer, t. e. 201.

468 V. Dedijer, Novi prilozi, III., op. cit., p. 211, 212.

469 S. Clissold, Đilas, op. cit., p. 154.

470 P. Simić, Tito, op. cit., p. 206; M. F. Kranjc, op. cit., p. 245. I. Goldstein, S. Goldstein, Jasenovac i Bleiburg nisu isto, Novi Liber, Zagreb 2011, p. 165.

471 V. Cenčić, Titova, op. cit., p. 22.

472 AJ, 836, KMJ I-3-b/572.

473 S. Bilandžić, Povijest, op. cit., p. 239.

474 G. Nikoliš, Korijen, op. cit., p. 666; M. Halder, op. cit., p. 56: P.Batty, op. cit., 198.

475 J. Pleterski, Senca Ajdovskega gradca, op. cit., p. 16: A. Suppan, op. cit., II, p. 1284.

476 J. Pirjevec, Jugoslavija, op. cit., p. 148.

477 TNA, CAB 121/677/146.

478 D. Biber, Tito-Churchill, op. cit., p. 333.

479 TNA, CAB 121/677/150, 152.

480 A. S. Anikeev, op. cit., p. 86; A. Resis, The Churchill-Stalin Secret « Percentages » Agreement on the Balkans, Moscow, October 1944, v : The American Historical Review, 83 (1978), 2, p. 374.

481 V. Dedijer, Novi prilozi, III., op. cit., p. 221; L. Adamič, op. cit., p. 141.

482 V. Dedijer, Novi prilozi, III., op. cit., p. 221.

483 Ibid., p. 579.

484 W. R. Roberts, Tito, Mihailović and the Allies, 1941–1945, Rutgers University Press, New Brunswick-New Jersey 1973, p. 263, 264: J. S. Girenko, op. cit., p. 244.

485 E. Kardelj, Spomini, op. cit., p. 62–84; V. Velebit, Svjedok, op. cit., p. 143, 349.

486 I. Banac, op. cit., p. 29; E. Kardelj, Spomini, op. cit., 70; V. Velebit, Svjedok, op. cit., p. 144.

487 I. Banac, op. cit., p. 29, 30; AS, Dedijer, t. e. 7; E. Kardelj, Spomini, op. cit., p. 66, 67, 69; P. Simić, Z. Despot, op. cit., p. 145, 146.

488 V. Dedijer, Novi prilozi, III., op. cit., p. 611.

489 AS, Dedijer, t. e. 7; E. Kardelj, Spomini, op. cit., p. 67.

490 V. Dedijer, Novi prilozi, II., op. cit., p. 886; G. R. Swain, The Cominform, op. cit., p. 651; S. Rajak, The Cold War in the Balkans: From the Greek Civil War to Soviet-Yugoslav Normalisation. V: M. P. Leffler, O. A. Westad (ed.), The Cambridge History of the Cold War, Vol. I, Cambrigde University Press, Cambridge 2012, p. 376.

491 V. Dedijer, Novi prilozi, III., op. cit., p. 318.

492 AS, Dedijer, t. e. 126.

493 V. Dedijer, Novi prilozi, I., op. cit., p. 389; Novi prilozi, II., op. cit., p. 911, 913; D. Bilandžić, Hrvatska, op. cit., p. 181.

494 V. Dedijer, Novi prilozi, II., op. cit., p. 913; Novi prilozi, III., op. cit., p. 575; V. Vlahović, op. cit., p. 24, 25, 30, 31; A. S. Anikeev, op. cit., p. 47.

495 V. Dedijer, Novi prilozi, III., op. cit., p. 222.

496 E. Kardelj, Spomini, op. cit., p. 62.

497 Ju. S. Girenko, op. cit., p. 264; G. R. Swain, Tito. A Biography, op. cit., p. 81; B. Petranović, Tito i Staljin, op. cit., 156, 157.

498 H. Romerstein, Aspects of World War Two History Revealed throught »ISCOT« Radio Intercept, The Journal of Intelligence History, 5, Summer 2005, p. 17.

499 TNA, CAB 121/678/431; Ju, S.Girenko, op. cit., p. 265; Č. Štrbac, Jugoslavija i odnosi izmedju socialističkih zemalja: Sukob KPJ i Informbiroa, Prosveta, Belgrad 1984, p. 75.

500 Ju. S. Girenko, op. cit., p. 265, 266.

501 D. Biber, Tito-Churchill, op. cit., p. 492.

502 J. Pirjevec, »Trst je naš!« Boj Slovencev za morje (1848–1954), Nova revija, Ljubljana 2007, p. 296 ff.

503 J. Pirjevec, Jugoslavija, op. cit., p. 151.

504 V. Dedijer, Novi prilozi, III., op. cit., p. 156. A. Suppan, op. cit., II, p. 1288.

505 M. Vrhunec, Josip Broz, op. cit., p. 72.

506 V. Dedijer, Novi prilozi, III., op. cit., p. 213; M. Halder, op. cit., p. 60.

507 D. Bilandžić, Povijest, op. cit., p. 248.

508 Ibid., p. 235.

509 Ibid., p. 185.

510 V. Dedijer, Novi prilozi, II., op. cit., p. 938; Novi prilozi III., op. cit., p. 138, 139.

511 Kult Josipa Broza Tita, II, http://www.nrbg.rs/content/view/blog/134/153, p. 6.

512 J. Broz Tito, Zbrana dela, 4., op. cit., p. 184.

513 M. Đilas, Tito, op. cit., p. 202; AS, Dedijer, t. e. 264; T. Jakovina, Američki komunistički saveznik. Hrvati, Titova Jugoslavija i Sjedinjene Američke Države 1945–1955, Profil, Srednja Evropa, Zagreb 2003, p. 192.

514 S. Dabčević-Kučar, '71, II. op. cit., p. 838; AJ, 837, KPJ, IV-5-b, K 49,; J. Ridley, op. cit., p. 407, 408.

515 AS, Dedijer, t. e. 298.
516 S. Dabčević-Kučar, '71, II., op. cit., p. 845–851.
517 AJ, 838, LF II-1/78, K 4; A. Ranković, op. cit., p. 280; G. Vlahov, Život u Belom dvoru, op. cit., p. 86; AS, Dedijer, t. e. 233.
518 S. Dabčević-Kučar, '71, II., op. cit., p. 889, 900. J. Koprivc, Generalov let. Spomini generala Ivana Dolničarja, Modrijan, Ljubljana 2005, p. 78.
519 J. Pirjevec, Il gran rifiuto. Guerra fredda e calda tra Tito, Stalin e l'Occidente, Editoriale Stampa Triestina, Triest 1990, p. 204; Kult Josipa Broza Tita, II, http:/www.nrbg.rs/content/view/blog/134/153, p. 4.
520 AJ, 838, LF, III-10/2.
521 Ibid.
522 V. Dedijer, Novi prilozi, III., op. cit., p. 107; L. Adamič, op. cit., p. 565.
523 M. Đilas, Tito, op. cit., p. 192; AS, Dedijer, t. e. 3.
524 M. Đilas, Tito, op. cit., p. 246; S. Dabčević-Kučar, '71, II., op. cit., p. 843; Poslednji vizit J. Broza Tita k I. V. Stalinu, Istoričeskij Arhiv, 2, 1993, p. 28.
525 AS, Dedijer, t. e. 111.
526 T. V. Volokitina i. dr., Moskau i Vostočnaja Evropa. Stanovljenije političeskih režimov sovjetskogo tipa 1949–1953. Očerki istorii, Rosspen, Moskau 2002, p. 228.
527 M. Đilas, Tito, op. cit., p. 207; D. Ćosić, Piščevi zapisi (1951–1968), op. cit., p. 156.
528 S. Dabčević-Kučar, '71, II., op. cit., p. 675, 858.
529 Ibid., II., op. cit., p. 861.
530 D. Ćosić, Piščevi zapisi (1951–1968), op. cit., p. 189.
531 NARA, Pol 15-1 Yugo, 25. 2. 1964.
532 AS, Arhiv Dedijer, t. e. 111, Tipkopis za IV. zvezek Titove biografije, p. 866; t. e. 271, E. Kardelj V. Dedijerju, 7. 5. 1944; V. Dedijer E. Kardelju, 6. 7. 1944.
533 D. Ćosić, Piščevi zapisi (1951–1968), op. cit., p. 21.
534 PA, B 42, Band 1343; Mandić, Tito izbliza, op. cit., p. 126, 127.
535 S. Dabčević-Kučar, '71, II., op. cit., p. 677; AS, Dedijer, t. e. 3.
536 M. Đilas, Tito, op. cit., p. 196; V. Dedijer, Novi prilozi, III., op. cit., p. 621; D. Ćosić, Piščevi zapisi (1951–1968), op. cit., p. 186.
537 TNA, FCO 28/2162.
538 A. Matunović, Titova sovladarica, Mladinska knjiga, Ljubljana 2008, p. 61.
539 M. Đilas, Tito, op. cit., p. 193.
540 Ibid., p. 186.
541 G. Nikoliš, Korijen, op. cit., p. 644, 645; A. Nenadović, op. cit., p. 200.
542 PA, B 12, Band 547.

1945–1953

1 BA, DY 30/IV B2/20/134; M. Vrhunec, Josip Broz, op. cit., p. 77.
2 J. Ridley, op. cit., p. 258. I. Goldstein, S. Goldstein, Jasenovac, op. cit., p. 146.
3 V. Dedijer, Novi prilozi, III., op. cit., p. 133, 134.
4 M. Ribičič, Iskanja, Društvo piscev zgodovine NOB Slovenije, Ljubljana 1994, p. 23, 47, 48.
5 Ibid., p. 50, 52, 53, 60. P. Batty, op. cit., p. 256, 257.
6 A. Bajt, op. cit., p. 862; AS. Dedijer, t. e., 223.
7 NARA, Pol 302 Yugo, Committee for Investigation of the Bleiburg Tragedy, Postwar Massacres in Communist Yugoslavia, Cleveland 1964; D. Bilandžić, Povijest, op. cit., p. 309, 310; T. Jakovina, Amerčki politički saveznik, op. cit., p. 36, 37.
8 AS, Dedijer, t. e. 252; cf. Titov govor v Pulju, 11. 11. 1956, in: J. Broz Tito, Govori i članci, XI., Naprijed, Zagreb 1959, p. 220.
9 AS, Dedijer, t. e. 252.
10 M. Đilas, Tito, op. cit., p. 97.
11 Ibid., p. 98.
12 J. Pirjevec, Foibe. Una storia d'Italia, Einaudi, Turin 2009.
13 D. Bilandžić, Povijest, op. cit., p. 187; id., Hrvatska, op. cit., p. 218; V. Dedijer, Novi prilozi, III., op. cit., p. 89.
14 D. Bilandžić, Povijest, op. cit., p. 649.
15 D. Bilandžić, Hrvatska, op. cit., p. 214.
16 AJ, 837, KPR, IV-5-a, K 38,.
17 PA, B 11, Band 427, 1, S.97.
18 V. Dedijer, Novi prilozi, III., op. cit., p. 381.
19 D. Bilandžić, Povijest, op. cit., p. 294.
20 Ibid., p. 294, 355.
21 D. Bilandžić, Hrvatska, op. cit., p. 215. M. Halder, op. cit., p. 215; S. Ćuruvija, op. cit.
22 AJ, 837, KPR; AS, Dedijer, t. e. 111.
23 NARA, RG 319, Box 26, Yug. Miscellaneous.
24 L. Gibjanskij, Sovjetski Sojuz, op. cit., p. 178; D. Biber, Tito-Churchill, op. cit., p. 470, 471.
25 AS, Dedijer, t. e. 7; V. Velebit, Svjedok, op. cit., p. 361–363.
26 D. Biber, Tito-Churchill, op. cit., p. 488; V. Velebit, Svjedok, op. cit., p. 147.
27 C. Andrew, V. Mitrokhin, The Sword and the Shield. The Mitrokhin Archive and the Secret History of the KGB, Basic Books, New York 1999, p. 127.
28 Ju. S. Girenko, op. cit., p. 266–268.
29 G. Dimitrow, Diario, op. cit., p. 823, Ju. S. Girenko, op. cit., p. 271.
30 V. Dedijer, Novi prilozi, III., op. cit., p. 197, 222.

31 Ju. S.Girenko, op. cit., p. 267.
32 Ju. S. Girenko, op. cit., p. 268; M. Đilas, Conversations with Stalin, Penguin Books, Harmondsworth 1963, p. 112, 113.
33 L. Gibianskij, Il PCI e la questione di Trieste (1943–1948), in: F. Gori, S. Pons (ed.), Dagli archivi di Mosca: l'URSS, il Cominform e il PCI (1943–1951), Carocci, Roma 1998, p. 104; J. Broz Tito, Govori i članci, I., op. cit., p. 253–255.
34 M. Ribičič, op. cit., p. 43; J. Pirjevec, »Trst je naš!«, op. cit., p. 295.
35 D. Biber, Trst, Triest ali Trieste. Geneza in dileme o tržaški krizi. V: D. Biber (ed.), Konec druge svetovne vojne v Jugoslaviji, Borec, XXXVIII, 12, 1986, p. 676, 677.
36 L. Gibjanskij, Sovjetski Sojuz, op. cit., p. 179.
37 V. Dedijer, Novi prilozi, III., op. cit., p. 95.
38 M. Ribičič, op. cit., p. 23.
39 BA, DY 30 IV 2/20/127.
40 AJ, 836, KMJ I – 3-d/16.
41 Ju. S. Girenko, op. cit., p. 277.
42 V. Dedijer, Novi prilozi, II., op. cit., p. 73, 917.
43 Dokumenti o spoljnoj politici SFRJ, 1945, Jugoslovenski pregled, Belgrad 1984, p. 68; Josip Broz Tito, Govori i članci, I, op. cit., p. 276–280.
44 Ju. S. Girenko, op. cit., p.275.
45 L. Gibianski, »The Trieste Isuue and the Soviet Union in the 1940s«, In: J. Pirjevec, G. Bajc, N. Klabjan (ed.), Vojna in mir na Primorskem: od kapitulacije Italije leta 1943 do Londonskega memorandum leta 1954, Založba Annales, Koper 2005, p. 76.
46 J. Pirjevec, »Trst je naš!«, op. cit., p.317, 318.
47 RGASPI, Fond 575, opis 1, delo 413; V. Dedijer, Novi prilozi, III, op. cit., p. 350, 351; Ju. S. Girenko, op. cit., p. 278; AS, Dedijer, t. e. 298.
48 M. Đilas, Tito, op. cit., p. 234; AS, Dedijer, t. e., 252.
49 G. Nikoliš, Korijen, op. cit., p. 657.
50 J. Pleterski, Senca Ajdovskega gradca, op. cit., p. 69.
51 Ibid., p. 80.
52 Ju. S. Girenko, op. cit., p. 278, 279.
53 A. S. Anikeev, op. cit., p. 72; D. Biber, op. cit., p. 447. P. Batty, op. cit., p. 251.
54 E. Kardelj, Spomini, op. cit., p. 74–76; P. Simić, Z. Despot, op. cit., p. 180–184.
55 A. S. Anikeev, op. cit., p. 75.
56 D. Bilandžić, Hrvatska, op. cit., p. 219.
57 V. Dedijer, Novi prilozi, III., op. cit., p. 393.
58 E. Kocbek, Dnevnik, 1946, I., Cankarjeva založba, Ljubljana 1991, p. 56.
59 S. Dabčević-Kučar, '71, II., op. cit., p. 676; V. Đilas, Novi prilozi, III., p. 156–164, 168–170.
60 V. Velebit, Svjedok, op. cit., p. 149.

61 J. Pirjevec, »Trst je naš!«, op. cit., p. 350.
62 M. Đilas, Tito, op. cit., p. 97.
63 T. V. Volokitina et al., Moskva i Vostočnaja Evropa, Stanovljenje političeskih režimov sovjetskoga tipa 1949–1953. Očerki istorii, Rosspen, Moskau 2002, p. 221.
64 AS, Dedijer, t. e. 7; t. e. 201.
65 Z. Antonić, op. cit., p. 82.
66 RGASPI, Fond 575, opis 1, delo 413; AS, Dedijer, t. e. 179; t. e. 261.
67 E. Kocbek, Dnevnik, 1946, I., op. cit., p. 22.
68 PA, B 11, Band 125, 1, p. 5.
69 M. Đilas, Tito, op. cit., p. 165.
70 TNA, FO 371/89817.
71 J. Broz Tito, Govori i članci, I., op. cit., p. 282, 283; J. Ridley, op. cit., p. 276, 277; A. Benigar, Alojzije Stepinac: hrvatski kardinal, Ziral, Rim, 1974, p. 501; S. Alexander, Church and State in Yugoslavia since 1945, Cambridge University Press, London 1979, p. 58.
72 V. Dedijer, Novi prilozi, III., op. cit., p. 36, 95, 96; A. Benigar, op. cit., p. 506; AS, Dedijer, t. e. 15.
73 L. Becele Ranković, op. cit., p. 201; I. Banac, op. cit., p. 34; V. Dedijer, Novi prilozi, III., op. cit., p. 484: AS, Dedijer, t. e. 111; t. e. 197; t. e. 271; V. Velebit, Svjedok, op. cit., p. 434.
74 A. Nenadović, op. cit., p. 106.
75 M. Đilas, Tito, op. cit., p. 156.
76 S. Dabčević-Kučar, '71, I., op. cit., p. 426.
77 TNA, FO 371/71651/N 8852/G; 72581/R 7867; FO 30/116/R 13091; J. Pirjevec, Tito, Stalin in Zahod, op. cit., p. 159.
78 TNA, FO 934/3.
79 L. Gibianskij, Sovjetski Sojuz, op. cit., p. 166.
80 Ibid., p. 169; E. Kardelj, Spomini, op. cit., p. 84.
81 L. Gibjanskij, Sovjetski Sojuz, op. cit., p. 170.
82 Ibid., p. 159.
83 Ibid., p. 160.
84 AS, Dedijer, t. e. 51.
85 M. Ribičič, op. cit., p. 58.
86 TNA, FO 371/59517/R 710/G.
87 L. Gibjanskij, Sovjetski Sojuz, op. cit., p. 175.
88 NARA, RG 38, Box 13.
89 E. Kardelj, Spomini, op. cit., p. 90, 207.
90 AJ, 837, KPR, IV-5-a, K 38.
91 AS, Dedijer, t. e. 51.

92 TNA, FO 371/59551/R 1188; R 11950; 12353; V. Dedijer, Novi prilozi, I., op. cit., p. 400, 401.
93 E. Kardelj, Spomini, op. cit., p. 86, 87; V. Velebit, Svjedok, op. cit., p. 339.
94 TNA FO 371/59551/R 12345; V. Dedijer, Novi prilozi, III., op. cit., p. 263, 264; AS, Dedijer, t. e. 111.
95 TNA, FO 371/59568/R 7419/G; R 18212/G; R 11053/G; FO 371/59551/R 12514.
96 L. Gibjanskij, Sovjetski Sojuz, op. cit., 186; Ju. S. Girenko, op. cit., p. 316.
97 AS, Dedijer, t. e. 51.
98 L. Gibianskij, Mosca, il PCI e la questione di Trieste, op. cit., p. 118; E. Kardelj, Spomini, op. cit., p. 90.
99 E. Kardelj, Spomini, op. cit., p. 88.
100 Ibid., p. 174, 175.
101 Ibid., p. 181.
102 V. Velebit, Svjedok, op. cit., p. 354.
103 RGASPI, Fond 575, opis 1, delo 323, p. 118; E. Kardelj, Spomini, p. 187.
104 M. Ribičič, op. cit., p. 29; E. Kardelj, Spomini, op. cit., p. 191.
105 M. Đilas, Vlast kao strast, Start, 21. 1. 1989, p. 30.
106 PA, B 11, Band 125, 2, p. 187.
107 E. Kardelj, Spomini, op. cit., p. 193.
108 V. Dedijer, Novi prilozi, III., op. cit., p. 317.
109 V. Dedijer, Novi prilozi, III., op. cit., p. 196; Ju. S. Girenko, op. cit., p. 280.
110 P. Simić, Tito, op. cit., p. 228, 229; V. Dedijer, Novi prilozi, I., op. cit., p. 415–420; Noviprilozi, III., op. cit., p. 602; D. Ćosić, Piščevi zapisi (1951–1968), op. cit., p. 177.
111 V. Dedijer, Novi prilozi, I., op. cit., p. 422; Novi prilozi, III., p. 198, 200, 201; Ju.S. Girenko, op. cit., p. 288.
112 D. Ćosić, Piščevi zapisi (1951–1968), p. 185.
113 V. Dedijer, Novi prilozi, III., op. cit., p. 223; AS, Dedijer, t. e. 143.
114 P. Simić, Tito, op. cit., p. 229; P. Simić, Z. Despot, op. cit., p. 203, 204.
115 V. Dedijer, Novi prilozi, III., op. cit., p. 264, 265.
116 A. Nenadović, op. cit., p. 104.
117 D. Bilandžić. Povijest, op. cit., p. 246.
118 AJ, KMJ I – 3-b/616; E. Kardelj, Spomini, op. cit., p. 99.
119 V. Dedijer, Novi prilozi, I., op. cit., p. 426–430; Novi prilozi, III., op. cit., p. 223, 244, 245, 322.
120 M. Đilas, Tito, op. cit., p. 93; V. Dedijer, Novi prilozi, III., op. cit., p. 322.
121 NARA, 860H.00/7–1248; 800.00B CI/7–848; J. Pirjevec, Tito, Stalin in Zahod, op. cit., p. 146.
122 C. Andrew, V. Mitrokhin, op. cit., p. 356.
123 Ibid.; V. Dedijer, I., op. cit., p. 407, 408; M. F. Kranjc, op. cit., p. 270.

124 V. Dedijer, Novi prilozi, III., op. cit., p. 326–328; Ju. S. Girenko, op. cit., p. 304.

125 W. Klinger, Tito (1892–1980): un'intervista con Geoffrey Swain, in: Quaderni, XXI (2010), p. 386–389: W. Klinger, D. Kuljiš, op. cit., p. 404; G. Swain, Stalin and Spain, 1944–48, in: C. Leitz, D. J. Duntham (ed.), Spain in an International Context, 1936–1959, Beghahn, London, 1999, p. 247–249; E. Barker, The Yugoslavs and the Greek Civil War 1946–1949, in: L. Baerentzen, J. G. Iatrides, I. K Smith ed.), Studies in the History of the Greek Civil War, Museum Tusculanum Press, Kopenhagen 1987.

126 J. Ridley, op. cit., p. 280; A. S. Anikeev, op. cit., p. 103.

127 I. Banac, op. cit., p. 48; V. Dedijer, Novi prilozi, I., op. cit. p. 449; G. Dimitrov, Diario, op. cit., p. 708, 711, 722, 723, 734, 735, 753, 771, 781, 782, 784, 789; B. Petranović, Tito i Staljin, op. cit., p. 150.

128 G. Dimitrow, Diario, op. cit., p. 785; AJ, 836, KMJ I – 3-b/586; Ju. S. Girenko, op. cit., p. 259.

129 G. Dimitrov, Diario, op. cit., p. 793, 797, 798, 801; AS, Dedijer, t. e. 8.

130 E. Kardelj, Spomini, op. cit., p. 105; A. S. Anikeev, op. cit., p. 83, 90.

131 A. S. Anikeev, op. cit., p. 91–93; R. Čolaković, Kazivanje, III, op. cit. p. 243. 244.

132 G. Dimitrov Dnevnik (9 mart 1933–6 februar 1949), Universitetsko izdatelstvo »Sv. Kliment Ohridski«, Sofia 1997, p. 528, 535.

133 Ju. S. Girenko, op. cit., p. 289, 290.

134 BA, DY 30/J IV 2/2J/8077; V. Cenčić, Titova, op. cit. p. 195; AJ, KMJ I – 2/17.; S. Nešovič, Bledski sporazumi Tito-Dimitrow (1947), Globus, Školska knjiga, Zagreb 1979, p. 262–265; G. Dimitrov, Dnevnik, op. cit., p. 554, 555.

135 V. Dedijer, Novi prilozi III., op. cit., p. 311.

136 RGASPI, Fond 575, op. 1, d. 413, p. 48, 78.

137 D. Bilandžić, Povijest, op. cit., p. 647; V. Zubok, C. Pleshkanov, Inside the Kremlin's Cold War, Harvard University Press, Cambridge (Mass.), London 1996, p. 129.

138 Ju. S. Girenko, op. cit., p. 325, 326; G. Dimitrov, Dnevnik, op. cit., p. 555; A. S. Anikeev, op. cit., p. 106.

139 Ju. S. Girenko, op. cit., p. 325, 326; G. Dimitrov, Dnevnik, op. cit., p. 590; B. Mandič, Tito u dialogu s svijetom, Agencija »Mir«, Novi Sad 2005, p. 16.

140 NARA, CREST, Yugoslavia/USSR, Break between Tito ant the Soviet Union, 6. 11. 1948; N. Bucharin, L. Gibianskij, Pervye šagi konflikta, in: Rabičy klass i sovremennyj mir, V (1990), p. 161, 162.

141 Ju. S. Girenko, op. cit., p. 351, 352.

142 RGASPI, Fond 575, opis 1, delo. 413.

143 V. Dedijer, Novi prilozi, III., op. cit., p. 335, 336.

144 G. Dimitrov, Diario, op. cit., p. 823.

145 RGASPI, Fond 575, opis 1, delo, 413, p. 49.

146 G. R. Swain, Cominform, op. cit., p. 656.

147 G. Procacci et al. (ed.), The Cominform. Minutes of the Three Conferences 1947/1948/1949, Feltrinelli, Mailand 1994.

148 G. Dimitrov, Dnevnik, op. cit., p. 574.

149 RGASPI, Fond 575, op. 1, d. 413; V. Dedijer, Novi prilozi, I., op. cit., p. 440; Novi prilozi, III., op. cit., p. 272.

150 Ju. S. Girenko, op. cit., p. 289, 290.

151 J. Pirjevec, Tito, Stalin in Zahod, op. cit., p. 27, 28; V. Dedijer, Novi prilozi, III., op. cit., p. 274–276.

152 RGASPI, Fond 575, opis 1, delo 413, p. 78; V. Dedijer, Novi prilozi, I., op. cit., p. 436–438; Novi prilozi, III., op. cit., p. 270, 271, 601.

153 RGASPI, Fond 575, op. 1, d. 413, p. 83.

154 V. Dedijer, Novi prilozi, III., op. cit., p. 304, 307.

155 RGASPI, Fond 575, op. 1, d. 413, p. 48.

156 Ibid.

157 V. Dedijer, Novi prilozi, III., op. cit., p. 127.

158 Ibid., p. 207.

159 RGASPI, Fond 575, op. 1, d. 413, p. 78; Ju. S. Girenko, op. cit., p. 329–333; A. S. Anikeev, op. cit., p. 125; J. Perović, The Tito-Stalin Split: Reassessment in Light of New Evidence, in: Journal of Cold War Studies, 9(2007), 2, p. 45, 46.

160 J. Pirjevec, Tito, Stalin in Zahod, op. cit., p. 45; V. Dedijer, Novi prilozi, I., op. cit., p. 456; Novi prilozi, III., p. 225; Ju. S. Girenko, op. cit., p. 331, 332.

161 J. Pirjevec, Tito, Stalin in Zahod, op. cit., p. 46, 47; V. Dedijer, Novi, prilozi, I., op. cit., p. 459.

162 G. Dimitrov, Dnevnik, op. cit., p. 595; J. Perović, op. cit., p. 51.

163 V. Dedijer, Novi prilozi, III., op. cit., p. 224, 287, 303, 305, 318, 373; M. F. Kranjc, op. cit., p. 235.

164 V. Dedijer, Novi prilozi, III., op. cit., p. 304; AS, Dedijer, t. e. 126.

165 J. Perović, op. cit., p. 49; G. R. Swain. Tito. A Biography, op. cit., p. 90.

166 Ju. S. Girenko, op. cit., p. 334–338; A. S. Anikeev, op. cit., p. 131, 132; E. Kardelj, Spomini, op. cit., p. 116; J. Perović, op. cit., p. 49, 50.

167 V. Dedijer, Novi prilozi, III., op. cit., p. 309; Ju. S. Girenko, op. cit., p. 334; G. Dimitrov, Dnevnik, op. cit., p. 595.

168 G. Dimitrov, Dnevnik, op. cit., p. 596.

169 AS, Dedijer, t. e. 4.

170 AS, Dedijer, t. e. 179.

171 J. Pirjevec, Tito, Stalin in Zahod, op. cit., p. 54; V. Dedijer, Novi prilozi, I., op. cit., p. 460–467; Novi prilozi. III., op. cit., p. 314; E. Kardelj, Spomini, op. cit., p. 112–117.

172 Ju. S. Girenko, op. cit., p. 340; G. Dimitrov, Dnevnik, op. cit., p. 596–603; J. Perović, op. cit., p. 52–54.

173 AS, Dedijer, t. e. 143.

174 J. Pirjevec, Tito, Stalin in Zahod, op. cit., p. 55; V. Dedijer, Novi prilozi, III., op. cit., p. 315, 319, 575, 578; E. Kardelj, Spomini, op. cit., p. 119; AS, Dedijer, t. e. 201.

175 G. Dimitrov, Dnevnik, op. cit., p. 599, 603.

176 Ju. S. Girenko, op. cit., p. 342; E. Kardelj, Spomini, op. cit., p. 118.

177 J. Pirjevec, Tito, Stalin in Zahod, op. cit., p. 62; V. Dedijer, Novi prilozi, III., op. cit., p. 226, 259; AS, t. e. 143.

178 A. B. Edemskij, op. cit., p. 20; J. Perović, op. cit., p. 55, 56.

179 J. Perović, op. cit., p. 45, 55–57.

180 E. Kardelj, Spomini, op. cit., p. 216.

181 V. Dedijer, Novi prilozi, III., op. cit., p. 303–306; Ju. S. Girenko, op. cit., p. 343; A. B. Edemskij, op. cit., p. 20.

182 RGASPI, Fond 575, opis 1, delo 413; V. Dedijer, Novi prilozi, I., op. cit., p. 469; Novi prilozi, III., op. cit., p. 127, 304.

183 V. Dedijer, Novi prilozi, III., op. cit., p. 307, 308.

184 M. Đilas, Tito, op. cit., p. 239; D. Bilandžič, Povijest, op. cit., p. 220; V. Velebit, Svjedok, op. cit., p. 293; A. B. Edemskij, op. cit., p. 503, 504.

185 Ju. S. Girenko, op. cit., p. 348, 349–353; A. S. Anikeev, op. cit., p. 134, 135; AS, Dedijer, t. e. 179.

186 Ju. S. Girenko, op. cit., p. 354.

187 AS, Dedijer, t. e. 179.

188 Ju. S. Girenko, op. cit., p. 354, 355.

189 Ju. S. Girenko, op. cit., p. 356.

190 AS, Dedijer, t. e. 51.

191 V. Dedijer, Novi prilozi, I., op. cit., p. 413; Novi prilozi, III., op. cit., p. 226, 311, 373, 375, 600; J. Pirjevec, Tito, Stalin in Zahod, op. cit., p. 65, 66; Ju. S. Girenko, 313–315, 356, 357; E. Kardelj, Spomini, op. cit., p. 216; AS, Dedijer, t. e. 143.

192 Ju. S. Girenko, op. cit., p. 358, 359.

193 J. Pirjevec, Tito, Stalin in Zahod, op. cit., p. 67, 68; V. Dedijer, Novi prilozi, I., op. cit., p. 475; Novi prilozi, III., op. cit., p. 226; Ju. S. Girenko, op. cit., p. 360-362.

194 J. Pirjevec, Tito, Stalin in Zahod, op. cit., p. 68, 69; V. Dedijer, Novi prilozi, III., op. cit., p. 381; id., Dokumenti 1948, I., Rad, Belgrad 1979, p. 234.

195 AS, Dedijer, t. e. 7.

196 V. Dedijer, Dokumenti 1948, I., op. cit., p. 239-251: V. Velebit, Svjedok, op. cit., p. 163, 164.

197 V. Dedijer, Dokumenti 1948, I., op. cit., p. 239, 240.

198 Ibid., p. 249–251; B. Mandić, S Titom, op. cit., p. 124.

199 M. Đilas, Jahre der Macht. Kräftespiel hinter dem Eisernen Vorhang: Memoiren 1945–1966, Molden-S. Seewald, München 1983, p. 206; B. Mandič, S Titom, op. cit., 124.

200 V. Dedijer, Izgubljeni boj J. V. Stalina, 1948–1955, Delo, Ljubljana 1969, p. 231; M. Đilas, Jahre der Macht, op. cit., p. 207; AS, Dedijer, t. e. 7.
201 M. Đilas, Tito, op. cit., p. 184, 185; V. Dedijer, Novi prilozi, I., op. cit., p. 478; D. Ćosić, Piščevi zapisi (1951–1968), op. cit., p. 176.
202 Ju. S. Girenko, op. cit., p. 362, 363.
203 J. Pirjevec, Tito, Stalin in Zahod, op. cit., p. 74; V. Dedijer, Novi prilozi, I., op. cit., p. 480; Novi prilozi, III., op. cit., p. 448.
204 S. Clissold, Đilas, op. cit., p. 194; V. Dedijer, Novi prilozi, III., op. cit., p. 352, 353, 370–372, 377.
205 Ju. S. Girenko, op. cit., p. 360; A. B. Edemskij, op. cit., p. 24.
206 M. Đilas, Tito, op. cit., p. 248.
207 N. Kisič Kolanović, op. cit., p. 168, 195; Z. Antonić, op. cit., p. 164; AS, Dedijer, t. e. 8; D. Bilandžić, Povijest, op. cit., p. 166, 673, 674; V. Dedijer, Novi Prilozi, III, op. cit., p. 352, 369; Ju. S. Girenko, op. cit., p. 2–294.
208 V. Cenčič, Titova, op. cit., p. 312; Ju. S. Girenko, op. cit., p. 366; R. West, op. cit., p. 295.
209 RGASPI, Fond 495, op. 277, d. 88.
210 E. Kardelj, Spomini, op. cit., p. 129.
211 V. Dedijer, Novi prilozi, III., op. cit., p. 369, 383, 449.
212 V. Dedijer, Dokumenti 1948, I., op. cit., p. 249; J. Pirjevec, Tito, Stalin in Zahod, op. cit., p. 76.
213 V. Dedijer, Novi prilozi, III., op. cit., p. 339, 340.
214 V. Dedijer, Novi prilozi, III., op. cit., p. 338; AJ, 837, KPR, IV-5-a, K 38.
215 J. Pirjevec, Tito, Stalin in Zahod, op. cit., p. 76; V. Cenčić, Titova, op. cit., p. 152, 153.
216 V. Dedijer, Izgubljeni boj, op. cit., p. 132; V. Dedijer, Novi prilozi, III., op. cit., p. 226.
217 M. Đilas, Tito, op. cit., p. 178; V. Dedijer, Novi prilozi, I., op. cit., p. 483.
218 Ju. S. Girenko, op. cit., p. 369.
219 V. Dedijer, Novi prilozi, III., op. cit., p. 137.
220 V. Dedijer, Novi prilozi, III., op. cit., p. 340; E. Kardelj, Spomini, op. cit., p. 129.
221 J. Pirjevec, Tito, Stalin in Zahod, op. cit., p. 92; V. Dedijer, Novi prilozi, III., op. cit., p. 235.
222 AS, Dedijer, t. e. 8.
223 M. Đilas, Tito, op. cit., p. 172; V. Dedijer, Novi prilozi, I., op. cit., p. 495.
224 M. Đilas, Tito, op. cit., p. 237.
225 Ibid., p. 173.
226 TNA, FO 371/72578/R 6862/G; J. Korbel, Tito's Communism, The University of Denver Press, Denver 1951, p. 129.
227 E. Kardelj, Spomini, op. cit., p. 129; V. Dedijer, Novi prilozi, III., op. cit., p. 331.

228 NSK, Arhiv Bakarić, Kutija 10; A. Nenadović, op. cit., p. 68, 69.

229 V. Dedijer, Novi prilozi, III., op. cit., p. 311, 390; id., Dokumenti 1948, I., op. cit., p. 262; Ju. S. Girenko, op. cit., p. 382–384.

230 RGASPI, Fond 575, opis 1, delo 413.

231 V. Dedijer, Novi prilozi, III., op. cit., p. 347.

232 Ibid., p. 347, 348.

233 V. Velebit, Svjedok, op. cit., p. 472, 473; Z. Ivanković-Vonta, »Hebrang«, Scientia Yugoslavica, Zagreb 1998; M. F. Kranjc, op. cit., p. 149, 187, 239, 240; M. Marić, Deca komunizma, op. cit., p. 242.

234 RGASPI, Fond 575, opis 1, delo 413, p. 94, 95; V. Cenčić, Titova, op. cit., p. 58.

235 V. Dedijer, Novi prilozi, III., op. cit., p. 80.

236 N. Kišić Kolanović, op. cit., p. 218; J. Ridley, op. cit., p. 312–314; M. Milatović, Slučaj, op. cit.

237 D. Bilandžić, Povijest, op. cit., p. 300; AS, Dedijer, t. e. 236.

238 V. Cenčić, Titova, op. cit., p. 34, 57, 150, 202, 325; AS, Dedijer, t. e. 8.

239 Randolph Churchill, Tito's Story of Gestapo's Operation. Hebrang, Communist Leader Turned German Spy, *Daily Telegraph*, 21. V. 1952.

240 AS, Dedijer, t. e. 7; t. e. 8; Dragan Kljakić, Dosje Hebrang, Partizanska knjiga, Ljubljana, 1982; V. Cenčić, Enigma, II., op. cit., p. 22, 30, 31; cf. Chronology of the life and disappearance of Andrija Hebrang, htt://www.andrija-hebrang.com/eng/chronology.htm.

241 V. Velebit, Svjedok, op. cit., p. 247.

242 N. Kišić Kolanović, op. cit., p. 204; V. Dedijer, Novi prilozi, III., op. cit., p. 437; J. Ridley, op. cit., p. 312; A. B. Edemskij, op. cit., p. 47. Z. Antonić, op. cit., p. 170, 172. 173.

243 B. M. Mihiz, Autobiografija-o drugima, Evro-Giunti, Belgrad 2008, p. 412–414; K. Nikolić, op. cit., p. 147; T. Kuljić, op. cit., p. 62.

244 Ju. S. Girenko, op. cit., str 374, 375.

245 RGASPI, Fond 575, opis 1, delo 413, p. 72.

246 Ibid.

247 V. Dedijer, Dokumenti 1948, I., op. cit., p. 269.

248 Ibid., p. 280.

249 Ju. S. Girenko, op. cit., p. 376.

250 M. Caprara, Quando le Botteghe erano oscure, 1944–1969. Uomini e storie del comunismo italiano, Il Saggiatore, Mailand 1999, p. 137.

251 E. Kardelj, Spomini, op. cit., p. 131; J. Ridley, op. cit., p. 288; G. Dimitrov, Dnevnik, op. cit., p. 611, 613; AS, Dedijer, t. e. 143.

252 V. Cenčić, Enigma, II., op. cit., p. 130, 131; I. Grdina, op. cit., p. 133; AS, Dedijer, t. e. 271; t. e. 252.

253 RGASPI, Fond 575, opis 1, delo 413, p. 64; A. S. Anikeev, op. cit., p. 137.
254 Ju. S. Girenko, op. cit., p. 378.
255 J. Pirjevec, Tito, Stalin in Zahod, op. cit., p. 95; V. Dedijer, Novi prilozi, I., op. cit., p. 495, 496; Novi prilozi, III., p. 228.
256 V. Dedijer, Dokumenti 1948, I., op. cit., p. 295; A. B. Edemskij, op. cit., p. 27.
257 V. Dedijer, Dokumenti 1948, I., op. cit., p. 295, 296.
258 Ibid., p. 298.
259 V. Dedijer, Novi prilozi, III., op. cit., p. 365.
260 M. Đilas, Jahre der Macht, op. cit., p. 229; J. Pirjevec, Tito, Stalin in Zahod, op. cit., p. 102.
261 E. Kardelj, Spomini, op. cit., p. 219.
262 Ju. S. Girenko, op. cit., p. 385, 386. M. Caprara, op. cit., p. 92.
263 A. S. Anikeev, op. cit., p. 130
264 M. Adamović, op. cit., p. 55; V. Dedijer, Novi prilozi, I., op. cit., p. 498; A. B. Edemskij, op. cit., p. 29, 30.
265 J. Pirjevec, Tito, Stalin in Zahod, op. cit., p. 133.
266 V. Dedijer, Novi prilozi, III., op. cit., p. 334, 411; A. B. Edemskij, op. cit., p. 18, 32, 503.
267 V. Dedijer, Novi prilozi, III., op. cit., p. 408.
268 RGASPI, Fond 575, opis 1, delo 413.
269 J. Pirjevec, Tito, Stalin in Zahod, op. cit., p. 134; S. Clissold, Đilas, op. cit., p. 198; Ju. S. Girenko, op. cit., p. 387; E. Kardelj, Spomini, op. cit., p. 221.
270 J. Perović, op. cit., p. 60. T. V. Volokitina et al., op. cit., p. 352.
271 TNA, FO 371/72581/R 7867; 72563/R 8797; J. Pirjevec, Tito, Stalin in Zahod, op. cit., p. 135.
272 NARA, 860H.00/6-3048; 860H.00/7-148; J. Pirjevec, Tito, Stalin in Zahod, op. cit., p. 135.
273 TNA, FO 371/72579/R 7655; NARA, 860H.00B/6-2948.
274 TNA, FO 371/72579/R 7715; J. Pirjevec, Tito, Stalin in Zahod, op. cit., p. 136.
275 W. Leonhard, Child of the Revolution, Collins, London 1957, p. 387–390.
276 J. Pirjevec, Tito, Stalin in Zahod, op. cit., p. 164.
277 V. Dedijer, Dokumenti 1948, I., op. cit., p. 368–376.
278 V. Dedijer, Novi prilozi, III., op. cit., p. 295, 361, 393: D. Ćosić, Piščevi zapisi (1951–1968), op. cit., p. 27.
279 A. Bebler, Čez drn in strn. Spomini, Založba Lipa, Koper, 1981, p. 187; V. Dedijer, Novi prilozi, III., op. cit., p. 363. J. Koprivc, Generalov let. Spomini generala Ivana Dolničarja, Modrijau, Ljubljana 2005, p. 93.
280 J. Pirjevec, Tito, Stalin in Zahod, op. cit., p. 166.
281 V. Dedijer, Novi prilozi, III., op. cit., p. 460.

282 NSK, Arhiv Bakarić, Kutija, 33; D. Ćosić, Piščevi zapisi (1951–1968), op. cit., p. 27
283 D. Bilandžić, Povijest, op. cit., p. 696.
284 V. Dedijer, Novi prilozi, III., op. cit., p. 349.
285 J. Pirjevec, Tito, Stalin in Zahod, op. cit., p. 173; V. Dedijer, Novi prilozi, III., op. cit., p. 406.
286 Ju. S. Girenko, op. cit., p. 391, 392.
287 V. Dedijer, Novi prilozi, III., op. cit., p. 462: V. Velebit, Svjedok, op. cit., p. 81: AS, Dedijer, t. e. 244.
288 C. Andrew, V. Mitrokhin, op. cit., p. 357.
289 I. Banac, op. cit., p. 130; G. R. Swain, Tito. A Biography, op. cit., p. 96.
290 A. Nenadović, op. cit., p. 70.
291 V. Dedijer, Novi prilozi, III., op. cit., p. 131.
292 G. Nikoliš, Korijen, op. cit., p. 397, 398.
293 L. Ambrožič, op. cit., p. 313, 328, 358.
294 G. Nikoliš, Korijen, op. cit., p. 634.
295 Ibid., p. 634; V. Dedijer, Novi prilozi, III., op. cit., p. 350: AS, Dedijer, t. e. 7; t. e. 271; I. Matović, Arsa J. Jovanović, Vojskovodja s oreolom mučenika, Novinsko-izdavački centar Vojska, Belgrad 2001, p. 796.
296 N. Kisić Kolanović, op. cit., p. 155.
297 V. Dedijer, Novi prilozi, III., op. cit., p. 350; AS, Dedijer, t. e. 7.
298 V. Dedijer, Novi prilozi, III., op. cit., p. 349; AS, Dedijer, t. e. 252.
299 J. Pirjevec, Tito, Stalin in Zahod, op. cit., p. 179.
300 Ibid., op. cit., p. 180; V. Dedijer, Novi prilozi, III., op. cit., p. 461.
301 D. Ćosić, Piščevi zapisi (1959–1980), op. cit., p. 241, 242.
302 V. Dedijer, Novi prilozi, III., op. cit., p. 428.
303 J. Pirjevec, Tito, Stalin in Zahod, op. cit., p. 181.
304 V. Dedijer, Novi prilozi, III., op. cit., p. 451, 474; Ju. S. Girenko, op. cit., p. 391.
305 J. Pirjevec, Tito, Stalin in Zahod, op. cit., p. 183, 184; M. F. Kranjc, Skrivnostna smrt generalpolkovnika Arsa Jovanovića, načelnika VŠ NOVJ, je končno razkrita!, http://users.volja.net/marijankr/dok/arso-smrt-razkrita.pdf, p. 1–7.
306 Ibid., p. 184, 185.
307 AS, Dedijer, t. e. 7.
308 Nach Angaben, die der Staatssekretär für Innere Angelegenheiten, Svetislav Stefanović, dem Bundesparlament am 23. Februar 1954 präsentierte, gab es gezählte Kominformanhänger wie folgt: 1949 – 4064; 1950 – 3398; 1951 – 2527; 1952 –1251; 1953 – 371. Seiner Meinung nach waren 1954 nur 2.901 im Gefängnis. Von denen seien 661 auf administrativem Wege verurteilt und die übrigen vor ein Gericht gestellt worden. PA, B 11, Band 126, 1, p. 93; D. Bilandžić sagt in seinen Erinnerungen, es seien 4000 gewesen; cf. Povijest, op. cit., p. 31.

309 M. Đilas, Tito, op. cit., p. 174; D. Bilandžić, Povijest, op. cit., p. 219; V. Dedijer, Novi prilozi, III., op. cit., p. 464.

310 M. Đilas, Tito, op. cit., p. 169, 170, 171.

311 P. Simić, Tito, op. cit., p. 240; J. Broz Tito, Govori i članci, IV., op. cit., p. 61.

312 V. Dedijer, Novi prilozi, III., op. cit., p. 465; V. Cenčić, Titova, op. cit., p. 61, 153.

313 D. Ćosić, Piščevi zapisi (1969–1980), op. cit., p. 245.

314 A. Nenadović, op. cit., p. 105.

315 V. Dedijer, Novi prilozi, III., op. cit., p. 464.

316 M. Đilas, Tito, op. cit., p. 174; V. Dedijer, Novi prilozi, III., op. cit., p. 467, 468.

317 M. Đilas, Tito, op. cit., p. 176; V. Dedijer, Novi prilozi, III., op. cit., p. 478. Ranković behauptet, es seien zwischen 15 000 und 16 000 gewesen; cf. D. Ćosić, Piščevi zapisi (1969–1980), op. cit., p. 245, 246; D. Marković, Istina o Golom otoku, Narodna knjiga, Partizanska knjiga, Belgrad, 1987, p. 16, 17; T. Volokitina et al., op. cit., p. 586; I. Goldstein, S. Goldstein, Tito, op. cit., p. 475.

318 M. Đilas, Tito, op. cit., p. 91, 92.

319 L. Ambrožič, op. cit., p. 443; NARA, CREST, CIA Office of Current Intelligence Daily Digest, Yugoslavia. Rumored Cominformism in Yugoslav Army, 6. 4. 1951; Central Intelligence Bulletin, Thirty percent of Yugoslav combat officers reported pro Cominform, 27. 3. 1952. K. Nikolić, op. cit., p. 281.

320 E. Kardelj, Spomini, op. cit., p. 199.

321 V. Dedijer, Novi prilozi, III, op. cit., p. 243.

322 D. Ćosić, Piščevi zapisi (1951–1968), op. cit., p. 122.

323 V. Dedijer, Novi prilozi, III., op. cit., p. 233, 234; L. Adamič, op. cit., p. 569.

324 V. Dedijer, Novi prilozi, III., op. cit., p. 210.

325 M. Đilas, Tito, op. cit., p. 97; D. Bilandžić, Povijest, op. cit., p. 258; E. Kardelj, Spomini, op. cit., p. 201; AS, Dedijer, t. e. 188; G. R. Swain, Tito. A Biography, op. cit., p. 99.

326 V. Dedijer, Novi prilozi, III., op. cit., p. 358.

327 V. Dedijer, Novi prilozi, III., op. cit., p. 364, 517, 518; E. Kardelj, Spomini, op. cit., p. 201.

328 NIE-93, Probable Developments in Yugoslavia, 26. 6. 1953. In: Yugoslavia. From »National Communism« to National Collapse. US Intelligence Community Estimative Products on Yugoslavia, 1948–1990, National Intelligence Council, Washington DC 2006, p. 145.

329 M. Đilas, Tito, op. cit., p. 167; M. F. Kranjc, op. cit., p. 245, 246.

330 PA, B 11, Band 123, 1, p. 101.

331 V. Dedijer, Novi prilozi, III., op. cit., p. 612.

332 P. Simić, Tito, op. cit., p. 239; V. Dedijer, Novi prilozi, III., op. cit., p. 518.

333 D. Bilandžić, Povijest, op. cit., p. 32, 33, 79.

334 Ibid, p. 42.

335 V. Dedijer, Novi prilozi, III., op. cit., p. 519; V. Cenčić, Titova, op. cit., p. 45, 164.

336 BA, IV A 2/20/238; Bestand Ulbricht, Walter, NL 182/1235.

337 J. Pirjevec, Tito, Stalin in Zahod, op. cit., p. 198, 199; Ju. S. Girenko, op. cit., p. 388.

338 J. Pirjevec, Tito, Stalin in Zahod, op. cit., p. 199; Ju. S. Girenko, op. cit., p. 394, 395; A. B. Edemskij, op. cit., p. 35.

339 J. Pirjevec, Tito, Stalin in Zahod, op. cit., p. 200; A. S. Anikeev, op. cit., p. 151.

340 Foreign Relations of the United States (FRUS), 1948, Eastern Europe, The Soviet Union, Volume IV, U.S. Government Printing Office, p. 1109.

341 TNA, FO 371/78680/R 649; NARA, 860H.00/9-648.

342 M. Đilas, Tito, op. cit., p. 88; Ju. S. Girenko, op. cit., p. 388.

343 AS, Dedijer, t. e. 7.

344 NARA, 800.00B CI/9-2348; CREST, Incoming Telegram, Rome, 6. 10. 1949; TNA, FO 371/72589/R 10964; R 11211; 71672/R 11195.

345 M. Đilas, Jahre der Macht, op. cit., p. 288; Ju. S. Girenko, op. cit., p. 394; A. B. Edemskij, op. cit., p. 36.

346 J. Pirjevec, Tito, Stalin in Zahod, op. cit., p. 207.

347 NARA, 860H.00/10-1448.

348 M. Đilas, Jahre der Macht, op. cit., p. 286–288.

349 TNA, FO 371/72589/R 11692

350 George Washington University (GWU), A Report to the National Council by the Department of State, The Attitude of this Government towards Events in Yugoslavia, 6. 7. 1948, p. 2.

351 NIE-7, The Current Situation in Yugoslavia, 21. 11. 1950. In: Yugoslavia. From »National Communism«, op. cit., p. 85, 92, 93.

352 J. Pirjevec, Tito, Stalin in Zahod, op. cit., p. 122; T. Jakovina, Američki, op. cit., p. 342.

353 M. Đilas, Tito, op. cit., p. 240; V. Dedijer, Novi prilozi, I., op. cit., p. 453.

354 J. Ridley, op. cit., p. 296; A. S. Anikeev, op. cit., p. 139.

355 S. Rajak, In Search of a Life Outside the two Blocs: Yugoslavia's Road to Non-Alignement, p. 7.

356 TNA, FO 371/72744/UN 2612; J. Pirjevec, Tito, Stalin in Zahod, op. cit., p. 208.

357 TNA, FO 37172589/R 11501; J. Pirjevec, Tito, Stalin in Zahod, op. cit., p. 209.

358 TNA FO 371/72589/R 11666; 72590/R 12041; Archivio Storico del Ministero degli Esteri, Rom, Jugoslavia, Busta 53, fasc. I., Mosca, 20. 10. 1948; J. Pirjevec, Tito, Stalin in Zahod, op. cit., p. 209, 210.

359 TNA, FO 371/72576/R12455; R 11209.

360 A. S. Anikeev, op. cit., p. 140.

361 J. Pirjevec, Il gran rifiuto, op. cit., p. 314; A. S. Anikeev, op. cit., p. 162.

362 AJ, 838, LF II-1/78, K 4.

363 E. Kardelj, Spomini, op. cit., p. 132, 142.

364 ORE 16-49, The Yugoslav Dilemma, 10. 2. 1949. In: Yugoslavia. From »National Communism«, op. cit., p. 16, 17.

365 A. S. Anikeev, op. cit., p. 142, 143.

366 J. Ridley, op. cit., p. 301, 302.

367 J. Pirjevec, Il gran rifiuto, op. cit., p. 327.

368 J. Pirjevec, Il gran rifiuto, op. cit., p. 323; A. S. Anikeev, op. cit., p. 143.

369 NIE-7, The Current Situation in Yugoslavia, 21. 11. 1950. In: Yugoslavia. From »National Communism«, op. cit., p. 89; A. S. Anikeev, op. cit., p. 147, 148.

370 NARA, FW 768.MSP/22-325; V. Dedijer, Novi prilozi, III., op. cit., p. 268; A. S. Anikeev, op. cit., p. 149. S. Clissold, Yugoslavia, op. cit., p. 231–236.

371 S. Clissold, Yugoslavia, op. cit., p. 231–236; J. Pirjevec, Il gran rifiuto, op. cit., p. 356, 357.

372 Ibid., p. 358; V. Dedijer, Novi prilozi, III., op. cit., p. 481; Ju. S. Girenko, op. cit., p. 396; A. S. Anikeev, op. cit., p. 166; A. B. Edemskij, op. cit., p. 43.

373 J. Pirjevec, Il gran rifiuto, op. cit., p. 360. G. Berić, op. cit., p. 124–126.

374 NARA, CREST, CIA, Information Report: Points Discussed During Recent Slovene Communist Party Meeting, 23. 11. 1949; Information Report, Bulgaria, 1. 4. 1952; V. Dedijer, Novi prilozi, III., op. cit., p. 433, 443.

375 PA, B 12, Band 621; V. Dedijer, Novi prilozi, III., op. cit., p. 368.

376 A. Nenadović, op. cit., p. 107, 109.

377 ORE 16-49, The Yugoslav Dilemma, 10. 2. 1949. In: Yugoslavia. From »National Communism«, op. cit., p. 16; AS, Dedijer, t. e. 252; NARA, CREST, Army Contribution to NIE-29: Yugoslavia: How Strong and how Stable is Tito's Regime at Present, 6. 2. 1951.

378 D. Bilandžić, Povijest, op. cit., p. 673; A. Nenadović, op. cit., p. 120; J. Ridley, op. cit., p. 294.

379 B. Osolnik, op. cit., p. 198.

380 V. Dedijer, Novi prilozi, III., op. cit., p. 446.

381 I. Ritter, War on Tito? The Hungarian Army in Early Cold War Soviet Strategy, in: Parallel History Project on Cooperative Security (PHP), 18. 2. 2005, http://ohp.isn.ch/collections/col-tito/intro.cfm?navinfo-15463, p. 17; M. Kramer, Stalin, Soviet Policy and the Consolidation of a Communist Bloc in Eastern Europe, 1944–1953, Stanford TEC, April 2010, http://iis-db-stanford.edu/evnts/6186/Stalin_ and_Eastern_Europe.pdf, p. 31-39; B. Király, La première guerre entre États socialistes, in: 1956 Varsovie, Budapest, in: P. Kende, K. Pominan (ed.), La deuxième révolution d'octobre, Seuil, Paris 1978, p. 40–45.

382 V. Dedijer, Novi prilozi, III., op. cit., p. 462, 463; J. Vodušek Starič, Brionski plenum 1966 – ocene in njegov vpliv. In: Z. Čepič (ed.), Slovenija – Jugoslavija, krize in reforme 1968/1988, Inštitut za novejšo zgodovino, Ljubljana 2010, p. 75, Anm. 22.

383 L. Becele Ranković, op. cit., p. 123, 124; V. Cenčić, Titova, op. cit., p. 215; J. Ridley, op. cit., p. 309.

384 NIE-7, The Current Situation in Yugoslavia, 21. 11. 1950. In: Yugoslavia. From »National Communism«, op. cit., p. 90; Ju. S. Girenko, op. cit., p. 398; E. Kardelj, Spomini, op. cit., p. 142, 246–250; id., Problemi naše socialistične graditve, III., Državna založba Slovenije, Ljubljana 1955, p. 28-35.

385 J. Pirjevec, Il gran rifiuto, op. cit., p. 377, 378; A. S. Anikeev, op. cit., p. 172.

386 L. Adamič, op. cit., p. 567; I. Laković, Viđenje Tita u američkim dokumentima 1951–1958, in: Tito – viđenja, op. cit., p. 433; R. E. Kullan, From the Tito-Stalin Split to Yugoslavia's Finnish Connection. Neutralism Before Non-Alignment, 1948-1958, dissertation, University of Maryland, College Par (MD) 2008, p. 59.

387 Ju. S. Girenko, op. cit., p. 396; NARA, Information Report, Hungary, Background of the Rajk Case, 23. 5. 1956.

388 NARA, RG 331, Box 8596, SCAP, Central File 1945–1949.

389 Ju. S. Girenko, op. cit., p. 397; A. S. Anikeev, op. cit., p. 168, 169.

390 S. Clissold, Đilas, op. cit., p. 206; Ju. S. Girenko, op. cit., p. 395.

391 ORE 8-50, Evaluation of Soviet-Yugoslav Relations (1950), 11. 5. 1950. In: Yugoslavia. From »National Communism«, op. cit., p. 41.

392 V. Dedijer, Novi prilozi, III., op. cit., p. 461.

393 J. Pirjevec, Vittorio Vidali and the Cominform 1947-53. In: F. Gori, S. Pons (ed.), The Soviet Union and Europe in the Cold War, 1943-53, Fondazione Giangiacomo Feltrinelli, Fondazione Istituto Gramsci, Macmillan Press, London 1996, p. 264–271; V. Dedijer, Novi prilozi, III., op. cit., p. 464; M. Gligorijević, op. cit., p. 316; AS, Dedijer, t. e. 244.

394 J. Pirjevec, Il gran rifiuto, op. cit., p. 386, 387.

395 AS Dedijer, t. e. 197; t. e. 223, t. e. 298; T. Jakovina, Američki, op. cit., p. 303.

396 C. A Mehta, »A Rat Hole to be Watched«?, CIA Analysis of the Tito-Stalin Split 1948–1950, North Carolina State University, Raleigh (S), 2003, p. 9 ff.; id., CIA Confronts the Tito-Stalin Split, 1948–51, Journal of Cold War Studies, Vol.13, No. 1, Winter 2011, p. 101–145; J. Koprivc, generator, op. cit., p. 105.

397 S. Terra,Tre anni con Tito, MGS, Triest 2011, p. 89; R. Petković, op. cit., p. 143, G. Berić, op. cit., p. 132.

398 A.R. Edemskij, op. cit., p. 350, 360, 367.

399 AJ, 836, KMJ I – 6/2; V. Unkovski-Korica, The Yugoslav Communist's Special Relationship with the British Labour Party 1950–1956, Cold War History, Vol. 14, No. 1, 2014, p. 30.

400 J. Ridley, op. cit., p. 304, 305.

401 J. Broz Tito, Govori i članci, V., op. cit., p. 17; AS, Dedijer, t. e. 198.

402 L. Adamič, op. cit., p. 529–532.

403 J. Ridley, op. cit., p. 306, 307.
404 NARA, CREST, Untitled, June 1950.
405 NIE-7, The Current Situation in Yugoslavia, 21. 11. 1950. In: Yugoslavia. From »National Communism«, op. cit., p. 90; GWU, A Report to the National Security Council by the Executive Secretary, The Position and Actions of the United States with Respect to Possible Further Soviet Moves in the Light of the Korean Situation, 29. 7. 1950, p. 8; The Position of the United States with Respect to Yugoslavia, 2. 3. 1951, p. 3; NARA, CREST, Intelligence Memorandum No. 142. Probable Enemies, Allies, and Neutrals in the Event of War before 1953, 5. 4. 1949.
406 V. Dedijer, Novi prilozi, III., op. cit., p. 428.
407 V. Dedijer, Novi prilozi, III., op. cit., p. 43; GWU, National Intelligence Estimate, Probable Soviet Moves to Exploit the Present Situation. CIA, 11. 12. 1950, p. 2.
408 NARA, CIA, Information from Foreign Documents or Radio Broadcasts, 7. 2. 1951.
409 M. Đilas, Tito, op. cit., p. 240; V. Dedijer, Novi prilozi, III., op. cit., p. 59.
410 P. Simić, Tito, op. cit., p. 244; V. Dedijer, Novi prilozi, III., op. cit., p. 432, 434, 445.
411 J. Ridley, op. cit., p. 308; A. S. Anikeev, op. cit., p. 188; cf. B. Heuser, Western ›Containment‹ Policies in the Cold War. The Yugoslav Case, 1948–53, Routledge, London, New York 1989.
412 NARA, CREST, CIA, Information Report, 8. 5. 1951.
413 NARA, CREST, Central Intelligence Bulletin, Yugoslavia Charges USSR with Applying Military Pressure, 20. 3. 1951; A. B. Edemskij, op. cit., p. 49.
414 D. Ćosić, Piščevi zapisi (1951–1968), op. cit., p. 18, 19.
415 NARA, CREST, CIA Report, 28. 10. 1950; Central Intelligence Bulletin, Tito Seeks Tanks and Artillery from the West, 17. 5. 1950; T. Jakovina, Američki, op. cit., p. 328–330.
416 J. Pirjevec, Il gran rifiuto, op. cit., p. 385; V. Dedijer, Novi prilozi, III., op. cit., p. 439; GWU, A Report to the National Security Council by the Executive Secretary, The Position of the United States with Respect to Yugoslavia, 27. 2. 1951, p. 1–4.
417 NIE 15-61, Outlook For Yugoslavia, 23. 5. 1961. In: Yugoslavia. From »National Communism«, op. cit., p. 264; P. Simić, Tito i NATO. Uspomen i pad druge Jugoslavije, Biblioteka »Sedma sila«, Novosti, Belgrad 2008, p. 76.
418 GWU, A Report to the National Security Council by the Executive Secretary, The Position of the United States with Respect to Yugoslavia, 2. 3. 1951, p. 1.
419 J. Ridley, op. cit., p. 309, 310; B. Heuser, op. cit., p. 167.
420 NARA, 768.5-MSP/10-1854.
421 V. Vlahović, op. cit., p. 27; V. Dedijer, Novi prilozi, II., op. cit., p. 577
422 J. Broz Tito, Govori i članci, VI., op. cit., p. 73–75; NARA, CREST, Information Report, 9. 9. 1951; A. B. Edemskij, op. cit., p. 48.

423 NARA, CREST, Central Intelligence Bulletin, Tito Evidences pro-American Sentiment, 8. 6. 1951; Yugoslav Chief of Staff Concerned over West's Strategic Plans, 17. 10. 1951; Tito Considers Danger of Soviet Aggression Lessening, 3. 1. 1952.
424 A. S. Anikeev, op. cit., p. 202, D. Bekić, Jugoslavia u hladnom ratu. Odnosi s velikim silama 1949–1955, Globus, Zagreb 1988, p. 415–416.
425 A. S. Anikeev, op. cit., p. 216.
426 NARA, 768.5-MSP/11-1352; P. Simić, Tito i NATO, op. cit., p. 64, 65.
427 NARA, 768.5-MSP/10-2452; E. Kardelj, Spomini, op. cit., p. 144.
428 TNA, WO 106/6087; T. Jakovina, Američki, op. cit., p. 337, 338, 346.
429 NARA, CREST, Central Intelligence Bulletin, Yugoslavia, Tito Desires to Remain Aloof from West, 19. 2. 1951.
430 S. Rajak, In Search, op. cit., p. 11; id., Yugoslavia and the Soviet Union in the Early Cold War. Reconciliation, Comradship, Confrotation, 1953–1957, Rutlege, London, New York 2011, p. 33; S. Anikeev, op. cit., p. 227.
431 SS, Dedijer, t. e. 3; P. Simić, Tito I NATO, op. cit., p. 73; T. Jakovina, Američki, op. cit., 330, 331.
432 C. L. Sulzberger, The New York Times Magazine, 9. 6. 1968; NARA, 768.5-MSP/1-1053; GWU, National Security Council. United States Policy towards Yugoslavia, 26. 1. 1954, p. 4, 21; E. Kardelj, Spomini, op. cit., p. 144; NARA, CREST, CIA Office of Current Intelligence Daily Digest, Yugoslav Demarche to Greece, 6. 4. 1951; Greece. Reported Greek Proposal to Partition Albania Clarified, 16, 4. 1951.
433 V. Dedijer, Novi prilozi, III., op. cit., p. 438; A. S. Anikeev, op. cit., p. 232–246; P. Simić, Tito i NATO, op. cit., p. 77.
434 AS, Dedijer, t. e. 252.
435 V. Dedijer, Novi prilozi, III., op. cit., p. 627, 628; GWU, National Security Council, United States Policy towards Yugoslavia, 26. 1. 1954.
436 J. Pirjevec, »Trst je naš!«, op. cit., p. 433.
437 Narodna in univerzitetna knjižnica, Ljubljana, Arhivski oddelek, E. Kocbek, Dnevnik 1953, 10. 10. 1953; NARA, CREST, Memorandum for the Record. Conversation between Congressman John Blatnik and the DCI, 12. 11. 1953; J. Pirjevec, »Trst je naš!«, op. cit., 440.
438 J. Pirjevec, »Trst je naš!«, op. cit., p. 440.
439 TNA, FO 371/10787; NARA, CREST, Current Intelligence Weekly, Yugoslav Reaction to the American-British Announcement on Trieste, 16. 10. 1953.
440 V. Velebit, Svjedok, op. cit., p. 186–189.
441 NSK, Arhiv Bakarić, Kutija 8, Bilten 691, 15. 10. 1954, p. 1.
442 C. J. Cambell, Successful Negotiation: Trieste 1954 – An Apprisal by the Five Participants, Princeton University Press, New Jersey 1976, p. 18, 168, 169.

443 TNA, FO 371/112740 WE 1015/418, FO 371/112739 WE 1015/402; FO 371/112739 WE 1015/403; J. Pirjevec, »Trst je naš!«, op. cit., p. 475; NARA, CREST, Central Intelligence Bulletin, Tito Makes Significant Trieste Concession, 21. 9. 1954.

444 TNA, FO 371/112742 WE 1015/482.

445 J. Pirjevec, »Trst je naš!«, op. cit., p. 477.

446 D. Ćosić, Piščevi zapisi (1951–1968), op. cit., p. 202; A. S. Anikeev, op. cit., p. 230.

447 S. Vukmanović-Tempo, Revolucija teče dalje, 2, op. cit., p. 185–193; S. Rajak, Yugoslavia and the Soviet Union, op. cit., p. 97.

448 A. Nenadović, op. cit., p. 118, 119.

449 V. Dedijer, Novi prilozi, III, op. cit., p. 72.

450 S. Rajak, The Cold War, op. cit., p. 391.

451 J. Ridley, op. cit., p. 315; AS, Dedijer, t. e. 126; M. Marović, U crvenom triuglu, p. 577.

452 AS, Dedijer, t. e. 244; S. Rajak, Yugoslavia and the Soviet Union, op. cit., p. 40, 47.

453 NARA, CREST, Comment on FBI Report, 10. 2. 1953.

454 V. Dedijer, Novi prilozi, III., op. cit., p. 448. 1956 bereiteten die Jugoslawen eine Dokumentation über die Tätigkeit des sowjetischen Geheimdienstes in der Periode 1948–1955 vor. Weil auch die Sowjets über eine ähnliche Dokumentation über jugoslawische Agenten in der UdSSR verfügten, wurde die Angelegenheit zu den Akten gelegt.

455 M. F. Kranjc, op. cit., p. 267–270. NARA, CREST, Central Intelligence Bulletin, Plan to Assasinate Tito while in England Reported, 3. 19. 1952; T. Jakovina, Američki, op. cit., p. 319; K. Alibek, S. Halderman, Biohazard, Delta, New York 2000, p. 172, 173.

456 M. Kramer, op. cit., p. 29, 30; S. Andrew, V. Mitrokhin, op. cit. p. 357, 359.

457 P. Sudoplatov, Razvedka i Kremel', Geya, Moskau 1996, p. 390–392; A. Sudoplatov, Tajnaja žizn' generala Sudoplatova, II, Olma Press, Moskau 1998, p. 340–349.

458 R. Medvedev, Z. Medvedev, The Unknown Stalin. His Life, Death and Legacy, The Ovelook Press, Woodstock, New York 2004, p. 69, 70.

459 AS, Dedijer t.e. 274; M. F. Kranjc, op. cit., p. 20.

460 M.Caprara, op. cit., p. 140, 141; G. C. Pajetta, Le crisi che ho vissuto,II, Editori Riuniti, 1996, Rom, 1982, p. 29–40.

461 M. Bragg, Rich, The Life of Richard Burton, Hodder and Sloughton, London 1988, op. cit., p. 368; V. Vlahović, op. cit. p. 35; V. Dedijer, Novi Prilozi, III, op. cit., p. 582.

462 P. Sudoplatov, op. cit., p. 390–392; D. A. Volkogonov, Stalin, Političeskij portret, II, Novosti, Moskau 1996, p. 598, 599.

463 D. Ćosić, Piščevi zapisi (1951–1968), op. cit., p. 197; NARA, CREST, Central Intelligence Bulletin, Tito Predicts Weakened Soviet Regime and Sees Possibility of Satellite Defection, 7. 3. 1953.

464 A. B. Edemskij, op. cit., p. 59, 60.

465 S. Rajak, Yugoslavia and the Soviet Union, op. cit., p. 44, 45.
466 S. Rajak, New Evidence from the former Yugoslav Archives. The Tito-Khrushchev Correspondence, 1954, Cold War International History Project, Bulletin, Issue 12/13, Fall/Winter 2001, p. 315; A. S. Anikeev, op. cit., p. 251; AS, Dedijer, t. e. 244.
467 AS, Dedijer, t. e. 244; S. Rajak, Yugoslavia and Soviet Union, op. cit., p. 41.
468 A. B. Edemskij, op. cit., p. 107. V. Zubok, C. Pleshakov, op. cit., p. 158, 159; V. Naumov, J. Sigačev, Lawrenti Beria, 1953, Stenogramma julijskogo plenuma CK KPSS i drugie dokumenty, Meždunarodnyj Fond, Moskau 1999, p. 104 ff.
469 Ibid., p. 112–114.
470 Ibid., p. 122; S. Rajak, Yugoslavia and the Soviet Union, op. cit., p. 49, 50.
471 AS, Dedijer, t. e. 244.
472 J. Ridley, op. cit., p. 318.
473 PA, 12, Band 585/7; cf. TNA, FO 371/RY 1018; FO 371/RY 1631; FO 371/95538; V. Dedijer, Novi prilozi, III., op. cit., p. 543, 544, 572; S. Rajak, Yugoslavia and the Soviet Union, op. cit., p. 68.
474 AJ, 837, KPR, IV-5-b, K 49; J. Stanovnik, Viharno stoletje, uredila J. Kušan, Ustanova Franc Rozman-Stane, Ljubljana 2013, p. 168.
475 AJ, 837, KPE, IV-5-b, K 49.
476 Ju. S. Girenko, op. cit., p. 350.
477 Ibid., p. 373.
478 AS, Dedijer, t. e. 7.
479 V. Dedijer, Novi prilozi, III., op. cit., p. 30.
480 NSK, Arhiv Bakarić, Kutija 22; D. Bilandžić, Hrvatska, op. cit., p. 373.
481 V. Dedijer, Novi prilozi, III., op. cit., p. 104.
482 V. Dedijer, Novi prilozi, III., op. cit., p. 553; S. Rajak, Yugoslavia and the Soviet Union, op. cit., p. 62, 63.
483 A. B. Edemskij, op. cit., p. 253–255. M. Milošević, V. P. Tarasov, N. G. Tomilina, Vstreči, op. cit., p. 587–589.
484 Ibid., p. 260, 261; T. Jakovina, Američki, op. cit., p. 376–378.
485 Ibid., p. 296, 308; B. Osolnik, op. cit., p. 118; S. Rajak, Yugoslavia and the Soviet Union, op. cit., p. 85.
486 S. Rajak, New Evidence, op. cit., p. 319–323; A. B. Edemskij, op. cit., p. 251 ff. M. Milošević, V. P. Tarasov, N. G. Tomilina, Vstreči, op. cit., p. 590–595.
487 D. Ćosić, Piščevi zapisi (1951–1968), op. cit., p. 66; A. B. Edemskij, op. cit., p. 295–305; S. Rajak, Yugoslavia and the Soviet Union, op. cit., p. 81, 82.
488 Ju. S. Girenko, op. cit., p. 403; A. B. Edemskij, op. cit., p. 340; S. Rajak, Yugoslavia and the Soviet Union, op. cit., p. 81, 82. M. Milošević, V. P. Tarasov, N. G. Tomolina, op. cit., p. 606–608.
489 Ju. S. Girenko, op. cit., p. 403; A. B. Edemskij, op. cit., p. 415; S. N. Khrushchev, Ni-

kita Khrushchev and the Creation of a Superpower, Pennsylvania University Press, Philadelphia 2000, p. 80.

490 A. B. Edemskij, op. cit., p. 441.

491 V. Dedijer, Novi prilozi, III., op. cit., p. 30, 578, 579; D. Ćosić, Piščevi zapisi (1969–1980), op. cit., p. 237. M. Milošević, V. P. Tarasov, N. G. Tomilina, Vstreči, op. cit., p. 47–135.

492 RGASPI, Fond 575, opis 1, delo 413.

493 AS, Dedijer, t. e. 7.

494 M. Đilas, Vlast kao strast, Start, 21. 1. 1989, p. 30.

495 Ibid.; E. Kardelj, Spomini, op. cit., p. 136, 235; Milovan Đilas and George Urban in Conversation, Đilas on Gorbachov, Incounter, September–October 1988, p. 19; M. Đilas, Tito, op. cit., p. 105; S. Dabčević-Kučar, '71, II., op. cit., p. 841; AS, Dedijer, t. e. 215.

496 D. Bilandžić, Povijest, op. cit., p. 22; V. Dedijer, Novi prilozi, III., op. cit., p. 526, 527.

497 S. Clissold, Đilas, op. cit., p. 207.

498 D. Bilandžić, Povijest, op. cit., p. 22, 23; V. Kalezić, Đilas miljenik in otpadnik komunizma. Kontroverze pisca i ideologa, Zodne, Belgrad 1988, p. 153, 154.

499 NSK, M. Krleža, »A« 169.

500 D. Bilandžić, Povijest, op. cit., p. 157.

501 Archiv J. Pirjevec, Vermächtnis Marija Vilfan, Kardeljs Aufzeichnungen.

502 Ibid.

503 E. Kardelj, Spomini, op. cit., p. 223, 235.

504 AS, Dedijer, t. e. 7.

505 J. Pirjevec, Jugoslavija, op. cit., p. 208; V. Dedijer, Novi prilozi, III., op. cit., p. 512.

506 PA, B 42, Band 1341.

507 P. Simić, Tito, op. cit., p. 260; E. Kardelj, Spomini, op. cit., p. 224.

508 D. Ćosić, Piščevi zapisi (1951–1968), op. cit., p. 67.

509 BA, Bestand Ulbricht, Walter, NL 182/1235; TNA, FCO 28/1628/ENU 1/4.

510 A. Nenadović, op. cit., p. 169.

511 V. Cenčić, Titova, op. cit., p. 49.

512 NIE-7, The Current Situation in Yugoslavia, 21. 11. 1950. In: Yugoslavia. From »National Communism«, op. cit., p. 85, 91, 92.

513 NIE-7, The Current Situation in Yugoslavia, 21. 11. 1950. In: Yugoslavia. From »National Communism«, op. cit., p. 89; S. Rajak, Yugoslavia and the Soviet Union, op. cit., p. 28–32.

514 J. Pirjevec, Jugoslavija, op. cit., p. 715; V. Dedijer, Novi prilozi, III., op. cit., p. 522, 523; NARA, CREST, Central Intelligence Bulletin, Belgrade Embassy Analyses Communist Party Weaknesses in Slovenia, 14. 4. 1952; Information Report, Control of the Press in Yugoslavia, 17. 5. 1954.

515 M. Đilas, Tito, op. cit., p. 105; D. Ćosić, Piščevi zapisi (1951–1968), op. cit., p. 27.

516 AS, Dedijer, t. e. 143; NARA, CREST, Central Intelligence Bulletin, Significance of Yugoslav Communist Party Congress Posponement, 29. 9. 1952.

517 NSK, Arhiv Bakarić, Kutija 22, Informativni bilten, Broj 8. Izdanje Sekretariata Komisije CK KPJ za medjunarodna pitanja, Belgrad, 15. 12. 1952.

518 D. Ćosić, Piščevi zapisi (1951–1968), op. cit., p. 28.

519 V. Dedijer, III., op. cit., p. 513.

520 V.Vlahović, op. cit., p. 75.

521 D. Bilandžić, Povijest, op. cit., p. 132, 698.

522 PA, B 11, Band 181, 1, p. 29; TNA, FO 371/102164/WY 10112/3; G. R. Swain, Tito. A Biography, op. cit., p. 103.

523 V. Dedijer, Novi prilozi, III., op. cit., p. 527.

524 Z. Čepič, Jugoslovanske reforme v šestdesetih. In: Z. Čepič (ed.), Slovenija – Jugoslavija, op. cit., p. 48.

525 TNA, FO 371/107819/WY 1017/5; V. Dedijer, Novi prilozi, III., op. cit., p. 441; Z. Čepič, Jugoslovanske reforme, op. cit., p. 47.

526 F. Maclean, Josip Broz Tito, op. cit., p. 411.

527 J. Pirjevec, Jugoslavija, op. cit., p. 202; V. Dedijer, Novi prilozi, III., op. cit., p. 21; V. Velebit, Svjedok, op. cit., p. 185; AS, Dedijer, t. e. 262; NARA, CREST, Central Intelligence Bulletin, Highlights of Tito-Churchill discussions, 28. 3. 1953; S. Rajak, Yugoslavia and the Soviet Union, op. cit., p. 35; Katarina Spehnjak, Josip Broz Tito's Visit to Great Britain in 1953, Review of Croatian History, Vol. I, No. 1. Dezember 2005, p. 273–294.

528 V. Cenčić, Enigma, II., op. cit., p. 142.

529 M. Adamović, op. cit., p. 64, 70; V. Dedijer, Novi prilozi, III., op. cit., p. 615; S. Rajak, Yugoslavia and the Soviet Union, op. cit., p. 38, 39.

530 M. Đilas, Tito, op. cit., p. 93.

531 Ibid., p. 102.

532 Ibid., p. 131.

533 BA, NY 4090/480.

534 V. Velebit, Svjedok, op. cit., p. 171.

535 NARA, 768.5-MSP/7-753; NIE-93, Probable Developments in Yugoslavia, 26. 6. 1953. In: Yugoslavia. From »National Communism«, op. cit., p. 145; D. Ćosić, Piščevi zapisi (1951–1968), op. cit., p. 33–35; AS, Dedijer, t. e. 179.

536 PA, B 11, Band 125, 2, p. 185; D. Bilandžić, Povijest, op. cit., p. 277.

537 PA, B 12, Band 621; V. Dedijer, Novi prilozi, III., op. cit., p. 546, 547.

538 V. Dedijer, Novi prilozi, III., op. cit., p. 620.

539 M. Đilas, Tito, op. cit., p. 291.

540 RGASPI, Fond 575, opis 1, delo 323, p. 133, 137.

541 P. Simić, Tito, op. cit., p. 250.

542 RGASPI, Fond 575, opis 1, delo, 323, p. 134.

543 RGASPI, Fond 575, opis 1, delo 323, p. 134; NIE-31-55, Yugoslavia and Its Future Orientation, 23. 2. 1955. In: Yugoslavia. From »National Communism«, op. cit., p. 169.

544 M. Đilas, Tito, op. cit., p. 135, 204.

545 Ibid., p. 277; V. Dedijer, Novi prilozi, III., op. cit., p. 530.

546 AS, Dedijer, t. e. 298.

547 Ibid., p. 2, 4; A. B. Edemskij, op. cit., p. 453.

548 M. Đilas, Tito, op. cit., p. 11.

549 V. Dedijer, Novi prilozi, III., op. cit., p. 540; Ju. S. Girenko, op. cit., p. 425; Diskurzija između Stanovnika, Kristla i Đilasa: klasa ili kasta, *Komunist*, VI., maj-avgust 1952, št. 3–4, p. 39–47.

550 M. Đilas, Tito, op. cit., p. 197.

551 Ju. S. Girenko, op. cit., p. 393; cf. NIN, 28. 5. 1989.

552 M. Đilas, Tito, op. cit., p. 111; V. Dedijer, Novi prilozi, III., op. cit., p. 532, 626.

553 AJ, 837, KPR II-4-a K 164, 165.

554 AS, Dedijer, t. e. 111; G. R. Swain, Tito. A Biography, op. cit., p. 105.

555 V. Dedijer, Novi prilozi, III., op. cit., p. 626.

556 V. Dedijer, Novi prilozi, III., op. cit., p. 626; D. Ćosić, Piščevi zapisi (1951–1968), op. cit., p. 47.

557 PA, B 11, Band 126, p. 2–12.

558 M. Đilas, Tito, op. cit., p. 283; AJ, 837, KPR II-4-a K 164, 165.

559 F. Maclean, Josip Broz Tito, op. cit., p. 416; AS, Dedijer, t. e. 201,Đilas behauptete allerdings später, 1953 kein Konzept einer zweiten Partei gehabt, sondern nur eine freie Diskussion innerhalb der KPJ gewollt zu haben; cf. Vlast kao strast, Start, 21. 1. 1989, p. 30; NARA, Information Report, Yugoslavia. Background of Djilas Removal, 30. 3. 1954.

560 P. Simić, Tito, op. cit., p. 264; V. Dedijer, Novi prilozi, III., op. cit., p. 532.

561 M. Đilas, op. cit., p. 284; AS, Dedijer, t. e. 201.

562 PA, B 11, Band 126, 1, p. 24–32.

563 P. Simić, Tito, op. cit., p. 263; G. R. Swain, Tito. A Biography, op. cit., p. 105.

564 D. Ćosić, Piščevi zapisi (1951–1968), op. cit., p. 37.

565 AS, Dedijer, t. e. 188.

566 A. Ranković, op. cit., p. 153; J. Ridley, op. cit., p. 328; V. Dedijer, My two Comrades, op. cit., p. 415.

567 J. Ridley, op. cit., p. 329: F. Maclean, Josip Broz Tito, op. cit., p. 419.

568 V. Dedijer, Novi prilozi, III., op. cit., p. 532; NIE 15-61, Outlook For Yugoslavia, 23. 5. 1961. In: Yugoslavia. From »National Communism«, op. cit., p. 256.

569 M. Đilas, Tito, op. cit., p. 103.

570 Ibid., p. 273.

571 Ibid., p. 275.

572 Ibid., p. 286.

573 AS, Dedijer, t. e. 165; V. Dedijer, My two Comrades, op. cit., p. 416, 417.

574 AJ, 838, LF, II-1, A-J.

575 Ibid.

576 M. Đilas, Tito, op. cit., p. 279; A. Nenadović, op. cit., p. 167; V. Dedijer, Novi prilozi, III., op. cit., p. 531; J. Ridley, op. cit., p. 329.

577 M. Đilas, Tito, op. cit., p. 284.

578 D. Ćosić, Piščevi zapisi (1951–1968), op. cit., p. 39, 43.

579 M. Đilas, Tito, op. cit., p. 286; S. Clissold, Đilas, op. cit., p. 246; V. Dedijer, My two Comrades, op. cit., p. 422.

580 M. Đilas, Tito, op. cit., p. 274; V. Vlahovič, op. cit., p. 71; V. Dedijer, Novi prilozi, III., op. cit., p. 532; D. Ćosić, Piščevi zapisi (1951–1968), op. cit., p. 51; M. F. Kranjc, op. cit., p. 275.

581 AS, Dedijer, t. e. 111; V. Dedijer, My two Comrades, op. cit., p. 432; M. Đilas, Vlast kao strast, Start, 21. 1. 1989, p. 30.

582 M. Đilas, Tito, op. cit., p. 204.

583 Ibid., p. 277; V. Cenčič, Titova, op. cit., p. 153.

584 M. Đilas, Tito, op. cit., p. 278; Ju. S. Girenko, op. cit., p. 425; AS.

585 AMZV, Zprávy ZÚ, Bělehrad 1973–1975, 01144/73, V Bělehradě, 7. srpna 1973; D. Ćosić, Piščevi zapisi (1969–1980), op. cit., p. 241.

586 V. Dedijer, Novi prilozi, III., op. cit., p. 129, 536.

587 Ibid., p. 131; J. Pirjevec, Jugoslavija, op. cit., p. 217; AS, Dedijer, t. e. 201; M. Đilas, Vlast kao strast, Start, 21. 1. 1989, p. 30; V. Lukić, Sećanja i saznanja – Obračun sa Aleksandrom Rankovićem i Brionski plenum, Slobodno izd., Titograd 1989, p. 40.

588 V. Dedijer, Novi prilozi, III., op. cit., p. 537; M. Gligorijević, 200, 201; AS, Dedijer, t. e. 165; V. Dedijer, My two Comrades, op. cit., p. 418, 430, 437.

589 D. Ćosić, Piščevi zapisi (1951–1968), op. cit., p. 51.

590 V. Dedijer, Novi prilozi, III., op. cit., p. 539; M. Đilas, Vlast kao strast, op. cit., p. 30.

591 D. Ćosić, Piščevi zapisi (1951–1968), op. cit., p. 53.

592 M. Đilas, Tito, op. cit., p. 109, 135.

593 Ibid., p. 285.

594 S. Dabčević-Kučar, I., op. cit., p. 371.

595 S. Clissold, Đilas, op. cit., p. 254.

596 AMZV, Zprávy ZÚ. Bělehrad 1973–1975, 01144/73, V Bělehradě, 7. srpna 1973.

597 PA, B 11, Band 126, p. 31.

598 D. Ćosić, Piščevi zapisi (1951–1968), op. cit., p. 55; V. Dedijer, My two Comrades, op. cit., p. 438.

599 PA, B 11, Band 126, 2, S. 102.

600 Ibid., Band 1225, 1, S. 23–24.

601 D. Ćosić, Piščevi zapisi (1951–1968), op. cit., p. 38–40, 50, 54.

602 D. Bilandžić, Povijest, op. cit., p. 26.

603 M. Đilas, Tito, op. cit., p. 287–189.

604 PA, B 11, Band 126, 1, p. 84–85.

605 PA, B 11, Band 123, 3, p. 200; M. Đilas, Vlast kao strast, Start, 21.1. 1989, p. 30.

606 AS, Dedijer, t. e. 111.

607 Auskunft Jernej Vilfans an den Autor.

608 F. Maclean, Josip Broz Tito, op. cit., p. 430, 431.

609 V. Dedijer, Novi prilozi, III., op. cit., p. 557–559; AS, Dedijer, t. e. 244.

610 PA, B 12, Band 546.

611 AJ, 837, KPR II-4-a, K 163; K 164 i 165; D. Djokić, Britain and Dissent in Tito's Yugoslavia: the Djilas Affaire, ca. 1956, European History Quarterly, Vol.36, No. 3, 2006, p. 371–395; NARA, CREST, Current Inelligence Bulletin. Possible Reopening in Yugoslavia of the Djilas Case, 27. 5. 1956.

612 Thomas M. Troy Jr., The Cultural Cold War: the CIA and the World of Arts and Letters, Central Intelligence Agency, Library, 14.4.2008, p. 1, https:www,cia.gov.library/center-for-the-study-of-intelligence; Z. Antonić, op. cit. p. 153.

613 M. Djilas, New York Times, 30. 10. 1970, in: Yugoslavia: the Outworn Structure, Intelligence Report, CIA-Foia, 20.11.1979.

614 NSK, Arhiv Bakarić, Kutija 11; M. Thatcher, The Path to Power, Herper Collins, London, 1995, p. 370, 371; Aake Anker-Ording, Box 57, Jugoslavia III.

1953–1973

1 AJ, LF, III-10/2.

2 PA, B 11, Band 125, p. 14.

3 M. Đilas, Tito, op. cit., p. 206.

4 RGASPI; Fond 495, opus 277, ed. Hr. 15. 1. 136; Z. Roter, op. cit., p. 192.

5 V. Vlahović, op. cit., p. 42, 49; V. Dedijer, Novi prilozi, III., op. cit., p. 585, 586; AS. Dedijer, t. e. 1243; E. Kardelj, Spomini, op. cit., p. 146.

6 PA, B. 11, Band 1195, 1, p. 50, 51.

7 A. B. Edemskij, op. cit., 456; 457; M. Marović, Sumrak stalinizma, Sloboda, Belgrad 1978, p. 133; V. Dedijer, Novi prilozi za biografiju J. Broza Tita, IV, p. 6. (unveröffentlicht)

8 AS, Dedijer, t. e. 111; V. Dedijer, Izgubljeni boj, op. cit., p. 14, 15.

9 S. Rajak, In Search, op. cit., p. 16; id., Yugoslavia and the Soviet Union, op. cit., p. 100.

10 Auskunft Aleš Beblers an den Autor.

11 NARA, CREST, CIA, Yugoslavia: An Intelligence Appraisal, 27. 7. 1971; D. Bilandžić, Hrvatska, op. cit., p. 375; R. Löwenthal, Yugoslavia's Search for Allies. Creating Bonds with Colonial People, The Scotsman, 9. 11. 1951; V. Dedijer, Novi prilozi, III., op. cit., p. 554.

12 AS, Dedijer, t. e. 3; t. e. 244; J. Pirjevec, Tito, Nehru and Slovenes, in Lenart Škof (ed.), Indian Studies. Slovenian Contribution, Sampark, Kalkutta 2008, p. 15–29.

13 AS, Dedijer, t. e. 96.

14 AS, Dedijer, t. e. 7.

15 D. Bilandžić, Povijest, op. cit., p. 189.

16 S. Rajak, In Search, op. cit., p. 17.

17 M. Đilas, Tito, op. cit., p. 106.

18 H. W. Brands, The Specter of Neutralism. The United States and the Emergence of the Third World, 1947–1960, Columbia University Press, New York 1989, p. 195.

19 Arhiv Ministarstva inostranih poslova, Belgrad (AMPI), PA, 1953, 37, 3, 410445.

20 S. Rajak, In Search, op. cit., p. 19; cf. A. Z. Rubinstein, Yugoslavia and the Non-Aligned World, Princeton University Press, Princeton 1970.

21 D. Ćosić, Piščevi zapisi (1951–1968), op. cit., p. 201.

22 PA, B. 11, Band 1238, 1, p. 50–52.

23 J. Broz Tito, Govori i članci, X., op. cit., p. 28; S. Rajak, In Search, op. cit., p. 30; id., Yugoslavia and the Soviet Union, op. cit., p. 103.

24 S. Rajak, In Search, op. cit., p. 35; id., Yugoslavia and the Soviet Union, op. cit., p. 105; B. Mandić, Tito izbliza, op. cit., p. 112; D. Bogetić, op. cit., p. 49, 50.

25 PA, B. 11, Band 1236, 1, p. 2–4; B 12, Band 336.

26 H. W. Brands, op. cit., p. 196.

27 V. Dedijer, Novi prilozi, III., op. cit., p. 554, 555; AS, Dedijer, t. e. 244.

28 P. Simić, Tito, op. cit., p. 275; P. Simić, Z. Despot, op. cit., p. 219, 221. NARA, CREST, Current Intelligence Bulletin, Tito-Nehru-Naser Communique, 21. 7. 1956.

29 PA, B 12, Band 583/7.

30 S. Khrushchev, op. cit., p. 123, 124; A. Stipanič, Od pastirja do direktorja, Samozaložba, Ankara 2012, p. 54, 55.

31 PA, B 11, Band 1236, 3, p. 238, 239.

32 AS, Dedijer, t. e. 68.

33 D. Bilandžić, Povijest, op. cit., p. 29, 30.

34 A. S. Anikeev, op. cit., p. 266; S. Rajak, Yugoslavia and the Soviet Union, op. cit., p. 136.

35 A. B. Edemskij, op. cit., p. 477–479; M. Milošević, V. P. Tarasov, N. G. Tomilina, op. cit., p. 136–201.

36 V. Dedijer, Prilozi II., op. cit., p. 20.

37 NARA, CREST, CIA, Comment on Khrushchev's Denunciation of Stalin, Prelimi-

nary Report; V. Dedijer, Prilozi, II., op. cit., p. 21; S. Rajak, The Cold War, op. cit., p. 399; A. B. Edemskij, op. cit., p. 546.

38 PA, B 12, Band 582; B 12, Band 617.

39 Ibid., Band 621; NARA, CREST, Current Intelligence Weekly Summary, Yugoslav reaction to developments in the USSR, 29. 3. 1956.

40 NIE 31-2-55, Yugoslavia's International Position, 7. 9. 1955. In: Yugoslavia. From »National Communism«, op. cit., p. 205; NIE 31-56, Yugoslavia's International Position, 24 July 1955, p. 218.

41 Ju. S. Girenko, op. cit., p. 410, 411; V. Dedijer, Prilozi, IV., op. cit., p. 9.

42 Ju. S. Girenko, op. cit., p. 411; A. B. Edemskij, op. cit., p. 546.

43 L. Gibianskij, Pobuna u sovjetskom bloku 1956. godine, Jugoslavija i Kremalj. In: Fischer, Jasna et al. (ed.), Jugoslavija v hladni vojni – Yugoslavia in the cold war, Inštitut za novejšo zgodovino, University, Ljubljana, Toronto 2004, p. 229–247.

44 A. B. Edemskij, op. cit., p. 5.

45 PA, 12, Band 585.

46 J. Ridley, op. cit., p. 344.

47 NARA, CREST, Current Intelligence Weekly Summary, Of Immediate Interest, 21. 6. 1956.

48 PA, B. 12, Band 638; M. Milošević, V. P. Tarasov, N. G. Tomilina, op. cit., p. 206–243, 689–692.

49 V. Mićunović, Moskovske godine, 1956–1958, Liber, Zagreb 1977, p. 77, 100; Ju. S. Girenko, op. cit., p. 412, 413; A. S. Anikeev, op. cit., p. 272, 273; D. Bogetić, op. cit., p. 58, 59; S. Clissold, Yugoslavia, op. cit., p. 261, 262; S. Khrushschev, op. cit., p. 148.

50 S. Rajak, The Cold War, op. cit., p. 400; id., Yugoslavia and the Soviet Union, op. cit., p. 157, 158. A. B. Edemskij, op. cit., p. 264, 265.

51 A. B. Edemskij, op. cit., p. 572, 573; G. R. Swain, Tito. A Biography, op. cit., p. 121.

52 M. Simčič, Ženske, op. cit., p. 154; NARA, CREST, Current Intelligence Bulletin, Yugoslav – Soviet Communiques, 21. 6. 1956; A. B. Edemskij, op. cit., p. 569.

53 PA, B 12, Band 582/7.

54 C. G. Ströhm, Ohne Tito. Kann Jugoslawien überleben?, Bastei-Lübbe, Styria, Graz, Wien, Köln 1976, p. 91.

55 V. Mićunović, op. cit., p. 93; B. Osolnik, op. cit., p. 230–232.

56 V. Mićunović, op. cit., p. 93.

57 NIE 31-56, Yugoslavia's International Position, 24. 7. 1956. In: Yugoslavia. From »National Communism«, op. cit., p. 220; D. Bogetić, op. cit., p. 102, 103.

58 PA, B 12, Band 587, A. S. Anikeev, op. cit., p. 283.

59 J. Pirjevec, Jugoslavija, op. cit., p. 228. D. D. Bogetić, op. cit., p. 102, 103.

60 NARA, CREST, Current Intelligence Bulletin, Tito Comments on his Moscow Visit, 1. 7. 1956.

61 A. S. Anikeev, op. cit., p. 297.

62 PA, B 12, Band 618.

63 V. Vlahović, op. cit., p. 165; NIE 31-57, Yugoslavia's Policies and Prospects, 11. 6. 1957. In: Yugoslavia. From »National Communism«, op. cit., p. 230; Ju. S. Girenko, op. cit., p. 413; V. Mićunović, op. cit., p. 129; NARA, CREST, CIA, Senior Research Staff on CIA/SRS-6, 16. 9. 1957, p. 37; A. B. Edemskij, op. cit., p. 575–576; S. Rajak, Yugoslavia and the Soviet Union, op. cit., p. 164, 165. M. Milošević. V. P. Tarasov, N. G. Tomilina, op. cit. p. 692–699.

64 AS, Dedijer, t. e. 298.

65 S. Rajak, The Cold War, op. cit., p. 400; Der., Yugoslavia and the Soviet Union, op. cit., p. 167, 168.

66 V. Mićunović, op. cit., p. 130; M. Marović, Sumrak, op. cit., p. 113, 114; S. Rajak, Yugoslavia and the Soviet Union, op. cit., p. 170, 171; M. Milošević, V. P. Tarasov, N. G. Tomilina, op. cit., p. 269–282.

67 AS, Dedijer, t. e. 126.

68 V. Vlahović, op. cit., p. 93.

69 A. S. Anikeev, op. cit., p. 274; M. Marović, Sumrak, op. cit., p. 121, 122.

70 M. Marović, Sumrak, op. cit., p. 118, 119; S. Rajak, Yugoslavia and the Soviet Union, op. cit., p. 173.

71 V. Dedijer, Izgubljeni boj, op. cit.; id., Dokumenti 1948, III., p. 646, 647.

72 J. Broz Tito, Govori i članci, XI. op. cit., p. 229; S. Rajak, Yugoslavia and the Soviet Union, op. cit., p. 173;M. Milošević, V. P. Tarasov, N. G. Tomilina, op. cit., p. 269–282.

73 M. Adamović, op. cit., p. 210–216; V. Mićunović, op. cit., p. 159; P. Simić, Tito i NATO, op. cit., p. 86, 87; S. Rajak, Yugoslavia and the Soviet Union, op. cit., p. 173, 174.

74 J. Ridley, op. cit., p. 338; Z. Ripp, Hungary's Part in the Soviet-Yugoslav Conflict, 1956–1958, Contemporary European History, 7. 2. (1988), p. 203.

75 V. Mićunović, op. cit., p. 159; A. S. Anikeev, op. cit., p. 275; D. Stuparić, Diplomati izvan protokola: ambasadori Titove Jugoslavije, Centar za kulturnu djelatnost Saveza socijalističke omladine Zagreba, Zagreb, 1978, p. 233, 234; Z. Ripp, op. cit., p. 204; S. Khrushchev, op. cit., p. 200, 201.

76 AS, Dedijer, t. e. 298.

77 PA, B 12, Band 582; B 12, Band 618.

78 AS, Dedijer, t. e., 126, M. Marović, U crvenom triuglu, p. 293; V. Mićunović, op. cit., p. 183–193. V. Ripp, op. cit., p. 206.

79 J. Ridley, op. cit., p. 341; J. Pirjevec, Jugoslavija, op. cit., p. 230.

80 D. Ćosić, Piščevi zapisi (1951–1968), op. cit., p. 121; S. Rajak, Yugoslavia and the Soviet Union, op. cit., p. 181.

81 D. Ćosić, Piščevi zapisi (1951–1968), op. cit., p. 113–116; id., Sedam dana u Budimpešti, Nolit, Belgrad 1957.

82 V. Dedijer, Dokumenti 1948, knj. III., op. cit., p. 651–666; M. Režek, Odmev madžarske vstaje leta 1956 v Sloveniji in v Jugoslaviji, Prispevki za novejšo zgodovino XLVI, 2, 2006, p. 95; PA, B 12, Band 617; NIE 31-57, Yugoslavia's Policies and Prospects, 11. 6. 1957. In: Yugoslavia. From »National Communism«, op. cit., p. 231; J. Broz Tito, Govori i članci, XI, op. cit., p. 229; NARA, CREST, Current Intelligence Bulletin, Tito Berates Soviet Leadership, 18. 11. 1956.

83 PA, B 12, Band 621.

84 V. Dedijer, Prilozi, IV., op. cit., p. 52.

85 D. Ćosić, Piščevi zapisi (1951–1968), op. cit., p. 121; M. Marović, Sumrak, op. cit., p. 127; NARA, Current Intelligence Bulletin, Moscow-Belgrade Propaganda Fight Developped, 22. 11. 1956; *Prawda* Editorial Justifies Position Against Tito, 24. 11. 1956.

86 A. S. Anikeev, op. cit., p. 297.

87 V. Vlahović, op. cit., p. 133; E. Kardelj, Spomini, op. cit., p. 148; AS, Dedijer, t. e. 126; M. Marić, Sumrak, op. cit., p. 123; D. Stuparić, Diplomati, op. cit., p. 232.

88 M. Marović, Sumrak, op. cit., p. 128; S. Rajak, Yugoslavia and the Soviet Union, op. cit., p. 170, 189.

89 PA, B 12, Band 546; B 12 Band 621; M. Režek, Odmev madžarske vstaje, op. cit., p. 95; NARA, CREST, Current Intelligence Bulletin, *Prawda* Answers Yugoslav Analysis on Hungary, 19. 12. 1956.

90 D. Ćosić, Piščevi zapisi (1951–1968), op. cit., p. 122, 123.

91 M. Marović, Sumrak, op. cit., p. 131.

92 NIE 31-37 Yugoslavia's Policies and Prospects, 11. 8. 1957, In: Yugoslavia: From »National Communism" op. cit., p. 231.

93 Ibid., p. 231, 232; J. Ridey, op. cit., p. 346; NARA, CREST, Current Intelligence Bulletin, Yugoslav Defense Minister to Visit Moscow, 25. 5. 1957; Current Intelligence Weekly Summary, Patterns and Perspectives. Soviet-Yugoslav Relations, 10. 10. 1957.

94 TNA, FO 975/149/PR 117/86/G; S. Rajak, Yugoslavia and the Soviet Union, op. cit., p. 201.

95 Ju. S. Girenko, op. cit., p. 302, 303; S. Rajak, Yugoslavia and the Soviet Union, op. cit., p. 171.

96 V. Vlahović, op. cit., p. 135, 149. N. Miloševič, V. P. Tarasov, N. G. Tomilina, op. cit., p. 732–739.

97 J. Pirjevec, Jugoslavija, op. cit., p. 231; M. Adamović, op. cit., p. 221; NIE 31/1-57, Yugoslavia's International Position, 19. 11. 1957. In: Yugoslavia. From »National Communism«, op. cit., p. 243.

98 Z. Ripp, op. cit., p. 212.

99 NIE 31/1-57, Yugoslavia's International Position, 19. 11. 1957. In: Yugoslavia. From »National Communism«, op. cit., p. 243.

100 PA, B 12, Band, 621.

101 PA, B 12, Band 97.

102 BA, DY 30/1/IV 2/20/128; NY 4090/480.

103 NARA, CREST, Current Intelligence Bulletin, Tito may Rise German Confederation Scheme on Moscow, 5. 6. 1956; Yugoslavia Disclaim any Immediate intention to Recognise East Germany, 8. 7. 1956; D. Nećak, Hallsteinova doktrina in Jugoslavija. Tito med Zvezno republiko Nemčijo in Nemško demokratično republiko, Znanstveni inštitut Filozofske fakultete, Ljubljana 2002.

104 J. Pirjevec, J. Ramšak, Od Mašuna do New Yorka. 20. Stoletje skozi pričevanja štirih slovenskih diplomatov, Univerzitetna Založba Annales, Koper 2014, p. 173.

105 A. S. Anikeev, op. cit., p. 280, 281, 288–291.

106 PA, B 12, Band 547; B 12, Band 336; B 12, Band 643. NARA, CREST, CIA, Memorandum, Yugoslavia-The Ustashi and the Croatian Separatist Problem, 27. 9. 1972; GWU, 762,00/10-2758, National Security Council. US Policy toward Yugoslavia, 28. 2. 1958, p. 2, 8; Department of State. Memorandum of Conversation, 27. 10. 1958; AS, Dedijer, t. e. 126.

107 V Vlahović, op. cit., p. 146, 176; V. Dedijer, Novi prilozi, III., op. cit., p. 443, 583; D. Ćosić, Piščevi zapisi (1951–1968), op. cit., p. 138, 139; NARA, CREST, Current Intelligence Weekly Summary, Yugoslav Reaction to Zhukov Dismissal, 7. 9. 1957; Current Intelligence Bulletin, Yugoslav Official Hints at Reappraisal of Soviet Yugoslav Relations, 5. 11. 1957; D. Bogetić, Nova strategija, op. cit., p. 111; V. Naumov, M. Prozumenščikov, Ju. Sigačev, I. Sevčuk, Georgij Žukov, Stenogramma oktjabr'skogo plenuma CK KPSS i drugie dokumenty, Mežunarodnyj »Demokratija« Fond, Moskau 2001, p. 175,634, 635

108 SNIE 31/1-57, Yugoslavia's International Position, 19. 11. 1957. In: Yugoslavia. From »National Communism«, op. cit., p. 243.

109 PA, B 12, Band 621; NARA, CREST, Current Intelligence Bulletin, Tito Will not Attend 40th Anniversary Celebrations, 30. 10. 1957.

110 E. Kardelj, Spomini, op. cit., p. 149; S. Rajak, Yugoslavia and the Soviet Union, op. cit., p. 202.

111 M. Adamović, op. cit., p. 228.

112 V. Dedijer, Novi prilozi, III., op. cit., p. 34; Z. Ripp, op. cit., p. 214; Z. Shen, Yafeng Xia, Hidden Currents During the Honymoon: Mao, Khrusgchev and the 1957 Moscow Conference, Journal of Cold War Studies, Volume II, November 4, Fall 2009, p. 75, 80–85.

113 V. Vlahović, op. cit., p. 165.

114 BA, DY IV 2/20/127; PA, B 12, Band 621.
115 V. Vlahović, op. cit., p. 166, 197.
116 BA, DY IV 2/20/127; PA, B 12, Band 621.
117 PA, B 12, Band 547; D. Bilandžić, Povijest, op. cit., p. 222.
118 D. Ćosić, Piščevi zapisi (1951–1968), op. cit., p. 64.
119 S. Vukmanović-Tempo, II., op. cit., p. 276; AS, Dedijer, t. e. 298.
120 M. Režek, Odmev madžarske vstaje, op. cit., p. 102, 103.
121 AS, Dedijer, t. e. 7; M. Ivanič, R. Zupan, Ocena stavke v Trbovljah, Delo, 30. 6. 1984.
122 AS, Dedijer, t. e. 188.
123 D. Bilandžić, Hrvatska, op. cit., p. 403; V. Cenčić, Titova, op. cit., p. 154.
124 D. Ćosić, Piščevi zapisi (1951–1968), op. cit., p. 56
125 J. Pirjevec, Jugoslavija, op. cit., p. 242.
126 PA, B 12, Band 542, 2.
127 D. Ćosić, Piščevi zapisi (1951–1968), op. cit., p. 143.
128 V. Dedijer, Novi prilozi, III., op. cit., p. 618.
129 D. Bilandžić, Povijest, op. cit., p. 81; AS, Dedijer, t. e. 68; NARA, CREST, Current Intelligence Bulletin, Yugoslav-Soviet Relations Cool, 3. 12. 1957.
130 Auskunft Anton Vratušas an den Autor.
131 D. Udovički, op. cit., p. 48.
132 V. Mićunović, op. cit., p. 431; S. Rajak, Yugoslavia and the Soviet Union, op. cit., p. 204.
133 AS, Dedijer, t. e. 96; V. Dedijer,Prilozi, IV., op. cit., p. 65; M. Milošević, V. P. Tarasov, N. G. Tomilina, op. cit., p. 740–742.
134 J. Pirjevec, Jugoslavija, op. cit., p. 233; PA, B 12, Band 542, 2.
135 PA, B 12, Band 542, 2;S. Clissold, Yugoslavia, op. cit., p. 277, 278.
136 NARA, CREST, Central Intelligenece Bulletin, Yugoslav-Soviet Rift Widens, 24. 4. 1958.
137 PA, B 12, Band 542, 2.
138 PA, B 12, Band 542.
139 J. Pirjevec, Jugoslavija, op. cit., p. 232, 233; PA, B 12, Band 542, 2.
140 PA, B 12, Band 542.
141 AS, Dedijer, t. e. 274.
142 V. Vlahović, op. cit., p. 71;D. Bilandžić, Povijest, op. cit., p. 240; V. Dedijer, Novi prilozi, III., op. cit., p. 641; AS, Dedijer, t. e. 298.
143 PA, B 12, Band 621; S. Clissold, Yugoslavia, op. cit., p. 282, 283.
144 PA, B 12, Band 226; NARA, CREST, Central Intelligence Bulletin, Daily Brief, The Communist Bloc, 20. 4. 1958; Current Intelligence Weekly Summary, Yugoslavs Branded Anti-marxist-leninist, 8. 5. 1958; 10. 7. 1958; 21. 8. 1958.
145 J. Ridley, op. cit., p. 349.

146 D. Ćosić, Piščevi zapisi (1951–1968), op. cit., p. 148, 149; NARA, Central Intelligence Bulletin, Execution of Nagy, 17. 6. 1958; D. Bogetić, Nova strategija, op. cit., p. 201, 202; Z. Tipp, op. cit., p. 217.

147 S. N. Chruščev, Roždenije sverchderžavy, Vremja, Moskau 2000, p. 180.

148 PA, B 12, Band 336; S. Clissold, Yugoslavia, op. cit., p. 283, 284.

149 BA, DY 30/ IV 2/20/131.

150 BA, DY 30/1/ IV 2/201128.

151 PA, B 12, Band 547; NARA, CREST, Current Intelligence Weekly Summary, Tito May Delegate Some of his Responsabilities, 26. 12. 1957; NSC Briefing, Background Piece on Yugoslavia, 1. 4. 1958.

152 PA, B 12, Band 547; TNA, FO 371/95496/RY 1076/1 G

153 PA, B 12, Band 547; S. Clissold, Yugoslavia, op. cit., p. 287.

154 PA, B 12, Band 620; NIE 15-61, Outlook For Yugoslavia, 23. 5. 1961. In: Yugoslavia. From »National Communism«, op. cit., p. 262; NARA, CREST, Central Intelligence Bulletin, Soviet-Yugoslav Conflict may be easing, 15. 10. 1958; D. Bogetić, Nova strategija, op. cit., p. 238–240

155 PA, B 12, Band 336.

156 V. Dedijer, Novi prilozi, III., op. cit., p. 72, 288; AS, Dedijer, t. e. 111; NIE 10-61, Authority and Control in the Communist Movement, 8. 8. 1961. In: Yugoslavia. From »National Communism«, op. cit., p. 276.

157 V. Dedijer, Novi prilozi, III., op. cit., p. 556; V. Velebit, Svjedok, op. cit., p. 201.

158 E. Kardelj, Spomini, op. cit., p. 154. AS, Dedijer, t. e. 195.

159 PA, B 12, Band 336; B, 12, Band 586; NIE 31-57, Yugoslavia's Policies and Prospects, 11. 6. 1957. In: Yugoslavia. From »National Communism«, op. cit., p. 232; Fondazione Basaglia, Venezia, Fondo Dedijer, Kinezi, 1956, 1957;V. Mićunović, op. cit., p. 366.

160 AP, B. 12, Band 618.

161 BA, DY 30/1/ IV 2/20/131; NARA, Central Intelligence Bulletin, Yugoslav – Bloc Dispute, 27. 6. 1958.

162 E. Kardelj, Spomini, op. cit., p. 156.

163 BA, NY 4090/480; NARA, CREST, Central Intelligence Bulletin, China and Albania Reaffirm Solidarity of Ideological Views, 6. 10. 1969; Daily Brief, Sino-Soviet Dispute, 8. 10. 1960.

164 BA, DY 30/1/ IV 2/20/128; Authority and Control in the Communist Movement, 8. 8. 1961, p. 278; Ju. S. Girenko, op. cit., p. 419.

165 BA, DY 30/ IV 2/20/131.

166 BA, DY 30/ IV 2/20/313.

167 NARA, CREST, Communist Revisionism and Dissidence (2), 28. 6. 1960, p. 17.

168 AS, Dedijer, t. e. 111.

169 J. Pirjevec, Jugoslavija, op. cit., 263; V. Cenčić, Titova, op. cit., p. 247; AS, Dedijer, t. e. 111.

170 NARA, Central Intelligence Bulletin, Daily Brief, The Communist Bloc, 30. 9. 1960; Khruschev-Tito Meetings Will Affront Chinese.

171 TNA, FO 975/149/PR 117/86/G.

172 BA, DY 30/ IV 2/20/131, p. 278.

173 A. S. Anikeev, op. cit., p. 293; NARA, CREST, Bi-Weekly Propaganda Guidance, 15. 2. 1960.

174 PA, B 12, Band 605.

175 Ibid., Band 547; B 12, Band 336; B 12, Band 639.

176 Ibid., Band 336; B 12, Band 638; S. Rajak, Yugoslavia and the Soviet Union, op. cit., p. 206.

177 Ibid., Band 336.

178 J. Ridley, op. cit., p. 365.

179 PA, B 12, Band 638.

180 D. Ćosić, Piščevi zapisi (1951–1968), op. cit., p. 155.

181 PA, B 12, Band 618.

182 PA, B 12, Band 620; NARA, CREST, Current Intelligence Weekly Summary, Tito's Travels and the Bloc's Reaction, 8. 1. 1959; Yugoslavia's International Position, 8. 3. 1959; S. Rajak, Yugoslavia and the Soviet Union, op. cit., p. 207.

183 M. Adamović, op. cit., p. 235, 241; M. F. Kranjc, op. cit., p. 289; NARA, Central Intelligence Bulletin, Daily Brief, 20. 1. 1958. D. Bogetić, Nova strategija,op. cit., p. 238–240.

184 BA, Bestand Ulbricht, Walter, NL 182/1235.

185 BA, IV A 2/20/239, p. 3; NIE 15-61, Outlook for Yugoslavia, 23. 5. 1961. In: Yugoslavia. From »National Communism«, op. cit., p. 253.

186 BA, DY 30/ IV 2/20/132, p. 121.

187 M. Isić, Deset godina komunističkog raja, in: Tito-viđenja, op. cit., p. 145; D. Bogetić, Nova strategija, op. cit., p. 210.

188 BA, DY 30/ IV 2/20/131, p. 324.

189 PA, B 12, Band 604 A.

190 A. Stipanič, op. cit., p. 72.

191 PA, B 12, Band 547.

192 D. Bilandžić, Hrvatska, op. cit., p. 406, 407.

193 BA, DY 30/ IV 2/20/132, p. 63–65.

194 S. Dabčević-Kučar, '71, II., op. cit., p. 780, 781, 877.

195 Neue Zürcher Zeitung, 14. 9. 1965; NARA, CREST, Current Intelligence Weekly Summary, Yugoslavia on Eve of Seventh Party Congress, 10. 1. 1985

196 PA, B 12, Band 547; *Borba*, 2. 12. 1959.

197 S. Dabčević-Kučar, '71, II., op. cit., p. 803.

198 PA, B 12, Band 547; *Borba*, 21. 11. 1959.

199 PA, B 12, Band 547.

200 Memo, The Yugoslav Succession Problem, 10. 3. 1969. In: Yugoslavia. From »National Communism«, op. cit., p. 330.

201 NIE 15-61, Outlook for Yugoslavia, 23. 5. 1961. In: Yugoslavia. From »National Communism«, op. cit., p. 253–255, 258.

202 PA, B 12, Band 604 A.

203 BA, Bestand Ulbricht, Walter, NL 182/1235; NARA, CREST, CIA, Staff Memorandum No. 29–60, Yugoslavia and the Non-U Countries, 1960.

204 NSK, Arhiv Bakarić, Kutija 7; D. Ćosić, Piščevi zapisi (1951–1968), op. cit., p. 174.

205 D. Bilandžić, Hrvatska, op. cit., p. 407.

206 TNA, FO 371/163932/C Y1102/5; PA, B 12, Band 643; A. Lorenčič, Gospodarske razmere v Jugoslaviji v obdobju 1968–1988: na poti v razpad. In: Z. Čepič (ed.), Slovenija – Jugoslavija, op. cit.,p. 261.

207 BA, IV A 2/20/239, p. 2.

208 PA, B 12, Band 605.

209 Ibid., Band, 604 A.

210 Ibid.

211 Ibid.; D. Ćosić, Piščevi zapisi (1951–1968), op. cit., p. 170.

212 PA, B 12, Band 605.

213 PA, 702/84/04; TNA, FO 371/163932/C Y1102/13; FO 371/163903/CY 1015/6.

214 D. Bilandžić, Povijest, op. cit., p. 32, 46.

215 Ibid., p. 188.

216 PA, 702/84/04; AS, Dedijer, t. e. 215.

217 D. Bilandžić, Hrvatska, op. cit., p. 419.

218 S. Dabčević-Kučar, '71, II., op. cit., p. 851.

219 A. Matunović, op. cit., p. 116.

220 NARA, CREST, CIA, Staff Memorandum No. 29–60, Yugoslavia and the Non-U Countries, 1. 6. 1960; S. Rajak, Yugoslavia and the Soviet Union, op. cit., p. 208, 209.

221 BA, DY 30/ IV 2/20/132, p. 1; NSK, Arhiv Bakarić, Kutija, 7.

222 BA, DY 30/ IV 2/29/132, p. 6.

223 PA, B 12, Band 547; *Komunist*, 28. 5. 1960; J. Ridley, op. cit., p. 351.

224 R. Jakovina, Tito's Yugoslavia Pivotal State of the Non-Aligned, in: Tito-viđenja, op. cit., p. 391; B. Mandić, S Titom, op. cit., p. 207.

225 AMZV, Zprávy ZÚ, Bělehrad 1961–1962, 020239, Bělehrad, 2. ledna 1961.

226 D. Ćosić, Piščevi zapisi (1951–1968), op. cit., p. 169, 175, 192; B. Mandić, S Titom, op. cit., p. 35, 54.

227 D. Ćosič, op. cit., p. 175, 203.

228 PA, B 12, Band 640.

229 D. Ćosić, Piščevi zapisi (1951–1968), op. cit., p. 210.

230 Z. Antonić, op. cit., p. 30.

231 A. Ranković, op. cit., p. 167.

232 AS, Dedijer, t. e. 68; t. e., 215; t. e. 244.

233 PA, B 12, Band 640.

234 A. Ranković, op. cit., p. 167; AS, Dedijer, t. e. 197; t. e. 264; B. Mandić, S Titom, op. cit., p. 61.

235 A. Matunović, op. cit., p. 107; V. Dedijer, Novi prilozi, II., op. cit., p. 45, 55; D. Ćosić, Piščevi zapisi (1951–1968), op. cit., p. 213, 214; B Mandić, S Titom, op. cit., p. 61.

236 D. Ćosić, Piščevi zapisi (1951–1968), op. cit., p. 214.

237 A. Ranković, op. cit., p. 166, 167; AS, Dedijer, t. e. 197; t. e. 264; V. Lukić, op. cit., p. 53. B. Mandić, S Titom, op. cit., p. 61; T. Kuljić, op. cit., 81.

238 AMZV, Zprávy ZÚ, Bělehrad 1961–1962, 01253/61, Bělehrad, 13. 9. 1961.

239 NIE 10-61, Authority and Control in the Communist Movement, 8. 8. 1961. In: Yugoslavia. From »National Communism«, op. cit., p. 278.

240 J. Ridley, Tito, op. cit., p. 358; D. Bogetić, Nova strategija, op. cit., p. 360–362; G. Berić.op. cit., p. 156–159.

241 M. Milošević, V. Tarasov, N. G. Tomilina, op. cit., p. 328, 329.

242 NARA, CREST, CIA, Memorandum for the Director, Yugoslavia's Foreign Policy Position, 5. 10. 1961; AS, Dedijer, t. e. 298; J. L. Gaddis, Georg F. Kennan, An Amerucan Life, Penguin, New York 2011, p. 554–556.

243 The John F. Kennedy Library, Boston (JFK Library), National Security Files Box 252A; BA, Bestand Ulbricht, Walter, NL 182/1235; V. Dedijer, Novi prilozi, II., op. cit., p. 766–768.

244 PA, B 702, Band 84/04.

245 J. Pirjevec, Jugoslavija, op. cit., p. 266; AS, Dedijer, t. e. 68; t. e. 215; D. Bogetić, Tito i nesvrstani. Iskanja na putu stvaranja asociacije vanblokovskih država, in: Tito-viđenja, op. cit., p. 408.

246 BA, Bestand Ulbricht, Walter, NL 182/1235.

247 AAB, Arkiv Stoltenberg, Thorvald, The Outlook for Yugoslavia 1960–1974, Da-L0014, p. 15; Z. Antonić, op. cit., p. 464.

248 NARA, CREST, CIA, Memorandum for the director: Yugoslavia's Foreign Policy Position, 5. 10. 1961.

249 D. Ćosić, Piščevi zapisi (1951–1961), op. cit., p. 183, 191.

250 V. Cenčić, Titova, op. cit., p. 41, 158; A. Ranković, op. cit., p. 289.

251 M. Đilas, Tito, op. cit., p. 299.

252 AJ, 838, LF II-1/78, K 4.

253 AS, Dedijer, t. e. 111; t. e. 143.

254 AS, Dedijer, t. e. 143.

255 E. Kardelj, Spomini, op. cit., p. 120–123.

256 E. Kardelj, Spomini, op. cit., p. 147.

257 V. Dedijer, Novi prilozi, III. op. cit., p. 103, 548, 549; AS, Dedijer, t. e. 298, Z. Roter, op. cit., p. 221, 222.

258 A. Nenadović, op. cit., p. 21; PA, B 12, Band 587; B 12, Band 621.

259 A. Matunović, op. cit., p. 159; M. Simčič, Ženske, op. cit., p. 268; V. Cenčić, Titova, op. cit., p. 299.

260 D. Ćosić, Piščevi zapisi (1951–1968), op. cit., p. 291; A. Ranković, op. cit., p. 125–128; V. Lukić, op. cit., p. 54, 55. AS, Dedijer, t. e. 271.

261 D. Ćosić, Piščevi zapisi (1951–1968), op. cit., p. 292.

262 A. Ranković, op. cit., p. 125, 126.

263 NARA, CREST, Current Intelligence Bulletin, Belgrade May Adopt Attitude More Critical of Soviet Bloc, 13. 9. 1956; Current Intelligence Weekly Summary, Yugosla-Soviet Relations, 19. 9. 1957; NIE 31/1-57, Yugoslavia's International Position, 19. 11. 1957. In: Yugoslavia. From »National Communism«, op. cit., p. 245.

264 AS, Dedijer, t. e. 68; t. e. 215.

265 PA, B 11, Band 125, 1, p. 5.

266 AJ, KPR, IV-5-b.

267 D. Jović, op. cit., p. 65; M. Đilas, Vlast kao strast, Start, 21. 1. 1989, p. 31.

268 AS, Dedijer, t. e. 298.

269 D. Jović, op. cit., p. 63. B. Mandić, S Titom, op. cit., p. 46; T. Kuljić, op. cit., p. 204; B. Mandić, S Titom, op. cit., p. 46; T. Kuljić,op. cit., p. 204.

270 D. Ćosić, Piščevi zapisi (1951–1968), op. cit., p. 123.

271 D. Ćosić, Piščevi zapisi (1951–1968), op. cit., p. 291.

272 D. Bilandžić, Hrvatska, op. cit., p. 399.

273 J. Pirjevec, Jugoslavija, op. cit., p. 244; Z. Antonić, op. cit., p. 37.

274 D. Ćosić, Piščevi zapisi (1951–1968), op. cit., p. 215. Z. Antonić, op. cit., p. 37;L. Perović, Kako su se izražavali različiti politički interesi u Jugoslaviji? Polemika između Dobrice Ćosića i Dušana Pirjevca 1961/1962 godine, Dijalog povijesničara/istoričara, 9, Zagreb 2005.

275 J. Pirjevec, Jugoslavija, op. cit., p. 248; J. Prinčič, Vlada Staneta Kavčiča in njena gospodarska politika. In: Z. Čepič (ed.), Slovenija – Jugoslavija, op. cit., p. 122.

276 D. Bilandžić, Povijest, op. cit., p. 81; L. Becele Ranković, op. cit., p. 197; A. Ranković, op. cit., p. 155, 156: AS, Dedijer, t. e. 68; t. e. 215; t. e. 264.

277 AS, Dedijer, t. e. 271; t. e. 298.

278 PA, B 12, Band 440.

279 AS, Dedijer, t. e. 271; B. Krivokapić, Pucanj u Kardelja (a ubistvo Rankovića), v Pobijeda, 28. 9. 2006.

280 D. Bilandžić, Povijest, op. cit., p. 105; AS, Dedijer, t. e. 68; t. e. 215.

281 Delo, 23. 8. 1961; AS, Dedijer, t. e. 298.

282 AS, Dedijer. t. e. 261; t. e. 274.

283 AS, Dedijer, t. e. 283.

284 PA, MFA, A 11077, 1, p. 15–16.

285 J. Pirjevec, Jugoslavija, op. cit., p. 249; N. Borak, Jugoslavija med integracijo in dezintegracijo. In: Z. Čepič (ed.), op. cit., p. 30.

286 D. Ćosić, Piščevi zapisi (1951–1968), Slovenija-Jugoslavija, op. cit., p. 291.

287 A. Ranković, op. cit., p. 47.

288 D. Bilandžić, Hrvatska, op. cit., p. 417; J. Ridley, op. cit., p. 370; AS, Dedijer, t. e. 215; M. Bešlin, Josip Broz Tito i jugoslovenski federalizem (1963–1972) in: Tito-viđenja, op. cit., p. 63, 64.

289 B. Repe, Utrinki iz bližnjega leta 1962, 1., Teorija in praksa, 26, št. 11/12, 1989, p. 1505, 1506; AS, Dedijer, t. e. 68.

290 D. Bilandžić, Hrvatska, op. cit., p. 423.

291 NARA, Pol 12 Yugo, Zagreb, 13. 9. 1966; Mika Tripalo, Intervju, Vjesnik u Srijedu, 7. 9. 1966. A. Ranković, op. cit., p. 47, 48.

292 NARA, Pol 18 Yugo, Zagreb, 4. 5. 1965; AS, Dedijer, t. e. 298.

293 P. Simić, Tito, op. cit., p. 333; Slovenska kronika XX. Stoletja 1941–1995, Nova revija, Ljubljana 1996, p. 261.

294 F. Perovšek, Moja resnica. Spominski utrinki iz delovanja po letu 1945 na Primorskem in v Ljubljani, Društvo piscev zgodovine NOB Slovenija, Ljubljana 1995, p. 283–288.

295 D. Ćosić, Piščevi zapisi (1951–1968), op. cit., p. 292; AS, Dedijer, t. e. 188.

296 NARA, Pol 15-1 Yugo, Zagreb, 18. 3. 1964; L. Becele Ranković, op. cit., p. 197; AS, Dedijer, t. e. 215.

297 Slovenska kronika XX. stoletja, op. cit., p. 261.

298 A. Matunović, op. cit., p. 158; D. Bilandžić, Hrvatska, op. cit., p. 431; AS, Dedijer, t. e. 68.

299 S. Selinić, Pogled Josipa Broza Tita na neke probleme jugoslovenskog društva šestdesetih godina 20. Veka, in: Tito-viđenja, op. cit., p. 340.

300 AS, Dedijer, t. e. 3; t. e. 68; M. Mitrović, Jugoslavskaja dejstvitel'nost' v anonimnyh poslanijah Josipu Brozu Tito, Slavjanovedenije, 3, 2008, p. 52.

301 V. Cenčić, Titova, op. cit., p. 39, 48, 154, 170, 178, 297.

302 A. Ranković, op. cit., p. 124, 125. Z. Antonić, op. cit. p. 90.

303 TNA, FO 371/163932/C Y1102/13; V. Cenčić, Titova, op. cit., p. 49.

304 BA, DY 30/ J IV 2/2 A-1.277 Bd. 2. S. Selinić, op. cit., p. 341, 342.

305 N. Kavčič, Pot osamosvojiter samozaložba, Ljubljana 1996, op. cit., p. 269; M. Simčič, Ženske, op. cit., p. 268, V. Cenčić, Titova, op. cit., p. 154, 170, 297.

306 AS, Dedijer, t. e. 197.

307 AS, Dedijer, t. e. 7; t. e. 215; M. Milošević, V. P. Tarasov, N. G. Tomilina, op. cit., p. 379–409, 817–828; S. Clissold, Yugoslavia, op. cit., p. 290, 291.

308 TNA, FO 371/177760/NU 1011/1.

309 JFK Library, National Security Files, Box 210 A; AS, Dedijer, t. e. 5.

310 AS, Dedijer, t. e. 261; t. e. 284; t. e. 298.

311 AS, Dedijer, t. e. 96; t. e. 143, t. e. 215, S. S. Clissold, Yugoslavia, op. cit., p. 290, 291.

312 TNA, FO 371/177760/ NU 1011/1.

313 Open Society Archives, Stankovič, Tito Will Have to Make His Position Clear, 11. 2. 1963, http://www.osaarchivum.org/files/holdings/300/8/3/text/75-2-196; G. R. Swain, Tito. A Biography, op. cit., p. 139.

314 Open Society Archives, Background Reports, S. Stanković, Favourable Yugoslav Reaction to *Prawda* Article, 14. 2. 1963, http://www.osaarchivum.org/background-reports?col=8&id=31909.

315 Open Society Archives, Stankovič, Tito Will Have to Make His Position Clear, op. cit.

316 A. Ranković, op. cit., p. 91.

317 D. Jović, op. cit., p. 109.

318 D. Ćosić, Piščevi zapisi (1951–1968), op. cit., p. 217. K. Čavoški, op. cit., p. 22.

319 D. Jović, op. cit., p. 61; Z. Čepič, Jugoslovanske reforme, op. cit., p. 52, 53.

320 TNA, FO 371/169625/CY 103138/7; NIE 15-67, The Yugoslav Experiment, 13. 4. 1967. In: Yugoslavia. From »National Communism«, op. cit., p. 310.

321 NARA, Pol 15-2 Yugo, Belgrade, 7. 3. 1964; Pol 15 Yugo, Washington, 10. 3. 1964.

322 NARA, Pol 15 Yugo, Belgrade, 22. 1. 1964.

323 A. Matunović, op. cit., p. 161; D. Bilandžić, Povijest, op. cit. p. 187; AS, Dedijer, t. e. 274; t. e. 261.

324 Memo for the Director, Yugoslavia and the Soviet Bloc, 18. 7. 1963. In: Yugoslavia. From »National Communism«, op. cit., p. 292.

325 A. Matunović, op. cit., p. 161; V. Cenčić, Titova, op. cit., p. 52, 154.

326 A. Matunović, op. cit., p. 163; V. Dedijer, Novi prilozi, III., op. cit., p. 106, 596; M. F. Kranjc, op. cit., p. 255, 256, 316.

327 A. Ranković, op. cit., p. 251; Z. Skušek Močnik, Intervju z Vojinom Lukićem, Mladina, 17. 4. 1987; M. Bjelajac, JLA v šestdesetih in v prvi polovici sedemdesetih. In: Z. Čepič (ed.), Slovenija-Jugoslavija, op. cit, p. 94, Fußnote. 12; V. Lukić, op. cit., p. 2; AS, Dedijer, t. e. 261.

328 Memo for the Director, Yugoslavia and the Soviet Bloc, 18. 7. 1963. In: Yugoslavia. From »National Communism«, op. cit., p. 292.

329 NARA, Pol 15 Yugo, Belgrade, 5. 2. 1964.

330 AS, Dedijer, t. e. 233.

331 NSK, Arhiv Bakarić, Kutija 24.

332 D. Ćosić, Piščevi zapisi (1951–1968), op. cit., p. 287.

333 Ibid., p. 292, 294.

334 D. Ćosić, Piščevi zapisi (1951–1968), op. cit., p. 288; Z. Čepič, Jugoslovanske reforme, op. cit., p. 56.

335 NARA, Pol 12-3, Belgrade, 8. 12. 1964; D. Bilandžić, Hrvatska, op. cit., p. 472; M. Halder, op. cit., p. 111.

336 D. Ćosić, Piščevi zapisi (1951–1968), op. cit., p. 288.

337 B. Petranović, M. Zečević (ed.), Jugoslavija 1918–1988: tematska zbirka dokumenata, Belgrad, Rad, 1988, p. 928–933; BA, IV A 2/20/237, p. 232 ff.; NARA, Pol 12-3 Yugo, Belgrade, 9. 12. 1964; D. Ćosić, Piščevi zapisi (1951–1968), op. cit., p. 229–232.

338 D. Ćosić, Piščevi zapisi (1951–1968), op. cit., p. 290.

339 BA, DY 30/IV A 2/20/1158; BA, IV A 2/20/237; A. Ranković, op. cit., p. 75.

340 D. Ćosić, Piščevi zapisi (1969–1980), op. cit., p. 247.

341 TNA, 371/182839/NU 1015/1; NU15/13.

342 PA, Pol 12 Yugo, Belgrade, 8. 1. 1965; BA, DY 30/ J IV 2/2 A-1.277, Bd.2; R. Löwenthal, Yugoslavia's Search for Allies. Creating Bonds with Colonial People, The Scotsman, 9. 11. 1951; TNA, FO 371/182839/NU 1015/2.

343 BA, IV A 2/20/240.

344 D. Bilandžić, Povijest, op. cit., p. 56.

345 PA, Zwischenarchiv 651.

346 TNA, FO 371/182857/NU 1102/22.

347 TNA, FO 371/182866/NU 113145/6. J. Močnik, op. cit., p. 97.

348 BA, IV A 2/20/239, p. 6.

349 D. Bilandžić, Hrvatska, op. cit., p. 481.

350 PA, MFA, A 5433, 3, p. 112, 113.

351 PA, MFA, A 5435, 2, p. 191–195.

352 Neue Zürcher Zeitung, 14. 9. 1965.

353 PA, MFA, A 5433, 3, p. 184.

354 D. Bilandžić, Povijest, op. cit., p. 698.

355 AS, Dedijer, t. e. 68; t. e. 215.

356 A. Ranković, op. cit., p. 57, 62; AS, Dedijer, t. e. 3.

357 D. Ćosić, Piščevi zapisi (1951–1968), op. cit., p. 298.

358 Ibid., p. 297; AS, Dedijer, t. e. 3.

359 D. Ćosić, Piščevi zapisi (1951–1968), op. cit., p. 298; M. F. Kranjc, op. cit., p. 257; B. M. Mihiz, op. cit., p. 550. AS, Dedijer, t. e. 298.

360 AS, Dedijer, t. e. 3.

361 NARA, Pol 12 Yugo, Zagreb 21. 9. 1965; S. Dabčević-Kučar, '71, II., op. cit., p. 803; AS, Dedijer, t. e. 7.

362 B. Repe, Oris obravnave nacionalne problematike in nacionalnih programov v Sloveniji od konca druge svetovne vojne do začetka osemdesetih let, Borec, XLIV, 3–5, 1992, p. 290, 291; D. Bilandžić, Hrvatska, op. cit., p. 486.

363 NARA, E 1 Yugo, XR Pol 15-1, Washington, 4. 11. 1965.

364 AS, Dedijer, t. e. 7.

365 NARA, Pol 15-1 Yugo, Belgrade, 27. 7. 1966.

366 TNA, FO 371/182839/BU 1015/18.

367 NARA, Pol 12, Yugo, Belgrade, 7. 7. 1966; D. Bilandžić, Povijest, op. cit., p. 217.

368 NARA, Pol 13-8 Yugo, Belgrade, 16. 12. 1966; A. Ranković, op. cit., p. 88.

369 NARA, Pol 13-8 Yugo, Belgrade, 16.12. 1966; A. Ranković, op. cit., p. 88.

370 D. Bilandžić, Hrvatska, op. cit., p. 491.

371 A. Matunović, op. cit., p. 165; AS, Dedijer, t. e. 111.

372 NARA, Pol 12-3 Yugo, Belgrade, 3. 7. 1966; Pol 12 Yugo, Zagreb, 13. 9. 1966.

373 PA, MFA, A 5434, 2, p. 170–171; NARA, Pol 12-3 Yugo, 7. 7. 1966.

374 PA, MFA, A 5434, 3, p. 290–291.

375 A. Matunović, op. cit., p. 166; L. Becele Ranković, op. cit., p. 176; A. Ranković, op. cit., p. 161, 169.

376 A. Ranković, op. cit., p. 151.

377 NARA, CREST, Current Intelligence Weekly, Special Report, Yugoslavia the Fall of Rankovic, 5. 8. 1966; D. Bilandžić. Povijest, op. cit., p. 202.

378 D. Ćosić, Piščevi zapisi (1951–1968), op. cit., p. 293. K. Čavoški, op. cit., p. 188.

379 J. Broz Tito, Zbrana dela, 12., op. cit., p. 186, 187.

380 Ju. S. Girenko, op. cit., p. 270, t. e. 3; t. e. 235; J. Kopinič, Intervju, Mladina, cit., p. 9; J. Kopinič, Resnica mora zmagati, Dnevnik, 11 9. 1984; V. Velebit, Svjedok, op. cit., p. 474.

381 V. Cenčić, Titova, op. cit., p. 191, 270.

382 S. Dabčević-Kučar, '71, I., op. cit., p. 475; V. Dedijer, Novi prilozi, III., op. cit., p. 31, 98, 99; M. Simčič, Ženske, op. cit., p. 249, 269 ff.; V. Cenčić, Titova, op. cit., p. 80; AS, Dedijer, t. e. 3; t. e. 264.

383 L. Becele Ranković, op. cit., p. 174, 175, 277.

384 F. Šetinc, Zbogom Jugoslavija, Državna založba Slovenije, Ljubljana 1993, p. 185; Nedeljni Vjesnik und Večernje novosti, 29. 10. 1984.

385 NARA, Pol 15-2 Yugo, Zagreb, 24. 5. 1966.

386 NARA, Pol 15 Yugo, Belgrade, 26. 4. 1966; AMZV, Zprávy ZÚ, Bělehrad 1966–1967, 825.328/SM, Bělehrad, 3. července 1966.

387 NARA, Pol 12-3 Yugo, Belgrade, 4. 10. 1966; Z. Roter, op. cit. 248, 249.

388 NARA, Pol 12-6 Yugo, Belgrade, 3. 8. 1966; Pol 15-1 Yugo, 28. 1. 1966; AS, Dedijer, t. e. 215.

389 AS, Dedijer, t. e. 5; t. e. 264;. Z. Roter, op. cit., p. 248, 249.

390 M. Simčič, Ženske, op. cit., p. 271; V. Cenčić, Titova, op. cit., p. 192; A. Ranković, op. cit., p. 36, 49, 50, 268, 275; I. Krajačić-Stevo, Resnica mora zmagati, Dnevnik, 11. 11. 1984.

391 A. Matunović, op. cit., p. 170; L. Becele Ranković, op. cit., p. 155, 156, 181.

392 D. Bilandžić, Hrvatska, op. cit., p. 491.

393 A. Ranković, op. cit., p. 287; Z. Skušek Močnik, Intervju z Vojinom Lukićem, Mladina, 17. 4. 1987, p. 23.

394 A. Ranković, op. cit., p. 252–255.

395 L. Becele Ranković, op. cit., p. 156; D. Bilandžić, Hrvatska, op. cit., p. 491; D. Ćosić, Piščevi zapisi (1951–1968), op. cit., p. 294, 295.

396 D. Ćosić, Piščevi zapisi (1951–1968), op. cit., p. 295; A. Ranković, op. cit., p. 183; AS, Dedijer, t. e. 233; V. Velebit, Svjedok, op. cit., p. 192; Z. Antonić, op. cit., p. 129.

397 A. Nenadović, op. cit., p. 139.

398 A. Ranković, op. cit., p. 41, 152, 153.

399 Ibid., op. cit., p. 152, 155.

400 D. Ćosić, Piščevi zapisi (1951–1968), op. cit., p. 293, 298, 299.

401 NARA, CREST, Current Intelligence Weekly, Yugoslavia – The Fall of Ranković, 5. 8. 1966; D. Bilandžić, Hrvatska, op. cit., p. 492; A. Ranković, op. cit., p. 259.

402 AS, Dedijer, t. e. 264.

403 L. Becele Ranković, op. cit., p. 166; D. Ćosić, Piščevi zapisi (1951–1968), op. cit., p. 295; A. Ranković, op. cit., p. 259.

404 NARA, Pol 12-6 Yugo, Belgrade, 12. 7. 1966.

405 A. Ranković, op. cit., p. 40.

406 M. Vrhunec, Šest let s Titom (1967–1973), LaserPrint, Ljubljana 2001, p. 16; AS, Dedijer, t. e. 3.

407 AJ, 838, LF, II-1/78, K 4.

408 AS, Dedijer, t. e. 5.

409 L. Becele Ranković, op. cit., p. 195; Z. Skušek Močnik, Intervju z Vojinom Lukićem, Mladina, 17. 4. 1987. Siehe auch das Interview mit Slavka Becele Ranković, Mladina, 26. 12. 1986; Z. Antonić, op. cit., p. 123–128.

410 A. Ranković, op. cit., p. 262.

411 A. Nenadović, op. cit., p. 146.

412 A. Ranković, op. cit., p. 90. Z. Antomić, op. cit., p. 123–128.

413 NARA, Pol 12-3 Yugo, Belgrade 3. 7. 1966; Pol 15-1 Yugo, Belgrade, 13. 9. 1966; AS, Dedijer, t. e. 68.

414 V. Cenčić, Titova, op. cit., p. 58.

415 AS, Dedijer, t. e. 264.

416 NARA, Pol 12 Yugo, Zagreb, 1. 7. 1966.

417 S. Dabčević-Kučar, '71, I., op. cit., p. 83.

418 L. Perović, Na tragu, op. cit., p. 17; D. Ćosić, Piščevi zapisi (1951–1968), p. 248–254, 256, 262.

419 PA, MFA, A 5435, 1, S. 48, 49.

420 D. Ćosić, Piščevi zapisi (1951–1968), op. cit., p. 270.

421 NARA, Pol 12 Yugo, Zagreb, 17. 10. 1966; Pol 12 Yugo, Belgrade, 6. 10. 1966.

422 NARA, Pol 12-3, Yugo, Zagreb, 27. 9. 1966; Z. Roter, op. cit., p. 249.

423 Z. Skušek Močnik, Intervju z Vojinom Lukićem, Mladina, 17. 4. 1987, p. 24.

424 NARA, Pol 15-1 Yugo, Zagreb, 21. 9. 1964. Z. Antonić, op. cit., p. 103, 104.

425 NARA, Pol 18 Yugo, Zagreb, 20. 10. 1966; Pol 15-2 Yugo, Zagreb, 15. 11. 1966.

426 V. Cenčić, Titova, op. cit., p. 60, 191, 192; A. Ranković, op. cit., p. 162; AS, Dedijer, t. e. 3.

427 NARA, Pol 12-6 Yugo, Zagreb, 14. 9. 1966; M. Simčič, Ženske, op. cit., p. 181; AJ, 838, LF-1/78, K 4; 26. 8. 1976; D. Ćosić, Piščevi zapisi (1951–1968), op. cit., p. 382; AS, Dedijer, t. e. 3; t. e. 197;. Z. Antonić, op. cit., p. 254.

428 NARA, Pol 23-3 Yugo, Belgrade, 20. 7. 1966.

429 S. Dabčević-Kučar, '71, I., op. cit., p. 404, 405.

430 NARA, Pol 14 Yugo, Belgrade, 7. 6. 1966.

431 Ibid., Pol 23-3 Yugo, Belgrade, 18. 7. 1966.

432 Ibid., Pol 12-3 Yugo, Belgrade, 3. 10. 1966. Z. Antonić, op. cit. p. 143.

433 Ibid., Pol 12 Yugo, Belgrade, 8. 9. 1966; G. R. Swain, Tito. A Biography, op. cit., p. 147. Z. Antonić, op. cit., p. 139, 140.

434 NARA, Pol 12-3 Yugo, Belgrade, 6. 10. 1966, 8. 10. 1966; BA, Bestand, Ulbricht, Walter, NL 182/1237; S. Dabčević-Kučar, '71, II., op. cit., p. 786.

435 NARA, Pol 12-3 Yugo, Belgrade, 3. 10. 1966; BA, Bestand Ulbricht, Walter, NL 182/1237; D. Bilandžić, Povijest, op. cit., p. 59.

436 A. Nenadović, op. cit., p. 217.

437 A. Ranković, op. cit., p. 181, 265.

438 NARA, Pol 29 Yugo, Belgrade, 12. 12. 1966. M. Bešlin, op. cit., p. 68.

439 A. Ranković, op. cit., p. 185.

440 D. Ćosić, Piščevi zapisi (1969–1980), op. cit., p. 234, 235; A. Ranković, op. cit., p. 223.

441 S. Dabčević-Kučar, '71, II., op. cit., p. 870.

442 A. Nenadović, op. cit., p. 125; D. Ćosić, Piščevi zapisi (1951–1968), op. cit., p. 309; AS, Dedijer, t. e. 111; P. Simić, Z. Despot, op. cit., p. 231–236, 238.

443 D. Bilandžić, Povijest, op. cit., p. 296; V. Cenčić, Titova, op. cit., p. 59; Koča Popović, Intervju, Danas, 7. 2. 1989, p. 25.

444 D. Ćosić, Piščevi zapisi (1951–1968), op. cit., p. 311.

445 D. Bilandžić, Hrvatska, op. cit., p. 513; P. Simić, Z. Despot, op. cit., p. 237.

446 BA, Bestand Ulbricht, Walter, NL 182/1238.

447 Ibid.

448 D. Bilandžić, Povijest, op. cit., p. 53, 54; 81; V. Cenčić, Titova, op. cit., p. 173.

449 A. Matunović, op. cit., p. 122; D. Bilandžić, Povijest, op. cit., p. 300.

450 D. Bilandžić, Povijest, op. cit., p. 66; AS, Dedijer, t. e. 233.

451 NARA, Pol 12 Yugo, Belgrade, 7. 7. 1966.

452 NIE 15-67, The Yugoslav Experiment, 13. 4. 1967. In: Yugoslavia. From »National Communism«, op. cit., p. 308

453 D. Bilandžić, Povijest, op. cit., p. 125. T. Kuljić, op. cit., p. 126.

454 AS, Dedijer, t. e. 188.

455 M. Lopušina, op. cit., p. 31. M. Bešlin, op. cit., p. 73.

456 NARA, Pol 12-3 Yugo, Zagreb, 27. 9. 1966.

457 S. Dabčević-Kučar, '71, I., op. cit., p. 57, 58; V. Cenčić, Titova, op. cit., p. 175.

458 S. Dabčević-Kučar, '71, I., op. cit., p. 71.

459 Ibid., p. 546; L. Perović, Na tragu, op. cit., p. 30–32.

460 D. Jović, op. cit., p. 109; O. Milosavljević, Činjenice : tumačenja. Dva razgovora sa Latinko Perović, Helsinški odbor za ljudska prava u Srbiji, Belgrad, 2010, p. 48, 49.

461 NARA, CREST, CIA, Yugoslavia: An Intelligence Appraisal, 27. 7. 1971.

462 NARA, CREST, CIA. Memorandum, Yugoslavia – The Ustashi and the Croatian Separatist Problem, 27. 9. 2001; P. Vodopivec, Od poskusov demokratizacije (1968–1972) do agonije in katastrofe (1988–1991). In: Z. Čepič (ed.), Slovenija-Jugoslavija, op. cit., p. 14; B. Repe, Slovenski »liberalizem« šestdesetih let, op. cit., p. 110.

463 BA, DY 30/ IV A 2/20/1158. R. West, op. cit., p. 291.

464 NSK, Arhiv Bakarić, Kutija 116.

465 BA, DY 30/ IV 2/20/132; AMZV, Zprávy ZÚ, Bělehrad 1961–1962, 022857/62-2, Bělehrad, 27. února 1962.

466 AMZV, Zprávy ZÚ, Bělehrad 1961–1962, 024033/62-2, Bělehrad, 26. března 1962.

467 JFK Library, National Security Files, Box 210.

468 J. Ridley, op. cit., p. 267; J. Pirjevec, Jugoslavija, op. cit., 267.

469 TNA, FO 371/169614/CY 100/1; AMZV, Praga, Zprávy ZÚ, Bělehrad 1961–1962, 025122/62-2, V Bělehradě, 24. dubna 1962; M. Milošević, V. P. Tarasov, N. G. Tomilina, op. cit., p. 379–409.

470 A. Nenadović, op. cit., p. 26; Memo for the Director, Yugoslavia and the Soviet Bloc, 18. 7. 1963. In: Yugoslavia. From »National Communism«, op. cit., p. 293; V. Dedijer, Prilozi, IV., op. cit., p. 70.

471 TNA, FO 371/163907/CY 1022/16.

472 TNA, FO 371/169617/CY 1022/13.

473 Memo for the Director, Yugoslavia and the Soviet Bloc, 18. 7. 1963, in: Yugoslavia. From »National Communism«, op. cit., p. 293; IIM 76-040C, The Yugoslav Armed Forces, 1. 10. 1976, Ibid., p. 537; M. Bjelajac, JLA, op. cit., p. 90.

474 TNA, FO 371/177760/NU 1011/1; M. Milošević, V. P. Tarasov, N. G. Tomilina, op. cit., p. 416–468.

475 Memo for the Director, Yugoslavia and the Soviet Bloc, 18. 7. 1963. In: Yugoslavia. From »National Communism«, op. cit., p. 294.

476 GWU, 87-DOS 02138 PB, Department of State, Belgrade, 24. 10. 1962; Department od State, Incoming Telegram, Zagreb, 13. 11. 1962.

477 NARA, CREST, CIA, Special Report, Yugoslav Interest in Latin America, 12. 4. 1963; CIA, Weekly Summary, 11. 10. 1963.

478 V. Dedijer, Novi prilozi, III., op. cit., p. 37.

479 M. Adamović, op. cit., p. 353–362; AS, Dedijer, t. e. 198; M. F. Kranjc, op. cit., p. 305, 306; P. Simić, Tito i NATO, op. cit., p. 92; B. Mandić, S Titom, op. cit., p. 127–137.

480 NARA, CREST, CIA, Office of Current Intelligence, Reaction of Tito and his Entourage to his US Visit, 4. 11. 1963; J. Ridley, op. cit., p. 365.

481 V. Dedijer, Novi prilozi, III., op. cit., p. 258, 260, 546; AS, Dedijer, t. e. 271.

482 JFK Library, Oral Histories, William A. Crawford, 12. 3. 1971, p. 26.

483 BA, Bestand: Ulbricht, Walter, NL 182/1235.

484 NARA, Pol 15-1 Yugo, Belgrade, 21. 6. 1965; Pol 15-1 Yugo, Belgrade, 11. 5. 1965.

485 TNA, FO 371/182850/NU 103170/8; B. Mandić, S. Titom, op. cit., p. 189; B. Bogetić, Tito i nesvrstani, op. cit., p. 410.

486 NARA, Pol 15-1 Yugo, Belgrade, 3. 6. 1965; B. Mandić, S. Titom, op. cit., p. 190.

487 NSK, Arhiv Bakarić, Kutija 33.

488 NARA, Pol 15-1 US-Yugoslavia, Washington, 2. 9. 1965; GWU, 01673, 28. 12. 1965, Notes on Telecon with the President; J. Močnik, op. cit., p. 77.

489 AS, Dedijer, t. e. 120.

490 PA, 42, Band 989; TNA, FCO 28/512/NU 1/3.

491 BA, Bestand Ulbricht, Walter, Sign. NL 182/1238.

492 JA, KPR I -1/1340; B. Mandić, S Titom, op. cit., p. 167.

493 NARA, CREST, CIA, Weekly Summary, Special Report, The Yugoslav Power Structure under Revision, 23. 2. 1968.

494 G. R. Swain, Tito. A Biography, op. cit., p. 157.

495 D. Udovički, op. cit., p. 23; S. Dabčević-Kučar, '71, I., op. cit., p. 86; D. Bilandžić, Hrvatska, op. cit., p. 518–522; D. Ćosić, Piščevi zapisi (1951–1968), op. cit., p. 332; G. R. Swain, Tito. A Biography, op. cit., p. 154–157; R. B. Kanzleiter, Die Rote Universität. Die Studentenbewegung und Linksopposition in Belgrad 1962–1975, VSA, Hamburg 2011, p. 189–300; Z. Antonić, op. cit., p. 185–188.

496 PA, Zwischenarchiv, 112617, 12. 3. 1973; M. F. Kranjc, op. cit., p. 347.

497 D. Bilandžić, Povijest, op. cit., p. 270; id., Hrvatska, op. cit., p. 519; V. Cenčić, Titova, op. cit., p. 159; Z. Čepič, Jugoslovanske reforme, op. cit., p. 44; AS, Dedijer, t. e. 244.

498 BA, DY 30/IV A 2/20/1158; S. Dabčević-Kučar, '71, I., op. cit., p. 87.

499 BA, DY 30/IV A 2/20/1158. Z. Antonić, op. cit., p. 188–190.

500 Z. Vuković, Od deformacije SDB do Maspoka i liberalizma. Moji stenografski zapisi 1966–1972. godine, Narodna knjiga, Belgrad, 1989, S. 178, 179.

501 D. Bilandžić, Povijest, op. cit., p. 66; D. Ćosić, Piščevi zapisi (1951–1968), op. cit., p. 342, 343.

502 BA, DY 30/IV A 2/20/1158; S. Dabčević-Kučar, '71, I., op. cit., p. 572.

503 PA, B 12, 547.

504 Ibid.

505 D. Ćosić, Piščevi zapisi (1951–1968), op. cit., p. 344.

506 NARA, Pol 15-1 Yugo, Belgrade, 26. 5. 1965; TNA, FO 371/177767/NV 1015/11; FO 371/182840/NU 1022/29; M. Milošević, V. P. Tarasov, N. G. Tominina, op. cit., p. 472-498; B. Mandić, S Titom, op. cit., p. 212–224.

507 M. Marović, Sumrak, op. cit., p. 269; B. Mandić, Tito u dialogu, op. cit., p. 212 –224.

508 TNA, FO 371/182846/NU 103138/6; NU 113138/5.

509 TNA, FO 371/182864/NU 113138/5.

510 TNA, FO 371/182846/NU 103138/4.

511 NSK, Arhiv Bakarić, Kutija12.

512 TNA, FCO 28/1635/ENU 3/303/1.

513 Ju. S. Girenko, op. cit., p. 420; AS, Dedijer, t. e. 126, M. Marović, U crvenom triuglu, p. 678; J. Hadalin, Tito in praška pomlad v jugoslovanskih diplomatskih virih. In: Z. Čepič (ed.), Slovenija-Jugoslavija, op. cit., p. 153; B. Mandić, Tito u dialogu, op. cit., p. 290–292.

514 PA, B. 42, Band 1348; J. Ridley, op. cit., p. 385.

515 BA, DY 30/IV A2/20/1175.

516 BA, DY 30/ J IV 2/2 A-1.331; J. Hadalin, Tito in praška pomlad, op. cit., p. 158.

517 S. Dabčević-Kučar, '71, II., op. cit., p. 600; J. Pelikan, Jugoslavie a pražske jaro, Univerzita Karlova, TOGGA, Praga, 2008, p. 145–146; Z. Roter, op. cit., p. 258, 259.

518 AS, Dedijer, t. e. 126, M. Marović, U crvenom triuglu, p. 599; J. Hadalin, Tito in praška pomlad, op. cit., p. 161, 162; M. Režek, Odmev praške pomladi in njenega zloma v Sloveniji in v Jugoslaviji. In: Z. Čepič, (ed.) Slovenija-Jugoslavija, op. cit., p. 169.

519 NSK, Arhiv Bakarić, Kutija 33.

520 AS, Dedijer, t. e. 111.

521 M. Režek, Odmev praške pomladi, op. cit., p. 175, 176.

522 BA, DY 30/J IV 2/2 A-1.331.

523 PA, B 42, Band 1348; AS, Dedijer, t. e. 126, M. Marović, U crvenom triuglu, p. 640.

524 D. Tripković, Pisma koja je Josip Broz Tito razmenio sa Leonidom Brežnjevim i Lindonom Džonsonom povodom događaja u Čehoslovačkoj u jesen 1968. Istorija 20. veka, 28, 2010, 3, p. 176, 182; G. Berić, op. cit., p. 159, 160.

525 NARA, CREST, CIA, Yugoslavia: An Intelligence Appraisal, 27. 7. 1971; NIE 15-73, Yugoslavia after Tito, 5. 7. 1973 in: Yugoslavia. From »National Communism«, op. cit., p. 519.

526 PA, B 42, Band 1348; NSK, Arhiv Bakarić, Kutija 33.

527 PA, B 42, Band 1348; BA, Bestand Ulbricht, Walter, NL 182/4238; M. Režek, Odmev praške pomladi, op. cit., p. 180.

528 Ju. S. Girenko, op. cit., p. 421.

529 NSK, Arhiv Bakarić, Kutija 33.

530 S. Dabčević-Kučar, '71, I., op. cit., p. 420.

531 D. Guštin, Teritorialna obramba, op. cit., p. 282.

532 TNA, FCO 28/1647; NIE 15-79, Prospects for Post-Tito Yugoslavia Voll. II – The Annexes, 25. 9. 1979, in: Yugoslavia. From »National Communism«, op. cit., p. 607; AAB, Stoltenberg, Thorvald, The Outlook, op. cit., p. 25, 26.

533 AS, Dedijer, t. e. 68; t. e. 261; t. e. 264; M. M. (Mile Milatović), Dnevnik, 2. 10. 1986; Z. Antonić, op. cit., p. 151, 152, 342.

534 M. Bjelajac, JLA, op. cit., p. 93, 94;j A. Duhaček, General Gošnjak o sebi i revoluciji, Duga, 14. 10. 1989, p. 90, 91; D. Guštin, Teritorialna obramba, op. cit., p. 283.

535 NARA, Pol 15-8 Yugo, Belgrade, 8. 11. 1966.

536 BA, DY 30/J IV 2/2J/8077.

537 S. Dabčević-Kučar, ' 71, I., op. cit., p. 453; J. Pirjevec, Jugoslavija, op. cit., p. 285; NIE 15-61, Outlook For Yugoslavia, 23. 5. 1961, in: Yugoslavia. From »National Communism«, op. cit., 257; NARA, CREST, Central Intelligence Bulletin, Church-State Conflict Sharpens in Yugoslavia, 10. 6. 1952; R. Radić, Josip Broz Tito i patriarsi Srpske pravoslavne crkve (Gavrilo, Vikentije i German), in: Tito viđenja, op. cit., p. 127, 128.

538 J. Ridley, op. cit., p. 383.

539 PA, B 12, Band 547.

540 AS, Dedijer, t. e. 188.

541 D. Bilandžić, Povijest, op. cit., p. 60, 61, 295, 258; V. Cenčić, Titova, op. cit., p. 16, 172.

542 AJ, KPR II-4-a, K 163; D. Ćosić, Piščevi zapisi (1951–1968), op. cit., p. 305–307; O. Milosavljević, op. cit., p. 201–203; Z. Antonić, op. cit., p. 154, 155.

543 NSK, Arhiv Bakarić, Kutija 47, Sjednica IK CK SKH, 4. 12. 1967; AJ, 838, LF, II-1/78, Miroslav Krleža – Titu, 18. 4. 1967; D. Ćosić, Piščevi zapisi (1951–1968), op. cit., p. 308; Z. Antonić, op. cit., p. 157.

544 S. Dabčević-Kučar, '71, II., op. cit., p. 822; D. Bilandžić, Povijest, op. cit., p. 240; V. Cenčić, Titova, op. cit., p. 137, 138; D. Ćosić, Piščevi zapisi (1969–1980), op. cit., p. 286; Z. Antonić, op. cit.,164, 165, 194.

545 S. Dabčević-Kučar, '71, II., op. cit., p. 822; D. Bilandžić, Povijest, op. cit., p. 240; V.

Cenčić, Titova, op. cit., p. 137, 138; D. Ćosić, Piščevi zapisi (1969–1980), op. cit., p. 286; Z. Antonić, op. cit.,164, 165, 194.

546 A. Matunović, p. 121; P. Simić, Tito, op. cit., p. 295; D. Ćosić, Piščevi zapisi (1969–1980), op. cit., p. 82; H. Kamberović, Josip Broz Tito i nacionalni identitet Muslimana u Bosni i Hercegovini – dva viđenja, in: Tito – viđenja, op. cit., p. 275.

547 D. Bilandžić, Povijest, op. cit., p. 191, 246.

548 AJ, KPR II-4-a, K 166; D. Ćosić, Piščevi zapisi (1951–1968), op. cit., p. 391, 392; NARA, CREST, Yugoslavia: The Kosovo Problem. A Research Paper, 21. 4. 1979; P. Simić, Z. Despot, op. cit., p. 260–264.

549 AJ, KPR II-4-b, K 169; D. Ćosić, Piščevi zapisi (1951–1968), op. cit., p. 385, 386; M. F. Kranjc, op. cit., p. 335–337.

550 AJ, KPR, II-4-b, K 169.

551 D. Bilandžić, Povijest, op. cit., p. 68; Memo, The Yugoslav Succession Problem, 10. 3. 1969. In: Yugoslavia. From »National Communism«, op. cit., p. 336.

552 D. Ćosić, Piščevi zapisi (1969–1980), op. cit., p. 10, 11, 202, 203, 275.

553 NARA, CREST, CIA, Yugoslavia: An Intelligence Appraisal, 27. 7. 1971; A. Lorenčič, op. cit., p. 263.

554 AJ, 837, KPR, II-4 a, K 168; D. Ćosić, Piščevi zapisi (1969–1980), op. cit., p. 125–131; AS, Dedijer, t. e. 233; V. Velebit, Svjedok, op. cit., p. 197.

555 G. R. Swain, Tito. A Biography, op. cit., p. 149–151.

556 B. Mandić, S Titom, op. cit., p. 61; AAB, Arkiv Stoltenberg, Thorvald, The Outlook for Yugoslavia 1969–1974.

557 PA, B. 42, Band 1327; AS, Dedijer, t. e. 215.

558 S. Bilandžić, Povijest, op. cit., p. 78; 177; id., Hrvatska, op. cit., p. 536.

559 L. Perović, Zatvaranje kruga – ishod rascepa, Svjetlost, Sarajevo, 1991, p. 90; O. Milosavljević, op. cit., p. 241, P. Simić, Z. Despot, op. cit., p. 250, 251.

560 PA, B 42, Band 1343.

561 W. Brandt, Erinnerungen, Ullstein, Berlin 2003, p. 42, 237, 485; I. Ivanji, op. cit., str 71; B. Mandić, S. Titom, op. cit., p. 92, 93.

562 NSK, Arhiv Bakarić, Kutija 20; I. Dimić, Josip Broz Tito: Yugoslav Policy and the Formation of the Concept of European Security 1968–1975; cf. V. Bilandzic, M. Kosanovic (ed.), From Helsinki to Belgrade: The First CSCE Follow-up Meeting and the Crisis of Detente, V&R-Bonn University Press, Bonn 2014, p. 69.

563 B. Repe, J. Prinčič, Pred časom. Portret Staneta Kavčiča, Modrijan, Ljubljana 2009, p. 135–165.

564 S. Kavčič, Dnevnik in spomini, 1972–1987, Časopis za kritiko znanosti, Ljubljana 1988, p. 430.

565 AS, Dedijer, t. e. 199.

566 F. Šetinc, Vzpon in sestop, Cankarjeva založba, Ljubljana, 1989, p. 67; J. Pirjevec, Ju-

goslavija, op. cit., p. 293, 294; D. Bilandžić, Povijest, op. cit., p. 80; Idem, Hrvatska, op. cit., p. 559.

567 TNA, FCO 28/1629/ENU 1/5.

568 AS, Dedijer, t. e. 233; O. Milosavljević, op. cit., S.102.

569 S. Dabčević-Kučar, '71, I., op. cit., p. 117, 118, 137, 363.

570 Ibid., I., op. cit., p. 431.

571 V. Cenčić, Titova, op. cit.

572 S. Dabčević-Kučar, '71, II., op. cit.,str, 788, 794; D. Bilandžić, Povijest, op. cit., p. 258, 260.

573 PA, B 12, Band 547; V. Cenčić, Titova, op. cit., p. 138.

574 T. Kuljić, op. cit., p. 114; D. Bilandžić, Povijest, op. cit., p. 76–78; AS, Dedijer, t. e. 233.

575 AJ, KPR, II-4-a, K 166; S. Dapčević-Kučar, '71, op. cit., I, p. 119–120; Z. Antonić, op. cit., p. 208 ff.

576 Ibid.

577 S. Dabčević-Kučar, '71, I., op. cit., p. 119, 120.

578 A. Matunović, op. cit., p. 123.

579 S. Dabćević-Kučar, '71, I., op. cit., p. 123, 147, 156; II., 808, 887; D. Bilandžić, Hrvatska, op. cit., p. 563; AS, Dedijer, t. e. 233.

580 D. Ćosić, Piščevi zapisi (1969–1980), op. cit., p. 27. Z. Antonić, op. cit., p. 239.

581 O. Milosavljević, op. cit., p. 101.

582 J. Ridley, op. cit., p. 391; J. Pirjevec, Jugoslavija, op. cit., p. 290.

583 N. Kavčič, op. cit., p. 225; M. F. Kranjc, op. cit., p. 347.

584 PA, B 12, Band 547.

585 S. Dabčević-Kučar, '71, II., op. cit., p. 803.

586 D. Bilandžić, Povijest, op. cit., p. 94; id., Hrvatska, op. cit., p. 577.

587 TNA, FCO 28/1629/ENU 1/5.

588 PA, B 12, Band 547.

589 AS, Dedijer, t. e. 233; I. Ivanji, op. cit., p. 139.

590 S. Dabčević-Kučar, '71, II., op. cit., p. 754; TNA, FCO 28/1630/ENU 1/1.

591 TNA, FCO 28/1627/ENU 1/3.

592 NARA, CREST, CIA, Yugoslavia:An Intelligence Appraisal, 27. 7. 1971; I. Ivanji, op. cit., p. 139.

593E. Kardelj, Spomini, op. cit., p. 243.

594 S. Dabčević-Kučar, '71, I., op. cit., p. 351, 352, 544.

595 L. Perović, Na tragu, op. cit., p. 41.

596 PA, B 12, Band 547; A. Nenadović, op. cit., p. 155; O. Milosavljević, op. cit., p. 164.

597 TNA, FCO 28/1628.

598 J. Ridley, op. cit., p. 394.

599 PA, Zwischenarchiv, 65.

600 S. Dabčević-Kučar, '71, I., op. cit., p. 488, 506, 514, 515, 540, 577; V. Cenčić, Titova, op. cit., p. 273.

601 NARA, CREST, CIA, Yugoslavia: An Intelligence Appraisal, 27. 7. 1971; AS, Dedijer, t. e. 233; M. F. Kranjc, op. cit., p. 349; M. Lopušina, op. cit., p. 35.

602 G. R. Swain, Tito. A Biography, op. cit., p. 169. A. Razumovsky, op. cit., p. 376, 377.

603 S. Dabčević-Kučar, '71, I., op. cit., p. 504, 506, 507; V. Cenčić, Titova, op. cit., p. 62; M. Lopušina, op. cit., p. 35.

604 J. Pirjevec, Jugoslavija, op. cit., p. 497.

605 S. Dabčević-Kučar, '71, I., op. cit., p. 521–523.

606 TNA, FCO 28/1630.

607 S. Dabčević-Kučar, '71, I., op. cit., p. 522; D. Marković, N. Milovanović, Dj. Rebić, Bojevniki za mir. Hladna in posebna vojna, II, Mladinska knjiga, Ljubljana 1984, p. 315–340.

608 A. Matunović, op. cit., p. 122. I. Ivanji, op. cit., p. 180.

609 AS, Dedijer.

610 NARA, CREST, CIA, Yugoslavia: An Intelligence Appraisal, 27. 7. 1971; S. Dabčević-Kučar, '71, I., op. cit.,str, 560, 561; II., 602; D. Bilandžić, Hrvatska, op. cit., p. 591, 592; M. F. Kranjc, op. cit., p. 350.

611 S. Dabčević-Kučar, '71, I., op. cit., p. 561, 562; D. Bilandžić, Hrvatska, op. cit., p. 593.

612 M. Tripalo, Hrvatsko proljeće, op. cit., p. 150, 151.

613 PA, B 1342, Band. 1327.

614 S. Dabčević-Kučar, '71, I., op. cit., p. 552.

615 AS, Dedijer, t. e. 233.

616 PA, B 12, Band 547; D. Bilandžić, Povijest, op. cit., p. 258; V. Cenčić, Titova, op. cit., p. 17. Z. Roter, op. cit.,294.

617 S. Dabčević-Kučar, ' 71, I., op. cit., p. 548; AS, Dedijer, t. e. 233.

618 N. Kisić Kolanović, op. cit., p. 142.

619 AJ, KPR, II-4-a, K 167; P. Simić, Z. Despot, op. cit., p. 282.

620 D. Ćosić, Piščevi zapisi (1951–1968), op. cit., p. 293.

621 S. Dabčević-Kučar '71, II., op. cit., p. 602, 603; M. F. Kranjc, op. cit., p. 120, 121; O. Milosavljević, op. cit., p. 107.

622 M. Vrhunec, Šest let s Titom, op. cit., p. 221, 251, 252; AS, Dedijer, t. e. 68; M. F. Kranjc, op. cit., p. 250. K. Čavoški, op. cit., p. 65–67.

623 O. Milosavljević, op. cit., p. 240, 241.

624 D. Bilandžić, Povijest, op. cit., p. 105; D. Ćosić, Piščevi zapisi (1951–1968), op. cit., p. 293.; AS, Dedijer, t. e. 68; t. e. 184; t. e. 233; t. e. 244.

625 PA, B 12, Band 547.

626 J. Ridley, op. cit., p. 394; AS, Dedijer, t. e. 233.

627 M. Vrhunec, Šest let s Titom, op. cit., p. 258; AS, Dedijer, t. e. 233.
628 S. Dabčević-Kučar, '71, II., op. cit., p. 661; D. Bilandžić, Hrvatska, op. cit., p. 600, 601; TNA, FCO 28/2115/ENU 1/L; J. Ridley, op. cit., p. 395; AS, Dedijer, t. e. 233.
629 M. Vrhunec, Josip Broz, op. cit., p. 97.
630 S. Bilandžić, Hrvatska, op. cit., p. 545–551, 586, 597; M. Vrhunec, Šest let s Titom, op. cit., p. 164–166; TNA, FCO 28/2113/ENY 1/3.
631 M. Vrhunec, Josip Broz, op. cit., p. 102.
632 TNA, FCO 28/1628/A 20.
633 TNA, FCO 28/2118/ (31. 8. 1972).
634 D. Bilandžić, Povijest, op. cit., p. 263; O. Milosavljević, op. cit., p. 103.
635 M. Vrhunec, Šest let s Titom, op. cit., p. 265. Z. Antonić, op. cit., p. 255.
636 S. Dabčević-Kučar, '71, II., op. cit., p. 695, 696–699; O. Milosavljević, op. cit., p. 73.
637 PA, B 12, Band 547.
638 AS, Dedijer, t. e. 233; t. e. 271.
639 S. Dabčević-Kučar, '71, II., op. cit., p. 683; AS, Dedijer, t. e. 233; R. Antonić, op. cit., p. 289.
640 D. Bilandžić, Povijest, op. cit., p. 109; M. Vrhunec, Šest let s Titom, op. cit., p. 263.
641 S. Dabćević-Kučar, '71, II., op. cit., p. 683, 683; D. Bilandžić, Hrvatska, op. cit., p. 605.
642 D. Bilandžić, Povijest, op. cit., p. 174.
643 S. Dabčević-Kučar, '71, II., op. cit., p. 684.
644 D. Bilandžić, Povijest, op. cit., p. 111, 112. Z. Antonić, op. cit., p. 183.
645 AS, Dedijer, t. e. 233; Z. Roter, op. cit., p. 294.
646 BA, Bestand Ulbricht, Walter, NL 182/1238.
647 O. Milosavljević, op. cit., p. 241.
648 V. Dedijer, Novi prilozi, III., op. cit., p. 76; B. Mandić, S Titom, op. cit., p. 301–332.
649 PA, B 42, Band 1350; M. Vrhunec, Šest let s Titom, op. cit., p. 60–65.
650 D. Bogetić,Tito i nesvrstani, in: Tito – viđenja, op. cit., p. 410, 411.
651 PA, B 42, Band 1348; NARA, CREST, CIA, Yugoslavia: An intelligence Appraisal, 27. 7. 1971; S. A. Romnenko, »Horvatskaja vesna« i sovjetsko-jugoslavskije otnošenija na rubeže 1960–1970 godov, Slavjanovedenije, 3, 2008, p. 64.
652 AS, Dedijer, t. e. 68.
653 S. Dabčević-Kučar, '71, II., op. cit., p. 604–608; M. Vrhunec, Josip Broz, op. cit., p. 37.
654 S. Dabčević-Kučar, '71, II., op. cit., p. 607; M. Vrhunec, Šest let s Titom, op. cit., p. 66–70.
655 GWU, 00735, US Policy and Post-Tito Yugoslavia. Prepared by the NSC Interdepartmental ad hoc Group for Yugoslavia, 13. 9. 1971, p. 1–5.
656 Bericht eines Augenzeugen.
657 D. Bilandžić. Poglavje, op. cit., p. 240.

658 NARA, CREST, CIA, Yugoslavia: An Intelligence Appraisal, 27. 7. 1971; GWU, 00735, US Policy and Post-Tito Yugoslavia. Prepared by the NSC Interdepatmental Ad Hoc Group for Yugoslavia, 13. 9. 1971, p. 36; M. Vrhunec, Šest let s Titom, op. cit., p. 70–80.

659 PA, B 42, Band 1348.

660 TNA, FCO 28/1640/ENU 3/311/1; B. Mandić, Tito u dialogu, op. cit., p. 357–366; M. Kacin Wohinz, J. Pirjevec, Zgodovina Slovencev v Italiji 1866–2000, Nova Revija, Ljubljana 2000, p. 155; S. Mišić, Poseta Josipa Broza Tita Italiji 1971. Godine, in: Tito – viđenja, op. cit., p. 505–520; G. Bajc, Dietro le quinte della visita di Tito a Rom nel 1971: il contesto locale e internazionale letto dalla diplomazia britannica, Annales, Ser. Hist. sociol., 24, 2014, 4, p. 714–728.

661 NARA, Pol. Vat-Yugo, Rome, 2. 2. 1965; Dapčević-Kučar, '71, op. cit., I, p. 452; M. Vrhunec, Šest let s Titom, op. cit., p. 82–84, 91–97; AMVZ, Zprávy, Bělehrad 1966–1967, 323–325, V Bělehradě, 1. 7. 1966; BA, B 26, Bestand 457; TNA, FO 371/1828/NU 0791; 1781; G. Berić, op. cit., p. 145–150; N. Terzić, Odnos Josipa Broza Tita prema Rimskokatoličkoj crkvi 1945–1952, Vojnoistoički glasnik, L (1996); Z. Roter, op. cit., p. 185, 186, 237, 238; Z. Antonić, op. cit., p. 491, 492.

662 TNA FO 371/182879/NU 1781/1; NU 1781/8.

663 AJ 837, KPR I-I, 1339–1361; D. Stuparić, Diplomati, op. cit., p. 327; P. Radosavljević, Odnos izmedju Jugoslavije i Svete Stolice 1963–1978, Službeni glasnik, Belgrad, 2012, p. 50, 139–146; Z. Roter, op. cit., p. 305; J. Ramšak, Between Ideology and Pragmatism: Polemic on the Civil Rights of Christians in the Socialist Slovenia of the 1970s, in: Religion, State & Society, Vol. 43, No. 2 (June 2015), S. 168–183.

664 PA, B 42, Band 1350.

665 S. Tomašević, Tito u Vatikanu. Stepinčev progonitelj kod pape Pavla VI., Profil Medija, Zagreb, 2011. D. Stuparić, Diplomati, op. cit., p. 338.

666 Ibid., p. 340.

667 NARA, CREST, CIA, Yugoslavia, An Intelligence Appraisal, 27. 7. 1971; TNA FCO 28/1628/ENU 1/4.

668 S. Dabčević-Kučar, '71, II., op. cit., p. 601.

669 NARA, CREST, CIA, Yugoslavia: An Intelligence Appraisal, 27. 7. 1971.

670 Ibid.

671 S. Dabčević-Kučar, '71, II., op. cit., p. 603; D. Bilandžić, Povijest, op. cit., p. 298; NARA, CREST, Propaganda Perspectives, Brezhnev in Yugoslavia, 4. 11. 1971.

672 M. Vrhunec, Šest let s Titom, op. cit., str, 99–102; TNA FCO 28/1636/ENU 3/303/1; FCO 28/1635/ENU 3/303/1; FCO 28/1636/ENU 3/303/1; AMZV, Zprávy ZÚ 622461, V Bělehradě, 15. dubna 1973; Memo, Tito's Time of Troubles, 17. 11. 1972. In: Yugoslavia. From »National Communism«, op. cit., p. 494; AS, Dedijer, t. e. 111, B. Osolnik, op. cit., p. 271, 272.

673 PA, B 42, Band 1348; S. Dabčević-Kučar, '71, II., op. cit., p. 603.
674 Ibid., Band 1350; B. Mandić, Tito u dialogu, op. cit., p. 369.
675 M. Vrhunec, Šest let s Titom, op. cit., p. 121, 122.
676 S. Dabčević-Kučar, '71, II., op. cit., p. 684–689; PA, B 42, Band 1351; IIM 76-040C, The Yugoslav Armed Forces, 1. 10. 1976. In: Yugoslavia. From »National Communism«, op. cit., p. 546.
677 S. Dabčević-Kučar, '71, II., op. cit., p. 888; M. F. Kranjc, op. cit., p. 351.
678 NIN, 14. 11. 1971.
679 PA, B 12, Band 547; TNA, FCO 28/2113/ENY 1/3; AJ, KPR, II-4-a, K 167.
680 S. Dabčević-Kučar, '71, II., op. cit., p. 819.
681 TNA, FCO 28/1630/ENU 1/7; AJ, KPR, II-4-a. K 167.; G. R. Swain, Tito. A Biography, op. cit., p. 175.
682 Z. Tomac, The Struggle for the Croatian State: Through Hell to Democracy, Profikon, Zagreb 1993, p. 34; AJ, KPR, II-4-a, K 167; I. Supek, Krivovjernik na ljevici, Globus, Zagreb, 1992; M. Bjelajac, JLA, op. cit., st. 98.
683 D. Ćosić, Piščevi zapisi (1951–1968), op. cit., p. 289.
684 J. Ridley, op. cit., p. 397; AS, Dedijer, t. e. 233.
685 S. Dabčević-Kučar, '71, II., op. cit., p. 895; Sječa Hrvatske u Karađorđevu 1971. Autorizirani zapisnik, (ur. Milan Pišković) Meditor, Zagreb 1994.
686 S. Dabčević-Kučar, '71, II., op. cit.,str, 932: D. Bilandžić, Povijest, op. cit., p. 189; M. Vrhunec, Šest let s Titom, op. cit., p. 267.
687 S. Dabčević-Kučar, '71, II., op. cit., p. 931.
688 NSK, Arhiv Bakarić, Kutija 33.
689 PA, B 12, Band 557; S. Dabčević-Kučar, '71, II., op. cit., p. 940–949.
690 D. Bilandžić, op. cit., p. 220; M. Pisković (ed.), Sječa Hrvatske u Karadjordjevu 1971. Autorizirani zapisnik, Meditor, Zagreb, 1994; Z. Antonić, op. cit., p. 294, 295.
691 P. Simić, Tito, op. cit., p. 305–307; D. Marković, Život i politika, 1967–1978, I., RAD, Belgrad 1987, p. 283, 284; O. Milosavljević, op. cit., p. 106.
692 M. Vrhunec, Šest let s Titom, op. cit., p. 268.
693 J. Ridley, op. cit.,str, 399; AS, Dedijer, t. e. 233; O. Milosavljević, op. cit., p. 105.
694 S. Dabčević-Kučar, '71, II., op. cit., p. 798.
695 NARA, CREST, Soviet Union-Eastern Europe, Cominformists in Croatia, 5. 8. 1975.
696 PA, B 12, Band 547.
697 S. Dabčević-Kučar, '71, I., op. cit., p. 564, II., p. 655. K. Čavoški, op. cit., p. 181.
698 S. Dabčević-Kučar, '71, II., op. cit., p. 986, 992, 996; D. Bilandžić, Hrvatska, op. cit., p. 655; AJ, KPR, II-4-a, K 167.
699 NARA, CREST, Central Intelligence Bulletin, 13. 12. 1971.
700 PA, B 12, Band 547.

701 Ibid.

702 PA, B 42, Band 1341.

703 Ibid.

704 NARA, CREST, Office of National Estimates, Memorandum, The Crisis in Croatia, 5. 1. 1972.

705 D. Bilandžić, Povijest, op. cit., p. 125; TNA, FCO 28/2117; NARA, CREST, Propaganda Perspectives, The Yugoslav Experiment Challanged, March 1972; G. R. Swain, Tito. A Biography, op. cit., p. 177.

706 TNA, FCO 28/2407/ENU 1/1.

707 TNA, FCO 28/2115/ENU 1/4.

708 PA, Zwischenarchiv 112618, 28. 3. 1972.

709 TNA, FCO 28/2117/EBU 1/5.

710 J. Pirjevec, Jugoslavija, op. cit., p. 317. A. Stipanič, op. cit., p. 111, 112.; D. Marković, N. Milovanović, Dj. Rebić, op. cit., p. 341–378.

711 NSK, Arhiv Bakarić, Kutija 33.

712 A. Stipanič, op. cit., p. 112; I. Goldstein, S. Goldstein, Tito, op. cit., p. 737.

713 M. Vrhunec, Šest let s Titom, op. cit., p. 187, 307.

714 M. Vrhunec, Josip Broz, op. cit., p. 27.

715 NSK, Arhiv Bakarić, Kutija 34; AJ, KPR, II-4-a, K 167, O ustaško-terorističkoj grupi na području BiH, 11. 7. 1972.

716 NARA, CREST, Memorandum, Yugoslavia – The Ustashi and the Croatian Separatist Problem, 27. 9. 1972; J. Pirjevec, Yugoslav Political Emigration to Australia after World War II, Annales, Series historia et sociologia, 16, 1, 2006, p. 1–6.

717 NSK, Arhiv Bakarić, Kutija 33.

718 L. Perović, Na tragu, op. cit., p. 12.

719 TNA, FCO 28/2114 1/1; O. Milosavljević, op. cit., p. 108.

720 F. Amodeo, M. Cereghuno, op. cit., p. 86.

721 AJ, KPR II-4-a, K 167; Z. Antonić, op. cit., p. 305 ff.

722 D. Ćosić, Piščevi zapisi (1969–1980), op. cit., p. 118–121; O. Milosavljević, op. cit., p. 268. Z. Antonić, op. cit., p. 307 ff.

723 TNA, FCO 28/2116/ENU 1/4; 28/2407/ENU 1/1; L. Perović, Na tragu, op. cit., p. 42; O. Milosavljević, op. cit., p. 49–51, 274.

724 TNA, FCO 28/2116/ENU 1/4; 28/2407/ENU 1/1; K. Perović, Na tragu, op. cit., p. 42; O. Milosavljević, op. cit., p. 49–51.

725 P. Simić, Z. Despot, op. cit., p. 271; O. Milosavljević, op. cit., p. 106.

726 TNA, 28/2116/ENU 1/4. B. Mandić, S Titom, op. cit., p. 173.

727 M. Vrhunec, Šest let s Titom, op. cit., p. 191.

728 AMZV, Zprávy ZÚ, Bělehrad 1973–1975, 01169, Bělehrad, 18. 11. 1974.

729 FCO 29/2122/ENU 3/303/1.

730 D. Bilandžić, Hrvatska, op. cit., p. 661.

731 J. Pirjevec, Jugoslavija, op. cit., p. 307, 308; L. Perović, Na tragu, op. cit., p. 43; TNA, FCO 28/2116.

732 M. Vrhunec, Šest let s Titom, op. cit., p. 192; TNA, FCO 28/2116/ENU 1/4; AS, Dedijer, t. e. 3; B. Mandić, S Titom, op. cit., p. 175.

733 D. Bilandžić, Povijest, op. cit., p. 192. Z. Antonić, op. cit., p. 325.

734 D. Bilandžić, Povijest, op. cit., p. 126; P. Simić, Tito, op. cit., p. 308; D. Ćosić, Piščevi zapisi (1969–1980). op. cit., p. 90, P. Simić, Z. Despot, op. cit., p. 332; AS 1945, Zbirka Srbski liberalizem, t. e. 12–14.

735 I. Ivanji, op. cit., p. 167; S. Terra, op. cit., p. 21.

736 M. Djilas, Tito, op. cit., p. 14, 134, 135; S. Dabčević-Kučar, '71, II., op. cit., p. 867; V. Dedijer, Novi prilozi, II., op. cit., p. 950.

737 D. Ćosić, Piščevi zapisi (1969–1980), op. cit., p. 122.

738 D. Bilandžić, Povijest, op. cit., p. 126, 127.

739 D. Ćosić, Piščevi zapisi (1969–1980), op. cit., p. 89.

740 D. Bilandžić, Povijest, op. cit., p. 127.

741 Memo, Tito's Time of Troubles, 17. 11. 1972. In: Yugoslavia. From »National Communism«, op. cit., p. 484. Z. Antonić, op. cit., p. 325.

742 M. Vrhunec, Šest let s Titom, op. cit., p. 195; A. Nenadović, op. cit., p. 152–154, 156, 157; M. Simčič, Ženske, op. cit., p. 267; O. Milosavljević, op. cit., p. 92; Z.Antonić, op. cit., p. 329, 330.

743 TNA, FCO 28/2116/ENU 1/4; PA, 112620, 30. 12. 1972.

744 D. D. Marković, Život i politika, 1967–1978, I., op. cit., p. 414.

745 TNA, FCO 28/1630.

746 D. Bilandžić, Povijest, op. cit., p. 128; id., Hrvatska, op. cit., p. 664.

747 N. Kavčič, op. cit., p. 249.

748 Ibid., p. 276, 277; AS, Dedijer, t. e. 188; Zapis S. Kavčiča, Odnosi Kardelj-Bakarič, p. 7; t. e. 283; Z. Antonić, op. cit., p. 199.

749 AS, Dedijer, t. e. 7.

750 TNA, FCO 28/2116/ENU 1/4.

751 PA, Zwischenarchiv, 112617, 13. 3. 1973.

752 J. Pirjevec, Jugoslavija, op. cit., p. 310; S. Kavčič, op. cit., p. 236.

753 AS, Dedijer, t. e. 7.

754 D. Bilandžić, Povijest, op. cit., p. 132.

755 TNA, FCO, 28/2636/ENU 1/5.

756 D. Ćosić, Piščevi zapisi (1969–1980), op. cit., p. 313, 314.

757 J. Pirjevec, Jugoslavija, op. cit., p. 306; O. Milosavljević, op. cit., p. 60, 76.

758 D. Bilandžić, Povijest, op. cit., p. 132.

759 A. Ranković, op. cit., p. 223. Z. Roter, op. cit., p. 293.

1973–1980

1 AMZV, Zprávy ZÚ, Bělehrad 1973–1975, 0171/74, V Bělehradě, 6. února 1974; E. Kardelj, Spomini, op. cit., p. 244. Z. Roter, op. cit., p. 324, 325.

2 AS, Dedijer, t. e. 188.

3 D. Bilandžić, Povijest, op. cit., p. 134, 282.

4 AMZV, Zprávy ZÚ, Bělehrad 1973–1975, 0171/74, V Bělehradě, 6. února 1974.

5 N. Kavčič, op. cit., p. 318, 319; M., Janko, Niko Kavčič, partizan, bankir, sopotnik Staneta Kavčiča, Delo, 30. 1. 1999; M. F. Kranjc, op. cit., p. 253, 254.

6 M. Đilas, Tito, op. cit., p. 312.

7 D. Udovički, op. cit., p. 67.

8 PA, B 42, Band 1343; Z. Roter, op. cit., p. 260.

9 S. Dabčevič-Kučar, '71, I., op. cit., p. 548; cf. AS, Dedijer, t. e. 188.

10 TNA, 28/24211/ENU 1/1.

11 AMZV, Zprávy ZÚ, Bělehrad 1973–1975, 0171/74, V Bělehradě, 6. února 1974.

12 TNA, FCO 28/2118.

13 V. Cenčić, Titova, op. cit., p. 178; AS, Šentjurc, t. e. 40.

14 AS, Dedijer, t. e. 215.

15 S. Dabčević-Kučar, '71, II., op. cit., p. 865; AS, Dedijer, t. e. 184.

16 A. Matunović, op. cit., p. 186. Z. Antonić, op. cit., p. 307, 308.

17 AS, Dedijer, t. e. 274.

18 TNA, FCO 28/2407/W/35.

19 V. Cenčić, Titova, op. cit., p. 13, 23, 39, 175; AMZV, Zprávy ZÚ, Bělehrad 197319 75, 0318/74, V Bělehradě, 12. března 1974.

20 S. Dabčević-Kučar, '71, I., op. cit., p. 360.

21 TNA, FCO 28/2411/ENU 1/4 ; BA, DY 30/J IV 2/2-J/5258; AS, Dedijer, t. e. 7; M. Žagar, Ustava SFRJ, op. cit., p. 233.

22 P. Simić, Tito, op. cit., p. 313.

23 BA, DY 30/IV B2/20/130.

24 V. Cenčić, Titova, op. cit., p. 290.

25 J. Ridley, op. cit., p. 393; F. Maclean, Josip Broz Tito, op. cit., p. 108.

26 AS, Dedijer, t. e. 298.

27 D. Ćosić, Piščevi zapisi (1951–1968), op. cit., p. 217, 218.

28 AMZV, Zprávy ZÚ, Bělehrad 1973–1975, 0341/74, V Bělehradě, 22. března 1974.

29 NARA, Pol 15 Yugo, Belgrade, 22. 1. 1964.

30 S. Dabčević-Kučar, I., op. cit., p. 367.

31 D. Bilandžić, Povijest, op. cit., p. 147; AS, Dedijer, t. e. 244.

32 Den Bericht über das Treffen hat mir freundlicherweise Aleksander Lucu vermittelt.

33 M. Djilas, Tito, op. cit., p. 161, 162.

34 D. Ćosić, Piščevi zapisi (1969–1980), op. cit., p. 263.
35 AS, Dedijer, t. e. 188; t. e., 233.
36 NSK, Arhiv Bakarić, Kutija 36, Oslobođenje, 28.–30. 11. 1974; Kardelj: Osnovna rešenja ustava stimulišu istorijsko neophodno udruživanje rada; Borba, 10. 9. 1975, Socialističko samoupravljanje stvara uvjete da sloboda čoveka postaje sloboda stvaraoca: Sjednica Saveznog savjeta za pitanja društvenog urednjenja i Savez sovjeta za priredni razvoj, 4. 3. 1975; E. Kardelj, Politički sistem socialističkog samoupravljanja (Uvodne napomene iznete na sednici Predsedništva CK SKJ, 13. 6. 1977.); BA, DY 30/J IV 2/2-J/7179.
37 AS. Dedijer, t. e. 7.
38 D. Bilandžić, Hrvatska, p. 680.
39 P. Simić, Tito, op. cit., p. 279, 316. M. Halder, op. cit., p. 125.
40 Nedeljski Dnevnik, 2. 7. 1989, p. 2; NARA, CREST, National Intelligence Daily (Cable), 23. 12. 1978.
41 D. Bilandžić, Hrvatska, op. cit., p. 686, 687.
42 AS, Dedijer, t. e. 188.
43 J. Pirjevec, Jugoslavija, op. cit., p. 343.
44 D. Bilandžić, Povijest, op. cit., p. 686, 687.
45 D. Bilandžić, Povijest, op. cit., p. 181, 699.
46 A. Nenadovič, op. cit., p. 170.
47 Z. Antonić, op. cit., p. 307.
48 D. Bilandžić, Povijest, op. cit., p. 223.
49 D. Bilandžić, Hrvatska, op. cit., p. 684.
50 V. Cenčić, Titova, op. cit., p. 47; NIE 15-79, Prospects for Post-Tito Yugoslavia Voll. II-The Annexes, 25. 9. 1979. In: Yugoslavia. From »National Communism«, op. cit., p. 590, 601, 602.
51 D. Bilandžić. Hrvatska, op. cit., p. 685.
52 P. Simić, Tito, op. cit., p. 316; id., Svetac i magle. Tito i njegovo vreme u novim dokumentima Moskve i Belgrada, Službeni list SCG, Belgrad 2005, p. 20.
53 E. Kardelj, Smeri razvoja političnega sistema socialističnega samoupravljanja, DZS, »Samoupravljanje«, 4, Ljubljana 1979, p. 196, 197.
54 D. Bilandžić, Povijest, op. cit., p. 171.
55 M. Đilas, Tito, op. cit., p. 158, 159.
56 A. Matunović, op. cit., S., 187. K. Čavoški, op. cit., p. 51.
57 NSK, Arhiv Bakarić, Kutija 121.
58 NIE 15-73, Yugoslavia after Tito, 5. 7. 1973. In: Yugoslavia. From »National Communism«, op. cit., p. 511, 514.
59 M. Lopušina, op. cit., p. 43, 51.
60 TNA, FCO 28/2622/ENU 1/4/80.

61 F. Amodeo, M. Cereghino, op. cit., p. 94.

62 NARA, CREST, Soviet Union-Eastern Europe. Staff Notes, Dolanc Says Centralists Now Primary Threat to Yugoslav Stability, 18. 6. 1975; Memorandum, Yugoslavia: Tensions At The Top, 10. 12. 1976.

63 A. Ciliga, Il labirinto jugoslavo. Passato e futuro delle nazioni balcaniche, Jaca Book, Mailand, 1982, p. 85, 131, 132; I. Ivanji, op. cit., p. 131.

64 NIE 15-79, Prospects for Post-Tito Yugoslavia Voll. II-The Annexes, 25. 9. 1979. In: Yugoslavia. From »National Communism«, op. cit., p. 585; NARA, CREST, National Intelligence Daily Cable, 1. 2. 1977; 3. 6. 1977; 6. 10. 1977; 25. 1. 1978; 25. 1. 1979; Memorandum, Jugoslavia; Tensions at the Top, 10. 12. 1976. TNA, FCO 28/ 3909, ENU 010/3; FCO 28/3907, ENU 010/1.

65 A. Ciliga, Il labirinto, op. cit., p. 132; L. Ambrožič, op. cit., p. 473–478;B. Repe, Tito in Slovenci, in: G. Bajc, B. Klabjan (ed.), Pirjevčev zbornik: Poti zgodovine med severnim Jadranom, srednjo in vzhodno Evropo, Univerza na Primorskem, Koper, 2011, p. 477.

66 J. Pirjevec, Jugoslavija, op. cit., p. 349; BA, DY/30/J IV 2/2J/8166; M. Simčič, Ženske, op. cit., p. 262; NIE 15-79, Prospects for Post-Tito Yugoslavia Voll. II-The Annexes, 25. 9. 1979, in: Yugoslavia. From »National Communism«, op. cit., p. 586; NARA, CREST, National Intelligence Daily (Cable), 18. 12. 1978; 9. 2. 1979; 15. 5. 1979; J. Koprvic, Prezgodaj je razkrival nevarne ideje, »Večer«, 55 (1999), 294, p. 39.

67 D. Bilandžić, Povijest, op. cit., p. 251; AS, Dedijer, t. e. 252.

68 A. Ciliga, Il labirinto, op. cit., p. 14, 52, 132, 133, 224.

69 AMZV, Zprávy ZÚ, Bělehrad 1973–1975, 622461, V Bělehradě, 16. dubna 1973.

70 NIE 15-79, Prospects for Post-Tito Yugoslavia Voll. II-The Annexes, 25. 9. 1979. In: Yugoslavia. From »National Communism«, op. cit., p. 585, 587, 599, 600.

71 PA, Zwischenarchiv, 112619, 12. 12. 1972; AMZV, Zprávy ZÚ, 020.282/70-2, V Bělehradě, 4. 12. 1973; IIM 76-040C, The Yugoslav Armed Forces, 1. 10. 1976. In: Yugoslavia. From »National Communism«, op. cit., S., 544; P. Simić, Z. Despot, op. cit., p. 339, 340.

72 PA, Zwischenarchiv, 112618, 12. 3. 1973; TNA, FCO 28/2407/5.

73 NSK, Arhiv Bakarić, Kutija 34; TNA, FCO 28/2803/ENU 3/304/1; AS, Dedijer, t. e. 120.

74 NSK, Arhiv Bakarić, Kutiia 34, Razgovor sa šefom vojnopolitičke službe Sovjetskog jevrejskog kongresa, 27. 6. 1974; M. Vrhunec, Šest let s Titom, op. cit., p. 59; TNA, FCO 28/1645/NU 3/548/5.

75 M. Bjelajac, JLA, op. cit., p. 92.

76 The Economist, 24. 11. 1973, p. 37.

77 P. Simić, Tito, op. cit., p. 315.; M. Žagar, Ustava SFRJ, op. cit., p. 239.

78 S. Kavčič, op. cit., p. 132.

79 D. Vlahović, N. Marković, Život na dvoru. Jovanka Broz, Akvarijus, Belgrad 1990, p. 139.

80 AMZV, Zprávy ZÚ, 020.285/73-2, V Bělehradě, 4. 12. 1973.

81 Ibid., Bělehrad 1973–1975, 058/74, V Bělehradě, 29. prosince 1973; 0317/74, V Bělehradě, 12. března 1974; AJ, KPR, II-a-4, K 168; D. Ćosić, Piščevi zapisi (1969–1980), op. cit., p. 111, 196; P. Simić, Z. Despot, op. cit., p. 350, 351.

82 AMZV, Zprávy ZÚ, Bělehrad 1973–1975, 0341/74, V Bělehradě, 25. 4. 1974; 086/75, V Bělehradě, 22. ledna 1975.

83 NIE 15-79, Prospects for Post-Tito Yugoslavia Voll. II-The Annexes, 25. 9. 1979. In: Yugoslavia. From »National Communism«, op. cit.,609.

84 Ondrej Vojtechovsky, Informbirovska emigracija u jugoslovansko-čehoslovačkim odnosima. Nacionalni i politički identitet jugoslovenskih informbirovca u Čehoslovačkoj, in: Slobodan Selinić (ed.), Spoljna politika Jugoslavije: 1950–1961. Zbornih radova., Belgrad 2008, p. 207–230.

85 D. Marković, N. Milovanović, Dj. Rebić, op. cit., p. 7–74.

86 S. N. Khrushchev, op. cit., p. 146, 147.

87 AJ, KPE, II-9-b, K 267. Informacija o pismu grupe IB iz SSSR, 9. 5. 1974; Ju. S. Girenko, op. cit., p. 395; M. Marović, Sumrak staljinizma, II., op. cit., p. 140–141; AS, Dedijer, t. e. 244.

88 AS, Dedijer, t. e. 111.

89 M. Marović, Sumrak staljinizma, II., op. cit., p. 141.

90 Ibid., II., p. 124, 125.

91 Ibid., II., p. 143, 144.

92 AS, Dedjer, t. e. 271.

93 V. Dedijer, Novi prilozi, III., op. cit., p. 459; AJ, KPR, II-4-a, K 168, Informacija o kongresu u Baru, 6. 4. 1974.

94 AS, Dedijer, t. e. 298.

95 AS, Dedijer, t. e. 111; t. e. 96; t. e. 123.

96 NSK, Arhiv Bakarić, Kutija 10.

97 AMZV, Zprávy ZÚ, Bělehrad 1973–1975, V Bělehradě, 01019/74, 2. října 1974; IIM 76-040C, The Yugoslav Armed Forces, 1. 10. 1976. In: Yugoslavia. From »National Communism«, op. cit., p. 534.

98 PA, Zwischenarchiv, 112620, 25. 2. 1974; J. Hadalin, Tito in praška pomlad, op. cit., p. 147.

99 D. Ćosić, Piščevi zapisi (1951–1968), op. cit., p. 117; Piščevi zapisi (1969–1980), op. cit., p. 123, 124.

100 D. Bilandžić, Povijest, op. cit., p. 156.

101 AJ, KPR, II-4-a, K 168.

102 AMZV, Zprávy ZÚ, Bělehrad 1973–1975, 622461, V Bělehradě, 16. dubna 1973;

NARA, Soviet Union-Eastern Europe, StaffNote, Soviet-Yugoslav Relations, 12. 11. 1975.

103 AJ, KPR, II-4-a, K 168.

104 TNA, FCO 28/2809/ENU 3/303/1; FCO 28/2801/ENU 3/303/1.

105 TNA, FCO 28/2801/ENU 3/303/1.

106 TNA, FCO 28/2816/ENU 18/4.

107 Delo, 3. 4. 1975.

108 TNA, FCO 28/2816/ENU 18/4; AMZV, Zprávy ZÚ, Bělehrad 1973–1975, 0345/75, Bělehrad, 24. 4. 1975.

109 TNA, FCO 28/2801/ ENU 3/3.

110 NARA, CREST, Soviet Union-Eastern Europe, Tito-Ford Talks: Atmospherics, 1. 8. 1975.

111 J. Pirjevec, Jugoslavija, op. cit., p. 330; NARA, CREST, National Intelligence Daily Cable, 9. 2. 1978.

112 A. Razumovsky, op. cit., p. 391; J. Močnik, op. cit., p. 182–191; T. Jakovina, Tito's Yugoslavia, op. cit., p. 78; AJ, Fond br. 837, KPR, e. P-2/741.

113 NARA, CREST, CIA, Soviet Union-Eastern Europe, Staff Notes, 30. 12. 1975; TNA, 28/2803/ENU 3/304/1; FCO 28/2802/ENU 3/303/1.

114 J. Ridley, op. cit., p. 403, 404; NARA, CREST, Yugoslavia: The Kosovo Problem. A Research Paper, 21. 4. 1979; P. Simić, Z. Despot, op. cit., p. 388–390.

115 NARA, CREST, Soviet Union-Eastern Europe, Staff Notes, Yugoslavia: Crackdown Nears, 21. 10. 1975; Yugoslav Vigilance Campaign, 11. 11. 1975; National Intelligence Bulletin, Yugoslavia-USSR, 30. 10. 1975.

116 J. Pirjevec, Jugoslavija, op. cit., p. 327.

117 M. Đilas, Tito, op. cit., p. 180, 181.

118 S. Clissold, Đilas, op. cit., p. 309; NARA, CREST, National Intelligence Daily Cable, Yugoslavia, 23. 6. 1976; Possible Amnesty, 8. 3. 1977.

119 V. Dedijer, Novi prilozi, III., op. cit., S., 115; NIE 15-79, Prospects for Post-Tito Yugoslavia Voll. II-The Annexes, 25. 9. 1979. In: Yugoslavia. From »National Communism«, op. cit.; NARA, CREST, National Intelligence Daily Cable, Yugoslavia: May Day Amnesty, 30. 4. 1977. V. Bilandzic, D. Dahlmann, M. Kosanovic, op. cit., p. 14, 15.

120 A. Razumovsky, op. cit., p. 135, 136.

121 AS, Dedijer, t. e. 111.

122 Ibid., p. 136.

123 NIE 15-79, Prospects for Post-Tito Yugoslavia Voll. II-The Annexes, 25. 9. 1979. In: Yugoslavia. From »National Communism«, op. cit., p. 609; NARA, CREST, National Intelligence Daily, 17. 5. 1979.

124 AS, Dedijer, t. e. 111; t. e. 244.

125 GWU, 02141, 12. 8. 1976, The White House, Memorandum of Conversation, p. 7–9.

126 J. Močnik, op. cit., p. 182–192; Jakovina, Tito's Jugoslavia, op. cit., p. 398; B. Mandić, S Titom, op. cit., p. 78.

Exkurs

1 D. Ćosić, Piščevi zapisi (1951–1968), op. cit., p. 194.

2 AS, Dedijer, t. e. 298.

3 S. Dabčević-Kučar, '71, II., op. cit., p. 869, 870; AS, Dedijer, t. e. 274.

4 S. Dabčević-Kučar, '71, op. cit.,II., p. 873, 887; M. Vrhunec, Šest let s Titom, op. cit., p. 39; T. Jakovina, Američki, op. cit., p. 192.

5 AS, Dedijer, t. e. 68.

6 The Diaries of Evelyn Waugh, op. cit., p. 572; R. West, op. cit., p. 185.

7 Ibid., p. 700; M. Vrhunec, Josip Broz, op. cit., p. 12.

8 I. Ivanji, op. cit., p. 38; B. Mandić, S Titom, op. cit., p. 111; id., Tito izbliza, p. 101

9 A. Matunović, op. cit., p. 130.

10 F. Šetinc, Zbogom Jugoslavija, op. cit., p. 190.

11 V. Dedijer, Novi prilozi, II., op. cit., p. 308, 309; Ju. S. Girenko, op. cit., p. 19.

12 A. Ciliga, Come Tito si impadroni del Partito comunista jugoslavo, Quaderni del Centro studi Pietro Tresso, Serie: Studi e ricerche, n. 12, febbraio, 1989, p. 15.

13 A. Matunović, op. cit., p. 17; P. Simić, Z. Despot, op. cit., p. 43.

14 AJ, LF III-11/13; L. Adamič, op. cit., p. 389.

15 AS, Dedijer, t. e. 271.

16 A. Ciliga, Il labirinta, op. cit., p. 12.

17 L. Adamič, op. cit., p. 441; A. Matunović, op. cit., p. 17; V. Dedijer, Novi Prilozi, II., op. cit., p. 60, 308; Ju. S. Girenko, op. cit., p. 43.

18 M. Simčič, Ženske, op. cit., p. 141–144; J. Ridley, op. cit., p. 344; AS, Dedijer, t. e. 271.

19 V. Dedijer, Novi prilozi, II., op. cit., p. 315; M. Simčič, Ženske, op. cit., p. 146, 147; V. Cenčić, Eigma, op. cit.,I., op. cit., p. 91, 92; AS, Dedijer, t. e. 201; t. e. 261; t. e. 262; t. e. 271.

20 RGASPI, Fond 495, opis 74, delo 594, p. 2–5.

21 M. Đilas, Tito, op. cit., p. 255, 256; Ju. S. Girenko, op. cit., p. 135, 136; A. Puhar, Skrivalnice največjega sina, Delo, 6. 9. 1997; AS, Dedijer, t. e. 3; t. e. 262.

22 AS, Dedijer, t. e. 215, G. Vlahov, Život u Belom dvoru, p. 86.

23 AS, Dedijer, t. e. 264; t. e. 271.

24 M. Simčič, Tito brez maske, Mladinska knjiga, Ljubljana 2007, p. 171; id., Ženske, op. cit., p. 155; RGASPI, Fond 495, opis 74, delo 587; J. Ridley behauptet, Lucija Bau-

er habe überlebt und sei bis zu ihrem Tod in der Sowjetunion geblieben; cf. op. cit., p. 344; AS. Dedijer, t. e. 264.

25 P. Simić, Tito, op. cit., p. 81–84; ; P. Simić, Z. Despot, op. cit., p. 73–80; V. Cenčić, Titova, op. cit., p. 90; AS, Dedijer, t. e. 262.

26 J. Ridley, op. cit., p. 121; P. Simić, Z. Despot, op. cit., p. 91, 92.

27 P. Simić, Tito, op. cit., p. 108; M. Simčič, Ženske, op. cit., p. 157; Ju. S. Girenko, op. cit., p. 44, 75, 76.

28 AS, Dedijer, t. e. 252.

29 V. Dedijer, Novi prilozi, II., op. cit., p. 952; B. A. Novak, Herta Haas (1914–2010), Delo, 18. 3. 2010, p. 4; Z. Roter, op. cit., p. 193.

30 A. Matunović, op. cit., p. 19.

31 AS, Dedijer, t. e. 5.

32 M. Simčić, Ženske, op. cit., p. 194; M. Gligorijević, op. cit., p. 61; V. Velebit, Svjedok, op. cit., p. 82.

33 A. Matunović, op. cit., p. 19, 20; V. Dedijer, Novi prilozi, II., op. cit., p. 953; M. F. Kranjc, op. cit., p. 156, 157.

34 M. Gligorijević, op. cit., p. 61.

35 V. Dedijer, Novi prilozi, II., op. cit., p. 168; V. Velebit, Svjedok, op. cit., p. 464.

36 Auskunft von Lučka Čehovin an den Autor.

37 S. Clissold, Đilas, op. cit., p. 91; V. Dedijer, Novi prilozi, III., op. cit., p. 469.

38 M. Simčič, Ženske, op. cit., p. 203; Ju. S. Girenko, op. cit., p. 109; AS, Dedijer, t. e. 215; G. Vlahov, Život u Belom dvoru, p. 83. K. Nikolić, op. cit., p. 291.

39 M. Đilas, Tito, op. cit., p. 261; V. Dedijer, Novi prilozi, II., op. cit., p. 955; Kult Josipa Broza Tita, II, http://www.nrbg.rs/content/view/blog/134/153, p. 2; AS, Dedijer, t. e. 262.

40 M. Simčič, Ženske, op. cit., p. 180.

41 AS, Dedijer, t. e. 264.

42 AS, Dedijer, t. e. 271.

43 M. Đilas, Tito, op. cit., p. 262.

44 E. Franceschini, Gli stupri di Berija, La Repubblica, 29. 6. 1993; T. Okunevskaja, Tat'janin den', Vagrius, Moskau 1998.

45 T. Okunevskaja, Tat'janin den', Vagrius, Moskau 1998.

46 M. Adamović, op. cit., p. 14, 15; AS, Dedijer, t. e. 298.

47 AS, Dedijer, t. e. 274; M. F. Kranjc, op. cit., p. 371.

48 V. Dedijer, Novi prilozi, II., op. cit., p. 56; Novi prilozi, III., op. cit., p. 99; P. Simić, Tito, op. cit., p. 224; M. Simčič, Ženske, op. cit., p. 183, 227, 237, 238, 249; V. Cenčić, Titova, 183–185, 191; AS, Dedijer, t. e. 271; RGASPI, Fond 495, op. 277, d. 18.

49 M. Đilas, Tito, op. cit., p. 263, 264.

50 AS, Dedijer, t. e. 215; G. Vlahov, Život u Belom dvoru, p. 85. R. West, op. cit., p. 328.

51 AS, Dedijer, t. e. 3; Auskunft von Mara Samsa an den Autor.
52 L. Becele Ranković, op. cit., p. 126.
53 M. Đilas, Tito, op. cit., p. 266–268.
54 V. Cenčić, Titova, op. cit., p. 132; AS, Dedijer, t. e. 3; t. e. 68.
55 Primorski Dnevnik, 19. 5. 1996, p. 18; L. Becele Ranković, op. cit., p. 127–129.
56 AS, Dedijer, t. e. 3; t. e. 298.
57 D. Udovički, op. cit., p. 74.
58 J. Ridley, op. cit., p. 315.
59 M. Đilas, Tito, op. cit., p. 268.
60 J. Ridley, op. cit., p. 315; V. Velebit, Svjedok, op. cit., p. 181; AS, Dedijer, t. e., 261.
61 AS, Dedijer, t. e. 3; t. e. 271.
62 M. Đilas, Tito, op. cit., p. 270.
63 AS, Dedijer, t. e. 3; t. e. 68.
64 A. Matunović, op. cit., p. 71; M. Vrhunec, Šest let s Titom, op. cit., p. 32, 35, 106, 188, 296, 297; D. Ćosić, Piščevi zapisi, (1951–1968), op. cit., p. 156; M. F. Kranjc, op. cit., p. 106.
65 M. Vrhunec, Josip Broz, op. cit., p. 22.
66 D. Bilandžić, Povijest, op. cit., p. 272; M. Vrhunec, Šest let s Titom, op. cit., p. 196.
67 D. Bilandžić, Povijest, op. cit., p. 189.
68 AS, Dedijer, t. e. 3; t. e.; A. Razumovsky, op. cit., p. 3.
69 AS, Dedijer, t. e. 398; A. Čolak, op. cit., p. 98.
70 M. Adamović, op. cit., p. 266–268, 270, 286, 288–290.
71 AS, Dedijer, t. e. 3; t. e. 4; t. e. 271.
72 A. Matunović, 164, 166; D. Bilandžić, Povijest, op. cit., p. 193, 194.
73 D. Bilandžić, Povijest, op. cit., p. 149, 271; D. Ćosić, Piščevi zapisi (1951–1968), op. cit., p. 262.
74 V. Dedijer, Novi prilozi, II., op. cit., p. 61, 74; M. Adamović, op. cit., p. 125.
75 M. Vrhunec, Šest let s Titom, op. cit., p. 167; id., Josip Broz Tito, op. cit., p. 22.
76 S. Dabčević-Kučar, '71, I., op. cit., p. 345; II., op. cit., p. 627, 687; D. Bilandžić, Povijest, op. cit., p. 192, 198; Jovanka Broz, Ž. Jokanović, Moj život, moja istina, Belgrad 2013, p. 54, 55.
77 F. Amodeo, M. Cereghino, op. cit., p. 15.
78 A. Matunović, op. cit., p. 129.
79 A. Matunović, op. cit., p. 141.
80 S. Dabčević-Kučar, '71, II., op. cit., p. 935.
81 D. Bilandžić, Povijest, op. cit., p. 179; A. Čolak, Peklenska rezidenca Brozovih, Ciceron Mengeš, 2014, p. 24.
82 S. Dabčević-Kučar, '71, I., op. cit., p. 431.
83 S. Dabčević-Kučar, '71, II., op. cit., p. 796; Primorski dnevnik, 19. 5. 1996, p. 18.

84 S. Bilandžić, Povijest, op. cit., p. 174.
85 L. Becele Ranković, op. cit., S., 127.
86 Aussage Anton Bebler gegenüber dem Autor; M. Simčič, Ženske, op. cit., p. 320; A. Čolak, op. cit., p. 101.
87 M. F. Kranjc, op. cit., p. 372.
88 M. Simčič, Ženske, op. cit., p. 30.
89 Ibid., p. 254, 255; AS, Dedijer, t. e. 3.
90 K. Kaplan, Antonín Novotný. Vzestup a pád »lidového« apartčíka. Brno : Barrister & Principal, 2011, p. 202.
91 D. Ćosić, Piščevi zapisi (1969–1980), op. cit., p. 297–299.
92 Ibid., p. 299, 300; A. Čolak, op. cit., p. 54–61.
93 Ibid., op. cit., p. 32–41; A. Razumovsky, op. cit., p. 331, 332.
94 A. Matunović, op. cit., p. 235 ff.
95 Archiv J. Pirjevec, Auskunft eines ungenannt bleiben wollenden Informanten; Jovanka Broz, Ž. Jokanović, op. cit., p. 75.
96 A. Matunović, op. cit., p. 177–184; M. Simčič, Ženske, op. cit., p. 289 in dalje, 377–388; P. Simić, Z. Despot, op. cit., p. 581–587; A. Čolak, op. cit., p. 76, 77.
97 V. Cenčić, Titova, op. cit., p. 309; NIE 15-73, Yugoslavia after Tito, 5. 7. 1973, in: Yugoslavia. From »National Communism«, op. cit., p. 512; D. Ćosić, Piščevi zapisi (1969–1980), op. cit., p. 300, 301; AS, Dedijer, t. e. 143.
98 J. Ridley, op. cit., p. 391, 392; M. F. Kranjc, op. cit., p. 305; A. Čolak, op. cit., p. 74.
99 D. Bilandžić, Povijest, op. cit., p. 271.
100 NARA, CREST, National Intelligence Daily Cable, Yugoslavia: Military Retirements, 14. 1. 1977; AS, Dedijer, t. e. 298.
101 AS, Dedijer, t. e. 3; t. e. 4; M. Bjelajac, JLA, op. cit., p. 100, 101; M. F. Kranjc, op. cit., p. 257, 258.
102 M. Simčič, Ženske, op. cit., p. 321; AS, Dedijer, t. e. 197.
103 D. Ćosić, Piščevi zapisi (1969–1980), op. cit., p. 301.
104 M. Simčič, Ženske, op. cit., p. 256; P. Simić, Z. Despot, op. cit., p. 536.
105 A. Matunović, op. cit., p. 173–176; D. Bilandžić, Povijest, op. cit., p. 192; AS, Dedijer, t. e. 271; t. e. 298.
106 D. Bilandžić, Povijest, op. cit., p. 198, 267.
107 A. Matunović, op. cit., p. 136, 137, 148, 149, 177; A. Čolak, op. cit., p. 81.
108 D. Ćosić, Piščevi zapisi (1969–1980), op. cit., p. 301; M. F. Kranjc, op. cit., p. 376.
109 Ibid., p. 110–114, 252–260; A. Čolaković, op. cit., p. 80.
110 M. Simčič. Ženske, op. cit., p. 305.
111 AS, Dedijer, t. e. 111.
112 AS, Dedijer, t. e. 3; B. Mandić, Tito u diakogu, op. cit., p. 514–555.
113 Archiv J. Pirjevec. Anonymes Dokument, datiert mit 4. April 1983, sein Verfasser

ist nach Meinung des Autors J. Kopinič; Blic, Detajli tajnog dokumenta, http://www.blic.rs/vesti/drustvo/detajli-tajnog-dokumenta-leka-rankovic; Titova posljed nja ispovijest, http://forum.cafemontenegro.com/showthread.php?17015-Titova-p sljednja-ispovijest

114 A. Matunović, op. cit., p. 208; M. Simčič, Ženske, op. cit., p. 323–325; M. F. Kranjc, op. cit., p. 376, 377. B. Mandić, S Titom, op. cit., p. 146; West, p. 329.

115 J. Pirjevec, Jugoslavija, op. cit., p. 347; AS, Dedijer, t. e. 271; NARA, CREST, National Intelligence Daily Cable, 31. 8. 1977.

116 M. Simčič, Ženske, op. cit., p. 31, 259.

117 D. Ćosić, Piščevi zapisi (1969–1980), op. cit., p. 302; AS, Dedijer, t. e. 3.

118 AJ, LF, II-1, A-J.

119 D. Ćosić, Piščevi zapisi (1969–1980), op. cit., p. 302, 303.

1980

1 M. Đilas, Tito, op. cit., p. 220. Siehe auch seine Beschreibung durch D. Ćosić, Piščevi zapisi (1951–1968), op. cit., p. 104.

2 D. Ćosić, Piščevi zapisi (1951–1968), op. cit., p. 174.

3 D. Ćosić, Piščevi zapisi (1969–1980), op. cit., p. 238; M. Đilas, Kako je stvarana Titova karizma, Slobodna Dalmacija, 22. 10. 1989; F. Šetinc, Zbogom Jugoslavija, op. cit., p. 232.

4 V. Dedijer, Novi prilozi, II., op. cit., p. 929.

5 Ibid., p. 30; M. Halder, op. cit., p. 57., 147–152; A. Hofman, »Druga Tita rodila je vila«. Kako se pevalo Titu, in: Tito – viđenja, op. cit., p. 615 623.

6 Ibid., p. 831.

7 AS, Đilas, t. e. 179.

8 M. Đilas, Kako je stvarana Titova karizma, Slobodna Dalmacija, 22. 10. 1989.

9 V. Dedijer, Novi prilozi, II., op. cit., p. 937; Novi prilozi, III., op. cit., p. 216, 217.

10 L. Adamič, op. cit., p. 516.

11 N. V. Bondarev, Tito's Cult, in: Tito – viđenja, op. cit., p. 752.

12 Ibid., p. 107.

13 Ju. S. Girenko, op. cit., p. 392.

14 J. Pirjevec, Il gran rifiuto, op. cit., p. 398.

15 PA, B 42, Band 243.

16 AJ, KPR, II-4-a, K 168; D. Ćosić, Piščevi zapisi (1969–1980), op. cit., p. 159–164.

17 AS, Dedijer, t. e. 7.

18 D. Ćosić, Piščevi zapisi (1951–1968), op. cit., p. 308; Piščevi zapisi (1969–1980), op. cit., p. 247.

19 S. Dabčević-Kučar, '71, II., op. cit., p. 844.

20 NSK, Arhiv Bakarić, Kutija 7; Kutija 12.

21 AS, Dedijer, t. e. 3.

22 M. Đilas, Tito, op. cit., p. 209; AS, Dedijer, t. e. 244; K. Nikolić, op. cit., p. 256, 257; D. Bondžić, Titove titule. Josip Broz Tito i naučne ustanove, in: Tito – viđenja, op. cit., p. 377–379.; Odlikovanja Josipa Broza Tita, Muzej »25. Maj«, Belgrad 1980.

23 S. Dabčević-Kučar, '71, II., op. cit., p. 838.

24 M. Vrhunec, Josip Broz, op. cit., p. 34; V. Dedijer, Novi prilozi, II., op. cit., p. 85; AS, Dedijer, t. e. 271.

25 TNA, FCO 28/2155, 10. 5. 1972.

26 Ibid., FCO 28/2167/ENU 26/1; 28/2155; The Economist, 4. 10. 1972.

27 TNA, FCO 28/216; 28/2163/EESD; TNA, FCO 28/1645/ENU 3/128/616/8.

28 M. Vrhunec, Šest let s Titom, op. cit., p. 140, 141; V. Dedijer, Novi prilozi, II., op. cit., p. 237; TNA, FCO 28/2162.

29 TNA, FCO 28/2156/ENU 18/9; P. Simić, Z. Despot, op. cit., p. 291–299; Z. Antonić, op. cit., p. 332; Ranko Dukić, »Topli zec« u Oslo. Neuspeli pohod J. B. Tita na Nobelovu nagradu za mir 1973, Gradevinska knjiga, Belgrad 2004.

30 NSK, Arhiv Bakarić, Kutija10; D. Bilandžić, Povijest, op. cit., p. 670; TNA, FCO 28/2156/ENU 18/9; P. Simić, Tito, op. cit., p. 312.

31 R. Radić, Josip Broz Tito i patrijarsi Srpske pravoslavne crkve, in: Tito – viđenja, op. cit., p. 133; G. Berić, op. cit., p. 133.

32 AS, Dedijer, t. e. 3; t. e. 68.

33 L. Sirc, Nobelova nagrada za predsednika Tita? Odprto pismo, August 1973, Ampak, Februar 2006, p. 31; V. Miladinović, Nobel, najveći Titov poraz, http://www.pressonline.rs/sr/vesti/magazin/story/105392/Nobel,+najveći+Titov+poraz.html

34 V. Cenčić, Titova, op. cit., p. 61, 193.

35 M. Vrhunec, Josip Broz, op. cit., p. 42.

36 Ibid., p. 130.

37 AS, Dedijer, t. e. 3.

38 NARA, Pol 15-1 Yugo, Zagreb, 25. 2. 1964; 4.10.1965; 28. 1. 1966; V. Cenčić, Titova, op. cit., p. 157, 192.

39 D. Mandić, S Titom, op. cit., p. 161, 162; S. Dabčević-Kučar, '71, II., op. cit., p. 848; N. Kavčič, op. cit., p. 203; D. Ćosić, Piščevi zapisi (1969–1980), op. cit., p. 236; A. Ranković, op. cit., p. 53, 116–119; J. Ridley, op. cit., p. 320, 321; AS, Dedijer, t. e. 3; t. e. 68; t. e. 298; I. Krajačić-Stevo, Resnica mora zmagati, Dnevnik, 11. 11. 1984. Z. Antonić, op. cit., p. 215, 216.

40 PA, B 42, Band 1343.

41 Ibid., Band 1349.

42 GWU, 00733, National Security Study Memorandum 129, US Policy and Post-Tito Yugoslavia, 15. 6. 1971; TNA, FCO 28/2119/ENU 1/7; FCO 28/2408/46.

43 TNA, FCO 28/2119/UD of S (RAF)/V.23/72/7/538; FCO 28/2119/ENU 1/7.
44 TNA, FCO 28/2119/ENU 1/7.
45 Ibid., FCO 28/2121/ENU 2/3; FCO 28/2414/ENU 2/2; FCO 28/2408/ENU 1/5; FCO 28/2408/ENU 1/1.
46 GWU, US Policy and Post-Tito Yugoslavia. Prepared by the N SC Interdepartmental Ad Hoc Group for Yugoslavia, 13. 9. 1971, p. 63.
47 AMZV, Zprávy ZÚ, Bělehrad 1973–1975, 0279, V Bělehradě, 20. 1. 1973.
48 TNA, FCO 28/2407/29.
49 P. Simić, Tito, op. cit., p. 353.
50 TNA, FCO 28/2621/EU 1/4/36. F. Amodeo, M. Cereghino, op. cit., p. 11.
51 TNA, FCO 28/2121/ENU 1/6; AMZV, Zprávy ZÚ, Bělehrad 1973–1975, 0481, V Bělehradě, 1. 5. 1974.
52 AS, Dedijer, t. e. 261.
53 I. Ivanji, op. cit., p. 135; B. Mandić, S Titom, op. cit., p. 46.
54 TNA, FCO 28/1625/ENU 1/1; FCO 28/2121, 30. 11. 1972; FCO 28/1628; NARA, Memorandum for the Record, NIO Sponsored Seminar on Yugoslav Affairs, 21. 5. 1974; NSK, Arhiv Bakarić, Kutija, 34.
55 NSK, Arhiv Bakarić, Kutija 34; Kutija, 35; TNA, FCO 28/2804/ENU 3/311/1; AMZV, Zprávy ZÚ, Bělehrad 1973–1975, 0341, V Bělehradě, 25. 4. 1974.; AS, Dedijer, t. e. 298; G. Bajc, Dietro le quinte, op. cit., p. 724.
56 J. Ridley, op. cit., p. 389, 390; AS, Dedijer, t. e. 123.
57 ABB, Arkiv Stoltenberg, Thorvald, The Outlook, op. cit., p. 10–14.
58 V. Bilandic, D. Dahlmann, M. Kosanovic, op. cit., p. 10–14.
59 NARA, CREST, National Intelligence Daily Cable, European Communist Meeting, 28. 6. 1976; I. Ivanji, op. cit., p. 161, 162.
60 V. Dedijer, Novi prilozi, III., op. cit., p. 34; t. e. 271; NARA, CREST, National Intelligence Daily Cable, European Communist Meeting, 8. 6. 1976.
61 B. Mandić, op. cit., p. 451.
62 D. Bilandžič. Povijest, op. cit., p. 221.
63 IIM 76-040C, The Yugoslav Armed Forces, 1. 10. 1976. In: Yugoslavia. From »National Communism«, op. cit., p. 534.
64 NARA, CREST, Yugoslavia: The Kosovo Problem. A Research Paper, 21. 4. 1979.
65 B. Mandić, S Titom, op. cit., p. 176.
66 NSK, Arhiv Bakarić, Kutija 20, Libre Belgique, 24.–25. 12. 1977; Kleine Zeitung, 29. 12. 1977; V. Cenčić, Titova, op. cit., p. 19, 20, 44, 65; TNA, FCO 28/1647; NIE 1579, Prospects for Post-Tito Yugoslavia Voll. II-The Annexes, 25. 9. 1979. In: Yugoslavia. From »National Communism«, op. cit., p. 603; AS, Dedijer, t. e. 3; t. e. 198; M. Adamović, D. Milošević, op. cit; M. F. Kranjc, op. cit., p. 378, 379; NARA, CREST, Soviet Union-Eastern Europe, Explosion on Tito's Travel Route in Zagreb, 18. 9. 1975.

67 NARA, CREST, Soviet Union-Eastern Europe, Yugoslav Security Concerns Outlined, 25. 9. 1975.

68 TNA, FCO 28/3907, ENU 010/1; NARA, CREST, National Intelligence Daily Cable, 18. 11. 1978; Western Europe Review, 3. 1. 1979, A. Razumovsky, op. cit., p. 400, 410, 411.

69 J. Pirjevec, Jugoslavija, op. cit., p. 329, 339; NARA, CREST, Weekly Summary, 19. 11. 1976.

70 AS, Dedijer, t. e. 123; M. Marović, U crvenom triuglu, p. 848–850.

71 J. Pirjevec, Jugoslavija, op. cit., p. 327, 328.

72 AS, Dedijer, t. e. 123; M. Marović, U crvenom triuglu, p. 644.

73 AS, Dedijer, t. e. 220.

74 A. Razumovsky, op. cit., p. 405, 406.

75 AS, Dedijer, t. e. 252.

76 J. Božič, Jug Afrike in narodnoosvobodilni boj, Zavod SR Slovenije za šolstvo, Ljubljana, 1978, p. 130.

77 AS, Dedijer, t. e. 220.

78 Ibid., 28. 3. 1978; 16. 1. 1979.

79 PA, Zwischenarchiv, 112618, 26. 6. 1974.D. Bogetić, Tito i nestvrstani, in: Tito – viđenja, op. cit., p. 411–412.

80 AS, Dedijer, t. e. 96.

81 BA, DY 30/IV B2/20/134; NARA, CREST, Sub-Saharan Africa Report, No. 643; AMZV, Zprávy ZÚ, Bělehrad 1973–1975, 0481/74, V Bělehradě, 1. 5. 1974; TNA, FCO 28/1647; NIE 15-79, Prospects for Post-Tito Yugoslavia Voll. II-The Annexes, 25. 9. 1979. In: Yugoslavia. From »National Communism«, op. cit.,st. 611.

82 BA, DY 30/IV B2/20/130; P. Simić, Z. Despot, op. cit., p. 416.

83 PA, 702/84/04.

84 BA, DY 40/IV, B 2/20/139; P. Simić, Z. Despot, op. cit., p. 416; B. Mandić, S Titom, op. cit., p. 109; V. Petrović, Havana. Labudova pesma Titove lične diplomacije, in: Tito – viđenja, op. cit., p. 418, 419; Woodrow Wilson, International Center, Memorandum of Conversation, Washington, January 1962; The Nonaligned Movement at the Havana Summit: An Intelligence Assessment, August 17, 1970, in: Yugoslavia: From National Communism, op. cit.; AAB, Arkiv Stoltenberg, Thorvald, The Outlook for Yugoslavia, op. cit., p. 21.

85 NSK, Arhiv Bakarić, Kutija 11; J. Pirjevec, Jugoslavija, op. cit., p. 333; V. Cenčić, Enigma, II., op. cit., p. 147. B. Mandić, S Titom, op. cit., p. 86, 87.

86 AS, Dedijer, t. e. 3; NARA, CREST, The Nonaligned Movement: Dynamics and Prospects, A, Intelligence Assessment, 30. 3. 1979; I. Ivanji, op. cit., p. 216 ff.

87 S. Kavčič, op. cit., p. 313.

88 P. Simić, Tito, op. cit., p. 335; V. Cenčić, Titova, op. cit., p. 27.

89 TNA, FCO 28/1647; NIE 15-79, Prospects for Post-Tito Yugoslavia Voll. II – The Annexes, 25. 9. 1979. In: Yugoslavia. From »National Communism«, op. cit., p. 610; NARA, CREST, National Intelligence Daily Cable, 17. 5. 1979; 23. 5. 1979; B. Mandić, Tito u dialogu, op. cit., p. 632–642.

90 A. Razumovsky, op. cit., p. 452.

91 NSK, Arhiv Bakarić, Kutija 11, Izlaganje Tita; TNA, FCO 28/1647; NIE 15-79, Prospects for Post-Tito Yugoslavia Voll. II-The Annexes, 25. 9. 1979. In: Yugoslavia. From »National Communism«, op. cit., p. 610; NARA, CREST, National Intelligence Daily, 8. 2. 1979.

92 NSK, Arhiv Bakarić, Kutija 45.

93 BA, DY 30/IV B 2/20/129.

94 AS, Dedijer, t. e. 298.

95 Z. Antonić, op. cit., p. 437.

96 M. Đilas, Tito, op. cit., p. 251.

97 NARA, CREST, Outside Official Reaction to Stalins Death; M. Đilas, Tito, op. cit., p. 299.

98 TNA, FCO 28/3909 ENU 010/3.

99 S. Dabčević-Kučar, '71, II., op. cit., p. 820.

100 V. Dedijer, Novi prilozi, II., op. cit., p. 262.

101 P. Simić, Tito, op. cit., p. 331.

102 K. Kaplan, op. cit., p. 202, 203.

103 D. Jović, op. cit., p. 139.

104 D. Bilandžić, Hrvatska, op. cit., p. 693; J. Ridley, op. cit., p. 409.

105 TNA, FCO 28/2798/ENU 1/1.

106 NIE 15-67, The Yugoslav Experiment, 13. 4. 1967. In: Yugoslavia. From »National Communism«, op. cit., p. 316.

107 D. Ćosić, Piščevi zapisi (1969–1980), op. cit., p. 295.

108 TNA, FCO 28/3909, ENU 010/3.

109 AS, Dedijer, t. e. 68.

110 AS, Dedijer, t. e. 197.

111 D. Ćosić, Piščevi zapisi (1969–1980), op. cit., p. 355.

112 D. Bilandžić, Povijest, op. cit., p. 204, 251; P. Simić, Z. Despot, op. cit., p. 518, 520–522.

113 D. Ćosić, Piščevi zapisi (1969–1980), op. cit., p. 356.; AS, Dedijer, t. e. 68; t. e. 298; Predrag Lalević, p. 152–173.

114 NARA, DCI Turners Address to Amherst, Smith, Vassar and Williams, Wash., D.C., Alumni Clubs, 19. 3. 1980.

115 B. Mandić, S Titom, op. cit., p. 192.

116 Jak Koprivc, Prezgodaj je razkrival nevarne ideje, Večer, 16. 12. 1999.

117 Draft Letters Carter-Brezhnev, January 1980, in: Yugoslavia from »National Communism«, op. cit.; NARA, DCI, Turner's Address, op. cit., TNA. FCO 28/4229; F. Amodeo, M. Cereghino, op. cit., p. 19.

118 D. Ćosić, Piščevi zapisi (1969–1980), op. cit., p. 357, 364; NARA, CREST, National Intelligence Daily, 3. 1. 1980; 8. 1. 1980; 10. 4. 1980; Memorandum for the Record. Staff Meeting Minutes, 18. 1. 1980; Worldwide, Reaction to the Soviet Invasion of Afghanistan, An Intelligence Memorandum.

119 P. Lalević, op. cit., p. 169, 170.

120 S. Lusa, La dissoluzione del potere. Il partito comunista sloveno ed il processo di democratizzazione della repubblica, Kappa Vu, Udine, 2007, p. 19–21; M. Poč (ed.), Titova poslednja bitka, Cankarjeva založba, Ljubljana, 1981; AS 1689, CK ZKS, predsednikova dejavnost, t. e. 36; AS, Dedijer, t. e. 298.

121 F. Šetinc, op. cit., p. 222; S. Lusa, op. cit., p. 79–86; AS, Dedijer, t. e. 197.

122 TNA, FCO 28/4229.

123 G. Pajetta, op. cit., p. 49.

124 M. Đilas, Tito, op. cit., p. 198; M. Adamović, op. cit., p. 17, 18; AS, Dedijer, t. e. 274; t. e. 298.

125 M. Lopušina, op. cit; J. Koprivc, Generalov let, op. cit., p. 191.

126 AS, Dedijer, t. e. 261.

127 NARA, CREST, NIE 15-79, Prospects for Post-Tito Jugoslavia, 25. 9. 1979, p. 1 (das Dokument wurde veröffentlicht in: Yugoslavia. From »National Communism«, op. cit.).

128 AS, Dedijer, t. e. 220; t. e. 298.

★

Quellen und Literatur

Unveröffentlichtes Archivmaterial

Archivio Storico del Ministero degli Esteri, Roma
Arhiv J. Pirjevec, Trst
Arhiv Jugoslavije, Beograd (AJ)
Archiv Ministerstva zahraničních věcí, Praga (AMZV)
Arhiv Republike Slovenije, Ljubljana (AS)
AS 1945, Zbirka Srbski liberalizem (Šentjurc)
Bundesarchiv, Berlin (BA)
George Washington University (GWU)
Nacionalna i sveučilišna knjižnica, Zagreb (NSK)
Narodna in univerzitetna knjižnica, Ljubljana (NUK)
National Archives and Records Administration, Washington (NARA)
Politisches Archiv, Berlin (PA)
Rossiskij Centr Hranjenja i Izučenja Dokumentov Novejšej Istorii, Moskva (RCHIDNI)
Russische Staatsarchiv für sozio-politische Geschichte (RGASPI)
The John F. Kennedy Library, Boston (JFK Library)
The National Archives, London (TNA)

Archivmaterial und andere Quellen im Internet

Chronology of the life and disappearance of Andrija Hebrang: http://www.andrija-hebrang.com/eng/chronology.htm
Kult Josipa Broza Tita, II: http://www.nrbg.rs/content/view/blog/134/153
Lopušina, Marko, Ubij bližnjeg svog I–III, (Ulomci), Jugoslovenska tajna policija 1945/1997: http://www.4shared.com/document
Miladinovič, Veljko, Nobel, najveći Titov poraz: http://www.pressonline.rs/sr/vesti/magazin/story/105392/Nobel,+najveći+Titov+poraz.html
Open Society Archives: http://www.osaarchivum.org
Deakin, Frederick William, Yugoslavia 1941–1945, unveröffentliche Maschinenschrift, 1995 (eine Kopie wurde durch Bogo Gorjan vermittelt):
Broz alias Tito. The First »Revelations« (February – June 1942)
German-Partisan Negotiations and the Case of Mr. Ott (March to December 1943)
Mihailovic and/or Tito. Summit Considerations (February – April 1943)
Partisan Suspicions of the British
The British Image of Yugoslav Communism (1921–1941)
The German and Allied Plans for a Balkan Landing
The German Appreciation of »Schwarz«
The German First Mountain Division and Operation »Schwarz«
The German Planning of Operation »Schwarz« (January – March 1943)

The Identity of Tito. The German Search

»The Livno« Affair (September 1942), The Case of Mr. Ott

The Military Organisation of the Yugoslav Communist Party (1918–1940)

The Prime Minister in Cairo (2–10 December 1943)

The Setting (1941)

Tito and/or Mihailovic (May – June 1943)

Transcript of political evidence (February 1943)

Dedijer, Vladimir, Novi prilozi za biografiju J. Broza Tita, IV., unveröffentlichte Maschinenschrift (eine Kopie wurde durch Rudi Rizman vermittelt)

Zeitungen und Zeitschriften

Borba
Danas
Delo
Der Spiegel
Kleine Zeitung
Komunist
La Repubblica
La Stampa
La Voce del Popolo
L'Express, Paris
Libre Belgique
Manchester Guardian
Narodna Armija
Nedeljski dnevnik
Neue Zürcher Zeitung
NIN (Nedeljne informativne novine)
Primorski dnevnik
Privredni vjesnik
Slobodna Dalmacija
Specialni bilten Tanjuga
The Economist
Večer
Vjesnik
Vjesnik u srijedu

Literatur (Monografien, Artikel, Debatten, veröffentlichte Quellen u.a.)

Adamič, Louis, Orel in korenine, Državna založba Slovenije, Ljubljana, 1981.

Adamović, Miladin, Brozovi strahovi. Kako je čuvan Tito i pokušaji atentata, Avtorsko izdanje, Beograd, 2004.

Adamović, Miladin, Milošević, D., Kako smo čuvali Tita, Večernje novosti, 1.–23.9.1982.

Alexander, Stella, Church and State in Yugoslavia since 1945, Cambridge University Press, London, 1979.

Amodeo, Fabio, Cereghino, Mario J., Tito spiato dagli inglesi. I rapporti sulla Jugoslavia 1968–1980, MGS, Trieste 2014.

Ambrožič, Lado, Novljanovo stoletje, 1908–2004, Modrijan, Ljubljana, 2006.

Andrew, Cristopher, Mitrokhin, Vasili, The Sword and the Shield, The Mitrokhin Archive and the Secret History of the KGB, Basic Books, New York, 1999.

Anikeev, A. S., Kak Tito ot Stalina ušel: Jugoslavija, SSSR i SŠA v načal'nij period »holodnoj vojni« (1945–1957), Institut Slavjanovedenija RAN, Moskva, 2002.

Antonić, Zdravko, Rodoljub Čolaković u svetlu svog dnevnika, IP »Knjiga«, Beograd 1991.

Badovinac, Tomislav (red.), Zagreb i Hrvatska u Titovo doba, Savez društava »Josip Broz Tito«, Hrvatske, Zagreb 2004.

Bajc, Gorazd, Operacija Julijska krajina. Severovzhodna meja Italije in zavezniške obveščevalne službe (1943–1945), Založba Annales, Koper, 2006.

Bajt, Aleksander, Bermanov dosje, Mladinska knjiga, Ljubljana, 1999.

Banac, Ivo, Sa Staljinom protiv Tita, Globus, Zagreb, 1990.

Barjaktarević, D., Čovek sa maskom, Duga, 23. 10. 1982.

Barker, Elisabeth, Britanska politika na Balkanu u II svjetskom ratu, Globus, Zagreb, 1978.

Barker, Elisabeth, British Wartime Policy towards Yugoslavia, The South Slav Journal, Volume 2, No. 2, April 1979.

Barker, Elisabeth, Churchill in Eden v vojni, Globus, Zagreb, 1980.

Batty, Peter, Hoodwinking Churchill: Tito's Great Confidence Trick, Shepheard – Walwyn, London 2011.

Bebler, Aleš, Čez drn in strn. Spomini, Založba Lipa, 1981.

Bebler, Anton, Pismo, Mladina, št. 26, 2009.

Becele Ranković, Ladislava, Življenje z Leko. Spomini slovenske partizanke, Grafis Trade, Grosuplje, 2002.

Beevor, John Grosvenor, SOE: Recollections and Reflections 1940–1945, The Bodely Head, London – Sydney –Toronto 1961.

Bekić, Darko, Jugoslavija u hladnom ratu. Odnosi s velikim silama 1949–1955, Globus, Zagreb, 1988.

Belinić, Marko, Put kroz život, »August Cesarec«, Zagreb, 1985.

Benigar, Aleksa, Alojzije Stepinac: hrvatski kardinal, Ziral, Rim, 1974.

Biber, Dušan, Tito – Churchill, Strogo tajno, Delo – Globus, Ljubljana –Zagreb, 1981.

Biber, Dušan, Trst, Triest ali Trieste. Geneza in dileme o tržaški krizi. In: Biber, Dušan (red.), Konec druge svetovne vojne v Jugoslaviji, Borec, XXXVIII, 12, 1986.

Bilandžić, Dušan, Historija Socialističke Federativne Republike Jugoslavije. Glavni procesi, Školska knjiga, Zagreb, 1979.

Bilandžić, Dušan, Hrvatska moderna povijest, Golden Marketing, Zagreb, 1999.

Bilandžić, Dušan, Povijest izbliza. Memoarski zapisi 1945–2005, Prometej, Zagreb, 2006.

Bisenić, Dragan, Život bez rukavica. In: »Danas«, 30. december 2009.

Bjelajac, Mile, JLA v šestdesetih in v prvi polovici sedemdesetih. In: Čepič, Zdenko (red.), Slovenija – Jugoslavija, krize in reforme 1968/1988, Inštitut za novejšo zgodovino, Ljubljana, 2010.

Borak, Neven, Jugoslavija med integracijo in dezintegracijo. In: Čepič, Zdenko (red.), Slovenija – Jugoslavija, krize in reforme 1968/1988, Inštitut za novejšo zgodovino, Ljubljana, 2010.

BOTTONI, STEFANO, Un altro Novecento. L'Europa orientale dal 1919 a oggi, Carocci, Roma 2011.

BOŽIČ, JOŽE, Jug Afrike in narodnoosvobodilni boj, Zavod SR Slovenije za šolstvo, Ljubljana, 1978.

BRANDS, H. W., The Specter of Neutralism. The United States and the Emergence of the Third World, 1947–1960, Columbia University Press, New York, 1989.

BROZ, JOSIP TITO, Govori i članci, I.– XII., Naprijed, Zagreb, 1959.

BROZ, JOSIP TITO, Vojni memoari, Front, 5.5.1972.

BROZ, JOSIP TITO, Zbrana dela 1 - 24, Komunist, Borec, Ljubljana, 1978–1989.

CAMPBELL, JOHN C., Successful Negotiations: Trieste 1954. An Appraisal by the Five Participants, Princeton University Press, New Jersey, 1976.

CENČIĆ, VJENCESLAV, Enigma Kopinič, I., II., Rad, Beograd, 1983.

CENČIĆ, VJENCESLAV, Titova poslednja ispovijest, Grafos, Orfelin, Cetinje, Beograd, 2001.

CILIGA, ANTE, Come Tito si impadroni del Partito comunista jugoslavo, Quaderni del Centro studi Pietro Tresso, Serie: Studi e ricerche, n. 12, febbraio, 1989.

CLISSOLD, STEPHEN, Đilas. The Progress of a Revolutionary, Maurice Temple Smith, London, 1983.

ČENGIĆ, ENES, Balade o životu koji teče, Globus, Zagreb, 1985.

ČEPIČ, ZDENKO, Jugoslovanske reforme v šestdesetih. In: Čepič, Zdenko (red.), Slovenija – Jugoslavija, krize in reforme 1968/1988, Inštitut za novejšo zgodovino, Ljubljana, 2010.

ČOLAKOVIĆ, RODOLJUB, Zapiski ob osvoboditel'noj vojne v Jugoslavii, Progress, Moskva, 1965.

ĆOSIĆ, DOBRICA, Sedam dana u Budimpešti, Nolit, Beograd, 1957.

ĆOSIĆ, DOBRICA, Piščevi zapisci (1951–1968 / 1969–1980), F. Višnjić, Beograd, 2001.

ĆURUVIJA, SLAVKO, Ibeovac. Ja, Vlado Dapčević, Filip Višnji, Beograd 1990.

DABČEVIĆ-KUČAR, SAVKA, '71. Hrvatski snovi i stvarnost, I., II., Interpublic, Zagreb, 1997.

DALLIN, ALEXANDER, Firsov, F. I. (red.), Dimitrow and Stalin 1934–1943. Letters from the Soviet Archives, Yale University Press, New Haven, 2000.

DAMJANOVIĆ, PERO, Originalnost i teškoće Titovog puta, Borba, 25.5.1976.

DEAKIN, F. W. D., Gora trdnjava, Državna založba Slovenije, Ljubljana, 1976.

DEAKIN, [F.] WILLIAM, The German and Allied Plans for a Balkan Landing. In: Luthar, Oto, Perovšek, Jure (red.), Zbornik Janka Pleterskega, Založba ZRC, ZRC SAZU, Ljubljana, 2003.

DEDIJER, VLADIMIR, Izgubljeni boj J. V. Stalina, 1948–1955, Delo, Ljubljana, 1969.

DEDIJER, VLADIMIR, Dokumenti 1948, I., II., III., Rad, Beograd, 1979.

DEDIJER, VLADIMIR, Dnevnik, 1941–1944, I., Liburnija, Mladost, Rijeka, Zagreb, 1981.

DEDIJER, VLADIMIR, Novi prilozi za biografiju Josipa Broza Tita, I., II., III., Mladost, Spektar, Liburnija, Zagreb, Rijeka, 1980–1984.

DEDIJER, VLADIMIR, My two Comrades, Cross Currents 4, A Yearbook of Central European Culture, 1985.

DIMITROW, GEORGI, Dnevnik (9 mart 1933 – 6 februar 1949), Universitetsko izdatelstvo »Sv. Kliment Ohridski«, Sofija, 1997.

DIMITROW, GEORGI, Diario, Gli anni di Mosca (1934–1945), Einaudi, Torino, 2000.

ĐILAS, MILOVAN, The New Class: An Analysis of the Communist System, Harvest, London, 1957.

ĐILAS, MILOVAN, Land without Justice, Harcourt Brace Jovanovich Publishers, San Diego, New York, London, 1958.

ĐILAS, MILOVAN, Conversations with Stalin, Penguin Books, Harmondsworth, 1963.

ĐILAS, MILOVAN, Memoir of a Revolutionary, Harcourt Brace Jovanovich Publishers, New York, 1973.

ĐILAS, MILOVAN, Der Krieg der Partisanen. Jugoslawien 1941–1945, Molden, Wien, München, Zürich, Innsbruck, 1977.

ĐILAS, MILOVAN, Wartime, Harcourt Brace Jovanovich, London, 1977.

ĐILAS, MILOVAN, Tito. Eine kritische Biographie, Molden, Wien, 1980.

ĐILAS, MILOVAN, Jahre der Macht. Kräftespiel hinter dem Eisernen Vorhang: Memoiren 1945–1966, Molden – S. Seewald, München, 1983.

ĐILAS, MILOVAN, Vlast kao strast, Start, 21. 1. 1989.

ĐILAS, MILOVAN, Kako je stvarana Titova karizma, Slobodna Dalmacija, 22. 10. 1989.

ĐILAS, MILOVAN, Gaće, Nadežda, Bošnjak Adil Zulfikarpašić, Bošnjaćki Institut, Nakladni zavod Globus, Zagreb, 1995.

Diskusija između Stanovnika, Kristla i Đilasa: klasa ili kasta, Komunist, l. VI, maj–avgust 1952, št. 34.

DJOKIĆ, D., Britain and Dissent in Tito's Yugoslavia: The Đilas Affair, ca. 1956, European History Quarterly, Vol. 36, No. 3, 2006.

Dodging Armageddon: The Third World War That Almost Was. In: »Cryptologic Quarterly«, 24. februar 1998, https://www.nsa.gov/public_info/_files/cryptologic_quarterly/dodging_armageddon.pdf.

Dokumenti o spoljnoj politici SFRJ, 1945, Jugoslovenski pregled, Beograd, 1984.

DRUŠKOVIČ, DRAGO, Prežihov Voranc. Pisatelj in politik, Drava, Celovec, Ljubljana, 2005.

DUHAČEK, A., General Gošnjak o sebi i revoluciji, Duga, 14. 10. 1989.

EDEMSKIJ, A. B., Od konflikta k normalizacii. Sovetsko-jugoslavskie odnošenja v 1953–1956 godah, Nauka, Moskva, 2008.

EILETZ, SILVIN, Titova skrivnostna leta v Moskvi 1935–1940, Mohorjeva, Celovec, 2008.

Eiletz, Silvin, Pred sodbo zgodovine, Mohorjeva, Celovec, 2011.

Fine, John A. A., Strongmen Can Be Beneficial: The Exceptional Case of Josip Broz Tito. In: B. Fischer (red.), Balkan Strongmen: Dictators and Authoritarian Rulers of South East Europe, Purdue University Press, London 2007.

Foreign Relations of the United States, 1948, Eastern Europe, The Soviet Union, Volume IV, U.S. Government Printing Office.

Franceschini, Enrico, Gli stupri di Berija, La Repubblica, 29. 6. 1993.

Gaddis, John Lewis, George F. Kennan: An American Life, Penguin, New York 2011.

Gallagher, Charles R., S. J., Vatican Secret Diplomacy: Joseph P. Hurley and Pope Pius XII, Yale University Press, New Haven (CT) – London 2008.

Gibianskij, Leonid, Sovjetski Sojuz i Novaja Jugoslavija, 1941–1947, Nauka, Moskva, 1987.

Gibianskij, Leonid, Mosca, il PCI e la questione di Trieste (1943–1948). In: Gori, Francesca, Pons, Silvio (red.), Dagli archivi di Mosca. L'URSS, il Cominform e il PCI 1943–1951, Carocci, Roma, 1998.

Gibianskij, Leonid, Pobuna u sovjetskom bloku 1956. godine, Jugoslavija i Kremalj. In: Fischer, Jasna et al. (red.), Jugoslavija v hladni vojni – Yugoslavia in the cold war, Inštitut za novejšo zgodovino, University, Ljubljana, Toronto, 2004.

Gibianskij, Leonid, The Trieste Issue and the Soviet Union in the 1940s. In: Pirjevec, Jože, Bajc, Gorazd, Klabjan, Borut (red.), Vojna in mir na Primorskem. Od kapitulacije Italije leta 1943 do Londonskega memoranduma leta 1954, Založba Annales, Koper, 2005.

Girenko, Jurij S., Stalin – Tito, Izdatel'stvo političeskoj literaturi, Moskva, 1991.

Glaise von Horstenau, Edmund, Ein General im Zwielicht. Die Erinnerungen Edmund Glaises von Horstenau, I., II., III., red. Peter Broucek, H. Böhlau, Wien, Köln, Graz, 1980–1988.

Gligorijević, Milo, Rat i mir Vladimira Dedijera. Sećanja i razgovori, Narodna knjiga, Beograd, 1986.

Glišić, Venceslav, Užička Republika, Nolit, Beograd, 1986.

Glišić, Venceslav, Dosije o Blagoju Neškoviću. Prilozi za biografiju, Službeni glasnik, Beograd 2011. – Šef partije preti Sibirom!, in »Večernje novosti«, 4. avgust 2014. Goldstein, Slavko, e Goldstein, Ivo, Jasenovac i Bleiburg nisu isto, Novi Liber, Zagreb 2011.

Golovanov, Aleksandr E., Dal'naja bombardirovočnaja, Del'ta NB, Moskva 2004.

Grdina, Igor, Josip Kopinič. In: Bobič, Pavlina (red.), Tvorci slovenske pomorske identitete, Založba ZRC, Ljubljana 2010.

Guštin, Damijan, Teritorialne obramba – vojaška potreba in politični projekt 1968 : 1988. In: Čepič, Zdenko (red.), Slovenija – Jugoslavija, krize in reforme 1968/1988, Inštitut za novejšo zgodovino, Ljubljana, 2010.

Hadalin, Jurij, Tito in praška pomlad v jugoslovanskih diplomatskih virih. In: Čepič,

Zdenko (red.), Slovenija – Jugoslavija, krize in reforme 1968/1988, Inštitut za novejšo zgodovino, Ljubljana, 2010.

HEUSER, BEATRICE, Western ›Containment‹ Policies in the Cold War. The Yugoslav Case, 1948–53, Routledge, London, New York, 1989.

HÖTTL, WILHELM, The Secret Front, Nazi Political Espionage 1938–45, Enigma Books, New York, 2003.

HOWARTH, PATRICK, Undercover. The Men and Women of the Special Operations Executive, Routledge & Kegan Paul, London, 1980.

HOXHA, ENVER, Titovcy, Istoričeskie zapiski, Tirana 1983.

HUOT, LOUIS, Puške za Tita, Borec, Ljubljana, 1965.

Intervju s S. Becele Ranković, Mladina, 26. 12. 1986.

IVANIČ, MARTIN, Zupan, Roman, Ocena stavke v Trbovljah, Delo, 30. 6. 1984.

IVANKOVIĆ, ZVONKO-VONTA, »Hebrang«, Scientia Yugoslavia, Zagreb, 1998.

JAKOVINA, TVRTKO, Američki komunistički saveznik. Hrvati, Titova Jugoslavija i Sjedinjene Američke Države, 1945–1955, Profil, Srednja Evropa, Zagreb, 2003.

JAKOVINA, TVRTKO, Sjećanja Hitlerovega opunomoćenika u ustaškoj državi, Globus, 27. 6. 2008.

JANKO, M., Niko Kavčič, partizan, bankir, sopotnik Staneta Kavčiča, Delo, 30. 1. 1999.

JOVIĆ, DEJAN, Yugoslavia. A State that Withered Away, Purdue University Press, West Lafayette, Indiana, 2009.

KALEZIĆ, VASILIJE, Dilas miljenik in otpadnik komunizma. Kontroverze pisca i ideologa, Zodne, Beograd, 1988.

KANZLEITER, BORIS, Die »Rote Universität«. Studentenbewegung und Linksopposition in Belgrad 1964–1975, VSA, Hamburg 2011.

KARDELJ, EDVARD, Problemi naše socialistične graditve, III., Državna založba Slovenije, Ljubljana, 1955.

KARDELJ, EDVARD, Pravci razvoja političkog sistema socialističkog samoupravljanja, Komunist, Beograd, 1977.

KARDELJ, EDVARD, Smeri razvoja političnega sistema socialističnega samoupravljanja, Komunist, Ljubljana, 1977.

KARDELJ, EDVARD, Spomini. Boj za priznanje in neodvisnost nove Jugoslavije, 1944–1957, Državna založba Slovenije, Radnička štampa, Ljubljana, Beograd, 1980.

KARDELJ, EDVARD, O komuni, Državna založba Slovenije, Stalna konferenca mest in občin Jugoslavije, Radnička štampa, Ljubljana, Beograd, 1981.

KARCHMAR, LUCIEN, Draža Mihailović and the Rise of the Četnik Movement 1941–1942, II., Garland Publishing, New York, London, 1987.

KAVČIČ, NIKO, Pot v osamosvojitev, samozaložba, Ljubljana, 1996.

KAVČIČ, STANE, Dnevnik in spomini, 1972–1987, Časopis za kritiko znanosti, Ljubljana, 1988.

Kisić Kolanović, Nada, Hebrang. Iluzije i otrežnjenja, Institut za suvremenu povijest, Biblioteka Hrvatska povjesnica, Zagreb, 1996.

Kissinger, Henry, The White House Years, Weidenfeld and Nicolson, London, 1979.

Klinger, William, Tito (1892–1980): un'intervista con Geoffrey Swain. In: »Quaderni«, XXI (2010).

Klinger, William, Kuljiš, Denis, Tito. Neispričane priče, Nezavisne novine – Paragon, Banja Luka – Zagreb 2013.

Kljakić, Dragan, Dosje Hebrang, Partizanska knjiga, Ljubljana, 1982.

Kljaković, Vojmir, Velika Britanija, Sovjetski savez i ustanak u Jugoslaviji 1941. godine, Vojnoistorijski glasnik, 2, 1970.

Kocbek, Edvard, Dnevnik, 1946, I., Cankarjeva založba, Ljubljana 1991.

Kocbek, Edvard, Dnevnik, 1949, Cankarjeva založba, Ljubljana, 1999.

Kocbek, Edvard, Dnevnik, 1952, Cankarjeva založba, Ljubljana, 2003.

Kopinič, Resnica mora zmagati, Dnevnik, 11. 9. 1984.

Kopinić, I., Izdavačka radna organizacija »Rad«, Beograd, 1983.

Kopinić, Josip, Intervju, Mladina, 1986, str. 9.

Korbel, Josef, Tito's Communism, The University of Denver Press, 1951.

Krajačić, Ivan-Stevo, Resnica mora zmagati, Dnevnik, 11. 11. 1984.

Krajačić, Ivan-Stevo, intervju za Vjesnik 1984.

Kranjc, Marijan F., Zarote in atentati na Tita, Grafis Trade, Grosuplje, 2004.

Krivokapić, Bora, Pucanj u Kardelja (a ubistvo Rankovića). In: »Pobjeda«, 29. september 2006.

Krleža, Miroslav, Moji susreti s Titom, Večernji list, 23. 5. 1972.

Krleža, Miroslav, Titov povratak, 1937, Večernji list, 25. 5. 1972.

Kullan, Riina Elina, From the Tito-Stalin Split to Yugoslavia's Finnish Connection: Neutralism Before Non-Alignment, 1948–1958, Diss., University of Maryland, College Park (MD) 2008.

Kuš, Jakša, Tragedija jednog čovjeka, partije i naroda – iza jednog ›privatnog‹ sudskog spora, Nova Hrvatska, marec 1985.

Leary, William M., Fueling the Fires of Resistance: Army Air Forces Special Operations in the Balkans during World War II, Air Force History and Museums Program, Washington DC, 1995.

Lebedeva, N. S., Narinskij, M. M. (red.), Komintern i vtoraja mirovaja vojna, I., II., Pamjatniki Istoričeskoj Mysli, Moskva, 1994.

Leković, Mišo, Martovski pregovori 1943, Narodna politika, Beograd, 1985.

Leonhard, Wolfgang, Child of the Revolution, Collins, London, 1957.

Lorenčič, Aleksander, Gospodarske razmere v Jugoslaviji v obdobju 1968— 1988: na poti v razpad. In: Čepič, Zdenko (red.), Slovenija – Jugoslavija, krize in reforme 1968/1988, Inštitut za novejšo zgodovino, Ljubljana, 2010.

Löwenthal, Richard, Yugoslavia's Search for Allies. Creating Bonds with Colonial People, The Scotsman, 9.11.1951.

Lindsay, Franklin, Ognji v noči. Z OSS in Titovimi partizani v medvojni Jugoslaviji, Zveza združenj borcev in udeležencev NOB Slovenije, Zveza društev vojnih invalidov Slovenije, Društvo Partizanska knjiga, Ljubljana, 1998.

Lusa, Stefano, La dissoluzione del potere. Il partito comunista sloveno ed il processo di democratizzazione della repubblica, Kappa Vu, Udine, 2007.

Maclean, Fitzroy, Eastern Approaches, Jonathan Cape, London, 1949.

Maclean, Fitzroy, Disputed barricade. The life and times of Josip Broz-Tito Marshal of Jugoslavia, Jonathan Cape, London, 1957.

Maclean, Fitzroy, Josip Broz Tito: a pictorial biography, McGraw-Hill, New York, 1980.

Marković, Dragan, Istina o Golom otoku, Narodna knjiga, Partizanska knjiga, Beograd, 1987.

Marković, Dragoslav-Draža, Život i politika, 1967–1978, I., II., RAD, Beograd, 1987.

Marić, Milomir, Deca komunizma, Mladost, Beograd, 1987.

Marović, Miodrag, Sumrak staljinizma, Sloboda, Beograd, 1978.

Martinović, S., Neznani potnik na ladji »Sibir«. Pot tovariša Tita od Havra do Moskve 1939, Komunist, 23.5.1958.

Matović, Ivan, Arso R. Jovanović, Vojskovodja s oreolom mučenika, Novinskoizdavački centar Vojska, Beograd 2001.

Matunović, Aleksandar, Titova sovladarica, Mladinska knjiga, Ljubljana, 2008.

Mehta, Coleman, CIA Confronts the Tito-Stalin Split, 1948–1951, Journal of Cold War Studies, Vol. 13, No. 1, Winter 2011.

Mićunović, Veljko, Moskovske godine, 1956–1958, Liber, Zagreb, 1977.

Milatović, Mile, Slučaj Andrije Hebranga, Kultura, Beograd, 1952.

Miller, Nick, The Nonconformists, Culture, Politics and Nationalism in a Serbian Intellectual Circle, 1944–1991, Central European University Press, Budapest, New York, 2007.

Miljuš, Branko, La revolution yougoslave, L'age d'homme, Lausanne, 1982.

Milovan Đilas und George Urban in Conversation, Đilas on Gorbachov, Incounter, September – October 1988.

Milosavljević, Olivera, Činjenice i tumačenja. Dva razgovora sa Latinko Perović, Helsinški odbor za ljudska prava u Srbiji, Beograd, 2010.

Mlakar, Boris, Sovjetski načrt atentata na Josipa Broza. Tita rešila Stalinova smrt?, Delo, 11.7.1998.

Močnik, Josip, United States – Yugoslav Relations, 1961–88: The Twilight of Tito's Era and the Role of Ambassadorial Diplomacy in the Making of America's Yugoslav Policy, Diss., Bowling Green State University, Bowling Green (OH) 2008.

MURPHY, ROBERT, Diplomat among Warriors, Doubleday & Company, inc. Garden City, New York, 1964.

NIKOLIŠ, GOJKO, Korijen, stablo, pavetina: memoari, Liber, Zagreb, 1981.

NEĆAK, DUŠAN, Hallsteinova doktrina in Jugoslavija. Tito med Zvezno republiko Nemčijo in Nemško demokratično republiko, Znanstveni inštitut Filozofske fakultete, Ljubljana, 2002.

NEĆAK, DUŠAN, »Ostpolitik« Willyja Brandta in Jugoslavija (1966–1974). Ponovna vzpostavitev diplomatskih stikov. In: Čepič, Zdenko (red.), Slovenija – Jugoslavija, krize in reforme 1968/1988, Inštitut za novejšo zgodovino, Ljubljana, 2010.

NENADOVIĆ, ALEKSANDAR, Razgovori s Kočom, Globus, Zagreb, 1989.

NEŠOVIĆ, SLOBODAN, Bledski sporazumi Tito – Dimitrow (1947), Globus, Školska knjiga, Zagreb, 1979.

NIEBUHR, ROBERT, Nonalignment as Yugoslavia's Answer to Bloc Politics, Journal of Cold War Studies, Vol. 13, No. 1, Winter 2011.

NOVAK, BORIS A., Herta Haas (1914–2010), Delo, 18.3.2010.

Nuove revelazioni della malattia. Dell'amputazione Tito non voleva sentir parlare, La Voce del Popolo, 3.3.1999.

OČAK, IVAN, Krleža – Partija. Miroslav Krleža u radničkom i komunističkom pokretu 1917–1941, Spektar, Zagreb, 1982.

OČAK, IVAN, Gorkić. Život, rad i pogibija, Globus, Zagreb, 1988.

OKUNEVSKAJA, TATJANA, Tat'janin den', Vagrius, Moskva, 1998.

OSOLNIK, BOGDAN, Med svetom in domovino. Spomini 1945–1981, Obzorja, Dolenjska založba, Maribor, Novo mesto, 1992.

PELIKAN, JAN, Jugoslavie a pražske jaro, Univerzita Karlova, TOGGA, Praga, 2008.

PEROVIĆ, JERONIM, The Tito – Stalin Split. A Reassessement in Light of New Evidence, Journal of Cold War Studies, Vol. 9, No. 2, Spring 2007.

PEROVIĆ, JERONIM, Na tragu srpske liberalne tradicije. In: Nikezić, M. (red.), Srpska krhka vertikala, Svedoćanstva 15, Helsinški odbor za ljudska prava u Srbiji, Beograd, 2003.

PEROVIĆ, JERONIM, Zatvaranje kruga – ishod rascepa, Svjetlost, Sarajevo, 1991.

PEROVŠEK, FRANCE, Moja resnica. Spominski utrinki iz delovanja po letu 1945 na Primorskem in v Ljubljani, Društvo piscev zgodovine NOB Slovenija, Ljubljana, 1995.

PETRANOVIĆ, BRANKO, Tito i Staljin (1944–1946), Jugoslovanski istorijski časopis, l. XXIII (1–2), 1988.

PETRANOVIĆ, BRANKO, Zečević, Momčilo (red.), Jugoslavija 1918–1988: tematska zbirka dokumenata, Beograd, Rad, 1988.

PIRJEVEC, JOŽE, Tito, Stalin in Zahod, Delavska enotnost, Ljubljana, 1987.

PIRJEVEC, JOŽE, Il gran rifiuto. Guerra fredda e calda tra Tito, Stalin e l'Occidente, Editoriale Stampa Triestina, Trieste, 1990.

PIRJEVEC, JOŽE, Jugoslavija 1918–1992. Nastanek, razvoj ter razpad Karadjordjevićeve in Titove Jugoslavije, Lipa, Koper, 1995.

PIRJEVEC, JOŽE, La corsa jugoslava per Trieste. In: G. Valdevit (red.), La crisi di Trieste. Maggio – giugno 1945. Una revisione storiografica, Istituto regionale per la storia del movimento di liberazione nel Friuli – Venezia Giulia, »Quaderni«, 9, Trieste 1995.

PIRJEVEC, JOŽE, Vittorio Vidali and the Cominform 1947–53. In: Gori, Francesca, Pons, Silvio (red.), The Soviet Union and Europe in the Cold War, 1943–53, Fondazione Giangiacomo Feltrinelli, Fondazione Istituto Gramsci, Macmillan Press, London, 1996.

PIRJEVEC, JOŽE, Sklep sekretariata Izvršnega komiteja Komunistične internacionale, št. 688 z dne 15. septembra 1940, Prispevki za novejšo zgodovino, XXXVII, 2, 1997 (Ferenčev zbornik).

PIRJEVEC, JOŽE, Yugoslav political emigration to Australia after World War II, Annales, Series historia et sociologia, 16. 1. 2006.

PIRJEVEC, JOŽE, »Trst je naš!« Boj Slovencev za morje (1848–1954), Nova revija, Ljubljana, 2007.

PLETERSKI, JANKO, Senca Ajdovskega gradca: o slovenskih izbirah v razklani Evropi, samozaložba, Ljubljana, 1993.

POČ, MIRO (red.), Edvard Kardelj. Skica za monografijo, Delo, Ljubljana, 1979.

POČ, MIRO (red.), Titova poslednja bitka, Cankarjeva založba, Ljubljana, 1981.

POPOVIĆ, KOČA, Intervju, Danas, 7. 2. 1989.

POŽAR, PETER, Jugosloveni – žrtve staljninskih čistki, Nova knjiga, Beograd, 1989.

PRINČIČ, JOŽE, Vlada Staneta Kavčiča in njena gospodarska politika. In: Čepič, Zdenko (red.), Slovenija – Jugoslavija, krize in reforme 1968/1988, Inštitut za novejšo zgodovino, Ljubljana, 2010.

PROCACCI, GIULIANO et al. (red.), The Cominform. Minutes of the three Conferences 1947/1948/1949, Feltrinelli, Milano, 1994.

PUHAR, ALENKA, Skrivalnice največjega sina, Delo, 6. 9. 1997.

Putovi Revolucije, Institut za historiju radničkog pokreta, Zagreb, 1964.

RADICA, BOGDAN, Živjeti nedoživjeti, 2, Uspomene hrvatskog intelektualca kroz apokalipsu Jugoslavije, Knjižnica Hrvatske revije, München, Barcelona, 1984.

RAJAK, SVETOZAR, The Cold War in the Balkans: From the Greek Civil War to Soviet-Yugoslav Normalisation. In: Leffler, Melvyn P., Westad, Odd Arne (red.), The Cambridge History of the Cold War, 2010.

RAJAK, SVETOZAR, New Evidence from the former Yugoslav Archives. The Tito-Khrushchev Correspondence, 1954, Cold War International History Project, Bulletin, Issue 12/13, Fall/Winter 2001.

RAJAK, SVETOZAR, »The Cold War in the Balkans, 1945–1956.« Origins. Eds. Melvyn P. Leffler and Odd Arne Westad, Cambridge University Press, 2010.

RAJAK, SVETOZAR, Yugoslavia and the Early Cold War. Reconcilation, Comradeship, Confrontation, 1953–1957, Routlege, London, 2010.

RANKOVIĆ, ALEKSANDAR, Dnevničke zabeleške, Jugoslovenska knjiga, Beograd 2001.

REBESCHINI, MONICA, EDVARD KARDELJ: una biografia nella storia del comunismo, Diss., Univerza v Trstu, 2005.

REPE, BOŽO, Utrinki iz bližnjega leta 1962, 1., Teorija in praksa, 26, št. 11/12, 1989.

REPE, BOŽO, Oris obravnave nacionalne problematike in nacionalnih programov v Sloveniji od konca druge svetovne vojne do začetka osemdesetih let, Borec, XLIV, 3–5, 1992.

REPE, BOŽO, Josip Broz Tito. Kar dobro zapisan v spominu Slovencev, Delo, 23. 8. 1997.

REPE, BOŽO, Kdo, kaj je bil Edvard Kardelj, Delo, 27. 3. 1999.

REPE, BOŽO, Slovenski »liberalizem« šestdesetih let in vloga Staneta Kavčiča. In: Čepič, Zdenko (red.), Slovenija – Jugoslavija, krize in reforme 1968/1988, Inštitut za novejšo zgodovino, Ljubljana, 2010.

REPE, BOŽO, Prinčič, Jože, Pred časom. Portret Staneta Kavčiča, Modrijan, Ljubljana, 2009.

REŽEK, MATEJA, Odmev madžarske vstaje leta 1956 v Sloveniji in v Jugoslaviji, Prispevki za novejšo zgodovino, XLVI, 2, 2006.

REŽEK, MATEJA, Odmev praške pomladi in njenega zloma v Sloveniji in v Jugoslaviji. In: Čepič, Zdenko (red.), Slovenija – Jugoslavija, krize in reforme 1968/1988, Inštitut za novejšo zgodovino, Ljubljana, 2010.

RIBIČIČ, CIRIL, Še o Kardeljevem odnosu do Stalina in stalinizma, Mladina, 21. 3. 1985.

RIBIČIČ, MITJA, Iskanja, Društvo piscev zgodovine NOB Slovenije, Ljubljana, 1994.

RIDLEY, JASPER, Tito. A Biography, Constable, London, 1994.

RITCHIE, SEBASTIAN, Our Man in Yugoslavia: The Story of a Secret Service Operative, Routledge, London – New York 2004.

RITTER, LASZLO, War on Tito's Yugoslavia? The Hungarian Army in Early Cold War Soviet Strategy, v »Parallel History Project on Cooperative Security (PHP)«, 18. februar 2005, http://php.isn.ethz.ch/collections/coll_tito/intro. cfm?navinfo=15463.

ROBERTS, WALTER R., Tito, Mihailović and the Allies, 1941–1945, Rutgers University Press, New Brunswick – New Jersey 1973.

ROMANENKO, SERGEJ A., »Chorvatskaja vesna« i sovetsko-jugoslavskije otnošenija na rubeže 1960–1970-ch godov, in «Slavjanovedenije», 3 (2008).

ROMERSTEIN, HERBERT, Aspects of World War Two History Revealed throught »ISCOT« Radio Intercept, The Journal of Intelligence History, 5, Summer, 2005.

ROOSEVELT, K., War Report of the OSS, two volumes, Introduction to the 1976 edition, Walker, New York, 1976.

RUBINSTEIN, A. Z., Yugoslavia and the Non-Aligned World, Princeton University Press, New Jersey, 1970.

Simčič, Miro, Tito brez maske, Mladinska knjiga, Ljubljana 2007.

Simčič, Miro, Ženske v Titovi senci. Tito brez maske 2, Intelektualne storitve, Ilirska Bistrica, 2010.

Simić, Pero, Svetac i magle. Tito i njegovo vreme u novim dokumentima Moskve i Beograda, Službeni list SCG, Beograd, 2005.

Simić, Pero, Tito. Skrivnost stoletja. Jugoslovanski predsednik v novi luči, Orbis, Ljubljana, 2009.

Simić, Pero, Despot, Zvonimir, Tito. Strogo poverljivo. Arhivski dokumenti, Službeni glasnik, Beograd, 2010.

Simić, Predrag, Tito i NATO. Uspomen i pad druge Jugoslavije, Biblioteka »Sedma sila«, Novosti, Beograd, 2008.

Sirc, Ljubomir, Nobelova nagrada za predsednika Tita? Odprto pismo, avgust 1973, Ampak, februar 2006.

Sječa Hrvatske u Karadjordjevu 1971. Autorizirani zapisnik (red. Milan Pišković), Meditor, Zagreb, 1994.

Skušek Močnik, Zoja, Intervju z Vojinom Lukićem, Mladina, 17.4.1987.

Slovenska kronika XX. stoletja 1941–1995, Nova revija, Ljubljana, 1996.

Spomini tovariša Tita na slavno preteklost, Viri revolucionarnih sil, Slovenski poročevalec, 17.4.1959.

Stanovnik, Janez, Viharno stoletje, J. Kušar (red.), Ustanova Franc Rozman – Štane, Ljubljana 2013.

Stridsberg, Gusti, Mojih pet življenj, Založba Obzorja, Maribor, 1971.

Ströhm, Carl Gustav, Ohne Tito, kann Jugoslawien überleben?, Bastei – Lübbe, Styria, Graz, Wien, Köln, 1976.

Stefanović, Momčilo, Podpis: Tito. »Bila sva Titova šifranta«. Pripoved Branke in Pavleta Savića, Globus, Zagreb, 1980.

Stuparić, Darko, Diplomati izvan protokola: ambasadori Titove Jugoslavije, Centar za kulturnu djelatnost Saveza socijalističke omladine Zagreba, Zagreb, 1978.

Sulzberger, Cyrus L., The New York Times Magazine, 9.6.1968.

Supek, Ivan, Krunski svjedok protiv Hebranga, Markanton Press, Chicago, 1983.

Supek, Ivan, Krivovjernik na ljevici, Globus, Zagreb, 1992.

Suppan, Arnold, Hitler – Beneš – Tito. Konflikt, Krieg und Völkermord in Ostmittel- und Südosteuropa, 3 voll., OAW, Wien 2014.

Swain, Geoffrey R., The Comintern and southern Europe. In: Judt, Tony (red.), Resistance and Revolution in Mediterranean Europe 1939–1948, Routlege, London and New York, 1989.

Swain, Geoffrey R., Tito: the formation of a disloyal bolshevik. International Review of Social History, XXXIV, 2, 1989.

SWAIN, GEOFFREY R., The Cominform: Tito's International?, The Historical Journal, 35, 3, 1992.

SWAIN, GEOFFREY R., Tito and the Twilight of Comintern. In: Rees, Tim, Thorpe, Andrew (red.), International Communism and the Communist International, 1919–43, Manchester University Press, 1998.

SWAIN, GEOFFREY R., Tito. A Biography, I. B. Tauris, London, New York, 2011.

ŠETINC, FRANC, Uspon i silazak, Borba, 25.1.1989.

ŠETINC, FRANC, Vzpon in sestop, Cankarjeva založba, Ljubljana, 1989.

ŠETINC, FRANC, Zbogom Jugoslavija, Državna založba Slovenije, Ljubljana, 1993.

ŠTAUBRINGER, ZVONKO, Ne stalinizmu, Globus, Zagreb, 1980.

Tito's Sojourn in Spain, The South Slav Journal, Vol. 5. No. 4 (18), 1982/1983.

Tito – vidjenja i tumaćenja, AJ, Institut za Noviju Istoriju Srbije, »Biblioteka Zbornici Radova«, 8, Beograd 2011.

TOMAC, ZDRAVKO, The Struggle for the Croatian State: through Hell to Democracy, Profikon, Zagreb, 1993.

TOMASEVICH, JOZO, The Chetniks. War and Revolution in Yugoslavia, 1941–1945, Stanford University Press, Stanford, California, 1975.

TOMIZZA, FULVIO, Boljše življenje, Založba Lipa, Koper, 1981.

TRIPALO, MIKA, Intervju, Vjesnik u srijedu, 7.9.1966.

TRIPKOVIĆ, DJOKO, Pisma koja je Josip Broz Tito razmenio sa Leonidom Brežnjevim i Lindonom Džonsonom povodom događaja u Čehoslovačkoj u jesen 1968, in »Istorija 20. veka«, 28 (2010), 3.

UDOVIČKI, DANILO, Treći juni 1968. Od kritike svega postojećeg, do uništenja svega postignutog, Prometej, Novi Sad, 2008.

VELEBIT, VLADIMIR, Sećanja, Globus, Zagreb, 1983.

VELEBIT, VLADIMIR, Svjedok historije (razgovore vodila i knjigu priredila Mira Šuvar), Razlog, Zagreb, 2001.

VLAHOVIĆ, DRAGAN, Marković, Nataša, Život na dvoru. Jovanka Broz, Akvarijus, Beograd, 1990.

VLAHOVIĆ, VELJKO, Strogo pov., 1955–1958.

Neobjavljeni rukopis, IŠ »Stručna knjiga« d. p., Beograd, 1998.

VODOPIVEC, PETER, Od Pohlinove slovnice do samostojne države. Slovenska zgodovina od konca 18. stoletja do konca 20. stoletja, Modrijan, Ljubljana, 2006.

VODOPIVEC, PETER, Od poskusov demokratizacije (1968–1972) do agonije in katastrofe (1988–1991). In: Čepič, Zdenko (red.), Slovenija – Jugoslavija, krize in reforme 1968/1988, Inštitut za novejšo zgodovino, Ljubljana, 2010.

VODUŠEK STARIČ, JERCA, Brionski plenum 1966 – ocene in njegov vpliv. In: Čepič, Zdenko (red.), Slovenija – Jugoslavija, krize in reforme 1968/1988, Inštitut za novejšo zgodovino, Ljubljana, 2010.

Vojtehovsky, Ondrej, Informbirovska emigracija u jugoslovensko-čehoslovačkim odnosima. Nacionalni i politički identitet jugoslovenskih informbirovca u Češoslovačkoj. In: Slobodan Selinić (red.), Spoljna politika Jugoslavije: 1950–1961, Zbornik radova. Beograd, 2008, S. 207–230.

Vostočnaja Evropa v dokumentah rossijskih arhivov 1944–1953, I., Sibirskij Kronograf, Moskva – Novosibirsk, 1997.

Vrhunec, Marko, Šest let s Titom (1967–1973), LaserPrint, Ljubljana, 2001.

Vrhunec, Marko, Josip Broz – Tito. Osebnost – storitve – titoizem. Pričevanje, Društvo piscev zgodovine NOB Slovenije, Ljubljana, 2009.

Vukmanović, Svetozar-Tempo, Revolucija teče dalje. Memoari, I., II., Mladinska knjiga, Ljubljana, 1972.

Wüscht, Johann, Jugoslawien und das Dritte Reich: Eine dokumentierte Geschichte der deutsch-jugoslawischen Beziehungen von 1933 bis 1945, Seewald Verlag, Stuttgart, 1969.

Williams, Heather, Parachutes, Patriots and Partisans. The Special Operations Executive and Yugoslavia, 1941–1945, Hurst & Company, London, 2003.

Yugoslavia. From »National Communism« to National Collapse. US Intelligence Community Estimative Products on Yugoslavia, 1948–1990, National Intelligence Council, Washington, 2006.

Zagreb i Hrvatska u Titovo doba (red. Tomislav Badovinac), Savez društava »Josip Broz Tito« Hrvatske, Zagreb, 2004.

Zbornik dokumenata i podataka o narodnooslobodilaćkom ratu jugoslovenskih naroda, tom V, knj. III., Borbe u Hrvatskoj 1942 god., Beograd, 1952.

Zgodovina Slovencev, Cankarjeva založba, Ljubljana, 1979.

Zvijer, Nemanja, Slika Josipa Broza Tita u partizanskom ratnom spektaklu, *siehe* Tito – vidjenja.

Žagar, Mitja, Ustava SFRJ in ustavni sistem 1974: povzročitelj krize ali mehanizem za njeno razreševanje? In: Čepič, Zdenko (red.), Slovenija – Jugoslavija, krize in reforme 1968/1988, Inštitut za novejšo zgodovino, Ljubljana, 2010.

Žukov, Georgij K., Dokumenty, Meždunarodnyj fond Demokratija« Fond, Moskva 2001.

NAMENSVERZEICHNIS

Abkürzungen

AFŽ – Antifašistička fronta žena (›Antifaschistische Frauenfront‹)
AVNOJ – Antifašističko Vijeće Narodnog Oslobođenja Jugoslavije (›Antifaschistischer Rat der Volksbefreiung Jugoslawiens‹)
BBC – British Broadcasting Corporation
BiH – Bosna i Hercegovina (Bosnien und Herzegowina)
CAB – Cabinet Office
CIA – Central Intelligence Agency
COMECON – Council for Mutual Economic Assistance
ČSSR – Tschechoslowakische sozialistische Republik
DDR – Deutsche Demokratische Republik
DFJ – Demokratisches Föderatives Jugoslawien
dok. – Dokument
EKKI – Exekutivkomitee der Kommunistischen Internationale (Komintern)
ELAS – Ellinikos Laikos Apeleutherotikos Stratos (›Griechische Volksbefreiungsbewegung‹)
FBI – Federal Bureau of Investigation
FCO – Foreign and Commonwealth Office
FLRJ – Federativna ljudska republika Jugoslavija (slow.) (›Föderative Volksrepublik Jugoslawien‹)
FNRJ – Federativna narodna republika Jugoslavija (skr.) (›Föderative Volksrepublik Jugoslawien‹)
FO – Foreign Office
GPU – Gosudarstvennoje političeskoje upravlenije (›Staatliche politische Verwaltung‹)
HS – Special Operations Executive
HSS – Hrvatska seljačka stranka (›Kroatische Bauernpartei‹)
HW – Government Code and Cypher School
IMF – International Monetary Fund
JA – Jugoslawische Armee
JLA – Jugoslawische Volksarmee
KGB – Komitet gosudarstvennoj bezopasnosti (›Komitee für Staatssicherheit‹)
KOS – Kontraobaveštajna služba (›Gegenaufklärung‹)
KP – Kommunistische Partei
KPČ – Kommunistische Partei der Tschechoslowakei
KPG – Kommunistische Partei Griechenlands
KPH – Kommunistische Partei Kroatiens
KPI – Kommunistische Partei Italiens
KPJ – Kommunistische Partei Jugoslawiens
KPS – Kommunistische Partei Sloweniens
KPdSU – Kommunistische Partei der Sowjetunion
NKOJ – Nacionalni komitet oslobođenja Jugoslavije (›Nationalkomitee zur Befreiung Jugoslawiens‹)
ZK – Zentralkomitee

1. Tito als Oberkommandant der Partisanenarmee

2. Broz an der Front im Ersten Weltkrieg

3. Josip Broz – Aufnahme aus dem Strafregister Zagreb, Mai 1928

4. Moša Pijade und Josip Broz im Gefängnis Lepoglava, ca. 1928

5. Broz auf dem Anmeldeformular zum VII. Kongress der Komintern, 1935

7. Deutsches Fahnungsplakat mit der Auslobung von 100 000 Mark zur Ergreifung von Josip Broz (Tito), Mitte 1942

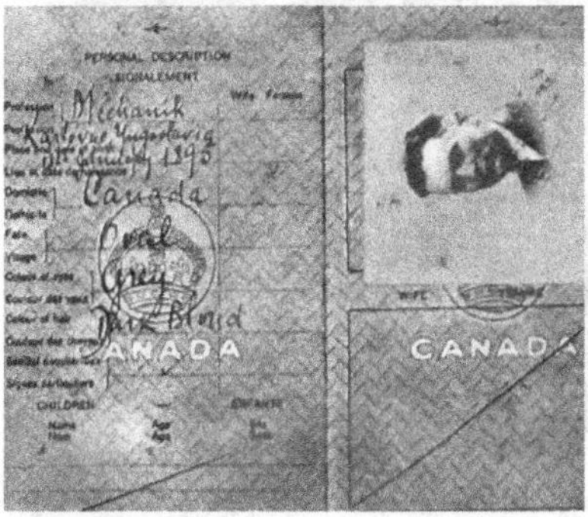

6. Gefälschter kanadischer Pass Titos, 1939

8. Tito und Koča Popović in Drvar, 1944.

9. Tito mit seinem Hund Tiger in Drvar, Mitte 1944

10. Tito mit seinem Obersten Stab wenige Tage vor Beginn des Unternehmens Rösselsprung, 1944

11. Tito beim Schachspiel, 1944

12. Erste Begegnung zwischen Tito und Churchill in Neapel, August 1944

13. Tito spricht zur Bevölkerung Belgrads Tage nach der Befreiung der Stadt im Oktober 1944

14. Molotow, Stalin und Tito (von l.) in Moskau, 1945

15. Tito im Gespräch mit Georgi Dimitrow, 1947

16. Tito sitzt Modell für eine Büste des Bildhauers Antun Augustinčić, 1949

17. Tito tanzt mit seinen Anhängern, Dalmatien, 1950

18. Elizabeth Bowes-Lyon (Queen Mum), Tito, Königin Elisabeth II., Prinz Philip und Prinzessin Margaret (von l.) im Buckingham Palace, März 1953

19. Tito mit Haile Selassie, Kaiser von Abessinien (Äthiopien), in Split, 1954

20. Nehru, Nkrumah, Nasser, Sukarno und Tito (von l.) bei einem Treffen der Blockfreien im Rahmen der UN-Vollversammlung in New York, September 1960

21. Tito eröffnet den VIII. Kongress des BdKJ, Belgrad, 1964

22. Đilas, Dedijer und Kardelj, New York, 1949

23. Tito und Papst Paul VI. im Vatikan, März 1971

24. Tito mit Jassir Arafat, undatiert

25. Tito mit John F. Kennedy in Washington, Oktober 1963

26. Empfangszeremonie für Tito vor dem Weißen Haus mit US-Präsident Richard Nixon, Washington, Oktober 1971

27. Tito mit Hồ Chí Minh, Brioni, 1957

28. Tito mit Leonid Breschnew, Brioni, 1962

29. Tito mit Muammar al-Gaddafi, Brioni, 1977

30. Tito mit Willy Brandt, Brioni, 1973

31. Tito mit seinem Leoparden Klo, Brioni, undatiert

32. Tito mit Eleanor Roosevelt (l.), Brioni, 1953

33. Sophia Loren und Tito (vorne) mit Carlo Ponti und Jovanka Broz (hinten), Brioni, 1969

34. Tito und Jovanka Broz mit Elizabeth Taylor
und Richard Burton, Brioni, 1971

35. Josip Broz mit seiner ersten Frau Pelagija Belousova (1904-1960) und dem gemeinsamen Sohn Žarko (1924-1995)

36. Broz' zweite Ehefrau Davorjanka Pannović (rechts, 1921-1946)

37. Tito mit seinem Sohn Mišo (geb. 1941). Die Mutter Mišos ist Herta Haas (1914-2010).

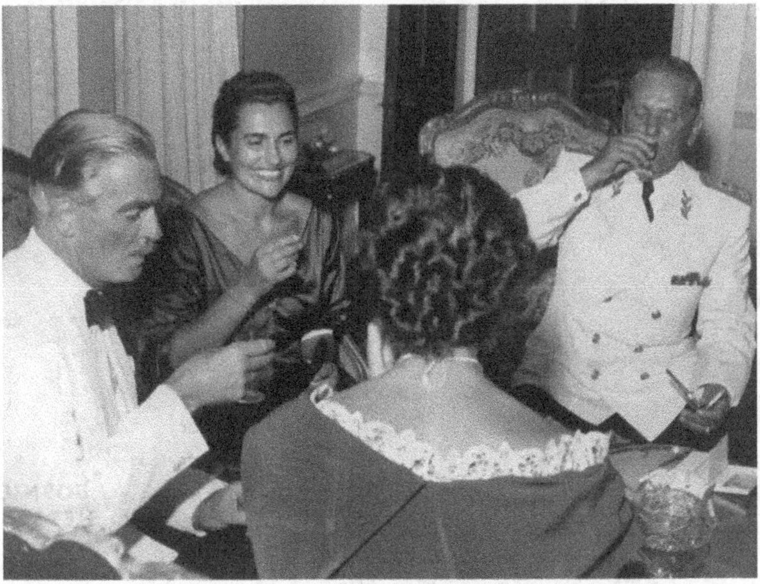

38. Der britische Außenminister Anthony Eden, Jovanka Broz und Tito (von l.), Belgrad, 1952

39. Tito und seine dritte Ehefrau Jovanka mit Titos Sohn Mišo (2. v. r.) und seinen beiden Enkeln Josip Joška und Zlatica, 1959

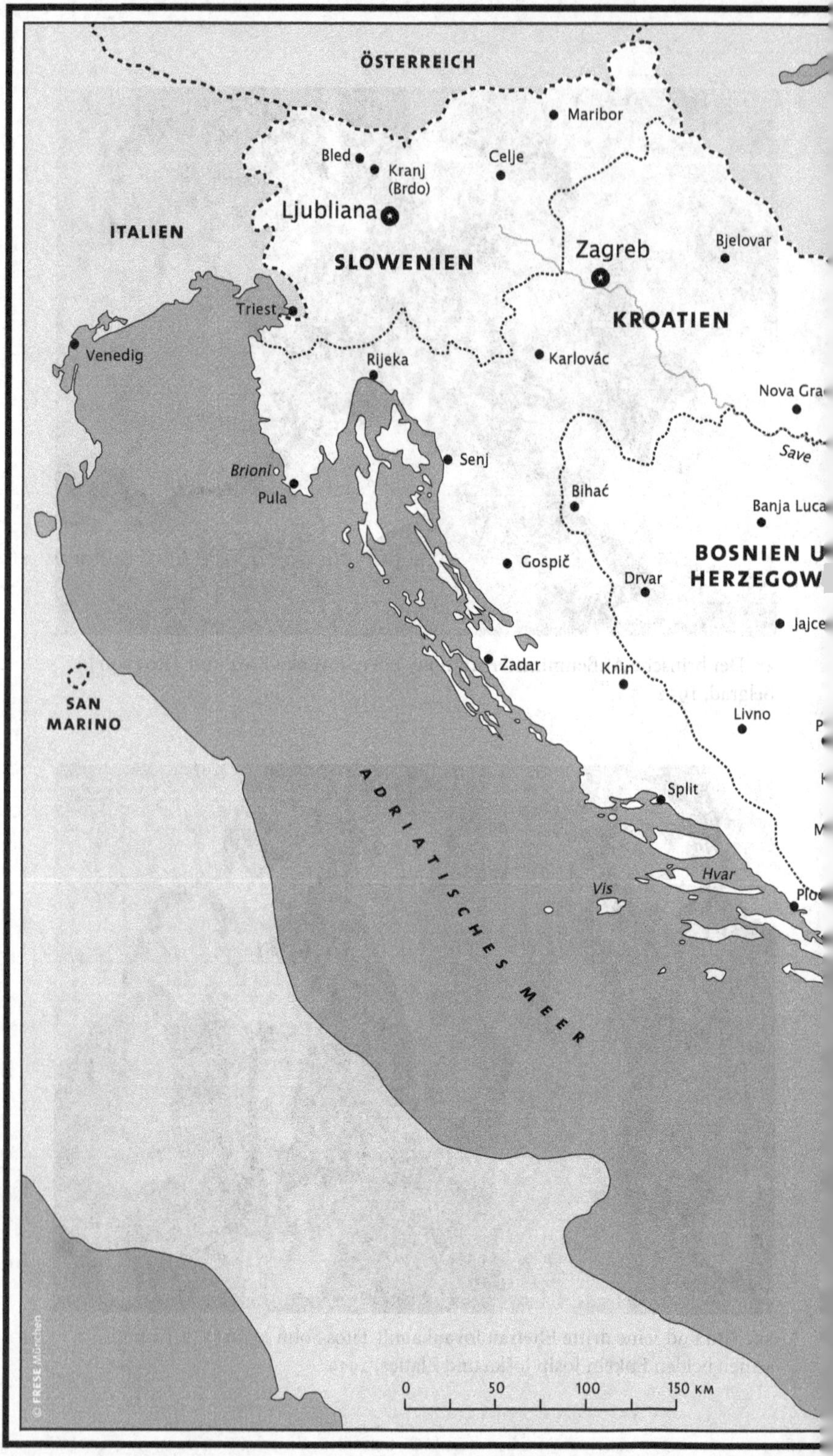
ÖSTERREICH
Maribor
Bled
Kranj
(Brdo)
Celje
Ljubliana
ITALIEN
SLOWENIEN
Zagreb
Bjelovar
Triest
KROATIEN
Venedig
Rijeka
Karlovác
Nova Gra
Save
Senj
Brioni
Pula
Bihać
Banja Luca
Gospič
BOSNIEN U
HERZEGOW
Drvar
Jajce
Zadar
Knin
SAN
MARINO
Livno
Split
ADRIATISCHES MEER
Hvar
Vis
0
50
100
150 KM
© FRESE München

GARN
Osijek
WOIWODINA
RUMÄNIEN
Novi Sad
Vršac
Donau
Belgrad
Brčko
SERBIEN
areš
Srěbrenica
Sarajewo
Užice
Čačak
Drina
Kraljewo
BULGARIEN
Niš
Tara
Lescovac
Piva
Sofia
MONTENEGRO
Priština
vnik
Peć
Vranje
Podgorica
(Titograd)
KOSOVO
Skopje
MAZEDONIEN
Tirana
ALBANIEN
GRIECHENLAND

40. Ehemalige Partisanenkämpfer erweisen Tito die letzte Ehre, Belgrad, 8. Mai 1980